中国黄金海岸年鉴

1997

中国统计出版社

(京)新登字041号

图书在版编目(CIP)数据

中国黄金海岸年鉴 1997/《中国黄金海岸年鉴》编辑部编. –北京:中国统计出版社,1997.8

ISBN 7–5037–2591–5

Ⅰ.中…

Ⅱ.中…

Ⅲ.沿海经济–概况–中国–年鉴–1997

Ⅳ.F127–54

中国版本图书馆CIP数据核字(97)第17771号

中国统计出版社出版

(北京市西城区三里河月坛南街75号 100826)

济南翰林印务有限公司印刷

*

787×1092毫米 16开本 33.75印张 26彩页 113.3万字

1997年10月第1版 1997年10月济南第1次印刷

印数: 1– 5000 册

*

定价: 120.00 元(国外美元120元)

编辑说明

一、本年鉴是反映中国沿海12省、自治区、直辖市改革开放和经济、贸易、企业、对外经济合作等方面情况以及港、澳、台地区经济发展的资料书、工具书，每年出版一卷，基本上不重复上一年内容。

二、本年鉴内的论文和专题分析部分的稿件，系由国务院有关部委和科研部门供稿，实行个人署名，文责自负。

三、本年鉴内富有大量沿海省市的统计资料，均由国家统计局供稿，大部分系首次发表，带有公报性质，具有权威性。

四、排列顺序：文稿部分直辖市按北京、上海、天津排列；省、自治区按地理位置，由北往南、自东到西顺序排列；省、自治区所属各沿海城市按政府颁布的行政区划顺序排列；统计资料按行政区划顺序排列。

五、本年鉴所含资料时间界限是1996年。

六、本年鉴所刊载的文稿和统计资料，均系独家首次发表。各部类的资料数据，除特别说明者外，都未包括台湾省。文、表中各项产值，除特别说明者外，都是按当年价格计算的，比上年增长速度，都是按可比价格计算的。

進一步推進改革開放
發展社會主義市場經濟

江澤民
一九九三年四月九日

香港

江泽民总书记为《中国黄金海岸年鉴》创刊号题词

厦门夜景

黄金海岸是改革开放的前沿阵地

李鹏

一九九三年元月十八日

李鹏总理为『中国黄金海岸年鉴』创刊号题词

特邀编委

(一) 经济学界

吴　江　社会主义学院教授
邵　秦　北京大学经济学院教授
范家骧　北京大学经济学院教授
罗元铮　全国政协委员、北京经济学院教授
罗肇鸿　中国社会科学院世界经济研究所所长
季崇威　国务院发展研究中心研究员
周叔莲　全国政协委员、中国社会科学院工业经济研究所所长
胡锡骥　北京农学院农业经济系教授
胡邦定　国务院物价局编审
胡政光　全国政协委员
赵　靖　全国政协委员、北京大学经济系教授
姜　习　全国政协委员、原商业部副部长
高尚全　全国政协委员、国家体改委原副主任
徐更生　社会科学院世界经济研究所副所长
陶文达　中国人民大学教授
陶建华　天津大学教授
黄正岩　《远东经济画报》总编辑
韩　雷　中国农村金融学会会长
裘元伦　中国社会科学院世界经济研究所研究员
潘履孚　中国人民保险(集团)公司常务董事、中国保险协会会长

(二) 市长及省市机关

(按姓氏笔画顺序)

于　生　潍坊市外经贸委主任
王辉忠　舟山市市长
王和先　淄博市副市长
王德和　烟台市副市长
叶　坚　江苏省外经贸委主任
司徒捷　江门市副市长
刘学东　宿迁市市长

孙剑锋　滨州市副市长
朱亚衍　厦门市副市长
庄礼祥　湛江市市长
米克勤　丹东市副市长
苏明实　佛山市政府秘书长
刘相荣　朝阳市市长
李曼影　广西壮族自治区外经贸厅副厅长
宋家新　南通市副市长
岑鸿平　北海市市长
张　庆　北京市政府研究室副主任
张群力　山东省外经贸委副主任
张东生　葫芦岛市市长
张先平　青岛市副市长
张　健　福建省省政府副秘书长兼省特区办主任
张　和　唐山市市长
张景杰　威海市外经贸委主任
余茂桂　泉州市副市长
陈开枝　广州市副市长
陈来立　秦皇岛市市委书记
邹世华　河北省对外贸易经济合作厅厅长
吴新雄　无锡市副市长
宋福民　南宁市市长
周曰方　汕头市市长
周学志　营口市副市长
岳崇民　南京市经贸委主任
赵少麟　中共淮阴市市委书记
赵友六　嘉兴市副市长
洪寿祥　中共三亚市市委书记
夏　耕　连云港市市长
徐　燕　江苏省外经贸委副主任
徐其耀　盐城市市长

贾永祥　沈阳市政府秘书长
龚　雄　福州市副市长
曹建华　江阴市副市长
章新胜　苏州市市长
梁伟发　肇庆市市长
黄　静　中共珠海市市委顾问
曾浩荣　海口市市长
褚光宇　锦州市副市长
蒋云峰　温州市副市长
蒋宏坤　张家港市副市长
蒋月明　广东省政府副秘书长、办公厅主任
谢建邦　宁波市副市长
谭荣尧　浙江省政府办公厅副主任
蔡婵英　中共汕头市市委秘书长
潘景阳　深圳市政府办公厅副主任
滕化迎　东营市副市长
薄熙来　大连市市长
薄绍铨　沧州市市长

(三) 企　业　界

(按姓氏笔画顺序)

王基铭　上海石油化工股份有限公司董事长兼总经理
王炳新　北京金谷旅游资源开发公司总经理
李庆振　中国人民建设银行信托投资公司总经理
吴正林　上海市第一百货商店股份有限公司总经理
吴邦胜　上海三峡实业公司总经理
张　杰　北京共同家庭用品有限公司董事长兼总经理
张庆民　军神集团实业有限公司董事长兼总裁
张达夫　上海华联商厦股份有限公司董事长兼总经理
杨仁忠　江苏银玲集团公司董事长
周芝石　上海市政协常委、中信实业银行上海分行行长

赵光学　河北大洋集团公司总经理
姚美良　全国政协委员、永芳集团公司董事长兼总经理
殷　俭　龙德行有限公司董事长兼总裁
夏晓梅　上海金龙塑料有限公司总经理
唐嘉明　江苏省浏家港港口开发区发展总公司总经理
梅显利　发景集团公司总经理
葛子平　全国政协委员、天津立达集团公司董事长兼总经理
韩民权　上海施湾实业总公司总经理
蔡伊兰　上海富达文化企业有限公司常务副董事长
蔡伊强　上海富达文化企业有限公司总经理
冀　松　龙德行有限公司副总经理
戴凤举　中国人民保险(集团)公司副总经理

目　　录

论　文

〔香港回归专辑〕

专题分析

〔问题研讨〕

〔财政收支与物价指数〕

〔对外经济贸易〕

〔农村经济〕

〔工业经济〕

〔运输和邮电通讯业〕

沿海开放城市选介

Contents

论　　文

把握大局，抓住重点，扎扎实实地把改革推向前进

李铁映

一、十一届三中全会以来取得的伟大成就来自改革

中国改革开放已经整整18年了。值此历史性的时刻，很有必要回顾一下，总结一下。这对于我们沿着18年来走过的道路继续前进，争取新的更大胜利是很有意义的。

18年改革开放的胜利实践是人类历史上的伟大试验。

改革开放的18年，是认识和实践相互促进，不断突破的18年。18年来，我国的改革主要经过了三次大的思想解放，并相应可以分为三个阶段。

第一次思想解放以1978年党的十一届三中全会为标志，重新确立了解放思想、实事求是的思想路线，否定了“以阶级斗争为纲”，党的工作重点转移到以经济建设为中心上来，提出了改革开放的任务。改革从农村开始，这是符合中国国情的战略决策。实行家庭联产承包，是中国农民的伟大创造，取得了举世瞩目的成就。

第二次思想解放以1984年党的十二届三中全会为标志，突破了把计划经济同商品经济对立起来的传统观念，明确提出我国社会主义经济是公有制基础上有计划的商品经济，要通过全面改革实现社会主义制度的自我完善和发展。在随之开始的第二个阶段中，改革的重点从农村转向城市，在各个领域全面展开。

第三次思想解放以1992年邓小平同志视察南方发表重要谈话和党的十四大为标志，确立了社会主义市场经济的改革目标。在党的十四大对社会主义市场经济初步论述的基础上，十四届三中全会通过的《决定》，全面勾画出了社会主义市场经济体制的总体框架；十四届五中全会提出国民经济和社会发展“九五”计划和2010年远景目标；今年召开的十四届六中全会又做出关于加强社会主义精神文明建设若干重要问题的决议。几年来，以江泽民同志为核心的党中央，坚持邓小平建设有中国特色社会主义理论和党的基本路线，牢牢把握“抓住机遇，深化改革，扩大开放，促进发展，保持稳定”的基本方针，继续将我国改革开放和社会主义现代化建设事业推向前进。

三中全会以来的18年，是辉煌的18年，胜利的18年。18年的改革，实现了一系列历史性的突破，带来了从物质到精神，从经济发展到思想认识方面的一系列新变化。

18年的改革推动了国民经济与社会事业的大发展。

改革是一场革命，是中国现代化的必由之路，18年来，我党带领亿万人民群众，为实现从过分集中的计划经济到社会主义市场经济、从封闭型经济到开放型经济、从不发达经济到发达经济的伟大转变进行了艰苦努力和勇敢实践。

目前，我国经济体制格局已发生了深刻变化：公有经济为主体，多种经济成份共同发展的格局已经形成，对公有经济多种有效实现形式的探索取得了重要进展；包括部分国有企业在内的企业组织体制和运行机制实现了初步的转换，各类企业面向市场、参与竞争的能力有了不同程度的提高；统一、开放、竞争的市场体系已现雏形，市场机制在经济生活中的调节作用大大增强；以指令性计划为主，定指标、分投资、批项目、拨物资的直

* 本文是国务委员、国家体改委主任委员李铁映同志于1996年12月18日在全国体制改革工作会议上的讲话。

接管理方式，开始向更多地运用经济和法律手段的间接管理方式转变，初步形成了适应市场经济要求的宏观调控体系框架；按劳分配为主体、多种分配方式并存的收入分配格局大体确立，新的社会保障体系正在加快建设；打破了封闭的经济运行系统，多层次的对内对外开放的总体格局基本形成。从整体上看，社会主义市场经济体制的基本框架已经显现。

伴随着18年来对传统计划经济体制的一系列突破，我国国民经济与社会事业实现了巨大发展和全面飞跃；

——国民经济实现持续快速增长。18年来，国民经济平均每年增长达10％左右，不仅大大高于改革前30年的平均水平，并于1995年提前5年实现国民经济翻两番的奋斗目标。我国的综合经济实力显著增强，成为当今世界经济增长速度最快、潜在发展能力最强的国家之一。

——经济运行质量明显提高。长期失调的农、轻、重比例关系基本理顺；基础设施与公用事业的建设迅速扩展，能源、交通等瓶颈制约明显缓解；农业的基础地位得到加强，农业产业化、农村城市化步伐加快；国民经济抵御风险的能力显著增强。

——国内经济与国际经济互接互补的格局初步形成。对外开放的力度增强，外商投资的环境改善，使我们吸收了大量的国外资金、技术人才和管理经验；对外贸易结构不断改善与升级，进出口贸易持续大幅度增长；对外投资规模日益扩大，国际竞争力逐步提高，中国在世界经济舞台上发挥着越来越大的作用。

——经济和社会协调发展。城乡居民收入大幅度增长，个人金融资产迅速增加，人民财富积累形式更加多元化；人民生活水平明显改善，物质生活内容日益丰富；精神文明建设取得积极进展和明显效果；人心安定，社会稳定。

十一届三中全会以来的18年，是我国生产力发展最快、人民得到实惠最多、综合国力提高最大、对外经济扩展最迅速的时期。改革焕发了社会主义制度的青春和活力，进一步坚定了我们走有中国特色社会主义道路、建设社会主义市场经济的信心和决心。

18年的改革丰富和深化了对社会主义市场经济的认识。

建立社会主义市场经济是一项前无古人的伟大创举，没有现成的模式可以照搬。我们是在缺乏理论准备与实践经验条件下“摸着石头”开始这场新长征的。小平同志作为我国改革开放的总设计师，科学而深刻地解答了什么是社会主义、怎样建设社会主义的问题，全面而系统地阐述了我国改革开放的方向、原则、政策和方针，形成了邓小平经济思想。这是新时期指导我们进行改革开放和社会主义现代化建设的政治经济学，也可称作是社会主义市场经济学。

18年的改革实践特别是近几年的改革实践，大大深化和丰富了我们对社会主义市场经济的认识，使我们在关于社会主义市场经济的一些重要问题上获得了共识：

——社会主义市场经济体制是同社会主义基本制度结合在一起的。为了实现这一目标，必须坚持以公有制经济为主体、多种经济成分共同发展的方针。改革的一项重要任务，就是要探索市场经济条件下公有制经济的具体实现形式，实现公有制与市场经济的有机结合，不断壮大和发展国有经济和集体经济。企业的财产组织形式和企业经营方式都是手段，不是目的，不存在姓“社”姓“资”的问题。集体经济不是公有制经济的低级形式和过渡形式，而是公有制的重要组成部分，要大力发展。

——国有企业改革是建立社会主义市场经济体制的中心环节。国有企业改革的方向是建立产权清晰，权责明确，政企分开，管理科学的现代企业制度；目标是使企业成为法人实体和市场竞争主体；基本思路是着眼于搞活整个国有经济，对国有企业进行战略性改组，搞好大的，放开放活小的；基本原则是把改革同改组、改造和加强管理结合起来，把企业内部机制转换同解决历史包袱和改善外部环境结合起来，着力进行制度创新。

——充分发挥市场机制的作用和加强宏观调控，都是建立社会主义市场经济体制的基本要求。充分发挥市场机制在资源配置中的基础性作用，必须建立主要由市场形成价格的机制，加快培育和发展生产要素市场，规范市场行为，打破地区、部门的分割和封锁，形成统一、开放、竞争、有序的市场。社会主义市场经济在处理市场机制和宏观调控关系方面，可以比西方国家做得更好。国家对市场经济活动必须加以正确的指导和调控。以经济体制转轨、产业结构升级和经济快速发展时期，加强和改善宏观调控尤为重要。

——必须坚持以按劳分配为主体、多种分配方式并存的制度，体现效率优先、兼顾公平的原则，合理调节社会分配关系，建立健全社会保障体系。劳动者的个人劳动报酬要引入竞争机制，打破平均主义，合理拉开差距。坚持鼓励一部分人，一部分地区先富起来的政策，提倡先富带动和帮助后富，逐步实现共同富裕。必须注意解决社会分配差别过大和地区差距过大的问题，协调城乡之间、地区之间、不同社会群体之间的利益关系。

——社会主义市场经济是开放型经济。中国的发展离不开世界，封闭只能导致落后。要充分利用国际国内两个市场、两种资源，依照我国国情和国际经济活动的一般准则，规范对外活动，维护国家利益。兴办经济特区是利用国外资金、技术、管理经验发展社会主义经济的崭新试验。深圳等地的实践证明，经济特区姓"社"不姓"资"。中央一再重申，特区的基本政策长期不变。

——社会主义市场经济是法制经济。建立和健全市场经济法律体系，是发展社会主义市场经济不可分割的组成部分。必须坚持改革开放和法制建设的统一，做到改革决策、发展决策与立法决策紧密结合，加快经济立法，用法律引导、推进和保障社会主义市场经济的健康发展。要健全社会主义法制，依法治国，建立法制国家，真正做到有法可依，有法必依、执法必严，违法必究。

——社会主义精神文明是社会主义社会的重要特征，是建设社会主义市场经济的重要内容和现代化建设的重要保证。物质文明是基础，经济建设这个中心必须牢牢把握，毫不动摇，但精神文明搞不好，物质文明也要受破坏，甚至社会也会变质。在建立社会主义市场经济体制的同时必须创造高度的社会主义精神文明。

18年来经济体制改革的成功拓展，不仅把中华民族带上了全面复兴和繁荣昌盛的通途，而且开启了在社会主义条件下发展市场经济的先河，展示了建设有中国特色社会主义的光辉前景。18年取得的伟大成就来自于改革，未来的进一步发展仍然要靠改革。

二、正确理解和认真贯彻中央经济工作会议精神

最近，中央召开了一年一度的经济工作会议。江泽民同志、李鹏同志和朱镕基同志在会上作了重要讲话。会议在全面分析当前形势的基础上，确定了1997年经济工作的大政方针和主要任务。明年经济工作的任务十分繁重，完成这些任务，关键在于落实中央提出的"把握大局、再接再厉、同心同德、开拓前进"的根本性要求。这十六个字是一个有机联系的整体，但核心是把握大局。所谓大局，就是江泽民同志所指出的:"坚持以邓小平建设有中国特色社会主义理论和党的基本路线为指导，全面贯彻'抓住机遇、深化改革、扩大开放、促进发展、保持稳定'的基本方针，积极稳步地把建设和发展有中国特色的社会主义伟大事业推向前进。"只有深刻理解和正确把握全党全国工作的大局，才能做好明年的经济工作和改革工作。我们这次会议的首要任务，就是学习和贯彻中央经济工作会议精神，把思想统一到中央确定的方针上来，我讲几点意见。

首先，要科学地、实事求是地分析当前的经济形势和改革形势。

即将过去的1996年，是贯彻实施"九五"计划和2010年远景目标的第一年。我们实现了开好头、起好步的要求。国内生产总值预计比去年增长10%左右，零售物价涨幅可以回落到6.5%以内。农业获得丰收，粮食总产量预计将超过9600亿斤。财政收入快于支出的增长，预算赤字可以控制在计划目标之内。金融形势比较平稳，国际收支状况较好，国家外汇储备现在已超过1000亿美元。特别令人高兴的是，1993年以来，经过全国上下的努力，加强和改善宏观调控取得了丰硕成果。我们已基本上实现了以治理通货膨胀为首要任务的宏观调控的基本目标，整个经济开始进入适度快速和相对平稳的发展轨道。这一成绩的取得，是我们党把握大局，全面、正确、积极贯彻邓小平建设有中国特色社会主义理论和党的基本路线的结果，是全国上下齐心协力、积极奋斗的结果，也是全面推进各项改革特别是宏观管理体制改革的结果。

当前改革的形势也很好，1996年的经济体制改革取得了显著成效。同以往相比，今年的改革出现了几个新特点。**一是各级党政领导部门改革的积极性、主动性明显增强。**各地按照党中央、国务院的统一部署，不等不靠，真正以"三个有利于"为标准，解放思想，大胆实践，使改革出现一个新的热气腾腾的局面。许多省市召开了高层次的体改工作会，党政一把手亲自抓体改，各个部门都争相参与体改。**二是国有企业改革在放开放活小企业方面取得突破性进展。**在国家体改委有关小企业改革的意见出台前后，有将近20个省市区制定了专门文件，召开了专题会议。**三是存量资产的流动和重组步伐加快。**推进存量资产的流动和重组是从整体上搞活国有经济的一个关键举措。尤其是上海和一批改革试点市，把企业改革与结构调整、资本运营紧密结合起来，在优化国有资产配置、提高土地使用效益、重新安置下岗职工等方面，取得了较为系统的新经验。**四是更加注重以城市为单位进行综合配套改革。**各地、各部门普遍更加重视以城市为依托推进改革，积极争取纳入国家的改革试点，综合配套改革试点城市已由18个扩大到34个，优化资本结构试点由18个扩大到58个。**五是宏观方面的改革和微观方面的改革比较协调。**成立了一批城市合作银行，开展了农村金融体制改革，人民币实现了经常项目可兑换。在财税体制方面也采取了一些新举措。

在充分看到改革和发展所取得成绩的同时，我们也要清醒地看到存在的问题。经济运行中的总量关系缓和之后，结构性矛盾越来越突出。"大而全、小而全"，分散重复建设问题相当严重。中央财政赤字较大，银行不良贷款继续增加。特别是社会库存增幅过高、出口增势停滞，企业效益下滑，都是近几年所罕见的。国有企业，特别是国有大中型企业的改革和发展遇到了许多困难。政府职能的转变还比较缓慢。要素市场的发展还

很不适应建立新经济体制的要求。此外，社会生活中还存在不少消极腐败的现象。一些地方社会治安和社会风气不好。对这些问题必须高度重视，要深刻认识到有些问题发展下去的严重性和危害性，采取切实有力的措施，认真加以解决。

第二，要准确地把握明年经济工作的重点，坚定不移地推进改革。

在中央经济工作会议上，江泽民同志指出："明年总的宏观经济政策应保持连续性、稳定性和必要的灵活性，做到稳中求进。"显然，这里的"稳"是积极的稳，它不仅需要"进"来作保证，而且其目的也是"求进"。可以说，稳是大局；加大改革力度，加快改革步伐，扎扎实实地推进两个根本转变也是大局。江泽民同志指出："开拓前进，就是要增强改革意识和创造精神，知难而进，锐意进取，积极解决改革和建设中的难点和重点问题。""只有坚定不移地推进改革，才能有效解决经济生活中的深层矛盾，也才能为经济持续快速发展创造有利的体制条件。"李鹏同志也明确指出："明年要抓住宏观经济环境比较有利的时机，把经济工作的重点切实放到推进经济体制改革和转变经济增长方式上来"。

明年的改革不仅要继续深化，而且要力争取得新的突破。从十四大提出社会主义市场经济体制的改革目标以后，已经五年时间了，明年要召开十五大，应该在建立新体制方面取得新的成绩。明年我国还将恢复对香港行使主权，保持改革开放的良好势头，对于香港的平稳过渡，也具有非常重要的意义。从经济生活的现实来看，各种矛盾和问题的解决，根本的出路是改革。目前社会生活中存在的消极腐败现象，也在很大程度上与经济体制的不规范、不统一和不完善有关。明年改革迈出较大步伐是必要的，同时也是可能的，因为明年面临着好的形势和机遇。今年宏观经济运行平稳，明年经济可望继续保持较快的增长和较低的物价上涨水平；今年的改革取得了新的经验，摸索到一些新的办法，为明年奠定了良好基础；全党全国贯彻六中全会精神，加强思想道德和文化建设，可以为改革创造更好的社会环境。

第三，要积极主动地针对经济发展中突出的矛盾和问题深化各项改革。

中央经济工作会议要求，明年的经济工作必须做到四个结合：一是把总量控制与结构调整更好地结合起来；二是把宏观调控与微观搞活更好地结合起来；三是把深化改革与促进发展更好地结合起来；四是把经济发展与社会发展更好地结合起来。就改革战线来讲，要针对当前经济发展中存在的突出矛盾和问题，加大改革力度，转换机制，理顺关系，促进经济的良性循环，求得经济既快又好的发展。

目前我国经济生活中最尖锐的问题是生产和投资不适应市场需求造成的结构不合理问题。生产不适应市场，集中表现为工业产销率不够高，社会库存增加过快过多。根据统计局最近公布的数据，1995年的存货增加为3032.6亿元，相当于按支出法计算的国内生产总值的5.1%。根据目前的工业产销率来推算，今年的存货增加，无论是绝对数还是相对数都势必超过去年的水平。形成这种状况有短期市场需求变化的原因，但根本的原因或深层的症结是体制问题。我国经济市场化程度低，企业生产有很大盲目性，适应市场能力差。国外的企业没有订单不生产，而我国企业之间的产品交易，签订合同的只有一半左右，其中严格执行合同的又只有一半。问题十分清楚，如果不加快企业改革，如果企业不转换机制，生产结构就不可能逐步适应市场需求结构，存货增加比重高的问题也就不能从根本上得到解决。要通过企业改革、改组、改造和战略性调整，逐步减少直至停止盲目生产，最终树立起"没有市场不生产、没有客户不生产、没有订单不生产"的市场经济观念和规则。

调整经济结构，培育新的经济增长点，必须确立市场经济思想，以市场为导向，走集约经营路子，发展规模经济；必须立足于现有企业的改组改造，立足于存量资产合理流动和重组，立足于开发新技术、新产品，而决不能再一味铺新摊子，上新项目。有资料反映，各地在制定"九五"计划和2010年远景目标时，将汽车列为支柱产业的省、区、市有22个，将电子列为支柱产业的有24个，将机械、化工列为支柱产业的各有16个，将冶金列为支柱产业的有14个。这样搞下去，必将出现新一轮规模更大的重复建设，我国经济结构中的问题将愈演愈烈，难以收拾。解决这个问题，一是要提高各级党政领导干部和企业负责人的认识，克服狭隘的自然经济意识和自给自足的小生产观念，树立现代化大生产和市场经济的观念；二是要加快改革步伐。江泽民同志指出："从根本上说，要靠全面深化体制改革。关键是实行政企分开，加快投资体制和有关配套体制的改革步伐。要使企业真正成为市场主体和投资主体。"

明年的改革要有助于贯彻适度从紧的财政货币政策，防止通货膨胀反弹。明年的宏观经济形势可能出现一些新情况新特点：由于连续下调银行利率，社会资金进一步分流，国有银行信贷在社会信用中的比重会进一步下降；一些地方和企业，可能会盲目扩大生产，争上新的投资项目；随着结构调整和资产重组加大力度，企业下岗和待业人员将有增无减；农业在连续两年丰收之后，明年可能出现平产甚至欠收。考虑到这些因素，明年的改革措施应服务于进一步加强和改善宏观调控。要增强对全局的控调作用，就必须增强间接手段的作用，相对减少对局部性直接干预办法的依赖；要"堵""导"结合，完善金融市场和金融体制；通过深化财税体制改革，增加财政收入，增强对预算外收支的监督，减少不必要的浪费。

明年的改革还要特别注意保持社会稳定。从根本上说，影响社会稳定的一些深层次矛盾必须靠深化改革来解决。但是，在加快改革和经济市场化的过程中，必然会出现部分职工收入减少或下岗失业的问题，部分农民生产不适应市场的问题，特定群体之间利益关系重新调整的问题，等等。对此要有充分准备，认真采取相应的措施，妥善予以处理。

三、抓住重点，进一步做好明年经济体制改革工作

中央经济工作会议提出的1997年经济工作总体要求也就是明年改革的基本指导思想。**坚持以邓小平建设有中国特色社会主义理论为指导，全面贯彻党的基本路线和基本方针，落实十四届五中、六中全会精神，切实推行两个根本性转变，继续实行适度从紧的财政货币政策，降低物价上涨幅度，加强农业基础地位，加快改革特别是国有企业改革步伐，加大结构调整力度，培育新的经济增长点，积极开拓市场，提高对外开放水平，促进国民经济持续、快速、健康发展和社会全面进步。**

根据中央经济工作会议部署，明年经济体制改革工作的总体要求是：**紧密结合调整和增长方式转变，继续以国有企业改革为重点，广泛展开存量资产的流动和重组，探索建立国有资产管理、监督和营运体系，积极推进社会保障和住房制度改革，以粮棉为重点深化流通体制改革，加大投融资体制改革力度，把城乡改革有机结合起来，进一步搞好搞活县域经济。**安排明年的经济体制改革工作，要把国有企业改革，特别是搞好国有大企业放在更加突出的地位，各项改革协调推进，力求国有企业改革有较大的突破。

明年的经济体制改革要重点抓好以下几方面工作。

1. 着眼于从整体上搞活国有经济，加快国有企业改革步伐。明年国有企业改革要在总结前几年经验的基础上，继续搞好大企业，放开放活小企业，在推进国有企业战略性调整和改组、转变企业机制上取得新的进展。

第一，按照市场经济规律的要求搞好大企业。多年来，国家在搞好大企业方面采取了一系列政策和措施，为国有大型企业的改革和发展创造了有利条件。明年优化资本结构试点城市将从58家扩大到100家，综合改革试点城市原则上都要进入优化资本结构试点；实行主办银行制度的重点企业从300户扩大到500户；企业集团试点由57家扩大到100家。各地也对搞好大企业制定了不少政策措施。要用足用好已有的政策，加大力度，推动大企业的改革和发展。明年大企业改革要重点抓好几个方面：一是制定规划，分类指导，分期分批将大多数国有大企业依据《公司法》改制为有限责任公司和股份有限公司。按照母子公司体制，理顺集团内部关系，鼓励通过兼并、联合、收购，发展一批跨行业、跨地区、工技贸相结合的企业集团，有条件的要争取早日进入世界跨国公司行列。二是抓好上市公司。目前在上海、深圳上市的公司达到500多家，在境外上市的公司25家。这些公司都是各地、各部门推荐上市的，改制前的基础就比较好，应充分发挥它们在资金筹集、资本运作、企业制度方面的优势，迅速发展壮大一批企业集团，成为新的经济生长点。三是继续抓好现代企业制度试点，要大胆探索，在增资减债、解决产权多元化、实现政企分开、健全治理结构、解决历史负担方面真正有所突破，提供面上企业可以推行的经验。同时，可以选择若干城市，以城市为单位组织现代企业制度试点，把试点和城市产业结构、企业组织结构调整有机地结合起来。

第二，进一步放开放活国有小企业。李鹏总理在中央经济工作会议上充分肯定了各地在小型企业改革方面的创造，要求"明年步子还可再快一些"。各地要认真贯彻中央经济工作会议的精神，因地制宜，继续采取多种途径和方式推进小企业改革。关键是要在总结今年经验的基础上规范、完善、巩固。这两年县级小企业改革搞得比较好的地方，应重点转向抓好城区的小型企业，包括城区集体企业的改革，市属小型国有企业可仿照上海的做法，下放到区统一管理。同时，要在小企业改制的基础上，因势利导，改革政府机构，转变政府职能，改变政府直接管企业的传统方式，实现政企分开。从这几年实践看，股份合作制确是集体经济的一种重要实现形式，是小型企业改制的好形式，受到了广大职工群众的欢迎。要继续鼓励进行多种形式的股份合作制试点，抓紧研究制定《股份合作企业法》，赋予股份合作企业应有的法律地位，明确其权责关系。同时，要进一步修改完善《城市股份合作制暂行规定》，并尽快颁布实施。各地也要根据本地实际制定股份合作制暂行办法，以推动股份合作制的健康发展。

第三，以解决债务问题为重点，采取多种措施化解历史包袱。国有企业债务问题，已不仅仅是企业发展的现实问题，而是关系到国有银行、国家财政、国有经济能否良性运转的全局性问题。解决国有企业债务问题的时间不能拖得太久，明年必须迈出实质性步伐。一是按照国家有关政策，分期分批处理部分不良债务，多渠

道转增和增补国有资本金。二是借鉴上海等地的经验，采取“六个一块”以及其他办法，积极解决企业债务问题。三是抓紧落实国发[1996]11号文件提出的“在选择的几个试点城市中，探索处理银行不良资产的办法”的任务，尽快启动国有经济债务重组试点，继续探索处理企业债务和银行不良资产的有效办法。各地都要选择一些重点企业，认真按照建立现代企业制度的要求，在解决企业债务问题的同时，采取多种措施分流企业富余人员，分离企业办社会职能。如果明年全国有一大批企业在这些方面取得成功经验，就意味着国有企业改革有了突破性进展。

江泽民同志在经济工作会上对切实加强企业管理，加强企业领导班子建设已经都讲清楚了。我再强调一点的是，建立现代企业制度，必须坚持基层党组织在企业中的政治核心和监督保证作用，坚持党对企业的政治领导权，坚持全心全意依靠工人阶级，坚持充分调动职工的积极性，加强企业民主管理。这是一条基本原则，决不能有任务动摇。

2. 紧紧围绕结构调整，积极推进存量资产流动和重组。存量资产流动和重组是结构调整的重要方面，是从整体上搞活国有经济的重要手段，是推进两个根本性转变的重要环节。今年9月，国家体改委在常州召开“全国城市综合配套改革试点工作会议”，部署过以存量资产流动和重组为重点的综合改革试点工作。明年改革要把这个问题放到一个更加重要的位置上，抓紧抓好。

第一，存量资产流动和重组要以市场为导向，紧扣国家和地区经济发展战略和产业规划进行。结构调整要有利于强化基础产业和支柱产业，有利于促进产业结构的升级，有利于改变地区之间的结构趋同。按照这一方向，要积极鼓励组建大公司、大集团，使存量资产流向优势企业和名牌产品企业，推动行业调整和带动一些企业的改革改组。

第二，适当加大兼并、破产的力度，有计划有步骤地淘汰落后企业。李鹏同志在中央经济工作会议上指出:“要鼓励多兼并少破产、多并转少关停、以保持社会的稳定”。国务院正在研究，准备给予兼并企业更优惠的政策，以鼓励兼并。对于确实找不到其他重整途径的企业，要严格依照《破产法》和有关规定施行破产，防止假破产、真逃债，要注意掌握好企业破产在试点城市和非试点城市的政策界限。

第三，一般企业包括经营状况较好的企业，也要抓紧进行存量结构的调整。股份公司要根据市场发展的需要，调整公司资本结构和组织结构。有条件的城市，要进一步加大调整劳动力就业结构、土地使用结构和分离非生产性机构的力度。学习和借鉴北京、上海等地的经验，紧密结合城市发展规模，利用级差地租收益，对市区内老企业进行搬迁改造或转产改造，盘活包括土地使用权在内的存量资产。

第四，要把存量调整与增量调整紧密结合起来，加大老企业技术改造力度。存量调整与增量调整是结构调整的两种不同方式，既不能相互替代，也不能完全割裂开来。增量调整要有利于促进经济结构和存量资产的优化。明年要按照存量调整与增量调整相结合的原则，采取多种办法，加大老企业技术改造力度。一是利用外资改造老企业，要按照有关政策和法规加强引导、规范，既可采取外商直接投资、合资合营，也可搞股本融资。二是积极利用外地区资金和技术，加快老企业技术改造步伐。要进一步鼓励国内企业和投资者打破地区、行业、所有制界限，投资改造国有老企业。三是要在银行贷款、企业债券发行、股票上市等方面，优先支持改制改组企业的技术改造投融资。

第五，在国有经济内部，鼓励跨地区、跨部门无偿划转。国有资产在国有经济内部可以划转，既包括对自己是包袱，给别人是财富的企业和项目，也包括效益较好，划给别人有更快发展的企业或项目。对地方来说，关键是解放思想，提高认识，算大帐，不算小帐。要通过无偿划转，提高国有资产运营效率，盘活国有存量资产。

第六，采取有力措施，实现资产重组与企业富余人员分流相协调。资产流动重组面临的一个最大的难题是富余人员的安置问题。一方面在社会保障能力还不能适应企业改革和发展需要的情况下，分流富余人员要动员企业、社会和政府的力量，实施多种补充保障措施，帮助下岗职工再就业。另一方面要结合资产重组，从资产转让收益中划出一块来安置富余人员。这是加快存量资产流动和重组的一个重要方法。

3. 以国有资产保值增值为目标，加快建立国有资产管理、监督和营运体系。十四届五中全会《建议》指出:“搞好配套改革，重点是建立权责明确的国有资产管理、监督和营运体系，促进政企分开”。国有资产管理、监督和营运体系不建立，国有资产保值增值无人负责的问题就不能从根本上得到解决，国有资产的权益也就得不到保障，政府部门势必仍要去干预和直接管企业，政企就很难分开。明年要把建立国有资产管理、监督和营运体系放到更加突出位置上，抓好以下工作:

第一，要紧紧抓住建立国有资产出资人制度这一环节，加快构造国有资本营运体系。关键是在把国有资产行政管理监督职能与国有资本营运职能分开的前提下，理顺国有资本的资产关系，建立出资人制度，落实国有资本经营责任，促进国有资产保值增值。国有资产行政主管部门要依照《国有企业财产监督管理条例》

等法律法规规定的职责范围，履行国有资产行政管理和监督的职能。

第二，按照政企职责分开的原则和企业依法经营、自负盈亏的要求，积极构建国有资本营运机构。营运机构依法设立的主要途径，一是大企业集团公司改建，二是主管部门职能分解改制，三是根据需要新建。在抓好中石化、有色、航空工业总公司进行国家控股公司试点的同时，重点选择一些有条件的大型企业集团公司作为国有资本营运机构，进行国有资本营运试点。还要选择少数国有投资公司，进行国有资本投资和营运相结合的试点。同时，要鼓励地方特别是城市多方探索建立国有资本营运体系的有效途径。

4．加快投融资体制改革步伐。明年要把加大投融资体制改革力度，提高增量资源的配置效率，摆在重要的位置上来，重点抓好以下几项工作：

第一，进一步强化企业的投资主体地位，在投资领域中更广泛地引入市场竞争机制。凡是经营性项目都要由企业充当投资主体。各级政府部门要下决心从一般加工工业和竞争性的基础产业投资领域撤出来，实现政企分开，让企业成为真正的投资主体。采取切实措施，进一步打破投资领域的条块分割和地区封锁。要选择若干政府确定的重点建设新项目向社会公开招标，通过公开、公平竞争确定项目法人。具备条件的企业或企业集团都可以独立或联合参加竞标。同时，要鼓励和推行联合投资、参股投资，在项目建设中引入多元投资主体，打破行政袭断和吃大锅饭的局面。

第二，认真落实项目法人责任制和资本金制度。要总结推广实行项目法人责任制较为成功的经验，依法保护出资人的权益，加强社会舆论对重要投资项目的监督，多方面促进项目法人责任制的落实。严格执行投资项目资本金制度，对于没有达到规定资本金数额的新建项目，一律不准开工建设。

第三，适当扩大直接融资的比重和渠道。银行利率下调，必然导致资金分流，如果不在直接融资方面开大正门，大量社会资金就可能流向不规范不合法的融资渠道。明年要增加直接融资的比重，扩大直接融资渠道：一是适当扩大股票发行规模，选择具备条件的企业发行股票并上市交易。二是在健全债券信用评级制度和规范发债机构的基础上，扩大企业直接进入市场发行企业债券的比重，拓宽企业发展的融资渠道。三是有计划地发展一批专对实业项目的投资基金，选择若干城市进行投资基金运营试点，重点向试点企业以及效益好、有市场前景的项目进行投资。

第四，赋予国有商业银行投资贷款更大的自主权。商业银行要强化贷款的期限管理，重点考查贷款企业到期偿还本息的能力，统一按照期限掌握贷款，逐步增强投资贷款的决策自主权，同时要强化银行信贷风险责任。政策性银行也应增强风险意识，增强自主选择国家项目的能力，提高资产质量。

第五，切实加强和改进固定资产投资的宏观调控和管理。各级政府和主管部门要进一步转变职能，主要管方针、政策、规划和监督，不要直接干预企业的投资活动，把投资决策权交给企业，同时由企业自行承担投资风险。要适应社会主义市场经济发展的新情况，抓紧完善国家产业政策体系和行业发展规划，特别要加强对地区经济布局的引导和调控，防止地区产业结构的趋同化。要加快投资立法步伐，规范投资决策、审批、监管和责任。

5．积极推进社会保障制度和住房制度改革。明年社会保障制度改革也面临着艰巨的任务。

一是推行全国统一的城镇职工养老保险制度。统一制度的原则框架已经国务院确定，具体方案正在制定中。从明年起各省区市都要着手向新的统一办法过渡。实行行业统筹的部门也要向新的统一方案靠拢，逐步纳入地方统筹。

二是认真搞好医疗保险改革试点。今年扩大试点的57个城市，在年底前要全部完成实施方案的设计，明年初正式启动。要坚持按三中全会《决定》确定的方向继续进行试点，坚持属地化原则，医疗保险不应再搞行业统筹。

三是管好用好失业保险基金，充分发挥其促进结构调整、维护社会稳定的作用。各地要从实际情况出发，多渠道筹措社会保险资金，包括从现有存量资产和土地出让收益中划出一定比例，用于补充养老和失业保险金的不足。还可以选择少数城市进行补充养老基金投资、营运试点。

四是采取措施，加快统一社会保障管理机构。已建立社会保障统一机构的地方要进一步完善；暂时不具备条件的地方，可以先成立一个社会保险改革领导小组，协调目前仍由各部门分散管理的社会保障工作。

明年的住房制度改革要迈出更大的步伐。居民住宅业正在成为我国经济新的增长点，对国民经济关联度高、带动力强。但是目前我国的住宅产业严重循环不畅，普通商品房，甚至一部分安居工程房都有销售困难。问题的症结在于住房制度还远不适应市场经济。只有加快改革，才能把住宅真正培育成一个强有力的支柱产业。

一是住房制度要尽快从传统福利型实物分配向商品化、货币化分配转换，加快住房资金理入工资的步伐。进一步建立和完善公积金制度。各企事业单位新房应逐步取消福利分配的做法，实行只售不租或先售后租、新房新租金的政策，争取做到新房新制度。

二是下决心加大提高公房租金的力度，把国家和企业的暗补转为明补，同时对老职工可以给予一定的工龄折扣，改变居民不合理的消费支出结构和消费预期。

三是继续搞好“安居工程”，适当增加国家安居工程贷款规模，建立经济适用住房供应体系，创建安居文明小区。

四是加快住房金融体系建设，包括扩大个人购房抵押贷款业务，鼓励商业银行开展住宅储蓄，保险公司可以开展居民购房担保业务。

五是结合企业改革，重点抓好国有大中型企业住房补贴理入工资和住房社会化工作，逐步实现住房管理与企业生产经营分离。

六是积极促销积压商品房，切实降低住房造价。各地应认真清理现有住宅的价格构成，取消不合理的项目，降低过高的收费标准。

关于明年宏观管理体制、流通体制和农村体制等方面的改革，《实施要点》已作了全面的安排，请各地、各部门认真落实。我在这里强调两点：一是国务院决定明年对粮食流通体制进行改革，改革的方向是“一并轨、四分开”，即实行粮食定购价与市场价并轨，政府粮食部门与粮食企业职责分开、国家储备与商业性经营和地方储备分开、中央和地方的责任分开、粮食企业新老亏损挂帐分开。各地各部门要按照这一方向，积极稳妥地推进这项改革。棉花流通体制改革要坚持和完善棉花交易会制度，逐步建立与市场经济相适应的棉花流通体制。二是明年要把农村经济体制改革的重点放到搞活县域经济上来，按照前不久国家体改委召开的“县市经济改革和发展经验交流会”的要求，把搞好搞活县域经济与推进农业产业化、放活县属国有企业、深化乡镇企业改革、小城镇建设和农产品流通体制改革等方面有机地结合起来，从整体上搞活县域经济。

最后，我还想特别强调的一点是，在推进明年改革时，要进一步强化相关的法制建设。要不失时机地把实践证明是正确的改革经验与做法用法律法规的形式肯定下来，对尚处在试点阶段的改革措施，可先制定暂行规章与条例，保障其正确实施。对市场经济中带规律性的东西，应尽可能先立法。明年将要出台一系列经济法律法规，这是十分必要的。但是，要注意充分发挥综合经济部门和社会各界在立法中的作用，保证立法的公正性和合理性，防止出现部门利益权力化，权力法制化的倾向。

四、进一步加强对体改工作的领导和体改队伍的建设

我国改革已进入初步建立新体制的攻坚阶段。改革的配套性显著增强，社会各方面权力和利益的调整愈益深刻，改革的艰巨性、复杂性、风险性大大提高，我们面临的改革任务十分繁重。

1. 党政领导要亲自抓改革。 十多年的实践证明，哪里的改革抓得好，哪里的经济就发展得快。十多年的实践还证明，改革抓得好不好，关键在领导。经济体制改革是一个复杂的系统工程，涉及到各个方面、各个部门，只有主要领导同志直接负责、亲自协调，才能够有效处理好各个方面的关系，解决来自各个方面的障碍，把改革措施推到位、落到实处。要想改革到位，领导必须先到位。今年以来，湖南省委、省政府先后召开三级领导干部参加的体改工作会、小企业改革会和县级改革试点会。主要领导亲自主持、亲自讲话，对全省的改革起到了很大的推动作用。

2. 充分发挥体改部门的综合协调作用。 各级体改部门是各级政府统筹经济体制改革的职能部门。在国家总体改革方略已经推出，各部门对相关的专项改革更加关切的时候，体改部门的综合协调作用不是削弱了，更不是可以不要了，而是更重要了。为提高各项改革措施的整体效益，防止改革措施间的相互脱节与掣肘，为保持改革措施的正确到位，防止因局部利益和部门利益导致改革措施的走形变样，必须发挥体改部门的综合协调作用。从一定意义上说，充分发挥体改部门的综合协调作用，是加强党政对改革领导的一个重要内容。各个涉及面较宽、影响较大的改革方案，应先经体改部门协调后再出台。

3. 加强体改机构建设。 体改机构是中国改革的产物，是时代的产物，是中国的优势，是中国的特色。18年来的改革实践证明，中央决定建立体改机构主持改革的规划、试点和协调等方面的工作，是正确的，是成功的，也是卓有成效的。同体改部门在新时期所担负的重要使命相关，必须进一步加强体改机构的建设。机构是职能的保障。要保持各级现有体改机构的稳定性，有条件的还要进一步加强。特别是综合配套改革试点市、县的体改队伍，只能强化，不能削弱。

各级体改部门是党委和政府在改革方面的参谋和助手，要主动向党政领导请示汇报工作，提出改革建议，有效拓展改革范围，继续努力做好对改革的规划、协调、试点、服务工作，不辜负各级党政领导和人民的期望。这方面，上海、安徽、黑龙江、广东、湖北、甘肃、武汉、重庆、广州、宁波等地体改委给我们做出了表率，他们的经验值得各地学习。

4. 进一步提高体改队伍的素质。 体改部门担负着艰巨的改革使命，要履行好自己的职责，必须具备良好的素质。18年来，改革取得了伟大成就，包括造就了一支素质较高的体改干部队伍。特别是一批长期在体改

战线工作的同志，勤勤恳恳，任劳任怨，廉洁奉公，不计较个人得失，为中国的改革作出了应有的贡献。他们的劳动是很有意义的，各级政府应给予表彰和奖励。在这里，我要特别地向他们表示敬意和感谢。

希望各级体改干部认真学习六中全会精神，继续发扬好传统好作风。要按照江泽民总书记的要求，讲政治，讲学习，进一步用建设有中国特色社会主义理论特别是邓小平同志经济思想武装头脑，提高自己的政治、业务素质。要深刻理解和正确把握全党全国工作的大局，善于从政治上观察问题、思考问题和解决问题，在政治上、思想上、行动上同党中央保持一致。要深入实际，深入群众，尊重群众首创精神，知难而进，勇于探索，大胆实践，积极解决改革的重点难点问题。要吸收新知识，研究新问题，增长新才干，使自己成为既有理论素养，又有实践经验的改革专门人才。

1997年将是我国历史上具有重要意义的一年，因而对体改工作者来说，也应是大有作为的一年，让我们紧密团结在以江泽民同志为核心的党中央周围，把握大局，扎实工作，为取得明年改革工作的新成就，为实现两个转变而努力奋斗！

1997年经济体制改革工作的重点

张 皓 若

一、搞好改革试点

现代企业制度试点工作要进一步加快步伐。明年将是开展这项试点工作的第三年。国务院和各地、各部委确定的现代企业制度试点单位都要在各级政府的组织领导下，认真实施试点方案，争取在解决重点、难点问题上取得较大的突破。这项改革能不能取得成功，关键不在于抓了多少家，而在于是否真正有所突破。因此试点工作一定要在企业制度创新上下功夫，在解决制度创新过程中的难点、重点问题上下功夫，通过制度创新，使企业的经营机制真正得到转变，同时企业的组织结构、规模结构、产权结构、负债结构得到调整和优化，促进企业的发展和经济效益的提高。国家体改委负责联系的30家企业试点的有关工作，还将召开专门的会议进行研究和安排。如果有可能的话，争取国家经贸委同国家体改委在国务院领导下共同召开这次会议。

企业集团试点也要进一步抓紧。最近国务院已经确定企业集团试点由57家扩大到115家，第二批试点即将正式投入运作。这项试点也要按照建立现代企业制度的要求，在理顺产权关系、建立母子公司体制，以及调整企业结构、扩大集团规模、增强市场竞争能力、提高规模经济效益上下功夫。债务重组试点、综合商社试点等其他几项关于企业改革的试点也要迈出新的实质性的步伐。

城市综合配套改革试点，下一步的工作重点要放到推进存量资产的流动和重组上来。要继续贯彻常州会议精神，把深化配套改革与调整结构结合起来。目前我委已经确定了39个综合配套改革试点城市，仍不断有一些城市要求加入试点的行列。试点城市多一些当然是好事，但重要的是要提高试点的工作质量。因此这里我再强调几点：一是要在“突破”上下功夫。试点就意味着对现行体制的突破。每个试点城市都要结合地区特点，在某些方面的改革有所突破。试点城市的综合改革要走在全省(区)的前面，有些改革要走在全国前面。二是要在“配套”上下功夫。城市改革要统筹规划，各方面的改革要相互协调，衔接配套。三是要在“特色”上下功夫。改革的目标虽只有一个，但改革的途径可以有多种，思路和措施可以有所不同。我们的试点城市遍布全国各地，资源条件和经济发展状况各具特色。改革试点要紧紧围绕当地的经济发展战略来展开，发扬自身的优势，形成并保持各自的特点。

要认真总结各项改革试点的经验。这些试点大都已进行了好几年，应当在不同程度上总结出一些可以推广和借鉴的经验。希望各地都要象上海、深圳那样，既善于辛勤耕耘，又善于开花结果，及时把改革实践中的成功经验总结、推广，使之制度化、规范化。实践证明，各地在试点的基础上总结自己的经验，提出和制定符合本地实际情况的指导性、政策性措施以及地方性法规是行之有效的，也是大有可为的。这次会议上深圳市介绍的关于企业领导体制的五个文件，国有资产管理和营运体制改革、地方财税体制改革和口岸管理体制改革试点的初步成果，都是很好的例子。不仅要总结搞得好的试点企业的经验，而且对非试点企业、非国有企业的经验，只要有利于深化改革，有利于促进生产力的发展，也要认真总结，认真借鉴。

二、继续实施“抓大放小”

在过去的一年里，各地认真贯彻中央、国务院提出的“搞好大的、放开放活小的”战略方针，取得了很大成效。特别是各地结合本地区的实际情况，在“放小”方面创造了许多好的经验，真正把国有小企业改革向前推进了一大步。我们要在1996年工作的基础上，把抓大与放小更好地结合起来。抓大与放小是一个有机的整体，是一个问题的两个方面，它们相互联系又各有侧重，共同组成了搞好国有企业的一项基本方针和战略性措施。抓好大的有利于带动小的，也有利于为放开搞活小企业开辟更多的渠道和更广阔的空间。放开搞活小企业则有利于集中精力抓好大的，也有利于取得经验促进大企业改革。许多改革措施，如联合、兼并、收购等往往是大企业与小企业相互作用、互为条件、同时进行的。资产的流动和重组是以优化配置为原则的，是不论企业大小的。因此各地无论是在抓大还是放小方面都是可以有所作为的，一定要统筹考虑，相互结合，加大力度，把抓大放小这盘棋下活。

“抓大”的工作重点，一是实施大公司、大集团战略。要立足地区优势，采取实实在在的措施，扶持发展一批大公司、大集团，使其扩大规模、提高效益、增强竞争力。二是抓上市公司。各地通过体改部门和证券管理机构推荐和审批上市的公司，往往在资金、管理、机制等许多方面具有一定的优势，要抓好一批上市公司，使之成为企业改革与发展的典型。三是抓好各地确定的重点大企业。不论是大企业、大集团，都要通过扶持和培养，使之成为新的经济增长点，在地区以至全国的改革与发展中发挥骨干作用。

“放小”的工作要在总结1996年经验的基础上，按照“三个有利于”的标准，进一步采取更加灵活的措施。李鹏总理明确指出，放活国有小企业“明年的步子还可以再快一些。”明年一方面要加大改革力度，一方面要扩大小企业改革面，争取再通过一年的努力，各地国有小企业普遍能够经过多种改革方式进一步放开搞活。目前小企业改革发展很不平衡，县级好于城区，生产企业好于流通企业，城镇国有企业好于集体企业。明年各地要从实际出发，有针对性地改变这种局面。要克服思想上的阻力，放活市属和区属小型企业。小企业改革也要注意总结经验，实践证明行之有效的措施如股份合作制等，应当尽快制定和出台指导性的规范，使之逐步法制化。

三、进一步推动国有资产的流动和重组

中央经济工作会议提出明年要加大结构调整的力度，并进一步指出，解决结构调整问题，“从根本上说，要靠全面深化改革。”把深化改革与结构调整结合起来，进一步推动国有资产的流动和重组，在深化改革中调整结构，优化资源配置，这是明年改革工作的重点，也是今后一个时期改革工作的一个突出特点。

首先，要加大实施企业兼并、破产的力度。企业兼并、破产是盘活存量资产、进行结构调整的重要手段，在今后一个时期内是大有文章可做的。由于实施企业破产涉及的问题更为复杂一些，因此还是要强调多兼并，少破产。企业破产按国发[1994]59号文件精神冲销呆帐准备金的政策目前还仅限于在“优化资本结构”试点城市进行，面上的企业实施破产可以依照《破产法》来操作，各地要在这个原则前提下从实际出发，大胆实践。企业破产要注意妥善安置职工，在清偿过程中要充分听取债权人的意见，破产兼并后要注意建立起新的机制。企业兼并的范围目前仍比较小，一些政策规定也比较死，预计国家将会逐步放宽关于鼓励兼并的政策。各地一方面要用好用足现有的政策，同时要结合实际积极探索扩大企业兼并、促进结构调整的具体办法。

其次，在努力盘活存量资产的同时，要用好用活增量投入。为此，要积极推进投融资体制改革。铁映同志在讲话中已经重点谈过这个问题，希望能引起大家的重视。虽然这方面改革的决策权主要集中在中央，但地方也不是完全无所作为的。改革的方向，一是认真推行投资项目法人制度、项目资本金制度，进行项目法人公开招标试点，切实做到增量投资从上项目开始就按市场规律操作，就明确出资关系，就打好资本金的底子。二是适度扩大直接融资，鼓励企业走“缺资金，找市场”的路子，包括争取股票上市、吸收社会法人和个人投资以及境外资金、试行内部职工持股、发行企业债券，探索各种形式的规范化投资基金等。我们深信，随着经济体制的转轨，市场融资的路子将会越走越宽。

第三，积极稳妥地开展产权交易。结构调整力度的加大，必将促进各种经济成份、各种形式的产权交易进一步开展。这么大数额的资产进行流动和重组，这样多大大小小、各种所有制形式的企业在相互作用，重新组合，没有相应的信息网络和交易场所是不行的。因此，产权市场在我国的出现和发展是有一定必然性的。希望各地体改部门要认真研究、积极促进这方面的改革，同时要注意力求规范，防止国有资产流失。

四、积极探索国有资产监管和营运体制改革

党的十四届五中全会提出要“建立权责明确的国有资产管理、监督和营运体系”。随着企业改革的深化和国有资产流动重组的扩大，迫切要求尽快建立国有资本出资人制度、法人财产制度，迫切要求加快政府职能转变和投融资体制改革、发展资本市场和产权交易，这些无不与国有资产监管、营运体制改革直接相关，其中建立国有资本营运体系更为关键。据了解，全国已有

许多城市在这方面进行了不同程度不同形式的实践探索，应认真总结经验加以完善。鉴于目前全国尚未出台统一的改革方案，国家体改委在研究总结各地实践经验的基础上，提出了一个《关于城市国有资本营运体制改革的思路》，在九月份的常州会议上作为讨论稿发给了大家，但在那次会议上没有来得及进行深入研究和讨论。会后有一些城市要求按照这一思路试点，目前这项工作正在抓紧进行。现在看来，建立国有资本营运体系已是势在必行。搞好了这件事，可以有力促进企业改组和资产的优化重组，搞好搞活国有经济，相反则可能成为深化企业改革和进行结构调整的障碍。这项改革应当作为明年改革的一项重要内容，提到议事日程上来。

建立国有资本营运体系，必须充分发挥市场机制的基础性作用，坚持政资分开、政企分开、国有资产行政监管职能与国有资本营运职能分开，以及国有资本国家统一所有、各级政府分级营运的原则，立足于搞好整个国有经济，优化国有资本结构，提高国有经济整体运行效率和效益，明确国有资本的投资主体，落实国有资本营运责任，形成激励与约束相结合的国有资本投入产出良性循环的机制，实现国有资产保值增值。建立国有资本营运体系，最主要的是建立和发展一批国有资本营运机构。可以把符合条件的国有大集团公司、大型投资公司改为由政府直接作为出资人的国有资本营运机构。也可以结合机构改革，对专业经济部门实行职能分解，将行政管理、行业管理、社会管理职能移交出去，然后可将一些专业部门改组为经济实体，一些专业部门改为从事资本经营的机构。也可根据需要设立新的资本营运机构。现在看来，国有资产监管和营运体制改革，很可能成为机构改革和政府切实转变职能的突破口。

国有资本营运体制改革是一项较为复杂、难度较大的改革，要在理清思路的基础上，先行试点，积极稳妥地逐步推进。考虑城市中国有企业较多，国有资本量大集中，所以可以首先以城市为单位，结合国民经济发展战略，通过探索国有资本营运体制改革，推进国有存量资产的流动和重组，搞好配套改革，促进经济结构调整。希望国家体改委确定的综合改革试点城市明年能在国有资本营运体制改革方面先走一步，非试点城市只要具备条件，也可以进行这方面的探索。

五、建立健全社会保障制度

加大社会保障制度改革的力度，是加快企业改革改组和结构调整的迫切要求。它关系到广大职工的切身利益，关系到社会的安定。作为企业改革重要的配套措施，社会保障制度改革，要紧扣企业改制改组，为职工排除后顾之忧，为企业减轻负担。

明年社会保障改革的一项重要举措，就是逐步统一城镇职工基本养老保险制度。国务院不久将颁布这项改革的决定，各地要坚决按照国务院的统一办法操作，特别要做好现有不同实施方案与统一办法的衔接工作。现有的行业统筹，也要按国务院的统一要求办，逐步过渡到新制度。行业统筹费率高出当地缴费标准部分，可以改为企业职工补充养老保险;低于当地缴费水平的，可逐步过渡到相同标准。对按规定参加社会养老保险的企业，应加快建立个人帐户，并尽快把向离退休人员支付保险金的工作，由企业移交给社保机构。

失业保险改革，重点是配合实施再就业工程，逐年提高由社会承担和安置失业人员的比重。

医疗保险改革试点，今年已扩大到57个城市，现已基本完成实施方案的设计。明年要集中力量抓试点方案的落实，并要总结出规律性、指导性的东西，以逐步在面上推广。我想再次强调：这项试点，一定要坚持属地化原则，不开行业统筹的口子。

建立统一的社会保障管理机构，这是党的十四届三中全会《决定》中提出的一项重要改革任务。事实上目前有不少地方在这方面已经进行了各种形式的探索。有条件的地方，明年可继续进行建立统一的社会保险机构或建立统一的资金营运机构的试验。为解决保险基金严重不足的问题，有条件的地区，可进行多渠道筹集社会保障基金的试验。

六、加快住房制度改革

今年各地在推进住房制度改革方面做了许多实实在在的工作，主要是落实上海房改座谈会精神，推行住房公积金制度，制定相应的管理办法，进一步提高公房租金，“安居工程”初见成效，售房也取得不同程度的进展。当前把住房建设作为新的经济增长点的呼声很高，但受到制约的突出问题是，住房市场化步伐缓慢，建房、售房的良性循环远未形成。明年工作的重点要放在推进住房市场化上来。否则还会继续出现一边建房一边压房的现象。问题的症结还是房改步伐不快，所以解决这一问题的根本途径就是加大住房改革的力度，努力创造条件促进住房市场的形成和发育。主要措施包括：改革现行的福利型分房制度，加快住房资金理入工资的步伐，加大提高公房租金的力度，扩大住房信贷业务，延长购房付款期限，缩短购房到售房的时间限制，等等。上海、深圳等地的房地产业开始回升，是与他们采取切实措施促进住房市场化分不开的。明年各地都要从实际出发，围绕形成住房市场做文章，使住房产业真正成为新的经济增长点。

七、深化粮、棉流通体制改革

粮食和棉花都是关系国计民生的重要商品。国务院决定明年对粮食流通体制，按照“一并轨、四分开”的方向进行改革，对棉花流通从今年起实行交易会制度。应当说，这两种重要商品市场化的方向迈出了重要一步。各地要结合当地实际情况，认真落实国务院的决定，并积极创造条件，进一步推进粮棉流通的市场化，逐步建立适应社会主义市场经济的粮棉流通体制。要开辟多种渠道扩大粮食流通，在保证粮食储备和执行粮食保护价的前提下，逐步使计划调拨部分进入市场进行公开交易。要完善粮食批发市场，通过订购价与市场价的并轨，逐步形成主要由市场决定粮食价格的机制。棉花交易会制度也要不断完善，要在加强管理的前提下，放宽入市条件，扩大价格浮动范围，活跃棉花交易，使棉花交易会向常年棉花市场过渡。

八、搞好搞活县域经济

多年来的改革实践证明：哪里的县域经济搞得活，哪个地区的经济就发展快。县域经济中存在不少新的增长点，包括乡镇企业、个体私营企业等。也可以说县域经济是我国区域经济中的一个重要的新的经济增长点。中国的改革是从农村开始的，县域经济中旧体制最薄弱，改革最容易从这里突破。国民经济发展的基础、放开放活小企业的主战场，都在县域经济之中。从当前情况看，无论是深化农村改革还是推进城市改革，都要求突破现行城乡分割的旧体制，推进城乡经济一体化，进行更大范围内的要素重组，实现资源跨越城乡界限合理有效配置。因此，如何搞好搞活县域经济，已成为当前体改工作所面临的新形势、新任务，各级体改部门对此应引起高度重视。

抓好县域经济改革，可以充分发挥体改部门牵头协调的优势。因为县域经济改革是城乡改革的结合点。涉及的内容多，综合性强，要求协调各个部门共同来抓，而且这里部门利益的色彩不浓，正适合体改部门充分发挥其协调作用。我们要开阔视野，锐意进取，创造性工作。不能只是一头扎在城市改革，忽视农村改革。各级体改部门一定要把推进县域经济改革，当仁不让地作为一项重要的改革任务来抓，并且要切实抓出成效。

去年以来，国家体改委就把搞活县域经济摆在重要位置上，先后召开了县属企业改革、小城镇综合改革、农业产业化的深化县(市)综合改革的经验交流会，并对各项改革工作进行了部署和安排。明年各地要在抓落实、抓试点方面取得实质性进展，并着重抓好以下几项工作：

一是在积极推进农业产业化方面要迈出大的步子。在县域经济的各个组成部分中，起重要作用、带动力强、具有长期发展潜力、最有生命力的，我看还是农业产业化。有人称农业产业化是实现农村第二次飞跃的起点，是实现农业经济增长方式转变的突破口，这样说实不为过。农业产业化是农业向外延伸、联结城市经济的纽带，是工业反哺农业的渠道，也是农业迈向现代化的阶梯。农业产业化的组织形式，例如农工商一体化、产加销一条龙等，都是城乡经济相互结合的具体形式。因此，要推动城乡经济一体化，必须在农业产业化上大做文章。体改部门要协调配合有关部门，着力解决发展农业产业化过程中各种体制障碍，推动经营组织和经营方式不断创新。

二是抓好小城镇综合改革。小城镇的改革和发展是一篇大文章。小城镇现居住2亿人口，其中1亿多人口的户籍仍在农村。因此，加快户籍制度改革很重要。如果这项改革搞好了，农民就会将长期投资的兴趣转向小城镇，消费行为也转向城镇，从而有利于开拓市场。而非农人口和乡镇企业向小城镇集中，又可以缓解农村耕地紧张的压力，促进农业的适度规模经营。明年应在大中城市郊区的小城镇，通过试行户籍制度改革，解决在大中城市长期就业的流动人口定居问题。并利用小城镇以土地资源参股的方式，与大中城市经营状况不良的国有企业向小城镇搬迁结合起来，改变单一的国有企业产权结构。搬迁后的国有企业可通过城市内的土地出让解决职工安置和债务问题。

三是继续深化县(市)综合改革，推动县域经济的发展。从近几年改革的经验看，县域经济改革的成功与否，关键在于县级政府管理职能的转变。明年应在理顺政企关系、推动县属企业转制、向小城镇下放权限、推动农业产业化等方面迈出实质性步伐。政府的经济管理职能转变了，服务功能加强了，对于促进农业和整个县域经济的发展，会起到重要的推动作用。

(作者所在单位：国家体制改革委员会)

1996年财政工作回顾和1997年财政工作安排

刘 仲 藜

一、1996年财政工作回顾

1996年，在党中央、国务院的正确领导下，经过各地区、各部门的共同努力，经济工作取得了很大的成绩。国民经济继续保持了快速增长，通货膨胀得到了有效抑制，社会总供给和总需求趋于平衡。农业生产喜获丰收，工业生产稳定增长，改革开放进一步深化，金融形势平衡，人民币汇率稳定，外汇储备有较多的增加。在此基础上，国家预算执行情况是好的。

根据初步统计的数字，1996年全国财政收入为7366.61亿元，完成预算的107.2％，比上年增加1124.41亿元，增长18％。其中，中央财政本级收入3649.07亿元，完成预算的102％，比上年增加392亿元，增长12.1％；地方财政本级收入3717.54亿元，完成预算的112.9％，比上年增加732亿元，增长24.5％。全国财政支出7914.38亿元，完成预算的105.7％，比去年增加1090.66亿元，增长16％。其中，中央财政本级支出2146.26亿元，完成预算的96.7％，比上年增加151亿元，增长7.6％。地方财政本级支出5768.4亿元，完成预算的109.5％，比上年增加940亿元，增长19.5％。全国财政收支相抵，支出大于收入547.77亿元。其中，中央财政赤字610亿元，比预算减少4.42亿元；地方财政结余62.23亿元。

此外，1996年中央财政债务收入1967.42亿元，其中，用于弥补中央建设性预算收支差额610亿元，偿还国内外债务还本付息和利用国外借款安排的重点建设支出合计1314.3亿元，债务收入大于支出43.12亿元，结转下年，相应减少1997年国家债务发行额。1996年债务收入大于支出的主要原因：一是由于外汇汇率变化等原因，国外债务还本付息支出减少18.97亿元；二是国内短期国债利息支出减少4.88亿元；三是中央财政赤字减少4.42亿元，相应增加债务收入结余；四是为确保国债发行计划的完成，在分配任务时适当考虑了安全系数，债务收入超过预算14.85亿元。

1996年中央与地方财政收入都超额完成了预算，特别是地方财政收入超收较多，其主要原因：一是宏观调控取得明显成效。在通货膨胀得到有效抑制的同时，国民经济继续保持了较高的增长速度，为财政收入稳定增长奠定了基础。二是随着新财税体制的确立和不断巩固完善，初步建立了稳定的中央与地方财政收入增长机制。全国财政收入在连续三年大幅度增长的基础上，1996年又增收了1124亿元。三是为了进一步规范税制，对1996年到期的一些行业和产品的增值税和其它税种的过渡性优惠政策进行了清理，取消了某些不规范的税收减免，增加了收入。四是税收征管工作普遍得到加强，征管方式、征管手段都得到一定程度的改进。五是整顿财经纪律取得初步成效，查处了一批违反财经纪律问题，相应增加了一些收入。

1996年支出超过预算，从中央支出看，主要是在执行中追加了一些补助地方必需的开支。从地方支出看，主要是地方政府在收入超收的同时，加大了对农业、教育、救灾等重点支出的投入力度，增加对困难地区补助，缓解部分地区欠发公职人员的工资，消除部分粮食企业亏损挂帐和历年滚存赤字等。此外，为了配合全国范围内的“严打”斗争，中央和地方都较大幅度地增加了公检法的支出。

以上情况表明，1996年各级财税部门较好地贯彻了适度从紧的财政政策，通过深化改革，加强税收征管，挖掘增收节支潜力，收到了明显的效果。

(一) 财税体制改革继续得到深化和完善　一是调整了部分税收政策。为了适应对外开放的需要，实行了新的关税税制，对关税税率作了大范围、大幅度的调整。关税税率的总水平由36％下调到23％。同时，对不规范的进口税收减免税政策等进行了清理。针对出口退税中存在的问题，实行了新的出口退税税率，对加工贸易实行进口料件银行保证金台帐监管制度；改革了出口退税的办法；为了进一步规范新税制，清理了过渡期税收优惠政策；同时，为实行新的个人所得税、车船税、耕地占用税、契税等税收制度做了大量准备工作。二是进一步完善了分税制财政体制，实施了过渡性转移支付制度。三是积极推动国有企业改革和社会保障制度改革，落实了有关财税配套政策。此外，还配合粮食价格改革，积极做好对困难居民的定向补助工作。

(二) 财税管理工作得到进一步加强　各级政府普遍把加强财源建设，强化财税管理作为经济工作的重点来抓，努力增收节支，保证财政收支平衡。江西、山东、黑龙江等许多地方出现了连续多年财政收支平衡的可喜局面。各级收入征管部门积极改进征管方式和征管手段，税收覆盖面扩大，征管力度加强。海关加强了对加工贸易的管理，减少了税收流失，增加了财政收入。在支出管理上，各级财政部门在预算安排上按照适度从紧的要求，调整了支出结构，增加了农业、科技、教育等方面的投入，保证了重点支出项目的资金需要。同上年相比，支援农业支出增加88亿元，增长20.5%；教育事业费增加148.7亿元，增长16.7%；科学事业费支出增加13亿元，增长13.4%。为了加强行政事业费管理，继中央对省级实行行政费定额考核办法之后，已有14个省市对下全面推行了考核办法。一些地方对电话费、会议费等较难控制的项目采取了专项控制，对医疗设备、教学仪器等大宗设备采购试行了政府采购办法，效果明显。此外，在控制集团购买力，抑制集团消费膨胀方面也采取了许多措施。

(三) 整顿财税秩序取得初步成效 整顿财税秩序是1996年财政工作的重点之一。财政会同有关部门，开展了预算外资金、"小金库"、企业会计工作、财税大检查等专项清理检查，取得了明显的成果。同时还加强了日常财政监督检查工作。如对广东、上海、北京、浙江等20个地区的出口退税情况，外商投资企业缴纳企业所得税情况，部分行业缴纳增值税、消费税情况进行了检查，发现并纠正了部分企业的偷逃税行为。

在看到成绩的同时，我们还必须清醒地认识到当前财政中的现实困难和潜在风险。中央财政赤字和债务仍然偏大；地方财政不平衡，一部分县级财政比较困难。在收入方面，税收流失仍很严重，随意减免税，偷税、骗税、逃税、抗税等现象时有发生。企业欠税有增长的趋势。越权设立基金、乱收费现象还很普遍，预算外资金侵蚀税基比较严重。有相当一部分财政性资金脱离国家预算管理，削弱了国家财政的宏观调控能力。在支出方面，约束不严，增长过快，国家掌握的有限的财力与各方面的需要相比仍有较大差距。财政资金使用效益比较低，铺张浪费现象也很严重。财税秩序混乱的状况还没有根本改观，收入分配关系还没有理顺。部分国有企业生产经营困难，亏损增加，停产、半停产企业和下岗人员增多，也将增加财政困难。这些问题都需要在1997年的工作中继续着力加以解决。

二、1997年财政收支计划安排和工作要点

1997年，是我国历史上十分重要的一年，香港回归祖国和党的第十五次全国代表大会的召开，标志着我国的社会主义现代化事业进入了一个新的发展阶段。安排和执行好今年的预算，对保持政治经济和社会稳定，推动体制改革和经济发展，都有极其重要的意义。根据中央经济工作会议的精神和国家"九五"计划对财政工作的要求，1997年财政收支计划的安排和财政工作指导思想是：认真贯彻落实党的十四届五中全会、六中全会和中央经济工作会议精神，继续实行适度从紧的财政政策，促进经济结构的调整和优化，全面强化税收征管，使财政收入保持较快的增长速度；坚持量入为出，控制支出总量，优化支出结构，保证重点需要，反对铺张浪费，使财政支出的增长幅度低于收入的增长幅度；进一步压缩财政赤字，控制债务规模；大力整顿财经秩序，继续深化财税改革。

根据上述指导思想，1997年全国财政收支计划的初步安排是：全国财政收入安排8397.94亿元，(不含债务收入，下同)，比上年执行数增加1031.3亿元，增长14%，与国民经济保持了同步增长。其中中央财政本级收入4150.65亿元，比上年执行数增加501.58亿元，增长13.7%。地方财政本级收入4247.29亿元，比上年执行数增加529.75亿元，增长14.3%。全国财政支出安排8967.94亿元(不含债务支出，下同)，比上年执行数增加1053.56亿元，增长13.3%。其中，中央财政本级支出2418.8亿元，增加272.82亿元，增长12.7%。地方财政本级支出6549.14亿元，增加780.74亿元，增长13.5%。全国财政收支相抵，赤字570亿元，全部为中央财政赤字，将通过发行债券弥补。另外1997年到期需偿还的债务本息1959.08亿元，也要通过发行债券归还。扣除上年结转债务收入结余43.12亿元，今年国债发行数额将达到2485.96亿元。

关于预算编制的背景情况这里作些扼要说明。

关于收入计划安排问题。1997年中央本级财政收入比上年执行数增长13.7%，其中两税安排比上年执行数增长12%，扣除政策性先征后退的数额，实际增长11.2%。做出这样的安排，考虑的主要因素：一是1997年经济发展的环境总的来说是比较有利的，国民经济将继续稳定健康发展，增长速度调控目标为8%，物价涨幅控制6%左右，经济运行质量也将有所提高，这将为扩大财源基础，增加财政收入提供有利条件。二是各地加大了财源建设的力度，经济结构将有所调整。企业改革步伐加快，经济效益将趋于好转。三是财税体制将进一步完善。为了发挥税收的调节作用，进一步理顺国家与金融保险企业之间的分配关系，国务院决定从1997年1月1日起，将国有金融保险企业的所得税率由55%降为33%，营业税率由5%提高到8%。同时，调整证券交易印花税中央与地方分享比例，中央为80%，地方为20%。四是税收征管工作将进一步加强，逐步建立与新体制相适应的税收征管机制，有利于降低税收成本，提高税收征管质量和效益。五是整顿财税秩序也将增加一些财税收入。

关于支出计划安排问题。1997年全国财政支出比1996年执行数增长13.3%，比收入增长低0.7个百分点。按照"九五"计划关于消除财政赤字，控制债务规模的

要求，财政支出应低于收入增长两个百分点，赤字还应再多压缩一些，但从政治经济大局考虑，再压缩有很大难度。除了保证法律明确规定的农业、文教、科学等重点支出项目增幅高于经常性财政收入增幅外，1997年硬性增支因素很多。一是1996年粮食丰收，1997年要增加国家粮食储备和棉花储备，需增加中央财政支出。二是贯彻落实中央扶贫工作会议精神，加大扶贫力度，中央将增加扶贫支出。三是1997年机关事业单位职工调整工资需要增加支出。四是香港回归祖国，中央财政也要相应增加一些支出。五是安排停产半停产企业下岗职工最低生活费，财政将增加一部分支出。在这种情况下，1997年赤字仍比1996年压缩了40亿元，是作了很大的努力的。

为了全面完成1997年的预算任务，财政工作要从大局出发，突出重点，在继续实行适度从紧财政政策的前提下，围绕经济生活中的突出问题，采取积极有效的措施，力求把发展经济与开辟财源结合起来，努力增加财政收入;把控制支出与调整结构结合起来，努力节减一切可节减的支出;把深化财税改革与振兴国家财政结合起来，逐步增强财政的宏观调控能力;把强化财税管理与整顿财税秩序结合起来，使财政工作逐步走上依法理财、依法管理的道路。

(一) 牢牢把握大局，推动两个转变，促进经济发展，保持社会稳定 要继续把农业放在财政工作的重要位置上。按照《农业法》的要求，确保预算内支农支出的增长，保证资金及时足额到位。要切实推进两个根本性转变，加大经济结构调整的力度。各地在制定和实施“九五”计划时，必须充分考虑国家的整体布局和国内外市场容量，必须与国家的产业政策结合起来，把有限的财力用于优化和调整结构，着力发展那些市场需求量大，产业关联度高，科技含量多，经济效益好，带动作用强的产业和产品。特别要重视发展本地区优势明显的特色经济，开拓城乡市场。同时要加大技术改造的力度，走内涵和集约发展的路子，切实防止投资外延化和不顾可能、一哄而起的倾向。为加大扶贫攻坚力度，国务院决定，从1997年起到本世纪末，中央财政每年要增加15亿元扶贫支出拨款，地方也要相应增加扶贫投入。不论财力有多紧，也要首先保证解决群众温饱问题的资金到位。在资金安排上要集中使用，不要撒胡椒面，更不能挤占和挪用。当前，部分国有企业生产经营困难，下岗待业人员增多，安置好停产半停产企业富余职工的就业和生活，对于维护改革、发展、稳定的大局，帮助企业扭亏增效，克服困难至关重要。对那些经营不下去，又不具备兼并破产条件的企业，应对富余职工实行下岗分流。下岗职工实在难以安置的，应采取有效措施保证下岗职工的最低生活费用。

(二) 加强收入管理，提高经济效益，继续保持财政收入快速增长的势头 各级财政要帮助和督促企业改进和加强各项基础管理工作，特别是加强资金管理和成本核算。1997年要把降低管理费用作为重点来抓，严格控制企业成本费用，扭转企业工资奖金和福利开支的随意状态，建立严格的约束机制。要继续加大税收征管力度，切实依法治税，应收尽收，严禁乱开减免税口子。要大力清理欠税，在继续压缩旧欠的基础上，确保1997年不再发生新欠，对不顾国家利益有意欠税的企业，要依法采取强制措施，维护国家税法的威严。在个人所得税征管工作中，特别要注意抓好对高收入行业及高收入者应纳个人所得税的征管，试行注册会计师审核制度，制止非法减免个人所得税和提高扣除标准的行为。目前土地出让金收入流失情况十分严重，在1997年的工作中要进一步做好加强土地出让金的征收管理工作。对未按规定缴入财政的土地出让金，要坚决予以清缴、追回;对已上缴财政、未纳入预算的土地出让金，要坚决清理入库。

(三) 建立严格的预算约束机制，遏制财政支出过猛增长的势头 控制支出规模，调整支出结构，首先要把勤俭建国，艰苦奋斗，厉行节约，反对浪费这些优良传统和作风落实到财政上，要过“紧日子”，而且要过相当长的时间。财政支出水平和标准必须与经济发展水平相适应，不能超前，支出的增长必须低于收入的增长。要综合平衡，调整结构，有保有压。在经济和社会发展中，每一项事业都很重要，但受财力的制约，就必须区分轻重缓急和主次先后。一是严格按照《预算法》的规定和各级人代会批准的预算办事。二是坚决执行国务院统一的工资政策。1997年准备出台的几项调整工资和津贴的措施，各地区各部门都必须严格按规定执行，不得在国家规定之外，自行提高标准，或以其他名目变相发放奖金、补贴。同时要认真清理过去已经发放的各种津贴、补贴，不合理的要坚决取消。三是严格控制机构人员编制，科学界定财政支出的供给范围。未经国务院批准，不准增人增编，增设机构，不许通过乱收费、乱创收，把自行增设的机构人员到预算外开支。对一部分已经取消行政管理职能的单位，应改变经费供给渠道，停止行政经费供给。那些主要从事生产经营活动的事业单位及一些学会、协会、报刊、杂志、中心等，都应自收自支。四是压缩公用经费开支。大力精简会议，从严控制和审批党政干部的出国经费，坚决刹住公款吃请、公款旅游等不正之风，严格控制社会集团购买力，对违反国家控购纪律的行为要严肃处理。

(四) 继续深化财税改革，完善财税立法，为逐步振兴国家财政创造良好的条件 要进一步完善增值税征收管理办法，扩大增值税发票交叉稽核的范围，坚决堵住利用增值税发票偷逃税的漏洞。改进个人所得税征收办法，严格实行代扣代缴和法人支付与个人收入双向申报制度。要继续深化和完善税制改革，抓紧制定或修订税收法规，进一步改革出口退税机制，对有进出口经营权的生产企业自营出口的货物，实行"免、抵、退"的办法。要进一步改革和完善过渡期转移支付办法，扩大标准收入的测算范围，改进测算方法，调整标准支出的项目和因素，建立激励机制，逐步向规范化的转移支付过渡。中央用于转移支付的财力也将逐年增加。加快财政支出改革的步代，把改革的重点转到加强支出管理上来，组织力量抓紧研究建立科学严格的支出控制机制。要继续支持、配合国有企业改革试点，继续做好"拨改贷"资金余额转资本金的工作，为国有企业多渠道增资减债创造条件。要切实加强国有资产管理，积极做好国有企业清产核资的后续工作，开展城镇集体企业清产核资扩大试点工作。要切实加强对社会保障基金的管理，严禁挤占挪用和挥霍浪费。

(五) 进一步规范和整顿财经秩序，为经济运行创造良好的环境 1996年整顿财经秩序工作取得了阶段性成果，但总的看，经济领域中大面积违法乱纪的势头尚未彻底得到遏制，因此，不能对已取得的成果作过高的估计，必须按照党中央、国务院的要求，继续加大治理整顿的力度。1997年整顿财经秩序工作的重点：一是规范财政支出秩序。专门组织力量对预算支出，从资金的申请、拨付到使用进行重点检查和全方位监控，对那些挥霍浪费财政资金，擅自提高支出标准，挤占挪用重点支出的违纪行为，要坚决查处。二是继续开展打击偷税、骗税的专项斗争。目前，税务机构正结合财税大检查开展出口退税的专项检查，1997年要视专项检查结果，继续对一些重点地区、重点行业和重点环节进行检查。同时，要进一步完善对出口退税的事前审核和管理机制。三是强化企业财务的约束机制。加强研究制定国有企业财务监督实施办法，对企业消费性资金使用、对外投资、关联企业往来、购销活动以及资产处置等依法进行监督，收入要全部入帐，支出要有预算，并做好内部审计工作。四是加强预算外资金管理。继续贯彻落实国务院《关于加强预算外资金管理的决定》，行政事业性收费要严格执行中央、省两级审批制度，基金要严格执行中央一级审批制度，刹住越权设立基金，乱设收费项目的歪风，坚决制止向企业乱摊派和乱收费。五是加强对会计工作的管理和指导。结合今年税收、财务、物价大检查，继续开展以强化基础管理和依法建帐为中心内容的会计基础工作规范化活动，研究制定与企业会计制度相适应的成本核算方法及单位内部控制制度，加强对会计人员的基本技能教育和职业道德教育，并定期进行检查。逐步实行企业年度会计报表注册会计师审计制度，发挥社会中介组织在会计秩序建设中的作用。

(作者为财政部部长)

继续认真实行适度从紧的货币政策 巩固和发展当前经济运行良好局面

戴相龙

在党中央、国务院的正确领导下，经过三年多努力，我国以治理通货膨胀为首要任务的宏观调控基本上达到了预期目标，整个经济开始进入适度和平衡的发展轨道。1996年，国内生产总值达到67800亿元，按可比价格计算，比上年增长9.7%。零售物价上涨6.1%，涨幅比上年回落8.7个百分点。国家外汇储备去年底达到1050亿美元，比上年增长42.6%。我们在成功地大幅度降低物价涨幅的同时，保持了经济的持续平稳增长，国家外汇、粮食和重要物资储备大幅度增加，宏观调控实力进一步增强。这一成就来之不易。

1996年，金融系统坚决贯彻党和国家制定的经济发展方针，认真实行适度从紧的货币政策，金融调控达到预期目标，各项主要工作任务圆满完成，金融形势平稳发展，这为基本实现以治理通货膨胀为首要任务的宏观调控目标，为争取"九五"计划"开好头，起好步"创造了良好条件。

(一) 金融调控目标基本实现，货币供应量增幅回落 1996年末，狭义货币(流通中现金＋企业活期存款，即M_1)为28500亿元，年增长18.9%，基本达到年初计划增长18%的目标；广义货币(狭义货币＋企业定期存款＋居民储蓄存款等，即M_2)76100亿元，年增长25.3%，实现了年初计划增长25%左右的目标；流通中现金为8800亿元，全年现金投放917亿元，控制在1000亿元以内，年增长11.6%。全部金融机构存款年末余额68600亿元，年增长27.5%，其中，城乡储蓄余额38500亿元，年增长30%。全部金融机构贷款年末余额61200亿元，年增长21%，其中，国家银行贷款增加9740亿元，年增长20.4%，控制在调整后年增加8100亿元的贷款规模以内。基础货币得到有效控制。1996年底国家外汇储备达1050亿美元，比上年增加315亿美元。人民币汇率稳定。

（二）金融调控方式有较大改进 主要是：改进贷款规模管理。对国有独资商业银行实行以资产负债比例为基础的贷款规模管理，适当提前下达贷款计划，使全年贷款投放相对均衡。信贷结构得到进一步调整，全年直接用于农业和乡镇企业的新增贷款比上年增长24%。用于国营大中型企业、大中城市和效益好的企业的贷款比例明显上升。适应发展市场经济条件下宏观调控改革的需要，中央银行加快了从直接调控向间接调控方式为主的转变，增加并改进运用货币政策工具，对货币供应量进行微调和预调。1996年，我国投资环境进一步改善，外商直接投资实际到位400多亿美元，外贸继续保持良好势头，在保持人民币汇率稳定、外汇储备继续增长的同时，中央银行灵活运用本外币“对冲”操作，增加收回中央银行对商业银行的贷款，有效控制了货币总量增长，货币流动比例(M_1/M_2)趋向合理。同时，根据物价涨幅逐步回落等因素，1996年4月停办新的保值储蓄，5月和8月先后较大幅度降低利率，由此减少了企业利息支出，调整了货币结构，促进了商品销售，有利于经济的平稳发展。建立了全国同业拆借市场。中央银行首次开办了国库券公开市场业务。

（三）金融监管工作得到明显加强 首先是继续完善金融法律法规。1996年颁布行政法规和规章有50多项，其中，《贷款通则》等法规对加强贷款管理产生了重要影响。金融监管正在从单纯的合规性稽核向以防范风险为核心的审慎性监管转变。针对非法设立金融机构这一严重问题，1996年依法吊销和查处了一批非法金融机构。完成了对非银行金融机构的重新登记工作。对一批金融违纪的典型进行了严肃处理，并在全国予以通报。对几个存在严重金融风险的信托投资公司，依法分别采取了财政注资、中央银行接管、银行收购、债权转股权和行政关闭等不同的有力措施，稳妥地化解了金融风险，保持了金融运行和社会的稳定。对金融机构绕过贷款规模管理的资金运用进行了清查，并对有关问题作了专案处理。抓紧对证券回购债务的清偿工作，未清偿债务已大幅度减少。对粮棉油收购资金的使用和许多金融机构进行了稽核。加大反腐败力度，金融系统的经济案件特别是百万元以上案件比上年下降。

（四）金融体制改革进一步深化 各地认真贯彻《国务院关于农村金融体制改革的决定》，农村金融体制改革进展顺利。截止1996年底，有30个省、市、自治区的农村信用社与农业银行“脱钩”，为把农村信用社真正办成合作金融迈出了坚定步伐，农业发展银行已建立地(市)、县(市)分支机构1500个。国有独资商业银行根据经济发展需要和效益原则，合理调整分支机构，全年撤并业务量小、效益低的营业机构近1000个；国有商业银行与所属信托投资公司脱钩工作基本完成，没有造成银行国有资产流失。国有独资商业银行全部建立了资产负债管理委员会，实行了内部稽核的垂直领导制度。到1996年底，批准筹建的城市合作银行15家、开业的城市合作银行18家。外汇管理体制改革取得举世公认的成绩。我国已从1996年12月1日开始实现经常项目下人民币可兑换，比原来承诺的时间提前3年多，充分显示了我国政府运用间接手段调节国际收支，稳定人民币汇率的能力和信心。新批准成立外资金融机构15家，外资金融机构在上海浦东新区开展人民币业务的试点已经开始。9月9日，中国人民银行正式加入国际清算银行，标志了我国的经济实力和金融改革开放取得的成就进一步得到国际社会的认可。中国人民保险公司已完成财产险、人寿险、再保险分设，组成中保(集团)公司。1996年新设立5家保险公司。全国保费收入约750亿元，比上年增长21.7%。

（五）金融服务和金融企业经营管理水平有了新的提高 1996年，各银行认真落实支持国有企业改革和发展的10项措施，对千余户大型企业建立生产经营信息网络，在300户大型企业中试办主办银行制度，促进了企业改革和发展。国有商业银行逐步加大和规范呆、坏帐核销工作力度。商业票据业务在严格规范的基础上得到较快的发展。截止1996年11月底，全国开出商业票据达3千多亿元，累计办理贴现额2千亿元，再贴现额1千多亿元。金融电子化建设取得明显成效，中央银行支付清算系统建设取得重大进展，国有商业银行系统内70%以上的营业网点已实现电子化。各金融机构加强内部经营管理，控制管理费用支出。1996年，国有独资商业银行、交通银行以及中保(集团)公司实现利润比上年有较大幅度增长。

（六）加强金融行业精神文明建设，深入开展“四讲一服务”活动 1996年4月以来，金融系统认真开展“讲改革、讲政治、讲法纪、讲效益，努力提高金融服务水平”的“四讲一服务”活动，得到各级政府的支持，获得社会各界好评。金融系统党的建设和反腐倡廉工作成效突出，行业不正之风得到遏制。在全系统推广30个金融文明窗口，开展多项优质服务活动，在文明窗口行业建设方面取得明显成效。

从1993年下半年以来特别是去年，我国在宏观调控方面所取得的举世公认的成效进一步证明，党中央、国务院关于实行适度从紧的货币政策的决策是十分正确的。金融工作实践和所取得的成绩充分说明，实行适度从紧的货币政策，保持货币币值稳定，是促进经济增长的基本条件；加强金融监管，维护金融业合法稳健运行，是金融业改革和发展的重要保证；实现金融体制和资金经营方式的转变，是我国金融业发展的必由之路。这三者是互为联系的有机统一。在我国经济体制转轨时期搞好我国的金融工作，必须完整理解和正确运用这些基本观点。

在取得成绩的同时，我们也冷静地看到金融工作中还存在不少问题，主要是，金融机构不良贷款继续上升；金融秩序在某些地方、某些方面仍然较乱，金融风险正在逐步暴露；银行信贷资金使用分散，内部经营管理薄弱，经营效益有待进一步提高等。

根据中央经济工作会议要求和党中央、国务院领导的讲话精神，确定1997年金融工作的总体要求是：**落实十四届五中、六中全会精神和中央经济工作会议确定的目标和任务，认真实行适度从紧的货币政策，促使1997年物价涨幅低于1996年，切实整顿金融秩序，防范和化解金融风险，深化金融体制改革，明显提高金融企业经营管理水平，促进克服“大而全”、“小而全”和低水平重复建设，深入开展“四讲一服务”活动，以促进经济发展两个根本转变的优异成绩，迎接党的十五大胜利召开。**1997年金融工作的主要任务及其要点是：

第一，认真实行适度从紧的货币政策，促进1997年物价上涨幅度低于去年。根据党中央、国务院确定的“稳中求进”的经济发展方针和经济增长8%、物价涨幅略低于1996年的要求，1997年货币信贷控制目标为：计划1997年现金发行1200亿元，增长13.6%左右；狭义货币增长18%左右，与“九五”计划年均增长指标一致；广义货币增长23－24%，略高于“九五”计划年均增长23%的指标。全部金融机构新增贷款11000亿元，增长18%，其中，国家银行贷款计划增加8500亿元。做好国际收支平衡，保持汇率基本稳定。同时，加快改进金融调控方式。在做好充分准备的基础上，争取1998年将人民银行对商业银行流动资金贷款规模的指令性控制，改为在人民银行调控监督下由商业银行自我控制，加快改进存款准备金制度。大力发展全国统一的银行同业拆借市场。扩大和完善中央银行公开市场操作。进一步推广使用商业汇票，扩大票据承兑、贴现与再贴现业务。进一步发挥利率杠杆作用。

第二，进一步加强金融监管，切实防范和化解金融风险。总的看，我国金融业在改革中稳定、健康发展。但是，金融业在发展中还存在许多问题，存在一定的风险。这些问题和风险如不及时解决，将大大削弱金融机构的支付能力，损害社会主义金融业的良好信誉；加剧中央财政收支矛盾，倒逼中央银行超额发行货币保支付、保稳定，引发通货膨胀。防范和化解金融风险，要实行依法监管、深化改革、保持稳定、引导发展的方针。1997年，是整顿金融秩序，防范和化解金融风险年，主要做好两方面工作。一是抓紧做好当前防范与化解金融风险几项紧迫工作。坚决、彻底地取缔非法设立的金融机构。上半年完成国有商业银行与少数信托投资公司、人民银行与有关证券公司的脱钩。基本解决证券回购中的债务偿还问题。认真查处保险企业中的违规经营。严禁银行资金进入股市。继续查处违规经营和私设帐外帐问题。加强现金和储蓄帐户的管理。采取综合措施，坚决抑制不良贷款的上升。二是加快金融监管的基础性建设。主要是加快制定有关金融监管的重要法规与规章；健全和执行金融机构的内部控制制度，提高金融机构本身对各种风险的防范和监控能力；加强中央银行对金融机构的监管力度。改进人民银行金融监管体制，充实监管力量，建立金融监管责任制和工作报告制度，建立金融监管电子信息系统，提高监管水平。对金融机构高级管理人员的任职资格进行严格管理；充分发挥社会力量，加强对金融机构的综合监督。

第三，深化金融改革，改善经营管理，积极运用信贷和利率框杆，促进加大经济结构调整的力度。一是继续做好农村金融体制改革工作。按照合作制原则规范农村信用社与县联社、人民银行、地方政府等各方面的关系，加强对农村信用合作社的风险管理。二是进一步明确各类金融机构的性质、功能和业务范围，增强各金融机构的自我发展和自我约束能力。加快商业银行改革步伐，努力提高其资本充足率，建立国有商业银行监事会，继续按照业务量和效益原则合理调整分支机构。加快100个大中城市合作银行的筹建工作。积极推进信托投资公司的重组兼并，规范发展信托投资公司业务。支持大型企业集团成立财务公司，增强中长期融资功能。推进邮政储蓄体制改革。组建国有再保险公司。坚持以间接融资为主，逐步提高直接融资的比例。继续稳定发展外资金融机构，做好上海浦东地区外资银行经营人民币业务的试点工作。对金融机构的中长期外债实行余额管理。对资本项目实行总量控制。三是引导金融机构按信贷原则和产业、区域、技术发展政策发放贷款。做好农村信贷工作。继续落实支持国有大中型企业的10条措施，继续实行和完善主办银行制度。组织银团贷款，支持横向联合，推动企业兼并，改进对企业集团的金融服务。支持企业开拓国内外市场，支持机电产品出口。改进银行结算工作，减少企业贷款拖欠。尽快颁布《个人住房担保贷款管理暂行办法》，加强城市住房基金的管理，促进空置中低档住宅的销售。四是贯彻《商业银行法》，坚决维护银行经营自主权，改进银行财务管理，努力提高盈利水平。五是依法支持企业兼并、破产和职工再就业，按规定核销银行呆、坏帐，坚决制止各种“假破产”等错误做法。

第四，贯彻党的十四届六中全会精神，加强金融系统精神文明建设和队伍建设。用邓小平同志建设有中国特色社会主义理论和党的基本路线，教育和组织广大干部和职工。把金融系统社会主义精神文明建设同深入持久地开展“四讲一服务”活动更好地结合起来，在金融系统广泛开展切实履行金融职业责任、大力弘扬金融职业道德、严格执行金融职业纪律的群众性自我教育活动。推广文明优质服务活动。加强党风廉政建设，继续抓好反腐败工作，防止已纠正的问题出现回潮。采取针对性防范措施，坚决把大案要案发案率降下来。抓好金融系统领导班子建设，积极推进人事制度的改革。认真选配好各级领导班子的一把手，积极推进干部交流，加强对领导干部的经常性管理和监督。建立领导干部责任稽核制度和公务、个人重大事项报告等制度。

(作者为中国人民银行行长)

当前国有企业改革与发展情况

王忠禹

国有企业改革一直是我国经济体制改革的中心环节，党中央、国务院历来十分重视。国有企业改革的方向已经明确，思路已经理清，在许多重大问题上取得广泛共识，存在的问题基本摸清，改革的力度逐步加大，步伐进一步加快。通过一系列的试点，对重点难点问题的解决进行了积极的探索，摸索出一些路子，在许多方面取得了实质性的进展。

一、目前国有企业状况总体上看是好的

改革开放以来，经过多年的努力，国有企业改革与发展取得了显著成效，整体水平和综合效益有很大提高，总体实力进一步增强，在国民经济中仍然居于主导地位，总的情况是好的。主要表现在:

(一) *总体实力进一步增强*　全国经营性国有资产总量1995年达到45063.3亿元，比1990年的16506亿元增长1.7倍;国有工业企业资产总额、销售收入、增加值和实现利税，分别占全国工业企业的53.7％、33.8％、34.1％和55.2％。国家财政收入有60％来源于国有企业，城镇社会就业人员近70％是由国有企业及其他国有单位安置的。

(二) 综合经济效益得到提高　从反映企业综合经济效益的工业增加值和实现利税两个指标来看，近年来国有企业都是增加的。1995年与1990年相比，国有独立核算工业增加值，由3740亿元增加到8870亿元，增长1.37倍，年均增长18.9％;国有工业企业利税总额，由1503亿元增加到2963亿元，增长近1倍，年均增长14.8％。

(三) 涌现出一批充满生机与活力的优势企业　国家集中抓的300户重点企业，虽然只占国有工业企业总数的0.44％，而实现利润超过全部国有独立核算工业企业的总额。1997年集中抓的重点企业扩大到512户，1996年的产销率和实现利税明显高于全部独立核算工业企业的平均水平。这些企业管理和营运状况好，总体经济实力强，投放产出效率和盈利水平高，发展潜力大，在国内外市场竞争上中具有较强的竞争能力。国有企业的经济实力和效益正在向优势企业集中。

国有企业的巨大贡献表现在许多方面，可以这样说，如果没有国有企业的发展和主导地位，没有国有企业创造的大量财富，没有国有企业作为国家财政的主要承担者和社会就业的主要吸纳者，没有国有企业为改革承担巨大的成本，我国的经济建设不可能取得这样大的成就，其它经济成份也不可能取得这么快的发展。

二、部分国有企业目前确实存在不少困难和问题

在肯定国有企业改革与发展巨大成就的同时，也要充分看到部分国有企业也确实存在不少困难和问题，有些问题还比较突出。特别是1996年以来，国有企业盈利水平下降，亏损增加，部分企业生产经营困难程度加重。1996年头四个月，国有工业企业出现了净亏损。虽然后几个月情况有所缓解，但问题仍然很严重。1996年全国独立核算国有工业企业全年实现利润总额417.5亿元，同比下降42.5％;有37.7％的企业亏损，涉及职工1000多万人，占职工总数的近三分之一。

出现这种情况，原因是多方面的，情况比较复杂。有利润转移因素。如农产品提价、工作利润向农业转移;能源、交通等价格和收费提高，造成工业成本上升;折旧提高，当期效益向长期效益转移，等等。1996年经济运行中出现的一些新情况，也有较大影响。主要是市场约

束作用明显增强，消费需求中一般产品销售不旺甚至积压，对工业生产的拉动减弱;出口下降，结构变化，特别是过量进口、走私和变相走私，对国内市场和企业生产影响很大。新出台的一些政策措施使企业增支减利因素增多，企业负担进一步增加。企业的承包和减免税优惠政策结束，也减少了企业的账面利润。

从深层次的原因来看，我们分析主要是两个:

一个是，部分企业不适应市场经济的要求。这几年宏观改革的力度很大，如财税金融体制改革，外汇并轨，价格调整等，企业的经营环境发生了很大变化。卖方市场转向买方市场，供求关系正发生着根本性的变化。随着对外开放的进一步扩大，国际市场国内化，国内市场国际化，市场竞争愈来愈激烈。对于这些变化，国有企业虽然有一个承受能力的问题，也需要有一个适应、消化和调整、提高的过程，但从根本上说，是国有企业还不适应新形势的要求。

另一个是，历史积累下来的问题没有得到解决。突出的是人多，债多，社会负担重。尤其是长期重复建设的后遗症，造成经济结构、产业结构和企业结构严重不合理，加上40年来企业只生不死，沉淀了一大批早已失去生命力的企业。从国有工业来看，有1万—1.2万户企业多年来一直是亏损榜上的常客，由于优胜劣汰机制没有建立起来，这些企业的问题一直没有得到解决，随着改革的进一步深入和市场形势的变化，使问题更尖锐、更突出了。

以上分析可以得出，国有企业的问题和困难是长期计划经济体制下形成并逐步积累起来的，不是今天突然出现的，更不是改革造成的，不改革，这些问题也是存在的，而且迟早也是要暴露出来的。以前常说，国有企业明亏的占三分之一，潜亏的占三分之一，盈利的占三分之一。通过改革，现在补贴减少了，税收减免取消了，原来的潜亏现在变成了明亏，亏损的情况表面上看就显得严重了。从某种意义上说，这也是改革过程中会出现的一种必然现象，是企业改革深化的一种必然反映。

同时，还可看出，国有企业改革进行到今天，所涉及的矛盾都是深层次的，解决起来难度很大，改革不是一朝一夕的事情。从一万多户国有工业亏损企业情况看，这些企业早已资不抵债，扭亏无望，只有重组新生或实施破产，才能解决这些企业的问题。但从试点情况看，按现在的规定，兼并破产1000户企业，大体上需要冲销200亿元呆坏账准备金。即使按每年兼并破产2000户企业，冲销400亿元来匡算，解决这一万多户企业的问题，至少也需要5年以上的时间。这还不包括国有非工业困难企业和新产生的困难企业，同时还要看财力有没有这个可能。因此，既要看到国有企业改革的紧迫性，也要看到改革的长期性和艰巨性。

现在大家最为关心的，是困难职工的生活和下岗职工的再就业问题如何解决。国有企业的职工，特别是老职工，对国家是做了贡献的。现在，一部分职工生活很困难，不少职工下岗，已经影响到社会的稳定。对这个问题，需要高度重视，采取多种措施，认真加以解决。如建立职工基本生活保障制度，实施再就业工程等。

三、近年来国有企业改革的力度是大的，进展是快的

1995年以来，江泽民总书记两次发表重要讲话，系统阐明了国有企业改革的基本方针。为加快改革步伐，国务院作出了具体部署。去年初，国务院批转了国家经贸委《关于1996年国有企业改革工作的实施意见》，采取了一系列改革措施：一是“优化资本结构”试点城市由18个扩大到50个，同时增加8个城市比照试点。这58个城市的国内生产总值、国有工业销售收入、实现利税分别占全国的41.8％、55.8％和44.2％，基本上是“半壁河山”。二是加大了推进兼并破产的政策力度。国有企业兼并破产中银行资产损失，在呆帐、坏帐准备金中安排了200亿元的冲销规模。三是加快将“拨改贷”转为国家资本金，并明确煤炭、军工、水电三个行业的“拨改贷”余额一次性转为国家资本金。四是“抓大放小”，集中抓好1000户重点企业，对其中的300户落实主办银行，签订银企协议;采取多种措施，进一步放开放活小企业。五是深入开展学邯钢抓管理活动。六是建立分级管理、层层负责的扭亏增盈责任制，等等。

各地区、各部门认真贯彻中央、国务院的方针和部署，扎实工作，勇于探索，国有企业改革在一些重要方面取得了实质性进展。主要体现在：一是现代企业制度试点逐步深入。国务院确定的百户试点企业，除一户解体，一户被兼并外，98户大都按批复的方案进入实施阶段。各地确定的2598户企业试点工作也全面展开。二是“优化资本结构”城市试点步伐加快。1996年，试点城市中有1099户企业破产终结，1192户企业被兼并，优化了资本结构，逐步建立起优胜劣汰的机制。三是“抓大放小”进展较快。千户企业分类指导方案已基本确定，与国家经贸委的信息联网系统已经建立，300户明确主办银行、落实经营资金的工作进展顺利，有281户企业与银行签定了银企协议;各地“放小”的步子迈得比较大，总的效果也是不错的。四是增资减债取得了一定进展。到1996年上半年，已将242亿元的“拨改贷”转为国家资本金，使131个企业的资产负债率平均下降了2.5个百分点，各地也采取了一些措施，如返还部分所得税转增资本金、增提折旧等，降低了国有企业的资产负债率。五是企业集团试点继续深化。国家重点抓的57户企业集

团试点，主要是在建立以资本为纽带的母子公司体制、规范领导体制和组织制度等方面做了一些工作，取得了重要进展。六是3户国家控股公司试点转入实施阶段。七是学邯钢取得实效，企业管理得到加强。1995年鞍钢认真开展学邯钢活动，狠抓“三改一加强”，当年10月扭亏为盈，1996年在消化减利因素23.3亿元的基础上，实现利润3.5亿元，效果是很显著的。

四、国有企业改革摸索了一些路子，积累了一些经验

从改革开放到党的十四大，国有企业改革虽然经历了放权让利、两步利改税、承包经营等几个大的阶段，进行了许多艰苦的探索，也积累了一些经验，取得了一定成绩，但这一时期的改革还没有走出计划经济的框框。以十四大确立建立社会主义市场经济体制的目标，和十四届三中全会明确国有企业改革的方向是建立现代企业制度为标志，国有企业改革进入了一个新的阶段，改革的着眼点和工作的着重点发生了一系列重大变化。一是从着眼于搞好每个企业，转向于搞好整个国有经济；二是从注重调整企业与国家的利益分配，减税让利，转向转换机制、制度创新；三是从主要抓企业自身改革，转向配套改革与企业改革同步推进；四是从分别抓改革、管理等项工作，转向注重把改革、改组、改造与加强管理有机结合起来，坚持“三改一加强”。这些转变，尽管还是初步的，还远未完成，还有大量工作要做，但为国有企业改革与发展提供了新的思路。

这几年，国有企业的改革，在全面贯彻“三法”“两则”“两条例”的基础上，重点是抓了试点工作。目的是通过试点理清思路，摸清问题，对重点难点问题进行探索，取得突破，总结经验，加以规范，逐步推广。经过大家的共同努力，已经在一些重要方面取得了突破，积累了不少经验，探索了一些新的路子。主要是：搞好整个国有经济，必须坚持搞好大的，放活小的；提高企业的整体素质，必须坚持“三改一加强”；优化企业结构、建立优胜劣汰机制，必须加大兼并破产的力度；企业轻装进入市场，必须加快分离分流、增资减债的步伐；加快企业改革步伐，必须加强领导，配套改革，形成合力。这些经验，都是在改革的实践中摸索到的，还需要在今后的改革中不断加以充实和完善。

五、国有企业改革正处在十分关键的时刻，1997年要强化四个意识，打好五个攻坚战

1997年有香港回归和党的十五大召开两件大事。国有企业的改革和发展关系到我国政治、经济和社会稳定的大局。国务院确定，1997年在国有企业改革方面，要迈出更大的步伐：一是扩大“优化资本结构”试点城市和企业集团试点。”优化资本结构”试点城市现已扩大到111个，企业集团试点已扩大到120个。二是用于国有企业兼并破产试点的呆帐、坏帐准备金冲销规模增加为300亿元。制定了减人增效、下岗分流、规范破产、鼓励兼并的政策。破产必须资产变现、关门走人；被兼并企业债务实行免息定期还本办法；对符合减人增效条件的企业在一定期限内适当减免贷款利息。三是将实行主办银行制度的重点企业扩大到512户。选择一些象鞍钢这样产品有市场，但改造缺资金、需国家重点扶持的大型企业和企业集团通过发行股票或可转换债务筹集资金，补充资本金。四是把拨改贷形成的债务1997年要抓紧转完，煤炭、水电、军工三个行业今年要一次转完。五是把1988年以后的经营性基本建设资金本息余额逐步转为国家资本金。六是进一步加快放开放活小企业的改革步伐。七是除煤炭行业外，再选择纺织、兵器两个行业进行解困试点。同时，在扩大生产企业自营进出口、增加技改贷款规模和调整技改项目进口增值税等方面也采取一些措施。

1996年年底，我们召开了全国经贸工作会议，对于1997年经贸工作和国有企业改革和发展面临的形势和任务作了分析的部署。总的看，1997年国有企业改革有不少有利条件，也有不少困难。我们的基本判断是，随着宏观经济环境的改善，国有企业的状况会逐步好转，但优势企业与劣势企业的差距将进一步拉大，部分企业的困难程度有可能加重；随着改革试点范围扩大，力度加大，企业改革将进一步深化，但深层次的矛盾会更加突出，难度有可能进一步增加。我们提出，在做好各项工作的基础上，特别需要强化“四个意识”，打好“五个攻坚战”。

四个意识是：强化改革意识，正确认识和把握国有企业改革的形势，抓住机遇，乘势而上，切实把国有企业改革推向前进；强化管理意识，正确对待目前国有企业存在的问题，眼睛向内，深挖潜力，把功夫下在全面加强企业管理上；强化调整意识，深刻认识加快结构调整的紧迫性，把握时机，争取主动，切实在结构调整方面迈开步伐；强化稳定意识，处理好改革、发展和稳定的关系，过细工作，化解矛盾，为企业改革与发展创造必要的条件。

“五个攻坚战”是：

（一）打好现代企业制度试点的攻坚战 1997年主要是认真总结试点企业经验，理出建立现代企业制度的若干途径，明确需要解决的问题和必要的条件。试点企业要抓紧落实方案，加大工作力度，务求在转换机制和探索建立现代企业制度的途径上取得实效。一部分符合条件的试点企业尽可能改为多元投资主体持股的

有限责任公司或股份有限公司，已经改为国有独资公司的，通过资产重组，引入新投资者，实现投资主体多元化。同时，在规范试点企业法人治理结构，建立所有者、经营者、劳动者之间的激励和约束机制方面要取得切实进展。

(二) 打好兼并破产、减人增效的攻坚战 111个优化资本结构试点城市的名单已经确定。《国务院关于在若干城市试行国有企业兼并破产的补充通知》已经下发。《通知》中确定了一些新的政策措施，破产企业要贯彻资产变现、关门走人的原则，职工通过再就业工程妥善安置;优势企业兼并劣势企业，承担全部债务，五年内还本，利息免除，还本宽限期一至两年;对缺乏破产、兼并条件的困难企业，可在下岗分流，实施再就业工程的前提下，适当减免贷款利息;坚持多兼并少破产，多并转少关停，重在结构调整、机制转换、分流人员;规范操作程序，抓好人员培训，做好各项配套工作。同时安排好破产企业职工的工作和生活，保持社会的稳定。

(三) 打好结构调整的攻坚战 立足于现有企业，通过加大现有企业技术改造力度，提高技术改造在固定资产投资中的比重等措施，带动存量资产的合理流动和重组，促进结构优化与升级。重点抓好“六个一批”: 完成一批重大技术改造项目;开发一批重点新产品;淘汰一批老产品;发展一批名牌产品;培育一批龙头企业;确定一批保护产业。

(四) 打好扭亏增盈的攻坚战 用改革的思路和办法抓扭亏增盈及解困工作，认真贯彻落实扭亏增盈责任制，明确谁管理的企业谁负责扭亏，并按中央、地方企业定期公布扭亏增盈指标情况。继续抓好盈利、亏损大户，对亏损亿元以上大户逐户分析，研究措施，予以解决。重点搞好纺织、兵器两个行业的扭亏增盈和解困方案并组织实施。纺织行业先在企业比较集中的大中城市进行试点。支持军工企业加快“军转民”步伐，力争在二、三年内使这两个行业基本走出困境。会同有关部门，积极建立解困工作责任制，设立帮困基金，解决好部分困难企业职工的生活问题。

(五) 打好治理向企业乱收费、乱罚款、乱摊派的攻坚战 现在针对企业的各种乱收费、乱罚款、乱摊派多达3000多种，企业苦不堪言，到了非整治不可的地步。中央经济工作会议提出明确要求，1997年要认真清理各种规费，坚决制止“三乱”，减轻企业负担。中纪委已确定今年把减轻企业负担作为反腐败工作的一项重要内容。国务院将要召开专门会议，对治理“三乱”作出具体部署。根据国务院要求，经贸委正在会同有关部门研究提出治理措施。对有些收费项目，该清理的清理，该取消的取消，建立健全收费管理制度，加强监督检查，加大执法力度，坚决遏制住向企业乱收费、乱罚款、乱摊派不断扩大的势头，努力减轻企业负担。

(作者为国家经贸委主任)

关于推进现代企业制度试点和国有企业的股份制改革问题

洪　虎

一、关于建立现代企业制度的试点工作

国家体改委联系的30户企业建立现代企业制度的试点工作，1996年取得了新的进展。抓紧了对试点工作的组织领导，加快了落实方案的步伐，在一些难点问题上有所突破。但是，总的进展还不平衡。试点进度有快有慢，试点成效有大有小。从总体上看，试点工作还跟不上建立社会主义市场经济新体制进展的步伐，还没能体现出以点带面的明显效果。因而，1997年，要继续加快推进度点的步伐。

(一) 试点工作的指导方针 按照党中央、国务院确定的今年经济工作的方针，我们把今年试点工作的指导方针概括为六句话，就是: **继续推进，加大力度，抓紧落实，不断完善，搞好配套，总结经验**。总的精神是试点工作要进，不是停，更不是退，也不可能退。这次工作会议，仍是为试点工作鼓劲儿的会，不是宣布试点工作结束的会。

根据这一精神，对今年的试点，工作上要抓紧，要落实，要高标准要求，要扎扎实实地求实效，不能够放松试点工作，不能够放慢试点进度，不能够低标准，更不能够应付和凑合;内容上要不断完善，要搞好配套，要在薄弱环节上加把劲儿，不能干到哪儿算到哪儿;要求上不仅要出效益，而且要出经验，不仅要看试点对单个企业的作用，而且要看对面上众多企业改革的推进作用。试点工作要坚持“三个不动摇”: 一是要坚持建立现代企业制度的改革方向不动摇。二是要坚持按照产权清晰、权责明确、政企分开、管理科学“四句话”的要求进行制度创新的改革内容不动摇。三是要坚持选择少数企业先行一步、率先对重点难点问题进行突破探索，为企业改革提供经验和办法的推进改革的部署不动

摇。总之，一句话，试点的信心、决心和恒心不能动摇。

(二) 试点工作的重点任务

第一，落实方案，突破难点

1. **要突破认识上的难点。**十四届三中全会《决定》提出建立现代企业制度已经三年多了，但是，对什么是现代企业制度，为什么要建立现代企业制度，推进现代企业制度的改革究竟能不能解决国有经济的问题等诸多认识，现在还不是完全统一的。要继续通过实践、通过宣传介绍试点企业好的做法和经验来统一各方面的认识。

2. **要突破在方案落实上的难点。**首先，建立真正符合市场经济要求的国有资产的出资人制度，是一个难点。从企业层次看，建立出资人制度，要求把企业改造成公司制。只有在公司制企业里才能找到出资人的位置。现在国有企业的财产关系是授权企业经营管理国有资产的关系，不是公司制企业的出资人与被投资公司的关系，所以找不到出资人的位置。从政府层次看，它涉及到政府职能的转变，涉及到政资职能、政企职能的分开。有的同志认为政企是分不开的。若政企分开，政府就不能再管企业了，而政府不管企业是不可能的，因此政企是分不开的。这种认识是对政企分开的一种误解。政企分开，首先是指把政府和企业的性质和地位分开，政府是属于国家机关法人，企业是属于企业法人，他们的性质不同，地位不一样；然后再把他们的职能分开，政府是行使社会经济管理职能的，企业行使的是资产经营的职能。政府还可以作为出资人，能够营运国有资本，也就是：可以选择把资本投到哪里去，采取什么形式投资，以及如何维护自己的权益。而企业作为资产经营组织，是利用各种经济资源来从事产、供、销和服务活动。政府不能直接经营资产，但是，政府可以作为出资人。建立政府与企业之间的这种出资关系，就要建立国有资产的出资人制度。

其次，企业中组织机构的设立和领导人的选择，是一个难点。有人提出“新三会”和“老三会”的问题。所谓“新三会”是公司这样一种企业组织形式要依法设立的组织机构。“老三会”是公司中的职工依据不同身份依法组成的社会组织，包括政党组织。需要处理好公司的组织机构和公司中的社会组织的关系，不要把两者混淆起来。

再次，要落实政府在企业试点方案中已经承诺的对试点企业的支持政策。

3. **要突破配套改革的难点。**对相关的一些配套改革，试点方案里表述得比较原则，比较抽象，希望能够抓紧具体落实。这些改革都是企业之外的改革，政府要发挥主导作用，企业要积极促进和推动。

第二，扩大试点，拓展范围

江泽民总书记在经济工作会议讲话中提出，“要按照建立现代企业制度的方向，总结经验，扩大试点范围。”我们应该在更广泛的意义上来理解和认识扩大试点范围的涵义。一是在试点的内容上扩大试点的范围，由试点方案确定的具体改革措施的落实进一步扩展到试点方案原则规定的改革任务的落实，也就是把试点方案中写得比较原则和比较抽象的内容具体化；由试点方案规定的任务扩展到试点方案没有规定的任务；由侧重企业内部的改革扩展到企业外部的相关的配套改革。二是从试点的空间上来扩大试点范围。我们需要把建立现代企业制度的改革与城市建立社会主义市场经济新体制的改革结合起来。三是从时间上来讲，扩大试点范围应该把组织试点企业进行探索和推动面上企业的改革结合起来，把试点的成功经验在面上及时加以推广。

第三，总结经验，继续推进。

进行现代企业制度试点之初，就提出试点要出经验，经验要系统配套，经验要有可操作性，经验要能推广。现在，很多企业在这方面做出了有益的探索，初步积累了一些经验，尽管有些经验还有待于在实践中进一步完善。总结经验是要为建立现代企业制度找出途径和方法。出经验很重要，这是今年试点工作的一项重要任务。

(三) 试点工作的主要要求

第一，试点一定要着力进行制度创新。建立现代企业制度的改革，不是企业一般工作的改进，不是企业管理工作的一般改善，其本质意义是要进行企业制度创新，同时，要把企业制度创新和企业其它各个方面的工作有机地结合起来。要从这样的角度来认识“三改一加强”。我们讲的现代企业制度，是适合社会主义市场经济需要的一种企业体制，是整个经济体制的微观基础。进行制度创新就是为建立新体制打基础的工程。这种现代企业制度，是既具有中国特色，又符合国际惯例的企业制度，是和社会主义的经济制度联系在一起的，是过去世界上没有的，是要创造的，是不能够成套引进和照抄照搬的。所以贵在创新。在这个问题上切忌简单地把实行公司化改造就认为是建立了现代化企业制度，简单地把公司这种组织形式认为就是现代企业制度。建立现代企业制度的改革内容远不只这些。比如，我们要解决的政企分开问题，就不是只实行公司制改造就能解决的。

需特别强调的是，一定要按照“四句话”的要求来进行制度创新。这“四句话”是一个完整的整体，不能够少讲一句话，也不能够只讲一句话。特别是明晰产权。江泽民总书记在1995年关于国有企业改革的重要讲话中指出：“国有资产流失是一个突出问题，主要是国有资产的管理、监督和经营工作没有跟上，国有资产属于国家是清楚的，但在实践中并没有解决对国有资产保值增值无人负责的问题，国有资产的权益没有得到很好的保障。”我们讲明晰产权就是要揭示国有企业中资产的权属关系，确立出资人的地位，明确出资人对维护国家权益享有的权利和承担的责任。过去国有企业的财产关系是一种资产授权经营管理的关系，是一种委托代理的关系。按照法律规定，国家作为被代理者要对代理者国有企业的行为承担民事责任。这种关系使得国家对企业的债务实际承担无限责任。所以，产权清晰是建立现代企业制度必须要解决的一个问题。只有在产权清晰的基础上才能够确定出资人和债权人分别对企业享有什么权利、承担什么义务，才能使企业真正落实法人财产权，才能做到权责明确；只有把国家和企业间的这种财产关系揭示清楚，把政府的出资人职能和社会管理职能分开，才能够最终解决政企分开的问题；只有实行了产权明晰，才能够使得企业中的组织机构可以体现出资人的意愿，也才能够使出资人参与企业重大决策和企业独立依法行使法人财产权有机地结合起来，才能够做到管理科学；只有在这几方面紧紧把握住着力制度创新的要求，才能够把企业塑造成适应市场需要的法人实体和市场竞争主体。

第二，试点工作要系统配套地推进。

江泽民总书记在1995年关于国有企业改革的讲话中谈到：“深化国有企业改革，建立现代企业制度，是一项复杂的系统工程。目前，企业存在的困难和矛盾，有些是企业本身的问题，有些是国民经济中深层次问题的反映。所以，既要转换企业经营机制，还要进一步抓好宏观经济管理体制改革和各项配套改革，为解决当前企业面临的问题和困难，创造条件。”这段话明确指出，建立现代企业制度不仅仅是企业的事情，不能把企业改革只看作是企业内部的改革，更不能只看作是企业自身的改革。一定要把管理国有经济的体制的改革和建立现代企业制度紧密联系起来。建立现代企业制度的主体是政府和企业，而且要把政府摆在前头。强调要系统配套地推进这项改革，就是要强调政府在建立现代企业制度改革中的责任，政府不能站在改革之外，仅是指导、支持和帮助企业进行改革。

系统配套地推进现代企业制度建设的关键是，要解决政企分开的问题，要建立适应市场经济需要的国有资产管理、监督和营运体系，政府要为企业创造一个良好的外部社会经济环境。因此，今年的改革，要充分发挥政府的作用，配套系统地推进。配套系统地推进改革的切入点，是以城市为单位进行现代企业制度的建设，把现代企业制度的改革和城市建立社会主义市场经济新体制的改革有机地结合起来。

第三，要加快结构的调整。

改革最终要解放生产力，推动生产力的发展。实施经济结构调整、提高经济效益是当前改革最直接的目的。结构调整要发挥市场机制配置资源的基础性作用，要发挥企业作为市场主体来配置资源的作用。要把制度创新的改革和结构调整结合起来，通过制度创新促进结构调整。

第四，要提高试点企业的竞争能力。

如果不能有效提高企业的市场竞争能力，就不能说我们的改革是成功的。企业制度的改革，要把企业塑造成为市场竞争的主体，并且这个主体要在市场中站得住脚。当前的宏观环境仍然是很严峻的，试点企业担负着比别的企业更重的担子。不仅要考虑企业自身的发展，要参与面上普遍推行的一些改革，还要另外担负起为建立现代企业制度探索途径和方法的任务。试点企业要利用自身改革的优势，研究采取适应市场需要的经营战略和经营方式，不断提高竞争能力，提高经济效益。

二、关于国有企业的股份制改革

李鹏总理在今年的《政府工作报告》中提出：“积极推进和规范企业的股份制改革，促进其健康发展”，明确了股份制改革的总的精神是积极推进和积极规范。前一阶段国家体改委根据国务院的分工，承担了对原有股份有限公司的规范工作。到现在为止，这项工作总体上已经告一段落。这次规范的对象，是指《公司法》颁布前依据有关法规和规章设立的股份有限公司。这些公司的法律地位是得到《公司法》确认的，但是由于他们设立时《公司法》尚未颁布，他们设立的条件和要求还不尽符合《公司法》的规定，所以要按照《公司法》来规范。

作为特定对象的原有股份公司的规范工作已经基本结束了，这并不等于股份公司的规范工作也结束了。股份公司的规范工作是与股份制改革和公司制的发展联系在一起的，只要有股份制改革公司，只要有股份公司存在，就永远有股份公司的规范工作。

1. 股份制改革的工作方针就是要实施两个积极推进：积极推进国有企业的股份制改革，积极推进《公司法》的贯彻实施。 股份制是符合社会化大生产要求，适应发挥市场机制作用，有利于增强企业活力的一种股权式合资的社会财产组织方式。股份制企业，是符合建立现代企业制度要求，有利于利用两种资源、两个市场，能够依法管理和规范的股权式合资的企业组织制度。股份制的财产组织方式和股份制企业的企业组织形式，既可以为资本主义所利用，也可以为社会主义所利用。私有制可以把它作为一种具体的实现形式，公有制也可以把它作为一种具体的实现形式。在我国的条件下，股份制和股份制企业是公有制可以利用的财产组织方式和企业组织形式，都是为社会主义服务的。按照小平同志的教导，它们是为社会主义服务的，因而，都是社会主义的。股份制是社会主义市场经济的重要内容或重要组成部分。我们依照《公司法》积极推进国有企业的股份制改造，就是要利用好这种形式，促进国有经济更好地发展。选择正确的形式对国有企业实行股份制改造，有利于发挥国有经济的主导作用，绝不是削弱公有制，削弱国有经济。

2. 允许和鼓励社会公众投资，是发展社会主义社会生产力的重要措施。党的政策上是鼓励城乡居民，也就是社会公众进行储蓄和投资的。当前在我国，公民的主体是劳动阶级，公民的主要收入来自于劳动收入。允许社会公众进行投资，使这些人既是劳动者又是出资者，这样做，既有可能也有必要。现在，银行储蓄每年增长幅度非常大。采用间接融资手段，主要由国家进行指令性贷款，银行风险很大。这种风险最后可能完全转嫁到国家身上，转嫁到政府身上。鼓励公众直接投资，可以分散风险，可以利用居民手中分散的资金集中搞建设。

在发展社会主义公众投资中，要鼓励和提倡共同投资。每一个人都作为一个单独的股东，让他们正确选择投资对象，很多人不具备这样做的条件，应该鼓励把个人组织起来进行共同投资。要优先发展职工向本企业的投资。在建立现代企业制度试点的企业中，有的搞了内部职工持股，建立了职工持股会，对发展本企业职工投资进行了有益的探索。

3. 把股份制改革与建立现代企业制度试点紧密结合起来。试点是以建立现代企业制度为目标的，它包括了很多内容，是一个系统工程。这项改革不仅仅是股份制改革，但股份制改革则是建立现代企业制度的重要内容。国务院选择百家企业进行现代企业制度试点，从一开始就明确要按照《公司法》来进行，也就是要把试点企业统统改成规范的公司型的企业组织形式。试点企业本身就实践着国有企业公司化改造的任务。还有一大批没有进入试点行列的公司制企业，他们进行了股份制的改造，为整体上建立现代企业制度创造了条件，打下了基础。大中型企业进行股份制改造实际是建立现代企业制度的一条重要途径。

在1995年全国经济体制改革工作会议上，我们提出了“点、线、面”结合深化企业改革的推进方式。“点”就是进行现代企业制度试点；“线”就是推抓住贯彻实施《公司法》这条主线，带动一串企业进行公司制改造；“面”是指广大面上的企业要转换机制，创造条件，为建立现代企业制度打基础、做准备。如果还要扩大现代企业制度试点企业数目的话，从现在已经实施了公司制改造的企业中选择，就更容易推进。

三、关于搞活整个国有经济

1. 改革的重要任务和中心环节是要发展壮大国有经济。发展壮大国有经济，始终是改革的重要任务和中心环节。从1978年党的十一届三中全会确定执行改革开放政策以来，尤其是城市改革，始终是围绕着增强全民所有制企业的活力，把它作为一个中心环节来展开的。所以，发展壮大国有经济是进行经济体制改革的题中应有之意。

2. 改革要坚持贯彻以公有制为主体的方针。要发展壮大国有经济，首先就要坚持公有制为主体的方针，也就是要坚持公有制为主体，国有经济为主导，多种经济成份并存，在平等竞争中共同发展的方针。坚持了这样一个方针，就不是搞私有化。在十四届五中全会上，江泽民总书记论述十二个关系时对这一方针做了全面准确的阐述。总书记强调要把握好以下几个方面：“一是在社会总资产中要保持国家所有和集体所有的资产占优势；二是国有经济在关系国民经济命脉的重要部门、关键领域占支配地位；三是国有经济对整个经济发展起重要作用；四是公有制经济，特别是国有企业要适应社会主义市场经济发展的要求，不断发展和壮大自己。”总书记还指出：“公有制经济在整个经济中应占主体地位是就全国来说的，有的地方、有的产业，可以有所差别。”

需要明确的是，建立现代企业制度的改革，特别是国有企业的股份制改造，不是搞私有化。当前我们进行的股份制改造，实际上遵循了这样两个原则：一是国有产权的转让要遵循等价交换的原则，二是国有产权转让的收入要用于国有经济的再投入。坚持这两个原则，在产权转让过程中，就能够在国有资产保值的基础上，调整国有资本的投资结构，实现国有经济结构的调整。我国国有企业的股份制改造与西方搞的国有企业的股份制改造最本质的不同，不在于企业是否股份化了，而在于国有产权转让的收入最后用于干什么。国外一些国家，国有产权转让的收入最后不是用于国有经济的再投入，而是用于偿还国家债务，弥补财政赤字，其国有经济的总体规模不断萎缩，这才是私有化。我们现在转让的原则是等价交换，转让的收入用于国有经济的再投入，绝不是拿去弥补日常财政开支，更不能转为消费支出，这样就能从总体上调整国有经济的结构，从而促进国有经济不断发展。这个政策是发展壮大国有经济的政策，而不是收缩国有经济的政策，这怎么是搞私有化呢？此外，公有制的主体地位是对全社会而言的。一个企业的国有产权转让了，转让产权的收入投入到另外一个企业里去了，另一个企业又增加了国家的权益。现在又有些人提出争论，认为搞股份制就是搞私有化，哪怕有百分之一的个人持股也叫搞私有化。党的十三大报告早就指出:“改革中出现的股份制形式，包括国家控股和部门、地区、企业间参股以及个人入股，是社会主义企业财产的一种组织方式，可以继续试行。”十三大召开已经十年了，在这个问题上仍然有不同看法，说明改革认识上的障碍是存在的。

3. 改革要充分发挥市场机制的作用。要发展壮大国有经济，必须充分发挥市场机制的作用，发挥市场对资源配置的基础性作用。生产资料的占有支配系与利用市场机制配置资源并不是绝对对立的。需要探索在市场经济条件下，公有制经济的具体实现形式，需要把公有制经济和市场机制有机地结合起来。改革开放十八年来，我国国民经济的市场化、社会化和国际化程度逐步提高，国民经济保持了持续、快速发展，最重要的一点是市场机制发挥了作用，激发了我国经济的活力。

4. 改革要着力搞活整个国有经济。我们现在谈国有企业的改革，很多人的认识还停留在微观的层次上，停留在具体企业的层面。要把它看成微观和宏观相结合的改革。如果把建立现代企业制度的改革仅仅看做是企业内部的改革，甚至是企业自身的改革，企业改革就很难推进。如果把国有企业改革看成是整个国有经济的改革，政府管理国有经济的体制的改革就是其题中应有之意了。以城市为单位来推进搞活国有经济的整体改革，最容易收到成效，也最容易推进。

搞活整个国有经济，以下四个体系需要综合配套地抓好，这就是: 资产的合理流动和重组;劳动力的合理流动和科学配置;政府管理国有经济体制的改革;为国有经济创造一个良好的改革的环境和条件。它们构成了整体搞活国有经济的一个系统。

一是推动国有资产的合理流动和科学重组，就是把属于国家所有的生产资料、属于国家的资本权益进入市场进行流通，发挥市场对它们进行优化配置的作用。在微观的层次上，对企业来讲就叫增资减债;从宏观层次上看，是国有资产分布、结构和组织形式的科学调整问题。

二是要分流国有企业的富余职工，实施再就业，推动劳动力的合理流动和科学配置。从微观的层次讲，就是企业要减员增效;从宏观的层次来说，就是要改善国有经济、国有企业中功动力的就业结构。关键也是要发挥市场机制的作用，优化劳动力的配置。相关的就需要发育健全劳动力市场，建立健全社会保障体系。

三是要改革国家管理国有经济的体制，提高国有经济的运行效率。首先要解决政资分开问题，把政府和企业的行政隶属关系和上下级关系，变为政府是社会管理者，企业是被管理者;政府是企业的出资者，企业是国家依法注人资本、企业依法享有法人财产权的经济组织。其次，要改变国家和企业之间的财产关系，建立起适应市场经济需要的国有资产的出资人制度;在这个基础上，建立起国有资产的管理、监督和营动体系，进一步改革国有企业的干部人事、劳动用工和内部分配制度。

四是要为国有经济的改革与发展创造一个良好的外部环境。改革是为发展服务的，发展也要为改革创造条件。对于企业来讲，可以套用陈云同志讲过的一句话，叫做: 企业“一要吃饭，二要改革”。就企业来说，先要保证大多数企业能够运转，然后才能推进改革。在这里就有一个发展、改革和稳定怎么结合的问题，有一个发展要为改革创造条件的问题。当前市场环境是比较严峻的，要想整体搞活国有经济，就得从宏观调控的适度性上为国有经济的改革创造一定条件，同时，也为经济结构调整创造一定条件。

(作者所在单位: 国家体制改革委员会)

再就业工程的现状与拟采取的措施

林 用 三

一、就业形势与任务

就业问题是当今世界各国面临的一个严峻问题。我国人口多，劳动力资源十分丰富，目前正处于经济转型和体制转轨时期，因此，就业任务更加繁重。“九五”期间，我国的就业压力主要表现在以下三个方面:

第一，在城镇，预计新成长的劳动力、农转非形成的劳动力和登记失业职工共有5400万需要就业。而据测算，“九五”期间仅能安排3800万人就业，这就意味着到2000年，仅这一方面产生的就业压力就可能将我国的失业率从现在的3.0%左右，提升到7.4%。

第二，在农村，剩余劳动力的总量将达到21400万人，预计五年中只能消化和转移7700万人，还会有13700万剩余劳动力。

第三，企业富余职工大量存在，对就业将形成潜在的巨大压力。由于我国长期实行“低工资多就业”的办法，致使企业普遍存在着大量的富余人员，保守地估计，富余人员约占城镇全部职工14860万的15%，即2200多万。这些富余职工大部分集中在国有企业。近年，我国将进一步加大国有企业的改革力度，特别是要实行调人增效、下岗分流、规范破产、鼓励兼并的政策，这就会加快将富余人员推向劳动力市场，使本来就不宽松的就业环境更加严峻。

这三种就业压力，即通常所说的“三流合一”，表现为四种形式：一是城镇登记失业率逐年提高，二是失业职工大幅度增加和失业周期延长，三是下岗职工逐年增多，四是每年一度的民工潮居高不下。

同时，因企业破产、停产半停产而减发、停发工资的职工人数不断增加，减发离退休费的离退休人员也不断增多。

从今年的就业形势看，更不容乐观，国有企业改革要进一步深化，企业兼并破产的力度将会加大，下岗职工的数量会因此而增加。当前及至今后一段时期内，就业工作的重点和难点就是下岗和失业职工的再就业。

二、再就业工程的基本情况

为解决下岗和失业职工的再就业问题，根据我国的国情，借鉴国际上成功的经验，劳动部于1993年底提出了再就业工程，并于1994年初开始在上海、沈阳、青岛、成都、杭州等30个城市进行了试点工作。

所谓再就业工程就是综合运用政策扶持和就业服务手段，充分发挥政府、企业、劳动者和社会各方面的作用，实行企业安置、个人自谋职业和社会帮助安置相结合，重点帮助失业6个月以上的职工和下岗职工尽快实现再就业。

具体做法是：利用各种就业服务设施和培训、安置基地，通过职业指导，为下岗和失业职工介绍职业信息和求职方法；通过开展转业训练，提高其再就业能力；通过提供求职面谈和工作试用，促进双向选择；通过兴办劳动就业服务企业，组织开展生产自救；通过政策扶持、鼓励，支持下岗和失业职工组织起来就业和自谋职业。

实践证明，实施再就业工程可以有效地解决下岗和失业职工的再就业问题。为此，1995年4月，经国务院办公厅批准，再就业工程在全国范围内实施。

近年来各地实施再就业工程的主要措施是：

(一) 加强组织领导 上海、山东、湖南等14个省、自治区、直辖市成立了由政府主要领导挂帅、经贸、计委、财政、劳动、银行、工商、税务等有关部门参加的再就业工程或解困与再就业工程领导小组，制定方案，出台政策，组织、推动工作开展。

(二) 制定配套政策 辽宁、江苏、青海、内蒙古等23个省、自治区、直辖市出台了实施再就业工程方案，不同程度制定了减免税收、扶持资金、有偿使用国有资产、开展就业服务等优惠政策。

(三) 积极筹措再就业资金 山东、福建、湖北、内蒙古等6个省区和鞍山、武汉、本溪、南昌等14个城市着手建立再就业基金或再就业专项经费。资金来源一般是：财政出一部分，企业筹集一部分，失业保险基金拨付一部分，还有其他税费的提取、社会捐助等。主要用于为下岗和失业职工开展就业服务，组织其进行生产自救，开发就业岗位。

(四) 大力开展就业服务 职业介绍机构建立劳动力市场信息计算机网络，强化服务手段，为下岗和失业职工提供求职面谈、职业指导和企业试工等服务；就业训练工作以组织下岗和失业职工转业转岗为重点，采取多层次、多形式、多渠道的培训；在失业保险工作方面建立失业救济与再就业相结合的机制；将就业服务延伸到街道和企业内。

(五) 寻找开发再就业岗位的生长点 各地在解决再就业问题上逐步摆脱了依靠传统产业和国有企业的观念，把目光瞄准了区街经济和社区服务；同时大力发展劳动就业服务企业，组织生产自救，拓宽再就业渠道。

(六) 抓住重点，推动再就业工程的开展 各地积极落实中央领导有关解困工作的指示精神，自觉地把解决职工生活困难提到讲政治的高度加以重视，将解困工作当成实施再就业工程的重点工作之一。许多地方在进行生活补助和救济的同时，注重从根本上解决职工的生活困难问题，帮助困难职工实现就业。在实施再就业工程中，各地还提出，要把确保企业深化改革的顺利进行作为再就业工程的重点工作之一，将再就业工程与产业、产品结构调整，与优化资本结构和劳动力结构，与企业减员增效结合起来，使再就业工程起到为企业，特别是国有企业改革保驾护航的作用。

再就业工程在全国范围实施近两年来，取得了明显的成效，主要表现在以下几方面。

(一) 引起了各级政府的高度重视，得到了社会各方面的广泛参与 改革的深入发展使各级领导对实施再就业工程与深化国有企业改革，促进经济发展，保持社会稳定的关系，有了更高的认识。为此，上海市、济南市等许多地方提出像抓“菜篮子”、“米袋子”一样抓再就业工程，把它列入政府工作的议事日程，制定了工作方案、目标和政策措施。

许多部门也认识到，解决下岗和失业人员再就业问题，不仅是劳动部门的工作，也是全社会共同的责任。因此，各级计委、经贸、财政、工商、税务、国土、国资等有关部门和工会、妇联、共青团都积极参加了再就业工程，并为推动再就业工程做出了重要贡献。

(二) 出台了一批较好的扶持政策 近两年来，全国大部分省、自治区、直辖市都制定了实施再就业工程的方案，出台了不少的优惠政策。这些政策主要是：第一，税收减免政策，如无锡市、大连市对安置下岗和失业职工的企业实行税收减免；第二，工商登记优惠政策，如对下岗和失业职工自谋职业优先办照和减免工商管理费等；第三，资金扶持政策，如武汉市采取财政拨付、企业和社会资助、失业保险中的再就业费合理调剂等途径建立了再就业基金；第四，有偿使用国有资产政策。如锦州市规定，下岗和失业职工自谋职业或组织起来就业，占用国有土地减半缴费。再如，齐齐哈尔市规定，为安置富余职工而兴办企业，在开办之初确有困难的，在一定时期可以减、免征收资产占用费。这些扶持政策的出台，有力地促进了再就业工程的实施。

(三) 促进了下岗和失业职工择业观念的转变 一些地方通过组织"百万人就业问题大讨论"，开展评选"十大再就业明星"活动，开展"企业富余人员是财富不是包袱"的大宣传等活动，使很多下岗和失业职工改变了计划经济体制下形成的就业靠国家，端铁饭碗、吃大锅饭的陈旧观念，树立了竞争就业的意识。

(四) 加强了对再就业工作的研究，提高了对相关工作的认识 各地在实施再就业工程中不断加强对再就业工程、下岗现象、培训与再就业的关系、开发就业岗位、城乡就业统筹和劳动力市场的理论研究工作，进一步提高了对这些问题的认识。主要表现在：第一，提高了对实施再就业工程意义的认识。许多地方的党政领导都提出，再就业工作是关系到改革、发展、稳定大局的重要工作，不是权宜之计，必须从讲政治的高度来对待这项工作，切实抓好落实。第二，端正了对富余职工下岗分流的看法。许多地方在宣传工作中，注意引导公众，特别是企业领导充分认识到下岗和失业职工的出现，不完全是他们自身的问题，而是旧体制所造成的，他们是财富不是包袱，他们中许多人仍有技术专长，只要注意发挥其特长和积极性，他们同样能成为创造社会财富的生力军。如上海和南昌市，把安置下岗和失业职工同推动社区服务发展、街道组织建设结合起来，使下岗和失业职工成为推动社区服务事业、基层组织建设的重要力量。第三，强化了要把培训和就业紧密结合的认识。许多地方提出，职业培训要围绕着"两个根本性转变"，为再就业服务；实施再就业工程，要突出转业转岗培训。许多下岗职工得到了培训的机会，使他们的劳动能力得到了合理开发。第四，提高了对就业城乡统筹的认识。在实施再就业工程中，各地出台了一些使用外地劳动力实行总量控制、分类管理和按比例使用的办法，不仅提高了农村劳动力流动有序化程度，也兼顾了城乡就业。第五，进一步提高了对开发就业岗位的认识。各地普遍认识到，实施再就业工程的关键在于开发就业岗位，只要发展经济，开拓新的生产服务领域，才能有效地解决再就业和分流安置问题。为此，各地都强化了在这方面的资金投入和优惠政策的制定，把再就业工程的实施同新的经济增长点的培育结合了起来。第六，提高了对培育和发展劳动力市场的认识。许多地方加大了劳动力市场服务手段建设的力度，相继推出了一系列对下岗和失业职工服务的项目和措施。

总之，再就业工程的作用和影响越来越大，在推动国有企业改革，促进新的经济增长点的形成，完善社区服务与管理组织等方面发挥了综合效应。再就业工程已经成为一个连结方方面面的综合性、系统性社会经济工程。因为它牵动面广，涉及千百万职工的利益，也被人称为"民心工程"。

在各级党委和政府领导和社会各方面的大力支持下，1996年再就业工程在全国各地进入实质性实施阶段，并取得了一定成效。据初步统计，1996年全国组织了500万下岗和失业职工参加了再就业工程，其中有300万人接受了职业指导、74万人参加了转业转岗培训、339万人次享受到了失业救济、组织了100万人开展生产自救，并通过政策引导和就业服务，使245万人实现了再就业。

三、近期实施再就业工程的工作安排

几年来，再就业工程取得了一定成效，但在实施过程中仍有许多困难。一是能够提供的就业岗位不多，开发就业岗位的力度不大；二是再就业资金渠道不明确，来源不稳定，筹措困难；三是已制定的政策力度不够，有些政策难以落实，如减免税费、有偿使用国有资产等；四是下岗和失业职工的年龄偏大、技能偏低，就业观念陈旧，转换岗位困难。

1997年，在我国人民的政治生活中有两件大事，一是香港回归，二是党的十五大召开。同时，国有企业改革的力度将进一步加大。这就需要一个稳定的社会环境，深入实施再就业工程显得更为重要。党中央和国务院对这一问题也非常关心。年初，江泽民总书记在北京看望职工时指出，在企业改革和结构调整的过程中，要高度重视并解决好困难企业职工生活和下岗待岗职工的安置问题，要积极搞好再就业工程。在全国人大八届五次会议和全国政协八届五次会议上，就业和再就业问题进一步成为代表们最关心的问题之一。李鹏总经理在《政府工作报告》中对解决就业问题，促进再就业作了充分的论述，提出要规范破产、鼓励兼并，推进再就业。他要求，各地要结合具体情况，由地方财政、企业和社会保障基金各拿一点，建立再就业基金。要广开就业门路，加强就业培训，引导下岗职工转变就业观念，鼓励自谋职业。朱镕基副总理指出，妥善安置下岗职工是帮助经营亏损或有较大困难的国有企业摆脱困难的重要途径。要做到这一点，只有依靠再就业工程。这是在我国社会保障体系还不完善的情况下，国家为保护工人阶级的当前利益和长远利益而采取的有中国特色的一大保障措施。对这一工程的意义和深远影响，一定要有足够的认识，并且坚决、毫不动摇地进行下去。其他党和国家领导人，对实施再就业工程，促进劳动者就业和再就业也都作了重要指示。这些重要讲话都为我们今后实施再就业工程指明了方向，对于我们进一步做好就业工作，具有非常重要的指导意义。

近期，国务院下发了《关于在若干城市试行国有企业兼并破产和职工再就业有关问题的补充通知》(以下简称《补充通知》)，对111个优化资本结构试点城市国有企业兼并破产和职工再就业工作提出了明确要求。根据《补充通知》的要求和近年实施再就业工程取得的经验，近期我们在推进再就业工程方面准备重点抓好六个方面的工作。

(一) 建立和完善再就业服务中心 各地要学习上海经验，建立再就业服务中心，推进国有企业改革，促进经济结构调整，帮助国有企业摆脱困境，维护劳动者利益和社会安定。再就业服务中心要对企业破产、兼并、停产、调整过程中产生的下岗职工进行临时性托管，并为他们提供职业培训、职业介绍、生产自救、劳务输出及为下岗职工发放基本生活费用，缴纳社会保险费等服务，并对下岗职工再就业按政策给予扶持。

通过再就业服务中心对下岗职工进行托管，既不同于过去多余的人员由企业统统包下来安置的办法，又不同于市场经济国家把下岗人员统统推向社会的做法。这种办法既可以在一定程度上减轻国有企业的安置负担，又容易被下岗职工接受。再就业服务中心主要在行业和企业设立。劳动部门现有的就业服务机构本身就具有再就业服务中心的功能，可视为再就业服务中心，主要接纳不具备建中心条件的行业和企业的下岗职工。

(二) 建立再就业基金，增加再就业投入 建立再就业服务中心之后，再就业服务中心要对下岗职工提供基本生活费用，并且要对职工进行职业指导和技能开发，对招收下岗职工的单位还要给予经济补偿。做好这些工作，需要足量的资金作后盾。

李鹏总理在八届人大五次会议上明确提出了建立再就业基金的要求。我们要按照国务院的这一要求和有关部门共同研究，尽快建立再就业基金，加大对再就业的资金投入。

再就业基金的来源是：各级财政每年按预算支出的一定比例列支；从使用外地农村劳动力的用人单位征收的“招用外地劳动力调节费”中出一部分；失业保险基金现有结余部分，留足准备金后一次性拨入；征收的个人所得税中提取一定比例；社会捐助及各地人民政府规定的其他项目。试点城市中经批准的破产企业拨付的职工安置费，兼并企业和缺乏兼并破产条件的亏损企业或主管部门为下岗职工列支的安置费，也应纳入再就业基金。

再就业基金的支出项目是：进入再就业服务中心的下岗职工的基本生活费和应为其缴纳的各项社会保险费；一次性给予自谋职业的下岗职工的安置补助费；拨给接收下岗职工并签订两年以上劳动合同的用人单位的工资性补贴；为下岗职工提供的转业转岗培训补助费；职业指导和职业介绍费用；借给下岗职工合伙经营或组织起来就业的扶持资金；支付再就业服务中心运作的经费；对未进入再就业服务中心的下岗职工，进行转业转岗培训、职业指导、职业介绍服务的有关费用等。

(三) 开辟就业领域，增加就业岗位 解决就业问题，关键是要有岗位。过去，我们的国有企业在吸纳就业方面起到了主渠道作用。然而这种情况近年来发生了明显变化。一方面，国有企业吸纳城镇新增就业的能力不断下降，另一方面国有企业将加快向外分流多年来沉积在其内部的冗员，例如，1995年国有企业吸纳新增就业人数不到300万人，却有下岗职工500万左右。这就要求我们寻找新的就业生长点。经过几年的研究和探索，我们认为应该从以下几方面着手。

结合经济发展，创造就业条件，增加就业机会。当前，要特别重视适合下岗和失业职工再就业岗位的开发，通过政策扶持，帮助其尽快实现再就业。

多渠道、多形式扩大就业门路，充分利用国家发展旅游、电子信息、居民住宅等新的经济增长点的机会，开辟多种就业渠道。继续大力发展第三产业，扶持和发展劳动密集型、无公害、无污染的工业，同时各地也可根据当地资源状况，开发农、林、牧、渔业，拓宽就业门路。

大力发展多种经济形式并存的中小企业，支持集体经济、合作经济、股份合作制等类型企业，鼓励下岗和失业职工创办自愿结合、自筹资金、自我管理的各种类型的私营或合伙企业。

积极引导和扶持区街经济发展，结合国家“抓大放小”的战略，将一些小企业下放到区街，再由区街进行改造，使其发展成劳动密集型的企业，吸纳更多的下岗和失业职工。

结合当地社区建设，大力发展社区服务事业和公益事业，特别是发展与居民生活密切相关的商业、饮食服务、托幼、修理、搬运、家政服务等便民利民网点。

鼓励下岗和失业职工以家庭手工业、工艺作坊等形式进行生产自救。

支持下岗和失业职工自谋职业。

除此之外还要继续巩固和发展劳动就业服务企业，发挥劳服企业优势和安置就业功能，特别要重视发挥厂办劳动服务公司组织下岗和失业职工，兴办各类经济实体创造就业岗位的作用。

上述观点只是一些发展的思路，要想使这些思路变为现实，必须有政策措施作为保证。应采用的政策取向主要是：

第一，进入再就业服务中心的下岗职工，经劳动部门认定，发给《下岗待工证》。持有《下岗待工证》的职工，优先享受减免费的就业服务和其他促进再就业的优惠政策。

持有《下岗待工证》的职工，从事社区便民利民服务、市政环境建设中的公益性劳动的，以及为企事单位提供各种临时性劳务和从事家庭手工业等非正规就业形式就业的，免工商注册登记和各种税费。对自谋职业者，再就业服务中心可一次付给安置费和提供一定的资金扶持。

第二，凡从事社区服务业、公益事业、区街经营的经济实体，安置再就业服务中心的下岗职工达到60%的，经劳动部门认定，税务部门审核，享受劳动就业服务企业税收减免政策。

第三，落实国家和地方为劳服企业制定的税收减免、工商登记、生产经营场地、资金、银行贷款、有偿使用国有资产等扶持政策。

第四，劳服企业安置下岗职工，可根据安置人数适当降低营业税，增值税税率。

第五，各地行业主管部门和企业利用其设备、设施、场地和生产经营项目组织生产自救，积极创造条件，为下岗职工提供就业岗位，同时做好行业和企业间劳动力余缺调剂。

在开发就业岗位的问题上，需要强调的一点是，各级政府在制定当地的经济、社会发展计划和有关政策时，必须把促进就业作为优先目标，如在产业政策方面，要发展产业关联度高、就业容量大的产业和行业，提高经济增长中就业增长的份额，使经济发展同就业增长实现同步。这是一个重大的战略问题，这是由我国人口多，就业压力大的国情所决定的。

（四）加快劳动力市场建设，强化就业服务　为了促进社会主义市场经济体制的建立，发挥劳动力市场对劳动力资源配置的基础性作用，必须建立统一、开放、竞争、有序的劳动力市场体系。解决劳动力市场在运行机制和运行规则方面相对滞后，市场统一、开放、竞争程度不高，市场管理和法制建设不完善，市场组织不健全等方面的问题。这方面的工作主要是：

1. 加强对劳动力市场建设的统筹规划和管理，完善国家政策指导下的市场就业制度，逐步形成统一、开放、竞争、有序的劳动力市场。不断深化就业制度改革，形成用人单位和劳动者双向选择、合理流动的市场就业机制。搞好城乡就业统筹，促进农村劳动力开发就业工作。通过加强就业管理，规范企业招工和辞退行为，通过整顿劳动力市场秩序，取缔非法劳务市场。同时积极探索建立劳动就业预备制度。

2. 坚持就业城乡统筹，进一步实施“农村劳动力跨地区流动有序化工程”，落实“证卡合一”的流动就业凭证管理制度。明确企业招用农村劳动力程序和分类管理制度，规定企业招工要优先招用下岗和失业职工。

3. 强化职业介绍的服务功能，改善服务设施和手段，开设新的专项服务项目，提高服务质量，如设立再就业服务窗口，对下岗和失业职工提供免费服务，并优先推荐就业。

4. 加强职业指导工作，结合企业分流安置富余人员，开展多种形式的职业指导。帮助下岗和失业职工更新择业观念，转变用人单位的用人观念。

5. 加快职业培训事业的发展，下岗和失业职工的职业技能偏低影响了其再就业，因此要充分利用现有培训条件，结合下岗和失业职工再就业的需要，开展转业转岗培训，提高下岗和失业职工的再就业能力。

在劳动力市场建设方面，还有一个问题当前特别需要注意，这就是就业服务队伍的问题。鉴于当前严峻的就业形势和对下岗和失业职工、特困企业职工开展就业服务的繁重任务，必须稳定就业工作队伍，强化工作机构建设。要进一步明确各级劳动部门所属就业服务机构是承担政府赋予的组织实施就业服务和管理职能的非营利性事业单位，人员编制、经费应予保证。要拓展就业服务领域，将就业服务延伸到企业和街道，使就业服务切实落到基层、落到实处。

（五）积极开展宣传工作，转变下岗和失业职工的观念　各地在实施再就业工程中都遇到了转变劳动者就业观念的问题。一部分职工还有就业靠国家，端铁饭碗、吃大锅饭的思想；一些下岗职工对工作挑肥拣瘦，只愿意到国有企业、三资企业就业，不愿到集体企业就业，更不愿意从事自谋职业，特别是对于一些苦脏累险工作更不屑一顾；一些人还把家庭服务等看成是低人一等的职业。就业观念滞后，在一定程度上影响了再就业工程的开展，也使得一些下岗和失业职工再就业出现较大的难度。为此，实施再就业工程时，必须把加强宣传工作，转变职工的就业观念做为一项重要工作来抓。通过宣传，帮助广大群众认清就业形势，振奋精神，引导和教育职工树立市场就业观念，提高风险意识和对改革的承受能力，使广大职工群众切实认识到，再就业工程体现了党和政府对职工切身利益的关心，从而调动职工关心改革、支持改革、参与改革的积极性。

(六) 推广先进经验，拓宽工作思路 各地在实施再就业工程中创造了一大批先进的经验。如，上海市结合本地实际，通过创建再就业服务中心分流安置下岗职工，有力地配合了国有企业改革和优化资本结构。青岛市通过实施"三项工程"，促进了下岗和失业职工再就业。沈阳市通过开辟新的就业岗位，安置了大批下岗职工。南昌市通过发展社区服务和区街经济，为下岗职工找到了新的出路。当前，我们要对上述四个城市的经验进行积极推广，并组织各地认真学习借鉴他们的做法和经验。各地要结合实际，对本地实施再就业工程进行一次总结，提出深入实施再就业工程的目标和方案以及相应政策，把工作提高到一个新水平。同时，我们还要继续发现和总结各地在实施再就业工程中的好作法和好经验，并向全国推广。比如近期我们还要总结煤炭行业分流安置下岗职工的经验和本溪市以再就业为突破口进行老工业基地改造的经验。

除了以上六个方面外，还应加强对再就业工程的组织领导工作，做到党政齐动手，上下一起抓。各级政府的主要领导要把解决下岗和失业职工的再就业问题，当做全心全意为人民服务、为群众办实事和配合国有企业改革的重要工作来抓，全力推进再就业工程。

(作者所在单位：劳动部)

向土地资源利用的深度和广度进军 保障黄金海岸的可持续发展

刘 文 甲

我国东部的北京、辽宁、河北、天津、山东、江苏、上海、浙江、福建、广东、广西、海南12个省(自治区、直辖市)，在改革开放和社会主义现代化建设中，充分发挥区位优势，锐意改革，开拓进取，经济社会发展取得了令人瞩目的成就。1996年，这12个省(区、市)实现国民生产总值38900多亿元，是同期全国国民生产总值的56.3%，这里人均年国民生产总值是内陆19个省(区、市)人均年国民生产总值的1.8倍多，是名符其实的黄金海岸。

黄金海岸的持续发展中遇到的一个突出问题，便是土地资源相对短缺。这里有人口5亿多，约占全国人口总数的42%，而这里的土地面积仅占全国土地总面积的13.7%，耕地面积占全国耕地总面积的28%左右，这里人均占有耕地面积仅是内陆19个省(区、市)人均占有耕地面积的54%左右，全国6个人均占有耕地面积少于联合国确定的警戒线(0.795亩/人)的省(市、区)，都在黄金海岸区域里。为保障黄金海岸的持续发展，必须向土地资源利用的深度进军，使土地利用由粗放型向集约型转变，努力提高土地产出率；必须向土地资源利用的广度进军，把区域内外的各类土地资源都充分开发、利用、保护起来。

一、加大农地整理力度，增加耕地数量，提高耕地质量

我国人口多，耕地少，耕地后备资源不足。目前，全部耕地生产的粮食总量尚不足以完全满足我国12亿多人口的生活生产用粮，为保证我国在国际政治较量和经济竞争中的独立自立地位，我国必须立足于粮食自给，因此，我国必须落实耕地总量动态平衡的战略目标，并不断提高耕地质量。黄金海岸地区气候、水土条件好，耕地质量好，产量高，全国50%左右的稳产高产田在这里。把这里优越的自然条件和强大的经济实力充分地运用起来。保证这里的耕地总量只能增加，不能减少，保证这里耕地的质量继续提高，进而保障随着经济社会的持续发展，人口的不断增长而粮食总产量也不断增长。其主要措施之一，是不断加大农地整理力度，按上海、苏南、山东等地的经验，经过整理可增加耕地面积5%～10%，提高单产20%左右，降低生产成本20%左右。

二、加大建设用地整理力度，提高建设用地产出率，退建还耕，增加耕地

过去几十年中，我国建设用地的利用实在太粗放，浪费土地很多，整理起来潜力很大。

建设部颁布的城市、村镇规划建设用地标准中，建设用地包括居住用地、公共设施用地、工业用地、仓储用地、对外交通用地、道路广场用地、市政公用设施用地、绿化用地和特殊用地九大类(村镇不含特殊用地，为八大类)。城市规划人均建设用地指标为60.1～120平方

米，分四级，并明确规定“新建城市的规划人均建设用地指标宜在第Ⅲ级(90.1～105.0平方米/人)内确定：当城市发展用地偏紧时，可在第Ⅱ级(75.1～90.1平方米/人)内确定”。村镇规划建设用地指标为>50～≤150平方米/人，分为五级，并明确规定“新建村镇的规划，其人均建设用地指标宜按第三级(>80～≤100平方米/人)确定，当发展用地编紧时，可按第二级(>60～≤80平方米/人)确定”。黄金海岸11省(区、市)已有城、镇、村及工矿用地87000多平方公里，人均175平方米以上，超过国家标准70%以上。面对这种情况，上海、江苏、山东等地已开始把城镇体系规划、城镇村庄建设规划、土地利用规划协调起来，开展建设用地整理，调整和治理城、镇、村及工矿用地，推动人口向小城镇和中心村集中，乡镇企业向工业园区集中。建设用地整理与农地整理相互配合，成效十分显著。上海市农村居民点占地712平方公里，县乡工业用地200平方公里，经过整理，近期可再利用的就是142平方公里；上海市松江县小昆山镇，仅1780户农民集中建多层公寓式住宅楼，宅基地从1045亩降到212亩，节省土地近80%，同时，大大改善了居住环境。据江苏调查，实施村镇规划，将现在的28.9万个自然村落缩并成2.03万个中心村和3.11万个基层村，人均建设用地面积从172.2平方米降到98.3平方米，可复垦增加耕地300万亩。黄金海岸地区如都这样做，可复垦增加耕2000万亩以上。通过土地整理，土地利用的集约化必将有力地推进经济增长方式由粗放型向集约型转变的进程。

三、努力开发、利用、保护区域内各类土地资源，促进区域经济社会持续协调发展

山地开发大有文章可作。前几年，我看了遵义市移山填沟建设开发区。去年我有机会两次去山东看到莱芜、河南、五莲、枣庄山区山、水、田、林、路、村统一规划，综合开发，配套建设，山区耕地数量增加了，质量提高了，多种经营大发展了，这些山区不但脱了贫至了富，而且为子孙留下了千秋基业。长江三峡两岸在移民安置和对口支援中，不但在山上搞了农业综合开发，还在山坡上建设了城镇和村庄，建设了上海白猫集团、常州柴油机厂、杭州娃哈哈集团……对口支援的工厂，这些建在山坡上的工厂效益都很好。搞好山地开发、利用、保护，可以向山要城镇、村庄、开发区、工业小区……的建设用地，可以向山要木材、药材、干鲜果品……，向山要“两高一优”农业。一句话，在山区也能建设有中国特色的社会主义。

江河湖海的开发更是一篇大文章。积千万年的淤积，江河湖海中积蓄了极大量的土源，江苏省昆山市成立的土源公司把河湖中的淤泥作为财富经营起来，为造田、修路、制砖……做出了很大贡献。黄金海岸地区有5000多万亩滩涂，约占全国滩涂总数的50%。结合对江河湖海水患的治理，筑堤清淤造地，可以造出几千万亩的沃野良田和非常良好的城乡建设用地。沿海地区有海水可养殖面积260多万公顷，现已养殖利用了58万多公顷，继续开发利用的潜力很大，山东省提出“建设海上山东”，是很有道理的。

四、走出去，到内陆和海外去扩展发展空间

黄金海岸地理位置优越，但毕竟地域相对狭小、人口稠密、资源相对贫乏，要保障持续发展，必须走出去，到内陆、到海外，寻求资源，拓宽市场，扩展发展空间。改革开放以来，人们普遍重视引进来、通过改革，引进项目、资金、技术、管理，促进了本地经济发展，这是黄金海岸地区走过的一条成功之路。引进来是开放，走出去也是开放。根据《中共中央关于制定国民经济和社会发展“九五”计划和2010年远景目标的建议》指导方针和战略布局的要求，黄金海岸地区要向中西部地区投资，特别是应把某些资源初加工和劳动密集型产业转移到中西部地区去，在促进地区经济健康发展，全国经济合理布局，实现共同富裕的过程中实现黄金海岸的持续发展，更加富裕。据有关资料，到1996年底，全国乡镇业之间东西部合作项目已达3万多项，对中西部地区的投资已突破300亿元，其中1996年一年之中就有2500多项。山东省烟台市实施“市外烟台”计划，是很有卓见的行动，已与中西部地区开展了120个合作项目，总投资额已达10亿元，创造了1996年总产值23亿元的纪录。

积极稳妥地开展与海外合作与交流，到海外去寻求发展空间是一条更为广阔、更为长远的发展之计。

(作者所在单位：国家土地管理局)

财政形势与财政政策

王如骐　张年松

一、1996年财政形势及财政政策

1996年适度从紧的财政政策基本得到了贯彻。财政形势继续平稳发展，分税制改革的阶段性成果逐步显现，财政收入增长滞后于经济增长的局面开始扭转，财政支出得到控制，财政收支平衡状况有所改善。相对平稳的财政运行状况为宏观经济环境的进一步改善及国民经济持续、快速健康发展提供了有利条件。但财政困难状况还没有根本缓解。

(一) 财政预算执行情况

1. 财政收入增长与国民经济增长基本同步。全年国家财政收入完成7366亿元，为预算的107.2%，比上年增长18.0%，与去年国内生产总值现价增长速度基本持平。全国工商税收创造了年超收1000亿元以上的新记录，比上年增长19.7%。主要税种收入增长都较快，其中消费税完成预算的107%，比上年增长14.4%;增值税完成预算的98.7%，比上年增长13.9%;营业税完成预算的113.1%，比上年增长22.3%。

2. 财政支出增长得到较好控制。全年国家财政支出完成7914亿元，为预算的105.7%，比上年增长16.0%。支出增幅比上年下降了1.2个百分点，比收入增幅降低2个百分点。支出结构有所改善，其中高于总支出增幅的项目主要是“抚恤和社会福利救济费”和“公检法支出”，增加较多的项目主要有基建支出、企业挖潜改造支出、文教科卫支出、支农支出、抚恤和社会救济费等，体现了转变政府职能和增强财政宏观调控功能的要求。

3. 财政收支平衡状况好于往年。1996年财政收支相抵，支大于收548亿元。其中中央财政赤字为614亿元，比上年减少50多亿元;地方财政结余62亿元。在全年预算执行中，尽管收支平衡压力始终很大，但通过加强管理，整顿财税秩序，努力增收节支，最终实现了中央财政赤字控制在预算以内、地方财政收支平衡的目标。

4. 国债发行计划顺利完成。1996年国家债务收入1967亿元，为年度预算的100.7%，超计划的原因主要是券商分销操作中为实现包销而略多承购的结果。债务支出1928亿元，为年度预算的98.8%，主要是一些债权人方面的原因，致使少量的到期国债未实现兑付。这些增收减支影响，均属于当年计划执行中的正常情况。

1996年，财政预算执行也还存在一些不可忽视的问题: (1)企业欠税严重。据国家税务总局统计，年末企业欠缴工商税收达276亿元。(2)财税秩序还比较混乱。随意免税以及骗税、逃税、抗税等现象不断发生。(3)中央财政收入增幅明显低于地方。全年中央财政收入增长12.1%，比地方财政收入增长速度24.5%慢12.4个百分点。在收入增量中，中央收入只占35%。(4)行政事业费等非生产性支出增长幅度过大。这些问题导致财政收入占国内生产总值的比重和中央财政收入占全部财政收入的比重过低的状况短期内仍难以扭转。

(一) 财政政策适度从紧的主要措施　1996年坚持适度从紧的财政政策，主要是通过加强收支管理，整顿财税秩序，努力增收节支，控制财政赤字来体现的。具体采取了以下措施:

1. 清理了到期的税收优惠政策。1996年初开始取消部分猪皮制革企业增值税先征后返、玉门石油管理局定额上缴税金办法，以及海绵钛产品、国家级新产品所享受的税收优惠政策;明确了社会福利企业和校办企业征收流转税、宣传文化单位实行的增值税先征后返等优惠政策延续到1996年底;对废旧物资回收经营企业增值税实行先征后返70%，对国有森工企业以林区三剩物(指枝丫、树梢、树叶、树皮及藤条等采伐剩余物，造材截头等剩余物，碎单板、木心、刨花木块、边角余料等加工剩余物)和次小薪材为原料生产加工的综合利用产品增值税实行即征即返、对国有、集体商业企业批发肉、禽、蛋、水产品和蔬菜业务的增值税实行先征后返，以及对国家定点企业生产和经销单位经销的边销茶免征增值税等优惠政策，延续执行到1997年底。

2. 强化税收监督机制，严惩涉税违法犯罪行为。严格执行全国人大常委会《关于惩治虚开、伪造和非法出售增值税专用发票犯罪的决定》，强化对增值税专用发票及出口退税凭证的审核和管理，开展全面检查，打击制造假报关单、假发票、假结汇单等进行骗税、套汇、走私违法犯罪活动。企事业单位从事或者参与骗税逃税活动的，直接责任者一律开除公职，有关负责人予以撤职，骗逃税额一万元以上者移送司法机关追究刑事责任。企业骗取出口退税情节严重的，停止对其出口退税，并撤销其对外贸易许可资格。对于国家有关机关工作人员，因玩忽职守，造成国家税收损失5万元以上的，对直接责任人给予记过以上行政处分，直至开除公职等。

3. 开展年度税收财务物价大检查。检查出应缴违纪款项必须按分税财政体制的要求，在接到大检查处理决定后15天内分别缴入中央财政和地方财政，不得混库，不得以任何借口少缴或不缴。

4. 整顿会计工作秩序。普遍开展了以依法建帐建制为中心内容的会计基础工作规范化活动。针对假造会计票据、乱摊成本、搞“两本帐”隐瞒收入，偷逃国家税收，转移国家资金，搞小金库等违反财经纪律的突出问题，整顿会计工作秩序，加强对会计工作的监督检查，开始形成政府部门、企业内部与社会会计部门的交叉监督体系。

5. 清理整顿预算外资金。将养路费等13项数额较大的政府性基金纳入预算管理。对地方财政部门按国家规定收取的各项税费附加，统一纳入地方财政预算，作为地方财政的固定收入，不再作为预算外资金。与此同时，还对其他预算外资金进行清理、检查，惩治和纠正将预算内资金转到预算外以及预算外资金设立、使用和管理中的违法违纪行为。

6. 加强国有资产管理。产权登记的规范管理制度已基本形成，资产评估工作迅速发展，国有资产统计报告制度纳入统计体系，产权转让监管工作逐步加强，国有资产管理法制建设取得重大进展，国有资产管理信息一级网络基本建成。

(三) 财税体制改革继续得到深化和完善

1. 涉外税收三项制度改革进展顺利。一是大幅度降低关税税率，同时原则上取消进口税收减免优惠政策。二是进一步降低出口退税率，从1996年1月1日起，出口退税率分别调整为9%、6%和3%，平均退税率为8.29%。三是对加工贸易实行进口料件保证金台帐监管制度。从一年来的运行情况看，由于降低关税政策与取消部分进口货物减免税优惠政策同时实施，大幅度降低关税税率没有引起进口剧增，同时也使我国关税总水平接近发展中国家的水平，为我国经济与世界经济互接互补创造了条件；调整出口退税政策，促进了外贸企业加快结构调整和经营方式的转变，对缓解中央财政负担过重起到一定作用；实施加工贸易保证金台帐制度后，加工贸易监管得到加强，抑制了假借加工贸易变相走私进口。

2. 调整了国家税务局、地方税务局的征管范围。针对税务机构分设运转中出现的一些问题，1996年初国务院转发了国家税务局《关于调整国家税务局、地方税务局税收征管范围的意见》，基本理顺了两套税务机构的关系，更好地调动了中央和地方两个积极性，强化了税收征管力度。特别是过去一些征收难度较大的地方零星税收，通过加强征管，有了较大的增长，有的已成为地方的主体税种。

3. 进一步完善了分税财政体制。中央财政在很困难的情况下，拿出部分财力实施了过渡期转移支付制度；各省市自治区也拿出部分资金，参照中央的办法，结合本地区的情况，对下属地区实施转移支付，收到了良好的效果。省级与省以下各级财政间的税收收入分配办法也得到了解决。

4. 改革了国债发行方式。主要采取基数承销、价格招标或划款期招标的方式，在承销基数基础上，通过竞价确定发行价格；在发行利率上，对记帐式国库券采取贴现方式发行，其差额为投资者的收益。这一改革，既降低了发行成本，提高了发行效率；又为人民银行开展公开市场业务提供了操作工具，为财政政策、货币政策的协调运作创造了一个结合部，同时也有利于投资者了解市场价格变化。

5. 积极配合国有企业改革、落实财税配套政策。出台了将部分企业“拨改贷”资金本息余额转为国家资本金的政策，并对“拨改贷”资金本息余额转为国家资本金的原则、范围和条件等做了较详细的规定。另外，随着“优化资本结构”试点城市扩大到50个，国有企业享受补充流动资金政策的范围也随之扩大，为降低国有企业资产负债率创造了一定条件。

二、1997年财政政策和财政体制改革

1997年财政工作的指导思想是：继续实行适度从紧的财政政策，促进经济结构的调整和优化，全面强化税收征管，使财政收入继续保持较快增长；坚持量入为出，控制支出总量，优化支出结构，保证重点需要，反对铺张浪费，使财政支出的增长低于收入的增长幅度；进一步压缩财政赤字，控制债务规模；大力整顿财经秩序，继续深化财税改革。为此，1997年的财政政策和财税改革将围绕解决经济生活中的突出问题，力求把发展经济与开辟财源结合起来，努力增加财政收入；把控制支出与调整结构结合起来，努力节减一切可节减的支出；把深化财税改革与振兴国家财政结合起来，逐步增强财政的宏观调控能力；把强化财税管理与整顿财税秩序结合起来，使财政工作进一步走上依法理财、依法管理的轨道。

(一) 继续实行适度从紧的财政政策

1. 从紧安排国家预算总盘子，继续压缩赤字。1997年全国财政收入预算8398亿元，比1996年预计增加1032亿元，增长14%；全国财政支出预算8968亿元，比1996年预计增加1054亿元，增长13.3%，财政收入增幅比财政支出增幅高0.7个百分点；全国财政收支相抵，赤字570亿元，比1996年减少40亿元。1997年预计发行国

债2486亿元，比1996年增加519亿元，主要用于偿还到期债务本息。

2. 努力增加财政收入，力争收入的增长与国内生产总值的增长相适应。

(1) 改善企业经营管理，提高经济效益。强化企业财务约束机制，企业收入要全部入帐，支出要有预算，做好内部审计工作，同时加紧研究制定国有企业财务监督实施办法，对企业消费性资金使用、对外投资、关联企业往来、购销活动以及资产处置等依法进行监督。加强金融保险企业的财务管理，严格控制基本建设投资、固定资产购置费和工资性支出，努力改善金融保险企业的信贷资产质量，提高利息回收率，扭转利润下滑趋势。

(2) 加强对会计的管理和指导，继续推行以强化基础管理和依法建帐为中心的会计基础工作规范化。研究制定与企业会计制度相适应的成本核算办法及单位内部控制机制。加快会计准则体系建设，逐步实行企业年度会计报表注册审计制度，发挥社会中介组织在维护会计秩序中的作用。

(3) 加大税收征管力度，切实依法治税、依率计征，防止税源流失。继续开展打击偷税、骗税的专项斗争，对一些重点地区、重点行业和重点环节进行检查。同时，要进一步完善对出口退税的事前审核和管理机制。严禁乱开减免税口子。大力清理欠税，在压缩"旧欠"的基础上，不再发生"新欠"。

3. 严格支出预算约束，遏制非生产性支出过快增长。1997年的财政支出，重点保证农业、教育、科技支出的增长和国家政权建设所需要的开支。坚决执行国务院统一的工资政策。各地区各部门不得在国家规定之外，自行提高标准或以其他名目变相发放资金、补贴。严格控制机构人员编制，今后未经国务院批准，不准再增人增编，增设机构。不许通过乱收费、乱创收，把自行增设的机构、人员费用放到预算外开支。压缩公用经费开支。大力精简既无明确任务、又无实际内容的会议，取消一些名目繁多的"办节"活动。财政安排的会议费预算，要在1996年实际支出的基础上压缩10％，党政干部的出国经费也要从严审批，从严控制。严格控制社会集团购买力。要针对当前集团消费新的热点，调整专控商品品目，特别是对移动电话、大屏幕彩电等高档商品要从严实行专项控制。小汽车的数量和档次要严格按规定配置。地方各级预算安排要量入为出，收入不足以抵补支出的，要坚决削减开支，首先要安排好正常的工资支出。规范财政支出秩序。各级财政要专门组织力量对本级预算支出资金的申请、拨付、使用进行重点检查和全方位监控，对那些挥霍浪费财政资金，擅自提高支出标准，挤占挪用重点支出的违纪行为，要坚决查处。

4. 加强预算外资金管理。继续贯彻落实国务院《关于加强预算外资金管理的决定》，行政事业性收费要严格执行中央、省两级审批制度，在预算外开设各种具有政府收支性质的基金要严格执行中央一级审批制度。坚决制止向企业乱摊派和乱收费。将部分政府性建设专用基金和部分行政性收费纳入预算管理。将预算外资金上缴财政专户，实行收支两条线管理。预算外资金专户要由当地财政部门在有关银行统一开设，不得多头开户。

(二) 继续完善新财税体制

1. 进一步完善增值税的征收管理办法。扩大增值税发票交叉稽核范围，坚决堵住利用增值税发票偷逃税的漏洞。将十万元版增值税专用发票纳入防伪税控系统和交叉稽核范围。严格一般纳税人的认定，对一般纳税人实行分类管理。完善增值税稽核制度，组织好"金税工作"二期实施方案的试点工作。开展全国性的纳税检查，重点对各类异常申报进行调研分析，改进完善增值税管理办法。

2. 改进个人所得税的征收办法。强化个体经济税收和个人所得税征管。对个体工商户要积极稳妥地推行建帐建制，实行查帐征收。个人所得税的征管应加强源泉控制，严格代扣代缴制度，逐步推行法人支付与个人收入双向申报制，重点抓好对高收入行业和高收入者，特别是演出市场、广告市场、工程承包的征税管理。

3. 加强其他税种的征收管理。企业所得税要规范统一税前列支标准，研究制度重点行业的征管制度和办法;营业税重点对特殊行业和行政事业单位收费加强征收管理;消费税要针对征管中出现的新情况、新问题，研究制度有效的防范措施，减少税收流失;结合地方税的不同特点制定单项征管办法，加强税源调查与监控，建立地方税收分析制度，开展地方税种的专项检查，打击偷逃抗税行为;全面贯彻执行农业税收政策，研究分析农业各税的政策执行情况、农民税收负担情况，改进和完善相应的征管措施。抓紧制定法规，尽快出台新的个人所得税法、遗产税法和新的耕地占用税、契税、车船使用税条例，择机恢复对储蓄存款利息征收个人所得税。

4. 进一步改进出口退税办法。完善出口退税管理和检查制度，加快出口退税计算机网络化管理步伐，严厉查处出口骗税大案要案。对有进出口经营权的生产企业自营出口的货物，实行"免、抵、退"的办法。

5. 继续完善过渡期转移支付制度。对现行办法做一些技术性修改，扩大标准收入的测算范围，改进测算方法，调整标准支出的项目和因素，建立激励机制，为逐步过渡到规范的转移支付制度创造条件。

6. 积极推进权责明确的国有资产管理、监督和营运体系的建立。推动资产结构调整，促进存量资产合理流动，在非经营性资产和资源性资产管理方面实现新的突破。积极做好国有企业清产核资的后续工作，全面开始城镇集体企业清产核资工作。

7. 支持、配合国有企业改革试点，继续做好"拨改贷"资金余额转资本金工作，进一步完善基本建设财务管理制度，为国有企业多渠道增资减债创造条件。

8. 配合有关部门推进社会保障制度改革。积极参与城镇企业职工养老保险制度改革具体实施方案和城镇居民最低生活保障制度，以及农村养老保险改革的研究和实施，加强对职工医疗保险制度改革扩大试点城市的指导和支持，将各项社会保险基金纳入财政专户管理。

(作者所在单位：国家计委财经司)

加大投资结构调整力度，促进两个根本转变

耿 春 普

1996年是"九五"计划的第一年。由于国家实行了适度从紧的宏观调控政策，并在建设领域推行了项目资本金管理制度、项目法人责任制度、工程招投标和项目监理制度等一系列改革措施，固定资产投资规模保持了合理增长的势头。1996年全社会完成固定资产投资22974亿元，比上年增长14.8％，扣除价格因素，实际增长10.8％。与经济增长的速度基本适应，促进了国民经济持续、稳定增长，在保持社会总供需平衡，抑制通货膨胀等方面发挥了重要的作用。在投资总量基本适度情况下，结构性矛盾突出。调整投资结构被提到日程上来。

一、投资结构中存在的主要问题

投资结构是指投资各个组成部分之间的关系。投资结构是经济结构的基础，是经济结构调整的关键所在。它可以从不同的角度反映投资分布的合理性。投资结构包括地区分布、行业分布、投资方式的选择、投资的技术构成、规模选择等方面。

(一) 从投资的地区分布看，东中西部地区差距扩大 首先从投资的增长速度看，1986年至1995年全社会完成固定资产投资84402亿元，其中东部沿海地区完成51601亿元，年平均增长24.5％；中部地区完成18827亿元，年平均增长14.9％；西部地区完成10835亿元，年平均增长17.7％。中西部地区投资增长速度分别比东部地区慢9.6个百分点和6.8个百分点。再从投资比重看，"七五"时期东部投资占56.5％，中部投资占25.3％，西部投资占14％；到"八五"时期，东部投资比重上升到62.7％，中西部投资比重分别下降到21.4％和12.5％。东中西部投资比由1：0.45：0.25变为1：0.34：0.20。1996年为1：0.36：0.20，情况没有明显改变。

(二) 从投资方式看，外延扩大再生产趋势明显

固定资产投资方式有两种：一是内涵扩大再生产，二是外延扩大再生产。按照建设性质划分，一般来讲，新建、扩建属于外延扩大再生产，改建等属于内涵扩大再生产。统计资料显示，1981年至1995年，国有单位固定资产投资中，新扩建投资约占三分之二，改建投资呈下降趋势。"七五"时期改建投资比重由"六五"时期的29.6％下降到20％，"八五"时期进一步下降为18.5％。1996年这一趋势仍在延续，改建投资比重下降为14.4％。

目前我国的投资体制是分别按基本建设和更新改造进行管理。基本建设是指利用国家预算内拨款、自筹资金、国内外基本建设贷款以及其他专项资金进行的，以扩大生产能力(或新增工程效益)为主要目的的新、扩建工程及有关的工作。以外延扩大再生产为主。更新改造一般是指利用企业折旧资金、国家更新改造预算拨款、企业自有资金、国内外技术改造贷款等资金对现有企、事业单位原有设施进行技术改造(包括固定资产更新)以及相应配套的辅助性生产、生活福利设施等工程和有关的工作。以内涵扩大再生产为主。1991年至1996年，更新改造投资完成14521亿元，年均增长31.6％，比全社会投资平均增长速度低3个百分点。占全社会投资的比重由1991年的18.3％下降为1996年的15.8％。

(三) 从投资的技术构成看，投资的技术含量比较低 为了反映投资的技术构成，把投资分成了建筑安装工程、设备工器具购置和其他费用三部分。设备工器具购置属于积极投资部分，它在投资中所占比重的高低，反映了投资技术含量的高低。"八五"时期与"七五"时期相比，国有单位投资中，设备工器具投资比重由30.3％下降到25.7％，建安工程投资和其他费用比重由69.7％上升到74.3％，上升了4.6个百分点。1996年与上年相比，国有单位投资中设备工器具投资比重虽有所

上升，占27.8%，但与1991年相比仍下降1.7个百分点，建安工程投资和其他费用比重由70.5%上升到72.2%。

(四) 从行业分布看，基础设施投资不足，且地区之间产业结构趋同 统计资料显示："八五"时期以来用于农业、能源、交通、教育、科技等基础产业和基础设施建设的投资比重呈下降趋势。1991年所占比重为47.8%，到1996年下降到44.9%。

据测算，地区工业结构与全国工业结构相似系数，1989年达到90%以上的地区有22个，占地区总数的75.9%。中部地区和东部地区的工业结构相似系数为93.5%，西部与中部地区工业结构相似系数为97.9%。在制定"九五"计划和2010年远景目标规划时，将电子作为支柱产业的地区有24个，将汽车作为支柱产业的有22个，机械、化工各为16个，冶金为14个。

(五) 从投资项目的规模看，项目小型化问题严重 规模经济是实现宏观经济效益的前提。随着社会主义市场经济的建立，通过竞争，投资大中型项目的比重应呈上升趋势。但是据有关资料反映，1991年至1996基本建设小型项目投资比重提高，由1991年的44.2%上升到1996年的55.2%；大中型项目的投资比重由50%下降到42%。与国际比较，我国项目小型化问题更加突出。如汽车，世界比较先进水平的年产量为100万辆，而我国最大的汽车厂年生产量只有18万辆，平均规模为1万多辆；钢铁，最佳经济规模一般年产为500万吨或1000万吨为上，而我国钢铁企业平均规模为5万多吨；炼油，世界平均生产规模为500多万吨，而我国仅为167万吨；乙烯生产装置，世界最大规模90万吨，平均规模30多万吨，而我国平均每套为21万吨；棉纺，合理经济规模3—8万吨，而我国3万吨以上的企业仅占20%；造纸，世界平均规模为5万吨，而我国平均仅为3000多吨。

(六) 从外商的投资方向看，用于房地产等高回报率的投资过多 党的十届三中全会以来，由于实行改革开放的政策，我国利用外资的数量逐年增多。投资领域在保持以国有经济为主导的情况下，出现了外商独资、与外商合资、合作等多种经济形式。外商投资在弥补国内建设资金不足、改善经营管理、促进房地产等行业发展方面发挥了积极的作用。但是从其投资方向看，用于房地产、旅馆业、餐饮业、零售业的投资过多。1995年这些行业中的外商及港澳台商投资占47.6%，而用于农业、能源、交通等基础设施的投资只占13%。这种倾向不利于引进先进的技术。

二、调整投资结构的紧迫性及对策

(一) 调整投资结构是促进两个转变的需要 党的十四届五中全会提出了经济体制从计划经济向社会主义市场经济转变，经济增长方式从粗放型向集约型转变的方针。要实现两个转变，必然要从经济结构的调整入手。调整经济结构的途径有两个：一是存量调整，即调整现有的经济结构。通过资产的联合、兼并、破产、出售等手段，使存量资产在不同产业之间流动，实现资产在不同产业部门间的重组。二是增量调整，即调整投资结构。通过新增投资，支持、扩大某些产业的发展，从而达到改变产业现状，协调产业关系的目的。调整投资结构一方面要加大对现有企业技术改造的力度，加快设备更新的步伐，以提高产品质量，增加花色品种，适应市场的需要；另一方面要以国家产业政策为依据，以市场为导向，以经济效益为中心，加强对新上项目的可行性研究，减少行政干预，充分发挥投资对经济的拉动作用。

(二) 调整投资结构是提高投资效果的需要 与"七五"时期比较，"八五"时期投资效益呈下降趋势，1996年这一趋势并没有得到明显改观。1996年投资效果系数为0.42，低于"八五"时期平均水平，是1991年以来低的年份。最投资效益不理想原因是多方面的：有的是由于投资体制尚在改革过程中，还存在着重复或盲目上项目；有的是由于资金不能及时到位，造成了工期拖长；有的是由于设备质量差或设计图纸不及时等，而影响了施工。但从宏观上分析，投资结构不合理仍是一个重要的原因。投资结构不合理，会使投产项目不能及时发挥效益，甚至有的项目建成投产之日即停产，造成生产能力的闲置；投资结构不合理，会造成资金的浪费，资金不能尽快回收，而影响了资金的循环；投资结构不合理，会加大地区间经济发展的不平衡，最终会影响到社会的安定。

(三) 调整投资结构是保证国民经济稳定、快速、健康发展的需要 据第三次工业普查对94种主要工业产品统计，产品能力利用比较充分(80%以上)的仅有33种，占35.1%；生产能力利用不足，能力闲置三分之一至五分之一的产品有26种，占27.7%；生产能力利用严重不足，能力闲置一半左右的产品有17种，占18.1%；产生能力利用不足半数，处于半停产或停产状态的有18个品种，占19.1%。工业产品能力利用率低，造成了经济效益的下降，其主要原因是建设领域的重复建设、盲目建设。投资结构的调整是经济结构调整的关键所在，只有使投资结构合理化，才能使经济发展具有可持性，才能提高宏观经济的整体效益。否则投资结构不合理，就会使社会再生产过程受阻，从而影响国民经济的发展。

鉴于上述情况，加大投资结构调整的力度，应做好以下方面的工作：

首先进一步完善产业政策。产业政策是国家站在宏观经济高度，从全局的长远利益出发，对整个国家产业分布的规划，以实现全社会各产业的协调发展。我国的产业政策的制定于1989年，1992年曾进行了小范围的修定。随着改革进程，实际情况发生了变化，应根据“九五”计划与2010年和远景规划，市场的需求状况，对产业政策进行调整、补充、完善。使产业政策具有科学性、先进性及可操作性。各地区也应制定独具特色又与国家产业政策相配套的地区产业政策，避免只重局部利益，而忽略宏观效益的情况发生。

其次加快投资体制改革的步伐。在投资体制改革上，建立投资的激励和风险约束机制，避免有人批项目，没人负责的现象，实行“谁投资、谁决策、谁受益、谁担风险”。尽快出台投资法。市场经济的有序运行，要靠法律。建设领域也不例外，要通过法律规范投资主体的投资行为，明确投资者的法律责任，保护投资者的合法权益。

第三在投资方式的选择上，逐步扭转重新、扩建轻技术改造的思想。经过四十多年的建设，我国已建立起了门类齐全的国民经济体系。目前工业企业特别是国有工业企业既面临着经营方式转变的机遇，又面临着设备陈旧、工艺技术落后等困难。技术改造与上新项目，铺新摊子相比，具有投资少、周期短、见效快的特点。国家应对企业的技术改造实行适度倾斜的政策，使其企业走出困境，步入良性特循环的轨道。

第四建立产品的投资、生产、销售的平衡体系，充分发挥信息在投资结构调整中的作用。随着计划经济向市场经济的转变，信息的导向作用将越来越重要。统计的各个专业应在统计的范围、指标的口径、划分的标准等方面协调统一，建立主要产品的投资、生产、销售的平衡体系，定期公布有关信息，引导投资方向，减少因投资决策失误而造成的损失。

(作者所在单位：国家统计局)

理顺收入分配关系的基本思路及对策

李晓超

收入分配关系是改革开放以来变化较为明显而突出的一个方面，这一变化不仅对社会经济的各个层面产生了重大影响，而且加之其变化原因的复杂性和多样性，引起了全国上上下下对收入分配问题的极大关注，也产生了很多不同的看法和意见。因此，对这一问题进行深入分析和研究，已显得十分迫切而必要。

一、基本情况及主要问题

国民生产总值的分配是在政府、企业和个人之间经过初次分配和再分配两个过程而实现的，相应形成了初次分配和最终分配两个格局。因此，描述、分析国民生产总值的分配不仅要考察国民生产总值在政府、企业和个人及其内部之间的初次分配格局，也要观测国民生产总值在政府、企业和个人及其内部之间的最终分配格局。

(一) 改革开放以来国民生产总值在政府、企业和个人之间的分配发生了较大变化，不仅表现在政府、企业和个人三者之间，而且还表现在政府、企业和个人各个内部之间

1. 政府收入比重不断下降，企业收入比重基本稳定以及个人收入比重上升，是改革以来国民生产总值在政府、企业和个人之间分配变化的总体趋势。政府收入比重下降、企业收入比重基本平稳以及个人收入比重上升，不仅在初次分配格局是这样，而且在最终分配格局也是如此。1978年政府初次收入和最终收入占GNP比重分别为33.5％和32.7％；1995年政府初次收入和最终收占GNP比重分别为13.2％和14.1％，相应其占GNP比重在1978－1995年期间分别下降203和18.6个百分点。从整个改革时期看，企业收入除了1979年和1980年有较快上升外；以后无论是企业初次收入还是最终收入占GNP比重都保持基本稳定的势头，企业初次收入占GNP比重基本稳定在18－20％，企业最终收入占GNP比重占GNP比重基本稳定在16－18％。1978年个人初次收入和最终收入占GNP比重分别为50.4％和51.2％；1995年个人初次收入和最终收入占GNP比重分别为68.5％和69.1％，相应其占GNP比重分别上升18.1和17.9个百分点。

改革以来政府、企业和个人的初次收入占GNP比重与其相应的最终收入，总体上变化幅度很小，加之转移收入(支出)总量也比较小，表明我国的收入再分配功能是很低的。一是政府收入占GNP比重在初次分配格局和最终分配格局保持基本稳定的状态。从整个改革时期看，政府初次收入和最终收入占GNP比重基本上是稳定的，但1978－1984年期间政府初次收入比重高于政府最终收入比重，这主要在于这一时期政府转移收入主要是所得税收入较少，而政府转移支出主要是价格补贴、抚恤和社会福利还比较大，出现了转移收入大于转移支出的结果；1985－1995年期间政府初次收入比重低于政府最终收入比重，这主要表现为这一时期政府转移收入主要是“利改税”，以后所得税收入的急剧增加，而政府转移支出主要是价格补贴、抚恤和社会福利趋于稳定，出现了转移支出大于转移收入的结果。二是自改革以来企业收入占GNP比重在初次分配格局和最终分配格局，大体上有两个变化的阶段，但总体上幅度并不大。第一个阶段是1978－1984年，企业初次收入占GNP比重一直等于企业最终收入占GNP比重，变化幅度为零；第二阶段是1985－1995年，企业初次收入占GNP比重一直大于企业最终收入占GNP比重，变化幅度逐步减少。三是个人最终收入占GNP比重，自改革以来始终高于个人初次收入占GNP比重，且高出的幅度比较低。个人最终收入和初次收入占GNP的比重在此期间有两个变化是比较明显的，一是改革以来最终收入占GNP比重一致地高于初次收入占GNP比重。1978年个人最终收入和初次收入占GNP比重分别为51.2％和50.4％，前者高于后者0.8个百分点，此后一直保持这一态势，到1995年高于0.6个百分点；二是个人最终收入占GNP比重高出初次收入占GNP的比重基本保持在3％以下。

除此之外，整个经济中的转移收入(支出)仅相当于GNP的2％左右，相对整个经济来说是比较小的，表明我国的收入再分配功能是相当低的。因此，为了叙述的方便，除特别说明，下面所讲到的分配状况都是GNP的最终分配。

2. 政府收入比重的下降，主要表现为财政预算内收入比重的下降，而预算外收入比重略有上升。财政预算内收入占GNP比重大幅度下降，而其中中央财政收入自城市体制改革以后持续下降，但1994年实行分税制以后的状况有所扭转。1978年财政预算内收入1215.6亿元。占GNP比重为30.1％；此后持续下降，到1995年财政预算内收入为7169.0亿元，占GNP比重仅为9.2％，财政预算内收入占GNP比重大幅度下降。与此同时中央财政收入自1986年以后持续下降。1986年中央财政收入占整个财政收入比重为36.7％，到1993年下降到22.0％，下降了14.7个百分点。但1994年实行分税制后中央财政收入比重开始明显提高。1994年中央财政收入占整个财政收入比重为55.7％，1995年为52.4％①。

财政预算外收入占GNP比重略有上升。1978年财政预算外收入为94.2亿元，占GNP比重为2.6％，此后一直到1984年这一比重基本上稳定在这一水平。但随着1985年城市经济体制改革的实施推进，财政预算外收入占GNP比重开始直线上升。1985年财政预算外收入为260.7亿元，占GNP比重为2.9％，1995年财政预算外收入为2421.3亿元，占GNP比重为4.2％，比1985年上升了13个百分点。

3. 与企业收入比重基本平稳相比，国有企业收入占GNP比重在改革初期有所上升，但以后呈现下降的趋势。与整个企业收入变化不同的是，国有企业收入占GNP比重自改革以来呈现出两个变化阶段，第一个阶段是1978－1983年，国有企业收入占GNP比重上升，由1978年的7.2％上升到1984年的11.3％；第二个阶段是1984－1995年，国有企业收入占GNP比重下降，由1984年的11.1％下降到1994年的9.7％。

4. 个人收入比重的上升，是在收入差距不断扩大、财产收入比重明显提高、贫困问题仍比较严峻的形势下形成的。个人收入差距的扩大，可以说表现在不同层次、不同方面，既表现的城乡个人之间，又表现在不同行业之间，更表现在不同职业和地区之间等，但综合反映个人收入差距的还是国际上通用的Gini系数。1980年城镇和农村个人收入Gini系数分别为0.16和0.24，1995年分别上升为0.28和0.34，表明了伴随着个人收入总量比重的不断上升，个人收入的差距也在不断扩大。

目前在我国个人财产收入的形式主要有利息、红利、租金等。据银行部门的统计，1978年个人储蓄利息收入仅为6亿元，1995年达3000亿元，占整个收入比重由0.3％上升到7.9％。由此不难看出改革以来伴随着个人收入总量比重的不断提高，个人财产收入的份量也在不断加大。

随着整体经济的发展和“温暖工程”的实施，相当部分的家庭正走出贫困，迈向小康，但也必须看到目前我国的贫困问题仍还比较严峻。根据抽样调查数据推算，1995年底城镇贫困人口近1300万人，农村贫困人口6500万人。所以，虽然伴随着整体经济的发展，个人收入总量比重在不断上升，但贫困问题目前仍是一个比较严峻的问题。

(二) 改革以来我国政府、企业和个人三者分配关系变化的总体趋势，可以说既是改革的目的，也是改革所期望的。但这一变化趋势发生的如此之快，以及在这一变化过程中暴露出的令人普遍关注的一系列问题，是我们所没有料及的

1. 政府收入特别是预算内收入比重下降过快，不仅削弱了宏观经济的调控能力，增加了宏观经济调控的负担，更严重的是贻误或拖延了解决改革和发展中问题的时机。担负着宏观经济调控任务的政府，是通过一定规模的收入实现对宏观经济运行进行调控，以确

① 这里的财政收入和中央财政收入均没包括债务收入，并且没有按计算政府、企业和个人三者分配的口径进行调整。

保整体经济的持续稳定健康的发展。政府收入特别是预算内收入的下降，表明政府支配社会成果的份额下降，重新分配社会成果的余地减少，自然是削弱了政府的宏观经济调控能力。当然，由于政府收入比重的下降大部分转向了个人。而个人又通过存款储蓄转向了银行，银行资金增加，结果加大了金融调控能力，所以政府收入比重的下降对宏观经济调控的影响从某种意义上说是有一定限度的，但决不能因此而忽视政府收入比重的下降对宏观经济调控的影响。首先是虽然政府收入的下降将财政资金转移为金融资金，相对加强了金融的调控能力，但十分清楚的是，金融调控不仅不能等同甚至也不能取代于财政调控。当前经济运行中存在或出现的地区经济发展不平衡、失业、农业等问题，一定程度上是与宏观经济调控主要依靠金融(货币)政策有关的。其次还应看到当前财政政策是在债务日趋增加的支持下操作的。

2. 企业收入总体水平虽然稳定，但由于近一个时期国有企业收入的下降，导致国有企业资产增值能力较低，经营风险和成本加大，这已严重影响着国有经济的正常发展。随着国有企业收入比重的下降，必然会影响到国有企业资产的保值和增值。由于历史的原因，现阶段正是国有企业机器设备更新换代的时期，但收入的下降不仅不能使国有企业资产增值，就连机器设备更新换代，达到保值有时还难以实现，长此下去。必然影响国有企业的发展后劲，影响到国有企业的正常发展。

由于企业收入比重的下降，国有企业负债经营日趋突出，加大了国有企业的经营风险、提高了企业的生产成本。

3. 个人收入比重上升幅度很大，理应得到公众个人的普遍拥护，但由于这是在差距明显扩大、财产收入比重提高、贫困仍比较严峻的情况下出现的，社会各界对其意见十分强烈，并且已明显地暴露了一些负面影响。

(1) 影响着整个社会的生产积极性。分配过于平均不利于调动整个社会的生产积极性。但收入差距过大、财产收入比重偏高，也不利于调动整个社会的生产积极性。据抽样调查资料估计，1995年底年收入在3－10万元的约有680万户，在10万元以上的约有85万户，两者合计约占总家庭户数的9%；又据估算资产总量超过100万以上的户数已上百万户。这些家庭提前迈入“富裕(有)家庭”行列，是经济发展所期望的，但国外的资料研究表明，这又往往会降低这些成员特别是下一代的生产积极性。

(2) 影响着整个社会的安全和稳定。近几年社会秩序较为混乱，各种犯罪持续上升，整个社会的安全感下降，出现了不太稳定的局面，虽然与整个社会的道德水准和个人修养下降有着重要的关系，但一定程度上与贫困阶层的数量还比较多，是密不可分的。贫困阶层的存在是社会缺乏安全感和稳定性的一个重要因素。

4. 在分配关系发生变化的同时出现了较为严重的分配秩序混乱现象，混乱的分配秩序，不仅在量上加剧了分配关系的这一变化趋势，更严重的是在这一加剧变化过程中出现了较为严重的“侵蚀”行为。

(1) 分配秩序混乱在政府、企业和个人分配关系上表现为进一步降低了政府收入比重。提高了个人收入比重。政府收入比重下降、个人收入比重上升是整个经济体制改革的结果，也是经济发展的需要，但这一趋势变化的速度如此之快，一个重要的原因是个人收入“侵蚀”企业收入和政府收入、企业收入“侵蚀”政府收入。个人收入“侵蚀”企业收入的主要形式有乱发奖金、部分国有企业管理者贪污企业收入、部分企业行贿政府公务人员等;此外个人通过偷税漏税也在“侵蚀”政府收入;企业收入“侵蚀”政府收入的主要形式有偷税漏税、隐瞒账目、逃避监督。

(2) 分配秩序混乱在政府内部分配关系上表现为三个方面，一是预算内收入中的地方财政“侵蚀”中央财政，主要形式有地方财税部门更重视地方税种的征收、个别地方财税部门隐瞒地方财政收入以争取到较多的下拨收入等;预:二是预算外收入“侵蚀”预算内收入，主要是将预算内收入转为预算外收入等;三是预算外收入中行政事业单位预算外收入“侵蚀”地方财政预算外收入，主要形式有名目繁多的办照费、登记费等。

(3) 分配秩序混乱在企业内部表现为非国有企业收入“侵蚀”国有企业收入，形式主要有两种，一是通过资产转移的形式，将效益前景看好的资产转移到非国有企业，国有企业的收入相应必然要有所下降，二是通过“半”合资的形式，当企业收入多时为争取到较多的收入，谎称企业是非国有企业;当企业收入不理想时，为得到政府的支持，又称企业是国有企业，造成了非国有企业收入“侵蚀”国有企业收入的结局。

(4) 分配秩序混乱在个人内部分配关系上主要表现为主体收入比重下降和垄断性收入明显增加。主体收入比重下降有两个方面的含义，一是指个人工资占整个收入比重下降，二是指个人依靠本人职业而获得收入的份额下降，这些变化不仅不利于个人安心本职工作，而且也不利于对收入的管理和监督;垄断性收入的明显增加主要是借助垄断行业获取的垄断利润而增加的收入。

5. 分配关系发生以上的变化最严重也是最危险的后果就是，一些政府部门出于缓解分配变化所带来的问题，在政策执行上容易“网开一面”，一定程度上动摇着严格执法的决心。这其中表现最突出的就是，面对政府公务员收入偏低的事实，个别政府部门不仅在政策上“网开一面”，执行上有所放松，增加各种补贴，而且还以解决政府公务员收入为由默认个别单位和个人的各种创收活动，乱收费，乱摊派，放松了对财务制度的监督和管理。这不仅败坏了政府的形象，更严重的是为腐败的产生创造了条件和环境。

二、背景、原因及其途径

改革开放以来收入分配关系发生的以上变化，既有经济较快增长这一物质基础的保障，也有较深刻的体制转轨和政策调整的背景和政策不规范、执行不力的大环境。

整体经济的快速发展是收入分配关系变化的物质基础和前提。1995年国内生产总值为57733亿元，为1978年的3624亿元的15.9倍，年平均增长17.7%(按现价计算)。国内生产总值的快速增长为收入分配关系的变化提供了一个广阔的空间和余地，整体经济的快速发展是收入分配关系变化的物质基础和前提。

经济发展总体思路的调整及其相应的体制转轨和政策出台是收入分配关系变化的大背景，突出表现在整个经济体制的改革和政策的出台始终是围绕着分配问题展开而深入的。1978年以来经济发展的总体思路，就是通过分配关系的调整解决公众生产积极性不高的状况，以求活跃整个经济，促进经济的发展。首先是1978年开始在农村的家庭联产承包责任制；其次是1985年开始在城市的企业承包制、利改税；再其次是对一些企业和地区的各种优惠政策，如减免税措施；最后是1992年开始的全社会的市场经济的建设。这些思路、政策为分配关系的变化作了体制准备。

政策不规范、执行不力是收入分配关系加剧变化的重要条件和有利环境。改革以来收入分配关系发生以上的变化，可以说是预料之中的，也是各项政策实施的结果，但变化的如此之快，以致引起社会各界的普遍关注，很大程度上是由于一些政策极为不规范、执行不力造成的。

在以上的背景和环境下，收入分配关系发生变化是必然的，但原因和途径更是多种多样，归纳起来主要有：

1. 政策执行的途径。针对在传统计划经济下公众生产积极性较低的状况，改革开放后明确提出了调整分配关系的重要性，并先后出台了一系列调整分配关系的政策措施。

(1) 农村家庭承包责任制。农村家庭承包责任制的核心是农村家庭在一定时期上交一定数量的收入(货物或现金)给政府，剩余部分全归家庭的一种分配制度。由此不难看出。农村家庭承包责任制的实施，结果必然是随着农村经济也即整个经济的增长，政府收入比重的不断下降，个人收入比重的不断上升。

(2) 企业承包责任制。农村家庭联产承包责任制对推动农村经济乃至整个经济发展的巨大成功，使得人们在进行城市经济体制改革时将农村的成功经济推广到企业的改革中去是合乎情理的。正是由于这一原因，企业承包责任制在城市改革初期成为企业改革的首要选择。自然与农村家庭联产承包制一样，企业承包责任制的推行实施，又进一步提高了个人收入的比重，降低了政府的收入比重。

(3) 对一些企业或地区的优惠政策。这些优惠政策主要有：一是先后对乡镇企业和三资企业的减免税政策。减免税政策是对一些企业在税收上实行低税率或零税率的政策。根据税务部门的有关数据进行测算，改革以来我国平均工商税收减免金额占GNP近1个百分点①；二是对国有企业实行的让利。让利是指让出一部分利润给国有企业的一项措施；三是对部分地区特别是沿海地区实行的优惠政策。这些政策的实施结果不仅造成了政府收入比重的下降，而且也造成了不同地区的企业和个人之间收入差距的扩大。

2. 政策缺陷的途径。为解决某些问题，出台具有针对性的政策是必要的，但一些政策的实施往往又在分配方面暴露出了不足或缺陷。

(1) 税收制度在分配方面的缺陷。税收是政府收入的主要来源，但目前我国的税收制度在分配方面存在着明显的缺陷，也就是税收制度本身不能保证税金收入随着GNP的增长而同步增长。主要原因，一是由于非国有经济税率低于国有经济税率，而同时非国有经济增长又高于国有经济增长，结果必然是税收占GNP比重下降；二是由于免征储蓄存款利息收入所得税，这在储蓄存款利息收入占GNP比重逐趋攀高的条件下，自然是个人收入占GNP比重的上升。

(2) 竞争不充分的缺陷。保持一些行业的垄断地位，是有利于本行业的稳定，但由于竞争的不充分，本行业凭借其垄断地位极易获得垄断利润，自然本行业的个人收入也就明显高于其他行业的个人收入。如银行金融行业中的个人收入就明显高于其他行业个人收入。

(3) 资产收益偏高的缺陷。根据通货膨胀较高的事实，提高资产的收益率，采取保值储蓄措施，对确保个人的资产不受损失，抑制通货膨胀，对整个社会和经济的稳定起了重要作用，但结果必然是提高了资产的收益，增加个人的收入。据银行估算，仅储蓄存款利息支

---

① 工商税收减免金额不包括国有企业所得税的减免数字。

出1995年就高达3000亿元，占GNP为5.2%，可见财产收入比重正日趋提高。

(4) 国有企业经营机制的缺陷。国有企业经营机制在分配方面的缺陷主要有两个方面。一是由于经营机制以及历史的原因，国有企业亏损问题仍还比较突出。1994年国有企业亏损额达625亿元，亏损面为32.6%，这一状况必然影响到国有企业的收入比重；二是国有企业缺乏约束机制，这不仅不利于对企业资产的管理，容易造成国有资产的流失，而且更不利于对企业收入的管理，个人要求增加收入的愿望往往容易得到实现。

3. 背离政策的途径。尽管政策因素是收入分配关系变化的主要途径，但背离政策的途径对收入分配关系变化的作用是不可忽视的，有些甚至起了根本的、决定性的作用。背离政策的途径，就是一经济主体在没有法律或规定的承诺下非法占有另一经济主体收入的途径。这一途径，从总体上说，量虽然并不十分大，但其对收入分配关系变化的影响却很大。这些途径主要有：

(1) 偷税漏税骗税。据历年财税大检查的结果显示，偷税漏税骗税金额正逐年上升，1994年为157亿元，1995年达165亿元。

(2) 预算内向预算外实质向个人的转移。预算内收入向预算外收入转移的相当部分最终都是向个人的转移，形成个人收入。当然，预算内收入向预算外收入转移的手段多以作假财务帐为主。

(3) 企业管理者"挖墙角"及其"行贿"。企业管理者独掌着一定量的企业活动资金。是企业发展所必须的，但由于缺乏对企业管理者进行监督的有效手段，一些管理者利用各种借口非法占有企业收入或向有关主管部门"行贿"的行为较多。从深圳王建业在短短几年内受贿几千万元的事实就可看出这一点。

4. 经济(间接)的途径。由于分配是对经济活动成果的分配，因此从经济本身来说，调整收入分配关系的途径有两种，一种是经济活动成果的价格，即通货膨胀率变化的途径；另一种是经济活动成果的数量，即通过劳动生产率变化的途径；由于这些途径并不是对经济活动成果的直接调整，而是在收入形成过程中实现的调整，因此与以上的途径相比，这一途径具有明显的间接性和隐蔽性。

(1) 价格(通货膨胀率)变化的途径。价格变化对政府、企业和个人收入分配关系调整的途径是不一样的。价格变化对政府收入的调整是通过税收制度实现的，税收制度的累进特性能确保政府收入随着价格的上涨而增长，而由于改革以来我国的政府收入主要来源于非累进税金或收入，如承包收入等，结果随着价格的上涨势必是政府收入比重的下降。价格变化对企业和个人收入的调整是通过不同货物和服务的比价关系实现的，在同一时期从事价格上涨快的货物和服务生产活动的企业和个人收入相应增长得就快。如1993年提高石油价格以后，石油企业及其个人的收入就有了明显的提高。由此可见，价格在调整收入分配关系的作用是很大的，也是十分明显的。

(2) 劳动生产率变化的途径。劳动生产率的变化主要影响企业及其个人之间的收入分配关系，劳动生产率较高的企业及其个人的收入相应就会高于劳动生产率偏低的企业及其个人的收入。改革以来劳动生产率变化对收入分配关系的调整突出表现在城乡个人收入的变化方面。城乡个人收入差距之所以一而再再而三地引起普遍的注目，主要原因就在于农业劳动生产率相对城镇劳动生产率来说过于偏低，造成了农业的收益明显低于城镇的收益，最终必然表现为城乡个人收入差距的扩大。不同地区之间的个人收入差距，很大程度上也是由于各个地区所处的环境和条件不同，并由此造成的劳动生产率不同所引起的。

三、对策建议的基本思路及主要措施

目前的收入分配格局是否有必要进行调整，主要取决于其是否影响到经济的持续稳定快速增长，这既是认识收入分配格局变化的出发点，也是判断收入分配变化是否需要调整的标准。

政府支出比重的高低直接决定着政府对经济持续快速稳定增长影响力度的大小，由于市场经济的失灵以及财政政策的重要作用，加之经济发展的不平衡，同时政府债务负担沉重，表明提高政府收入比重已成当务之急；

个人收入分配过于平均不利于经济持续稳定快速增长，个人收入分配差距过大也不利于经济持续稳定快速增长，虽然从总体上看，目前我国收入分配差距处于较为正常的范围，但过高收入阶层与贫困阶层的存在对经济持续稳定快速增长的影响十分不利。

分配秩序混乱对经济持续稳定快速增长的影响集中体现在干挠甚至扭曲经济政策的发挥，挫伤劳动者的生产积极性，公众对其反映十分强烈；

因此，对目前的收入分配格局进行调整，是经济持续稳定快速增长的需要，但由于收入分配格局的调整涉及到方方面面，注重调整的原则和方法对实现调整的目标也是十分重要的。为了顺利实现对收入分配格局的调整，采取以下的措施是必须的。

1. 需要重新设计的政策。一是适应市场经济的发展，通过"精兵简政"逐步建立起"高薪养廉"制度，并确保不同部门同一级职位公务员收入的大体相当。二是将预算外收入纳入预算管理，任何政府部门都不得掌握所谓的"基金"和"费税收入"。将预算外收入纳入预算管理是很多部门的呼声，时机和条件也已成熟，应不失时机地将预算外收入纳入预算管理。三是将优惠政策降低到最低限度，坚持“国民待遇”的政策，主要是对国有企业、乡镇企业、三资企业统一税率。四是适当缩小垄断行业的范围。垄断行业过大不仅不利于公平竞争，也造成了行业收入分配的不公，要下大力缩小垄断行业的范围。五是开征储蓄利息收入税。开征储蓄利息收入税既有认识上的问题，也有实际操作的原因，为此可以分两个阶段实施：第一阶段，不论利息收入多少都按同一税率纳税，防止多开户头；第二阶段，待条件具备，可按累进税率制对利息收入纳税。

2. 需要进行规范的政策。一是规范政府收入渠道即以税金收入为主。将预算外收入纳入预算管理后，政府收入的来源渠道又进一步多元化，这是极不利于政府的收入管理的。因此，规范政府收入的来源渠道，应逐步将税金收入作为政府收入的主要来源。二是规范个人收入渠道即以主业收入为主。个人收入渠道的多元化，对调动劳动者的生产积极性，发挥了一定的重要作用，但其对个人安于本职工作的负作用也是明显的，同时也不利于对个人收入的监督和管理。因此，规范个人收入的重点要坚持以主业收入为主，提高主业收入的比重。三是限制行政部门和事业部门的收费范围。随着预算外收入纳入预算的管理，行政事业部门的收费范围应逐步减少，尽量限制到最低的限度。

3. 需要加大打击、制裁和监督力度的政策。一是加重违犯政策的处罚力度。加重对违犯收入政策的处罚力度，主要是加大经济处罚的份量，提高社会的共识：违犯政策是要付出较大风险和代价的。二是加强对政府收入和支出的监督和管理。政府收入特别是支出的“漏洞”是相当大的，一笔款项支出后往往是收入方监督收入方，可以说是处于无监督状态，采取切实可行的办法，加强对政府收入和支出的监督和管理已十分迫切。三是进一步加强对个人收入的监督。加强对个人收入的监督，重点不是在收入的来源方，而是在收入的使用上，这不仅对经济的影响比较小，而且也容易操作。为此可以通过试点并逐步推广按身份证号开设个人储蓄帐户的做法，加强对个人收入的监督。

4. 需要加以重视的政策。一是价格对分配的调节作用。在当前我国经济中仍有相当一部分的价格是通过行政手段进行调节的，因此应十分重视价格对分配的调节作用，一方面要解决好垄断价格形成的垄断收入问题；而另一方面还要努力注重解决好幼稚产业如农业价格偏低的问题。二是生产率变化对分配的调节作用。与价格相比，生产率对分配的调节作用是十分有限的，因此在政策应保障生产率高的产业收入就应该高一些，发挥收入对各产业重视提高生产率的作用。

（作者所在单位：国家统计局国民经济核算司）

关于市场机制和宏观调控的若干问题

施发启

1993年11月14日中国共产党十四届三中全会通过的《中共中央关于建立社会主义市场经济体制若干问题的决定》，标志着中国将告别实行了几十年的传统计划经济体制，选择具有中国特色的社会主义市场经济体制，这为十四届五中全会提出的跨世纪宏伟目标奠定了坚实的理论基础。本文重点谈谈在中国实行社会主义市场经济和加强宏观调控应该澄清的几个重大问题以及如何提高宏观调控水平。

一、有关市场体制需要澄清的几个问题

认识中国由传统的计划经济体制逐步向社会主义市场经济体制的过渡必须澄清以下几个问题：中国为什么必须选择社会主义市场经济体制？它与资本主义市场经济有什么本质区别？在由传统计划经济体制向市场经济体制转轨过程中是应采取“急进式”策略还是“渐进式”策略？市场经济体制与以“公有制经济为主体”是否相容？中国搞市场经济会不会产生经济危机？

（一）中国为什么必须选择社会主义市场经济体制 市场是迄今为止所能找到的最有效配置社会资源的手段，市场是提供平等机会、创造公平竞争条件的必备工具，市场是制度创新的必由之路，市场是推进民主和法制建设的基础。

从第二次世界大战后50年来的各国经济实践考察，市场在配置资源、促进社会生产力发展方面的有效性是显而易见的。在这个历史时期，尽管以计划配置资源为主的计划经济体制在前苏联30至50年代以及我国50年代曾经有过举世共认的辉煌业绩，但是从全世界观察和从总体上对比，以市场配置资源为主的市场经济体制比计划经济体制更加有效。国际组织曾对搞市

场经济的国家和原来搞计划经济的国家进行比较，其结论是：在经济发展、投资效益、居民消费以及进出口贸易等方面，都证明市场配置资源的方式比计划配置资源的方式更富有成效。

我国在建国初期一直到改革开放前，基本是照搬前苏联的传统计划经济模式，虽然在50年代经济发展取得了很大成功，但不久其弊端便暴露出来。突出表现在：一切资源配置都从主观计划出发，严重脱离了客观实际，违背了经济规律，造成资源极大浪费、资源配置效率低下、平均主义盛行、干多干少一个样等等不良后果，极大地挫伤了广大人民群众的积极性，严重地阻碍了生产力的发展和提高，人民生活水平长期徘徊不前。1978年11月召开的党的十一届三中全会拉开了中国市场化进程的序幕。从那以后，我国推行了一系列市场经济导向的改革措施。(1)放权让利，改革过度集中的决策机制。从决策角度看，排斥市场的传统体制的最大弊端就是权力过于集中。而市场机制从本质上讲是一种分散决策机制。从这个意义上讲，权力分散是形成市场的必要条件。在农村，普遍实行了以土地公有和其它生产资料个人所有为基础的农户家庭联产承包责任制，从而使农业生产的决策权从“政社合一”的公社、生产大队、生产队转移到农户手中，进而使农村市场经济的出现和发展创造并准备了产权基础。在城市，扩大了企业的自主权，先后实行了厂长经济负责制、股份制以及现正在试点的现代企业制度，取得了初步成果。(2)调整和放开价格。市场机制很大程度上就是价格机制，即通过价格的涨落来影响供求，进而来调节生产、流通和消费。价格要发挥上述作用，其前提是价格要有弹性，即企业可以根据市场供求状况来调整价格。所以价格改革是市场取向政策的重要内容，也是市场经济得以确立的前提。到目前为止，我国消费品价格基本已完全放开，生产资料价格也已大部分放开。(3)建立和培育完善的市场体系。市场经济，从其运行层次上讲就是靠市场来配置资源，来决定生产什么、生产多少、为谁生产和在哪里生产等基本问题的经济。然而，市场要发挥有效配置资源的作用，不仅要求企业有相应的权力和价格具有较大的弹性，还要求市场是一个发达的健全的体系。改革开放以来，我们初步建立了农产品市场和生产资料市场，金融市场也初具规模，但生产要素市场刚刚起步。

1978－1995年，我国国内生产总值(GDP)由3624.1亿元加到58260.5亿元，扣除价格因素，平均每年递增9.99％。这一增长速度高于被誉为经济发展最快的亚洲“四小龙”经济高速增长时期的水平。对这个事实，某些西方经济学家曾经称为“奇迹”。这个奇迹是如何形成的？原因是多方面的，但不可否认，“市场取向”的改革，市场机制的运行，市场经济的发展，起到了关键的基础作用。总而言之，改革开放18年来的成功经验充分表明，走具有中国特色的社会主义市场经济道路是中国唯一的选择，也是最佳的选择。

(二) 社会主义市场经济与资本主义市场经济有什么本质区别 正如邓小平同志所指出的：“资本主义与社会主义的区别不是计划、市场的内容”，“不要以为搞点市场经济就是走资本主义道路”，“计划多一点，还是市场多一点，不是社会主义与资本主义的基本区别，”“说市场经济只限于资本主义社会、资本主义的市场经济，这肯定是不正确的”。社会主义市场经济与资本主义市场经济的本质区别在于，一是在社会主义市场经济中公有制经济占主体，而在资本主义社会中私有制经济占主体；二是在社会主义国家，实行共同富裕，而在资本主义国家，则贫富悬殊，两极分化。

(三) 在经济转轨过程中，是采取“急进式”策略，还是采取“渐进式”策略 前苏联和东欧国家在由传统计划经济向市场经济转轨过程中，采取“急进式”方针，即所谓“休克疗法”，试图在短期内毕其功于一役，结果欲速则不达。以俄罗斯为例，其经济近几年来连年大幅度下滑，通货膨胀率居高不下，人民生活水平急剧下降，民族矛盾不断激化，社会安定受到威胁。那末，中国在由传统计划经济向社会主义市场经济转轨过程中，能否采取“急进式”策略呢？答案是否定的。中国的具体国情决定了中国的市场化过程只能是一个渐进过程。(1)我国是一个拥有9亿农民的农业大国，人均占有资源非常低，许多产品尤其农产品经常供不应求，另外许多产品的比价非常不合理，如果市场化过急过快，只能导致高通货膨胀。改革开放以来发生的三次严重通货膨胀从某种意义上说都和农产品短缺有密切的关系。(2)我国实行了几十年的计划经济体制，积累的矛盾很多，解决起来决非一日之功。如果象前苏联那样采取“急进式”市场化策略，很有可能事与愿违：地区差距、城乡差距更加扩大，两极分化在所难免，最终激化社会矛盾，甚至引起社会动乱。中国的改革首先是从农村开始，然后逐步扩展到城市，事实证明中国这种渐进式市场化过程是正确的，并取得了举世共认的成功。当然“渐进式”改革也不是十全十美的，还存在这样和那样的问题，甚至还存在很严重的问题，如改革的不彻底性、易反复性、改革周期较长等，但这种改革引起的社会震荡小，所付出的代价也比较小。

(四) 市场经济与“以公有制经济为主体”是否相容 众所周知，市场经济的主体是企业，市场主体法人化是市场机制作用的基础。所谓市场主体法人化，是指从事生产经营活动的企业必须是完整意义上的经济法人，即不仅要有充分的生产经营活动的自主权，能够独立自主地进行经营活动，而且能够独立承担经济责任和市场风险。而作为经济主体的公有制企业尤其是国有企业，虽几经改革，但迄今尚未解决作为市场主体所必须有的独立法人地位问题，其根本原因在于作为市场主体法人化的基本前提——产权关系不明确，导致企业还不能作为市场主体和市场调节的对象来参与市场活动。因此，目前的公有制企业，尤其国有企业还远远不能适应市场经济的要求，从这个意义上讲，“以公有制经济为主体”与市场经济是不完全相容的。要想在市场经济条件下发挥公有制经济的主体地位，就必须对现有公有制企业，尤其国有企业进行彻底改革，重新塑造成真正的市场主体。经过多年的改革探索，现在达成的共识是除了那些大型基础设施和盈利性差又需要发展的生产公共产品和服务的企业，可由国家独资经营，小型国有企业可以出售或租赁给私人经营外，大多数中型企业都可以通过股份制改组成为公有制法人持股的有限责任公司，使这些企业由名义上的法人变成实际上的法人。另外，政府要给公有制企业创造一个平等的竞争环境。唯有这样，公有制企业才能在和非公有制企业平等竞争中发挥自己的人才、技术和规模优势，才能永远立于不败之地，才能真正发挥其在国民经济中的主导作用。否则，随着市场进程的加快，公有制经济只能逐步萎缩，最终丧失在国民经济中的主导地位。

(五) 社会主义市场经济会不会产生经济危机 在资本主义国家，由于生产的社会化和生产资料私人占有之间存在矛盾，常常导致经济危机。那么在社会主义中国搞市场经济会不会产生经济危机？ 回答是否定的。这是因为：(1)中国实行社会主义市场经济体制，但仍坚持以生产资料公有制为主，这与生产社会化的要求是相适应的，从而从根本上消除了产生经济危机的根源。(2)中国实行的是有宏观调控的市场经济体制。随着经验的不断积累，中国的宏观调控体系在逐渐成熟和完善，这就极大地限制甚至消除了市场的负作用，从而保障了国民经济持续、快速、健康发展。当然由于供求波动和自然因素的影响，经济中会出现一些周期性的波动，经济在某些年份也会跌入谷底，但这和资本主义国家的经济危机在性质上是完全不同的。

二、有关宏观调控需要澄清的几个问题

市场是通过价值规律的作用，对资源配置和对整个国民经济运行过程进行调节。这种调节带有一定的盲目性、自发性和滞后性，常常产生一些负作用，这突出表现在：(1)市场不能有效地调节国民经济的总量平衡；(2)市场难以实现对全局性、战略性经济结构的调节；(3)市场不能反映和调节国民经济的长远目标；(4)市场不能调节公共经济，公共经济只能由政府组织；(5)市场机制加剧了“外部不经济问题”；(6)市场机制将扩大收入差距，甚至可能产生两极分化；(7)市场经济容易滋生拜金主义。

市场机制的负作用表明加强政府对宏观经济调控的必要性。但在宏观调控过程中必须澄清以下几个问题，即“如何全面正确理解宏观调控的目标？”、“在宏观调控过程中为什么要坚持以间接手段为主，直接手段为辅？”、“宏观调控能否消除经济周期？”等。

(一) 如何全面正确理解宏观调控的目标 《中共中央关于建立社会主义市场经济体制若干问题的决定》总结我国十几年改革实践经验，参照国际经验，提出了国家宏观调控的主要目标是：保持经济总量的基本平衡，促进经济结构的优化，引导国民经济持续、快速、健康发展，推动社会全面进步。如何理解经济总量的基本平衡和经济结构的优化？ 国民经济持续、快速、健康发展的具体标准是什么？

所谓经济总量基本平衡主要是指社会总供给和社会总需求基本平衡。在西方市场经济国家，由于市场机制比较完善，因此其总供给和总需求平衡的测度一般借助于通货膨胀率、失业率、利息率和汇率等经济指标来分析和判断，不进行直接总量测算。但我国目前市场机制还很不完善，各种市场信号难以准确反映经济运行的实际状况，因此我国采取的比较切实可行的方法是利用总供需差率来进行分析和判断。社会总供给被定义为：在一定时期内全社会提供的所有货物和服务总量，它包括两个部分，国内生产提供的部分就是国内生产总值，国外提供的部分就是进口的货物和服务总值。社会总需求被定义为：在一定时期内通过各种渠道形成的对货物和服务的货币支付能力(或购买力)，它不仅包括国内支付能力，而且还包括国外支付能力(货物和服务的出口)。社会总供需差率被定义为(总供给－总需求)/总供给＊100%。如果总供给大于总需求，表明全社会的生产能力有闲置；如果总需求大于总供给，要视具体情况作具体分析。若差额不大，不会产生通货膨胀，但差额过大，就有可能诱发通货膨胀。根据历史经验，一般来说，只要总供需差率在－5%之内都可认为社会总供需是基本平衡的。表1列出了1990－1995年总供需差率。在这6年中，社会总供需基本平衡的年份有3年(即1990、1991、1995年)，不平衡的年份也有3年(即1992、1993、1994年)。

表 1　1990—1995年总供需差率

年　份	1990	1991	1992	1993	1994	1995
差　率	－2.8	－4.0	－6.5	－7.3	－6.2	－4.8

总量平衡除了社会总供需平衡外，还有生产和使用平衡、财政收支平衡、信贷平衡和外贸平衡，它们从不同的侧面以自己特有的方式反映社会总供需的总量平衡和结构平衡，由此可以进一步分析社会总供需平衡波动背后的决定因素，便于采取针对性的措施，保持社会总供需的基本平衡。

经济结构一词含义很广，主要包括产业(或生产)结构、使用结构、收入分配结构等。产业结构优化是一个相对概念，它是在整体效益最优的目标下，根据地理环境、资源条件、经济发展阶段、科学技术水平、人口规模、国际经济关系等特点，通过对产业结构的调整，使之达到与上述条件相适应的各产业协调发展的状态。使用结构优化是指投资、消费和净出口之间及其各自内部保持合理的比例关系。收入分配结构优化是指GDP在国家、企业和居民之间保持一个合理的比例关系。

国民经济持续、快速、健康发展的标准应该是在充分就业和低通胀率下经济增长速度处在潜在经济增长范围内。

最后应指出的是，宏观调控的目标应当保持生态平衡和保护和治理环境考虑进去。如果我们的经济快速增长是建立在大量消耗自然资源和环境不断恶化的基础上，那么这种经济快速增长一定要付出很大的代价，也是不能长久的，我们不能再走发达国家“先发展经济，后治理环境”的老路。

(二) 在宏观调控过程中为什么要坚持以间接手段为主，以直接手段为辅　在市场经济条件下政府的宏观调控手段主要有直接手段(主要指行政手段)和间接手段(主要指经济和法律手段)两种，我国的宏观调控的方式宜以经济手段为主，逐步减少乃至取消行政手段。这是因为在市场经济体制中，企业是独立的经济主体，消费者个人具有自主权。企业和消费者的经济权力不应受到外力侵犯。政府对企业的经营不能随意运用行政手段加以干预。所谓政府调控主要通过经济手段进行，其实质就是通过政策工具调节市场信号，再通过市场信号影响企业行为。通过市场信号进行间接调控，其政策效应的时滞一般会比通过行政手段进行直接调控长一些，但是这一调控方式由于没有直接对经济主体的行为加以干预，因而是充分尊重经济主体主动性和创造性的，它有利于避免“一刀切”现象的出现。这里应当指出的是，在目前条件下有时通过行政手段进行直接调控是必要的。这是因为我国目前市场机制还很不完善，各种法律规章制度还很不健全，有许多市场信号如利率、税率和汇率等并不能真实反映市场的实际状况。因此，有时单纯依赖经济手段调控经济达不到预期的效果。例如始于1993年的通货膨胀。国务院通过限制物价涨幅、加强物价监督和延缓价格调整的出台时机等行政手段，使得1995年的通货膨胀率从1994年的21.7％降到14.8％，取得了明显的效果。不可否认，直接调控有许多弊病，随着我国市场机制的逐步完善，要逐步减少直到取消。

(三) 加强宏观调控能否消除经济周期　目前理论界比较共认的看法是，无论是在资本主义国家还是在社会主义国家都存在经济周期波动，也就是说，经济周期是社会经济发展过程中所特有的内在规律，是不以人的意志为转移的，它和社会制度的形式无关。但是对我国经济周期形成的机理，目前理论界众说纷纭，莫衷一是。一般来说，经济周期波动由两个部分组成：一是内生波动，即由经济系统内在结构所产生的基本波。经济系统的内在结构不仅决定波动的周期性，而且还决定波动的波幅、波长等基本状态。二是外生波动，它是由经济系统之外的冲击作用于内生波动而产生的叠加波。外在冲击并不决定波动的周期性，而是对每一具体周期的波幅、波峰、波谷和波而产生的叠加波。外在冲击并不决定波动的周期性，而是对每一具体周期的波幅、波峰、波谷和波长等产生影响，使基本波发生变形。政府的宏观调控就是一种重要的外在的冲击因素。由此可知，政府加强和改善宏观调控，并不能消除经济周期波动，但它能够防止经济大起大落，熨平波动。改革开放十几年来的经验充分证明了这一点。1976－1996中国经济经历了四个周期，其中第一个周期为1977－1981年，第二个周期1982－1986年，第三个周期1987－1990年，第四个周期始于1991年，预计将止于1996年。各个周期的幅度(即波峰与波谷之差)列于表2。

表 2　　各周期的幅度

周　期	1977－1981	1982－1986	1987－1990	1991－1996
幅度(百分点)	6.5	6.4	7.8	4.5

由表2可知，各周期的波动幅度呈不断减少的趋势，这表明我国政府的宏观调控水平在逐渐提高。

三、改善宏观调控的几点建议

为了实现中共中央十四届五中全会提出的跨世纪的宏伟目标，在完善社会主义市场经济体制的同时，必须加强和改善宏观调控。

(一) 尽快转变政府职能　目前政府机构臃肿，人浮于事，效率低下等问题日益突出，严重地阻碍了企业经营机制的转换和新体制的建立。为了适应社会主义市场经济体制和宏观调控的要求，必须按照精减、统一、高效的原则改革政府机构，必须真正做到“政企分开”。伴随政府机构的改革，政府要逐步转变和完善自己的管理经济的职能。在社会主义市场经济条件下政府管理经济的职能，主要是制定和执行宏观调控政策，搞好基础设施建设，创造良好的经济发展环境。同时，要培育市场体系、监督市场运行和维护公平竞争，调节社会分配和组织社会保障，控制人口增长，保护资源和生态环境，管理国有资产和监督国有资产经营，实现国家的经济和社会发展目标。另外，各级领导要加强对经济理论的学习，不断提高管理水平，使决策科学化和民主化。

(二) 提高中央政府的权威性 市场经济的基本特征之一就是决策分散化。为了适应市场经济的要求，中央政府不断下放权力，这对调动地方政府发展经济的积极性，活跃整个经济起到了积极作用。但随着地方政府的权力的逐渐扩大，有不少地方政府为了局部利益，置国家整个利益于不顾，对中央政府的政策阳奉阴违，搞“上有政策，下有对策”，严重损害了中央政府的权威性，极大削弱了中央政府调控宏观经济的能力。另外，近年来，全国财政收入占GDP的比重以及中央财政收入占全国财政收入的比重呈逐年下降的趋势，中央财政收入捉襟见肘，宏观调控乏力。因此，为了加强和改善宏观调控，必须提高中央政府的权威性，必须下大力气提高中央财政收入所占的比重。

(三) 建立和健全宏观调控所需的信息体系 随着我国市场经济体制的逐步建立和经济成分的多元化，经济现象日趋复杂。因此，要加强和改善宏观调控，离不开及时和准确的信息。我国目前的国民经济核算体系正处在向国际通用的国民帐户体系过渡阶段，许多方面还不能满足社会主义市场经济发展和宏观调控的需要，因此今后要下大力气完善该体系，为正确地进行宏观调控打下一个坚实的基础。

(四) 宏观调控需要把握几个重要数量指标界限 根据中共中央十四届五中全会提出的跨世纪宏伟目标，结合我国目前经济的现实状况，我们认为在今后十几年内宏观调控需要把握以下几个重要的数量指标界限：经济增长率8%－10%；通货膨胀率控制在7%以下；失业率控制在4%以下；全社会固定资产投资增长速度控制在20%左右；货币流通量M_1控制在18%左右；M_2控制在25%左右；社会总供需差率控制在－5%以内。

(作者所在单位：国家统计局国民经济核算司)

对经济“软着陆”的分析与思考

郑京平　张英香　郑泽香

改革开放以来，我国经济持续、高速发展，但在经济运行中也曾数次出现过热，每次都试图使经济“软着陆”，但均未获得成功。例如：1984年第四季度开始经济出现过热，1986年力图“软着陆”，结果未“着陆”却再次起飞；1988年经济过热，实施治理整顿，想“软着陆”，结果由于力度过大，最终导致了“硬着陆”。最近这一次面对1993年再次过热的国民经济，中央沉着应对，锲而不舍，经过三年多的努力，终于实现了“软着陆”。此次经济“软着陆”为何能够取得成功？“软着陆”后宏观调控还应该注意些什么？这是一个需要认真研究总结的重要课题。

一、经济“软着陆”获得成功

所谓经济的“软着陆”，是经济学界借用航空航天术语，对过热的经济逐步冷却，比较平滑稳健地进入到适度(正常)增长区间这一过程的形象描述。它是相对于采取过急措施，使过热的经济骤然冷却，导致经济下滑过大过快，甚至衰退的“硬着陆”而言的。衡量“软着陆”的标志主要有三个，一是经济增长率，二是通货膨胀率，三是资源利用状况(如失业率)。关于适度增长区间，不同的经济发展时期有不同的标准。总结我国改革开放18年的经验，结合各种生产要素的承受能力，GDP的增长速度在8%－10%之间，零售价格上涨幅度在6%左右是较为合适的。1996年国民经济运行的结果显示，GDP的增长速度为9.7%，零售价格的上涨率为6.1%，已落入适度增长区间。与1993年相比，经济增长速度回落了4个多百分点，而且是逐年平滑稳健地回落，没有出现大的波动，通货膨胀也得到了明显的抑制(见表一和图一)。登记失业率近3%，只比1993年略高0.4个百分点。

表一：1992—1996年GDP比上年同期增长%

年　份	1－3月	1－6月	1－9月	1－12月
1992年	11.6	12	11.3	14.2
1993年	15.1	14.1	13.3	13.5
1994年	12.7	11.6	11.4	12.6
1995年	11.2	10.3	9.8	10.5
1996年	10.2	9.8	9.6	9.7

图一：1992—1996年商品零售价格和钢材价格比上年同月增长%

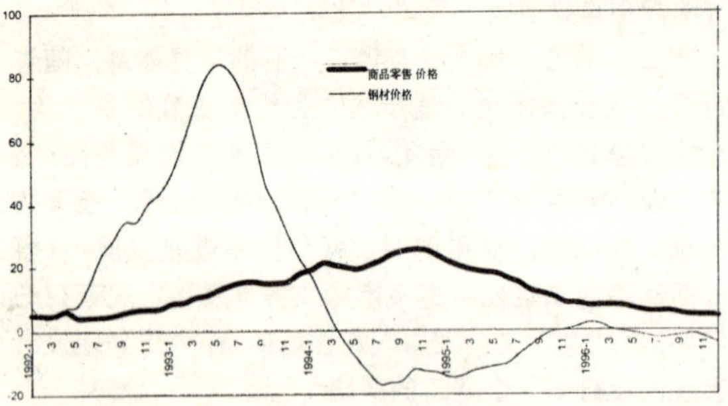

因此，我们认为国民经济的发展在1992年到1993年上半年出现过热后，经过三年多的宏观调控，到1996年已成功地实现了"软着陆"。

这次"软着陆"共经历了43个月，跨度较大，中间具体的调控措施也较复杂，但整个过程大致可以划分为三个阶段。

第一阶段(1993年6月－1994年11月)，**"软着陆"过程的前期，即制动时期**。面对1993年上半年经济出现严重过热，中央政府及时采取了16条措施，中心目标是稳住经济，避免大起大落，把各地区、各部门的注意力从大上项目，片面追求高速度转到加快改革，优化结构，提高经济效益上来。16条中有8条直接与金融有关，有6条间接与金融有关，是以治理金融秩序为突破口来整顿各方面经济秩序。16条大体分为两个方面：一方面是治乱，包括整顿金融秩序，严格制止乱拆借、乱集资、乱设金融机构，加强房地产、证券市场管理，加强物价控制等;另一方面是降温和消胀，包括要加强对货币和贷款的控制。例如，1993年7月重新恢复了三年以上期居民保值储蓄，1993年5月15日和7月11日两次上调了存贷款利率，幅度为45.2%，加强投资项目的管理，严格控制社会集团购买力，加强税收的征管，限期完成国库券发行任务等。并在1994年成功地进行了财税、汇率、金融、物价等全方位的改革，使经济秩序很快得到了控制。但由于是"软着陆"，没有采取过于严厉的措施，而且进行了汇率并轨和粮价购销体制的改革;加上经济运行的惯性和物价上涨的时滞，经济增长速度仍然较高。1994年上半年GDP比上年同期增长11.6%。物价上涨继续攀高，商品零售价格上涨幅度均在20%左右。但是经济过热的势头已经得到抑制，一些先行指数已开始下滑。例如，固定资产投资1994年各月增长幅度均比1993年有所回落。投资类商品的价格的涨势也已从1993年下半年开始回落，如市场钢材的销售价格的上涨幅度在1993年7月达到最高点。从1994年3月开始，市场钢材的销售价格已经开始下降(见表二)。

表二：　固定资产投资累计比上年同期增长%

年份	2	3	4	5	6	7	8	9	10	11	12
1993	64.1	70.7	68.9	69.3	70.7	70.8	68.5	66.3	65.1	63.9	57.8
1994	41.8	36.2	38.4	34.2	37.5	45.2	44.0	43.9	40.4	38.0	34.2

第二阶段(1994年12月－1995年11月)**"软着陆"初见成效阶段**。面对虽开始冷却，但仍然较热的经济增长和物价的持续上涨，中央继续坚持了适度从紧的财政和货币政策，并将治理通货膨胀放在了首要位置，采取了包括"米袋子"和"菜篮子"以及强化物价和固定资产投资的监管等行政措施。经过一年的努力，取得了明显成效。1995年经济增长速度进一步回落到10.5%，已接近适度增长区间。零售物价的上涨幅度虽然还在14.8%，但比前一阶段已明显减弱(低了7个百分点)。而且，分月看涨势已从1994年11月份开始逐渐减弱(见图一)。金融形势稳定，各层次货币均呈现回落态势，M1比上年增长18%，增幅回落6个百分点。M2增长30%，增幅回落4个百分点。全年货币投放量1000亿元，明显低于1500亿元的控制目标。

第三阶段(1995年12月－1996年12月)**巩固成果阶段**。这一阶段主要是进一步扩大前一阶段宏观调控的成果，在保持经济增长速度基本稳定的基础上，将物价上涨率控制在一位数。经过各方面的共同努力，宏观经济环境进一步改善，整体经济形势进一步好转。实现了预定目标，成功地完成了经济的"软着陆"。1996年国民经济比上年增长9.7%，进入适度运行区间。金融形势基本稳定，金融改革顺利进行。全年M1增长18.9%，M2增长25.3%，与经济增长基本协调。通货膨胀进一步得到有效抑制，全年商品零售价格比上年上涨6.1%，涨幅比上年回落了8.7个百分点。不仅实现了年初10%左右的调控目标，而且明显低于经济增长率。

二、经济"软着陆"成功的原因

这次经济"软着陆"的成功，是我国改革开放历史上的首次突破，具有重要的历史意义。之所以能取得成功，是中央认真总结以往经验教训，逐步认识、并按照社会主义市场经济规律办事，坚定不移地走邓小平建设有中国特色社会主义道路，紧紧抓住经济建设不放，正确处理改革、发展、稳定三者之间的关系，科学有效地调控的结果。从调控技巧上说有以下几点。

(一) 预见性强、调控及时　这次宏观调控没有等问题全面暴露之后再采取措施，而是当经济运行中开始出现问题，经济过热的迹象正在成为趋势性的时候就果断地采取了措施。1992年下半年到1993年上半年，我国的国民经济虽已出现了过热的趋势，如固定资产投资的增幅达到60％以上，房地产、开发区遍地开花，金融领域秩序混乱等等，但整个经济过热的矛盾未完全暴露，经济、泡沫”仍在“吹”的过程中，衡量通货膨胀的零售物价指数1992年上涨幅度为5.4％，远未达到两位数。但是，中央却依据一些先行指数，如：新开工项目上得过猛(1992年新开工项目达56364个，比上年增长23.6％)；投资品价格指数上涨已超过两位数(1992年已高达15.3％，1993年上半年钢材价格已比上年同期上涨61.8％)；货币发行量猛增(1993年上半年货币投放528亿元，比上年同期增长68.3％)等过热的趋势性苗头，果断地推出了治理经济秩序，特别是金融秩序，使经济降温的16条措施。与前几次相比赢得了时间，争取了主动，为整个经济“软着陆”的实现奠定了基础。

(二) 目标明确，重点突出　在这次经济“软着陆”过程中，宏观调控的目标一直非常明确，即要“着陆”，而且要“软着陆”。调控的重点则始终放在金融体制的改革和货币政策、抑制通货膨胀、固定资产投资管理、加强农业供给上面。特别是对引发经济过热的固定资产投资膨胀和货币扩张的两大龙头扭住不放。例如：1993年的16条措施，1994年初的金融、财税、投资体制等的改革，1994年、1995年的固定资产投资大检查等。

(三) 调控力度掌握得好，政策连续性强　在这次“软着陆”过程中，宏观政策的力度掌握得比较适当，在三年多的时间里，始终坚持了适度从紧的宏观调控政策。既没有被来自局部、来自地方和企业要求放松银根的呼声所干扰，也没有不顾经济增长，单纯地追求降温。正是这种政策的适度性和连续性，使各方面对经济发展有了比较明确的预期，从而保证了宏观政策的效果。例如，这次“软着陆”与以往一样，从1994年开始就年年有人喊要放松银根，以防止滞胀，中央并未为之所动，坚持了适度从紧的宏观调控政策。而当1996年通货膨胀已得到明显抑制之后，便及时停办了保值储蓄，两次调低银行存贷款利率，保证了经济的适度增长。

(四) 扩大改革开放，促进宏观调控　在这次“软着陆”过程中，一个突出特点是能够抓住机遇不失时机地进行经济体制改革，扩大对外开放。1993年下半年召开的党的十四届三中全会通过了建立社会主义市场经济体制的整体改革方案，1994年按照建立社会主义市场经济体制的要求，推出了财政税收、金融、外贸、外汇、投资、现代企业制度等一系列改革开放的重大举措，朝着市场经济体制的目标迈出了决定性的步伐。通过改革，丰富完善了市场经济条件下宏观调控的手段，使宏观调控的能力大大增加。从而有利地保证了各项宏观调控政策的落实。例如，中央银行的独立性和权威性，三年来有了明显提高，并从法律上得到了保障。又如汇率并轨和人民币在经常项目下可兑换等改革，大大改善了我国在世界贸易中的形象，促进了对外开放的扩大。

(五) 调控手段多样化，直接与间接相结合　如上所述，通过改革，在这次经济“软着陆”的过程中，使我们能够更多、更有效地利用市场经济条件下的间接调控手段，如财政、货币政策、法律制裁等等。但与此同时，由于我国仍处在经济体制转轨过程中，行政管理手段仍能发挥一定的作用，我们不但没有放弃，相反，较好地运用了行政管理手段。如：省长“米袋子”、市长“菜篮子”工程，物价上涨情况考核通报制度等等。间接调控与直接调控相结合，经济手段与其它手段相结合，促成了经济“软着陆”。

(六) 在紧缩需求的同时，注重供给面的改善　在这次经济“软着陆”过程中，宏观调控除了采取各国通行的压缩需求总量政策外，为了保证经济的活力，更有效地抑制通货膨胀，还投入相当的精力来改善供给结构。**一是狠抓农业生产，农业持续丰收。**1993年10月，全国农村工作会议上，国务院领导就提出了“引导、支持、保护、调控”的农业生产和农村工作八字方针，并指出建立社会主义市场经济体制，农业基础地位丝毫不能松手。解决农业和农村经济存在的问题，要以农业生产是否发展、农产品市场是否繁荣、农民收入是否增加为目标。在随后的三年里，中央始终把农业生产放在突出的地位：贷款政策上适度倾斜、粮食收购价格不断提高、逐步增加对农业的固定资产投资，大力兴修农田水利设施等。加上老天帮忙，气候条件较好，粮食生产连年丰收，1994年粮食总产44510万吨，1995年46662万吨，1996年49000万吨，年年迈上新台阶；棉花、油料等主要农产品市场供求状况良好；畜牧业、渔业也保持稳定增长，农业的大发展相当大地改善了农、副产品的有效供给。**二是加强基础行业的改革和发展，“瓶颈”矛盾有所缓解。**三年多来，中央始终没有放松对能源、交通、原材料等基础行业的投入，并推出了一系列刺激其发展的改革举措。投资政策上给予倾斜，1994－1996三年用于能源工业的投资年均增长25.2％，高于固定资产投资的增长速度。1994－1996年运输邮电通讯业完成投资年均增速度也达到31.2％。加大价格改革力度，逐步取消双轨制。同时把这些基础行业大胆推向市场，多方位、多角度地促进其发展。象煤炭行业，从1994年1月1日起，全国煤炭价格全部放开，使国家原计划用3年时间完成的煤价放开目标提前完成。过去被认为卡脖子之首的铁路运输，在近几年运输主体多元化、运输手段多样化的冲击下，货源大量分流，一度全行业大幅度亏损。面对这种情况，铁路部门从自身找原因，找差距找不足，适应市场的需要，提高服务质量、增加服务手段，收到明显成效。"瓶颈"行业的发展，大大缓解了国民经济发展中的矛盾，对抑制通货膨胀起到了重要的作用。

此外经济实力的增强和政府与居民心理承受能力的增强等也是这次国民经济能够实现"软着陆"的客观因素。

三、巩固成果，继续加强和改善宏观调控

尽管这次经济的"软着陆"取得了成功，但我们也应清醒地看到，"软着陆"的质量仍然不高，经济生活中仍存在着一些问题。而且，经济的"软着陆"仅仅是国民经济走向正常健康发展的开端，如何保持经济的长期、健康、稳定发展，是宏观调控需要更加注意的重大问题。

首先，经济结构并没有得到应有的调整。**就资产存量而言**，按照一般的经济规律，经过一次大的经济波动或调整之后，经济结构应该有一个比较明显的调整，国民经济应该处于一个更高水平的新起点。但是，我国由于企业兼并、破产等一系列改革的理论和实践问题尚未得到很好的解决，社会保障体系也不健全。因而，资产存量的调整进展缓慢。**就投资增量而言**，尽管投资体制改革已开始启动，财税等其它体制改革也已展开。但是，有中国特色的市场经济体制尚未建立起来，在经济利益多元化的情况下，地区保护、垄断经营、不正当竞争等情况仍较严重。因而，资产的增量结构也难以优化，其结果往往是盲目建设、重复建设。

其次，企业对"软着陆"的适应能力差，经营困难加剧。改革开放以来，我国企业改革，特别是国有工业企业改革进展较慢，绝大多数企业仍停留在粗放型和速度型经营阶段，企业效益主要是靠外延扩大再生产来获得。在经济增长速度相对较高时期，企业可以在原有的基础上依靠扩大生产规模，利用简单的规模扩张获取利益，从而忽视技术改造和结构调整；在经济收缩时期，市场需求减弱，企业技术水平低，对"软着陆"过程中的市场适应能力差，企业经营困难加剧。到1996年底，全国38万家独立核算工业企业产成品占压达5346亿元，比年初增加700多亿元；应收帐款9270亿元，增加1200多亿元；实现利润下降15.3%，其中国有企业下降42.5%；企业的亏损面达到23%，其中国有企业为37.7%。

第三，经济稳定增长的基础比较薄弱。**一是银行的不良贷款比重上升。**近几年，随着企业经营困难增大，企业偿还银行贷款的能力降低，银行的呆、死等不良贷款增加，据有关部门估计，已占贷款总规模的10－20%，成为国有商业银行正常运行的重大隐患，这也是国有企业改革、国有银行商业化和进一步深化金融体制改革的重大障碍。**二是财政债务日益增大，影响财政功能的正常发挥和财政体制改革的进一步深化。**近几年来，财政收支矛盾虽有一定程度的缓解，但仍是连年赤字。1994－1996年财政硬赤字累计达1760亿元，平均每年587亿元。到1996年末，外债余额达1066亿美元，内债余额达4300亿元。分别比1993年增加230亿美元和1347亿元。特别是随着一些重要财政支出项目与经济增长速度挂钩改革措施的出台，财政支出可调控的部分变得越来越小。**三是农业基础设施亟待加强。**近几年，虽说在各方面的共同努力下，农业获得了连年丰收。但是，目前我国农业抵御自然灾害的能力还相当低，仍未摆脱靠天吃饭的被动局面，许多大中型农林水利设施年久失修，农业投入不足，农业的基础还不稳固。**四是地区发展不平衡依然严重。**我国是一个多民族的国家，地域广、地势复杂、气候条件、自然禀赋各不相同。长期的社会和经济发展的结果，使各地经济基础和发达程度形成了差异。改革开放以来，尽管政府注意到了地区差距，但由于各种原因，这种历史上固有的地区差距还是有所扩大。到1996年，除三大直辖市人均GDP总值超过10000元(其中，上海人均20310元)遥遥领先以外，人均GDP最高的浙江省(9582元)是最低的贵州省(2004元)的4.8倍；而大多数的西北部各省区人均GDP(除新疆外)不足东部各地区的二分之一。同时，各地收入差距也比较大。城镇居民人均生活费收入最高的广东省是内蒙古的2.6倍，而农村居民人均纯收入高(浙江，人均3463元)低(甘肃，人均1101元)之比为3.1：1。各地经济发展的不平衡带来的收入分配差距的扩大，已直接影响到各地经济的协调发展，长此以往，势必会影响到整个国民经济发展的稳定性。

上述事实说明，为了巩固经济"软着陆"所取得的成果，我们必须进一步改善和加强宏观调控。此外，从更高的层次看，针对已经过热的经济，尽管"软着陆"是一种损失最小的补救办法，相对于"硬着陆"等其它办法而言，有值得肯定的一面。但是，只要经济发生过热，就会造成经济的波动，影响经济的正常发展。因此，为了更加有效地发展国民经济，最好能通过改革建立起相应的机制，提高宏观管理的水平，从体制上和调控机制上，尽可能保证不出现、或少出现经济过热或过冷等大起大落。根据对以往经济的大起大落，特别是改革开放后几次经济波动的分析研究，我们认为宜注意以下几个问题：

(一) 继续深化改革，构筑必要的体制基础 在保证社会稳定和经济适度发展的前提下，应加快体制改革的步伐，以改革促发展，通过继续深化改革，为经济持续稳定发展构筑必要的体制基础。一是加快行政管理体制的改革，使政府从具体的微观事务中摆脱出来，真正成为市场运行规则的制定者和监督执行者，使整个国民经济运行有序化、规范化。并通过制定正确的经

济发展规划和产业政策，利用各种经济杠杆和法律手段，引导社会资源合理配置，发挥最大效益。二是加快国有企业改革，以小平同志“三个有利于”标准为尺度，按照抓大放小、区别对待的思路，通过兼并、破产、股份化、拍卖、租赁等方式，将该甩的包袱甩掉，该搞活、搞好的搞活、搞好。使绝大多数企业能够成为具有自我约束机制、相对独立的法人，在遵守市场运行规则的前提下，自主进行生产经营，使其活力得以充分释放。三是加快社会保障体系的建设步伐，为今后企业适应市场经济体制运行需要进行重组、兼并创造条件，为存量资产的结构调整铺平道路。在市场经济体制中，没有强有力的社会保障机制是绝对不行的。四是加快金融体制的改革和金融体系的发育。近几年，金融体制的改革虽说迈出了较大的步伐，但是，由于长期计划经济体制的影响，目前金融系统还很不发达。一方面，资本集中度过高，主要为四大金融银行所垄断;另一方面，由于大量不良贷款的存在，国有银行商业化仍很艰难。要达到社会主义市场经济体制的要求尚需要做很大的努力。

(二) 应选择科学合理、符合中国国情的经济发展战略和发展方针 回顾历次经济的大起大落，每次经济过热都与经济发展战略或发展方针脱离中国的实际，盲目追求高速度有关。在现阶段我国经济运行模式下，只要中央决策能从中国的实际出发，实事求是地制定切实可行的发展战略和发展方针，是完全可能防止经济大起大落的。根据改革开放18年来中国经济运行的实际情况和生产要素决定的潜在生产能力的分析，我们认为经济年均增长8－10%，通货膨胀低于6%是比较适宜的。

(三) 加强对经济运行态势的监测预警 经济波动，是经济发展过程中的客观规律。保持国民经济相对平稳的发展，是世界各国政府极力追求的目标。为了达到这一目标，一个很重要的措施就是建立一套切实可行的、能及时反映国民经济变化的监测预警系统，通过对宏观经济的监测和预测，使宏观调控能够及时掌握经济运行的现状，把握经济发展的未来趋势，发现问题，抓住宏观调控的有利时机，适时适度地采取措施加以解决，减轻经济波动对经济发展造成的破坏。

(四) 要坚持适度偏紧的宏观调控政策 一方面，在我国经济体制转轨完成之前的这一时期内，由于传统体制下，地方政府，特别是地方以下的地方政府和国有企业争项目、争投资，搞外延式发展经济的扩张冲动均较强。另一方面，由于工农二元化经济结构、国有企业低效运行、社会腐败、相互攀比等的影响，物价上涨的压力比较大。因此，为了避免经济过热，避免出现严重的通货膨胀，宏观调控宜采取适度偏紧的财政和货币政策，以抵消和抑制来自基层的扩张冲动。

(五) 狠抓农业，保证农业的稳定发展 一是切实加大农业投入，加强农业基础设施建设，提高农业抵御自然灾害的能力，改善农业生产条件。二是改进和完善土地使用制度，用法律和经济手段保护和利用好每一寸土地资源，并尽可能地鼓励适度规模经营。三是加快农村社会化服务体系的建立健全，从根本上解决小生产与社会化之间的矛盾，找出在市场经济条件下，保护农民利益，刺激农业生产的有效途径。四是积极推广科普教育，提高农民的文化素养和科技素养，提高其科学种田的能力，并采取优惠政策，鼓励农业科研和科技成果的应用。

(作者所在单位: 国家统计局综合司)

我国一些工业产品生产能力相对过剩

赵 岷 山

据第三次全国工业普查，目前我国工业企业已达734万多家，其中有一定规模的乡及乡以上工业企业近60万家，形成了门类齐全的工业生产体系。但生产能力利用率较低，生产的潜力很大，如何充分发挥其效用，实现内涵扩大再生产，是提高经济增长质量的关键。

一、工业主要产品生产能力利用概况

经过八个五年计划，国家和社会各界对工业部门累计固定资产投资(基建和技改)逾3万亿元(按投资当年价格计算，下同)，形成固定资产3.8万亿元(其中国有工业固定资产2.54万亿元)，建成了门类齐全的工业生产体系。特别是党的十一届三中全会之后，党的工作重点转移到经济建设方面来，各部门、各地区积极性很高，先后上了大批工业建设项目，尤其是东部沿海各省市工业发展更快，每年以20%左右的速度递增，是我国工业经济发展的黄金时期。工业的发展为满足我国人民物质、精神生活的需要，提供了丰富多彩的工业产品和优质的服务设施，同时也为国家赚取了大量外汇收入。1995年工业制成品出口创汇1273亿美元，占我国当年出口总额(1488亿美元)的85.6%，其比重较1980年上升近36个百分点。在看到工业经济增强实力的同时，也要看到存在的重复建设、盲目建设等问题。当前，工业的总体规模较大，但企业规模小的分布散的问题较为突出;有些产品市场需求不足，或资金供求矛盾大，造成生产能力利用率较低;有些企业陷入停产、半停产状态，不仅造成了浪费，还影响到社会的安定。

据第三次工业普查对94种主要工业产品统计，产品生产能力利用比较充分(80%以上)的有33种产品，占35.1%，主要是能源产品、部分化工产品和个别冶金、轻工产品。如天然气117.3%、原煤(产量含小窑煤，能力未含小窑煤)114.4%、合成橡胶102.6%、机制纸浆97.0%、原油96.4%、组合音响96.1%、生铁95.1%、染料89.2%、乙烯86.2%、纯碱86.1%、烧碱86.1%、合成氨85.8%、纯苯85.2%、平板玻璃85.0%、硫酸84.7%、铁路机车83.9%、磁带83.5%、铁路客车82.6%、炼钢81.6%、卷烟81.2%、机制纸81.0%，还有一些木材加工产品、日用陶瓷、日用玻璃制品、白酒等产品。

生产能力利用不足，能力闲置1/3～1/5的产品有26种，占27.7%。主要是部分轻工产品、机械产品、化工产品和主要冶金产品，以及个别电子、建材产品。如：铜的利用率为79.9%、盐酸79.8%、铁合金78.4%、塑料77.6%、纤维板76.4%、乙醇76.3%、大规模集成电路74.6%、化肥72.6%、收录机72.2%、缝纫机70.1%、表70.1%、啤酒69.6%、浓硝酸69.6%、铁路货车69.1%、小型拖拉机65.9%、甲醛65.3%、矿山设备63.0%、吸尘器62.7%、钢材62.0%、大中型拖拉机60.9%、合成洗涤剂60.4%等。

生产能力利用严重不足，能力闲置一半左右的产品有17种，占18.1%。主要是一些轻工家电产品、部分机械、化工产品。如：精甲醇能力利用率仅为58.7%、照相机57.7%、食糖56.7%、摩托车54.9%、轮胎外胎54.7%、食用植物油52.6%、电话单机51.4%、中成药50.7%、电冰箱50.4%等。

生产能力利用不足半数，处于半停产或停产状态的有18种，占19.1%。主要是部分机械产品、轻工产品和药品。如油漆48.6%、金属切削机床46.2%、彩电46.1%、汽车44.3%、内燃机43.9%、洗衣机43.6%、录相机40.3%、微波炉38.5%、化学原料药37.4%、农药36.1%、复印机34.0%、房间空调器33.5%、日用精铝制品31.3%、电影胶片25.5%、微型电子计算机13.4%(电子部系统及其归口企业为78.6%)。还有一些纺织产品利用率也相当低。

二、工业产品生产能力利用率低的原因

工业生产能力利用率较低的原因是复杂的，既有市场问题，也有资金问题。市场有效需求不足是总体趋势，是带有全局性的问题，资金紧缺是少部分企业，只是局部性问题。具体情况初步分析如下:

(一) 市场有效需求不足，工业速度相对偏高 “八五”期间，按当年现价计算的工业总产值年均递增30.9%。其中轻工业为29.7%，1991年经济偏冷，仅增长16.8%，而1992－1994年分别增长26.7%、32.5%和56.7%，1994年轻工业产成品库存资金达1785亿元，折合出厂价则高达2247亿元，商业部门库存也增至6101亿元(1993年为4037亿元)。在这种情况下，一些轻工企业被迫限产、半停产，甚至停产。1995年压低了速度，只比1994年增长20%。与此同时，国内市场销售增幅年均为23.3%，较现价轻工产值增幅(29.7%)低6.4个百分点;其中1993年低19.1个百分点、1994年低25.6个百分点，1995年高6.8个百分点。1993和1994年的工商库存积压商品推延到1995和1996年销售，尽管轻工业压低了生产速度，市场零售额增幅(26.8%)较轻工业产值增幅(20%)高6.8个百分点，比上年增加销售1100亿元的商品，但只占1994年底工商库存总额(8348亿元)的13.2%，难以缓解市场供过于求的矛盾。因此，尽管轻工业部门局部限产、停产、压低速度，1995年底工商库存仍比1994年增加848亿元。

从商品零售额与轻工业产值比率变化，也反映了轻工业速度相对偏高而市场需求不足的问题。由于工业产值按工厂法计算，甲厂计算了产值的产品，又作为乙厂的原材料，轻工产品产值有重复计算，不可能都用于市场销售。但是，社会商品零售额与轻工业产值的比例变化，仍可作为研究当前生产与市场关系的参考数据。以社会商品零售额为1，对比轻工业产值的系数，1990－1993年均在2以下(分别为1：1.63、1：1.47、1：1.59、1：1.86)，而1994和1995年则超过了2的系数，分别为1：2.23、1：2.11。

从轻工业产值与社会商品零售额的差额逐年增大的情况分析，也反映了市场需求不足。轻工业产值扣减社会商品零售额，1990年为4563亿元，只相当于社会商品零售额的62.9%。1993年已达到10722亿元，接近当年的社会商品零售额。而1994年则高达19939亿元，比社会商品零售额多22.6%。1995年达到22819亿元，比社会商品零售额多10.7%。假定剩余的轻工业产值绝大部分可用于轻工市场销售，那么1993－1995年，则轻纺工业勿需生产多少产品供应市场了。当然，已如上述，轻工业产值是不可能都用于市场销售的。

轻工业中的纺织工业，近两年棉花先后提价5次，涨幅达1.33倍，超出国际市场价30%，纺织企业难以消化，造成全行业亏损，生产越多，亏损越大，限制了企业生产。

重工业生产与固定资产投资关系密切，相当一部

1990－1995年社会商品零售额与轻工业产值(现价)对照图

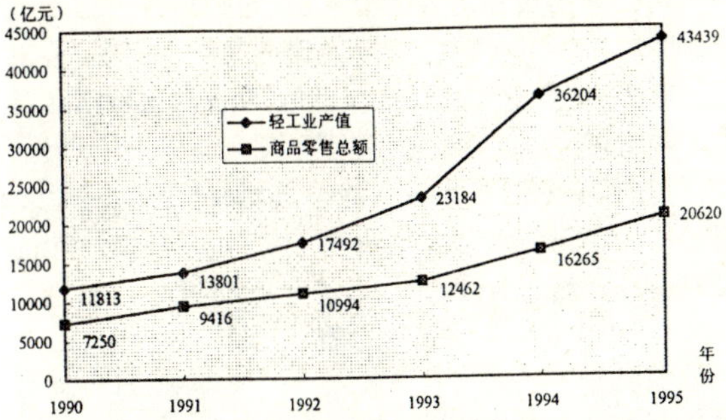

分重工业产品直接或间接用于固定资产投资。历年来固定资产投资的增长幅度高于重工业产值(现价)增幅相差3－4个百分点。而1994和1995年却出现了固定资产投资增幅低于重工业生产增幅的现象。固定资产投资分别比上年增长36.8％和17.5％，而现价重工业产值的增幅分别为37.9％和19.0％，高出投资增幅1.1和1.5个百分点。"八五"期间的固定资产投资与重工业生产的弹性系数(增幅之比)分别为：1.233、1.251、1.067、0.971、0.921。由于投资对重工业产品的需求不足，再加上国外进口设备和三资企业挤占我国市场，导致我国许多重工企业生产任务不足，生产能力放空，能力利用率降低。

1990－1995年全社会固定资产投资额与重工业产值(现价)分别比上年增长速度(％)对照图

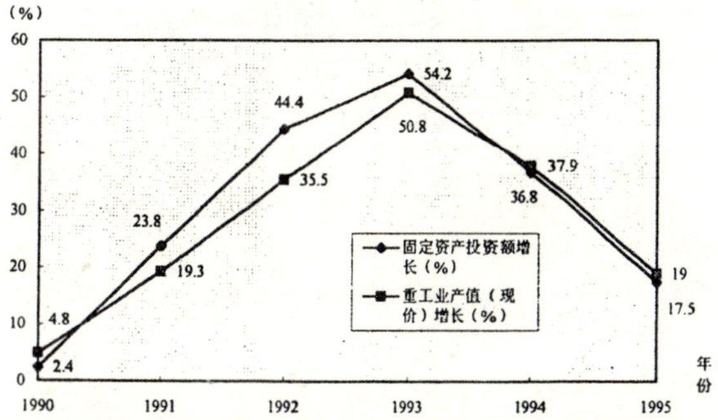

从重工业产值与全社会固定资产投资额的差额变化(已如上述，重工业产值也有重复计算，不可能全部用于投资)，也能反映投资对重工业产品的需求不足。如将当年的重工业产值扣除当年完成的固定资产投资额，这个剩余额"八五"期间逐年递增，平均每年递增30.2％，尤其是1994和1995年，比上年分别增长38.7％和20.2％，与当年重工业生产增幅(37.9％和19.0％)和投资额增幅(36.8％和17.5％)相比，均高出0.8～2.7个百分点。1991年剩余额为8852亿元，由于宏观控制固定资产投资规模，1994年剩余23662亿元，1995年剩余28436亿元。这么多剩余的重工业产值，即使按1/4匡算，扣除重复计算和用于非投资部分，1995年底也富余7000多亿元。

当然，国际市场铜、铝降价，国内企业生产利润减少，甚至亏损，也影响国内企业的生产。

(二) 重复建设和盲目外延扩张严重 "八五"期间，乡及乡以上工业企业增加9万多家，其中三资企业增加4.7万家，内资企业增加5万家。全国工业固定资产原值由1990年的1.5万亿元猛增至1995年的4.5万亿元，即使扣除不可比因素，增幅也是比较大的，五年增长2倍。三年治理整顿之后，各地发展经济的劲头很足，上项目的批准权限不断下放，全国又无可操作的统一规划调控手段，基本上是各地区自己决定，出现盲目重复建设是必然的。如1995年全国轧钢企业达7363个，而冶金部系统仅有271个，其余7092家都是各地自行决定的项目，全国平均每个地市上了21家，平均每个县上了3.4家。全国年产钢材8980万吨，平均每厂年产1.2万吨。又如汽车制造厂(载重汽车、客车、小轿车，不含改装汽车)325家，年产量仅145万辆，平均每个厂仅产4000多辆。再如白酒全国有5714家，平均每个地市17家，每县2.7家。全国年产白酒791万吨，平均每个厂年产1384吨。其他如化学原料药1990年已有480家，1995年增至1001家，五年翻了一番多。药品制剂厂也由1990年的871家增至1347家，中成药厂由1235家增至1974家。在家电行业，由于市场饱和，一些企业停产或被兼并，到1995年电视机厂302家、电冰箱厂186家、洗衣机厂89家，分别比1990年减少13家、33家和20家。成都电视机厂、云南电视机厂已基本停产，能力利用率仅0.8％和4.7％。空调器大战愈演愈烈，由1990年的109家增至408家，五年翻了近两番，产品堆满了大小电器商店，相当一批厂家下面临关停的厄运。

(三) 国外进口过量，挤占国内市场 商品有进有出，本属国际交往的正常行为，进出口贸易额的逐年大幅度增长，体现了改革开放的深化。但凡事有度，过量进口，甚至不惜民族利益，则属非正常行为。我国确实存在进口过量的问题。如发电设备，我国的制造技术已不亚于进口设备，还有部分出口，"八五"期间，机械部安排生产近3000万千瓦，而进口发电设备却多达4897万千瓦，超过国内安排的63.6％。造成国内每年500－600万千瓦的生产能力放空。哈尔滨三大动力厂，年产能力300万千瓦，今年连一台国内订货合同都未接到。又如薄钢板连铸连轧机，原定由冶金部牵头，组织国内各部门合作研制了八年，提供成套设备的技术工艺均已通过国家鉴定验收，但冶金部系统今年却从德国引进3台套轧机，花费外汇5.3亿美元，折合人民币45亿元，比国内制造多花25亿元，致使国内制造厂生产能力放空。又如钢材"八五"期间每年进口1000－2000万吨，五年共约六、七千万吨，相当于全国一年的生产量，去年虽经限制，仍进口1400万吨。其中除个别品种需要进口外，多数品种国内都能安排生产。其他如食品、药品、家电、日用消费品，各大商场进口商品和三资企业产品琳琅满目，挤占了民族工业的市场。

(四) 某些产品有一定市场，但缺乏运转资金 目前一些企业反映资金不足，产品有市场和无市场的都在喊叫。实质上，企业资金总量并不算少，主要是资金占压和相互拖欠所致。截止9月末，37万家企业库存商品价值达5700亿元，外单位拖欠的应收帐款则高达9000亿元，这两项合计达1.47万亿元，相当于企业月销售额(4200亿元)的3.5倍，其中如能收回三分之一，即三、四千亿元，则2倍于银行新增贷款的规模，企业就能全盘活起来了，经济效益也会提高(每年支付银行利息2000多亿元)。但是目前确有部分产品有市场，但缺乏生产资金，难以购买原材料，生产任务不饱满，甚至半停产、停产。如济南化工厂生产的聚四氟乙烯等各种工程塑料，均属紧俏产品，由于缺少5000万元的生产资金，被迫停工停产。又如江西黎明制药厂生产的磺胺类药，市场畅销，但因没有资金购买原材料被迫停停打打。再如甘肃武山水泥厂生产的水泥，市场销路好，但因企业亏损，银行不给贷款，两套生产窑全部停产。类似企业还有一些。企业自有流动资金很少，主要靠银行贷款，而金融体制改革的一项重要内容是银行商业化。银行贷款要考虑能否收回，这是对的;但少数经济效益好，能还贷的企业，一般都有一定数量的自有资金，银行愿意贷，而企业不愿借贷;更多的企业经济效益差，甚至亏损，特别是一些国有企业，缺乏自有流动资金，银行又不愿贷、不敢贷。这就出现银行想贷的，企业不愿贷，企业想贷的，银行不敢贷的矛盾。

(五) 财政分灶吃饭，地方利益驱使 80年代中期，中央决定财政分灶吃饭，近一、二年深化税制改革，又搞了分税制，这是无可非议的。但客观上也导致了地方注重自身利益的格局，成了不顾全局的“诸侯经济”割据，企业布局盲目、重复建设，地区封锁，市场分割。如烟酒的利税率高，是地方财政的支柱，全国已投产的卷烟厂有267家，白酒厂5714家，啤酒厂737家。一家玉溪卷烟厂今年利税将达248亿元，上交省财政的利税约占云南省财政的65%。又如电子工业部系统的电视机玻壳生产能力约4000万只，已出现世界性的饱和。明知市场已经“瓜分”完了，而有的地区还要再重复建设一个玻壳厂，到头来，损失的承担者仍然是国家和企业。

三、关于宏观调控措施的选择

(一) 工业应适度增长，但三次产业的结构增速仍可调整 “八五”期间，我国的国民生产总值(GNP)年均递增11.6%，国内生产总值(GDP)年均递增12.0%，增速已是世界之最，也比翻两番需要的速度(7.2%)高出4.4个百分点。当然有条件时发展快一些也是必要的。但目前的国内市场有效需求不足，增加出口的难度很大，生产速度如再提高，容易造成产品更多积压，占用资金更多，企业支付利息负担更重，从而导致经济效益进一步滑坡。欲启动经济，就需要刺激国内市场，增加有效需求，必然要扩大投资规模，增加消费基金。这就需要扩大银行贷款的投放规模，有可能导致新一轮的投资热、消费热、通货膨胀、市场混乱，不得不再次进行治理整顿。这个代价将是昂贵的。

国民经济的发展在风险不大的条件下，可以通过调整三次产业增长结构，保持国民经济的持续高速发展。目前我国第二次产业(工业和建筑业)比重偏大，1995年在GNP中占49%(其中工业占44%)，速度也偏高，“八五”期间年均递增17.4%。而第一次产业(农业)基础较弱，1995年占GNP的20%，“八五”期间年均递增仅4.2%。第三次产业(商、饮、服等行业)发展潜力很大，1995年占GNP的31%，“八五”期间年均递增也只有9.9%。这与经济发达国家三产占40－50%、二产占三分之一左右的结构形成鲜明的对照。我国是农业大国，农业的比重和发展速度显然偏低，如能加大对农业的投入力度，兴修水利，防治自然灾害，推广科学种田，使农业增长6%以上，比重达到四分之一左右是有可能的。总之，“九五”期间，保持第二次产业的水平，把发展的着重点放在第一、三产业，其潜力大，风险小，使国民经济的增长速度保持9%左右，也许是更可取的良策。

(二) 工业发展靠内涵，提高技术增效益 我国工业的摊子已经很大，企业数目是原联邦德国(6万家)的120倍，所创造的附加价值却少的多。我国工业产品的生产能力，总体上大约富余三分之一，而产品多属中低档水平，缺乏竞争力，没有效益。在机械行业出现“所供非所需”，“所需不能供”的现象。我国的纺织产品历来是出口创汇的重要来源，曾“独霸”东南亚市场，并大举进军欧美。而今我国的纺织水平不仅落后于日本、韩国，甚至也落后于印度。因此，国内市场的高档服装面料多为日、韩产品。就连方便面和食用植物油，也让台湾的“顶新集团”占领了大陆市场。

之所以出现上述状况，主要是我国的工业企业特别是国有企业老化，设备陈旧、工艺技术落后，又缺乏技术改造的资金，处于被动挨打的境况。正如一些企业对这一状况概括的两句话:“不改造是等死”，“欲改造是找死”(付不起贷款利息)。因此，需要国家决策。“九五”期间，工业部门应重在技术改造，走内涵扩大再生产的路子，使产品上档次、上水平，提高市场竞争力。在投资安排上，工业部门应多更改，少基建，调整更改与基建的投资比例，由目前的1∶1.5调整为1.5∶1。凡符合国家产业政策的困难国有企业，在技术改造资金方面要扶持一把。不符合产业政策的国有企业，在深化企业改革中，通过兼并、破产等方式尽快调整其存量资产。对非国有企业则允许自生自灭。在增量资产的调整方面，重点投资中、西部地区，同时，国家应协助改善中、西部的投资环境，实行倾斜政策，改善交通、通讯条件。

(三) 调整企业结构，发挥规模效益 在市场经济的汪洋大海中，竞争异常激烈，企业没有足够大的规模，就难以经受住国内外市场惊涛骇浪的颠簸。虽有船小好掉头之说，但也确实存在船小易翻船之理。尽管我国有2万多家大中型企业，但企业规模还是比较小，1995年排出全国500强企业，合在一起的销售额(1.6万亿元)，仅相当于美国《幸福》杂志排出的世界500强中首家企业的销售额(日本三菱商事1844亿美元)。全国的汽车产量仅相当于日本丰田汽车年产600万辆的四分之一。没有一定的规模就很难有经济效益。从我国的实际情况出发，目前还不可能组建像国外那么大的跨国公司，但是组建一批规模较大的企业集团则是可能的(目前已有57个集团，明年准备增至100个)。企业经济效益的高低，客观上固然受宏观大环境的影响，国家调控、国内外市场供求关系、价格变动等因素，都会影响企业经济效益的变化。但主观上，企业内部管理工作的强弱，产品质量性能的优劣，市场竞争能力的高低，更直接影响企业的经济效益。仅从规模效益分析，1995年工普资料提供以下数据可供参考。

冶金行业，年产钢铁10万吨以下的企业均为微利或亏损，年产100万吨以上利润较高，效益较好。太原钢铁公司、本溪钢铁公司年产钢铁200～300万吨，1995年利润达5亿元左右。鞍钢虽产年800万吨，由于内部原因，利润仅3亿多元。

汽车行业，年产汽车万辆以下为微利或亏损，年产5万辆以上才有较好的效益，规模越大，效益越好。我国一汽、二汽年产汽车15万辆左右，1995年实现利润分别为8.4亿元和2.2亿元。

平板玻璃行业，年产平板玻璃百万箱以下几乎没有效益，超过300万箱效益较好。洛阳、耀华、耀皮玻璃厂年产300～400万箱，1995年实现利润1.4～3亿元。

造纸行业，年产纸万吨以下几乎没有效益，年产2万吨以上效益较好，寿光造纸集团、临清造纸厂、华泰纸业公司年产纸2～6万吨，1995年实现利润4000～8000万元。

卷烟行业，年产卷烟20万箱以下几乎没有效益，年产60万箱以上效益较好，规模越大，效益越好。上海烟草公司、济南卷烟厂年产卷烟60～80万箱，1995年实现利润分别为16.8亿元和1.9亿元。玉溪卷烟厂年产卷烟200多万箱，1995年实现利润60多亿元。

电冰箱行业，年产电冰箱或空调器10万台以下几乎没有效益，年产50万台以上效益较好。珠海格力电器公司、广东神龙公司年产电冰箱及空调器70～150万台，1995年实现利润分别为1.8亿元和24亿元。

(四) 关于宏观调控的几个具体措施 一是要强化行业管理，尽可能避免盲目、重复建设。今后各工业主管部门陆续转变为事业性质的总会、总公司后，行业管理的职能不应削弱，根据目前的失控情况，还应进一步强化，甚至要通过立法手段，赋予行业管理机构依法管理的权力。坚决杜绝“条子工程”，凡是行业管理机构通不过的项目，不允许越级通过领导强行批准上项目。大家都应对防止盲目、重复建设负起责任来。

二是协调中央与地方、地区与地区之间的经济利益关系，在调整产业结构、地区布局、组建跨地区企业集团等方面，尽量照顾到各方面的利益，特别要解决地方割据，地区封锁问题，首先在国内形成统一的市场，然后再齐心协力进军国际市场。

三是协调进口与国内生产的关系，对国内能生产，技术性能也过关的产品。尽量不进口或少进口。负责进出口管理的部门应严格把关，保护国内市场，扶持民族工业的发展。与此同时，应提高利用外资水平，既坚持改革开放，又防止外资挤占中国市场。

四是协调银行商业化与国有企业贷款难的关系。对确有市场而缺乏资金难以运转的国有企业，通过各地区认真调研，排出名单，由政府出面担保，分期分批给企业发放贷款，按期收回，将一部分亏损的国有企业，从困境中挽救出来。

(作者所在单位：第三次全国工业普查办公室)

信息能力是衡量国家综合国力及国际竞争力的重要标志

杨京英　王　强　铁　兵

在即将进入二十一世纪之际，以微电子为基础、计算机为核心、光纤和卫星通讯为先导的信息技术，推动世界进入了信息时代。在信息时代，随着信息产业的发展，信息的生产、流通、交换、分配将成为经济的主体，信息能力的大小将成为决定生产力、综合国力和国际竞争力高低的关键因素。目前，世界上发达国家都在竞相发展和提高信息技术水平，大力发展信息产业，美国、日本等国家的经济总量中，已有50%以上的增加值是由信息产业创造的，信息产业劳动力已占全社会劳动力的50%以上，信息产业已成为发达国家国民经济的支柱产业和经济发展的强大动力。近年来，各发达国家不断竞相加大信息产业投资，加快信息产业的发展，以尽快提高国家信息能力，从而提高国家综合国力，以便在下个世纪的竞争中处于领先地位，信息能力已成为衡量国家综合国力非常重要的标志。因此，加快中国信息产业的发展，对于提高中国信息能力，乃至提高中国综合国力及国际竞争力水平，都具有重大的战略意义。

一、世界已经进入信息时代

本世纪40年代以来，随着雷达、无线电通讯、电子计算机、自动控制的相继出现和飞速发展，科学家们从不同角度对信息进行了大量研究，并将信息概念广泛应用于经济、政治、军事、社会等领域，信息产业迅猛发展，特别在90年代美国提出信息高速公路计划以来，带动全球掀起社会信息化发展热潮，世界开始进入信息时代。世界开始进入信息时代的主要特点是：

(一) 信息成为比物资和能源更重要的资源 物资(材料)、能源和信息是现代科学技术的三大支柱，人类的生产活动通过能源的开采、运输和变换，作用于各种材料，使之发生物理的、化学的、生物的种种变化，成为人们所需要的各种产品。在这个过程中，能源与材料结合而创造价值的程度，在相当程度上取决于信息的注入程度。在现代化生产中，高度发达的信息技术使信息的投入可以在某种程度上替代材料和能源的投入，价值的增长可以通过知识和信息的投入而实现，通过使用更多的信息，使产品中的物质含量减少，而信息的含量则增大。

以美国农业为例，80年代初期每个农业劳动力承担的耕地达87.5公顷，生产中的每个环节，如播种、施肥、防病除害、收割、运输直到存储、出售等各个方面，都可以通过电话甚至计算机网络通知相应的信息服务公司来进行。农民大部分的时间用在决策——获取信息、使用信息和处理信息上。建立在信息与信息服务基础上的现代化农业取得两方面的效果：一是规模经营节省了各环节材料与能源的消耗，含有高科技信息的良种、化肥、农药，以较少的投入取得较高产量的农产品；二是集约化生产方式极大地提高了劳动生产率，本世纪初，供应美国所需粮食的农业劳动力占全部劳动力的50%以上，而到本世纪末，美国2%左右的农业劳动力，供应了全国所需粮食的120%。这使凝结在粮食中的各种物质产品比重越来越低，而信息含量的比重越来越高。

一二十年前，世界上能源还是经济发展最重要的动力，许多国家曾担心因缺油而陷于经济停顿。而现在，信息成为经济发展非常重要的动力，越来越多的人们担心因信息不灵而处于与世隔绝的孤立状态，担心因信息系统失灵而造成巨大损失。信息、知识、智力越来越成为社会经济发展的决定性力量。

(二) 社会产业结构中，信息产业越来越成为占主导地位的产业 产业是指社会经济活动的分工，分工取决于一国的经济结构，经济结构反映一国的经济水平，并受技术结构的制约。当今世界受高科技、特别是信息技术飞速发展的影响，世界的经济结构正在发生深刻的变化，信息产业逐步成为占主导地位的产业。

信息产业包括信息的采集与加工业、信息设备业(包括计算机设备产销、通讯设备产销、电子控制设备产销等)、信息网络业(包括公用网和专用网)和信息服务业(包括信息处理服务、信息提供服务、软件开发服务、信息咨询服务等)。计算机通信网络建设以及与其相辅相成的数据库建设，被认为是整个信息服务业的核心。关于信息产业包括的范围，还有的研究是将信息产业划分为三个部门，一是信息技术部门，主要是为生产信息产品提供劳动资料的部门，包括生产计算机、仪器仪表等信息机械生产；软件生产；电讯、邮政等煤介行业和信息建筑业。二是信息商品化部门，主要是代理企业和家庭生活信息化活动的行业。三是准信息部门，主要包括不通过市场交换的信息部门。从信息产业涵盖的范围就可以看出，信息产业渗透于国民经济各个领域和方面，信息投入替代材料、能源与资金的情况，信息投入极大地提高效率与效益的情况，不仅在上述提到的农业部门存在，而且在工业的机器制造、汽车装配、飞机组装等高科技产品中，以及在人们日常生活紧密相关的服装、食品、玩具加工等各个方面都大量存在着，同时在国民经济的其他领域和行业中乃至包括政治、军事等领域也大量存在着。国民经济的各个领域，没有任何一门产业不从这一现代技术中获益。

对于信息产业这个新兴而又发展极快的产业的划分，目前世界上大部分国家是将其划分为第三产业，有的研究则是将信息产业划分为第四产业，目前我国将其划入第三产业中。近年来，由于发达国家信息产业快速发展，带动整个世界信息产业以较高的速度增长，从而使世界第三产业产值占国内生产总值(GDP)的比重有较大幅度的提高。1980年世界第三产业产值占GDP的比重达到53%，到1994年发达国家第三产业产值占GDP的比重已经达到65%左右。

第三产业的增长对世界经济的增长越来越具有重

要作用。进入八十年代以来，在世界经济的增长中第三产业增长的贡献率开始超过第一产业和第二产业的贡献率。到九十年代，第三产业对经济增长的贡献率进一步提高，1990年世界第三产业对GDP增长的贡献率为1.2%，而第一产业、第二产业对GDP增长的贡献率只分别为0.1%和0.8%，这就是说，1990年在世界经济的增长中，第三产业的增长占GDP总增长的57.1%，第一产业和第二产业的增长分别只占经济总增长的4.8%和38.1%。这表明，在世界范围内第三产业已经成为人类财富创造的最大源泉，第三产业的增长成为世界经济增长的主要动力。参见下表。

1994年中国与一些国家三次产业构成比较 单位：%

国别	GDP增长率	三次产业构成			三次产业贡献率		
		第一产业	第二产业	第三产业	第一产业	第二产业	第三产业
美国	4.1①	2.0②	27.0②	71.1②	0.00②	-0.63②	0.22②
日本	0.5	2.0	40.0	58.0	-0.10①	-0.59①	0.50①
法国	2.9	2.0	28.0	70.0	-0.26①	-0.70①	0.03①
德国	2.9	1.2①	27.8①	69.8①			
英国	3.8	2.0	32.0	66.0			
中国	11.8	21.0	47.2	31.8	0.7	9.7	2.0
韩国	8.0	7.0	43.0	50.0	-0.18①	2.39①	3.35①
印度	5.2	29.5	28.7	41.8	0.73	2.15	2.28
巴西	4.1	13.0	39.0	49.0	0.26	2.20	1.65

注：① 1993年数。②1992年数。

目前，在美国、日本等发达国家，第三产业中的信息产业已经占据主导地位。据有关资料分析，早在本世纪70年代中期，美国经济的主导趋向就已涉及到与信息经济有关的各种活动，45%以上的国民生产总值来自信息的生产和分配，目前已经达到50%以上；日本从1970～1987年投入使用的各类计算机以年平均24.5%的速度增长，信息经济活动创造的价值年平均增长率超过15%，到1980年信息活动创造的价值占经济总额的47.3%。目前，发达国家的信息产业已经成为国民经济的支柱产业和经济增长的主要动力。

（三）社会生产中，已经分化出庞大的信息队伍，信息工作者成为劳动力的主体 由于信息产业的快速发展，世界就业人口中从事信息生产、分配、流通、交换活动及其相关活动的信息工作者的人数迅速增长。在信息化社会中，劳动力的主体将是信息工作者，这是随着人类历史向智力型社会转变，科学技术成为第一生产力，从而使社会经济结构变化的必然结果。

信息工作者是指从事信息产业的工作者。从信息产业的划分看，信息工作者既集中于某些特定的行业内，又分散于各个领域和各个部门中，因此它的队伍是庞大的。目前有的研究将信息工作者定义为从事生产知识、传递思想和利用信息解决具体问题的劳动者。具体包括：一是知识生产和发明者，如科学研究、工程技术、医疗卫生技术人员中的信息工作、金融工作、法律工作等人员；二是知识分配和传播人员，如教学、文艺工作、文化工作、宗教职业等人员；三是市场调查、管理、咨询人员，如科技工作、经济工作、国家党政及企事业的负责、商业中有关职业、农林水气部门的负责、政治工作等人员；四是信息处理和传输人员；五是信息设备劳动人员等。

由于信息产业跨多个行业，因此信息工作者的人数大于第三产业就业人数。据有关资料统计，美国信息产业劳动力占全社会劳动力的比重，1940年已经达到25%，1960年上升到40%，1990年进一步提高到64%。世界发达国家的信息工作者已经成为社会劳动力的主体。

目前，发达国家第三产业就业人数占全社会就业人数的比重一般在65%左右。1994年美国就业人数为12306万人，其中第一产业就业人数为358.6万人，占总就业人数的2.9%，第二产业就业人数为2986.4万人，占24.3%，第三产业就业人数为8961万人，占72.8%。1993年日本就业人数为6450万人，其中第一产业为383万人，占总就业人数的5.9%，第二产业为2211万人，占34.3%。第三产业为3856万人，占59.8%。法国、英国、德国第三产业就业人数占其总就业人数的比重分别为68.6%、71.9%和59.6%。据有关资料统计，美国在70年代出现的1900种新工作中，约有90%属于脑力劳动。当今世界发达国家的劳动力结构已经由产业型转向为服务型和智力型，这也是世界经济发展的趋向。参见下表。

1994年世界一些国家三次产业就业结构

国别	就业人数（万人）				就业结构（%）		
	总计	第一产业	第二产业	第三产业	第一产业	第二产业	第三产业
中国	68090.0	36973.0	15456.0	15661.0	54.3	22.7	23.0
美国	12306.0	358.6	2986.4	8961.0	2.9	24.3	72.8
日本	6450.0①	383.0①	2211①	3856.0①	5.9①	34.3①	59.8

续表

国别	就业人数（万人）				就业结构（%）		
	总计	第一产业	第二产业	第三产业	第一产业	第二产业	第三产业
法国	2211.0	104.8	587.5	1518.7	4.7	26.6	68.7
德国	3607.6	119.0	1338.9	2149.7	3.3	37.1	59.6
英国	2531.7①	54.7①	656.5①	1820.5①	2.2①	25.9①	71.9
韩国	1983.7	269.9	658.3	1055.6	13.6	33.2	53.2
印度	2596.3③	142.0③	942.1③	1512.2③	5.5③	36.3③	58.3
巴西	6210.0	1418.1②	1409.3②	3382.6②	22.8	22.7②	54.5

注：①1993年数。②1990年数。③ 1989年数。

(四)、信息经济是以信用为基础的经济 目前发达国家的金融业、保险业、商业等部门的活动，主要不是靠现金和黄金的实际转让，而是靠支票、汇票等信用信息的转让。政府用信用支付预算，部门间资金往来用信用结算，甚至连个人工资、个人消费开支也都靠信用卡、支票、汇票、电子钱包或计算机网络等。发达国家的信息技术在这些部门中得到了充分的应用。

世界在向信息化社会转变，计算机与通讯网络等现代化信息技术逐步将世界连成一体，生产、流通、分配与消费活动将成为区域性、跨国性和全球性的，跨国公司、新型信息共同体将在世界各个领域发挥更大的作用。

二、信息能力是衡量国家综合国力的主要标志

生产技术的革命推动着社会前进。二十世纪末，信息技术革命推动着人类社会进入了微电子时代、计算机时代和信息化时代。以信息技术为基础的信息产业的发展，一方面使生产要素由劳动者、生产资料、资金，又增添了信息这个新的要素，从而信息构成了第一生产力；另一方面使信息产业成为当今世界经济的重要支柱产业之一，并且信息产业比其他经济支柱产品表现出更快、更强的发展势头。

世界经济五大支柱产业主要产品产量比较

	1990年	1994年	1994年比1990年增长(%)
谷物(万吨)	195468	194643	-0.4
石油(万吨)	300500	291600②	-3.0
钢铁(万吨)	77294	71787	-7.1
小汽车(万辆)	3626	3500	-3.5
个人计算机(万台)	2697①	4500	66.9

注：①1991年数字。②1992年数字。

信息生产力作为一种新的生产力，其显著的特征为具有智能化、数据化、高效化、全球化、高度自动化、信息资本化等。信息能力即是信息生产力的实现。国家信息能力较高表现为信息产业高度发展，国家利用现代信息技术手段，来搜集、储存、管理、传输、利用信息创造价值和使用价值、从而提高综合国力的能力以及在世界发挥作用的能力较强。

信息产业是跨世纪的产业，在信息经济时代，加快发展信息产业从而提高国家信息能力，对提高国家综合国力和国家竞争力具有重要的作用：

第一，发展信息产业提高国家信息能力，可以加快国民经济的增长速度，提高国家综合国力水平。

信息产业的发展水平是社会信息化和社会现代化的标志，目前世界发达国家已经由工业化经济转变为信息化经济，信息产业成为国民经济发展的动力和增强综合国力的基础。首先从国民生产总值这个反映国家实力的综合指标看，当今世界发达国家的经济总量中已有50%以上的增加值是由信息产业创造的；其次，从经济增长速度看，信息产业产值增长速度大大高于国民经济的总增长速度，信息产业对国民生产总值增长的贡献率高于其它各个产业。据统计，进入八十年代以来，美国、日本、西欧信息业的年平均增长速度超过15%，是同期这些国家和地区GNP年增长速度的3-5倍。近几年来，美国经济保持了较快的增长速度，主要是由高速发展的信息产业所带动。据国际信息产业协会统计，九十年代初在美、日等发达国家信息高速公路建设的推动下，全球信息产业加快了发展的步伐，信息产业已经成为发达国家乃至世界经济的基础产业。

第二，较高的信息能力对国民经济产生"产值倍增效应"，可以提高国家竞争力。

一方面，通过信息可以联接生产与市场、生产与消费，因而较高的信息能力不但可以创造价值，而且具有高增殖性。运用信息可以使非资源变成资源，如呆滞的资本加上信息可以变成赢利的投资，沙漠中的沙子加上信息可以变成"硅"；运用信息可以增加财富，如股票市场、期货市场乃至各国的经济战，大量、及时的信息能赢得巨大的财富；运用信息可以扩大财富的增殖空

间，通过较高的信息技术，跨国公司可以组织区域性、全球性生产和流通，通过信息，财富的增殖空间可以覆盖全球，甚至扩展到宇宙。如果说在工业时代土地、劳动和资本是基本资源，那么在信息时代信息则成为新的基本资源。从信息技术支撑的信息网络中有效地存取信息、利用信息，能加速经济的增长和财富的创造，从而扩大市场，提高生活质量。

另一方面，由于信息的价值具有多维性、间接性和累积性，一条信息被利用后会产生一连串的综合经济效果，当信息产品作为生产资料使用时，它能使劳动生产率提高，从而产生第一、二、三……层次的间接经济效果，这些间接经济效果的总和构成了信息经济的扩散效应，扩散效应的大小与信息被传播利用的广度和速度有关。较高的信息能力，能提高信息经济的扩散效应，取得较高的生产率和较大的经济效益。据经济学家测算，70年代信息技术和信息经济对美国生产率提高和对日本经济增长的作用都在15%以上。例如美国用信息技术建立的农田灌溉自动决策系统投入运行后，充分开发利用了原有的水利资源，投资与效益比为1∶250。据中国有关调查分析，信息技术对传统产业改造的投入产出比可以达到1∶10以上的倍增效应。

生产率的提高和财富的积累，是国家竞争力提高的基础，较高的信息能力可以迅速的聚集财富，对国民经济产生"产值倍增效应"。在信息时代，运用高科技提高信息能力是提高国家竞争力的主要手段。

第三，发展信息产业提高国家信息能力，可以使经济结构优化和高度化，从而使国民经济具备较高的持续发展能力。

信息产业是国民经济的先导产业，信息技术和信息产品，对国民经济各个部门和各个行业具有广泛的适用性和极强的渗透力。对于传统产业来说，信息产业在自身的发展中，通过与传统产业的融合和渗透，可以改进传统技术并促进传统产业的改造与升级；对于现代产业来说，由于信息产业的核心技术是现代高新技术群的核心和先导技术，因此信息产业是促使其他高技术产业化形成和发展的基础。江泽民总书记指出："四个现代化，哪一化也离不开信息化。"在信息产业对整个国民经济的渗透下，经济结构趋于软化，物质经济正在变为信息经济。在以高效、智能化的信息经济为主的软化经济结构时代，信息作为现代生产要素之一，通过优化生产素质、导向生产要素的合理有效配置、促进生产力系统运行的有序性，从而使国民经济具备较高的持续发展能力。

综上所述，发展信息产业提高国家信息能力，才能在世界的竞争中把握机遇，才能在社会结构的变革中处于有利的战略地位。正因为信息能力在国家的经济、政治、军事等各方面具有重要的地位和作用，因此在信息时代信息能力已经成为衡量世界各国综合国力和国际竞争力非常重要的标志。

三、中国与世界主要国家信息能力的比较

信息能力的大小可以用社会信息化程度来衡量，用信息化指数进行具体计算。计算公式为：

$$II=\sum_{i=1}^{n}(P_i \cdot W_i) * 100$$

II：为信息指数(Information Index)：

P_i：为影响信息化指数变化的因素；

W_i：为影响信息化指数变化因素的权数

信息化指数(II)可以通过以下几个方面来具体计算信息化程度：

① 信息产业在国民经济中的地位和作用——用信息产业产值占GDP的比重(P_1)、信息产业劳动力占社会总劳动力的比重(P_2)、信息产业贡献率(P_3)等指标；

② 国民经济和第三产业的发展速度——用GDP增长率(P_4)、信息产业增长率(P_5)等指标；

③ 计算机应用和通讯状况——用计算机普及率(P_6)、电话普及率(P_7)、网络化程度(P_8)等指标；

④ 科研技术开发状况——用研究开发经费占GDP比重(P_9)、科学技术人员占人口比重(P_{10})等指标。

由于各方面指标的作用不同，因此需要对各方面确定不同的权数(W)。

我们通过1990年美国、日本、英国、中国、印度和巴西等国家的有关数据，初步计算了这些国家社会信息化程度(本计算数据经标准化处理，并未考虑权重问题)。结果表明，美国的社会信息化程度最高。如果以1990年美国社会信息化程度为100，法国、英国、日本和韩国处于信息能力发展的第二层次，社会信息化程度分别相当于美国的80.2%、77.4%、66.7%和52.3%；印度、巴西和中国则处于较低层次，社会信息化程度分别只相当于美国的29.6%、27.8%和15.2%，中国信息化程度较低。

信息能力差距在计算机、电视机和电话机的普及率以及世界500家大企业中信息行业与其他行业的比较中，都可以明显地反映出来。

从下表中可以看出，在电话机普及率方面，1993年发达国家已经超过50%，新兴工业国家在35－45%之间，中国、印度等国均低于5%；在电视机普及率方面，发达国家与发展中国家的差距正在缩小，发达国家一般在60%，或接近这一水平，而发展中国家基本在20%左右；在计算机的普及率方面，二者力量相差悬殊，发达国家以美国的普及率最高，1994年已达到31.9%，其他发达国家也接近20%，而中国、印度等国家仅为0.1%，相

1990年世界一些国家信息化指数的计算与比较

国别	第三产业					GDP增长率	计算机普及率③	电话普及率	研究开发经费占GDP比重
	产值比重 P1	人员比重 P2	增长率 P5	贡献率	贡献率比重	P4	P6	P7	P9
美国	67.1	70.7	3.3	1.05	80.8	1.3	31.9	54.5	2.9
英国	62.9	69.1	2.5		70.0	0.4	18.2	45.0	2.1
日本	55.5	58.7	3.7	1.69	35.2	4.8	11.8	44.1	3.0
法国	67.4	64.8	3.0	0.96	87.2	1.1②	14.7	49.5	2.4
韩国	65.7	46.7	8.9	4.20	43.3	9.7	4.4	31.0	2.1
巴西	25.4	54.5	3.5	1.7①	51.5	3.3①	0.9	6.3	0.4
印度	40.0	58.2	6.9	2.55	45.5	5.6	0.1	0.6	0.8
中国	31.3	18.6	2.3	0.5	13.2	4.8	0.1	1.1	0.7

注: ①1989年数。②1992年数。③1994年数。

世界主要国家电话机电视机计算机普及率

单位: 台/百人

国别	电话机			电视机			计算机
	1985年	1990年	1993年	1980年	1990年	1993年	1994年
美国		54.5	57.4	68.4	81.2	81.6	31.9
日本	55.5	44.1	46.8	53.9	61.1	61.8	11.8
法国	60.8	49.5	53.6	35.3	40.2	41.2	14.7
德国	62.1	48.9	45.7	43.9	55.4	55.9	15.2
荷兰	60.5	45.1	49.9	39.9	48.2	49.1	17.0
澳大利亚	55.0	45.7	48.2	38.4	48.6	48.9	22.1
加拿大	74.9	57.4	59.2	43.2	61.2	61.8	22.1
新加坡	41.7	39.0	43.4	31.1	37.7	38.1	15.1
韩国	18.6	31.0	37.8	16.5	21.0	21.5	4.4
巴西	8.4	6.3	7.5	12.4	20.7	20.9	0.9
中国	0.6	1.1	2.2	0.9	16.2	19.5①	0.1
印度	0.5	0.6	0.9	0.4	3.2	4.0	0.1

① 1992年数

当于美国60年代末70年代初的水平。

另外,从世界500家最大企业信息行业与其他行业的比较中也可以看出,世界信息市场在迅速扩大,但信息市场仍主要被发达国家所占据,而大国之间占领信息市场的竞争也日趋激烈。在1995年排出的500家世界大企业中,计算机和办公设备、电子和电气设备及通讯三个行业就有60家公司上榜,占500家大企业的12%。三个信息行业上榜企业数比汽车行业多40%。这三个信息行业销售总额为16191亿美元,比1994年的14197亿美元增长了14%,其中计算机和办公设备的销售额为2166亿美元,比上年增长17%,电子和电气设备的销售额为8892亿美元,增长14%,通讯业为5133亿美元,比上年增长13%。从各国三个行业的销售总额来看,日本名列第一,美国名列第二,德国和法国分别居第三和第四位,信息市场仍为发达国家所垄断。

发达国家为保持和提高经济与科技的竞争力,占有世界80%的信息,处于有利的竞争地位。发展中国家因其各自政治、经济、社会及文化背景的不同,发展很不平衡,一部分发展中国家(如亚洲新兴工业国家)抓住时机,积极调整产业结构,加快信息化速度,与发达国家间的差距正在缩小。而另一部分国家(如拉美、非洲国家)因其整体发展水平较低，在全球信息领域竞争中，处于不利地位，从而面临信息贫困的威胁。1995年，国际互联网络已覆盖了全球160个国家和地区，用户达6000万户，并以每月10－15％的速度增长，其中70％的用户在美国。美国联网主机的数目也是最多的，达340万台；西欧国家为50万台；相比之下，占世界人口12.6％的非洲国家，联网主机仅有2.7万台，只有美国的0.8％。

近年来，较高的信息能力使发达国家逐步摆脱经济不景气的状况，加快了经济发展，经济实力进一步增强，而发展中国家信息能力上的差距造成了一种恶性循环，经济实力较低，在教育科技方面的投资及发展水平远远落后于发达国家。据联合国《1994年世界科学报告》指出，目前世界科技活动的80％，掌握在几个工业化大国手中，并且这些国家还掌握着全球大部分的科技成果和专利，仅日本在电子行业方面的专利权，就占全球35％的比重。以1991年各国在研究与开发R&D经费的投入情况为例，可以看出发达国家与发展中国家之间的差距还十分悬殊。

1991年世界主要国家研究与发展(R&D)经费及占国民生产总值(GNP)的比重

国　别	R&D经费总额(十亿美元)	R&D经费占GNP比重(％)	人均R&D经费(美元)
美国	160.75	2.6	636.28
日本	102.23	3.0	824.97
英国	21.88	2.1	378.48
法国	30.81	2.4	540.05
德国	44.89	2.8	561.27
荷兰	5.55	1.91	368.28
加拿大	8.80	1.4	312.94
瑞典	6.84	2.86	793.50
韩国①	4.54	1.91	104.92
印度①	2.39	0.8	2.71
巴西①	0.71	0.25②	4.90
中国	2.85	0.72	2.46

注：①1990年数。②占GDP比重。

1991年美国R&D经费为1607.5亿美元，占GNP的比重为2.6％，人均研究与发展经费为636.2美元。日本经费为1022.3亿美元，占GNP的比重为3.0％，人均824.97美元。发达国家人均科研经费在500美元左右，而发展中国家人均科研经费还不到10美元，差距是巨大的。1991年巴西的研究与发展经费为7.1亿美元，人均4.9美元。印度研究与发展经费(1990年)为23.9亿美元，人均2.71美元。1991年我国R&D经费为142.3亿人民币，按1美元兑5元人民币折算，约为28.5亿美元，人均为2.46美元。

科研经费的不足制约着信息技术研究和信息技术的发展，从而制约着信息产业的发展，据有关资料计算，目前，信息产业产值占GDP的比重，发达国家一般为40－65％，新兴工业化国家为25－40％，发展中国家为25％以下。较弱的信息能力，使发展中国家在信息时代处于不利与被动的地位。

目前，中国信息化程度较低，1982年中国信息产业占GDP比重为15％，信息工作者人数占劳动力就业总人数的8.8％。1987年中国信息化指数仅为日本的1/5、美国的1/12。1990年中国信息化程度仅相当于美国的25.0％。尽管资料的口径范围不尽一致，但这些资料却反映了一个问题，目前中国信息化的程度不仅较低，甚至低于印度、巴西等发展中国家。

四、对策及建议

(一) 重视信息化发展，大力推动信息产业　信息化是当今世界现代化的主要标志，也是衡量一个国家综合国力的重要指标，因此应给予高度重视。1992年我国政府做出了关于加快发展第三产业的决定，把信息发展列为重点。以发展本国高新技术及其产业为内容的“863计划”和“火炬计划”，都把信息技术与信息产业放到了重要的地位，从而有效地推动了我国信息化和经济的快速发展。

1995年十四届五中全会做出了《中共中央关于制定国民经济和社会发展“九五”计划和2010年远景目标的建议》(以下简称《建议》)把加快国民经济信息化进程作为优化产业结构、大力发展科技教育、引导地区经济协调发展相并列的经济建设的第二项主要任务。《建议》把通信作为与农业、水利、能源、交通、科技、教育相并列的要重点加强的七个部门之一；把通信与水利、能源、交通并列为要继续加强的四大基础设施和基础工业建设部门之一；把电子工业作为带动整个经济增长和结构升级的支柱产业之一，重点发展集成电路、新型元器件、计算机和通信设备，增强为经济和社会发展提供信息化系统和装备的能力，促进信息产业的发展；要把握世界高技术发展的趋势，重点开发电子信息、生物、新材料、新能源、航空、航天、海洋等方个方面的高技术，而电子信息技术是被列为第一位的高技术。《建议》还要求积极发展第三产业，特别是旅游、信息、咨询、技术服务、法律服务和会计服务等新兴产业，把信息列为积极发展的重要产业之一。

在当今世界经济一体化不断加快的过程中，要想在国际竞争中占有一席之地，必须重视主导产业的发展，而信息产业是当今世界的主导产业，同时，信息产业又是产出较高的高增值产业。然而我国信息化发展比较落后，信息产业在整个国民经济中所占的比重较低。因此，大力发展信息产业，加快中国信息化进程，尤为重要。

（二）大力开发和广泛应用信息技术 信息技术对社会经济发展具有巨大的作用。它可促进生产增长，导致市场扩大，助长信息产业和信息经济规模的扩大和加强国际联系以及提高国际竞争力。信息作为生产力的第一要素，要转化为现实的生产力，必须依靠信息技术本身的产业化。信息技术是国际竞争十分激烈的一个领域，而且技术升级较快。从计算机产业看，目前世界正以硬件为主转向软件为主。70年代初硬件与软件之比为6：4，80年代中已变为5：5，90年代中将变为4：6。中国计算机基础还较落后，还是一种内向型产业，尚未形成规模经济，软件水平也较低，大型软件主要靠进口。在通讯、数据库、信息系统建设等方面都存在着较大差距。我国信息产业之所以比较落后，就在于信息技术产业化规模和速度比较差。从国外经验来看，一国经济实力的增强，关键在于掌握高新科技信息技术。因此，要加大信息化的科技含量，促进信息技术的提高、应用和普及。

（三）树立现代信息观念，大力开发信息资源 从整体上看，我国现代信息处理和提供业的发展还处于刚刚起步阶段。统计资料表明，1991年我国电脑业产值只占世界总产值的0.3%；已建成的数据库也不到世界总数的1%；联机使用的数据库数量很少，社会信息化率只有8%，而发达国家一般在50%以上。因此，需树立高度的信息意识，把信息作为资源、作为财富，重视信息的价值。

（四）增加信息产业投资，使之成为国民经济发展的支柱产业 信息产业是国民经济的重要组成部分，也是国民经济的基础产业之一。因此，世界各国都越来越重视信息化，纷纷加大对信息产业的投资。美国的布什曾将高性能计算机和通讯计划列为三大计划之一，1992年预算拨款6.38亿美元，克林顿又推出"信息高速公路"计划，1993年拨款8.03亿美元，美国对信息技术设备的投资不断加大，到1996年美国信息技术设备投资占企业设备投资的比重，已由1970年的7%，上升到约40%，若再加上对软件的投资，信息技术投资已经超过了传统的机械设备投资。与此同时，欧共体推出计算机计划，拨款35亿欧洲货币单位实施计划；日本的神精网络与光学计算机计划也正在进行中；韩国制定了《1993－1996年信息技术计划》，为此投入19亿美元。可见，加速发展信息产业已成为一种全球性的强大趋势。

当今世界是信息的时代，从发达国家的经验我们已经看到，各国极为重视信息产业的发展，并投入了大量的资金。在发达国家，由于信息技术的发展，信息产业已成为继汽车之后的又一支柱产业。我们不能再失去时代赋予我们的良机，应抓住机遇，加大信息产业投资，使之成为国民经济发展的支柱产业，带动整个国民经济的快速增长。

（五）建议政府成立信息化促进与管理（网络）机构 目前我国没有统一的信息管理部门，各产业、行业信息系统各自为战，信息流通不畅，商业化服务差；全国数据库多为文献型的数据库，数据信息短缺。建议由各相关部门参加或配合，共同研究信息化问题，并根据国外信息发展的动向和我国的发展状况，对我国信息化水平作出评价，国家统计局应研究建立我国信息产业统计方法制度和中国信息能力评价比较指标体系，为中国政府制定经济发展战略及相关政策，提供量化参考标准和依据。

（六）强化企业信息化，提高企业经营效益 随着经济体制改革的逐步深化，企业作为自主经营、自负盈亏的经济实体和市场的主体，其兴衰存亡与信息的占有、加工是密不可分的。企业信息化是国民经济信息化的基础，企业发展的好坏在很大程度上取决于国家信息化程度，信息技术将是企业二十一世纪国际竞争的焦点。一个企业运用信息技术的能力和程度是决定其在信息时代生存和发展的关键。因此，企业要在国家的支持下，通过信息技术和信息资源的开发利用，增强自己的创新能力，提高信息转化为现实生产力的能力，积极提高国际竞争能力，从而增强整个国家的综合国力的基础。

（作者所在单位：国家统计局国际统计信息中心）

[香港回归专辑]

香港回归后经济繁荣发展可期

王 文 德

一、香港回归前的顺利过渡,为回归后保持长期繁荣稳定奠定了基础

1996年是香港回归祖国后过渡期非常重要的一年。在这一年,香港历史上第一次由港人自己选举产生了行政长官人选董建华,香港特别行政区临时立法会也通过选举产生,这就为政权的顺利交接和平稳过渡奠定了良好基础。同时,随着祖国内地经济的持续繁荣、国际地位的不断上升,以及中国政府对中英联合声明和香港特别行政区基本法的切实贯彻执行,香港同胞对"九七"回归后保持香港繁荣稳定的信心明显加强。1996年香港经济也已走出谷底,开始温和回升:楼市转旺,交易活跃;股市畅旺,全年最高曾达13530点;私人消费由原来下降开始逐渐转为上升,内部消费需求有所改善,固定资产投资增长强劲,大量实业资本在港生根;长期困扰香港经济发展的通货膨胀进一步回落,就业状况亦有改善;多年来一直迅速增长的对外贸易增幅有所放缓,1996年香港对外贸易总值达29335亿港元,比1995年增长3.5%,其中总出口13979亿港元,比上年同期增长4.0%,进口15356亿港元,比上年同期增长3.0%;1996年香港地区生产总值的增幅达到4.7%。上述经济现象也表明,随着"九七"临近,香港经济在周期性调整中开始走出低谷,逐渐看好,经济发展的主流是积极和令人满意的,从而在经济上为香港的顺利平稳过渡奠定了基础。

二、香港自身因素的发展构成了香港经济繁荣的内在条件

由于优越的地理条件,高度开放的自由贸易体制,相对稳定的社会环境,灵活性、适应性很强的企业经营机制,香港在过去的几十年间已经发展为一个国际性的贸易、金融、航运、信息中心。香港回归祖国后,香港将实行"一国两制"、"港人治港"、高度自治的方针,继续保持原有的资本主义制度和生活方式,特别是在经贸领域享有高度自治的行政管理权和立法权,自行制定、实施经济和贸易的法律、法规、政策及管理措施。香港特别行政区将保持自由港的地位和国际贸易、金融、航运、信息四大中心地位,继续实行自由贸易政策,包括货物和资本的流动自由。

香港回归祖国后,香港同胞对祖国的向心力和归属感以及爱国爱港热忱将进一步提高,对香港未来的信心更加坚定,他们的聪明才智和勤奋努力的进取精神将得以更充分的发挥,这一切构成了香港社会经济繁荣发展的内在条件。

三、祖国内地经济的持续、快速、健康发展为香港经济的繁荣提供了坚定的支持

香港的经济繁荣除了自身条件和港人勤奋努力外,中国内地的经济状况是至关重要的因素。历史的进程表明,香港的经济繁荣基本上是与内地改革开放、经济发展相同步的。香港背靠祖国内地,长期得到祖国的大力支持,特别是从改革开放政策中得到巨大的利益。新中国成立以来,内地从政策、物质等方面给了香港大力支持;特别是改革开放以后,内地与香港的经济合作关系全面展开,为香港经济的发展提供了充足的资源、广阔的市场和众多的经济贸易发展的机会。内地经济在"九五"期间仍将持续、快速、健康发展,开发中西部地区的战略部署,将为香港提供更多的投资机会,开辟更多的经济合作领域,提供更加广阔的发展空间;祖国内地与世界经济接轨的社会主义市场经济体制正在逐步确立和完善,将使得内地与香港两地在金融、贸易、投资等方面的沟通更加密切与和谐;加上"九七"后消除了两地间人为的隔膜,两地的经济联系将更加密切,两地市场的对接和优势的互补会更加顺畅,香港经济会得到内地更直接、更有力的支持,这对香港经济的进一步发展将形成持续的强大的推动力,使香港经济获益。

四、世界经济的良好发展为香港经济的繁荣提供了有利的外部环境

综观全球，和平与发展仍然是当今世界的主题。世界总的经济形势是好的：西方发达国家的经济开始摆脱低迷状态，呈低速增长；亚太地区的经济仍将继续蓬勃发展；众多发展中国家的经济状况也在逐步改善，发展势头不可遏止。这一切都将使得香港经济直接从中受益，从而为香港经济的发展提供良好的国际环境和广阔的发展空间。

香港的平稳过渡和保持长期的繁荣稳定是包括香港同胞在内的所有中国人的共同愿望。香港回归祖国，必将给香港经济的发展带来新的机遇，"九七"后的香港经济将出现新的全面发展的局面。我们相信，有祖国内地的支持，有香港同胞的勤劳智慧，香港一定会更加繁荣，回归祖国怀抱的"东方之珠"将更加璀璨夺目！

（作者所在单位：对外经济贸易合作部）

香港回归后香港与内地经济贸易关系

郭长林

1997年7月1日，香港结束了英国一百多年来的殖民统治，回到祖国怀抱，这是炎黄子孙的骄傲，是全国人民生活中的一件大事，也是全球瞩目的盛事。展望香港与内地携手并进，共创繁荣的合作前景，我们充满信心。

众所周知，香港是一个开放、自由港，香港成功的基本因素是坚持了几个基本的原则，比如稳健的理财政策、简单而低税率的税制、自由市场和公平竞争。香港作为一个国际大都市，经济和世界各主要经济体系都有密切互动关系。

香港回归中国后，将严格按照"基本法"的规定，实行"一国两制"，保持资本主义制度不变，保持自由港和特别关税的地位，实行"港人治港"、"高度自治"，成为东西方经济沟通的桥梁。

展望香港经济，香港回归祖国后，绝不会削弱香港的地位，也不会损害港人的生活方式。相反，香港的回归，将增强香港的竞争力，推进香港的经济繁荣。预料十年后的香港经济前景是：香港已经是中国境内一个高度自治区，是中国首要商业城市及亚洲服务业之都。

要实现这个宏伟的发展前景，香港应担当两个经济角色。其一，人们称之为"香港——国际"，主要是提高香港作为一个充满活力的地区性商业中心的地位；其二，人们称之为"香港——内地"，主要是指香港为中国的经济发展提供强有力的支援。"香港——国际"与"香港——内地"这两个角色一旦结合起来，肯定能为香港创造扩展经济基础的机会，也有助香港经济的稳定发展。同时，将使香港成为更具活力、更加繁荣的城市，增加香港对中国的价值。

香港与内地的紧密合作，主要是体现在金融、贸易、旅游、科技等几个方面。

一、香港与内地在金融方面的合作

香港在过去十几年，与内地在金融方面的合作，取得了内地向外融资首选的地位。根据中国中央政府所作的"九五"计划，国家从现在至到2000年，提供给外资进入的范围将会不断扩大。香港拥有交投活跃、运作成熟和制度健全的证券市场和外汇市场。因此，香港作为国际金融中心之一，对日后内地的发展将得到充分重视和发挥。

内地与香港之间的投资，在项目、规模、速度等各个方面都发展得十分迅速。九七后，中国将对香港开放很多市场，同时也会采取更多更适合港商需要的政策，吸引港商往内地投资。同时，内地也将鼓励各省市去香港投资。可以肯定双方之间相互投资的趋势会更明显。得出这一结论的依据主要有以下两个方面：

一是从历史发展看，香港的繁荣与发展从未离开过内地因素的作用和影响；而内地，尤其是东南沿海地区经济的发展一直受益于香港资金的带动。这种相互联结、相互渗透、相互作用的两个不同的经济系统，将随着双方经济繁荣而变得日益密切。相互投资是促成双方经济繁荣的基础，经济繁荣又反过来促进投资的发展。"九七"后这种投资关系得到加强是不言而喻的。

二是从香港过渡时期的内地与香港双方相互投资状况以及未来发展态势看，香港的资金与内地人才、人力、土地资源相结合带来的效益，已冲破了过去一度在香港人思想上，存在的两种不同社会制度会造成相互沟通障碍的担心，随着"九七"到来双方沟通的进一步加强，上述担心已慢慢消除。大家都熟悉的上海实业集团，自1996年5月30日在香港上市以来一直是H股的佼佼者。上海实业的上市成功代表着香港市民可以随时

参与和分享上海经济高速发展的成果。

十多年间，香港的中资企业逐渐发展壮大。据中资企业协会统计，到1996年底，香港的中资企业约为1800余家，在港的直接投资累计已超过250亿美元。

中资企业的业务范围目前主要集中于金融业、进出口贸易、运输仓储、旅游酒店和工程房地产等领域。在金融业方面，中银集团已成为继汇丰银行之后的第二大银行集团，首钢集团与长江实业集团收购香港东荣集团，以及内地的一些大型国家企业在香港股市上市趋势来看，投资正向深度和广度发展。在航运仓储方面，1996年中资企业承办的货运量约占全港总货运量的25%。同年，中资企业承建的各类工程约占全港建筑工程总量的11%。

国家外经贸委预计，内地在香港的投资，以实际投入资金而论，总的规模与香港对内地的投资相当。

还有一个趋势不可忽视，"九七"后，内地将组成几十家超型大企业集团进军香港，把总部放在香港，利用香港对国际市场熟悉的人才、讯息，将设计、制造基地放在深圳，利用内地科技人才以及廉价劳动力，与香港一起参与国际竞争。

二、香港与内地在贸易方面的合作

香港与内地的经济合作在短短的十年之间，已取得了丰硕成果。目前：内地是香港的最大贸易伙伴，两地贸易占香港全球贸易额超过35%；香港是内地的第三大贸易伙伴，两地贸易额为407亿美元，占内地全球贸易额约15%；内地是香港的第三大外资来源。1994年，内地在香港的投资额达1340亿港元；香港则是内地外来直接投资的最大来源，自1979年至1996年底，香港在祖国内地的直接投资项目共计16.2万多个，实际投入资金1千亿美元，占祖国内地吸收外商直接投资实际投入金额的56.2%。上述数字说明了香港与内地经济合作的密切关系。

香港与内地的紧密合作关系是香港赖以成功的重要因素，今后也会继续为香港在内地以至亚太各地进行的生产活动提供典范。

内地与香港彼此是最重要的贸易伙伴。内地有超过五成出口经香港转运海外。香港拥有全球最繁忙的集装箱港口，也是世界第二大航空货运基地。内地不但超过占香港贸易总值的35%，而且还是香港产品的一个庞大的市场；而这些香港产品大部分均由港商在内地投资设厂制造。

目前，港商在内地设有十多万家企业，雇用员工数百万人，单在广东一带，香港投资企业就雇用了超过400万名内地工人。港资在内地也占外来投资总额的六成，1979年至1995年间共投资约800亿美元。在内地居住及工作的港人超过10万人。与此同时，内地也成为香港外来投资来源地之一。在香港设有办事处的内地企业逾2000家，涉及资产总值估计达425亿美元。

香港与内地的经济关系，自中国实施改革开放以来已日渐密切。从下图可见，香港与内地的经济表现在过去10多年来基本上是成一致走势。

香港与中国内地本地生产总值(GDP)
实质增幅比较

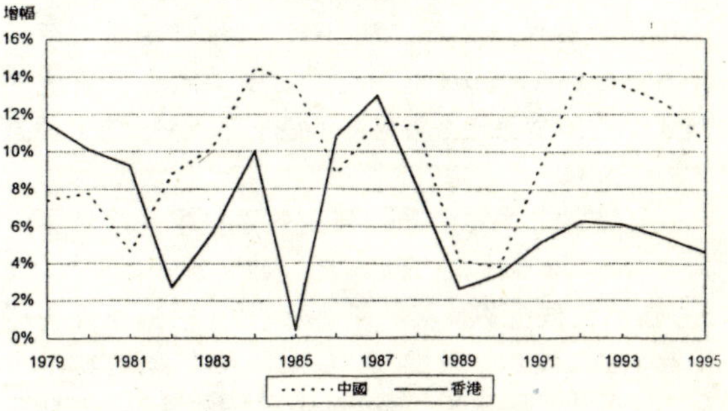

(图表来源于香港贸易发展局研究部)

二次大战后，香港的经济动力主要来自转口贸易和制造业，而制造业则主要为外国订单作来料加工。不过香港企业家不断放眼世界，掌握每一个国际经济浪潮的起伏，在70年代已经开始努力建立不少自己的产品和国际营销网。在80年代，香港开始大力发展金融业。由于金融业特别需要与国际其它金融作紧密联系，金融业的高速发展使香港的国际地位迅速昌升。香港在90年代更从金融业演变为以服务业为主的经济体系，而制造业则随着向内地迁移而使重要性相对减少。香港的外贸依存度明显增加，(外贸依存度＝进出口总值÷本地生产总值)中国实施改革以前，香港的外贸依存度维持在1.33上下(见下图)。1978年起特别是在1983年以后，增加更加显著。这主要是与香港厂商开始大规模将生产线向内地转移，使香港的转口贸易大幅增加有关。

香港外贸依存度

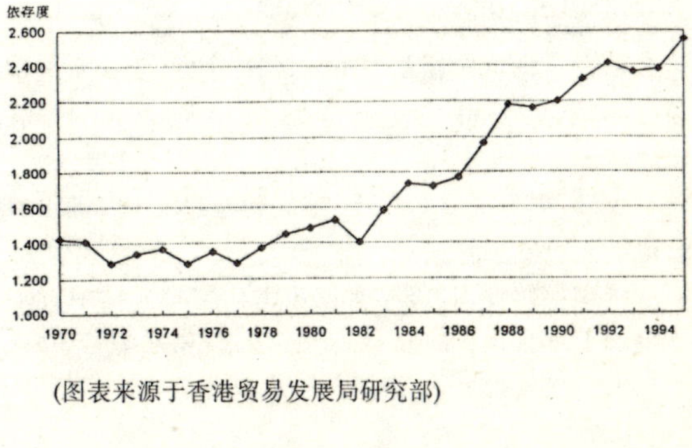

(图表来源于香港贸易发展局研究部)

加工贸易是维系香港与内地间贸易的重要纽带，对香港经济的繁荣稳定有着重要的作用。

港商内地加工贸易是随着香港制造业的内迁而引发的。80年代初，内地改革开放及香港劳动密集型工业面临着困境，促使其大规模内迁。随着内迁企业的增多和生产能力的扩张，加工贸易迅速取代一般贸易，成为香港与内地间贸易的主要形式。

据港府统计，1995年港商输往内地的产品中，作加工用途的原材料及半制成品约为2.176亿港元，占输往内地整体出口货品的49%；这些产品加工后运抵香港，金融为3.540亿港元，占由内地进口货值的74.4%；内地货品经香港向海外地区转口中，加工货品约占82.2%。

港商输往内地作加工用途的原料半制成品主要为塑料、纺织原料，电子元配件，玩具、钟表零件等。此外，还有机械设备及其零部件。经加工后向海外转口的制成品主要包括服装，玩具，电讯及收录放设备，手袋，办公自动化设备，塑料制品，钟表，瓷器，家具和首饰等。港商内地加工产品以日本为最大的原料供应地，美国为最大的产品销售市场。除日本外，加工产品的原材料来源地还包括台湾、韩国、美国及新加坡等。港商内地加工产品七成以上的订单来自美、日、欧地区。

随着加工贸易的不断发展，加工贸易在香港贸易发展中的地位不断提高。

港府统计显示，内地与香港间外发加工贸易额在香港对外贸易总额中所占比重，由1989年的17%，提高至1995年的21.9%。从增长速度上看，1989——1995年间，涉及港商在内地外发加工的进出口贸易年平均长21.6%，高于同期内地与香港间贸易的增幅(19.2%)和香港贸易总额增幅(16.5%)。如果加上香港对海外市场转口的产品当中，内地加工产品部分，以及香港从海外进口当中，转口内地作加工用的原料部分，则加工贸易占香港贸易的比重实际上高44.9%，可见加工贸易对香港外贸业的贡献日益突出。

1978年香港的贸易值在世界排名仅为第23位。然而，1995年香港排名已升至第8位，仅次于七大工业国。如此辉煌的成绩应归功于加工贸易的高速发展。按加工贸易占香港总贸易值44.9%计算，如果没有加工贸易，1995年香港贸易总值是15.622亿港元，在世界排名将跌至十五名以外。

此外，加工贸易的活跃，使从事与之相关的进出口公司迅速增多。

据港府统计，1993年香港进出口贸易公司中直接从事加工贸易业务的公司共17.870家，占总数17.9%，比1992年增长42.1%。为港人提供就业职位10.7万个，其销售值占香港贸易公司销售总值的15.6%。1994年从事加工贸易的公司估计已超过18000家，就业人数突破11万人。

由于加工贸易在香港的地位越来越重要，因此，加工贸易对香港经济发展的作用亦越来越大。使香港国际贸易中心地位不断提高，其它为贸易提供服务的行业和辅助行业亦连带兴旺起来，从而确立了香港国际金融、航运、旅游、信息中心的地位。

由于香港大部分制造业已转至内地，“九七”后香港与内地贸易增长不再主要靠香港制造业的转移来带动，而是靠港商适应内地对外贸的政策导向扩大对资本、技术密集型产业的投资来推动。

(1) 港商可以发展原材料、零部件等上、中游加工业，以促进加工贸易的继续发展。

(2) 下游加工贸易应努力提高现有产品的技术含量和附加值，以提高出口产品的竞争力。

(3) 加快加工贸易由沿海地区向内陆省份的转移，以降低生产成本。

(4) 积极发展高新技术领域。例如，电子、家用电器、机械设备、医药生物工程、食品工程、计算机、信息通讯业、印刷包装工业等的加工贸易。

香港回归祖国后，各方面的联系会不断加强，对内地与香港贸易中出现的新情况、新问题，因势利导，及时制定出相适应的政策，顺应两地经济发展的客观要求，积极采取切实可行的措施，相信两地之间的贸易会获得更大的增长动力。

三、香港与内地在旅游方面的合作

香港被誉为“东方之珠”而举世闻名。1997年7月1日，香港回归祖国，这一历史性重大事件引起了世人的极大关注和兴趣。

香港旅游业多年来都是香港经济的重要支柱。1996年该港旅客刷新纪录达到1170万人次，为香港创汇845亿港元。旅游业已是香港创汇最高的行业之一，为香港造就约35万个就业机会。

1957年到港游客约5万人，主要来自欧美国家。经过40年的努力，今日的香港已发展为一个中西荟萃，集传统与现代文化于一身的地方。既是国际金融、财经和商业中心，也是亚洲区内最受欢迎的旅游胜地。

亚洲的日本和韩国，是香港的最大旅客市场，旅客人数高达280万人次；内地居第二位，达到230万人次；台湾省居第三位，共180万人次。

1996年，该港旅客的个人平均消费高达7千港元，其中一半用于购物。其中内地旅客的总消费为152亿港元，个人平均消费为6581港元。

为了迎接“九七”香港回归，中国把1997年定为中国旅游年，在较早前就作了周密的部署，并进行了广泛的宣传推介。

中国旅游年推出了长江三峡游、丝绸之路游、江南水乡游等16条精选旅游线路，以及海南国际椰子节、青岛国际啤酒节、哈尔滨冰雪节等48个旅游节庆活动，并承办太平洋亚洲旅游协会1997年会及旅游交易会。这些丰富多彩的旅游活动将吸引更多游客来中国，也势必带旺香港旅游业。随着香港回归祖国，香港与内地的经济交往与合作将日益密切，往返内地与香港的海外商旅将不断增加。

中国经过成功的经济宏观调控，国民经济正步人稳定、快速的发展轨道，国际上普遍看好中国经济发展前景。而香港作为内地对外开放的重要桥梁和窗口，加上香港已与广东、澳门联手推广珠江三角洲旅游计划，势必吸引越来越多的海外游客经香港进内地旅游、商务，对香港拓展旅游市场更加有利。

香港旅游业以“九七”为契机，积极改善旅游设施与环境，增加旅游新项目，并加强在海外的宣传推介活动。香港旅游协会的“魅力香港万象之都”大型宣传攻势，也进一步促使访港旅客数字上升。例如：新建成的青马大桥，气势宏伟，壮观，预计将来会成为香港的象征；

香港的新机场及其为配合新机场而新建的公路、隧道等，将从根本上改善香港的航运、客运条件，为香港提供了更为便利条件。香港的新会议展览中心，有可供63.580平方米会议及展览场地，是亚洲区内第二大会议展览场地。场馆内举行的各项商业活动，可直接为香港带来686亿港元的生意额，约等于1996年香港贸易总额的2.3%。更具有远大意义的是，香港回归大典在这里举行，历史新的一面将在这里揭开。

借着“九七”回归，以上新增加的一幅幅宏伟景象，对香港的旅游业将起重要作用。

据悉，目前世界各地的商业及专业团体在港举行各种会议和展览活动，排期已跨越下世纪的2000年，共有170个国际会议和420个大型展览。一些新旅游项目的兴建，使香港旅游业的竞争能力进一步加强，香港作为亚洲旅游中心的地位在“九七”后将更为巩固。

四、香港与内地在科技方面的合作

随着香港劳动密集型产业制造工厂的北移，香港的工业结构将变得精简，侧重高科技、高增值的生产流通过程。如产品的设计、买卖合同的洽谈、产品测试的推广、融资、进出口商品的转口运输等。这一方面刺激了香港服务业的发展，同时也把工业推向高科技和综合性发展之路。

科技研究的发展落后，是香港最薄弱的环节。香港制造业的特点是工业规模小，依赖出口市场。这种经营方式已经不适应今后的国际竞争。如果要在世界市场稳占一席之地，就必须向高科技发展。香港政府已经认识到这一点，成立了工业及科技发展局，建立了科技大学，设立了应用研究发展基金，给予香港生产力促进局等工业扶助机构和私营企业以较大的支持。

香港今后主要的出路是同内地雄厚的科研技术力量和庞大的市场需求相结合，进行大规模的研究开发活动，发展资金、技术密集型的工业，香港公司可与内地合作，将双方的优势整合互补，发展成为华南地区的制造业支援和控制中心，调动人力、财力、土地、研究发展、设计、管理、市场拓展、讯息等各方面资源，特别是要利用内地的科技成果和着重培训高素质的人才资源，逐渐建立起新型的技、贸、工相结合的综合性制造企业。

今后，香港与内地在科技方面的交流，将有待更进一步的发展。

香港与内地的合作，正不断向广度和深度发展，今后可开拓的领域甚广、潜力极大。

1. 充分利用香港国际金融市场，为中国大规模的基础设施，如能源、交通、城市建设、基础产业等筹集资金。帮助内地效益良好的大型企业在香港证券市场上市融资，并选择适当时机发行企业和建设项目的债券。

2. 将港商的投资引向内地交通、能源等基础设施，重视化工业、原材料产业，以解决目前内地和香港都需要进口的大宗原材料和设备供应。

3. 积极开始科技领域的合作，充分利用内地的科研力量和科技成果，联合开发高科技产品，形成商品化生产，向国际国内市场推销。香港还可以成为促进内地科技与国际科技合作的媒介，开展内地、香港、外国的多边合作。

4. 在航空、海运、通讯、讯息、高速公路等业务上的进一步合作。

5. 与内地联合培训各类科技、专业和经营管理人才及加强交流，相互沟通、合作。在律师、会计、咨询及服务业上加强合作，充分发挥香港的优势。

香港的独特之处，在于她既是中国不可分割的一部分，但又保留成熟的资本主义制度，及一个经济发达地区的特色。

今后的香港将成为一个高水平的技术及服务中心，为在亚洲各地区经营的国际公司提供服务，提供有利的经济政策和具有竞争力的基础建设，为邻近地区提供资金及投资服务。

今后的香港是中国一个高度自治的特别行政区，保持着独立的国际自由港的经济地位，又是亚太地区的国际经济营运服务中心，联系中国同世界经济的桥梁和纽带。

今后的香港，将背倚中国大地，面向世界环宇，与内地携手共进，共创繁荣。

(作者所在单位: 国务院港澳事务办公室港澳研究所)

“九七”香港回归与中国的对外贸易

国家统计局综合司专题分析处

自从70年代末以来，中国对外贸易取得了较快的发展，在世界贸易中的地位迅速上升。祖国大陆对外贸易的快速发展就内因来说是得益于自身的改革开放政策;而就外因而言，与整个世界贸易，特别是香港对外贸易的快速发展分不开的。

1997年7月1日后，中国将恢复对香港行使主权，香港将成为中华人民共和国的特别行政区。由于香港显赫的国际金融、贸易等中心的地位，香港的回归将对亚洲，乃至整个世界都会产生不同程度的影响。作为这种变化的核心——香港与祖国大陆当然更无法避免这种影响，特别是在对外贸易方面的影响。为此，本文通过对香港与祖国大陆对外贸易发展历史的回顾，以及“九七”香港回归后各种因素可能发生的变化的分析，对这一问题进行了初步的研究。

一、中国对外贸易发展的简要回顾

中国的改革开放政策，一方面刺激了自身经济的增长，另一方面也对开展国际贸易提出了更高的要求。因此，经过十几年的对外开放，中国对外贸易有了很大的发展，对外贸易额从1978年的206.4亿美元猛增至1995年2808.5亿美元，年均增长16.6%。

从近20年祖国大陆对外贸易的国别和地区结构分析，香港实际上是大陆的最大贸易伙伴，1979—1995年，两地贸易量(包括转口贸易)年均增长速度是30.4%，远远高于同期祖国大陆对外贸易的平均发展速度。

(一) 两地贸易对祖国大陆对外贸易发展的重要性

1. 两地贸易额占祖国大陆对外贸易额的比重。如图1。

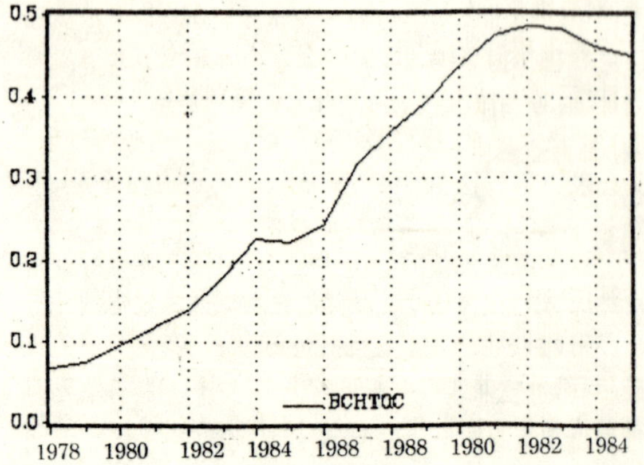

图 1 两地贸易额占祖国大陆对外贸易额的比重

从图1可以看出，这一比重从1978年的6.7%上升到1992年的48.7%，然后又微微下降至1995年的45.1%。这说明一方面自1978至1992年，两地贸易在祖国大陆对外贸易中的地位是在逐渐上升，其重要性也越来越大;另一方面，也可以看到，自1992年后，两地贸易在祖国大陆对外贸易中的地位开始表现出稳中趋降的迹象。

2. 两地贸易和祖国大陆对外贸易的增长情况对比。为了得到较为平稳的两地贸易和祖国大陆对外贸易的增长趋势，克服以上年为基期的增长率的波动性，在此采用1978年为固定基期来计算的平均增长率。如图2。

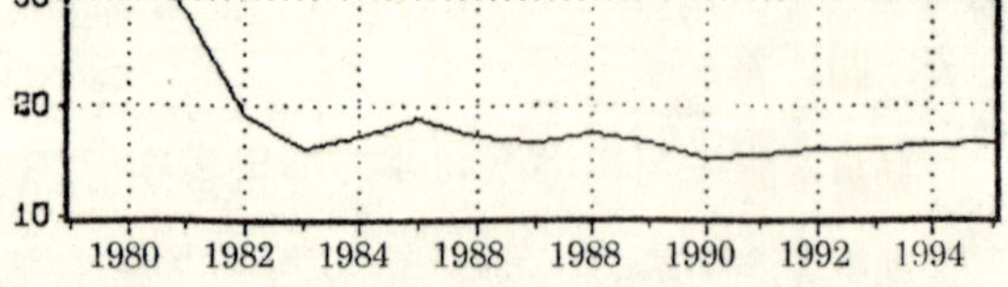

图 2 两地贸易和祖国大陆对外贸易的年均增长速度

———祖国大陆对外贸易年均增长速度

………两地贸易年均增长速度

从图2中，我们可以看到，从1983年开始，祖国大陆对外贸易的增长趋势是稳中趋升的，而两地贸易增长速度尽管一直高于祖国大陆对外贸易增长速度，但其趋势是稳中趋降的。

3. 两地贸易增长对祖国大陆对外贸易增长的贡献度。如图3。

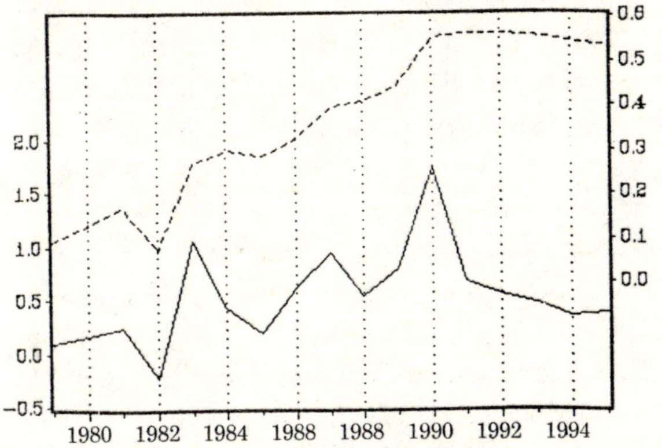

图 3 1979—1995年两地贸易额增长对祖国大陆对外贸易额增长的贡献度

———贡献度

………贡献度的基期算术平均值

从图3中可以看到，两地贸易增长对祖国大陆贸易增长的贡献度在改革开放初期还较小，随着两地贸易的发展，其贡献度越来越大，1990、1991年达到高峰，不过在此之后，开始缓慢下降。

综合以上三方面的考察，我们可以得到以下结论：

第一、两地贸易在祖国对外开放之后对祖国大陆对外贸易的促进作用是十分明显的。无论从两地贸易的增长速度高于祖国大陆对外贸易的增长速度，还是从其不断上升的贡献度和比重来看，都说明两地贸易对祖国大陆对外贸易是十分重要的。

第二、我们还应看到这种促进作用在90年代初期开始逐渐减弱。由于两地贸易增长速度开始逐渐减弱，而祖国大陆对外贸易的增长速度仍在平稳上升，这势必就造成90年代以后，两地贸易占祖国大陆对外贸易的比重开始下降，也引起两地贸易增长对祖国大陆对外贸易增长的贡献度的下降。

（二）两地贸易中主要的增长部分是转口贸易 通过进一步地考察两地贸易的组成部分，我们可以发现其中转口贸易是两地贸易快速增长的主要部分。两地贸易中的转口贸易包括两个部分，其一是内地经香港转口至世界其他国家(地区)的贸易，这一部分包括在内地对香港出口贸易中；其二是世界其他国家(地区)经香港转口至内地的贸易，这一部分则包括在香港对内地出口贸易中。

在香港对内地的出口贸易中，转口贸易有两个特点：

第一、转口贸易的比重一直较大，而且其趋势是越来越大，如图4。由图4可见，转口贸易的比重从1978年的72.2％增至1995年的85.8％，尽管期间有一定的波动，但即使最低在1983年也达66.2％。

第二、转口贸易的增长速度高于香港生产产品对内地出口贸易的增长速度。1978—1995年，至祖国大陆的转口贸易年均增长速度是55.6％，而香港生产产品对祖国大陆出口的年均增长速度是48.0％。

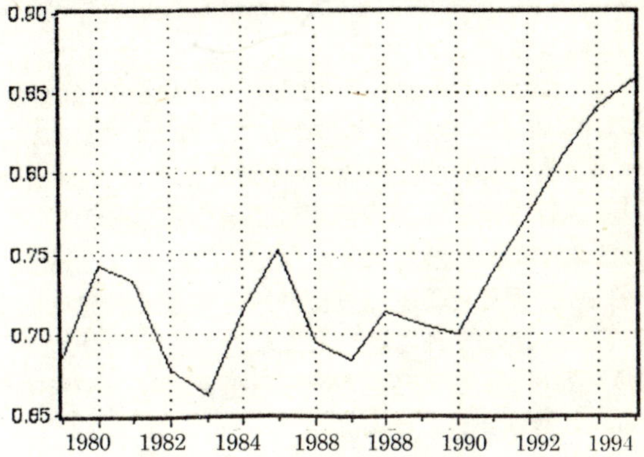

图 4 转口贸易占香港对祖国大陆出口贸易的比重

而由于资料有限，我们无法得到祖国大陆经香港转口至世界其他国家(地区)的贸易从1978年以来的时间序列数据。根据《香港统计月刊》1996年第二期，1989—1994年，祖国大陆经香港转口至世界其他国家(地区)的贸易占祖国大陆对香港出口贸易总额的比重在80％—90％之间。同样，1989—1994年间，祖国大陆经香港转口至世界其他国家(地区)的贸易的增长速度要高于祖国大陆对香港出口中非转口贸易部分，前者年均增长速度是20.0％，而后者年均增长速度是13.5％。

以上我们对改革开放以来我国对外贸易的发展进行了简要的回顾，从中可以看到，转口贸易是两地贸易增长的最主要部分，而两地贸易从祖国大陆对外贸易的国别(地区)结构的角度来看，又是祖国大陆对外贸易增长的最主要部分。不过，同时也应看到，近年来两地贸易的促进作用已呈现出逐渐减弱的苗头。

二、从香港看祖国大陆对外贸易发展的原因

我国对外贸易在改革开放后有很大的发展，而其中与香港贸易关系的迅速发展是分不开的。香港作为中国大陆与世界发展贸易关系的重要桥梁给中国对外贸易提供了优越的发展条件。

香港能对祖国大陆对外贸易的发展起到如此重要的作用，其主要原因有两个方面，也可以说是香港所具有的两种优势。一方面是香港作为一个优良港口的优

势;另一方面是香港制造业的内移优势。

首先,香港作为一个优良港口的优势使得香港成为祖国大陆与世界之间进行贸易的桥梁。由于历史的原因,内地经济在改革开放之前基本上是"半封闭式"发展,中国经济与世界经济的联系十分薄弱。祖国大陆在对外开放以后,积极发展对外经济,但在初期,由于经验不足,信息不灵,迫切需要一个过渡的桥梁,而香港所具备的港口和文化历史背景等优势正满足了祖国大陆的需要。香港的港口优势具体体现在以下软硬件两个方面:

1. 优越的硬件条件。香港具有得天独厚的地理位置和优越的港口设施。香港位于整个东亚、东南亚的中心,是重要的世界交通枢纽,是东西方重要的货物"中转站"和货物集散地。同时,香港是一个难得的天然良港。香港的葵涌码头连续几年保持货柜处理量全球第一的地位。香港还具有环境良好的运输系统和先进的通讯设施,除此之外在香港和内地之间有广九铁路和深港公路相连。因此从硬件来说,香港具备了作为祖国大陆与世界之间桥梁的条件。

2. 独特的软件条件。香港目前是世界上最大的自由港,一贯坚持自由贸易政策,在对外贸易上,对本地厂商、进口商不提供任何优惠和特权,对进口商不设置任何关税壁垒,而且进出口手续十分简便。

香港是信息灵通的商业中心。在香港有许多跨国公司设立的分支机构,而且香港在世界主要国家和地区都有完善的贸易网络。这为祖国大陆利用香港现有的销售渠道、开拓国际市场创造了良好的条件。

香港具有较为健全的法律体系和大量富有商业经验的专业人才。

除此之外,香港与内地间有相通的文化背景。香港尽管被英国统治了一百多年,与西方的政治、经济和文化有着密切的联系,但香港绝大多数居民仍是华人,与祖国大陆有着共同的语言、共同的文化背景,因此香港与内地之间更加容易进行相互沟通和交流。

当然,我们还应看到,随着我国对外开放的进行,内地的许多港口也在逐渐成长,例如上海港与辽东半岛大连港、山东半岛青岛港以及华南的一些港口,这些港口在收费和距离等方面所具备的优势也日益成为香港港的竞争对手。这也可以被认为是近年来香港在祖国大陆对外贸易中的地位开始下降的一个因素。

其次,香港制造业的内移优势使得香港在进行经济结构调整时能够向内地转移大部分制造业。所谓香港制造业的内移优势,包括两层含义:一是香港制造业向内地转移与世界其他国家和地区相比具有交通、通讯和文化背景等方面的优势;二是香港向内地转移的制造业相对于内地相同领域的制造业来说具有技术、管理和市场上的优势。内地对外开放初期正值香港经济结构调整时期。由于地理空间狭小和历史传统,香港企业规模多以中小型为主,且多是加工和组装形式。80年代初,香港经济面临扩大经营规模,减少加工成本及产业升级的压力。香港需要将传统的食品加工、服装和纺织等劳动密集型产业转移出去。而香港制造业的内移优势加上内地一系列优惠政策、低廉的劳动力成本等优势,使得内地成为香港传统产业外首选基地。香港制造业的内移,突破原先香港制造业生产规模过小、产量过低的局限,使得这些制造业的生产成本大大降低,增强了产品的国际竞争力。而原先香港这些制造业的利益中心仍留在香港,内移的只是生产工序部分,销售仍通过香港进行,形成所谓的"前店后厂"的格局。转移的制造业基本上都是出口导向的,其主要出口去向是美国。因此这种制造业的大规模转移,必然使得内地经香港转口贸易的迅速增加。

但是,近年来随着香港传统产业内移的逐步完成,使推动两地间贸易增长的动力开始减弱,这也是近年来两地贸易的增长趋缓的一个重要原因。

三、"九七"香港回归对中国对外贸易发展的影响

要想分析"九七"香港回归对中国对外贸易发展的影响,关键是分析香港在促进两地贸易迅速增长方面的两个优势在"九七"回归后会发生什么变化。

首先,看"九七"后香港的港口优势是否仍存在。

香港的港口优势体现在软硬件两个方面,显然硬件方面是不会受到"九七"香港回归的影响,即港口的地理位置和设施等方面不会因为香港回归而产生变化。

而软件方面,相通的文化背景在"九七"后会得到进一步的加强。但其他几个方面在"九七"后,究竟会发生什么样的变化呢?根据《中华人民共和国香港特别行政区基本法》(以下简称《基本法》),香港作为祖国大陆与世界之间的桥梁,从中国政府的角度来看,在政策上会尽力保证香港自由港的地位,保证香港自由的贸易政策。同时香港在"九七"后已成为祖国大陆的一个特别行政区,两地各方面联系都会较之以往更加紧密,香港这座桥梁与祖国大陆的连接会更加牢固。

香港转移到内地的制造业在国际市场上的优势主要是价格低,主要是由于内地劳动力廉价和减免税收等原因带来的,这在转移初期尤为明显。但是,随着华南地区劳动力和土地成本的上升,价格优势也在逐渐减弱,又加上东南亚一些国家劳动密集型制造业的发展以及欧美国家主要针对劳动密集型产品的贸易保护

主义的加强，这些转移的劳动密集型制造业的国际竞争力在逐渐地下降，这在近年来已经较为明显地表现出来，并随着时间的推移会越来越明显。同时由于劳动密集型产品在国际市场上收入弹性低，容易饱和，而且附加值低，易受汇率的影响，从而影响从香港内移祖国大陆企业进一步的创汇能力。

综上所述，我们可以看到两地贸易对祖国大陆对外贸易发展的推动作用是十分显著的。"九七"回归后，一方面祖国大陆和香港的经济联系将会更加密切，从主观上祖国大陆有进一步发挥香港的港口优势的愿望，仍希望保持香港作为祖国大陆与世界进行贸易的重要桥梁的地位。但从外部世界客观地来看，随着"九七"回归对香港带来的一些不利因素有可能使香港原先的港口优势在一定程度上受到影响。另一方面，香港劳动密集型制造业内移的优势也在逐渐消失，其在知识技术密集型产业方面的桥梁优势需要一个过程去培育和发展的。当然，值得说明的是后一因素与"九七"回归并没有内在的联系，只是由于传统产业内移结束的时间恰好与回归相重叠。而且，这一进程的终结又会直接影响到两地间的贸易。因此，就近期而言，"九七"香港回归对中国对外贸易尤其是出口贸易(包括经香港转口的贸易)的会产生一定的不利影响。

四、我们应采取的对策

"九七"香港回归对中国对外贸易提出了挑战。如何在"九七"后继续积极健康地发展与世界的贸易联系，如何进一步密切香港与祖国大陆的贸易关系，以实现中国对外贸易的进一步发展，是急待解决的一个新问题，为此我们建议：

1. 我们要认真履行中英两国政府《关于香港问题的联合声明》和《基本法》，取信于港人，取信于世界，消除世界及港人疑虑，真正从政策上保证香港在"九七"后政治、经济的自由度，保证香港的平稳过渡，保证香港作为中国对外贸易桥梁的畅通无阻。

2. 进一步发展海峡两岸关系，通过对话逐步消除障碍。首先在短期内要强调香港仍作为一个贸易个体，保持内地、香港和台湾三者原有关系，其次在较长时期内争取内地与台湾之间实现"三通"。

3. 进一步积极引导香港产业的内移，并由原先较为单一的"前店后厂"的形式发展为共同开发与联合营销的多层次合作形式，如联合建立跨国企业集团等形式，共同开拓国际市场。

4. 应积极转变对外贸易战略，进一步利用香港的桥梁作用，从原先发展外向型的劳动密集型产业向发展资本技术密集型产业过渡，提高出口产品的国际竞争力。

5. 积极加入世界贸易组织，开辟更广的世界市场。在一定时期内，要保证香港转口港的地位。与此同时，积极促进香港经济结构的转变，注意香港作为商品转口港地位的向服务业为主港口过渡的平稳性。

香港回归后中国旅游业的机遇

张 晓 露

1997年7月1日钟声敲响的时候，经历百年苍桑的香港将重新回到祖国的怀抱。它将会在旅游的管理、资本输出和投资自由化方面为祖国旅游业增添新的血液，与此同时既带来了市场机遇。我国的旅游业将如何利用这个机遇？使其有一个大的发展？本文就此作一分析。

一、香港旅游市场对中国旅游市场的规模效应

香港回归后将导致中国旅游业的统计数据作为一个完整的国家概念发生巨大变化。无论是在接待规模上还是在创汇总量上都将使中国旅游业的总体规模在世界范围内占有突出的位置，从而使中国目前接待国际游客数量位居世界第5、创汇总量位居世界第9的位次前移。1996年祖国大陆接待海外游客总数为5113万人次，创汇102亿美元;1996年香港接待游客总总数已突破1170万人次，创汇845亿港元，折合美元约112亿美元。香港年接待数量为祖国大陆的21.5%，而创汇总量高出大陆10亿美元。

预计1997年祖国大陆国际旅游收入为115亿美元，如加上香港旅游收入，中国国际旅游的总收入将突破200亿美元，至2000年时，中国国际旅游业总收入将达到300亿美元。而香港旅游业收入在中国国际旅游业收入中的份额将进一步增大。根据国家旅游局制定的"九五"规划，到2000年时，全国旅游业总收入达3500亿—3600亿元人民币，总收入占国内生产总值的比重将达到5%，初步成为国民经济中的一个新的支柱产业。同时香港亦将继续成为世界最受欢迎的旅游胜地之一，旅游业在经济中的地位日渐突出。进入下一个世

纪，旅游业将成为香港挣取外汇最多的行业。

从旅游业总产出来衡量中国旅游业在中国国民经济中的位置也得出同样的结论。1996年祖国大陆旅游业总收入为2487亿元人民币，增长15.9%，而到2000年时，旅游业总产出预计将达到400多亿美元。祖国大陆和香港旅游业收益之总和将有助于改善旅游业在国民经济中的地位，并在接待人数、旅游收益、从业人员数量等方面使行业规模急剧扩展，从而在中国经济运行中起到越来越重要的作用。

二、香港旅游市场与祖国大陆旅游市场的依存关系

香港旅游业自60年代以来一直蓬勃发展，到70年代已成为亚太地区的一个著名旅游中心，长期位居亚洲各旅游市场之首。目前，香港旅游外汇收入、旅游人数及游客人均消费额等指标均位于世界旅游市场的前列，仅次于美国、加拿大及少数欧洲国家。香港客源广泛，以购物、度假和商务为主。香港回归后，它将更充分地利用自身特有的经济条件、地理条件、地缘条件和文化条件在人文资源上作文章，同时利用祖国大陆尤其是珠江三角洲为依托建立香港、澳门、广东为一体的大旅游市场在旅游自然资源上作文章，並进一步利用祖国大陆和香港更广泛的政治、经济、贸易等方面的交往，吸引祖国大陆游客到香港旅游度假、开展商务活动和旅游购物，使其旅游市场有大的拓展，旅游业更加繁荣。

香港回归后，对祖国大陆旅游业的影响主要有三点：一是市场新概念的形成，二是加速我国与世界各国的交流，三是加快旅游行业的效益增长。

以客源市场相互供给看：香港既是中国大市场的有机组成部分又由于特殊地理位置和历史背景，加之有良好的旅游形象较为完善的社会综合管理与接待能力经验等，这些特点构成了两大市场的相互依存关系。1996年香港接待1170万人次，有20%左右来自祖国内地，接待内地旅游者以每年20%的速度增长，成为香港第二大客源市场。祖国大陆从1991年到1995年接待香港游客以每年38.2%的速度增长，占入境游客的比重保持在65%左右。1996年接待入境游客5113万人次，其中来自香港的游客3459万人，占整个入境游客的68%。这种客源市场互动效应一是来源于祖国各地优美的自然风光和历史文化胜地对生活在商业气氛浓厚的香港人来说极具吸引力；二是祖国内地经济的发展，不少香港商人来内地办公司、设厂，使商务旅游人数不断增长；三是日益简便的旅游手续和较为自由的货币兑换政策；四是祖国大陆旅游的安全感和文化亲近感。而香港对祖国内地游客的吸引力是它具有东西方文化交汇的特点并是理想的购物天堂。相信1997年后，随着香港的回归，将极大地推动祖国内地赴香港地区旅游的热潮，加之日益简捷的入港旅游手续将有助于培养这种客源流向，同时由于香港与内地政治、经济和文化交流日益增多，以商务、探亲及观光为目的的旅游将继续占主导地位，所以香港与内地客源市场的互动效应将更加明显。

从国际客源结构看：由于香港特殊的地理位置及自由关税区的优惠条件，使其旅游业以接待外国游客和华侨为主，而祖国内地以接待港、澳、台同胞为主。以1996年为例，香港接待外国游客和华侨近800万人次，占旅游总人数的60%以上；同期祖国内地接待外国游客674万人，仅占旅游总人数的13.2%，接待港、澳、台游客所占比重85%以上；在接待洲内游客中，香港接待游客比例为69.9%，祖国内地接待为93%。由此可以看出祖国内地的旅游基础市场在亚洲，其他客源市场启动缓慢。而开发旅游客源市场方面除日本和韩国旅游客源开发程度能与香港比较外，其他客源市场都不如它开发的好。香港旅游市场开发程度项目是专项旅游、会议旅游及游船旅游，如香港旅游协会已成功申请到了1996年100个国际会议中的50%的申办权，预计1997年后在香港举办的国际会议将有40个。尤其是香港会议展览中心扩建工程竣工后，将进一步推动会议、展览等专项旅游的发展。随着国内政治稳定、经济发展和对外开放政策的进一步实施，使其成为亚洲经济的新增长点。以祖国为背景的综合竞争力会使香港无论在洲际市场还是洲内市场都有一席之地，亚洲经济良好的发展势头更为香港和内地旅游业的繁荣与稳定提供了可靠的客源市场保障，所以1997年后香港将会进一步架起内地与世界的桥梁。

以1995年主要客源市场游客在祖国内地和香港的人均消费为例，均保持增长势头。美国游客在祖国内地消费居首位，人均花费为1787美元，比上年增长27.8%；泰国游客居二，为1640.8美元，增长91.5%；其次是日本游客为1378.6美元，增长14.1%；英国、德国、意大利、韩国、新加坡和澳大利亚游客人均花费均在1000美元以上，其中英国、德国和澳大利亚与上年相比有较大增长。台湾游客在内地人均花费1575.3美元，比上年增长30.7%；香港游客在内地的花费近400美元，下降6%。与上年相比，主要客源国旅游者在港人均消费也在不断增长，1995年台湾游客个人平均消费为1124美元，增长3.3%；南亚及东南亚游客人均消费930美元，增长8.2%；美洲游客人均消费860美元，增长8.6%；欧洲、非洲及中东游客人均消费830美元，增长11.1%；澳洲、新西兰及南太平洋地区的游客人均消费840美元，增长6.6%。祖国大陆在港人均花费增长速度很快，均在800美元左

右，增长12%。由此可见，外国游客在祖国内地人均消费高于在香港的花费;而香港游客在祖国内地的人均消费低于内地游客在港花费。到1997年后这种旅游消费趋向将继续延续，在双方旅游外汇收入都进入稳定增长的时期，游客在祖国内地与香港之间的互补作用将有利于旅游创汇的增加。

三、香港旅游业管理模式值得大陆借鉴

中国旅游业与世界发达国家旅游业相比最大的差异是行业内部不够规范，管理滞后。主要表现：一是旅游业起步较晚，区域性旅游资源结构差异使全国性行业规范的推出有其实际的困难，不少应该出台的政策法规及行业标准滞后于行业自身发展;二是已有行业规范的执行问题，即对旅游经营者的行为约束力的程度。随着祖国大陆与香港旅游市场充分的融合与交流，香港较为成熟的行业规范会潜移默化到内地的市场行为中来。将有利于改善旅游行业的规范化管理，更有效地开拓市场领域。

香港目前采取协会的形式进行行业管理，它成立于1957年，以专门负责推动香港旅游业发展的非官方机构，实行会员制。至1996年，共有会员约1700家。它表现出一种自由经济的内在行业要求。管理与被管理，服务与被服务的关系在一种共同的价值取向推动下发展。祖国大陆旅游业处于市场培育阶段，短期内不可能由协会管理模式取代政府管理模式，但可以把以前旅游管理部门行使的相当一部分职能向协会转移，这样即使企业的合法权益受到保护，同时又体现政府对市场调控的必要性。香港旅游协会的六大目标是：增加香港旅客人数，进一步发展香港为旅游圣地，提倡改善旅游设备，在海外宣传香港各种旅游特色、统筹旅游业各项活动，和就有关旅游事项向政府提出建议。为了贯彻这六大目标，香港旅游协会近年来根据市场需求变化相继推出“购物开堂”、“吸引您多留一天”、“魅力香港，万象之都”等系列主题口号，从不同侧面让旅游者感受香港的魅力所在。每年约2亿港元的宣传促销经费已使香港旅游业进入大投入大产出的良性循环轨道。香港旅协推出的《香港魅力网》已进入lnternet国际互联网络，只要使用者按动功能键便可直接向香港旅游协会查寻更多资讯。因此有理由相信，香港旅游行业组织与企业形成的促销机制以及他们先进的促销手段都将影响并继而改变大陆较为势单力薄的促销活动。

香港回归，为旅游业发展带来了市场机遇和市场压力，随着世界经济中心向亚太地区的转移，旅游业在本地区的增长速度将大大高于其他地区的增长速度。各级旅游部门要及时更新观念，调整经营策略，变压力为动力，在机遇和挑战中找到自己合适的位置，以1997年中国旅游年为契机，为中国旅游业的发展和繁荣开辟一个全新的时期。

(作者所在单位：国家统计局贸易外经司)

1996香港经济发展回顾及1997年展望

张英香　杜　宇

一、香港经济回顾

(一) 香港经济概貌　1995年，香港地区GDP10845.7亿港元，比1994年增长4.7%。1996年1－3季度，完成GDP8183亿港元，比1995年同期增长5.1%，预计全年完成11953.2亿港元，增长4.7%。其中，政府开支增长4.6%，较1995年提高0.2个百分点;私人消费开支增长4.4%，增幅提高3.2个百分点;当地固定资产增长11.1%，增幅提高1.5个百分点。分季度看，香港地区国民经济继1995年增幅减缓(正常幅度由1994年的5.4%降为1995年的4.7%，降低了0.7个百分点)后，到1996年第一季度跌至谷底，自第二季度经济增幅开始回升，到年底，与上年同期比，国民生产总值增长幅度由谷底的3.3%上升到5.8%，增幅呈逐季加快的势头。

(详见表一和图一)。

图一：香港地区经济增长情况

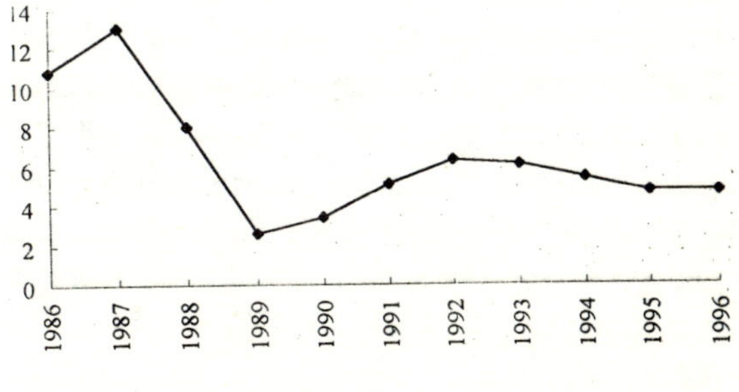

表一: 香港地区经济增长情况 单位: %

指标名称	1994年	1995年	1996年	一季度	二季度	三季度	四季度
生产总值	5.4	4.7	4.7	3.3	4.6	5.1	5.8
政府开支	3.9	4.4	4.6	2.9	5.2	5.3	4.9
私人消费	6.7	0.8	4.4	3.6	3.3	4.5	6.3
固定资产投资	15.7	9.6	11.1	11.5	10.1	5.8	17.1
货物进口	14.0	13.8	4.3	5.2	2.2	3.4	6.5
货物出口	10.4	12.0	4.8	4.9	3.9	4.9	5.4
服务进口	8.8	5.8	2.0	2.4	1.3	1.7	2.5
服务出口	6.5	11.3	6.2	7.3	5.3	7.1	5.3

从GDP的支出构成看，政府消费开支达1060.8亿港元，占GDP的比重提高了1个百分点，达到8.9%；居民私人消费开支7187.8亿港元，所占比重比上一年提高0.7个百分点；固定资产投资总额3654.9亿港元，所占比重比1995年略有上升；净进口达1419.3亿港元，较1995年减少96.5亿港元，比重下降2.1个百分点；服务净输出1300.2亿港元，比1995年增加166.8亿港元；库存产品减少315.9亿港元，所占比重下降3.1个百分点(详见表二)。

表二: 香港地区国内生产总值构成情况

年份	总额	政府开支	私人消费	固定资产投资	净进口	服务净输出	库存净增加
1994	10108.9	8.3	58.6	29.8	8.4	9.6	2.1
1995	10845.7	8.8	60.2	30.1	14.0	10.5	4.5
1996	11953.2	8.9	60.1	30.6	11.9	10.9	1.4
1－3	2717.0	9.3	62.5	31.3	15.0	10.2	1.7
4－6	2899.7	12.5	59.7	31.7	15.6	11.0	4.1
7－9	3106.6	8.8	57.7	28.7	6.3	10.9	0.1
10－12	3229.8	8.4	60.9	30.7	10.7	11.5	0.3

(二) 香港的金融业 二次世界大战以来，特别是80年代以来，香港对外取消外汇管理制度，实行一系列自由化的金融政策：外汇、黄金自由买卖；任何获准开业的外国银行都可以从事境内外存、贷款业务、证券投资、汇兑、期货、保险、信托、基金、租赁、财务咨询及黄金买卖等金融业务，金融活动完全国际化。这一系列金融政策，极大地促进了香港地区金融业的发展，促成了香港国际金融中心的地位。至1996年，来自世界40多个国家的500多家金融机构在香港地区开设了金融业务，世界最大的100家银行中，有81家在香港设立了分行。香港的外汇交易量居世界第六位；黄金市场自80年代以来一直同伦敦、纽约、苏黎世并列为世界四大金市；香港的外国银行之多，仅次于伦敦、纽约而外列世界第三。

香港没有中央银行，香港的货币发行大部分由私营商业银行(渣打银行和汇丰银行)承担，只有少部分辅币(5元以下的硬币)由政府发行。1996年底，货币发行量为871.1亿港元，比1995年末多发行54.4亿港元。其中，由政府发行的辅币为45.41亿港元，增发5.7亿港元；由商业银行发行的纸币为825.8亿港元，增发48.8亿港元。各类存款总额24333。3亿港元，比1995年增加2218.8亿港元，定期存款和储蓄存款分别为17130亿港元和5205.8亿港元，比1995年分别增加115.2亿港元和811.8亿港元。年末各项贷款余额39132.6亿港元，比1995年增加1747亿港元，增长4.7%。其中，港币贷款余额增加2089亿港元，增长16.9%。1996年香港金融业呈以下两个特点：一是无论是货币发行量、供应量，还是各项存、贷款都快于GDP的增长速度。二是各项金融指标第四季度的增加额都远远高于前三季度，表明香港经济自1996年第三季度起开始回升(详见表三)。

表三：　　香港流通货币、货币供应量及存款情况　　单位：亿港元

指　标	1994年	1995年	1996年	一季度	二季度	三季度	四季度
一、货币流通量							
发行总额	781.4	816.7	871.1	844.5	825.4	841.4	871.1
#商业银行发行	744.0	777.0	825.8	801.4	783.7	798.7	825.8
政府发行	37.5	39.7	45.4	43.2	41.7	42.7	45.4
公众持有货币	677.8	773.4	765.2	744.8	732.3	744.2	765.2
二、货币供应量							
总计	19884.8	22661.0	25072.9	2337.2	23572.4	24002.9	25072.9
#港币	9909.1	12106.2	14652.3	12698.2	13078.1	13661.3	14652.3
三、所有认可机构							
存款总额	19417.0	22094.9	24333.3	22725.8	22934.1	23343.5	24333.3
持牌银行存款	18843.3	21530.1	23748.9	22155.7	22326.9	22738.9	23748.9
#活期	1175.5	1191.4	1413.2	1211.5	1242.1	1319.5	1413.2
定期	13662.7	15944.8	17129.9	16370.6	16380.6	16638.7	17129.9
储蓄	4005.1	4394.0	5205.8	4573.6	4704.2	4780.7	5205.8
有限制牌照银行	374.8	381.3	429.0	403.4	446.7	449.5	429.0
接受存款的公司	198.9	183.6	155.5	166.8	160.6	155.1	155.5
四、各项贷款							
贷款总额	32645.5	37385.6	39132.6	37006.2	37849.2	38202.2	39132.6
#港币	11193.8	12373.3	14462.4	12877.9	13541.4	13852.3	14462.4

（三）香港对外贸易　香港的地理和自然条件，决定了她必须依靠外贸业来发展经济。大量的生活必需品要依赖进口。这就必须努力扩大出口以换取外汇。同时，香港又是一个自由贸易港，其贸易的自由程度是任何一个国家或地区所无法比拟的，这在很大程度上刺激了香港转口贸易的发展，也为香港的经济发展带来了可观的外汇收入。使对外贸易成了香港经济的支柱产业，香港也因此成了世界贸易中心。按不变价计算，1991－96年香港商品劳务进出口总量是同期GDP总量的3.53倍。1996年香港对外贸易的地位有所削弱，按当年价计算，有形贸易(商品)和无形贸易(劳务)也为当年GDP的2.85倍。对外贸易是香港经济最主要的经济支柱之一。正因为此，国际环境的发展变化对香港对外贸易的发展乃至整体经济的运行都有着重大影响。1996年，香港外贸总额达29335亿港元，比1995年增长3.5％。其中，进口15355.8亿港元，出口13979.2亿港元，分别比上年增长3％和4％。商品贸易逆差1376.6亿港元。近年来，香港贸易连连逆差，这主是因为在出口总额中，港品出口大量减少所致(详见表四)。尽管全年转口贸易总额增加了732.9亿港元，比1995年增长了6.6％，但同期港品出口却比上年下降了8.4％，净减少194.7亿港元。香港对外贸易的迅速发展，主要是依靠祖国内地，搞“前店后厂”和转口贸易发展起来的。在进口商品总额中，来源于内地的商品比重占近40％，其余主要来源于美国(7.8％左右)、日本(13.6％左右)和台湾地区(8％)。在商品出口总额中，香港本地生产品只有17％左右(其中近30％是卖给了内地，其余港品的出口地主要是美国，占29％左右)，其余80％以上是转口贸易，而转口贸易商品中近六成来源于中国内地(详见表四、五)。从商品种类上看，香港进口的商品主要是机械运输设备、杂项制成品类和主要以材料分类的制成品，所占比重分别为20.1％、37％和25.7％；出口的港品和转口贸易品也主要是这三类商品，出口品中三者所占比重分别为28％、50.5％和11.6％，转口品中，三者分别占33％、36.6％和17.6％。

表四: '96香港贸易概况 单位: 亿港元, %

年份	进口 总额	进口 累计增长	#来自大陆的比重	出口 总额	港品出口 总额	港品出口 累计增长	#去向大陆的比重	转口贸易中来自大陆的比重
1994	12507.1	16.6	37.6	11700.1	2220.9	−0.4	29.7	57.6
1995	14911.2	19.2	36.2	13441.3	2316.6	4.3	27.4	57.2
1996	15355.8	3.0	37.1	13979.2	2121.6	−8.4	29.1	57.6
01	1302.8	24.1	36.9	1201.9	189.9	3.4	28.7	55.9
02	959.7	10.6	36.7	904.2	141.9	2.5	22.2	61.2
03	1208.1	6.4	30.9	966.8	143.8	0.3	31.9	50.1
04	1330.4	6.9	34.7	1160.8	171.8	0.3	32.7	55.2
05	1299.2	4.7	37.6	1179.1	176.2	−1.7	30.8	55.8
06	1238.0	3.2	36.7	1087.8	169.0	−3.7	27.9	58.4
07	1385.7	3.2	39.0	1319.5	208.0	−5.0	26.9	59.5
08	1320.7	2.9	40.9	1248.7	181.8	−5.8	29.1	61.7
09	1306.9	2.5	40.7	1260.9	182.6	−7.5	26.5	62.8
10	1381.1	2.8	38.7	1299.0	194.3	−7.8	30.4	58.9
11	1310.5	3.0	36.9	1184.1	180.1	−7.6	30.4	56.8
12	1314.1	3.0	35.5	1166.7	182.2	−8.4	29.2	53.7

表五: 香港贸易商品分类构成

年份	进口商品 机械运输设备	进口商品 杂项制品	进口商品 以材料分类的制成品	港品出口 机械运输设备	港品出口 杂项制品	港品出口 以材料分类的制成品	转口贸易 机械运输设备	转口贸易 杂项制品	转口贸易 以材料分类的制成品
1994	34.7	27.0	20.8	28.0	50.6	11.9	32.2	38.1	17.5
1995	37.1	25.0	20.5	29.4	49.8	11.1	33.0	36.2	17.7
1996	37.0	25.7	20.1	28.0	50.5	11.6	33.0	36.6	17.6

(四) 香港旅游业 旅游业和金融、贸易,共同构成了香港的三大支柱产业。到1996年底,香港地区共有各类酒店、旅舍及宾馆88个,其中,高档酒店占半数以上,中档价格的酒店占38.8%;客房33052间,入住率达88%,其中高档酒店入住率最高,分别达到89%。全年抵港旅客近5000万人,比1995年增长8.2%,其中,访港旅客达1170万人(其余为中转旅客),比1995年增长14.7%。在该港旅客中,多数来自日本、中国内地、中国台湾和东南亚其它国家和地区,分别占来港旅客的20.4%、19。8%和5.6%和12.4%。该港旅客消费总额824.6亿港元,比1995年增加95.2亿港元,增长13.1%。离港旅客4983.7万人,其中,离港旅游的香港地区居民3714万人,比1995年增长7.8%,其中,离港前往中国内地的旅客占83.6%。1996年,无论是来港旅客,还是旅游收入,均是90年以来增长较快的一年(详见表六)。

表六: **1996年香港旅游业概况**

年份	接待能力 客房总数(个)	入住率(%)	酒店数(个)	抵港旅客(万人)	访港旅客(万人)	*来自中国内地(万人)	旅客消费额亿港币	港人境外旅游(万人)
1994	33490	85	75	4344.4	933.1	194.4	625.1	3258.7
1995	33052	85	75	4611.2	1020.0	224.3	729.4	3444.3
1996	33536	88	76	4991.3	1170.3	231.1	824.6	3714.0

(五) 香港的运输、通讯业 香港地处亚洲内地的南端,肩挑欧美两个内地,加之香港三面环海,北面隔深圳河与深圳相望,有广九铁路(京九铁路)和广深公路与中国内地相连,交通便利。特殊的地理位置和地理环境,使香港的交通运输和通讯业迅速发展,成为国际中转中心。1996年,进出香港的飞机达159843班次,比1995年增长6.5%;前三个季度,远洋轮船抵港30268艘,注册吨位达13509万,离港30247艘,注册吨位达13491万;进出火车53936辆,其中,货车50181辆;分别比1995年下降21%和22.3%;进出的汽车总量为891.2万辆,其中客运车辆72万辆,分别比1995年增长5.3%和2.4%;到1996年底,香港地区各类汽车拥有量53.3辆,比1995年增长1.3%。

交通运输和对外贸易的发展,促进了香港地区邮电通讯发展。到1996年底,香港地区电话机有效负载量达350.8万条,比1995年增长5.1%;电话操作线路达340万条比1995年增长5%;图文传真机30.8万条,比1995年增长13%。在所有投入使用的电话线路中,60%是居民住宅电话。处理各类邮寄信件11.9亿件,比1995年增长0.9%;邮寄各类包裹168万件,比1995年下降6.4%。

(六) 香港制造业 自80年代中期以来,香港地区以中国内地改革开放为契机,大力发展前店后厂式经济,把大量加工制造业转移到了内地,使香港本地加工制造业大幅度收缩。1996年,香港地区的制造业继续下滑,1-3季度,工业生产指数比1995年同期下降4.4%。其中,电器及电子产品业和金属加工业下降最多,分别下降11%和10%,而机器和设备制造则增长1%(详见表七)。

表七: **香港制造业增长指数**(以数量计算) 单位: %

行业	1995	1996年 1-3季度	一季度	二季度	三季度
所有制造业	1	-4	-3	-4	-5
服装制造业	-4	-5	-3	-3	-8
纺织业	-15	-8	-7	-8	-8
塑胶制品业	-1	-6	-8	-10	-1
电器及电子消费品制造业	15	-11	-8	-12	-13
机械及设备制造业	-4	1	6	4	-4
加工金属制品业	*	-10	-11	-13	-7
纸品制造及印刷业	1	-2	2	-4	-5

注: *增减少于0.5%。

(七) 人口与劳动就业 香港,也是世界上人口最稠密的地区之一。到1996年末,人口达631万,自然增长率为2.5%。人口密度为每平方公里5821人,比1995年增加了145人。就人口的性别构成而言,1996年,由于香港地区合法公民男女之比为50.1:49.9;就人口的国籍构成而言,香港是一个中洋相处,东西文化相汇汇的地区，居民国籍十分复杂，有中国内地人，有新界原来居民和澳门人，也有英国、美国、菲律宾、泰国、澳大利亚、葡萄牙、马来西亚和印度人。其中，95%以上是中国人，六成以上是在香港出生的人口，30%多是在中国内地出生的。

劳工市场在1995年萎缩后有较大改善。由于过度时期香港政治、经济形势较好，社会稳定，经济回升，就业需求增长迅速，劳工市场供求状况明显改善，失业率明显下降。到1996年底，有劳动人口314.5万人，其中女性占39.1%。劳动人口参与率61.6%，其中，女性劳动人口参与率为47.8%。经季节调整后的失业率由1995年的第四季度的3.5%回落到1996年的2.6%，失业人口由1995年底的9.05万人下降为8.12万人。人力使用密集程度有所增加，就业不足率由1995年第四季度的2.3%跌至1996年第四季度的1.6%，其中，第三季度全港失业率最低，只有1.4%(详见表八)。同时，所有主要经济行业工作时间较长的就业人口所占比重均告上升，其中，每周工作50个小时以上的人口占就业人口的比重提高了1.8个百分点，而每周工作60个小时以上的人口所占比重提高了0.3个百分点(详见表九)。

表八： 香港地区人口及就业情况

年 份	劳动人口 万人	#男	劳动人口参与率%	就业人数 万人	失业人数 万人	失业率 %	就业不足率 %
1995	300.1	194.1	62.0	290.6	9.56	3.2	2.1
一季度	292.9		61.9	285.2	7.73	2.8	1.4
二季度	300.9		62.1	292.1	8.86	3.1	2.1
三季度	301.8	184.7	62.2	290.7	11.10	3.5	2.5
四季度	304.6	187.0	61.9	294.6	10.56	3.5	2.3
1996	309.4	189.4	61.9	300.8	8.61	2.9	1.7
一季度	306.5	187.5	62.0	297.4	9.18	3.2	2.0
二季度	309.0	188.3	62.0	300.0	9.05	3.1	1.8
三季度	307.6	187.4	61.4	299.5	8.09	2.6	1.4
四季度	314.5	194.5	62.2	306.3	8.12	2.6	1.6

注：1. 劳动人口参与率，是指从事经济活动人口(即就业和失业者)在15周岁(含15周岁)以上人口所占比例。2. 表中的失业率是经过季节调整后的数据。

表九： 每周工作50小时以上的就业人口比重 单位：%

行 业	1995年					1996年				
	全年	一季度	二季度	三季度	四季度	全年	一季度	二季度	三季度	四季度
平 均	25.5	24.7	24.5	26.5	26.1	26.8	25.6	26.4	26.3	28.8
其中：50－59小时	11.5	11.3	11.3	11.8	11.4	11.4	10.3	11.1	11.4	12.7
60小时以上	14.0	13.4	13.2	14.7	14.8	14.3	15.2	15.3	14.9	16.0
商业、餐饮业及进出口	34.1	–	–	–	35.5	35.4	35.2	35.3	34.4	36.6
运输及通讯业	26.8	–	–	–	27.5	28.5	26.0	26.7	28.1	32.9
金融、保险、地产业	15.7	–	–	–	16.5	17.6	15.6	17.0	16.6	21.0
居民服务业	30.4	–	–	–	29.6	30.6	30.1	30.3	30.7	31.3
制造业	15.8	–	–	–	15.7	16.3	14.3	16.5	15.7	19.1
建筑业	17.1	–	–	–	17.6	17.9	16.1	18.9	17.8	18.6

分行业看，年内，就业增长多、失业率有明显下降的行业是：装修及维修保养工程、地产业、通讯业、建筑施工工程业等，这些行业就业人口的扩大，商业、进出口贸易业、饮食业和酒店等业工作时间延长和吸纳就业人口的能力提高；相反，由于受香港地区产品出口减缓和劳动密集型产业继续向内地转移的影响，就业人数继续减少，失业率继续占各行业之首（详见表十、图二）。

表十：　　　　　90年代香港失业率

年　份	失业率	年　份	失业率
1991	1.8	1992	2.0
1993	2.0	1994	1.9
1995	3.2	1996	2.8

图二：各主要行业香港失业率

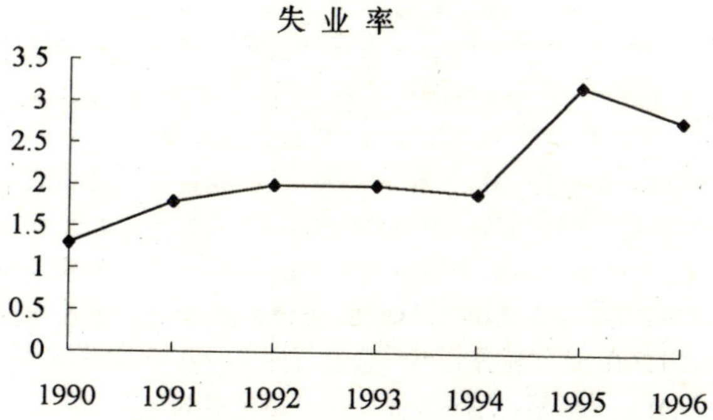

（八）香港的物价　1996年，香港物价继续攀升，但上涨幅度明显放缓。综合消费物价指数上涨6.5%，比上年减缓2.5个百分点。其中，甲类消费口价格指数为106%，涨幅比上年低2.7个百分点，乙类消费吕价格指数、恒生指数上涨6.6%和7%，分别较上年低2.6个百分点。

分季度看，各类消费物价指数无论是同比是环比，涨幅均呈先快后慢态势、第四季度微翘（见图三）。分项目构成看，食品、耐用消费品杂项物品价格升幅普遍较低，而住房、衣履及交通等项费用价格上涨幅度较大。香港物价涨势趋缓的原因，一方面是受当地劳动工资成本普遍降低、租金下降，使当地通胀压力大大减弱。另一方面，由于香港的各主要商品供应地，如中国、美国、日本等国家和地区经济增速减缓，国内需求相对不足，通胀下降，进口商品价格压力小。但是，也应看到，随着经济的回升、就业需求的增加和就业人数的增多，劳动工资水平在年终又有所提高，工资成本压力再次加大。因此，第四季度物价指数抬头。

图三：1986－1996年香港地区甲类物价指数上涨变动

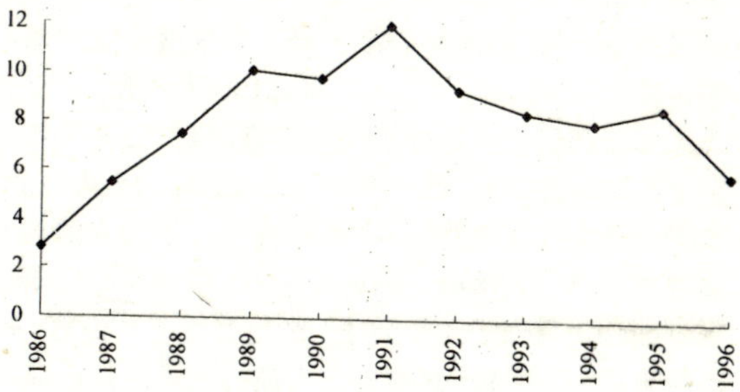

二、1997年香港地区经济发展展望

（一）对经济总体情况的预测　香港地区的经济以其得天独厚的地理位置和宽松高效的自由贸易制度，特别是80年代中国内地改革开放政策因素的推动，经济迅速发展（年均6.9%。但进入90年代后，受世界经济增长减缓、汇率变动、出口受限，内部部分港人对回归前途不甚明朗、当地消费需求不足等因素的影响，经济增幅降低（90年代以来，香港地区经济年均递增5.4%），至1995年抵达经济循环周期的谷底，当年经济仅增长0.8%。随着世界经济的复苏和1997年7月1日的临近和回归形势的逐步明朗，1996年香港经济形势逐步好转，经济增逐季加速。

1997年，港内人士对当地经济普遍看好：其一，1997年7月1日，中国中央政府恢复对香港行使主权，香港成为中国特别行政区，这将使香港与内地之间的经济联系更加密切，经济发展空间将这一步拓宽，有利于香港经济的继续回升。其二，世界各国经济自1995年起已开始好转，呈复苏迹象。各主要研究机构的分析、预测结果普遍显示，1997年，大多数国家经济增长率将超过1996年，这无疑将会推动以贸易为主要支柱产业的香港地区经济的发展。其三，随着回归日期的逐步临近和中、英交接的平稳过渡，香港局势逐步明朗，一方面使绝大多数港人对未来充满信心，部分移居海外的港人陆续回港，人气普遍高涨；另一方面，回归过程中主权移交等一系列庆典活动和世界银行年会等国际盛事都在香港地区开展，加之中国内地开展的1997国际旅游年活动，都将刺激香港地区经济的增长。

（二）对外贸情况的预测　1996年，香港对外贸易发展步伐与90年代初相比明显减慢，当年整体货物出口增长仅为4.8%，比1995年低7.2个百分点，其中港产品出口呈现负增长8.4%，转口出口贸易增长与1995年相比也下降了6.8个百分点；货物进口贸易发展速度下降幅度更大，为9.5个百分点，年增长率为7.5%。这一方面是由于全球经济发展不景气，另一方面中美贸易争端和年初的台海危机，对香港外贸尤其以中国内地为对象的转口贸易起到一定的负面影响。1997年，综合考察国际因素等环境的影响，香港地区的对外贸易形势将会明显好转，1996年香港对外贸易发展步伐减慢的局面将会有所改观，增长速度将比1996年有所加快。虽然美元在1997年可以继续维持强势，但自1995年年中至今已大幅度上扬，进一步升值的机会极为有限，1997年美元强势对香港货物出口价格竞争力所构成的不利影响也相应较为缓解，从而减弱对出口贸易的抑制作用。此外，世界电子产品全球下跌周期可能在1996年底已经见底，预料1997年对电子产品的需求可能会略有回升。这样，无论是对香港本地产品出口和全球性转口贸易发展都将起到推动作用。

据估计，1997年香港的有形贸易中，转口贸易预计将会有两位数的增长，升幅约为10%左右，较1996年8%的增幅为快，但与过去5年年均17%的增长速度相比，仍然很低；港产品出口由于受产业升级、结构调整，大量行业移往内地的影响，将会仍然保持目前低增长或零增长的格局；1997年香港的进口贸易在整体经济回升，本地需求上升的推动下，增长幅度将会有所增大，大约为9%左右，高于1997年4%的水平。1997年香港的无形贸易将会伴随着有形贸易的回升，预计也将会有大幅度的上升，尤其是国际旅游业受九七回归交接仪式的影响，增长将更为显著；无形贸易的其他行业如金融保险业、国际航运业也在有形贸易规模扩大的推动下，预计1997年也将会有明显的增长。

上述判断，是基于以下分析得出的：

1. 对外贸易发展的外部环境大大改善，有利于香港地区对外贸易的发展。据国际货币基金组织估计，1996年全球经济增长3.8%，1997年增长率将会达到4.1%；美洲银行按商品出口额计算，1996年国际贸易增长6.8%，1997年将会增长8.4%。世界经济发展的逐步回升和国际贸易规模的扩大将会为香港对外贸易的发展创造良好的条件，1997年香港的对外贸易发展的国际环境将会明显好于1996年。

就美国而言，1996年美国经济增长2.5%，1997年经济增长率可望继续维持现有水平，大致在2.2—2.6%左右。1996年第四季度美国失业率仅为5.3%，低于充分就业的6%失业率水平，消费物价上涨也仅为3.1%，这将不可避免地刺激1997年美国国内消费和进口需求的上升，所预测增幅在6%左右，从而有助于推动以美国为主要市场的香港对外出口贸易的发展。

就西方其他主要发达国家来说，1997年日本经济会在1996年增长3%的基础上进一步有所增长，据预测年增长率为2%左右，消费物价上涨大约0.5%，进口需求将会达到7%；德国由于马克相对疲软，出口表现持续增强，据预测1997年德国经济将会进一步复苏，增长率将会高于1996年1.3%的水平为2－2.5%，消费物价上涨在2%以下，进口需求增幅为4%；1997年英国经济增长的步伐也将有所加快，经济增长率将在1996年增长1.8%的基础上增长3%左右，消费物价上涨约3%，进口需求增长7%；据预测其他欧洲联盟国家的经济也将会有不同程度的好转，增长率约为1.5－2.5%。据经济合作组织预测，1997年整个组织成员国进口需求量将增长6.4%，高于1996年5.5%的增长速度。

亚洲地区，据亚洲开发银行估计，1997年亚洲新兴工业国家、中国以及东盟经济体，经济增幅将会达到7.3%，仍将是全球经济最具活力的地区。这一地区经济的快速成长，在增加其在世界贸易总量中比重的同时，区域内双边贸易增长将会以更快的速度增长。亚洲地区经济的持续快速增长，对于香港外贸发展来说，将起到举足轻重的作用。

2. '97中国对香港主权的恢复和内地经济的"稳中求进"，都将在较大程度上促进香港经济的发展。自70年代末以来，香港经济发展中，内地在香港出口结构转变过程中，即由货物出口为主转变到以转口贸易为主的过程中，中国内地因素起到了积极的推动作用。1985年，中国内地取代美国成为香港最大的贸易伙伴。中国内地既是香港转口贸易的最大市场，也是香港转口贸易的最大供货市场。1978－1995年间，在香港转口贸易中，以中国内地为市场的贸易占32%，以中国内地为原产地的贸易占进55%。同期，香港对内地出口增长了780多倍，占同期香港出口总量的18.2%，香港从内地进口增长了50倍，占同期香港进口总量的34.3%。所以，1996年中国经济发展对香港外贸起到关键作用。

1996年，我国内地整体经济发展态势良好，在高通货膨胀回落的同时，保持了经济的快速增长。全年国内生产总值增长9.7%，零售物价上涨幅度控制在6.2%的水平，宏观经济环境进一步改善。1997年，中国内地经济发展将会继续是"稳中求进"，年内中国恢复对香港行使主权和党的十五大召开，内地积极深化改革，宏观经济环境进一步宽松。预计全年经济增长9－10%，零售物价上涨幅度大约保持在6%左右。

1996年12月1日，中国实现经常项目下人民币自由兑换，进口需求将会有所增加；随着出口退税降低对出口影响的逐步消化，加上海峡两岸经贸关系逐渐恢复正常，中国的进出口贸易将会进一步回升。这对于香港经济来说，无疑起着巨大的推动作用。7月1日，香港成为中国特别行政区，两地之间的经济联系更加密切，贸易往来更加频繁，交易规模将会进一步扩大。

(三) 对香港地区内部需求情况的预测

1. 私人消费继续增加。香港私人消费经过1991～

1993年均实际增长8.2％的消费高峰后，自1994年起，私人消费的增长逐渐放慢，1995年增长年仅为0.8％，以致一些商业机构部门转向其它行业，消费开支出现同期性的下降趋势。1996年下半年开始，零售百货业逐步走出谷底，消费需求慢慢进入复苏期，全年私人消费开支增长4.4％，是继1995年0.8％增幅后的显著回升。从消费构成上看，耐用消费品如汽车、家庭电器等的消费回升较为迅速，1996年第四季度的实际增幅曾高达13％，这在一定程度上表明香港居民对97年回归内地的香港经济继续保持繁荣稳定充满信心。

1997年，香港回归祖国进程的顺利过渡，国际社会对香港的经济继续看好，对香港经济继续保持繁荣信心增强。这一方面会刺激旅游业收入的上升。另一方面也会吸引大量国际资本进入香港，进而推动香港股票市场和房地产市场的进一步繁荣。而香港房地产市场和股票市场经过1994及1995年的先后调整，1996年已出现反弹，股市则从1995年起逐步回升，并于1996年11月创历史新高。1996年第四季度失业率下降至2.6％，比1995年同期下降近一个百分点，表明香港的劳工市场压力进一步有所缓和，普通居民的就业前景相对较好，同时全年6％的甲类消费物价指数，也将有助于消费心理的进一步稳定，这都将对于1997年消费需求的回升产生积极影响。

1997年是香港主权回归之年。主权回归移交庆典的各种活动，以及世界银行年会等国际盛事都将在香港举行，届时将会有大批游客来港参加回归庆典活动，对香港旅游业和消费市场的繁荣都起到推动作用。据香港统计，1996年旅游游客人数为1170万人次，比1995年增长14.7％，相当与当地人口的1.86倍。旅客的大量增加，使香港各类酒店、旅行社及宾馆暴满，1996年客房入住率高达88％。当年旅港游客在当地消费824.6亿港元。发达的旅游业为香港赚取了大量外汇，创汇能力仅次于成衣制造业，是香港经济繁荣的重要支柱行业之一。据估计，1997年旅游业总收入将会上升到1000亿港币，再创历史新高。这肯定会使酒店、零售、饮食和娱乐等多个行业得益。

2. 政局明朗投资增加。香港政治形势已日趋明朗化，首任特别行政区行政长官及临立法会已顺利产生，香港特别行政区第一届政府的23名主要官员，已得到中央政府的正式任命，港人看到中央政府实施“一国两制、港人治港高度自治”的诚意和决心，将有助于消除公众对九七回归疑虑，有助于投资者进行长期策划与投资。

1997年香港内部投资需求，就楼宇及建设投资来看，近几年公营部门由于受机场核心工程接近完成的影响而有较大幅度的放缓，1996年实际增长率有1995年17.1％下降到8.9％，预计1997年公营部门的楼宇及建设投资将继续维持缓慢增长的格局；私营机构由于受九七回归庆典活动的临近和物业市场吸纳量增加的推动，以及近年来股票市场畅旺，居民收入增加因素的影响，1996年楼宇及建设投资增长率将由1996年的下降7.9％转变为上升3％，预计1997年私营机构的楼宇及建设投资步伐将会比1996年有所加快。就机器及设备投资来看，1997年公营部门的机器及设备投资在经过1995年增长43％及1996年大幅上升59％之后，增长速度将会有所减慢；但私营机构的办公室设备投资将会随着计算机化进程和办公自动化过程呈现稳定增长的态势，工业机器设备及建设机器设备投资也将随着整体经济的回升，投资规模有所扩大，这样私营机构机器及设备投资的增长将会部分抵销公营部门投资增长放慢的不利影响；预计1997年香港整个机器及设备投资的增长率仍将会比1996年的13.5％有所减慢。

值得一提的是，在投资香港的过程中，不但当地资本投资将会有所增加，外国资本也将会不断注入新资本，这将对当年股市及楼市的继续繁荣起到重要作用。至1996年6月底，在香港设有分公司或办事机构的外国大公司、大企业、银行总数达4523家，比上年同期增加12％。目前香港不仅没有出现如某些人预言的国际资金大量抽走的情况，相反的是国际资本的不断增加。1997年初，国际货币基金组织在考察香港经济的报告中明确判断，香港九七过渡不明朗的因素已基本消除，香港回归后将更加繁荣。

(四) 对物价走势的基本判断 1996年香港的通货膨胀比较温和，全年甲类物价指数上升仅6.0％。这主要是内部产生的劳工成本和租金上涨压力较小，1996年第四季度就业不足率由1995年第四季度的2.3％下降到1.6％，经季节调整失业率也由1995年第四季度的3.5％下降到2.6％，1996年底新租出楼宇租金比上年底温和上升4％。

1997年，香港地区的通货膨胀，由于整体经济的回升，本地内部需求进一步增加，预料由内部产生的通货膨胀压力将会加大，另一方面世界商品价格普遍稳定，以及美元仍然保持强势，进口通货膨胀将会继续呈现缓慢的局面。综合两者因素的影响，预计1997年香港通货膨胀压力将会比1996年有所加剧。其一，房地产价格压力。香港地区土地价格原本偏高，土地成本远远超过了世界各大城市，成本推动房产价格普遍较高，房地产价格对香港地区经济成长的通胀压力历来较其它发达国家和地区大。无论是商品办公楼、服务行业客房，还是当地居民住房，无论是出租价格还是出售价格，都居世界城市之首。1996年，因经济增长相对缓慢，房地产价格受到抑制，对经济成长的压力相对减轻。但随着香港经济的回升和'97回归过程中一系列庆祝活动的举行，来港定居、旅游和公干的各方人士越来越多，土地和房产价格自去年下半年已开始上扬。到三月份，香港地区普通写字楼每平方米月租金已达10美元，名列"全球最昂贵的办公室租金排行榜"第二(东京每平方米12.6美元，名列榜首)，豪华住宅楼每平方米售价2万多港币。'97通胀中，来自房地产的压力还将进一步加大。其二，劳工价格压力。'96香港劳动工资受经济增速影响，总体水平较往年要低。但从第四季度起随着经济的逐步回升，工薪总水平有所提高，来自劳工方面的压力有所加大。'97通胀压力中，劳动工资方面的压力仍是不可忽视的。其三，国际贸易、汇率的压力。一方面，去年年初，由于日元汇率持续升高，接踵而至的是美元的强劲，加之中国内地实施"软着陆"战略，经济回落，使港品出口连连受抑，出口对当地物价拉动不大。另一方面，由于各主要供应经济体系国家和地区国内通胀下降并保持较低通胀率，使香港进口产品价格上涨不多，进口品所带来的通货膨胀压力甚微。1997年，据圈内人士和各国际研究机构推测，美元汇率将会继续强劲，但升幅将大大减弱，同时，世界各国经济已开始回升。例如：国际货币基金组织预计，1997年世界经济总量将增长4.1%，比1996年增长幅度高0.3个百分点。欧洲经济发展与合作组织预计欧盟多数国家经济发展将快于1996年。其中，德国，将增长2.2%(1996年为1.1%)，法国，2.5%(1996年为1.3%)，意大利，1.2%(1996年为0.8%)，英国，3.3%(1996年为2.4%)，加拿大，3.3%(1996年为1.5%)。这无疑会刺激港品出口的增长，从而拉动香港地区物价上涨，同时，也会使香港进口品价格上扬，加大香港'97通胀压力。

(作者所在单位：国家统计局综合司)

从香港文化的发展历程看香港文化与内地文化的关系

周毅之

百多年来，香港文化的发展，有过几次较大的起落，在中国近代史上人民斗争高涨期间，香港文化会加快现代化的步伐，成为进步思潮的中心；但是，过后又常出现较大的反复。从香港东方与西方文化，以及传统与现代文化消长、溶合的曲折历程，可以看到香港文化与内地文化的深层关系。

一、香港文化的根是中华民族传统文化

从香港考古发掘出土的石器、陶器和青铜器的形制、用料等方面考察，这些文物与中国东南沿海出土古物有很多相同的特征，属于同一类型的文化。香港地区原为石代越族聚居之地，战国时期并于楚国。秦始皇三十三年(公元214年)派兵南下五岭，香港地区正式归入中国统一王朝的版图，从秦代到清代2000多年中，在中央王朝的管辖下，香港地区越族土著文化受到中原文化很深的影响。1841年英军侵占香港岛时，岛上只有几千渔民，后来陆续占领九龙半岛和强迫租借的新界地区，居民多是祖籍东莞、新安等县的本地人和来自岭南各地的移民，他们的文化主要是广东文化。这些情况表明，香港的文化的根是中华民族传统文化。

中国近代革新思想家，多出于沿海地区。他们在海外或香港接受西方教育，并以香港为基地宣传革新思想或从事爱国活动，反过来又促进香港爱国文化的发展。例如，孙中山先生革命思想的发源地是香港，最初同他一起鼓吹革命、组织香港兴中会的同志，包括"四大寇"(孙中山、陈少白、尤列、杨鹤龄)和"辅仁文社"成员杨衢云、谢缵泰等，都是香港知识分子，他们的民族革命思想都在香港形成，他们在香港从事革命活动，使香港成为当时中国资产阶级民主革命文化的重要中心。辛亥革命后，革命党人部分回到内地，不再以香港为活动基地，香港就变成许多清室孤臣隐退唱和之所。在内地已属落伍的遗老心态，在香港却备受尊崇，香港文化发展出现一次重大反覆。鲁迅、胡适先后于1927年和1933年访问香港时，香港仍在这个"隐逸派的怀古时期"之中，前一时期的革命文化基本上荡然无存。从1937年七七事变到1949年新中国建立的12年间，香港文化又先后出现过三次高潮，使香港再次成为中国革命文化的中心之一。

抗战初期，上海、武汉、广州等地相继沦陷，内地文化界人士云集香港，当时中国共产党和国民党为团结抗日，实行第二次合作，两党分别在香港设立南方局分局和港澳总支部。文化界人士也各依其政治倾向形成不同派别，各自成立团体，双方存在矛盾但仍合作。这些从内地来港的文化人，在香港同行的协助下，出版大量报刊和举办各种抗日文化活动，加上沦陷地区学校纷纷迁港复课，使香港文化教育出现一个大发展的高潮。

1941年皖南事变后，大批左派文化人流亡来香港，出版《华商报》、《大众生活》等报刊，香港文化生活

高峰再起，在文学、戏剧、电影、美术、音乐各方面都空前活跃。这次文化高潮经过8个月左右，因日军侵占香港而中断，留港文化界和民主人士300多人由东江游击队救援脱险，返回内地，日军占领期间，香港文化受到空前的摧残，几乎陷于绝境。

二战结束后，国民党在1946年发动全面内战，内地文化界人士又再大量转移来港，香港文化重趋活跃，《正报》、《华商报》、《光明报》、《群众》等许多进步报刊的创办或复刊，民盟主办的达德学院等民主教育实践的尝试，文艺、美术、音乐等活动的群众性开展，汇合成为12年中第三次文化高潮。但是，这次高潮也同上两次有共同的缺点，即文化发展带有强烈的移植性，主要依靠内地来港文化人的力量，本地基础不够深厚。

新中国成立后，香港文化的发展是辛亥革命后情况的某种重复。大批文化人返回内地，原来的进步文化气氛淡薄了；另一方面，有许多不想留在内地的"落难"文化人逃来香港，他们有浓厚的失落感，满怀哀伤，美国政府极力发动对新中国的"防堵"，用美元支持反华反共的研究和创作，这样，香港文化发展又出现一次重大反覆。

二、殖民主义和自由资本主义文化渗入香港

英帝国主义在1841年侵占香港后，除了对这个"殖民地"进行军事征服、政治控制和经济掠夺之外，还通过宗教活动、奴化教育、新闻传媒以至日常生活多种途径，对香港输入殖民主义和资本主义思想文化。这种输入大体可以划分为两个时期。

第一个时期从十九世纪中叶的中英鸦片战争开始，英国以大炮兵舰为先导，以宗主国对殖民地绝对强制的方式进行。其输入的内容，主要是旧殖民主义思想文化。这种文化思想在阶级和种族歧视方面表现得最为明显。例如，香港有个俱乐部叫"香港会"，过去，成员全是英国人，连高等华人也不许进去，唯一能踏足其间的华人是穿着白色制服在厨房做西餐和餐厅侍候白人的仆人，香港政府各大机关的厕所，过去也有高低之分。白人官员专用的厕所，高级华人官员也不能进去。山顶缆车从前也分隔为两部分，出入的地方，各有两个路口，因为住在山顶的多是白人，他们雇用了不少男仆和女佣，他们不要在车上与佣仆同坐，不要在路上与仆同行。以上所说的种种极端的殖民地现象，多已成为过去，现在的情况早就发生了很大变化。

第二时期从第二次大战后开始，特别是1949年中国大陆全部解放之后，港英政府不得不顺应国际和中国政治、经济形势的变化，调整它的殖民政策，改变在香港的统治策略。它采取新的殖民统治手法，淡化了殖民色彩，放宽新闻自由和集会结社等自由，加强西方的现代思想文化教育，积极传播现代科技新知识。这样，香港的文化随之出现重大的变化，自由资本主义文化思想代替了旧殖民主义文化思想，成为香港社会意识的主体。

三、中华民族传统文化在香港的演变

一百多年来，在香港，中华民族传统文化同英国殖民主义以及西方的资本主义文化，既互相碰撞、冲击，又互相渗透、融和，发生了微妙的变化：

中华民族的传统文化在香港植根很深，它主要是由儒家思想、东方宗教文化(主要是佛教和道教)和民间民化习俗三方面交错融合而成。

儒家思想是中华民族传统文化的主体，基本上分为两部分：一部分是儒家"重义轻利"的价值观，诸如"君子喻于义，小人喻于利"，"正其谊不谋其利，明其道不计其功"等观念。儒家的这套鄙视物质生产活动、贬斥人的正当物质利益和需求的价值观，同现代社会思潮和香港人谋生、致富的根本要求背道而驰，当然顶不住现代西方文化冲击，经过几度较量，就从根本上动摇、崩溃了。

儒家思想的另一部分，是它的入世哲学观，诸如崇尚勤劳实践，要求名实相符，重视和谐等观念。这方面的一些思想内容，同现代企业管理思想相吻合。也和社会稳定的要求一致，儒家的入世哲学观还同香港民间敬神，信天命的宿命论观念微妙地结合在一起，对人们的生活影响很深。在香港、各阶层人民都怀着强烈的致富欲望，全力拼搏，谋求发展。如果拼搏成功，他们就认为是"上天降福"、"命运所赐"；如果拼搏失败，他们就相信"命里注定"、"富贵在天"。在英国统治香港的一百多年中，儒家的这部分思想，不但没有受到压抑，还获得提倡，因为它利于香港的繁荣稳定。

四、香港当代文化的特点

当代香港文化是中西文化和传统与现代文化交融的多元混合体；目前以商业性流行文化为主流。

中西交融，是香港特殊历史条件的产物。如前所述，一百五十多年来，东方和西方传统和现代文化在这块土地上互相碰撞、渗透，形成这种多元混合文化。所谓多元，从其思想内容看，有资本主义、殖民主义、爱国主义和封建主义。资本主义文化占主导地位；殖民主义文化是资本主义文化在香港的变种，为英国殖民统治服务；爱国主义和封建主义在华人社会中根深蒂固，爱国主义是其进步部分，封建主义是其落后部分。随着1997年中国在香港恢复行使主权的日子临近，殖民主义文化逐渐淡化，自由资本主义和爱国主义文化将进

一步发展。

近年来出现一种值得重视的现象，新生的具有鲜明“香港性”的“本土文化”正在蓬勃兴起。这种本土文化，特别是文艺，是香港多元混合文化本地化的产物。一方面，战后出生的第一代、第二代本地作家和艺术家，已经随着日益兴旺的香港社会同时成长起来。他们的学习、工作、家庭、思想情感，都值根于香港当代的生活，他们的文学艺术创作都带有强烈的本土意识和香港风格，又都受到东西方文化思想和创作技巧的综合影响。另一方面，来自大陆，台湾和海外的一批文化人，在香港生活的时间较长之后，也逐渐融入香港社会，他们运用东方西方、古今中外的多种文艺形式，描绘香港的都市生活、社会百态。他们的作品也具有鲜明的本土特色。

流行商业文化成为主流，是香港的特殊社会条件造成的，香港商品经济高度发达，商品的生产和交换决定一切，利润主宰一切，它为文化事业提供赖以生存和发展的物质条件，使大部分文化事业都必须按照自由竞争的商品经济规律活动。因此，除了极少数真正非牟利团体和有政府或政治集团背景的艺术制作之外，一般的文学作品、艺术演出和展览，特别是报刊出版和电影电视制作，都必须迎合市民消闲文化的需求，使香港的通俗、流行商业文化十分兴旺，一些书报摊摆卖的书刊，多是表现声色犬马、怪力乱神的出版物；宣扬人欲物欲、满足观众感官刺激、散播毒素的文化消费品充斥银幕荧屏。反之，一些高雅严肃的文艺往往得不到支持，发展条件十分困难。

五、从“文化沙漠”到“百花苗圃”

在这样的背景下，特别是在香港文化处于低潮的时候，香港曾被贬为“文化沙漠”；但是，人们对这个问题的看法是有争论的。从争论的内容看，所讲的“文化”主要是指“文学艺术”；所谓“文化沙漠”，反映人们对香港文化落后，以及对文坛上某些浅薄畸形、不健康的文化现象的讥贬。

参加争论的学者专家，有人认为，香港的文学艺术已很繁荣。香港文艺已向多元化迈进；目前，香港已有一个内容主要取材于本地，并以本市劳动大众为对象的蓬勃发展的通俗文化，特别是六、七十年代之后，反映香港都市生活的文艺作品，有自己特色的文学、戏剧、音乐、舞蹈、电影、传播谋介、视觉和造型艺术等产品大量涌现，两个中文电视台每天“黄金时间”播放的节目，大部分都是本地自制的广东话文艺节目。这些情况表明，香港已是“文化绿洲”，不能再贬之为“文化沙漠”。

另一部分专家学者认为，目前香港文坛的状况更近于“沙漠”而离“绿洲”很远。尽管香港的文艺从表面上看很兴旺，但低级趣味的言情小说、黄色杂文之类流行作品铺天盖地，而一些质量较高的严肃文学作品，就很难找到印行的出版商，作者要放弃稿酬甚至要自费才能出版，而且每版要销一、二千本也很困难。所以，判断香港是“文化沙漠”还是“文化绿洲”，不能只看这里有多少文学作品和作家，还要看是什么文学作品，是那一类作家，要考察社会为高雅严肃文艺提供怎样的生存环境。

近年有人认为，所谓“文化沙漠”，只是香港某个时期的情况；目前，香港既非“文化沙漠”，也非“文化绿洲”，而是“国际文化橱窗”和“百花苗圃”。因为八十年代中期以来，香港文坛已有很大变化。

首先，内地同香港的文化交流进一步加强了。随着内地改革开放的深化，特别是《中英联合声明》签订以后，香港进入了即将回归祖国的过渡期，“认识中国、关心九七、关心社会”的观念正在成为香港文化界的重要价值取向和文艺界的创作路向。近年来，在香港和内地轮流举办的各种文化学术讨论会(包括经济的、政治的、人文科学的和自然科学的……)日益频繁；1986年起，联艺娱乐机构每年都举办中国地方戏典展，邀请内地不同剧种的著名戏曲艺术团体来香港演出；内地的各种文化科学机构也争相派人来香港举办各种展览会和演出，中国文化的各种最高成果和最新产品，内地许多城市还没有机会看到，香港人已先看到了。所有这些，为香港文化的提高创造了极其有利的条件。

其次，近年来香港经常定期举办的亚洲艺术节、香港艺术节、香港国际电影节等国际性文化活动，使香港成为一个名符其实的“国际文化橱窗”。这些文化活动，既有精华，也有糟粕，其精华部分，对香港的高雅严肃文化的发展，起了重要的推动作用。

从文艺方面看，在商业流行文艺充斥市场的同时，香港的非主流高雅严肃文艺仍在艰苦地与之争春；而在流行通俗文艺中，也有不少艺术水平较高、内容健康有益，能满足广大群众正当娱乐需求，并有助于群众文化知识水平的作用。就其整体而言，香港目前已经是各家各派共同培育的“百花苗圃”，或者说，它是一个“梅菊争俏，百花竞放，杂草蔓延”的文艺园地。

1997年7月1日，中华人民共和国将对香港恢复行使主权，英国统治者同时撤走，殖民主义制度被废除。香港将会在社会主义中国之内实行“一国两制”。“九七”后在“一国”之内，“两制”将比香港还被英国统治时更便于沟通和合作，更有助于香港文化和内地文化在互补互利的基础上共同发展。

(作者所在单位：原人民日报社国际部)

香港回归后的中国经济：发展、问题、对策

唐　元

20世纪末和21世纪初将是中国经济发展的关键时期，中国经济增长的前景如何？经济发展的潜力到底有多大？特别是香港回归后对中国经济的影响如何？中国能否抓住极为有利的国际环境，在未来的十五年里使经济发展水平不但从总量上进入世界前列，而且从人均主要经济指标方面也尽量靠进和赶上中等先进国家水平？是世人瞩目的问题。本文综合利用中国长期宏观经济总量预测模型、地区宏观经济预测模型系统、人口——经济协调发展预测模型和工业所有制结构演化预测模型等，对中国1997——2010年经济与人口发展的主要指标进行了定量测算。预测基于以下两个基本假设：一是十五年间中国不会发生和参与较大规模的战争，不会发生较大范围的天灾；二是中国改革开放政策不变，并逐步与世界经济形成一体化发展格局。结果表明，十五年间，中国人口总量递增，但增长速度呈递减之势；经济将取得高速发展，"九五"和下一个十年，GNP年均增速将分别达到10%和8.5%，随着港澳相继回归祖国日期的到来，中国将迎来经济增长的高峰期。十五年间，中国市场经济体制将基本形成并将初步进入规范化运行轨道，国有企业改革及其与之配套的其他改革都将基本完成。与此同时，地区发展不平衡的局面将不会根本改变，沿海和内地经济发展的相对差距和绝对差距还将拉大，但拉大的趋势趋缓。

一、中国经济长期发展目标和发展阶段的判断

1. 中国经济长期发展的三步走战略目标。　邓小平同志提出了中国从改革开放起，到未来半个多世纪国民经济和社会发展的三步走战略。三步走战略按邓小平1985年说的话来说，就是："第一步原定的目标，是在80年代翻一番。以1980年为基数，当时的国民生产总值人均只有250美元，翻一番，达到500美元。第二步是到本世纪末，再翻一番，人均达到1000美元。实现这个目标意味着我们进入小康社会，把贫穷的中国变成小康的中国。那时国民生产总值超过一万亿美元，虽然人均数还很低，但是国家的总体实力有很大增加。我们制定的目标最重要的还是第三步。第三步是在下世纪用30年到50年再翻两番，目标大体上是人均达到4500美元。"三步走战略揭示了中国经济发展的客观规律，充分体现了邓小平"发展是硬道理"的经济思想，实践证明这一战略是科学而符合实际的。现在，第一、二步战略目标已经顺利实现。未来30至50年左右是实现第三步发展战略目标的时期。

2. 中国经济发展三步走战略时期的阶段特征。从经济发展的阶段看，中国经济发展三步走战略所处的时期是国际上通常所说的经济追赶阶段，根据经济发展水平的阶段性变化，整个阶段可分为两个时期，一是收入水平由低等收入进入中等收入的时期，称整个阶段的起步时期，对应于前两步发展战略所处的时期；二是收入水平由中等收入进入高等收入的时期，称整个阶段的赶超时期，对应于第三步发展战略所处的时期。

在起步时期的一般特征是：完成经济发展的起步过程；通过加速工业化带动经济高速增长；经济结构由第一产业为主向第二产业为主转变；在世界经济格局中的竞争力较弱，通过劳动力价廉优势、资源优势以及潜在市场优势与其它国家交换技术、资金、管理经验、先进设备和产品，逐步与其它国家主要是周边国家或地区形成互补型的经济发展格局。中国还有几个特殊特征：经济体制由计划经济体制向社会主义市场经济体制转变；经济所有制结构由国有经济占绝大部分的格局向国有、集体、个体私营、三资等多种经济成份并存、共促发展的较为合理的格局转变。

赶超时期的特征是：经济在实现工业化的情况下向后工业化社会过渡，经济结构由第二产业为主向第三产业为主转变；以服务业为主的第三产业将逐步替代第二产业成为经济增长的主要动力；科技进步在经济发展中的作用越来越强，经济增长方式由粗放型向集约型转变；与世界经济进一步实现一体化，与其它国家或地区形成互补型的经济发展格局；面向国际市场的竞争日趋激烈，经济竞争力逐步增强，将逐渐形成本国在世界经济格局中位居前列的优势产业。中国在这一时期将在劳动密集型等优势产业上逐渐在世界领先，一部分高新技术产业、资本密集型产业也将逐渐由追赶向赶超过渡，总体国力逐步进入世界领先地位。

二、中国经济"九五"到2010年经济发展目标和政策保证措施

1. "九五"到2010年经济发展目标。 "九五"期间，全面完成现代化建设第二步战略部署并加快实施第三步战略部署，到2000年，实现人均国民生产总值比1980年翻两番;下一个十年，继续推动国民经济加快发展，到2010年实现人均国民生产总值比2000年再翻一番;2000年以前要加快现代企业制度建设，初步建立社会主义市场经济体制，加大改革力度，理顺经济关系，调整产业结构，提高经济效益，增强发展后劲。

2. "九五"到2010年经济发展政策保证措施。 实行可持续的经济发展战略，保持国民经济持续、快速、健康发展;积极推进经济增长方式的转变，把提高经济效益作为经济工作的中心;实施科教兴国战略，促进科技、教育与经济紧密结合;把加强农业放在发展国民经济的首位;把国有企业改革作为经济体制改革的中心环节;坚定不移地实行对外开放;实现市场机制和宏观调控的有机结合，把各方面的积极性引导好、保护好、发挥好;坚持区域经济协调发展，逐步缩小地区发展差距;坚持物质文明与精神文明共同进步，经济和社会协调发展。

三、"九五"到2010年中国经济发展预测

1. 经济总量高速增长、综合国办显著提高。 测算表明，中国GNP的年均增速在"九五"时期可达10%左右，在下一个十年可达8.25%左右。按1995年价格计算，到2000年，GNP将达到92635亿元，人均GNP将达到7277元;到2010年，GNP将达到204664亿元，人均GNP将达到14771元。按现价计算，到2000年，GNP将达到129537亿元，人均GNP将达到10175元，到2010年，GNP将达到459525亿元，人均GNP将达到33166元;按现价汇率折算，到2000年，GNP将达到15239亿美元，位居世界第六位，人均GNP将达到1197美元，达到小康水平;到2010年，GNP将达到65646亿美元，位民世界第三位左右，人均GNP将达到4738美元。按1990年不变价计算，中国经济总体实力2000年位居世界第六位，2010年位居世界第三位。

2. 人口总量继续增长，但增速逐年减缓。 假设到2010年前，中国的人口控制政策不变，利用人口预测模型测算，到2000年，中国人口总量将达到12.73亿人，"九五"期间人口增长速度年均为1.0%;到2010年，中国人口总量将达到13.85亿人，2001——2010年期间人口增长速度年均为0.85%。显示出中国实施人口控制政策后，人口过快增长的势头继续得到有效的扼制，人口增速逐年呈递减趋势。

3. 劳动力需求速度加快，劳动力供给充裕。 与经济的快速增长相对应，中国对劳动力的需求量将大幅度提高，"九五"时期的年均增速将达1.35%，高于同期劳动力可供给量的增长，到2000年和2010年对劳动力的需求量将分别为77460万人和82347万人，由于人口继续增长，中国适龄劳动力人口2000年和2010的将分别为80199万人和85870万人，所以，整个期间中国劳动力市场仍然是供大于求，但劳动力的富余度将逐年缩小。这里，预计"九五"时期全社会劳动生产率以7.5%的速度增长，下个十年以6%的速度增长。期间，劳动力需求结构也将发生较大变化，一、二、三产业的劳动力就业比例，将从1995年的52.2：23.0：24.8，变为2000年的45.3：23.7：30.9和2010年的28.3：28.5：43.2，总的趋势是一产大幅降低，二产约有提高，三产显著增长。

4. 社会消费需求大幅度提高，市场前景广阔。 与经济总量的增长和居民收入水平的大幅度提高相对应，中国社会消费需求将迅速膨胀。社会商品零售总额在"九五"和到2010年期间将有较快的增长。"九五"期间，预计年均增速可达18.6%，去除价格因素后的年均增速也将达到11%，到2000年，现价绝对额将达到48324亿元，五年累计将达到174073亿元，折合为美元为19341亿美元;下一个十年，预计年均增速可达13.7%，去除价格因素后的年均增速也将达到7.2%，到2010年，现价绝对额将达到175219亿元，十年累计将达到1121052亿元，折合为美元为123018亿美元;可见中国的市场前景是相当可观的。同时，中国居民的消费结构也将发生较大变化，居民用于饮食、服装方面的支出占总费用的比例将逐年减少，而用于住房、交通、娱乐等方面的支出占总支出的比例则相应提高。

5. 全社会固定资产投资需求继续保持较快增长势头。 预计全社会固定资产投资在"九五"期间将以17%的速度增长，在下一个十年将以12.6%的速度增长。到2000年，现价全社会固定资产投资额将达到44690亿元，固定资产投资率为34.5%，整个"九五"时期，将累计完成165611亿元，折合成19483亿美元;到2010年，现价全社会固定资产投资额将达到147048亿元，固定资产投资率为32%，2001——2010年的十年期间，将累计完成909092亿元，折合成109529亿美元。固定资产投资将是中国经济发展的重要源动力。

6. 进出口贸易稳定增长，经济对外依存度继续保持较高水平。 "九五"到2010年期间，中国对外贸易将保持与经济发展相当的增长水平，但增幅没有过去18年高，预计"九五"期间年均增长率为10%左右，下一个十年年均增长率为10%左右。。预计，到2000年，进出口

总额将达到4669亿美元，占当年GDP的30.6%，比1995年40.3%降低10个百分点；到2010年，进出口总额将达到12110亿美元，占当年GDP的18.6%。期间，进口与出口将保持大致平衡。外汇储备在1997年以后将稳定在1200亿美元左右。

7. 重要工农业产品产量增长较快，部分产品总量将位居世界前列。 从1995年到2000年和2010年，中国经济发展对主要产品的需求量都有大幅度的提高。发电量，从10077亿千瓦时提高到14765亿千瓦时和26442亿千瓦时，年均增长8%和6%；钢，从8980万吨提高到12112万吨和15091万吨，年均增长6.1%和2.2%；原煤，从13.6万吨标准煤提高到16.1万吨和19.8万吨准煤，年均增长3.4%和2.1%。

8. 产业结构升级加快，三大产业结构变化明显。 “九五”期间，一、二、三产业增加值将分别以年均4.0%、11.9%和9.9%的速度增长。到2000年，按90年价格计算的第一、二、三产业增加值将分别达到7445亿元、30243亿元和14958亿元，它们占GNP的比重将从1995年的18.7%52.7%28.5%变为2000年的14.8%、57.4%、28.4%，一产将降低4个百分点，二产将分别提高4个百分点，三产则基本持平。“九五”期间三次产业的物价涨幅仍将有较大差别，预计一、二、三产业的平减指数将分别以年均7.0%、4.2%和6.0%的幅度上扬。这样，现价计算的三大产业增加值在“九五”期间将分别以12.3%18.3%和19.8%的速率增长，到2000年将分别达到21420亿元、65488亿元和44693亿元，分别占GNP的16.3%、49.8%和34%，“九五”期间一产将降低4.3个百分点，二、三产将分别提高1.4和2.9个百分点。以上结果表明，“九五”期间中国经济将以加速工业化为主要特征，同时，由于第二产业的相对价格上扬幅度低于第一、三产业，表明三大产业的效益流向仍是从二产向一、三产转移，这符合利润率均衡化原理，有利于缩小二产与一、三产间比较效益的相对差距。

9. 地区经济发展的基本格局不变。 从沿海与内地来看，测算结果表明，到2000年，中国GNP按1990年不变价计算将达45819亿元，其中沿海为26168亿元，占56.7%，比1995年增加了1.5个百分点；内地为19651亿元，占43.3%，比1995年降低了1.5个百分点，从增长速度看，“九五”期间全国GNP年均增长10%，沿海地区年均增长率高于全国近1个百分点，为10.87%；内地则相对较慢，年均增长9%。“九五”期间全国人均GNP年均增长率不变价为9%，现价为16.5%，到2000年全国现价人均GNP将达到10337元，沿海地区年均增长17.7%，内地年均增长16.5%，到2000年，两地人均GNP分别为15308和7292元，相对差距为52.4%，比1995年扩大2.6个百分点。可见，九十年代沿海地区增长水平明显高于内地，两大区域的相对差距仍将拉大。

四、中国经济面临的难点问题及解决思路

中国经济面临的难点问题：一是国有企业改革，二是地区发展不平衡，三是经济结构不合理。

(一) “九五”时期中国的国有企业改革

1. 国有企业改革的战略部署

(1) 改革的方向是：建立现代企业制度，现代企业制度的基本特征是产权清晰、权责明确、政企分开、管理科学。

(2) 改革的战略目标是：到本世纪末基本建立起与社会主义市场经济体制相适应的现代企业制度，使国有大中型企业在社会主义市场经济中继续发挥主导作用。

(3) 改革的方式和实施步骤是：重点突破和整体推进相结合，采取由试点到面上推广循序渐进的改革方式；实施步骤上，将1995——2000年的6年分成两个阶段进行：1995——1997三年为第一阶段，任务是抓试点，后三年为推广阶段。

(4) 试点期间要作好的几项主要工作是：百户建立现代企业制度试点，100个城市“优化资本结构”试点，100户企业集团试点和3户国家控股公司试点。试点工作中要做到点面结合、重在试点、贵在配套、务求突破；后三年即从1998年起到2000年为第二阶段，任务是抓总结经验、健全法规、逐步推广、巩固提高。

(5) 改革的主要思路是：坚持走公有制与市场经济相结合的改革道路，探索一条社会主义公有制与社会主义市场经济相结合的路子；坚持改革、改组、改造和加强企业管理结合起来(即“三改一加强”)；着眼于搞好整个国有经济，加速国有企业的战略性结构调整；要集中力量抓好国有企业“关键的少数”，实施大公司、大集团战略，同时放开搞活小型国有企业；搞好各项配套改革，为企业改革创造条件。

2. 新阶段国有企业改革要解决的几个关键问题

(1) 微观层次改革：以提高资产经营效益为中心，从经营方式、经营组织、经营规模及结构三个层次上促进国有资产的优化配置。为此，要在国有企业改革中，从以下几个层次改革内容的有机结合上加快国有企业经营机制的转变：

一是作好国有企业经营方式的改革。内容是改革国有企业内部领导体制、企业财务会计制度、企业劳动人事制度、企业生产质量管理制度、企业工资制度等内部经营管理制度，从企业管理制度上保证国有企业经营方式适应市场竞争的需要。

二是作好国有企业资产组织层次上的改革。内容是要对国有企业实行公司化改制，使它们成为各种类

型的有限责任公司或股份公司。

三是作好国有资产经营规模与结构层次的改革。内容是优化国有资产的行业结构与区域结构，把有限的资产集中到最能有效地发挥国有经济主导作用的行业中去，以带动全国经济的发展，特别是要切实加强企业集团的建设，使其成为参与国际竞争的骨干力量。

(2) **宏观层次改革内容**：以理顺产权关系为中心，加快政府国有资产管理体制的改革。过去对国有企业的改革比较注重经营权的实现机制问题，忽视了所有权的实现机制问题，造成国有资产经营活动中"所有者缺位"现象，导致国有资产的大量流失，所以在国有企业改革中，必须着眼于政府机构改革，建立国有资产宏观管理体制，保障国家对国有企业的终极所有权和企业的法人财产权。

(3) **搞好国有经济的战略重组**。各级国资机构根据地区经济发展的需要对所属国有企业进行重组。对确需淘汰的国有企业，可采用关、停、并、转、租、卖、破等方式收回所有者权益；对需发展壮大的企业采取控股、参股、合资、独资、兼并、托管、租赁、承包等方式促进企业上规模、产品上档次，增强竞争能力。要有计划地支持国有企业通过竞争形成大型或特大型集团公司，有条件的可以组成跨国公司。"九五"时期国家重点配置1000户大型企业，通过这些大型公司的资金、科技、人才、市场竞争优势，控制及带动一大批中、小企业，发挥国有经济的主导作用。国有经济控制重要行业的关键项目，其它项目允许其他所有制投资者参加。比如，国有经济可以主要控制电网，允许其他所有制投资者投资电厂；国有机构掌握铁路运输的统一调度管理，允许其它投资者参加铁路建设；产业关联度高的产业，国有经济可以只投资于主机制造和其他关键项目，鼓励其它投资者投资配套项目，等等。

(二) 推动中国地区经济协调发展的政策思路

1. 指导思想：在效益优先、发展优先的前提下，注意协调好中国短期与长期发展、经济增长与社会稳定、经济效益与社会公平等关系，保证国民经济在较长时期内保持持续、快速、健康发展。

2. 政策的要点是：要积极鼓励区位优、效益好、经济基础强的地区优先发展，允许这些地区在公平的市场竞争中优先富裕起来，不搞硬性"切肥补瘦"；要按照因地制宜、合理分工、各展所长、优势互补、共同发展的原则，促进各地区相互协作，实现共同富裕；要适应建立社会主义市场经济体制的要求，建立健全全国统一大市场；要加强政府宏观调控力度，综合利用区域对外开放政策、扶贫政策、产业政策、财政金融政策等，为各地区经济发展创造公平的竞争环境。

3. **目标是**：到2000年全国总体上达到小康水平，部分地区达到富康水平，同时在全国范围内消灭绝对贫困，在"九五"期间要抑制住地区差距过快拉大的势头，在2000年以后要逐步缩小地区差距。

4. 主要政策措施：

一要鼓励各地因地制宜制定经济发展政策，国家从总体上推动区域产业转移并实现资源宏观优化配置。

二要增强发达地区与落后地区之间的经济关联程度，要加强地区间经济协作，支持发达地区与落后地区的对口支援和优势互补的协作。

三要以市场为导向，发挥市场机制在资源配置中的基础作用，打破地区封锁，逐步建立健全全国一体化大市场体系。

四要加强中央政府的宏观调控能力，为抑制区域经济差距拉大创造必要的政策环境。着力点应放在尽快缩短发达地区与落后地区的经济距离和创造公平的政策环境上。坚持适度倾斜与协调发展相结合的指导思想，实施有利于缓解差距扩大趋势的政策。在投资政策方面，要合理确定地区间的投资分配比例，适当提高国家在内地的投资比重。适当、适时调整区域对外开放政策，加快内地对外开放步伐。搞好发达地区与落后地区对口支援，搞好对老、少、边、穷地区生产性扶贫工作，力争在本世纪末在中国消灭绝对贫困。

(三) 加快中国经济结构调整的思路

经济结构不合理是中国经济发展中面临的突出问题，已越来越严重地制约着国民经济持续、快速、健康发展。加快经济结构调整已经成为中国经济工作中的当务之急，是一项重要任务。

1. 结构调整的政策思路是：充分发挥市场机构和宏观调控的指导作用，立足于现有企业的改组改造、在开发新产品和技术创新、开拓市场等方面多下功夫。通过有限的增量投入带动存量资产重组，加快设备更新，促进结构优化与升级。

2. 调整经济结构，要立足于现有企业的改组改造

一是以现有骨干和优势企业核心，以产权为纽带，以名牌产品为龙头，组建一批跨地区、跨部门、甚至跨国界、符合专业分工又有规模经济的大型企业集团。

二是要通过兼并联合等手段普遍推进全国企业的结构重组，优化企业的组织结构、产品结构和生产规模，盘活资产存量。

三是技术改造要继续坚持扶优扶强，支持大企业、大集团战略和企业跨地区、行业和部门的兼并与联合，促进经济结构优化、企业结构优化和上规模、上等级。

3. 积极开发新产品，培育新的经济增长点。要积极培养新的经济增长点。开发新技术、新产品。

要把新产品开发、培养研究开发能力和技术创新能力作为企业生死攸关的战略问题来抓。要扶持企业开发新技术、新工艺和新产品，合理选择新的经济增长点。要支持企业建立自己的研究开发中心，鼓励一部分研究院所进入有条件的大企业，争取将应用性研究开发的主要力量转到和建到企业中去，有效促进科技经济的结合，提高企业的技术创新能力和市场竞争能力。要因地制宜，促进企业与国内外的大学、研究院所进行多种形式的技术合作，鼓励企业跨国联合开发新产品。特别是要结合当地资源优势，扶持市场前景好、附加值高、技术含量高的技术创新项目。支持外商和国内其它地区企业向本地转移先进的技术、产品和工艺，加快技术转移。

4. 要积极开拓市。 要加快市场建设步伐和执法力度，坚决制止各种形式的地区封锁，坚决反对地方保护主义和条块分割，打破各种形式的市场壁垒，严禁地方以行政手段阻止商品和生产要素在地区间的自由流动，消除目前存在的人为割裂市场的现象，积极促进区域市场向全国统一大市场发展，推动生产要素和商品在全国范围合理流动，为企业提供一个有利于公平竞争的社会经济环境和有效的激励机制。

5. 近期国家政府部门提出了加快结构调整的工作是要抓好“六个一批”。 这“六个一批”是：完成一批重大技术改造项目，开发一批重点新产品，淘汰一批老产品，发展一批名牌产品，培育一批龙头企业，确定一批保护产业。

通过实施“双加”工程，加大传统工业改造力度，重点加快化肥、农药、农机为主的农用工业的企业改造，促进机械、电子、汽车、石化、建筑等支柱产业上水平。支持重要原材料工业节能降耗，增加关键短缺品种，促进资产存量结构的调整，逐步形成一批优势多、素质高、效益好、规模大的企业，带动全行业发展。

贯彻“九五”全国技术创新纲要，以实施500项重大项目、开发5000项重点新产品为目标，培养一批关联程度高、带动辐射作用强、市场需求量大、发展前景好的优势产品。要选择纺织、机床等几个重点行业，下力气淘汰一批缺乏市场竞争力和没有市场的产品。对消耗大、水平低、效益差的产品，坚决采取措施限制其发展。要贯彻落实质量振兴纲要，重点支持现有名牌的发展，促使其进一步上档次、上质量、上规模、增效益，以保持名牌的声誉和扩大市场占有率。进一步加强对行业、地区和企业发展名牌战略的组织、引导和管理，抓好国有名牌的宣传、保护和质量监督工作，为企业创名牌提供优质服务。

加快企业组织结构调整步伐，面向市场，以效益最大化为原则，以名优产品和企业集团为载体，实施大公司、大集团战略。加快兼并破产力度，鼓励“强强联合”和优势企业兼并劣势企业，使资源和要素在重组过程中向优势企业集中，形成一批跨地区、跨行业、跨所有制、国际化集团。

加强产业安全问题的研究，在进一步扩大对外开放的同时，加强利用外资的引导和管理工作，采取国际通行的做法，对民族工业实施必要和有效的保护。同时，加快军转民步伐，积极推动东部与中西部企业合作，加速实现产业转移，促进生产力的合理布局。进一步深化投融资体制改革，加强引导和管理，防止新的重复建设。

表一：　　1978—1996年中国宏观经济主要指标的实际值

指　标	单　位	1978年 实际值	1990年 实际值	1979－1990年 增　率	1994年 实际值	1995年 实际值	1994－1995年 增　率	八五 年均 增率	1996年 实际值	1995－1996年 增　率	1979－1996年 增　率
总人口	万人	96259	114333	1.44	119850	121121	1.06	1.16	122389	1.04	1.34
GDP(95年价)	亿元	11635	32906	9.05	52389	57733	10.2	11.9	63333	9.7	9.88
人均GDP(90年价)	元/人	1209	2878	7.5	4371	4767	8.47	10.5	5175	8.55	8.4
GDP(现价)	亿元	3624	18548	14.6	46622	57733	23.8	25.5	67795	17.4	17.7
人均GDP(现价)	元/人	376	1622	12.9	3890	4767	22.5	24.1	5539	16.2	16.1
人民币汇率	元/美元	1.73	4.78	8.8	8.42	8.35	－3.1	11.8	8.35	0.0	9.1
GDP(现价)	亿美元	2094	3880	5.27	5409	6914	27.8	12.2	8168	18.1	7.8
人均GDP(现价)	美元/人	217	339	3.79	451	571	26.6	11.0	667	16.8	6.4

续表

指　标	单 位	1978年 实际值	1990年 实际值	1979－1990年 增 率	1994年 实际值	1995年 实际值	1994－1995年 增 率	八五年均 增率	1996年 实际值	1995－1996年 增 率	1979－1996年 增 率
劳动力总数	万人	40152	64680	4.05	68090	68910	1.2	1.27	69702	1.15	3.22
GDP劳产率(现价)	元/人	903	2867	10.1	6847	8378	22.3	23.9	9705	15.8	16.4
全社会固定资产投资额(现价)	亿元	668	4449	17.1	16370	19445	18.8	34.3	23660	21.7	21.9
固定资产投资率	%	18.4	24.0		35.1	33.7			34.9		
零售物价总指数	78年100	100	207.6	6.28	310.1	356.1	14.8	11.4	378	6.1	7.66
消费品零售总额	亿元	1265	7250	15.7	16265	20598	26.6	23.2	24614	19.5	17.9
财政总收入	亿元	1121	3313	9.45	5218	6188	18.6	13.3	7367	19.1	11.0
财政收入占GDP	%	30.9	17.9	－4.4	11.2	10.7	－4.3	－9.7	10.8	1.5	－5.9
财政总支出	亿元	1111	3452	9.9	5793	6809	17.5	14.5	7914	16.2	11.2
银行存款余额	亿元	1134	11645	21.4	29328	38782	32.2	27.2	49596	27.9	23.3
居民存款余额	亿元	211	7034	33.9	21519	29662	37.8	33.3	38521	29.9	33.5
居民存款占比例	%	18.6	60.4	10.3	73.4	76.5	4.2	4.8	77.7	1.63	8.7
货币流通量	亿元	212	2644	23.4	7289	7885	8.2	24.4	8802	11.6	23.0
外汇储备余额	亿美元	1.67	110.9	42	516.2	736	42.6	46	1050	42.7	43
进出口总额	亿美元	206	1154	15.4	2366	2808	18.7	19.5	2899	3.2	15.8
出口总额	亿美元	97.5	621	16.7	1210	1487	22.9	19.1	1511	1.6	16.4
进口总额	亿美元	109	533	14.1	1156	1321	14.3	19.9	1388	5.1	15.1
进出口额占GDP	%	5.2	29.7	15.6	43.7	40.6	－7.1	6.4	35.5		12.8

表二:　　1997—2010年中国宏观经济主要指标的预测结果

指　标	单 位	1997年 预测值	96－97年 增率	1998年 预测值	1997－1998年 增率	1999年 预测值	1998－1999年 增率	2000年 预测值	1999－2000 增率	九五年均 增率	2005年 预测值	2001－2005 增率	2010年 预测值	2006－2010 增率	2001－2010 增率
人口总数	万人	123637	1.02	124873	1.00	126098	0.98	127308	0.96	1.0	133141	0.9	138552	0.8	0.85
GDP(95年价)	亿元	69350	9.5	76284	10.0	84676	11.0	92635	9.4	9.9	139291	8.5	204664	8.0	8.3
人均GNP(现价)	元/人	5609	8.4	6109	8.9	6715	9.9	7277	8.4	8.8	10462	7.5	14771	7.1	7.3
GNP(现价)	亿元	78778	16.2	92643	17.6	110245	19.0	129537	17.5	17.5	249412	14.0	459525	13.0	13.5
人均GDP(现价)	元/人	6372	15.0	7419	16.4	8743	17.8	10175	16.3	16.4	18733	13.0	33166	12.1	12.5
人民币汇率	元/美元	8.4	1.8	8.5	1.8	8.5	0.0	8.5	0.0	0.7	8.50	0.0	8.50	0.0	0.0
GDP(现价)	亿美元	9378	14.8	10899	16.2	12970	19.0	15239	17.5	17.1	31176	15.4	65646	16.0	15.7
人均GDP(现价)	美元/人	758	13.7	873	15.2	1028	17.8	1197	16.4	15.9	2342	14.3	4733	15.1	14.7

续表

指　　标	单　位	1997年预测值	96－97年增率	1998年预测值	1997－1998年增率	1999年预测值	1998－1999年增率	2000年预测值	1999－2000增率	九五年均增率	2005年预测值	2001－2005增率	2010年预测值	2006－2010增率	2001－2010增率
全社会固定资产投资额	亿元	27178	15	31498	16	38585	22.5	44690	15.8	17	82306	13.0	147048	12.3	12.6
固定资产投资率	%	34.5		34.0		35.0		34.5			33		32		
零售物价总指数	78年100	402	6.5	433	7.5	471	9.0	509	8.0	7.4	681	6.0	869	5.0	5.5
消费品零售总额	亿元	28921	17.5	34271	18.5	40952	19.5	48324	18.0	18.6	95102	14.5	175219	13.0	13.7
财政总收入	亿元	8665	17.6	10376	19.7	12678	22.1	15156	19.5	19.6	29929	14.6	59738	14.8	14.7
财政收入占GDP	%	11.0	1.1	11.2	1.8	11.5	1.8	11.7	2.0	1.9	12.0	0.6	13.0	1.0	0.8
外汇储备余额	亿美元	1200		1200		1200		1200			1200		1200		
进出口总额	亿美元	3131	8.0	3475	11	3961	14	4516	14	10	7273	10	11713	10	10
进出口额占GDP	%	33.4		31.9		30.5		29.6			23.3		18.0		

表三:　　关于中国经济未来半个世纪发展及其与其它发达国家的比较

指标名称	单　位	1990年绝对值	1990位次	八十年代平均速率%	1995年预计值	1995位次	"八五"年均速率	2010年预计值	2010年位次	1996～2010年平均速	2030年预计值	2030年位次	2011～2030年年均速	2050年预计值	2050年位次	2031～2050年年均速
中国人口	万人	114333	1	1.48	121121	1	1.16	138552	1	0.9	150067		0.4	153097	1	0.1
中国GNP(90价)	亿美元	5604	9	8.92	9745	7	11.7	33131	3	8.5	106255	2	6.0	256256		4.5
中国人均GNP(90价)	美元	490		7.4	804		10.4	2391		7.75	7083		5.57	16748	2	4.3
美国GNP(90价)	亿美元	54230	1	3.4	61660	1	2.6	89302	1	2.5	146331	1	2.5	239780	3	2.5
日本GNP(90价)	亿美元	31676	2	4.6	36366	2	2.8	55029	2	2.8	95599	3	2.8	166079		2.8
德国GNP(90价)	亿美元	16130	3	2.7	18249	3	2.5	26430	4	2.5						
法国GNP(90价)	亿美元	12463	4	2.4	13827	4	2.1	18884	6	2.1						
意大利GNP(90价)	亿美元	11564	5	2.7	13084	5	2.5	18950	5	2.5						
英国GNP(90价)	亿美元	10460	6	3.1	11892	6	2.6	17477	7	2.6						
加拿大GNP(90价)	亿美元	5844	8	3.7	6807	7	3.1	10760	8	3.1						
俄罗斯GNP(90价)	亿美元	6060	7	2.9	3578	9	－10	7545	11	5.1						
巴西GNP(90价)	亿美元	1827	12	2.4	2057	11	2.4	2979	12	2.5						
南朝鲜GNP(90价)	亿美元	2369	11		3645	8	9.0	10056	9	7.0						
印度GNP(90价)	亿美元	2450	10	5.8	3247	10	5.8	7672	10	5.9						

(作者所在单位: 国家经贸委研究室)

专题分析

对我国国民生产总值翻两番的分析

李强　吴超　冯定安

1996年3月5日，李鹏总理在第八届全国人民代表大会第四次会议上郑重宣布"原定2000年比1980年翻两番的目标，已经提前五年实现了"。这说明十五年来，我国的经济发展已经取得了显著成就，社会生产力、综合国力和人民生活都上了一个新的台阶。党的十四届五中全会又为我国未来十五年提出了奋斗目标，即2000年实现人均国民生产总值比1980年翻两番，2010年国民生产总值比2000年翻一番，使人民的小康生活更加富裕。要实现这一目标，必须在邓小平建设有中国特色社会主义的理论和党的基本路线指引下，总结历史经验，认识经济发展的规律，并且依照经济发展规律促进我国国民经济稳定、健康、高速地向前发展。

一、翻两番的过程与情况

为了准确理解翻两番的经济含义，首先明确两个基本概念。第一、什么是国民生产总值，它和国内生产总值有什么关系;第二、翻番的具体含义是什么。

通俗一点讲，国民生产总值就是我国常住单位(包括居民、企事业和政府单位)从事生产和服务活动在一年内经分配(初次分配)而得的全部收入。国内生产总值是我国常住单位(包括居民、企事业和政府单位)从事生产和服务活动在一年内新创造的最终成果(即物品和服务)的价值，它是一个生产的概念。两者的差别在于我国支付给国外生产者和国外支付给我国生产者的劳动报酬、利息和红利等的价值，即国民生产总值等于国内生产总值减去我国支付给国外生产者的劳动报酬，利息和红利等的价值加上国外支付给我国生产者的劳动报酬、利息和红利等的价值。对我国而言，虽然我们对外贸易在不断扩大，但与国内生产总值相比还是相当小的，上述差额项也是相当小的，因此，从数据上来讲，我国的国民生产总值与国内生产总值是十分近似的。所谓"翻番"，则借用数学用语。翻一番，就是现值是原基础数的2倍，或在原基础数上增长了1倍;同理，翻两番就是现值是原基础数的4倍。

我们在前面所提到的国民生产总值的翻番，不是按当年价格计算的，而是以不变价计算的，即都以1980年为基期价格计算。只有在扣除了物价因素以后计算出的翻番才有其真实的经济意义。根据我们对国民生产总值的测算，以1980年国民生产总值为1个单位，则1987年国民生产总值为2.018个单位，1995年国民生产总值为4.217个单位。也就是说，我们在短短的十五年内就实现了国民生产总值的翻两番目标，其中，完成第一个翻番用了7年时间，完成第二个翻番用去8年时间。我们能否实现在本世纪末人均国民生产总值比1980年翻两番？能否保证2010年的国民生产总值比2000年翻一番。这些问题要求我们对近十五年经济发展过程进行细致的分析和研究。

(一) 翻第一番阶段(1980年—1987年)　1978年，十一届三中全会以后，党中央、国务院决定将工作重点转移到经济建设上来，并且在1980年提出并实施了农村经济的改革方案，在农村改革取得巨大成就的前提下，1984年又提出城市经济体制改革。所有这些重大决策的出台，使我国国民经济开始步入稳定、高速发展的轨道。这可以从代表国家经济综合水平的国民生产总值得到证明。按当年价格计算的国民生产总值由1980年的4517.8亿元增至1987年的11954.5亿元，增长了1.6倍多。累计实现国民生产总值58990亿元。按可比价格计算的国民生产总值年均增速达10.5%，这一速度比日本、东亚四小龙经济腾飞时8％－9％的速度还高。随着生产的发展，人民的生活水平也有了很大提高。这一时期经济发展主要呈现如下几个特点：

1. 经济发展迅速、但呈明显的阶段性。1980年至1987年，国民生产总值平均增长10.5％，远远超过前几十年经济的平均发展速度。其中，第一产业、第二产业和第三产业保持相对均衡的发展势头，平均每年增速分别为7％、10.5％和14.6％，尤为明显的是农业的发展。从根本上讲，农业的发展为第二产业的发展提供了坚实的物质基础，第一产业和第二产业的发展又促使第三产业的发展。因此，这一时期国民经济基本保持了良性和较为合理的发展规模，但同时还应看到，在这短短的7年中，三次产业的发展却表现出明显的阶段性。1980年至1984年为第一阶段，1985年至1987年为第二阶段。在第一阶段，首先表现的是国民经济快速增长，从1980年7.8％的速度增长发展到1984年的15.3％的高速增长，平均每年比上年快近2个百分点；再者就是农业的持续高速发展，这4年年均增速在10％以上，粮食产量由1980年的32056万吨增至1984年的40731万吨，年均增长6％，其中主要粮食作物小麦和稻谷分别由1980年的5521万吨、13991万吨增至1984年的8782万吨和17826万吨，分别增长了5成和2成多，年均增长12.3％和6.2％。农业的空前发展是和党的农村改革政策分不开的，是党的农村政策的产物。这一时期，在农业提供充足原料的基础上，第二产业和第三产业稳定、高速地向前发展，都以比上年高出3－4个百分点的增速发展，到1984年分别达到14.5％和19.4％的超高速增长。在第二阶段，党中央开始慎慎地推行国有企业改革，国民经济总的趋势是继续高速发展，但三次产业的增长速度差距扩大，最为显著的是第一产业增速剧降，第二产业发展迅速，第三产业仍保持高速增长势头。在以后三年，第一产业年均仅增长3.3％，远远低于第一阶段，特别是粮食产量非但没有增加，还比1984年有所减少，而第二产业借改革的“春风”高速发展，三年平均增长14.1％，远远高出第一阶段8％的增长速度；第三产业的增长也有所加快。从这里可以看出，我国经济的发展有着明显的政策取向性。

2. 投资力度加大。国家管理宏观经济的手段主要有财政手段、金融手段及其他手段。在当时，由于受国家体制所限，银行的作用得不到充分发挥，因此，政府调整经济的主要手段就是用投资来影响经济的发展。由于1978年以前十几年国家对企业投入不足，企业设备大多老化，产品落后。据当时对武汉某纺织厂的调查，其设备水平仅相当于德国本世纪二十年代的水平，在这样的设备条件下生产的产品是很难有市场竞争力的。因此，为扭转这一局面，国家加大了投资力度，在7年间，共投资15570亿元，平均每年增长22％，远高出现价国民生产总值的增长速度。但同时我们还应看到，三次产业投资的不均衡性，对农业的投入平均每年增长7.9％，如果扣除价格因素，则增长相当低，第二产业是投资的主体，每年投资都在24％以上，对第三产业的投资增长也在22％以上。当然，由于我国经济发展所出的历史阶段，我们必须发展主导产业——工业，走以工业带动其他产业的发展道路。但是我们还应注意对第一产业投资过低这一事实，除1982年、1984年和1987年投资规模有一定的增长外，其他年份基本没有增长，甚至略有下降。投资对农业的影响也是显而易见的，对应于这三个投资增长年份，农业的增长显然比其他年份高。

3. 人民生活显著提高。随着生产的发展，城乡人民的收入也有了很大的增长。在1980年，城市居民人均生活费收入为439元，到1987年提高到916元，增长了一倍多，扣除价格因素，增长了46％；农村居民人均纯收入从1980年的191元增至1987年的463元，增长了1.4倍多，扣除价格因素7年间翻一番多，平均每年增长达10.7％，这一速度甚至超过了同期国民生产总值的增长速度。从这一侧面也反映出，农村经济体制改革确实使广大农民受益不小。虽然从趋势上看，农民收入增长快于城镇居民，二者收入差距逐步缩小，但从绝对量看，农民人均收入在1987年仅相当与城市居民的50％，差距仍然相当大。只有在切实保证农民收入提高的前提下，才能使农业这一基础产业得到稳定的发展，为工业等其他产业提供充分的原料，为人民生活水平的提高提供可靠的物质保证。

4. 物价稳定。商品零售价格总指数是反映价格总水平变化的一个总体指标。从这一指标看，7年间价格的走势还是比较平缓的，在1980年商品零售价格总指数为6％，最高年份即1985年商品零售价格总指数也只有8.8％，7年间，每年平均指数为4.3％。在国民经济年均增长10.5％的情况下，价格保持在4.3％的水平，可以说是我国经济繁荣发展的一个重要标志。影响居民消费水平的价格指数也变化不大，7年来，年均指数约为5％。

为什么能保持这么低水平的物价走势？表面上看是国家对物价直接控制的结果。的确，国家控制物价对稳定物价水平起到了重要作用，但更重要的是有了物质上的保证。首先，从关系国计民生的农产品看，人均粮食占有量由1980年的326公斤增加到1987年的371公斤，净增加44公斤；油料由人均7.8公斤增加至1987年14公斤，几乎翻了一番；猪、羊肉产量由1980年人均12.2公斤增至1987年的18.3公斤，从而基本上保证了大多数人的吃饭问题。再者，从维系工业、建筑业等产业发展的主要原料看，发电量由1980年的3006亿千瓦迅速增至

1987年的4973亿千瓦，年均增速达7.4%，钢产量由1980年的3712万吨增至1987年的5628万吨，年均增长在6%以上，水泥生产由1980年的7986万吨增至1987年的18625万吨，增速高达12%以上，其他如生铁、原煤等都有较大幅度的增产。最后从满足人们日常生活的产品产量看，布从1980年的134亿米增至1987年的173亿米，电气产品如家用洗衣机、电视机等更是发展迅速，他们的产量几乎翻了二番到三番。因此，我们可以看出，不管从人民生活或生产需要，物质产品都有了相当程度的丰富，从而也就从根本上保证了物价的稳定。

5. *劳动生产率提高*。劳动生产率是单位劳动所创造的增加值。在此为了历史年份的可比性，我们定义劳动生产率为单位劳动创造的可比价增加值。经测算，国民经济总体及三次产业的劳动生产率都稳步提高。如果我们以1980年的劳动生产率为100，则到1987年，国民经济总体及三次产业的劳动生产率分别为162、148、133和152，年平均增长为7%、5.8%、4%和6.2%。特别是第一产业的劳动生产率，在有3亿多劳动者并且耕地减少的情况下，有如此大的提高更为建国以来所罕见。这也说明了为什么农业产量不论从总量上或从增幅上都创历史最高水平的原因所在。

（二）翻第二番阶段（1988年—1995年） 这一时期，以企业体制改革为重点的城市经济体制改革进一步深入，国家管理经济的形式也逐步由微观转变为宏观调节。八年来，相继出台了股份制企业试点、价格改革、金融体制改革、新税制及新会计制度等一系列重大决策，促进了国民经济高速增长。但经济生活中也出现了一些不尽人意的问题，特别是通货膨胀。

1. *经济发展快，但波动大*。这段时间，经济发展速度呈倒正弦轨迹走势。经济增长从1988年的11.3%下降到谷底的4.2%，后又回升至1992年并达高峰，当年速度为14.1%，以后又逐渐回落，到1995年降至9.0%，平均年增长率为9.6%。但从1988年至1989年，1990年至1991年，1991年至1992年增长速度发生了相当大的波动，波动幅度分别达7.1个百分点、4.9个百分点和5个百分点。从三次产业上看，第二产业和第三产业的发展状况与整个国民经济基本一致，第一产业则略有不同。平均发展速度以第二产业最高，为13.4%，其次是第三产业，为8.8%，第一产业增长最慢，仅有4.2%。第一产业除1990年速度达7.3%外，其余年份都低于5%，这和第一次翻番时期形成了鲜明的对比。第二产业增速快，但波动也最大，在1992年速度高达21.2个百分点，而在最低年份1990年仅有3.2%的增速，并且相临年份的速度差异达10个百分点；同样，第三产业也有着较为明显的波动现象，最低增速仅有2.3%。

2. *投资规模收缩、扩张两极化明显*。投资规模是影响经济发展水平的重要因素，投资增长的快慢也在一定程度上影响着经济发展的速度。在1988年全社会固定资产投资为4753.8亿元，比上年增长25.4%，当年的投资率为30%，可以说为一较理想的投资率，在1989年和1990年，由于国家采取紧缩的财政政策，投资增长急剧下降，1989年甚至为负增长，为－7.2%，1990年也只有2.4%的增速，这期间投资率也大为一降，只有24%左右的水平，经济增长也降到近几年最低点。自1991年国家又开始加大投资力度，当年投资增长23.9%。1992年年初邓小平同志南方观察并发展重要讲话对经济影响颇大，投资由迅速扩大，在1992年、1993年投资分别增长了44.4%、61.8%，1994年以后又紧缩投资规模，至1995年保持在17.5%的水平。

3. *物价涨幅总体水平偏高*。这一时期，人们对什么是物价上涨有了真正的感觉，人们从恐慌到逐步适应也体现了对我国经济改革的理解和支持。

八年来，物价基本处于较高的位置上，平均每年涨幅在12%，比国民生产总值的增长速度还高。改革以来所出现的两次大的物价上涨都发生在这一阶段，第一次在1988年和1989年，两年的物价分别为18.5%和17.8%；第二次物价上涨在1994年，当时物价涨幅达到惊人的21.7%。在第一次物价上涨时，由于人们心理准备不足，对物价的认识不清，导致1988年的商品抢购风，从而进一步加剧了物价的上涨。国家采取了以降低通货膨胀为目标之一的宏观经济政策。随后物价急剧回落，至1990年、1991年和1992年物价降到2.1%、2.9%和5.4%，但于此同时产生的是企业停产严重，下岗人员多，经济滑坡。为扭转局面，国家采取了刺激经济的政策，但随之出现的是新一轮的通货膨胀并且来势之猛超过了前一次，物价涨幅在1993年和1994年达到13.2%和21.7%。至1995年仍有高达14.8%的物价水平。我们应该看到目前的物价形势还是相当严峻的。稍一放松可能又会导致物价上涨的抬头。

4. *人民生活水平普遍提高，但城乡居民收入差距扩大*。尽管如前所述，八年来出现了严重的物价问题，但高速的经济增长也使广大的人民群众得益不小，收入普遍提高，生活水平和质量都有较大的提高。全国居民消费水平由1987年的人均550元增加到1995年的2311元。城镇居民人均生活费收入由1987年的916元，增加到1995年的3893元，扣除价格因素，增加了0.5倍，每年增长5.6%；农村居民人均纯收入也由1987年的463元增加到1995年的1578元，扣除价格因素，平均每年增长近3%。人们的吃、住、行方面都有很大的改善。但同时一个值得注意的问题是，一度缩小的城乡差距又进一步扩大，在1987年，二者人均差距为453元，到1995年已扩大至2315元。即使扣除价格影响，这一差距也还是十分明显的。我们改革的目的是为了达到共同富裕，而不是两极分化。因此，如何在进行城市经济体制的同时深化农村经济体制改革已经越来越为全国所关注。

二、翻两番阶段的主要经验和存在的主要问题

(一) 翻两番阶段的主要经验

首先要坚定不移地坚持“对内搞活，对外开放”这一经济发展策略。

改革开放以来，我国的经济实力的增强和人民生活水平的提高是有目共睹的，这一成就的取得是我国实行“对内搞活，对外开放”的结果。对内搞活的贯彻实施改变了以往吃大锅饭的分配模式，广大劳动人民在新的利益分配格局下发挥各自的积极性，使长期受压抑的生产力得到了发展。突出表现在拥有巨大劳动者的农业——这一基础产业的迅速发展，随后工业等其他产业的生产力水平也有很大的提高。对外开放使我国能够更清楚地认清国际经济发展的形势，扩大了对外经贸合作和交流。通过吸引外商在华投资和到国外举债，使我国实际利用外资从1983年的19.81亿美元增至1995年的481.33亿美元，这些资金对我国基础工业和高技术产业的发展以及对增加我国劳动就业都起到了积极的作用。

第二，加快我国工业化进程，缩短与世界的差距。

纵观各国经济的发展，大致经历三个阶段，首先是农业化阶段，再次是工业化阶段，最后进入信息化阶段。产业化的特征是该行业发展迅速，在国民经济发展中起主导作用。建国以后，我国政府一边抓农业建设，一边从事工业重建和发展工作，三十年发展使工农业有了相当的规模。改革开放后，我们应该以怎样的指导思想发展经济？我们面临的问题是，一是我国人口众多，吃饭问题必须解决；二是我国经济发展水平不高。依国际经济，在当今时代仅靠农业来提高经济水平是走不通的，但是我国人均国民生产总值低于1000美元的现实也不容我们跨越工业化阶段而走信息化的道路。因此，我们选择了以农业为基础，以工业为主导，逐步发展第三产业的道路。实践证明，我们的选择是正确的。在第一次翻番阶段，1987年国民生产总值比1980年国民生产总值增加了7436.7亿元，其中第二产业的贡献为3059.6亿元，扣除价格因素，第二产业的贡献率为49.4%；在第二次翻番阶段，1995年国民生产总值比1987年国民生产总值增加了45540.4亿元，其中第二产业的贡献为23286.3亿元，扣除价格因素，第二产业的贡献率为75.4%。无论从贡献量上或是贡献率上，第二产业对国民生产总值的影响都起着主导作用。十五年来，工业生产以年均12.2%的速度发展，高于国民生产总值年均增长速度，仅此带动了国民经济以8%的速度发展，因此可以说第二产业是推动国民生产总值翻两番的主要产业。可以预料，在未来的十五年内，要实现我国远景规划目标，第二产业仍是主要推动力。我们还应在允许的范围内加快我国的工业化进程。

第三，不断加强与改善宏观调控，保证经济持续、快速、健康发展。

改革以来，我国的经济体制逐步由计划经济向社会主义市场经济过渡，这期间国家管理经济的方式也由直接管理转变为对国民经济的间接管理、宏观调控。这一职能转变包括两方面内容，第一，赋予企业微观经济管理职能，使其真正成为市场经济的主体，第二，政府主要利用各种宏观管理手段调控经济运行，以确保经济快速、稳定地向前发展。例如，在1988年，当时经济发展较快，但物价较高。为扭转这一局面，政府一方面大力压缩投资、提高贷款利率，另一方面运用行政手段限制工资规模增长，结果到1989年物价回落、经济增长放慢。但过慢的经济发展并不是我们的目标。因此，在对1993年的物价高涨、经济过热进行调控时，政府主要利用适度的财政手段、金融手段和行政手段等调控经济运行，例如，适度压缩投资增长规模、适度提高贷款利率，使过热经济“软着陆”，这样既降低了物价又保持了经济稳定发展。可以说这是我国政府加强和改善宏观调控手段的结果。

(二) 十五年的经济发展中存在的一些重要问题

第一，经济增长起伏较大。

无论是第一次翻番阶段还是第二次翻番阶段，比较突出的问题是经济增长起伏大，有1个年份波动达7.1个百分点，3个年份波动在4.8－4.9个百分点，2个年份在4.1－4.2个百分点，波动在1个百分点以下的只有4个年份。经济增长的较大波动必然会产生不良的影响，首先从生产看，要么引起产品积压、生产停滞，要么造成商品奇缺、物价高涨，最终导致资源浪费、社会不稳。其次从消费看，当出现产品积压，消费者买不到称心的商品时，就会持有货币以观望市场好转，而企业因卖不出商品就无法得到资金去更新产品，这样消费者更加失望；当物价上涨时，消费者眼看手中货币贬值就会抛出货币买进商品，这样就造成了劣质产品进入市场，扰乱了市场发育，更重要的是引起更大规模的物价上涨。因此，在以后的经济发展中应尽力避免波动起伏较大的问题。

第二，物价上涨幅度过高。

物价上涨幅度高是十五年经济发展的主要问题之一，并且在1988年1989年1994年物价上涨幅度比当年国民生产总值的增长还高。高物价不但造成经济问题而且也会引起一系列社会问题。因此必须切实解决物价上涨这一问题，为此很有必要分析物价上涨的原因

以供以后借鉴。表面上看，经济增长快，物价就高，但为什么会这样呢?难道一定就如此吗?从根本上讲，之所以会产生物价上涨是由于人们手中的钱多了，而可买的商品少了，从而是太多的货币追逐太少的商品所致。我们可以从两方面分析这一问题，首先从投资看，投资量大必然会引起总需求的增大。由于投资量是人为决定的，所以它可以在短期内增长很快，但相对来讲生产能力的增长则需要一个过程，这样，在投资迅猛增长的下一个年份(有投资的之后因素决定)必然会使总需求大于总供给，从而引起物价的上涨。事实也证明了这一点。再者从金融方面看，过多发行货币和增加贷款也是引起通货膨胀的原因，在1988年货币净投放679.5亿元，比前一年多出2倍多，在1992年，货币净投放158.2亿元，也比上年多投放117%，1993年又比上年多投放32%。大量的增加货币投放，一方面增加了货币的供给，造成了“钱不值钱”的现象，另一方面使广大群众产生“货币幻觉”引起消费需求上升，从而最终导致物价上涨。所有这些因素共同作用才造成了我国目前物价过高这一严重的经济问题。因此，在以后经济发展中，特别要谨慎操作投资及货币供应的规模。

第三，经济效益下滑。

经济效益是反映经济发展质量的重要指标，它的含义指单位生产要素所产生的经济效果，或产品价值。经济效益高低说明我国综合生产技术利用水平的高低。分析十五年经济发展的进程，可以发现我国固定资产投资效益不高，且呈逐年下降的趋势。在第一次翻番阶段，每单位固定资产创造的国民生产总值(即投资效益)为3.72元，到第二次翻番阶段，这一数值仅为3.18元，从历年看，除经济大滑坡的1989年和1990年，其它年份的投资效益均呈下降的趋势，平均每年下降幅度达3.6个百分点。在1980年，1元的投资可产生5.06元的国民生产总值，但到1995年，仅产生2.96元的国民生产总值，投资效益的下降还是十分明显的。投资效益下降这一现实表明，我国经济虽然处于高增长之中，但仍在走“高投入、高速度”的粗放型发展道路。长远来看，受自然资源、资金状况等客观因素的制约，这一道路将会越走越窄，要发展经济，必须走经济效益型的道路。

三、对未来十五年经济发展展望及几点建议

(一) 对未来十五年经济展望 我们知道，1995年已经实现了国民生产总值翻两番，具体讲即1995年国民生产总值是1980年的4.217倍。1995年末人口数为12.12亿，是1980年人口数的1.227倍，因此，1995年人均的国民生产总值是1980年的3.436倍，接近于人均国民生产总值翻两番的目标。如果我们依总理《报告》所述，本世纪末全国人口控制在13亿以内，即人口不超过1980年的1.316倍，那么，要在2000年实现人均国民生产总值翻两番，国民生产总值则要达到1980年的5.264倍，为此今后五年(即1996－2000)国民生产总值年均增长要在4.4%以上。根据我国近十五年的发展情况，这一目标是完全可以达到的。

根据前面所述，我国仍处于工业化时期，以后工业将向“高加工、高科技”化发展，因此，未来十五年，工业仍将保持较高的发展势头。在过去十五年，工业年均增长12.2%，结合其他国家工业化时期工业发展情况，可以预计在2000年－2010年我国工业增长将会保持在9%以上的水平。第三产业在过去十五年平均每年增长11.5%，发展还是相当快的，但与其他国家相比，我国第三产业发展水平仍比较低，与国内生产和生活需求相比，也还有一段差距。在未来几年，国家仍将继续支持和扶持第三产业的发展，结合工业生产与第三产业生产之间的关系，预计第三产业将保持8%以上的发展速度。农业一直被视为国民经济的基础，在过去十五年，农业平均增长5.4%，其中粮食年均增长2.5%，随着农业科技的发展和对粮食生产需求的增长，农业也将保持一定的发展速度。保守估计，在未来十五年农业生产将增长3%以上。根据以上分析，在2000年－2010年，国民经济将以不低于7.5%的速度完成翻番目标。

(二) 对未来经济发展的几点建议 在前面展望中已经谈到，我们可以实现远景目标规划，但应该看到，长期保持7.5%以上的速度并不是一件容易的事，我们必须总结以前经济发展的经验和教训，以指导以后经济工作。

首先保持适度的经济发展速度。

要实现上述目标必须保证国民经济有一定的发展速度。速度偏低，可能造成资源闲置、失业增加，完不成远景目标;速度过高，可能造成物价飞涨、信用危机等严重的经济问题。根据我国经济目前的发展情况，较高增速的局面仍将持续一段时间，但受自然资源、资金的限制以及经济粗放发展所造成的负面影响，今后十五年保持过高增长的速度可能性不大。据测算经济增长的潜在增长速度大致在9%。因此，如果社会大环境稳定，政策操作恰当，以后十五年经济稳定增长的速度可能在7%－9.5%。

第二，严格控制物价上涨。

物价高是引起我国经济大起大落的主要因素之一，因此，要保证经济稳定增长必须严格控制物价上涨，使物价水平低于国民经济发展水平，力争在今后十五年使物价水平不超过5%－7%。对价格的改革要谨慎操作，要在合理论证的基础上、在适当的时机出台改革方案，特别对关系重大的粮食等基础产品的价格改

革更要小心，以免引起新的通货膨胀。

第三，积极努力，实现两个转变。

两个转变，即从计划经济体制向社会主义市场经济体制转变，经济增长方式从粗放型向集约型转变，是实现宏伟规划的根本。实践证明，计划经济体制已经束缚了生产力的发展，因此，经济发展客观规律要求必须尽快改革这一体制，建立新的适应生产力发展的体制形式，即建立社会主义市场经济体制。其中主要是建立和完善符合市场规律的生产要素市场，即劳动力市场、资本流通市场等，使生产关系中最具决定力的人成为市场经济的自由因素，能充分发挥其潜能，同时使资本的运用达到最佳的效益。另外，创造好的宏观环境，保证经济的良性运作，即使经济发展从目前"速度型"向"效益型"发展，走以科学技术为本的发展之路。两个转变，以第一个为根本，第二个为目的。

第四，大力发展农业。

农业是国民经济的基础，特别对有着12亿人口的中国就更为重要，并且已经引起国内外人士的普遍关注，曾有人说中国的根本问题是如何养活自己21世纪的人口问题。目前我国农业种植面积不断减少、劳动力外流、投入不足的现实使这种担忧不无道理。因此，应切实重视农业问题，把发展农业落到实处。首先要继续深化农村经济体制改革，以经济利益而非行政命令调动农民的积极性。我国目前的农村经济体制基本上是1984年以前建立的家庭承包制，经过十多年的发展，有些已经不适应经济的发展，因此必须以规模型、效益型为目标改革这一体制；同时以经济利益为杠杆引导农民从事农业生产，目前种植面积下降、劳动力外流与农业生产收益少(相对和绝对都有)有很大关系。要发展农业必须让农民在发展中得到越来越多的实惠，而不是随着农业的发展向农民收取越来越高的费用。第二，加大科技开发力度。科学技术是农业发展的第一贡献力，要重视良种培育、土地改造及农业机械化技术的发展。第三，继续加大国家对农业的投入。

(作者所在单位：国家统计局国民经济核算司)

对80年代以来我国经济发展集约化的度量与分析

黄朗辉　杨玉民

经济增长方式由粗放型向集约型转变是《国民经济和社会发展"九五"计划和2010年远景目标纲要》提出的具有全局意义的"两个根本性转变"之一，是提高我国综合国力和国际竞争力的根本途径，也是实现第二步和第三步战略目标的关键。通过对80年代以来我国经济发展集约化水平的综合度量和分析，说明:80年代以来，我国经济发展的集约化水平经过了"六五"时期的轻度下降、"七五"时期的缓慢上升后，"八五"时期则呈现较快上升的趋势，预计"九五"时期我国经济的集约化水平仍将保持上升的态势。要加快集约化水平的提高，必须积极推进经济体制的转变，改革领导干部考核标准、财政"分灶"体制和科研管理体制，进一步转变政府职能。

一、对我国经济发展集约化水平的度量

经济增长方式是通过生产要素的组合和利用、促进经济发展的方式。粗放型的增长方式以追求产量、规模和速度为目的，主要依靠生产要素的数量扩大，通过资金、物资、劳动力的投入，上新项目，铺新摊子而实现经济增长。它的主要特征表现为生产能力的扩大，主要依靠生产设备的增加、场地的扩大、占用劳动力和资源消耗的增加。集约型的增长方式是指主要依靠生产要素的合理组合和效率的提高而实现经济增长。它以技术、工艺和装备水平的提高，资源的合理利用与节约、管理上的科学化，劳动生产率的大幅度提高，从而实现高效益、高质量的经济增长为主要特征。

经济增长方式的转变是一个渐进的过程。因此，如何定量地描述经济增长方式从粗放型向集约型转化的过程，对我国经济增长方式的转变过程进行分析，以采取有效的手段，促进我国经济向集约化方向发展，已日益为人们所关注。

本文选择了劳动生产率、投资弹性系数、能源产出率、更新改造投资比重、贷款利用效益五项指标，运用统计分析方法，对我国经济发展的集约化程度进行定量研究。

1. 劳动生产率是指国内生产总值与全社会从业人员的比率，是全社会平均每个劳动者所创造的国内生产总值。劳动生产率的高低标志着平均每个劳动者为社会创造财富的多少，是衡量经济集约化程度的重要指标。

2. 投资弹性。这个指标所反映的是全社会固定资产投资每增加1%，国内生产总值增加百分之几。它从投资效果的角度来反映集约化程度。

3. 能源产出率是指消耗每吨标准煤所能提供的国内生产总值。它反映了能源利用效益、节能技术的改进与提高和经营管理工作的改善情况。

4. 更新改造投资比重。经济增长方式从粗放型向集约型转变，要求更新改造投资在固定资产投资中的比重也应相应提高。

5. 贷款利用效益是指单位贷款余额所能提供的国内生产总值。反映资金的利用效果，集约化程度越高，资金的使用效益也越高。

我们采用的综合评价方法是：以1980年为基期，计算上述五个指标1981年至1995年的指数，并分别按照20％、15％、25％、25％、15％的权数进行加权后求和，即得到历年的经济发展集约度指数(详见表1)。它反映了1980年以来我国经济向集约化方向发展的状况。集约度指数高于100，则说明集约化程度比1980年有所提高；低于100，则说明集约化程度不如1980年的水平。集约度指标的数值越高，则经济的集约化程度也越高。

二、对我国经济发展集约度变化的分析

从总体上观察，1980年到1995年的16年中，我国经济发展的集约度是提高的(见图1和表1)。除"六五"时期的集约化水平略低于1980年外，"七五"和"八五"期间各年的集约化水平均高于1980年。"七五"时期集约化指数平均每年增长2.25个百分点，"八五"时期集约化指数平均每年增长6.49个百分点。可见，"八五"时期是集约化水平提高最快的五年。

图1　80年代以来我国经济集约度变化曲线图

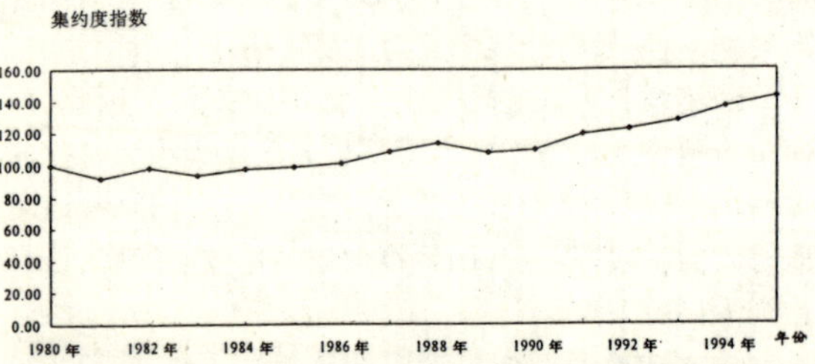

80年代中期以来，促成我国集约化水平提高的两个指标是劳动生产率和能源产出率。

1980～1995年，我国劳动生产率平均每年提高7.36％。分阶段看，"六五"时期年均提高7.15％，"七五"时期年均提高5.12％，"八五"时期年均提高9.87％。可见，进入90年代，我国劳动生产率呈现加速提高之势。但同时也要看到，我国与发达国家相比，差距仍然很大。以1990年为例，美国的劳动生产率是我国的37倍，日本是41倍，德国是46倍，法国是45倍，英国是31倍。说明我国劳动生产率进一步提高的潜力很大。

表1　我国国民经济集约度指数(％)

年　份	劳动生产率指数	GDP对投资弹性指数	能源产出率指数	更改投资比重指数	贷款利用效益指数	集约度指数
1980	100.00	100.00	100.00	100.00	100.00	100.00
1981	101.98	45.23	106.72	99.00	89.83	92.09
1982	99.25	96.27	103.06	99.13	88.33	98.09
1983	116.08	22.58	116.13	99.17	88.33	93.68
1984	128.81	54.37	124.58	82.20	80.30	97.66
1985	141.25	27.83	130.71	86.03	80.30	98.65
1986	149.54	13.18	134.96	99.89	71.62	101.34
1987	162.10	35.95	140.53	101.50	69.74	108.78
1988	175.22	31.89	145.66	106.23	74.65	114.00
1989	179.06	10.13	145.43	92.86	72.60	107.80
1990	181.30	27.65	148.30	90.89	64.63	109.90
1991	192.48	70.93	154.01	90.48	63.86	119.84
1992	215.92	34.62	167.25	90.61	65.43	122.66
1993	241.84	18.40	178.65	85.86	69.74	127.72
1994	266.92	12.48	190.21	86.85	77.94	136.21
1995	290.20	18.86	199.39	80.13	77.94	142.44

我国能源产出率1995年比1980年提高了近一倍。全社会每消耗1吨标准煤生产的国内生产总值由1980年的697.46元提高到1995年的1390.64元，平均每年增长4.7％。当然，我国的能源使用效益与经济发达国家相比，差距仍然很大。目前，我国单位产品能耗水平比发达国家70年代末80年代初的水平高出30％～90％；我国单位GNP的能耗为日本的6倍，美国的3倍，韩国的4.5倍。我国能源利用效率仅为30％，而一般工业化国家为50％以上。我国如能提高到35％，每年就可节约3亿多吨标准煤。所以，应当结合自己的实际，进一步提高。

80年代以来制约我国集约化水平提高的指标是投资弹性、更新改造投资比重和贷款利用效益。

我国的投资弹性1995年(0.32)比1980年(1.72)减小了1.4，也就是说，1995年投资增加1％，引致国内生产总值的增加幅度仅相当于1980年的18.6％。

造成这种状况的一个主要原因是由于缺乏投资约束机制。一些地方和部门领导以及企业承包负责人急功近利，片面追求所谓任期"政绩"，短期行为严重。许多项目缺乏科学、客观、周密的论证，仓促拍板，盲目上马，影响投资效益，甚至使大量资金有入无出。投资风险无人承担，决策失误。一旦投资失败，也没有人被追究责任。

各地在筹集到资金后更多考虑的是把资金投入到那些能带来短期利益的外延扩大再生产的项目和建设上去，对通过技术改造，提高现有企业设备的更新换代水平，走内涵扩大再生产的道路则考虑甚少。

表2 影响集约度的五个指标

年 份	劳动生产率(元/人)	GDP对投资弹性	能源产出率(元/吨)	更新改造投资比重(%)	贷款利用效益(元/元)
1980	992.41	1.72	697.46	20.53	1.89
1981	1012.01	0.78	744.34	20.32	1.69
1982	984.94	1.66	718.78	20.35	1.67
1983	1151.94	0.39	809.99	20.36	1.67
1984	1278.29	0.94	868.92	16.87	1.52
1985	1401.74	0.48	911.67	17.66	1.52
1986	1484.07	0.23	941.32	20.51	1.35
1987	1608.71	0.62	980.15	20.84	1.32
1988	1738.88	0.55	1015.95	21.81	1.41
1989	1777.04	0.17	1014.32	19.06	1.37
1990	1799.28	0.48	1034.32	18.66	1.22
1991	1910.17	1.22	1074.14	18.57	1.20
1992	2142.80	0.60	1166.54	18.60	1.23
1993	2400.02	0.32	1246.02	17.63	1.32
1994	2648.95	0.22	1326.66	17.83	1.47
1995	2879.96	0.32	1390.64	16.45	1.47

80年代以来，我国的更新改造投资比重呈下降趋势。1995年比1980年下降了近4个百分点(见表2)。“七五”时期，更新改造投资占全社会固定资产投资的比重为20.1%。“八五”时期，投资比重依次下降为1991年的18.57%和1992年的18.6%，1993年的18.5%，1994年的17.8%，均远远低于“八五”计划确定的更新改造投资占全社会投资比重24%的要求。同时，更新改造投资中用于“增产”的投资，“七五”时期比重为37.1%，“八五”前四年比重为35.3%，都占三分之一以上；而用于降低消耗、节约能源、提高产品质量和增加花色品种的投资，“七五”时期比重为26.0%，“八五”前四年比重为25.9%，都只有四分之一左右。

世界经济发展历程表明，当一国经济进入高速发展时期，要保持经济的高速增长，就必须增加技术改造在投资中所占的份额，加快设备更新的速度，使经济的增长主要通过技术进步来实现。如美国1947年至1978年技术改造占投资总额高达69%，西欧全国50年代初约占50%左右，前苏联也由1960年的58%上升到1980年的72%。可见，加大技术改造力度是提高经济集约化程度的一条必由之路。

整个80年代，我国贷款利用效益呈下滑态势，90年代初期(1991年)滑落到最低点，“八五”时期出现了逐步回升的势头(见表2)。平均一元贷款余额所提供的国内生产总值由1980年的1.89元下降到1991年的1.2元，1995年又回升到1.47元。贷款利用效益的这一变化特征以同样的方向影响着我国集约化水平的变化。

三、“九五”期间我国经济集约化水平展望

展望“九五”，我国国民经济发展的集约化水平将保持提高的态势，这是由于：

经济体制的加速转变将为集约化水平的提高奠定制度基础 改革开放以来，我国经济运行体制逐渐地由传统的计划经济体制，向社会主义市场经济体制转移。今年，八届全国人大四次会议通过了“九五”计划和2010年远景目标纲要，无疑将加快我国经济体制的转变。“九五”期间，我国将建立起社会主义市场经济体制的基本框架，国家宏观经济政策将引导现有企业加快资产存量的优化重组，发展企业集团，实现规模经营。这些都有利于生产要素的合理流动和社会资源的有效配置，有利于国民经济集约化水平的提高。

市场需求对经济增长的约束日益增强，有利于集约化水平的提高 90年代初期以来，我国经济增长已经由资本约束型为主转向市场约束型为主，绝大多数产品已经由卖方市场转为买方市场。市场需求对经济增长的影响越来越大，许多产品的生产能力已经富余。加工工业的生产能力利用率大都在70%以下，家电产品生产能力的富余表现得尤为突出。80年代末期以来，家电行业已出现了厂家减少，能力集中的现象。市场需求量的有限性，国内外市场竞争日益激烈，这将会促使各地区、各商家从追求生产规模的扩张转向追求产品的品种、质量和效益，最终会有利于集约化水平的提高。

科学技术水平加速提高，科技成果与生产紧密结合，将有利于经济集约化水平的提高 1881－1994年，我国技术进步对GNP增长的贡献率为30%左右，与发达国家的水平(50%－70%)还有很大距离，进一步提高的潜力还很大。随着社会主义市场经济的快速推进，许多大专院校、科研院所纷纷奔向经济主战场，积极主动地把科研成果投向生产企业，企业也积极主动寻找实用科技成果。这有利于科学技术迅速转化为现实生产力，将促使劳动生产率的提高和集约化水平的上升。

可持续发展战略的提出和实施将促进集约化水平的提高 《国民经济和社会发展“九五”计划和2010年远景目标纲要》提出“实施可持续发展战略，推进社会事业全面发展”。可持续发展是指满足当代人的需求，又不对后代人满足其需求构成威胁的发展。可持续发展强调的是人口、经济、社会、环境、资源的相互协调，共同发展，改变了先行工业化国家在工业化初期只顾经济增长，不顾环境保护和资源高效利用的不健康发展模式。确信我国在这一发展战略的指引下，必将更加重视资源的高效利用，进而促使集约化水平的提高。

四、进一步提高经济集约化水平的建议

经济体制转变对经济增长方式转变将发挥关键作用，同时以下四个转变对提高我国经济集约化水平也有相当大影响，决不可忽视：

考核地方领导干部政绩的标准和方法要转变 要从注重经济规模和速度，转到经济运行的质量、效益和环境保护上。很长时期以来，哪个地方经济增长快，那么那里的干部政绩就突出，提升得也快，这是不利于提高经济发展集约化水平的"人事"缺陷。

地方政府财政上"分灶吃饭"的状况要转变 省以下各级地方政府应尽力避免财政"分灶吃饭"。财政上的逐级"分灶吃饭"是地方投资饥渴症、地方保护主义、诸侯经济、地方经济结构趋同、环境恶化等不利于经济集约化的"分配"缺陷。

科研院所的管理体制要转变 除保留职能不重复的、少数权威性的基础性科研单位由国家财政拨用足额预算经费外，其他科研院所应尽可能市场化、企业化，以尽快把科技成果转化为现实生产力，不断提高科学技术对经济增长的贡献率。

各级政府职能要转变 中央政府和省级政府要把握经济布局的权力，搞好经济发展的规划。各级地方政府要在经济发展中发挥监督、咨询、服务、及执行国家法律法规的职能。现今我国已进入工业化快速推进时期，要做好工业发展地域规划，严禁各级地方政府乱开辟工业开发区，乡镇工业布点一定要注意适当集中。

（作者所在单位：国家统计局企调总队）

对近十年来我国需求结构演变的初步分析

国家统计局综合司

一、对我国需求结构演变的回顾

供给与需求是国民经济的两个重要方面，从生产角度看，国内生产总值即意味着国内供给，而从最终使用角度看，国内生产总值即意味着需求。一般来说，需求可划分成消费需求、固定资产投资需求、新增库存和净出口四个部分。动态考察80年代中期以来我国需求结构的变化，大致经历了三个阶段：一是以消费需求快速扩张为先导，进而带动投资需求快速增长阶段；二是国内需求结构调整，国外需求作用由弱变强阶段；三是国内投资需求急剧扩张，国外需求的作用继续增强阶段。

（一）1985—1988年：以消费需求快速扩张为先导，进而带动投资需求快速增长阶段 从国内生产总值使用的角度，即国民经济需求结构的角度，来考察这一阶段我国国民经济的演变过程，可以得出这样的总体结论：国内需求比较旺盛，以城镇家用电器普及和农村建房热为代表的消费需求急剧扩张。与此同时，投资需求在消费的带动下，也高速增长。社会总供给的增长不能适应总需求的增长。

1．国内需求旺盛，供需缺口依赖进口。1985－1988年，我国消费品零售额实际年均增长9.3％，高于1981－1984年1个百分点；同期我国累计净进口762亿元人民币，占GDP使用总量的1.9％。

2．以城镇家用电器普及和农村建房热为代表的居民消费行为呈现出明显的"排浪式"集中消费特征。短短的4年，城镇彩电、冰箱等高档消费品普及率成倍扩大(见下表)，农村新建房屋面积34.2亿平方米，几乎与改革开放以来总和相当，4年间人均住房面积增加4平方米。消费需求的扩张对经济发展的贡献率达51.6％，即在同期GDP年均增长11.3％中，有近6个百分点是由消费需求的增长带动的。

城镇家用电器百户拥有率(％)

年　份	1982	1985	1988
彩　电	1.1	17.2	43.9
冰　箱	0.7	9.6	28.1
洗衣机	16.1	48.3	73.4
收录机	18.0	41.2	64.2
电风扇	63.6	73.9	117.5

3．在消费需求的拉动下，投资需求也以较快的速度增长。在这4年间，总投资的年均实际增长12.9％，高于同期GDP年均增长速度1.8个百分点，成为带动国民经济在高水平上运行另一重要因素。总投资占GDP的比重平均达到37.7％。

4．面对高涨的需求，供给能力显得不足，具有较明显的短缺经济特征。这一阶段尽管GDP的年均增长速度达到了11.3％，但面对强大的需求，供给能力仍显得不足。许多商品仍在实行凭证供应，一些消费品缺货

断档现象时有发生，1988年在其他因素的共同作用下，还出现了全国范围的几次抢购风潮。

形成上述需求格局，特别是消费需求快速增长的原因，主要有以下几点：一是经济快速发展，居民收入大幅度增加。1985－1987年城镇居民人均生活费收入年均增长14.7%，农村居民人均纯收入年均增长9.2%，扣除价格因素后分别增长5%和6.8%，这是这次消费膨胀的主要因素。二是调整经济政策，补还历史欠帐。建国以来，我国一直采取“低工资，低消费”“重生产，轻消费”的经济政策，居民的实际收入水平增长甚微，居民消费被限制在较低的水平。改革开放后，国家开始采取措施扭转这一局面，在提高居民收入的同时，注重了轻工业的发展和鼓励居民消费。三是国外消费的“示范作用”。随着对外开放，我国人民了解世界的机会大大增加，许多国外的现代消费品进入我国，居民消费领域不断拓宽。四是价格改革预期的作用。随着国家各项物价改革措施的陆续出台，物价水平逐年上涨。这对于生活刚刚相对宽裕，投资渠道缺乏的人们来说，扩大即期消费几乎成为人民币保值的首选途径，一些人甚至为未来的消费囤积商品。另外，居民收入比较均等，消费起点差异不大。以及中国特有的盲目攀比心理，也是造成这一时期消费需求膨胀的重要原因。

这一时期以消费急剧扩张为主要特征的需求结构虽说有某些不正常因素，但其积极的作用是值得肯定的。首先，消费需求的增长带动了整个国民经济的快速发展。1985－1988年GDP年均增长11.1%中有6个百分点得益于消费需求的增长。其次，城乡居民“排浪式”的集中消费直接引发了我国产业结构的调整，轻工业得到迅速发展。1985－1988年轻工业年均增长16.9%，高于同期重工业年均增长速度。同时家电工业、建材工业以及为其服务的电子工业、集成电路、微型计算机等工业也都从无到有迅速发展起来。第三，居民消费水平得到大幅度提高，更加坚定了对改革开放的信心。1985－1988年城镇居民消费水平实际增长37.4%，农村居民消费水平实际增长也达到29.3%，这在建国历史上是少见的。

但是，这一时期的消费高涨，也为经济生活带来一些负面影响。一是供需矛盾加剧，直接导致物价水平迅速上涨，1988年居民消费价格上涨18.8%，成为改革开放后第一个物价上涨高峰年，并引发了商品抢购风潮。二是各地在利益驱动机制作用下，盲目引进生产线，重复建设，成为在此之后，企业效益下滑的重要原因。三是基础产业发展相对落后，“瓶颈”作用强化。各地方拉闸限电情况增多，在铁路的一些限制口路段，有60－70%的需求无法满足。四是80年代中期的超前性集中消费，在一定程度上为1989－1991年的市场全面疲软埋下了隐患。

（二）1989—1991年：国内需求结构调整，国外需求作用由弱变强阶段　面对1988年7、8月份全国范围内的商品“抢购风”，党的十三届三中全会提出了“治理经济环境，整顿经济秩序，全面深化改革”的方针。自此，我国需求结构也经历了一个为期三年调整阶段。

这一阶段需求结构的总体情况是：消费与投资需求的增幅减缓，在GDP使用中的份额下降，出口则成了保持经济增长的新的拉力，而且其强度由弱变大。消费与投资之间的比例也开始发生变化，投资的作用有所增大。

1. 消费需求增速减缓，对经济增长的推动作用明显下降。1988－1991年，消费需求年均实际增长3.7%，比前一阶段下降4个百分点，在GDP使用中的份额由64.3%下降到62.6%。消费需求对经济增长的贡献率也由51.6%下降到43.6%。

2. 投资需求增长也明显放慢。这一阶段投资的年均实际增长仅4.1%，比1985－1988年下降8.8个百分点，在GDP使用中的比重也下降了2个百分点。按不变价计算，消费与投资之比由上一阶段的1.92:1下降为1.76:1，而且基础产业的投资有不同程度的增加。1989－1991年我国能源工业投资实际年均增长6.9%，交通邮电业投资年均实际增长8%，都高于同期GDP的年均增长速度。

3. 出口需求增长迅速，净出口对经济增长的拉动作用逐步增强。1989－1991年出口的年均增长速度为14.8%，净出口也由前期的负数(净进口占GDP的1.9%)转变为正数(净出口占GDP的1.5%)。净出口对经济增长的贡献率也由1985－1988年的6.2%，骤升到30.5%，提高了24.3个百分点。这一趋势在1990年和1991年变得更加明显。

在这一阶段中，我国需求结构之所以呈现出上述格局，主要是前一阶段消费膨胀造成社会供求矛盾加剧，物价大幅度上涨的滞后影响，以及宏观调控紧缩力度过大所致。

(1) 前一阶段集中消费的滞后影响。由于1985－1988年城镇居民“排浪式”的购置家用电器消费热潮，使城镇家用电器市场在很短的时间内处于相对饱和状态，而农村又尚不具备承接家用电器的条件，使我国居民消费出现断层。这是导致这一阶段消费增长速度减慢，对经济增长的贡献率下降的重要原因。而且这种集中消费的滞后影响，在其后还持续了相当长的时间。

(2) 宏观调控力度过大，对固定资产投资压缩过多。1988年的商品“抢购风”和与之相伴的高通货膨胀，除了消费需求过旺和“排浪式”的消费模式之外，很重要的一个原因是人们对于价格改革闯关可能带来的物价上涨，具有很强的预期和共鸣。而当时的固定资产投资的现价增长速度仅为23.6%，实际增长速度也只有

8.5%。但宏观调控为了尽快地稳定局势，采取了多管齐下，过于严厉的紧急刹车措施，既压消费需求，更压控制起来得心应手的投资需求，从而与家用电器排浪式消费的滞后影响相重叠，导致了整个需求的不足。1989年，固定资产投资的实际增幅比1988年下降12.1%。1990年采取了有关咨询部门力主增加固定资产投资400亿元的建议之后，固定资产投资才比1989年上长3.2%。该阶段三年平均固定资产投资仅增长1.9%。

(3) 国内市场疲软后，迫使我们转向国际市场。面对1989年出现的国内市场疲软，政府为了保持国民经济的适度增长，企业为了寻找产品出路，扩大出口成了社会的共识。尽管这一时期，由于受到了政治因素的影响，企业出口困难重重，但由于内需较弱，这三年出口成绩还是很突出的，到1991年末，出品总额已达718.4亿美元，比1988年增长51.2%，年均增长14.8%。

(4) 开始逐步加强基础产业的投资。 该阶段的后期由于国民经济呈现出明显的需求不足，为了刺激经济，政府开始增加固定资产投资。由于前阶段大上加工工业项目，出现生产能力大量过剩，而基础设施却跟不上，成为国民经济发展的“瓶颈”，使人们看到了基础设施的重要性，基础设施成了投资的主要方向。1990－1991年的两年间，国有单位用于能源、交通、通讯等基础设施的投资增长了30%。

在这一阶段中，我国经济受到了较大影响，突出地表现在经济发展速度明显放慢，市场疲软，经济生活各个层面活力不足。但尽管如此，需求结构的被迫调整也有一些积极的作用。一是过热的经济明显降温；二是社会总供需矛盾相对缓解，通货膨胀得到控制。居民消费价格上涨率由1988年的18.8%，下降到1991年3.4%；三是市场秩序明显好转，居民消费心态趋向正常；四是基础产业得到加强，产业结构“瓶颈”矛盾有所缓解；五是国民经济结构得到一定程度的调整，为今后我国经济的快速发展积蓄了能量。但是国家为启动市场，三年新增贷款近7500亿元，这大部分以库存或企业存款的形式暂时沉淀下来；同时，国家现金支出以平均17.7%的速度增长，三年居民新增存款5309亿元，社会上积累了大量的结余购买力，潜在物价上涨压力增大。

(三) 1992—1995年：投资需求急剧扩张对国民经济发展起主导作用阶段 这一阶段以1992年初邓小平同志南巡讲话为契机，形成了改革开放以来，以固定资产投资迅速扩张为先导的国民经济迅速发展时期。这一时期需求结构的主要特征是投资需求迅速扩张，成为推动经济增长的主要动力，消费需求变化比较平稳，国外需求的作用继续增强。

1. 投资需求的迅速扩张是这一轮经济快速发展的主要动力。1992－1995年，总投资占GDP的比重平均为40.1%，比1985－1988年提高了2.4个百分点，比1989－1991年提高了**4.3**个百分点，1993年曾一度达到43.5%。投资需求的迅速扩张使其对经济发展的贡献率由1989－1991年的25.9%提高到44.9%。在GDP年均增长12.7%中有5.6个百分点得益于投资需求的拉动。尤其是1992－1993年，投资需求的急剧膨胀对经济发展的拉动作用更为显著。1993年投资实际增长高达22.9%，比这一阶段的平均增长率高6.1个百分点，对当年经济增长的贡献率由48.8%。而且，各个年份投资波动很大，1994年投资的实际增长率比1993年锐减了近11个百分点。

2. “消费热点”缺乏，消费需求增长平稳。1992－1995年，我国消费率下降3.2个百分点，平均为59.4%，消费需求年均实际增长10.7%，低于同期GDP和投资需求的增长速度。而且，各个年份增速波动较小，最高年份与最低年份相差不到6个百分点。

3. 国外需求对经济发展的作用继续增强。据海关进出口贸易统计，1992－1995年，我国对外贸易发展迅速，出口年均增长20%。对外贸易的迅速发展，使我国经济对外贸易依存度大为提高。1995年我国出口依存度(按三年平均汇率计算，下同)由1991年15.6%提高到19.0%。与此同时，我国对外贸易受政策和需求的影响越来越大，已成为调节国内经济增长的主要因素，而商品的竞争能力仍然较弱。如1993年外贸出现逆差的原因，一是国内投资需求强劲，投资品进口大量增加，钢铁、矿产品和机电产品的进口增长速度分别达到了2.4倍、50%和47%；二是受国内需求旺盛和人民币将会贬值的预期的影响，出口仅增长8%。而1994－1995年我国出口增长强劲的原因也是由于人民币贬值和出口退税率的调整等政策变动及内需逐步减弱的影响。

形成上述需求格局的主要原因一是前阶段的低速发展尽管符合调整的需要，但也不同程度上影响了各地发展的积极性。当时，地方要求加快发展的呼声很高。二是经济调整积聚了一定的发展能量，如基础产业得以发展，“瓶颈”约束大大减缓。三是邓小平同志南巡的积极鼓舞作用。四是国际经济开始复苏，大量外资涌人我国，为经济的高速发展提供了市场，提供了资金。1992－1995年世界经济的年均增长速度达到2.9%，比1989－1991年高0.5个百分点。1992－1995年我国实际利用外资1495亿美元，相当于1978－1991年实际利用外资总和的1.9倍。

这一轮投资需求的急剧扩张使我国经济发展摆脱了1989－1991年低速发展的阴影，GDP年均增长速度达到12.7%，在世界各国经济发展中独领风骚。综合国力迅速提高，重新建立了国内外投资者对中国经济的信心，再次显示了中国这一巨大市场的诱惑力和蓬勃发展的朝气。我国的基础产业的基础地位在经济快速发展中也得到进一步加强，增强了经济发展的后劲，仅国有单位能源、交通邮电投资就增加12775亿元，年均实际增长15.2%，高于同期GDP的增长速度。

但是，这次投资需求急剧扩张，国民经济高速发展所带来的消极作用也是值得让人深思的。

(1) 供求结构再次失衡，物价水平全面上涨。我国刚刚经过三年的“治理整顿”，扭曲的经济关系得到初步理顺，物价迅猛上涨势头得到有效遏制。但1992－1993年固定资产实际投资又以年均23%的速度增长，主要投资品一度供不应求，缺口扩大，尽管钢铁、机电产品也曾以2.5倍、50%以上的速度大量进口，仍不能满足国内需求的需要，致使投资品价格再次迅猛上涨，1993年达到26.6%。再加上政府对粮油等主要农产品购销价格的上调，以及放开经营，从而引发了我国改革开放以来最严重的通货膨胀。从1993年开始，连续三年物价水平以2位数速度上涨，1994年居民消费价格的上涨幅度高达24.1%。

(2) 盲目投资致使我国曾一度出现泡沫经济现象。1992－1993年，由于舆论的过激报导和国家宏观管理措施不力，经济秩序曾出现混乱局面。各种各样的“投资热”、“集资热”、“开发区热”、“炒股热”全面升温。这两年房地产开发投资成倍增长，分别为上年的3.2倍和3.6倍。房地产价格迅速翻番。面对社会对资金的旺盛需求，许多地方和部门擅自设立金融机构从事信贷活动，金融机构违章拆借，大量资金在银行系统外循环，用于房地产和股票投机运作，正常信贷计划不能落实，重点建设资金难以保证，严重冲击了我国正常的金融秩序，一度出现了某些虚假繁荣的景象。对此，1993年中政府不得不提出16条措施，以整顿金融秩序为重点，强化宏观经济调控，开始了长达三年的经济“软着陆”。

二、我国需求结构演变带来的启示

改革开放的17年，也是我国经济快速发展的17年，GDP年均增长9.9%。经济的发展离不开供给能力的不断加强，经济发展的最终成果又必须通过各类需求加以实现。特别是在80年代末到90年代初期，我国经济逐渐走出供给短缺的阴影后，需求以及相应的需求结构已逐渐成为决定经济发展的重要因素和预示经济发展的“晴雨表”。透视近十年来，我国需求结构的演变，我们可以得到以下几方面的启示：

(一) 对国民经济发展而言，需求已经与供给处于同等重要的地位 供给与需求是国民经济的两个重要方面，从生产角度看国内生产总值即意味着国内供给；而从最终使用角度看国内生产总值即意味着需求。当供给短缺时，一部分需求无法得到满足；相反当需求不足或供给结构与需求结构不协调时，供给不能最终实现，其结果只能是大量增加库存。在短缺经济条件下，宏观调控注重供给面的研究是非常必要的。但在结束或基本结束短缺经济之后，则需求面的研究就应上升到与供给面的研究同等重要的地位。通过刺激或抑制需求带动经济发展已为世界经济实践所证实。在80年代中期，我国仍属于典型的短缺经济，许多基本生活必需品仍需凭票证计划供应，一些商品脱销断档。因此，宏观调控更注重供给面的的研究。但是自80年代末期到90年代初，我国已基本结束了短缺经济的历史。因此，需求及其结构在中国经济发展中的作用越来越强，1989－1991年GDP年均增长5.7%左右，主要是需求不足所致。近两年，我们适当压缩了需求，经济增长速度便自然放慢，内需的强弱也很自然地波及到进出口。今年随着我国经济的发展和市场机制的强化，需求以及相应的需求结构对我国经济的发展将更加重要。当然，我们不应该也不可能仅仅从需求的角度去考虑问题，而是要把需求与供给放在同等重要的地位来研究国民经济的发展。

(二) 投资需求仍应是我国经济发展的主要动力 作为一个发展中国家，我们在强调消费需求对经济发展作用的同时，针对我国高积累、高储蓄的现实，以适度投资需求带动经济增长仍然应该是我国经济发展的长期战略。1989－1991年，我国经济在低水平上徘徊，固然有“治理整顿”的负面影响，但也与前一时期，国家偿还历史欠账矫枉过正、国家收入分配过分向个人倾斜、投资率一度降低有关。在1988年“抢购风”出现后，由于担心恶性通货膨胀，采取了严厉的紧缩措施，特别是对固定资产投资的严厉压缩，导致整个国内需求明显不足，进而造成经济增长速度过低。1992－1995年，尽管投资需求的扩张有一些过头，带来了一些消极影响，但这是我国历史上发展最快的时期，没有投资需求的快速增长，这是不可能实现的。因此，我们认为，在进入中等发达国家行列之前，投资需求仍将是我国经济发展最重要的推动力量。

(三) 消费需求和投资需求应协调发展 改革开放后，我国经济发展经验表明，单独强调消费需求或投资需求的任何一方对整个国民经济长期稳定协调发展都是不利的。无论是1985－1988年的过分强调偿还历史欠账，消费需求快速增长导致的“抢购风”，还是经过“三年治整”后的1992－1994年固定资产投资的急剧膨胀，致使物价总水平迅速上涨，对国民经济长期协调发展都产生了许多消极的影响，消费需求、投资需求两者之间必须协调发展。

一般来说，消费需求的变化比较稳定，波动起伏较小，这是世界各国的普遍规律。80年代中期，我国消费需求过度膨胀是国家分配政策大调整，国民收入分配过分向个人倾科，城镇居民消费集中，居民对价格改革预期过于强烈所致。与消费需求相比，投资需求特别是固定资产投资需求受国家经济政策影响较大，尤其是在我国投资体制尚不健全，投资决策与投资风险不相称的条件下，投资需求波动更加剧烈。因此，在处理投资与消费的关系时，关键是把握好投资需求的力度。考虑到当前我国经济正处在快速发展阶段，实际投资增长速度高于GDP增长速度2个百分点左右是比较适宜的。

（四）国外因素成为影响我国经济发展的重要方面 随着我国对外开放的不断扩大，我国经济与世界经济的联系日益密切。改革开放17年，我国的对外贸易获得了长足发展，进出口贸易年均增长16.6%，其中出口贸易年均增长17.4%。我国经济对外贸易依存度大为提高，至1995年出口依存度已由1978年的4.6%提高到19.0%，对外贸易依存度也已由1978年的9.8%提高到35.8%。国际市场已成为调剂国内商品余缺的重要来源，在一定程度上成为稳定国内总供需平衡的"调节器"。

80年代中后期，我国总供需结构失衡，国内供给不足，进口了大量国外商品，缓解了国内供需矛盾；"三年治理整顿"期间，国内市场疲软，消费需求、投资需求都不足，出口需求却保持较快的增长，缓解国内供给相对过剩的矛盾。1992－1995年，我国经济的快速增长，在很大程度上也得益于对外贸易和利用外资。这一时期，我国的进出口贸易年均增长20%，外商直接投资大量增加，1992—1995年外商累计直接投资1108亿美元，是1978－1991年的4.1倍。

（五）逐步降低库存占GDP的比重，提高经济增长质量 库存占GDP的比重已成为衡量国民经济增长质量的重要指标之一。目前，世界许多国家，特别是发达国家，库存占GDP的比重均比较低，一般在2%左右。而且日本、美国等国家的企业甚至提出了零库存的发展战略。回顾我国近十年来需求结构的变化，我们可以看到，库存占GDP的比重仍比较高，平均达7%左右，最高的年份达10.7%。这充分表明，我国经济增长的质量还不高，今后要结合经济增长方式的转变，逐步降低库存占GDP的比重。

（六）居民消费行为已基本正常，社会消费行为和投资行为仍有待改善 由于居民资产主体和责任主体一致，特别是经过1988年"抢购风潮"的洗礼，居民的消费行为已日趋理性化。近几年，尽管通货膨胀率较高，但国内消费品市场却发展比较平稳，没有出现大的波动。但是，与居民消费比较理性、消费行为基本正常相比，由于资产主体与责任主体不尽一致，社会消费行为和投资行为还很不规范，这是造成我国经济发展波动的主要原因。就社会消费而言，一方面受国家财政政策松紧的影响；另一方面，也受国家对公款消费的监督松紧的影响。就投资特别是公有单位的投资而言，尽管经过十几年的投资体制改革，资产主体和责任主体不一致的问题并没有得到解决。投资决策缺乏约束机制，缺乏可行性研究，不考虑投资风险，争上项目，盲目攀比，重复建设的现象仍比较多。因此，迫切需要建立责任、权利紧密结合，合理的投资管理体制。

（七）政府的调控应遵循客观经济规律 经济发展有其内在规律性，任何不尊重客观规律的决策都会对国家经济的稳定、持续、协调发展造成不利的影响。作为制定政策的政府行为更应该遵循客观经济规律。1985－1988年，过于强调弥补历史欠账，鼓励"能挣会花"高消费，致使消费需求过快膨胀，供需矛盾加剧，引发了严重通货膨胀。1992－1993年，由于放松了对固定资产投资，特别是房地产投资的管理，结果各类开发区一哄而上，房地产投资热火朝天，投资需求急剧扩张，从而一度出现了泡沫经济现象和严重的通货膨胀，并不得不重新实施"软着陆"政策。以上两次偏差都使我国经济付出了很大的代价，教训是深刻的。我国是一个人口众多，情况复杂的大国，宏观经济决策必须按照客观经济规律办事。

三、今后5—15年我国需求结构展望以及相应对策

眼下，我们正处于世纪之交的关键时刻，今后5－15年中国的需求结构会如何演变，倍受关注。对此，人们提出了各种各样的看法。通过对我国近10年需求结构演变的回顾，以及今后影响我国需求结构变化有关因素的分析研究，我们认为，在今后5－15年中，我国的需求结构的基本格局是消费需求稳定增长，投资需求受政策影响会有一定波动，出口需求将会保持平稳增长，净出口对经济发展的拉动作用会逐渐减弱，如果投资政策基本稳定，需求的总体趋势是平衡增长。

（一）结论是基于以下的判断

1. 随着我国经济的发展，城乡之间、社会各阶层之间收入差距将会继续扩大，这就决定今后我国的消费"热点"将会趋于多元化，不再可能形成80年代中期的集中消费。按普通居民现有的购买水平，如果国家没有大的政策措施出台，无论是住房消费还是小轿车消费，都不会突然成为消费的"热点"而改变消费平稳增长的格局。例如，住房消费本应很快成为城镇居民消费的"热点"。但由于居民收入水平所限，特别是住房制度改革推进过于缓慢，因此，要使其真正成为消费热点尚需付出艰苦的努力。而且，这一过程也将会是渐进的。此外，当居民收入和生活水平达到一定水准后，尽管政府的消费政策有一定的引导作用，但消费的最终

决定者是消费者自己，宏观调控政策的作用有限。

2. 尽管国家直接投资是有限的，但国家可以通过财政和货币政策以及一定程度的投资项目管理政策等对投资需求产生重要影响。我国还是一个发展中国家，许多行业，特别是基础行业和住房等都亟待增加投资，而且我国的高储蓄率也可以为建设筹集所需资金，投资需求仍然是经济发展的重要推动力量。尽管目前公有单位的投资行为还不尽合理，但是随着改革开放的逐步深化，投资行为将会逐渐趋向理性化，国家对投资规模的调控技巧也会更加成熟。这就决定了今后我国有可能避免再次出现90年代初投资需求急剧膨胀的局面。

3. 出口需求将会保持平稳增长，净出口对经济发展的带动作用将会有所减弱。第一，尽管我国的对外贸易在改革开放后得到长足发展，我国出口商品中机电产品的比重也有很大提高，但我国出口商品的附加值不高，劳动密集型产品和来料加工贸易较多，产品的竞争能力还不强，进一步扩展出口的能力有限。第二，随着我国外贸体制国际化进程的加快，根据我国目前的外汇储备情况，继续靠人民币贬值和较低的劳动力成本参与国际竞争的余地越来越有限。第三，世界贸易区域化、集团化发展的趋势明显，贸易保护主义抬头，世界范围内的竞争将会更加激烈。此外，随着我国经济的不断发展，“中国威胁论”泛起，在一定程度上也会增加我国进出口贸易的难度。

基于以上分析和判断，我们建议今后5－15年国家宏观调控宜采取合理引导消费与适度刺激投资并举，注重刺激国内需求与利用国外需求并举，比较协调的需求调控政策。即在城镇以居民住房消费和相关的室内装修装饰消费为龙头，在农村以实用的家用电器消费为龙头，形成多元化的消费格局，并视条件，适时引导适合中国国情的汽车消费，特别是农用客货两用车的消费。与此同时，注重鼓励居民的高储蓄倾向，适度增加农林水利、交通通讯、能源等基础产业的投资和具有先进水平的加工工业的投资。在注重挖掘好国内需求资源的同时，积极参与国际竞争，尽可能地利用国际市场和国际资本熨平经济周期，保持国民经济持续快速稳定发展。

(二) 具体建议

1. 进一步加强宏观政策的科学性，尽量减少主观随意性决策对经济运行的干预。政府在市场经济条件下的作用，是按照客观经济规律，通过各种法律、法规的颁布和实施，建立和维护国民经济运行秩序，使整个经济运行有序化、规范化，利用财政货币等经济政策杠杆对国民经济进行间接调控，保证经济的持续快速稳定发展。要在思想上和管理制度上逐步清除主观随意地干预经济的可能性。

2. 加快投资体制改革，尽快改变投资决策与投资风险不相称的状况，使投资行为合理化。今年政府出台的投资项目资本金制度、投资项目法人制度和明确投资主体等措施，朝这一方向迈出了积极的一步。今后应继续加快这方面的改革，以使投资行为真正做到以投资收益率为基础，并兼顾必需的社会效益，减少乃至消灭无效投资和低效投资。

3. 加快住房制度改革，促进住房产业化发展。目前，居民住房消费之所以迟迟难以启动，主要有两大原因，一是房价与居民的购买力相差较大；二是城镇居民住房制度改革推进太慢。尽管两个方面都很重要，但我们认为后者处于更加关键的地位。只有摈弃个人私利，真正将住房制度朝着市场化、产业化的方向加以推进，并尽快到位，才能消除居民等待观望的心理，投入商品房消费的行列。一旦有了动力，再设法推出相应的财政金融和房地产政策，则房价(或房租)与居民购买力相差较大的问题也会逐步得到解决的。因此，首先，应加快以市场化、产业化为方向的住房制度改革，消除居民等待观望心理。其次，利用经济、法律、行政等多种手段协调解决好房价与购买力相差较大的矛盾，尽快将城镇居民住房消费启动起来。

4. 加快农林水利、交通通讯、能源等基础设施投资，增强发展后劲，培育经济增长点。国家应从产业政策、贷款利率方面，积极鼓励国内各方面对基础产业特别是中西部基础产业的投资，同时采用BOT(建造－经营－转让)形式，尽量吸收外资参与对我国基础产业的开发。通过加大对基础产业和具有先进水平加工工业的投资带动整个投资需求的适度增长。

5. 注重开发利用广大的农村市场。过去我国往往把发展的重点集中在城镇市场，实际上我国的农村市场潜力是巨大的。近几年国外一些大公司千方百计一直想进入中国市场，在很大程度上也是看中了农村市场。开发农村市场除了一方面要多考虑农民的要求和农村经济发展的条件，生产适合农民消费的商品以外，另一方面要切实落实减轻农民负担的各项措施，保障农民收入水平的稳定提高，保护农民的生产积极性。

6. 积极参与国际竞争，提高利用外资的效益。国家应制定整体的贸易发展战略，积极拓展国际发展空间，使国际市场成为我国经济长期稳定发展的“调节器”。利用外资也要从单纯量的扩张，转变为质的提高上来。充分利用国内和国际两个市场，两种资源应作为我国的长期发展战略。现阶段对外贸易的发展要从过去依靠人民币贬值，依靠资源性出口，转移到提高产品质量，提高产品竞争能力方面来。积极引进外资，特别是国外直接投资，引进国外先进的设备和管理经验，提升我国的产业水平。

7. 在注意对需求进行研究和管理的同时，继续注意供给对经济发展的基础作用。按照中央提出的目标，积极推进两个转变，进一步提高我国的供给能力和供给质量，通过发展生产力来保证提高我国的综合能力，保证国民经济持续快速稳定发展。

附表一:

需求角度的GDP构成 (现价) (%)

年份	总消费	固定资产投资	库存投资	总投资	净出口
1985	65.7	30.0	8.5	38.5	-4.2
1986	64.6	30.6	7.4	38.0	-2.5
1987	63.2	31.8	4.9	36.7	0.1
1988	63.7	31.4	5.9	37.4	-1.0
1985-1988	64.3	31.0	6.7	37.7	-1.9
1989	64.1	26.4	10.7	37.0	-1.1
1990	62.0	25.8	9.3	35.2	2.8
1991	61.8	27.9	7.4	35.3	2.9
1989-1991	62.6	26.7	9.1	35.8	1.5
1992	61.7	32.2	5.1	37.3	1.1
1993	58.5	37.6	5.8	43.5	-2.0
1994	58.6	36.3	3.7	40.0	1.4
1995	58.8	34.6	5.1	39.7	1.5
1992-1995	59.4	35.2	4.9	40.1	0.5

注释:

1. 出品依存度等于一个国家出口总量在该国国内生产总值中的比重，它反映该国经济发展对国外需求的依赖程度。
2. 对外贸易依存度等于一个国家进出口总量在该国国内生产总值中的比重，它反映该国经济发展对国际市场的依赖程度。

附表二:

总需求各组成部分增长对GDP增长的贡献率

(不变价) (%)

年份	总消费	固定资产投资	库存投资	总投资	净出口
1985	84.1	43.0	43.6	86.5	-70.7
1986	49.5	33.1	-4.6	28.5	22.0
1987	43.3	39.6	-19.3	20.4	36.3
1988	36.1	23.9	13.9	37.8	26.1
1985-1988	51.6	34.2	8.0	42.2	6.2
1989	-100.2	-127.7	177.3	49.7	152.6
1990	51.5	15.9	-15.2	6.3	47.9
1991	83.4	48.6	-15.3	33.4	-16.7
1989-1991	43.6	10.1	15.8	25.9	30.5
1992	70.9	50.0	-15.5	34.5	-5.5
1993	40.5	42.7	6.1	48.8	10.7
1994	42.1	44.7	-8.7	36.0	21.9
1995	43.4	38.3	16.9	55.3	4.8
1992-1995	47.5	43.3	1.5	44.9	8.7

总量控制到位 深层矛盾突出

——1996年宏观经济形势分析

彭志龙

1996年，国民经济保持了适度、平稳的发展态势，较好地实现了中央制定的宏观调控目标，为"九五"时期开了一个好头，起了一个好步。但另一方面，经济生活中的许多深层矛盾并未缓解，有的矛盾甚至有所加剧。边些矛盾和问题，应引起我们的高度重视，并通过深化改革和加强宏观调控逐步解决。

一、1996年宏观经济形势判断

1996年的宏观经济形势总体上是好的，经济增长进一步趋于适度，物价涨幅回落到一位数，投资、消费、财政、金融、国际收支等方面的宏观经济指标都显示出经济总量平衡关系有了显著改善。

(一) 1996年经济增长的特点

1. 增长速度平稳、适度。据初步计算，1996年全国国内生产总值67795亿元，可比价增长9.7%，是近年来增速最低的一年。1993年以来，过高的通货膨胀率一直是宏观调控要解决的突出问题，然而，通货膨胀率的高低在相当大的程度上又取决于经济增长速度。多年来的实践表明，过高的经济增长率往往引发过高的通货膨胀率。因此，要控制通货膨胀必须首先控制经济增长率。经过四年来的调整，经济增长速度逐年缓慢下降，1992－1996年经济增长分别为14.2%、13.5%、12.6%、10.5%、9.7%，现已进入比较理想的经济增长区间(8%—10%)。1996年的增长速度不仅适度，而且平稳，体现在：一是回落幅度小。1996年国内生产总值(简称GDP)速度较上年回落0.8个百分点，而1995年GDP速度回落了2.1个百分点。二是季度之间波动很小。一季度，GDP增长10.2%，上半年增长9.8%，1～3季度增长9.6%。所以说，今年的经济增长具有适度、平稳的特点。

2. 三次产业结构变化微小。在GDP中，第一产业13550亿元，增长5.1%，占GDP比重为20.0%，与上年相比，比重下降0.6个百分点;第二产业33148亿元，增长12.3%，占GDP比重为48.9%，高于上年0.5个百分点;第三产业21097亿元，增长8.0%，占GDP比重为31.1%，比重与上年持平。

3. 投资、消费成为拉动经济增长的主要因素。1995年，我国投资、消费、出口的增长幅度分别为17.5%、26.8%和22.9%，对经济增长的拉动呈三分格局。进入1996年以来，外贸出口回落明显，上半年较去年同期下降8.2%。根据当时的情况，国家采取了加快出口退税和增放外贸企业流动资金贷款等项措施。7月份，外贸出口开始止跌回升，预计全年出口总额增长3%。1996年，国内需求在经济增长中的作用增强，固定资产投资增长19%左右，扣除价格因素，投资约增长12.5%;消费品零售总额增长幅度也在20%左右，扣除价格约增长13%。上述两项增幅都超过了同期GDP水平。经济增长呈现国内需求拉动为主的特征。

4. 经济增长率高于物价上涨率，两者之间的搭配关系是1993年以来最好的。1993年GDP增长仅高于物价上涨0.3个百分点，1994－1995年经济增长率较多地低于物价上涨率，1996年经济增长率预计超出物价上涨率3～4个百分点。

	1993	1994	1995	1996
GDP增长速度 %	13.5	12.6	10.5	9.7
物价上涨率 %	13.2	21.7	14.8	6.0

(二) 供需总量基本平衡 初步测算，1996年现价总供给为78614亿元，比上年增长14.4%;总需求为81916元，增长13.8%，供需相抵，需求大于供给3302亿元，供需差率为－4.2%，处在正常的差率范围内。1996年负差率幅度较去年进一步缩小，这是近五年来负差率幅度最小的一年。

年份	1992	1993	1994	1995	1996
供需差率 %	－6.5	－7.3	－6.2	－4.8	－4.2

(三) 财政预算执行情况好于往年 1～11月份，全国财政收入6050亿元，同比增长18.1%，财政支出6208亿元，同比增长17.4%，收支相抵，支出大于收入158亿元，逆差比去年同期小7亿元。在过去的一年中，由于国家采取了多项增收措施，包括：大力开辟和培植新财源，把非国有经济和第三产业作为税收工作的重点抓;加大了对欠税的清理力度，并加强了对个人所得税的征管;全面清理越权减免税和取消了部分税收的优惠政策等。由于措施得力，使全国财政收入在经济速度回落、通货膨胀率下降的环境下，保持了相对较快增长。如果12月份财政收入仍保持目前的增长势头，那么全年的财政收入预计增长18%左右。这一幅度不仅高于可比价GDP速度，也高于现价GDP的速度。

(四) 各层次货币供应量基本进入适度区间 1996年初，政府将三个层次货币供应量M0、M1、M2的增长率分别定在14%、18%和25%。从1～11月份的执行结果看，各层次货币供应量基本处在目标范围内，M0增长12.6%，M1增长17.1%，M2增长25.1%。在金融调控方面，一年来，重点突出了以下几点：一是改善货币流动性，即在控制广义货币M2的前提下，增加狭义货币M1的供应量，以支持经济的适度增长。1995年11月份以来，狭义货币M1曾一路下滑，给企业生产经营带来了一定的困难。针对这种状况，1996年5月份后，中央银行运用多种政策工具调整了货币供应量结构。到11月份，M1增长速度由年初的11.6%提高到17.1%，与现价GDP的增长幅度相近。与此同时，M2的速度由年初的25.9%降为25.1%，接近25%左右的调控目标。由于货币流动性的增强，从而一定程度避免了经济的大滑坡，促进了经济运行的软着陆。二是贷款投放呈现前松后紧的特点。上半年，金融机构新增各项贷款3908亿元，比上年同期多增加1039亿元，平均每月多增加173亿元。进入三季度后，贷款投入明显放慢，7～11月份，金融机构新增各项贷款4384亿元，比去年同期少增加173亿元，明显慢于上半年投放进度。三是居民储蓄存款增幅回落。去年以来，居民储蓄存款增量带有明显的阶段性，1～4月份，居民储蓄存款增幅很大，共新增4303亿元，比去年同期多增加1620亿元，月均多增加405亿元。进入5月份后，随着存款保值贴补的取消、存款利率的下调以及直接融资市场的活跃。居民结余货币向储蓄以外渠道分流趋势十分明显，从而使居民储蓄存款增幅出现较大回落。5～11月份，城乡居民储蓄存款增加3899亿元，比上年同期少增加726亿元(1995年5～11月份比上年同期多增加842亿元)。

二、国内生产总值的生产与使用平衡分析

1996年，全国GDP生产量为67795亿元，使用量为69764亿元，使用量大于生产量2.9个百分点(误差率)。从主要使用项目看，1996年总消费40155亿元，可比价增长9.0%，总消费占GDP的比重为59.2%，略低于上年59.2%的水平。在总消费中，居民消费稳定，居民消费占GDP的比重为48.0%，高于上年0.2个百分点。改革以来，居民消费变化可分为两个阶段，一是1978～1982年，居民消费率由48.5%上升到54.2%，上升了近6个百分点。这可视为改革开放之初对过去长时期重生产轻生活的纠正或补偿;二是1982～1996年，居民消费率由54.2%下降到48.0%，下降了6个百分点。居民消费率下降并不妨碍居民消费水平得到前所未有的提高，消

费率下降与消费规模扩大完全可以同时并存。

1996年，总投资为28739亿元，可比价增长11.7%，是最终使用的三大项目(投资、消费、净出口)中增长最快的，说明投资是拉动经济增长最主要的因素。从结构上看，总投资率为42.4%，高于上年0.5个百分点。总投资率包括固定资产投资率和存货投资率。1978年以来，我国固定资产投资率变化可划分为四个阶段．第一阶段是1978～1981年，固定资产投资率由29.6%下降到25.8%，与同期消费率的上升趋势正好相反，这一时期GDP平均增长6.9%；第二阶段是1982～1988年，固定资产投资率由28.2%上升到31%，这一时期GDP年均增长11.5%；第三阶段是1989～1991年，固定资产投资率平均为26.2%，比前几年下降3～4个百分点，这与治理整顿有直接关系，同期GDP年均增长5.7%；第四阶段是1992～1996年，固定资产投资率由31.2%迅速上升到35.6%，同期GDP年均增长10.1%。很明显，固定资产投资率下降或低水平波动与GDP的低速度相对应，而固定资产投资率的上升对应着GDP的高增长，这就说明了一个事实，即投资的高速增长是过去十多年我国经济高速增长的主要推动力量。1996年存货投资率为6.8%，与1978～1995年的平均水平(6.6%)相近。我国存货投资率的变化特点是：① 与固定资产投资率变化方向相反。当固定资产投资率上升时，存货投资率下降，而当固定资产投资率下降时，存货投资率上升，1989～1991年，固定资产投资率的平均水平为26.2%，比1987～1988年降低约5个百分点，而存货投资率由1987～1988年的5.3%上升到9.0%。1992～1996年，固定资产投资率平均水平上升到35.2%，比1989～1991年提高9个百分点，存货投资率则下降到5.6%，比前三年下降近4个百分点。② 存货投资率偏高，波动幅度大。1978～1996年我国存货投资率平均为6.6%，而发达国家的存货投资率一般在1%左右。此外，我国存货投资率稳定性差，个别年份间的存货投资率变化达5个百分点左右。

年份	生产法GDP	投资率	其中:		消费率	其中:	净出口率	误差率
			固定资产投资率	存货投资率		居民消费率		
1978	3624.1	38.0	29.6	8.4	61.8	48.5	-0.3	0.5
1979	4038.2	36.5	28.5	8.0	64.9	49.7	-0.5	-0.9
1980	4517.8	35.2	29.2	6.0	65.9	51.3	-0.3	-0.8
1981	4862.4	32.5	25.8	6.7	68.1	53.6	0.2	-0.8
1982	5294.7	33.2	28.2	5.0	68.7	54.2	1.7	-3.6
1983	5934.5	33.8	28.8	5.0	67.8	53.6	0.9	-2.5
1984	7171.0	34.4	29.6	4.8	65.5	51.1	0	0.1
1985	8964.4	37.8	29.5	8.3	64.4	51.2	-4.1	1.9
1986	10202.2	37.7	30.4	7.3	64.1	50.7	-2.5	0.7
1987	11962.5	36.1	31.3	4.8	62.3	49.8	0.1	1.5
1988	14928.3	36.8	31.0	5.8	62.7	45.1	-1.0	1.5
1989	16909.2	36.1	25.7	10.4	62.4	50.4	-1.1	2.6
1990	18547.9	34.7	25.5	9.2	61.3	49.1	2.8	1.2
1991	21617.8	34.8	27.5	7.3	60.8	47.7	2.9	1.5
1992	26638.1	36.2	31.2	5.0	59.9	46.8	1.0	2.9
1993	34634.4	43.3	37.5	5.8	58.3	45.3	-1.5	-0.1
1994	46622.3	39.9	36.2	3.7	58.4	45.5	1.4	0.3
1995	58260.5	41.9	35.3	6.6	59.3	47.8	1.5	-2.7
1996	67795.0	42.4	35.6	6.8	59.1	48.0	1.4	-2.9

注：① 在计算各种比率时，分母用的是生产法GDP，由于生产法GDP与使用法GDP存在计算误差，故在表中设置一项误差率。
② 在上表中，投资率＋消费率＋净出口率＋误差率＝100%

三、在总量调控到位的同时，经济生活中的许多深层次矛盾并未缓解，有些矛盾甚至有所加剧

就经济总量而言，1996年的宏观调控是非常成功的。经济增长率为9.7%，这一速度虽较前几年有所回落，但回落的幅度远远小于过去(1978～1981年，峰与谷的落差为6.5个百分点;1984～1986年，峰与谷的落差为6.4个百分点;1987～1990年，峰与谷的落差为7.8个百分点;1992～1996年，峰与谷的落差为4.5个百分点)，较好地实现了经济运行的软着陆。物价上涨率为6%，是1993年以来最低的，不仅大大低于年初人代会确定的10%左右的调控目标，也符合中央"九五"计划所提出的将物价上涨率控制在经济增长率之内的战略设想。国际收支状况良好，国家外汇储备大幅度增加，全年预计可达1100亿美元左右。然而，我们又必须看到，一些由体制性、结构性等深层次原因引发的，并在经济过热、投资膨胀时被暂时掩盖的矛盾和问题也更加明显地暴露出来，如经济结构问题、收入分配问题、国际竞争力问题、失业问题、地区差距问题、农业问题等。为了突出重点，以下仅就经济结构问题和收入分配问题的变化趋势进行分析。

(一) 经济结构矛盾十分突出 主要表现在两个方面:

第一，产业结构失调与趋同化现象并存。产业结构失调体现在:加工工业生产能力过剩，基础工业薄弱;原材料、粗加工产品、初级产品比重过大，而高科技含量、高附加值产品比重过小;大型企业过少、集中度过低，小型企业过多、分散、重复。与美国、日本的行业前10名企业相比，机械工业集中度，我国为4.8%，美日为50%～60%;电子工业集中度，我国为15%，美日为65%～90%;汽车工业，我国前三位企业的集中度为33.6%，而美国为90%。产业结构失调导致供给结构与需求结构严重脱节，一方面企业产销率下降，库存增多，效益下滑。另一方面，一些城乡居民需要的产品又供不应求。从目前情况看，产销率偏低、积压较多和亏损严重的，主要是那些低水平且生产能力过剩的行业和产品，如纺织、一般机电产品和某些轻工业产品等。产业结构的趋同化主要是地区产业结构的趋同化。近年来，我国东、中、西部工业结构的相似率在93.5%以上，省地市间产业结构趋同化也很突出。产业结构趋同化的严重后果是各地不顾本地资源条件，盲目上项目，铺摊子，重复引进，重复建设。如洗衣机，1978年只有两个省生产，目前扩大到23个省;电视机目前29个省生产;电冰箱23个省生产;纺织、塑料、自行车、钢铁、摩托车、轿车、石油加工等许多工业产品分别由20多个省甚至30个省同时生产。地区产业结构趋同化的发展，加剧了地区市场分割，造成了产品档次的低水平重复，生产能力大量闲置。

第二、固定资产投资结构不合理。产业结构失调的根源在于投资结构不合理。投资结构的不合理主要反映在以下三方面:一是在固定资产投资结构中，更新改造所占比重偏低。"七五"时期，更新改造投资所占比重为20.1%，到"八五"时期，此比重下降为17.1%，远远低于计划确定的24%的要求;二是在基本建设投资中，新建、扩建所占的比重较高，而改建所占的比重偏低。"七五"到"八五"时期，新建、扩建在基本建设投资中所占的比重由82.8%上升为84.2%，而改建所占比重却由11%下降为7.2%;三是投资小型化趋势进一步加剧。"八五"时期，在基本建设投资项目中，小型项目的投资额所占比重由1991年的4.42%上升为1995年的5.47%。此外，投资结构的不合理还反映在行业分布上，即重传统产业，轻新兴、高科技产业。最近对300家重点企业的信贷投放调查反映了这种情况:贷款主要集中在机械(38家)、化工(33家)、轻工(28家)、冶金(28家)四个行业，合计127家，占总数的42.3%;而对新兴产业的信贷却很少，航空3家，航天1家，核工业1家，合计仅5家，占总数的1.66%，差距是明显的。

(二) 收入分配继续向居民倾斜，企业所得下降显著 国家、企业、居民个人三者分配一直是社会关注的一个焦点问题，客观定量地反映一年来收入分配的基本状况，无疑有助于今后国家对分配宏观调控政策的选择。

1996年国家财政收入相对增长较快。1～11月份，财政收入增长18.1%，高于现价GDP1.7个百分点，这种局面是近年来所没有过的(见下表)。

年　份	1992	1993	1994	1995	1996
财政收入增长%	10.6	24.8	20.0	19.6	18.1
可比价GDP增长%	14.2	13.5	12.6	10.5	9.7
现价GDP增长%	23.2	30.0	34.6	25.0	16.4

另一方面，又要看到，目前财政收入形势相对好转并不意味着财政收入滑坡的问题彻底解决了。事实上，影响财政收入的深层问题仍然存在，并未缓解，如个人税负过低，非国有企业和第三产业税负过低，经济发达地区税负过低，预算内资金向预算外流失，减免税收政策管理过松，偷漏税和拖欠税款严重等都是长期制约财政收入正常增长的因素。

居民收入依然是增长最快的。由于各种客观原因，目前直接反映居民收入的指标尚不健全，可靠性较低，为此，需要采取变通的方法，通过对居民各项支出的估算间接地反映居民的总收入。一定时期居民的支出包括以下几项:消费支出、新增手持现金、储蓄存款、有价证券购买，这些支出占居民总收入的90%以上。1996

年，反映居民消费支出的社会消费品零售总额为24600亿元，增长20％左右，扣除价格上涨因素，实际增长13％，高于GDP的增长幅度；居民手持现金约增加1000亿元，较上年增长1倍多。1～10月份，居民储蓄存款增加7956亿元，比上年同期增长19.7％，11月份，由于股市暴胀，大量储蓄资金流入股市。1～11月份，居民购买国库券1800亿元左右，增长28％。进入1996年以来，居民投资股市的资金十分可观，新开户的股民多达1000多万户，据专家估计，居民去年新增股市资金在3000亿元以上，与上年相比，增长了几十倍。从以上各项居民支出可以判断：1996年在收入分配方面，居民收入增长明显快于现价GDP的增长幅度，反映了收入分配继续向居民倾斜这一基本趋势。然而，在居民收入总体水平增长较快的同时，居民之间的收入差距有所扩大，部分城市居民收入水平下降。据调查，1～9月份，40％的居民家庭人均实际收入下降，减收面比上年同期扩大4个百分点。

企业收入下降是收入分配中的另一突出现象。一般而言，随着经济增长的回落以及物价涨幅的回落，企业收入(此处指企业利润)也会受到一定程度的影响。但是进入1996年以来，企业收入出现了与生产极不对称的下降局面，且有进一步加剧的趋势。1996年工业增加值按现价计算预计增长17.4％，比上年低约8个百分点。如果各方面情况正常，则企业利润也应有一个接近于增加值的增长幅度。但实际情况是，企业利润不但没有获得百分之十几的增长，反而大幅度下降。前三季度，乡及乡以上独立核算工业企业累计实现利润仅为761亿元，比上年同期下降32.6％，更为严峻的是：在工业企业中，利润水平最低的都集中在国有企业和大中型企业。1～3季度，6.8万家国有工业企业实现利润总额112.8亿元，比上年同期下降75.8％；大中型企业实现利润总额下降40％，降幅比小型企业高23.4个百分点。

四、对1997年宏观经济运行的分析与预测

(一) 1996年在经济周期中的位置 从经济周期看，1996年是新旧周期交替的年份。根据宏观模型测算，1972年至1996年，中国经济运行已经历了5个周期，分别为1972～1976年；1976～1981年；1981～1986年；1986～1990年；1990～1996年。即将到来的第6个周期从1996年开始，到1999年结束.1996年正好处在第5个周期与第6个周期交替的部位，但本周期的谷底位置比较高，这是一大特点。此外，从本轮周期看，1992年为该周期的高峰(增长率为14.2％)，扩张期2年，从1993年开始进入收缩期，至今已持续4年。从历史规律看，我国经济周期的收缩期还没有超过4年的，这也从一个侧面说明1996年是新旧周期交替的年份。

(二) 1997年经济增长率将高于1996年 除了从经济周期来判断1997年的经济增长将有所加快外，各方面经济情况也表明今年的经济增长要快于去年。

第一，当前各种瓶颈产业的约束明显缓解，为加快经济发展提供了供给条件。“八五”时期，国家对基础设施建设投入了大量资金，使长期困扰我国国民经济健康发展的能源、交通、通信等紧张局面得到不同程度的缓解。“八五”时期，我国新增发电机组容量6722万千瓦，新增石油开采能力6442万吨；新增煤炭开采能力13755万吨；新建铁路交付运营里程4746公里；新增电话自动交换机2450万门。此外，粮食连续两年大丰收，这些都是扩大供给、抑制通货膨胀的有利因素。

第二，去年企业，尤其是国有企业经济效益持续下滑，已经到了比较严重的地步，这就要求今年的经济增长率不能安排得过低。从长远看，企业的经济效益要靠转换机制、调整结构、改善管理来提高，但就近期而言，速度效益型的模式还难以改变。扩大需求、扩大市场、增加生产仍是目前改善企业经济效益的有效途径，这是今年经济加快发展的内在要求。

第三，通货膨胀率已控制在较低水平，为加快经济发展创造了一定空间。在中国现阶段，通货膨胀率的高低是影响经济发展快慢的重要因素，当通货膨胀率达到较高水平(通常为两位数)时，政府必然要加大紧缩力度，控制经济增长速度，反之，当通货膨胀率降至较低水平后，加快经济增长的可能性就比较大。

第四，我国外汇储备比较充裕，可以支持更高一点的经济增长。

综合以上几点，并从历史经验和发展趋势判断，1997年的经济增长率将高于1996年，但幅度也不会太大，估计在10％～10.5％之间。

(三) 1997年物价走势的分析与预测 今年物价走势取决于有利因素与不利因素力量的对比。从抑制物价上涨的有利因素分析，主要有：①滞后影响减弱。据测算，去年物价对今年滞后影响大约为2－3个百分点。②去年粮食丰收，国家库存的粮食和农民手中的余粮大幅度增加，这对今年控制通货膨胀极为有利。事实上，改革开放以来的三次通货膨胀都与农产品相对短缺有关。③1997年国家仍坚持“适度从紧”的宏观调控政策，在投资规模、货币供应量、财政收支等方面不会有大的松动。与此同时，经济生活中也存在着一些引发物价上涨的因素：①各地区，尤其沿海一带要求出台调价政策的呼声很高，有些调价项目已在去年底陆续出台，如果控制不力，新一轮的涨价浪潮有可能再次出现。②根据历史经验，农业生产基本上呈现“两丰一歉”规律，即连续两年增产后的第三年开始减产。1994年为粮食减产年，1995年和1996年为丰收年，如果按照上述规律，则今年有可能减产。粮食减产必然引起粮价上涨，进而带

动整个物价水平的上升。

综合有利因素和不利因素，预计1997年全社会商品零售物价上涨率为7%～8%，略高于去年水平，但仍低于经济增长率。

（四）对1997年主要经济指标的预测 1997年经济工作的大体方针已定，这就是："切实推进两个根本性转变，继续实行适度从紧的财政货币政策，降低物价上涨幅度，加强农业基础地位，加快改革特别是国有企业改革步伐，加大结构调整力度，培育新的经济增长点，积极开拓市场，提高对外开放水平，促进国民经济持续、快速、健康发展和社会全面进步。"依据这一大的宏观背景，并结合具体指标的变化趋势，我们对1997年的主要经济指标作了初步预测，见下表。

年 份	1995	1996	1997
GDP(亿元)	58261	67795	79422
GDP增长%	10.5	9.7	10.0
缩减指数%	13.1	6.1	6.5
全社会固定资产投资(亿元)	20019	23800	28514
现价投资速度%	17.5	18.9	19.8
消费品零售总额(亿元)	20620	24500	29198
现价消费品速度%	26.8	18.8	19.2
出口(亿美元)	1488	1503	1715
进口(亿美元)	1321	1427	1605
全社会商口零售物价指数%	14.8	6.5	7～8

1997年将是中国社会与经济发展过程中具有历史性纪念意义的重要一年，香港将结束其殖民地历史回归祖国，1997年下半年还将召开党的十五大，因此，保持1997年的经济稳定和实现经济繁荣是至关重要的。具体来说，在宏观调控方面，应注意以下几个方面：

第一，坚持适度从紧的宏观调控政策。今年宏观经济运行可能处在新一轮经济周期的上升期阶段，各方面的预期都比较高，特别是地方政府和企业，普遍看好今年的经济增长，认为会有一个较大幅度的回升。为了防止出现新一轮的经济过热，宏观上，仍应坚持适度从紧的经济政策，特别是要把好财政关、信贷关和投资关。财政上，要继续提高财政收入占GDP的比重，严格控制国债发行规模；信贷方面，关键是控制M0和M1的增长幅度，较合适的水平是：M0增长15%以内，M1增长16%～18%；投资规模是影响经济增长的最主要因素，今年在投资规模的调控方面，应把投资增长20%作为上限。

第二，继续加大对农业投入的力度，提高农民收入。在获得大丰收的情况下，国家要做好余粮的收购工作，防止谷贱伤农。今年影响农业生产的不确定因素很多，包括气候条件的变化，因此，要早作准备，同时要适度增加对农田水利工程的投资，提高其抵御自然灾害的能力。

第三，加强基础设施和重点工程建设。投资效益低，重复建设项目多是投资领域的··大问题，为了扭转这种局面，把有限的资金用在经济建设最急需的地方。建议今年在投资项目的安排上，进一步向基础设施和国家重点项目倾斜。近年来，国家虽然三令五申强调要防止重复建设，尤其是加工项目的重复建设，但执行结果是重复建设不断，由此造成项目投产后经济效益低下，甚至亏损。这也是当前企业生产经营困难的主要原因之一。因此，今后投资管理部门要切实加强投资项目的审批，把提高基础建设投资和重点项目投资占总投资规模的比重作为一项硬性指标分解到各地区，并按期考核检查。

（作者所在单位：国家统计局国民经济核算司）

亏损严重 原因何在——工业经济效益问题探析

李启明 周学文

1989年以来，工业企业经济效益状况一直较低，亏损严重局面不但没有扭转，反而有恶化的迹象。1996年一季度出现了国有工业净亏损局面，建国以来尚属首次。针对上述问题，现将目前工业效益及亏损状况、近期影响效益的主要因素等分析如下，供进一步研究和决策参考。

一、历史的回顾

1989年以前，工业经济总体效益水平相对较好，亏损程度并不严重。1972－1989年，国有工业企业(非国有工业及1972年以前资料不详，略)的资金利税率在19.3%－27.7%之间，亏损面在13.1%—31.5%之间，虽然个别年份的亏损面较高，但亏损额一直不大，亏损额最高为77亿元。亏损率在3.6%—19.5%之间。

1990年以来，工业总体效益水平持续处于低迷状态，亏损程度骤然加剧(见表一)。尤其是国有工业，亏损严重、效益低下问题更为突出(见表二)。

表一:

全国乡及乡以上独立核算工业企业历年的亏损情况

年　份	亏损额	亏损面(%)	亏损率A(%)	亏损率B(%)
1990	454	21.1	44.8	23.3
1991	476	18.7	42.5	21.3
1992	469	15.9	32.5	16.8
1993	639	19.3	28.5	16.3
1994	773	20.0	30.1	15.7
1995	1199	25.1	42.3	23.7
1996	1431	22.0	49.0	27.8

表二:

国有独立核算工业企业历年的亏损情况

年　份	亏损额	亏损面(%)	亏损率A(%)	亏损率B(%)
1990	349	27.6	47.3	23.2
1991	367	25.8	47.7	22.1
1992	369	23.3	40.8	19.0
1993	453	30.3	35.6	18.4
1994	483	30.9	36.8	16.8
1995	640	33.8	49.0	23.3
1996	791	33.6	65.7	28.9

注: 亏损率A＝亏损企业亏损额/盈利企业利润总额

亏损率B＝亏损企业亏损额/企业利税总额

二、工业经济效益及亏损现状概述

1996年，工业企业的经济效益水平低下问题进一步突出，亏损程度大大加剧。

一季度，全国37万多家乡及乡以上独立核算工业企业，累计实现利润总额仅114亿元，不及上年同期的一半，下降54.7%，月均利润仅38亿元，而亏损企业亏损额累计高达420.2亿元，同比增长41%。虽然产品销售税金及附加增长9.6%，应交增值税增长2.7%，但仍不足以弥补利润的大幅度下滑，利税合计比上年同期下降10.3%。资金利税率和成本费用利润率分别只有5.89%和1.06%，分别比上年同期下降2.14和1.62个百分点。

进入二季度，效益水平有所好转，但仍处于低水平状态。4－9月份，累计实现利润总额646.8亿元，比上年同期下降26.2%，亏损企业亏损额继续大幅度上升，累计亏损617.8亿元，同比增长50.6%，利税总额下降2.3%。资金利税率和成本费用利润率分别为7.7%和2.5%，比一季度分别高1.9和1.4个百分点，但和上年同期相比，分别下降1.9和1.3个百分点。截止到12月底，全国乡及乡以上独立核算工业企业发生亏损的有11万多家，亏损面为22.0%，比上年同期下降3.1个百分点;累计亏损1431.3亿元，比上年同期增长19.4%;亏损率为49%，亏损额相当于利税总额的比率为27.8%，分别比上年同期上升6.7和4.1个百分点。

(一) 国有工业效益水平最低，亏损最为严重

1996年，国有工业的资金利税率和成本费用利润率分别为6.54%和1.57%，分别比集体工业低1.60和1.26个百分点，比其它经济类型工业低1.17和2.91个百分点。

目前国有工业的严重亏损和效益低下，主要有三个方面的表现:

首先，亏损范围大。1996年底，国有工业企业中，发生亏损的企业占33.6%;国有亏损企业职工人数占全部国有企业的比重为38.3%，上升4.5个百分点;全部资产占26.8%，上升2.6个百分点;销售收入占18.4%，上升2.5个百分点。国有工业综合亏损面为30.7%，比上年同期上升3.9个百分点。

第二，亏损企业的亏损程度严重。1996年，国有亏损企业户均亏损额为277万元，比上年同期上升18%。亏损范围的扩大和户均亏损程度的加剧，必然导致亏损额的猛增。国有亏损企业累计亏损额已高达700多亿元，比上年同期上升37.5%。

第三，亏损率高。在亏损加剧的同时，国有盈利企业的盈利额大幅度下降。1996年，国有盈利企业的盈利额为1144.2亿元，比上年同期下降8.8%，户均盈利264.2万元，下降1.8%。因此，今年以来，国有工业的亏损率较高，全年累计高达63.5%，比上年同期上升21.4个百分点。虽然国有工业的产品销售税金及附加和应交增值税分别比上年同期增长11.5%和5.8%，但仍不足以抵消亏损的骤增，国有亏损企业的亏损额相当于国有工业利税总额的26.6%，比上年同期上升8.2个百分点。

集体工业效益状况相对较好。1996年，集体工业利润总额比上年同期增长16.7%，利税合计增长14.7%。但亏损程度也有所增加，亏损面为18.0%，比上年同期上升0.7个百分点，亏损企业亏损额为250.2亿元，增加20.7%，亏损率达到33.7%，比上年同期上升0.8个百分点，亏损企业亏损额相当于利税总额的20.8%，比上年上升1个百分点。资金利税率和成本费用利润率为9.07%和3.17%，分别比上年同期下降0.2和0.04个百分点。

其他经济类型工业经济效益与上年同期相比下降幅度也较大。1996年，资金利税率和成本费用利润率分别比上年同期下降1.41和0.97个百分点，利润总额下降

3.6%，而亏损企业亏损额累计高达257亿元，比上年同期上升43.7%，亏损率为33.3%，亏损企业亏损额相当于利税总额的24.7%，分别比上年同期上升8.2和6.9个百分点。

（二）大中型企业亏损严重，投入产出效益水平虽然相对较高，但下降幅度大 大中型企业亏损程度严重。从亏损面看，高于小企业。截止到1996年底，大中型企业的亏损面高达36.9%，比上年同期上升6.8个百分点，比小企业高14.7个百分点；从亏损额看，增幅高于小企业。全年累计，大中型工业企业亏损额达到658.7亿元，增长43.1%，增幅比小企业高16.4个百分点；从亏损率和亏损额相当于利税额的比率看，低于小企业。1996年大中型企业的亏损率为40.3%，比小企业低15.9个百分点；亏损额相当于利税总额的比率为18.8%，比小企业低20.4个百分点。表明大中型企业在规模效益方面仍占有优势。

大中型企业和小型企业相比，投入产出效益水平相对较高。1996年，2万多家大中型工业企业的资利税率为7.96%，成本费用利润率为3.31%，分别比小型企业高1.6和1.34个百分点。但大中型企业效益的下降幅度高于小企业。和上年同期相比，大中型企业的利润总额下降22.4%，利税总额下降8.3%，小型企业利润总额和利税总额分别比上年同期增长5.7%和10%；资金利税率和成本费用利润率分别下降2.2和2个百分点，下降幅度分别比小企业高1.6和0.9个百分点。

大中型企业中，国有企业亏损程度和效益下降幅度高于非国有企业，总体效益水平低于非国有企业。1996年，国有大中型企业亏损面和亏损率分别高达39.9%和52.5%，亏损企业亏损额相当于利税总额的20.5%，分别比非国有大中型企业高9.6、30.6和6.2个百分点；亏损企业亏损额为516.1亿元，比上年同期上升37.9%，上升幅度比非国有企业低27.8个百分点；利润总额为4.67亿元，下降35.3%，降幅比非国有企业高30.2个百分点；利税合计2515.7亿元，下降3.4%，非国有大中型企业利税合计增长0.9%；资金利税率和成本费用利润率分别为7.51%和2.24%，比上年同期分别下降1.42和1.43个百分点，比非国有大中型企业分别低1.86和3.62个百分点。

（三）大部分地区效益水平下降，亏损严重 大部分地区效益水平不高，下降幅度较大。1996年，全国29个省市自治区中（不含西藏），有5个地区的资金利税率低于5%（青海省因利税合计为-2.5亿元，资金利税率是负值）。从利润总额来看，有9个地区净亏损，除山东、河北和辽宁利润总额比上年同期分别增长48.5%、21.2%和2.9%以外，其余26个地区的利润总额均下降（或增亏）；从利税总额来看，有17个地区比上年同期增长，其余12个地区的利税总额均下降。大部分地区亏损程度加剧，各地区亏损额均大幅度上升，其中有11个地区的增幅超过50%；亏损率超过80%的地区也有11个。

三、增亏减利因素分析

造成近些年来工业经济效益总体水平持续低下的原因是多方面的。比如宏观经济环境发生变化，企业在适应市场经济改革过程中，遇到的新旧矛盾和问题较多，生产经营的难度有所加大；工业成本费用不断上升，工业品市场竞争日趋激烈，导致企业生产销售两头受挤；工业所创利益分配格局发生变化，利益转移、分流等因素的影响。此外，一些老问题如企业负担沉重、设备老化、管理不善等依然困扰着国有工业企业，对工业总体效益也产生了不可低估的影响。

（一）涨价效益难以为继 1984年前，价格一直受计划控制，虽然产品的价比关系不合理，但总体价格水平比较稳定。随着城市经济体制改革的深入，价格由计划控制逐步转向市场调控。十多年里，曾两次出现工业品出厂价格总体水平大幅度上涨（工业品出厂价格总指数超过10%）的局面。一次是1988-1989年（两年的工业品出厂价格指数分别为15%和18.6%）。这次涨价和原材料实行双轨制，以及消费品市场需求的强有力拉动有关。第二次是1993-1995年（三年的工业品出厂价格指数分别为24%、19.5%和14.9%）。主要原因是国家对能源产品价格的有计划大幅度提高以及由此带动的相关工业品价格的上升。三年里，石油工业、煤炭工业和电力工业的出厂价格分别上涨209%、90%和108%，分别比工业品出厂价格总指数高139、20和38个百分点。今年1-8月份的统计资料表明，目前工业品价格的上升势头已经失去了拉动力，总体价格态势平稳。和上年同期相比，工业品出厂价格上升3.7%，除电力、煤炭和皮革工业超过10%（分别为17.6%、11.8%和10.9%）以外，大部分工业行业价格水平保持平稳或回落（冶金工业、化学工业、森林工业和纺织工业，均比上年同期下降，分别下降2.6、0.8、8.2和7.6个百分点）。根据对目前的工业品市场供求状况及今后的走势分析，工业品凭借价格获取效益，已经到了穷途末路。

（二）利益分流有增无减 统计资料表明，近些年来工业生产中成本费用的上升速度超过了工业品出厂价格的上涨速度。1995年和1990年相比，乡及乡以上独立核算工业企业的销售收入（注①）增长了2.3倍，年均增长22.3%，同期销售成本（注②）增长了2.7倍，年均增长24.5%。销售收入的年均增长速度比销售成本低2.2个百分点。和上年同期相比，1996年，全国乡及乡以上独立核算工业企业的销售收入增长10.8%，而销售成本增长11.4%，销售费用增长22.4%，财务费用增长13.2%。为什么会出现这些情况？工业收益都到哪儿去了？

顺着成本猛增这条线索，通过对近几年来统计资料的分析研究，可以发现，大量的工业利益被分流和转移，是造成工业效益水平低下的重要原因。其中有的是合理正常的，有的则是需要加以研究解决的，归纳起来，工业利益主要是从以下几个渠道分流转移的。

1. 向农业分流。在计划经济体系下，长期以来，工农业产品比价一直严重扭曲。为了调整不合理的价比关系，十多年间，国家一方面有效地抑制着工业品出厂价格的上升幅度，尤其是农用生产资料的价格，同时，多次有计划地提高了农副产品的收购价格。

1990－1995年间，农副产品收购价格上升了87.7%，同期农村工业品零售价格上升了67%，低于农副产品价格上涨幅度。比较典型的如棉花，1995年的收购价比1990年上升了1.94倍。仅此一项，纺织工业每年将增加成本上百亿元。

2. 向流通领域转移。工商利益分配关系一直是引人注目的话题，到底有多少工业收益转到了流通领域，谁也说不清楚。这里且不谈诸如一吨出厂价只有100元左右的煤，工业企业拿到手却要200元乃至300元之类的个例，从总体上看，近几年来，原材料的购进价格指数，均超过了工业品出厂价格指数(1994年除外，当年工业品出厂价格指数为19.5%，全部原材料购进价格指数为18.2%)，1990－1995年间，工业品出厂价格总指数上升了101%，而原材料购进价格指数上升了135.5%，年均比工业品出厂价格总指数高3个百分点。分大类产品看，工业企业的纺织原料类购进价格指数上升了117.2%，纺织工业产品出厂价格指数上升了84.6%；工业企业的农副产品类购进价格指数上升了183.5%，而农副产品的收购价格指数上升了87.7%。上述两种价格指数的计算，虽然在品种结构上存在差异，但在总体上反映了这样一个趋势:即原材料在流通过程中的涨价幅度，超过了工业生产企业出厂价格的涨幅，也就是说，原材料购进价格的上涨收益，只有一部分是在工业内部相互转移，由加工工业转移到了原材料生产企业，但另一部分，却由加工工业转移到了流通领域，流出了工业部门。工业企业的农副产品购进价格指数高于国家农副产品收购价格指数，则说明工业企业由于农副产品购进价格上涨而流失的收益，只有一部分转到了农民手中，另一部分被流通领域截流。目前，商业部门的资金利润率大大高于工业，也在一定程度上印证了这种部门利益分配畸型的现象。1995年，工业企业的全部资产利润率不及商业企业的四分之一。

3. 向金融部门转移。工业企业的利息支出迅猛上升，是近几年的一个突出问题。1995年，全部独立核算工业企业的利息支出为2229.8亿元，相当于当年利润总额的1.36倍，利税总额的44.2%。虽然今年贷款利率曾两度下调，并且下调幅度较大，但由于资金占用量的大幅度增加，工业企业的利息支出仍有增无减。1996年，全国乡及乡以上独立核算工业企业的利息支出额已累计高达2270.8亿元，比上年同期增长10.2%。利息支出相当于工业企业盈亏相抵后利润总额的1.59倍，利税总额的45.6%。其中国有亏损企业的利息支出为467.9亿元，相当于同期亏损企业亏损额的77.7%，比上年同期增长33.7%，上升幅度比销售收入的增幅高12.8个百分点。

4. 向个人转移。为了弥补几十年来低工资的欠帐和近几年的高物价，以及在行业收入攀比心理的影响下，近几年来，工业企业的职工工资总额一直增幅较高，尤其是国有工业，工资总额和人均工资增幅均超过了同期销售收入的增幅。1994年、1995年和1996年的统计资料显示，国有企业的销售收入分别增长4.7%、17.1%和4.7%，全部职工工资总额分别增长15.9%、18.7%和8.6%，人均工资分别增长14.7%20.5%和9.8%，均高于同期销售收入的增幅。从1995年和1996年的情况看，国有亏损企业职工的人均工资水平虽然低于盈利企业，分别相当于盈利企业的66.1%和62.7%，但和上年同期相比，人均工资水平增幅也较高，分别增长19.1%和6.5%。

5. 向财政转移。工业收益向财政的转移有两大类。一类是直接的转移，如出口退税的降低，近年来增设的土地使用税、资源税等。另一类是间接的转移，主要指减少了财政政支出，工业企业承担了部分财政义务，实际上是工业收益流向财政。这部分转移主要产生于基础产业，如电、原油和煤炭等产品的价格提高，一方面调整了工业内部不同行业之间利益分配关系，增加了其他工业行业的成本，虽然就帐面意义上算总帐，工业应该是受益的，因为这些产品还供应非工业领域，但事实上，工业部门的总体收益并不一定增加，相反有可能减少。因为这部分帐面收益，乃至原来属于工业的收益，都为财政作了贡献。首先，未提价前，对于原油、煤炭等行业的亏损，因属于政策性亏损，财政要补贴，提价后，这些行业的扭亏或减亏，都减少了财政的补贴支出，提价收益为财政支付了政策性亏损补贴；第二，诸如原油、电力等行业产品价格的提高，增强了这些行业的自身发展能力，减少了财政对这些行业的投入，实际上等于提价收益承担了部分财政义务，减少了财政用于这些行业的投入。

6. 国有企业负担加重。改革开放以来，国有工业企业支付了大量的改革成本，为社会作出了巨大的贡献。另外，近几年国有工业的负担有进一步加重之势，不仅各种收费、集资和摊派有增无减，同时，企业用于福利及保障等方面的支出费用巨大。据有关部门调查，目前参与试点的国有企业，仅用于职工养老、失业保障和医疗保险等项的费用，已相当于职工工资总额的45%左右，如在1/3的国有企业实施，每年支出额将达400亿元。

7. 国有工业的折旧率提高，冲减当期利润。"八五"期间，国有工业的折旧率逐年有所提高，拉动了工业总体折旧水平的上升，增加了工业成本。1995年，国有工业的折旧率为5.14，比1991年上升0.88个百分点。虽然集体工业的折旧水平呈下降态势，但工业总体折旧水平仍上升。1995年，全国独立核算工业企业的折旧率为5.35%，比1991年上升0.76个百分点。据此推算，工业每年将减利340多亿元。

另外，诸如运费提价等因素，也冲减了工业企业的收益。

三、市场制约因素加强

随着供求关系的变化，市场的制约不仅抑制了大部分工业品价格的提高，也直接影响了工业企业生产能力的发挥。据第三次工业普查对900种主要产品生产能力的调查显示，1995年，有半数以上产品的生产能力利用率不足一半。1996年，投资品市场需求受到抑制，消费品市场需求平淡，缺乏新的需求热点。同时，出口下降，挤占了国内市场，过量进口和大量走私，又冲击了国内市场。1996年底，乡及乡以上独立核算工业企业的产成品库存达5345亿元，比上年同期上升16.3%，比销售收入的增幅高5.8个百分点。目前，市场对工业生产的制约，已经成为影响工业经济效益的一个重要因素，同时也应看到，这一经济环境是促使工业经济转变增长方式的良好时机。

注：①1995年的销售收入包括销项税。

注：②1995年的销售成本包括管理费用和财务费用。

（作者所在单位：国家统计局工交司）

以"两个根本性转变"带动经济增长

范剑平　杨大侃　樊彩耀

1996年是"九五"计划开局之年，国民经济保持快速增长势头，物价涨幅明显回落，基本实现了宏观调控预期目标。企业经营困难已上升为当前经济运行中的主要矛盾，改善企业经营状况成为现阶段巩固和发展宏观大好形势的首要任务。企业经营机制适应市场的能力差是当前企业困难的根本原因，而"两个根本性转变"是企业走出困境的唯一有效途径。

一、1996年经济运行概况和实现宏观调控目标的主要措施

从1996年经济运行和政府宏观调控的效果来看，几年来的宏观调控实践使中国政府积累了一定的在转轨时期实施宏观调控的独特经验，1996年宏观调控政策更趋成熟、灵活，运用手段也更丰富合理，政府驾驭市场经济的能力进一步提高，1996年基本实现了宏观调控的预期目标。

(一) 坚持适度从紧的宏观调控政策，为"两个根本性转变"提供了总量基本平衡的宏观环境　总需求大大超过总供给的经济过热环境不仅是推动物价上涨的根本原因，也是粗放型经济增长方式存活的温床，要根本消除高通胀的成因，打破某些部门、地方、企业不思改革而指望继续以粗放方式拉动经济增长的幻想，必须培育一个持续的总量平衡环境，1996年的宏观调控在这方面迈出了实质性的一步。

1. 国民经济保持高速增长势头，总量平衡关系趋好。根据我国资源供给潜力测算，1996—2010年我国GDP潜在增长率区间为8%－11%，中位值为9.5%。1996年GDP实际增长率9.6%左右，与潜在增长率日趋一致，使社会总供给与社会总需求平衡关系好转，前3季度供需差率为－3.3%，处于＋－5%的正常区间，为"两个根本转变"和治理通货膨胀提供了总量平衡环境。

2. 物价工作"控、理"结合，基本实现了通货膨胀率低于经济增长率的调控目标。1993年以来，政府将"保持国民经济稳定增长的前提下使通货膨胀率低于经济增长率"作为宏观调控首要目标，经过长达4年的精心调控，终于在1996年初步实现了这一目标，商品零售物价指数全年有望控制在6%左右。1996年的物价工作"控"与"理"相结合，一方面经济上继续实施了适度从紧的投资、货币、财政政策；行政上采取了物价行政首长负责制，控制价格的力度不放松；另一方面，抓住价格涨幅明显回落的有利时机，及时果断地调整了粮食

收购价格、能源运输通信等基础产业价格，使物价结构更趋合理。

3. 始终重视农业问题，为总量平衡和物价稳定提供了坚实基础。从我国居民恩格尔系数高达50%以上，农业稳则物价稳的国情出发，在粮食形势好转后，仍然坚持“米袋子”省长负责制，调动基层抓农业的积极性；同时，根据1996年农产品市场供求新变化，注意从需求方面解决农业问题，在新增贷款规模中增加对粮、棉收购储备的定向贷款，保证农副产品收购，保护农民的生产积极性。预计第一产业GDP增长5%左右，粮食总产量将创历史新高水平(4.8亿吨)，畜牧渔业持续增长，农产品供需平衡状况好转为总量平衡作出很大贡献。

(二) 宏观调控手段不断创新，宏观管理体制市场化改革有所进展 为了推进“两个根本性转变”，政府的宏观管理体制改革继续按照市场经济的要求稳步前进，宏观调控手段朝着指导性、间接性方向不断创新。

1. 金融调控手段有所创新，金融运行基本平稳。金融调控比往年灵活，在坚持适度从紧货币政策前提下，从经济和金融运行实际情况出发，两次下调存贷款利率，并相应追加贷款规模，赋予适度从紧政策丰富内涵。在坚持使用信贷规模这一适合目前国情的直接调控手段的同时，更多运用利率、公开市场操作、银行同业拆借交易系统等间接调控手段实施金融调控。调控与服务相结合，央行推出支持大中型企业十大金融服务措施，从信贷支持、结算服务、企业转制等方面提供全方位服务。逐步完善金融法规体系，颁布了《贷款证管理办法》，通过规范企业借、还款行为，强化了信贷资金管理约速机制，提高贷款质量。金融运行朝着调控预期目标发展，各层次货币供应量增幅普遍回落，M1的变动可望进入18%左右的目标区间，M0、M2的变动逐步趋近预定调控目标；全部金融机构各项存款、贷款分别增长28%和22%左右，增幅比上年分别回落5个和2个百分点；城乡居民储蓄存款增长先扬后抑，增幅明显回落，从4月份的40.46%下降到10月份的33.7%，下降了6.76个百分点。受经济形势好转预期和两次降息影响，沪深股市由熊转牛，企业上市节奏明显加快，股票市值已超过1万亿元，证监会加强了对证券市场的监管和执法力度。外汇储备将超过1000亿美元，人民币汇率稳中有升，12月1日起实行人民币经常项目下的可兑换，这是我国外汇管理体制改革的又一里程碑。

2. 出口退税进度加快，国债发行机制市场化进展较快，财政运行基本正常。1月1日起国家进一步调低出口退税率，针对出口出现较大滑坡的情况，从5月份起开始加快了出口退税进度，使出口增长率在7月份由负转正，全年预计出口1550亿美元，比上年增长4%左右，出口需求由前两年的高速增长逐步转入平稳。4月1日起较大幅度地调低了进口关税税率，同时宣布取消对进口投资设备、原材料进口的优惠措施，使关锐收入总量保持较好增长势头，9月份已经超额完成全年预算额。各地政府在地方财政收入增长较快的情况下，为了支持国有企业改善经营状况，纷纷出台了各种税收(主要是企业所得税)过滤性优惠政策。国债一级市场1952亿元发行计划圆满完成，增加了附息国债、贴现国债等新品种，发行机制市场化改革迈步较快，1996年普遍采取了招标拍卖方式，记帐式六期国债尝试采用了充分市场化的无定价多种价格“美国式”发行方式。为了更好地协调财政与金融调控，推进国债二级市场的建设和发展，财政部与人民银行共同组建了中央国债登记结算公司，正在加紧组建统一的国债托管清算结算系统和研究实施做市商制度，为广大个人投资者进入国债二级市场提供服务。预计全年财政收入将完成7300亿元，比上年增长17%左右，与GDP增长速度基本持平；财政支出将达到7900亿元，比上年增长16%，比收入增幅低1个百分点，全年赤字可控制在600亿元左右。

3. 投资调控注意将调控的近期目标和长远目标有机地结合起来，重视并实施了某些缩小地区发展差距的措施。1996年的投资调控措施不仅针对当年的突出问题，而且考虑到整个五年计划，将短期宏观调控与长期经济发展较好地结合了起来。预计全年，全社会固定资产投资实际工作量增长14%，比去年11%的增幅提高3个百分点；在适当加大当年投资需求的同时，出台了投资体制改革的重大措施(如项目资本金管理制度等)，既保证了投资对当年经济的拉动作用，又注意避免出现新的“半拉子”工程和“钓鱼”项目，提高投资效率。从工业生产看，中西部地区前三季度工业总产值同比增幅(12.9%，8.67%)超过东部地区(6.2%)，中央对中西部地区利用外资审批规模扩大、增加对中西部基础设施、基础产业建设投入等政策措施对投资的诱导作用开始显现。

(三) 中央对经济运行中突出矛盾变化认识快，及时、稳妥地出台了改善企业状况的经济措施。 在宏观形势好转的同时，企业经营效益下降。与1994、1995两年相比，1996年前三季度的企业效益指标除劳动生产率由14662元/人升至15824元/人之外，其它效益指标均呈下降趋势。产销率分别由95.48%、95.88%降至94.25%；资金利税率由10.56%、9.10%降至6.73%；成本费用利润率由4.76%、3.62%降至2.03%；流动资金周转次数由1.50次、1.55次降至1.47次。企业效益全面下降，下岗职工人数快速增多，企业困难问题逐渐上升为当前经济运行中的主要矛盾。中央在解决企业困难方面没有沿用前几次紧缩后期的办法，而是积极探索新路，1996年改善企业状况的政策措施成功之处在于：(1)

及时。在企业经营困难逐渐上升为经济运行焦点问题的新情况下，一俟物价时机成熟，及时出台了改善企业经营环境的政策措施，如4月1日停办新的保值储蓄，5月1日和8月23日两次降低存贷款利率，加快出口退税、所得税返还、拨改贷转为国家资本金等工作进度。(2)注重结构调整。吸取了以往全面启动需求方式的教训，1996年宏观调控更注重为企业结构调整创造良好的宏观环境。一方面，通过主办银行制、资产授权管理等措施支持大中型绩优企业；另一方面，将呆帐坏帐准备金冲销规模增至200亿元，支持重亏企业破产兼并。(3)以推广邯钢经验为突破口，狠抓企业内部经营管理，使改善宏观外在环境与提高企业内部管理水平内外结合。

宏观调控中的不足之处主要是：(1)受中央财政收入比重下降制约，财政调控能力明显弱于金融调控能力，财政金融调控手段协调性差。(2)地方利益、部门利益使中央宏观调控效应有所衰减。(3)存在一定的经济信息“泡沫”，信息失真影响宏观决策的准确性。

二、当前企业经营困难的新特点和形成原因

在宏观形势全面好转的同时，企业经营状况不尽人意。预计全年全国独立核算工业企业亏损额比1995年上升48%左右，增幅高出1995年19个百分点；利润总额下降35%左右，降幅高出25个百分点；企业亏损率近60%，高出近20个百分点。其中前三季度国有企业亏损率高达87%，高出去年同期37个百分点。企业经营效益下降状况十分严峻。

(一) 当前企业困难的新特点 与前两次宏观紧缩相比，1996年企业困难主要呈现以下特点：

1. 债务负担成为企业的突出问题。在前几轮宏观紧缩中，企业的困难一般集中表现为“三角债”、资金紧张等支付性困难，而在这一轮紧缩中，企业的债务负担成为突出问题。按现行会计制度倒算，1980年国有工业企业负债率为34.3%，1995年国有独立核算工业企业的帐面负债率已达到70.0%，如考虑企业资产净损失和资产挂账，实际负债率将更高，一般的测算已超过80%。高负债明显加重了企业负担。在“五个利转”中，银行利息居于首位，资金平均利润率低于贷款利息率。

2. 企业资金剩余和资金短缺同时并存。企业资金分布的不平衡主要表现于二点：一是某些垄断性行业资金较为充裕，企业存款增长较快，而多数工业、内贸企业资金十分紧张；二是企业存款期限结构中，定期存款占了较大的比重，9月末，企业定期存款却比去年同期多增169亿元，而企业活期存款只多增加48亿元。出现企业资金分布失衡的原因一是企业融资渠道狭窄，二是国家提供的投资工具单一，加之企业存款利率和储蓄存款利率相近，造成资金投资倾向下降而生息倾向提高，产业资金沉淀而形成食利资本。

3. 非国有企业困难加重，与国有企业的增速差距缩小。前几轮紧缩中的一个特点是国有企业增长明显低于非国有企业。本轮宏观紧缩中，非国有企业同样困难重重，增速明显放慢，与国有企业产值增长差距呈现出逐步缩小的趋势。1994年、1995年和1996年前三季度国有工业与集体工业增速差距分别为23.3、17.8和17.4个百分点；国有企业与其它类型工业的增速差距分别为62、18.3和13.3个百分点。

(二) 造成企业困难新特点的原因 具体分析，形成以上企业困难特点的主要原因是：

1. 企业困难是银企关系体制性变化在目前经济形势下的集中反映。 80年代中后期，企业流动资金改为全额信贷供应制度；固定资产投资“拨改贷”。这样，企业资金主要来自银行，企业负债率急剧上升，而90年代实施的一系列体制改革使银企债务矛盾显现出来。首先，新财会制度使国家对企业的资金投入表现为所有者权益，企业的银行债务必须由企业自己来偿还，资金供给体制造成的企银行债务问题尖锐化。第二，企业所得税改革使企业税前还贷变为税后还贷，固定资产投资和更新改造贷款本息必须由所得税后的自有利润支付，企业顿感债务负担的沉重。第三，专业银行商业化改革，使银行资产质量成为至关重要的经营指标。银行资金多数来自对公众的硬负债，按照商业银行经营原则，银行不仅要收回一般的债权，而且对于过去由资金供给体制变化等多种原因形成的不良债权，也要一并收回。但一些企业按照税后还贷的规定和现有盈利水平却无力偿还这些债务。银企债务矛盾所造成的企业困难显然不能用放松银根、增加企业负债的办法去解决。

2. 企业困难是传统投资体制下投资过热的后遗症。 在投资主体权责利模糊的传统投资体制下，投资过热时期产生了大量的重复建设项目、政绩工程、钓鱼项目等，有些建设项目投产之时便是停工之日。在1996年投资、消费需求实际增幅比上年提高的市场环境中，许多企业因产品陈旧或重复建设等原因找不到市场销路而停工，这种企业困难显然不是用增加投资的办法可以解决的。

3. 企业困难的特点与政府调控手段的转变有关。 1996年为解决企业困难，政府陆续出台了许多措施，但企业并未象以往较快摆脱困难，这主要与政府调控手段的转变有关。政府这次没有急于以启动投资，用增加银行贷款的方式来解决企业困难。而是主要侧重于改变企业的经营机制，为企业改革发展创造良好的经济秩序和环境，比如取消保值储蓄和两次大幅度的降息，减轻了企业利息负担，降低资金运营成本，启动

消费需求，其政策效应在短时期内较难表现出来，但对企业长期稳定发展将十分有利。

4. 政府加强金融监管的同时没有相应调整信贷结构，使非国有企业融资难度加大。1996年金融秩序好转，保证了对资金投放的有效控制。有效控制表现在发放贷款的机构结构上:1996年前三季度，国家银行贷款额占金融机构贷款总额的比重为68.2%，比上年同期上升了近4个百分点。金融机构贷款中国家银行所占份额上升，表明通过国家银行渠道发放的贷款较多，由于国家银行贷款中对国有企业的贷款占较大比重，对非国有企业的信贷支持不够。在金融秩序好转后银行没有相应调整资金信贷结构，导致非国有企业中的绩优企业比国有亏损企业的融资难度还大，资金困难使非国有企业增速下滑。

从以上对企业困难的新特点和原因分析中，我们不难得出结论:放松银根、增加投资、刺激需求扩张等在短缺型经济中解决企业困难行之有效的“速度法”，在当前市场形势下已经行不通，从1996年前三季度数据中可以看到一个引人注意的现象:1996年前3季度工业增加值分别增长13.6%、13.1%和11.8%，产销率分别为93%、94.4%和96.2%，增长速度与产销率成反向变动，压缩没有市场的无效供给虽然使增长速度有所减缓，但有利于提高增长质量，这充分说明经济运行本身已扬弃了计划体制下速度效益型，适应供不应求市场环境的速度效益型增长方式已经走到历史的尽头。目前的企业困难是“体制病”，有些企业困难是重复建设等投资体制病“先天”带来的，有些企业困难是市场环境变化后企业经营机制适应市场能力差“后天”造成的，造成当前企业困难更重要的原因是宏观与微观体制改革不同步、不配套。在当前的市场环境中，推进“两个根本性转变”是帮助企业走出困境的唯一有效途径。

三、1997年经济形势展望和调控政策建议

(一) 1997年经济发展趋势总体判断 1997年宏观经济将呈现经济增长率明显高于物价上涨率的良好运行态势:

1. 1997年物价涨幅仍将保持相对较低水平，预计可控制在6%以下。主要依据是:(1)物资储备和外汇储备相对充裕，在供求平衡或供略大于求的市场条件下，物价自发上涨压力较轻。(2)1996年农业形势较好，供求平衡，粮食提价翘尾影响被市场因素抵销。(3)生产资料价格指数一般是价格总指数的先行指标。目前生产资料价格涨幅仍为负数，表明1997年物价不会出现反弹。(4)物价波动有其自身规律，一般回落较慢，回升也较慢。80年代中期和90年代初期的两次较大的紧缩后，物价涨幅在10%以下运行分别持续了15个月和19个月，这一轮紧缩后物价从1995年11月份降至到了10%以下，到1996年底才达14个月。而且这次因物价指数和经济增长率底部提高，政府并没有急于启动投资需求，银根控制也较严，因此物价涨幅在10%以下运行的时间将更长。

2. 国民经济将保持较高的增长势头，预计GDP将增长10.5%左右。主要依据:(1)从发展背景看，香港回归和党的十五大召开，创造相对有利的经济环境和政治氛围，调控政策将对经济更多的关注。(2)1996年外贸出口已结束了连续8个月的负增长，1997年世界经济继续转暖有利于我国出口增长速度回升，有助于最终需求的扩大。(3)为加速经济增长，政府正在培育新的经济增长点，有关支柱产业的复苏将带动经济的较快发展。(4)1996年解决企业困难的政策效应将会在未来逐步表现出来，企业经营状况将好于1996年。

(二) 对1997年宏观调控的政策建议 在当前的经济形势下，大力改善企业经营状况已经成为进一步巩固发展宏观大好形势的主要任务。围绕提高企业和整体经济增长质量这一中心，建议1997年宏观调控的总基调为:稳中求活，扶优汰劣，以“两个根本性转变”带动经济增长。主要调控政策建议有:

1. 以国有企业改革为中心，加快“两个根本性转变”。1994年以来，宏观管理体制推出了一系列改革措施，而企业一直处于对宏观体制改革的被动适应之中，企业自身体制改革进展缓慢，宏观体制与微观机制的矛盾越来越大，深化国有企业体制改革已经成为加快“两个根本性转变”的当务之急，1997年必须迈出实质性步伐。针对目前亏损企业主要集中在中小企业和某些行业的现状，1997年国企改革可选择“放小”和资产重组为突破口。“放小”要鼓励各地大胆实践，根据当地情况以多种形式盘活中小企业资产存量。对生产能力严重过剩的特殊困难行业和衰退性行业，一要在行业内实行跨地域兼并，通过组建企业集团实施资产重组;二是实行跨行业兼并，通过退二进三、退二进一和其它产业转移实施资产重组;三要打破所有制界线实行跨所有制兼并，在国有资产保值增值的前提下，发挥所有制“杂交优势”，增强企业适应市场能力。国企改革的试点要抓紧总结经验，在政企分开、建立现代企业制度、优化资本结构等方面要扩大试点范围，逐步由点到面推开。

2. 坚持重视农业，稳定物价形势基础，为“两个根本性转变”和改善企业经营状况创造长期稳定的宏观环境。我国经济长期摆脱不了大起大落短周期波动的原因在于当农业、物价形势好的时候忽视农业，埋下隐患，最终被迫强制调整。1996年已显示出农业投入比

重下降的问题，1997年在粮食产量连创两年新高后，极有可能由于农产品卖、储、调运难造成农业滑坡。目前农业和物价形势好转是4年宏观调控付出较大代价取得的，1997年只需保持适度的农业投入，花较小代价即可维持这一成果。否则，忽视农业的后果，将在未来的年份中付出通货膨胀的巨大代价，从而影响宏观环境稳定。1997年工农业产值增长速度比控制在3－3.5：1为宜，农业增长4％－4.5％，工业增长控制14％－15％。对农业的支持要对症下药，重点一是放在流通环节，进一步加快农产品流通体制改革，增加对仓储流通设施和储备资金的投入，降低农用生产资料流通成本，从供与销两个方面保证农民增产增收，农村市场转旺将为工业品增加市场需求。重点二是放在水利等抗灾基础设施，增强农业发展后劲。

3．总量政策稳中求活。“稳”指宏观调控中总供给总需求基本平衡总量计划政策及适度从紧的财政货币政策应保持长期稳定性。在大多数地方“九五”经济增长率目标高于全国经济增长率目标，各地投资扩张冲动强烈，而投资体制、企业体制没有根本性转变的形势下，要特别强调总量政策的稳定性和转变经济增长方式的紧迫性。要抓紧《计划法》的出台，坚决排除对“九五”计划的各方面干扰。“活”是考虑到“两个根本性转变”不会在1997年一蹴而就，而是长期艰巨的任务，在生产资料价格指数为负、物资储备和外汇储备充裕的形势下，灵活适度松动银根有利于以增量资金带动盘活存量资产。根据国内外各项因素考虑，建议适时降低法定存款准备金率，新增贷款规模扩大到12000亿元，固定资产投资规模扩大到27000亿元，实际工作量增长12％，投资率力争控制在34％以下。

4．结构政策扶优汰劣。近年来我国产业结构升级和产品结构调整效果不佳，一个很重要的原因是企业结构调整不力。企业不能新陈代谢，优胜劣汰，企业结构退化使整体经济增长质量下降。1997年要抓住经济回升的有利时机，对企业扶优汰劣，以企业结构优化带动企业增长方式的转变。(1)“扶优”。要利用股份公司“母子参与制”机理，通过大型国有控股公司对中小企业的层层控股，将国有资产逐步集中到经营有方的成功企业家手中经营，扩大大型企业集团的实际运作资产规模和有效管理幅度，保证国有资产的增值。企业集团试点由57家扩大到100家后，要落实计划管理、财务公司投融资、自营进出口、拨改贷、外事审批权、国有资产授权管理、统一纳税等试点政策，在企业兼并、增资减债等方面应享受与百户试点或优化资本结构试点类似的政策。(2)“汰劣”。在加快社会保障制度改革的前提下，设备陈旧、资不抵债、扭亏无望的中小企业要加大破产力度，建议将银行呆帐坏帐准备金冲销规模增加到350亿，各级政府要周密部署再就业工程，以改革求稳定，以稳定求发展。

5．改变资金供给结构和税源结构，“扶优”也要扶持非国有经济中的绩优企业。非国有经济的高速增长已经成为提供新增就业和再就业机会的重要渠道。但是，国家对非国有经济的直接资金支持不够，最终以国有银行和国有企业的资金泄漏形成对非国有经济的资金间接供给办法，“灰市”资金利率居高不下，提高了非国有经济的融资成本；而另一方面，非国有企业偷税漏税严重，不同所有制企业实际税负不平等。对非国有经济的调控方式应当作出战略性转变，一手增加对非国有经济的直接信贷支持，将更多的资源配置到经营效率较高的非国有民族工业，对非国有大型骨干绩优企业同样实施“扶优”战略，以提高整体经济增长效率；另一手大力度强化对非国有经济的税收征管，增加来自非国有企业的税收比重，保证本世纪末基本消灭财政赤字目标的实现。

6．积极稳妥发展直接融资，扶持支柱产业绩优企业更快发展。我国现有国民储蓄率和城镇人均金融资产规模已经达到日本证券大众化时期的水平，加快发展直接融资条件基本成熟。考虑到我国居民金融投资风险意识的实际水平，股权融资步伐不宜过快，重点放在高成长性的支柱产业债权融资，扩大铁路、公路、汽车、石化、电力、电子和机械等行业的企业债券发行额度，开设产业投资基金品种，加快企业债券、投资基金上市节奏，使大多数经营效益好的企业集团转向以直接融资为主。

7．切实转变政府职能，减轻企业的不合理负担。政府部门及所属事业单位对企业的不合理收费和各种行政干预已经成为一大公害，极不利于企业发展。建议像重视农民负担问题一样建立中央减轻企业负担领导小组，在1997年对企业负担问题开展一次全面检查整顿，清理各地各部门出台的收费文件，加强收费管理，帮助企业减轻负担。

（作者所在单位：国家计委经济研究所）

1996年我国宏观经济发展及1997年展望

谢洪礼　刘晓越

我们根据《中国宏观经济年度模型》，对1996年和1997年中国宏观经济发展趋势进行了初步预计和预测，认为1996年整个经济继续保持了较快增长的势头，1997年仍将保持这一发展趋势。但经济运行中的问题，如失业问题是现阶段经济健康发展的最大障碍，需采取多项对策加以认真解决。

一、1996年中国宏观经济发展回顾

初步统计显示，1996年我国宏观经济运行良好，经济保持了较快的增长速度，抑制通货膨胀取得显著成效，农业进一步得到加强，工业生产持续增长，投资需求和消费需求增长适度，进出口贸易基本平衡。但日趋突出的失业问题应引起高度重视。

(一) 1996年我国经济保持了一个较高增长速度

初步统计，1996年我国经济增长速度为9.7%，略低于去年，这是继1991年以来的又一高速增长年，但与1992－1994年度相比，速度又有明显的回落。

第二产业对经济增长的贡献仍居于“霸主”地位;第一产业对经济增长的贡献在近几年中处于比较高的位置，其贡献率仅低于去年;第三产业对经济增长的贡献比较平稳。在国内生产总值增长9.7%中，第一产业增长5.1%，第二产业增长12.3%，第三产业增长8%。从贡献率来看，第一产业、第二产业和第三产业的贡献率分别为11.1%、61.3%和27.6%。

产业在经济增长中的这一格局，主要有三方面原因，一是我国正处于工业化阶段，第二产业对经济增长的贡献理应居于主导地位;二是1996年是全国上下普遍重视农业的一年，不仅政策落实到位，而且农民的积极性也高;三是1996年我国虽然局部地区出现了春季干旱、夏季洪涝等自然灾害，但就全国而言，夏粮和早稻仍然获得了良好收成，秋粮丰收亦已成定局，预计全年粮食总产量可达到历史最高水平，成为90年代粮食生产又一增产高峰年。

投资依然是经济增长的主要拉动力。在需求拉动中，按不变价计算，投资需求约增长13.5%;全社会消费品零售总额增长12.5%，国外需求有所下降。

需求在经济增长中的这一格局，除了在经济高速增长阶段投资需求是经济增长的主要拉动力之外，与1996年宏观经济政策的操作方向和力度是分不开的。首先，在财政政策上，努力控制财政支出的增长，初步预测全年财政支出增长将达15%左右，从而对控制全社会消费品零售总额的增长速度起到了一定作用;其次，在货币政策上，先后于1996年5月1日和8月23日两次下调银行存贷款利率，促成了投资需求潜力的实现;最后，在投资政策上，政府出台了鼓励住房投资的一系列措施，也刺激了投资需求。

(二) 1996年通货膨胀率明显下降　据预计，1996年的通货膨胀率为6.1%，比1995年的14.8%下降了8.7个百分点。通货膨胀率呈现出明显回落的势头，这是政府1996年宏观调控的一个主要目标，更是社会各界的普遍愿望。1996年通货膨胀率之所以呈现出明显下降的势头，原因是多方面的，但主要还在于以下两个方面:

一是将经济增长速度恰当地把握在潜在经济增长速度范围内。现代宏观经济学对通货膨胀的普遍看法是，当实际经济增长速度超过潜在经济增长速度时，必然会推动通货膨胀率的上升，只要将实际经济增长速度控制在潜在经济增长速度以下，通货膨胀率也就基本上得到了控制。据测算，现阶段我国的潜在经济增长速度大约在9－10%，而1996年的经济增长速度为9.7%，正好落入了潜在经济增长速度的范围内，从而为通货膨胀率的下降奠定了基础。

二是注重解决好关系国计民生物品的供应。现代宏观经济学还认为，影响通货膨胀的另一个主要原因是关系到国计民生的物品供应情况。一旦这些物品出现短缺，必然是通货膨胀的急剧恶化。1996年政府除了加强对基础原材料和农用物品的供应(如化肥等的供应)外，同时对粮食的供应也采取了一定的措施，从而有效地解决好了关系国计民生的物品对通货膨胀的影响。

(三) 失业率继续上升　根据统计，1996年我国的登记失业率为3%，比1995年上升了0.1个百分点。失业与通货膨胀，虽然都是经济发展中的大敌，但失业对某一部分人的打击可能要远远大于通货膨胀对他们的打击，因此，降低失业率历来为各国政府所重视。1996年失业率继续上升的原因主要有:

一是经济增长速度相对偏低的结果。经济增长速度的偏低意味着经济规模的相对缩小，吸收就业机会也就相对下降，因此，经济增长速度偏低，往往导致失业率上升。1996年的经济增长速度虽然就本身而言还

是比较高的，但与前几年相比显得偏低，在某种程度上导致了失业率的上升。

二是经济结构的调整。为适应经济体制由计划经济向市场经济的过滤，对经济结构进行调整势在必行，不仅存在着产业和产品结构的调整，而且还存在着所有制结构的调整，尤其1996年是现代企业制度建立和推广的第一年，出现失业率的上升有其必然的一面。

三是我国人口众多，就业压力大是我国的基本国情。

二、1997年中国宏观经济发展展望

据预测，1997年我国经济将继续高速增长;通货膨胀形势稳定，通货膨胀率将进一步下降;城镇失业率将继续上升，失业将是1997年我国经济发展中的头等问题。

(一) 对1997年经济发展趋势的预测结果 概括起来有以下几方面:

1. 整体经济继续保持高速增长的势头。据预测，1997年我国国内生产总值将增长10.4%左右，略高于1996年的经济增长速度，也比10%的潜在经济增长速度略高出一些。

从三次产业来看，在国内生产总值增长10.4%中，第一产业将增长4.2%，第二产业将增长13.6%，第三产业将增长8.2%。这说明我国1997年经济增长的主要拉动力依然是第二产业。

从需求结构来看，在国内生产总值增长10.4%中，全社会固定资产投资将增长14.0%，全社会消费品零售总额将增长10.6%。由此看出，投资需求对我国1997年经济增长仍然起着至关重要的作用。

2. 通货膨胀率将保持一个稳定的态势，并继续缓慢回落。据预测，1997年通货膨胀率为6.5%，略低于1996年的水平，基本维持在一个稳定的状态。

1997年的通货膨胀率将在6.5%左右，这首先是由整体经济保持适度增长这个大背景所决定的，但由于经济结构调整所产生的摩擦及农业劳动生产率仍然偏低等原因，欲在短期内使通货膨胀率继续大幅度下降也是比较困难的。

3. 失业率将继续升高。据预测，1997年失业率为3.4%，比1996年上升0.2个百分点，呈现出上升的趋势。

1997年失业率的升高，主要是由经济结构调整所引起的，但进口的大量增加以及高新技术的引进对失业率的升高也起了推波助澜的作用。

详细预测结果见下表。

1991-1997年主要宏观经济指标的实际值与预测值

(按可比价格计算)

单位: %

	1991	1992	1993	1994	1995	1996	1997
经济增长速度	92	14.2	13.5	12.6	10.5	10.0	10.4
其中: 第一产业增长速度	2.4	4.7	4.7	4.0	5.0	4.8	4.2
第二产业增长速度	13.9	21.2	19.9	18.4	14.1	13.0	13.6
第三产业增长速度	8.8	12.4	10.6	9.6	8.0	7.8	8.2
第一产业占GDP比重	25.4	23.3	21.4	19.8	18.8	17.9	16.9
第二产业占GDP比重	43.4	46.1	48.6	51.1	52.7	54.2	55.8
第三产业占GDP比重	31.2	30.6	30.0	29.1	28.5	27.9	27.3
第一产业对经济增长的贡献率	7.1	8.4	8.1	6.8	9.4	9.1	7.2
第二产业对经济增长的贡献率	62.9	64.5	67.8	70.6	68.5	68.7	70.8
第三产业对经济增长的贡献率	30.0	27.1	24.1	22.6	22.1	22.2	22.0
全社会固定资产投资增速	13.1	23.6	25.3	19.0	11.0	13.5	14.0
全社会消费品零售总额增速	10.5	11.6	13.5	7.3	10.3	12.5	10.6
通货膨胀率	2.9	5.4	13.2	21.7	14.8	6.8	6.5
城镇失业率	2.3	2.3	2.6	2.8	2.9	3.2	3.4

注: 表中1991－1995年数为实际数，1996年数为预计数，1997年数为预测数。

(二) 对1997年经济发展趋势的评价 如何评价1997年经济发展趋势，直接关系到下一阶段宏观经济政策的取向和选择，因此，对其进行认真分析和评价有着十分重要的意义。

(1) 对经济增长速度的评价。1997年国内生产总值将增长10.4%左右，略高于潜在经济增长速度，但还是基本把握在潜在经济增长速度的范围。因此，1997年在经济以较高速度增长时不会带来太大的通货膨胀压力，但失业问题将会进一步加剧。

由于从1995年开始，我国的经济增长速度已进入适度增长范围，即基本接近潜在经济增长速度，这对缓解通货膨胀压力起了决定性作用。因此，从这一点来看，1997年整体经济以10.4%的增长速度增长，对控制价格水平是十分有利的。

(2) 对通货膨胀率的评价。1997年通货膨胀率将达6.5%左右，与前几年相比已处于比较低的水平，但就本身而言还是有些偏高，不过要在短期内使通货膨胀率进一步有较大幅度的下降也是有一定难度的。究竟如何看待1997年的通货膨胀率，这还需要作具体分析。

首先，看待1997年的通货膨胀率时不能不考虑失业问题。通货膨胀率往往与失业率存在着“替换”关系，失业率低往往是高通货膨胀率的代价;低通货膨胀率往往是高失业率的代价。因此，要缓解我国日益突出的失业问题，付出一定的通货膨胀代价是难以避免的。

其次，看待1997年的通货膨胀率时不能不考虑我国对外开放范围不断扩大这一事实。对外开放对促进我国整体经济发展的作用已有目共睹，但同时由于我国商品和服务的价格又低于国外同类商品和服务的相应水平，因此随着对外开放的不断扩大，必然会在一定程度上拉动我国价格水平的上涨。

最后，看待1997年的通货膨胀率时不能不考虑我国经济发展的不平衡性。经济发展的不平衡，不仅表现在地区之间，而且还表现在所有制之间、产业之间等。这种不平衡性很容易引起相互之间的摩擦和价格的竞争，最终导致物价的全面上涨。

(3) 对失业率的评价。1997年失业率为3.4%，与前几年相比，呈现出继续上升的势头，这种不断上升的趋势已引起社会的普遍关注。不过，这里也存在着如何评价失业率不断上升的问题。

一是我国失业率的不断上升，是人口众多与现代技术组合的结果。我国人口多是举世瞩目的，而目前我国的生产技术装备水平正逐步与发达国家接近，自然存在着人口众多与现代技术装备水平高的矛盾，出现了失业率持续上升的局面。

二是我国失业率的不断上升，是与我国市场经济份额的不断扩大有着密不可分的关系。市场经济份额的逐渐扩大，尤其是现代企业制度建立以后，企业以追求最大利润为目的，因而更为重视企业成本核算。因此，失业人员的增加有其一定的必然性。

三、政策建议

从中国宏观经济发展趋势的预测结果看，1996年和1997年整个经济仍将保持一个较高的增长势头，通货膨胀率将进一步得到控制，经济发展趋势比较好，但失业问题变得比较突出，对通货膨胀的治理也不能放松，它们是1997年宏观经济调控政策的主要着力点。与此同时，还要努力解决一些新因素对经济发展的影响。只有这样才能确保未来一个时期整个经济稳定、健康、协调地发展。

(一) 继续坚持“适度从紧”的货币财政政策 “适度从紧”的货币财政政策，就是指能确保整个经济按潜在经济增长速度运行的货币财政政策。促使经济按高于潜在经济增长速度运行的货币财政政策，是“偏热”的货币财政政策，其结果必然是物价上涨，出现通货膨胀;促使经济按低于潜在经济增长速度运行的货币财政政策，是“偏冷”的货币财政政策，其结果必然是经济萧条，失业明显增多。因此，“适度从紧”的货币财政政策，是宏观调控政策的长期正确选择，它既不会导致严重的通货膨胀，又不会引起较多的失业人员。坚持“适度从紧”的货币财政政策，首先，必须把握好货币供应量的适度增长。当前，在经济理论界和实际操作部门，对货币供应量的理解和认识存在着意见不一致，有些人认为把握货币供应量就应该把握好M_0，另一些人认为把握货币供应量就应该重点把握好M_2，但我们M_1，最好使其年增长率把握在20%左右的范围内。其次，必须灵活运用利率这根杠杆，当经济萧条时，可以适度降低利率;当经济过热时，可以适当提高利率，以确保经济平稳增长。最后，还要加强对财政支出的控制，将其控制在略低于经济增长速度的水平。

(二) 注意防止在经济快速增长的同时，出现较严重的通货膨胀 经济的快速增长，特别是按高于潜在经济增长速度增长时，极易造成资源供应紧张，引起严重的通货膨胀，这不仅为我国经济发展的历程所证实，而且也为世界其他国家的经济发展过程所验证。因此，注意防止在经济快速增长的同时出现较严重的通货膨胀非常重要。根据预测结果，1997年的经济增长速度将略高于潜在经济增长速度，因此，必须控制经济增长速度的进一步提高;其次，要努力搞好关系到国计民生的一些重要物品的供应，特别是粮食、蔬菜的供应;最后，还要努力做到政策目标的真正兑现，减少价格预期的影响。

(三) 注重解决由经济结构调整引起的失业问题 在经济按略高于潜在经济增长速度增长的条件下，1997年失业率仍将继续上升，一个重要的原因就是经济结构调整所引起的。经济结构不调整，影响着整个经济的健康发展，进而又进一步使失业率升高。因此，从长远看，经济结构的调整也是有利于降低失业率升高。因此，从长远看，经济结构的调整也是有利于降低失业率的。但不可避免的是，经济结构调整在短时期内必然会带来失业率的升高。首先，要进一步发展劳动密集型的第三产业;其次，还要加大对职业选择不能要求太高的宣传，防止出现一些就业岗位没有人愿意去，而另一方面失业率还在不断扩大的局面。

(四) 努力解决一些新因素对经济健康发展的影响 未来一年既是香港回归的一年，也是我国经济与世界经济进一步融合的一年，自然会发生一些预料到的和未预料到的事情，这必将对我国的经济发展产生一定的影响，我们应予以重视。首先，要注重研究香港回归对我国经济发展所产生的影响；其次，要针对我国与世界经济融合度越来越大的现实，注重研究解决世界经济中的各种摩擦对我国经济发展的影响，并提出对策。

（作者所在单位：国家统计局统计科学研究所）

1996年工业经济形势分析与1997年走势展望

刘国艳

一、1996年工业经济运行特点

（一）、工业生产速度8月回落至谷底，后缓慢回升，产销衔接水平逐季提高 1996年全国乡及乡以上工业增加值预计比上年增长13.1%，增幅回落0.3个百分点。分季度来看，工业生产呈现缓慢回升势头。全年工业产品产销率预计为95%左右，约比上年下降0.7个百分点。分季度来看，产销率呈现逐季回升趋势。

（二）、轻工业生产下半年逐步回升，重工业则呈缓慢回升趋势 1996年轻工业增加值预计比上年增长14.5%，增幅将回落2个百分点。全年轻工业产销率预计为95%，比上年上升0.1个百分点。这主要是由于各项鼓励出口的政策措施的相继出台，促使外贸出口的增长速度在下半年由负转正，出口需求的上升拉动了轻工业生产速度的回升，产销衔接水平也呈逐月提高。全年重工业增加值增长约12.7%，增幅大致上升1.4个百分点。同期重工业产销率预计为95.7%，比上年下降近1个百分点。这主要是由于年初人们对投资的预期较高，造成重工业增长速度年初较快，后逐步回落。进入四季度，随着中长期贷款的增加和投资的缓慢上升，重工业的生产速度和产销率均呈逐步回升。

（三）、集体企业生产速度超过了其他类型企业，成为带动工业生产稳步增长的主要力量 1996年集体企业增加值预计比上年增长18%，增幅上升近4个百分点，增幅超过了其他类型企业5.5个百分点。全年国有企业增加值增长了约6%，增幅比上年回落1.1个百分点。由于多项支持国有企业发展的政策措施的出台，使国有企业从10月起生产速度呈现回升趋势。

二、工业经济运行中存在的问题及原因分析

尽管1996年国家出台了多项旨在减轻企业债务负担，改善企业经营环境的政策措施，但企业亏损额增加，亏损率扩大，经济效益下滑仍是当前工业经济运行中存在的主要问题。全国独立核算工业亏损企业全年亏损额预计比上年增长46%，增幅将上升近12个百分点，利润的下降幅度也由上年的5%扩大到22%，企业亏损率达到55%，高出上年17个百分点，其中国有企业效益下降幅度最大。10月末在全国独立核算工业企业中，销售收入占49%的国有企业，其利润总额只占20%，比上年同期下降了64%，降幅高出上年同期39个百分点。亏损额同比下降了45%，降幅高出23个百分点。同期国有企业亏损率高达79%，高出上年同期30个百分点，国有企业经营状况十分严峻。之所以出现这种局面，除由于农副产品等原料价格上涨、企业用于技术改造折旧费比例的提高，效益向社会保障体系、职工分配的转移等直接因素的影响以外，阻碍企业经济效益提高的深层原因还有以下几个方面：

（一）由于缺乏产品开发能力，使企业陷入同一水平的过度竞争中 多年来，由于国内信息服务产业尚处于发展初期，不能为企业提供及时准确的市场供需信息，企业缺乏对市场发展趋势的准确判断，只能根据当前的市场行情进行成本收益比较来分析投资是否可行。许多地方政府为促进本地区经济的快速发展，看哪个赚钱就上哪个项目，投资带有较大的盲目性。生产企业数量的迅速扩大，加剧了企业间的竞争。企业大规模引进的只是生产线，忽视了对核心技术的消化、吸收，因而难以形成产品开发能力。一旦市场需求发生变化，企业无力推出新产品来满足市场需求，企业生产的产品销售不出去，生产设备大量闲置。长期以来，这种企业间同一水平的过度竞争一直未得到根本解决，相反随着进入“九五”，围绕建立四大支柱产业的新一轮重复引进又在全国范围内掀起，这必将影响企业今后的发展。

（二）行业主管部门和地方政府对企业经营活动的过多干预，影响企业生产积极性的发挥 行业主管部门和地方政府参与企业的生产经营活动，一定程度上起到了保证国家有关政策法规的顺利实施，为企业提供必要的支持，促进企业发展的作用。但是由于目前体制改革还没有到位，主管部门和政府的职能尚未根本转变，部分政府和主管部门往往利用手中权利，向企业乱收费、乱摊派，把企业当成了本部门、本政府的“摇钱树”。据有关部门对45户工业企业的抽样调查显示，在

企业所承担的对外非税收负担中，有58.5%属非政策性负担，约占当年销售收入的2.4%，据此推算，1996年全国独立核算工业企业对外承担非政策性不合理负担高达1030亿元。此外，有些地方政府和行业部门为保护本地区或本行业的收入来源，千方百计阻止企业间的兼并，阻挠跨行业、跨地区的企业集团的建立;有些地方政府行政干预企业的生产经营，对企业投资项目强加干涉，反而导致了企业生产经营活动陷入困境。这些过多干预，阻碍了政策对企业促进作用的发挥，挫伤了企业发展的积极性，影响了企业经济效益的提高。

(三) 外商的不断进入给国内企业带来了一定程度的冲击 随着我国对外开放力度的加大，外商国进入的规模不断扩大。尽管外商的进入给国内企业带来了先进的管理经验和技术设备，促进了国内企业管理水平的提高和竞争能力的增强，很大程度上推动了国内企业的快速发展，但同时也给国内企业带来了一定程度的冲击。在目前国内企业生产技术和工艺都相对落后的情况下，生产企业又承担了地区差价、季节差价、策略性差价的一切风险和资金负担，承担着产品售后服务的全部责任，使得本来就已负担沉重的企业根本无力与技术工艺、企业组织及管理手段成熟、规范，并有充足资金支持的外商进行竞争，于是外商不仅在微电子、新型材料等国内短项产业领域占领了几乎全部的市场份额，而且在服装、食品等我国传统长项产业也占有相当大的比重，而国内企业则在节节败退。这一点应引起政府和有关部门的重视，及时制定切实可行的政策措施来保护我们的民族工业，以保证国民经济持续、稳定、健康的发展。

(四) 国有企业机制缺乏竞争力 上述因素，是造成当前企业经济效益大幅下降的综合性原因。为什么国有企业效益下降的问题如此严重?尽管相对非国有企业来说，国有企业历史包袱更大，税收负担更重，行业主管部门和各级政府的束缚更多，外资的冲击更大，但国有企业自身机制缺乏活力，应该说是企业效益大幅下降的主要原因。一是企业经营者的任用机制缺乏竞争，难以调动经营者的积极性。由于目前企业经营者来源渠道较单一，多数还是由上级任命，从而使经营者的任用机制缺乏竞争性，加上经营者的任期时间相对较短，只能靠拼设备来实现企业短期的繁荣，至于能否使企业保持长期、稳定地发展，经营者就不真正关心了。此外，企业经营的好坏并没有与经营者的切身利益挂钩，很难调动经营者的积极性。二是职工分配制度缺乏灵活性，影响了职工创造性的发挥。职工分配制度的不合理，使那些对提高企业技术水平、开发新产品有突出贡献的技术人员得不到足够的重视，那些职业技能熟练的工人也得不到应有的回报，企业内部未能形成比技术、比贡献的良好风气，难以调动职工对企业生产、建设的积极性和创造性。正是由于国有企业自身机制缺乏竞争力，企业生产者和经营者缺乏加强内部管理的动力，从而导致企业内部管理松懈，产品成本居高不下，产品档次徘徊不前，经济效益不断下降。

三、1997年工业发展走势预测及政策建议

(一) 1997年工业发展走势预测 1997年是“九五”计划实施的第二年，受供需状况的影响，工业经济将呈现良好的增长势头。

从供给条件看，1996年我国农业生产特别是粮食获得丰收，主要农产品产量都有较大幅度的增长，为1997年工业生产的稳步增长提供了必要的保证。1996年短期贷款占全部贷款比重约比上年上升4个百分点左右，一定程度上缓解了企业资金紧张状况。将为1997年企业生产提供一定的资金保证。同时，1997年银行可能根据物价水平继续适度调整存、贷款利率，将有利于减轻企业的利息负担,并为降低产品成本创造了条件。

从需求变化情况看，消费、投资、出口“三驾马车”将共同努力带动工业生产的稳步回升。从消费需求来看，虽然1996年农村居民纯收入继续保持着稳定的增长势头，但城镇居民人均生活费收入实际增幅比上年回落3.7个百分点，为1984年以来较低的水平。1997年由于企业经济效益很难在短时间内有较大改观，因此城镇居民人均生活费收入增长也相当有限，预计1997年全年社会消费品零售总额实际增长10%左右。从投资需求来看，目前各地投资热情继续提高，新开工项目不断增加。预计1996年基本建设和更新改造新开工项目约为43000个，将比上年增加4200个，新开工项目占施工项目的比重约为44%，同比上升了4个百分点，计划总投资将比上年增长55%。尽管各地新开工项目增多，投资有明显回升的趋势，但由于1997年国家继续实行适度从紧的宏观调控政策，投资率计划为32%，加上固定投资项目资本金制度的出台，将会在一定程度上抑制固定资产投资的过快增长，因此预计1997年固定资产投资将增长10%左右。从外贸出口需求来看，1997年外贸出口将受国际和国内经济环境的影响，呈现稳步回升的趋势。据有关方面预计，1997年世界经济将继续呈现缓慢回升的趋势。预计世界经济增长速度将为4.1%，世界贸易量将为7.6%，这为我国产品的出口提供了良好的环境。同时，由于1997年国内需求增长有限，迫使企业把目光转向国际市场，扩大产品出口。此外，随着出口退税归还速度的加快，会在一定程度上缓解企业的困难。1996年出台的多项促进企业产品出口的政策措施，将对1997年外贸出口的回升发挥较大作用，预计出口将增长4－5%。在上述因素的影响下，

1997年工业将呈现稳步回升的趋势，工业增加值增长速度将为14％左右，轻工业将快于重工业1－2个百分点，集体企业增长将继续快于其他企业，成为带动工业增长的主要力量。此外，随着扭亏增盈目标责任制的深入实施，必将有利于国有企业经济效益的好转，促进国有企业生产的稳定增长。

（二）促进工业经济稳定增长的政策建议

（1）加大技术改造投入力度，调动企业技术创新积极性。一是国家在继续严格控制新开工项目的同时，努力调整投资结构，进一步加大技术改造的投入，集中有限资金用于重点行业、重点企业的技术改造。二是吸引社会闲置资金建立技术改造基金，支持企业的技术改造和技术创新。三是允许重点企业发行国内短缺技术改造债券。四是运用产业政策和法律手段引导和保护企业的技术改造和技术创新。

（2）为企业发展营造良好的环境。一是加快信息服务产业的发展，为企业投资决策提供科学依据。二是在加快资金结算速度，提高金融行业的服务质量的同时，国家应加快资本市场的建设步伐，加大资本市场的开放力度，为企业多方筹资创造条件。三是积极探索多种形式的产品销售方式，尽早把生产企业从销售领域中解放出来，使生产企业能够收缩战线，集中全力用于设备工艺的改造和新产品开发设计，以保护民族工业的发展，促进国民经济持续、健康、稳定增长。

（3）加快国有企业改革步伐，促进企业发展。一是要贯彻按劳分配为主体，多种形式并存的分配机制，以激发劳动者的责任心、积极性和创造性。对企业发展有贡献的人员给予重奖，影响企业发展的人员要坚决清理，真正做到人尽其才、物尽其能，同时，深化企业内部管理体制的改革。二是在企业中大力推广被实践证明是正确的多种改革措施，全面调整投资者、经营者和生产者的关系。通过鼓励职工持股，使生产者、经营者都能从改革中得到真正的实惠。

（作者所在单位：国家计委经济研究所）

1996年农村经济形势分析与1997年展望

吴晓华

一、1996年农村经济发展基本态势、经验及教训

1996年农村经济形势继续保持近几年来的良好态势，“九五”第一年开好头、起好步的要求基本得到实现。主要表现在以下几方面：一是主要农产品产量稳定增长。夏粮、早稻和秋粮都实现了增产，粮食产量全年净增135亿公斤以下，总产量预计达4800亿公斤以下，再创历史最高水平，粮食库存和储备也将在达到历史最高水平。肉类总产量将达到5800万吨以上，增长15％。棉花和料作物产量有所下降。全年农业增加值增长5％，增幅与上年持平。二是乡镇企业稳定发展。全年乡村工业增加值增长18％左右，实现利税增长17％，中西部地区乡镇企业增长速度快于东部地区。三是农民收入稳定增长。全年农民人均纯收入增长6％，增幅与上年有所提高。四是工农、城乡关系进一步得到改善。前三季度，第二产业与第一产业增长率之比降为2.78:1。农民人均收入增长速度快于城镇居民2个百分点。在物价总水平回落过程中，自8月份开始城市物价涨幅高于农村，农村市场稳中见旺。总之，1996年的农村经济发展为宏观经济形势的进一步好转作出了重要的贡献，其形势是近几年来最好的，也是改革开放以来所不多见的。

1996年农村经济发展能取得这样好的形势，除了自然条件较好外，其主要经验有：

第一，党和政府继续坚持把农业放在整个经济工作的首位，重视与强调农业的特殊重要性 “米袋子”省长负责制和“菜篮子”市长负责制，得到进一步完善和强化抓，为夺取今年农业丰收创造了极为有利的条件。国家再度出台了提高粮食定购价格的政策，提价幅度达40％以上，地方政府还配套出台了价外补贴、增加粮肥挂钩数量的政策。

第二，各行各业继续大力支持农业发展 在党中央的统一领导与部署下，全国与农业相关的行业，努力发展生产，尽可能多的提供农民所需的高质量、多品种、低成本的农用产品和服务。化肥供应紧张的局面在1996年得到了根本性改善。农产品流通部门加大对主要农产品的收购力度，加强了专储粮和储备棉的收购。

第三，强化科教兴农，广泛应用各种先进实用的生产技术 1996年全国各地农村开展了轰轰烈烈的科教兴农热潮，以优良种子的“绿色工程”、地膜覆盖的“白色工程”、改良土壤的“黑色工程”和减轻病虫害的“防治工程”等为代表的各种科学技术的推广实施，把现代技术在农业生产领域中的运用更加推向深入，取得了显著的增产增收效果。

1996年农村经济发展为我们提供的教训主要有：

一是对农业的宏观调控在注重增加供给的同时，必须强化需求管理 种种迹象表明，我国农业增长已从单纯的资源供给约束变为资源供给与市场需求双重约束。1996年主要农产品出现的卖难，从根本上说主要是由于需求管理没有跟上所造成的。农民粮食的卖难问题在很大程度上是由于收购资金和仓储能力不足所致，国有粮食部门的粮食卖难则是由于没有很好把握粮食市场需求、不适当地提价所造成的。棉花卖难则主要是棉纺企业需求下降和调销不畅所造成的。食用植物油和食糖的卖难则是进口需求挤占了国内需求所造成的。在市场化程度日益加深的环境下，必须高度重视农产品需求的管理，否则只能造成丰产不丰收，严重挫伤农民的农业生产积极性。

二是乡镇企业发展在产业扩张的同时，必须按国家产业政策的要求进行及时正确引导 乡镇企业大都是以资源开发为导向，但是资源开发一定不能以牺牲生态环境为代价。1996年在全国范围内开展关闭高污染企业行动，乡镇企业蒙受的经济损失惨重。据目前初步统计，全国仅关闭的乡镇小造纸厂就达4万多家，平均每个造纸厂投资在200万元。这些高污染企业厂大都是由当地行政领导决策上马的，又主要分布在中西部地区，而这类地区企业的资金本从起步时就十分紧缺。在环境保护和可持续发展要求日益强烈的形势下，发展乡镇企业一开始就要符合国家产业政策的要求，否则只能是既破坏环境，又严重打击农民发展非农产业的积极性。

三是国家在加强对大江大湖治理的同时，切不可放松对中小河流的整治 1996年农业自然灾害的一大特征是洪涝灾害严重，而且主要是中小河流流域的洪涝灾害严重。这一方面说明了国家近几年在加强对大江大河治理方面取得了明显成效，另一方面也说明了由于种种原因中小河流的整治没有跟上。一般地讲，整治中小河流主要是靠地方政府和农民，但是缺乏中央政府的补贴和奖励，地方政府和农民在这方面的积极性往往难以真正调动起来。因此，国家在增加对水利投资的时候，必须加大对中小型水利工程的投入，不能一味地单纯抓大江大河的治理。

二、1997年农村经济运行中需要解决的几个问题

根据目前对宏观经济走势的基本判断和1997年气候情况的初步预测，1997年农村经济运行将继续保持近几年来的良好态势，主要农产品生产稳定增长，市场供应充足，乡镇企业改革调整力度进一步加大，并保持稳定发展的态势，农民收入水平继续提高，农村市场稳中见旺。在对1997年农村经济形势作出较为乐观估计的同时，必须高度重视和着力解决好以下四方面的问题：

（一）避免粮食生产出现滑坡，棉花生产难以有一个较大的恢复性增长 受前几年农业持续丰收和当前较普遍存在的粮棉卖难问题的影响，1997年有些地区领导很有可能出现对抓农业的畏难情绪，甚至对如何进一步抓好粮棉生产没有得力措施。此外，根据80年代以来国内粮食生产“两年增、一年减”周期推测，1997年粮食产量可能再一次滑坡，增幅为负。而棉花受上年预留棉田减少等多种因素的影响，将难以出现大的恢复性增长。然而，目前我国的粮食需求是刚性增长的。1996年粮食总产量预计为4800亿公斤，人口增长1200万的话，人均粮食占有量不过388公斤，仍没有达到1984年的水平。粮食总量供给不足的问题不会得到根本改变，而且粮食供给的结构性矛盾还会加重。从1996年9月份以来，国内棉花市场已开始复苏，棉纺企业对棉花需求逐渐上升。因此，1997年必须继续抓好粮棉生产，克服粮食丰收后的松懈情绪，避免粮棉生产出现大的波动。

（二）粮食等主要农产品卖难问题一时难以得到根本解决 如前所述，当前农产品卖难的存在，原因主要是需求管理没有跟上。而需求管理的改善并不是一时就能取得明显成效。当务之急是在1997年要抓住农产品供给比较充裕的有利条件，在农产品流通体制，特别是粮食购销体制改革方面取得实质性进展。主要农产品流通体系效率不高，是困扰农业生产的关键问题之一。现有流通渠道过于单一，缺少有效竞争。除国有流通渠道外，其它渠道基本上都是带有投机性质的临时性经营组织。这些经营组织行为极不规范，往往在农产品短缺时介入农产品流通，抬价抢购，农产品过剩时又悄然退出，不仅起不到理顺农产品流通体制的作用，而且加剧了农产品买难卖难。因此，我们应抓住连续两年农业丰收，农产品供给比较充裕的有利时机，在培育农产品流通主体，形成多渠道平等竞争的农产品流通体制方面取得实质性突破。

（三）防灾抗灾能力尚需进一步提高 我国是一个自然灾害发生频率高、强度大的国家。1996年水灾范围虽然不大，但损失却是90年代以来最重的一年。这说明，我国抵御自然灾害的能力并没有显著增强，甚至有所弱化。因此，要利用1996年受灾较重，各级政府及农民对灾害有着切肤之痛的时机，制定一些切实可行的政策措施，推动各级政府、农村集体经济组织和广大农民大搞农田水利基本建设。农业投资在增加总量的同时，要切实优化结构，重点把我国抗御自然灾害的能力恢复和提高到一个新的水平。国家投资要在引导农民进行中小型水利工程建设方面发挥更大的作用。

(四) 增加农民收入困难加大 近两年我国农民收入有了一定增长，但要实现小康目标，任务还相当艰巨。特别是1996年农民负担存在着明显的反弹趋势，不仅侵蚀了农民收入，而且对社会稳定也造成许多不利影响。目前的主要问题是，农产品价格上涨空间很小，乡镇企业效益下滑，农村劳动力转移速度放慢，农村经济微观活力可能出现不足，这些必然要影响到农民收入的增长幅度。在减轻农民(包括乡镇企业)负担方面，地方政府特别是基层政府还没有给予足够的重视。1997年应在这些方面取得一些进展，努力增加农民收入，繁荣农村市场，为培育新的经济增长点创造条件。

三、1997年农村经济运行展望与对策建议

针对1997年可能出现的新情况和新问题，结合“九五”期间农村改革，发展、稳定的要求，1997年我国农村经济发展的指导思想应该是：坚持把农业放在经济工作的首位，保持农业和农村经济的稳定发展，以加快粮食、棉花等主要农产品和农业生产资料流通体制改革为中心，推进农村经济体制向社会主义市场经济体制转变，以加快农村科技推广应用为中心，推动农业和农村经济增长方式向集约型转变，实现农村经济与社会协调发展，为改革开放的顺利推进和国民经济新增长点的培育创造良好的外部环境和市场基础。为此，1997年农村经济改革和发展的主要任务是：

(一) 继续稳定和完善农村基本经营制度 各地要根据自身的实际情况，进一步抓好延长耕地承包期和土地使用权有偿转让的工作，鼓励农民对土地进行长期投资，继续支持和引导各地以拍卖土地使用权等方式，综合开发“五荒”资源。有条件的地方要结合本地区实际情况，逐步推进农业适度规模经营，提高农业集约化经营的程度。鼓励和支持农民在自愿、互利的基础上发展多样化的联合与合作组织，特别是那些跨社区的专业联合与合作组织，继续支持发展各种形式的贸工农一体化经营方式。

(二) 突出抓好粮棉等基本农产品生产 继续采取有力措施切实保护耕地，确保粮棉油糖菜的种植面积。要尽快建立全国和各省两级耕地预警预报系统，各地要认真贯彻执行国务院颁布的基本农田保护条例，坚决制止撂荒，严禁乱挤占耕地现象。决不能因为近几年粮食丰收，粮食供求关系有所缓和，而对抓粮食生产有所放松，对农业尤其是粮食生产必须始终抓得很紧。1997年粮食种植面积要保证达到16.6亿亩以上，棉花种植面积争取恢复到8000万亩以上。要加强国家商品粮棉油糖基地和国家专储粮基地建设。

(三) 进一步深化农产品和农业生产资料流通体制改革 这是1997年农村工作的主要任务。定购粮数量稳定在5000万吨，各地可根据省长负责制精神适量减少。粮食收购价格由各地自行确定，但要实行保护价制度，1996年的定购价为1997年的最低保护价。粮食国家专储数量由现在的4000万吨增加到5000万吨。要尽快完善国有粮食系统的“两条线运行”机制，政策性业务与商业性经营要尽早实现人员、粮食、财务等的全面彻底分开。在对棉花继续实行经营、市场、价格“三不放开”政策的同时，要根据可能出现的问题，加大棉花专储数量，积极完善棉花交易会制度，加强价格监督和合同管理，严禁场外交易。各地和各部门要大力支持全国供销合作系统建立农资、棉花、果品和蔬菜等专业合作社，减少流通环节，降低流通费用，与农民结成利益共同体，提高农民进入市场的组织化程度。

(四)进一步加强农业基础设施建设 要充分吸取1996年自然灾害的教训，在加强对大江大河治理的同时，各级政府尤其是地方政府要进一步加强对中小河流的整治。在强化资金、物资投入的同时，要借鉴世界上许多国家的经验，着手研究设立洪水保险金，制定国家洪水保险条例，把救济、救灾和保险业紧密结合起来，改变水灾损失负担方式，改一次性付款为“分期付款”，在较长时间和较大范围使损失费用，由众多投保户(包括受灾区与被保护地区)进行合理分担，以求从根本上解决水灾问题，利用法律手段防洪，泄洪。

(五) 进一步强化“科教兴农” 继续抓好“丰收计划”和种子产业化工程，通过专项资金支持，重点推广粮食作物旱育稀植及模式化栽培新技术、棉花高产及配套技术、节水农业新技术和农业病虫害防治技术等关键实用技术。继续组织力量，抓住农业生产中最急需解决的重大科技问题进行联合攻关。采取有效措施，稳定和充实基层农技推广服务机构与队伍，加强手段，增加经费。

(六) 保持乡镇企业稳定发展 继续深化乡镇企业产权制度改革，积极发展各种有效的企业组织制度形式。减轻乡镇企业负担，保护乡镇企业的合法权益。乡镇企业的发展，要加强结构调整、科技进步和科学管理，尽快转变粗放型增长方式。进一步组织实施好乡镇企业东西合作示范工程，促进地区间经济合作，加快中西部地区乡镇企业发展。继续做好乡镇企业出口创汇基地建设工作，加快乡镇企业自营出口权审批和出口退税。发展农村小城镇，促进乡镇企业向小城镇和工业小区适当集中，实现农村剩余劳动力的有序转移。

(七) 进一步加强国家对农业的支持与保护力度 各级政府首先要按照农业法的要求，保证农业财政资金及时足额到位。其次要开辟财源，积极建立农业保护基金，并使之成为农业发展最主要的资金来源。再次要深入贯彻国务院进一步深化农村金融体制改革的决

定，积极组建各级政策性农业保险机构。此外，各地要积极探索农业资金的统一协调管理机制，力求避免有限的资金出现重复投资、分散投资的现象。

（八）切实减轻农民负担 各地的农民负担水平，除控制在国务院规定的上年人均纯收入5％以下外，其增长速度不得超过收入增长速度。禁止在农村进行各种名目的达标升级活动。要认真总结各地进行的“费改税”改革经验，将农民负担尽快纳入规范化、法制化管理。今后，对因负担过重而导致发生农民死亡的事件，当地乡镇党政领导不得提拔。

（九）切实做好扶贫攻坚工作 国家继续从政策和投入上加大对贫困地区的支持力度，通过不断扩大以工代赈、财政扶贫资金和信贷扶贫资金规模等方式，加快农村贫困人口脱贫致富的步伐。加强对扶贫资金的审计监督工作，提高扶贫资金使用效益。

（作者所在单位：国家计委经济研究所）

1996年财政运行分析及1997年展望

肖炎舜 范剑平

一、1996年财政运行的基本情况

1996年国民经济运行态势良好，国家预算执行情况基本正常，财政收入与支出均保持了较好的增长幅度，国家财政收支平衡状态好于往年。财政运行的主要特点体现在以下几个方面：

（一）财政收入增长幅度较高，与国民经济增长速度基本相适应 1996年1－9月份，财政收入累计完成4751亿元，比上年同期增长18％，基本与同期国内生产总值现价增长速度持平。分中央和地方看，中央财政收入完成2255亿元，比上年同期增长9.1％；地方财政收入完成2497亿元，比上年同期增长27.5％。中央财政收入增长较慢的主要原因是银行上交所得税下降，比上年同期少交150多亿元。

（二）主要税种收入持续快速增长 1－9月累计，消费税完成年度预算的69.7％，比上年同期增长29.9％；增值税完成年度预算的67.5％，比上年同期增长19.4％；营业税完成年度预算的79.4％，比上年同期增长26.2％；关税完成全年预算的112.3％，比上年同期增长12.8％（在进出口税收政策进行了较大调整的情况下，关税提前完成计划表明，1996年我国税收改革是成功的，关税超收对缓解中央财政困难也会起到良好的作用）；分税制改革以来日益成为地方财政收入主要税种的个人所得税继续保持高增长，与上年同期相比增长幅度达51.8％。

（三）受不可比因素的影响，财政当月收入增长速度起伏较大，整体速度在前两季度逐步回落并趋于正常，在第三季度基本保持平稳 影响财政收入速度变化的主要因素有三个：一是出口退税。1－9月份，财政当月出口退税额分别为30.68亿元、74.89亿元、16.39亿元、30.23亿元、114.03亿元、129.69亿元、70.28亿元、62.61亿元、37.5亿元，1995年同期的出口退税额为70.49亿元、46.65亿元、26.9亿元、103.18亿元、60.11亿元、20.38亿元、32.83亿元、56.44亿元和15.63亿元。从中可以看出1、4两月财政收入的高速增长及2、5、6三月增速的回落主要原因在于出口退税额的变化。二是进口税收政策的调整。1996年4月开始实行新的关税税率，并取消一些进口优惠政策，对进口产生了一定的影响，从而影响了进口关税及海关代征“两税”的增长。按海关统计资料测算，一般贸易进口额当月数1月份比上年同期增89.6％。与此相适应，1月份关税收入比上年同期增长78.7％，进口税收收入比上年同期增长94.6％，成为当月财政收入及中央财政收入高速增长的主要原因。由于进口税收政策的调整引起的突击进口基本上发生在上年年底和今年1月份，以后月份的进口恢复正常增长，关税和海关代征税收也进入正常增长的轨道。三是企业所得税和银行上交收入。3月份财政当月收入基本与上年同期持平，其中一个主要原因是银行上交收入较上年同期减少74亿元；6月份财政收入大幅度下降，除了当月出口退税比上年同期增加109.31亿元外，企业所得税当月减少66.96亿元也是一个重要原因。

（四）财政支出增长受到较好的控制，支出结构有所改善 1－9月份财政支出累计完成4760.07亿元，完成年度预算的63.6％，比上年同期增长16.8％，其中中央财政支出1425.3亿元，比上年同期增长11.7％；地方财政支出3334.77亿元，比上年同期增长19.2％。前三季度财政收支增幅相比，财政支出增长幅度低于财政收入增长幅度1.2个百分点；财政支出增幅与上年同期相比也下降了8个百分点，这些都反映出财政支出得到了较好的控制。

支出结构也有所改善。高于总支出增幅的项目主要是“支援农业支出”、“城市维护费”、“抚恤和社会福利救济费”和“公检法支出”，这些体现了政府职能的一定转变。从增加额来看，增加较多的项目主要是基建支出、挖潜改造支出、文教科卫支出、支农支出、公检法支出、国防支出和行政管理费支出等。

(五) 财政平衡状况良好 在收入增长较快，支出增长受到一定程度上的控制的前提下，前三季度收支差额控制在较低的赤字水平。1－9月份，财政收支相抵，支出大于收入9亿元，这是自实行新财税体制三年来同期最好的情况，比1995年同期减少40.35亿元，比1994年同期减少95.72亿元。

(六) 国债发行采用了招标方式，发行情况基本正常 1－9月累计，中央财政债务收入1716.24亿元，债务支出1093.33亿元。1996年的国债发行基本上采用了招标的方式，具体作法是基数承销、余额招标、剩余包销。这个方法既保证了国债发行任务的完成，也使国债发行向市场化又迈出了重要一步。

二、财政运行中反映出来的几个主要问题

(一) 出口退税政策面临较大的压力 1996年1－9月份，出口额为1040亿美元，比上年同期下降2.7％，从月份上看，上半年下降幅度较大，7月份开始出现增长。出口退税率的调低和1－4月份出口退税进度过慢对出口的影响是显然的。从5月份开始，国家加快了出口退税的进度，对解决企业的困难起了一定的作用，但是对财政的影响也是显而易见的。目前出口退税已经完成年度预算的87.1％，外贸企业对出口退税的要求依然很高，许多行业呼吁要提高出口退税率和加快出口退税速度，过去年度转移过来的负担也难以消化，今后财政如何解决出口退税问题仍然是个大难题。降低出口退税率的做法，作为权益之计是见效的，在一定程度上解决了财政过量退税负担的问题。但这样并没有解决出口退税环节骗税逃税等问题，总量上的少征多退问题解决后，对一些依法纳税的企业来说必然带来多征少退的问题。

(二) 国有预算内工业企业效益普遍低下，成为影响财政的重要因素 据初步统计，1996年1－9月份，全国国有预算内工业生产企业生产总值和销售总值分别只比去年同期增长3.5％和5.6％；实现利润比上年同期下降69％；企业亏损面比上年同期增加5个百分点，亏损企业亏损额增加23％。

(三) 银行上交财政收入大幅度减少，银行效益不佳成为影响财政收入增长的重要因素 1996年1－9月份，企业所得税仅完成年度预算的53％，比上年同期下降17.1％，成为主要税种中与上年同期相比唯一下降的项目。主要原因是银行上交所得税减少所致。由于银行上交收入为中央收入，在年初确定的预算中，银行上交财政的收入在企业所得税中占有较大的比重，银行上交收入的完成与否是影响1996年预算执行中中央财政能否完成预算的关键因素之一。

(四) 企业欠税严重 据国家税务总局统计，三季度末企业欠缴工商税收达396亿元，比年初增加262亿元，欠税逐季增加，一季度末为258亿元，二季度末为313亿元，三季度末为396亿元。其中75％以上为欠缴两税。

(五) 中央财政在收入增量中没有得大头，地区之间财政收入增长不平衡 从中央与地方对比来看，前9个月财政收入比去年同期的增量中74％为地方收入，中央收入只占26％；中央财政收入增长速度比地方财政收入增长速度慢18.4个百分点，中央财政收入的增长速度只有地方的三分之一。虽然经过1994年的分税制改革，中央财政从两税收入中拿了大头，但是从整个收入增量的分配格局看，改革前的分配状况并没有改变。从不同地区来看，发展也是不平衡的。有11个省增长幅度在30％以上，其中有的超过了50％；有6个省不到20％，其中有的不到10％。

(六) 财政收入增幅逐月回落，完成两税任务还很艰巨 虽然前三季度两税增长速度保持了一定的水平，但增长幅度的回落也是很明显的。增值税一季度末的增长为22.8％；二季度末下降到16.8％；三季度末为19.4％，又有所上升，但整体上看仍是回落的。前三季度平均每月完成两税272亿元，后三个月的月平均任务为386亿元，大大高于去年后三个月的实际完成数。在经过1994年抬基数、1995年保基数的情况之后，1996年完成两税的任务是很重的，现在有不少地方已经提出有完不成两税任务的可能。地方对增值税的积极性也存在一些问题，1994年地方收入增量中23％为增值税，1995年19％为增值税，1996年1－9月份只有13％为增值税。

(七) 财政支出压力很大 行政事业费等非生产性支出增长幅度过大。据财政部反映，1996年1－9月份，受工资晋档、工龄自然增长及办公经费标准提高等政策性增支因素的影响，仅行政管理费、工交商部门事业费、文教科卫事业费、其它部门事业费等几项支出的增加额就占财政增支总额的50％以上。基建支出只完成预算的55.3％，企业挖潜改造支出只完成预算的52.1％，支农支出只完成预算的56.45％，价格补贴支出只完成预算的44.8％，这说明第四季度财政增支的压力还是很大的。

三、1997年财政形势展望

1997年财政赤字将进一步缩小，财政收入将继续与经济同步增长。从“九五”计划和2010年中长期远期

规划的宏观目标要求分析，“九五”期间我国要基本消灭财政赤字，1997年是“九五”第二年，在1996年压缩财政赤字50亿元的基础上，有必要加大压缩赤字的力度。考虑到体制的进一步磨合，过多压缩赤字也不太现实。因此有可能按“九五”计划的要求将压缩赤字100亿元作为控制目标。1996年即便超额完成全年预算征收任务，预算收入占国内生产总值的比重过低的问题不会有多大改变。财政预算规模过小，从而导致国家财力制约改革和政府宏观调控能力的困难状况得不到改善。财政资金的捉襟见肘的状况依旧。由于预算规模过小，致使政府应该做的事，因资金能力不足而无法解决。诸如，扶持社会保障体系形成的资金资助，向涉及社会利益的水利、农业、交通等基础设施等公共工程的投资，引导国民经济产业结构调整的资本投入，等等。其中，中央的重点建设支出资金短缺问题更为突出，一些需政府支持的公共投资，不得不依靠银行贷款，长远看，这对国民经济的稳定发展将遗留许多不利影响。从需求的角度看，要求财政收入继续与国民经济保持同步增长。从可能的角度看，1994年的体制改革的正效应将进一步显现出来；国有企业对市场的适应性也将好于1996年；宏观经济连续几年稳定也给企业创造了良好的调整环境，经济发展质量会有所提高；税收征管手段进一步完善，等等，都是有利于财政收入与经济同步增长的。

做好下一步财政工作的政策建议是：

（一）进一步研究出口退税问题，改进出口退税办法 为了解决出口退税中的少征多退问题，财政已经两次降低了出口退税率。出口退税率的降低对财政产生的正面影响是很显然的；但是，也不能否认降低出口退税率后也出现了对一些企业的多征少退问题，甚至对企业的出口产生了一定的负面影响。在征税环节的问题没有解决的情况下，提高出口退税率显然是财政不能承受的。为了减少对出口的影响，财政应加快出口退税的进度，并且对过去转过来的退税问题要视财政状况争取在今明两年解决。面对出口企业的一些合理要求，出口退税办法也必须进一步改革，出现出口退税与财政收入的矛盾的关键是征税环节税款征收不足和退税环节存在骗税问题，必须从征管上找出路。

（二）各级政府和有关部门要采取措施 帮助企业加强管理、提高效益，遏制和扭转预算内企业特别是大中型企业效益下降、亏损增加的局面，稳定财政收入的主要来源。

（三）对银行亏损的原因要进行调查研究，对金融领域的违法活动要严肃惩处 利率调整和取消保值贴补等政策对银行的正面影响情况下，银行出现全行业的亏损，国有企业效益不好、拖欠银行的利息固然是一个重要原因，但是金融领域的收入分配向个人倾斜、银行资金运用不当等因素也是不可忽视的。要弄清问题的真正原因，切实采取措施解决银行亏损的问题，确保银行上交财政收入的完成。

（四）抓紧清理企业欠税 各级政府和银行、税务及企业主管部门都要把清理欠税工作列入重要日程，对企业的欠税进行认真清理，及时催交入库，坚决把欠税压下来。

（五）财政支出政策要继续从紧，并对结构进行适度调整 要控制地方财政支出的过快增长，并从结构上进行引导。预计1996年地方财政收入的增长会超过预算确定的水平，一般来说，地方收入上去了，支出会紧紧跟进。这样，地方支出超预算的可能性很大。要适度控制地方财政支出的总体增长速度，并尽量让地方将新增的收入安排到农业、能源、交通等重点领域。中央的财政支出在总量上要控制在收入能力之内，财政赤字不能扩大。从结构上来说，要适当压缩一些经费性支出，提高重点建设资金特别是技术改造资金到位的进度。

（六）财政金融政策要加强联系，确保宏观政策总体从紧，将物价控制在目标之内 要加强对国债市场的管理，1997年的国债发行量大，还本付息量也很大，要充分考虑其对金融市场和通货膨胀的影响，注意财政政策与金融政策的协调，使国债真正成为财政平衡和中央银行公开市场业务的政策工具。在国债大量发行的情况下，银行要适度控制信贷规模，以确保从严的财政金融政策的到位。

（作者所在单位：国家计委经济研究所）

1997年外贸形势分析及对策建议

王 亚 平

1996年，我国外贸政策环境出现明显变化，但对外贸易基本上保持了稳步增长的态势。预计全年外贸进出口总额比去年增长5%，超过计划控制指标，其中进、出口分别增长5%和4%，贸易顺差约150亿美元。在此基础上分析预测1997年外贸走势，并提出切实有效的对策，具有重要现实意义。

一、1996年外贸形势

1996年上半年我国外贸形势令人担忧，但进入下半年外贸出口逐月回升，进口增长略有回落。出现这种变化的主要原因是：

1.上半年出口下降在很大程度上受1995年上半年基数过高的影响。随着1995年下半年出口增长基数降低，下半年的出口同比增长速度明显提高。

2.随着促进外贸出口政策措施的落实，企业出口的政策环境趋于改善，外贸企业对年初政策的不利变化也有所消化和适应。特别是1996年5月以后出口退税进度明显加快，这使外贸企业的运作能力明显改善。

3.尽管国有外贸公司出口下降，但外商投资企业出口和自营出口有明显提高。退税政策和退税款拖欠，主要影响国有外贸企业。而外商投资企业和自营企业出口基本上不受退税政策影响，迫于国内市场的制约，只有向外发展扩大出口。与此相对应，国际市场需求弹性低、竞争日趋激烈的劳动密集型纺织、轻工和大宗原料产品出口受到抑制，而需求弹性高的机电产品出口则相应增加。因此，外商投资企业和自营企业产品出口的扩大可以在一定程度上弥补外贸专业公司传统出口商品的下降。

4.进口增长速度难以提高。由于我国以往有80％以上的进口商品享受各种关税减免的优惠政策。1996年4月1日大幅度调减关税的同时取消了相应的优惠政策待遇，进口商品价格没有明显下降。同时，我国进口数量规模的主要决定因素是国内需求。下半年由于仍然实行适度从紧策，投资增加平衡。尽管国家动用少量外汇储备用于进口，但进口增长速度仍未出现反弹。

根据以上因素分析，尽管1996年我国的外贸出口和进口的增长速度都会低于1995年，但是仍将保持适度增长。从出口来看，1996年预计达到1550亿美元，比1995年增长4％；进口将增长5％，达到1400亿美元。预计全年外贸进出口增长5％，比上年低近10个百分点。但是外贸顺差仍达到150亿美元，仅比上年减少20亿美元，约等于减少200亿人民币的国内需求。尽管外贸发展超出了1996年年初的悲观预期，但其中存在的问题仍然值得关注。其中突出的一点是，1996年下半年外贸出口的回升在很大程度上是加工贸易扩大所致，一般贸易出口的前景仍然难以乐观。预计1996年一般贸易出口将比去年减少120亿美元，下降14％左右(1－11月份下降13％)，占外贸出口的比重将由上年的47.3％下降为40％左右。一般贸易与国内相关产业关系密切，料件基本上由国内提供；同时一般贸易主要由国有企业承担，所占比重达90％以上。因此，一般贸易下降对国内相关产业具有突出影响。按以上估算，一般贸易出口下降使国内工业部门的供货需求约减少1000亿元(120亿美元 X8.3)。这部分生产能力将转向内销或被迫减产、停产。目前国内市场供大于求，内销市场难以开拓。与贸易出口相关的纺织、轻工和一般家电产品增长速度下降和部分企业开工不足就是这种情况的反映。

二、1997年外贸走势分析

展望1997年，受国内外不同因素的影响，我国对外贸易的形势将进一步趋向好转，由于1996年增长基数相对较低，增长速度会有所提高，但不会出现较大幅度上扬，仍将保持稳步增长的态势。

(一) 影响外贸的国际经济环境 目前世界经济总体上仍处在新一轮周期的上升阶段，1996年将继续维持强势。据联合国初步预计，1997年世界经济总体增长率将达到4.1％，世界贸易额预计增长8.4％。其中，与我国有较多经贸关系的东亚地区及东盟成员国增长势头将较为强劲，作为我国出口商品主要市场的发达国家仍会保持稳步增长的态势。这在客观上有利于我国外贸出口。1995年我国出口总额占GDP的比例已达22％左右，这意味着我国国内生产总值五分之一强要通过国际市场来实现。世界经济的稳步增长和贸易量的扩大将带动我国出口需求稳步增长，并成为促进1997年中国经济稳定增长的重要因素。

但是，国际市场容量扩大中的份额究竟有多少可以为我国出口商品所拥有，则取决于相应的贸易环境和我国出口商品的竞争力。从以下两方面看，我国外贸发展面临着不利因素的制约。

1. 在目前的世界贸易自由化过程中，世界经济区域化、集团化的发展也在一定程度上加剧了贸易保护主义。我国目前仍未加入世界贸易组织，无法充分享受多边贸易体制对我国出口贸易发展的益处和利用其来保护自己免受贸易保护主义的损害，例如根据多边贸易规则抗衡单方面经济制裁。同时，我国没有一个区域性贸易组织作为依托。区域经济贸易组织实行对区域外国家排斥的贸易政策，将对我国外贸出口产生较大影响。

2. 贸易规则变化对我国产生影响。美国于1996年7月1日起实施新的原产地规则。该规则将国际通行的以“实质性改变”地为原产地的惯例，改变为以最后缝制国为原产地。同时，加工贸易必须增值15％以上才能属于原产地产品。由于1996年是下半年开始实行，影响时间较短。1997年全年纺织品都要受到这一改变的影响。加之1997年香港回归祖国。从名义上讲，香港转口出境的产品都要计入我国的范围，配额的限制将带来更为不利的影响。

3. 重新返回传统出口商品市场的困难。1996年上半年，外贸企业在经营困难、出口无利可图的情况下，被迫退出部分国际市场。我国劳动密集型出口产品的国际市场竞争十分激烈，一旦退出或竞争乏力，就立即会被东南亚、拉美等发展中国家的出口商品所占领，而要重新夺回这些市场必须付出加倍的努力。从这一点看，1996年上半年外贸出口滑坡可能会对后两年出口发展带来不利影响。

(二) 国内宏观经济环境 国内宏观经济环境对1997年外贸的有利因素有:

1. 1997年宏观经济运行处于新一轮经济周期上升期的平稳回升阶段，经济增长速度比1996年略有加快，但不会明显上扬。同时，国家继续执行适度从紧的财政、货币政策，控制投资需求的过快增长，国民经济将保持平衡运行。国内上述宏观经济环境，一方面会保持缓和的供求关系，为出口货源提供保证，另一方面，国内需求增长有限，企业为发挥生产能力必须十分注意重新开拓国际市场，形成"挤出"效应。

2. 1997年的外贸政策会相对宽松。首先，中央财政将在1997年如期将前两年所欠的出口退税款归还给企业，企业资金周期转困难的状况会进一步缓解。其次，企业对1996年出台的政策已经逐步适应，并在此基础上提高了扩大出口产品的能力，政策磨合期的结束也会使我国出口产品结构、质量在1997年有所提高。最后，1996年制定和推出的促进外贸出口的政策措施，如提供出口优惠贷款、加强工贸结合、促进自营出口等，会在1997年进一步发挥作用。这些都会对外贸出口带来积极影响。

3. 进口不会明显扩大。我国进口规模的变化与国内需求状况高度相关，1997年国内投资需求增长将促进进口增长。但是，由于1997年依然适度控制投资增长，投资总额不可能出现跳跃式的增长，贸易进口额也会大体稳定。

国内环境也存在一些制约对外贸易的因素，主要是:

1. 国有外贸出口仍然面临较多困难。尽管1996年物价上涨幅度持续回落，但是连续两年物价上涨使国内出口换汇成本逐步提高，目前全国出口换汇成本在8.40－8.50元左右，高出汇率0.10－0.20元。这种状况使多数一般贸易出口经营单位盈利减少或亏损，多出口则少盈利或多亏损。1997年出口退税率不可能提高，出口换汇成本因外汇储备较多而难以下调，这就会使企业经营面临进一步降低成本的巨大压力。

2. 目前，一般贸易出口的弊端日益显露，继续扩大一般贸易出口尽管会使出口总额保持增长，但是也将导致外贸出口结构更趋脆弱。这是外贸出口发展方针面临的两难选择。

3. 进一步扩大出口有赖于出口结构的优化和市场多元化格局的形成。从短期来看，这两方面都难以取得明显进展。

根据以上总体分析，预计1997年我国外贸发展状况将好于1996年。随着国内宏观经济状况的进一步改善以及外贸体制改革的深入，外贸企业对政策变化和市场竞争的适应能力会逐步提高，外贸出口增长速度将比1996年有所提高，达到10－12％左右;进口依然保持平稳增长态势，略高于1996年增长速度。这样，1997年贸易收支依然会有较多盈余。结合资本项目的变化(1997年进入偿还外债高峰，资本净流入有所减少)，1997年外汇储备仍将比1996年有所增长，但增长幅度会明显下降。仅从外汇供求角度来看，在这一背景下，1997年人民币汇率依然存在着小幅攀升的压力，预计会在8.25－8.30：1之间窄幅波动。

三、开拓国际市场应当采取的对策

基于以上分析，面对1997年国内外经济环境的变化，我国外贸工作应当在继续深化外贸体制改革的基础上，加强宏观调控和政策导向，努力促进从粗放经营向集约经营的转变，优化进出口商品结构，开拓新的更广阔的国际市场，保持相对较快和稳定合理的增长速度。为了实现这一目标，应当采取以下对策措施。

(一) 保持鼓励出口政策的相对稳定性 1996年外贸出口形势变化给予我们最重要的启示是，我国外贸出口发展客观上已经进入由追求出口规模的粗放发展阶段，转向增加附加值提高经济效益的集约发展阶段。在这种情况下，显然不宜再以行政手段和优惠政策促进出口规模的扩张。但是，这也并不意味着改变拓展国际市场这一我国经济发展的重要战略方针。外贸出口增长方式转变不可能一蹴而就。在促进外贸企业进行经营机制和增长方式转变的同时，也应充分考虑扩大国际市场对我国国有经济长期发展的重要战略意义，积极培育新的外贸出口支柱产业和重点产品，鼓励企业通过参与国际竞争来提高生产技术水平，创造更多发展机会，特别是对国有外贸企业面临的困难给予切实解决。

(二) 深化外贸体制改革，加速外贸企业重组和规模经营的过程 从发展趋势来看，我国的外贸经营企业结构正在向适合大中型专业外贸发展公司的方向转移。外贸经营外部环境的变化，为深化外贸体制改革，通过优胜劣汰和企业兼并实现规模经济创造了外部条件。应当顺势而为，加快推进外贸体制改革。首先，以外贸规模经营为目标，鼓励并扶持一批大型工贸集团，实行综合商社试点。对于这些企业，优先安排出口退税、优先审批设立海外企业或办事机构，优先享受出口配额。其次，鼓励贸易、工业、科技、金融部门联合组建外贸集团。扩大经营规模，通过融资、参股、控股、兼并等多种形式，建成具有可靠基地和综合功能的企业集团。最后，推动长期亏损、资不抵债外贸企业的改组、改制，鼓励外贸企业的联合和兼并。对于外贸企业兼并，应当参照“优化资本结构试点城市”有关规定，享受优惠政策。

(三) 优化出品商品结构 1996年上半年出口下降的原因之一，就是在传统出口产品增长速度下降后，新的高附加值出口产业成长缓慢，不能弥补原有优势产品出口的下降。从国际贸易发展和我国动态比较优势来看，今后几年我国出口增长的主导因素应当是机电产品出口的扩张，因此，应当进一步加大对出口机电产品的扶持。首先，要进一步加强机电产品出口的金融支持。增加出口融资的规模，扩大出口融资项目和产品的范围，完善对出口融资产品放贷的审批。其次，赋予机电产品生产企业更多的自营外贸自主权，使出口企业更及时准确地了解国际市场信息，参与外贸竞争。对于专业外贸公司与自营出口在政策上的不平等应尽快消除，以鼓励生产企业扩大机电产品出口。在扶持机电产品出口的同时，对原有优势出口产品也要提高加工深度，增加附加值。

(四) 努力实现市场多元化 政策措施的基点是稳定北美、欧洲、日本和港台市场，重点拓展东欧、非洲和拉丁美洲市场。要在加强调查研究的基础上，增加销售渠道，尽快建立起出口商品分拨中心。同时，改革对外援助方式，选择有资源、有效益、有市场的项目，如对我国出口的零部件进行组装的装配企业及对初级产品进行加工的中小型项目，在发展中国家建立合资企业，以带动我国机电产品出口。

(五) 继续为扩大出口创造良好政策环境 首先，加强工贸结合，积极扩大自营出口。国家要进一步加快和放宽对自营出口企业的审批，放宽经营范围，扩大经营权限，统一自营出口与外贸公司出口的政策待遇，积极扩大自营进出口规模。其次，继续加快出口退税，争取1997年将所欠出口退税款全部还清。同时，对于外贸企业因出口退税款拖欠而增加的等额银行贷款，可挂帐停息以减轻企业负担。再次，实行信贷倾斜。对重点外贸企业和出口创汇大户，在流动资金上优先足额保证。生产企业可以凭借出口合同或外方开出的信用证向银行申请抵押贷款，或根据财政部门开出的出口退税证明申请贷款，银行应给予优先提供。

(六) 进一步完善进口管理 根据国内优化结构的需要和对世界贸易组织的承诺，进一步下调关税税率。同时，扩大进口关税配额的范围。继续完善边贸进出口政策。加强进口和加工贸易的监管，打击走私、保护合理有序的进出口贸易。

(作者所在单位：国家计委经济研究所)

1997年消费品市场走势展望

陈新年　范剑平

1996年我国经济保持10％左右的高速增长势头，消费品市场呈现稳中偏旺的繁荣景象。全年消费品零售总额将实现25000亿元，增长20％，扣除价格因素后实际增长12％，比1994年(7.3％)和1995年(10.3％)分别提高4.7和1.7个百分点，消费品市场明显处于上升通道，根据我国正面临新一轮消费热潮的中长期趋势判断，1997－1998年国内消费品市场将继续保持高位运行态势，对国民经济增长的拉动作用进一步增强。

一、支持1997年消费品市场稳定偏旺的短期因素分析

(一) 从消费需求来看，居民消费倾向增强

1. 居民当年可支配收入稳定增长，结余购买力巨大。1997年整个国民经济增幅将由降转升，企业经营效益会有一定程度好转，城镇居民人均生活费收入实际增长率预计可由1996年的4％提高到5％以上；农民人均纯收入实际增长率可保持5％左右。城乡居民储蓄存款余额1996年末将近4万亿元，巨额的结余购买力和当年收入增幅提高是支持消费品市场继续走旺的首要因素。

2. 利率下调使居民消费倾向增强。1996年4月1日取消保值贴补率，5月1日和8月23日两次下调存款利率，平均下降2.48个百分点。银行较大幅度降低定期存款利率，迫使部分资金从广义货币M2转入狭义货币M1，将居民的潜在支付力转为现实购买力。自降息以来，城乡居民储蓄存款增长幅度开始下降。利率下调刺激了消费倾向，央行第19次城乡居民储蓄问卷调查结果显示，被调查储户在回答“如果利率调整，您的选择”

时，储户选择了“继续存款”的比例已比1995年同期下降了3.1个百分点，而且储蓄的动机偏重于中长期消费(如教育费、买房或建房)；有23.8％的储户选择“取钱买东西”，同比上升了2.1个百分点，居民消费倾向90年代以来首次出现回升势头，这是支持消费品市场继续走强的有利因素。

(二) 从消费品供给来看，消费品供给结构调整加快

1. 主要农产品供应情况良好。继夏粮和早稻获得丰收后，1996年秋粮也可望获得好收成。预计全年粮食产量将达4.8亿吨以上，为历史最好收成。棉花由于播种面积减少近千万亩，总产量预计为3800吨左右。油料在前几年连续获得较好收成、市场比较饱和的基础上，播种面积调减，预计总产量达2000万吨以上，畜牧业、渔业持续全面增长。多年来供求关系紧张的农产品多数转为供求平衡状态，使整个消费品市场商品供求平衡关系好转。

2. 工业消费品生产稳定增长，产销衔接水平逐季提高。1996年工业消费品生产总体增势虽略有回落，但下降幅度比前几次紧缩期小得多，轻工业预计增长13％。主要产品产量是依市场需求变化增减不一，照相机、录相机等市场销售较好的产品快速增长，分别增长45％－55％以上，组合音响、冷冻箱、空调器等增长13％－20％。产品销售率逐季提高，1996年第三季度为96.2％，分别比一、二季度提高3.2和1.8个百分点，说明在市场需求结构的引导下工业产品结构调整初见成效，国产名牌产品市场占有率提高。

3. 进口增加、出口减少使国内市场供给增加。1996年出口总额预计达1550亿美元，比上年增长4％，增幅下降；进口1360亿美元，增长3％。一般贸易出口下降，使部分产品转向国内市场。1997年外贸出口将增长10％－12％，进口将有10％的增幅，国内市场供给增加，在竞争日益加剧的市场环境中商家服务质量和促销水平有所提高，也有利于商品零售额的增加。

二、促使1997年消费品市场高位运行的长波周期因素分析

1995－1996年我国消费品市场在经济周期收缩期以10.3％和12％的实际增长率持续在高位运行，大大高于7－9的正常增长率区间，这一出乎意料的现象是无法用当年收入或消费心理等短期因素解释的，它是居民持久收入和消费结构变动周期长波因素作用的结果。我们认为：我国居民消费正由消费结构变动平缓的积蓄期转向消费结构变动剧烈的消费革命期，新一轮消费热潮已经悄然而至。

首先，从我国第二次消费革命的积蓄准备期时间看，1989年至今已达8年。根据日本和亚洲其它新兴工业化国家消费品市场成长经验，从以三种电器(黑白电视机、电冰箱和洗衣机)为主的第一次消费革命到以3C(空调器Cooler、轿车Car和彩电Color TV)为代表的第二次消费革命，中间有7－10年左右的积蓄准备期，时间上大体与重化工业化时代带动的长期景气繁荣期相一致。1989年起，城镇居民在经历了家用电器消费热潮后一直保持很高的储蓄率，在为第二次消费革命作准备。由于我国出现了城镇居民收入长期超经济增长的不正常状况，居民储蓄8年来连跨几个台阶，1996年末城镇家庭户均拥有金融资产将达3.5万元左右，为城镇居民较快转入第二次消费革命阶段打下基础。

其次，从第二次消费革命的内容看，空调器、电话等普及率迅速上升，住房装修热和学车热持续升温。因我国消费体制的特殊国情，彩电提前在第一次消费革命时已经进入家庭，我国第二次消费革命以住房条件改善、电话、空调器和轿车等为主要内容。目前城镇新一轮消费热潮受两个方面因素的影响：一方面，在80年代中期购买的家用电器使用寿命约8－10年，开始进入更新期，摄、录相机、VCD等换代家电产品又形成众多分散的消费新热点；更重要的方面是消费结构升级，电话、空调器在城镇家庭的普及率迅速上升，不少家庭开始购房、重新装修住房、更新家具、学车甚至买车等。应当看到，第二次消费革命的许多内容不在消费品市场零售额中统计，否则城镇消费品市场增幅更高。

第三，从第二次消费革命的推进形式看，渐进式梯度推进形式取代了第一次消费革命的排浪式推进形式。我国城镇第一次消费革命期间，因当时收入水平较均等、消费心理不成熟和严重的供不应求市场状况，城镇居民在1985－1988年对位于千元消费级的彩电、电冰箱、洗衣机和录音机等家用电器掀起了排浪式的消费热潮。此后经过数年积蓄准备期，居民消费心理走向成熟，收入水平差距拉大，消费品可选择性增强，消费热点相对分散，第二次消费革命将采取渐进式梯度推进，消费品市场逐步升温，在高位运行时间长，城镇市场自1994年下半年以来已经连续10个季度扣除价格因素后实物销售量增长率达到10－17％。在经济收缩期，尤其是在1995－1996年收入增幅明显下降的情况下，如果没有消费结构升级因素的支撑，不可能出现消费需求异常旺盛的局面。

1997年我国将步入改革开放以来第四个经济周期的回升期，国民经济增长速度将适当加快，居民新一轮消费热潮的市场成长周期与新一轮经济增长周期上升阶段在时间上的重合，将支持1997－1999年消费品市场持续在高位运行。预计1997年全社会消费品零售总额将达到29500亿元，名义增长率18％左右，扣除价格因素后实际增长率约10％。

三、1997年消费品市场可能出现的问题及相应的政策建议

(一) 农产品"卖难"问题 近年来，农产品商品率提高后，卖难问题经常发生。1995－1996年粮食产量连创新高后，部分地区出现了卖难问题。如果全面的农产品卖难再次出现，将使这两年靠市场价格上升支撑农民增收的动因消失，那将可能直接导致农村消费品市场增长幅度下降，从而间接影响国有企业改革的市场动力，使本来已经严重的产品积压矛盾加剧。农民收入增幅下降。连锁反应将是农村人地矛盾加剧，流动人口增加，社会不安定因素增大。要彻底解决农产品"卖难"问题，首先要加快农村流通组织的健全发育。要在继续发挥农村供销社职能作用的同时，以多种方式兴办农村流通组织。其次，应健全重要农产品的储备调节制度，减少市场机制自发作用的盲目性，保障农民收入稳步提高。丰收时，多收一些，充实中央和地方储备，以丰补歉，以平衡市场供需。仓容不足一直是我国农产品正常购销和流通的制约因素，政府应增加对仓储建设的投入，同时要充分利用现有仓储潜力。第三，促进粮棉产区与销区的合作。鼓励产区与销区开展多种形式的合作，逐步建立起相对稳定的农产品供求关系。此外，解决运力问题也是必不可少的工作。

(二) 消费品供需结构性矛盾依然突出 据调查，市场上95％以上的消费品都处于供过于求或供求平衡状态，许多产品的生产能力出现了过剩，国有企业净利润下降、亏损面增加、部分企业困难加大。前面的分析已经否定了消费需求不足的说法，市场问题出在结构性矛盾上，一方面，在产品结构上出现不少重复建设的项目，导致生产能力过剩;另一方面，在企业结构上一批企业设备陈旧，工业生产结构调整缓慢，生产结构不适应迅速变化的消费结构。可见，当前消费品市场已不是需求总量的问题，而是供给是否有效、生产结构如何调整的问题。随着居民收入水平的提高，消费档次的提高，消费结构的变化，消费需求的多样化、个性化和高质量化，如果供给结构和质量不能与之适应，不仅会影响结构平衡，而且也将影响总量平衡。进一步调整工业消费品产品和产业结构，增加市场有效供给，这需要金融政策和财政政策等一系列政策的支持和工商紧密合作，实行国产名牌战略，为市场提供更多适销对路的商品。

(三) 大型高档百货零售商店销售增幅猛降，有的甚至出现负增长 这一问题的原因在于过多、过滥建设的高档大型零售店定位过高，超过大多数居民的消费水平;加上结构布局不合理，竞争过度，资源浪费严重;此外，平价仓储式商场的冲击，导致消费行为的分流，事实上，便民店零售额增长显著。根据国际上零售业发展几次革命的经验，我国将要步入以超级市场、连锁店为主要业态的发展期，它们对大型商场的冲击是不可忽视的。目前北京已拥有年销售额亿元以上的大型商厦近60家，已建成的万米百货商店也有50多家，近期仍将有一批具有相当实力的正在建设中的大型商厦和购物场所相继开业。全国各地的情况也与北京类似。因此，要采取措施，在合理布局新建商业购物场所的同时，实行分区域交叉换位，注意发展特色系列商品商店，打破同一区域商品结构雷同，使每个商店各具特色，变自相"残杀"为共同发展;同时，各商家应将营销战术的运用转移到发展战略的策划之中，避免价格战等短期行为。

(四) 农村市场销售困难 虽然1996年农民收入增幅高于城镇居民，但由于绝对收入水平上的较大差距和农民负担反弹，导致农村流通受阻，市场广而分割，虽然消费品零售总额增幅与城市市场相当，但绝对水平和人均水平还远远低于城市市场。我国人口70％是农民，农民应逐步成为消费市场的主体，农村市场发展潜力很大。开拓农村商品市场。首先要增加农民纯收入，提高农民购买力水平;其次要建立起方便的农村商业网点，以县城和小城镇为依托，大力培育商品市场与流通产业;第三，充分利用国合商业的基础和条件，面向农村，发挥优势，在竞争中确立在农村市场的主导地位。

(作者所在单位：国家计委经济研究所)

城镇居民地区收入分配差距浅析

王人代

改革开放以来，随着国民经济的增长，城镇居民收入水平有了很大的提高。个人收入分配逐步打破了过去"平均主义"、"大锅饭"的格局，开始与市场经济接轨，与经济效益挂钩。城镇居民收入的地区差距、部门差距、行业差距越来越大。本文着重就城镇居民收入分配中的地区差距作一些初步的探讨。

据对全国29个省、自治区、直辖市(缺西藏)3.6万户城镇居民家庭的抽样调查，1995年城镇居民人均生活

费收入3893元，比1981年的458元增长7.5倍，扣除物价上涨因素，实际增长1.2倍。与此同时，由于地区间经济发展不平衡，城镇居民地区收入差距逐年拉大，并且呈现出越来越大的趋势。

一、城镇居民地区收入差距的变化

(一) 东、中、西部城镇居民收入差距逐年扩大 从1981年到1995年14年间，东、中、西部地区城镇居民收入都有了大幅度的增长，但是收入差距由小到大，逐年扩大。据调查，1981年，东、中、西部地区城镇居民人均生活费收入分别为481元、409元和435元。以中部地区为1(下同)，三个地区居民收入之比为1.2：1：1.1。东部地区比中部地区人均年收入高出72元，比西部地区仅高出46元。1995年，东、中、西部地区城镇居民人均生活费收入分别为4471元、2108元和2445元，比1981年分别增长10.2倍、5.2倍和5.6倍，东部地区收入增幅远远高出中西部地区。三地区之比扩大到2.1：1：1.2。东部地区城镇居民人均生活费收入比中部地区高出2363元，比西部地区高出2026元。

表1　东、中、西部地区城镇居民收入变化　(元/人年)

	东部地区	中部地区	西部地区	东部比中部高		东部比西部高	
				绝对数	%	绝对数	%
1981年	480.56	408.72	434.81	71.84	17.6	45.75	10.5
1985年	803.33	646.65	708.02	156.68	24.2	95.31	13.5
1990年	1621.19	1160.99	1264.78	460.20	39.6	356.41	28.2
1995年	4470.94	2107.77	2444.56	2363.17	112.1	2026.38	82.9

以上数据表明，地区差距逐年扩大，并且呈现越来越大的趋势。“六五”期间(1981－1985年)东、中、西部地区居民收入增长幅度分别为83.8％，58.2和62.8％，东部地区增幅分别比中西部地区高26和21个百分点，1985年，三地区收入之比为1.2：1：1.1，与“六五”初期相比差距变化不大；“七五”期间(1986－1990年)，东、中、西部地区城镇居民收入增幅分别为101.8％、79.5％和78.6％，1990年三地区收入之比为1.4：1：1.1，差距有所扩大；“八五”期间(1991－1995年)地区收入差距变化显著。东、中、西部居民收入增幅分别为1.8倍、80.5％和93.3％，中西部地区居民收入增幅与前两个五年计划期间相比差异不大，而东部地区收入增幅比“七五”高出80个百分点，比“六五”高出近100个百分点。与中西部地区“八五”增幅相比，分别高出95和83个百分点。1995年三地区收入之比扩大到2.1：1：1.2。收入差距的扩大使收入分配问题成为社会公众瞩目的焦点。

以上东、中、西部三地区主要是按地理位置的划分，从收入水平来看并不完全合理，比如东部地区的辽宁、河北等省区的城镇居民收入在全国只处在中下水平，这样就明显拉低了东部地区的收入水平，也缩小了地区差距。下面将省、自治区、直辖市之间的收入差距作具体的对比。

(二) 省际间城镇居民收入差距对比 改革开放以来城镇居民人均生活费收入保持在前三位的省(直辖市)是广东、上海、北京。排列顺序略有变化，“六五”期间上海为第一，“七五”以后广东超过了上海，北京一直保持第三。

表2　高低收入对比　(单位:元)

	1981年	1995年
收入最高的三省市	上海 599.19	广东 6849.65
	广东 550.28	上海 6822.20
	北京 514.20	北京 5868.30
收入最低的三省市	山西 370.32	内蒙 2587.02
	江西 376.56	吉林 2914.07
	贵州 390.60	山西 2927.15

以上数据表明，城镇居民收入最高的省收入增长幅度远远大于最低的省。1981年全国收入最高的上海市人均生活费收入599元，比最低的山西省高229元，高出61.8％。到1995年上海市城镇居民人均生活费收入6822元，比1981年增长10.4倍，山西省人均生活费收入2927元，比1981年增长6.9倍。两地收入绝对额相差3895元，收入差额扩大17倍。以山西省为1，两地收入比从1981年的1.6：1扩大到2.3：1。1995年收入最高的广东省和最低的内蒙古自治区相距更大，收入绝对额相差4263元，收入比为2.6：1。

表3　各地区城镇居民生活费收入增长情况　(元)

地　区	1981年	1985年	1990年	1995年	1981～1995年增长	1981～1995年实际增长
全国总计	458.04	752.40	1387.27	3892.94	7.5倍	1.2倍
北　京	514.20	907.68	1787.08	5868.30	10.4倍	1.5倍
天　津	501.00	810.60	1522.22	4626.40	8.2倍	1.4倍
河　北	429.84	677.28	1369.18	3592.46	7.4倍	1.3倍

续表

地　区	1981年	1985年	1990年	1995年	1981～1995年增　长	1981～1995年实际增长
山　西	370.32	580.08	1145.43	2927.15	6.9倍	1.0倍
内　蒙	405.48	669.12	1050.01	2587.02	5.4倍	78.8%
辽　宁	466.92	689.28	1398.91	3306.51	6.1倍	79.7%
吉　林	401.16	617.76	1127.54	2914.07	5.2倍	59.4%
黑龙江	398.28	705.84	1089.97	2968.38	5.4倍	60.4%
上　海	599.19	1010.04	2050.17	6822.20	10.4倍	1.6倍
江　苏	439.20	774.72	1463.79	4209.05	6.0倍	71.1%
浙　江	479.16	859.08	1769.16	5718.16	10.9倍	1.7倍
安　徽	398.40	631.62	1223.73	3405.98	7.5倍	1.3倍
福　建	417.12	720.60	1481.47	4023.88	8.6倍	1.2倍
江　西	376.56	557.76	1110.40	3046.08	7.1倍	1.1倍
山　东	460.44	700.20	1408.09	3953.04	7.6倍	1.4倍
河　南	406.92	608.40	1152.95	3029.47	6.4倍	1.1倍
湖　北	458.64	712.32	1294.56	3605.96	6.9倍	97.5%
湖　南	462.72	736.92	1254.31	4069.63	7.8倍	1.1倍
广　东	550.08	967.56	2135.00	6849.65	11.5倍	1.9倍
广　西	429.00	719.64	1448.06	4288.98	9.0倍	1.3倍
海　南				4345.72		
四　川	423.12	716.06	1354.45	3586.35	7.5倍	1.1倍
贵　州	390.60	639.00	1151.67	3426.70	7.8倍	1.4倍
云　南	429.12	761.04	1367.37	3683.78	7.6倍	1.3倍
陕　西	425.52	667.80	1264.85	3048.18	6.2倍	79.1%
甘　肃	443.88	676.80	1196.72	2893.59	5.5倍	74.7%
青　海		750.84	1199.10	3051.57	*4.1倍	
宁　夏	449.04	698.04	1270.55	3026.47	5.7倍	47.3%
新　疆	482.40	754.56	1313.54	3852.85	7.0倍	1.0倍

* 1985－1995年增长幅度

(三) 不同收入分组的居民家庭地区对比　将调查户按收入高低排队分组，1995年内蒙古自治区占总数10%的最低收入户人均生活费收入1140元，为广东省最低收入户的三分之一，为广东省占总数10%的最高收入户的十七分之一。内蒙古自治区收入最高的10%的家庭人均生活费收入5568元，这种收入水平在广东省仅仅略高于排列在最低水平的20%的家庭，低于80%的其它广东家庭。而广东省收入最低的10%的家庭收入水平在内蒙则属于中高收入水平。

调查资料表明，1995年山西、内蒙、吉林、黑龙江、江西、甘肃、青海、宁夏等省区有80%的调查户人均生活费收入低于全国平均水平(3893元)，而广东、上海、浙江仅有10%的家庭收入低于全国平均水平。

表4　1995年广东、内蒙不同收入分组人均生活费收入对比

(元)

由低到高排队分组	广　东	内　蒙
第一个10%的家庭	3417.25	1140.47
第二个10%的家庭	4739.90	1646.27
第三个10%的家庭	5739.33	1972.36
第四个10%的家庭	6551.07	2224.00
第五个10%的家庭	7315.52	2474.67
第六个10%的家庭	8214.62	2718.38
第七个10%的家庭	9437.70	3000.07
第八个10%的家庭	10782.32	3421.93
第九个10%的家庭	12942.10	4107.89
第十个10%的家庭	19356.58	5567.51

二、地区间经济发展水平不平衡是居民收入差距形成与扩大的根源

地区间居民收入差距的背后是地区间经济发展水平的差异，中国作为一个发展中的大国，各地区的地理位置、自然环境、经济基础等方面的条件差异很大。自1978年改革开放以后，地区间各自依据其不同的背景和优势，在发展过程中不断分化，这种经济发展不平衡的后果直接影响地区间居民收入差距的形成与扩大。统计资料表明，1994年城镇居民收入最高的上海、北京、广东人均国民生产总值分别为15204元、10266元和16380元，而居民收入最低的山西、内蒙、吉林人均国民生产总值分别为2819元、3013元和3829元。山西还不足上海的五分之一，收入差距的根源何在是显而易见的。

表5　地区间对比资料

	人均国内生产总值(元)	城镇居民人均生活费收入(元)
北京	10266	5868
上海	15204	6822
广东	16380	6850
山西	2819	2927
内蒙	3013	2587
吉林	3829	2914

各地区经济发展差异的形成与扩大，既有历史原因也有现实原因；既有经济因素也有社会因素，既有自然因素也有政策因素。概括起来主要有以下原因：

(一) 生产水平的差别取决于生产结构的变革

1. 第一产业(农业)比重的大小直接影响地区经济发展水平的高低。表5数据表明，1994年上海、北京两大城市人均国内生产总值超亿元，明显高出其它省区，最直接的原因就是两市的第一产业比重极低，北京为6.9%，上海为2.5%。城乡差别、工农差别在我国长期存在，特别是近年来，又呈扩大趋势。据统计1978年到1995年按可比价格计算，第一产业产值增长1.3倍，第二和第三产业分别增长5.8倍和4.8倍。国内生产总值中第一产业比重由1978年的28.1%下降到1995年的19.6%，产业间发展速度的差异，使农业比重大的地区经济发展步伐要沉重得多。

2. 轻、重工业，能源与制造工业经济效益的差异。表6中山西和广东两省的三大产业结构差异不大，但经济发展水平却相距甚远。究其原因，主要是工业内部结构的差异。众所周知，作为能源大省的山西，第二产业的比重虽然高达51.6%，但却是以重工业和煤炭工业为主。而广东则是以轻工业和制造业为主。据统计，1995年全国轻工业总产值比1978年增长26倍；同期重工业增长21倍。轻、重工业发展的差距及两地区工业内部结构的不同成为影响经济效益的主要因素之一。

表6　1994年地区间产业结构对比　(%)

	第一产业	第二产业	第三产业
北京	6.9	46.1	47.0
上海	2.5	58.0	39.6
广东	16.4	50.5	33.2
山西	14.5	51.6	33.9
内蒙	30.6	38.4	31.0
吉林	26.8	44.5	28.8

3. 第三产业的发展对经济水平的影响。长期以来，我国第三产业一直处于落后状态。改革开放后，我国第三产业的发展有效地促进了国民经济的发展。1995年我国第三产业产值为1.8万亿元，比1978年增长4.8倍，比同期国内生产总值增长高出86个百分点。但由于在各地区发展不平衡，影响当地经济发展水平。表6数据表明，北京、上海两地第三产业总产值所占比重明显高于其它地区，成为其经济发展水平领先，居民收入较高的重要原因。三大产业结构的合理布局对国民经济快速发展起着相当重要的作用，应以第一产业为基础，第二产业为主导，第三产业为笼头。在国家宏观统筹调配中各地区承担着不同的分工。但是对本地区来讲，从事发展较为缓慢的农业和能源工业对当地经济发展水平有很大影响，从而影响到当地居民收入与生活水平与其它地区差距的形成与扩大。

(二) 计划经济和市场经济两大体制以及两种不同调节机制并存成为差距形成的又一重要原因　改革以来，各地起步进程不一。改革初期，国家对东南沿海地区实行经济特区、沿海开放城市，经济技术开发区等一系列的倾斜政策，使这些城市以及周围地区市场化经济程度较高，经济发展速度较快。

在两大不同体制并存阶段，国有集体经济对整个国民经济起着不可低估的支柱作用。关系到国计民生的许多生产，如“米袋子”、“菜篮子”，水、电、煤、铁路等方面的生产和价格，国家没法全部放开，为了维护国家经济的正常运行，许多部门甚至在亏损经营。这种生产和价格上的不平等竞争，成为形成经济效益和居民收入差距的重要原因之一。据统计，1994年广东省城镇从业人员中联营股份制企业，外商、港、澳、台投资企业员

工比例为12%，国有集体企业职工71.7%；而山西省前者为1.4%，后者为93.2%。

各地区对外开放的程度，对地区经济和居民收入的影响也较为明显。据统计1994年广东省进出口总额为967亿美元，而山西省仅有8.4亿美元；利用外资额，广东为109.3亿美元，山西仅有0.5亿美元。这种差距不仅受地理环境、投资环境的影响，同样也受到政策和人才等因素的影响。

(三) 劳动力素质的差异成为影响经济发展水平的主要因素之一 劳动力素质的差异主要表现在两方面：一是思想观念的差异，二是科技力量的差异。

经济发达地区，由于改革开放起步早，已经积累了一定的经验，因此思想比较活跃，接受市场商品经济的观念较快，对市场应变能力较强，善于发现和抓住机遇。而经济落后地区人的思想观念正在转变中，等待和依赖思想仍然存在。

"科技是第一生产力"。近年来，收入差距的形成和扩大，导致落后地区经济发展缓慢和人才外流的恶性循环。经济发展需要人才，但是经济落后又留不住人才，这种现象严重制约了落后地区经济的发展。

三、面对挑战、抓住机遇，变差距为动力

地区经济发展水平差距的形成与扩大是一个不可忽视的现实，这种现象的存在将是一个长期的问题，但是差距的存在并不一定完全是坏事。让一部分地区的经济发展起来，缩小与国际上的差距，然后带动全国共同发展，这是我国改革开放的策略与部署。目前我国"九五"和2010年发展战略目标的制定，加大了对中、西部地区的政策倾斜，增加了对中、西部地区的投资和扶持。中、西部落后地区的经济将会有一个大的发展和飞跃。

经济落后地区要看到当前的有利环境，克服等、靠、要的陈旧观念，立足于各自的优势，发挥各地的特点，吸取发达地区的先进经验，将地区经济搞上去。

1. 发挥地区资源优势，发展资源的加工生产，把有限的资源用于服务当地经济增长和提高居民收入方面。农业大省要发展农产品加工业，能源大省要发展产品的再加工，变初级产品为工业加工品，增加产品利润，增加就业机会，减少产品运输中的损耗。

2. 发展内地交通通信事业，扩大对外开放，促进内地经济发展。

3. 加强内地与沿海的合作与交流，鼓励发达地区向内地投资发展。

4. 加强沿海和内地的干部交流，促进内地的思想转变。

5. 鼓励和吸收大学毕业生到落后地区工作，在目前收入差距较大的情况下，可以采用代培、定向培养以及向贫困学生贷款助学等方式，吸引人才。

6. 理顺资源产品价格体系，在维护社会稳定的前提下，要实现社会公平竞争。

(作者在单位：国家统计局城调总队)

［问题研讨］

产权制度及其功能

刘 诗 白

《中共中央关于建立社会主义市场经济体制若干问题的决定》中指出，要“进一步转换国有企业经营机制，建立适应市场经济要求，产权清晰，权责明确，政企分开，管理科学的现代企业制度”。产权关系明晰是市场经济的微观主体的基本特征。

实践表明，当前我国国有企业的深化改革和搞好搞活，离不开产权的明晰。为此，必须建立和弄清有关社会主义产权的基本理论。本文试就产权制度及其功能;进行一些阐述。

一、产权制度是主体行为的经济基础

产权是一种社会生产关系和社会权力，一般地说，它是通过法律、法规等而得到国家机器维护的、“硬化”的、排他的占有关系与权力。它包括最高占有权，即财产所有权，也包括不属于最高占有范畴的实际支配使用权。大体说来，分属于不同性质主体的以上两种占有关系与权力关系组成社会的产权制度，形成社会的经济基础和经济运行的基础，规范着各种经济主体的占有行为，维护某种生产和经营方式，形成某种经济生活与社会生活的秩序。产权制度对于分工高度发展和社会生活高度复杂化的现代市场经济，更有着特别重要的意义，它是现代市场经济和社会得以顺利运行的重要经济、法权基石。

二、所有权制度化及其巩固社会经济基础的功能

任何社会，都有其适应于生产力的水平和性质的所有制，即财产基本制度，这种财产结构构成社会的经济制度。基于历史唯物主义理论，社会的经济制度是社会的政治制度以及文化、教育制度的基础，而保持经济制度，即经济基础对生产力的适应性，则是经济发展和社会全面进步的前提条件。产权制度的构建，首先是财产基本制度的形成及其法制化。财产基本制度包括社会生产财货的所有权制度，和其他消费财货的所有权制度。所有权制度的功能是：通过完备的法律、法规，明确各种生产资料和生产品的归属——即实行最高和终极权力主体的定位——，规范人们，即各阶级、各阶层和个人的经济行为，维护财产所有者的利益，排除非所有权人对所有者的财产侵犯，处理各种财产权益矛盾与冲突，由此确立起人们在生产、交换、分配、消费等等经济生活和其它社会交往中的行为秩序。可见，构建和维护所有产权制度，起着保持社会的经济基础的稳定性的功能，它是社会得以存在和发展的必要条件。

有什么性质的财产制度，就有什么性质的社会秩序。历史上的私有产权，其实质是私有者的利得权，它通过宣称生产资料和产品是受法律保护的神圣不可侵犯的私人财产，确立起一个扭曲的、权益归属于极少数人的所有主体结构，维护着极少数人对社会财富和自然资源的任所欲为的占有，和借助于暴力和饥饿，对广大劳动者建立一种强制性的社会秩序。历史上的财产公有制度，则是维护群体的共同主体地位和共同占有和共同利益，建立一种社会群体自觉遵守的劳动和生活秩序。社会主义公有产权的产生，其实质在于通过宣称生产资料和基本产品是社会公共财产，归社会共同体或局部共同体分配，由此建立起一种新型的联合劳动者共同实行占有的制度和行为秩序。可见，所有权制度，以其对各种经济活动中涉及的财货的最高支配权益的明确的法律规定，规范着人们的经济行为，确立和维护特定的生产秩序和社会生活秩序，起着维护和巩固社会经济制度，保持其稳定性的功能，它是社会生产和再生产得以顺利进行的法权基础。

构建完备的财产所有权制度，更是经济成熟的社会形态所必要。经济发达的社会形态，出现了财产权的内在要素的分化和独立化，和由此产生的所有权人(主体)与经营权人(主体)在资产权、益上的矛盾。现代市场经济中企业的公司制形式，经营中的租赁以及代理，委托形式，交换中的赊销形式，以及资金使用的信贷形式等，都体现了财产实际支配权和所有权的分离，

包括有所有权人与经营权人的权、益矛盾，因而，恰当界定经营者权益和确保所有者权益，就成为客观的必要，是调动所有者的投资、资金信贷，等等行为积极性的重要条件。

确立起由法律加以维护和界定清楚的财产所有权制度，更是我国发展和巩固社会主义经济制度，实行社会主义市场经济体制的要求。我国处在社会主义初级阶段，实行以公有制为主体的多种所有制结构，为了能在一个多元的所有制结构中，既维护个体经济、私营经济、合资企业的财产权益，同时又有效维护公有制经济的主体地位，必须确立起由宪法和完备的法律体系和司法机制有效加以保障的社会主义财产制度。特别是社会主义生产关系是社会生产力发展的内在要求，社会成员之间的互助合作、良好人际关系，广大劳动者在生产中表现出来的主人翁精神与积极性，都是扎根于社会主义财产制度之上的。此外，为了发展社会主义市场经济，需要在微观组织中实行经营权和所有权相分离，国有企业要实行法人财产权和国家终极所有权相分离。在一个两权相分离，实际占有和利益关系多元化的社会主义市场体制中，必须要既维护企业的经营权，以及其它经营权人的权益，却又不削弱国家的所有权，因此，搞好财产所有权制度，特别是坚持和搞好社会主义公有财产制度就具有头等重要的意义。

三、产权制度的提高经济活动效率与经济效益功能

产权制度与主体经济活动效率，从而微观组织的经济效益是密切相关的。人类劳动的重要特征是合目的性：人总要使其创造性的经济活动从属于自身的目的。这一目的性不仅表现在使劳动产品满足自身的需要，而且表现在使这一需要的满足，只是付出最少的耗费，用经济学的语言：人总是要采取以最少的投入实现最大产出或以最小的成本获以最大效益，后者通称经济原则，马克思称之为时间节约规律。借助于更好地贯彻经济原则，人们就能以同样多的劳动时间带来更多的产品和服务，由此实现需要更大满足，促进积累和扩大再生产。对人类的经济生活和社会生活来说，贯彻好经济原则是至关重要的。能不能运用好这一原则，关系着人类的生活状况与质量，关系着经济的发展与社会的进步。尽管人类不是一下子就懂得和能够在生产活动中遵循经济规律，在贯彻经济原则上也会存在种种障碍，但是人类社会的发展总是在为经济原则的贯彻开辟道路。经济原则立立于主体经济活动的效率性之上，后者需要有下述条件：(1) 工具的进步和有效利用；(2) 劳动力素质的提高和积极性的发挥；(3) 经济活动的良好的组织形式。上述1，2，3各项，都涉及和立足于主体产权结构：即直接生产者在生产和经营活动中处于何种地位，拥有什么财产权利，享有什么利益，承担什么责任，一句话，决于当事人在使用资产中的权、益、责。产权制度在于通过所有权，占有权，收益权，处置权的划分、界定和安排arrangement，确定当事人的权、益、责，形成自主生产机制、动力机制、约束机制，从而形成主体的讲求实效的行为，实现生产、经营的效率性和效益性。

例如所有权制度，就是赋与主体以资产的最高支配权，享有资产良好使用的利益和蒙受不良使用的损失，从而建立起所有者对资产使用状况和效果的自觉关心和行为约束。就人类历史上存在的那种经营权与所有权相统一的产权制度来说，所有者既是生产的决策者与指挥者，又是利益的独享者，所有者以其拥有的对生产手段的全权而获得生产自主的保证，又以其享有全益而有了生产的充分的利益激励，又以其“自负损益”而产生自我约束。个体经营，独资经营，这种经济组织形式所以迄至今日仍然有着活力，不能不归结于它的两权不分开的产权制度及其全权、全益的机制。

就那种经营权与所有权相分离的产权制度来说，则是通过支配使用权、收益权、处置权在所有者、经营者之间的划分与界定，首先，保障所有者的权益，激发所有者对生产与经营的关心。另一方面，又赋与和维护经营者及其他生产当事人的权益，以激励经营者的积极性。人们可以看见，现代股份公司的产权制度及其机制，一方面通过有效地保障所有者——包括普通股、优先股的持有者以及债权人——的权益，从而使公司得以聚合和使用大规模的社会资本。另一方面，公司法人产权制度保证企业经济有充分的经营权，和从经营效益中享有利益，同时，也对经营者课加以严格的责任。正是这种权、益、责结构，使公司企业得以实现多个所有者的资金联合，进行有规模效益的经营，同时又能充分调动经营者积极性，促使后者不断地完善经营管理，使用新技术，提高生产效益，追求高的经济效益。经营者——经理阶层——对非它“所有”的公司财产的经营积极性和合理的经营行为，正是建立在公司法人产权制度之上的。

就当前社会主义市场经济的微观组织来说，人们可以看到国有制的有限公司，以及股份有限公司，在实行那种把公有股——国有股，法人股——和必要的职工个人股相结合的股权结构下，不仅能调动所有者——国家，和各种法人——的纽带和经营者的积极性，而且通过资产和财产损益的机制，大大调动了庞大直接生产者——职工的积极性，从而使公有制企业表现出合理的行为和活力。

人们也可以看见，在人类历史发展中存在过一些

财产组织与经济组织，由于资产使用中的权，益的不清，责任的不明，出现所有者对生产不承担责任，出现所有“主体缺位”，实际生产者也缺乏对生产状况和资产营运效果的关心，带来经营中带来各种浪费现象，造成管理不善，决策随意性，技术进步缓慢，资产的掠夺性使用。可见构建一种恰当的产权制度，通过对各类主体——所有者，经营者，劳动者——在资产支配使用中的权、益、责作出安排，以发挥权力保证、利益激励、责任约束，从而实现主体对资产使用，营运的关心，这是有效率的生产和提高经济效益的必要条件。

四、实际占有关系的制度化及其规范不同当事人经济行为的功能

产权制度的构建的重要内容，是各种实际占有关系与权利的制度化。这就是要通过立法，以明确详尽的法律和法规来确立各类非所有者的生产当事人对生产资料的实际占有权。在实行两权相分离的经济组织形式下，正是借助于这种实际占有制度，一方面维护不实行直接支配或不实行完全的直接支配的所有权，另一方面维护代理人的经营权，要通过赋与实际占有者的责、权、利，来恰当处理所有者与实际占有者之间的矛盾，激励实际占有者，使它既能履行所有者的委托人和代理人的责任，又能对生产和经营拥有从自身物质利益上的关心。这种实际占有权的承认、确立和界定，是维护与巩固两权相分离的经济组织与经营方式，保证社会经济顺利地运行的条件。

最古老的财产所有权是主体拥有最高占有权和同时又拥有实际占有权的两权相合一的结构。随着人类社会历史的发展，两权相合一的所有权逐步分化，出现了实际占有权即支配使用权与最高占有权相分离的产权制度。古代的和中古的财产形态下，实际占有权和最高占有权相分离就已表现出来。封建土地所有权表现为国君拥有法律上的最高所有权，被分封对象的贵族、官僚则拥有实际占有权，而农民往往还拥有部分的实际支配权。两权相分离，是现代财产所有权的特征，当代市场经济的多样经济组织与经营形式，如象租赁制，承包制和各种公司企业体制，使财产实际占有权进一步发展，强化和形式多样化。例如有限责任公司和股份有限公司，不仅企业占有权与出资人所有权相分离，而且企业占有方式和占有权也不相同。现代市场经济使赊购、分期付款，期货、抵押信贷和租赁、再租赁等等形式得到广泛发展，产生了多种多样的当事人的特殊占有方式与占有权。

发达的商品经济条件下，各种劳动力——兰领工人的普通劳动力，白领工人的熟练劳动力，技术劳动力，精神劳动力，以及其它垄断性的专业劳动力——表现为商品，在出售后其实际支配权归雇主，而劳动者则拥有劳动力的所有权。市场经济中的知识产权领域，存在极其复杂的实际支配权。

可见，财产权内在要素分化的深化和实际占有关系的复杂性和多样性，是现代市场经济固有的特征。这种占有关系的多样性，及其复杂的利益矛盾，要求人们对资产实际占有权力主体进行定位，和对占有权限进行界定，以维护、约束和规范各种生产当事人的行为。这种占有权力主体的定位和占有权限的界定，也是产权构建的重要内容，具体地说，它包括经营者，承包者，租赁人，借贷人，以及各种各样的占有者对物(对象)的实际支配权、益、责的划分和界定。在现代市场经济中，占有主体的确定和占有权限的界定，是一个庞大的社会系统工程，它表现在商法及其他经济法的制订和不断完善和完备之中，以及日益强化的法制化之中。正是赖有这一产权构建，使各种各样的实际占有主体的权、责、益规定得更明确，划分得更清晰。这样，人们就能在日常的经济活动中独立自主地支配自己所有的或他人所有的经济资源，或用之于生产，或用之于交换，或用之于个人消费和家庭消费，或赠与他人和作为遗产交给子女，使这些千百万次的，千差万别的独立进行的经济活动“不逾矩”和有序地进行。归根结底，实际占有产权的构建，塑造出适应于市场经济的多种多样的微观主体，规范了性质不同的多种多样的当事人的经济行为，从而为所有权与占有权(经营权)高度分离的现代市场经济的有秩序的运行，提供了法权的保证。

五、激励、约束和规范主体经济行为的功能

财产权，以其支配权、收益权、处置权的权力束，为主体提供资产使用的权力保证，利益激励和损益约束，是一个权、益、责相辅相成的经济装置和机制，它为主体对资产在生产中的使用方式即生产行为，在消费中的享用即消费行为，既提供了物质上的动因，又规定了行为的方式和界限。

就所有权来说，由于财产所有权是一种对于资产的最高支配权、剩余独占权、独立处置权，所有主体明晰地看见该资产的支配、使用中所能独享的利益，它就因此获得强有力的物质激励，去有效地和积极地从事这一资产的支配与经营。同时，由于所有者的权限在法律上有了明确的规定，所有主体能够：1. 对资产实行独立支配；2. 对资产在生产中使用获得的净收益实行独占；3. 对资产实行独立处置，如出售，赠与和作为遗产交给继承人。法律和司法机制切实保障了所有主体对财产的排它的支配权，使所有者可以自主地，甚至“任所欲为”地支配它的财产，把土地用于任何一种

生产，把资金用于任何一种投资，把收入随意使用，把钱财交给子女或捐赠它人。在没有设置公法干预条款的条件下，私有制社会所有者的财产权，甚至表现在可以将资产加以破坏，如在古代奴隶社会将奴隶处死，在近代私人工厂中将闲置机器设备破坏销毁。

就使用产权来说，由于主体没有资产的最高支配权，而只有一定时期内和一定范围内的资产支配使用权。这种支配使用权是从所有权中派生出来的，对于所有权，有着从属性和依附性。支配、使用较之所有，尽管它不能给主体带来所有者那样的完全的产益，剩余索取权属于所有者——，但是为了激发经营主体的积极性，实际支配者总是要拥有一定的利益分享关系，而在某些情况下，社会也通过法律和法规赋与经营、使用者以下列权利：(1) 对资产和经济财物实行在生产中有期限的支配和消费中的有期限的享用；(2) 对资产收益实行分享；(3) 对资产实行有限的自主处置。

可见，产权以其法定的资产支配权和处置权为主体的自主生产提供权力保障，以其法定的收益为主体提供行为的激励，而支配资产所承担的责任(收益的上交，损失的赔偿等)和在经营失误时可能对自己造成的危害，又形成主体行为的自我约束，强使它从事一种有效的生产和经营。

产权的行为激励、约束和规范作用，在社会主义市场经济新秩序的建立中，起着十分重要的作用。市场经济作为微观主体的企业，是自主决策，独立经营的市场主体，具有自主经营，自负盈亏，自行发展，自我约束的行为机制。对国有企业来说，作为所有者的国家，一方面要对企业实行放权，做到政企分开，使企业实行独立营运，同时又要对企业的资产营运，表现出所有者的关切，实行有利于增大企业积累，充实资本金，保证企业后劲增强的经营方针;另一方面，自主决策，自主经营的企业，又要能实现国有资产的保值，增值，不断增大盈利。要使企业表现出上述行为机制，有赖于恰当的公有产权制度的构建：一方面要通过产权的明晰化，确保所有"主体在位"和权、益、责清楚，要有效地激励、约束和规范所有者代表的行为，以切实维护国家所有权;另一方面又要明晰和维护企业的法人财产权，要通过立法，确保企业对经营财产的占有，使用，受益和处置等等权利，激励、约束和规范经营者行为，以切实实现企业自主经营。

产权的明确，对于社会主义市场经济中的居民个人合理行为的形成，也具有十分重要的作用。传统的产品经济体制下，个人产权的缺乏和模糊不清，不仅仅限制了个人从事发展社会主义生产的经济行为。例如传统体制下居民只能够剩余资金用于储蓄，而不允许人们从事投资，而且限制个人的消费行为，阻碍了人们的需要的最大满足。而个人财产权的明确规定，使之置于国家法律保护之下，人们就可以明确归它所有的个人财产——如货币，股票，债券，消费品，房地产，继承来的财产——等等的十分广泛的和合法的用途。例如，可以用于生产投资，自身消费、储蓄、出售、出借、出租，作为礼品赠送，作为遗产交给子女或亲属，等等。而个人财产权的确立，也是个人承担下述各种社会责任和义务的一种依据：交纳个人所得税，房地产税，收入调节税，以及子女入学自行付费等等。

总之，对于以经济主体具有自发地、市场性(灵敏地适应市场情况而变化的)的经济行为的社会主义市场经济来说，十分迫切地需要产权激励、约束与规范的强化，为此，迫切要求产权主体的明晰化，产权规定完备化和产权界限清晰化。这样，才能形成一种与发达的社会主义市场经济相适应的、丰富多彩、不拘一格而又协调有序的经济秩序(生产经营方式，劳动方式，生活方式，消费方式等的总和)。可见，产权的塑造，是建立社会主义市场经济秩序的重要条件。

六、产权制度的沾合生产要素，激活微观组织，健全经营机制的功能

把社会经济作为一个总体，基本生产组织——共同体，奴隶作坊、农奴庄园，地主田庄，小生产者家庭，公司等——就是其细胞和微观基础。由于微观组织是进行社会生产与经营的基层单位，产品的创造，技术的进步，效率与效益的提高，一句话，生产力的发展，是立足于微观活动的良好组织与运作之上。微观单位的有效组织、良好运作，是宏观经济顺利运行的基础。微观组织的生产功能的发挥，有赖于生产要素——物质的，精神的，人身的——的组合和有效的沾合，后者是直接决定于财产权结构的状况。历史上对抗性的私有财产制度，特别是那种对直接生产者进行暴力的人身强制的经济组织——如奴隶作坊，农奴庄园，初期资本主义工厂主横施淫威的企业——，资产者与广大劳动者之间的对抗性矛盾，造成直接生产者缺乏积极性，从而产生生产要素组合中的制度摩擦成本，这是私有制财产权制度的深层矛盾。私有制社会在发展中为缓合这一矛盾，减少要素组合的摩擦成本，采用多种手段，包括财产权结构的变革。例如，奴隶制末期的隶农制，就是给奴隶以少许自行支配的份地，和在人身强制上以某些松动;封建地主租佃制，就是给佃农以一定的土地支配权，而地主保留土地所有权;这种财产权结构的变化，通过其权、益、责在所有者与占有者之间的微调，缓合二者之间的对抗，沾合缺乏亲合力的生产要素，维持着对抗性经济的运行。当然，这种经济运行机制，仍然有相当高的制度性的要素组合摩擦成本，从而缺乏效率与效益。

资本主义私有产权制度存在着难以解决的、固有

的对抗性矛盾，但是现代资本主义通过分配激励方式的采用，以及工人持股等产权调整，力图缓合劳资利益对抗，改善经营机制，润滑企业的运行。但是资本主义不可能从根本上解决它的制度性的要素组合高摩擦成本问题。

在生产当事人之间，实行资产使用营运权、益、责的调整，和进行财产权组织结构的创新，形成一种充分发挥直接生产，经营者的积极性的自主经营机制是市场经济企业组织与经营方式发展中的新现象。资本主义的小业主经营，在产权结构上表现为单一的所有者权利，是所有权、占有权、利得权(收益权)、处置权集于主体一身，这种产权制度以其充分的权力保障和利益激励和完全责任，维系着有活力的小业主经营。随着生产的社会化，企业越发成为有大量劳动者聚合的社会化的微观组织，企业内部出现发达的所有者，经营者，直接生产者——体力劳动者，管理人员，技术人员——之间的分工；与此相适应，企业也会出现经营者、委托代理人与所有者相分离，从而出现多个生产当事人：例如所有者众多化和财产结构多元化的公司企业，出现了多种多样的所有权、占有权、利得权、处置权的相分离和重新组合。这种新的财产形式在于实行所有者、经营者、委托人等当事人之间恰当的权、益、责的划分，使它们各施其职，各得其所，从而使新的经营形式充满活力。例如正是通过某种既维护所有权，又保障经营权的产权制度，才形成和维系了租赁制、承包制、股份制等经济组织形式的运作。特别需要指出的是：以所有者众多化和财产结构多元化为特征的现代股份制经济，通过法人财产权的创造，借助于股权机制和股东大会、董事会、监事会、总经理的法人治理结构，把某些原先专属于所有者的财产权，重新划分和再组合，既保障了众多出资人的利益，又给经营者以必要的权、益和课加以责，充分调动它们的积极性，这种产权制度，是当代市场经济中经理阶层产生和经理"人主企业"的前提条件，是当代公司企业独立营运的财产基础。

总之，与微观经济组织相适应的财产组织，制约和规范有关当事人的行为，也决定微观组织的经营行为机制，因而构建恰当的财产组织，就成为激励各种生产当事人搞活企业，健全企业经营机制的组织前提。

七、产权制度与资源的合理使用

构建恰当的产权制度，是经济资源得以合理使用和优化配置的重要条件。生产财货或消费财货，按其自然性质可以分为个人物品与公共物品public goods。个人物品是指那种按其自然性质，可以为个人排它的占有的产品。用于满足人们日常生活需要和生产需要的产品，绝大多数是这种个人物品。衣服甲买去穿，乙就不能穿，一台机器甲厂购去，乙厂就不能获得，这种产品是具有专享性。在商品经济中专享性产品，采取商品形式，以等价交换方式提供，归生产者或消费者个人所有或占有。在资本主义商品经济中，上述产品由私人企业来提供，在社会主义商品经济中，上述产品主要由公有企业来提供。公共物品是那种具有效益外溢性spill－over effect的产品，即它在产品自然性质上，是一种具有使用共享性的产品，难以使其效益专向提供，和实行排它的占有。这种物品实行商品交换必然要引起其他人不付费的占有，即"搭便车"，而为了防止不付费占有又必须承担高额开支。海港灯塔，城市公共照明，绿化带，街心花园，以及电视广播等就是这样的产品。现代化的社会，应该提供越来越多的用于满足物质生产、居民消费和其他社会生活需要的上述公共产品。最有效地和节约地提供公共产品，需要选择和确立恰当的产权制度。公共产品一方面需要充分而有效地提供以扩大居民的福利，另一方面需要节约地提供，尽可能地减少开支。贯彻这两个原则，要求建立某些公共产品的共有产权制度，即它是作为人们共同占有的。公共产品由集体、社团、政府等来组织生产与经营，实行免费的或低价提供，这也是一个私有制商品经济中共有制的由来。

对于以最大限度地满足全体社会成员的需要为生产目的的社会主义国家，更需要实现公共产品的最充分、最有效的供应，和最充分的贯彻节约原则。为此要坚持名胜古迹，重要文物等由政府组织管理、经营，实行免费或低费供应；也要实行多种经济、经营形式，允许集体、社团和个人参与公共产品生产与经营，但是必须防止私人垄断以及公共单位垄断现象，造成公共产品的使用不足，[①]而探索和构建一个完善的公有产权结构，就是十分关键的。

在现代社会中需要为居民提供必要的福利保障，满足人们的医疗、教育、及其他基本生活需要，如用水，用气，电讯，等等。这种产品可以称为公益、福利产品，其特征是低价或不付费的提供。公益、福利产品，也是公共产品，即它是具有共享性的产品，这种共享性不是由产品的自然性质决定的，而是由其供应方式决定的。为了有效而充分地提供公益、福利产品，往往需要公有产权制度，例如由政府办医院、教育、公墓等等，也可以采取政府资助的住房合作社形式，也可以采取公共产品与个人产品双重形式的组织与供应方式。例如医疗卫生，文教等实行公有产权制与私有产权制相结合的体制。如何建立一个能最充分和最节约的供应福利产品的产权体制，是当代西方国家正在探索的课题，这也是社会主义国家所需要妥善加以解决的课题。

精神产品——科技产品，文化体育艺术产品，教育

① 国家公园，风景点，旅游区收取高门票或"园中园"设置，造成公共产品提供上的人为限制和使用不足。

产品，等等——是一种精神形态的效用或使用价值，这种产品自然性质决定了它具有天然的共享性。例如教师讲课，由课堂学生共同听，展览的绘画，由观众共同观赏，名艺人的一台演出，一场球赛更需要大量观众，以发挥它的广延性使用效果，至于科学家发明，更是要在更广泛领域中的使用而表现它的效用，特别是无线电广播，电视，录相等现代信息载体，更是使精神产品共享周边大大扩大。在现代市场经济，要建立精神产品生产的物质激励机制，同时，又要充分发挥精神产品的共享性，使包括专利权在内的科技产品为更多厂商使用，在经济大范围内能转化为生产力，使各种文化艺术产品，有更广泛地展示的机会，以满足群众的需要和发挥寓教于乐的社会功能；使教育产品——优秀的教材，讲稿，讲课——能在更大范围内发挥教育功能，等等。为此，就要有一个适应于上述精神产品的性质的产权制度。例如：(1) 赋予精神产品个人产权，实行知识产权制度，将科学技术创造发明，著作，艺术产品作为个人产权，并采取实行科技产品的“保密”，以及保障专利权等等措施。(2) 有限的个人产权制度。基于精神产品是人类共同财富的性质与社会功能，也基于精神产品效果外溢性 spill－over effect ——例如新产品，新设备，新技术的仿制容易，难以长期保护——，因而，对专利权的保护时间要合理，一般地说，精神产品的个人产权，是一种易逝产权，fugitive property 是有时间限制的占有权，而不是归产品创造者世世代代所有的永续的财产权。

可见，根据各种产品的性质、社会功能的不同，而选择与确立一种恰当的产权制度，是最有效率、最节约地组织财货生产与供应的必要条件。而这种高效，节约的财货生产与供应的组织，既意味着多种多样的社会需要的获得有效而充分的满足，也意味着各种经济资源的获得合理的使用和在社会范围内的优化配置。

（作者为　西南财经大学校长）

财政收入占国内生产总值的比重为何下降?

李　强　　叶燕斐

财政收入(不含债务收入，下同)占国内生产总值的比重历来是反映一个国家财力集中程度的重要指标。在改革开放以前，这一比重大致保持在30％以上。改革开放以来，这一比重发生了大的变化，大致经历了三个阶段。1978～1981年为第一阶段，财政收入占国内生产总值的比重从30.9％急剧下降到22.4％；1982～1986年为第二阶段，财政收入占国内生产总值的比重大致稳定在21％左右；1987～1995年为第三阶段，财政收入占国内生产总值的比重降至20％以下，并且呈逐年下滑趋势。1994年，这一比重下降至11.6％，1995年进一步降至10.7％。

根据亚行和国际货币基金组织提供的统计资料计算，1992年，西方发达国家财政收入占其国内生产总值的比重是：美国34.5％；德国46.5％；法国47.1％；英国39.8％；加拿大43.6％。1991年，亚洲“四小龙”财政收入占其国内生产总值的比重是：新加坡32.8％；韩国18.5％；香港17.8％；台湾21.2％。1990年，亚洲“四小虎”财政收入占其国内生产总值的比重是：菲律宾17.9％；印度尼西亚18.2％；泰国20.4％；马来西亚28.5％。因此，无论是与世界发达国家相比，还是与亚洲较发达国家或地区，或近些年来发展较快的国家相比，我国的财政收入占国内生产的比重都是非常低的。

针对财政收入占国内生产总值比重下降这一问题，目前有两种不同的看法。一种看法是，我国的国内生产总值被“高估”了，夸大了我国经济的实际总规模，即“分母”估大了，由此导致了财政收入占国内生产总值比重的下降；另一种看法是，我国国内生产总值的核算是准确可靠的，反映了我国经济的实际总规模。由于我国社会主义市场经济体制尚在建立之中，财税体制、政策、征管方式等各方面存在种种问题，使得财政收入的变化赶不上经济总规模的变化，即“分子”相对变小了，从而导致了财政收入占国内生产总值比重的不断下降。究竟那一种看法比较符合实际呢?

一、我国的国内生产总值是否被“高估”了?

国内生产总值是反映一国经济活动的总规模或总水平的最重要的指标，在国民经济统计和国民经济核算中居于核心地位，历来受到各国政府和国际组织的高度重视，目前在国际上已经有了一套成熟的理论和方法，并且积累了丰富的经验。为了确保我国国内生产总值核算的准确性和可靠性，国家统计局主要做了以下工作：

1. 以统一的核算标准为依据，计算国内生产总值。国家统计局目前以联合国编写的“1968年版国民经济核算体系”为蓝本，结合其“1993年版国民经济核算体系”的新内容，制订了“国内生产总值指标解释及测算方案”。该方案与世界上绝大多数国家计算国内生产总值的方法在基本原则上是完全一致的;同时，各省、市、自治区统计局在计算各自的国内生产总值时，也必须遵循此方案。因此，总体上讲，按此方案测算的我国国内生产总值与世界各国的国内生产总值是可比的;我国各省、市、自治区的国内生产总值也是可比的。

2. 在严格审核常规年度统计资料，利用各项指标的内部逻辑关系挤掉可能存在的各种数字“水分”的基础上计算国内生产总值这一综合程度最高的统计指标;以普查、重点调查资料为准绳，修正、调整以上所述常规年度基础资料为依据计算的国内生产总值。为了准确计算国内生产总值，国家统计局大致收集三类常规的年度基础统计资料。一是各种统计年报，如工业产值统计年报，建筑业产值统计年报，全社会固定资产投资完成情况统计年报，等等。二是各种财务决算资料，如全国独立核算工业企业财务决算汇总资料，银行、保险业财务决算汇总资料;商贸供销业财务决算汇总资料，财政决算资料，预算外资金决算资料，等等。三是各种抽样调查资料，如主要农产品产量抽样调查资料，城镇居民家庭收支抽样调查资料，农村居民家庭收支抽样调查资料，等等。在收集到上述资料后，国家统计局的有关部门要根据其他参考资料或统计指标之间存在的相互制约的逻辑性关系，对所得资料的真实性和准确性进行严格的审核，如利用利税资料、能源消耗情况的资料来核对总产值、增加值资料的真实性和准确性;利用银行的居民储蓄存款资料和银行的现金收支资料来审核居民收入情况的资料的真实性和准确性;利用轻重工业的生产情况的资料来核对投资和消费资料的真实性和准确性;利用资金来源情况的资料来核对投资完成情况资料的真实性和准确性，等等。通过审核，往往要挤掉统计数字中的相当大一部分“水分”。然后再按照“国内生产总值指标解释及测算方案”的具体要求，对这些基础资料进行细致的加工、整理，计算国内生产总值。对这些按常规年度资料计算的国内生产总值，国家统计局还要用普查资料进行修订。改革开放以来，国家共进行了二次工业普查(1985年，1995年)，一次第三产业普查(1992年)，两次投入产出重点调查(1987年，1992年)。由于普查或重点调查的范围更全面，工作更细致，因此所得资料准确性更高，分类更详细，结构更完整。国家统计局在获得上述资料后，都要以此为准绳，调整对应年度的国内生产总值;并以一定的技术方法，调整非普查或非重点调查年度的国内生产总值。

3. 国家统计局和各省、市、自治区统计局相对独立，各自收集自己的资料，各自核算自己范围内的国内生产总值。国家统计局在计算全国的国内生产总值时，主要依据不受地方政府干扰，从基层填报单位直接超级汇总的统计年报，抽样调查资料和各部委汇总的本行业的行政企事业单位的财务决算资料。所得结果与各省、市、自治区自己计算的国内生产总值的汇总数无关。因此，即使有的省份高估了本省的国内生产总值，也不会影响全国的国内生产总值的准确性。事实上，1994年，全国30个省市(未包括台湾)各自独立计算的国内生产总值的汇总数，只比国家统计局计算的全国国内生产总值大1.3%，相差是很小的。

4. 用多种方法计算国内生产总值，所得结果可以相互进行检验和核对。国内生产总值在价值形态上表现为各经济活动单位的增加值之和。在收入形态上表现为各经济活动单位的劳动者报酬、生产税减补贴、营业盈余及固定资产折旧之和。在实物形态上表现为各种可供最终使用的货物和服务之和。针对国内生产总值的这三种表现形态，分别有三种计算国内生产总值的方法，即生产法(增加值法)，收入法和支出法(使用法)。世界上大多数国家都以两种以上的方法为基础，分别收集相互独立的基础数据，计算国内生产总值，以便对各自独立和互不相同的计算结果进行验证和核对，提高国内生产总值数字的准确性和可靠性。中国与这些国家的做法是一致的。目前国家统计局使用两种方法，即生产法和支出法分别计算国内生产总值。以这两种方法计算国内生产总值所依赖的基础资料是相互独立、截然不同的。生产法所依赖的基础资料主要是各种反映产值和中间消耗的统计资料和财务资料，如工业产值统计资料，建筑业产值统计资料，农产品产量统计资料，银行、保险业财务决算资料(反映营业总额和营业费用)等等。支出法所依赖的基础资料是各种反映最终使用的统计资料，如全社会固定资产投资资料，商品零售统计资料，海关进出口统计资料，等等。由于基础资料不同，所得结果也是各自独立、互不相同的。在得到两种方法计算的国内生产总值的初始结果后，还要进行检验和平衡。在平衡过程中，一直要深入到各自所依据的基础资料中去，并将基础资料中可能存在的“水份”再挤掉一次，最后得到正式的按生产法和支出法计算的国内生产总值。国家统计局已经分别用这两种方法计算了我国1978～1994年的国内生产总值，有些年份按生产法计算的国内生产总值比按使用法计算的国内生产总值大一些，有些年份则恰恰相反。但其相对差率基本上控制在3%以内。与世界其他国家相比，这种误差率是不算高的。

国内生产总值的测算结果是否合乎实际，可以从三个方面来看。首先，从国内生产总值的实际增长速度的测算来看，测算结果所反映的宏观经济运行趋势与经济学家和综合经济部门政府官员对经济形势的感觉、看法、判断是比较吻合的，与其他经济指标的变动趋势，特别是物价的变动趋势是比较一致的。例如，1984年，党中央作出了全面推进城市经济体制改革决定后，激发了企业、职工、和地方政府的积极性，银行的贷款也增加较猛，导致了经济的高速增长。1984、1985这两年的国内生产总值分别比上年增长15.2%、13.5%。伴随着经济的过热，物价也呈明显上涨势头。这两年的零售物价分别比上年上涨2.8%(相对于经济过热，物价的变化有所滞后)、8.8%。1986年中央提出了紧缩银根、实行经济软着陆的宏观政策，当年国内生产总值的年增长速度降至8.5%，零售物价涨幅也降至6.0%。1987年，在经济尚未实现软着陆，货币投放量依然过多的情况下，由于种种原因，又重新实行了扩张性的经济政策，导致经济再次过热。1987、1988年国内生产总值分别比上年增长11.6%、11.3%，同时零售物价分别比上年上涨7.3%、18.5%。针对经济环境恶化的情况，中央作出了治理整顿的决定。1989、1990年的国内生产总值增长速度分别是4.1%、3.8%，零售物价分别比上年上涨17.8%、2.1%。1991年，银根开始松动，固定资产投资项目的审批也有所放松。当年国内生产总值增长速度提高到9.3%，零售物价比上年上涨2.9%，仍然保持在低水平上。1992年初，邓小平同志南巡讲话发表以后，中国的改革开放和经济发展迎来了新的高潮。1992、1993、1994、1995年国内生产总值分别比上年增长14.2%、13.5%、11.8%、10.2%，零售物价分别比上年上涨5.4%、13.2%、21.7%、14.8%。由此可见，经济的高增长与物价的高涨幅总是相伴随的，这与世界各国经济增长中表现出来的一般规律是一致的。这也从一个侧面表明，中国的国内生产总值是比较可靠的，是反映了经济的实际运行趋势的。

其次，从国外的评价来看。近些年来，由于中国经济发展迅速，在世界经济和政治中的地位及作用日益突出，许多国际组织、研究机构、研究者个人对反映中国经济发展规模的综合指标——国内生产总值的核算，也表现出日趋浓厚的兴趣，并做了一定的工作。比较流行的看法是，中国国家统计局核算的中国现价国内生产总值被低估了。这种看法在世界银行出版的一份研究报告(注3)中得到了比较集中的反映。该报告认为，中国的现价国内生产总值被低估了，低估的原因一是服务业统计范围不全，二是非市场化的货物和服务的估价不充分，三是固定资产折旧估算过低。关于服务业统计范围不全的问题，这的确是中国国民经济核算和统计中的一个薄弱环节，因为中国的服务业，特别是其中的商贸零售和餐饮业，是以小型企业和个体经营者为主的，其自身的会计核算资料不全，使得正规的年度统计制度难以建立起来。但是在国家统计局于1994年完成了对1992年全国第三产业的普查之后，服务业统计范围不全的问题已经得到完全解决，因此服务业的增加值基本上不存在低估了。关于非市场化的货物与服务估价不充分的问题。由于中国在改革之前，实行了高度集中的计划经济体制，绝大部分货物与服务由国家定价，其价格与其实际成本往往有较大的偏离。改革开放以后，随着市场化成份的加大，绝大部分货物和许多服务项目的价格都已放开，由市场竞争和供求关系决定，因此对它们的估价不存在不充分的问题。但是也确实有些货物，尤其是一些服务项目的价格，如住宅房地产的收费是由国家决定的，并且实际的收费远低于其实际成本和可能的市场价格。在计算这部分行业的增加值时，由于很难虚拟一个与市场价格相当的价格，对这些行业都按实际价格计算其增加值，因而增加值有低估的可能性。关于固定资产折旧估算过低的问题。目前我们是按照国家规定的基本折旧率及购置固定资产时的历史价格来计算固定资产折旧的。由于国家规定的固定资产基本折旧率普遍低于固定资产的实际磨损程度和技术进步引起的更新速度，以及由于通货膨胀导致固定资产的当前重置价格高于其历史购置价格，而折旧是按历史购置价格提取的，因而目前我们对固定资产折旧的估算确实有过低的问题。由以上情况可以得出这样的结论，按国际上的一般惯例来衡量，我国的现价国内生产总值不但没有“高估”，而且还可能“低估”。当然，总体上看，“低估”的程度是非常有限的。

再次，近些年来，按国家统计局计算的国内生产总值和人民币对美元的实际汇率折算，世界银行将我国的经济总量排在世界各国中的第7位，将我国人均国内生产总值排在世界各国中的第120位左右。对这样一种排位顺序，国际上很多人认为我国排得靠后了，但我们自己认为还是反映了中国这样一个世界上最大的发展中国家的实际情况的。

总之，目前国家统计局计算的国内生产总值是比较准确地反映了我国经济的总规模的，是基本上可靠和可信的，不存在所谓的“高估”问题。

二、为何财政收入的变化赶不上经济总规模的变化

既然国内生产总值没有高估，那么财政收入占国内生产总值比重下降的唯一原因只可能是财政收入的增加赶不上国内生产总值的增加。财政收入的增长赶不上国内生产总值的增长，从根本上说，是由于社会收入分配方式和积累方式发生的历史性变化所引起的。在改革开放以前，我国建立了高度集中的计划管理体制，实行的是“低消费、高积累”的发展战略。在社会收入分配方式上，国家通过实行严格的企事业单位的工资制度和农产品统购包销制度，使城市职工的工资收

入和农民的纯收入被限制在低水平上；国家通过实行严格的企业利润和折旧基金上缴制度及农产品的低价收购制度，使国家财政集中了国民收入的相当大部分，以国家财政积累的形式实现了社会积累的高水平。在这种收入分配和积累格局下，财政收入占国内生产总值(或国民收入)的比重自然维持在很高的水平上。改革开放以后，国家出台了其实质是“放权让利”的各项政策，使市场调节的份量逐渐加大，多种经济成份和多元经济利益主体逐渐形成，并极大地解放和促进了生产力的发展。经济体制的深刻变化必然要反映到社会收入的分配和社会积累方式上来。在收入分配方面，国有企业和非国有企业，农户和城镇个体劳动者，以及其他微观经济活动单位，在决定其自身或其职工的收入方面具有很大的自主权，非劳动收入，如利息收入也构成个人收入的一个重要部分。国家在改革开放之前形成的一套行之有效的直接管理和控制城乡个人收入的办法已不再实行或基本失效，同时间接调控的办法，特别是税收调节又难以及时地和有效地建立起来。这就使得城乡个人收入占社会总收入的份额有了极其显著的增加。据统计估算，城乡个人收入占国内生产总值的比重已从1978年的50％左右上升到1994年的68％。随着收入分配方式和分配格局发生的历史性变化，社会积累的方式和格局也发生了历史性的变化，国家通过财政实现的积累在整个社会积累中已退居极其次要的地位；而企业单位、城乡个人及外国投资者则成为主要的积累主体。从1978年到1994年，财政预算内资金形成的固定资产投资占全社会固定资产的比重从62.2％下降到3.2％。因此，伴随着收入分配方式的多样化和国家财政积累职能的下降，一方面国家财政客观上难以集中到更多的国民收入，另一方面国家财政也没有必要像改革开放前那样集中那么多的收入，在一定意义上说，降低国家对财力的集中程度正是改革的目标之一，财政收入占国内生产总值比重的下降有其历史的必然性和合理性。当然，这一比重下降速度之快、下降幅度之大，以至于超过了国家所能承受的程度，则是我们所始料不及的。其中的具体和直接原因，虽然各个阶段各有侧重，但大致涉及以下几个方面：

第一，在持续降低企业税负的同时，未能及时提高个人税负水平 改革开放以来，为了搞活国有企业，国家陆续出台了一些给企业“放权让利”的政策措施。例如，80年代初期，国家实行了企业基金和企业利润留成制度；80年代中期，实行了企业利改税改革；90年代实行了新税制改革，取消了对企业的“两金”收入和提高了企业固定资产的折旧率。这些政策措施的出台和实行，从总体上降低了企业的税负水平。但是另一方面，由于传统、体制和管理上存在的种种矛盾、困难和问题，国家未能及时建立起对个人所得直接征税的有效制度，使个人直接负担的税负仍处于非常低的水平，与其收入的迅速增长很不相称。据财政部提供的一项资料表明，1992年，各国企业缴纳的流转税和所得税合计占其本国国内生产总值的比重是：法国13％；英国14.5％；德国14.4％；印度11.4％；中国7.6％。因此，我国企业的实际税负是世界最低的。另一方面，1992年，各国个人所得税占其国内生产总值的比重是：美国10％；法国7.1％；英国10％；德国9.3％；韩国3.6％(1993年)；泰国1.9％；印度尼西亚1.3％，印度1.2％；中国0.2(1995年)。因此，我国个人直接负担的税负水平在世界上也是最低的。

第二，不同所有制类型经济发展速度不同步对财政收入占国内生产值比重下降的影响 改革开放以后，从解放和发展生产力这一根本原则出发，国家对非国有企业的发展制定了一系列优惠、鼓励和扶持的政策。在名义税率和实际负担方面，非国有经济的税收负担长期低于国有经济。在1994年税制改革前，从所得税名义税率看，国有大中型企业是55％，部分企业还要在所得税之后上缴调节税；私营企业是35％；外商投资企业是33％；国有小型、集体企业实行八级超额累进税，最高税率是55％；从所得税实际负担看，据浙江省税务局1990年测算，平均所得税负担率，国有大中型企业为38％，城镇集体企业为28％，个体工商户和私营企业为18.8％。在新税制改革以后，许多非国有企业仍继续享有过去的优惠税率。在税收减免方面，非国有企业享有许多优惠，如新办乡镇企业可享受一年的税收减免；乡镇企业新产品生产、生产性困难者也有税收减免。又如三资企业，经营期10年以上者，所得税实行二年免、三年减半；经营期15年以上者，所得税实行五年免、五年减半；产品年出口额占总产值75％以上者，在减免期后，仍可按规定税率减半征收所得税。由于国家在税收方面的优惠，更由于自身的活力，改革开放十几年来，非国有经济有了非常显著的发展，其平均增长速度远远比国有企业快。据有关统计资料推算，1978年，在全部国内生产总值中，国有经济大约占60％，非国有经济大约占40％。同年，国家从国有经济中获得的财政收入占财政总收入的86.8％，从非国有经济中获得财政收入占13.2％。到1994年，国有经济与非国有经济分别占国内生产总值的34％和66％。同年国家从国有经济和非国有经济中获得的财政收入分别占65.7％和34.3％。这就是说，国有经济只占全部经济的三分之一，却负担着财政收入的三分之二；非国有经济占全部经济的三分之二，却负担着财政收入的三分之一。因此，非国有经济的迅速成长并没有贡献相应多的财政收入，这是导致财政收入占国内生产总值比重下降的重要原因。

第三，经济开放度较大和发展较快地区税收负担

畸轻对财政收入占国内生产总值的比重下降的影响　为了取得改革开放的经验，同时也为了鼓励先进，鞭策落后，国家对少数具有特殊地缘优势的地区实行了包括税收减免在内的一系列优惠政策。这些政策的实施，加上自身的努力，这些地区的经济取得了超高速度的发展。其国内生产总值占全国国内生产总值的比重，呈上升趋势，但是这些地区的财政收入占全国的财政收入的比重却没有保持同样的增长速度。以经济总量在全国居前三位的省为例，1994年，这三个省国内生产总值之和占全国国内生产总值的27.0%，但其财政收入之和仅占全国财政收入的14.8%，几乎比其经济总量的份额低一半；这三个省的财政收入占其国内生产总值的平均比重是6.3%，比全国财政收入占全国国内生产总值的比重——11.6%，也低将近一半。由此可见，经济迅速发展地区对国家财政收入的贡献赶不上其经济增长的步伐，这是导致财政收入占国内生产总值比重下降的另一个重要原因。

第四，预算外财政收入对财政收入占国内生产总值比重下降的影响　预算外资金是在国家预算之外，由主管部门和地方政府掌握的，用于履行政府职能的财政性资金。改革开放以来，为了调动中央各部门和地方政府当家理财的积极性，国家陆续出台了一些扩大预算外项目的政策，如各种税费附加，国土使用权有偿转让收入，退休养老基金统筹，等等。这些预算外项目的出台使预算外收入相对于预算内收入的比例不断上升。1978年，预算外收入相对于预算内收入的比例为8.4%，1985年上升到15.1%，1993年上升到30.3%。如果将乡村基层政权从农民手中筹集的集体提留款包括进去，则预算外收入相对于预算内收入的比例将上到40%左右。由于预算外收入本来就是财政性资金，其使用方向，负担的职能与预算内收入是一致的，差别只在于管理权限。因此，将本来属于预算内征收和管理的收入划一块到预算外收入中去，其结果自然是降低了财政收入占国内生产总值的比重。

第五，各种冲抵财政收入的因素对财政收入占国内生产总值比重下降的影响　出口退税和企业亏损补贴是冲抵财政收入的两项主要因素。以1994年为例，当年实际收到的财政收入为6027亿元，由于冲抵出口退税445亿元，冲抵企业亏损364亿元，财政决算后的财政收入为5218亿元，比实际财政收入低13.4%。出口退税及企业亏损补贴对财政收入占国内生产总值比重下降的影响是相当大的。

第六，管理上的漏洞和各种非法活动对财政收入占国内生产总值比重下降的影响　由于我国的社会主义市场经济体制正处于建立之中，各种制度和规范还很不健全和完善，社会管理水平还比较低，管理上的漏洞多，使企业的实际税负水平远低于其名义税率，大大减少了本应征取的财政收入。以关税的征收为例，国家计委提供的一份研究材料指出，1994年，名义关税平均税率是35.9%，但由于各种名目的关税减免，税基变得越来越窄，关税应税额仅占进口总额的15%，加之“先免后核算、不征不退”的关税征收管理办法的影响，形成了很多政策漏洞，实际税率仅为2.7%。另外，各种形式的非法活动，如偷漏税，骗出口退税，外资企业以“高价进，低价出”的形式转移利润，进行避税等等，尽管难以定量估算，但这些非法活动对财政收入占国内生产总值下降的影响是不可忽视的。

三、 增加财政收入，提高财政收入占国内生产总值比重的几点建议

目前我国财政收入占国内生产总值比重过低、国家财力集中程度不够已严重影响了国家宏观调控和社会管理职能的正常发挥，从长远看，还将给国家的长治久安带来严重后果。因此，从现在起，就要从体制、政策、操作等方面采取各种切实可行的、有效的措施，着力增加财政收入，提高财政收入占国内生产总值的比重。为此我们建议：

（一）建立一个比较完善的个人所得税和社会保障税征收制度　发达国家的经验表明，随着经济的发展和个人收入水平的增长，一个国家的税收制度将逐渐由企业直接负担的制度转向以企业负担和个人负担并重，甚至后者负担更多的制度。例如，1993年美国的中央财政收入的构成中，个人所得税占41.1%，社会保障税占34.2%，二者合计占75.3%；又如德国1992年中央财政收入的构成中，个人所得税占12.7%，社会保障税占45.4%，二者合计占58.1%。经过改革开放17年来的发展，我国居民的收入有了大幅度的增长，人民生活质量有了明显改善，特别是一个富裕或比较富裕的社会阶层正在形成，并将逐渐壮大。如何及早建立起一个比较完善的个人所得税和社会保障税征收制度，对于从根本上改善我国的财政状况，提高财政收入占国内生产总值的比重，将会发生长远的影响。

（二）实行统一和公平的税负政策　按照党的十四届三中全会确定的建立社会主义市场经济的总体设想，在社会主义市场经济中，每一个经济主体都是平等的竞争主体，任何一个经济主体都不能因其所有制类型不同，地区属性不同，行业性质不同，国民属性不同，而享有其他主体不能享有的特殊权利。这也是其他成熟市场经济的基本原则，因此，在我国今后的财税改革中，应大力贯彻这项原则，对不同所有制类型企业，对外资企业和内资企业，对特区和非特区企业，对工业和非工业企业，一视同仁，实行公平统一的税收政策，从

根本上改变目前这种税基、税种、税率等各不相同。税收制度不统一的状况。

(三) 根据预算完整性的要求，将各种制度内和制度外的预算外财力纳入国家预算 在成熟的市场经济体系，任何由政府支配，并负担政府职能的财政性资金，都必须纳入国家预算，这一方面可以防止掌握预算外收入的单位滥收滥支预算外资金，另一方面，政府又可以对全部财政性资金进行统筹规划，均衡负担，提高使用效益。在改革之初，由于当时经济体制还处于从计划经济体制向市场经济体制过渡的转轨期，为了调动各方面的积极性，设立一些预算外项目是绝对必要的。但是经济改革十几年后的今天，市场经济体制的框架正在逐步建立，规范和统一各种预算外资金就显得十分必要和相当紧迫。按1994年的预算外资金基数，如果全部纳入国家预算，将使财政收入占国内生产总值的比重从11.6%提高到16.9%，提高5.3个百分点，如果将政府部门在财政制度外收取的财力也包括进来，则比重还能再提高一些，潜力是相当大的。

(四) 提高国有企业经济效益，减少企业亏损补贴和出口退税 国有企业经济效益不好，一直是困扰我国经济的一个老大难问题，同时也使国家财政背上了沉重的包袱。如果我们能在今后的企业改革中，提高经济效益，使企业亏损补贴和出口退税降低一半，则财政收入占国内生产总值的比重还能进一步提高。

(五) 大力加强税收的征管、监督和管理 打击各种偷漏税、骗取出口退税和非法避税等各种非法活动。

(作者所在单位: 国家统计局国民经济核算司)

投资项目小型化、分散化、趋同化问题的研究

金桂芳　　李万茂

固定资产投资是推动经济增长的第一动力。改革开放以来，我国加快了经济建设的步伐，全社会固定资产投资总量有了明显的增加。投资总量的快速增长，壮大了我国的经济实力，为国民经济的持续、快速发展提供了雄厚的物质基础。“八五”以来，我国新增固定资产4.6亿元，建成大中型项目954个，新增了一大批生产能力，城市基础设施有了迅猛的发展，城乡居民的居住条件有了较大的改善。但是，由于我国投资主体的约束机制尚未完全形成，投资领域效益低下的问题仍然比较严重，固定资产投资边际增长效果系数呈下降趋势。“八五”时期，每增加一元投资增加的GDP由“七五”时期的3.62元降为2.56，减少了1.06元。

投资效益低下，使有限的资金发挥不出应有的效用，造成社会资源极大浪费。究其原因，与我国投资领域中投资项目小型化、分散化、趋同化问题紧密相关。对此应加以分析研究，并找出解决的办法。

一、投资项目小型化的问题

投资项目小型化的问题应从三方面进行分析。

(一) 与历史比较 “八五”期间，我国注意扭转投资项目小型化的趋势，并取得了一定成效。这期间，基本建设投资额达2.36万亿元，比“七五”时期的0.73万亿元增长2倍多。虽然同期项目个数也有了较多的增加，但无论大中型项目，还是小型项目，每一项目平均投资都有了明显的增长。其中大中型项目投资增长1.25倍，小型项目投资增长2.13倍(见表1)。

表1: “八五”基本建设项目投资与“七五”的比较

年　份	投资额(亿元)	#: 大中型项目投资	小型项目投资	年平均施工项目(个)	#: 大中型	小项目	平均每一项目投资(亿元)	# 每一大中型项目投资	每一小型项目投资
1986～90	7349.07	3475.29	3410.75	73666	968.4	72697.6	0.0998	3.589	0.047
1991～95	23584.31	10261.39	12622.63	87358.6	1273.2	86085.4	0.2700	8.060	0.147
1991～95为1986～90%	320.9	295.3	370.1	118.6	131.5	118.4	279.6	224.6	312.5

每一项目投资额的扩大，主要有三个因素。一是价格水平的逐年增长；二是随着科技水平的提高，投资项目的科技含量增大；三是在我国现行的投资体制下，无论从哪一级讲，也无论从什么心理出发，大家都希望把

投资项目的设计能力尽量搞得大一些，投资额尽量多一些。

虽然每一项目平均投资额有所扩大，但仍有一些在建项目的生产能力过于偏小。

根据国家计委、国家统计局1996年5月快速调查资料，我国大部分在建项目的设计生产能力有了一定的扩大，但仍有一部分建设项目的生产能力比前两年有所缩小(见表2)。

表2：在建小型基本建设项目的平均规模(生产能力)

品　种	单　位	1994年项目(个)	平均设计能力	1996年项目(个)	平均设计能力	1996年比1994年每一项目能力扩大
原　煤	(万吨)	293	32.7	292	34	1.3
原　油	(万吨)	16	10	17	18.2	8.3
炼　钢	(万吨)	54	3.7	31	3.4	−0.3
氮　肥	(万吨)	6	4.1	94	3.2	−0.9
磷　肥	(万吨)	3	0.21	7	0.4	0.19
水　泥	(万吨)	401	8.7	244	8.8	0.1
平板玻璃	(万箱)	6	16.6	4	21.5	4.9
化学原料药	(吨)	104	421	75	630	209
发　电	(万千瓦)	532	0.82	527	0.84	0.02
汽车制造	(辆)	50	1275	34	1464	189
摩托车	(万辆)	14	5.8	13	8.5	2.7
自行车	(万辆)	14	38.9	7	53	14.1
棉纺锭	(万锭)	53	1.9	52	2	0.1
原　盐	(万吨)	21	8.8	10	7.3	−1.5
啤　酒	(万吨)	77	2.0	74	2.8	0.8
白　酒	(万吨)	78	0.26	23	0.21	−0.05
卷　烟	(万箱)	49	5.8	49	4.2	−1.6
电视机	(万台)	9	51.7	9	50	−1.7
洗衣机	(万台)	6	20.8	7	19	−1.8
电冰箱	(万台)	4	12.5	12	18	−5.5
空调器	(万台)	16	21.8	10	26.9	−5.1

资料来源：国家计委、国家统计局1994年、1996年快速调查。

(二) 与国家标准的比较 建国以来，随着我国经济的发展，国家对项目大中小型的标准进行过多次修改。目前执行的标准是70年代末制定的。根据这个标准，1995年，我国施工项目中，就项目个数看：大中项目占全部施工项目的1.59%，小项目占98.41%；从投资额看：大中型项目占全部投资额的44.8%，小项目占55.2%(详见表3)。从趋势上看，大中型项目的个数占全部施工项目的比重逐年提高，这说明大中型项目越来越多；小项目投资比重有所上升，说明小项目的规模逐渐增大。

虽然从总体上看，我国每一基本建设投资项目的投资规模越来越大，大部分在建项目的生产能力也在扩大，但有些在建项目的规模仍然偏小，基本处在国家规定标准的下限。如表4。

特别应该指出的是，由于我国现行的基本建设项目大中小型划分标准是70年代末修定的，标准太低，难以反映80年代以来经济快速发展的实际。如汽车项目规定，设计能力5万辆以上算大型，0.5～5万辆算中型，0.5万辆以下算小型，这显然已过时了。

此外，根据我国现行的大中小型项目划分规定，只有基本建设项目划分大中小型标准。更新改造、其它固定资产投资、城镇和农村集体所有制单位以及城乡居民个人投资的建设项目，不划分大中小型。而近年来，我国乡镇企业发展很快，上了许多小项目，也可以说是遍地开花。目前统计上对这一部分没法反映，而正是这一部分存在着严重的投资项目小型化的问题。

表3：全国基本建设投资项目大中小型项目比重

年　份	大中型项目占施工项目 %	小项目占施工项目 %	大中型投产项目占全部投产项目 %	小型投产项目占全部投产项目 %	大中型项目投资比重 %	小型项目投资比重 %
1985	1.09	98.91	0.27	99.728	38.58	61.42
1986	1.17	98.83	0.23	99.774	42.98	57.02
1987	1.21	98.79	0.29	99.706	48.18	51.82
1988	1.23	98.77	0.29	99.707	51.10	48.90
1989	1.46	98.54	0.27	99.731	51.52	48.48
1990	1.56	98.44	0.42	99.584	56.06	43.94
1986～90	1.31	98.69	0.30	99.704	50.47	49.53
1991	1.36	98.64	0.35	99.646	53.08	46.92
1992	1.27	98.73	0.31	99.688	46.39	53.61
1993	1.47	98.53	0.36	99.642	43.35	56.65
1994	1.59	98.41	0.46	99.543	43.46	56.54
1995	1.59	98.41	0.47	99.529	44.09	55.91
1991～95	1.46	98.54	0.39	99.609	44.84	55.16

表4

	国家小型项目标准	在建小项目实际平均规模
炼钢	10万吨以下	3.4万吨
磷肥	20万吨以下	0.4万吨
水泥	20万吨以下	8.8万吨
平板玻璃	45万箱以下	21.5万箱
发电	2.5万千瓦以下	0.84万千瓦
棉纺锭	5万锭以下	2万锭
原盐	20万吨以下	7.3万吨

（三）与国际标准比较　从我国的现状与国际比较看，我国项目小型化的问题确实存在。如：汽车，世界比较先进水平的年产量为100万辆左右，而我国最大的汽车厂年生产量只有18万辆，平均规模为1万多辆；

钢铁，最佳经济规模一般年产为500万吨或1000万吨以上，而我国钢铁企业平均规模为5万多吨；

炼油，世界平均生产规模为500多万吨，而我国仅为167万吨；

乙烯生产装置，世界最大规模90万吨，平均规模30多万吨，而我国平均每套为21万吨；

棉枋，合理经济规模3～8万锭，而我国3万锭以上的企业仅占20%。

造纸，世界平均规模为5万吨，而我国平均仅为3000多吨；

一般来说，规模经济是达到高效益的重要前提，当然也并不是说投资项目的规模越大越好。因为从根本上来说，投资项目规模的确立是以技术和效益为原则的，而效益的实现又往往与市场有着不可分割的关系。由于各国经济发展的阶段、水平和条件不一样，市场发育不一样，所以投资项目规模的确定难以用统一的标准来衡量。发达国家有发达国家的标准，发展中国家有发展中国家的标准。一般来讲，许多国家并不单纯追求项目规模的大小，而是从技术、资金来源、原材料来源、劳动力来源、市场、边际效益等多方面综合考虑，从根本上说是费用和效益的比较。有些投资项目，刚开始时，规模可能小一点，但当技术水平或市场条件达到一定的程度时，规模就可能大一些。例如当今占世界汽车产量四分之一的美国汽车业，在20世纪初也经历了一个发展过程。19世纪末期，美国只有30家汽车制造商，生产2500辆汽车。1908年迅速发展到253家。以后由于新技术的采用、市场竞争等原因，汽车厂家才逐渐淘汰，最终形成通用、福特、克莱斯勒等三家为主的汽车业。当然，我国今天绝大部分项目的投资，处在借鉴国外科学技术的基础上，有条件从一开始就有一个高起点，使项目在进行充分可行性研究后达到最大的边际效益。

从上述比较中，我们可以得出这样的结论，目前我国投资项目小型化是现实存在的，它由我国经济发展水平、市场发育程度所决定，同时也受现行投资体制的影响。虽然我们已经注意并开始改变这种状态，但效果并不明显，还应下大力气予以改变。

二、投资资金分散化的问题

投资分散主要表现在投资领域的摊子铺得太大，战线过长，有限的投资资金未能集中使用在国家建设最需要的地方。近年来，由于投资审批权限下放、自筹投资和外资投资比重加大，国家宏观调控的能力减弱，全社会的建设规模不断膨胀，造成一部分资金的分散。“七五”期间，我国财政收入占国内生产总值的比重不断下降，“八五”期间进一步加剧。1995年仅为10.7%，比1985年的22.4%和1990年的16.9%均有大幅下降。国家财政收入的减少，使国家在建设领域的调控作用减弱。从“八五”期间的基本建设和更新改造投资资金来源构成看，虽然用于基本建设和更新改造的投资总量增长了2.02倍，但来自国家预算内的资金增长则极为缓慢，“八五”仅比“七五”增长5.7%，而利用外资和自筹投资则有了大幅增长。因此，投资中，国家预算内资金占整个投资资金的比重呈明显下滑趋势，加上国内贷款，所占比重也只有近30%，而自筹资金的比重越来越大(见表5)。

表5：基本建设和更新改造投资资金来源

(全部资金为100)

	国家预算内资金	国内贷款	利用外资	自筹资金	其它投资
1985	26.31	24.59	5.19	37.16	6.75
1986	24.40	25.03	6.57	36.89	7.12
1987	22.40	26.73	7.44	35.65	7.78
1988	16.00	25.97	9.56	38.75	9.73
1989	14.42	22.48	10.60	39.98	12.52
1990	15.04	25.58	10.18	38.88	10.32
1991	11.65	29.89	8.81	39.99	9.66
1992	7.33	32.10	8.66	43.93	7.98
1993	6.75	27.98	7.89	46.95	10.43
1994	5.04	26.14	12.18	48.68	7.97
1995	5.06	23.41	13.15	48.27	10.11

从1995年基本建设大中型项目的资金来源看，国家预算内投资的比重也仅占7.59%，加上国内贷款，也不足40%。自筹及其它仍占绝大部分比重。

从市场经济发展的观念来讲，今后企业自筹资金的比重肯定越来越大，但是在目前我国投资约束机制尚未完全形成，投资者尚不能自行决策、自担风险的情况下，国家集中资金所占比重越低，宏观调控能力就越弱，资金分散不可避免。资金分散使用，造成投资在建规模不断扩大，战线过长，固定资产交付使用率和房屋建设竣工率逐年下降。

(一) 固定资产交付使用率下降　固定资产交付使用率是反映固定资产动用速度，衡量建设过程中宏观投资效果的综合指标。从表6我们可以看出，无论是基本建设、还是更新改造，“八五”时期的新增固定资产交付使用率，均比“七五”时期有了明显的下降。

表6：基本建设、更新改造固定资产交付使用率

	基本建设投资额(亿元)	新增固定资产(亿元)	固定资产交付使用率%	更新改造投资额(亿元)	新增固定资产(亿元)	固定资产交付使用率%
“七五”	7349.07	5542.74	75.42	3977.32	3101.55	77.98
“八五”	23584.31	14675.11	62.22	10897.14	8212.72	75.37

(二) 房屋建筑面积竣工率下降　房屋建筑面积竣工率是指一定时期内房屋竣工面积与施工面积的比率，它从房屋建筑施工速度的角度反映投资效果。从表7我们可以看出，“八五”期间房屋建筑面积竣工率大大低于“七五”时期。

表7：全社会房屋竣工率

	施工面积(万平米)	竣工面积(万平米)	竣工率
1985	148859	122084	0.8201
1986	188184	151184	0.8034
1987	174597	141963	0.8131
1988	168951	135943	0.8046
1989	131788	105749	0.8024
1990	137171	107793	0.7858
1991	152813	119107	0.7794
1992	172173	114800	0.6668
1993	182327	122021	0.6692
1994	200831	134236	0.6684
1995	215085	145600	0.6769

由于我国投资资金分散化，也不可避免地产生了盲目建设和重复建设的问题。具体表现为：

1. 一些生产能力相对过剩的产品仍在投资建设。有些地方从本地区、本部分的利益出发，盲目上项目，致使投资领域盲目建设和重复建设的情况十分突出。1995年，我国炼钢、化学原料药、汽车、摩托车、棉纺锭、啤酒、白酒、洗衣机、电冰箱、空调器等行业，生产规模已经相对超过当前市场的需求，生产能力利用率比较低，但1996年仍在进行大规模固定资产投资(见表8)。

2. 有些不符合国家产业政策的产品，虽然国家三令五申明令限制发展，但许多地方仍在竞上新项目。如

表8：工业生产能力与在建项目规模的比较

品　种	工业生产能力	生产能力利用率%	在建大中型项目(个)	建设规模	在建小型项目(个)	建设规模
炼钢(万吨)	16900	56.2	52	902	31	105
氮肥(万吨)	2560	72.6	6	310	94	308
磷肥(万吨)	1098	60.3	10	97	7	28
钾肥(万吨)	37	71.83	4			
水泥(万吨)	59300	80.2	134	5477	244	2140
化学原料药(万吨)	130.1	37.4	5	2.7	75	4.74
汽车制造(万辆)	328	44.3	52	205	34	5.0
摩托车(万辆)	1489	55.4	9	272	13	111
自行车(万辆)	8199	54.5			7	375
棉纺锭(万锭)	4190	77.0	3	15	52	106
原盐(万吨)	3786	78.6	1	30	10	73
啤酒(万吨)	2253	69.6	14	195	74	203
卷烟(万箱)	4293	81.1	10	535	49	4.2
电视机(万台)	4467	78.2			9	452
洗衣机(万台)	2183	43.4			7	135.7
电冰箱(万台)	1821	50.4			12	213
空调器(万台)	203	33.5			10	269

注：生产能力为1995年数字，在建规模为1996年5月数字。**资料来源**：国家计委、国家统计局1996年快速调查。

2.5万千瓦以下火电项目、卷烟、酒类、家用电器等。1995年，全国在卷烟、啤酒、棉纺织、汽车、摩托车、电冰箱、洗衣机、空调器、电视机、录相机、摄像机方面的基本建设项目共811个，完成这些项目总共约需投资495亿元；加上这方面技改项目投资，总共约需投资1495亿元。盲目建设和重复建设一方面挤占了一部分应优先发展产业的建设资金，另一方面也使一些项目在建成之时就成为亏损停产之日，造成资源的极大损失和浪费。

三、地区投资结构趋同化的问题

我国地区投资结构趋同的情况是比较明显的。改革开放以来，不少地区不顾本地区实际情况，不顾国家的三令五申，一哄而上，争相发展化工原料、石油加工、钢铁、汽车、摩托车等项目。趋同化涉及产业、产品越来越多，并有进一步蔓延之势。据1995年统计资料，纺纱、塑料、化肥、钢铁、卷烟等，全国有29个省市区生产；化纤有28个省市区生产；电视机有27个省市区生产；汽车有26个省市区生产；自行车有23个省市区生产；洗衣机有23个省生产；电冰箱有19个省市区生产。据国家计委、国家统计局1996年快速调查资料，这些热点产品现在仍在建设中(见表9)。

各地区选择的支柱产业也显示出明显的雷同性。据有关资料反映，有22个省、市、自治区将汽车作为支柱产业，将机械工业作为支柱产业的有16个，将化工工业作为支柱产业的有16个，将电子作为支柱产业的有24个，将冶金作为支柱产业的有14个。这些政策执行的结果必然是地区经济结构的趋同。

据国家计委测算，目前我国中部和东部地区的工业结构相似系数为93.5%，西部与中部地区工业结构的相似系数为97.9%。1981年区域经济结构与全国产业结构相似系数达90%以上的省有18个，占省(市、自治区)总数的62.1%。1989年区域经济结构与全国产业结构相似系数达90%以上的省有22个，占省(市、自治区)总数的75.9%。相似系数提高了13.8%。许多省内地市间的工业结构也趋于相似。

四、原因分析及对策与建议

投资项目小型化、投资资金分散化和地区结构趋同化产生的原因是复杂的，既有客观因素，也有主观因素；既有管理方面的原因，也有经济体制方面的原因。初步分析，我们认为主要有以下几个因素：

1. 我国地域辽阔，人口众多，一个省就相当欧洲一个国家，有的甚至相当几个国家。改革开放以来，一部分地区先发展起来已经给各地起了示范效应。特别是我国长时间饱尝了计划经济下短缺的滋味后，大家的思想已经转到了经济建设的中心上来了。各地为了加

表9：国家限制发展的主要产品1996年各地在建情况

地区	汽车		摩托车		棉纺		电视机		洗衣机		电冰箱		空调器	
	项目（个）	能力（万辆）	项目（个）	能力（万辆）	项目（个）	能力（万锭）	项目（个）	能力（万台）	项目（个）	能力（万台）	项目（个）	能力（万台）	项目（个）	能力（万台）
合计	86	201.7	22	383.7	55	121.2	9	452.0	7	135.7	12	213.0	10	269.0
北京	2	12.0							1	15.0				
天津	1	10.0											1	3.0
河北					2	2.5								
山西	3	1.1												
内蒙							2	100.0						
辽宁	4	5.3			1	1.5			1	10.0	1	10.0	1	40.0
吉林	5	27.4												
黑龙江					1	0.7	2	40.0						
上海	1	12.0					1	180.0	1	30.0	1	16.0	1	15.0
江苏	11	19.4	2	120.0	3	5.7	1	30.0	2	60.0	4	90.0	2	140.0
浙江	4	2.1	1	20.0							2	35.0		
安徽	10	17.3	1	1.0					1	0.7			1	30.0
福建	4	2.6	1	12.0			1	12.0						
江西	3	5.1	1	5.0	1	2.0					1	20.0		
山东	6	10.3	4	70.0	5	12.0	1	30			1	25.0		
河南	3	3.7			8	15.9								
湖北	6	29.3	2	27.5	2	4.5			1	20.0			1	10.0
湖南	2	0.3	3	30.7	2	3.0								
广东	1	0.3	3	45.0							1	15.0	3	31.0
广西	5	9.7	1	10.0	2	3.0								
海南	1	5.0												
四川	6	10.5	1	0.5	2	4.0	1	60.0						
贵州	3	9.9			3	6.0								
云南	1	6.0												
陕西	2	2.3												
甘肃	2	0.3									1	2.0		
青海														
宁夏														
新疆														

资料来源：国家计委、国家统计局1996年快速调查。

快本地区的发展，除对一些日常生活需要的，而又不受资源约束的产品，加大了发展的力度外，还希望更多地争取上一些大的项目，以推动地方经济的发展。而这些大项目的选择，往往容易集中在一些新兴产业或增加值较高、利润较丰的产品上。八十年代大家争相发展电视机，导致全国一哄而上了100多条生产线；1992～1993年因当时可观的效益出现了“小炼钢热”。现在，又重新出现大家争上电冰箱、空调器、摩托车、汽车等产品的趋向。如果说出现战线过长的话，普遍认为长你不长我。这种心理必须导致地方利益重于国家的统盘规划，地区趋同不可避免。

2. 我国现行各级政府管理经济的职能使各地区不得不站在地方的利益上考虑地方的经济和社会发展问题。地方要发展，老百姓要就业，这些都是地方政府的头等大事。特别是我国对地方干部的考核，一般主要看其所在地区经济发展的一些主要指标，如GDP、经济增长速度、城市建设面貌等，而这些均与投资的多寡有很大的关系。可以说，争取到投资项目就等于争取到发展的机会。由于我国投资的约束机制不强，项目上去后，能否达到应有的效益，却并无相应的检查和约束机制。这种状况也必然导致忽视投资项目投产后是否有可实现的市场，而把注意力主要放在地方当前的发展利益上，尽量争取多上项目。这种无视效益的投资体制，必然带来“投资饥饿症”，重复建设、盲目建设的现象不可避免。

3. 产业政策不完善，缺乏有效实施办法和配套措施，使产业政策形同虚设，起不到引导企业、引导各级政府发展经济，开发项目的作用。目前产业政策存在的主要问题是产业政策过粗，缺乏可行性；产业政策执行的一些标准过于陈旧，无法反映我国经济发展的实际；没有相应配套的财政、税收、投资等政策支持；只有产业政策的制定机构，没有相应的执行、检查和监督机制。

4. 项目审批上仍存在不同程度的“人情”项目、领导“条子”项目。

5. 现行财税体制实行中央和地方分灶吃饭，这就决定了各级政府必须考虑如何创造地方财政收入，维持政府的运作。

解决投资项目小型化、分散化和地区投资结构趋同化的问题，不是一项政策就能解决的问题，需要进行综合治理，产业政策要完善，经济体制要改革，现代企业制度要确立，干部管理制度要完善。总之既要治标，又要治本。

1. 建立投资决策约束机制，坚决实行谁决策、谁负责制度，对决策出现重大失误者一定要追究责任。要加快投资法的起草，并尽快颁布实施，用法律的方式管理投资活动，特别是投资的决策活动。

2. 深化体制改革，转变政府职能，实现政企分开。政府作为宏观管理部门应加强投资活动的宏观管理，而不是直接参与投资活动。要使投资活动成为企业家和经济实体自己的行为，使他们自行决策，自担风险。

3. 完善产业政策，并制定相应的配套政策实施产业政策。要用产业政策引导投资活动。我国产业政策的制定始于1989年。1992年虽进行过一次小范围修订，但与实际情况仍有很大距离。因此产业政策需要作大的修订，过时的政策要调整，产业政策尚没有涉及的要尽快增加。产业政策的有关规模标准要科学，既要符合中国的实际，又要注意向国际标准看齐。产业政策关键是要有效措施来保证实施。应有相应的机构，对产业政策实施情况进行有效的检查和监督。要建立相应的配套措施，鼓励发展重点产业。禁止或限制发展的产业，要有相应的限制政策。要加强对国家产业政策的宣传，指导投资者把握投资方向。

4. 要统筹规划和制定全国合理的生产力布局，加强对地方经济发展的指导。在制定地区产业发展政策时，既要注意防止地区产业的趋同化，同时又要注意尽可能缩小东、中、西部经济发展的差距，给落后地区创造发展的机会。

5. 要重新修定投资项目大中小型标准，合理界定不同行业不同产品的项目规模。既要重视项目的规模效应，又要注意避免单纯追求数量不顾市场发展可能性的趋向。

6. 转变工作重点，将调整投资结构和提高投资效益问题作为今后一个时期的工作重点。经过“八五”以来投资体制改革，投资领域中总量问题的矛盾已有所缓解，现在的主要问题是投资结构不合理，投资效益低的问题。因此，调整投资结构，提高投资效益应成为今后投资领域的工作重点。

(作者所在单位：国家统计局固定资产投资司)

论我国商品市场结构状况及其发展变化

蔺　涛　　戚少成

改革开放以来，随着我国国民经济的健康发展和流通体制改革的不断深入，商品市场日趋完善，流通规模迅速扩大，商品市场结构发生了前所未有的变化，传统的、单一的经济模式被打破，多层次、多渠道、多元化、少环节、开放式、可调控的商品市场格局初步形成，适应我国社会主义市场经济需要的、全国统一开放、竞争有序的商品市场流通体系已初见端倪。

一、历史的简要回顾

市场作为国民经济的一面镜子，是国民经济的综合反映，其发展和结构不仅受来自于经济方面诸因素的制约，而且受来自于政治、社会等各方面因素的影响。商品市场的发展状况及结构变化主要受制于其所处的经济环境。

(一) 改革开放以前，我国商品市场是建立在计划

经济体制基础之上，是在一种较为特殊的经济环境下发展的 这一时期我国经济是在一种短缺经济条件下运行的，市场主要商品(物资)特别是消费品供应严重不足，对粮食、布匹、食盐、肥皂、火柴等绝大部分生活资料实行凭票供应的分配方式，对几乎所有的生产资料实行国家集中统一管理、统一分配调拨的分配模式；消费的商品化、社会化程度较低，居民收入增长缓慢，居民消费水平低下、消费领域狭窄、消费结构单一和消费方式呆板，1978年居民消费的因格尔系数(即居民家庭消费支出中食品性支出所占的比重)农村高达67.7％，城市为57.5％，消费模式基本处于饥饿型与准温饱型。

在这一时期，伴随社会主义计划经济体制建立、完善和不断强化，在完成资本主义改造和消灭资本主义私有制之后，个体商业基本上被消灭，集市贸易大都被取消，并将集体所有制商业强行过渡为全民所有制商业，商品市场结构单调、经营呆板、组织形式单一、地区差距和结构矛盾突出，这种基本上是国有经济(含供销合作社)单一所有制结构一统天下的商品市场格局一直持续到1978年。在这种格局下，为适应高度集中的计划经济体制的需要，商品流通按国家计划实行统一分配调拨，商业流通机构(包括商、粮、供、物资等)实质上就是政府的一个商品分配系统，将有限的商品有计划地分配给居民和生产建设单位，成为政府配给商品的执行机构。到1978年，由原商业部门分配的计划商品多达391种，由原物资部门分配的计划商品多达837种。

在这种高度集中的计划经济体制下，商品市场发展缓慢，其发展速度远远慢于生产的发展，不仅不符合现代商业的发展，即使是按照计划经济的要求，也是处于停滞甚至萎缩状态。仅就全国零售商业机构而言，已由建国初期(1952年)的420万个减少到1978年的104.8万个，减少75.0％，从业人员由709.5万人减少到447.4万人，减少36.9％；商业总产值虽由113亿元增长到438亿元，增长2.88倍，但年均增长率仅为5.3％，而同期工业总产值从349亿元增长到4237亿元，增长速度高达11.1倍，年均增长10.1％；商业总产值占社会总产值的比重由1952年的11.1％下降到1978年的6.4％，而同期工业总产值在社会总产值中的比重则由34.4％上升到61.9％。显然，商品市场的发展与经济的发展极不适应。

(二) 改革开放的春风为我国商品市场的发展注入了活力，提供了较为宽松的经济环境 为了适应社会主义市场经济体制和多层次生产力发展的要求，在继续加强国有商业的同时，积极发展集体商业，恢复和发展个体商业，开放集市贸易，扩大工业自销，打破了商品市场国有经济(含供销合作社)单一结构、独家经营的局面，初步形成多层次、多元化、少环节、可调控的商品市场格局；随着流通体制改革的深入，国家管理和计划分配商品的比重在逐步减少，确立了市场在商品流通中的主导地位；同时随着经济高速发展、居民收入的增加和商品分配方式的改革，使得居民的消费观念、消费领域、消费水平、消费结构、消费方式等都发生了深刻的变化。1994年城市居民的恩格尔系数首次降至50％以下，消费模式实现了温饱型，并由温饱型向小康型过渡；农村居民的恩格尔系数降至60％以下，消费模式也基本实现温饱型。

在这种大环境下，我国商品市场获得了突飞猛进的发展，正由传统的商品市场模式向现代商品市场模式发展。改革开放以来的17年间，全国批发零售贸易业网点由改革开放初期的124万个左右增加到1995年1496万个，增长11.1倍；从业人员由608万人增加到4152万人，增长5.8倍；社会消费品零售总额也由1978年的1265亿元增加到1995的20598亿元，增长15.3倍，年均增长17.8％；社会生产资料销售总额由1980年的2826亿元增加到1995年的27500亿元，增长8.7倍，年均增长16.4％。商品市场结构由改革开放初期的国有经济一统天下发展成为国有经济、集体经济为主体，多种经济成份并存、多种流通渠道、多种经营方式相结合的新格局，商品市场结构变化明显。

二、商品市场结构现状及其变化

党的十一届三中全会以来，随着理论禁区的逐步突破、改革开放的不断深入和社会主义市场经济体制的建立，传统的商品流通体制也实施了一系列的重要改革：调整所有制结构；进行建立现代企业制度试点；实行政企职责分开；扩大企业自主权；实行经营承包责任制；引进市场竞争机制；放开大部分商品价格；大力缩减国家指令性计划分配商品的数量和比重；培育和建立批发市场，兴办贸易中心；实行连锁经营、流通代理制，开展配送制试点；实行对外开放；社会主义市场经济流通法制建设等。

这些改革为我国商品市场的发展提供了机遇，注入了活力，带来了生机，促进了繁荣，使我国商品市场得到了前所未有的发展，商品市场结构也发生了较为深刻的变化。

三、市场经济主体多元化，打破了国有经济一统天下的局面

十七年的改革和发展，打破了国有经济(包括供销合作社)一统天下的商品市场格局，单一渠道、独家经营的传统经济模式已成为历史，形成了以国有经济、集体经济为主体，个体经济、私营经济、联营经济和外资投资经济、港澳台投资经济等多种经济成份并存、多种经

营方式相结合，多渠道、少环节，竞相发展的商品市场新格局。

(一) 从批发零售贸易业网点看 截止到1995年，我国共有批发零售贸易业网点1496.2万个，比1978年增长11.1倍。其中国有经济网点63.0万个，增长三成半；集体经济网点113.7万个，增长一倍多，个体、私营等非公有制经济网点高达1319.5万个，成百余倍的增长。个体、私营经济网点增长明显快于国有、集体等公有经济网点的增长。

批发零售贸易业网点布局逐步趋于合理。国有经济网点占全部批发零售贸易业网点的比重由1978年40％左右下降到1995年的4.2％，集体经济网点比重由半壁河山下降到7.5％，而个体、私营经济网点比重由不足10％上升到88.3％，已接近九成。股份制经济、外商投资经济(含港澳台投资经济)网点则从无到有，截止1995年，已发展到11937家、2093家，分别占全部批发零售贸易业网点数的0.08％和0.013％。

(二) 从批发零售贸易业从业人员看 改革开放以来，批发零售贸易业从业人员也发生了较大变化。1995年我国批发零售贸易业从业人员4151.6万人，比1978年增长5.9倍。其中国有经济从业人员954.2万人，增长1倍多；集体经济从业人员759.1万人，增长3倍左右；个体、私营等非公有制经济从业人员高达2438.3万人，成上百倍的增长。国有经济从业人员占全部批发零售贸易业从业人员的比重由1978年大约三分之二下降到1995年的23.0％，集体经济从业人员比重由1978年三成左右下降到1995年的18.3％，而个体、私营经济等非公有制经济从业人员比重则由1978年2.2％上升到1995年的58.7％。

(三) 从市场经营状况看 1. 从零售市场看，作为反映与衡量消费品市场发展总规模和总水平的社会消费品零售总额，1995年为20597.9亿元，比1978年增长15.3倍。其中国有经济6172.2亿元，增长6.3倍；集体经济4069.0亿元，增长5.0倍；个体、私营经济6270.6亿元，增长上千倍。在社会消费品零售总额中，个体、私营、外资经济等非公有制经济已达10274.1亿元。同时，国有、集体等公有制经济的社会消费品零售额比重在下降。在社会消费品零售总额中国有经济所占比重由1978年55.7％下到1995年的30.0％，集体经济所占比重由1978年44.2％下降到1995年的19.8％，而个体、私营经济等非公有制经济所占比重则由1978年0.14％上升到1995年的49.9％，接近半壁河山。股份制经济、外商投资经济、港澳台投资经济社会消费品零售总额也达到106亿元，占到全部社会消费品零售总额的0.51％。

2. 从批发市场看，1994年批发零售贸易业的商品批发总额32349.4亿元，其中国有经济22018.0亿元，占68.1％；集体、个体、私营等非国有经济10331.4亿元，非国有经济批发额占31.9％。若扣除部分物资、医药、进口等大宗巨额商品，非国有经济的商品批发额所占比重已超过50％。

(四) 从市场占有率看 传统的国有经济(含供销合作社)在社会主义市场经济体制下的多流通渠道中的主导地位发生了较大的变化。改革开放以前，国内贸易部商业、粮食、供销合作社三大系统在零售市场的占有率曾高达95％，目前已降至20％左右；物资供销系统在生产资料市场中的占有率从近100％，也降至14.0％。

上述四个方面表明，改革开放以来，市场经营主体的变化，已打破了长期以来形成的国有经济独占市场、流通渠道单一的僵滞局面，以国有经济、集体经济为主体，多种经济成分并存的多渠道、少环节的商品市场流通格局以崭新的面貌已经确立。这种多渠道、多层次商品市场格局的形成，是以我国社会主义初级阶段多层次生产力发展为依据的现实选择，也是十几年来商品市场流通体制改革开放的结果。

四、商品市场组织形式多元化，促进市场组织体系向多层次发展

随着社会主义市场经济体制的确立，对适应于计划经济体制的商品市场组织形式进行了改革，新的商品市场组织形式不断涌现并日益多元化，促进了市场组织体系向多层次发展。特别是“八五”期间，在大力推进流通体制改革的同时，重点培育和发展各类商品市场，加快市场建设步伐。目前，我国已初步建立了社会主义市场经济体制下的多层次的市场组织体系。

(一) 综合性批发市场和专业性批发市场迅速发展 目前我国已建成各类商品交易市场(统计注册的)约12万个，其中日用品和工业品批发市场880多个，小商品批发市场3600多个，农副产品批发市场(较大规模)2400多个，其他各类专业市场10000多个。在12万个各类商品交易市场中，1994年商品交易额4400多亿元，占社会消费品零售总额的27％左右。

1. 商品批发集市相继涌现。 随着市场机制的转换和国民经济的发展，在我国商品批发领域的自由流通中出现了有中国特色的商品批发集市，目前仅小商品批发市场已超过3600个。由于这种集市千家云集、品种齐全、价格低廉、费税较低(一般占营业额的2％左右)，又带有必要的服务功能，具有极强的生命力，已经成为城乡商品批发流通中新兴的批发交易场所。

2. 商品批发城(大型商品批发市场)从批发集市中脱颖而出。 批发交易的不断扩大和发展，必然对批发市场交易场所提出新的服务要求，一些具备必要的储运、食宿、工商、银行、信息等全天候服务功能的商品批发集市从中脱颖而出，逐步发展成商品批

发交易城，目前年成交额超20亿元的工业品批发城已有27个。如神州第一市——浙江义乌批发城，市场年交易额达120亿元，亚洲最大的纺织品批发市场——浙江绍兴中国纺织城和山东淄博服装城，市场年交易额均超过30亿元，它们均已成为我国著名的轻工产品集散地。

与此同时，商品批发交易城的辐射功能正向跨地区、远辐射的方向发展，如中国郑州粮食批发市场(郑州商品交易所)已有22个省市、384家会员单位入市，辐射到东北、西北、华南等全国20多个省市，“郑州粮价”成为全国粮油价格的指导价，引起世界粮食市场的关注；郑州农业机械交易市场是全国农机行业唯一高层次的专业市场，农机年销售额90多亿元，约占全国农机销售的三分之一；浙江温州桥头镇纽扣批发市场的纽扣销售量占全国的80%，山东寿光蔬菜批发市场吸引了我国北方十几个省市的蔬菜批发商。

3. 现代化的工业品贸易中心在我国已出现　工业品贸易中心作为现代工业生产与批发流通自由发展的产物，是发达市场经济的高级批发交易场所，它拥有现代化的设施和先进的交易手段，服务功能比较完备。我国的工业品贸易中心是在政府的干预下诞生于1983年，短短十几年，从无到有，迅速发展到4000多家。虽然大多数工业品贸易中心是在原批发贸易企业基础上组建的，但其中一部分工业品贸易中心如上海工贸中心、广州国际交易会等经过多年的发展，已基本具备现代工贸中心的基本特征，并在我国经济建设中正发挥着越来越重要的作用。

目前我国已初步形成工业品贸易中心、商品批发城、商品批发集市这种高中低三层并存的多层次、多方位的商品批发市场体系。

(二) 城乡集贸市场发展迅速　改革开放以来，作为我国商品流通一种传统的集散交易场所——全国城乡集市贸易市场也得以快速发展。全国城乡集贸市场已从1978年的33302个发展到1995年82893个，增长1.49倍，其成交额也由1978年125.9亿元增加到1995年的11590.1亿元，增长91.1倍。其中，城市集贸市场由1979年的2226个发展到19892个，增长7.9倍；农村集贸市场由1979年的36768个发展到63000个，增长71.1%。城乡集贸市场的快速发展，缓解了长期困扰群众生活的“菜篮子”和“米袋子”问题，已成为城乡居民“菜篮子”的主渠道。据抽样调查，北京市集贸市场商品销售额已占北京市社会消费品零售额的30%，市民在集贸市场购买农副产品的比重高达90%。

(三) 生产资料市场从无到有，发展较快　长期以来“生产资料不是商品”的理论禁锢着人们的头脑，生产资料流通主要依靠计划分配和层层调拨。随着改革开放和市场经济体制的建立，生产资料作为商品已进入市场，各种形式的生产资料市场也从无到有，迅猛发展。目前我国已建成生产资料市场3100多个，其中综合性市场500多个，专业市场2500多个。在2500多个专业市场中，钢材批发市场200多个，汽车交易市场200多个。目前一大批现代化、集交易和服务与一体、多功能的各类生产资料市场正在全国各地兴起。

(四) 农村商品市场主要组织形式——供销合作社进一步理顺和加强　为适应社会主义市场经济发展的需要，中华全国供销合作总社已重新建立，使供销合作社集体所有的性质得以恢复，同时由官办转为民营，并将其置于农村经济和商业产业的大潮之中。供销合作社经过十几年的发展，已初具规模，现有工业品批发贸易网点5万多个，工业品零售贸易网点50多万个。目前供销合作社正根据农村经济和农村产业结构的变化，调整其工作重点，以能动地发挥其促进农村商品经济发展的功能，为促进我国农村商品市场的繁荣和发展创造了条件。

总之，目前我国已基本形成了以国有经济为主体、多种经济形式并存的市场组织体系，以中心批发市场为龙头、地方批发市场为骨干的大中小相结合、高中低并存、多层次、多门类、多功能的商品市场组织形成，有力地促进了我国国民经济的发展和人民生活水平的提高。

五、商品流通的市场化进程逐步加快，市场形成价格机制占主导地位

改革开放以来，我国对商品流通体制特别是商品流通计划体制和价格体制进行了重大改革，商品流通的市场化进程大大加快，绝大部分商品已进入市场自由流通，市场已成为我国商品流通的主要形式。

从商品计划管理方面看，国家计划管理的商品正逐步缩小。目前，除极少数重要商品外，绝大部分商品均已实现市场化。在农产品方面，1985年国家已经全部取消指令性计划，仅对粮食、棉花、油料等9种农产品产量实行指导性计划管理；在工业品方面，国家仅对极少量关系国计民生的重要工业产品，如钢材、化肥、农药、医药、石油等实行计划管理。17年的流通体制的改革，特别是市场取向的改革，即“市场机制在配置资源中起基础性作用”的改革，为市场调节在商品流通中处于主导地位创造了前提。

从商品流通形式看，计划性分配的主要物资在逐步减少。1995年国家计委分配的物资按价值量计算仅占整个工业总产值的2%左右。国家指令性分配的商品数量也大幅度下降，1995年指令性计划分配商品数量占生产量的比重，煤炭约为36.8%、钢材16.4%、木材

7.0%、汽车3.3%、水泥3.3%、石油16.2%。目前，我国商品流通总量的85%以上是通过市场调节的。

从价格方面看，市场形成价格的机制已占据主导地位。改革开放以来，我国对于价格体制实行了全面改革，在我国的工业品出厂价格中，国家定价销售的生产资料比重由1978年的100%下降到目前的18%左右；社会消费品零售总额中，国家定价的比重已由1978年的97%下降到5.9%；农副产品收购总额中，国家定购价的比重已由1978年的96%下降为12.5%。从总体上讲，全国已有90%的商品价格放开，由市场直接调节，只有少数关系国计民生的重要商品如粮食、石油、医药、食盐等，由国家定价或提供指导价。

从购销形式看，也发生了较大变化。工业品由原来的统购包销改为多种购销形式，允许工业自销；重要农副产品由原来的统购、统派为主改为合同定购、自由交易，同时发展工商、农商、商商之间的多种形式联合。

从总体上讲，我国的商品市场已经基本实现由计划分配型向市场经营型的转变。

六、商品市场经营形式多样化，现代营销方式不断涌现

改革开放以来，我国的市场经营形式摆脱了计划经济体制下商品市场发展缓慢、结构单调、经营呆板、营业形态单一等市场经营形式特点。随着市场竞争机制的逐步建立，商品市场逐渐由卖方市场转向买方市场，商品市场经营形式推陈出新，百花齐放：超级市场、平价超市、仓储售货、专卖店、连锁店、购物中心、综合性大型商场等多种多样的经营形态，已在发达地区的大中城市遍地开花；电视商场、邮购等无店铺销售和开架销售、代理制、物资配送等现代营销形式相继涌现。

（一）传统的市场经营形式不断翻新 百货商店作为我国零售贸易业的传统营业形态处于鼎盛时期，正向大型化、现代化和综合性、多功能方向发展。百货店一直是我国零售贸易业的主要营业形态，到1995年为止，在全国批发零售贸易业经营网点中日用百货网点已发展到340.3万个，从业人员957.8万人。同时，适应现代化需要的百货商店规模大型化、组织集团化、经营多元化、设施现代化、功能多样化的发展趋势日益明显，涌现出一大批如北京东安商业集团、郑州亚细亚集团、广州南方大厦集团、武汉商场集团等以百货为主体的、多元化经营的、多层次结构的现代大型零售商业集团。

专业店、专卖店犹如雨后春笋般出现，呈现出蒸蒸日上的局面。近年来，各类专业店、专卖店发展迅速，仅上海市区就有200家之多。目前，在服装店、鞋店、家具店、眼镜店、玩具店、自行车店、化妆品店等专业店越来越多、经营商品越来越专业之时，一大批新的商品专业店不断涌现，如鲜花店、礼品店、钓具店、草帽店等。与此同时，各类专卖店、精品店、专营店等层出不穷。专业店在中国的发展有着极其广阔的市场前景。

小型便利店以其选址方便、投资少、见效快、开店成功率高、资金回报率高等特点而迅猛发展，已成为目前最具发展潜力的一种零售业态，仅上海就有百家、宏良、长良、百式等十几家，1000多个小型便利店。

（二）新的市场经营形式不断涌现 超级市场几经周折，发展迅猛。自1984年9月我国第一家食品超级市场——北京京华自选商场诞生以来，由开始一涌而上，到后来惨淡经营，几经周折，目前超级市场在我国大部分城市重新兴起，正在大城市和发达地区迅速展开。尤以上海为甚，仅1991～1992年平均每3天就有一家超市开业，到1995年全市共有超市700多家，营业面积近20万平方米，年销售总额23亿元，超市供应的食品及小日用百货占居民购买量的40%左右。

仓储式商场遍地开花。1993年8月我国第一家仓储式商场——广州南方大厦集团开办的“广客隆”开业以来，仓储式商场正以大规模发展态势在全国各地展开。特别是进入90年代，以物美价廉为主要特征的仓储式商场，适应广大工薪阶层消费的需要，在大中城市有了极为迅猛发展，目前深圳已开业30多家，北京、上海等地也都开办几十家仓储式平价商场。

连锁店进展迅速，连锁经营已在全国35个大中城市铺开。据不完全统计，全国现已建立连锁公司400多家，其下属各种形式的直营店、加盟店6000多个，年销售额达80亿元，目前正以每年200家速度增长。连锁店在中国的兴起，预示着中国零售贸易业一个新时代的到来。

大型购物中心从无到有。这种集购物、餐饮、娱乐、休闲等多种功能为一体的综合性购物中心于近两年在全国大中城市兴起。据初步估算，全国此类购物中心正在建设或已建成的约有200多处。

（三）现代营销方式步入商品市场 产需间直达供货的现代商品流通方式进一步发展。一是自销比重不断增加，1995年社会消费品零售总额中，工业自销已达1500亿元，比1978年增长19.5倍，其所占比重由1978年的4.7%增加到1995年的7.3%，增加2.6个百分点；二是直销比重迅速上升，在社会生产资料流通总规模中，生产企业直接销售比重从1990年的51.8%上升到1995年的68.3%，增加16.5个百分点。工业自销、直销已成为商品市场的一支重要力量。

无店铺销售悄然兴起。目前无店铺销售在我国尚处于萌芽状态，主要有三种形式：邮购公司、上门直销和无人售货机。随着有线电视的普及，无店铺销售将成为我国未来商品市场发展的一个重要趋势。与此同时，有保障的分期付款、抵押销售也开始崭露头角。

物资配送制为我国商品市场的发展注入了新的活力。物资配送在试点的基础上发展较快，目前全国已有100多个城市开展了不同方式、不同程度的物资配送。物资配送制在生产资料流通社会化和保证国家重点建设方面发挥着重要作用。

流通代理制是我国现代商品市场的新生事物，它突破了批发市场多年来统购统销，“三固定”的营业形式。1995年，国家经济贸易委员会等单位决定在钢材、汽车行业实行代理制试点，确定了9家生产企业、98家流通企业作为第一批代理制试点单位。截止到目前，已有451万吨钢材、15万辆汽车被确定为代理资源，标志着我国生产资料代理制工作已进入实质性运转阶段。

现代商品营销方式的兴起，必将进一步加快我国商品市场组织方式向现代化、多元化的方向迈进。

七、商品市场向规模化、大型化方向发展，流通现代化趋势明显

受计划经济体制的束缚和生产力发展、人民购买力水平的制约，长期以来，我国商品流通领域始终未能形成以大型流通企业或流通企业集团为主体的社会化大流通的格局。改革开放以后，随着生产的社会化、现代化，作为联接生产、消费的桥梁和纽带的流通产业也同步向规模化、大型化方向发展，以适应社会主义市场经济的需要。目前，以国有中型流通企业为主体的市场大流通格局雏形已基本呈现。

（一）组建、扩建、改建、新建了一大批适应社会主义市场经济的骨干零售贸易企业 改革开放以来，我国有目的的在原有零售贸易企业基础上，通过组建、扩建、改建的形式组建了一批适应社会主义市场经济需要的、具有一定规模的大型零售贸易企业，与此同时，又新建一批具有现代企业特征的大型零售贸易企业，使以现代化的国有大中型企业为骨干的零售贸易业初见端倪。

据统计，全国近5年新建改造开业的大中型零售贸易企业数量相当于前40年的总和。其中营业面积超过1万平方米的商场已有100多家，营业面积5万平方米以上的商场全国也有相当的数量，建筑总面积20万平方米以上的大型购物中心也即将问世。从京、沪等几个城市看，1995年北京市营业面积超万米、年营业额超亿元的大型豪华商厦已由“八五”前的4家发展到55家；上海市“八五”之前营业面积1万米以上、年营业额1亿元以上的大型零售商场仅1个，而近几年已达39个；长春市新建大型零售商场13个，比“八五”前增加2.2倍。

零售贸易企业在向规模化、大型化方向发展的同时，其商品销售额也在快速增长。1994年全国年销售额过亿元的大型零售贸易企业已由十几年前的10多家发展到694家，销售额超10亿元的零售贸易企业也已发展到27家。全国最大零售贸易企业——上海第一百货总公司年销售额由改革开放初期的2.4亿元增长到1994年的19.6亿元。在这些大型骨干企业带动之下，零售贸易企业的销售额猛增。据国家统计局的重点零售贸易企业统计，零售商店平均年销售额从1980年的6600万元，增加到1995年的45269万元，增长5.86倍；副食品商店平均年营业额，从1980年的378万元，增加到1995年的5389万元，增长13.26倍。

（二）批发贸易企业在向规模经营和集团化方向发展也迈出了可喜步伐 目前多种形式的批发贸易企业集团已经出现，并显示勃勃生机。华通物产集团、华星集团、天津北洋物产集团、苏物集团、辽物集团、中粮集团、中商集团等一大批大型具有现代企业特征的批发贸易企业或企业集团迅速崛起，代表了适应社会主义市场经济的现代批发贸易企业雏形。

1994年，在全国批发贸易业企业中，大型批发贸易企业已由改革开放初期的寥寥数家发展到1780家，其中年销售额超10亿元的批发贸易企业已发展为324家，年销售额过100亿元的批发贸易企业也已有15家。1994年全国最大对外贸易企业——中国化工进出口总公司1994年的进出口总额为71.2亿美元，名列世界最大企业209位。

随着批发贸易企业向规模化、大型化方向发展，大型批发贸易企业的整体销售规模也不断扩大。其中全国最大的100家生产资料流通企业的平均年商品销售额由1992年的16.3亿元增长到1994年的22.2亿元，两年间增长36.2%，全国最大生产资料流通企业——上海汽车工业销售公司的年商品销售额也由101亿增长到167亿元。

（三）流通现代化趋势明显 在商品市场向规模化、大型化方向发展的同时，标志流通现代化趋势之一的消费重点也逐步从单纯的物质消费转为物质、时间、空间、服务和附加价值的综合消费。消费者不仅要求购物方便，而且对购物环境、营业设施、售后服务等也提出更高的要求。改革开放以来特别是近年来，中央空调、滚动扶梯、电子计算机系统、自动安全监视系统、闭路电视系统、人造卫星地面系统、背景音乐及分区广播系统、电视摄像控制等先进技术装备、高科技手段以及国外先进的管理经验已被很多大中型国有贸易企业普遍采用，营业设施、购物环境明显改善。

标志流通现代化趋势之二的现代交易手段和交易方式已在很多大中型国有贸易企业启用。全方位的网络信息服务、会员制、代理制、电脑撮合等具有现代市场经济特点的流通形式已步入我国的流通领域，并正在发挥着重要作用。

随着流通体制改革的深入和发展，我国的商品市场现代化水平和科技含量正在不断提高，正在向规模化、大型化、高档次、多功能方向迈进。

八、各地区商品市场均呈高速增长态势，东高西低价梯状态分布显著

改革开放以来，随着国民经济的高速发展、居民购买力水平的大幅度提高，各地区商品市场均呈现高速增长态势，与本地区经济大体保持均衡发展，但地区之间商品市场结构明显呈东高西低阶梯状态。

(一) 从社会消费品零售总额看 社会消费品零售总额是从消费品交易量来衡量商品市场发展状况的重要统计指标。从全国看，1995年社会消费品零售总额20597.9亿元，比1978年增长15.3倍，平均每年递增17.84%。从东、中、西部三大经济地带看，东部地区从616亿元增加到12256亿元，17年间增长18.9倍，平均每年增长19.23%，高于全国平均水平1.39个百分点；中部地区由426亿元增加到5582亿元，增长12.1倍，平均每年增长16.34%；西部地区由223亿元增加到2760亿元，增长11.4倍，平均每年增长15.95%。三大经济地带商品市场均保持较高增长速度，并且都有了较为长足的进步，与本地区经济大体保持均衡发展(具体见下表)。东部沿海地区始终保持领先势头，发展速度明显快于中部地区和西部地区，这主要得益东部沿海地区经济的高速发展、居民消费水平的大幅度提高，中部次之，西部则稍慢。

三大经济地带社会消费品零售总额增长变化与GDP增长比较 单位：亿元

	GDP			社会消费品零售总额		
	1978	1995	平均增长速度(%)	1978	1995	平均增长速度(%)
东部地区	1898	33674	18.43	616	12256	19.23
中部地区	1121	15896	16.88	426	5582	16.34
西部地区	605	8164	16.54	223	2760	15.95
全国合计	3024	57734	17.68	1265	20598	17.84

注：三大经济地带GDP根据测算所得。

(二) 从批发零售贸易业网点看 批发零售贸易业网点个数是从流通企业布局来描述商品市场发展状况的又一个重要统计指标。1995年全国批发零售贸易业网点已达1496.1万个，其中东部地区728.9万个，占48.7%，中部地区489.1万个，占32.7%，西部地区278.2万个，占18.6%。下面仅列出1980年与1994年零售贸易业网点对比资料，从中可以看出商品市场的高速增长态势和三大经济地带商品市场阶梯状态。

三大经济地带零售贸易业网点变化及构成

	1980年		1994年		平均增长速度(%)
	个数(万个)	比重(%)	个数(万个)	比重(%)	
东部地区	65.3	44.6	591.6	48.3	17.05
中部地区	48.8	33.4	373.8	30.5	15.65
西部地区	32.2	22.0	260.6	21.2	16.11
全国合计	146.3	100.0	1226.0	100.0	16.40

(三) 从批发零售贸易业从业人员看 批发零售贸易从业人员是从从事流通工作的人员数量角度描述商品市场发展状况的第三个重要统计指标。1995年全国批发零售贸易业从业人员4151.6万人，其中东部地区2054.9万人，占49.5%，中部地区1456.4万人，占35.1%，西部地区640.3万人，占15.4%。下面也仅列出1980年与1994年零售贸易业从业人员对比资料，从中可以看出商品市场的高速增长态势和三大经济地带商品市场阶梯状态。

三大经济地带零售贸易业从业人员变化及构成

	1980年		1994年		平均增长速度(%)
	个数(万个)	比重(%)	个数(万个)	比重(%)	
东部地区	314.3	49.3	1349.6	49.4	10.97
中部地区	212.4	33.3		32.8	10.83
西部地区	111.0	17.4	487.1	17.8	11.11
全国合计	637.7	100.0	2732.8	100.0	10.95

(四) 从每万人拥有的零售贸易业网点看 每万人拥有零售贸易业网点数是用以描述人民生活水平与商品市场发展密切相关的重要指标。1994年全国每万人拥有的零售贸易业网点数102.3个，从三大经济地带看，东部地区为120.9个，比全国平均水平高18.6个，中部地区、西部地区分别是87.7个，95.4个，分别比全国平均水平低14.6个、6.9个，东部地区分别是中部地区和西部地区的1.38倍和1.27倍。具体每万人拥有零售贸易业网点数发展变化情况见下表。

平均每万人拥有的零售贸易业网点增长变化情况

	网点数(万个)		平均每万人拥有网点数(个)		
	1980年	1994年	1980年	1994年	平均增长速度(%)
东部地区	65.3	591.6	15.8	120.9	15.64

续表

	网点数(万个)		平均每万人拥有网点数(个)		
	1980年	1994年	1980年	1994年	平均增长速度(%)
中部地区	48.8	373.8	13.5	87.7	14.30
西部地区	32.2	260.6	13.9	95.4	14.75
全国合计	146.3	1226.0	15.2	102.3	14.59

九、内贸外贸一体化格局正在形成，商品市场对外开放有了新发展

国内商品市场从闭关锁国到对外开放是一个长期渐进的过程。对一个长期闭关锁国的国家来说，对外开放只不过是一个陌生而遥远的名词，更不用说商品市场的对外开放。十一届三中全会为我国商品市场打开了对外开放的大门。八十年代末，随着我国沿海省份的对外开放，国内市场对外开放的步伐逐渐加快，长期形成的内外贸分割的局面也开始打破，国内外两个市场联系更加紧密。

(一) 进出口商品总额逐年提高，与世界经济一体化进程加快 改革开放以来，我国对外贸易业有了突飞猛进的发展，我国经济与世界经济一体化进程不断加快。1995年我国商品进出口总额已由1978年的355.0亿元增长到23498.7亿元，十七年间增长65.2倍，平均年增长28.0%，不仅超过同期国内生产总值的增长速度(17.7%)，而且大大高于同期全球的外贸增长水平(7%～8%)；商品进出口总额占世界商品进出口总额的比重，从1978年的0.78%提高到1994年的2.75%，增加近2个百分点，位次从第26位跃升至第10位。我国外贸依存度(进出口总额占GDP比重)不断提高，1978年为9.8%，1985年提高到23.1%，1995年达到40.7%(见下表)，表明我国经济与世界经济一体化进程加快。

我国进出口总额GDP、世界外贸增长水平比较

	中国					世界		
	进出口总额(亿人民币元)	出口额	进口额	GDP(亿人民币元)	外贸依存度(%)	进出口总额(亿美元)	出口额	进口额
1978	355.0	167.6	187.4	3624.1	9.8	26445.2	12973.9	13471.3
1980	570.0	271.2	298.8	4517.8	12.6	40410.6	19936.3	20474.3
1985	2066.7	808.9	1257.8	8964.4	23.1	40506.0	19955.0	20551.0
1990	5560.1	2985.8	2574.3	18547.9	30.0	69415.6	33942.8	35472.8
1994	20381.5	10421.8	9960.1	46622.3	43.7	86093.0	43438.0	42655.0
1994	23498.7	12451.0	11047.7	57733.7	40.7	—	—	—
平均增长速度	28.0	28.8	27.1	17.7	—	7.7	7.8	7.5

(二) 国内商品市场价格与国际市场价格逐渐接轨 为适应对外开放的需要，国内新产品的价格已同国外相应产品的价格基本接近。据对17种主要生产资料和农产品国内价格的跟踪调查资料，已有12种产品与国际市场价格持平，其余5种产品的价格与国际市场差距逐渐缩小。显然，国内外市场主要商品价格正在接轨，为我国步入国际市场打下了坚实的基础。

(三) 内外贸分割的局面开始打破 长期以来，我国从事外贸工作的只能是外贸系统，内贸系统不得参与。改革开放以来，一方面，内贸部门和企业积极参与国际市场竞争，内贸部门可以委托代理出口，一部分内贸企业已经享有独立的进出口经营权，加快了对外开放步伐，打破了内外贸分割的局面。1995年，国内贸易系统进出口总额已达110亿元，享有进出口经营权的内贸企业已达206家，其中有173家积极开展进出口业务，已初见成效，进出口总额达13.75亿美元，户均795万美元，另一方面，外贸系统也从事内贸，为数众多的外贸企业进入国内市场开展经营。据对485家对外贸易企业统计资料测算，1994年国内商品销售额达442亿元，户均9113万元。

可见，我国内外贸一体化的新型流通组织开始出现，内贸与外贸一体化格局正在形成。

(四) 国际交流合作日益活跃

流通领域对外开放虽然时间不长，但发展较快，国内商品市场与国外资金技术等方面交流日益活跃。截止1995年，国内贸易系统协议外商投资约61亿元，兴办三资企业约5500家，形成了一定的规模。

中外合资合作零售业取得成效。1992年，我国在部分城市和经济特区进行中外合资合作零售商业试点。到目前为止，国务院已正式批准15家中外合资零售企业，其中北京燕莎友谊商城有限公司，上海东方商厦有限公司和上海第一八百伴有限公司三家已经相继开

业、效益颇佳，如北京燕莎友谊商城1994年销售额9.1亿元。另外各级地方政府和商业主管部门也开办了一批中外合资、合作零售企业。

与此同时，一些外国公司开始介入我国批发流通领域，仅在广州番禺就汇集了香港贸发局的“香港时装中心”和香港利丰集团为主投资的“利丰批发集散中心”。

(五) 国内贸易企业迈出国门 随着改革开放的深入，我国的一些批发零售贸易企业也已迈出国门，在国外经营。截止1995年，国内贸易系统在境外投资企业850余家，境外投资1.5亿美元。

一个内贸与外贸相互融合、内外贸一体化新的市场格局正在形成，商品市场正在稳步对外开放。

十、市场供求总量日趋平衡，市场商品结构不断翻新

改革开放以来，随着工农业生产的高速发展，我国市场商品日益丰富，市场的有效供给能力不断增强，市场供求总量日趋平衡，已由改革开放初期的卖方市场转向买方市场，市场商品品种结构也在不断更新。

(一) 消费品市场从供不应求转为供大于求，市场一派繁荣

1. 消费品市场从供不应求转为供大于求 改革开放使计划经济时期可供商品稀缺的“短缺经济”状况荡然无存，可供商品货源大于社会购买力的幅度不断加大，供求关系明显地向供大于求倾斜。80年代，我国消费品供给缺口为10%，到1994年，消费品供大于求已达0.17个百分点。据国内贸易部对1995年下半年596种主要商品的供求情况排队资料，有519种商品供大于求或供求平衡，占87%。显然，消费品市场已逐渐转向供大于求。

2. 消费品市场从卖方市场转为买方市场 消费品市场由卖方市场已转为买方市场，这主要基于以下几个因素：其一为消费品是否从供不应求转为供大于求。对此，上面已有论述。其二为居民的购买力水平是否下降，对此，我们可以断言：居民的购买力水平不但没有下降，反而上升。首先，居民收入逐年上升。其中，城镇居民家庭年人均生活费收入由1978年的316元上升到1995年的3893元，增长11.3倍，年均增长15.9%；农村居民家庭年人均纯收入由1978年的133.6元上升到1995年的1577.7元，增长10.8倍，年均增长15.6%。其次，城乡居民消费水平不断提高。1978年～1995年17年间全国城乡居民年平均消费水平由184元提高到2186元，增长10.9倍，年均增长15.7%。其中，农民年平均消费水平由138元提高到1395元、增长9.1倍；非农业居民年平均消费水平由405元提高到4790元，增长10.8倍。再次，城乡居民储蓄逐年递增，1978年为210.6亿元，而到1995年为29662.3亿元，即将突破3万亿元，增长近140倍。这些充分说明了居民的购买力水平不是下降而是上升。其三，商品促销活动加强。改革开放繁荣了消费品市场，大多数消费品已从改革开放前的“皇帝女儿不愁嫁”而变为改革开放中的“皇帝女儿嫁不出”。因而各种形式的促销、促购活动应运而生。这正是消费品市场供大于求的主要表现形式。

随着工农业产品的丰富，工农业产品结构也在不断调整，市场商品规格、质量、档次也在不断提高，满足消费者新的需求。如绿色、保健、功能食品走俏市场，25吋及以上大屏幕彩电开始步入居民家庭，多开门、大冷冻室、分体式、无氟冰箱成为潮流，高级电脑家用轿车摆上商场的柜台。

(二) 生产资料市场商品结构发生了深刻变化，供需环境逐渐由短缺向宽松的方向过渡 改革开放以来，随着工业生产的快速发展和固定资产投资的加快，生产资料资源与使用都有较大幅度增长(见下表)。相应地，生产资料供需环境由短缺向较为宽松的方向发展，资源总量对经济增长的制约作用不断减弱，生产资料市场的供求关系从长期的短缺逐渐变为供求平衡与供大于求。自80年代初以来我国生产资料市场经历了紧缺、疲软、过热、疲软到平稳的发展过程，生产资料市场就是在这种供需关系不断变换过程中逐渐走向平稳，生产资料主要品种的供需差率(使用量与资源量差率)逐年缩小。从1978年到1994年的16年间主要生产资料中除煤炭、木材供需差率略有扩大(仍在1%左右)外，大部分生产资料的供需差率均有不同幅度的缩小：钢材由－19.46%缩小到1.59%、水泥由－8.09缩小到－2.01%、石油由－2.39缩小到－1.00%、生铁由－6.50%缩小到－0.21%、烧碱由－8.02缩小到－0.81%、纯碱由－7.09缩小到－3.94%。到1994年大部分生产资料的供需差均保持在1.0%左右。

随着国民经济增长中技术进步因素的提高和集约化方式的出现，生产资料市场的商品结构也发生了较为深刻的变化。传统的生产资料的产销增长速度逐渐放慢，以煤炭、钢材、木材、水泥四种主要生产资料的消费总规模为例，1978～1985年改革开放的最初7年间四种主要生产资料年平均增长速度分别为5.34%、10.70%、4.40%、12.68%，而到了近7年(1988年～1995年)，四种主要生产资料的平均增长速度则分别3.01%、9.30%、－5.04%、12.67%，分别比改革开放初期7年低2.33、1.40、9.44、0.01个百分点，大大低于改革开放初期。与此同时，新的原材料、设备不断涌现出来，促进了生产资料市场的结构调整向多规格品种、优质、高效、高科技化的方向发展，特别是投资类机电产品的增长更为迅速，计算机、通讯设备和自控装置等是目前生产资料市场最活跃的领域。

主要生产资料资源与使用情况

	资源量			使用量			供需差率%	
	1978年	1994年	94年比78年增长(%)	1978年	1994年	97年比78年增长(%)	1978年	1994年
煤炭(万吨)	*62214.0	124112.0	99.49	*61641.5	122240.0	98.31	-0.92	-1.51
钢材(万吨)	3037.0	10713.0	252.75	2446.0	10730.0	338.67	-19.46	1.59
水泥(万吨)	6589.0	42322.0	542.31	6056.0	41471.0	584.79	-8.09	-2.01
木材(万立方米)	4575.0	6346.0	38.71	4571.0	6382.0	39.62	-0.09	0.57
石油(万吨)	*10677.3	17511.5	64.01	*10421.7	17336.2	66.35	-2.39	-1.00
生铁(万吨)	3617.0	9722.0	168.79	3382.0	9701.6	186.86	-6.50	-0.21
烧碱(万吨)	175.9	431.7	145.42	161.8	428.2	164.65	-8.02	-0.81
纯碱(万吨)	162.2	591.5	264.67	150.7	568.2	277.04	-7.09	-3.94

* 为1980年数据

主要生产资料消费规模变化

	消费量				平均增长速度(%)		
	1978年	1985年	1988年	19955年	78~85年	85~88年	88~95年
煤炭(万吨)	56564	81416	102555	126200.0	5.34	8.00	3.01
钢材(万吨)	2446	4983	5087	9481	10.70	0.69	9.30
木材(万立方米)	5471	6181	5736	3994	4.40	-2.46	-5.04
水泥(万吨)	6056	13960	19037	43880	12.68	10.89	12.67

十一、居民消费结构变化明显，向多层次、多样化、高档次方向发展

在市场商品日益丰富和品种结构得到改善的同时，居民消费结构出现较为深刻的变化，消费出现多层次、多样化的倾向，消费档次不断提高，消费需求正向较高层次发展。

(一) 居民消费结构变化明显 随着城乡居民货币收的增长和购买力水平的提高，市场有效需求强劲，城乡居民消费水平不断提高，居民消费结构发生了根本性的变化。1978~1994年16年间，城乡居民家庭平均每人全年生活消费支出中，食品类支出比重由60.28%下降到52.25%，其中主食类支出比重由22.74%下降到11.46%，副食及其他食品类支出比重由34.04%上升到35.66%；衣着类支出比重由13.34%下降到11.91%；而住房类支出比重比5.19%上升到8.67%；家庭设备用品及服务类、交通通讯类、文教娱乐用品及服务类、医疗保健类的支出比重分别从6.12%、3.64%、3.49%、0.73%上升到7.93%、4.05%、8.42%、2.97%。具体情况见下表。

城乡居民家庭人均全年生活消费支出

单位：元

	农村				城镇			
	1978年		1994年		1978年		1994年	
	绝对数	比重	绝对数	比重	绝对数	比重	绝对数	比重
生活消费支出合计	116.06	100.00	1016.81	100.00	311.16	100.00	2851.34	100.00
一、食品类	78.59	67.71	598.47	58.86	178.92	57.50	1422.49	49.89
1. 主食	51.33	44.23	241.44	23.74	45.80	14.72	201.97	7.08
2. 副食及其他食品	27.26	23.49	332.02	32.65	118.08	37.95	1047.30	36.73

续表

	农村				城镇			
	1978年		1994年		1978年		1994年	
	绝对数	比重	绝对数	比重	绝对数	比重	绝对数	比重
二、衣着类	14.74	12.70	70.32	6.92	42.26	13.58	390.38	13.69
三、家庭设备用品及服务	—	—	55.46	5.45	26.14	8.40	251.42	8.82
四、居住	11.95	10.30	142.34	14.00	10.21	3.28	193.16	6.77
五、医疗保健	—	—	32.07	3.15	3.11	1.00	82.89	2.91
六、交通通讯	10.78	9.29	24.02	2.36	4.79	1.54	132.68	4.65
七、文教娱乐用品及服务	—	—	75.11	7.39	14.90	4.79	250.75	8.79

(二) 居民消费质量不断提高，向高档次、多样化方向发展 改革开放以来，居民消费行为从追求数量向追求内在质量转变，从低层次的满足向高层次追求发展，消费质量不断提高，居民不在满足“温饱”，而向“小康”迈进。

从居民家庭耐用消费品的拥有量看，1995年底农村居民家庭平均每百户耐用消费品的拥有量为：电视机80.73台，洗衣机16.81台，自行车148.80辆，收录机30.87台，大型家具695.41件，人均住房面积21.01平方米，均比改革开放初期有较大幅度增长(具体情况见下表)，同时一大批家庭高档耐用消费品也开始步入农家门，1995年农村平均每百户彩电、电冰箱、摩托车拥有量分别达到16.92台、5.15台、4.88辆，农村消费的城市化趋向日益明显。

1995年底城镇居民家庭平均每百户耐用消费品拥有量为：彩色电视机89.79台，电冰箱66.22台，洗衣机88.97台，收录机72.83台，人均居住面积8.00平方米，比改革开放初期也有了较大的发展(具体情况见下表)。与此同时，电话、摄像机、高级单响等一批高档消费品也已进普通居民家庭。

城乡居民平均每百户耐用消费品年底拥有量

	农村				城镇			
	1978年	1985年	1990年	1995年	1981年	1985年	1990年	1995年
自行车(辆)	30.73	80.64	118.33	148.80	135.90	152.27	188.59	194.26
电视机(台)	—	11.74	44.44	80.73	57.65	84.07	111.40	117.76
其中：彩色电视机	—	0.80	4.72	16.92	0.59	17.21	59.04	89.79
电冰箱(台)	—	0.06	1.22	5.15	0.22	6.58	45.33	66.22
收录机(台)	—	4.33	17.83	30.87	12.97	41.16	69.75	72.83
摩托车(辆)	—	—	0.89	4.88	—	1.04	1.94	6.29
*家具(件)	—	217.53	298.34	695.41	—	—	19.29	46.23
洗衣机(台)	—	1.90	9.12	16.81	6.31	48.29	73.41	88.97
组合音响(台)	—	—	—	—	—	—	—	10.52
人均居住面积(平方米)	8.10	14.70	17.83	21.01	3.60	5.20	6.70	8.00

* 农村指大型家具，城镇指组合家具。

从吃的方面看，已由从单纯的生存需要向营养、保健多样化方向发展，适应现代生活节奏的方便、快捷、营养、保健、礼品性、功能性食品消费旺盛。从穿的方面看，已从保暖、实用向舒适、美观方向发展，对衣着的需求主要讲究新颖、时尚、美化、个性化。从用的方面看，对日用品主要追求新型、高档、方便、同时大屏幕彩电、进口录像机、影蝶机等已步入平常百姓家。

(三) 居民消费需求层次正向较高阶段转变 据统计，城镇居民生活费支出中，购买商品支出的比重已由1985年的92.32％降为1994年的84.30％，预计这一比重将进一步下降到60％左右；非商品性支出的比重由7.68％上升到16.70％。这一显著变化表明，随着居民收入水平的提高、消费观念的转变，人们将把增加的收入更多地用于文化、旅游、生活、服务等方面的消费及教育、股票、债券等非商品方面的支出，消费需求正向较高层次发展。

在农村，农村居民消费城市化的趋势日益明显，自给型消费结构进一步向商品性消费结构转化。在农村居民生活费支出中，自给型消费的比重从1978年的59.0％下降到1994年的36.3％，商品性支出比重则由41.0％以上升到63.7％，自给消费与商品性消费比例由正“六四”变为倒“六四”。

(四) 消费热点不断变换 在居民消费结构变化深刻之时，居民消费领域不断扩大，一般家庭耐用消费品已日益饱和，一些新兴的商品已成为市场消费热点，并向较高层次转化。六、七十年代领导消费市场的是自行车、手表、缝纫机等老“三大件”耐用消费品，并成为这个时期居民消费的热点；八十年代居民消费对象开始倾向彩色电视机、电冰箱、洗衣机“三大件”耐用消费品；九十年代居民消费热点转向电话、空调、录像机、高级音响，构成了这一时期居民消费的主流；预计今后新的消费热点将向以私人轿车、商品房、家用电脑为主体的新“三大件”的方向发展。

改革开放以来，我国流通领域取得了令人瞩目的成就，市场结构也显示出令人欣喜的变化，正朝着符合社会主义市场经济需要的、全国统一开放、竞争有序的商品流通市场体系发展。但同时我们应该清醒认识到，由于我国旧的经济体制刚刚打破，新的体制刚刚建立，尚未完善，同时社会主义初级阶段生产力发展水平比较低而且发展不平衡，受其影响，我国商品市场结构性偏斜问题比较严重，商品流通领域仍然存在一些亟待研究和解决的问题。对于商品市场发展及结构方面存在的问题，将作为本文的续篇，进一步论述。

(作者所在单位：国家统计局企业调查总队)

农业产业化：市场经济下农业兴旺发达之路

陈吉元

近年来，农业产业化问题的提出，越来越引起国内外的广泛关注。其实，作为市场经济条件下发展农业的一种生产经营组织形式，在我国农业改革的实践中，自80年代以来，在一些地区早以多样化形式不同程度地出现。特别是在一些由计划经济向市场经济转轨较早的地区，例如山东潍坊，在实行家庭联产承包责任制和乡镇企业异军突起之后，对进一步如何发展商品经济、发家致富，在重重矛盾之中坚持不懈地向前摸索，继发展多种经营，又组织了“商品经济大合唱”，建立了农工商总公司，以协调、解决集体和个人、“条条”和“块块”以及“条条”相互之间矛盾，为解决向市场经济转轨过程中面临的新矛盾作出了可贵的尝试。“群众是真正的英雄”、“理论来源于实践”，在山东潍坊和其他一些地区，广大农民群众和农村干部依据实践经验，陆续提出了“公司＋农户”、“贸工农一体化”、“产加销一条龙”，勾划出了农业产业化的雏形。通过大胆实践，不断总结，山东潍坊于1992年正式提出了“农业产业化”。现在，农业产业化这一概念已被党和政府的有关文件所采纳，有的中央领导同志还专门著文加以论述。

但是，迄今为止，对农业产业化这一提法还有不同认识。有的外国朋友表示不清楚这一概念的含义，因为在英语词汇中“产业”与“工业”是一个字，“产业化”也可称作“工业化”。国内理论界也有人对农业产业化一词持有异议，理由是“农业作为第一产业，已是一门‘产业’了，没有必要再提‘产业化’。我认为，农业产业化这一概念确有同义反复之弊，可是如果考虑到它是农民群众对农业改革和发展新经验的总结概括，而且已为越来越多的人们所接受并取得共识，那么就不要轻易废弃农业产业化这一已为人们所约定俗成的概念。我们有责任对农业产业化概念的内涵给予科学的界定，并从理论与实践的结合上对农业产业化这一市场经济下发展农业的必由和有效之路加以系统论述。

一、农村市场经济发展的必由之路

农业产业化不是“能人”头脑中“想”出来的，也不是“理论家”的生花之笔“写”出来的，而是农村经济发展和向市场经济转轨面临的一系列矛盾“逼”出来的，换句话说，是要解决农村经济发展进程中的种种难题的迫切需要，推动人们走上了农业产业化这条道路。可以说，农业产业化的提出体现了经济发展的客观必然性，是广大农民群众适应市场经济下农村经济发展规律要求的又一伟大创造。

首先，是广大农民进入市场的需要 长期生活在社会主义计划经济下的农民不可能自发地进入市场经济，而需要引导、推动和组织，以克服难以避免的自然风险和市场风险。自从我国农村经济改革以来，随着由传统农业向现代农业转变，特别是由自给、半自给经济向商品经济转变，不同农产品的“买难”、“卖难”情况在不同地域、不同时间交替、反复地出现。一时间，抢购羊毛、苎麻、蚕茧等农产品“大战”烽烟四起；一时间，大白菜、蒜苔、辣椒等农产品滞销、腐烂、变质，导致农民蒙受重大损失而要求党和政府给予解决的“事件”，一波未平，一波又起。在北方要动员群众吃“爱国白菜”，而在海南则要动员人们吃“爱岛菠萝”、“爱岛香蕉”。在九十年代初计划经济向市场经济全面转轨之后，抢购“大战”和“卖难”事件仍继续时有发生，而且由于流通不畅，政出多门，逆向调节，近年来，某些农产品买难、卖难还有愈演愈烈之势。我国现阶段时有发生的买难、卖难这一表象是我国农村亿万分散的小生产与千变万化大市场这一矛盾的集中体现。与家庭联产承包责任制相适应的生产经营组织形式是一家一户的小生产，势单力薄的小生产不仅难以抗御自然风险，而且也难以抗御市场风险。如果任凭小生产受自然力和市场力的摆布，他们或者会在自然灾害面前遭灭顶之灾，或者将在商品转变为货币的“惊险的一跳”中“摔坏”，农业生产的大起大落，并进而导致国民经济全局混乱的局面将难以避免。如何解决小生产与大市场的矛盾，如何引导农民进入市场，如何保证农业生产的稳定发展，人们在实践中各种矛盾的撞击下，逐步明确了农业产业化的方向。

其次，是提高农业经济效益的需要　现阶段我国农业经济效益不高，比较利益低下，城乡居民收入水平和消费水平的差距日益拉大，严重影响农民务农的积极性，这是当前制约我国农业发展的深层次矛盾。农业效益的高低取决于多种因素，概括说，主要是农业政策、农业投入以及科技在农业中的运用。如果对这些因素进一步细分和具体化，除了农产品价格水平及其与工业品的比价关系这一影响农业比较利益高低的重要因素，农业生产经营规模，农业专业化分工状况，以及农业生产、加工、流通诸环节的相互关系等因素，都对农业效益有直接、重要的影响。然而在现实经济生活中，各个地方和广大农民群众对价格政策的制定有建议权而无决策权，国家对农业的投入份额取决于中央的战略决策，至于科技在农业中的运用程度也主要决定于国家对农业的投入状况。可是，提高农业效益是农民的迫切要求，关系着他们有没有务农积极性以及积极性的高低，直接影响着现阶段作为农业投入主体的农民是否愿意向农业投入以及投入的多少。现在，农民积极性和农业效益紧密相连、相互作用，农业效益低导致农民积极性不高，而积极性不高又使农民减少对农业的投入，从而更进一步降低了农业效益。如何打断这一恶性循环的链条，就成了当前农村经济工作中必须紧紧抓住的中心环节。随着农村经济改革的不断深化，在一些地区逐步摸索到了政策允许、而干部和群众又力所能及的范围内可以做而又能够做到的事，包括逐步扩大农业生产经营规模，加强农业生产、加工、流通等环节的内在有机联系，即现在纳入农业产业化的一些内容。

再次，是转移为数众多的农业剩余劳动力的需要　同其他一些国家和地区相比较，我国农业剩余劳动力数量特别庞大，农业生产经营规模特别细小。1995年，虽然农村非农产业从业人数已达到12200万人，但农业劳动力仍约有3.2亿人，其中从事种植业的劳动力约为3亿人。”在目前农业劳动力中，“约1/3属剩余劳动力，绝对量为1.2亿人。”我国现阶段每一农户的生产经营规模，大约只有7～8亩，即半公顷左右，这样的规模不用说不能与澳洲、美洲、欧洲一些国家相比，就是与人多地少的日本、韩国和台湾省每一农户1～2公顷的生产经营规模相比也相差甚远。生产经营规模细小同样影响着农业效益与比较利益的提高。就农业自身的收益来说，由于庞大数量的劳动力堆集在有限的土地上，“两个人的饭三个人吃”，农业劳动生产率和农民收入是难以迅速、大幅度提高的。同时，还要看到，不同地区之间居民收入差距拉大，其实质主要不是由于农业发展水平的差距，而主要是由于各地农村劳动力从事非农产业的数量不同，非农产业发展的规模不同。因此，把农业剩余劳动力转移出去从事非农产业，扩大非农产业的规模，就成为提高农业比较收益，提高农民收入，从根本上调动农民积极性又一刻不容缓需要解决的任务。而这也是走农业产业化所要解决也可能解决的又一重大问题。

二、科学界定农业产业化的内涵

近年来在一些报刊上论述农业产业化的文章如雨后春笋，对农业产业化的内涵作了这样那样的阐述。我涉猎所及，关于农业产业化就有如下一些定义：

第一，“什么是农业产业化？”“它是以国内外市场为导向，以提高经济效益为中心，对当地农业的支柱产业和主导产品，实行区域化布局、专业化生产、一体化经营、社会化服务、企业化管理，把产供销、贸工农、经科教紧密结合起来，形成一条龙的经营体制。”“简言之，改造传统的自给半自给的农业和农村经济，和市场接轨，在家庭经营的基础上，逐步实现农业生产的专业化、商品化和社会化。”

第二，“农业产业化的基本含义是：在市场经济条件下，通过将农业生产的产前、产中、产后诸环节整合为一个完整的产业系统，实现种养加、产供销、贸工农一体化经营，提高农业的增值能力和比较效益，形成自我积累、自我发展的良性循环的发展机制。在实践中它表现为生产专业化、布局区域化、经营一体化、服务社会化、管理企业化的特征。”

第三，农业产业化是“以市场为导向，以效益为中心，优化组合各种生产要素，对农业和农村经济实行区域化布局、专业化生产、一体化经营、社会化服务，形成以市场为龙头，龙头带基点，基地连农户，集种养加，产供销、内外贸、农科教为一体的经济管理体制和运行机制。”

第四，“按产业来组织和发展农业，即农业产业化。”

第五，“对于农业产业化的含义，可以从不同的角度来理解、概括。从最一般意义上，农业产业化就是以市场经济为导向的农业现代化。”

第六，“农业产业化即农业的工厂化生产。这好象是国外的一种理论，可中国目前的农业尚不到这个阶段。具有中国特色的农业产业化正在实践中，它是动态的行动，但见诸于大众传媒中，还是让大众易看懂和听得明白为好。”

第七，“农业产业化是在更大范围内和更高层次上实现农业资源的优化配置和生产要素的重新组合。”“农业产业化只有在市场化和集约化这两个前提下才能得以顺利进行。”

第八，“农业产业化，目前较严谨的说法说是‘农业产业系列化’。就是把一个农产品开拓为一个系列，使农业成为包括种值、养殖加工、流通在内的完整的产业系列。”

从以上辑录的有关农业产业化内涵的界定、阐释可以看出，人们对农业产业化规定性的认识大体是一致的，但强调的重点又有所不同。之所以用了较多篇幅集中介绍上述定义，主要是为了让读者便于了解、把握我国当前对农业产业化的各种观点，同时也为了通过对上述定义的评述来阐释我对农业产业化内涵的界定。

关于农业产业化上述定义中有一些认识是共同的，包括：(一) 以市场为导向；(二) 按产业系列组织农业生产；(三) 通过生产要素重组提高农业效益；(四) 提高农业的专业化、集约化、企业化或工厂化水平。

不言而谕，上述定义也有这样那样的差异，强调的侧重点各有不同，内容的繁简也相距甚远，至于表达定义的风格有的更理论化，有的则更通俗化。

我认为，农业产业化作为市场经济下发展农业经验的理论概括，同其他经济学概念一样，要对其内涵给予科学界定，需要提出以下要求：(一) 揭示其最本质的内涵或特征；(二) 要尽可能删繁就简，不能把相关的一切内容都不加区分地囊括其中；(三) 不能为通俗化而有意回避有特定涵义的经济学概念。

依据上述观点，我认为可以把农业产业化界定为市场化、社会化、集约化的农业。所谓市场化农业，就是要以市场为导向，依据市场的需要调整农业的产业结构及其产量。所谓社会化农业，依据社会化概念的内涵，即“分散的、互不联系的个别生产过程转变为互相联系的社会生产过程”，建立社会化农业就要求逐步扩大农业的生产经营规模，实行农业生产的专业化分工，以及加强农业生产、加工和流通等再生产诸环节的内在有机联系，直至达到一体化。至于所谓集约化的农业，则是相对于粗放农业而言的，包括要求有更多的资金、技术和科学的投入，通过结构优化、技术进步和实施科学管理，提高农业经济效益。因此，实行农业产业化，是同由计划经济体制向市场经济体制转变、由粗放增长方式向集约增长方式转变的总要求完全一致的，既包括生产关系的调整，也包括生产力水平的提高。

三、农业产业化的组织形式

农业产业化在我国广大农村的实践，内容丰富，形式多样。概括说来，主要有以下几种类型：

第一，公司加农户 这里起“龙头”作用的可以是公司，也可以是企业。它们通过合同契约关系与广大农民结成产加销一体化的经济实体，利益共享，风险共担，公司加农户这种组织形式，在各地出现较早，同时有较普遍的发展，在种植业、养殖业中广为流行。一年多来，我国大型工商企业也开始进入农业，作为内联千家万户、外接国内外大市场的“龙头”，成为我国农业乃至整个国民经济发展的新“热点”，日益引起人们的关注。

第二，合作经济组织加农户 这里的合作经济组织可以是以社区性合作组织为依托，可以是以供销社组织为依托，也可以是以乡村经济技术服务实体为依托。合作经济组织主要通过服务的纽带，联系、团结广大农民群众，建立、形成种养加、产供销、贸工农一体化的新的生产格局。合作经济组织能否当好引导农民进入市场的桥梁，关键在于建立和完善农业社会服务体系，做好为农业、农村和农民的服务工作，真正办成农民自己的合作经济组织。

第三，农村专业技术协会加农户 八十年代以来，农村专业技术协会或研究会蓬勃发展，去年年底已发展到13万个，会员农户达500万户，占全国农户总数的20%左右。现已正式成立中国农村专业技术协会。农技协涉及的领域从种植、养殖到加工、服务各个方面，已达140多个门类。农技协对农户提供从科技信息、生产资料、管理技术直到运输销售的全过程、全方位服务，引导农民稳步进入市场。

第四，农场加农户 这一模式的表述并不确切，因为农场在这里已不是对农户起引导作用的“龙头”，而是由若干农户组成的经济实体，只是为了便于同上述三种类型比较，对这一模式也采用了上述的表达方式。在我国各地建立的农场也差异甚大，有村办、乡办乃至县办的集体农场，由农民自行组织的股份合作制农场，也有一些由能人、大户带头、雇佣长工和临时工所组建的私人农场。

第五，专业批发市场加农户 专业批发市场作为经济实体，可以引导所在地区的农户，以及市场辐射作用覆盖地区的农户，按照市场需要调整产业结构，及时提供质量合格、数量足够的农产品。同时，专业批发市场要做好农业产前、产中、产后服务，包括提供市场信息、优良种子和农用生产资料，做好生产技术服务等。

虽然农业产业化上述五种类型形式多样，但就其实质来说则有以下共同点：(一) 所有“龙头”都对农户发挥了引导、组织、服务的功能，推动农民由计划经济体制向市场经济体制转轨；(二) 把农业生产、农产品加工和农产品流通诸环节内在地、有机地结合起来；(三)“龙头”与农户几乎都结成了经济利益共同体。

同时，农业产业化上述五种形式的差别也是明显的。(一) 除了农场把农户内在地结为一体，其他几种类型，“龙头”与农户都只是一种外在的结合关系；(二) 有的类型是产、加、销诸环节的全面结合，有的类型偏重于生产过程的结合，有的类型则偏重于流通过程的结合；(三)“龙头”与农户作为经济利益共同体，在不同类型之间，甚至在同一类型内部，“龙头”与农户的利益关系有的紧密、直接一些，而有的则松散、间接一些；(四) 从社会经济属性来看，上述类型也存在差异，特别就农场来说，有集体农场，有股份合作制农场，也有私人农场。

在我国农村经济改革与发展的实践中，出现多样化的农业产业化类型，是完全符合事物发展规律的。农业产业化作为农民群众的一种伟大的创造，由于各地自然的、历史的、社会的、经济条件的巨大差别，出现多样化的形式是一件大好事，与自上而下、靠行政命令推行一种模式相比，多样化更有利于发挥群众的创造精神，也更符合各地的实际，因而也能更有效地推动各地经济的发展。这里需要特别强调的是，不要过早地肯定农业产业化的某一种类型，自封为真正的“龙头”，更不要过早宣布某一种社会经济属性的组织形式代表前进的方向，在一个相当长的历史时期内，应允许多样化的组织形式的存在，通过实践和经验的总结，再逐步规范化。即使今后需要对农业产业化多样化类型加以规范化，考虑到中国辐员辽阔和地区的极大差异性，社会经济形式在本质相同的大前提下，多样化将长期存在，农业产业化也不会例外。

四、农业产业化是实现农业两大战略目标的有效途径

农业产业化既是今后我国农业改革的方向，又是农业发展的方向，是增加农产品供给和提高农民收入的有效途径。这已为我国一些省区走农业产业化之路所取得的丰硕成果所证明。

山东省自1993年实施农业产业化战略以来，全省农业“龙头”企业已发展到1.3万个，连接700万个农户，带动基地5500多万亩，全省已确立起18个主导产业。实施农业产业化，推动山东农业实现了新突破，农村经济全面增长，1995年粮食总产达到4245万吨，人均占有粮食达到480公斤，均创历史最高水平。肉蛋奶、水产品、果品、蔬菜等产量也大幅度增加。过去农民只能得到生产环节的收益，实行农业产业化，还可从农产品加工增加值和流通利润中分享一部分。例如，山东潍坊绝大部分龙头企业都要将经营利润的50％返还给农民，这一点明确写入农户与“龙头”企业签订的契约之中。这就能够可靠地增加农民收入，极大地调动农民积极性。1995年山东农民人均纯收入为1650元，较1994年增加330元，是近年来增幅最大的一年。

黑龙江省已经提出，要通过实施农业产业化战略变农业大省为农业强省。该省尽管农副产品资源异常丰富，但由于农副产业加工滞后，流通不畅，资源优势远未转化为经济优势。近年来积极实施农业产业化战略，各地对主导产业和主导产品实行专业化生产、规模化经营，产供销一起发展，收到了显著成效。绥化、松花江等粮食主产区，大上农副产品加工项目，例如肇东市以玉米为主导产业，对玉米粒、玉米瓤、玉米秆进行加工，1995年全市玉米综合收入达到17.6亿多元，比1993年全市农业总收入还高出26.7％，玉米增值由现行的国家定购价每公斤0.66元提高到3.92元，农民人均增收930多元。黑龙江畜牧业也实行产业化布局，对畜产品实施系列开发，带动了畜牧业的大发展。如双城雀巢公司投资4.3亿元，日处理鲜奶530多吨，带动了全市27个乡镇和附近市县乡镇奶牛饲养业的发展。现在黑龙江经济作物也开始向产业化方向发展，亚麻、甜菜等经济作物加工企业增多，市场竞争能力增强。

海南省近年来以市场为导向发展现代农业所取得的明显成效，也为肯定农业产业化方向提供了有力的佐证。虽然海南有其得天独厚的地理、气候条件，可是长期以来由于思想观念保守、落后和政策失误，农民却捧着金碗讨饭吃，近年来，海南以市场为导向组织农业生产、加工、流通，抓住反季节瓜菜、热带水果、海淡水养殖几个主导产业，组织规模化经营、专业化生产、贸工农、产加销一体化，同时下大力气解决了运输流通环节严重妨碍农产品市场实现的难点，推动了海南市场农业的大发展，农业比较利益和农民收入大为提高。海南农业从1992年到1994年实现了农业增加值、农业纯收入连续三年以两位数增长，粮食连续三年夺丰收。

上述事实，从正面说明了实施农业产业化战略确实能推动农业大发展，那末如果不实行农业产业化战略则必然会影响农业生产的发展。这里有一个鲜明的实例。山东潍坊有两种传统的出口产品，即肉兔和肉鸡。早在1975年，潍坊肉兔出口量就达到4268万吨，肉鸡1536万吨，20年之后，肉兔出口量下降到原来的1/3，而肉鸡出口量却增加20倍。其主要原因就在于家兔饲养基本还是以农户纯自然状态的散养为主，没有形成产业，外贸部门只到市场上收购，而对肉兔生产不闻不问。而肉鸡业的大发展则是在“龙头”企业带动下，把肉鸡生产纳入了产业化的体系之中。

近年来党和政府反复强调农业的重要性，同时也尽可能采取了一些支持、加强农业的措施。但是，考虑到我国财政支出的全面状况，特别是国有企业亏损严重的问题仍远未解决，因此，现阶段指望国家拿出更多的资金投入农业来提高农业的比较利益和农民收入，是不现实的。虽然在一些乡镇企业比较发达的地区和地方国有企业效益较好的地区，可以从各自的实际出发创造以工补农、以工建农的小气候，但就全国广大农村来看，至少在近期内还没有这种可能。因此，在我国现阶段，增加农产品的有效供给和提高农民收入的预期目标，主要应通过实施农业产业化战略来实现，通过农业内部结构的重新调整和农村制度的创新，使我国的农业发展步入良性循环的轨道。

不言而谕，在实施农业产业化战略中，国家给予扶持、支持是必不可少的。现在国家从财政、金融方面支持农业产业化的政策已经拟定，有关措施正逐步到位。国务院有关部门决定，从1995年起，把支持农业产业化发展作为当年和“九五”财政支农工作的重点，中央财政支持的第一批产业化项目的资金已经到位。中央财政支持农业产业化发展项目选择的基本原则是以中西部地区和粮棉大省为主，并兼顾东部地区和非粮棉大省。中国农业银行也已经决定，在今后一段时间将把支持农业产业化有形的、最重要的经营方式即贸工农一体化经营，作为支持农业经济发展的工作重点。1996年这项工作将是农业银行系统支农工作的重中之重。

在我国广大农村，农业产业化这一新的生产经营方式方兴未艾，沿着这条路坚定不移地走下去，我国农业乃至整个国民经济的兴旺发达是确定无疑的。

(作者所在单位：中国社会科学院农村发展研究所)

论共同富裕

罗涵先

允许一部分地区、一部分人先富裕起来，最后达到共同富裕的战略思想，现已成为人们的共识。究竟什么是共同富裕，怎样实现共同富裕，却并不是一个人人共识的问题，本文试图对这个问题提出一些看法。

共同富裕这一概念，最初是针对中国农村而言，但实际上，随着经济社会的发展和人们认识的扩展，这一思想已经成为针对全社会而言的一种期望和要求。富裕是相对于贫困而言的，所以认识虽然已经扩展，但在实际上，人们关注的重点主要还是农村。例如“贫困地区”这个概念，实际上就是指着农村贫困地区，“扶贫”实际上也是指着扶持农村贫困居民。这是长期以来城乡经济差别所带来的客观事实。但若涉及“共同富裕”的内涵，就比较复杂了。本文作者认为，共同富裕作为一个整体概念，它的内涵比较丰富，决不能简单化地只看人均收入指标。它的涵面要广阔得多。如不把这个问题弄清楚，就难以制定更为系统的政策和更为完整的战略。本文作者认为，共同富裕应该包括三个方面的内容，即一，经济上的富裕；二，社会上的富裕；三，文化上的富裕。

一、经济上的共同富裕

经济上的共同富裕，涉及三个内容，一是城乡差别；二是地区差别；三是社会阶层的差别。本文着重研究地区间的差别问题。

从地区差别看，在我国东部、中部和西部这三个地区之间，不仅严重存在着经济差别，而且随着改革开放事业的发展，它们的差别程度正在日益扩大，根据国务院有关部门提供的资料，我国中西部地区的土地面积占国土总面积的89.5％，耕地面积占68％，人口占63.1％，水能资源可开发量占全国总量的72.3％，45种主要矿产资源的储量占全国的50％左右，可开发的土地后备资源占全国的70％，西部地区的草原面积占全国的94％，森林资源占全国的51％，煤炭资源占全国的50％，有色金属储量占全国的90％，但中西部的经济总量，却仅占全国经济总量的40％；农村总产值只占全国的36％，中、西部城镇居民人均实际收入，1995年只相当于东部地区的67.9％和69.6，农民人均纯收入只相当于东部地区的60.1％和44％，这些数字表明，我国东、中、西部这三个地区之间的经济差别是相当巨大的。改革开放以来，中西部地区的经济虽有较大的发展，但与东部地区的差距却在发展中越来越大，大致情况是：从国民生产总值看，以西部地区为100，1978年西、中、东之比为100：185：299，到1994年已扩大到100：190：403。从农村社会总产值看，1980年西、中、东之比为100：195：288，到1992年已扩大到100：200：504，从乡镇企业的产值看，1993年全国农村人均占有乡镇企业产值，西部是272元，中部是695元，东部是1976元，西、中、东部之比为100：256：723，1995年全国乡镇企业增加值，西部占5.5%，中部占38.5%，东部占56%，这些数字都表明，在东、中、西三类地区之间，经济差别不仅很大，而且是呈剪刀差式的扩大趋势。

从不同收入层次分组看，1995年收入水平高于1500元的农村居民，有57.3%来自东部地区，同期，在收入低于600元的农村居民中，西部地区占64.1%。

从消费结构看，1995年东部地区农村居民生活消费中吃的部分占55.8%，穿为6.5%，居住为15.2%，用品、服务性支出等为22.5%，同期，中西部农村居民生活消费结构是吃占59.3%和64%，穿为7.3%和7%，居住均低于14%，用品、服务性支出则低于20%，尤其是1995年，西部地区农村居民生活消费的恩格尔系数竟高达64%。

我国东、中、西部地区的经济差别，是历史形成的。主要原因有以下几个方面：

第一、中西部地区虽然资源丰富，但缺少沿海地区交通、电讯设施等方面的方便条件，吸纳国内外资金投入的吸引力较差，加上科技、人才、教育、环境等方面的其它因素，投入与产出的比率在三类地区之间不可比拟，投资者为追求较高的回报率，单纯从经济效益出发，投资首先注入东部地区，是可以理解的。

第二、在政府行为方面，改革开放以来，我们根据一部分地区和一部分人先富起来的政策思想，实施了政策倾斜，加大了对东部地区的投资，以鼓励其先富起来，其必要性在于东部沿海地区(我们习惯地把它称作黄金海岸)在实施对外开放政策中更具有与国际经济接轨的条件。邓小平同志南巡讲话发表以后，东部地区出现了不少特区和经济开发区，这些措施，极大地推动了东部地区的经济发展，收到了政策所预期的积极效果。沿海地区的经济得以持续增长。

第三、乡镇企业是我国社会主义经济中的一支重要力量，自改革开放以来，我国东部地区的乡镇企业神化般地高速增长，其总产值已占全国1/2以上，东部地区乡镇企业之所以能够获得高速发展，主要得力于这一地区资金、技术、人才密集的优势和城市工业的强大幅射能力，这一地区的劳动力素质相对来说也优于中西部地区，这些因素综合起来，就形成了我国工业经济发展中的一个前程远大的经济增长点。相对说来，中西部乡镇企业的发展速度则远远落后于东部地区。

目前，我国三个地区之间的经济差别和其扩大化趋势，已经引起中央的极大关注，被列为九五计划期内的一个重要课题。其主要措施是加大投入，政策优惠。但国家的扶持虽是一个重要方面，仅此仍然是不够的，为此，提出以下意见和建议：

(一) 有组织、有计划地开展东部地区和中西部地区的联合工程 东部地区的大中城市和大中企业应有计划地和中西部的"对手"联合，把中西部地区的资源和东部地区的资金、技术力量结合起来，优势互补，共同发展。

(二) 加大扶贫力度，改变扶贫战略 个人认为，对我国的贫困地区的扶持工作应实施强化一片，改造一片，放弃一片的方针，这是一个较大的战略构思，所谓强化一片，就是通过东中西联合工程和其他措施，把那些有可能改变面貌的贫困地区通过自身努力，外力帮助和国家扶持，促其早日脱贫；所谓改造一片，就是通过国家投入，将其环境因素和交通设施加以改进，(例如京九线的建设)，使其在新的条件下有所转变；所谓放弃一片，就是对那些改造起来难度很大，增加投入也得不偿失的部分贫困地区实施移民，在这一方面，由于农民的安土重迁思想阻碍，难度较大。但可参考宁夏西海固"吊压"移民的成功经验，逐步退耕转移。我国荒地资源很多，几乎各地都有，据笔者亲身调查，许多发达省区和市县，也有不少荒地。在各地政府调查研究和精密筹划下，移民脱贫的战略是完全可以实行，并且十分必要的。

(三) 组织一支扶贫攻坚的自愿突击队 像当年"土改"、"四清"那样，选择优秀青年干部，带技术、带本领在自愿基础上，深入扶贫攻坚第一线，帮助扶贫。这里要特别注意的是突击队要由派出单位和当地政府在后勤上加以支援，不要反而因此而增加贫困地区的经济负担，把好事办成坏事。

在城乡关系方面，我国自建国以来就实行了二元结构的体制，城乡关系始终是在这个体制的范围内运行，这是我国长期的封建社会历史带来的，在旧中国，我国变为半封建殖民地社会，城乡对立不仅严重地限制了农村经济的发展，而且使它成为城市的附庸和残酷剥削的对象。全国解放以后，中国农民在政治上翻了身，经过土地改革，获得了经济上一定程度的改善，但"二元结构"却仍在新的条件下束缚着农村，限制着农村经济的发展。

改革开放以来，城市经济发展很快，尤其是东部地区，由于注入了国外投资，使GDT(国内生产总值)的数额有了很大提高，这就使城乡差异进一步扩大化，据统计，从1985年到1995年，城乡居民人均收入由685元增加到3893元，农村居民人均收入从398元增加到1577.7元，城乡居民收入比由1.72：1扩大到2.47：1。同期，从1985年到1995年，城乡居民人均消费由80元增加到5944元，农村居民由347元增加到1479元，城乡比由2.31：1扩大到3.41：1。再从市场销售情况看，城镇居民人均社会消费品零售总额由1985年的712.52元增加到1995年的3331.84元，农村居民人均社会消费品零售总额由249.32元增加到1035.54元，城乡比由2.86：1扩大到3.22：1。另从人均储蓄存款情况看，1985年城镇居民人均储蓄存款额为421.54元，1995年增加到6671.6元，同期农村居民人均储蓄存款额由69.94元增加到720.86元，城乡比由6.03：1扩大到9.26：1，如果加上手持货币数量，则扩大化情况更甚于此。

形成城乡差别扩大化的原因是多方面的，除前述的城市经济中有大量投资注入外，工农业产品的价格剪刀差的扩大也是一个重要因素，建国四十多年来，我国农村经济为工业经济的发展，通过剪刀差提供了为数在1亿元以上的资金。按各国经济发展的规律，城市经济早就应该"反哺"农村经济，但由于五十年代中期直至八十年代以前，我国经济长期在"折腾"中度过，失误严重，本应出现的"反哺"始终未能出现。八十年代以后，我们在投资上明显地重工轻农，"八五"时期，我国农业投资年均增长速度仅为17.8％，比全社会固定资产平均增长速度37.7％低了二十个百分点。

广大农民在此情况下先后创造了两个"震憾性"的新事物，一是乡镇企业，二是"农业产业化"，前景是乐观的。但人口过速增长，农村剩余劳动力大量增加，又成为巨大的"冲减"因素。上述情况急迫地要求政府采取重大政策来扭转局面。其中最重要的是废除战略思想的"二元结构"的和实行财政信贷政策上的改弦易张。

在这里，有必要指出，城乡之间的差别虽然很大，但这决不是说，城镇人口中没有贫困问题。相反，象世界各国一样，城镇贫困人口由于各种原因，总是有的。我国城镇贫困人口，其数量当然不能和农村相比，(农村贫困人口约占全国贫困人口的85％以上)。但城镇贫困人口数量虽少，社会影响却很大，尤其在特大城市中，城市贫困人口的存在，还会在国际上产生影响。所以必须加以重视。

在城镇人口中如何确定贫困？这个贫困线应该定在什么水平上，这里，我们用用比较通行的方法来说明。联合国粮农组织提出了一个依据恩格尔系数来划分贫困与不贫困的标准，即恩格尔系数在39％以下的为富裕，40％～49％的为小康，50％～59％为温饱，60％以上为勉强糊口。恩格尔系数是指一个人在基本生活消费即吃的部分占收入的比重，按此计算，我国城乡人口的恩格尔系数为60％，参考按城市人口最低生活费支出的实际状况，有关部门按标准家庭人口(三人)作了测算，把贫困线定为年人均1800元，即用人均150元，在这个线以下的，我们把它称作城镇贫困人口。这是一个比较苛刻的估算。按此估算，全国城镇贫困人口约为2500万人，660万户。据统计部门提供的资料，按全国六个大区来计算，其贫困率如下：

地区	包括省、地区	户贫困率(％)	人贫困率(％)
西北	新疆、宁夏、陕西、甘肃、青海	12.9	14.8
东北	辽宁、吉林、黑龙江	12.8	14.6
华北	北京、天津、河北、山西、内蒙古	9.1	10.6
西南	云南、贵州、四川	6.6	7.6
中南	广西、海南、湖北、湖南、河南、广东	5.0	5.7
华东	上海、江苏、浙江、福建、山东、安徽、江西	3.7	4.2
全国		7.6	8.6

上述城镇贫困人口的贫困程度有以下特征：

(1) 收入较少，难以维持基本生活需求；(2) 消费水平低，质量很差，在消费性支出中，吃、穿、用等八大类消费水平比平均水平低50％左右；(3) 营养与健康水平差。

城镇贫困人口形成的原因，是多方面的，情况十分复杂。

(1) 户主失业或家庭人口中有人失业；(2) 户主生病或家庭人口中有人生了大病；(3) 户主为残疾人；(4) 市场物价提高后，户主小本经营收入不能维持最低生活；(5) 所在企业亏本，长期发不出工资，只能拿到最低生活费；(6) 家庭人口多，家内就业人员少，造成负担太重。

解决城镇贫困的途径，要通过调查研究，掌握具体情况，了解致贫原因，然后才能分别处理。主要是发展三产，介绍职业，必要的社会救挤。

有人提出，对有劳动力的贫困人口，可以在保留城市户口的前提下，鼓励其到城郊或农村去进行土地开发或发展饲养业，当地政府可以适当给予贷款，加以扶持，这不失为一种可行的办法。

从根本上说，要广开就业门路，并建立和完善城镇社会保障体系，缓解城镇人口贫困问题。

以上所述，偏重于地区之间和城乡之间的共同富裕问题，至于行业之间，个人之间的问题，涉及产业政策，地域分割，地方保护主义、税收政策与措施等复杂因素，非本文所能包容，当另作讨论，但有一点是必须明确的，经济上的共同富裕绝不是平均主义。平均主义是自然经济下产生的原始和落后的意识形态，必须坚决加以摒除，平均主义与社会主义制度下的共同富裕，毫无任何共同之处。

二、社会上的共同富裕

社会上的共同富裕，是指环境、生态、公共设施(道路、电力煤气供应、图书馆、博物馆、文化馆、信息服务与设施)和社会保障制度。关于这一方面的情况，如不参与“共同富裕”的评价是不科学、不合理的。仅以社会保险一项而言，我国城市居民的社会保险虽已开始起步，但水平极低，在一些大中城市，养老、失业和医疗这三大项，实际上还处于试点阶段，由于过去积累少，底子薄，不能或很少能够真正解决实际问题。虽然如此，开始起步总是好的。

我国社会保障制度方面的问题，除了基础差，积累少，底子薄等方面的原因以外，在筹集方法方面也有缺陷。主要问题是：现行负担办法不能持久保持，必须建立一套适应社会主义市场经济的由国家、企业、个人共同负担的机制，增强企业和全体职工对建立社会保障制度的思想重视，人人参与。要让全社会的人都认识到，吃大锅饭的时代已经过去了，一去不复返了。而要转变观念，转到与市场经济相适应的机制上来。另一问题是随意性大，缺乏立法保证和规范操作，不少地方出现不缴、拖缴社会保险基金分摊定额的情况，难以改变。另外，社会保障制度的管理体制也有缺陷。至今没有一个统一的管理部门，缺乏统一的管理办法，往往是政出多门，朝令夕改，莫衷一是。

当前，解决这一问题的迫切性正在日益增强，国有大中企业的多余职工下岗已成必然趋势。下岗和失业是不同的概念，但在这里，我们不妨把它们作为同一问题来论述。九五期间，我国失业人口和失业率就已可观，请见下表：

	1985年	1990年	1995年
失业人口(万人)	238.5	238.2	520.0
失业率(%)	1.8	2.5	2.9

上述数字是来自劳动部门的资料，据了解，这个数字偏低，实际数字要比这大得多，这是过去的情况，未来的发展是，失业人数将有更大量的增加。国有大中企业下岗人数估计将高达现有职工人数的40%以上。这是一个必须正视的重大问题，一定要妥善解决，主要途径是实行再就业工程和健全、完善社会保障制度。在这一方面，不少地方已有较好的经验，其关键在于思想意识问题，目前城市第三产业尤其是服务行业人员相对不足，可容量很大，但受传统观念影响，许多下岗职工却裹足不前，亟须在全社会进行宣传教育工作，树立正确的就业观念。

上述情况，偏重于城市，而在农村，情况就更复杂。众所周知。我国农村人口占全国人口的绝大部分。他们的社会保障，实际上还处于空白状态。

1992年我国破天荒地开始了农村社会养老保险的举措，但由于体系不健全，复盖面低，实际上是有名无实，广大农民的社会保险，包括医疗、养老、伤残、丧葬等都还是靠农民家庭、父老乡亲、和邻里关系按传统方法解决，在这里，我国传统文化的优势得到了充分的证明。现代社会保险制度在广大农村，还没有建立起来，但时不我待，我国人口老龄化的时期已经悄悄走来，人口老龄化是人类社会发展到一定阶段的必然产物。从全球范围观察，各国经济社会和卫生保健的发展与改进，老年人越来越多，有的国家60岁以上人口已占其全部人口的1/4，下世纪将达到1/3，人的老年期也越来越长，约增20～30年。我国老年人现在已经为数不少;到本世纪末预计将达1.3亿，占那时全部人口的10%。老龄化时期的到来，是对养老问题的严竣而现实的考验。一对夫妇只生一个孩子的政策(这是完全必要并须坚持的)在几年以后就将成为农民家庭担负社会保险义务(特别是养老)的直接挑战，没有社会保险，只有计划生育，这是政策思想构思上的一个缺陷，必须加以解决。有人建议把国家计划生育委员会改组为人口委员会，统管其事，不是没有道理的。

三、文化上的共同富裕

文化上的共同富裕，就是全社会文化水平，其中包括道德水平和文化程度的提高，就其实质来说，就是人的素质的提高。其关键在于教育。

改革开放以来，我国教育事业是有巨大发展的，人口素质也是有所提高的。但各类人才的培养却大大落后于经济形势发展的需要，距离我们在文化上的“共同富裕”还很远很远。尤其是在职职工队伍和劳动力的素质偏低，科技后备力量不足等方面。

其中比较突出的问题是：

(一) 基本义务教育发展不平衡 在很多地方，实际上没有贯彻实行，尤其是贫困地区，更是如此，全国还有相当多的文盲问题没有解决，适龄儿童与少年在校率低，有些地方还发生复盲现象。

应该肯定，建国以来，党和政府对于发展义务教育，扫除文盲是作了不少工作并取得很大成效的。其具体表现是我国的文盲和半文盲的比率已从五十年代初期的80%，降至九十年代的16%，但与国际相比，则落后很多，据联合国教科文组织调查，在全世界15岁以上人口中，文盲人数约为8.9亿，中国是2.29亿，占世界文盲总数的1/4。世界银行1992年度《世界发展报告》中对120个国家的综合发展水平打分，我国人口素质只得23分，居世界排名的第56位。目前，我国小学教育还不能完全普及，在全国学龄儿童中上不了小学的还有10%，上不了初中的还有12%，上学以后又流失的学生人数也很可观。其原因是一是部分地区领导抓得不力，二是受到经费、条件的限制，三是师资不足。这些问题，需要通盘研究，才能得到妥善解决。

必须指出，义务教育即国民基础教育是一个关系国家兴衰的极其重大的问题，一个国家的强盛与衰弱，很大程度上取决于国民的基础教育状况和国民基本素质，二战以后，战败的德国和日本迅速兴起，除当时具体条件下的其它复杂因素以外，重要原因之一就是它们的国民基础教育比较有根底，劳动力素质较高，从而为经济振兴提供了基本条件。我国是战胜国，但由于没有经历过资本主义的发展过程，新民主义历史阶段过于短促，许多应在这一历史时期要做的事情都没有做，全国解放以后，教育部门不仅没有很快地把这问题认真抓起来，而且由于教育部门制订的规划过于草率，盲目性太大，加之缺乏财政支持，致成现在这个局面。在这里，不能不指出，对教育事业的投入不足，是一个长期以来的重大失误，一个时期内“读书无用”“读书越多越蠢”的思想，严重干扰了计划部门决策人员的神经，盲目的无根据的口号提得太多，在教育上所提口号的谬误程度不下于经济上“十五年内超英赶美”的口号一样的贻笑大方。我们现在的问题是要从失误中吸取教训，把头脑清醒起来，做点实际的事情。为此建议:

1. 各级政府和教育主管部门要认真学习《义务教育法》，正确理解义务教育的性质，认识义务教育的平等性、全面性和重大意义。要懂得，义务教育的任务是从根本上提高国民素质。

2. 实现义务教育办学条件的标准化，对办得不好的，要订出改造规划，限期完成。

3. 鼓励民间小学，要做到在政策上允许，在管理上加强，在发展上一视同仁，形成公平竞争的发展机遇。

4. 鼓励华侨在侨乡及其他地方投资办学，给以荣誉和支持。

5. 严厉禁止谋财害“命”的“学店”，并大力制止“贵族学校”，“豪华学校”，保护青少年的健康成长。

6. 在全社会内提倡“尊师重道”，提高小学教师的社会地位。

(二) 接受高等教育人口的比重偏低 一般说来高校在校学生与高校学龄人口(20～24岁)的比率在高收入国家为30%，中等收入国家为15～20%，我国接受高等教育的人口要想达到上述标准，还需要经过若干年的努力。

从科技人才的培养看，1995年我国毕业的硕士研究生人数比1990年减少4382人，减少13.9%。毕业硕士研究生占毕业大学生人数的比重由1990年的5.1下降到3.4%，这说明，有一定研究能力的后备科技人才资源不仅数量不足，而且呈减少趋势。科学家和工程师的比重不仅偏低，而且流失严重。

(三) 中等技术教育队伍人数不能适应经济建设的需要，而且质量偏低 这个问题除增加技术学校和招生人数以外，要依靠大企业和企业集团加强在职人员培训和“继续教育”来解决。

提高人的素质，除了靠教育以外，还要靠广大的社会。这里包括博物馆、文化馆、图书馆、歌剧院、演剧场的建设和社区文化的建设。这是实现文化上的“共同富裕”更广阔的天地，其中尤其是影视和演艺文化，有其发挥特殊作用的有利条件，其特点是普及性、广泛性、因为它深入到千家万户。

总起来说，“共同富裕”这一目标，在党的领导下，经过全国人民的长期奋斗，是一定可以实现的。其关键在于振兴经济，而振兴经济的关键又在于坚持邓小平有中国特色的社会主义思想和改革开放的战略方针，毫不动摇。我们既不能操之过当，急于求成，也不能畏难不前，坐失时机，更不能降低标准，追求形式。这是我们的唯一选择，这就是我们的结论。

我国商品市场存在的结构性问题、成因与建议

蔺涛　戚少成

改革开放以来，我国流通领域取得了令人瞩目的成就，商品市场结构也显示出令人欣喜的变化，正朝着符合社会主义市场经济需要的、全国统一开放、竞争有序的商品流通市场体系发展。但与此同时，我们还应该清醒地看到：第一，我国旧的经济体制刚刚打破，其影响还很深，新的经济体制刚刚建立，尚未完善；第二，我国仍处于社会主义初级阶段，生产力水平还比较低，而且发展不平衡；第三，我国的社会主义商品市场还处于起步阶段。受这些因素影响，我国商品市场结构不合理，偏斜比较严重，商品流通领域仍然存在一些亟待研

究和解决的问题。

一、商品市场存在的结构性问题

(一) 国有经济的市场占有率逐年下降,主导地位逐步削弱 公有制是我国国民经济的主体,国有经济在社会主义市场经济中居主导地位。在我国商品市场中,国有批发零售贸易企业应居主导地位,发挥主渠道作用。改革开放以来,为了适应我国社会主义市场经济和多层次生产力水平的要求,我国商品市场走向了多渠道、多元化经营的方向,加大了流通力度,活跃了市场,促进了经济的发展。但是应该看到,由于受非国有经济特别是个体、私营经济迅猛发展的冲击,由于国有批发零售贸易企业的经营机制、管理机制等不适应市场机制要求,加之产权关系不清、历史包袱沉重诸因素的影响,近几年,国有批发零售贸易企业在多渠道经营中的市场占有率下降较快,如处理不妥,将导致其主导地位的削弱,难以起到调控市场、平抑物价的作用。

从消费品流通领域看,国有经济的社会消费品零售总额比重已从1978年的54.6%下降至1995年的30.0%,平均年降1.4个百分点,而从1990年到1995年则平均年降1.9个百分点;个体经济、其他经济的比重分别从1978年的0.1%、2.0%上升到1995年的30.4%、19.4,平均年升1.8、1.0个百分点,而从1990年到1995年则平均年升2.3、2.0个百分点。目前,个体经济和其他经济的社会消费品零售额占全社会消费品零售总额的比重已接近50%,而且其增长速度也大大高于国有经济的增长速度。具体情况见下表:

社会消费品零售总额分经济类型变化情况

单位: 亿元

	1978年		1985年		1990年		1995年		平均增长速度(%)
	绝对数	比重(%)	绝对数	比重(%)	绝对数	比重(%)	绝对数	比重(%)	
合　　计	1558.6	—	4305.0	—	8300.1	—	20597.9	—	17.84
国有经济	851.0	54.6	1740.0	40.4	3285.9	39.6	6172.2	30.0	13.75
集体经济	674.4	43.3	1600.3	37.2	2631.0	31.7	4069.0	19.8	12.53
个　　体	2.1	0.1	661.0	15.4	1569.6	18.9	6270.6	30.4	62.09
其他经济	31.1	2.0	291.0	6.8	773.3	9.3	4003.5	19.4	34.72

注: 1990年以前是社会商品零售总额,1995年是社会消费品零售总额。平均增长速度按可比口径计算所得。

从生产资料流通领域看,国有生产资料流通企业销售比重下降较快,已从1990年的46.2%下降到1995年的26.7%,特别是国内贸易部物资系统国有生产资料流通企业销售比重下降更快,目前仅占14.0%。集体、私营、个体生产资料流通企业市场份额虽然不大,但其从1990年到1995年平均增长速度高达52.81%,大大高于同期国有生产资料流通企业14.01%的增长速度,增长势头不容忽视。这里我们还应看到,目前有一些小型国有生产资料流通企业实际上已经个体化了。

社会生产资料销售总额分类变化情况

单位: 亿元

	1990年		1994年		1995年		平均增长速度(%)
	绝对数	比重(%)	绝对数	比重(%)	绝对数	比重(%)	
合　　计	8252	—	23500	—	27500	—	27.22
1. 生产企业销售	4275	51.8	15768	67.1	18782	68.3	34.45
2. 国有生产资料流通企业	3812	46.2	6956	29.6	7343	26.7	14.01
#物资系统国有流通企业	2005	24.3	3760	16.0	3850	14.0	13.94
3. 其　　他	165	2.0	776	3.3	1375	5.0	52.81

注: 社会生产资料销售总额是根据有关部门测算结果整理所得。

从国内贸易部系统市场占有率看,商业、粮食、供销社系统在消费品市场的占有率在改革开放以前曾高达95%,目前已降至20%左右;物资系统在生产资料市场的占有率从改革开放初期的近100%,已下降到目前的14.0%。

(二) 城乡商品市场差距依然,农村商品市场发展相对缓慢 改革开放以来,随着城乡经济的不断发展、城乡居民消费水平的提高及消费观念、消费模式的转变，城乡商品市场有了较快发展。但由于城乡经济发展水平的不均衡、城乡居民收入水平的差异和城乡居民消费观念、消费模式的不同，引起城乡商品市场发展的不均衡，十七年来，城乡商品市场的结构比例并没有根本性的改变，差距依然，农村商品市场发展相对缓慢而且不稳定。

对此，我们从城乡零售贸易业销售网点、城乡社会消费品零售额、城乡人均社会消费品零售额等三个方面来加以说明。

1. 农村零售贸易业销售网点的发展速度低于城市零售贸易业销售网点的发展速度　1978年到1995年，全国零售贸易业销售网点从104.8万个增加到1328.7万个，虽呈高速增长，但城乡零售贸易业销售网点增长差距较大。

从销售网点的增长速度看，在这17年里，全国年均增长16.1，其中城市年均增长19.91%，高于全国水平3.8个百分点，农村年均增长14.11%，低于全国水平2.0个百分点，低于城市5.8个百分点。显然农村零售贸易业销售网点增长速度较慢。

从城市与农村零售贸易业销售网点个数之比看，1978年为0.36：1，1994年为0.85：1。城乡零售贸易业网点个数之比越来越接近，这与农村的广大面积和众多人口是越来越不相符的。

2. 城乡社会消费品零售额增长幅度拉大　从1978年到1995年，全国社会消费品零售总额年均增长17.84%，其中城市社会消费品零售额年均增长21.16%，高于全国水平3.32个百分点，而县及县以下社会消费品零售额年均仅增长14.76%，比全国低3.08个，比城市低6.40个百分点。

城乡社会消费品零售额所占全社会消费品零售总额比重的距离加大。在社会消费品零售总额中，1978年城市所占比重为37.48%，县及县以下所占比重为62.52%，高于城市25.04个百分点，而到了1995年，城市所占比重上升到60.15%，县及县以下所占比重下降到39.85%，反而低于城市20.30个百分点。特别是县以下，其社会消费品零售额占社会消费品零售总额的比重不仅没有上升，反而从1978年的32.45%下降到1995年的26.10%，这与拥有近九亿人口的广大农村市场极不相称。

城乡零售贸易业销售网点增长比较

单位：万个

	1978年	1980年	1985年	1990年	1995年	平均增长速度(%)
全国	104.8	146.3	778.3	906.9	1328.7	16.11
城市	27.8	45.4	235.9	333.6	608.6	19.91
农村	77.0	100.9	542.4	573.3	720.1	14.11
城市：农村	0.36：1	0.45：1	0.43：1	0.58：1	0.85：1	—

城乡社会消费品零售额增长变化情况

单位：亿元

	1978年		1990年		1995年		平均增长速度(%)
	绝对数	比重(%)	绝对数	比重(%)	绝对数	比重(%)	
合计	1264.9	—	7250.3	—	20597.9	—	17.84
市	474.1	37.48	3888.6	53.63	12389.1	60.15	21.16
县	380.4	30.07	1337.4	18.45	2832.8	13.75	12.54
县以下	410.4	32.45	2024.3	27.92	5376.0	26.10	16.34

3. 城乡人均社会消费品零售额差距较大　从绝对量上看，1978年城市人均社会消费品零售额433.9元，农村65.4元，城市高于农村368.5元；而得到了1995年，城市人均社会消费品零售额3286.4元，农村1051.6元，城市高于农村2234.8元。

从相对量上看，虽然农村与城市人均社会消费品零售额之比从1978年的15.8%上升到1995年的32.0%，但从发展趋势看，农村与城市的人均社会消费品零售额之比从80年代中后期即开始呈下降趋势，已由1985年的35.0%下降到1995年的32.0%，下降了3个百分点。具体情况见下表：

城乡人均社会消费品零售额增长变化情况

单位：元

	1978年	1980年	1985年	1990年	1994年	1995年
全国	131.4	181.8	359.1	634.1	1357.1	1700.6
城市	433.9	496.5	712.5	1237.1	2660.8	3286.4
农村	65.4	106.0	249.3	417.8	834.3	1051.6
农村为城市的%	15.1	21.3	35.0	33.8	31.4	32.0

(三) 地区间商品市场发展不平衡，差异进一步拉大 改革开放以来，在各地区经济发展的同时，各地区商品市场都有了较快的发展，但商品市场的地区差异非但没有缩小，反而进一步拉大，地区间不平衡的矛盾依然比较突出，三大经济地带间结构不协调更趋严重，西部地区特别是老、少、边、穷地区的商品市场发展更为缓慢。

地区间商品市场发展不平衡，差异进一步拉大主要表现为以下几方面：

1. 地区间批发零售贸易业网点和从业人员分布不均衡 地区间批发零售贸易业网点和从业人员分布不均衡，呈现出东部地区明显高于中部地区，中部地区明显高于西部地区的态势。

从批发零售贸易业网点看1995年在全部批发零售贸易业销售网点中、东部地区所占比重为48.7%，接近二分之一；中部地区所占比重为32.7%，占不到三分之一；而西部地区为18.6，不足五分之一。中、西部地区所占比重之和仅为51.3%，仅比东部地区高2.6个百分点。

从批发零售贸易业从业人员看，1995年在全部批发零售贸易业从业人员中，东部地区所占比重为49.5%，也接近二分之一；中部地区为35.1%，占三分之一略强；西部地区为15.4%，不足六分之一。中、西部地区所占比重之和为50.5%，仅比东部地区高1个百分点。

2. 地区间社会消费品零售额增长速度不平衡 地区间社会消费品零售额增长速度不平衡，一是针对东中西部地区之间社会消费品零售额增长速度相比较而言，二是针对东中西部地区社会消费品零售额占全社会消费品零售总额比重升降而言，三是针对东中西部地区社会消费品零售额增长速度与本地区经济增长速度相比较而言。

1995年批发零售贸易业网点、从业人员分布情况

	销售网点		从业人员	
	个数(万个)	比重(%)	个数(万个)	比重(%)
全　国	1496.1	—	4151.6	—
东部地区	728.9	48.7	2054.9	49.5
中部地区	489.1	32.7	1456.4	35.1
西部地区	278.2	18.6	640.3	15.4

就东中西部地区之间社会消费品零售额增长速度而言，东部地区增长较快，1978年到1995年年均增长速度为19.23%，高于全国平均水平1.39个百分点；中部地区次之，为16.34%；西部地区较慢，为15.95%。中、西部地区年均增长速度分别比东部地区低2.89、3.28个百分点。

就东中西部地区社会消费品零售额占全社会消费品零售总额比重升降而言，东部地区所占比重由1978年的48.7%上升到1995年的59.5%，提高10.8个百分点；同期中部地区所占比重由33.7%下降到27.1%，西部地区所占比重由17.6%下降到13.4%。1995年，中、西部地区社会消费品零售额之和占全社会消费品零售总额的比重仅为40.5%，比东部地区反而低19个百分点。地区间社会消费品零售额增长变化情况见下表：

地区间社会消费品零售额增长变化情况　　单位：亿元

	1978年		1985年		1990年		1995年		平均增长速度(%)			
	绝对数	比重(%)	绝对数	比重(%)	绝对数	比重(%)	绝对数	比重(%)	78～85	85～90	90～95	78～95
全　国	1265	—	3801	—	7250	—	20598	—	17.02	13.78	23.22	17,84
东部地区	616	48.7	1970	51.8	3964	54.7	12256	59.5	18.07	15.01	25.33	19.23
中部地区	426	33.7	1200	31.6	2140	29.5	5582	27.1	15.94	12.27	21.14	16.34
西部地区	223	17.6	631	16.6	2760	15.8	2760	13.4	16.02	12.67	19.22	15.95

就东中西部地区社会消费品零售额与本地区经济增长速度相比较而言，自改革开放以来，各地区社会消费品零售额基本上与本地区经济发展保持均衡增长态势，但东部地区社会消费品零售额增长快于其经济增长，而中西部地区社会消费品零售额增长慢于其经济增长。具体情况见下表：

3. 地区间人均社会消费品零售额差距较大。地区间人均社会消费品零售额差距进一步拉大。1978年全国人均社会消费品零售额为132元，而东中西部三大经济地带人均社会消费品零售额分别为155元、126元、100元，人均社会消费品零售额之比为1.55∶1.26∶1，中西部地区均低于全国平均水平；而到了1995年，全国人均社会消费品零售额达1719元，东中西部三大经济地带人均社会消费品零售额分别增长到2449元、1281元、999元，人均社会消费品零售额之比扩大到2.45∶1.28∶1，中、西部地区不仅进一步低于全国的平均水平，而且与

地区间经济增长速度与社会消费品零售额增长速度比较

单位：%

	GDP			社会消费品零售额		
	78～90年	90～95年	78～95年	78～90年	90～95年	78～95年
全　国	14.58	25.50	17.68	15.66	23.22	17.84
东部地区	14.79	27.64	18.43	16.78	25.33	19.23
中部地区	14.33	23.25	16.88	14.40	21.14	16.34
西部地区	14.33	22.02	16.54	14.61	19.22	15.95

注：GDP、社会消费品零售额增长速度按现价计算。

东部地区差距进一步拉大，只分别相当于东部地区的50%、40%左右。具体见下表：

地区间人均社会消费品零售额变化情况

单位：亿元

	1978年	1985年	1990年	1995年
全　国	132	364	640	1719
东部地区	155	458	849	2449
中部地区	126	323	530	1281
西部地区	100	263	443	999

4. 大中型骨干批发零售贸易企业分布偏斜较大

大中型骨干企业是龙头企业，对地区经济发展起着重要作用。在批发零售贸易业也是如此(并非越多越好，应有一定的数量)，它将在一定程度上左右商品市场的运行和发展。在我国，大中型骨干批发零售贸易企业为数不少，但分布呈不合理状态，主要集中在东部地区，而中西部地区较少。

从1994年全国最大的100家零售贸易业企业分布看，有66家分布在东部地区，其商品销售额为390.7亿元，占百家零售贸易业企业商品销售额的73.5%；24家分布在中部地区，其商品销售额为100.4亿元，占百家零售贸易业企业商品销售额的18.9%；10家分布在西部地区，其商品销售额为40.6亿元，占百家零售贸易业企业商品销售额的7.6%。全国最大百家零售贸易业企业分布情况如下：

从1994年全国商品销售额亿元以上的938家大中型生产资料流通企业分布看，有728家分布在东部地区，其商品销售额3465亿元，占到这938家生产资料流通企业商品销售额的86.9%；132家分布在中部地区，其商品销售额322亿元，78家分布在西部地区，其商品销售额201亿元。中西部地区共210家亿元以上生产资料流通企业，其商品销售额仅占这938家企业商品销售额的13.1%。商品销售额亿元以上大中型生产资料流通企业分布情况如下：

全国最大百家零售贸易业企业分布情况

	1990年			1994年		
	企业数(个)	商品销售额(亿元)		企业数(个)	商品销售额(亿元)	
		绝对数	比重(%)		绝对数	比重(%)
全　国	100	194.6	—	100	531.7	—
东部地区	62	131.0	67.3	66	390.7	73.5
中部地区	27	47.5	24.4	24	100.4	18.9
西部地区	11	16.1	8.3	10	40.6	7.6

商品销售额亿元以上生产资料流通企业分布情况

	1992年				1993年				1994年			
	企业数(个)		销售额(亿元)		企业数(个)		销售额(亿元)		企业数(个)		销售额(亿元)	
	绝对数	比重(%)	绝对数	比重(%)	绝对数	比重(%)	绝对数	比重(%)	绝对数	比重(%)	绝对数	比重(%)
全　国	987	—	3348	—	1372	—	5682	—	938	—	3988	—
东部地区	738	74.8	2787	83.2	1017	74.1	4734	83.3	728	77.6	3465	86.9
中部地区	167	16.9	362	10.8	240	17.5	630	11.1	132	14.1	322	8.1
西部地区	82	8.3	199	6.0	115	8.4	318	5.6	78	8.3	201	5.0

(四) 批发零售贸易业经济效益滑坡 改革开放以来，批发零售贸易业经营规模不断扩大，商品市场日益繁荣。但是我们应该看到，近几年来，批发零售贸易业经济效益则呈滑坡状态，其销售规模与其经济效益呈逆向发展之势。批发零售贸易业经济效益滑坡，主要是国有批发零售贸易业企业经济效益滑坡，具体表现在每百元商品销售实现利润和每百元流通资金实现利润两方面。这里我们以国内商业部门为例，其每百元商品销售实现利润由1985年的2.47元下降到1990年的－1.13元，1992年又进一步下降到－1.89元，到1993年也只回升到0.50元，仅为1985年的五分之一强；每百流动资金实现利润由1985年的3.84元下降到1992年的－4.37元，到1993年也仅回升到0.93元，不足1985年的四分之一。具体情况见下表：

国内商业部门经济效益变化情况

单位：元

	每百元商品销售实现利润			每百元流动资金实现利润		
	国内商业部门	商业系统	供销社系统	国内商业部门	商业系统	供销社系统
1985年	2.47	3.72	2.21	3.84	7.86	2.27
1988年	1.75	2.58	1.87	3.02	5.25	3.47
1989年	0.15	0.81	0.84	0.48	2.50	2.69
1990年	−1.13	−0.23	0.32	−2.66	−0.65	0.70
1991年	−1.10	−0.29	0.37	−2.50	−0.77	0.96
1992年	−1.89	−0.53	−0.15	−4.37	−1.45	−0.39
1993年	0.50	0.18	−0.27	0.93	0.09	−0.56

国有批发零售贸易经济效益滑坡尤以国有批发贸易企业为甚。在商业系统内，1989年以前国有批发商业企业一直盈利，到了1990年开始由盈变亏，1994年则有为数三分之一强的国有批发商业企业发生了亏损，亏损额高达37.9亿元，亏损面由1988年的14.3％上升到36.3％，到1995年亏损面又进一步扩大到60％左右；物资供销业自1994年以来，经济效益持续下降，其中物资系统，1994年首次出现全行业亏损，全年累计亏损额高达42亿元，进入95年亏损额又进一步扩大，全年累计亏损额升至45亿元。目前已有不少批发贸易企业资不抵债，濒临破产边缘。

(五) 批发市场发展相对落后 改革开放打破了商品市场传统的统购统销、“三固定”的批发体系，改造和新建了一批工业品和农副产品批发市场，但批发市场发展相对落后，发展水平也相对较低，仍不能满足社会主义市场经济发展的需要。

1. 批发体系不完整　在改革过程中，旧的以行政关系为纽带的批发体系已逐步瓦解，据有关方面资料，目前以大型专业批发公司为代表的一级批发形式已全面萎缩，原有的以销地批发为代表的二级批发网络基本散失，大量的三级批发网络脱钩，三级批发网络缩减70％之多。与此同时，新的批发体系正在建立，新的多渠道的批发网络还刚刚起步，新的工商关系还未完全确立，工业企业自采自销的独立的采购销售系统多未形成。

2. 批发市场水平有待进一步提高　一是大部分工业品和农副产品批发市场建立不久，功能有限；二是以中心城市和集散地为依托、符合现代商品经济发展的批发网络还远没有相对稳定地建立起来；三是市场经营主体档次较低，缺少一批高层次、有实力的企业集团、综合商社、物流中心作为批发市场的经营主体，并起到规范市场的行为。

3. 零售贸易业迅猛发展，大大超过批发贸易业的增长，造成商品市场中批发环节的相对滞后　从消费品批发、零售贸易业经营网点和从业人员结构变动状况看，批零机构比和从业人员比均呈显著下降趋势：批零机构比从1980年的15.8％下降到1994年的7.6％，下降8.2个百分点，批零从业人员比也从1980年的42.2％下降到1994年的23.7％，下降18.5个百分点。

4. 批发市场设施落后，组织化、社会化程度低，市场功能难以发挥　现代化的批发市场一般都应具有交易、商流、报价、结算、加工配送、展销服务等功能，但我国的批发市场大部分是在原有批发贸易企业或集贸市场的基础上组建的，流通方式和市场设施比较落后，组织化和社会化程度都比较低，难以充分发挥批发市场的各种功能以及其在社会再生产过程中的重要作用。

5. 批发市场和秩序混乱　相对于多渠道批发贸易业的迅猛发展势头，适用于批发贸易业健康发展的法规和配套政策制订相对滞后，加之批发市场管理环节薄弱，造成市场流通秩序的混乱，特别是市场交易不规范、无序竞争过度等现象随处可见。

批发市场发展相对落后，既影响流通产业系统整体功能的发挥，也不利于市场在资源配置中的基础性作用，还不利于整个产业结构的协调发展。

二、商品市场存在结构性问题的原因及解决问题的对策建议

上面，我们从五个方面分析了我国商品市场所存在的结构性问题，这些问题不仅制约着我国商品市场的发展，而且还将在一定程度上制约我国经济的发展。为此，我们必须认真研究存在这些结构性问题的原因，找出其症结，进而研究解决问题的办法，并付诸实施。

（一）商品市场存在结构性问题的原因　改革开放为我国社会主义商品市场的建立和发展带来了机遇，经过十几年的建设，我国社会主义商品市场已初具规模，但结构性问题仍比较突出。在认真研究分析的基础上，我们认为，我国商品市场存在结构性问题的主要原因在于经济因素、观念因素、科技因素、自身因素、现代化因素、外部环境等六个主要因素。在这六个因素之中，自身因素是根本因素。

1. 经济因素　经济因素是使商品市场存在结构性问题的主要因素，经济发展的不平衡引起了商品市场发展的不平衡。

第一，经济发展是商品市场发展的基础。我们说经济发展是商品市场发展的基础，这里包含四层意思：一是经济发展为商品市场的发展提供条件；二是经济发展促进商品市场的发展；三是商品市场的发展依赖于经济发展；四是经济发展需要商品市场发展。

之所以说经济发展是商品市场发展的基础，道理很简单。一是由于经济的发展，产品产量的增长，流通力度必然加大，商品市场必然发展；二是由于经济的发展，人民生活水平的提高，对商品市场的需求必然加大。

第二，商品市场的发展反映经济的发展。商品市场是经济发展的一面镜子。商品市场的发展既来源于经济的发展，也反映经济的发展。因此，商品市场发展的不平衡也充分反映了经济发展的不平衡。

第三，商品市场的发展促进经济的发展。从作用力和反作用力的关系看，经济发展促进商品市场的发展，而商品市场的发展反过来又促进经济的发展。因此，商品市场的结构性不合理，也将在一定程度上制约经济的发展。

2. 科技因素　"科学技术是第一生产力"，近几年来，我国的商品流通产业通过科技进步得到了长足的发展。但我们应该清醒地看到，我国流通产业的科技含量不高是使我国商品市场存在结构性问题的重要因素。

"八五"期间，国家要求产业部门的科技进步含量要达到30～40%，但商品流通产业远远没有达到这一要求。据有关部门在某城市的调查结果显示：商品流通产业的科技含量只有0.3%，远远低于其他产业部门的水平。有关资料表明，目前我国批发贸易企业的技术经济条件比国内工业企业落后20年左右，零售贸易企业也落后了近10年，与发达国家相比，则相差更远。

3. 观念因素　商品流通产业是国民经济的重要部门之一，它连结着生产与使用、生产与消费，是联系国民经济各地区、各部门、各产业的桥梁和纽带。但长期以来，我国对商品流通产业在社会再生产中的地位和作用认识不足，改革开放以来，虽对商品流通产业在国民经济中的地位和作用重新认识，但"重生产、轻流通"的计划经济下的观念和习惯势力仍未得到根本转变。特别是在改革开放之初，为打破"三固定"的批发体系，鼓励竞争，提倡工业自销，从理论到实践上的"批发商业无用论"曾一度甚嚣尘上。因而"重生产、轻流通"等观念在某种程度上制约我国商品市场的发展，也成为我国商品市场存在结构性问题的因素之一。

4. 自身因素　所谓自身因素，主要包括两方面：① 作为商品市场经营主体的商品流通企业的经营机制、管理机制、经济增长方式和其背负的社会负担、债务负担；② 商品市场本身。自身因素是我国商品市场存在结构性问题的根本因素。

就商品流通企业而言，我国绝大多数商品流通企业均脱胎于计划经济体制，虽然经历十七年的改革发展，但其经营机制、管理机制和经济增长方式并未得到根本性转变，适应社会主义市场经济机制的现代商品流通企业经营机制、管理机制和经济增长方式并没有完全建立，因此在很大程度上还不适应社会主义市场经济体制的要求。加之这些企业又背负着沉重的社会负担和债务负担，使其缺乏活力，其中尤以批发贸易企业为甚。

就商品市场而言，我国商品市场正由传统的商品市场向现代商品市场转变，在转变过程中，商品市场发育还不成熟、市场机制还不健全。

5. 外部环境　外部环境是指经济体制改革、企业的配套改革和社会环境、法制建设等方面。商品流通企业改革缺少必要的外部环境也是引起商品市场存在结构性问题的因素之一。

就经济体制改革而言，我国正处于旧的经济体制向社会主义市场经济体制的转轨过程，旧体制下的行政机制功能虽趋于弱化，但新的市场机制尚未健全，整体产业组织处于过渡时期，新旧两种体制的优点不能充分发挥，其缺点却互相迭加，同时市场经济的负面效

应与中国特殊的国情交织在一起，使得流通产业系统缺乏一种高效组织营运的能动机制。

就企业配套改革而言，包括社会保障制度改革、国有资产管理体制改革、干部人事制度改革、金融投资体制改革等的企业配套改革，虽已逐步出台，但有的刚刚起步，有的还正在酝酿之中。企业配套改革的滞后在一定程度上影响了作为商品市场经营主体的国有流通企业的发展。

就社会环境而言，包括市场秩序，公平交易等。处于初级阶段的我国商品市场秩序还比较混乱、交易行为还不规范，国有经济与私营、个体经济竞争条件不公平。

就法制建设而言，适用于批发零售贸易业特别是批发贸易业健康发展的法律、法规还处于相对滞后状态，有的法律、法规操作性不强，缺乏实施细则或实施办法，有的领域还存在立法的空白。

6. 现代化因素　我国商品流通产业的现代化水平较低也是引起我国商品市场存在结构性问题的重要因素之一。

我国商品流通产业的现代化水平较低，主要表现为以下几个方面：一是市场组织化程度较低，真正起到龙头作用的国有大中型批发零售贸易业骨干企业分布不合理；二是现代商品流通技术刚刚起步，如适应社会主义市场经济机制的连锁经营、代理制、配送制等还有待提高；三是现代科学技术手段不高，例如，我国的商业电子化已历经十几年，在全国1350万个商业网点中电子计算机的拥有量尚不足10万台；四是物流技术不高。由于现代流通工具和现代流通设施刚刚起步，现代流通工具和现代流通设施的不足，致使我国目前商品仓库周转率仅约为发达国家的30％左右，每平方米的库存商品量仅为发达国家的四分之一，配送差错率几乎是发达国家的3倍。

除上述六个主要因素之外，还有一些其他因素，如投资力度不足等。

(二) 解决我国商品市场结构性问题的对策建议

在剖析我国商品市场存在的结构性问题原因的基础上，就要下大力气解决这些问题，以使我国商品市场健康发展，并促进我国经济增长方式的根本性转变，促进我国经济体制的根本性转变。

我们认为，解决我国商品市场结构性问题的唯一出路在于加大商品流通体制改革的力度，加速培育社会主义现代流通组织形式，建立健全社会主义商品市场宏观调控体系，建立健全社会主义市场经济的商品市场机制。为此，我们必须从社会主义市场经济的特点和需要出发，结合我国的实际情况，以江泽民同志提出的“以公有制为主体的现代企业制度是社会主义市场经济体制的基础”为指导思想，以邓小平同志提出的“三个有利于”为衡量标准，以坚持国有资产不流失、坚持提高国有企业经济效益为原则。当前，应主要抓住以下几点：

1. 加速转换国有流通企业的经营机制和管理机制，建立现代企业制度，实现流通效益增长方式的根本转变，使国有流通企业成为自主经营、自负盈亏、自我发展、自我约束、自我建设的法人实体和市场竞争主体。

2. 加强宏观调控，协调推进与企业改革密切相关的各项配套改革，为国有企业改革提供必要的外部条件；加强法制建设，加大治理商品流通秩序，为国有企业营造公平竞争环境。

3. 加大科技投入，增加流通领域的科技含量，大力推广和应用适应社会主义市场经济的连锁经营、代理制、配送制等现代商品流通方式，提高流通产业的现代化、组织化和社会化水平。

4. 加大企业重组、兼并、改组、破产力度，有目标地组建、发展和培养一批流通和生产相结合、内外贸相结合的大型商品流通骨干企业或企业集团，国家从政策上予以倾斜和扶持，确保国有流通企业的主渠道作用和主体地位。

5. 进一步转变思想观念，包括“重生产、轻流通”的观念、企业的经营观念等，提高对建设商品市场的认识，特别是提高建设综合性批发市场和专业性批发市场的认识，重点建设全国性的批发市场，以其为龙头，带动地方商品市场的发展，以充分发挥批发市场在社会再生产中的重要作用。

6. 进一步开拓农村市场，并加大发展中西部商品市场的力度。

“九五”及今后十五年是我国改革开放和社会主义现代化建设事业承前启后、继往开来的重要时期，作为社会化大生产桥梁和纽带的我国商品市场，其发展希望与困难并存，机遇与挑战同在。充分把握历史给予的机遇，根据我国商品市场的现状及发展趋势，加大改革力度，大力调整产业结构和产品结构，积极开拓国内、国际两个市场，在社会主义市场经济条件下，在全国范围内建立起统一开放、竞争有序的商品市场体系，促进商品市场的健康有序发展，充分发挥市场机制在国家宏观调控下引导生产和资源配置中的基础性作用，为社会主义现代化建设服务，为实现两个根本性转变服务，这是当前我国商品市场的重要任务。

(作者所在单位：国家统计局企业调查总队)

对中国利率政策调整的思考

张 英 香

1996年，是中国改革开放取得巨大成就的一年。财政体制、金融体制、外贸体制、外汇管理体制等方面的改革均有重大突破。其中，金融体制，以其改革力度大，效果明显而居1996年改革之最。特别是经国务院批准，中国人民银行分别于5月1日和8月23日两次大幅度地降低存、贷款利息率，引起了广泛的社会反响，对此，各界人士褒奖不一。那么，利息率一降再降，到底有何政治、经济、社会背景？两次利率调整的具体内容是什么？调整后的结果怎样？本文拟就上述问题作一分析说明。

一、调息政策出台的背景

就两次调息的经济背景而言，首先是中国经济的高速发展和改革开放所取得的巨大成就。中国十几年的改革开放，为中国经济开拓了更为广阔、更为良好的发展空间，极大地促进了中国经济大发展：国民生产总值提前2年实现翻两番的长期发展目标，城乡居民实际收入水平和生活水平不断提高，综合国力迅速增强。1978年到1995年，国民经济以年均9.8％速度递增，人均国民生产总值由1978年的379元猛增到4754元，平均每年递增8.3％，城镇居民家庭人均生活费收入由315.96元提高到3892.94元，平均每年实际增长6.4％农村居民家庭人均纯收入由133.57元提高到1577.74元，剔除物价因素，实际平均每年递增8.1％。

其次，城乡居民储蓄存款的稳步增加。随着经济的发展和居民收入水平的提高，居民储蓄存款迅速增加。在短短的十几年的时间内，城乡居民储蓄年末余额由1978年的210.6亿元猛增到1995年的29662.3亿元，年均递增33.8％。1996年，在此基础上又增加了8858.5亿元，达到38520.8亿万（见表一），人均3180元。若按一年期定期存款年利率10.98％计算，仅利息一项，城乡居民每年可收入4229.6亿元，人均349.2元。城乡居民储蓄存款的急剧膨胀，使国家利息支出迅速增加，企业利息负担越来越重，要求降低企业负担，调整居民利率收入的呼声越来越大。

表一：城乡居民储蓄存款结构变化

年　份	城镇居民储蓄			农村居民储蓄		
	总　额	*定　期	比　重	总　额	定　期	比　重
1978	154.6	128.9	83.4	55.7		
1980	282.5	228.6	80.9	117.0	76.3	65.2
1985	1057.8	841.2	79.5	564.8	384.0	68.0
1986	1471.5	1189.3	80.8	766.1	539.9	70.5
1987	2067.6	1647.9	79.7	1005.0	708.4	70.5
1988	2659.2	2045.2	76.9	1142.7	788.3	70.0
1989	3734.8	3102.5	83.1	1412.3	1079.6	76.4
1990	5192.6	4396.2	84.7	1841.1	1455.1	79.0
1991	6790.9	5715.6	84.2	2319.6	1826.3	78.7
1992	8678.1	7035.4	81.7	2867.4	2273.9	79.3
1993	11627.3	9125.8	78.5	3576.3	2845.2	79.6
1994	16702.8	13028.1	78.0	4816.2	3810.6	79.1
1995	23466.7	17219.4	73.4	6195.6	5013.2	80.9
1996	30850.2			7670.6		

第三，经济相对过热时期的两次提高利息。1995年5月和7月，中国中央银行——中国人民银行针对当时中国经济发展速度过快，超过其经济承受能力，物价增幅攀高的实际情况，两次提高了存款利率。并于同年1月和7月分别两次提高贷款利率。这些利率调整，与1994年以来出台的其他各项政策措施相互弥补，配套使用，对于抑制通货膨胀和过热的中国经济起到了重要作用。1996年以来，始于1994年的针对当时银根偏松、国民经济过热、物价居高不下而采取的宏观调控目标已基本达到，中国国民经济顺利实现了“软着陆”，较高的通货膨胀得到了抑制，物价明显回落，储蓄增长，从1995年10月至1996年5月，已连续半年多市场零售物价指数低于一年期存款利息。1996年第一季度，零售物价总指数低于一年定期存款3.28个百分点，仅为7.7%(见表二)。两次较大幅度调高利率政策下的物价的相对稳定和回落，为利率和降低创造了可能。

表二：　1995年以来中国物价情况　　单位：%

时期	商品零售物价总指数	居民消费价格总指数	#城镇居民	农村居民
1995年1月	123.2	125.5	124.9	126.0
2月	121.2	124.1	123.6	124.8
3月	119.7	122.4	121.6	123.4
4月	118.7	121.3	120.6	122.2
5月	118.0	120.7	120.0	121.7
6月	116.0	118.2	118.0	118.5
7月	114.6	116.7	116.7	116.8
8月	112.3	114.5	114.3	114.7
9月	111.4	113.2	112.9	113.6
10月	110.3	112.1	112.0	112.2
11月	109.2	111.2	111.5	110.7
12月	108.3	110.1	110.7	109.3
1996年1月	107.6	109.0	109.3	108.7
2月	107.7	109.3	109.7	109.0
3月	107.7	109.8	110.5	109.1
4月	107.4	109.7	110.4	109.1
5月	106.5	108.9	109.3	108.6
6月	105.9	108.6	109.3	108.0
7月	105.8	108.3	108.6	108.0
8月	105.8	108.1	108.5	107.8
9月	105.0	107.1	107.9	107.0
10月	104.7	107.0	107.6	106.5
11月	104.6	106.9	107.4	106.4
12月	104.4	107.0	107.3	106.4

二、两次利率调整的具体内容

(一) 第一次利率调整的具体内容　第一次利息率的调整，主要是降低人民币存款利息，适当鼓励投资，减少国家利息支出为目的的。根据中华人民共和国中央银行——中国人民银行发布的公告精神规定，此次利率调整的主要内容有：一是自1996年5月1日起，人民币存款利率平均下调0.98个百分点；贷款利率也作相应的调整，平均降低0.75个百分点。二是取消华侨人民币储蓄存款利率种类，合并到相应期限档次的人民币储蓄中。四是相应变动人民银行与金融机构的存、贷款利率，缩小金融机构流动资金贷款利率最高上浮幅度，而其最低下浮幅度保持不变，仍为10%。五是降低贷款罚息水平，金融机构对逾期贷款按日利率万分之四计收利息；对挤占、挪用贷款按日利率万分之六计收利息。

(二) 第二次利率调整的具体内容　5月份利率调整政策，对于加强和改善宏观金融调控，增加市场资金供给，减轻企业利息负担，起了积极的作用。但随着经济的发展和客观经济形势的变化，第一次降息幅度偏小，利率总体水平仍然偏高现象越来越明显。因此，中国人民银行于同年8月23日再次出台降息新举措。第二次利率调整，其主要内容是进一步降低存、贷款利率，减少国家利率支出，减轻企业利息负担，为企业创造良好的外部投资环境。此次降息，其中人民币存款利率水平平均降低1.5个百分点，贷款利率水平平均降低1.2个百分点。

三、两次利率调整的政策效应及其得失

(一) 两次调息之所得　利率作为宏观调控的政策性杠杆，是根据国民经济发展实际，对国民经济进行宏观调控的一项重要的货币政策。1996年以来，中国人民银行根据中国国民经济发展的客观需要，先后两次调低人民币存、贷款利率，对于加强金融调控能力，改善宏观金融环境，增加市场资金供应能力和可供量，改善企业投资环境，减轻企业投资负担，都发挥了积极的作用。

首先，减轻了企业利息负担，增强了企业活力。近年来，中国工业企业，特别是国有工业企业，生产虽然增长较快，但与此同时，企业机制转轨缓慢，产品销路不好，产销率下降，亏损额增加，亏损面扩大等问题也日益突出。其主要原因，当然有机制方面的，有经营管理方面的，有企业办社会，企业负担重等方面。但企业资产负债率高，利息支出负担较重，也是企业经营效益下滑，亏损增加的重要原因之一。两次利率降低，一方面，贷款利率总水平平均下降近2个百分点(1.95个百分点)，在一定程

度上减少了企业利息支出，改善了企业经营的外部环境，在一定程度上增强了企业活力，特别是对于资产负债率较高，银行贷款额较大的国有企业，更为有利。另一方面，存款利率的降低，使一部分储蓄资金分流进流通和消费市场，或直接进入直接融资、投资市场，初步扭转了投资需求和消费需求不足的现状，加快了企业资金周转。

其次，利率调整，在较大程度上改善了利率结构。一是使存、贷利息更加合理。改革开放以来，为筹集经济建设所必需的资金，解决中国经济起飞阶段所面临的资金严重不足问题，同时也为了抑制较高的通货膨胀，政府曾先后采取措施，提高利息，保值储蓄等等，尽管保值储蓄已于1996年4月被取消，但储蓄存款利率仍然偏高。在两次调整过程中，存款利率总水平平均降低了2.48个百分点。超过贷款利率降低幅度0.53个百分点。使存、贷利率更趋合理。二是贷款利率内部结构调整较大，各种利率比率关系更加合理。在贷款利率降低总水平中，降低幅度最大的是中长期固定资产贷款，平均下降2.64个百分点，大大高于贷款利率平均降低1.2个百分点的总体水平；降低幅度最小的是流动资金贷款。这对于减轻企业中长期贷款债务利率负担，增强企业技术改造能力，加快国家重点项目建设，都发挥了积极的作用。三是调整了存款利率内部结构。在存款利率调整中，考虑到物价变动的风险因素，使中、长期定期存款利率下调幅度大于短期存款利率下降幅度，缩小了各档次存款利率之间的“利息差”，改变了以往单纯的以复利原则设计个档次利率的方式，使物价变动的风险因素在银行、储户个人之间分摊。也增强了储户的间接投资风险意识。

第三，减轻了国家财政的利息负担，增强了银行机构宏观调控的能力。目前，尽管中国的大多数非政策性银行都过渡成了商业银行。但由于历史原因和中国特殊的国情，实际上这些银行并没有真正脱钩，呆滞帐目实际上都是由国家财政负担的。企业亏损的攀高，呆账，滞账的增加，无疑增加了国家财政负担。存、贷款利率的调整，企业和银行经营状况的改善，部分减少了国家利息负担，有利于增加财政收入。同时，贷款利率的下降，使银行可自由经营的空间加大，在一定程度上改善了其贷款结构，降低了筹资成本，增强了银行宏观调控的能力。

（二）两次调息之所失 1996年的两次利率调整，经过半年多的实际检验，事实证明是基本成功的。但从另外一个角度看，也损失了一些其它机会，并产生了一些新的问题。归结起来，主要有：其一、存款利率的降低，特别是中、长期存款利率的较大幅度的降低，在一定程度上影响了居民储蓄存款，特别是定期存款的增长幅度。统计资料表明，利率降低以来，各月储蓄存款增长幅度明显回落，其中，政策出台后的5月和6月与上年同期比的储蓄增幅分别比4月下降1和1.8个百分点；而新储蓄存款中定期存款增长幅度则分别比4月份下降37和61个百分点，不利于储蓄资金的利用（详见表五）。也间接导致了1996年下半年的股市行情的猛长。

表五：1996年上半年各月新增储蓄变动情况

指　标	一月	二月	三月	四月	五月	六月
各月储蓄增幅（上年同期为100）	36	35	40	40.5	39.5	38.7
新增储蓄定期存款增幅（上年同期为100）	97	84	104	115	78	54

其二、贷款利率的降低，贷款成本的名义降低，使贷款的名义成本和实际成本之间差额扩大，使本已较难的企业贷款难度加大。同时，名义与实际的反差，在一定程度上扩大了银行的仅力，在利益主体多元化和利益机制的驱动下，加剧了资金体外循环，增加了企业贷款的难度。

其三、存、贷款利率差距的加大和名义与实际贷款利率的扩大，投资者实际筹资成本的提高和贷款难度的增加，在部分地区导致地下钱庄的再次抬头和非金融机构的融资活动再次活跃。这些地下钱庄和非金融机构存贷款利息一般较高，多在15～25％之间，对储户吸引力较大。但他们一般没有自有资金保障，更无储备金，信誉底，风险大。一旦还贷发生问题，很快会波及到众多的储户，易产生矛盾和纠纷。

其四、错过了开征利息税的最佳时机。调节居民个人利息收入的较好办法是开征包括利息在内的个人收入调节税。同时通过税收调节，既是世界各发达国家成功的经验，也是经济发展的趋势。目前，中国的个人收入调节税中，名义上应包括利息收入，而由于种种原因，中国尚未对居民储蓄存款利息征税。1996年，无论是宏观经济形势，还是社会政治环境，从市场物价，到居民心态，对开征利息税都是较为有利的。两次调整利率，虽然在一定程度上达到了利用金融政策调控国民经济的预期目的，但却错过了开征利息税的大好时机。今后，如若出台利息收入调节税，则需要继续等待机会。

（三）今后利率政策的走势 利率，作为国民经济宏观调控手段和调控方式，作为金融政策的重要组成部分之一，在1996年的国民经济管理中，发挥了重要的积极作用。今后利率走势怎样，中国政府将采取什么样的包括利率政策在内的金融政策，这受很多因素的影响。其中包括国民经济的发展速度，物价增幅的高低，居民的收入水平、消费水平和在此影响下的储蓄水平，包括银行在内的企业经营机制的转轨速度及经营状况，香港回归过程中经济的稳定程度，政治上的稳定和社会生活的安定团结等等，都将会影响到中国政府对利率杠杆的决策。但总的来看，1997年将是中国历史上极不平凡的一年，中国共产党第十五次代表大会的召开和“九七”香港回归，都将是中国历史上具有划时代意义的大事。在此期间，保持国民经济的持续稳定发展是至关重要的。因此，中国政府和社会各界都会努力维持经济平衡发展。1997年，将是国民经济继续平稳发展的一年，初步测算，国内生产总值将增长9%～11%。考虑到物价的滞后影响和1996年年终翘尾巴因素少等实际情况，1997年物价涨幅将不会太高，零售物价总指数上涨复幅度将会被控制在6%左右，居民消费物价总指数将上升8%。城乡居民收入将继续维持较快增长，如不出台大的涉及到居民的改革措施，城乡居民消费水平不会有太大变化，但受消费预期心态影响，无论利息怎样变动，只要幅度不是太大，居民储蓄存款将继续较大幅度增加，所改变的只是其储蓄存款的内部结构。受国民经济转轨时期的影响和适应两个转变的要求，1997年金融形势和金融政策取向将依然是偏紧的信贷政策和货币政策。中国的股票市场、期货市场、国债市场将更趋完备和成熟，其他直接投资市场也会随国民经济发展而逐渐起步和完善。“97”香港回归，中国政府已对其平稳过渡作了充分的积极准备，特别是对保证香港市场的稳定，准备充足。综上所述，1997年的中国，将是继续巩固宏观调控成果、国民经济平稳发展、各项改革稳步推进的一年，因此，1997年的中国利率市场将是相对平衡的，不会有新的、动幅较大的利率调整政策出台。

(作者所在单位：国家统计局综合司)

海峡两岸经济发展中若干问题的比较研究

王 建 民

〔**编者按**〕香港回归祖国，已成为世人瞩目的一件大事，它将改变整个世界的经济格局，中国的国际地位必将进一步提高。香港的回归，“一国两制”方针在香港的实现，将为祖国统一提供一个现实的范例。本文以统计资料为基础，对两岸经济发展中的若干问题作了一些比较研究，以供各方研究参考。

一、经济增长速度与经济规模比较

台湾经济起飞阶段始于60年代初，祖国大陆则始于80年代初，相差约20年。台湾以60年代初到80年代末，经济高速增长持续了近30年，年平均增长超过8%。只是到了90年代才进入中速增长阶段，1990年至1996年年平均增长率为6.3%。祖国大陆经济已有近20年的高速增长，其中1978年至1990年平均为9%，1990年至1996年平均超过10%。其中，1996年，台湾经济增长率降至6%以下，为5.7%；而祖国大陆经济增长率则接近10%，为9.8%，远超过台湾。

到下个世纪初，祖国大陆经济仍将保持较高增长率，也远高于台湾预计的经济增长率。据祖国大陆有关部门预测，1996～2000年，祖国大陆国民生产总值平均增长8～9%，2001～2010年平均增长7%；台“经建会”预测，未来10年(1997～2006年)，台湾经济年平均增长6.5%。就此而言，台湾与祖国大陆经济总体差距将进一步扩大。

GNP(国民生产总值)或GDP(国内生产总值)是衡量经济规模与实力的最重要经济指标之一。祖国大陆经济规模在改革开放后发展十分迅速，GNP总量从1990年的3649亿美元增至1996年的8336亿美元，为世界10大经济体之一。台湾GNP规模增加也十分迅速，从1985年的631亿美元增到1996年为2751亿美元。就两岸GNP规模增加趋势比较观察，祖国大陆经济规模与台湾相比，优势在80年代中期后不断扩大。80年代中期，台湾与祖国大陆的GNP相差大约为1倍；到1996年已扩大至3倍。

未来两岸经济规模的差距还会进一步扩大。据祖国大陆预计，到2000年，祖国大陆的GNP将达到9300亿美元，2010年达到19200亿美元，将居世界第4位。据台湾学者推测，到2021年，祖国大陆的GNP为68556亿美元，台湾则仅为11829亿美元。

由于祖国大陆尤其东部地区各省(区)人口众多而台湾人口甚少，使得两岸人均GNP相差甚大。80年代中期以来，祖国大陆人均GNP一直在400多美元徘徊，1995年为435美元，在世界上属于中等偏下的水平。1996年突破600美元，计686美元。台湾的人均GNP增长则很快，1992年已突破1万美元大关，1996年为12872美元，不权比祖国各省(区)为高，而且它在世界上属高收入水平(自1992年起，台湾人均GNP一直居世界排名第25位。)台湾与祖国大陆的人均GNP差距甚大，1996年约为20倍。不过，学者一般估计祖国大陆的人均GNP应较公布的数字为高，与台湾的实际差距还要小一些。祖国大陆东部各省由于经济增长速度快，很可能在下世纪超过台湾。

二、基础与支柱工业比较

基础产业与支柱工业是经济实力最重要的反应。就两岸能源、交通、通讯等基础产业而言，台湾交通、通讯产业较为发达，为经济发展提供了重要条件，但能源工业则相对单一，只有电力工业较为完整与发达。相较之下，祖国大陆的基础产业不够发达，交通、通讯相对落后，电力供应不足，制约着国民经济的发展。这里就两岸最重要的电力工业进行比较。

台湾电力工业比较发达，特别是核能发电历史已有20多年历史，不仅比祖国各省为优，即使在亚洲也处于领先地位。但电力工业原料来源与规模远不能与祖国大陆各省(区)相比。到1995年底，祖国大陆已建成百万千瓦级大型电厂40座，最大的火电机组为60万千瓦，最大的水电机组为32万千瓦，整个发电装机总容量达2.1亿千瓦(居世界第二位)；而台湾的发电装机容量为2189.8万千瓦，只有祖国大陆的8.6％；1995年，祖国大陆年发电量突破1万亿度，1996年达到11450亿度；台湾发电量为1203亿度(1995年0，只有祖国大陆同期的12％。就未来发展而言，台湾核能发电在环保运动的影响下发展受到限制，火力发电的原料煤炭完全受进口限制，对台湾电力工业的发展形成制约因素。

两岸一般工业技术发展水平与规模相较，台湾在总体上落后于祖国大陆，但台湾产业结构优于祖国大陆，资本与技术密切产业比重已成为主导产业。祖国大陆工业门类比较齐全，技术水准相对较高，支柱工业范围较广，狭义的支柱工业包括机械、电子、石油化学和汽车制造业，广义的还包括了钢铁工业、化学工业、能源工业等。台湾工业部门比较单一，规模小，技术水准普遍偏低，许多工业还是空白。就台湾工业结构发展变化而言，传统产业或民生工业如成衣、家具、木竹制品等相对衰退，而重化及技术密集型产业如电子半导体、化学制品、机械、通讯业等发展迅速。1991年到1996年，台湾重化及技术密集产业产值由1990.4亿美元增为1618亿美元，平均每年增长6.33％，占制造业的产值由66.3％上升到73.5％。

这里就两岸工业领域较具代表性的石油化学工业(乙烯为代表)、资讯电子工业、钢铁工业、机电工业与纺织工业进行比较。

(一) 石油化学工业 就石油化学工业中最重要的上游轻油裂解能力乙烯而言，台湾原是亚洲仅次于日本的第二大乙烯产能地区，近年来由于设备老化及新建工程受挫而已从亚洲的领先地位逐渐落后于祖国大陆与韩国。到1994年，祖国大陆乙烯产能368万吨，全球占有率为4.44％，居世界第5位；台湾乙烯年产能101.5万吨，全球占有率为1.23％，居世界第17位。就是说现在台湾乙烯产能虽比祖国大陆赶超，但仍在世界上占有重要地位。近年台湾乙烯年产量均为80多万吨，尽管“六轻”乙工程于1998年投产，增加年能产45万吨，但已赶不上迅速发展的祖国大陆。1996年，祖国大陆乙烯产量达到350万吨。祖国大陆现有10个乙烯生产工厂，引进数套年产能30万吨的乙烯生产设备。祖国大陆石化工业正在迅速发展，预计到2000年前，将原油的年精炼能力扩大到2亿吨，乙烯的年产能量扩大到500万吨左右，将台湾远远抛在后面。特别是台湾石化工业原料不足，目前自给率在50％左右，每年需从国外进口大量石化原料。国际市场的变化对台湾石化工业的影响巨大。为此，台湾仍积极发展石化工业，提高石化原料自给率，预计到2001年前后，石化业原料自给率达到70％，产值达到840亿美元。总体而言，祖国大陆原料供应相对充足，产能扩大，但缺乏自有技术。台湾石化产能已落后于祖国大陆，基本原料供不应求，下游竞争力不强，但有较为完整的上中下游生产体系，具有较佳的生产技术、管理方法和配销网络。

(二) 资讯或电子工业 在资讯或电子工业领域，台湾在硬体技术与生产、市场占有率等方面的优势在祖国大陆之上。不过，在电子或资讯工业技术开发特别是在软体技术方面，祖国大陆不亚于台湾，甚至超过台湾，只是在产品推广方面不足。1995年，祖国大陆电子工业(也称电子信息产业)总产值约288亿美元。同年，电子产品出口额近170亿美元(首次超过进口)，出口产品中技术密集型及整机产品出口比重上升。按“九五”规划，到2000年，祖国大陆电子工业总产值达到840亿美元，约占工业总产值的8％左右；销售收入达到720亿美元，进入世界前5名；电子产品出口达到350亿美元。其中，到2000年时，祖国大陆电脑工业产值达到200亿美元，出口创汇110亿美元。

然而，台湾电子、资讯工业产值增长十分迅速，已在世界上占有重要一席。1995年，台湾资讯工业(不包括消费性电子工业)总产值为213亿美元(其中硬体、软体产值分别为196.6亿美元与16.4亿美元，前者已居全球第三位)，已超过祖国大陆2000年预计的产值；1996年资讯工业产值更达到240多亿美元。由此可见，台湾资讯工业中，硬体发达，软体则相当落后。其中，有多项电脑产品在全球市场的占有率均世界第一位。到1996年，台湾掌上扫描器的全球市场占有率达95%，主板机占74.2%，鼠标与键盘占60%以上，其他项目如交换式电源供应器、视讯卡、监视器、桌上型扫描器等产品占有率也均超过50%。资讯工业已成为台湾新兴的支柱工业之一。

(三) 钢铁工业 钢铁工业与钢铁产量是代表一个国家或地区工业发展水平的重要指标之一。台湾与祖国大陆均居世界钢产量前20位之内。1996年，粗钢产量为1159万吨(1995年以1160万吨居世界第18位)，但自给率只有60%，是世界十大进口钢地区之一。但台湾的钢铁工业主要掌握在"中国钢铁公司"手中，是唯一能进行转炉与高炉炼钢的企业，技术成熟，产能大，民间技术与设备相对落后。

祖国大陆是世界三大钢生产国之一，1996年粗钢产量首次突破1亿吨。大陆大型现代钢铁厂较多，技术应在台湾之上，能源与原料供应相对充足，是台湾所不能相比的。祖国大陆是钢铁一大出口国与进口国。其中1995年出口量首次超过进口量，标志着祖国大陆钢铁生产能力的进一步增强。该年，祖国大陆钢铁出口量首次突破1000万吨，计1575万吨，进口量为1439万吨。出口量增加的一个重要原因是台湾近年大量扩充钢铁产能，从祖国大陆进口增加(该年大陆出口的钢胚一半到了台湾)。

(四) 机电工业 涉及范围广，两岸所指内含不一。机电工业在台湾经济中扮演着最重要的角色，其产值与出口均居第一位。1996年，台机电产品出口值为615亿美元，占出口总额的53%。但除资讯工业与电子工业外，台湾机电工业生产技术不高，自有技术少，生产技术主要依赖美、日技术，也无法生产许多先进与大型机械与设备。相对的，祖国大陆拥有相当生产技术，许多支柱工业如汽车、机械、电器等工业在国民经济中发挥着相当大的作用。1995年，祖国大陆机电产品出口438.6亿美元，占出口总额的29.5%，超过纺织品成为祖国大陆最大的出口商品类别。台湾在工业自动化与高级机器人、微电子、配电设备、发电设备等机电技术与生产等方面赶不上祖国大陆。

(五) 纺织业 纺织业是两岸最大的轻工业之一，在经济发展过程中均扮演了重要角色。纺织工业长期以来是台湾最大的轻工业，也是最大的创汇产业，目前仍是全球第五大纺织品出口地区。到1996年，台湾纺织品出口值达156.7亿美元，占总出口额的13.5%，并赚取120亿美元的外汇。其中纱布是出口主力，占70%。台湾在没有棉花和平的情况下，纱布能有如此的出口能力，显示台湾纺织工业具有相当的技术与实力。

改革开放后，祖国大陆纺织业急起直追，其产值与出口创汇能力均已超越台湾。纺织业也已是祖国大陆最大的轻工业部门与出口创汇的支柱产业。1993年，大陆纺织品工厂有245家，居世界第一位;1995年，纺织品生产总值2900亿元人民币，占工业总产值的10%;同年，纺织品出口额达380亿美元，是目前祖国大陆第二大类出口商品，对经济发展贡献甚大。

三、两岸对外贸易发展与两岸产品在国际市场上的地位比较

台湾与祖国大陆的对外贸易在国际上均具有重要地位，都是居世界前15位的贸易地区。1996年，台湾对外贸易达到2173亿美元;祖国大陆对外贸易总额达到2899亿美元，台湾与祖国大陆出口分别世界排名仍为第11位与第14位。在贸易产品结构方面，1995年，祖国大陆工业制成品出口1272.8亿美元，占出口总额的85.6%工业制成品进出口1076.7亿美元，占进口总额的81.5%。1996年，台湾工业品出口占总出口的96.5%，高于祖国大陆。

由此可见，台湾与祖国大陆在经济起飞时期，出口电大宗均是纺织品，随着经济实力地增强，先后均被机电产品所代替。1992年，资讯产品取代纺织品成为台湾最大的出口产品;1995年，机电产品取代纺织成衣成为祖国大陆出口产品(且出口机电产品的技术含量和附加值有了明显提高)，从这一点讲，大陆与台湾产品出口结构基本相似，祖国大陆逐渐赶上台湾，并超过台湾。

两岸在国际市场上的竞争日趋激烈，祖国大陆已取代台湾在国际重要市场的地位。一是在美国市场，两岸的产品市场占有率发生了结构性变化，祖国大陆从落后于台湾发展到超过台湾。1984年，台湾与祖国大陆在美国市场的占有率分别为4.55%与0.94%;到1995年，台湾与祖国大陆的占有率则分别变为3.90%与6.30%。但从对美出口产品结构看，祖国大陆产品则落后于台湾，大陆以劳动密集型产品为主，台湾则以资本和技术密集产品为主。1985年时，台湾对美出口主要产品为家具、鞋类、成衣与资讯产品等;1994年，台湾出口美国的产品已变化为以资讯产品为主，而鞋类、成衣与旅行用品大幅度衰退;祖国大陆对美出口主力产品则仍是成衣、旅行用品及玩具等(1993年，大陆统计的出口美国的产品主要有鞋类、服装、电器、玩具、箱包、塑胶制品、家具和灯具等)。

二是在日本市场，祖国大陆在日本市场的占有率一直领先台湾，且差距越来越大。1984年，台湾与祖国大陆产品在日本市场上的占有率为2.34%与4.36%;到1994年底，分别为3.94%与10%，差距从0.86倍扩大为1.54倍;到1996年上半年，台湾与祖国大陆的市场占有率则分别为4.6%与10.6%。在日本市场，两岸产品出口结构除劳力密集产品发生竞争外，其他出口产品结构

冲突不大。台湾对日出口的生鲜、冷冻或冷藏猪肉一直居主导地位;祖国大陆对日出口也一直以原油为主。不过在其他方面竞争仍十分激烈。1985年，台湾出口日本的主要产品为农(渔、牧)产品、电机设备、成衣、鞋类等;到1994年，除农(渔、牧)产品及电机设备仍为主要出口产品外，成衣与鞋业大幅衰退。从1985年到1994年，祖国大陆对日本出口主力产品的成衣、电机设备、鞋类等产品出口大幅增长。

四、两岸科技发展水平与实力比较

从综合科研实力看，祖国大陆已是世界重要的技术出口国家，台湾的技术出口能力还很弱。“八五”期间，祖国大陆以技术许可、技术服务和成套设备等方式向52个国家和地区出口技术和成套设备，共签署技术出口合同2233项，合同金额90.84亿元人民币，比“七五”增长了320.4%。台湾这方面的能力较大弱，技术合同与成套设备出口量还不大，层次也相对较低。

台湾的科研队伍与科研能力更不能与祖国大陆各省(区)相比。到1994年底，祖国大陆独立的科技研究开发机构5860个，有49万名科学家、工程师;各类高校共创办研究与开发机构3000个，从事研究与开发人员79万人;在1.9万个大中型工业企业中已设立了11656个技术开发研究机构，技术开发人员94万人;国有企事业单位专业技术人员1865.9人。台湾的科研机构与科研人力较祖国大陆少得多，研究与设备能力也不如祖国大陆。同年底，台湾的研究发展人力为92337人，其中研究人员55405人，技术人员24067人，每万人口的研究人员数为26.2人。不过，台湾与祖国大陆的研究与发展经费占国民生产总额的比例均呈偏低状况，但台湾较祖国大陆为高。1990～1994年，祖国大陆研究与发展经费支出占GNP的比例平均为0.65%。台湾研究与发展经费支出占GNP的比例较祖国大陆为高，从1980年的0.71%已上升为1994年的1.78%。就是说祖国大陆研究与发展经费支出占GNP的水平与台湾相较，落后10年时间，即祖国大陆90年代初的水平相当于台湾70年代末与80年代初的水平。但在科研经费支出领域方面，两岸有所不同。历年来，台湾的应用研究经费最多，其次为研究发展经费，基础研究经费支出最少，三者占总经费的比例分别为53.3%、36.2%与10.5%强;祖国大陆的这一比例为33.9%、58.9%与7.2%，即祖国大陆研究发展经费第一位。

80年代中期前，台湾专利的批准数较祖国大陆为多，90年代开始，祖国大陆专利申请件数远远超过台湾，且批准件数也超过台湾。到1994年底，祖国大陆批准的专利合计223152件，基中国内为201408件，占90.3%;国外为21744件，占9.7%，专利实施率为30%。而台湾的专利批准数自1991年后迅速下降，可能与台湾到祖国大陆申请专利人数增加有关。就专利申请人看，台湾的外国人申请专利比例偏高，占50%强;祖国大陆的外国人申请数比较稳定，每年均在4000至5000多项，所占比例迅速下降，从1985年的50%左右降至1991年的10%左右，1985年到1994年平均为9.7%。从专利申请内容看，台湾的专利申请与专利批准，以新型、新式样专利为主，发明专利很少，获准的发明专利仅占2.3%(1989年)。相较之下，祖国大陆发明专利比例较高，1991年获准的发明专利占17%左右。

五、其他经济与社会发展指标比较

在工农业主要产品产量方面，祖国大陆优势明显，但因人口因素而平均量偏低。在农业生产方面，祖国大陆是世界重要的粮食生产国、进口国与出口国。祖国大陆谷物、肉类、棉花、花生、油菜籽产量均居世界第一位。1996年，祖国大陆粮食总产量为4.8亿吨，油料2250万吨。台湾稻谷产量随有计划的降到130万吨，但仍呈过剩。特别是台湾杂粮谷物严重不足，年谷物进口总量超过900万吨。在工业生产方面，祖国大陆在一些能源、化工、钢铁与部分轻工业产品方面，其产量也居世界前列，生产能力在台湾在上。到1996年，祖国大陆原油年产量达15350万吨，煤炭13.7亿吨，乙烯350万吨，钢1亿吨，发电量11450亿千瓦时，汽车160万辆。祖国大陆的原煤、水泥、布匹产量(1994年)与自行车、电视机等数十种轻工业产品均居世界第一位;钢和发电量为居世界第二位;台湾在轻工业方面也曾有成功的发展，自行车、网球拍、缝纫机、鞋等产品十多种轻工业产品产量与销均居世界第一位。但随着产业结构的调整，劳力密集型产业外移，部分轻工业生产优势不在，但台湾在资讯电子工业方面却有突出表现，扫描器、监视器，鼠标等多项资讯产品产量与销量居世界第一。

在外汇储备与债务方面，台湾与祖国大陆各有千秋。在特殊的国际环境下，外援在台湾经济发展中曾起了重要作用，使得台湾很少利用外债，目前保持零外债;祖国大陆则在改革开放后，充分利用外资与外债发展经济，使得目前担负约有1000多亿美元的外债。同时，台湾已经成为重要的资本输出地，居世界资本输出的前10位，而祖国大陆还是一个庞大的利用外资地区。

也由于特殊的国际环境，台湾对外贸易特别是出口在过去几十年间发展迅速，并在80年代后逐渐积累了巨额外汇储备，一度超过1000亿美元(1995年6月为1004亿美元)，高居世界第二位，而多年保持在第三位，目前仍居第四位，成为台湾最骄傲的经济发展奇迹之一。但祖国大陆近年经济发展势头良好，对外贸易发展迅速，外贸顺差与外汇储备增加，并已超越台湾。1992年，祖国大陆对外贸易总额已超过台湾，外汇储备接近台湾。到1995年底，祖国大陆外汇储备达736亿美元，超过德国而由世界第四名升为第三名；1996年11月12日，进一步达到1004.4亿美元，刚好超过台湾历史的最高水平，标志着中国祖国大陆的综合国力增强。但就经济规模与人均而言，台湾的外汇储备能力还是在祖国大陆之上。

就社会生活发展水平而言，祖国大陆国民健康的主要指标已跃居世界发展中国家的前列。到1995年，祖国大陆的婴儿死亡率为千分之三十一点四(台湾为千分之五)，孕妇死亡率为万分六十一点九，平均预期寿命为70岁(台湾平均预期寿命则高达与77岁)，均超过中等收入国家水平，接近发达国家平均水平。从消费结构看，祖国大陆的恩格尔系数(食品支出占整个消费支出的比重)为59.6%(1992年)；据1995年对35个大中城市居民家庭调查显示，在家庭消费支出中，食品支出占50.4%。台湾的恩格尔系数很低，1995年为26.1%，约为祖国大陆的一半，达到世界先进水平。仅此看，祖国大陆的消费水平还相当落后祖国大陆与台湾人均日吸收热量比较接近，均在中等水平之列。据联合国公布资料，1995年，祖国大陆每人每天吸收的热量为2703大卡，台湾为3036大卡，两者相差不大，在世界均居中上水平。预计到21世纪初，祖国大陆人民的营养状况、平均寿命、健康水平等生活质量指标，将超过中等收入国家的水平。祖国大陆人民健康水平的迅速提高，也标志着祖国大陆经济实力与国力的日益增强。

六、两岸经济发展总体评估

台湾与祖国大陆在经济性质、规模、资源等方面有很大不同，台湾的综合实力自然不能与祖国大陆相比。但台湾相对独立的环境与较小的区域而创造出如此巨大的财富与经济力，显示了台湾是一支不可忽视的经济体。不过，两岸在经济综合实力的进一步发展与提高过程中，仍显示出不同的优势与弱点：

(一) 台湾经济资源有限，能源供给依赖性极高，是台湾经济发展的最大弱点　祖国大陆资源相对丰富，尽管能源供给不能满足经济发展的需要，但两岸面临的问题不同。祖国大陆只要加强开发能力，基本可以解决；台湾只能完全依靠进口来满足。1995年，台湾进口燃料煤与原料煤总计达2868万吨；原油进口21040万桶；天然气进口251万吨(33.15亿立方米)，能源进口总价值近70亿美元。进口能源占台湾能源总供给的95.8%，自产能源仅占4.3%。这一点充分显示了台湾经济的脆弱性。

(二) 人口与农业问题是祖国大陆经济发展过程中一个始终不可忽视的重大课题　台湾在经济发展过程中曾对农业十分重视，但人口少，农业在国民经济中已不占重要地位；但农业始终是祖国大陆经济发展中十分重要的问题，成为经济起飞与人民生活水平提高的重要制约因素。

(三) 在生产技术与市场上，台湾与祖国大陆都缺乏产业技术，但祖国大陆自有技术能力优于台湾　台湾产业的重要技术主要来自日本与美国，使得台湾经济的发展对日、美依赖性极高。祖国大陆经济发展的市场容量大，不存在市场容量问题；台湾则市场容量有限，国际市场制约着经济发展。

(五) 两岸经济发展短时期内面临不同的问题。台湾经济发展的问题主要在于投资环境的不佳，土地供给的不足与价格的上涨、环境保护运动对投资的影响与初级劳动力不足等。祖国大陆经济发展的问题在于经济制度的转型引起的问题，如国营企业的改造与失业问题、产品质量与国际竞争力不高等。

目前，祖国大陆经济发展速度高于台湾，经济规模与实力也远在台湾之上。而祖国大陆经济实力的增强，也为中国的统一创造了物质条件与基础。特别是香港于1997年及澳门于1999年相继回归之后，为用“一国两制”解决台湾问题提供了经验，必将促进台湾与祖国大陆的最终统一。

(作者所在单位：中国社会科学院台湾研究所)

移动电话发展现状、存在的问题和对策

黄　培

随着社会的发展和科学技术水平的提高，世界已进入了信息时代。在这信息化浪潮中，我国的邮电通信业以令人瞩目的速度发展起来。1996年全国完成邮电业务总量1335亿元，比1978年增长38倍；全国城乡电话交换机总容量达到10864万门，电话用户达到6179万户，分别比1978年增长25倍和15倍；电话普及率达到6.33%，比1978年提高5.95个百分点。邮电通信业为推进国民经济建设迈出了扎实、稳健的一步。

在邮电通信业整体水平迅速提高的同时，移动电话业务迅猛发展。1996年移动电话用户达到685万户，无线寻呼用户达到2541万户，相当于电话用户的11.1%和41.1%，计算机互联网用户达3.4万户;新开通的数据通信用户达到14.7万户。

移动电话这种现代化的通信工具，从1983年诞生到现在仅仅经历了15年的历史。在我国，则仅仅有9年历史，但从“九五”时期开始，它向已经具有100多年发展历史的固定电话发起了挑战，成为邮电通信业发展的“新增长点”。我国的移动通信网无论是数量还是质量，无论是覆盖面积还是联网规模，都已进入世界先进行列，为推动经济的发展，促进社会的信息交流，发挥了重要的作用。它为什么能够在我国迅速发展起来?我国移动电话发展过程中存在什么问题?今后的发展应注意什么?本文对此进行了初步探讨。

一、我国移动电话的总体概况

随着全球化的信息技术革命，移动电话成为中国电信业务中来势最迅猛、发展最活跃的新秀。移动通信能力进一步加强，1996年移动交换机总容量达716万等效门，比上年增加351万等效门。其中，模拟移动通信交换机容量新增184万等效门，比上年增长34.5%;数字交换机容量新增167万等效门，比上年翻三倍。移动电话快速发展，用户数量成倍增加。到1996年底，移动电话用户已达到685万户，其中“全球通”GSM数字移动电话达164万户。移动电话普及率为0.56部/百人。通信服务质量得到改善，移动电话全网忙时接通率达到40.16%。移动通信网技术层次明显提高，移动电话实现全国联网漫游，范围已经扩大到28个省(区、市);数字网(GSM)覆盖到266个地(市)和1258个县(市)，并实现与新加坡、芬兰、德国等七个国家或地区自动漫游。移动电话的年业务收入比重迅速增加，1996年已接近全国邮电业务收入的1/10，相当于全国电信收入的1/8，不仅超过了有几十年发展历史的国有地方电话收入，而且接近本地固定电话收入。

(一) 发展历程 回顾我国移动电话的发展历史，大致经历了三个阶段:

第一阶段(1987～1993年)为起步阶段。主要是满足用户急需。1987年11月移动电话在广东珠江三角洲开始投入营运服务，那时整个中国大陆才有700个用户，多数是“三资”企业的高层管理人员和私营企业老板。到1990年开始对移动电话进行统计时，全国只有10个省(区、市)开通了此项业务，用户1.8万户。到1993年，全国大部分地区开展了此项业务，用户也扩展到63.8万户。

第二阶段(1994～1995年上半年)为发展阶段。实现了全国范围内AB两系统各自联网，以及后来的全国范围内的联网和自动漫游，从而使我国900兆MHZ模拟蜂窝移动电话成为世界上联网区最大，覆盖面最广的一个移动电话网。

第三阶段(1995年下半年至现在)为迅速提高阶段。我国引进世界上技术先进的GSM数字移动电话系统，它标志着我国移动通信由单一的模拟制进入模拟数字并存时代。可以称得上是一步到位，后来居上(见表一)。

1990-1996年移动电话完成情况

表一:

时　间	移动电话用户(万户)	模拟蜂窝移动通信交换机容量(万路)	数字蜂窝移动通信交换机容量(万路)	通信业务收入(亿元)	#中央国有移动电话收入
第一阶段					
1990	1.8	5.1		122.7	0.3
1991	4.8	10.5		176.4	0.8
1992	17.7	45.3		252	2.1
1993	63.8	156.1		392.3	9.4
第二阶段					
1994	156.8	361.1	10.5	611.4	26.2
1995	362.9	678.8	117.8	866.9	56.6
第三阶段					
1996	685.0	—	—		

注: 1996年交换机容量单位为等效门，与历年数据不可比。

移动电话从进入我国到现在，发展时间虽然只有短短的9年，但其用户数量已经与1990年我国城乡固定电话总户数相等，使我国成为举世瞩目的移动电话大国。随着世界市场国际化和信息现代化，移动电话将成为我国经济和社会发展的重要工具。

(二) 地区结构 我国的移动电话经历了一个由东到西、由城市到农村的发展过程。八十年代后期，移动电话刚在我国开通的时候，用户主要分布在经济发达的沿海地区和经济特区。1990年97%的用户集中在东部沿海地区，中部和西部地区仅占2.7%。1996年，我国移动电话用户的分布扩展到全国30个省、直辖市、自治区(见表二)。

各地区移动电话用户分布情况

表二: 单位: 户

地区	1990年	1995年	地区	1990年	1995年
全国	18319	3629416			
北京	3370	160370	河南	—	121708
天津	460	80273	湖北	—	124692

续表

地区	1990年	1995年	地区	1990年	1995年
河北	130	119979	湖南	—	121773
山西	—	41316	广东	11146	990583
内蒙古	—	21825	广西	—	99156
辽宁	622	197553	海南	—	31090
吉林	81	79197	四川	290	123021
黑龙江	—	132021	贵州	—	14088
上海	1743	168091	云南	125	20333
江苏	352	231434	西藏	—	1422
浙江	—	248036	陕西	—	35636
安徽	—	59844	甘肃	—	18467
福建	—	155048	青海	—	2561
江西	—	31550	宁夏	—	6968
山东	—	164502	新疆	—	26879

东部沿海地区的比重虽然还占多数(72.8%)，但与1990年相比，已下降24.2个百分点。经济比较落后的中西部地区比重分别为16.8%和6.9%。由此可见，移动电话的使用率与经济发展程度有高度的正相关关系(见表三)。

表三：全国部分省，自治区，直辖市移动电话用户比重

(全国=100)　　单位：%

1990年				1995年			
前五位地区合计	94.6	前五位地区合计	5.3	前五位地区合计	51.0	前五位地区合计	1.24
广东	60.8	江苏	1.9	广东	27.8	甘肃	0.5
北京	18.4	四川	1.6	浙江	6.8	贵州	0.4
上海	9.5	云南	0.7	江苏	6.4	宁夏	0.2
辽宁	3.4	河北	0.7	辽宁	5.4	青海	0.1
天津	2.5	吉林	0.4	上海	4.6	西藏	0.04

二、移动电话快速发展的原因及存在的问题

(一) 移动电话快速发展的原因　首先，社会化大生产和市场经济的发展，需要现代化的通信工具。当今世界已经进入信息时代，经济的发展，社会的进步，都要通过信息交流来推动。信息就是价值，信息就是财富。在现实的生产和经营活动中，在市场交易过程中，作为生产要素之一的信息传递速度的快慢至关重要。从某种意义上讲，信息已经关系到国家经济的强弱，企业发展的兴衰，个人致富的成败。而移动电话不受地点和时间，不受气候和环境的限制，是最便捷的信息传递工具。

第二，经济飞速发展，收入水平提高，使安装移动电话有了一定的物质基础。1996年我国国内生产总值达到67795亿元，与1990年相比，平均每年增长11.6%，中国成为世界上经济发展最快的国家之一。随着经济的高速发展，城乡居民收入明显增加，生活质量和消费需求不断提高，使得移动电话进入寻常百姓家成为可能。1996年与1990年比较，扣除物价上涨因素，城镇居民家庭人均生活费收入和农村居民家庭人均纯收入，分别每年增长7%和5.3%，生活水平明显提高。随着社会开放程度的扩大，居民生活消费支出中，用于交通通信的比重逐年增加。1996年与1990年比较，城镇居民家庭人均支出比重，由1.2%增加到5.1%;农村居民家庭支出比重由1.4%增加到3.0%，分别提高了3.9个百分点和1.6个百分点。家庭通信方式不断改进，由传统的书信或电报转为现代化的通信工具。

第三，国家的扶植政策，使移动电话迅速发展成为可能。一是，国家坚持积极引进，消化吸收，创新发展的战略，使我国的通信事业迅速崛起，抓住世界电子技术进步的机遇，及时引进一批现代通信设备、先进的生产线和生产技术。经过消化吸收和自我开发工作，使国产化水平达到80%。移动电话销售价格由2.2万元降低到500元左右，同装配住宅电话费用无太大的差别。通话费支出(包括使用频次和通话时间、不包括基本月租)也由每月每部400～500元降到250元，摘掉"贵族机"头衔的大哥大走进寻常百姓家。自费购买移动电话所占比重逐步上升，连农民都意识到信息与经济效益的关系。在农村购买移动电话者80%是那些希望尽快富裕起来的农民。"没有信息难致富""信息在手，生意往家走"道出了信息时代在奔"小康"的道路上广大农民的心声。移动电话从高档消费转为民用，顺势而起的自费移动电话市场，进一步推动了移动电话的建设和发展。二是，坚持高起点，采用新技术，利用国外先进技术，使信息化程度提高，通信质量良好，八十年代末，世界范围内新技术革命带来通信高技术的长足进步，移动通信主要动向是对传统技术实行全面更新，用数字体系代替模拟体系。我国引进这个技术成果，在高起点上发展，一步到位，使得我国移动通信网和移动电话用户数量很快跃居继美国、日本之后的世界第三，达到先期发展的西方国家水平。

第四，复杂的自然地理环境和多发的自然灾害促进了移动电话的发展。我国地域辽阔，地质条件复杂，三分之二为山地、丘陵和高原。在这样的地区，尤其在人员稀少的地方，架设有线线路和铺设光缆，成本高、组网难、形成规模经营更难。而这些地区经济正在启动，资源有待开发，对电话通信需求大，移动电话比较

适用。另外，我国还是一个自然灾害多发的国家。一旦灾害发生，移动电话则可发挥无与伦比的作用，受惠于它的人们称它为“救命线”。

第五，滞后的公用电话导致消费者将投资热点集中到移动电话。由于历史欠帐等原因，我国公用通信事业发展较慢，在“八五”期间，虽有较大增长，年均增幅达到79.15%，但到1995年全国只有公用电话用户84.98万户，每万人拥有公用电话只有7部，远远落后于其他国家(见表四)，公共场所打电话难的问题仍没有解决。随着市场经济的发展，日常商业活动异常活跃，股票交易量不断上升，匮乏的公用电话显然满足不了需要，致使移动电话的需求量急剧增加。

每万人拥有公用电话机数

表四: 单位: 台

国家	1990年	1991年	1992年	1993年	1994年
中国	0.4	0.5	0.7	1.3	3.2
日本	67.3	67.1	66.5	65.8	—
法国	32.3	40.8	30.9	31.9	34.5
意大利	75.4	76.2	71.7	77.1	74.3
美国	67.1	72.3	59.8	74.1	—
巴西	16.4	16.4	16.6	19.7	

第六，公款消费和盲目攀比，刺激了移动电话的发展。移动电话作为信息社会的高科技产物有其实用、方便的优点，许多公务需要使用它。但是，由于在公务配置上缺乏制度规范，加上各方面监督不力，用公款使移动电话为私人服务的现象仍相当普遍。另一方面，由于我国部分居民消费心理不健全、盲目攀比刺激了移动电话的膨胀。移动电话在某种意义上仍是权力、地位和金钱的象征，所以它成了许多人的追求目标之一。加之广告大力宣传移动电话具有省钱、面广、实用、方便等特点，使一批超前消费群体带动了移动电话市场的发展。

(二) 存在的问题

(1) 资金短缺。“八五”时期以来，国家对移动通信采取了扶持政策，加大了对西部的投资力度。但移动电话建设成本高，特别是在地广人稀的地区。东部一个省移动电话的资金，如果用于西部，有时甚至解决不了一个地、县的问题。目前西部经济发展还处于启动阶段，一方面许多地区的经济发展急需移动电话的支撑，另一方面各省经济起飞又需要大量资金的拉动，普遍还不具备自我发展移动电话的能力。资金严重匮乏成为西部移动电话发展的制约。“九五”期间，西部各省(区)邮电通信业普遍资金不足，许多省缺口超过1/3以上。

(2) 缺乏管理，价格混乱。近年来，移动电话发展很快，但与之相应的管理却没有跟上，各地市场自成体系，呈混乱无序状态。例如价格问题，深圳购机费、入网费最低，而北京最高。北京一部大哥大手机一般需5000～9000元，而天津仅4000～7000元，深圳为3000元。北京移动电话入网时的各种费用为4800元，天津为2290元，上海200元，而广州、深圳等地已经是免费入网。管理混乱，由地区之间差价之大可见一斑。

(3) 通话费用高、通话质量差。近半年来，电信部门采取了“不赚手机占市场”的战略，使移动电话手机的销售价格大幅度下降，与安装一部固定电话的价格差不多。但通话价即使用成本太高，与固定电话相比，基本月租和每分钟通话费用都高出一倍多(见表五)。

自费电话月租标准

表五:

品种	基本月租	每分种通话费用
住宅电话	21.60元	0.18元
移动电话	50.00元	0.40元

再有，为了降低通话成本，大部分移动电话持有者同时购买了寻呼机配套使用。两者费用加起来大大高于固定电话的使用成本，难怪许多人都说:“移动电话是买的起用不起。”

我国移动电话的速度虽然发展很快，但通话质量并不是很好。如:话音质量嘈杂、通话时常断线、漫游有时“迷路”、内容被人窃听、接通率低等。从有关部门最近公布的“用户选购‘大哥大’优先考虑因素”的调查资料得知，购买者优先考虑质量和优先考虑价格因素的比重分别是65%和14%。可见，提高通信质量已刻不容缓。

(4) 与世界平均水平的差距大。近两年世界移动电话平均每年增长速度为20%;其业务收入占电信业务总收入的比重由1990年的5%上升到1996年的10%;全球移动电话普及率达到2%，我国移动电话普及率只有0.56%。要达到全球平均水平，我们目前还差1900万部(见表六)。

世界部分国家移动电话普及率

表六:

国家	瑞典	挪威	芬兰	丹麦	美国	英国	加拿大	瑞士	意大利	奥地利
百人/部	16.0	13.7	12.9	9.7	9.3	6.9	6.8	4.7	3.9	3.5
位次	1	2	3	4	5	6	7	8	9	10

三、对策和建议

我国现正处在市场经济向高层次过渡的阶段，面对当今世界社会和经济发展走向信息化的趋势，我们应该利用世界先进的科学技术成果，加快移动电话的发展进程，缩短与发达国家的差距。“八五”期间，国家对通信的资金投入与社会产生的效益比例为1∶6。在今后的一段时间里，国家仍应把通信作为国民经济发展的重点。事实上，在邮电通信“九五”计划和2010年远景目标纲要中国家已经提出：到2000年初步建成一个覆盖全国的国家移动通信网，移动电话将达到2000万部，基本适应国民经济和社会进步的通信要求；2010年通信网络规模和技术层次进入世界先进行列，满足社会和经济信息化对通信的需求。为此我们建议：

1. 作为基础设施和先行官，移动电话的发展与社会经济发展要保持同步和适度超前，移动电话必须高于通信业的平均发展速度，迎接信息时代的挑战。

2. 应该看到我国与美国等发达国家在信息化方面还有很大的差距，因此要坚持高起点，大量采用新技术，加快移动电话与信息基础设施建设。要抓紧消化、吸收和自主开发工作，带动国有企业技术进步和通信产品结构更新。

3. 继续对发展移动电话在融资、用汇及经营政策上给予倾斜。开放移动电话市场，在完善网络统一性的前提下引入竞争机制，实现多渠道、多层次筹集建设资金，改变因资金短缺造成移动电话供不应求的现象。

4. 改善服务质量，不断开发网上新的服务项目，以满足社会各界不同层次的需求。按照市场竞争机制管理、规范移动电话市场，实现经济增长方式由粗放型向集约型的转变。

5. 加强对公款购置移动电话的管理。严肃查处工作需要以外，利用公款购买、使用移动电话的行为。

（作者所在单位：国家统计局综合司）

北京、上海、天津三直辖市改革开放与经济发展

北 京 市

农 业

农业生产基本稳定 1996年受粮食播种面积和较严重自然灾害等因素影响，全年粮食总产为23.7亿公斤，比上年减少2.3亿公斤。农业机械化水平进一步提高。农村机械总动力达到468.4万千瓦，比上年增长0.1%。农村用电量20.2亿千瓦小时，增长0.5%。“菜篮子”工程建设取得新进展。蔬菜生产加强了保护地和菜田滴灌设施建设，生产条件进一步改善，新发展菜田保护地2万亩，重点建设了8个蔬菜高科技示范区。全年蔬菜产量403.2万吨，增长1.6%；生猪出栏355.3万头，增长4.4%；鲜蛋产量24.7万吨，牛奶产量20.1万吨，保障了首都市场的有效供应。

工 业

工业生产稳步增长 1996年全市工业实现增加值569亿元，比上年增长6.8%。其中乡及乡以上工业完成增加值509.9亿元，增长7.6%。重点生产资料、支农产品、电子类产品增长较快。国有经济占主导地位，在乡及乡以上工业中，国有及国有控股企业增加值336.9亿元，增长3.9%，占全市工业的66.1%；集体企业99.7亿元，增长23.8%，占19.6%；三资企业127.4亿元，增长12.6%，占25%。产销衔接状况良好，工业产销率达98.2%，超计划2.2个百分点。其中国有企业100.2%，国有大中型企业100.1%。适合首都特点的高新技术产业发展态势良好。北京新技术产业开发试验区入区企业已达4506家，全年实现技工贸收入258亿元，增长29%，完成工业产值130亿元，增长61%。有20家企业进入全国高新技术企业百强行列，拥有了一批具有知识产权、技术含量高、增长潜力大的拳头产品。其中方正激光照排系统、时代硬度计等已成为国际知名品牌。

商 业

1996年实现社会消费品零售总额969.7亿元，比上年增长17.3% 销售额超亿元的商场有68家，比上年增加14家。城乡各类集贸市场1032个，工业品生产资料市场75个。以经营食品、副食品、日用百货为主的超级市场发展较快，年末达到82家，比上年增加24家；便民连锁店总部33家，比上年增加10家，下设门店613家；仓储商场已民发展到75家；243户国有菜店实行挂牌经营，对繁荣市场、方便群众生活发挥了积极作用。

财政、金融、保险事业

财政收支状况良好 1996年完成地方财政收入152元，较上年增长31.9%，增长幅度创历史最好水平。地方财政支出得到控制，全年支出197.3亿元，比上年增长27.8%。1996年末全市金融机构各项存款余额4378.9亿元，比年初净增926.2亿元，增长24.1%；贷款余额2082.8亿元，比年初增加371亿元，增长17.1%。贷款结构有所调整，重点支持了工业和三资企业的贷款需求。货币回笼情况良好，全年回笼货币36.4亿元，比上年增长27.3%。金融市场迅速发育。市资金融通中心与全国统一的资金拆借市场联网运行，累计融资达1607.3亿元，增长70.4%；全市证券机构各种有价证券交易额累计达5224.8亿元，其中股票交易额2900.6亿元，增长5.7倍。各金融机构组织兑付国库券本息85亿元。保险业健康发展。市级保险公司业务收入累计达39.4亿元，同比增长44.3%；保险理赔总额达12亿元。

固定资产投资

1996年全社会固定资产投资完成876.6亿元，较上年增长4.2%。 地方全社会固定资产投资完成584.2亿

元，增长1.1%，其中地方国有单位完成固定资产投资523.2亿元，增长0.8%。固定资产投资增幅有较大幅度下降，主要原因是房地产开发投资下降较快，尤其是高档房地产开发和高消费娱乐设施建设进一步得到有效控制。全市地方房地产开发投资289.6亿元，同比下降8.9%，其中外资项目133.1亿元，下降19.4%。与此同时，投资结构得到调整，加大了对第一、二产业的投资力度。第一、二、三产业完成投资分别为1.8亿元、143.3亿元和680.5亿元，比上年增长1.8倍、9.5%和4.1%，城市基础设施、农田水利、危旧房改造等方面的投入继续增加。在全市投资中，基本建设投资313.1亿元，更新改造投资168.7亿元，分别比上年增长18.2%和7.3%。

城市基础设施和住宅建设

1996年北京市一批与经济发展和人民生活密切相关的基础设施重点工程相继建成 京昌高速路全线通车，朝内大街道路改造工程竣工，十三陵抽水蓄能电站二号、三号机组并网发电，首都机场新航站楼、陕甘宁天然气进京长输管线等工程进展顺利。全年新增供电能力41.2万千瓦、燃气用户8.7万户、集中供热面积200万平方米，新开辟公共汽车线路18条，旅游车线路8条，调整延长线路37条，新联网开通公众电话交换机容量76.4万门。各类房屋竣工1418万平方米。住宅竣工812万平方米，其中危旧房改造竣工71万平方米，安居工程竣工60万平方米。

改　革

现代企业制度试点工作又有新进展 1996年，全市3户国家级试点企业方案已获批准，转入实施阶段;135户市级试点企业中的93户已确定试点方案。积极推进“优化资本结构”试点工作，进一步明确分类指导的工作思路，着重从扶优、限劣和放小三个方面制订具体工作方案。工业结构调整步伐加快，一批能带动全市产业结构升级的大项目陆续开工和投产。以优势企业为核心，组建企业集团，对一些连续亏损、资不抵债的企业进行破产、兼并。积极推进跨部门、跨地区的资源配置，纺织行业已成功地将10000纱锭转移到河南产棉区。增资减债工作收到成效，全市共有55户企业3.4亿元“拨改贷”资金本息余额转为国家资本金，并在分流企业富余人员等重点、难点问题上进行了初步尝试，在一定程度上减轻了企业负担。稳步推进价格改革，在保持物价涨幅回落的基础上，对公交地铁票价、自来水价格、城镇居民口粮销售价格、民用燃料价格等做了适当调整，缓解了部分突出的价格矛盾。金融体制改革继续深化，组建了全市第一家股份制地方商业银行——北京城市合作银行;283家农村信用社与农业银行北京分行脱离了行政隶属关系;中国人民保险公司北京分公司完成了财险和寿险分设工作。此外，商业、外贸和社会保障体制等方面改革不断推进。

对 外 开 放

1996年，北京市全年新批三资企业854家，协议外资13.4亿美元，实际利用外资创历史最高水平，达到22.6亿美元，比上年增长14.7%，其中外商投资企业实际利用外资15.5亿美元，增长10.7%;利用国外贷款7.1亿美元，增长24.6%。利用外资的质量继续提高。跨国公司投资继续保持增长势头，全年有32家跨国公司在京投资59个项目，协议外资4亿美元。到1996年底，全市累计有279家跨国公司和国际知名大公司在京投资。一批将对全市经济增长产生重要影响的外商投资项目取得较大进展。三菱四通大规模集成电路项目和松下彩管三期增资等项目已经启动。农业、金融领域对外开放不断扩大。投资总额达2790万美元的北京金荷花卉种植中心正在积极筹建之中。1996年底共有9家外资银行在北京设立分行。外贸进出口略有增长。全年进出口总值53.92亿美元，比上年增长1.6%。其中出口20.86亿美元，下降8.1%;进口33.1亿美元，增长8.8%。出口商品中初级产品比重比上年下降1.1个百分点。外贸出口格局和商品结构发生了新的变化，三资企业和生产企业自营出口增长较快，机电产品出口的比重增加。对外承包工程和劳务合作迅速发展。全市对外承包工程劳务、设计咨询119项，新签定合同额6.3亿美元，比上年增长1倍。全年完成营业额3.8亿美元，比上年增长68.6%。1996年接待境外旅游者218.9万人次，旅游外汇收入22.5亿美元;接待国内旅游者7683万人次，旅游收入359.6亿元。继续发展了与周边地区和兄弟省市的协作。外事工作更加活跃，国际交往日益扩大。

教育、科技、卫生、体育事业

坚持教育事业优先发展战略 1996年财政用于教育事业费支出达29.7亿元，比上年增长28.6%。市属普通高等院校毕业研究生、本科生和专科生1.26万人，中等专业学校毕业生1.32万人，职业高中毕业生2.21万人，技校毕业生1.4万人，普通高中毕业生2.52万人。积极推进高校办学和管理体制改革，在高校“合作”、“共建”办学方面取得一定进展。扩大高等职业教育试点，建立高中阶段职业教育与高等职业教育相互衔接的职教体系。基础教育试办“公办民助”和“民办公助”学校，取得一定成效。加强基础薄弱校的建设，制定具体政策、措施和工作目标，加大资金投入力度，全年共投入资金1亿元，促进了学校办学整体水平的提高。

科技事业继续发展 1996年末全市拥有各类专业

技术人员118万人，比上年末增加3万人。全市科技经费投入145.2亿元，比上年增长17%。科技与经济进一步结合，'96北京工业企业难题招标、高等院校及科研院所成果转让洽谈会共签约203项，协议金额5.3亿元。科技八项工程不断推进。技术市场发展较快，全市合同总交易额达45.8亿元，比上年增长11.3%，开发出一批具有中国自己知识产权的高科技产品。

医疗卫生条件继续改善，卫生保健工作取得较好成绩 1996年末全市共有医疗卫生机构6470家，其中城乡医院405个，卫生技术人员11.7万人，病床6.68万张。医疗卫生服务水平继续提高，主要传染病发病率保持平稳。全面落实计划生育政策，全市计划生育率达到99.25%，人口自然增长率控制在2.68‰。

体育事业取得显著成绩，竞技水平不断提高 1996年，北京市的运动员在第二十六届亚特兰大奥运会上，获金牌1枚，银牌7.5枚，与湖北省并列全国第一名。全面实施《全民健身计划纲要》，群众健身运动广泛开展。

人民生活

1996年北京市城镇居民人均生活费收入6885元，农民人均纯收入3600元，扣除物价上涨因素，实际收入分别增长5.1%和5%。城乡居民储蓄存款余额1707亿元，比年初增加451.9亿元，增长36.1%。城镇居民人均住房使用面积13.8平方米，比上年增加0.6平方米;农民人均生活用房面积25平方米，比上年增加0.3平方米。以解决低收入群众的生活困难为重点，完善了最低工资制度、城镇居民最低生活保障制度、离退休人员离退休金正常调整制度，推行了城镇居民"粮油供应帮困卡"措施，对农村贫困人员发放了临时救济补助金。

(北京市政府研究室　高香信)

上　海　市

1996年，上海市国民经济持续快速增长，有效地抑制了物价上涨幅度，经济运行稳定性显著增强。经济体制改革和对内对外开放不断深化，浦东新区功能开发势头强劲，城市基础设施建设积极推进，城市功能得到进一步拓展，科技、教育、文化和各项社会事业蓬勃发展，城乡人民生活继续改善。

国民经济快速增长

1996年，上海继续加强宏观管理和综合协调，实施"科教兴市"战略，加快经济运行机制与经济增长方式的转变，着力提高国民经济的整体素质，重视发展规模经济，大力提高经济效益。同时，以深化企业改革为重点，相应加大财政、金融、投资机制等方面的改革力度，坚持以改革促发展。1996年完成国内生产总值2877.8亿元，比上年增长13%，连续五年保持国民经济两位数的增长。全年人均国内生产总值达到了22086元，继续高于全国平均水平。全市第一产业实现增加值75亿元，比上年增长5%，农业总产值比上年增长了5.8%。第二产业实现增加值1589.5亿元，比上年增长11.8%。工业经济保持较好的发展势头，生产、销售、出口和工业增加值的增长幅度均达到两位数，工业总产值增长15.5%，产销率为97.8%，工业经济效益综合指数达到122。全市第三产业增加值1213.2亿元，比上年增长16.4%。

在经济持续快速增长的同时，控制物价上涨取得显著成效。由于高度重视物价控制工作，合理安排地方价格改革的内容和力度，运用行政手段严格控制自发涨价部份，保证了物价涨幅明显回落，1996年全市商品零售价格上涨5%，涨幅比上年降低8个百分点，居民消费价格总指数为109.2，物价涨幅低于全国平均水平，也低于经济增长幅度，在全国35个大中城市的排位居中偏后。总体经济效益稳定提高，全年地方财政收入288.5亿元，比上年增长26.9%，增长幅度高于全市国内生产总值增幅的一倍，综合经济实力进一步增强。

加快产业结构调整

1996年，上海坚持"三、二、一"产业发展方针，加大经济集约化程度，把推进产业结构战略性调整同加快转变经济增长方式紧密结合起来。对应当形成规模效益的产业，积极推进规模经营;对优势产业、优势产品的扩张以及新经济增长点的培育，坚持从发展经济规模入手。通过进一步壮大工业支柱产业及高新技术产业的发展规模，着力抓好大联合、大集团、大项目和积极寻找第三产业新的发展领域，加快结构调整步伐，使上海的产业结构继续优化。

（一）以金融、交通通信、房地产等为重点的第三产业对全市经济增长的推动作用日益明显 第三产业增加值占全市国内生产总值的比重上升到42.2%，比上年提高了二个百分点。加强监管力度，使金融市场在规范中发展，全年证券成交额达到27661.5亿元。上海航运交易所挂牌运作。继续推进外滩房屋置换，加快住房商品化进程，房地产二、三级市场开始启动。抓紧佘山国家旅游区的开发起步，全市旅游业趋于活跃。城乡市场繁荣活跃，社会消费品零售总额比上年增长19.7％。

(二) 支柱产业和高新技术产业已成为上海工业发展的主要推动力 汽车、通信设备等六大支柱产业在工业经济中继续占主导地位。通过狠抓市场短缺、新颖优质产品的增产扩销，尽快提高桑塔纳轿车2000型、数字程控交换机、大屏幕彩电等新一代产品的比重。六大工业支柱产业的产值占全市工业总产值的比重达到50.7％，其新增产值占全市工业的54.4％，实现利税占全市工业利税总额的60％。切实抓紧一批大项目的建设，高新技术产业迅速成长并逐步形成规模，现代生物与医药、集成电路与计算机产业的产值分别比上年增长25％和50％，占全市工业总产值的比重达到14.8％。扎实推进“三改一加强”，传统工业加大调整改造力度，全市地方工业完成技改投资244.4亿元，比上年增长29.6％。技改资金投向安排切实体现产业政策，优先扶持改革好、改组好、管理好的企业，真正向重点产业、重点企业、重点产品倾斜，从政策上支持企业积极开发技术含量高、附加值高、市场占有率高、出口换汇率高的新产品、新品种。同时，促使一批大型企业集团与科技机构相结合，加快建立技术开发基地，又有一批技术含量高的工业骨干项目开始建设，工业产品结构不断优化。

(三) 现代化农业建设取得初步成效 农业获得丰收，粮食总产量超过42亿斤，主副食品生产与流通“一条龙”建设有新的突破，新一轮“菜篮子”工程向规模化、市场化方向发展迈出新的步伐。农副产品供应有较大增长，价格保持平稳。随着产业结构进一步优化，上海经济的抗波动能力正在逐步增强。

投资与建设适度增长

1996年固定资产投资总量适度增长，新开工项目得到有效控制，投资结构继续调整，投资效益继续提高。全年完成固定资产投资总额1980亿元，实际增长15.5％。全年新开工项目1971项，比上年减少369项。固定资产投资结构向重点项目和第三产业倾斜。全年40个重点项目完成投资占全市总额的18.2％，第三产业完成投资比上年增长20.4％。

(一) 加强基础设施建设 1996年，上海用于城市基础设施投资355.2亿元，比上年增长29.7％。重点抓好一批影响全局的重大项目，继续完成与人民生活密切相关的十件实事，继续加快住宅建设，基础设施建设取得丰硕成果。沪宁高速公路上海段建成通车，增强了与苏南地区的交通联系，上海的辐射能力进一步增强。延安路高架西段、延安东路隧道南线、地铁一号线延伸段等工程全面竣工，进一步改善了市内交通状况，促进立体化交通网络的框架不断完善。基本建成上海图书馆新馆、世界贸易商城等工程。延安路高架东段、沪闵路漕溪路高架一期、徐浦大桥、八万人体育场等在建项目进展顺利。一批事关上海发展全局的重大基础设施工程相继展开，浦东国际机场、外环线一期、地铁二号线、信息港等工程开始启动，沪杭高速公路上海段、东海天然气等工程正在抓紧建设。1996年，上海城市基础设施拥有量又有新的提高。全年住宅竣工1230万平方米，拆除危棚简屋71.1万平方米，又有8.6万户居民迁人新居。城乡电话、自来水、燃气普及率进一步提高。上海电话交换机总容量已达455.5万门，电话用户总数达到303万户。全市新增自来水日生产能力323万吨，供水管道长度达到10625公里;新增煤气日生产能力38万立方米，煤气管道长度达到5294公里;新增城市道路长度110公里;新增城市下水管道582公里，日污水处理能力达到189万吨。

(二) 完善城市管理，加大城市环境整治力度 1996年，上海市中心区二氧化硫的日平均浓度已达到国家居民区标准，新建噪声达标区74.4平方公里，全市已建成噪声达标区面积达到238.8平方公里，已建成烟尘控制区470平方公里。苏州河环境综合整治着手启动。合流污水一期工程日均截流污水量达137万吨。城市园林绿化面积继续扩大，全年新增公共绿地205公顷，1996年末市区绿化覆盖率为17％，市区人均公共绿地面积比上年增加0.27平方米。在全国27个重点城市环境综合整治定量考核中，连续两年进入前十名，名次由上年的第10名上升为第7名。旧区改造继续抓紧推进，一批新建筑相继落成，增添了城市现代化气息。

综合配套改革

1996年，上海以国有企业改革为中心环节，积极推进现代企业制度、国有资产管理体制、社会保障制度、住房制度等各项改革。

(一) 坚持整体搞活国有经济 国有资产管理体制改革继续推进，市级国有资产授权经营的控股公司已达36家。全面推进现代企业制度改革，试点企业由原来140家扩大到250家，已覆盖全市国有资产总量的80％。继续实施增资减债“六个一块”的措施取得实效，地方国有工业企业资产负债率在1995年下降7个百分点的基础上，1996年又下降6个百分点。“抓大放小”迈出重大步伐，制定并实施了加快发展大型企业集团和放开搞活小企业的扶持政策。着力于打破部门之间、行业之间、地区之间的各种界限，扶植和发展以支柱产业和骨干企业为龙头，以资产为纽带，以提高国内外市场占有率为目标，以科工商贸为一体的综合性、多元化的大型企业集团，使之发展壮大成为国民经济的支柱。上海化工控股(集团)公司和医药管理局合并，组建了华谊(集团)公司，同时组建了承担医药行业行政管理职能的新的上海市医药管理局;上海机电控股(集团)公司和上海电气(集团)总公司合并，组建了新的电气(集团)总公司;海外公司和上海实业(集团)有限公司合并，组建了新的上海实业(集团)有限公司。正在筹建中的几个大集团加快工作进度，已组建的集团公司通过资产运作，集聚生产要素，并把经营触角延伸到相关行业，发挥规模经济优势。同时，采取收购兼并、租赁、出售和股份合作制等多种形式放开搞活小企业。市属轻工系统有231家国有小企业和集体企业先行试点，下放到区县，发挥区县综合配套能力强、回旋余地大、吸纳安置职工就业渠道多的优势，促进小企业更好更快地走向市场。1996年，上海企业兼并和破产的工作力度进一步加大。按照法律、法规和有关规章，依法办事，规范运作，使企业优胜劣汰的机制在市场竞争中逐渐形成，全年有59家国有企业被优势国有企业兼并，43家扭亏无望的国有企业按法定程序实施破产。

(二) 认真实施"再就业工程" 1996年，上海市继续动员全社会力量，共同实施和推进"再就业工程"，积极探索和推出解决下岗待工人员转岗就业的新举措。即建立一个模式、形成两个机制、开辟三个资金来源、界定三个资金用途、强化四个分流渠道。建立一个模式，就是发挥政府、社会、企业和职工四个方面的积极性，建立"再就业服务中心"，由这个中心对下岗待工人员进行托管，帮助困难企业多方开拓下岗待工人员安置渠道，并把促进再就业与保障生活结合起来。形成两个机制，一个是逐步形成企业优胜劣汰的良性循环机制，下岗待工人员由"再就业服务中心"托管，为加快实施企业破产创造了条件;一个是逐步形成再就业的良性循环机制，"再就业服务中心"吸纳下岗待工人员，负责培训和管理，帮助安排再就业。下岗职工与原有企业脱离，离岗、离厂，但不离系统、不进社会。这既保障了职工的基本生活，又保持了社会的基本稳定。开辟三个资金来源，就是"再就业服务中心"的资金，由政府、社会、控股(集团)公司三方面共同筹集。界定三个资金用途，就是这笔资金主要用于被托管职工的基本生活费、门诊医疗费和社会保险费。强化四个分流渠道，一是条块结合，向区县分流。二是工商结合，二产向三产转移。三是生产自救。四是自谋出路。这些举措已在纺织、仪电两个行业进行了试点，通过"政府推动、条块结合、中心运作、多向分流"的方法，探索形成再就业的良性循环机制，取得了初步成效。纺织、仪电两个系统建立了再就业服务中心，初步形成再就业运行机制。1996年全市共分流安置地方国有、集体企业下岗待工人员23.5万人次，使下岗待工人数稳定在1995年末约20万人的水平。

1996年还推出了公交体制改革和城镇企业职工住院医疗保险、机关事业单位公费医疗制度改革，初步形成了以基本保险、补充保险和社会救助为主要内容的社会保障体系，住房商品化程度有了新的提高，为深化企业改革创造了外部条件。为了适应特大城市发展的要求，初步成了市区"两级政府，三级管理"、郊区"三级政府，三级管理"的城市管理新体制框架。制定和实施了相应的配套政策，扩大了区县的发展权，使区县经济继续保持快速增长，在全市工业新增产值中郊区工业新增产值占60%以上，区县财政收入占全市在比重超过50%。同时，区县政府在基础设施共建、分担再就业工程、放开放活小企业、改善城区管理等方面，与市政府有关部门齐心协力，共同负责，开创了建设和管理的新局面。

浦 东 开 发

1996年，上海坚持抓好清东新区形态开发和功能开发，积极做好外资银行经营人民币业务试点的前期准备工作，探索研究吸引国内外大公司总部或地区总部进入浦东的政策措施和管理办法，集中力量建设支撑浦东开发的"大工程、大项目"，加速新区的功能开发。新区基础设施建设又有新进展。全年共完成城市基础设施建设投资97.22亿元。年内相继开工了远东大道、龙东大道等10余项工程。重点小区功能开发加速推进。陆家嘴金融贸易区在已经开发的3平方公里区域内，金融区、贸易区、商业区、沿江旅游区和现代化生活园区等功能团组已初步形成。至1996年末，已有50幢大楼竣工投入使用，其中，以银行、证券、投资信托等功能为主的20幢金融贸易大厦招商工作已全面展开，为功能开发提供了现代化载体。上海产权交易所、上海房地产交易中心等一批市级、国家级中心市场纷纷落户浦东;外高桥保税区当年进区项目560项，进出口货物总值17亿美元，IBM、惠普、英特尔、飞利浦等一大批国际知名高科技公司以及加工贸易、保税仓储和产品分拨中心等项目前来落户，港口经济发展迅速，货物吞吐量达350万吨，集装箱运输量达34万标箱;金桥出口加工区当年进区企业38个，累计已投产企业141家，全年工业总产值154亿元;张江高科技园区全年引进项目11个，至1996年末，已有23个高科技产业项目签约，国家生物医药基地和联信、罗氏总部进驻园区，强化了高科技功能定位。

1996年浦东新区经济发展保持良好势头，全年浦东新区实现增加值510.2亿元，比上年增长20.2%，第三产业增加值占全部增加值的33.4%。全年完成工业总产值1132.06亿元，比上年增长18.2%;外贸出口总值32.13亿美元，增长15.7%;社会消费品零售总额140.2亿元，比上年增长27.3%。至1996年末，浦东新区已吸引了58个国家和地区的外商前来投资，63家国际著名跨国公司落户新区，各类合资、独资项目已达4303个，吸收协议外资达到124.48亿美元。

对外开放

1996年，上海对外开放工作力度加大，全市对外贸易和利用外资连续三年保持较高水平。外贸、外汇及关税体制改革进展顺利，口岸功能进一步完善，上海口岸全年进出口商品总值突破500亿美元大关，达到528.7亿美元，比上年增长9.8%。全年本市外贸进出口总值222.3亿美元，比上年增长16.8%。其中，出口总值132.4亿美元，增长14.3%，高于全国平均增长水平10个百分点。1996年，上海批准外商直接投资合同项目2106项，吸收协议外资110.7亿美元，比上年增长5%。全年外商直接投资实际到位金额47.2亿美元，比上年增长45.1%。外商投资项目规模扩大、领域拓宽、质量提高。投资大项目明显增加，项目平均规模比上年增长42.2%，总投资金额在1000万美元以上的项目有220项，吸收协议外资90亿美元，占全年外商直接投资协议金额的81.4%。利用外资建设内销房有新的突破。金融领域对外开放不断扩大，外资金融机构和办事处已达193家，先后有8家外资银行获准经营人民币业务，上海已经成为国内外资金融机构数量和种类最多的城市。此外，跨地区经济合作进一步拓展，全年本市工商企业到国内各地开厂设点项目共计280项，直接投资金额20亿元。上海利用各种渠道积极招商，努力开拓海外市场，多渠道、多层次地发展对外经济合作，使对外承包工程和劳务合作涉及的国家和地区已发展到130多个。

科技、教育与社会各项事业

全国实施科教兴市战略，科技与经济结合有新的进展。以水稻基因组研究为代表的生命科学研究获重大突破，整个高新技术领域又取得一批新的科研成果，全年共取得重大科技成果1094项，全年科技成果推广应用率达到84.1%。采取多种模式进行了科研机构进入企业的改革试点。教育改革和发展步伐加快，实施素质教育、推进高校布局结构调整和改革办学体制取得新的进展。教育资源进一步优化，教育质量全面提高。

全市医疗卫生系统继续推进医疗制度和医疗费用改革，医疗服务质量有所改善，医疗费用得到有效控制，中心城区的市容卫生整治初见成效。

文化事业繁荣发展，上海博物馆、上海图书馆新馆建成开馆。成功举办了首届亚太地区特殊奥运会和第三届全国农民运动会。

法制建设取得新的成效。反腐倡廉深入推进，“严打”斗争取得明显效果，社会秩序稳定。群众性精神文明创建活动进一步引向深入。全市精神文明建设呈现积极、健康、向上的发展态势。

人民生活水平和生活质量继续提高。圆满完成了改善人民生活的各项实事项目。在全社会的共同关心下，社会帮困正在形成网络化、制度化的工作机制，困难企业职工和低收入市民的基本生活得到保障。全市职工年平均工资和农民家庭人均年纯收入，扣除物价因素实际增长4.3%和4.5%。城乡居民消费水平不断提高，消费结构渐趋合理，城乡居民生活质量进一步提高。

（上海市政府研究室　郑祖国）

天　津　市

国民经济发展概况

1996年，天津市改革开放步伐进一步加快，国民经济持续、快速、健康发展。经济社会发展有以下主要特点：

（一）经济运行呈现“高增长、低通胀”的良好局面　国民经济快速发展，国内生产总值实现1102.10亿元，比上年增长14.3%，增幅居全国第二位，提前4年实现比1980年翻两番的目标。三次产业全面发展，第一产业增长3.7%，第二产业增长14.7%，第三产业增长15.5%，占国内生产总值的比重达到40.5%。财政收入完成137.45亿元，较上年增长15.8%。全市零售物价涨幅5.1%，比上年回落5.5个百分点。经济运行的质量和水平进一步提高，综合实力明显增强。

（二）经济增长结构得到调整　滨海新区继续保持强劲发展势头，已经成为全市最大的经济增长点，对全市经济增长的贡献率达到43%，占全市国内生产总值的比重提高到29%。三资企业高速发展，成为拉动全市国民经济增长的主要力量，对全市工业总产值增长的贡献率达到73%，外贸出口占全市的比重上升到53.7%，实现利润总额占全市的79.4%。机械及汽车、电子、化工、冶金四大支柱产业发展较快，主体作用进一步增强，增加值占全市工业的48%。

（三）利用外资规模继续扩大　全年利用外资协议额39.2亿美元，超过上年水平，实际到位20亿美元，增长

31.9%。500万美元以上的大项目有115个，增长29.2%；国际大公司、大财团在津落户已达190多家。

（四）零售市场繁荣活跃 全市社会消费品零售总额实现470亿元，增长25.8%。吃、穿、用商品全面增长，农村市场增幅高于市区，餐饮业经营方向转向大众消费。

（五）外贸出口再创历史最高水平 外贸出口实现40.5亿美元，增长25.8%。出口结构进一步调整，机电产品出口大幅度增长。

（六）金融形势保持稳定 金融机构存差扩大，融资能力增长，存款增加大于贷款增加102.34亿元。

（七）城市载体功能日趋完善 基础设施建设步伐加快，拓宽了一批交通干线，新建、扩建了一批批发市场和大型商业设施，城市面貌发生了新的变化，城市环境综合整治居全国前列。

（八）各项社会事业全面进步 科教兴市战略加快实施，精神文明建设成效显著。社会治安继续保持全国最好地区之一。

农村经济

1996年，农村经济增长速度保持了良好的发展势头。国内生产总值完成435亿元，比上年增长23.1%；三次产业比重由上年的18.9：51.8：29.3进一步调整为16.5：51.3：32.2。农民人均纯收入达到3142元，增长24.1%，人均纯增611元。新建小康村765个，明星小康村72个，小康乡镇19个。提前完成了扶贫攻坚计划，175个贫困村人均超过了1300元的最低标准，平均达到1550元。

（一）农业生产获丰收 1996年发生35年来罕见的干旱，汛期又发生了洪涝灾害，但是，大灾之年又获丰收，全年粮食总产达41.4亿斤，基本保持了上年水平。全市实行粮田规模经营的村数达2739个，占全市有粮田村总数的70.9%；实行粮田规模经营的总面积达232.3万亩，占粮田总面积的48.6%。通过专业承包型。农场集中型、产业化带动型、集体服务型等多种形式，提高了规模效益，促进了粮食的增产增收。推进新一轮"菜篮子工程"建设后副食品生产的品种调剂和单产都有提高。蔬菜总产达到446.72万吨，较上年增长3%。肉类、禽蛋产量分别达到22万吨，分别增长4%和2%，开始进入了一个新的发展周期。奶品产量11万吨，增长1.6%。水产品总产15.7万吨，增长2.7%。

（二）乡镇企业持续稳定增长 1996年，全市乡镇企业达7.6万家，固定资产总值265亿元，职工总数105万人，占全市农村劳力总数的57%。营业收入实现1098亿元，增长31.4%，占农村社会总收入的85%；工业增加值实现228.9亿元，增长37.9%，占农村国内生产总值的53%。1.乡镇企业继续为城市工业协作配套，承担了汽车、机械和电子工业等加工任务，成为全市工业体系中不可分割的重要组成部分。2.集约、规模程度又有了新的提高，组建128个乡镇企业集团，兴办120个乡、村工业小区，大邱庄百亿元工业区等已产生了明显的集聚效应。3.依靠科技进步，推动乡镇企业素质不断提高，又有一批产品获得市级名牌称号。4.重点骨干企业科研开发机构相继建立，技术改造力度不断加强，技改投入比重超过50%，全年重点技改项目达700多个。5.乡镇企业改革力度进一步加大，全市累计改制乡镇企业5381家，占乡村集体企业总数的52.2%，其中股份合作制3839家，股金总数23.4亿元，个人股为7.4亿元；拍卖、租赁、兼并小微亏企业1641个。

（三）农村外向型经济取得突破性进展 一是利用外资大幅度增长。1996年，新批外商投资企业332家，协议总投资9.3亿美元，协议外资6.8亿美元，比上年增长37%。三资企业累计达到2421家，协议总投资累计达到43亿美元，协议外资额累计达到29.2亿美元，外资到位额累计达到9.6亿美元。二是三资企业经营情况良好。已开业三资企业121家，完成产值135亿元，销售收入122亿元，利税7.2亿元，创汇4.8亿美元，三是外贸出口特别是自营出口增长较快，实现出口交货值131.7亿元，增长39.6%，自营出口企业完成出口创汇4701万美元，四是区县开发区已初具规模。1996年总计批租土地7338亩，收回土地出让金4.58亿元，协议外资6.13亿美元。累计批租土地20371亩，占区内可出租土地的70%；基础设施累计出让金13.09亿元，占应收回的69.8%。五是农业利用外资进展顺利。1996年农业创汇实现240家，总投资5.8亿美元，协议外资3.5亿美元，并形成了肉牛、肉鸡、火鸡、海淡水养殖、腌制菜、果品等出口创汇基地。

工业概况

1996年，全市工业战线千方百计地克服各种困难因素，各项工作取得了新的进展。

（一）全市工业保持发展好势头 全市工业增加值584.62亿元，比上年增长14.75%。经委系统完成工业增加值237.25亿元，增长4.28%。工业系统完成工业增加值率22.84%，增加0.34个百分点，完成工业总产值1314.8亿元，增长19.3%。全部国有经济增长13.9%。纯国有工业增长4.9%，是近几年国有工业生产增长最高的一年。轻重工业协调发展，分别增长20%，18.8%。产品销售收入稳步上升，乡及乡以上工业销售产值增长17.3%，产销率97.42%。市管工业产销率98.24%，超过国家经贸委96%的要求。产品出口继续保持良好的发展势头，在进出口政策调整、产品出口难度加大的情况下，市管工业系统全年完成出口供货值95亿元，增长11.8%。全市机电产品出口创汇累计完成1656亿元，增长57%，再创历史新水平。自营出口创汇完成2.72亿美元，高于市下达的2.5亿美元的指标要求。

(二) 国有企业改革不断深化 列入国务院确定的百户试点企业的汽车。钢管和大港石油都进入了实施阶段。工业系统列入本市试点的102户企业中，实施方案经过论证审批的已有94户，其中50户已完成公司制改组并挂牌运营。在"抓大"方面，围绕发展壮大四大支柱产业，巩固培育和发展了23个企业集团。工业系统实现改制的小企业累计达到514户，占全部小企业的70.3%。

(三) 嫁接改造工作取得较大进展 1996年有65户企业完成嫁接改造调整任务，使嫁改调企业总户数累计达到195户，占国有大中型企业的62%。利用外资嫁接改造老企业在困难加大的情况下，取得历史最好水平。全年利用外资项目签约81项，投资总额11.42亿美元，直接利用外资额8.48亿美元，增长8.7%。全市技改完成投资额49.6亿元，增长17%。

(四) 外商投资企业保持良好发展势头 工业系统外商投资企业新开业运营44家，累计达到438家。实现工业总产值257.43亿元，增长246%，占工业系统完成工业总产值的41%，已成为工业经济的主要组成部分和主要增长点。实现利税22亿元，增长15.6%；出口收入6.54亿美元，增长119.28%，呈现出稳步增长的良好发展势头。以奥的斯、三星电视机和录像机、史克制药、东洋油墨等为代表的一大批机械、电子、轻工产品已成为拳头产品。津英纺纱。三星电机等企业通过国际市场渠道，成为外贸出口的主要增长点。LG电子、武田制药、锦湖轮胎、汽车发动机等主导产品的成功投入，使一批境外配套企业相继投资本市。

(五) 技术创新工程实现高起步 围绕技术创新工程，加快产品结构调整，1996年完成新产品试制2000种，投产1600种，分别增长25%和14%。全年实现新产品产值142亿元，增长29%。累计建立国家级技术中心4个，工业性试验基地10个。审批公布了在本市注册的59种名牌产品，实现年销售额214.54亿元，利税30.68亿元，有27家企业通过质量体系认证。

(六) 兼并破产工作取得突破性进展 1996年完成68户企业的兼并，盘活资产存量12.3亿元。有12户企业完成或进入了破产法律程序，可冲销呆帐准备金8.4亿元。截止1996年末，已累计完成企业兼并260户，盘活资产17亿元；累计破产20户，冲销呆帐金9.2亿元。

国内贸易

1996年，全市商业取得新的突破和阶段性进展。商业增加值实现95.6亿元，比上年增长15.2%；全市社会消费品零售额实现470亿元，增长25.8%；社会消费品零售额连续三年上了三个台阶，实现了23%以上的增长速度。

(一) 市场宏观调控能力有了新的提高 商业系统团结协作，认真实施市政府三项"民心工程"，在"生猪活储鲜销"、扩大"国有副食店卖菜"和"便民粮油店"连锁经营上全力以赴。活猪鲜销店达9家，经营蔬菜副食店180家，又有155家便民粮油店实行连锁经营，一批国有骨干店的主渠道调控能力显著提高。在全市范围内广泛推开"文明经商五项承诺"、"百城万店无假货"、讲信誉、卖真货、树形象"等一系列活动。商业的窗口服务水平有了新的提高，在第二届中国烹饪世界大赛上，天津团取得金牌名次、奖牌总数第二的好成绩。

(二) 市场体系和商业设施建设保持良好势头 全市主要批发市场成交额实现4041亿元，增长3倍，其中期货交易运作平稳，快速增长，成交额实现3873亿元;现货交易实现168亿元。重点项目进展顺利，大胡同小商品批发市场二期工程、中山路服装城。金钟蔬菜批发市场、蓟县仔猪市场、宝坻生猪市场和武清大沙河蔬菜批发市场已经建成开业。1996年新增各类市场68个，总面积达47万平方米，总投资3.77亿元，其中吸引各地资金1.09亿元，新增交易额25亿元。全市市场规模扩大，硬件档次提高，整体上开始朝着布局合理化、经营专业化的方向发展。市场和商业设施规模不断扩大，为"九五"期间全市商业持续发展增添了新的后劲。成功地举办了天交会、小交会、百交会、建材会、中药药材、食品工业等12个全国性商品交易会、展销会和20多个地方性、区域性商贸会，全年成交额达336亿元，全市商贸流通功能又有了新的提高。按照市委西进东出战略，与冀、新、甘、内蒙古四省区签订了36个合作项目，贸易总额超过2亿元，推进了国内市场的开拓，扩大了与外省市的合作交流。工商联手举办"天津纺织名牌产品畅销产品金秋展销活动"，为一批工业企业的25个系列近千个花色品种搭台展卖。全市商业系统招商引资工作取得新的成效。全年协议外资额8073万美元，增长9.1%；外资到位额3252万美元，完成年计划的203%，进一步扩大了对外开放的格局。

对外经济贸易

1996年全市各项外经贸工作都取得了可喜的成绩。

(一) 对外贸易取得突破性进展 全市外贸进出口总值完成82.97亿美元，比上年增长31.19%，其中进口完成42.48亿美元，增长39.63%。主要特点是，三资企业出口大幅增长，出口商品结构明显改善。三资企业出口完成21.52亿美元，增长145.9%，占全市出口总额的53.14%，全市机电产品出口4.84亿美元，增长79.9%；

技术出口1.58亿美元，增长57%。

(二) 直接利用外资持续健康发展 全市新批外商投资企业1087家，协议外资额39.24亿美元，增长1.9%；实际利用外资20.06亿美元，增长31.6%。直接利用外资主要特点：一是大项目多，外商增资踊跃。1996年累计新批500万美元以上大项目115个，协议外资额20.98亿美元，分别增长29.2%和72.1%。1996年有181家外商投资企业追加投资，增资总额9.2亿美元，其中外方增资7.7亿美元。二是国际跨国公司投资势头不减。1996年国际跨国公司在津投资项目65个，协议外资额13.3亿美元，累计已有189个国际跨国公司在津投资，投资项目284个，协议外资额42.4亿美元，增长40.90%，其中工业生产总值99.94亿元，占全市的43.2%；实现盈利68.68亿元，增长25.40%；上缴各项税金25.85亿元，增长21.00%。

(三) 外经旅游工作发展势头良好 全市签订对外承包劳务合同额1.58亿美元，增长32.80%；实现营业额8809万美元，增长8.51%；外派工程劳务人5458人，增长45.28%。年末在外人数达10033人。全市接待国际旅游23.33万人，创汇1.52亿美元，分别增长16.5%和14.4%。

(四) 对外交往进一步扩大 成功的举办1996年中国天津出口商品交易会。有来自日本、美国及香港等73个国家和地区的客商到会。进出口成交6.1亿美元，比上届增长8.9%，其中出口成交5.83亿美元，增长14.3%；进口成交2700万美元。

交通运输邮电通信业

1996交通运输邮电通信事业稳步发展，全市交通运输、邮电业增加值107.32亿元，较上年增长14.7%。

(一) 交通运输生产持续增长 天津港完成货物吞吐量6188.3万吨，港口集装箱吞吐量完成82.3万标箱，居全国第二位，具备了接卸第五代集装箱船的能力，旅客进出港人数达到58.65万人次；铁路货物发送量完成6716.5万吨，旅客发送量完成2928.9万人次，其中，天津地区的货物发送量完成1844.7万吨，旅客发送量完成1578.7万人次；全市公路货运总量完成19877万吨，公路客运总量完成1300万人次，水运货物运输量完成1236万吨；民航旅客运载量完成88.8万人次，货邮吞吐量完成11.7万吨，分别较上年提高17.3%和103.8%，全年天津经阿拉山口出境专列完成过境集装箱8966标准箱，亚欧大陆桥运送量居全国首位，创历史最好水平。

(二) 邮电通信业快速发展 1996年完成邮电业务总量25.7亿元，比上年增长37.4%，其中，电信业务总量完成23.26亿元，邮政业务总量完成2.4亿元，分别较上年增长39.8%和17.9%。到年底邮政储蓄余额达到49亿元。市内电话交换机容量达169.4万门，1996年净增19万门，电话机拥有量174.7万部，比上年增长28.8%。长途电话交换机76680路端，发展移动电话150397户。全市电话普及率每百人拥有电话机19.4部，其中，市区普及率达每百人32.8部。

(三) 交通邮电基础设施建设发展迅速 交通邮电系统完成固定资产投资27.6亿元，建成了一批交通邮电骨干工程。天津港建成了南疆公路，铁路大桥，铁路京九线津霸联络线工程全面完工，扩建改造了铁路南仓编组站，完成了铁路京秦线提速工程，天津机场开工建设11万平方米停机坪，建成了大港区和塘沽区长途客运站。邮电通信新增干线和本地网光缆319皮长公里，建成一期邮政“绿卡”工程80个网点，新建并开通电子化邮电局所54处。

财政金融

(一) 财政收入继续保持良好势头 1996年全市财政收入137.45亿元，按可比口径比上年增长15.8%，保持了“八五”以来快速增长的良好势头，实现了财政收入连续四年两位数增长。其中，上划中央收入61.43亿元，完成预算115%，增长26.1%。全市财政支出110.19亿元，完成预算90.4%，增长21.9%，实现了收支平衡，略有节余。财政收支结构明显改善。营业税、个人所得税和三资企业所得税继续大幅度增长，地方财政收入增幅较高，占财政收入的比重提高到55.3%；消费税和增值税增收不多，上划中央收入比重由49.8%下降到44.7%。区县和开发区、保税区、新技术产业园区各类收入普遍均衡增长，占财政收入的比重分别上升为31%和19.4%。加大经济建设投资，增加公共预算支出，建立企业发展基金，开办困难企业专项借款，落实支持企业改革的各项政策，调整支出结构，取得明显成效。

(二) 金融运行保持健康发展 全市1996年金融机构各项存款余额1391.6亿元，比年初增加313.9亿元。全市各项贷款余额1325.49亿元，比年初增加211.52亿元。当年存款增长大于贷款增长102.34亿元。继续坚持贯彻中央宏观控制目标和支持地方经济发展相结合的方针，既注意对经济增长的合理资金供应，又注意将货币信贷投放纳入国家宏观调控轨道之内。1996年新增贷款203.02亿元，比上年多增44.4亿元，其中对工业企业贷款38.44亿元，对外贸、三资企业贷款12.71亿元，对重点技改基建项目贷款19.51亿元。市工商银行对317户国有大中型企业发放贷款102.7亿元，占其全部流动资金贷款的56%。积极扶植亏损企业扭亏增盈。研究并制定了《对亏损企业有市场、有销路、有效益产品发放流动资金贷款实行封闭管理的办法》，即在亏损企业中，选择有市场、有销路、有效益的新产品或单一老产品给予贷款支持。截至1996年底，已对31户亏损企业发放封闭贷款4670万元，收到较好效果。支持企业深化改革，优化资本结构。对214户试点企业给予政策倾斜，重点扶植了汽车、渤海化工、钢铁等一批经营规模在百亿元以上、具有竞争实力的企业集团，通过多种途径使工业系统增资减债近10亿元，加上盘活土地资金，共计20亿元，资产负债率比1994年底下降了约7个百分点。

（三）证券市场进一步规范 市证券交易中心全年交易额79.8亿元；外汇市场在价格相对稳定，且外商投资企业实行结售汇的条件下，仍调剂成交22.3亿美元；保险市场稳步发展，全年投保余额2485亿元，保费收入16亿元，分别比上年增长9％和31％。

城市建设与管理

（一）城市建设有新的进展 1996年，城市建设中的危房改造、道路建设等工作成绩显著。全市施工面积达到1490万平方米，比原计划增加90万平方米，竣工520万平方米。村镇建设建成各类建筑320万平方米。改善城乡人民生活20件实事中涉及城建的35项，全部按期兑现。(1) 住宅建设达到历史最好水平，全市共竣工住宅362万平方米。其中危陋平房改造竣工289万平方米，还迁居民3.1万户，安居工程与危改紧密结合，新旧区共竣工115万平方米。新建住宅全部实现热化。新增集中供热面积313万平方米，1996年，全市住宅供热面积达到2100万平方米，热化率达到34.8％，比上年增加3.8个百分点。(2) 市政公用基础设施项目投资额共完成41.5亿元，其中市区16亿元，建设了项目61项，竣工49项。改造160片低压供水片，更新了15公里煤气旧管网。完成了金纬路、卫津路、长江道、金钢桥等路桥工程。建成了月牙河、南围堤河和海河护岸工程。滨海新区完成投资额25.3亿元，安排建设60个项目，竣工30个，完成了新港路，上海道等拓宽改造任务，建成了汉南路等。(3) 建筑业生产稳步发展。1996年全市建筑业完成增加值57.24亿元，增长10.6％。全年建筑安装施工企业完成产值158.29亿元，增长6.1％。(4) 招商引资、盘活存量取得新进展。城建系统完成利用外资协议额13.8亿美元，其中外资额11.5亿美元。外资到位额1.7亿美元，京福高速公路、蓟县大桥、凌庄水厂等一批市政公用设施实行了经营权出让，实现了滚动开发。(5) 进行城市总体规划修编和土地利用总体规划的编制，修订了全市抗震防灾规划。(6) 工程质量稳定提高。全市优良工程面积77万平方米，优良率达到25.2％。

（二）市容环境管理再上新水平 1996年，整修了30条街道，新建7处大型夜景光团和10条灯光通道，新安装2211处灯光景点，共清理各种违章行为2.5万件，创建了100条规范达标道路、100个规范达标市场、100个规范达标建筑工地、100个规范达标停车场，市容市貌继续得到改善。在全市开展了“自家门前净起来”活动，建成了一批市容文明示范居住小区，道路清扫保洁率达到100％，垃圾袋装化逐步向全市普及推广。环境保护成绩显著，取缔、关停“15小”污染大、效益差企业89家，提高了城市防污染控制区达标率，城市环境综合整治21项定量考核连续6年保持全国“十佳”城市先进水平，并再次名列榜首。

（三）绿化水平显著提高 1996年市区植树105万株，新建绿地211万平方米，栽爬藤69公里，农村植树造林21.6万亩，均超过了年度计划。到1996年底，市区绿化覆盖率达19.32％，比上年提高1.68个百分点；人均公共绿地达到3.4平方米，比上年增加0.43平方米，农村林木覆盖率提高1个百分点。

固定资产投资

1996年，全市固定资产投资完成435.3亿元，比上年增长10.7％。其中中央及外省市在津单位投资完成110.1亿元，增长32％。地方全社会固定资产投资完成325.2亿元，增长5％。在地方投资中，国有单位投资248.4亿元，集体投资59.3亿元，个体投资17.5亿元。投资运行的主要特点：一是投资结构趋于合理。能源、交通通信、重要原材料等基础产业和基础设施方面投资占全市国有基本建设和技术改造的比重超过60％。技术改造投资增幅较大，全市技术改造投入107.8亿元，较上年增长12.9％，其中地方工业技改投资完成49.6亿元，增长17％。二是重点建设得到加强。全市55个重点项目有16项按计划建成，其他项目也都达到计划进度要求。14万吨乙烯工程正式通过国家验收，蓟县电厂1台50万千瓦发电机组并网发电，钢管公司30万吨海绵铁工程点火成功，夏利轿车零部件工程全面完成，天龙公司铜版纸、证券纸和大沽化工厂聚氯乙烯重点技改项目建成并进入设备调试和试生产阶段，天津港商疆大桥建成通车，海河干流治理当年应急工程在汛期前建成并发挥作用，金钢桥改造、卫津路和华昌大街拓宽等一批城市基础设施改造和建设项目竣工交付使用。三是大项目前期工作取得明显进展，“九五”期间争取建设的重大项目由76项进一步调整为80项。振兴水泥厂、杨柳青电厂等项目开工建设；15万台汽车发动机、300万只彩管项目已开工；海河干流治理，20万吨聚酯等项目国家已批准可行性研究报告；天津港煤码头，蓟县电厂二期、天津钢厂增建高炉、大型乙烯等项目前期工作也都有较大进展。

人民生活

随着全市经济的发展，城乡人民生活进一步提高。

(一) 城乡居民收入继续增加 1996年城乡居民人均可支配收入5968元，其中：城市居民人均生活费收入5525元，比上年增长19.4%，扣除价格因素，增长9.6%，农民人均纯收入达3142元，增长24.1%，扣除物价因素后，比上年增长9%。城镇居民家庭人均消费支出4680元，比上年增长15.1%。扣除物价因素后实际增长5.6%。从消费构成看，医疗保健、文教娱乐、居住等支出增幅较大，其中居民人均教育支出达230元，比上年增长26.9%。1996年末，居民住房成套率达72.8%；燃料气化率达98.8%；有暖气(包括自装土暖气)户达42.6%。城乡居民储蓄存款大幅度增加。1996年末城乡居民储蓄存款余额724亿元，比年初增加173.8亿元。

(二) 物价运行平稳，价格涨幅明显回落 1996年商品零售价格与上年相比上涨5.1%，涨幅比上年回落5.5个百分点。居民消费价格与上年相比上涨9%，涨幅比上年回落6.3个百分点。与全国36个大中城市相比较，商品零售价格涨幅居第25位，居民消费价格涨幅居第20位，基本上实现了市政府年初制定的全年物价控制目标。

科技、教育、文卫事业

(一) 科技事业取得突破性进展 1996年共有200多项科技项目列入国家级科技发展计划，其中镍氢电池、曙光计算机推广应用等国项列入国家15个产业重中之重项目。科技百亿工程实现产值40亿元，比上年增长一倍。重大科技产业化工程首批13项重大项目全部启动。取得市级以上科技成果936项，其中。国际领先水平42项，国际先进水平158项，国内领先水平376项，国内先进水平360项，获得国家科学技术进步奖11项，国家技术发明奖5项。成果应用率达76%，实现新增产值151.84亿元，新增利税36.87亿元。全年新批科技园区注册企业471家、累计达到2693家、全年技工贸总收入实现91亿元、增长47.4%，利税达到10亿元，实际利用外资额达到4.4亿美元，出口创汇完成24.74亿元。应用基础研究取得丰硕成果。21世纪青年科学基金和自然科学基金自设立以来，共投入经费3145余万元，支持科技项目1437项，已有483项完成，其中达到国际水平的137项，国内首创或领先水平的235项。以“种子科技工程”为重点的农业科技攻关工作取得成效，完成产值1.2亿元，11个优良品种通过审定。有国家级星火技术密集区3个。科技体制改革进一步深化。全市科研院所1996年技工贸总收入达到10亿元，新增社会效益15亿元。民营科技企业已发展到1793家，技工贸总收入达到11亿元，并开始向集团化方向发展。技术市场日趋活跃。1996年技术市场技术合同交易额达13.35亿元，增长11.25%。技术出口达到1.58亿美元，增长50%。全年专利申请量达1700件，授权量突破800件，专利授权累计达8300项。

(二) 教育事业稳步发展 基础教育继续得到加强，完成了15所中小学的改扩建任务，评选出义务教育示范校140所。建成各类民办中、小学157所。全市有35个乡达到新的“普九”办学标准，各区县新建了一批中心学校，中等职业技术教育蓬勃发展，全年共招生5.6万人，在校生达13万人。成人教育积极促进学历教育和非学历教育协调发展。形成职前职后多功能办学新格局。在8个区县和行业建立了培训中心，全年培训各类人员150多万人次，完成计算机应用能力和初级外语培训与考核17万人次。高等教育取得突破性进展。南开大学，天津大学列为国家“211工程”的重大建设项目，进入实施阶段；天津医科大学通过了国家“211工程”部门预审。成立了天津市学位委员会，学位工作三级管理体制正式形成。高等教育提前一年全部实现招生收费“并轨”。加快了结构调整，组建了新的天津理工学院，完成了天津师范大学和师大应用文科学院的合并。全年对各类教育的总投入近20亿元。

(三) 文艺、新闻出版、体育事业进一步发展 1996年举办了一系列大型文艺活动，包括’96儿童戏展示月、第四届天津戏剧节、第五届田野文化艺术节、第三届“和平杯”全国京剧票友邀请赛等，并实施了“精品战略”；广播电视事业除办好重点栏目以外，还涌现出一批精品节目。市内有线电视基本实现联网，郊县联网工作也正在紧张进行，到1996年底，已有75万户入网；1996年出版新书1346种。树立精品意识，图书质量明显提高，各图书馆接待读者58万人次，流通图书341万册(次)；大力开展群众体育活动，全面落实全民健身计划，全市已有96%的学校实施了国家体育锻炼标准，学生达标率达93.2%。95%的街道建立了社区体协，全市体育先进县达10个，110个乡镇被命名为市体育先进乡镇，竞技体育整体实力稳步提高，有4名运动员参加了第26届奥运会，获1枚银牌，在国内体育赛事中也取得了一批好成绩。

(四) 卫生事业健康发展 全市医疗单位普遍实行院(所、站)长负责制，完善医疗单位综合效益评价指标，强化行业管理，卫生系统实施医药费用“总量控制，结构调整”方案，有效控制了全市医药费用的增长幅度，使全社会节约医药费用5600万元。防治工作取得显著成效。计划免疫接种率达到目标要求。结核病全监化疗率在全国处于领先地位。地方病防治以引水除氟和推行食盐加碘为重点，收效明显。有3所中医医院被命名为“全国示范中医医院”，“急救医学中心”、“针灸中心”、“急救中心”、“胆胰疾病中心”被列为全国重点建设基地。成立了“中医、中西医结合”质控中心。通过抓社会承诺服务和规范化服务，促进了医疗服务水平的提高，医疗服务满意率保持在90％以上。

经济体制改革

以深化国有企业改革为中心，全国推进各项改革，取得了重要进展。

(一) 现代企业制度试点步伐加快 1996年新批准试点企业108户，累计214户，其中国有大中型骨干企业175户，占骨干企业总数的41.2％。列入试点的国有企业资产总数超过1000亿元，占全部国有企业资产总额的60％以上。汽车集团公司、大港油田集团公司、建工集团总公司、公交总公司、金牛面粉公司等一批试点企业，以试点为契机，理顺关系，调整结构，深化改革，转换机制，企业面貌发生了可喜变化。全市国有大中型企业已分别实行嫁接、改造、调整的，累计达总数的60％以上。通过嫁改调，发展了一批高技术、高水平的产品，使一批老企业焕发了生机。

(二) 抓大放小，兼并破产，资产重组迈出了较大步伐 新组建企业集团45个，累计已达220多个。采取多种途径和形式放开放活国有小企业中，有45％的企业实现了减亏或扭亏为盈。市区国有、集体企业改组为股份合作制的已达600多户。乡村集体企业实行不同形式改制的已过半数，其中实行股份合作制的已达3500多家，实行风险抵押的达6300多家，分别占总数的39％和79％。企业兼并、破产步伐明显加快，不少企业开始出现转机。继续实施“双优化工程”，全年计52个项目，盘活土地683万平方米，支持企业资金26亿元。

(三) 加大了对企业改革的政策扶持力度 在财税、信贷，安置富余职工、盘活存量资产、放开放活小企业、支持科技进步、推动兼并破产、发展企业集团、减轻企业负担等方面，出台了一系列政策措施，支持企业的改革与发展。通过多元投资，贷改投等形式，帮助企业增资减债，使国有工业企业的资产负债率由1994年的97％下降到70％。

(四) 社会保障制度改革继续推进 城镇企业职工养老保险和失业保险，按照市人大通过的两个《条例》组织实施，扩大了社会统筹覆盖面，参保职工分别占全市职工总数的80％和94％，并且提高了保障水平。继续多渠道安排就业和实施再就业工程，下岗职工实现再就业累计21.6万人。塘沽区医疗保险制度改革试点进展顺利，取得重要经验。结合大规模危陋平房改造和“安居工程”建设，城镇住房制度改革进一步深化，公房出售力度加大，全年出售公房136.6万平方米，收回资金3.15亿元。

滨海新区建设概况

天津滨海新区始建于1994年，内包括：经济技术开发区、保税区、海洋高新技术开发区、天津港和塘沽区、汉沽区、大港区及海河下游工业区，总规划面积350平方公里，其中起步区面积188平方公里，包括已建成区面积122平方公里。滨海新区的建设目标是：以天津港、开发区、保税区为骨架，冶金、化工为基础，商贸、金融、旅游竞相发展，形成一个以新兴产业、外向型经济为主导，以自由港为发展方向，基础设施配套、服务功能齐全的面向21世纪的高度开放的现代化经济新区。

1996年滨海新区实现国内生产总值320.29亿元，比上年增长28.3％。在全市国内生产总值中的比重为29.0％。在滨海新区内新批三资企业606家，协议利用外资18.67亿美元，占全市的比重为47.6％。三年累计新签约三资企业项目2354个，协议利用外资金额63.67亿美元。截止1996年底，天津滨海新区累计签约的三资企业6718家，占全市的64％，累计协议外资额83.17亿美元，占全市的53％。

滨海新区工业经济迅速发展，建区三年累计完成工业总产值1570.44亿元，占同期全市乡及乡以上工业总产值的36.5％，其中1996年完成701.44亿元，比上年增长40.2％。

(一) 天津经济技术开发区建设简况 1996年，开发区完成国内生产总值完成131.01亿元，比上年增长60.6％，其中第二产业增加值110.66亿元，增长62.2％，第三产业增加值20.35亿元，增长49.1％。全区人均国内生产总值由上年的7.10万元增加到10.08万元，增长42.0％实现税收24.10亿元，比上年增长45.6％。实现利润51.14亿元，比上年增长47.0％。至1996年末，全区开工投产的工业企业累计1425家，全年完成工业增加值110.08亿元，比上年增长62.1％，占全区国内生产总值的84.0％。其中外商投资企业完成364.66亿元，增长62.8％。全区工业总产值为294.42亿元，增长56.2％。工业产品销售收入361.80亿元，增长67.6％，产销率97.8％，比上年提高了3个百分点。1996年新批外商投资项目187家，协议投资总额10.49亿美元，协议外资额8.30亿美元。项目平均投资规模561万美元，比上年增加330万美元。97家原有外商投资企业办理增资，协议投资总额增加8.67亿美元，协议外资增加7.58亿美元。全区出口企业共计253家，1996年完成出口额14.50亿元，比上年增长60.9％，其中外商投资企业出口额14.41亿元，增长61.6％，占全区出口总额的99.3％。全区进口20.79亿美元，增长41.7％。1996年区内固定资产投资共完成58.55亿元，增长11.1％。完成基础设施投资

11.94亿元，比上年增长3.9%，至1996年末，全区累计开发土地面积20平方公里，其中工业区15.5平方公里，生活区4.5平方公里。

（二）天津港保税区于1991年设立 截止1996年累计开发土地3.8平方公里，基础设施投入12亿元，区内竣工的建筑面积70多万平方米，形成了比较完备的水、电、气、热、通讯等基础设施。吸引了来自世界73个国家地区及国内25个省市自治区的投资者，注册企业超过3000家，国内外一批知名的大企业落户保税区，协议投资总额逾30亿美元，其中协议外资额近20亿美元。1996年协议投资总额4.9亿美元，比上年增长17.5%；协议外资额4亿美元，增长22%；实际利用外资2.02亿美元，增长12%。进区货物总值26.9亿美元，比上年增长1.1倍。国际集装箱进出区量达到每月6000多个标准箱，转口贸易值已超过1.3亿美元。1996年全区国内生产总值已达7.75亿元人民币，比上年增长1.2倍；出口货总值达4.6亿美元。

（天津市政府研究室　林凤兴）

沿海九省(自治区)改革开放与经济发展

辽　宁　省

国民经济稳定增长

1996年，辽宁省围绕实现“两个根本性转变”和实施结构优化、科教兴省、外向牵动三大战略，开拓进取，实现了“九五”第一年开好局、起好步的预期目标。全年实现国内生产总值3150.7亿元，比上年增长8.6%。其中第一产业增加值465.4亿元，增长12.4%；第二产业增加值1542.3亿元，增长8.2%；第三产业增加值1143亿元，增长7.8%。人均国内生产总值7713元，扣除价格因素，增长7.9%。

(一) 农村经济全面发展　全省加强对农业生产的组织领导，狠抓各项政策措施的落实，增加农业资金和科技投入，农业生产保持了良好的发展势头。粮食生产获得丰收，1996年粮食总产量1660万吨，比上年增产237万吨，增长16.6%，是历史上第二个高产年。其中，水稻、玉米等高产高效作物产量均有较大幅度增加。经济作物中的甜菜、烤烟、蔬菜等均有不同程度增产，其中蔬菜产量1438.6万吨，比上年增长13.5%。林、牧、渔业等多种经营全面发展。全年完成造林面积23.9万公顷，比上年增长18.9%；水果产量248万吨，增长12.7%。全年肉类总产量255.1万吨，增长14.7%；禽蛋产量115.9万吨，增长12.7%；水产品产量258万吨，增长16.8%。

1996年，辽宁省把实施农业产业化作为实现“两个根本性转变”、落实“三大战略”的重要内容纳入日程。按照规模大、技术含量高、外向型、经济效益好的原则，筛选出106个“省级队”建设项目。已有31个项目起步。各市也积极建立“市级队”，确定的龙头企业达400多个，其中已立项的180多个。农业利用外资迈出较大步伐，有27个项目签约。全省共投入农业产业化龙头项目启动资金8000多万元，加上国家开发银行贷款和各市及项目单位自筹和引资，总投入近14亿元。北宁等7县(市)农业产业化示范工作进展顺利。各市县确立了主导产业，并选建了一批龙头企业，建设了一批基地和市场，全省农业产业化体系框架已初步形成。

(二) 工业生产稳定增长，企业经营效益提高　1996年工业实现增加值1384.3亿元，比上年增长9%。其中乡及乡以上工业实现增加值929.3亿元，增长7.2%。产品结构调整取得新进展，全年新产品产值比上年增长15.8%，市场畅销的彩色电视机、录像机、空调器、数控机床、小型拖拉机、服装、饮料等均有较大幅度增产。全年工业完成销售产值3209.6亿元，比上年增长10%，产品销售率达到95.7%，比上年提高0.3个百分点；国有企业特别是国有大中型企业“质量、品种、效益”意识有所增强，产品销售率分别达到97.5%和97.8%，明显高于全省平均水平。在生产稳步发展的基础上，企业经营效益有新的提高。全年独立核算工业企业实现利税237.9亿元，比上年增长3.9%，其中实现利润42.1亿元，增长7.4%；全员劳动生产率比上年提高9.4%；企业资产负债率比上年降低了1.4个百分点。

(三) 城乡市场繁荣，销售持续增长　1996年社会消费品零售总额实现1315.4亿元，比上年增长17.2%，扣除物价因素，实际增长11.2%。其中，城市消费品零售额增长17.7%，农村消费品零售额增长15.2%，基本保持了同步增长。集贸市场日益活跃，全省城乡集贸市场已发展到2954处，1996年集市贸易成交额944.3亿元，比上年增长19.4%。生产资料销售持续增长，全年工业企业生产资料销售总额2461.4亿元，比上年增长11%，原煤、钢材、有色金属、平板玻璃等销售量有较大幅度增加。

(四) 财政收入增长，金融运行平稳　1996年全省完成各项税收399.5亿元，比上年增长14.1%。地方财政收入完成210.1亿元，比上年增长14%。地方财政支出311.7亿元，比上年增长13.8%，其中科技三项费用支出增长30.5%，支援农业生产支出增长31.8%。金融各项存贷款增加。到1996年末，全省金融机构各项存款余额比上年末增加673.9亿元，各项贷款余额比上年末增加474.5亿元，存款增加额大于贷款增加额199.4亿元。货币净投放减少，全年银行现金收入比上年增长20.3%，现金支出增长19.2%，收支相抵，货币净投放17.8亿元，比上年少投36.5亿元。

(五) 物价得到有效调控，城市居民收入增加 1996年商品零售物价总水平比上年上涨5.4%，涨幅较上年回落8.6个百分点；居民消费价格总水平比上年上涨7.9%，涨幅较上年回落8.2个百分点，较好地实现了物价调控目标。1996年全省城镇居民人均生活费收入3746元，比上年增长13.3%，扣除物价上涨因素，实际增长0.7%；农民人均纯收入2150元，比上年增长22.4%，扣除物价因素，实际增长13.2%。到1996年末，全省城乡储蓄存款余额2291亿元，比上年末增加532.4亿元。

对外经贸取得显著成绩

对外贸易较快发展，利用外资规模扩大 1996年进出口总额140.4亿美元，比上年增长6.5%。其中，出口总额86.1亿美元，增长4.5%，进口总额54.3亿美元，增长9.6%。全年实现贸易顺差31.8亿美元。在出口总额中，地方产品出口70.6亿美元，比上年增长661%，外商直接投资企业出口31.6亿美元，增长33.2%。出口商品结构进一步改善，全年工业制成品出口54.2亿美元，比上年增长2.4%，其中，机电产品出口20.1亿美元，增长20.8%，占工业制成品的比重由上年的31.4%上升到37.0%。利用外资规模扩大。全年新签利用外资合同1901项，协议外资额50.3亿美元，比上年增长7.7%。外资的投向继续向有利于全省结构调整的方向发展，投向四大支柱产业和交通等基础产业的资金占外商直接投资的40.4%；大项目明显增多，500万美元以上的项目235个，协议外资额增长35.5%。1996年实际利用外资23.8亿美元，比上年增长24.8%，其中，外商直接投资16.7亿美元，增长19%。到1996年末，全年已注册三资企业1.24万家，比上年末增加1116家，其中已投产开业6069家。

重点工程项目建设取得新进展

1996年，辽宁省50个基本建设大中型项目和118个更新改造限额以上项目完成投资212.7亿元，占全省基本建设和更新改造投资完成额的39.7%，其中有23个项目和单项工程建成投产。沈阳至本溪一级公路全线通车，营口电厂和阜新电厂60万和20万千瓦发电机组并网发电，瓦房店轴承集团轿毂轴承项目、大连浮法玻璃厂平板玻璃项目、大连柴油机厂柴油机项目等重点工程和改造项目已竣工投产。1996年全社会完成固定资产投资871亿元，比上年下降1.6%。有限的建设资金重点向基础产业和经济发展的薄弱领域倾斜。1996年基本建设和更新改造投资中，用于农业的投资比上年增长99.2%；煤炭、电力工业的投资增长80%和21.6%；石油开采和加工业投资增长8.2%；机械工业投资增长10.5%；社会服务和科研技术服务投资增长27.6%。全年城乡建成投产和交付使用基本建设和更新改造项目3015个，新增固定资产618.5亿元，比上年增长17%。

科技、教育事业持续发展

1996年科学研究与技术开发机构、大中型工业企业和高等学院校等单位用于科技活动的经费支出57.2亿元，比上年增长15%；从事科技活动人员20.5万人；共开展科技活动课题1.9万项。全省共取得各类重大科技成果2198项，其中获奖成果911项。有1595项科技成果不同程度得到推广和应用，推广应用率达到72.6%。全年通过技术市场签订的技术合同1.6万项，成交金额24.3亿元，比上年增长6.1%。专利事业进一步加强，1996年共受理专利申请5217件，授权专利2447件。基础教育得到加强。全省已有89个县(市、区)通过“普九”验收，提前一年实现基本“普九”目标。职业教育发展较快，各类中等职业学校在校生已占高中阶段在校生的57.9%，以岗位培训为重点的成人职业教育稳步发展。高等院校布局和专业调整开始起步，师范院校调整已初见成效，招生和就业制度改革取得新进展。环境保护工作力度加大，本溪市污染治理工程已通过国家验收，辽河流域水污染治理列入国家重点工程，城乡绿化美化、资源保护取得新成绩。

经济体制改革取得新进展

企业改革已由搞好单个国有企业，向优化地区资本结构转变；由单项改革措施的突破，向综合配套改革转变。积极推进“优化资本结构”和综合配套改革试点。沈、大、鞍、抚、本五个试点市，在增资减债、资产重组、分流富余人员、分离企业社会职能方面迈出了较大步伐。企业联合、兼并取得新进展，按照“突出重点，规范操作，依法破产，积极稳妥”的原则，对长期资不抵债企业实施依法破产。5个试点市公布破产国有工业企业185户，已终结93户。国有工业企业资产负债率由71.5%下降到65.7%；分流富余人员22.6万人，通过实施“再就业工程”，大多数得到安置。工业企业所办学校开始向社会分离。试点市还根据综合配套改革的要求，积极探索国有资产管理和运营方式。继续放活小企业。国有小企业改革面已达70%，建立了新的经营机制，使一批小企业重现生机。继续搞好现代企业制度试点。135户试点企业已有27户进入实施阶段，44户完成了试点方案论证。通过试点，促进了企业新机制的建立。进一步深化金融体制改革。增设了农业发展银行，农村信用社与农业银行脱钩，组建了城市合作银行，增设了外资银行和商业银行的分支机构，为拓宽融资渠道，搞活金融发挥了重要作用。加快社会保障制度改革。城乡居民最低生活保障制度开始实施;14个市为参加社会统筹的564万名职工建立了永久性养老保险个人帐户;在大连、鞍山两市进行了医疗保障制度改革试点;全面实施住房公积金制度，筹集资金近10亿元。

老工业基地改造调整成效显著

1996年辽宁省以四大支柱产业为龙头的国有企业改革取得了历史性突破，逐步实现了由搞好单个国有企业向优化地区资本结构转变;由单项改革措施的突破向综合配套改革转变。“优化资本结构”和综合配套改革试点力度加大。

以强化第一产业、优化第二产业、大力发展第三产业为主要内容的结构优化战略开始实施，势头良好。特别是以优化第二产业的“432工程”(集中力量实施发展石化、冶金、机械、电子四大支柱产业、抓好38户骨干企业和200项重点项目)进展顺利，并取得初步成效。四大支柱产业共涉及企业19512户，占全省工业企业的57.9%。

1996年四大支柱产业经济运行质量良好，其工业增加值达到226.55亿元，比上年增长9.7%，高于整个工业增长速度1.5个百分点。实现工业增加值机械行业为64.14亿元，电子行业为12.6亿元，冶金行业为111.9亿元，石化行业为38.1亿元，分别比上年增长6.6%、3.28%、13.9%和4.67%。四大支柱产业实现利润10.9亿元，比上年增长41.6%。电子、石化两行业通过抓调整、破产、扭亏，利税增幅较大，电子行业1996年实现利税总额1.28亿元，比上年增长16.6%;石化行业实现利税9.5亿元，比上年增长17.1%。

1996年，四大支柱产业通过优化资本结构，深化企业改革，加大企业兼并、破产力度。兼并企业106户，破产企业90户，使大量存量资产得到优化。振兴四大支柱产业的一项重要方针是“抓大放小”、“择优扶强”。1996年，共组建企业集团31个，其中机械10户，电子17户，石化4户。机械行业对已经组建起来的沈阳机床股份公司、一汽金杯公司、东北输变电公司、大连冰山集团等公司，按照国际惯例和《公司法》要求进行规范化工作，同时抓紧进行了瓦轴集团，大连机床集团、石化通用机械集团、黄海汽车集团和重矿设备集团的组建。

与此同时，四大支柱产业所属企业积极与国外的大公司、大企业开展合资合作，1996年共签订利用外资项目64个;合同外资额5.93亿美元。冶金行业共签订利用外资项目9个;协议外资额2.87亿美元，较上年增长4.8倍。鞍钢半连轧改造项目按高质量条件签约，利用外资2.4亿美元;鞍钢镀锌板和本钢6万立方米制氧机项目分别与德国第三钢铁集团、英国BOC集团签订了合资意向书。机械行业签订利用外资合同27项，其中外商投资超500万美元的14项。辽宁工程机械集团与德国利勃海尔公司拟就11个项目进行全面合作。电子行业出口创汇2.6亿美元，增长36.8%;冶金行业出口冶金产品162万吨，创汇4.5亿美元;机械行业实现出口交货值20.8亿元，增长13.9%;石化行业利用外资9250万美元，出口创汇1.9亿美元，分别为上年的57.8%和105%。

1996年，四大支柱产业完成科研新产品1295项，重点攻关项目36项。电子行业安排科研新产品项目93项，其中10项列入国家级火炬计划，8项列入国家级技术攻关。已有220项通过鉴定，新产品产值率达到37.2%。冶金行业确定的10项重点科技攻关项目，已有7项取得重大成果。其中，硼铁矿资源综合利用方面实现了低品位硼铁矿选矿、含硼铁精矿入炉、含硼生铁推广应用、高炉富硼渣提硼以及铀处理等重大难题的突破。

乡镇企业发展呈现新特点

1996年，辽宁省把乡镇企业作为新的经济增长点，加强培育，使乡镇企业呈现出五个新特点:

(一) 产权制度改革步伐加快 全省各地产权制度改革形式趋于多样化，以股份制、股份合作制为重点，以资产出售、出租为突破品，积极进行现代企业制度试点，有条件的企业(村)直接组建企业集团，涌现出一批典型。

(二) 自筹和引进资金成为乡镇企业投入的主要部分 1996年全省乡村企业固定资产投入为110亿元，其中银行信用社贷款为17.7亿元，占16%;引进资金34.6亿元，占31.2%;自有资金49.3亿元，占44.4%。在引进资金中引进外资16.5亿元，占47.5%。标志着乡镇企业投资结构已趋于多元化、社会化、农民已逐渐成为投资的主体。

(三) 大中型企业队伍扩大 到1996年底，全省乡镇企业中的大中型企业达到142家，比上年有新的增加。营业收入1000－5000万元的企业1992个，5000元－1亿元的企业239个，超亿元的企业89个。这些企业都是各地的骨干企业，其产值、利税所占比重较大。这些企业代表了辽宁省乡镇企业的形象，发挥着示范作用。

(四) 个体私营及股份合作企业发展加快 1996年，全省乡镇企业私营企业产值占全口径48.3%，增幅为48.8%，股份合作企业数量虽有减少，但户均产值增幅达60%以上，高于乡办企业8%和村办企业15%的增幅。个体私营及股份合作企业支撑了乡镇企业经济总量的增长。

(五) 外向型经济稳定增长 1996年全省乡镇企业中的出口企业比上年增加了563个，总数达到2565个；三资企业比上年增加了337个，总数达到1859个。出口企业和三资企业的增加，不仅增加创汇，引进外资，而且也提高了企业生产和管理水平以及产品的科技含量。

（辽宁省政府办公厅研究室　林乃忠　田鹏颖）

河　北　省

经济与社会发展

1996年河北省实施“科教兴冀”和“两环开放带动”两大主体战略，抓住加强农业和搞好国有企业两大重点，积极推进“两个根本性转为”，战胜了历史罕见的特大洪涝灾害，国民经济继续保持持续、快速、健康发展势头。全省国内生产总值完成3445亿元，比上年增长13.5%。其中，第一产业增加值700亿元，增长5.1%；第二产业增加值1656亿元，增长16.6%；第三产业增加值1089亿元，增长13.2%。人均国内生产总值达到5333元，提前四年实现比1980年翻两番。

(一) 农业生产灾年获丰收 1996年入汛后，特别是8月上旬，河北省邯郸、邢台、石家庄、保定等中南部地区连降大暴雨和特大暴雨，全省受灾县(市)达91个，涉及881个乡(镇)、1.5万个村庄、1517万人口，造成直接经济损失456.3亿元。经过全省党政军民团结奋战，夺取了抗洪斗争的重大胜利，灾后恢复建设取得明显成效，使灾害造成的损失减少到了最低程度。农业在大灾之年获得丰收，粮食产量再创历史最高水平。1996年粮食总产量达2789.5万吨，比上年增长1.8%；棉花总产量为25.8万吨，比上年下降30.3%；油料总产量120.7万吨，增长9.8%，肉类总产量352.7万吨，增长13.5%；禽蛋产量268万吨，增长30.6%；干鲜果品产量511.9万吨，增长16.7%，水产品产量50.7万吨，增长28.0%。1996年完成造林面积330.6千公顷，全省森林覆盖率18.2%，比上年提高1.2个百分点。全省乡镇企业完成营业收入4685亿元，上缴税金60.8亿元，分别比上年增长33.4%和20.4%。

(二) 工业生产速度和效益同步增长 1996年完成工业增加值1440亿元，比上年增长16.5%。乡及乡以上独立核算工业企业完成增加值831.6亿元，增长16.4%；实现利税250.7亿元，增长17.5%。速度和效益增长幅度位居全国前列。轻重工业保持均衡增长，轻工业完成产值990.9亿元，增长20.1%；重工业完成产值1681.8亿元，增长19.5%。产销衔接较好，工业产品销售率97.5%，比上年提高0.3个百分点。全省重点考核的80种主要产品中有54种比上年增长。原煤产量7980.9万吨，增长4.5%；钢产量863.7万吨，增长19.7%；钢材产量706.6万吨，增长10.1%；生铁产量1253.2万吨，增长12.1%；水泥产量3200万吨，增长7%；平板玻璃产量2306.7万重量箱，增长19%；发电量636.7亿千瓦小时，增长7.2%。

(三) 固定资产投资适度增长 1996年全省注重对投资总量的调控和结构的优化，投资增幅在基本适度区间。全社会固定资产投资完成1176.1亿元，比上年增长25.3%，投资率为34.1%。其中国有及其它经济单位(独资、合资、合作、联合、股份制单位)完成投资646.8亿元，增长23.5%；集体单位完成投资331.3亿元，增长31.2%；个人投资198亿元，增长21.5%。在国有和其它经济单位固定资产投资中，基建投资374.1亿元，增长25.6%；更新改造投资210.5亿元，增长23.1%；房地产投资47.1亿元，增长25%；其它投资15.1亿元，下降13.7%。资金投向着重向农业、能源、交通邮电通信等基础产业、基础设施及支柱产业倾斜。农业投资增长51.7%，所占比重由上年的2.4%提高到2.9%；能源投资增长46.1%，所占比重由上年的16.2%提高到19.2%；交通邮电通信业投资增长33.1%，所占比重由上年的14.9%提高到16.1%。三个产业投资比例进一步改善，第一产业投资增长51.7%，第二产业投资增长18.2%，第三产业投资增长29.1%。全省129个重点建设项目中的35个计划投产项目年内全部建成投产或试生产，并形成了一批生产能力。主要有：煤开采130万吨，炼铁77万吨，炼钢80万吨，发电装机65万千瓦，市内程控电话88.6万门，原油7万吨，水泥250万吨，平板玻璃600万重量箱，彩壳408万套，化学纤维2.1万吨，氮肥17.1万吨，沿海港口码头年吞吐量158万吨。

(四) 市场繁荣，物价涨幅回落 1996年全省社会消费品零售总额1029.7亿元，比上年增长21.3%。其中，城市消费品零售额510.9亿元，增长15.9%；农村消费品零售额518.8亿元，增长27.1%。市场建设取得新进展。全省成交额亿元以上的大型市场由上年的115个发展到142个。通货膨胀得到有效控制，物价上涨率明显低于经济增长率，实现了年初确定的调控目标。社会商品零售物价涨幅回落到6.2%，居民消费价格涨幅为7.1%，是近4年来的最低水平。

(五) 交通邮电事业持续发展 1996年完成货物周转量2021.3亿吨公里，比上年下降0.4%，其中铁路1510.7亿吨公里，下降1.6%；公路403亿吨公里，增长1.4%。民航事业发展步伐加快，全年客运进出27.1万人，增长29%。全年港口货物吞吐量8943万吨，增长1.5%。邮电业务总量47.8亿元，增长32.5%；电话交换机容量新增122.1万门，1996年末累计达到459.4万门。各市县已全部进入全国长途电话自动网。住宅电话用户达195.5万户，增长44.1%。

（六）财政金融形势基本稳定 全省财政收入在1995年突破200亿元大关后，1996年继续大幅度增长。全部财政收入完成255亿元，比上年增长19.1%。其中地方财政收入148.5亿元，增长23.8%。财政支出229.8亿元，增长20.2%。1996年末金融机构各项存款余额3164.4亿元，比年初增加659.1亿元；各项贷款余额2631亿元，比年初增加463亿元。1996年银行现金收入4783.5亿元，支出4683亿元，收支相抵，货币净回笼100.5亿元。

（七）人民生活继续改善 1996年城镇居民人均生活费4072元，农民人均纯收入2055元，扣除物价因素，实际分别增长3%和12%。城乡居民储蓄增加。年末城乡居民储蓄存款余额达2288.8亿元，比年初增加473亿元。其中城镇1610.1亿元，比年初增加362.2亿元；农村678.7亿元，比年初增加115.2亿元。1996年全省职工工资总额为372.4亿元，比上年实际增长3%，职工年平均工资5360元，实际增长2.9%。1996年城镇新安置就业人员34万人。年末全省职工人数6959万人，城镇个体和私营企业从业人员96.1万人。年末全省城镇居民人均居住面积12.53平方米。比上年增长9.6%；农民人均居住面积21.43平方米，下降0.5%。

（八）科教环保等事业长足发展 1996年全省共取得国内先进水平以上科研成果102项，完成国际国内先进水平的重大新产品开发79项，省级以上科技成果推广应用率达58%，新增高新技术企业188家、高新技术产品152个，科技进步对工农业发展的贡献率分别达到34%和37%。完成了省属师范类、工科类两组7所院校的布局调整，河北工业大学顺利通过了国家“211工程”部门预审，50个重点学科建设全面启动，初步形成了以7所大学为骨干、50个重点学科专业为基础、充分发挥驻冀部属院校作用的新的河北高等教育体系框架。新增普及九年义务教育的县（市、区）25个，累计达97个。27所职业学校被评为国家重点职业高中。1996年全省扫除青壮年文盲10.3万人，非文盲率达98.4%。全年完成限期污染治理项目1067个，投资额3.8亿元。建成烟尘控制区104个，面积427.9平方公里；建成环境达标区25个，面积119.7平方公里。

对外经济贸易

1996年是河北省外经贸工作实施“大经贸”战略和“外向带动”战略，积极推进两个根本性转变，振奋精神，克服困难，负重奋进，对外经贸事业取得了新进展。

（一）对外贸易持续快速增长 1996年进出口总值达45亿美元，比上年增长13.54%。进口总值10.36亿美元，增长13.68%；出口总值34.65亿美元，增长13.5%。出口总值中剔除原油后，一般贸易、外商投资企业和易货贸易出口30.52亿美元，增长13.84%。出口总值在全国各省、直辖市、自治区中排第9位。出口增长幅度高于全国出口平均增幅12个百分点，在全国各省、直辖市、自治区中排第4位，与全省国民生产总值增幅持平。进出口总值占全省国内生产总值的比重为10.85%，其中出口总值占国内生产总值的比重为8.35%，分别比上年下降0.72个和0.56个百分点。1996年外贸出口发展的主要特点是：

1. 出口企业结构进一步优化。全年又有81家企业经国家批准获得了进出口经营权。到1996年底，全省经国家批准有进出口经营权的企业和单位累计达342家（不含外商投资企业），其中，省外（工）贸公司32家，市县外贸公司107家，自营进出口生产企业202家，科研单位1家；有出口实绩的外商投资企业达858家。环渤海、环京津的53个县（市）中已有44个建立了综合性进出口公司。在外贸经营主体不断扩大的同时，出口企业结构进一步优化，突出表现为自营进出口生产企业和外商投资企业的出口高速增长，在全省出口总值中的比重不断提高。1996年，省外（工）贸公司出口17.92亿美元，比上年下降0.66%，占全省出口总值的比重为51.72%，同比下降12.79个百分点；市县外贸公司出口3.44亿美元，增长42.62%，占全省出口总值的比重为9.92%，提高2.01个百分点；自营进出口生产企业出口6.58亿美元，比上年增长41.58%，占全省出口总值的比重为19%，提高5.42个百分点；外商投资企业出口6.70亿美元，增长56.18%，占全省出口总值的比重为19.37%，提高5.27个百分点。

2. 出口商品结构有所改善。1996年河北省的出口商品结构是：农副产品占10.8%，比上年下降1.1个百分点；轻纺产品占46.4%，比上年下降2.48个百发点；重工业产品占42.8%，比上年提高3.58个百分点。按国际贸易标准分类，初级产品占29.8%，比上年下降1.16个百分点；工业制成品占70.1%，比上年提高1.16个百分点。1996年全省出口商品达1300多种。出口金额在1000万美元以上的大宗商品72种，比上年增加8种；出口金额为25.67亿美元，占出口总值的比重达74.08%，比上年提高2.22个百分点。1996年全省机电产品出口4.65亿美元，比上年增长29.3%，占全省出口总值的比重为13.4%，比上年提高1.54个百分点。

3. 调整出口市场结构取得初步成效。在巩固和扩大传统市场的同时，坚持不懈地实施出口市场多元化战略，开拓新市场。对非洲、南美洲、东盟的出口分别比上年增长78％、15％和8.94％。1996年出口额1000万美元以上的国家和地区有35个，比上年增加5个。出口额占全省出口总值比重居前10位的国家和地区为：日本、香港、美国、韩国、德国、新加坡、意大利、马来西亚、英国、荷兰，比重分别为29.58％、14.63％、13.10％、8.09％、4.85％、2.55％、1.99％、1.58％、1.58％和1.50％。到1996年底，河北省已同世界上167个国家和地区建立了贸易关系，在34个国家和地区建立了海外企业和机构，其中贸易企业和机构116个，形成了比较广泛的外销网络。

4. 出口贸易方式趋向多样化。1996年，全省一般贸易出口27.92亿美元，比上年增长6.65％，占出口总值的80.58％。加工贸易、代理出口、易货贸易等灵活贸易出口总值达13.85亿美元，是上年的2.36倍，占当年全省出口总值的30.76％，比上年提高11.5个百分点。其中，加工贸易出口6.15亿美元，增长4.65倍，占出口总值的17.75％；易货贸易出口156万美元，下降73.24％；代理出口3.70亿美元，下降17.78％。

5. 出口创汇大户不断增加。1996年，全省出口额超过1000万美元的出口企业（不含外商投资企业）共50家，比上年增加6家。出口额超亿美元的公司有6个：中国化工进出口总公司河北分公司5.14亿美元、河北省纺织品进出口（集团）公司1.84亿美元、河北省进出口贸易公司1.58亿美元、河北省食品进出口（集团）公司1.51亿美元、河北省服装进出口公司1.18亿美元、河北省石家庄常山纺织集团有限责任公司1.04亿美元。

（二）利用外资成效显著　1996年，全省共签订利用外资项目合同1452个，合同外资35.2亿美元，比上年增长55％。全年实际利用外资16亿美元，增长47.4％，其中外商直接投资12.4亿美元，增长58.4％，增长幅度居全国17个沿海、沿边省份之首；对外借款3.6亿美元，增长20.4％。

1. 直接利用外商投资稳定增长。1996年全省新签外商直接投资项目合同1437个，合同总金额70.2亿美元，合同外资额32.4亿美元。新批外商投资企业合同906个，合同总额36.3亿美元，合同外资额27.9亿美元，同比增长6.3％。1996年外商投资企业注册户数836家，注册总资本17.7亿美元，其中外商注册资本11亿美元。新建成投产（开业）外商投资企业454家。到1996年底，全省有外商投资企业5446家，累计建成投产（开业）企业2725家，其中投产开业的500万美元以上的大项目达208个。

2. 外商投资项目规模有所扩大，质量明显提高。1996年新批直接利用外商投资项目虽然减少，但实际利用外资额增加，大项目增多，项目平均规模扩大，技术型、出口型企业增多。当年新签项目平均规模488.5万美元，平均利用外资额225.5万美元，比上年都有明显提高。总投资在500万美元以上的大项目269个，比上年增加94个，占当年外商投资项目总数的18.7％。1996年，外商直接投资于第二产业的比重达87.7％，投资于煤炭、石油、天然气开发、电力、煤气及水的生产供应业、石油加工及炼焦煤等能源产业的比重比上年提高4.01个百分点。农业利用外资开始启动，1996年新批农业三资项目14个，合同总金额6590万美元，合同外资额3517万美元。

3. 外资来源进一步扩大，跨国公司投资活跃。1996年，外商直接投资中居前5位的国家和地区是：香港、日本、美国、英国和新加坡。来自亚洲的投资比重由上年的84％降至67.8％；来自欧洲和北美国家的投资比重达16.3％和14.7％，分别比上年提高10.6个和5.8个百分点。菲律宾、新加坡、韩国、英国、德国、法国、意大利、瑞士、新西兰和美国对河北的投资增幅较大。一批国际著名的跨国公司开始看好河北的投资环境和发展潜力，纷纷前来投资，直接带动了一批高科技含量、高附加值项目。

（三）对外经济技术合作和旅游业　1996年全省又有4家企业和单位经国家批准获得外经经营权。全年共签订对外承包工程和劳务合作合同129项，比上年增长21％；合同金额4512万美元，增长32.7％；完成营业额3749万美元，增长38.8％。全年接待外国和港澳台等地区旅游参观、访问及从事各项活动人数25.4万人次，增长53.9％，旅游外汇收入7350万美元，增长75％。发展国际旅游业已成为河北省外向型经济的重要组成部分。

（四）经济技术开发区建设加快　1996年，河北省继续坚持“现代工业为主、利用外资为主、出口创汇为主”的开发区办区方针，进一步优化环境，强化招商，实施集约开发，使开发区建设与发展登上了一个新台阶。1996年度全省19个经济技术开发区和2个国家级高新技术开发区实际利用外资2.8亿美元，比上年增长84％，占全省实际利用外商直接投资总额的22.6％；实际引进省外资金25亿元，增长64％；实现工业销售收入102亿元，增长45％。到1996年底，全省经济技术开发区和2个国家级高新技术开发区共有外商投资企业658家，占全省总数的12.1％，累计签订外商投资项目合同总金额49.74亿美元，合同利用外资26.6亿美元，实际利用外资14亿美元，投产开业的外商投资企业292家，占全省总量的10.7％。1996年全省开发区出口总量2.5亿美元，比上年增长83％，在全省出口总值中所占比重由上年的1.9％提高到7％。

（五）投资环境进一步改善　1996年全省路、港、讯、电等重点基础设施建设成效显著，有35个重点项目竣工投产。交通向立体化发展。本年度高速公路建设开工项目、投资规模、在建里程均达到历史最高水平，除在建的石安、唐津高速公路外，京沈、保津、唐港3条高速公路相继开工建设，石港、宣大高速公路开始全线征地拆迁，开工建设总里程677公里，年内已竣工通车47公里；全省公路新增通车里程2516公里，公路通车总里程达到15.4万公里。京唐港一号港池8个泊位全部建成，7个泊位投入运营，货物年吞吐能力达到480万吨，通航国内、国际58个港口。石家庄航空口岸先后开通至香港的定期包机和至俄罗斯的国际航线。邯郸至济南铁路开工建设。电话普及率大大提高。城镇平均每5人拥有一部电话。电力“瓶颈”得以缓解。衡水电厂二期工程2号机组、秦皇岛热电厂二期工程4号机组等投产运营，使全省新增发电装机容量62.7万千瓦。投资100亿元的邯峰电厂和三河电厂相继开工，加快了河北向能源强省迈进的步伐。在硬环境建设快速发展的同时，投资软环境也得到明显改善。为切实有效地保护外商投资企业的合法权益，省和全省11个市都先后建立了“外商投资企业管理服务中心”、“外商投资企业合法权益保护中心”和“侵犯外商及‘三资’企业合法权益举报中心”。在涉外立法方面，省人大出台了《河北省外商投资财产鉴定条例》，为有效地保护中外投资者的利益，避免和减少纠纷提供了依据。

体制改革

1996年，河北省抓住国有企业改革这个中心，全面把握现代企业制度的四个基本特征，围绕建立节约增效的经营机制、自主创新的技术进步机制、市场竞争和资源优化配置的经济运行机制以及落实国有资产保值增值责任、强化企业内部制衡机制等重点和难点问题，推进改革深入发展。

(一) 国有企业改革取得显著成效 一是现代企业制度试点工作进展顺利。纳入河北省统一规划的162户现代企业制度试点企业，已全部完成公司制改造。其中省重点联系的48户试点企业中有34户企业在完成公司制改造后，已初步形成了现代企业制度基本框架。二是股份制改造由试点转向面上推进，在融资、盘活存量资产方面显示了巨大作用。1996年新设立股份制企业819家，融资总量突破20亿元，盘活存量资产16.9亿元，都成倍超出年初的计划。中国耀华玻璃集团公司、冀东水泥集团公司、河北华玉集团公司、石家庄国际大厦集团公司、石家庄宝石电子集团公司、沧州化工集团公司等企业，结合股份制改造，制定了资产重组方案，完成了资产评估，经批准实行了国家股权管理方案，在上海证券交易所、深圳证券交易所成功发行股票并上市，共发行股票1.9亿元，募集资金13.4亿元。三是组建大型支柱性企业集团工作迈出大的步伐，促进了工业结构的进一步调整和优化。紧紧围绕搞活国有大型企业，集中力量抓大、扶优、创强、以百家优势企业为依托，着力抓好百项重点技改项目、百项重大新产品开发项目、百项大中型企业嫁接改造项目、培育和发展百项重点名优产品等“五个百工程”，大力推进技术进步，把两个根本性转变紧密结合起来，取得了改革和发展双重成效。到1996年底，省定大型支柱性企业集团已有23家正式挂牌运作。它们是：唐山钢铁集团、邯郸钢铁集团、承德钢铁集团、华北制药集团、河北制药集团、石家庄制药集团、中国耀华玻璃集团、冀东水泥集团、唐山胜利陶瓷集团、唐山三友碱业集团、河北露露集团、沧州大化集团、河北晶牛集团、河北八达集团、河北田野汽车集团、保定天威集团、保定天鹅集团、宣化工程机械集团、石家庄常纺织集团、石家庄宝石电子集团、河北辛集化工集团、邯郸发达纺织集团、葆祥河北进出口集团。四是采取多种形式加快放开放活国有小企业步伐。1996年共有6883户国有小企业进行了不同形式的改革，占全省县(区)属以上国有小企业的63.8%。通过改革，982户企业破产或被兼并，598户实现了扭亏，471户明显减亏，同时重新启动停产半停产企业322户，共盘活存量资产44.6亿元。1996年全省国有小型工业企业实现利税比上年增长45.5%，企业亏损额减少15.1%。至1996年末全省共有22个县(市)的县属国有工业企业无亏损。

(二) 社会保障制度改革力度加大 一是养老保险制度改革不断深化，社会统筹与个人帐户相结合的新机制开始在全省形成。参加省级统筹的国有企业和企业化管理的自收自支事业单位覆盖面达到98.6%。全省各市、县实行了集体企业职工退休费社会统筹，覆盖面达90.3%。在机关事业单位养老保险制度改革方面，秦皇岛、唐山、衡水三市试点开始运作。全省已有100个县(市)建立了农村社会养老保险制度。二是失业保险制度改革深入展开。失业保险实施范围由国有企业和部分集体企业向城镇各类企业的职工扩展，失业保险金筹集实行了国家、企业、个人三方负担，并由县(市)统筹过渡到市场统筹和省适量调剂。1996年全省共安置下岗失业职工12.4万人，资产重组中“两停一亏”企业职工安置率达到80%，破产企业失业职工再就业率达到50%以上。三是唐山、石家庄两市作为国务院确定的医疗保障制度改革试点做了大量准备工作，为1997年顺利实施医改试点方案打下了基础。四是社会保障管理体制改革有了突破。成立了河北省社会保障委员会和河北省社会保险基金监督委员会，进一步理顺了社会保障管理体制。唐山、石家庄、邯郸、保定、承德、邢台6个城市的综合改革试点顺利进行，其中石家庄被正式列为国家综合配套改革试点城市。住房制度改革力度加大，全省已有9个市实施国家安居工程。

(三) 宏观经济管理体制改革深化 建立了省级重点项目资本金基金，并选择了28个项目实行法人责任制。项目法人制、项目资本金制、项目招标投标制、工程项目监理制、重点工程项目审计制、重点项目管理责任制开始形成。进一步完善了分税制财政体制，积极探索规范的转移支付制度。国有专业银行加快向商业银行转变，各商业银行开始推行以资产负债比例为基础的规模管理。省国有资产管理委员会的成立，为建立层次分明、任务明确的国有资产管理、监督、营运体系打下了基础。全面完成了省、市、县各级政府机构改革阶段性任务，顺利实施了撤区并乡扩(建)镇这一农村重大行政改革。

(四) 农村经济体制改革取得新进展 全省19个综合改革试点县在县属企业改革、税费制度改革、市场体系建设等方面取得新经验。县属企业改制面达到93%，亏损面比上年下降17.6%。农业产业化进程加快。全省已有56个县(市)形成了105个较大规模的主导产业，年经营额452亿元，占全省农村社会总收入的10%左右。全省乡村集体企业中已有32834户进行了多种形式的产权制度改革，占乡村集体企业总数的44.8%，为乡村企业的发展注入了新的活力。

(河北省外经贸厅办公室 王健生)

山东省

国民经济发展概况

1996年山东省经济运行质量提高，各项宏观调控目标基本实现，经济发展环境明显改善。全年实现国内生产总值5960亿元，比上年增长12.2%，其中第一产业增长6.6%，第二产业增长14.1%，第三产业增长12.9%。农村经济全面增长。粮食总产433亿公斤，创历史最高水平。工业生产与效益同步增长，乡及乡以上工业增加值增长16.5%，实现利税增长21.3%，其中利润增长29.5%。市场繁荣，供应充足，全年社会消费品零售总额1715.7亿元，增长21.2%。全省商品零售价格总水平上涨7%，涨幅回落7.2个百分点。居民消费价格上涨9.6%，涨幅回落8个百分点。重点建设和技术改造得到加强，"九五"计划确定的一批重点建设项目陆续启动，能源、交通、通信等基础产业支撑能力增强，新增发电装机容量163万千瓦。投资增长基本适度，结构有所改善。全社会固定资产投资完成1561亿元，增长18.1%，其中更新改造投资增长18.8%。金融形势保持稳定，1996年金融机构存款和贷款金额比年初分别增加885.3亿元和622.8亿元；财政收入大幅度增长，全年实现地方财政收入241.7亿元，比上年增长35%，连续10年实现收支平衡，并全部消化了历年财政赤字。

对外贸易概况

(一) 对外贸易保持良好的增长势头 1996年山东省对外贸易进出口总值178.4亿美元，比上年增加31.6亿美元，增长21.6%，对外贸易总额在全省国内生产总值中所占比重达24.7%；其中，出口总值108.6亿美元，比上年增加12.2亿美元，增长12.6%；进口总值69.8亿美元，比上年增加19.5亿美元，增长38.8%。1996年全省对外贸易发展主要有以下特点：

1. 出口总量保持了稳定增长，速度高于全省经济增长。1996年，全省对外贸易克服诸多困难，继续保持稳定增长。全年出口增长12.6%，高于全省国内生产总值12.2%的增长速度，与全国出口平均增长1.5%的增幅相比，提高了11个百分点。

2. 出口商品结构继续改善，工业制成品比重上升。全年工业制成品出口所占比重由上年的75%上升到76%，提高了1个百分点。其中，机电产品出口18亿美元，比上年增加2.5亿美元，增长16.1%，所占比重由上年的15.6%上升到16.6%，提高了1个百分点；技术出口增幅较大，全年技术出口总值1.19亿美元，比上年增加4150万美元，增长53.5%。

3. 出口经营渠道进一步拓宽，出口创汇格局发生深刻变化。全省初步形成了省级外贸专业公司、外商投资企业、市地县外贸公司、自营进出口生产企业竞相发展出口创汇的新格局。尤其是外商投资企业在对外贸易中的地位日益突出，已成为全省出口创汇的主力军。1996年，外商投资企业出口在全省出口总额中的比重由上年的37.6%上升到47%，提高了9.4个百分点。市地自营出口发展迅速，增幅达18.3%，高于全省平均水平，比重由上年的21.3%上升到30.5%。省级外贸专业公司在全省出口中仍发挥着重要作用，但所占比重由上年的44.9%下降到24.4%。

4. 传统出口市场进一步扩大，新市场开拓取得积极成果。1996年与山东省贸易额居前五位的国家(地区)分别是日本、韩国、美国、香港地区、德国，其贸易额占全省对外贸易总额的85%左右。

(二) 利用外资进入稳步发展的新时期 1996年，全省利用外资稳步发展。全年新批利用外资项目5401项，合同外资额57亿美元，实际使用外资27.7亿美元，分别比上年增长9%、13%和2%；实际使用外国政府贷款

3000万美元。截止1996年年底，全省累计共批准利用外资项目28686项，合同外资额319.5亿美元，实际使用外资160.7亿美元。其中累计批准外商投资企业18675家，合同外资额239亿美元，实际使用外资111.2亿美元；累计批准“三来一补”项目9435项，合同外资额22.8亿美元，实际使用外资11.5亿美元。1996年全省利用外资发展的主要特点是：

1. 外商投资的集约化程度显著提高，项目平均规模继续扩大。全年共批准总投资一千万美元以上的大项目140个，单个项目的合同外资额由1995年的170万美元上升到248万美元。在项目规模扩大的同时，外资企业的集约化程度大大提高，一些国际著名的跨国公司、大财团在山东兴办了一批投资大、产业关联性强的大项目。

2. 生产性项目比重进一步增加，行业结构和产品结构日趋优化。在1996年的新批项目中，生产性项目的合同外资额占总数的89％，比上年增长了13个百分点，非生产性项目合同外资额占总数的11％，比上年下降了11.4个百分点。在总投资一千万美元以上的项目中，工业类项目占合同外资额的90％以上。在140个总投资一千万美元以上的项目中，非生产性项目仅有13项。外资项目的产品质量档次显著提高，培植和发展了一批如汽车关键部件、DVD播放机、光盘驱动器、AT&T、高清晰度松下电视机等技术含量较高、效益好的产品。

3. 外资来源进一步多元化。随着韩国、日本及欧美发达国家和地区对山东投资的日趋踊跃，境外资金来源比较单一的局面得到了较大的改变，外商投资更趋多元化，来山东投资的国家和地区已达81个。1996年韩国投资企业的合同外资额跃居首位。目前，欧盟、美国、日本、韩国、新加坡等国家和香港地区对山东省的投资都已形成了一定规模。

4. 投资环境进一步改善，外商投资企业纷纷追加投资。开业投产外商投资企业的不断增加，并且大都取得了良好的经济效益，跨国公司在山东投资已由前几年的试探性投资进入规模投资阶段，这对促进全省利用外资整体质量的提高起到了良好的作用。山东三星电子通讯有限公司两次追加投资，已成为韩国三星集团在中国的三大生产基地之一。山东省出口最多的外资企业——青岛三美电机有限公司累计投资已达9120万美元，名列全国最大500家外资企业的第26位。截止1996年上半年，烟台市累计有305家三资企业增资。其中，日本电装株式会社在烟台开发区投资2933万美元，年产车用空调18万套。企业投产后，产品达到世界先进水平，由于市场看好，又决定增加投资5067万美元建设二期工程，最终形成48万套的生产能力。现有外商投资企业扩大生产规模、追加投资已成为全省利用外资持续增长的主要动力之一。

5. 外商投资企业的经济效益和社会效益良好，在全省国民经济发展中开始占有越来越重要的地位。截止1996年年底，全省开业投产的外资企业已达10405家，全年完成销售额1221亿元，实现利润53亿元，上缴税金近30亿元。目前，外商投资工业企业的从业人员数量已占全省工业企业从业人员的10.9％。外商投资企业已成为全省国民经济显著的新的增长点。

（三）对外经济技术合作各项业务全面发展 1996年，全省新签对外承包工程和劳务合作合同880项，合同额5.2亿美元，完成营业额2.9亿美元，外派劳务人员16001人次，年末在外人数23355人，分别比上年增长30.8％、34.7％、58.3％、36.4和44％。截止1996年年底，全省累计签订对外承包工程和劳务合作项目2832项，合同额16.8亿美元，完成营业额8.06亿美元，外派劳务6.33万人次。

全年新批海外企业(机构)58家，其中贸易型企业31家，非贸易型企业13家，常设机构14家。截止1996年年底，全省已在境外注册登记的各类企业累计已达682家，境外总投资1.58亿美元，其中贸易型企业400家，非贸易型企业178家，常设机构104家。已对外开业的373家海外企业的年经营额达27.6亿美元，实现利润5970多万美元。1996年，全省对外经济技术合作各项业务发展主要呈现出以下特点：

1. 对外承包劳务业务连续几年保持较快的发展速度，并取得了良好的社会效益。近年来，通过广泛宣传发动、制定鼓励措施、大力推行代理制、不断强化市场开拓和经营管理，使得承包劳务迅速发展。1996年继续保持了40％以上的增长速度，大大高于全国平均水平。对外承包劳务业务的扩大，也取得了显著的社会效益。1996年，全省劳务人员在外总收入超过8亿元，累计超过30亿元，对缓解国内劳动力就业压力和扶持贫困地区脱贫致富，以及更新全社会的开放观念都起到了积极的促进作用。

2. 对外承包劳务的经营渠道进一步拓宽，经营实力增强。1996年，全省又有10家企业获得对外承包劳务经营权，而且基本都是大中型生产企业和外贸公司。截止目前，全省享有承包劳务经营权的企业已达36家，居全国前列，其中生产性企业和外贸公司占53％，特别是建筑、水产、石油、机械等行业对外承包劳务取得了新的突破。几年来，全省各外经企业累计经营利润超过1亿元，省内有7家外经公司资产已过千万，这基本上是在国家没有直接投资的情况下实现的。

3. 援外改革推动了海外投资的扩大。随着国家援外政策的调整，山东省把援外改革与对外投资贸易相结合的工作也迅速起步。1996年，全省已正式向外经贸部申请政府贴息优惠贷款项目13项，约计申请优惠贷款7.9亿元人民币。目前，已有1个项目启动实施，利用我国政府援外优惠贴息贷款2亿元。这些项目以拉美、南太、中东欧、非洲地区的发展中国家为目标，以投资开发当地资源和建立轻纺、机电产品生产加工企业为重点，使山东省对外投资贸易合作的发展开始进入了一个新阶段。

（四）实施外向带动战略，构筑"大经贸"格局 1996年全省经济的外向度已达到24.6%，比"八五"初期提高了近10个百分点。在外经贸经营主体多元化方面，通过加快进出口经营权的申报和审批进度，一大批市地县外贸企业和生产企业被推向国际市场；通过改善投资环境、强化产业导向和加强后期管理，三资企业的出口规模和经济效益不断提高；通过实施分类指导，扶优扶强，重点扶持的32家自营进出口生产企业和30家骨干三资企业的带动作用日趋增强。进出口经营格局发生了深刻变化，截止到1996年底，全省享有进出口经营权的各级各类企业已达1万多家，开业投产的三资企业达10405家，国有外贸公司248家，自营进出口生产企业572家，形成了国有外贸公司、三资企业和自营进出口生产企业三路大军，全省出口竞争能力和水平有了质的提高。对外贸易、利用外资、对外经济技术合作相互促进，共同发展。在东西结合、全方位对外开放方面，一方面大力扶持龙头，推动东部沿海地区开放型经济快速发展，另一方面又适时将开放重点向西部扩展，形成东西并进的全方位对外开放新格局。在外经贸行业与其他行业的联合方面，各行各业都积极参与对外经贸，不断探讨贸工、贸农、贸技联合的路子，加强联合协作，实行优势互补，共同发展。在外经贸管理方面，根据市场经济的要求，不断加强宏观调控，相对弱化微观管理，正在实现由对外经贸系统管理向对全行业管理的深刻转变。

（五）推进外贸企业改革，提高外贸企业管理水平 全省外贸企业以两个根本性转变为指针，按照"三改一加强"的总体要求，切实加大了改革力度。坚持典型引路，一批靠改革崛起的外贸企业成为全省学习借鉴的榜样。针对省、市、县三级外贸企业的不同情况，因企制宜，分类指导，全面推进，重点突破。一是以组建集团、实现规模经营为目标，推动企业资产的流动重组；二是以盘活资产为目标，推动资不抵债的企业破产或剥离经营；三是以建立现代企业制度为目标，推动产权制度的改革；四是以提高企业领导管理水平为目标，大力加强领导班子建设。在强化外贸企业管理方面，按照省政府的统一部署，连续两年开展了"管理效益年"活动，1996年在全省外贸企业中组织开展了以清理库存、清理债权债务、清理投资项目、清理经济案件为主要内容的"四清理"活动，取得了较好的成果。外贸企业以经济效益为中心的经营思想基本确立，企业管理水平又上了一个台阶。

（六）调整贸易方式和结构，大力培植新的增长点 全省把调整结构、培植新的增长点作为外经贸发展的根本来抓。积极推动出口商品结构调整，在向工业制成品为主转化的同时，大力发展加工贸易和代理出口业务。机电产品出口和加工贸易正逐步成为全省外贸出口新的增长点。1996年全省机电产品出口18亿美元，加工贸易出口43.7亿美元，分别占全省出口总额的16.6%和40.2%。机电产品出口、加工贸易和代理出口的不断发展，既扩大了全省整体出口创汇规模，也为众多的生产企业注入了资金和技术，引进了信息和技术，使更多的企业走向国际市场，推动了全省经济开放度和运行质量的提高。

（七）改善投资环境，改革招商方式，加大引资力度 出台了一系列鼓励外商投资、加强三资企业管理的规定措施，不断提高办事效率和服务质量，三资企业大都取得了较好的经济效益，纷纷追加投资。1996年全省三资企业完成销售额1221亿元，实现利润53亿元，全省国税涉外税收占全省工商税收的19.5%。1996全省有400家三资企业增资，合同金额6.7亿美元，并继续加大对欧洲诸国以及美国、日本、韩国、新加坡等国家及香港和台湾地区的大公司、大财团、大商社的招商力度，收到明显效果。同时，坚持外贸、外资、外经三外齐抓，三外联动，大力发展对外承包工程和劳务合作和海外投资，特别是紧紧抓住我国援外改革的机遇，对拉美、东南亚、南亚、非洲及东欧等国的投资有了较大突破。

改革事业迈出新步伐

农村改革进一步深化，产业化、合作经济发展较快。企业改革稳步推进，51户企业现代企业制度改革试点工作进展顺利，重点扶持了8户大型骨干企业集团，三分之二以上的县城国有和集体企业进行了改制，3个城市优化资本结构试点初见成效。社会保障体系建设和住房制度改革取得新进展。证券市场不断扩大，上市企业达到28家。

经济开发区建设取得新进展

1996年，山东省在资金紧张、优惠政策逐渐弱化的情况下，各市地普遍加大了对开发区建设的扶持力度，各经济开发区拼搏进取，进行第二次创业，推动了开发区建设不断取得新进展。全年全省各类经济开发区新批进区项目1077项，其中外资项目482项，进区项目总投资191.1亿元，其中合同外资额15.5亿美元，实际使用外资6.58亿美元；开业投产企业达2165家，其中三资企业663家。全年开发区企业完成工业总产值263.3亿元，出口创汇12.8亿美元。全省经济开发区发展势头良好。

(一) 国家级经济开发区加快了发展步伐 开发区已成为全省外向型经济新的生长点。1996年，青岛、烟台、威海经济技术开发区和青岛保税区新批进区项目482项，项目总投资129.7亿元;新批利用外资项目283项，合同外资额10.6亿美元，实际使用外资3.65亿美元;新投产开业企业1815家。截止1996年年底，三个国家级经济开发区和青岛保税区已累计批准进区项目4197项，项目总投资417.2亿元;其中外资项目1805项，实际使用外资12.1亿美元。

(二) 省级经济开发区加强了基础设施建设 全省经济开发区已初步形成了良好的投资环境，50个省级经济开发区全年新批进区项目826项，项目总投资61.4亿元，其中利用外资项目336项，合同外资额4.84亿美元，实际使用外资2.93亿美元;新投产开业企业350家。截止1996年年底，全省各级经济开发区累计批准进区项目4139项，其中外资项目1207项，实际使用外资15.3亿美元。

(山东省外经贸委 王益方)

江 苏 省

国民经济保持良好发展势头

1996年，江苏省国民经济持续快速健康发展，改革开放进一步深化，通货膨胀得到有效控制，宏观经济环境有所改善。全年国内生产总值6057元，比上年增长12.2%，比全国平均水平高2.5个百分点。

(一) 农业生产丰收农村经济全面发展 1996年农业增加值975亿元，比上年增长7%。粮食总产3476.4万吨，创历史最高水平;棉花单产创纪录，总产53.7万吨;油料总产147.5万吨，为第二个丰收年。"菜篮子"工程建设取得较好成绩，多种经营增加值占农业增加值的比重达到37.2%，比上年提高3.4个百分点。水利建设进一步加强，治淮、治太等重点工程加快实施。农业资源综合开发、商品粮棉油基地建设进展顺利，全年建设吨粮田134万亩，改造中低产田325万亩。

以乡镇企业为主体的农村非农产业继续增长，农村经济综合实力进一步增强。1996年农村工业、建筑业、运输业和批发、零售贸易业、餐饮业等非农产业产值比上年增长15.2%。

(二) 工业生产平稳增长，企业集团发展较快 1996年全省工业增加值2777亿元，比上年增长12%。轻重工业协调发展，乡镇工业较快增长。产品结构得到调整、能源、原材料、农用工业等主要产品产量有较大增长。市场开拓力度加大，产销衔接逐步好转，全省乡以上工业产销率为95.04%。在完善1995年组建的10个省级大型重点企业集团的同时。1996年又组建了11个省级大型重点企业集团、范围由工业扩大到流通、外贸、旅游等领域。重点企业集团经营业绩明显，其中16个工业企业集团销售收入和实现利税分别比上年增长22.2%和23.1%。

(三) 重点建设成绩显著，投资结构改善 1996年，全省重点建设和基础设施建设取得较大进展，重点技术改造得到加强。沪宁高速公路江苏段和宁连、宁通一级公路建成通车、宁盐、宁徐一级公路半幅通车。江阴长江公路大桥和南京禄口机场建设进度加快。一批重点建设工程已经建成，徐州华润电力有限公司彭城发电厂一号机组并网发电，扶贫通电工程提前完成任务，实现村村通电的目标。技术改造一期"双加"工程开工实施率为83.3%，高于全国平均水平10个百分点，二期"双加"工程开始启动。列入国家导向性计划的项目有333项，计划安排专项贷款101亿元，项目数和专项贷款均居全国第一位。固定资产投资适度增长。1996年全社会完成固定资产投资1947.2亿元，比上年增长15.9%。投资结构有所改善。第一产业完成投资51.2亿元，比上年增长25%;第二产业完成投资919.3亿元，增长12.2%;

(四) 市场销售增长，物价涨幅回落 1996年，社会消费品零售总额2005.4亿元，比上年增长21.5%，扣除价格因素，实际增长13.8%。主要商品货源充裕，生产资料市场销售平稳，食品和新型家电销势较好，餐饮业比较兴旺。市场流通体制改革进一步深化。一批改制后的大型国有流通企业集团在竞争中不断壮大，私营、个体及股份制流通企业迅速发展，流通格局呈多元化趋势。市场建设在进一步完善网络的基础上，逐步向高层次、远辐射、大规模发展，现代流通方式积极推广。全省共新批建了各类市场40多个，其中省级市场10个。亿元以上大型市场250家。全省商品零售价格比上年上涨6.8%，增幅回落7.5个百分点。

(五) 财政收入增长，金融形势稳定 1996年，江苏省财税体制和金融体制改革进一步深化。健全财政职能，整顿和规范财税、会计工作秩序，以分税制为核心、增值税为主体的财税体制运行正常。初步实施政策性金融与商业性金融的分离，专业银行向商业银行转化已经起步，新组建招商银行南京分行。

财政收支基本平衡。1996年财政收入428亿元，其中地方财政收入223.2亿元，分别比上年增长22.3%和29.3%;在地方财政收入中，工商税收完成163.5亿元，增长25.8%。全年财政支出310.9亿元，比上年增长22.7%。

金融形势基本平稳。1996年末全社会各项存款余额4649亿元，贷款余额3575亿元，分别比年初增加1100.8亿元和629.3亿元，继续保持存差格局。货币投放139.8亿元，比上年多投放59.5亿元。

(六) 企业改革力度加大，配套改革继续深化 企业改革继续深化，现代企业制度试点工作取得新进展，国家级试点企业4家、省级试点企业127家中的120家在企业改制、增资减债、强化管理等方面取得初步成效。第二批试点企业开始启动。1996年新组建了南钢、海外、沙钢、阳光等11家省级重点企业集团;全省还新组建冠以省名的企业集团271家，其中乡镇企业集团186家。继续推进兼并、破产、租赁、托管以及股份合作制等多种形式，进一步搞活中小企业，全省中小企业不同形式的改制面达50%以上。乡镇企业通过深化改革，多项经济指标继续稳定增长。股份制试点逐步规范，全年新组建股份有限公司15家，累计组建股份有限公司362家。积极推进国有资产管理营运体制改革，国有资产流动和重组步伐进一步加快。"学邯钢"活动取得初步成效，企业管理水平有所提高。社会保障体系建设步伐加快，全省城镇职工养老保险和失业保险覆盖面均达到91%，省辖市基本建立了最低工资保障制度。组织实施再就业工程，城镇登记失业率为2.2%，控制在3%的计划目标之内。医疗制度、住房制度等改革进一步深化。

(七) 人民生活进一步改善 1996年，江苏省城镇居民人均生活费收入4689元，比上年增加480元;农民人均纯收入3029元，比上年增加572元，实际增长12.6%。耕地保护力度加大，全省非农业建设占用耕地15.06万亩，控制在计划之内。

环境保护工作取得新的进展，全年完成环境污染治理项目678个，完成投资3.1亿元;建成烟尘控制区146个，面积达1179.2平方公里;进行了重污染企业的关停并转工作，118家年产量在5000吨以下的小造纸厂已全部关闭。淮北高氟和污染严重地区改水工程进展较快。

开放型经济继续拓展

1996年，江苏省坚定不移地扩大对外开放，多渠道、全方位地发展开放型经济，提高对外开放水平，开放型经济继续保持稳定增长。

(一) 进出口贸易持续增长 1996年全省对外贸易进出口总额198.95亿美元，比上年增长20.3%，其中外贸出口突破130亿美元，达到131.22亿美元，比上年净增加15.95亿美元，增长13.8%，继续位居全国第3位。进口67.73亿美元，增长35.1%。1996年江苏省进出口贸易呈现以下主要特点:

1. 县(市)级外贸公司和自营生产企业成为外贸出口重要力量。1996年全省县(市)外贸公司出口13.28亿美元，比上年增长17.5%，占市、县外贸出口的35.1%，比上年的比重上升了5个百分点。一批县级外贸公司进入全省出口大企业行列，张家港市外贸公司1996年出口2.85亿美元，增长28.7%，跃居全省各类外贸企业出口之首。全省自营出口企业出口额达66.18亿美元，比上年增加13.3亿美元，增幅达25.2%，占全省出口总额的比重由上年的44.8%提高到50.4%。

2. 机电产品出口大幅度增加、出口商品结构进一步改善。全省1996年机电产品出口38亿美元，比上年增长27.8%，高于全省外贸出口增幅14个百分点。机电产品的出口比重由1995年的25.9%上升到28.9%。出口商品中加工制成品的比重达91%。全省技术进出口大幅增长，技术引进和设备进口合同总额达3.35亿美元，技术出口合同金额达1.85亿美元。

3. 外贸企业管理水平提高，扭亏增盈显著。全省外贸企业树立效益第一观念，在提高经济效益前提下扩大出口，同时进一步加强企业管理，深入开展"三挖潜、四清理"活动，使外贸经济效益状况得到改善。

(二) 对外经济技术合作不断拓展 1996年，全省对外承包工程和劳务合作新签合同金额7.3亿美元，完成营业额6.8亿美元，分别比上年增长8.9%和33.9%。新批境外非贸易企业19家，总投资4558万美元。经济技术合作的方式开始转变，承包工程、项目总承包、技术服务的比重上升。各类开发区建设步伐加快，苏州工业园区等国家级、省级开发区已成为外引内联的窗口和新的经济增长点。全省外经工作呈现出五大特点。

1. 承包工程比重增大，承揽的大项目增多。1996年江苏项目结构和层次有了进一步的提高，承揽1000万美元的大项目达10个，总合同额达1.88亿美元。

2. 外经公司国际化工程加快，实力进一步增强。1996年外经公司分别在31个国家。设立公司办事处46家，举办境外企业3家，又有2家公司经批准拥有了进出口经营权，进出口贸易金额达1.5亿美元，有效地提高了企业的国际化经营水平，拓展了经营领域，中江、中建、中南等公司，合同额均超过1000万美元，经营规模进一步提高，武进、南通三建、无锡等一批新公司发展迅速，大有潜力。

3. 市场开拓进一步发展。近年来，亚太地区特别是东南亚地区成为国际贸易与国际经济技术合作的热点地区。江苏各外经企业抓住机遇，使该地区发展成为全省外经工作的重点市场，在东南亚就举办了8家非贸易企业，承包劳务合同金额也很可观。新加坡、以色列、日本等市场也得到了进一步发展提高。

4. 国有大中型企业跨国经营意识逐步增强，境外投资规模、层次进一步发展。1996年的境外投资项目中有8家是国有大中型企业实施的，其中省级集团4家，无锡小天鹅集团、中江公司等企业在前几年的基础上，又分别申办了境外企业、常柴集团、金城集团等也迈出了第一步。同时工业生产类项目比重提高，市场导向型企业进一步增多，企业的筹建速度加快。

5. 执行援外新方针，加强援外与境外投资相结合方面取得新突破。“中坦合资友谊纺织有限公司”、“中肯药品制造有限公司”分别利用了我国政府援外贴息优惠贷款和多种形式援外专项资金，前者目前已进人试运转阶段。同时江苏有关单位正在对科特迪瓦农场、赞比亚农场、埃及收录机厂等一批援外与境外投资相结合的项目进行考察、论证。

(三) 实际利用外资规模继续扩大 全省实际利用外资55亿美元，比上年增长4.1％。新批外商投资企业虽比上年减少，但由于世界著名跨国公司扩大投资。使利用外资呈现大项目增多、外商出资比重加大的良好态势。全年新批外商投资企业中，总投资1000万美元以上的项目达352个。全省平均每家新批外资企业的合同外资364万美元，比上年增加45万美元。利用外资工作的特点是：

1. 全省各级各类开发区仍然是外商投资的热点。1996年全省11个国家级开发区新批外商投资项目417个，比上年增长15.9％，新批协议外资44.26亿美元，比上年增长1.2％，外资实际到帐17.73亿美元，比上年增长35.7％，占全省外资实际到位总数的32％，全年外商投资在国家级开发区落户的总投资在1000万美元以上的大项目有31个，协议外资17.48亿美元。

2. 1996年有62个国家和地区的投资者继续在江苏举办企业。又有47个世界著名跨国公司在江苏省投资了52个项目，新批总投资额16.9亿美元，协议外资13.4亿美元，包括德国汉高、美国美孚石油、美国PPG、韩国大宇、晓星、LG化学和日本住友、夏普公司等。

3. 1996年全省十分重视改善投资环境，有效地促进了企业产出效益的提高。全年三资企业自营出口的总值达到55亿美元，比上年同期增长34％，占全省全年出口总值131亿美元的42％，比上年提高6个百分点。

4. 1996年江苏对外借款和其他利用外资方式继续发展。对外借款1.2亿美元。共有9个外国政府贷款项目得到国家批准，确认金额1.55亿美元，其中有8个基础设施和社会公益性项目，包括使用英国政府贷款8000万美元的江阴长江大桥、使用意大利政府贷款2000万美元的苏南供水项目、使用法国政府贷款2000万美元的常州一武进等重点项目。补偿贸易、加工装配等其他方式利用外资7682万美元，保持了一定的发展势头。1996年是江苏企业境内外上市外资股发展较为迅速的一年，全省通过股权融资方式筹集外资已经迈出可喜的一步并开始显示出很强的后劲。

科技、教育等社会事业全面发展

科学研究成效显著 1996年，全省共获国家级重大科技成果40项，其中国家发明奖6项，国家科技进步奖34项;获得省级重大科技成果317项，启动实施重大科技攻关项目和重点攻关项目275个。至1996年底，全省已建各类重点实施室、工程技术研究中心等104个，其中国家重点实验室17个、国家工程技术研究中心11个。技术市场活跃。全年共签订技术合同3.1万项，技术贸易成交额22.3亿元，比上年增长22.9％。全年申请专利4980件，授权专利2578件，分别比上年增长22％和7％。高新技术产业规模扩大。国家级高新技术产业开发区、沿江火炬高新技术产业开发带和苏北星火密集区建设步伐加快。全年高新技术产品产值370亿元;技工贸总收入400亿元，比上年增长50％。全省高新技术企业537家，当年认定高技术产品317项、国家级新产品258项、省级新产品483项。

教育事业稳步发展 1996年在校研究生1.22万人，高校在校学生22.06万人，中等专业技术学校在校学生40.99万人，职高在校学生25.79万人。学龄儿童入学率达99.8％。普及九年义务教育和扫除青壮年文盲的目标基本实现。成人教育和教育现代化建设也进一步发展。教师住房建设力度加大，全省教师住房建设竣工面积134万平方米，相当于“八五”前四年的总和。教学质量和办学条件进一步改善苏南教育现代化工程和苏北教育促小康工程全面实施。

此外，全省的文化、卫生、体育等事业也有长足发展。

现代企业制度试点取得阶段性成果

江苏省的现代企业制度试点工作于1995年开始启动，1996年进入全面实施阶段，省级120户试点企业中组建股份有限公司23户，有限责任公司58户，国有独资公司43户，改制成股份制企业的占63.5％。全省实施现代企业制度取得阶段性成果。

(一) 增资减债工作初见成效 通过部分所得税返还、国家和省两级“拨改贷”转资本金、债权转股权、税后利润留存、增提折旧、发行股票及职工出资入股等办法，试点企业改制吸收资本金21.6亿元。3年来，试点企业增加净资产19.73亿元，至1996年底试点企业平均资产负债为64.66％，下降了7个百分点。

(二) 分离办社会职能有所加强 大部分企业采取先分后离，实行内部独立核算，逐步向社会管理过渡的办法。少数条件成熟的采取一步到位，将企业办社会职能移交当地政府管理的办法。至1996年底，试点企业分离办社会职能88项，节约费用3954.03万元。如江苏宜兴陶瓷集团公司已成功地将小学和消防队交由宜兴市政府管理。

(三) 机构和富余职工部分分离 试点企业采取从生产主体向“三产”分离、提前退休、下岗培训、直接向社会分离、自谋职业等多种办法消化分流富余人员。到1996年底，试点企业共分流富余人员5万余人，其中向社会分流6382人。

(四) 法人治理结构初步建立 试点企业按照公司章程和要求建立了规范的法人治理结构，组建了股东会、董事会、监事会和经理层，明确了各自的权责和义务关系，妥善地处理好“新三会”与老“三会”的协同配合关系。到96年底，完成工商登记并建立法人治理结构的试点企业有63户，占52.5%。其中董事长与党委书记分设的有13户，兼任的有50户。

(五) 试点企业经济增长质量提高 到1996年底，试点企业总资产576.47亿元，比上年增加44.87亿元；所有者权益203.75亿元，增加15.73亿元；国有资产保值增值率为108.37%。实现销售收入498.71亿元，增长21%；利税34.48亿元，增长1.74%；利润13.93亿元，增长8.57%。

(六) 政策配套工作不断改善 围绕着试点过程中增资减债、分离分流、规范改制等重点难点问题，江苏省出台了12个配套办法，为试点创造了良好的外部环境。1996年又出台了《关于搞好国有工业企业的意见》，进一步明确了25条政策。这些配套政策调动了试点企业积极性，推动了试点工作。

加大淮北地区扶贫开发力度

进入九十年代，江苏省制订了加快淮北经济欠发达地区发展的政策措施，改革和调整了传统的以救济为主要内容的扶贫方式，从政策、资金、教育等方面实行开发式扶贫，1995、1996年，9个省重点扶贫县先后有50万人和70万人摆脱了贫困。淮北地区的改革开放和经济建设取得了新的进展。

(一) 经济增长速度加快，综合实力增强 1996年，淮北地区(徐州、淮阴、盐城、连云港、宿迁五市)实现国内生产总值1400亿元，比1990年增长2.88倍，年递增25.3%，比“七五”时期快10.4个百分点。所辖28个县(市)中，1996年国内生产总值在20－30亿元的有6个，30－40亿元的有8个，40－50亿元的有3个，50亿元以上的有6个，分别占县(市)总数的21.4%、28.6%、10.7%和21.4%，这表明80%以上的县(市)已具备了一定的经济规模。淮北五市的人均国内生产总值从八十年代末的1000元左右增加到1996年的徐州5938元、淮阴8551元、盐城4880元、连云港4963元、宿迁2600元，经济发展水平显著提高。

(二) 产业结构向高层次转化，工业化进程加快 以农业为主体的经济结构得到较大改观。全地区第一产业增加值占国内生产总值的比重，由1990年的43.6%下降到1996年的32.9%，第二产业比重由35.6%上升到39.1%，第三产业比重由20.8%上升到28%。非农产业的快速发展，大大推进了该地区的工业化。1996年，全区工业增加值在国内生产总值中的份额达34.6%，占据了经济总量的三分之一。目前，淮北各市均形成了具有区域特色的支柱产业，并培植了一批有较高知名度的企业集团，如维维、燕舞、如意、森达等跨地区、外向型企业，涌现出一些名牌产品。

(三) 农民收入稳步增加，生活水平提高 1996年，淮北五市农民人均纯收入达2162元，比1990年增加1465元，增长2.1倍；比上年增加443元，增长25.7%，增幅高于全省平均2.4个百分点。10个省重点扶贫县(含灌南，下同)农民人均纯收入均接近或超过2000元，其中大部分县的增幅高于全省平均水平。淮北经济欠发达地区之所以出现历史性变化，主要得益于以下几点：一是省连续六年派遣工作队帮助贫困县乡发展经济；二是加大扶贫资金投入。1996年省级投入有偿和无偿资金4.5亿元，比上年增加1.77亿元，增长64.8%。另外还支援无偿资金和捐献各类物资合计金额1.03亿元，其中仅援建希望工程就达1200万元，新建校舍10万多平方米；三是积极组织南北挂钩协作。1995、1996年两年挂钩协作的建成及在建项目达70余个；四是实施淮北扶贫通电、中低产田改造及农村改水三项工程。到1996年底，这三项工程已累计投入各级各类资金近10亿元，完成了339个村、70万户农户的通电任务，改造中低产田120万亩，解决了135万人的卫生饮用水问题。

(中共江苏省委研究室　张伟新)

浙　江　省

国民经济保持快速健康发展的势头

1996年，浙江省实现了物价涨幅的明显回落和国民经济的稳定适度增长两大基本经济目标。全社会商品零售物价指数控制在7%，比上年回落了6.5个百分点；国内生产总值达到4150亿元，比上年增长12.7%；财政总收入达到285.5亿元，其中地方财政收入达到136.4亿元，分别比上年增长14.9%和16.8%。

（一）农业和农村经济进一步发展 从年初开始，全省就紧紧抓住农业特别是粮食生产不放，完善和落实粮肥挂钩、提取粮油技术改进费等政策，推广良种和旱育秧等轻型栽培技术，加快农业机械化步伐，扩大粮田适度规模经营，进行建立现代农业园区试点。制定全省山区经济发展规划纲要，积极引导农民进行山区综合开发，发展农林牧渔各业和企业。还在粮食系统开展了政策性业务和商业性经营两线分离的工作。农业和农村经济呈现出良好的发展势头。粮食生产喜获丰收，总产量达到1499万吨，比上年增长4.8%。多种经营全面发展，除茶叶、蚕茧外，主要农副产品产量均比上年有所增长。农林牧渔业总产值达到956.6亿元，比上年增长6.5%。

（二）工业继续保持较快增长 1996年，浙江省加快了调整工业结构和企业产品结构、组织结构的步伐。以培育一批大型集团企业、小型"巨人"企业、名牌产品企业、出口创汇大户企业和高新技术企业为目标，制定培育"五个一批"企业计划，选定了315家重点骨干企业，实施相应的扶持政策，并开始进行百项重点技术改造项目建设。还从机械、电子等行业选出14家大型企业计划予以重点扶持。着手制定丝绸、棉纺、水泥三大传统行业整体结构调整方案，其中丝绸经营管理体制改革和结构调整工作已全面展开。狠抓企业扭亏增盈，对500万元以上亏损额的企业逐家进行分析，提出了扭亏增盈对策。全省工业生产在克服市场约束增强、减利因素增多等困难的过程中，保持了较快增长，实现增加值1950亿元，比上年增长15.8%。产销状况从下半年开始有所改善，产销率达到94.5%，基本与上年持平。

（三）继续加强重点建设，基础设施建设取得较大突破 继交通建设实施"四自"方针后，又在水利建设上提出并开始实施自行筹资、自行建设、自行收费、自行还贷、自行管理的"五自"建设方针。重点工程项目建设进度明显加快。杭甬高速公路全线贯通，铁路乔司编组站、台州电厂7号机组、杭宁光缆浙江段、金华沙畈水库等项目相继建成。金温铁路继金缙段之后，缙丽段完成铺轨投入试运行。甬台温高速公路、舟山朱家尖机场、环太湖杭嘉湖综合治理、天荒坪抽水蓄能电站等项目相继进入建设高潮。秦山核电二期、北仑电厂二期、沪杭高速公路、萧甬铁路复线、钱塘江北岸危塘抢建工程和沿海标准海塘建设等项目开工建设。积极参加上海国际航运中心建设，完善宁波、舟山洪口的集疏运网络，新开辟了宁波北仑至美国东海岸的集装箱货运航线。

经济体制改革继续深化

1996年，全省基本完成了百家现代企业制度试点单位的方案论证和审定，其中有89家企业已进入方案实施阶段，在减轻企业历史负担、分离企业办社会职能、分流企业富余人员等方面取得了一些进展。进一步扩大了放开放活小企业的范围，在德清进行了国有小企业改革试点，中小企业的整体活力有了增强。逐步深化各项配套改革。开展委托经营国有资产试点，在杭州、宁波进行"优化资本结构"试点，在萧山、绍兴进行国有企业综合配套改革试点，在促进国有资产保值增值责任制落实和调整国有资产结构方面进行了有益的探索。着手建立统一的社会保障管理机构，对城镇职工中的300多万人实行了社会统筹与个人帐户相结合的养老保险制度；在宁波、金华开展了建立职工医疗保障制度改革试点。全面推开农村集体资产管理体制综合改革，加强了对农村集体资产的管理。小城镇综合改革试点也已进入实施阶段。

外贸出口和利用外资继续增长

1996年浙江省在外经贸方面突出抓出口成交，抓外贸企业内部的经营管理，抓"百龙"工程的实施，运用外贸出口发展基金专项支持调整出口商品结构；支持外商投资企业和自营出口生产企业扩大出口。外贸出口扭转了一度滑坡的局面，保持了一定的增长。全省实现外贸出口93亿美元，比上年增长10%。调整和完善利用外资管理体制，扩大市县利用外资的审批权限，落实项目招商领导负责制，有计划地加强了对重点项目的招商，同时，进行了对外商投资企业收费的清理。利用外资保持较快增长，全省协议利用外资达到32亿美元，实际利用外资达到13.5亿美元。大项目明显增加，新批1000万美元以上项目160个；新批项目平均规模达到281万美元，比上年增加100万美元。对外经济技术合作与交流又取得了新的进展。

科技和教育事业全面推进

制定出台《关于实施科教兴省战略加速科技进步的若干意见》，加强对科技进步的领导，增加对科技进步的投入，激发和调动了企业、科研单位、大专院校和广大科技人员推进科技进步的积极性。开展创建科技进步先进县活动，实施"星火燎原工程"、"科技兴海工程"和"新世纪工程"，重奖在科技开发和成果推广中作出重大贡献的集体和个人，全省又取得了一大批科研开发和推广运用成果，其中达到省级以上水平的科研成果有355项。为提前实现普及九年义务教育，发动全社会开展"扶贫建校"活动，已先后筹资3410万元，有138

个项目建成投入教学。加强对职业技术教育的整体规划和统筹协调，建立省职业教育发展基金，职业技术教育规模扩大，质量有了新的提高。继续推进联合办学和调整高等教育结构，新组建了绍兴文理学院，成立了新的宁波大学。杭州大学通过了“211工程”部门预审。制定新的增加教育投入政策，浙江省在全国第一个全部解决了民办教师转正问题，省及各市地县又相继建成了一批教师住宅。成人教育和继续教育得到了加强。

社会各项事业取得新成就

1996年，研究修改了《浙江省精神文明建设纲要》和制定《浙江省文化发展纲要》，对干部特别是领导干部进行讲学习、讲政治、讲正气教育。继续在农村和企业开展基本路线教育和形势任务教育，开展第三轮创建文明城市竞赛活动，在农村广泛开展反对封建迷信，制止非法建造寺观教堂、滥建坟墓的专项治理，封建迷信蔓延势头得到了一定程度的遏制。繁荣社会主义文化，慈溪、嵊州被命名为全国文化先进县市，邱隘镇等23个乡镇被命名为首批“东海文化明珠”，文学、戏剧、影视和新闻出版等领域有51个作品获得“五个一工程”等全国性大奖。卫生工作有了加强，80%的县市达到初级卫生保健标准，全省已实现基本消灭血吸虫病的目标。体育、计划生育和妇女、未成年人、老年人、残疾人等事业也取得了新的进步。

提出和确立“依法治省”方针。规范政府制定行政规章和提出法规议案的行为和程序，清理和开始修订与《行政处罚法》、《行政赔偿法》等不相适应的政府规章以及其他规范性文件。有计划在工商、卫生、土管、建设等部门进行执法责任制试点。加强了对土地和环保等执法工作的监督检查。依法调整了杭州市的行政区划。

（浙江省政府办公厅研究室　潘成坤　严士凡）

福　建　省

经济社会发展概况

1996年，福建省改革开放继续推进，宏观经济环境进一步改善，国民经济既实现了较快增长，又有效地抑制了物价上涨，保持了持续快速健康的发展势头，实现了“九五”计划开好局，起好步的目标。全年国内生产总值2600.68亿元，按可比价格计算比上年增长14.8%，其中第一产业增加值560.06亿元，增长10%；第二产业增加值1133.86亿元，增长17.5%；第三产业增加值906.76亿元，增长13.8%。人均国内生产总值8117元，全社会劳动生产率16457元，扣除价格因素，均比上年增长13.3%。

（一）农业在重灾之年取得丰收　1996年农业总产值900亿元，增长11%，粮食增产12万吨以上，非粮食物总量增加70万吨。乡镇企业总产值增长20.5%。全省农村脱贫致富奔小康进程加快，全年脱贫42.7万人，涌现出了一大批小康乡镇、小康村、小康户。

（三）工业生产持续增长　1996年完成工业增加值965.51亿元，比上年增长19.0%，产销率为96.22%。国有企业改革取得成效，全省已组建企业集团250家，完成国有小企业转制3000家，出台了省级统筹养老保险改革方案并正式运行。

（三）重点建设进展顺利　1996年固定资产投资完成790亿元，比上年增长16.0%(扣除物价因素，实际增长10.8%)，增幅比上年回落10.4个百分点。全省20个重点建设项目完成投资70.55亿元，增长19%。10个重中之重项目建设任务按期完成，其中厦门嵩屿火电厂2号机组和水口水电站7号机组投产发电；福州长乐国际机场完成试飞准备，厦门高崎机场二期工程正式投入使用；横南铁路铺轨到武夷山市，漳泉肖铁路铺轨到惠安山腰；千里海堤加固工程全面完成；泉厦漳高速公路进展加快；此外，先行工程“两纵三横”国道省道拓宽改造基本完成。支柱产业起步项目有不同程度的进展，1996年建成投产或基本建成的项目有7个。全省基本建设新增加的主要生产能力有：新扩建港口年吞吐能力50万吨，发电机装机容量104.58万千瓦，变电设备108.5万千伏安，新建、改造公路1055公里。

（四）财政收支平衡　1996年全省财政总收入215亿元，比上年增长16.5%。其中地方财政收入142亿元，增长21.1%，财政支出200亿元，增长16%，连续十二年实现财政收支平衡。年末金融机构各项存款余额1870亿元，贷款余额1440亿元。

（五）城乡居民收入有较大增加　1996年城镇居民人均生活费收入5000元，比上年增长15%；农民人均纯收入2380元，增长16.2%，扣除物价因素均增长8%左右。年末城乡居民储蓄存款余额1100亿元，比年初增加305亿元。

（六）社会事业全面推进　实施“科教兴省”战略，各级各类教育稳步发展。省科技十大工程继续实施，福州大学国家级化肥催化剂工程研究中心、南平高密度陶瓷封装国家中试基地、三明制药厂蕲蛇酶注射液工业化试生产、黄鱼生产产业化等一批科技项目取得突破性进展。组织实施"123健康工程"，重点加强卫生人才和医院病床建设，新增医院病床位9903张，有20个县(市)通过省初级卫生保健评审复核。计划生育工作实现了创全国先进的目标。文化、体育、广播电视、新闻出版等社会事业也有新的进展。

外向型经济持续稳定发展

1996年，福建省继续将外向型经济摆在各项工作的突出位置，加强领导，发挥优势，克服困难，推动各项业务继续保持稳步发展。

(一) 外贸出口突破100亿美元，进出口贸易持续增长 1996年进出口贸易总额达167.44亿美元，比上年增长13.9%。其中出口100.3亿美元，增长7.8%；进口67.14亿美元，增长24.4%。出口额在全国各省、市、区继续保持第5位。1996年三资企业出口58.21亿美元，比上年增长21.3%，占全省出口总额的58.0%。

(二) 利用外资规模继续扩大 1996年全省新签利用外资合同项目1987项，合同外资金额66.70亿美元，分别比上年下降27.2%和25.9%，但外商实际到资仍达40.79亿美元，比上年增长1.0%。改革开放以来全省已累计批准外商投资项目20538项，协议外资金额451.4亿美元，实际到资178亿美元，开业投产企业11617家。1996年全省吸收外资投资在大项目上有新进展，全省平均每个项目的外资金额为328.9万美元。外商投资企业生产规模也进一步扩大。1996年，全省外商投资企业实现工业产值950.28亿元，比上年增长29.2%，占全省乡及乡以上工业总产值的52%，新增产值占全省新增工业产值的比重达到75.2%。

(三) 对外承包工程和劳务合作平稳发展 1996年新签对外承包工程和劳务合作合同2490项，合同金额4.83亿美元，分别比上年下降11.7%和23.5%；完成营业额4.26亿美元，比上年增长3.04%；年末在外劳务人员4.8万人，增长10.2%。

(四) 国际旅游取得新成绩 1996年共接待境外游客104.57万人次，比上年增长15.4%，其中，外国人27.57万人次，比上年增长23.0%；港澳台同胞73.4万人次，增长13.0%。

对外开放取得新成效

(一) 各类开发区健康发展 截止1996年底，全省各类开发区规划开发面积505.7平方公里，累计投入85.26亿元进行基础设施建设，已开发土地146.5平方公里，累计引进各类项目3667个，总投资997亿元，其中外商投资项目2256个，合同利用外资103.35亿美元，实际利用外资49.15亿美元，分别占全省的11%、22.9%和27.6%；1996年新批外商投资项目281个，合同利用外资10.88亿美元，实际利用外资7.36亿美元，分别占全省的14.1%、16.6%和18%；已投产企业1465家，1996年实现工业产值430.7亿元，占全省乡以上工业产值的23.5%，占全省外商投资企业工业产值的45.3%，出口创汇27.3亿美元，占全省的27.3%，占全省外商投资企业出口的47%。从总体上看，福建省开发区建设取得了较好的经济效益和社会效益，在全省开放型经济发展中起到越来越重要的作用。根据开发区发展的实际需要，1996年8月成立了福建省开发区协会，在组织开发区招商和考察活动、交流信息与经验、反映和协调解决开发区的困难和问题等方面发挥了很好的作用，成为政府与开发区之间的桥梁与纽带。

(二) 福建投资贸易洽谈会走过十年辉煌历程 1996年9月在厦门经济特区举办的第十届福建投资贸易洽谈会是历届洽谈会中规模最大的一届，全国19个部委、协会、省市参与主办，全国2000多家企业参展，香港、台湾地区和新加坡等国的工商社团也组团参展。本届洽谈会取得了圆满成功，到会商家达4000多，签订投资项目2503个，利用资金155.1亿美元，其中合同项目1455项，合同资金49.19亿美元，洽谈会出口成交达11.88亿美元，均创造了历届洽谈会的最好水平。至此，福建投资贸易洽谈会圆满走过十年发展历程，在其发展的十年中，累计签订协议外资项目14537项，协议外资金额达681.19亿美元，外贸成交额40.36亿美元，参会的客商累计达22000人次。福建投资贸易洽谈会十年发展的成功历程，反映了"山海协作、东西互补、南北交流、部省联手、共同发展"的办会原则的巨大魅力，同时也反映了福建作为全国改革开放先行省份的辐射功能不断增强，其作为全国性国际招商口岸的地位日益突出。

(三) 闽台经贸合作稳步发展 全省1996年对台贸易额25.45亿美元，比上年增长7.7%，其中进口23.14亿美元，出口2.32亿美元，分别增长6.7%和18.38%。全年新批台商投资项目418项，协议台资金额22.21亿美元，比上年增长22.1%。全省累计批准成立台商投资企业4558项，协议台资金额90.34亿美元。对台渔工劳务合作新签合同金额等也有一定增长。1996年8月20日、21日，国家交通部、外经贸部先后颁布《台湾海峡两岸间航运管理方法》和《关于台湾海峡间货物运输代理业管理办法》，引起海峡两岸的强烈反映。目前，省有关部门正在抓紧筹备两岸直航的试点工作。

(四) 经济特区建设再上新台阶 1996年，厦门经济特区抓住机遇进行"二次创业"，"两个文明"相互促进，同步发展。在优惠政策弱化的情况下，特区依靠十几年改革开放打下的基础，狠抓经济发展的支柱和龙头产业，努力改善投资“软”硬环境，各项工作均衡协调发展。特区的工业四大支柱产业增长速度加快，与上年相比，电子工业增长25.4％，机械工业增长30％，化学工业增长38.6％，电力工业增长98.1％；四大支柱产业产值已占全市工业总产值的44％。海沧投资区、象屿保税区、火炬高技术产业开发区的基础设施和配套建设都有了新的进展。城市面貌发生了较大变化，全年新增园林绿地面积112公顷，人均公共绿地面积增长0.22平方米。初步建成了城市交通指挥电脑监控系统，建成了一些环保设施，加强了对废水、废气和噪音等的治理，关停和易地改造了一批污染源企业，环境质量有了进一步改善。

经济体制改革向纵深发展

1996年，福建省围绕“两个转变”，主要进行了搞活国有经济，完善宏观经济管理体制，推进农业产业化进程等各项工作，促进了社会经济的健康发展。

(一) 以资产流动重组为突破口搞活国有经济 一是抓好现代企业制度试点。国家3家试点企业中福州二化公司改制为国有独资公司，实行国有资产授权经营。二是继续推进股份制改革，修改、完善了《股份有限公司监督管理暂行规定》，使股份有限公司运作进一步规范化。截至1996年年底，全省有24家上市公司，上市公司家数居全国第4位。三是国有资产流动重组日趋活跃。省政府制定了《国有资产产权交易管理暂行办法》，同时，建立了福建省和厦门市、泉州市三个产权交易中心，在引入市场机制进行资产流动重组上迈出了重要的一步。跨行业、跨地区、跨所有制的兼并、联合步伐加快。据统计，全年各类兼并、联合企业共达500家。其中九州集团兼并了建瓯罐头厂、龙岩麒麟水泥股份有限公司、漳州啤酒厂等5家国有企业，增加总资产4.8亿元，净资产1.9亿元。四是全面推进国有小型企业改革。1996年全省完成300多家国有小企业改制工作，减少预算内工业企业亏损1.62亿元。

(二) 从加快政府职能转变入手完善宏观经济管理体制 一是构建国有资产营运体系。福建省轻纺、冶金、建材、煤炭、物资、二轻等6家专业经济管理部门通过授权经营或委托经营等形式，在成建制转经济实体上取得了一定进展。全省组建了23家各种类型的国有资产经营公司，新的国有资产经营管理体制正在建立。二是推进财税、金融体制改革。加快了福州、厦门、泉州组建城市合作银行的步伐，福州城市合作银行已正式挂牌。农村金融体制改革进展顺利。全省农村信用社与农业银行正式脱离行政隶属关系，基本完成了人员、财产、资金的界定和划转。三是推进投融资体制改革。省政府出台了《关于制定我省重点建设投融资实施办法的通知》。铁路、电力、机场等重点建设项目法人投资责任制进一步推进，成立了全省第一家合资铁路公司——龙岩铁路有限责任公司。厦门国际机场成功地发行了A股。泉州刺桐大桥以BOT投资方式建初见成效。全省先后有8家股份公司上市，按发行价格计算，共募集资金7.84亿元，资金主要投向基础设施建设和高科技产业。

(三) 以推进农业产业化为中心深化农村经济体制改革 一是省里初步完成了《福建省“九五”期间农业产业化规划》。各地从资源条件和客观实际出发，确立了农业产业化的支柱产业和主导产品。在全省里筛选了100家龙头企业进行重点扶持。三明市年产值超千万元以上的龙头企业有92家，带动农户32万户。泉州市已发展农副产品购销公司500多家，共有龙头企业730多个。漳州市把农业产业化与农业开放结合起来，兴办了200多家起龙头作用的台资农业企业。以上“公司加农户”的举措，对推动全省农村的农业产业化步伐起到了重要作用。二是发展土地规模经营。晋江陈埭、宁德塔山等地创造了农村土地股份合作制的新鲜经验，他们采取了先界定产权，后将农民的土地使用权折价入股，组建股份合作经验组织的办法，引人注目。

(福建省政府对外开放事务办公室 *詹朝辉*)

广 东 省

1996年是实施“九五”计划的第一年，广东省正确处理好改革、发展和稳定的关系，积极推进两个根本性转变，努力克服工作中的种种困难，全省国民经济稳定发展，精神文明建设和社会各项事业取得新成就。全省国内生产总值达6508亿元，比上年增长11％，提前实现了比1980年翻三番的目标。

宏观调控目标基本达到

1996年，广东省坚持把抑制通货膨胀作为宏观调控的首要任务，层层落实价格控制目标责任制，加大价格监督力度，增加市场供应，控制物价涨幅；着力调整投资结构，集中资金保证重点，严格控制新开工项目，防范金融风险，努力提高资金使用效益，宏观经济运行环境明显改善。

(一) 通货膨胀得到有效控制 物价涨幅逐月回落，全省全社会商品零售价格总指数比上年上升4.4%，比全年控制目标低5.6个百分点。

(二) 固定资产增幅继续回落 房地产热得到遏制，重点建设加强，技改工作得到重视，全省固定资产投资总额2443亿元，比上年增长5%。29项重点项目建设进展顺利，广梅汕铁路已经验收，京九铁路广东段全线开通客货运输，佛开高速公路和深汕高速公路建成试通车，沙角电厂C厂及汕头华能电厂1、2号机组已建成投产，茂名30万吨乙烯工程9套装置投料试车成功。1996年全省新增铁路293.5公里，新增高速公路356.6公里，新增发电装机容量337.6万千瓦，新增电话交换机容量144.6万门。

(三) 财政金融形势稳定 1996年全省地方财政收入474.6亿元，比上年增长24.8%；财政支出602亿元，比上年增长15.6%，地方财政收入加上中央税收返还，可实现收支平衡并略有结余。全省金融机构各项存款余额比上年末增加2029亿元，增长28.8%；贷款余额增加842亿元，增长15.4%，主要金融指标均控制在调控目标内。

(四) 经济秩序好转 1996年，广东省认真整顿经济秩序，规范各类经济社会活动，及时查处财税、金融方面的违法违纪行为，加强市场管理和执法监督。认真处理与人民群众密切相关的各类社会矛盾，重视并加快治理行业不正之风、制售假冒伪劣商品及农村土地纠纷等社会热点问题。特别是在全省开展了大规模清理整顿“三乱”工作，对企业负担、口岸收费、教育收费、农村电价、木材购销环节收费、公路设卡收费等6个“三乱”热点问题进行了专项治理，全省累计取消、纠正收费3013项，一年可减轻企业和群众负担12.8亿元。

国民经济稳定发展

(一) 农业基础地位提高 全省切实加强对农业的领导，增加投入，实施科教兴农，防灾抗灾。1996年粮食种植面积3413千公顷，比上年增加45千公顷；总产1891万吨，比上年增加88万吨，均超过年初下达的责任目标，连续三年增产。农业产业化进程加快，“三高”农业成效大，林、牧、副、渔各业稳步增产。水利建设步伐加快，十年整治江河的任务按期完成，全省1996年水利建设投入70亿元，比上年增长10%。乡镇企业增产增收，海洋产业发展加快。全省农业总产值1578亿元，比上年增长6%。

(二) 工业生产平稳增长 通过调整工业结构，强化企业管理，采取扶优扶强、放开小企业经营等有效措施，促进了生产发展。1996年全省工业总产值10877亿元，比上年增长18%。大企业集团发挥了支柱作用。占全省独立核算工业企业总数5.5%的大中型企业，产值占40%，利润总额占80%，综合经济效益指数高出全省30个百分点，提高了工业增长的质量和效益。交通运输、邮电通信业继续发展。

(三) 市场繁荣畅旺 按照突击抓好流通的部署，积极开拓省内外市场，改善经营服务，健全销售网络，发展连锁商业，保持了销售增长，1996年全省社会商品零售总额2700亿元，比上年增长17%，扣除物价因素增长12%。“米袋子”、“菜篮子”工程建设成绩显著，商品供需基本平衡。

(四) 区域经济整体实力增强 1996年珠江三角洲经济区规划开始实施，在全省继续发挥“龙头”作用。东部地区外向型经济和现代化农业加速发展，西部地区海洋经济和重化工业正在崛起。山区经济发展步伐加快。全省50个山区县1996年实现国内生产总值1120亿元，比上年增长12%。各级政府积极开展“国际消除贫困年”活动，强化政府扶贫、对口扶贫和民间扶贫，全面实行脱贫考评责任制，重点扶持16个特困县发展经济。龙门、广宁、怀集三个贫困县实现脱贫；全省解决了40万绝对贫困人口的温饱问题。

(五) 城乡人民生活水平继续提高 1996年全省农民人均年纯收入3183元，比上年增加484元，城镇居民人均生活费收入7488元，增加638元，扣除物价因素分别增长7.6%和2%。全省有43个市县建立了城镇居民最低生活保障线制度。重视和加快了“安居工程”建设，人民群众居住环境和条件有新的改善。大力调整劳动力结构，建立了各级就业工作目标责任制，加快实施再就业工程，1996年全省新安置了城镇就业39.7万人，当年失业和富余人员再就业48.8万人，再就业率达60%。

(六) 城乡规划建设管理进一步加强 城市环境综合整治水平有所提高，治理工业废气、噪声、污水污染源取得新进展，1996年全省建制镇已有40%达到环卫管理的“四有”(有领导分管，有环卫队伍并保证经费来源，有垃圾处理场所，有环境卫生工作的规章和制度)要求。

外向型经济进一步发展

1996年，广东省的外经贸工作抓住机遇，迎接挑战，不断探索，大胆实践，依靠深化改革增强活力，依靠调整结构增强竞争力，依靠科学管理增效益，依靠优化投资环境增强吸引力，进一步促进了外向型经济的发展。

(一) 对外贸易继续发展 1996年全省进出口总额1099.6亿美元，比上年增长5.8%。其中出口593.46亿美元，增长4.9%；进口506.14亿美元，增长6.8%。进出口商品结构继续调整，技术含量高、附加值高的产品出口增长较快；传统大宗出口商品有升有降，其中轻纺类产品有所回升，鲜活农副产品下降；进口商品仍以工业原材料与机械设备为主。对主要贸易伙伴及非洲、大洋洲的出口增加。三资企业出口保持快速增长，占全省出口总额比重继续上升。

(二) **实际利用外资持续增长** 1996年实际利用外资138.99亿美元，比上年增长14.9%。其中外商直接投资116.24亿美元，增长14.2%。新、马、韩及欧盟等国投资比重上升。外商投资平均项目规模继续扩大，投资结构继续改善。第一产业协议投资成倍增长，第二产业呈结构性增长，第三产业得到控制，其中房地产协议投资下降五成。截至1996年末，登记注册的三资企业达60597家，比上年末增加1015家。

(三) **国际旅游业有所回升** 全年经广东口岸入境的国际游客达4002.7万人次，比上年增长10.7%。城市接待国际游客691万人次。出境旅游稳步发展，全年经旅游部门组织出境旅游71.89万人次，增长6.2%。国际旅游外汇收入26.38亿美元，增长10.2%。

改革继续推进

(一) **国有企业改革着眼于建立新机制** 建立现代企业制度试点工作进展情况良好。股份制试点不断规范、巩固和提高。"抓大放小"成效明显。全省已确定并重点扶持70家大型企业集团；各地在实践中大胆探索放开放活国有小企业的各种做法，加快了产权的流动和重组。广州、深圳、佛山市被列入国家优化资本结构试点城市，在"增资、改造、分流、破产"方面取得一定效果，其他城市也在转换机制上取得了进展。

(二) **各项配套改革进一步深化** 社会保障制度继续完善。全省140个市县区有660万人已实施了新的养老制度；85个市县区机关事业单位共144万人已按新养老制度实行个人缴费；730万人参加了工伤保险；失业保险制度开始实施。新型的企业劳动制度基本确立，全省公有制企业基本实行了劳动合同制。国有资产管理、监督、运营体制改革逐步推进，省属国有企业资产监管体制改革试行方案开始实施。全省实施分税分成的财政体制已见成效，基本理顺了省与市、县的财政分配关系。农村金融体制改革全面展开，全省农村信用社已与农行正式脱钩。农村经营体制、城镇住房、土地使用制度以及政府机构等项改革也在有序进行。

"科教兴国"战略深入实施

广东省各地加大了对科技教育的投入，加快科技体制改革，推进技术进步，培养各类人才。通过建立自然科学基金和加强重点实验室建设等措施，使基础科学、应用科学研究和科技成果转化工作得到进一步发展，全省综合科技水平继续提高。1996年获国家级科技成果奖33项；58项重大科研项目全部组织落实，部分已取得阶段性成果；"火炬计划"和"星火计划"227个项目实施顺利。高新技术产业迅速发展，经认定的高新技术企业达569家；9个国家和省级高新技术产业开发区示范和辐射作用增强。知识产权得到更规范管理和保护。全省已实现普及九年义务教育目标；大中城市和珠江三角洲普及高中阶段教育的进程加快。幼儿教育、特殊教育、各类中等职业和成人教育继续发展。高等教育发展加快，办学水平提高。教学设施和教师生活条件继续改善。

此外，全省的文艺、体育、卫生、计划生育等各项社会事业再创佳绩。

(广东省政府研究室　姚泽源)

广西壮族自治区

国民经济持续增长

1996年，广西壮族自治区充分发挥大西南出海通道的区位优势，加快基础设施建设，加大农业综合开发力度，深化工业体制改革，全区国民经济保持良好的发展态势。工业、农业、交通运输和邮电业、基本建设、对外开放取得新成就。1990年，全区国内生产总值1885亿元，比上年增长10.6%，其中第一产业增加值578亿元，增长8%；第二产业增加值693亿元，增长12.3%；第三产业增加值614亿元，增长10.8%。

(一) **农业抗灾夺丰收** 1996年，广西坚持以农业为基础，切实加强对农业和农村工作的领导，紧紧围绕农业全面增产、农民增收两大目标，采取有效措施，增加投入，稳定发展粮食生产。全面实施粮食增产的旱播稀植。晚稻赶早稻、旱粮增产种子产业化等工程，积极推广先进实用技术，克服了自然灾害带来的种种困难，在大灾之年夺得增产丰收，农村经济持续发展。全区全年农林牧渔业总产值完成902亿元，比上年增长8.5%。其中粮食总产量1612万吨，增产58.7万吨，再创历史最高水平；油料52万吨，比上年增长13.9%；甘蔗2814万吨，增长10.1%；黄红麻1.5万吨，增长18.2%；烤烟3.3万吨，增长169%；只有蚕茧和水果因受灾比上年稍有减产。全区完成造林、迹地更新、低产林改造493万亩，有69个县市实现绿化达标。全年造林面积8万公顷，比上年减少38.5%。主要林产品产量中，松脂26.4万吨，增长6.9%；油桐籽4.4万吨，减少13.7%；油茶籽11.5万吨，增长33.7%。畜牧业和渔业持续增长。全年肉类总产量295.5万吨，增长18.1%；水产品总产量122.8万吨，比上年增长18.9%。

农业生产条件继续改善。1996年来全区农业机械总动力0.11亿千瓦，比上年末增长6.8%；化肥施用量(折纯)135万吨，增长9.8%；农村用电量25.2亿千瓦小时，增长6.9%。

（二）工业生产保持增长势头 1996年，全自治区对500多户大中型企业进行动态管理，重点抓了150户产值超亿元企业和88户优势企业。工业生产保持较快增长，产销衔接逐步好转。全年完成工业总产值1725亿元，增长15.7%，其中乡及乡以上工业总产值完成1105亿元，增长10.2%，产品销售率95.1%。以增加值计算，全年完成工业增加值607亿，比上年增长12.6%。其中乡及乡以上工业增加值347.07亿元，增长5.3%。在乡及乡以上工业增加值中，国有企业下降4.4%，集体企业增长27.9%。轻工业增长快于重工业，全年乡及乡以上轻工业完成增加值165.21亿元，增长11.1%；重工业完成增加值181.86亿元，增长0.5%。主要工业产品产量中，机制糖、发电量、十种有色金属、汽车、化肥等产量均有不同程度增长；原煤、生铁、钢、钢材、水泥、木材、纱、布、罐头、啤酒、自行车、电视机、化学纤维、家用电冰箱、电风扇、机床、小型拖拉机等产品产量有不同程度下降。

建筑业继续增长。全区完成建筑业增加值86亿元，比上年增长9.1%。国有建筑企业累计竣工房屋面积288万平方米，比上年下降8.9%。全员劳动生产率45571元/人，比上年提高8.1%；人均创利税1416元。

（三）固定资产投资继续增长 1996年，广西在固定资产投资领域重点实行了投资主体多元化的措施，鼓励各种经济形式的投资主体投资建设项目，多渠道筹措资金，千方百计增加投入。全区固定资产投资473亿元，比上年增长11.7%。其中国有单位投资245亿元，比上年增长13.4%；集体经济项目投资58亿元，增长1.8%；城乡居民个人投资105亿元，增长16.3%。固定资产交付使用率46.1%，项目建成投产率为44.4%。国有单位投资中，基本建设投资159.86亿元，增长23.3%；更新改造投资64.64亿元，增长8.7%；房地产投资39.5亿元，下降13%。中央项目完成投资55.86亿元，增长1.5%；地方项目完成投资189.14亿元，增长18.8%。

投资结构进一步优化，投资重点继续向农业、水利、能源、交通、通信、原材料等基础设施和基础产业倾斜，重点项目得到加强。基本建设投资中，用于能源交通的投资76.65亿元，比上年增长57%，占基本建设投资的比重高达44%，用于原材料项目的投资9.99亿元，比重为5.7%。到1996年底，已全部和部分建成投产或交付使用的大中型项目有：桂林两江国际机场、百龙滩水电站3台机组、叶茂水电站2台机组、盘县火电厂3号机组、南宁市陈村水厂等项目。

基本建设新增生产能力主要有：电力装机28.1万千瓦（其中水电15.79万千瓦）；煤炭开采15万吨，等级公路1792公里，内河港口吞吐能力60万吨。

（四）交通运输和邮电业持续增长 1996年，广西完成交通运输增加值90.48亿元，比上年增长7.8%。其中货运量6896万吨，比上年增长1%；客运量12687万人次，增长7.4%。全年完成邮电业务总量28.39亿元，比上年增长38.1%；全区新增市话交换机容量37.92万门；计算机互联网用户数459户，已通电话的行政村3843个。

（五）财政收入增加，金融形势平稳 1996年，广西进一步深化财税体制改革，完善分税制财政管理体制。强化税收征管，整顿财税秩序，加强财政监督。狠抓财源建设和增收节支，财政运行基本正常。全区财政收入144亿元（包括上划“两税”收入），比上年增长8%，财政支出155.13亿元，增长10.5%。全区金融形势平稳，存贷款增长，年末金融机构各项存款余额1361.2亿元，比上年末增长18.1%，各项贷款余额1203.4亿元，增长14%。

（六）农村扶贫开发力度加大 1996年，广西坚持走开发式扶贫的路子，组织实施扶贫开发项目。世界银行扶贫项目在全自治区全面启动。异地开发和异地安置进展加快。全区已办扶贫经济实体2537个。有近50万人接受各类技术培训。以工代赈，新修山区公路1426公里，机耕路2245公里、人畜饮水工程12783处，解决了38.5万人、30万头牲畜的饮水困难。全区有120万农村贫困人口越过了温饱线。宜州等13个县市跨入自治区扶贫先进县行列。

（七）城乡市场繁荣，物价涨幅回落 1996年，广西共实现社会消费品零售总额619.7亿元，增长16.4%，扣除价格因素，实际增长11.4%。其中城市消费品零售额共283.8亿元，农村消费品零售额195.1亿元，分别增长20.4%和21.2%。各种经济类型竞相发展，国有经济消费品零售额149.7亿元（不含控股部份），增长3.4%，占社会消费品零售总额的比重为24.2%；集体经济消费品零售额91.5亿元，增长14.9%，占14.8%，各种其他经济消费品零售额378.5亿元，增长22.8%，占61%。物价涨幅低于控制目标4.5个百分点。全年商品零售价格上涨4.5%，居民消费价格上涨6.5%，均比上年回落近12个百分点。

（八）经济体制改革稳步推进 1996年，广西全面推进以国有企业改革为重点的各项改革。“抓大放小”取得初步效果，年内组建企业集团24个，小型企业改革由点到面逐步铺开；国有资产管理基础工作逐步完善；建立现代企业制度试点工作进入实施阶段；社会保障体系逐步完善，城镇职工养老保险、失业保险覆盖面越来越广；住房制度改革加快，国家、集体、个人三结合筹资建房机制逐步形成。农村改革在稳定家庭联产承包责任制的基础上，股份合作制和社会化服务体系进一步发展。

（九）城镇与农村居民实际收入状况 1996年全区城镇居民人均生活费收入4458元，增长3.9%，扣除价格因素，实际下降2.4%；城镇居民人均可支配收入5003元，扣除价格因素后，实际下降1.4%。引起城镇居民收入下降的原因，主要是部分企业效益不景气，下岗职工增多。1996年城镇居民人均生活费支出4339元，实际增长0.7%。全区农民人均纯收入1703元，增长17.8%，扣除价格因素，实增11%。农民人均可支配收入1677元，比上年增长17.5%。农民增收主要得益于种植业、畜牧业的快速发展和农副产品收购价格的提高。农民人均消费支出1399元，增长22%，扣除物价因素后实际增长10.7%。

城乡居民居住条件日益改善。1996年城镇新建竣工住宅面积1089.25万平方米，比上年减少399.33万平方米，农民新建竣工住宅面积1930万平方米，比上年增加26万平方米。

对外经济贸易稳步发展

(一) 对外经济贸易运行情况 1996年，广西外贸企业开展了深入广泛的"转机制、抓管理、练内功、增效益"活动，促进了外贸工作的开展。全年进出口总额28.01亿美元，比上年下降8.4%。其中出口额为19.16亿美元，比上年下降14.7%。出口总额占全自治区国内生产总值的8.45%。投资环境进一步改善，利用外资工作取得较好成绩。全年实际利用外资共10.19亿美元，比上年增长5.86%。对外经济技术合作业务有新的进展，1996年完成对外承包工程和劳务合作营业额8755万美元，与上年基本持平。在海外投资农业综合开发项目上取得新突破，与柬埔寨签订了5000公顷土地租赁协议，起步利用海外资源发展农业，建立海外农业基地。

(二) 进出口贸易概况 在1996年，出口总额19.16亿美元中，一般贸易出口115129万美元，比上年下降27.3%。占出口总额的60.1%；外商投资企业出口35928万美元，比上年增长19.8%，占出口总额的18.75%；易货贸易出口17491万美元，比上年增长4.4%，占出口总额的9.1%；来料加工出口21488万美元，比上年增长34.1%，占出口总额的11.2%；补偿贸易出口1584万美元，比上年下降55.1%，占出口总额的0.8%。在开展外贸进出口业务的企业当中，进出口总额超过1000万美元的有48个企业。

1996年，广西进口总额88526万美元，比上年增长9.1%。在进口总额中，一般贸易进口35763万美元，比上年下降14.2%，占进口总额的40.4%；外商投资企业进口29021万美元，比上年增长79.5%，占进口总额的32.8%；易货贸易进口16473万美元，比上年增长18%，占进口总额的18.6%。1996年广西进出口贸易呈现如下特点。

1. 大宗出口商品比上年减少。1996年出口额在500万美元以上的大宗商品有55种，比上年减少8种，出口金额共114019万美元，比上年减少7328万美元，占全区出口总额的59.5%。其中出口额在500－1000万美元的商品有锡材、毛巾、铝材、柴油机、晴纶纱线、电子元器件等25种，出口金额17231万美元，占出口总额的9%；出口额在1000万美元以上的商品有棕榈油、鞭炮烟花、钢材、硅锰合金、糖制口设备、活猪、锑、锰铁、滑石、收录机等30种，出口金额96788万美元，占出口总额50.5%。

2. 机电产品出口比重上升。1996年，广西工业制成品出口139155万美元，占出口总额的72.6%，比上年下降1.4个百分点；初级产品出口52464万美元，占出口总额的27.4%，比上年增加1.4个百分点。在工业制成品中，机电产品出口25092万美元，占出口总额由上年的12.7%上升到13.1%。在全区出口一亿美元以上的9类商品中，轻工业品、工艺品、有色金属、纺织品、食品等商品出口均有不同程度的下降，而服装、机械设备、非金属矿等商品出口则有不同程度的增长。

3. 出口市场多元化有新的进展。1996年，广西的出口商品销往118个国家和地区，比上年增加3个。其中对港澳地区出口93033万美元，占出口总额的48.6%，比上年减少5.4个百分点；对欧洲地区出口19279万美元，占出口总额的10.1%，比上年减少1.1个百分点；对东南亚地区出口38196万美元，占出口总额的19.9%，比上年增加4.7个百分点；对非洲国家出口1338万美元，占出口总额的0.7%，比上年增加0.29个百分点；对拉丁美洲各国出口897万美元，占出口总额的0.5%，比上年增加77万美元；对大洋洲出口1155万美元，占出口总额的0.6%，比上年增加0.12个百分点。1996年出口额在1000万美元以上的市场除香港、澳门和台湾地区以外，还有越南、日本、美国、荷兰、新加坡、泰国、德国、韩国、法国、马来西亚、英国、意大利、俄罗斯等国家，出口金额共181234万美元，占全自治区出口总额的94.58%。

4. 大宗进口商品增加，进口商品结构优化。1996年，广西进口额在500万美元以上的商品有27种，比上年增加14种，进口金额38649万美元，占进口总额的43.66%。进口金额超过1000万美元的商品有棕榈油、酒类设备、豆粕、尿素、无线电通讯设备、铜材等12种，进口金额27194万美元，占进口总额的30.72%。在进口商品中，工业制成品为58893万美元，占进口总额的66.5%，比上年增加3.8个百分点；初级产品为29632万美元，占进口总额的33.5%，比上年减少3.8个百分点。进口商品来自38个国家和地区。进口额在1000万美元以上的市场有香港和台湾地区以及越南、美国、德国、俄罗斯、瑞典、新加坡、日本、澳大利亚、加拿大、朝鲜、西班牙、意大利、韩国、泰国等各国进口金额共82561万美元，占全自治区进口总额的93.26%。

5. 出口主体多元化有进一步发展。1996年，广西从事外贸进出口业务的企业共有204家，比上年增加45家。其中自治区级外贸、工贸进出口公司(含口岸外贸公司和有进出口权的外经公司)57家，全年共完成进出口总额88102万美元，占全区进出口总额的31.45%；地、市、县外贸、工贸进出口公司共56家，全年完成进出口额共54712万美元，占全区进出口总额的19.53％；自营进出口生产企业共85家，比上年增加25家，全年出口额共20709万美元，比上年增加5969万美元，增长40.3％，占全区出口总额的10.8％，比上年增加4.2个百分点；三资企业进出口额共64949万美元，比上年增长40.72％。其中出口额35928万美元，比上年增长19.8％。综上所述，1996年广西自治区直属外贸、工贸进出口公司出口比重下降，从上年的46％下降到34.7％，地、市、县外贸、工贸企业、三资企业、自营进出口生产企业出口比重上升，开始呈现出"四轮驱动"的局面。

(三) 利用外资继续发展 1. 实际利用外资略有增长。1996年，广西批准利用外资合同619个，合同外资金额77944万美元，比上年下降28％；实际利用外资67314万美元，比上年增长1％。其中，批准签订合资项目182个，合同外资额40715万美元，实际利用外资43205万美元；合作项目31个，合同外资额15771万美元，实际利用外资12111万美元；独资项目112个，合同外资额19765万美元，实际利用外资11302万美元；来料加工补偿贸易项目294个，合同外资额1673万美元，实际利用外资695万美元。以上实际利用外资加上对外借款3.46亿美元，共10.19亿美元，较上年增长5.86％。1996年，广西利用外资项目的规模进一步扩大，全年平均每个外商投资项目合同外资额达216.39万美元，比上年增长22.98％，创历年最高水平。1996年，来料加工业务有较大发展，全年合同来料金额26923万美元，出口金额21338万美元，比上年增长32.92％；工缴费收入2130万美元，比上年增长41.1％。

2. 投资结构进一步优化。1996年，生产性项目和基础设施项目继续成为外商投资的热点。在全年批准成立的325家外商直接投资项目当中，工业类项目235个，合同外资额46213万美元；建筑类项目8个，外资额736万美元；交通运输邮电类项目8个，外资额12681万美元；商业餐饮供销仓储2项，340万美元；房地产公用服务业46项，9637万美元；卫生体育福利事业1项，外资额2660万美元；农业类16个，外资额1849万美元；其他行业9项，外资额2134万美元，其中属生产性项目和基础设施项目共267项，占总项目数的82.15％；合同外资金额为6.479万美元，占合同外资总金额的92.29％。

3. 1996年来广西投资的国家和地区共26个。投资项目和投资金额最多的有香港地区共161项，合同投资额19877万美元；台湾地区61项，投资额18275万美元；泰国8项，外资额9638万美元；马来西亚4项，外资额2113万美元；新加坡6项，外资额4337万美元，来自香港和台湾地区以及亚洲各国的投资共54240万美元，占全自治区外商投资总额的70％。另外，来自英国的投资项目7项，外资额2813万美元；英属维尔京群岛3项，外资额9300万美元；美国22项，外资额3749万美元。

4. 三资企业出口市场向多元化、规模化发展。1996年，广西三资企业共对75个国家和地区出口，比上年增加30个。其中出口额超过1000万美元占首位的是香港地区，其他的国家依次为越南、泰国、日本、美国。出口商品的技术含量有所提高，其中轻、化、车辆、电机设备、光学仪器等产品出口有较大增长，而宝石、首饰、动植物油等产品出口有所下降。

(四) 对外经济技术合作业务有新的发展 1996年，广西签订对外承包工程和劳务合作项目56个，比上年增加80.64％；合同总金额4335万美元，比上年下降43.9％；完成营业额共8755万美元；与上年基本持平。全年共派出各类劳务人员821人，比上年减少60％；年末在外的各类劳务人员1980人，比上年增11.36％。承包工程带动国产设备、材料出口金额2135万美元，比上年增长186.2％；换回进口设备、材料金额277万美元。对外承包工程项目分布在美国、俄罗斯、波兰、南斯拉夫、新西兰、越南、老挝、柬埔寨、泰国、新加坡、马来西亚、印度尼西亚、巴基斯坦、孟加拉、斯里兰卡、乍得、冈比亚、肯尼亚、安哥拉、玻利尼西亚各国及港澳台地区。

对外经济技术合作领域进一步拓宽，外经业务市场多元化战略有新进展。广西外经业务的传统市场是非洲和南亚，近年来在以东南亚为突破口战略取得成效，目前在越南、柬埔寨、泰国、印度尼西亚、马来西亚、老挝、缅甸均有项目。

1996年广西举办海外非贸易型企业2家，总投资额208万美元，其中中方投资203万美元，占投资总额的97％，主要以技术、设备和部份现金出资。非贸易企业设在马来西亚和肯尼亚。

社会各项事业进一步发展

(一) 科技领域取得新成绩 1996年广西科技领域硕果累累，科技队伍不断发展。年末全区国有企业事业单位共有专业技术人员80.5万人，比上年增加11.32万人。全区共取得省部级以上登记的科技成果142项，其中属于国家科技进步奖6项，自治区科技进步奖136项，获得重大科研成果的有：广西千万亩水稻节水灌溉技术开发星火项目；中国油桐种质资源研究等。科技成果已被广泛运用并转化为生产力，科技市场成交活跃，全年共签订各类技术合同674项，成交金额达1.2亿元。

(二) 教育稳步发展 1996年广西共招收研究生501人，比上年增长57.6％，普通高等学校招收本、专科生21305人，增长4.4％，各类中等职业技术学校在校学生33.39万人，比上年增加3.98万人，大部分地区九年义务教育普及达标，学龄儿童入学率达99.4％，小学生入学巩固率达97.6％。

(广西外经贸厅办公室　李亦之)

海南省

国民经济发展概况

1996年海南省进一步深化改革和扩大开放，继续加强和改善宏观调控，积极推进"两个根本性转变"，逐步从主要依靠优惠政策支持转向依靠发挥自身优势上来，经过全省人民的团结奋斗，改革开放和经济建设取得新的成绩。国民经济在经受严重自然灾害的情况下保持平衡发展，物价调控成效显著，经济结构调整取得重大进展，农业基础地位继续加强，工业生产规模扩大，旅游业发展势头良好，"三足鼎立"的产业格局进一步显现，基础设施进一步改善，各项社会事业蓬勃发展，城乡居民生活水平继续稳步提高。1996年全省国内生产总值393亿元，比上年增长5.2%，其中第一产业增加值143.7亿元，增长5%；第二产业增加值81.56亿元，增长5.4%；第三产业增加值167.74亿元增长5.3%。

(一) 农业 继续加强农业在国民经济中的基础地位，加大资金投入，加强农田水利基础建设，全年在遭受多次严重的自然灾害的情况下，农业生产仍获得较好收成。热带高效农业持续较快发展，热带作物、水果、冬季瓜菜和海洋水产等优势农业逐步形成区域化、规模化、企业化开发、生产和经营，农业产业化进程加快，农村经济保持较快增长。种植业获得好收成，1996年增加值68.85亿元，比上年增长8%。粮食总产量达207万吨，接近历史最好水平，瓜菜保持两位数的增长速度。热作面积年末达到43.79万公顷，与上年基本持平。全年林业增加值27.81亿元，比上年下降5.6%，完成造林面积6.67万公顷，森林覆盖率达50.5%。畜牧业增加值23.38亿元，比上年增长6.1%。牲畜出栏头数增加，肉类总产量达24.03万吨，比上年增长14.9%。渔业增加值23.76亿元，比上年增长9.1%。水产品产量达46.2万吨，增长6.4%。水产养殖面积4.7万公顷，与上年基本持平。农业生产条件不断改善，机电化水平继续提高。1996年末全省农业机械总动力184.76万千瓦，比上年增长5.0%，其中大中型拖拉机2683台，增长3.8%；农用载重汽车7264辆，增长16.6%。全年化肥施用量(纯量)18.62万吨，增长7.4%；全省农村用电量1.31亿千瓦时，增长12.9%。全省现有农田水利有效灌溉面积17.51万公顷，当年实际灌溉面积15.05万公顷。

(二) 工业和建筑业 1996年工业生产保持较快增长速度。以公司制改组、企业兼并、委托运营、产权交易等形式的企业改革取得一定进展。全省已有20多家国有企业被收购兼并，有10家国有企业委托运营，又向社会推出海口橡胶三厂等149家企业进行资产重组。在转换经营体机制方面，大力推广邯钢"模拟市场核算、实行成本否决"的先进经验，实行市场成本管理法。以新兴工业省为目标的建设迈出了重要步伐，聚酯切片、胶合板、冷轧薄板、无纺布、毛条毛毯、尿素等一批新兴产业和产品相继投产，摩托车、纺织、医药等生产规模迅速扩大，增强了工业发展后劲，形成了新的工业增长点。1996年完成工业增加值47亿元，比上年增长13%，其中轻工业完成增加值27.5亿元，比上年增长25%；重工业完成增加值19.5亿元，下降5%。主要工业产品产量中，人造板、摩托车、聚酯切片、毛毯等快速增长。

1996年海南省建筑业生产经营有所下降，全年建筑业增加34.56亿元，比上年下降了3.4%。房屋建筑施工面积168.7万平方米，房屋建筑竣工面积30.3万平方米。

(三) 固定资产投资 1996年全社会固定资产投资完成182.1亿元，比上年下降8.1%。其中基本建设投资137亿元，增长3.3%。固定资产投资明显向农业、工业、交通、运输和邮电等方面倾斜。重点工程建设进展顺利，资金到位率较好，全年重点项目完成投资34亿元，一批骨干项目如天然气化肥厂、天然气输气管道、亚龙湾基础设施、海南通信系统工程、大广坝水利水电枢纽工程等项目按计划建成投产，海口洋浦高等级公路、美兰机场、镀锡薄板厂、海口啤酒厂等项目进展顺利。1996年全省新增的主要生产能力有：合成氨30万吨，尿素52万吨；水泥8.8万吨；市内自动电话交换机容量7.7万门；城市自来水日供应24万吨，自来水管铺设5.2公里；商品蛋鸡场年产蛋140万公斤；城市煤气日生产能力46万立方米；城市液化石油气储气能力4500万立方米；油罐容量3.2万立方米。

(四) 交通运输和邮电通信 交通运输继续得到较快发展，公路、港口、机场等基础设施有较大改善。1996年交通运输完成增加值20.12亿元，比上年增长5.8%。全年全社会货物周转量完成260.1亿吨公里，比上年增长3.7%；全社会旅客周转量98.85亿人公里，增长5.5%；港口货物吞吐量1351万吨，增长3.5%。

邮电通信现代化建设步伐进一步加快，通信网络规模、通信能力、技术层次都有较大发展。1996年邮电业增加值7.21亿元，比上年增长14.1%。完成邮电业务量12.5亿元，比上年增长19.1%。年末全省邮路达5.51万公里，农村投递邮路1.92万公里，共有长途电话电路11331路，电报电路107路，市话换机总容量达47.9万门，市内电话用户达29.26万户，移动电话用户5.29万户，无线寻呼用户40.41万户。

(五) 旅游 旅游业是海南的龙头产业。1996年省政府抓住'96中国度假休闲游开幕式和'96世界旅游日(海南)主会场的有利时机，提出了“创名度、抓管理、上水平”的旅游工作方针，加大旅游促销力度，重点推出以热带海岛度假休闲为主要特色的旅游产品，拓展客源市场;大规模整顿旅游市场，促使服务质量明显改善;集中力量，加快旅游项目建设，全省旅游工作再创新局面。全省全年接待游客485.8万人次，比上年增长34.6%。其中国内游客451.9万人次，增长37.7%;国际游客33.9万人次，增长3.5%。旅游创汇8542万美元，增长5.5%。国内旅游收入49.87亿元，增8.9%。

(六) 市场与物价 1996年重点抓好“菜篮子”工程建设，提高农副产品的自给率。与此同时，抓好批发市场为重点的集贸市场建设。计划总投资1.9亿元的省级农副产品批发市场建设项目已得到国家农业发展银行的支持。继续加强对市场物价的监控，加强工商管理，严厉打击欺行霸市、制售假冒伪劣产品、走私贩私等不法行为，保护了消费者、生产者和经营者的合法权益，维护了市场正常秩序。市场商品供应充裕，居民消费心理稳定。全年社会消费品零售总额124亿元，比上年增长13.4%。扣除价格因素，实际增长11.7%。其中，城镇消费品零售额94亿元，增长11.7%;农村消费品零售额30亿元，增长19.1%。

物价调控措施得力，1996年商品零售价格和居民消费品价格涨幅为2.3%和4.3%，分别比上年回落9和9.2个百分点。

(七) 金融 1996年全省金融形势基本稳定，金融业务继续发展。存款稳定增长，贷款结构有所改善，用于支持重点建设项目、产业结构调整、有市场有效益的企业等方面的贷款增加。海南IC卡正式启用，日本住友银行洋浦分行、海口城市合作银行等新的金融机构相继成立。1996年末全社会存款余额652.06亿元，比年初增长15%。国家银行各项存款余额402.78亿元，增长6.4%，其中企业存款149.63亿元，增长3.8%，城乡居民储蓄存款余额327.13亿元，增长16%。全社会贷款余额645.03亿元，增长16.3%。国家银行贷款余额434.78亿元，增长5.5%，其中短期贷款增长8.9%，中长期贷款余额增长6.7%。货币投放继续减少，全年货币净投放25.96亿元，比上年减少50.9%。全省人民保险公司系统完成保险承保额921.9亿元，收取保险费3.51亿元，付出赔款1.46亿元。

(八) 人民生活 1996年城镇居民人均生活费收入4436元，比上年增长2.1%;农民人均纯收入1750元，比上年增长15.1%。城乡居民年末储蓄存款余额达327亿元，比上年同期增长16%。

(九) 扶贫工作 海南省坚持开发式扶贫方针，把资源开发与贫困地区经济建设结合起来。1996年，全省又有15万人脱贫。原国家扶持的9个贫困县和重点扶持的136个贫困乡镇已有5个县和89个乡镇脱贫。少数民族居民住房改造完成1.7万多户。老区建设有新成效。海南建省以后共投入5080万元直接扶持老区生产和福利项目3897个。到1996年，64%的老区村庄通了电，68%通了公路，67%饮上了清洁卫生水。老区农村人均纯收入比上年增长24.4%。农村社会养老保险工作有新的发展。到1996年底，投保的农民达25万人，养老基金达1.03亿元，比上年增长61.2%。全省农村已有6300多人开始领取养老保险金。

外贸·外经·开发区建设

(一) 外贸 1996年海南省对外贸易实施多元化战略，从出口市场、商品结构、经营方式等开展多元化工作，一是市场多元化。通过参加国内交易会等形式结交新旧客户，巩固原有市场，发展新市场。发挥驻港公司作用，不断拓宽和发展远洋国际市场。通过对越边贸，开拓东南亚市场。1996年海南省对外贸易进出口国家和地区达125个，远洋贸易格局初具雏形。二是优化商品结构，努力提高地方产品、工业制成品、高新技术产品和高附加值商品的出口比值。三是经营方式多样化。除自营等经营方式外，还推行出口代理制、物资代理制等方式。由于采取灵活的措施，克服面临的困难，完成了1996年进出口各项指标。全年进出口总值22.87美元，其中出口总值8.41亿美元，进口总值14.5亿美元，均增长1%。

(二) 招商引资 1996年，海南省在对外招商引资的思路上采取了“四个”转变，即招商地域由港澳为主拓展到以欧美为重点的整个国际资金市场;投资领域由第三产业引导转向基础设施、农业、工业等项目;招商对象从中小企业主转向国内外大企业、大财团;招商方式由单一吸引投资兴办项目拓展到多种融资方式并举，如利用国外贷款、出让股权、项目融资，成片承包、合作开放等形式。由于招商思路和产业引导正确，招商水平有较大提高，来海南省投资的大企业、大财团增多，投资的大项目增多。资金投向一批对全省经济有带动作用的支柱产业。全年全省新批准成立外商投资企业239家，合同项目投资额4.94亿美元，其中合同外资金额2.74亿美元。全年实际利用外资11.89亿美元，其中利用国外贷款4亿美元。目前，海南省已与境外59个国家和地区，与国内28个省市和全国性的大企业建立了经济互联关系，形成了全方位开放的格局。

(三) 对外经济技术合作继续发展 援外项目、经援项目，无偿援助项目、技术进出口、海外工程承包等业务全方位铺开。1996年对外工程承包合同项目5个，中标经援工程项目1个、完成援外物资项目2个；签订技术引进合同3项，技术出口合同2项；接受国际无偿援助项目3个；批准设立海外企业9家；外派劳务171人。

(四) 洋浦开发 1996年，海南省抓紧国家给予洋浦经济开发区的政策优惠相对突出的有利时机，按照李鹏总理视察洋浦时提出的"以工业项目带动洋浦开发，以洋浦开发带动海南经济"的要求，加快项目招商和建设，特别是以引进有带动效应的大项目做为招商引资工作的重中之重。通过全方位、多层次的努力，洋浦项目引进特别是大型工业项目有了突破性进展。1996年底，已兴建和在谈项目30多个，计划总投资120亿美元。其中总投资27亿元的轧钢厂已于1996年6月动工兴建，国务院批准在洋浦设厂的国家大型化肥工业项目总投资155.8亿元，大型纸浆厂项目总投资12.8亿美元。最近省政府制定了《洋浦经济特区工业发展计划》，对洋浦的建设进行全面规划和安排、洋浦开发区开始走上大规模建设阶段。

改革不断深化

企业改革重点实施了以国有资产管理运营体制、优化资本结构和建立现代企业制度为主要内容的改革，探索搞活国有经济的路子。在公司改组、企业兼并、委托运营、产权交易等方面加大力度。1996年全省已有10家国有企业签订和正在签订委托运营合同，办理移交手续。有20多家国有企业被收购兼并，还向社会推出海口橡胶三厂等149家企业进行资产重组，涉及资产达30余亿元，职工2.4万人。海口罐头厂是国务院确定的全国百家建立现代企业制度的试点之一，经过一年多的努力，其试点方案经省政府和国家经贸委联合批复，已进入实施阶段，该厂现已改制为椰树集团有限公司。在抓好试点的同时，省政府还发布了《海南经济特区国有企业公司制改建规定》。鼓励不同所有制、不同国家和地区经济组织和个人投资参股国有企业；鼓励不同地域的国有企业相互投资参股；鼓励相关企业间交叉持股，债权转股权，将国有企业改建为跨所有制、跨行业、跨地域的公司制企业。此外还对全省129家股份制公司进行规范整顿，经过检查验收，同意重新登记的已达77家。同时，还大力推广"邯钢经验"实行市场成本管理法，真正把企业推向市场。

在农村，实施了《海南省农村集体经济承包合同管理条例》，依法加强农村承包合同的管理，建立耕地流转制度，完善新一轮土地承包，促进农村土地规模经营，建立区域化、专业化的生产基地。积极发展各种农民专业协会，改革农村流通体制，培育农村市场体系。农村金融体制改革进展较好。农村养老保险参保人数增加，地方统筹能力提高。运用银行IC卡解决了医疗保险个人帐户管理问题。

(海南省政府办公厅　邢福民)

北京、上海、天津三直辖市与沿海九省(自治区)统计资料

(1996年)

[基本情况]
BASIC STATISTICS

全国行政区划(1996年底)
ADMINISTRATIVE DIVISIONS IN CHINA (END OF 1996)

单位: 个 (Unit)

省级单位名称 Provinces Municipalities and Autonomous Regions	地级单位数 Number of Prefectures	# 地级市 Cities	县级单位数 Number of Counties	# 县级市 Cities	各省市单位数 Number of Cities	市辖区数 Districts Under City Administration
全 国 National	**335**	**218**	**2142**	**445**	**663**	**717**
东部地区 Eastern Regions	**113**	**101**	**662**	**194**	**298**	**333**
比重(%) Proportion	**33.73**	**46.33**	**30.91**	**43.60**	**44.95**	**46.44**
北京市 Beijing			8		1	10
天津市 Tianjin			5		1	13
河北省 Hebei	11	11	138	23	34	35
辽宁省 Liaoning	14	14	44	17	31	56
上海市 Shanghai			6		1	14
江苏省 Jiangsu	13	13	64	31	44	43
浙江省 Zhejiang	11	10	64	25	35	24
福建省 Fujian	9	8	61	15	23	21
山东省 Shandong	17	14	95	34	48	44
广东省 Guangdong	21	21	79	33	54	42
广西壮族自治区 Guangxi	15	8	81	10	18	28
海南省 Hainan	2	2	17	6	8	3

各地区国有土地使用权出让和划拨情况(1996年)
SUBLET OF STATE-OWNED LAND RIGHT OF USE AND TRANSFERRED BY REGION (1996)

地　区 Region	国有土地使用权出让 Sublet of Stated-Owned Land Right of Use						划拨土地使用权 Stated-Owned Land Transferred	
	地块 Number of Land (宗)	面积 Area (公顷) (Ha.)	收入(万元) Revenue (10000 yuan)				地块 Number of Land (宗)	面积 Area (公顷) (Ha.)
			征地费 Impose Land	开发费 Development	出让金 Sublet	其他 Other		
全　国 National	**103921**	**34048**	**625963**	**452103**	**1720252**	**518473**	**289350**	**70266**
东部地区 Eastern Regions	**39880**	**22313**	**471890**	**354870**	**1081159**	**483169**	**80985**	**40388**
比重(%) Proportion	**38.38**	**65.53**	**75.39**	**78.49**	**62.85**	**93.19**	**27.99**	**57.48**
北　京 Beijing	340	439	2201	86	317775	315	214	207
天　津 Tianjin	204	364	3433	10170	63560	1673	1961	1749
河　北 Hebei	8064	1753	35292	22006	13447	2871	2606	5512
辽　宁 Liaoning	1058	1190	55018	67289	24687		8296	3814
上　海 Shanghai	617	914	6720	19356	180809	333200	1786	7157
江　苏 Jiangsu	2383	1450			173811		3112	2078
浙　江 Zhejiang	12244	2606	155614	90341	169579	29731	15858	4670
福　建 Fujian	891	1079	27658	13390	36829	1076	22066	6003
山　东 Shandong	4870	3139	92054	12566	79335	4716	15195	4717
广　东 Guangdong	6726	6236	54902	78743	265663	71866	5910	3562
广西 Guangxi	2428	494	12305	16018	6704	34173	4195	1126
海　南 Hainan	395	3088	28894	24991	66735	3863		

注: 本表中未包括补办出让手续的宗地、面积、收入。

a) The area and income of the ancestral land leased through subsequent formallties have not been included in this table.

各地区总人口和出生率、死亡率、自然增长率(1996年底数)

TOTAL POPULATION AND BIRTHRATE, DEATH RATE AND NATURAL GROWTH RATE BY REGION (END OF 1996)

本表数字是根据1995年1%人口抽样调查推算的。

Figures in this talbe estimated based on 1% Population Sample Survey in 1995.

地区 Region	年底总人口 (万人) Total Population (year-end) (10 000 person)	出生率 Birth Rate (‰)	死亡率 Death Rate (‰)	自然增长率 Natural Growth Rate (‰)
全国 National	**122389**	**16.98**	**6.56**	**10.42**
东部地区 Eastern Regions	**49962**			
比重(%) Proportion	**41**			
北京 Beijing	1259	8.02	5.34	2.68
天津 Tianjin	948	10.09	6.53	3.56
河北 Hebei	6484	13.85	6.55	7.3
辽宁 Liaoning	4116	12.15	6.19	5.96
上海 Shanghai	1419	5.6	7	-1.4
江苏 Jiangsu	7110	12.11	6.58	5.53
浙江 Zhejiang	4343	12.09	6.58	5.51
福建 Fujian	3261	13.22	5.94	7.28
山东 Shandong	8738	10.6	6.76	3.84
广东 Guangdong	6961	18.05	6.09	11.96
广西 Guangxi	4589	16.83	6.82	10.01
海南 Hainan	734	20.08	5.88	14.2

注: 1.全国总人口包括现役军人数,各地区均不包括。

2. 全国直接推算的总人口数,与分地区推算的总人口数之和相差1094万人。

a) Military personnel are included in the national total populations, but excluded in the regional total population.

b) There was a difference of 10.94 millions Population between national total estimated directly and total of regional estimated.

各地区人口年龄构成和负担系数(1996年)

POPULATION AGE COMPOSITION AND DEPENDANCY RATIO BY REGION(1996)

地　区 Region	人口数(人) Population 合　计 Total	0－14岁 Age 0－14	15－64岁 Age 15－64	65岁及以上 Age 65 and Over	负担系数(%) Total Dependancy Ratio (%)	负担少儿系数 Children Dependency Ratio	负担老年系数 The Aged Dependency Ratio
全　国 National	**1246243**	**322330**	**837470**	**86443**	**48.81**	**38.49**	**10.32**
东部地区 Eastern Regions	**500845**	**126455**	**336069**	**38322**			
比重(%) Proportion	**40**	**39**	**40**	**44**			
北　京 Beijing	12960	2313	9640	1006	34.44	24.00	10.44
天　津 Tianjin	9758	2132	6836	790	42.75	31.18	11.56
河　北 Hebei	66679	17582	44927	4171	48.42	39.13	9.28
辽　宁 Liaoning	42394	8738	30724	2932	37.98	28.44	9.54
上　海 Shanghai	14658	2368	10472	1818	39.97	22.61	17.36
江　苏 Jiangsu	73196	16353	50740	6102	44.26	32.23	12.03
浙　江 Zhejiang	44743	9215	31502	4026	42.03	29.25	12.78
福　建 Fujian	33535	9876	21371	2288	56.92	46.21	10.71
山　东 Shandong	90183	21625	61666	6892	46.24	35.07	11.18
广　东 Guangdong	71144	22657	42994	5493	65.47	52.70	12.78
广　西 Guangxi	47056	13508	30227	3322	55.68	44.69	10.99
海　南 Hainan	7499	2401	4610	488	62.68	52.10	10.58

注: 负担系数是指0－14岁和65岁及以上人口占15－64岁人口的比重，0－14岁人口为少年儿童人口，65岁及以上人口为老年人口。
The dependancy ratio refers to the proportion of the number of people aged 0－14 and 65 and over to the number of people aged 15－64. The children refers to the people aged 0－14,The Aged refers to the people Aged 65 and over.

按三次产业分的从业人员(1996年)

EMPLOYMEES BY TYPE OF INDUSTRY AND REGLON(1996)

(年底)　　(year－end)

地　区 Region	合计(万人) Total (10 000)	第一产业 Primary Industry	第二产业 Secondary Industry	第三产业 Tertiary Industry	构成Percentage (合计total=100) 第一产业 Primary Industry	第二产业 Secondary Industry	第三产业 Tertiary Industry
全　国 National	**68850**	**34769**	**16180**	**17901**	**50.5**	**23.5**	**26.0**
东部地区 Eastern Regions	**26468**	**11737**	**7546**	**7185**			
比重(%) Proportion	**38**	**34**	**47**	**40**			
北　京 Beijing	660.9	72.3	253.2	335.4	10.9	38.3	50.7
天　津 Tianjin	485	81.9	231.2	171.8	16.9	47.7	35.4
河　北 Hebei	3391.1	1635.2	942	813.9	48.2	27.8	24
辽　宁 Liaoning	2030.8	644.7	750.3	635.8	31.7	36.9	31.3
上　海 Shanghai	764.3	70.8	372.9	320.6	9.3	48.8	41.9
江　苏 Jiangsu	3747.6	1557.4	1246.8	943.4	41.6	33.3	25.2
浙　江 Zhejiang	2702	1131.2	849	721.8	41.9	31.4	26.7
福　建 Fujian	1593.6	788.2	383.2	422.2	49.5	24	26.5
山　东 Shandong	4649.8	2487.9	1160.7	1001.2	53.5	25	21.5
广　东 Guangdong	3690.8	1466.6	1034.1	1190.1	39.7	28	32.2
广　西 Guangxi	2416.8	1598.9	282.9	535	66.2	11.7	22.1
海　南 Hainan	334.9	201.5	39.4	94	60.2	11.8	28.1

按城乡分的从业人员
EMPLOYMEES BY URBAN AND RURAL

(年底)单位：万人　　(year-end)10 000 persons

地　区 Region	合计 Total	城　镇					
		小　计 Sub-total	国有经济单位 State-Owned Units	集体经济单位 Urban Collective-Owned Units	联营经济单位 Joint Owned Economic Units	股份制经济单位 Share Holding Economic Units	外商投资经济单位 Foreign Funded Economic Units
全　国 National	**68850**	**19815**	**11244**	**3016**	**49**	**363**	**275**
东部地区 Eastern Regions	**26468**	**8115**	**4852**	**1553**	**41**	**202**	**226**
比重(%) Proportion	**38**	**41**	**43**	**51**	**84**	**56**	**82**
北　京 Beijing	660.9	496.7	355.1	68.6	3.4	14.8	20.7
天　津 Tianjin	484.9	317	199.1	62.8	2.1	7.1	15
河　北 Hebei	3391.2	808	553	127.6	0.8	13.7	8
辽　宁 Liaoning	2030.9	1159.5	680.3	281.3	6	24.9	17.2
上　海 Shanghai	764.3	537.3	328.1	86	3.1	28.6	27.1
江　苏 Jiangsu	3747.7	989.2	581.4	260.6	11.9	19.6	22.1
浙　江 Zhejiang	2701.9	605.9	295.3	159.1	3.4	19.6	14.4
福　建 Fujian	1593.5	426.6	223.4	58	2.5	7.6	28.4
山　东 Shandong	4649.7	1084.7	685.5	200.4	1.4	32	25.9
广　东 Guangdong	3690.7	1141.8	565.7	193.2	5.6	25.1	40.3
广　西 Guangxi	2416.8	419.6	296.3	46.4	0.4	6.4	5.4
海南 Hainan	335	128.9	88.9	8.5	0.6	2.4	1.9

续表 Continued

(年底)单位：万人　　(year-end)10 000 persons

地　区 Region	Urban				乡　村 Rural			
	港澳台投资经济单位 Overseas Chinese from HongKong, Macao & Taiwan Funded Economic Units	其他经济单位 Other Ownership Units	私营企业 Private Enterprises	个　体 Individuals	小　计 Sub-total	乡镇企业 Township and Village Enterprises	私营企业 Private Enterprises	个　体 Individuals
全　国 National	**265**	**9**	**620**	**1709**	**49035**	**13508**	**551**	**3308**
东部地区 Eastern Regions	**223**	**6**	**373**	**639**	**18352**	**6786**	**367**	**1642**
比重(%) Proportion	**84**	**63**	**60**	**37**	**37**	**50**	**67**	**50**
北　京 Beijing	10.1	0.2	6.9	16.9	164.2	101.2	5.5	23.2
天　津 Tianjin	6.4	0.3	10.4	13.8	167.9	113.7	8.3	18.7
河　北 Hebei	8.5	0.3	23.7	72.4	2583.2	911.5	77.8	463.2
辽　宁 Liaoning	8.2	0.1	42.2	99.3	871.4	445	19.2	74.1
上　海 Shanghai	13.7	2.1	40.9	7.7	227	136.2	17.1	13.8
江　苏 Jiangsu	19.5	1.3	26	46.8	2758.5	879.5	34.6	167.5
浙　江 Zhejiang	12.4	0.1	49	52.6	2096	786.4	78.3	174.6
福　建 Fujian	37.9	0.2	22	46.6	1166.9	493.2	22.3	67.5
山　东 Shandong	12.7		39	87.8	3565	1369.6	52.2	428.7
广　东 Guangdong	89.6	0.9	89.4	132	2548.9	1118.6	44.3	132.4
广　西 Guangxi	2.3	0.1	10.4	51.9	1997.2	382.2	5.9	71
海　南 Hainan	1.9	0.1	13.3	11.3	206.1	48.4	1	7.7

合同制职工人数
CONTRACTUAL EMPLOYEES

(年底) (year－end)

年份地区 Year Region	年末人数(万人) Year-end Figure (10 000 persons) 合计 Total	国有经济单位 State-Owned Units	城镇集体经济单位 Urban Collective-Owned Units	其他经济单位 Other Ownership Units	比重(全部职工＝100) Proportion (Total Formal Employees＝100) 合计 Total	国有经济单位 State-Owned Units	城镇集体经济单位 Urban Collective-Owned Units	其他经济单位 Other Ownership Units
全　国 National	**7580**	**5549**	**1394**	**637**	**51.1**	**50.7**	**47.2**	**67.6**
东部地区 Eastern Regions	**3898**	**2597**	**840**	**461**				
比重(%) Proportion	**51**	**47**	**60**	**72**				
北　京 Beijing	224.6	163.3	31.5	29.8	48.8	46.8	48.7	63.7
天　津 Tianjin	163	110.3	30.8	21.8	57.4	56.8	51.7	72.5
河　北 Hebei	400.6	314.6	66.1	19.8	57.5	58.4	52.1	64.1
辽　宁 Liaoning	554.7	393.4	116.7	44.7	55.6	58.9	42.6	80.7
上　海 Shanghai	327.7	215	51.2	61.5	71.8	68.8	66.6	91.4
江　苏 Jiangsu	646.6	372.4	206.8	67.5	71.4	64.7	80.5	92.2
浙　江 Zhejiang	259.6	147.4	79.5	32.7	52.4	50.8	50.9	66.8
福　建 Fujian	122.7	73.6	15.9	33.2	35	33.8	27.8	43.8
山东 Shandong	554.4	373.8	129.9	50.6	59.6	56.5	65.4	71.4
广　东 Guangdong	444.8	269.1	88.7	86.9	49.2	48.8	46.3	54.2
广　西 Guangxi	139.8	113.3	18.4	8.1	40.6	39.8	40.3	55.8
海　南 Hainan	59.6	51.1	4	4.5	57.9	58.3	48	65.8

各地区私营企业从业人员(1996年底)
NUMBER OF EMPLOYED PERSONS IN PRIVATE ENTERPRISES BY REGION(END OF 1996)

单位: 万户、万人 (10 000 households, 10 000 persons)

地区 Region	合计 Total 户数 Number of Households	从业人数 Number of Employed Persons	#投资者 Employers	城镇 Urban Areas 户数 Number of Households	从业人数 Number of Employed Persons	#投资者 Employers	乡村 Rural Areas 户数 Number of Households	从业人数 Number of Employed Persons	#投资者 Employers
全　国 National	**81.9**	**1171.1**	**170.5**	**48.6**	**620.0**	**105.5**	**33.3**	**551.1**	**64.9**
东部地区 Eastern Regions	**54.1**	**739.4**	**107.1**	**31.0**	**373.2**	**64.6**	**23.0**	**366.5**	**42.4**
比重(%) Proportion	**66**	**63**	**63**	**64**	**60**	**61**	**69**	**67**	**65**
北　京 Beijing	1.0	12.4	1.4	0.6	6.9	0.9	0.4	5.5	0.5
天　津 Tianjin	1.6	18.7	3.3	1	10.4	2.1	0.6	8.3	1.2
河　北 Hebei	4.8	10.14	10.6	1.4	23.7	3.2	3.4	77.8	7.4
辽　宁 Liaoning	4.9	61.4	8	3.6	42.2	6.2	1.3	19.2	1.8
上　海 Shanghai	5.5	57.9	10.9	4	40.9	8.3	1.4	17.1	2.5
江　苏 Jiangsu	5.1	60.6	9.7	2.3	26	5	2.8	34.6	4.7
浙　江 Zhejiang	8.8	127.3	16.2	3.6	49	7.2	5.2	78.3	9
福　建 Fujian	3	44.2	7.1	1.7	22	3.9	1.3	22.3	3.1
山　东 Shandong	6.6	91.2	12.6	3.2	39	6.6	3.4	52.2	6
广　东 Guangdong	10.3	133.7	21.5	7.5	89.4	16.3	2.8	44.3	5.2
广　西 Guangxi	1.1	16.3	2.6	0.8	10.4	1.9	0.3	5.9	0.8
海　南 Hainan	1.4	14.3	3.2	1.3	13.3	3	0.1	1	0.2

各地区个体从业人员(1996年底)
NUMBER OF SELF-EMPLOYED INDIVIDUALS BY REGION(END OF 1996)

单位：万户、万人 (10 000 households, 10 000 persons)

地　区 Region	合计 Total 户数 Number of Households	合计 Total 从业人数 Number of Employed individuals	城镇 Urban Areas 户数 Number of Households	城镇 Urban Areas 从业人数 Number of Employed individuals	乡村 Rural Areas 户数 Number of Households	乡村 Rural Areas 从业人数 Number of Employed individuals
全　国 National	**2703.7**	**5017.1**	**935.3**	**1708.8**	**1768.4**	**3308.3**
东部地区 Eastern Regions	**1244.4**	**2281.5**	**362.5**	**639.1**	**882.0**	**1642.4**
比重(%) Proportion	**46**	**45**	**39**	**37**	**50**	**50**
北　京 Beijing	29.1	40.1	11.9	16.9	17.2	23.2
天　津 Tianjin	23.8	32.5	11.3	13.8	12.4	18.7
河　北 Hebei	235	535.6	33.3	72.4	201.8	463.2
辽　宁 Liaoning	110.6	173.4	64	99.3	46.6	74.1
上　海 Shanghai	16	21.5	5.7	7.7	10.3	13.8
江　苏 Jiangsu	128.8	214.2	24.7	46.8	104.1	167.5
浙　江 Zhejiang	159.9	227.2	34	52.6	125.9	174.6
福　建 Fujian	58.2	114.1	24.9	46.6	33.3	67.5
山　东 Shandong	244.6	516.6	40.8	87.8	203.9	428.7
广　东 Guangdong	140.4	264.4	69.7	132	70.7	132.4
广　西 Guangxi	87.3	123	36.1	51.9	51.2	71
海　南 Hainan	10.7	18.9	6.1	11.3	4.6	7.7

各地区劳动部门职业介绍工作情况(1996年底)
LABOUR EXCHANGE OF LABOUR DEPARTMENTS BY REGION(END OF 1996)

单位：万人次 (10000 Person time)

地　区 Region	求职登记总数 Total Registered Persons	本年求职登记人数 Registered Persons This Year	农村劳动力 Rural Labour Force	用人登记总数 Total Number of Job Vacancies	本年用人登记总数 Job Vacancies Registered This Year	介绍成功人数 Labour Flew	失业人员 Unemployees	农村劳动力 Rural Labour Force
全　国 National	**1939.7**	**1178.2**	**609.0**	**1106.5**	**926.1**	**890.2**	**247.1**	**528.1**
东部地区 Eastern Regions	**950.5**	**651.5**	**301.7**	**547.0**	**466.2**	**422.7**	**119.8**	**234.5**
比重(%) Proportion	**49.0**	**55.3**	**49.5**	**49.4**	**50.3**	**47.5**	**48.5**	**44.4**
北京 Beijing	33.4	33.4	3.5	19.7	19.7	13.3	3.8	3.3
天　津 Tianjin	118.0	108.2	24.1	49.8	49.1	43.0	8.9	8.0
河　北 Hebei	57.2	49.0	33.7	42.1	41.7	39.6	8.4	27.9
辽　宁 Liaoning	120.7	97.7	48.1	75.4	72.8	73.3	20.4	44.4
上　海 Shanghai	33.0	18.7	2.0	1.8	18.2	16.0	12.9	2.0
江　苏 Jiangsu	117.6	74.2	43.8	68.3	61.5	53.5	15.7	33.6
浙　江 Zhejiang	114.0	50.9	39.0	68.5	46.5	40.3	6.8	30.9
福　建 Fujian	93.6	49.6	36.8	66.5	39.2	33.0	7.5	22.2
山　东 Shandong	106.1	65.2	13.4	67.2	54.7	57.1	20.1	33.1
广　东 Guangdong	120.7	77.7	41.0	63.5	43.3	34.5	9.9	17.5
广　西 Guangxi	28.2	22.3	14.5	21.3	17.0	17.9	5.1	11.3
海　南 Hainan	8.0	4.6	1.8	2.9	2.5	1.2	0.3	0.3

各地区领取失业救济金及在职业介绍机构登记的失业人员占失业人口的比重

COMPOSITION OF UNEMPLOYED OF RECEIVING UNEMPLOYMENT INSURANCE FUNDS AND REGISTERED AT LABOR EXCHANGE BY REGIONS

单位：%　　　　　　　　　　　　　　　　(Total=100)

地　区 Region	合　计 Total	# 领取失业救济金 Receiving Unemployment insurance Exchanges	# 在职业介绍机构登记 Registered at Labor Exchanges	合计中：女性　Female 小　计 Total	# 领取失业救济金 Receiving Unemployment Insurance Fund	# 在职业介绍机构登记 Registered at Labor Exchanges
全　国 National	**100**	**1.7**	**24.9**	**100**	**1.4**	**26.6**
北　京 Beijing	100	10.5	26.3	100	18.2	27.3
天　津 Tianjin	100	2.3	43.2	100		50
河　北 Hebei	100	15.2		100		21.4
辽　宁 Liaoning	100	1.9	37.9	100	1.6	44.4
上　海 Shanghai	100	3.8	34.1	100	6.5	35.5
江　苏 Jiangsu	100	3.2	20.2	100	2.1	17
浙　江 Zhejiang	100	8.5	17.9	100	6.7	24.4
福　建 Fujian	100	3.3	13.2	100	2.5	17.5
山　东 Shandong	100	3.7	40.1	100	3.7	38.3
广　东 Guangdong	100	1.9	22.1	100		18.1
广　西 Guangxi	100	16.9		100		11.8
海　南 Hainan	100	2	14	100		14.8

注：资料来源：1996年第四季度城镇劳动力抽样调查。
Data Resource: Urban Sample Survey on the Laber Force in Urber Arease in 4th Quarter in 1996.

职工工资总额及指数(1996年)

TOTAL WAGE BILL AND INDEX OF FORMAL EMPLOYEES(1996)

地　区 Region	工资总额(亿元) Total Wage Bill (100 000 000) 合计 Total	国有经济单位 State-Owned Units	城镇集体经济单位 Urban Collective-Owned Units	其他经济单位 Other Ownership Units	指数(以上年为100) Index (last year=100) Average Money Wage 合计 Total	# 国有经济单位 State Owned Units
全　国 National	**9080**	**6792.7**	**1241**	**761.4**	**112.1**	**111.7**
东部地区 Eastern Regions	**4796**	**3440**	**748**	**608**		
比重(%) Proportion	**53**	**51**	**60**	**80**		
北　京 Beijing	442.4	339.4	46.2	56.8	115.8	114.8
天　津 Tianjin	212	154.3	27.1	30.6	114.7	114.1
河　北 Hebei	365.2	302	46.4	16.8	108.7	109.1
辽　宁 Liaoning	525.3	394.2	94.6	36.5	104.2	105.3
上　海 Shanghai	492.7	349	54.9	88.8	111.8	110.9
江　苏 Jiangsu	595.7	411.3	128.6	55.8	110	111.4
浙　江 Zhejiang	361.8	222.2	98.1	41.6	111.6	110.2
福　建 Fujian	225.8	139.1	27.4	59.4	114.9	113.3
山　东 Shandong	532.8	414.2	78.2	40.3	114.8	115.8
广　东 Guangdong	803.5	512.2	124.3	166.9	109.5	111.6
广　西 Guangxi	182.7	154.7	19.1	9	106	106.5
海　南 Hainan	56.1	47.2	3.4	5.5	98.4	97.1

职工平均工资及指数(1996年)
AVERAGE WAGE AND INDEX OF FORMAL EMPLOYEES(1996)

地　区 Region	平均货币工资(元) Average Money Wage (yuan)				指数(以上年为100) Index (preceding year=100)							
					货币工资 Average Money Wage				实际工资 Average Real Wage			
	合　计 Total	国有经济单位 State-Owned Units	城镇集体经济单位 Urban Collective-Owned Units	其他经济单位 Other Ownership Units	合　计 Total	国有经济单位 State-Owned Units	城镇集体经济单位 Urban Collective-Owned Units	其他经济单位 Other Ownership Units	合　计 Total	国有经济单位 State-Owned Units	城镇集体经济单位 Urban Collective-Owned Units	其他经济单位 Other Ownership Units
全　国 National	**6210**	**6280**	**4302**	**8261**	**112.9**	**111.6**	**109.4**	**110.7**	**103.8**	**102.6**	**100.6**	**101.7**
东部地区平均 Eastern Regions Average	**7079**	**7379**	**5150**	**8710**								
北　京 Beijing	9579	9645	7133	12575	117.6	117.1	109.5	122.4	105.4	104.9	98.1	109.7
天　津 Tianjin	7643	8072	4745	10522	117.6	115.9	114.7	121.7	107.9	106.3	105.2	111.7
河　北 Hebei	5286	5653	3658	5625	109.2	108.5	110.7	109.1	101.5	100.8	102.9	101.4
辽　宁 Liaoning	5269	5894	3462	6648	107.3	108.1	103.5	106	99.2	99.9	95.7	98
上　海 Shanghai	10663	11015	7051	13186	114.9	115	111.8	114.5	105.2	105.3	102.4	104.9
江　苏 Jiangsu	6603	7186	4990	7740	111.1	111.6	108	108.4	100.3	100.7	97.5	97.8
浙　江 Zhejiang	7413	7734	6414	8672	112	111.2	112.5	111	102	101.3	102.5	101.1
福　建 Fujian	6684	6609	5079	8076	114.1	114.1	113.3	110.6	106.7	106.7	106	103.5
山　东 Shandong	5809	6356	3980	5850	112.9	113.8	108.5	110.4	102.2	103	98.2	99.9
广　东 Guangdong	9127	9494	6799	10569	110.6	111.2	106.3	110.7	103.2	103.7	99.2	103.3
广　西 Guangxi	5397	5525	4263	6480	105.7	105.7	104.9	102.5	100.3	100.3	99.5	97.2
海　南 Hainan	5476	5365	4222	8579	102.5	102.6	91.1	104.4	97.8	97.9	86.9	99.6

[国民经济主要指标]

BEIJING MAIN INDICATORS OF NATIONAL ECONOMY

各地区国内生产总值和指数

GROSS DOMESTIC PRODUCTS AND ITS INDICES BY REGIONS

本表绝对值按当年价格计算，指数按可比价格计算。
Absolute number are at current prices, indices are based on comparble prices.

地区 Region	国内生产总值(亿元) Gross Domestic Products (100 000 000 yuan)				指数(上年=100) Indices (proceding year=100)			
	1993	1994	1995	1996	1993	1994	1995	1996
全国总计 National	**34634.4**	**46759.4**	**58478.1**	**58593.8**	**113.5**	**112.6**	**110.5**	**109.6**
东部地区 Eastern Regions	**19810.5**	**26525.5**	**33967.7**	**39726.9**				
比重(%) Proportion	**57**	**57**	**58**	**58**				
北 京 Beijing	863.54	1084.03	1394.89	1615.73	112.1	113.5	112.4	109.2
天 津 Tianjin	536.1	725.14	920.11	1102.4	112.1	114.3	114.9	114.3
河 北 Hebei	1690.84	2187.49	2849.52	3452.97	117.7	114.9	113.9	113.5
辽 宁 Liaoning	2010.82	2461.78	2793.37	3157.69	114.9	111.2	107.1	108.6
上 海 Shanghai	1511.61	1971.92	2462.57	2902.2	114.9	114.3	114.1	113
江苏 Jiangsu	2998.16	4057.39	5155.25	6004.21	120.7	116.5	115.4	112.2
浙 江 Zhejiang	1909.49	2666.86	3524.79	4146.06	122	120	116.7	112.7
福 建 Fujian	1133.49	1685.34	2160.52	2606.92	125.2	121.7	115.2	115.4
山 东 Shandong	2779.49	3872.18	5002.34	5960.42	118.5	116.3	114.2	112.2
广 东 Guangdong	3225.3	4240.56	5733.97	6519.14	122.3	119.1	114.9	110.7
广 西 Guangxi	893.58	1241.83	1606.15	1869.62	121.2	116	115.3	110.3
海 南 Hainan	258.08	330.95	364.17	389.53	120.9	111.9	104.3	104.8

各地区国内生产总值(1996年)

GROSS DOMESTIC PRODUCTS BY REGION (1996)

本表按当年价格计算，指数按可比价格计算。
Absolute number at current prices, indices are based on comparable prices.

地区 Region	国内生产总值(亿元) Gross Domestic Products (100 000 000 yuan)	第一产业 Primary Industry	第二产业 Secondary Industry	# 工业 Industry	# 建筑业 Construction	第三产业 Tertiary Industry	# 交通运输仓储邮电通信业 Transportation Postal and Telecommunitions Services	# 批发和零售贸易餐饮业 Commerce
全 国 National	**68593.8**	**13884.2**	**33612.9**	**29082.6**	**4530.3**	**21096.7**	**3494.0**	**5560.3**
东部地区 Eastern Regions	**39726.9**	**6401.5**	**19287.8**	**16949.0**	**2338.8**	**14037.7**	**2634.7**	**4197.1**
比重(%) Proportion	**58**	**46**	**57**	**58**	**52**	**67**	**75**	**75**
北 京 Beijing	1615.73	83.46	683.14	541.41	141.73	849.13	113.78	187.59
天 津 Tianjin	1102.4	70.53	584.43	527.07	57.36	447.44	98.91	97.97
河 北 Hebei	3452.97	700.94	1664.61	1463.18	201.43	1087.42	225.65	307.23
辽 宁 Liaoning	3157.69	474.09	1537.68	1379.07	158.61	1145.92	194.56	391.25
上 海 Shanghai	2902.2	71.58	1582.5	1439.14	143.36	1248.12	204.32	316.15
江 苏 Jiangsu	6004.21	965.29	3074.12	2754.8	319.32	1964.8	314.91	621.01
浙 江 Zhejiang	4146.06	609.18	2200.19	1962.8	237.39	1336.69	234.89	567.84
福 建 Fujian	2606.92	560.47	1089.57	919.68	169.89	956.88	245.68	253.23
山 东 Shandong	5960.42	1200.17	2810.72	2500.07	310.65	1949.53	364.71	528.4
广 东 Guangdong	6519.14	941.73	3269.35	2788.82	480.53	2308.06	497.68	671.22
广 西 Guangxi	1869.62	580.47	710.13	626.08	84.05	579.02	111.95	200.72
海 南 Hainan	389.53	143.54	81.32	46.83	34.49	164.67	27.64	54.48

续表 continued

本表按当年价格计算，指数按可比价格计算。

Absolute number at current prices, indices are based on comparable prices.

地 区 Region	构 成 % Compostion 第一产业 Primary Industry	第二产业 Secondar Industry	第三产业 Tertiary Industry	指 数 Indices 1995=100 国内生产总值 Gross Domestic Products	第一产业 Primary Industry	第二产业 Secondar Industry	第三产业 Tertiary Industry	人均国内生产总值(元) Per Capita GDP (yuan)
东部地区 Eastern Regions								**9553**
北 京 Beijing	5.2	42.3	52.5	109.2	97.0	107.4	112.3	15044
天 津 Tianjin	6.4	53.0	40.6	114.3	108.2	114.3	115.4	12270
河 北 Hebei	20.3	48.2	31.5	113.5	105.5	116.6	113.0	5345
辽 宁 Liaoning	15.0	48.7	36.3	108.6	112.6	107.8	108.4	7730
上 海 Shanghai	2.5	54.5	43.0	113.0	105.0	111.1	117.8	22275
江 苏 Jiangsu	16.1	51.2	32.7	112.2	107.7	112.3	114.3	8447
浙 江 Zhejiang	14.7	53.1	32.2	112.7	104.4	115.5	111.1	9455
福 建 Fujian	21.5	41.8	36.7	115.4	110.0	117.6	115.6	8136
山 东 Shandong	20.1	47.2	32.7	112.2	106.6	114.1	112.7	6834
广 东 Guangdong	14.4	50.2	35.4	110.7	105.0	112.4	109.9	9513
广 西 Guangxi	31.0	38.0	31.0	110.3	108.0	113.4	108.3	4081
海 南 Hainan	36.8	20.9	42.3	104.8	105.4	102.0	105.7	5500

各地区支出法国内生产总值(1995年)

GROSS DOMESTIC PRODUCT BY REGION(1995)

本表按当年价格计算。

At current prices.

地 区 Region	支出法国内生产总值(亿元) Gross Domestic Product by Expenditure (100 000 000 yuan)	最终消费 Final Consumption Expenditure	资本形成总额 Gross Capital Formation	货物和服务净出口 Net Export	资本形成率(投资率)(%) Capital Formation (Rate)(%)	最终消费率(消费率)(%) Final Consumption (Rate)(%)
全国总计 National	**59404.9**	**34529.4**	**23877**	**998.8**	**40.8**	**59.0**
东部地区 Eastern Regions	**34168.9**	**16635.4**	**16347.8**	**1185.7**		
比重(%) Proportion	**58**	**48**	**68**	**119**		
北 京 Beijing	1694.89	506.58	1256.28	-67.97	90.1	36.3
天 津 Tianjin	920.11	386.99	524.77	8.35	57	42.1
河 北 Hebei	2849.52	1348.75	1226.07	274.7	43	47.3
辽 宁 Liaoning	2793.38	1501.184	1046.61	244.93	37.5	53.8
上 海 Shanghai	2462.57	1085.33	1551.2	-173.96	63	44.1
江 苏 Jiangsu	5119.17	2250.66	2479.3	389.21	48.1	43.7
浙 江 Zhejiang	3569.15	1495.24	1786.79	287.12	50.7	42.4
福 建 Fujian	2160.52	1160.68	996.17	3.67	46.1	53.7
山 东 Shandong	4895.26	2479.05	2247.58	168.63	44.9	49.6
广 东 Guangdong	5733.97	3189.84	2381.31	162.82	41.5	55.6
广 西 Guangxi	1606.15	1041.93	632.47	-68.25	39.4	64.9
海 南 Hainan	364.17	188.5	219.21	-43.54	60.2	51.8

各地区总投资及构成(1995年)

TOTAL INVESTMENT AND IT'S COMPSITION BY REGION (1995)

本表按当年价格计算。
At current prices.

地区 Region	资产形成总额(亿元) Gross Capital Formation (100 000 000 yuan)	固定资产形成总额 Gross Fixed Capital Formation	存货增加 Changes in Inventories	资产形成总额=100 Total=100 固定资产形成总额 Gross Fixed Capital Formation	存货增加 Changes in Inventories
全国总计 National	**23877.0**	**20300.5**	**3576.5**	**85.0**	**15.0**
东部地区 Eastern Regions	**16347.8**	**12525.3**	**3822.5**	**76.6**	**23.4**
比重(%) Proportion	**68**	**62**	**107**		
北　京 Beijing	1256.28	888.31	367.97	70.7	29.3
天　津 Tianjin	524.77	428.48	96.29	81.7	18.3
河　北 Hebei	1226.07	955.21	270.86	77.9	22.1
辽　宁 Liaoning	1046.61	884.95	161.66	84.6	15.4
上　海 Shanghai	1551.2	1380.85	170.35	89	11
江　苏 Jiangsu	2479.3	1756.88	722.42	70.9	29.1
浙　江 Zhejiang	1786.79	1357.9	428.89	76	24
福　建 Fujian	996.17	716.17	280	71.9	28.1
山　东 Shandong	2247.58	1481.1	766.48	65.9	34.1
广　东 Guangdong	2381.31	2059.43	321.88	86.5	13.5
广　西 Guangxi	632.47	423.37	209.1	66.9	33.1
海　南 Hainan	219.21	192.64	26.57	87.9	12.1

各地区总消费及构成(1995年)

TOTAL CONSUMP TION AND IT ' S COMPOSITION BY REGION(1995)

本表按当年价格计算。
At current prices.

地区 Region	最终消费(亿元) Final Consumption Expenditure (100 000 000 yuan)	居民消费 Household Consumption	农业居民 Farmer	非农业居民 Non-Farmer	政府消费 Government Consumption	最终消费=100 Final Consumption Expenditure=100 居民消费 Household Consumption	政府消费 Government Consumption	居民消费=100 Household Consumption Expenditure=100 农民居民 Farmer	非农业居民 Non-Farmer
全国总计 National	**34529.4**	**27838.9**	**13663.6**	**14175.3**	**6690.5**	**80.6**	**19.4**	**49.1**	**50.9**
东部地区 Eastern Regions	**16635.4**								
比重(%) Proportion	**60**								
北　京 Beijing	506.58	375.46	78.53	296.93	131.12	74.1	25.9	20.9	79.1
天　津 Tianjin	386.99	301.66	71.61	230.05	85.33	78	22	23.7	76.3
河　北 Hebei	1348.75	1081.09	684.96	396.13	267.66	80.2	19.8	63.4	36.6
辽　宁 Liaoning	1501.84	1177.59	350.38	827.21	324.25	78.4	21.6	29.8	70.2
上　海 Shanghai	1085.33	872.67	167.39	705.28	212.66	80.4	19.6	19.2	80.8
江　苏 Jiangsu	2250.66	1806.43	1029.92	776.51	444.23	80.3	19.7	57	43
浙　江 Zhejiang	1495.24	1235.98	762.32	473.66	259.26	82.7	17.3	61.7	38.3
福　建 Fujian	1160.68	930.89	651.55	279.34	229.79	80.2	19.8	70	30
山　东 Shandong	2479.05	1688.25	879.61	808.64	790.8	68.1	31.9	52.1	47.9
广　东 Guangdong	3189.84	2586.46	1140.81	1445.65	603.38	81.1	18.9	44.1	55.9
广　西 Guangxi	1041.93	754.12	430.25	323.87	287.81	72.4	27.6	57.1	42.9
海　南 Hainan	188.5	153.09	82.87	70.22	35.41	81.2	18.8	54.1	45.9

各地区国内生产总值项目构成(1996年)
STRUCTURE OF GROSS DOMESTIC PRODUCT BY REGION(1996)

本表按当年价格计算。
At current prices.

地 区 Region	国内生产总值(亿元) Gross Domestic Product (100 000 000 yuan)	劳动者报酬 Payment for Laborer	固定资产折旧 Depreciation on Fixed Assets	生产税净额 Net Amount of Production Tax	#补贴 Be Subsidized by the state	营业盈余 Business Surplus
全国总计 National	**68593.8**					
东部地区 Eastern Regions	**39726.89**	**19557.33**	**5115.24**	**5018.17**	**339.62**	**10036.15**
比重(%) Proportion	**58**					
北　京 Beijing	1615.73	774.08	245.29	265.51	25.87	330.85
天　津 Tianjin	1102.4	545.24	174.01	134.54	27.95	248.61
河　北 Hebei	3452.97	1875.94	397.65	355.78	16.24	823.6
辽　宁 Liaoning	3157.69	1569.15	465	343.8	10.37	779.74
上　海 Shanghai	2902.2	1033.61	364.22	572.6	138.7	931.77
江　苏 Jiangsu	6004.21	3077.55	771.27	704.4	26.06	1450.99
浙　江 Zhejiang	4146.06	1924.43	346.66	489.57	10.41	1385.4
福　建 Fujian	2606.92	1349.76	290.32	260.58	19.75	706.26
山　东 Shandong	5960.42	2636.66	827.8	661.96	24.03	1834
广　东 Guangdong	6519.14	3268.21	1020.08	1005.56	36.97	1225.29
广　西 Guangxi	1869.62	1274.03	158.21	182.02	1.74	255.36
海　南 Hainan	389.53	228.67	54.73	41.85	1.53	64.28

各地区国民生产总值和国内生产总值(1996年)
GROSS NATION PRODUCT AND GROSS DOMESTIC PRODUCTS BY REGIONS(1996)

本表按当年价格计算，指数按可比价格计算。
Absolute number at current prices, indices are based on comparable prices.

地 区 Region	国民生产总值(亿元) Gross Nation Products (100 000 000 yuan)	国内生产总值(亿元) Gross Domestic Products (100 000 000 yuan)	第一产业 Primary Industry	第二产业 Secondary Industry	第三产业 Tertiary Industry	国民生产总值比上年增长(%) GNP Percentage Increase Rate of Last Year
全国总计 National	**67559.7**	**68593.8**	**13884.2**	**33612.9**	**21096.7**	**9.7**
东部地区 Eastern Regions	**39773.39**	**39726.89**	**6401.45**	**19287.76**	**14037.68**	
比重(%) Proportion	**59**	**58**	**46**	**57**	**67**	
北　京 Beijing	1616.03	1615.73	83.46	683.14	849.13	9.2
天　津 Tianjin	1102.4	1102.4	70.53	584.43	447.44	14.3
河　北 Hebei	3468.24	3452.97	700.94	1664.61	1087.42	14.2
辽　宁 Liaoning	3157.69	3157.69	474.09	1537.68	1145.92	8.6
上　海 Shanghai	2894.98	2902.2	71.58	1582.5	1248.12	10.4
江　苏 Jiangsu	6004.21	6004.21	965.29	3074.12	1964.8	12.2
浙　江 Zhejiang	4146.06	4146.06	609.18	2200.19	1336.69	12.7
福　建 Fujian	2651.58	2606.92	560.47	1089.57	956.88	16.1
山　东 Shandong	5953.91	5960.42	1200.17	2810.72	1949.53	12.2
广　东 Guangdong	6519.14	6519.14	941.73	3269.35	2308.06	10.7
广　西 Guangxi	1869.62	1869.62	580.47	710.13	579.02	10.3
海　南 Hainan	389.53	389.53	143.54	81.32	164.67	4.8

[固定资产投资和建筑业]

INVESTMENT IN FIXED ASSETS AND CONSTRUCTION

按经济类型分的全社会固定资产投资(1996年)

TOTAL INVESTMENT IN FIXED ASSETS BY OWNERSHIP(1996)

地　区 Region	总　计 (亿元) Total (100 000 000 yuan)	国有经济 State-Owned Units	集体经济 Collective-Owned Units	# 农村 Rural
全　国 National	**22974.03**	**12056.24**	**3660.57**	**2802.26**
东部地区 Eastern Regions	**14292.68**	**6534.7**	**2762.06**	**2125.56**
比重(%) Proportion	**62**	**54**	**75**	**76**
北　京 Beijing	889.66	541.65	56.52	41.09
天　津 Tianjin	438.51	257.64	66.67	57.35
河　北 Hebei	1182.59	507.24	359.57	326.42
辽　宁 Liaoning	881.67	544.66	102.83	70.25
上　海 Shanghai	1996.88	1040.37	239.34	158.32
江　苏 Jiangsu	1963.06	697.81	576.13	463.73
浙　江 Zhejiang	1611.44	529.16	404.36	318.92
福　建 Fujian	779.76	323.20	84.23	60.25
山　东 Shandong	1528.50	681.94	465.09	385.30
广　东 Guangdong	2363.18	1092.52	340.27	191.99
广　西 Guangxi	476.42	236.14	61.68	50.11
海　南 Hainan	181.01	82.37	5.37	1.83

续表　continued

地　区 Region	个体经济 Individuals	# 农村 Rural	联营经济 Joint Owned Economic Units	股份制经济 Share Holding Economic Units	外商投资经济 Overseas Chinese Foreign Funded Economic Units	港澳台投资经济 from Hong-Kong,Macao and Taiwan Funded Economic Units	其他经济 Others Ownership
全　国 National	**3211.17**	**2544**	**126.87**	**1035.09**	**1876.60**	**835.47**	**172.02**
东部地区 Eastern Regions	**1819.4**	**1425**	**100.22**	**687.25**	**1554.81**	**694.14**	**140.1**
比重(%) Proportion	**57**	**56**	**79**	**66**	**83**	**83**	**81**
北　京 Beijing	22.99	20.63	2.9	31.02	154.35	79.78	0.45
天　津 Tianjin	21.38	15.28	0.75	19.16	55.08	17.34	0.49
河　北 Hebei	177.54	137.3	3.86	58.88	57.8	15.16	2.54
辽　宁 Liaoning	69.3	51.52	0.93	43	88.58	31.18	1.19
上　海 Shanghai	75.2	72.86	32.04	165.57	286.77	53.4	10.419
江　苏 Jiangsu	300.08	261.5	7.14	60.61	246.73	71.25	3.31
浙　江 Zhejiang	397.89	292.2	13.1	118.02	111.59	30.43	6.89
福　建 Fujian	135.03	82.85	7.55	23.93	108.27	91.54	6.01
山　东 Shandong	202.65	166.1	3.76	39.21	108.08	23.73	4.04
广　东 Guangdong	279.35	233.8	20.82	94.06	269.78	259.94	6.44
广　西 Guangxi	126.83	85.71	4.14	12	24.28	10.27	1.08
海　南 Hainan	11.16	5.53	3.23	21.79	43.5	10.12	3.47

按资金来源和隶属关系分的基本建设投资(1996年)

CAPITAL CONSTRUCTION INVESTMENT OF STATE-OWNED UNITS BY SOURCE OF FINANCE AND ADMINISTRATIVE RELATIONSHIP(1996)

单位: 亿元 (100 000 000 yuan)

地区 Region	按资金来源分 Source of Funds					按隶属关系分 Administrative Relationship	
	国家预算内资金 State Appropria-tions	国内贷款 Domestic Loans	利用外资 Foreign Investment	自筹资金 Fund-Raising	其他投资 Others	中央项目 Central Goverment Projects	地方项目 Local Projects
全　国 National	**524.38**	**1938.86**	**1235.43**	**3778.83**	**965.00**	**3379.33**	**5231.50**
东部地区 Eastern Regions	**222.51**	**769.79**	**821.19**	**2291.70**	**431.80**	**1343.36**	**3289.97**
比重(%) Proportion	**42**	**40**	**66**	**61**	**45**	**40**	**63**
北　京 Beijing	68.89	40.13	40.99	139.74	31.65	189.23	124.62
天　津 Tianjin	3.24	30.43	54.93	62.3	13.07	68.75	100.84
河　北 Hebei	15.98	55.06	56.53	183.17	50.72	123.39	251.75
辽　宁 Liaoning	18.42	80.33	34.75	144.37	27.44	139.09	187.24
上　海 Shanghai	24.13	91.84	111.03	364.01	43.02	231.24	413.28
江　苏 Jiangsu	18.63	73.15	99.15	245.86	42.73	118.06	350.94
浙　江 Zhejiang	13.91	78.08	71.75	223.82	44.63	86.39	337.85
福　建 Fujian	8.06	58.56	32.68	107.47	23.48	31.94	209.25
山　东 Shandong	22.83	75.25	85.12	225.72	41.91	143.99	307.63
广　东 Guangdong	15.02	134.9	188.72	451.44	77.98	170.03	735.2
广　西 Guangxi	9.66	34.88	11.26	92.93	23.15	32.9	141.56
海　南 Hainan	3.74	17.18	34.28	50.87	12.02	8.35	129.81

注: 1993年以后的资金来源为财务拨款数。
After 1993, Source of funds refers financial appropriation.

按构成和建设性质分的基本建设投资

CAPITAL CONSTRUCTION INVESTMENT OF STATE-OWNED UNITS BY USES OF FUNDS AND TYPE OF CONSTRUCTION

单位: 亿元 (100 000 000 yuan)

地区 Region	投资额 Total	按构成分 Uses of Funds			按建设性质分 Type of Construction		
		建筑安装工程 Construction and Installation	设备、工器具购置 Purchase of Equipment and Instruments	其他费用 Others	# 新建 New Construction	# 扩建 Expansion	# 改建 Replacement
全　国 National	**8610.84**	**5345.27**	**1861.15**	**1404.42**	**4600.81**	**2797.68**	**521.42**
东部地区 Eastern Regions	**4633.34**	**2876.16**	**1001.83**	**755.36**	**2550.61**	**1612.42**	**240.92**
比重(%) Proportion	**54**	**54**	**54**	**54**	**55**	**58**	**46**
北　京 Beijing	313.85	201.15	61.88	50.83	121.3	164.33	3.26
天　津 Tianjin	169.59	95.62	42.88	31.09	95.23	60.12	10.33
河　北 Hebei	375.14	235.74	97.74	41.66	227.47	105.44	17.88
辽　宁 Liaoning	326.33	199.55	54.67	72.1	146.2	143.79	10.78
上　海 Shanghai	644.52	327.27	164.79	152.47	364.76	249.25	16.12
江　苏 Jiangsu	469.01	310.50	90.52	67.99	191.74	202.77	54.72
浙　江 Zhejiang	424.24	280.41	76.34	67.48	232.30	136.74	35.06
福　建 Fujian	241.19	170.1	38.43	32.67	169.09	43.2	19.68
山　东 Shandong	451.62	277.38	116.95	57.29	191.05	201.21	25.49
广　东 Guangdong	905.23	567.91	196.75	140.56	609.17	234.38	37.54
广　西 Guangxi	174.46	129.92	23.87	20.68	108.68	47.9	8.54
海　南 Hainan	138.16	80.61	37.01	20.54	93.62	23.29	1.52

按项目规模分的基本建设投资及项目个数
CAPITAL CONSTRUCTION PROJECTS OF STATE-OWNED UNITS BY PROJECTS SIZE

地 区 Region	项目投资 (亿元) Investment (100 000 000 yuan) 大中型 Large and Medium Construction	小 型 Small	施工项目 (个) Projects under Construction	#大中型 Large and Medium Construction	全部建成投产项目(个) Fully Completed Project Turn Over for Production	#大中型 Large and Medium Construction
全 国 National	**3615.88**	**4751.59**	**93997**	**1266**	**55436**	**200**
东部地区 Eastern Regions	**1658.59**	**2942.2**	**39373**	**597**	**21834**	**109**
比重(%) Proportion	**46**	**62**	**42**	**47**	**39**	**55**
北 京 Beijing	82.67	229.38	1252	33	374	8
天 津 Tianjin	112.36	56.92	663	45	392	13
河 北 Hebei	159.82	212.23	5008	54	3211	10
辽 宁 Liaoning	151.17	174.7	2133	47	1236	8
上 海 Shanghai	244.87	399.65	1331	36	523	8
江 苏 jiangsu	142.01	326.75	4192	47	2812	7
浙 江 Zhejiang	121.13	302.33	5665	49	3220	6
福 建 Fujian	93.51	145.39	3467	44	1845	11
山 东 Shandong	145.41	297.12	5215	51	2779	5
广 东 Guangdong	317.37	584.84	4454	88	1964	14
广 西 Guangxi	44.06	129.18	4772	46	2805	6
海 南 Hainan	44.21	83.71	1221	57	673	13

基 本 建 设 房 屋 建 筑 面 积
FLOOR SPACE OF BUILDINGS OF STATE-OWNED UNITS THROUGH CAPITAL CONSTRUCTION

单位: 万平方米 (10 000 sq.m)

地 区 Region	施工面积 Under Construction	#住 宅 Residential Housing	竣工面积 Completed	#住 宅 Residential Housing
全 国 National	**43661.23**	**17269.4**	**21256.63**	**9824.79**
东部地区 Eastern Regions	**21797.10**	**7489.22**	**9852.49**	**4092.11**
比重(%) Proportion	**50**	**43**	**46**	**42**
北 京 Beijing	1992.10	741.85	546.29	247.06
天 津 Tianjin	402.02	126.81	196.78	87.91
河 北 Hebei	2141.62	988.85	1181.23	599.32
辽 宁 Liaoning	1534.92	663.66	789.53	428.38
上 海 Shanghai	2127.40	537.91	630.45	199.28
江 苏 Jiangsu	2039.21	576.20	1098.60	372.99
浙 江 Zhejiang	1897.63	422.52	862.76	246.04
福 建 Fujian	1200.13	398.60	622.36	237.82
山 东 Shandong	2423.59	909.43	1189.96	544.04
广 东 Guangdong	3922.99	1367.63	1668.95	669.81
广 西 Guangxi	1326.75	506.35	723.06	316.24
海 南 Hainan	788.74	249.41	342.52	143.22

各地区基本建设施工、投产项目个数和新增固定资产
CAPITAL CONSTRUCTION PROJECTS OF UNDER CONSTRUCTION AND PUT INTO USE AND NEWLY INCREASED FIXED ASSETS BY REGION

地　区 Region	施工项目 (个) Project under Construction (unit)	全部建成投产项目 (个) Fully Completed Project Turn Over for Production (unit)	项目建成投产率 (%) Rate of Projects Completed and Put into Use(%)	新　增固定资产 (亿元) Newly Increased Fixed Assets (100 000 000 yuan)	固定资产交付使用率 (%) Rate of Fixed Assets Transferred and in Use (%)
全　国 National	**93997**	**55436**	**59**	**6168.14**	**71.6**
东部地区 Eastern Regions	**38121**	**21460**	**638.7**	**3258.73**	**872.4**
比重(%) Proportion	**41**	**39**	**1083**	**53**	**1218**
北　京 Beijing	1252	374	29.9	262.53	83.6
天　津 Tianjin	663	392	59.1	124.81	73.6
河　北 Hebei	5008	3211	64.1	271.04	72.2
辽　宁 Liaoning	2133	1236	57.9	308.09	94.4
上　海 Shanghai	1331	523	39.3	371.64	57.7
江　苏 Jiangsu	4192	2812	67.1	337.02	71.9
浙　江 Zhejiang	5665	3220	56.8	267.15	63
福　建 Fujian	3467	1845	53.2	143.83	59.6
山　东 Shandong	5215	2779	53.3	284.2	62.9
广　东 Guangdong	4454	1964	44.1	634.02	70
广　西 Guangxi	4772	2805	58.8	136.99	78.5
海　南 Hainan	1221	673	55.1	117.41	85

按资金来源和隶属关系分的更新改造投资
TECHICAL UPDATES AND TRANSFORMATION INVESTMENT BY SOURCES AND ADMINISTRATIVE RELATIONSHIP

单位: 亿元　　(100 000 000 yuan)

地　区 Region	按资金来源分 Grouped by Source of Funds					按隶属关系分 Administrative Relationship	
	国家预算内资金 State Appropria-tions	国内贷款 Domestic Loans	利用外资 Foreign Investments	自筹资金 Fund-raising	其他投资 Others	中央项目 Central Goverment Projects	地方项目 Local Projects
全　国 National	**29.58**	**831.26**	**353.97**	**2191.19**	**166.72**	**1250.29**	**2372.45**
东部地区 Eastern Regions	**17.29**	**448.23**	**269.43**	**1267.07**	**94.44**	**596.62**	**1524.42**
比重(%) Proportion	**58**	**54**	**76**	**58**	**57**	**48**	**64**
北　京 Beijing	4.04	29.84	12.73	112.55	5.88	63.7	104.36
天　津 Tianjin	0.85	16.87	10.55	57.82	6.79	28.7	77.97
河　北 Hebei	1.72	40.03	22.49	133.59	7.92	55.13	157.13
辽　宁 Liaoning	1.33	37.08	7.83	125.04	10.26	81.65	105.31
上　海 Shanghai	1.18	77.8	81.3	250.95	10.29	59.15	355.31
江　苏 Jiangsu	1.26	52.68	28.05	146.24	4.77	70.36	169.15
浙　江 Zhejiang	0.61	30.58	4.08	69.57	3.03	42.44	67.89
福　建 Fujian	0.74	26.25	10.16	48.78	5.46	17.49	75.03
山　东 Shandong	2.42	67.49	19.78	139.03	13.4	62.1	175.14
广　东 Guangdong	2.67	49.77	65.43	131.49	20.72	91.05	182.13
广　西 Guangxi	0.43	17.21	6.13	47.32	5.77	23.27	48.06
海　南 Hainan	0.04	2.63	0.9	4.69	0.15	1.58	6.94

按构成和建设性质分的更新改造投资
TECHNICAL UPDATES AND TRANSFORMATION INVESTMENT OF STATE-OWNED UNITS BY USES OF FUNDS AND TYPE OF CONSTRUCTION

单位: 亿元 (100 000 000 yuan)

地区 Region	投资额 Total	按构成分 Grouped by Uses of Funds			按建设性质分 Grouped by Type of Construction		
		建筑安装工程 Construction and Installation	设备、工器具购置 Purchases of Equipment and Instruments	其他费用 Others	# 新建 New Construction	# 扩建 Expansion	# 改建 Replacement
全　国 National	**3622.74**	**1396.77**	**1900.5**	**325.47**	**349.02**	**1818.44**	**1190.99**
东部地区 Eastern Regions	**2121.03**	**821.72**	**1089.97**	**209.34**	**247.64**	**1032.01**	**667.92**
比重(%) Proportion	**59**	**59**	**57**	**64**	**71**	**57**	**56**
北　京 Beijing	168.05	79.92	55.8	32.33	22.25	92.96	38.93
天　津 Tianjin	106.68	50.58	44.39	11.71	11.01	50.02	42.63
河　北 Hebei	212.26	77.25	119.31	15.7	24.12	92.41	86.87
辽　宁 Liaoning	186.95	81.29	89	16.66	5.34	97.78	80.1
上　海 Shanghai	414.45	147.84	204.26	62.35	116.65	117.63	134.83
江　苏 Jiangsu	239.51	79.75	143.92	15.84	18.71	138.24	75.85
浙　江 Zhejiang	110.34	33.13	66.77	10.44	4.55	62.03	34.92
福　建 Fujian	92.52	38.28	48.38	5.86	13.7	57.11	17.96
山　东 Shandong	237.24	93.07	124.94	19.23	7.6	133.8	85.85
广　东 Guangdong	273.19	110.26	147.07	15.86	16.95	143.33	48.46
广　西 Guangxi	71.33	27.75	40.56	3.02	6.35	41.13	19.7
海　南 Hainan	8.51	2.6	5.57	0.34	0.41	5.57	1.82

各地区更新改造施工、投产项目个数和新增固定资产
TECHNICAL UPDATES AND TRANSFORMATION PROJECTS AND NEWLY INCREASED FIXED ASSETS OF STATE-OWNED UNITS BY REGION

地区 Region	施工项目 (个) Project under Construction (unit)	全部建成投产项目 (个) Fully Completed Project Turn Over for Production (unit)	项目建成投产率 (%) Rate of Projects Completed and Put into Use(%)	新增固定资产 (亿元) Newly Increased Fixed Assets (100 000 000 yuan)	固定资产交付使用率 (%) Rate of Fixed Assets Transferred and in Use (%)
全　国 National	**57501**	**36534**	**63.5**	**3002.69**	**82.9**
东部地区 Eastern Regions	**27910**	**18064**	**785.5**	**1747.13**	**972.0**
比重(%) Proportion	**49**	**49**	**1237**	**58**	**1172**
北　京 Beijing	2422	1602	66.1	155.35	92.4
天　津 Tianjin	1182	862	72.9	62.91	59
河　北 Hebei	3555	2502	70.4	169.44	79.8
辽　宁 Liaoning	2604	1768	67.9	135.46	72.5
上　海 Shanghai	3138	1734	55.3	327.39	79
江　苏 Jiangsu	3987	3091	77.5	224.25	93.6
浙　江 Zhejiang	1913	1149	60.1	106.14	96.2
福　建 Fujian	1378	838	60.8	72.27	78.1
山　东 Shandong	2838	1855	65.4	187.41	79
广　东 Guangdong	2916	1463	50.2	247.18	90.5
广　西 Guangxi	1654	934	56.5	52.69	73.9
海　南 Hainan	323	266	82.4	6.64	78

各地区大中型工业企业更新改造项目个数、投资和新增固定资产(1996年)

NUMBER OF PROJECTS,INVESTMENT AND NEWLY INCREASED FIXED ASSETS THROUGH TECHNICAL UPDATES AND TRANSFORMATION PROJECTS OF STATE-OWNED LARGE AND MEDIUM INDUSTRIAL ENTERPRISES BY REGION(1996)

地区 Region	企业个数 (个) Enterprises (Unit)	施工项目 (个) Projects under Construction (Unit)	全部建成投产项目 (个) Fully Completed Project Turn Over for Production (Unit)	项目建成投产率 (%) Rate of Projects Completed and Put into Use (%)	投资额 Investment 绝对数 (亿元) Value (100 000 000 yuan)	投资额 Investment 比重 Percentage	新增固定资产 (亿元) Newly Increased Fixed Assets (100 000 000 yuan)	固定资产交付使用率 (%) Rate of Fixed Assets Transferred and in Use (%)
全　国 National	**9610**	**24123**	**14432**	**59.8**	**1938.26**	**100**	**1576.9**	**81.4**
东部地区 Eastern Regions	**5264**	**12347**	**7535**	**714.2**	**1085.94**	**56.1**	**878.47**	**963.1**
比重(%) Proportion	**55**	**51**	**52**	**1194**	**56**	**56**	**56**	**1183**
北　京 Beijing	265	970	572	59	51.47	2.7	50.8	98.7
天　津 Tianjin	196	587	442	75.3	60.58	3.1	36.33	60
河　北 Hebei	726	1549	966	62.4	123.1	6.3	94.41	76.7
辽　宁 Liaoning	434	1604	977	60.9	132.04	6.8	89.52	67.8
上　海 Shanghai	744	1670	1031	61.7	211.64	10.9	178.06	84.1
江　苏 Jiangsu	748	1682	1119	66.5	134.96	7	126.11	93.4
浙　江 Zhejiang	396	1007	610	60.6	59.49	3.1	52.2	87.7
福　建 Fujian	171	387	209	54	29.67	1.5	23.49	79.2
山　东 Shandong	856	1427	849	59.5	160.66	8.3	124.81	77.7
广　东 Guangdong	424	803	403	50.2	82.8	4.3	74.03	89.4
广　西 Guangxi	287	645	349	54.1	36.18	1.9	26.16	72.3
海　南 Hainan	17	16	8	50	3.35	0.2	2.55	76.1

房地产开发企业基本情况(1996年)

BASIC CONDITIONS OF ENTERPRISES FOR REAL ESTATE DEVELOPMENT(1996)

地区 Region	开发公司个数 (个) Number of Development Companies (Unit)	#国有经济 State-Owned	#集体经济 Collective-Owned	#外商投资经济 Foreign Funded	#港澳台投资经济 Funded by Overseas Chinese from H.K.,Macao and Taiwan	年平均职工人数 (人) Annual Number of and Worders (person)
全　国 National	**21269**	**8676**	**4755**	**2202**	**2135**	**703808**
东部地区 Eastern Regions	**14088**	**5293**	**3488**	**1459**	**1517**	**457115**
比重(%) Proportion	**66**	**61**	**73**	**66**	**71**	
北　京 Beijing	414	175	13	115	59	25674
天　津 Tianjin	417	193	67	41	39	11354
河　北 Hebei	376	226	52	36	20	15577
辽　宁 Liaoning	996	491	216	91	60	36029
上　海 Shanghai	2030	793	379	163	93	83644
江　苏 jiangsu	1651	621	476	175	195	49841
浙　江 Zhejiang	1597	546	432	98	76	35810
福　建 Fujian	1190	293	198	267	284	27581
山　东 Shandong	935	421	234	103	87	38665
广　东 Guangdong	3931	1326	1305	293	546	119124
广　西 Guangxi	551	208	116	77	58	13816
海　南 Hainan	143	56	13	21	29	3871

房地产开发经营情况
REAL ESTATE DEVELOPMENT AND MANAGEMENT

单位：万元 (10 000 yuan)

地 区 Region	经营总收入 Total Revenue	土地转让收入 Land Transfer	商品房屋销售收入 Commerical Houses Sold	房屋出租收入 Houses Leased	其他收入 Others	经营税金及附加 Business Tax and Related Payments	营业利润 Profits
全 国 National	**19687850**	**1203378**	**15337647**	**299899**	**2846926**	**927779**	**179805**
东部地区 Eastern Regions	**16133921**	**1055305**	**12214827**	**270069**	**2593720**	**756645**	**467114**
比重(%) Proportion	**82**	**88**	**80**	**90**	**91**	**82**	
北 京 Beijing	1375379	110522	1130605	19339	114913	69680	－197868
天 津 Tianjin	375762	8149	269897	10775	86941	12725	9303
河 北 Hebei	292077	8086	228965	4456	50570	11200	－28466
辽 宁 Liaoning	852940	18041	779087	2699	53113	37092	－55346
上 海 Shanghai	4387808	450092	2172390	101880	1663446	180979	453553
江 苏 jiangsu	1502698	52364	1330094	10681	109559	66153	1996
浙 江 Zhejiang	1553384	51153	1397271	10650	94310	70879	39314
福 建 Fujian	626887	26565	530576	13231	56515	27504	－6226
山 东 Shandong	611048	23181	563283	4678	19906	30020	－46657
广 东 Guangdong	4294161	267656	3619727	88601	318177	236970	332159
广 西 Guangxi	212998	31994	164256	2558	14190	10809	－3436
海 南 Hainan	48779	7502	28676	521	12080	2634	－31212

商品房屋销售情况
SALES OF COMMERICAL HOUSES

地 区 Region	实际销售商品房屋面积(万平方米) Floor Space of Commerical Houses Actually Sold (10 000 sq.m)	#住 宅 Residential Buildings	个人购买商品住宅(万平方米) Commerical Houses by Individuals Purchased (10 000 sq.m)	商品房屋销售额(万元) Total Sales of Commerical Houses (10 000 yuan)	#住 宅 Residential Buildings
全 国 National	**7900.41**	**6898.46**	**3666.82**	**14271292**	**11069006**
东部地区 Eastern Regions	**5286.32**	**4616.84**	**2479.02**	**11346996**	**8747124**
比重(%) Proportion	**67**	**67**	**68**	**80**	**79**
北 京 Beijing	215.33	183.08	43.78	947281	708415
天 津 Tianjin	129.39	114.42	54.11	310282	248065
河 北 Hebei	187.89	172	81.17	228965	202930
辽 宁 Liaoning	511.97	437.6	188.15	747950	604115
上 海 Shanghai	573.5	528.56	244.83	1834896	1568972
江 苏 Jiangsu	856.13	753.26	495.55	1235896	1003802
浙 江 Zhejiang	932.01	806.78	517.34	1318508	1035991
福 建 Fujian	273.51	234.28	125.21	485863	376129
山 东 Shandong	429.42	369.39	116.24	498722	409463
广 东 Guangdong	1038.18	895.71	548.13	3561363	2443536
广 西 Guangxi	123.69	108.17	61.97	148816	122078
海 南 Hainan	15.3	13.59	2.54	28454	23628

房地产开发建设投资总规模及完成投资(1996年)
GENERAL SCALE OF AND ACTUALLY COMPLETED INVESTMENT IN REAL ESTATE DEVELOPMENT BY REGION (1996)

单位: 亿元 (100 million yuan)

地区 Region	实际需要总投资 Total Investment Actually Needed	自开始建设至本年底累计完成投资 Accumulative Investment Since Construction Started up to the End of This Year	#本年完成 Completed in This Year	全部建成尚需投资 Further Invesment Required for the Completion of the Construction
全 国 National	**17704.53**	**8439.89**	**3216.44**	**9264.63**
东部地区 Eastern Regions	**14681.88**	**7005.3**	**2561.4**	**7676.58**
比重(%) Proportion	**83**	**83**	**80**	**83**
北 京 Beijing	2914.1	1007.97	328.18	1906.13
天 津 Tianjin	301.54	143.91	71.51	157.63
河 北 Hebei	155.92	90.04	48.28	65.88
辽 宁 Liaoning	618.54	334.49	135.45	284.05
上 海 Shanghai	3648.44	1883.53	657.79	1764.91
江 苏 Jiangsu	832.06	471.23	232.62	360.83
浙 江 Zhejiang	892.87	546.17	243.54	346.7
福 建 Fujian	927.08	406.02	151.69	521.06
山 东 Shandong	506.87	282.05	103.28	224.82
广 东 Guangdong	3482.82	1627.12	528.85	1855.7
广 西 Guangxi	241.59	114.99	43.23	126.6
海 南 Hainan	160.05	97.78	16.98	62.27

房地产开发建设房屋建筑面积和造价(1996年)
FLOOR SPACE OF BUILDINGS AND THEIR COST IN REAL ESTATE DEVELOPMENT BY REGION(1996)

地区 Region	施工房屋面积(万平方米) Floor Space of Building under Construction (10 000 sq.m)	竣工房屋面积(万平方米) Floor Space of Buildings Completed (10 000 sq.m)	房屋建筑面积竣工率(%) Rate of Floor Space of Build #NAME? (%)	竣工房屋价值(万元) Value of Buildings Completed (10 000 yuan)	竣工房屋造价(元/平方米) Cost of Building Completed (yuan/sq.m)
全 国 National	**47011.7**	**15356.7**	**32.7**	**17067717**	**1111**
东部地区 Eastern Regions	**33907.0**	**10589.9**	**32.4**	**13189368**	**1187**
比重(%) Proportion	**72**	**69**		**77**	
北 京 Beijing	2824.59	663.41	23.5	1316427	1984
天 津 Tianjin	988.67	366.51	37.1	483917	1320
河 北 Hebei	841.29	361.96	43	301198	832
辽 宁 Liaoning	2400.04	891.17	37.1	874154	981
上 海 Shanghai	6005.46	1207.86	20.1	2677812	2217
江 苏 Jiangsu	3295.3	1633.32	49.6	1479475	906
浙 江 Zhejiang	3912.39	1697.26	43.4	1625527	958
福 建 Fujian	2283.8	526.28	23	633084	1203
山 东 Shandong	2022.19	776.52	38.4	588692	758
广 东 Guangdong	8160.1	2166.58	26.6	2961919	1367
广 西 Guangxi	860.03	240.87	28	194139	806
海 南 Hainan	313.1	58.14	18.6	53024	912

各地区按经济类型分的建筑业企业单位数(1996年)
CONSTRUCTION ENTERPRIESES BY TYPE OF OWNERSHIP AND REGION(1996)

单位：个 (Unit)

地　区 Region	总　计 Total	国有经济 State-Owned Economic Units	集体经济 Collective Owned Economic Units	私营经济 Private Enter-prises	联营经济 Joint Owned Economic Units	股份制经济 Share Holding Economic Units	外商投资经济 Foreign Funded Economic Units	港澳台投资经济 Overseas Chinese from Hong Kong,Marco and Taiwan Funded Economic Units	其他经济 Other Ownership Units
全　国 National	**41364**	**9109**	**29044**	**535**	**187**	**1601**	**388**	**417**	**83**
东部地区 Eastern Regions	**20983.0**	**4418.0**	**14588.0**	**288.0**	**121.0**	**896.0**	**319.0**	**321.0**	**32.0**
比重(%) Proportion	**51**	**49**	**50**	**54**	**65**	**56**	**82**	**77**	**39**
北　京 Beijing	1292	391	717	3	3	55	64	56	3
天　津 Tianjin	335	125	186		4	3	10	7	
河　北 Hebei	1729	502	1149	15	4	38	7	8	6
辽　宁 Liaoning	2386	557	1729	9	5	43	19	23	1
上　海 Shanghai	918	257	471	4	22	37	64	62	1
江　苏 Jiangsu	2958	539	2251	5	10	84	32	35	2
浙　江 Zhejiang	3133	354	2113	154	27	417	34	19	15
福　建 Fujian	1424	201	1033	39	26	75	28	22	
山　东 Shandong	4010	714	3053	44	4	101	43	49	2
广　东 Guangdong	1873	565	1206	9	11	25	17	38	2
广　西 Guangxi	815	177	609	6	5	17	1		
海　南 Hainan	110	36	71			1		2	

注：本表为城镇及城镇以上建筑企业数(以下各表同)。
a) Figures for construction enterprises in this table are at township and above level.
b) The same as following tables.

各地区按经济类型分的从事建筑业生产的平均人数(1996年)
ANNUAL AVERAGE EMPLOYMENT IN CONSTRUCTION PRODUCTION BY TYPE OF OWNERSHIP AND REGION(1996)

单位：万人 (10 000 person)

地　区 Region	建筑业平均人数 Average Employ-ment	国有经济 State-Owned Economic Units	集体经济 Collective Owned Economic Units	私营经济 Private Enter-prises	联营经济 Joint Owned Economic Units	股份制经济 Share Holding Economic Units	外商投资经济 Foreign Funded Economic Units	港澳台投资经济 Overseas Chinese from Hong Kong,Marco and Taiwan Funded Economic Units	其他经济 Other Ownership Units
全　国 National	**2121.87**	**855.93**	**1171.42**	**8.64**	**6.65**	**60.49**	**8.62**	**8.67**	**1.44**
东部地区 Eastern Regions	**1067.61**	**368.08**	**644.42**	**4.88**	**3.71**	**32.42**	**6.64**	**7.01**	**0.43**
北　京 Beijing	82.48	51.48	26.62	0.03	0.03	2.61	0.95	0.72	0.03
天　津 Tianjin	28.24	23.16	4.71		0.07	0.18	0.08	0.04	
河　北 Hebei	102.32	48.35	50.5	0.25	0.75	2.17	0.11	0.05	0.15
辽　宁 Liaoning	116.02	51.45	62.5	0.18	0.07	1.4	0.25	0.13	0.03
上　海 Shanghai	54.29	29.42	18	0.1	1.04	1.96	2.23	1.53	0.01
江　苏 Jiangsu	210.91	58.5	147.14	0.25	0.12	3.68	0.45	0.76	0.01
浙　江 Zhejiang	142.34	21.76	102.35	2.53	0.55	12.69	1.51	0.78	0.18
福　建 Fujian	43.99	16.76	23.11	0.38	0.83	2	0.51	0.39	
山　东 Shandong	182.1	39.11	134.81	0.86	0.07	5.53	1	0.69	0.03
广　东 Guangdong	144.15	60.42	78.04	0.14	0.12	2.41	0.47	2.52	0.02
广　西 Guangxi	38.66	16.8	21.15	0.19	0.09	0.39	0.03		
海　南 Hainan	4.59	2.35	2.11			0.01		0.12	

各地区建筑业总产值
TOTAL CONSTRUCTION OUTPUT VALUE BY REGION

单位: 万元 (10 000 yuan)

地　区 Region	1992	1993	1994	1995	1996
全　国 National	**21744411**	**32535297**	**46533226**	**57937454**	**82822497**
东部地区 Eastern Regions	**12065677**	**19329490**	**28493143**	**36502882**	**52105093**
比重(%) Proportion	**55**	**59**	**61**	**63**	**63**
北　京 Beijing	1254417	2106545	3015335	3706600	4680761
天　津 Tianjin	494585	605935	1238873	1583452	1685191
河　北 Hebei	1100582	1601928	2136309	2612875	3363064
辽　宁 Liaoning	2215285	3186542	3851674	4072948	3976734
上　海 Shanghai	1176810	997983	3096794	3914166	4406801
江　苏 Jiangsu	1141847	1946716	3609629	5372145	10140598
浙　江 Zhejiang	656598	1252329	2212708	3536617	8362780
福　建 Fujian	373591	852666	1305249	1661711	2083515
山　东 Shandong	986646	1410939	2064248	2579473	5780205
广　东 Guangdong	2165648	4560600	4890276	6358305	6240552
广　西 Guangxi	397297	686803	849761	928668	1233093
海　南 Hainan	102371	120504	222287	175922	151799

注: 1992年的建筑业总产值包括附营施工单位完成的部分。

a) The total output value of coustruction enterprises in 1991 and 1992 included the output value of the affiliated construction units.

各地区按经济类型分的建筑业总产值(1996年)
TOTAL CONSTRUCTION OUTPUT VALUE BY TYPE OF OWNERSHIP AND REGION(1996)

单位: 万元 (10 000 yuan)

地　区 Region	建筑业总产值 Total Output Value	国有经济 State－Owned Economic Units	集体经济 Collective Owned Economic Units	私营经济 Private Enter-prises	联营经济 Joint Owned Economic Units	股份制经济 Share Holding Economic Units	外商投资经济 Foreign Funded Economic Units	港澳台投资经济 Overseas Chinese from Hong Kong,Marco and Taiwan Funded Economic Units	其他经济 Other Ownership Units
全　国 National	**82822497**	**41602097**	**36956751**	**281736**	**203467**	**2761792**	**505132**	**468517**	**43005**
东部地区 Eastern Regions	**52105093**	**24080807**	**24845141**	**195212**	**142153**	**1935746**	**458898**	**430950**	**16183**
比重(%) Proportion	**63**	**58**	**67**	**69**	**70**	**70**	**91**	**92**	**38**
北　京 Beijing	4680761	3181252	1238649	232	1022	124603	81932	52062	1007
天　津 Tianjin	1685191	1459173	206341		669	9022	7017	2971	
河　北 Hebei	3363064	2191638	1087488	3670	1057	70485	5151	1123	2452
辽　宁 Liaoning	3976734	2215449	1656514	8839	2833	55890	19376	16939	894
上　海 Shanghai	4406801	2847725	1057594	3961	55145	210015	109158	122591	612
江　苏 Jiangsu	10140598	3698025	6044725	18142	3468	266967	46954	61754	562
浙　江 Zhejiang	8362780	1498098	5820054	112494	26398	750467	85820	59843	9606
福　建 Fujian	2083515	1061512	836235	14330	40809	83361	30456	16813	
山　东 Shandong	5780205	1909520	3575628	18120	1908	211982	37621	24866	560
广　东 Guangdong	6240552	3201167	2782448	8235	5670	137122	34103	71315	490
广　西 Guangxi	1233093	718825	487166	7189	3174	15428	1310		
海　南 Hainan	151799	98423	52299			404		673	

各地区建筑业增加值

CONSTRUCTION ADDED-VALUE BY REGION

单位：万元 (10 000 yuan)

地　区 Region	1992	1993	1994	1995	1996
全　国 National	**6145665**	**8356309**	**13221143**	**16686358**	**24056186**
东部地区 Eastern Regions	**3327682**	**4680177**	**7698852**	**9930217**	**14438707**
比重(%) Proportion	**54**	**56**	**58**	**60**	**60**
北　京 Beijing	371077	601749	880241	1071808	1348018
天　津 Tianjin	112485	155782	364477	463342	510525
河　北 Hebei	311900	428047	622007	753626	1004433
辽　宁 Liaoning	626348	830713	1150259	1257086	1352915
上　海 Shanghai	297443	222322	682109	874100	995145
江　苏 Jiangsu	319102	485581	905461	1275984	2540378
浙　江 Zhejiang	171440	289902	530486	843427	2099332
福　建 Fujian	103454	219327	326032	422848	561023
山　东 Shandong	284938	402304	630366	783397	1770885
湖　南 Hunan	586253	824084	1321791	1853664	1854934
广　东 Guangdong	115458	176126	237820	283733	365971
广　西 Guangxi	27784	44240	47803	47202	35148
海　南 Hainan	27784	44240	47803	47202	35148

各地区按经济类型分的建筑业增加值(1996年)

CONSTRUCTION ADDED-VALUE BY TYPE OF OWNERSHIP AND REGION(1996)

单位：万元 (10 000 yuan)

地　区 Region	建筑业增加值 Total Contruction Added-Value	国有经济 State-Owned Economic Units	集体经济 Collective Owned Economic Units	私营经济 Private Enter-prises	联营经济 Joint Owned Economic Units	股份制经济 Share Holding Economic Units	外商投资经济 Foreign Funded Economic Units	港澳台投资经济 Overseas Chinese from Hong Kong,Marco and Taiwan Funded Economic Units	其他经济 Other Ownership Units
全　国 National	**24056186**	**1.3E+07**	**9907749**	**80297**	**55405**	**758284**	**129253**	**111764**	**15321**
东部地区 Eastern Regions	**14438707**	**7045581**	**6574051**	**53770**	**32098**	**510400**	**115731**	**99838**	**7240**
比重(%) Proportion	**60**	**54**	**66**	**67**	**58**	**67**	**90**	**89**	**47**
北　京 Beijing	1348018	973499	303926	140	365	33584	20256	15815	433
天　津 Tianjin	510525	448657	56306		205	1892	2246	1219	
河　北 Hebei	1004433	645072	336024	1104	506	18983	1196	460	1089
辽　宁 Liaoning	1352915	752865	566101	3050	626	18030	7530	4286	427
上　海 Shanghai	995145	627638	270471	873	9472	40592	22316	22245	1538
江　苏 Jiangsu	2540378	1012076	1433552	5898	773	63737	9258	14971	114
浙　江 Zhejiang	2099332	354526	1476125	28505	6361	193095	23375	14190	3156
福　建 Fujian	561023	279184	234198	3771	10903	22469	6539	3958	
山　东 Shandong	1770885	636915	1030339	6140	395	76522	13906	6422	247
广　东 Guangdong	1854934	1060343	727582	1910	1848	38679	8917	15419	236
广　西 Guangxi	365971	235141	125036	2379	644	2579	192		
海　南 Hainan	35148	19665	14391			238		853	

各地区按经济类型分的建筑业企业资本金(1996年)
CAPITAL OF CINSTRUCTION ENTERPRISES BY TYPE OF OWNERSHIP AND REGION (1996)

单位: 万元 (10 000 yuan)

地区 Region	资本金合计 Total Capital	国有经济 State-Owned Economic Units	集体经济 Collective Owned Economic Units	私营经济 Private Enter-prises	联营经济 Joint Owned Economic Units	股份制经济 Share Holding Economic Units	外商投资经济 Foreign Funded Economic Units	港澳台投资经济 Overseas Chinese from Hong Kong,Marco and Taiwan Funded Economic Units	其他经济 Other Ownership Units
全国 National	**19361229**	**8817802**	**9262292**	**98219**	**82751**	**718319**	**184354**	**174587**	**22905**
东部地区 Eastern Regions	**11260277**	**4708564**	**5678415**	**59844**	**45871**	**455861**	**155922**	**144072**	**11727**
比重(%) Proportion	**58**	**53**	**61**	**61**	**55**	**63**	**85**	**83**	**51**
北京 Beijing	805811	514174	200647	663	1060	38822	26255	23614	577
天津 Tianjin	383679	319240	51428		1501	2798	3585	5126	
河北 Hebei	860195	450309	377268	3389	2125	22173	1543	1295	2093
辽宁 Liaoning	1256649	644562	571470	1300	547	21051	9255	8224	240
上海 Shanghai	762838	412904	215117	413	15375	42764	38451	33814	4000
江苏 Jiangsu	1669240	579775	1011968	1909	2629	45775	10067	16929	187
浙江 Zhejiang	1631648	245705	1142704	32057	7929	160378	27930	11231	3714
福建 Fujian	504029	164642	269542	6450	7711	36351	8804	10529	
山东 Shandong	1374397	433266	857163	5194	1451	45232	17829	14038	223
广东 Guangdong	1609930	741230	796128	5259	4563	32176	11959	17922	693
广西 Guangxi	356713	175714	168475	3210	980	8091	244		
海南 Hainan	45148	27043	16505			250		1350	

各地区按经济类型分的建筑业企业资产(1996年)
ASSETS OF CONSTRUCTION ENTERPRISES BY TYPE OF OWNERSHIP AND REGION(1996)

单位: 万元 (10 000 yuan)

地区 Region	资产合计 Total Assets	国有经济 State-Owned Economic Units	集体经济 Collective Owned Economic Units	私营经济 Private Enter-prises	联营经济 Joint Owned Economic Units	股份制经济 Share Holding Economic Units	外商投资经济 Foreign Funded Economic Units	港澳台投资经济 Overseas Chinese from Hong Kong,Marco and Taiwan Funded Economic Units	其他经济 Other Ownership Units
全国 National	**92428516**	**53556313**	**3.4E+07**	**258423**	**204627**	**3090650**	**593447**	**544234**	**47682**
东部地区 Eastern Regions	**60239368**	**32341392**	**2.5E+07**	**170987**	**136979**	**2023259**	**521927**	**474601**	**25035**
比重(%) Proportion	**65**	**60**	**72**	**66**	**67**	**65**	**88**	**87**	**53**
北京 Beijing	6381093	4918900	1154630	666	1758	148566	89554	65844	1174
天津 Tianjin	1948560	1687778	234095		2105	9106	7928	7548	
河北 Hebei	3255183	2373989	796622	3749	1130	66524	3870	3482	5815
辽宁 Liaoning	5113176	3072124	1897906	7645	6085	77566	28072	22236	1542
上海 Shanghai	4944223	3094884	1390822	1741	34469	202076	114821	99427	5983
江苏 Jiangsu	9386068	4193655	4838223	2442	5014	241319	44781	59982	653
浙江 Zhejiang	6641432	1439371	4405880	104587	18762	535777	86206	42191	8660
福建 Fujian	3103290	1203307	1596252	21619	51050	156903	38219	35941	
山东 Shandong	6040547	2483531	3189315	14841	5863	258791	54889	32987	330
广东 Guangdong	11375738	6390687	4518522	8821	8384	302641	51647	94159	878
广西 Guangxi	1848344	1340988	474547	4876	2359	23634	1940		
海南 Hainan	201714	142178	48377			356		10804	

各地区按经济类型分的建筑业企业所有者权益(1996年)
EQUITY OF CONSTRUCTION ENTERPRISES BY TYPE OF OWNERSHIP AND REGION (1996)

单位：万元 (10 000 yuan)

地区 Region	总计 Total Enterprises	国有经济 State-Owned Economic Units	集体经济 Collective Owned Economic Units	私营经济 Private Enterprises	联营经济 Joint Owned Economic Units	股份制经济 Share Holding Economic Units	外商投资经济 Foreign Funded Economic Units	港澳台投资经济 Overseas Chinese from Hong Kong,Marco and Taiwan Funded Economic Units	其他经济 Other Ownership Units
全　国 National	**23470236**	**11873611**	**10092772**	**107944**	**80108**	**919588**	**187327**	**185591**	**23295**
东部地区 Eastern Regions	**14031396**	**6444570**	**6550663**	**68737**	**44467**	**589874**	**160164**	**160738**	**12185**
比重(%) Proportion	**60**	**54**	**65**	**64**	**56**	**64**	**85**	**87**	**52**
北　京 Beijing	1222465	808122	305305	519	836	42946	34482	29637	618
天　津 Tianjin	475748	398955	62320		1390	4982	3540	4561	
河　北 Hebei	1013546	600893	377769	2512	986	25360	1936	1829	2261
辽　宁 Liaoning	1399200	741201	612173	1801	1418	24400	8845	9023	339
上　海 Shanghai	991146	558972	252130	316	14736	99336	26631	35009	4016
江　苏 Jiangsu	2074379	766966	1215072	1453	1815	56784	13820	18275	194
浙　江 Zhejiang	1975368	379058	1308097	44820	7748	190248	30169	11356	3873
福　建 Fujian	649374	249708	318888	6019	12477	34346	11914	16024	
山　东 Shandong	1606893	581444	932332	5079	306	58468	16248	12787	228
广　东 Guangdong	2149752	1089879	975162	4285	1768	44718	12431	20853	656
广　西 Guangxi	420533	238719	170787	1933	987	7959	148		
海　南 Hainan	52992	30653	20628			327		1384	

各地区按经济类型分的建筑业企业负债(1996年)
LIABILITIES OF CONSTRUCTION ENTERPRISES BY TYPE OF OWNERSHIP AND REGION(1996)

单位：万元 (10 000 yuan)

地区 Region	负债合计 Total Liabilities	国有经济 State-Owned Economic Units	集体经济 Collective Owned Economic Units	私营经济 Private Enterprises	联营经济 Joint Owned Economic Units	股份制经济 Share Holding Economic Units	外商投资经济 Foreign Funded Economic Units	港澳台投资经济 Overseas Chinese from Hong Kong,Marco and Taiwan Funded Economic Units	其他经济 Other Ownership Units
全　国 National	**68958281**	**41682702**	**24040369**	**150479**	**124519**	**2171061**	**406120**	**358643**	**24387**
东部地区 Eastern Regions	**46207972**	**25896820**	**17994528**	**102249**	**92514**	**1433385**	**361762**	**313861**	**12850**
比重(%) Proportion	**67**	**62**	**75**	**68**	**74**	**66**	**89**	**88**	**53**
北　京 Beijing	5158627	4110778	849325	147	923	105620	55072	36207	556
天　津 Tianjin	1472811	1288822	171775		715	4124	4388	2987	
河　北 Hebei	2241637	1773096	418853	1238	144	41164	1933	1653	3554
辽　宁 Liaoning	3713976	2330922	1285733	5844	4667	53166	19227	13213	1203
上　海 Shanghai	3953077	2535912	1138692	1425	19733	102740	88190	64418	1967
江　苏 Jiangsu	7311690	3426689	3623151	988	3199	184535	30961	41707	459
浙　江 Zhejiang	4666064	1060313	3097783	59767	11014	345529	56037	30835	4787
福　建 Fujian	2453915	953600	1277364	15600	38573	122557	26305	19917	
山　东 Shandong	4433655	1902087	2256983	9762	5558	200324	38641	20199	102
广　东 Guangdong	9225987	5300807	3543360	4536	6616	257923	39216	73305	222
广　西 Guangxi	1427811	1102269	303760	2942	1372	15675	1792		
海　南 Hainan	148722	111525	27749			28		9420	

各地区建筑业企业利税总额
PROFITS AND TAXES OF CONSTRUCTION ENTERPRISES BY REGION

单位：万元 (10 000 yuan)

地 区 Region	1992	1993	1994	1995	1996
全 国 National	**1028527**	**1594867**	**2082680**	**2422400**	**3573012**
东部地区 Eastern Regions	**650550**	**1009251**	**1396626**	**1674065**	**2425110**
比重(%) Proportion	**63**	**63**	**67**	**69**	**68**
北 京 Beijing	64405	124387	182159	187381	221922
天 津 Tianjin	16007	31192	39323	54144	58548
河 北 Hebei	53055	77749	90107	103554	146653
辽 宁 Liaoning	117415	171784	178750	140497	151009
上 海 Shanghai	54023	38912	162099	195193	206789
江 苏 Jiangsu	53141	96645	153642	208029	398725
浙 江 Zhejiang	32135	58969	101138	148758	397947
福 建 Fujian	18923	46461	63779	79230	97241
山 东 Shandong	58215	82703	101242	114772	337597
广 东 Guangdong	159554	230269	284167	394706	352925
广 西 Guangxi	18511	43902	30127	37736	50406
海 南 Hainan	5166	6278	10093	10065	5348

各地区建筑业企业利润总额
PROFITS OF CONSTRUCTION ENTERPRISES BY REGION

单位：万元 (10 000 yuan)

地 区 Region	1992	1993	1994	1995	1996
全 国 National	**459745**	**641328**	**725172**	**741983**	**1093504**
东部地区 Eastern Regions	**318501**	**441818**	**570877**	**623501**	**890678**
比重(%) Proportion	**69**	**69**	**79**	**84**	**81**
北 京 Beijing	30984	61432	94385	77857	88896
天 津 Tianjin	3992	14108	6497	10286	13731
河 北 Hebei	23121	28796	26417	26402	40251
辽 宁 Liaoning	55730	78370	63354	18513	28388
上 海 Shanghai	21147	15971	79876	85316	81808
江 苏 Jiangsu	23998	35880	62598	80113	142671
浙 江 Zhejiang	15216	24098	35975	59357	165803
福 建 Fujian	7652	16901	22312	24957	23532
山 东 Shandong	29670	41662	40597	40985	150203
广 东 Guangdong	96482	102899	128910	190605	143255
广 西 Guangxi	7821	18363	6383	7983	11299
海 南 Hainan	2688	3338	3573	1127	841

各地区按经济类型分的建筑业企业利润总额(1996年)
TOTAL PROFITS OF CONSTRUCTION ENTERPRISES BY TYPE OF OWNERSHIP AND BY REGION(1996)

单位: 万元 (10 000 yuan)

地区 Region	利润总额合计 Total Profits	国有经济 State-Owned Economic Units	集体经济 Collective Owned Economic Units	私营经济 Private Enter-prises	联营经济 Joint Owned Economic Units	股份制经济 Share Holding Economic Units	外商投资经济 Foreign Funded Economic Units	港澳台投资经济 Overseas Chinese from Hong Kong,Marco and Taiwan Funded Economic Units	其他经济 Other Ownership Units
全　国 National	**1093504**	**207062**	**776607**	**5070**	**5766**	**76924**	**12277**	**9039**	**759**
东部地区 Eastern Regions	**890678**	**248509**	**553984**	**3628**	**3177**	**61093**	**12845**	**7215**	**225**
比重(%) Proportion	**81**	**120**	**71**	**72**	**55**	**79**	**105**	**80**	**30**
北　京 Beijing	88896	48844	35176	-88	29	2134	2174	629	-2
天　津 Tianjin	13731	5817	7180		-25	35	613	110	
河　北 Hebei	40251	8170	30228	188	18	1228	241	-12	191
辽　宁 Liaoning	28388	-12456	35583	548	-12	3143	536	1002	44
上　海 Shanghai	81808	40567	32192	-85	325	7192	5	1597	15
江　苏 Jiangsu	142671	38971	96953	-110	-15	4852	680	1331	8
浙　江 Zhejiang	165803	20198	113884	1914	290	25594	1675	2278	-29
福　建 Fujian	23532	8693	10976	-58	2476	1390	586	-531	
山　东 Shandong	150203	8389	129304	562	-15	8843	2827	293	
广　东 Guangdong	143255	79688	52260	295	128	6525	3606	754	-2
广　西 Guangxi	11299	1762	9128	462	-22	66	-98		
海　南 Hainan	841	-134	1120			91		-236	

各地区房屋建筑面积
FLOOR SPACE OF BUILDING CONSTRUCTION BY REGION

地区 Region	房屋建筑面积 Floor Space of Building Construction		国有经济企业 State-Owned Construction Enterprises		集体经济企业 Collective-Owned Construction Enterprises	
	施工面积 Under Construction	竣工面积 Completed	施工面积 Under Construction	竣工面积 Completed	施工面积 Under Construction	竣工面积 Completed
全　国 National	**129087**	**60047.9**	**48372.8**	**17491.3**	**74668.4**	**39827.3**
东部地区 Eastern Regions	**79585.2**	**35038.3**	**28425.5**	**9764**	**47093.7**	**23550.2**
比重(%) Proportion	**62**	**58**	**59**	**56**	**63**	**59**
北　京 Beijing	5328.4	1967.1	3405.6	1075.8	1752.2	820.9
天　津 Tianjin	1560.9	551.3	1274.9	378.8	277.1	165.4
河　北 Hebei	5112.1	2600.3	2603.9	1033.6	2350.3	1477.8
辽　宁 Liaoning	5123.9	2613.2	2223.2	869.9	2761.7	1679.1
上　海 Shanghai	3876.1	1360.3	2330.9	602.5	1200.9	618.4
江　苏 Jiangsu	15320.4	8001.4	5015.5	1933.9	9718.4	502.1
浙　江 Zhejiang	12427.6	5705.3	1471.6	570.4	9520.4	4459.7
福　建 Fujian	3516.6	1422.9	1440.5	417.3	1836	901.4
山　东 Shandong	11007.1	4514.8	2231.6	782.8	8345.8	355.3
广　东 Guangdong	13737.3	5061.8	5356.6	1720.5	7879	3233.7
广　西 Guangxi	2574.8	1239.9	1071.2	378.5	1451.9	837.4
海　南 Hainan	253.7	95	168.7	38.2	84.2	56.5

[财政收支与物价指数]
PUBLIC FINANCE AND PRICE INDICES

分地区财政收入决算总表(1996年)
FINAL STATEMENT TABLE OF REVENUE BY REGION (1996)

单位: 万元 (10 000 yuan)

地区 Region	收入合计 Total Revenue	工商税收 Industrial and Commercial Tax	农牧业税和耕地占用税 Agriculture and Animal Husbandry Tax	企业所得税 Enterprises Income Tax	国有企业上交利润 State－Owned Enterprises Profits	国有企业亏损补贴 Subsidies to Loss－making State－Owned Enterprises
地方合计 Total	**37469164**	**26766899**	**3694627**	**4219900**	**214587**	**－2802075**
东部地区 Eastern Regions	**22211337**	**17387482**	**1405107**	**2887779**	**50425**	**－2064600**
比重(%) Proportion	**59**	**65**	**38**	**68**	**23**	**74**
北京 Beijing	1509030	1774797	18060	237816	－49028	－592887
天津 Tianjin	790403	665775	8101	111764		－87900
河北 Hebei	1517776	942598	124303	231654	8488	－58954
辽宁 Liaoning	2116883	1654845	101689	201815	6755	－170986
上海 Shanghai	2804733	2712792	80150	401141	－1200	－454969
江苏 Jiangsu	2231711	1634702	211776	283533	4944	－104637
浙江 Zhejiang	1396293	1275505	99008	246638	－1158	－301054
福建 Fujian	1421160	854408	137393	137255	27949	－14017
山东 Shandong	2416742	1575814	218475	365781	5990	－81169
广东 Guangdong	4794470	3592082	219728	570691	27254	－173583
广西 Guangxi	905102	506513	147328	77240	18796	－20141
海南 Hainan	307034	197651	39096	22451	1635	－4303

续表 continued

单位: 万元 (10 000 yuan)

地区 Region	能源交通重点建设基金收入 Funds for Energy,Transportation & Key Projects	基本建设贷款归还收入 Return Loans for Capital Construction	其他收入 Other Revenue	国家预算调节基金 Budget Adjust Funds	所得税退税 Return Income Tax	专项收入 Special Income	罚没收入和行政性收费 Penalty and Collect Fee
地方合计 Total	**13596**	**4811**	**1340469**	**13770**	**－260156**	**1489375**	**2773361**
东部地区 Eastern Regions	**10022**	**3549**	**468357**	**7799**	**－203197**	**884969**	**1373645**
比重(%) Proportion	**74**	**74**	**35**	**57**	**78**	**59**	**50**
北京 Beijing	2854		23765	2081	－17492	67451	41613
天津 Tianjin	668		17514	927	－6945	57276	23223
河北 Hebei	2332		49977	950	－50	66417	150061
辽宁 Liaoning	1049	297	47778	915	－477	100694	172509
上海 Shanghai	294		2603	257	－110207	97725	76147
江苏 Jiangsu	60	903	14373	212	－1369	91443	95771
浙江 Zhejiang	113		9950	123	－42220	69366	40022
福建 Fujian	434		121956	429	－12953	38771	129535
山东 Shandong	175		60505	46	－3737	125789	149073
广东 Guangdong	1759	899	70116	1449	－165	132136	352104
广西 Guangxi	147	1450	35843	365	－6211	32104	111668
海南 Hainan	137		13977	45	－1371	5797	31919

分地区财政支出决算总表(1996年)

FINAL STATEMENT TABLE OF EXPENDITURE BY REGION (1996)

单位: 万元 (10 000 yuan)

地 区 Region	支出合计 Total Expenditure	基本建设 Capital Construction	企业挖潜改造资金 Techical Updates of Enterprises	简易建筑费 Simple Construct Fee	地质勘探费 Geological Prospecting	科技三项费用 Three Kinds Spend of Science and Technology
地方合计 Total	**57862800**	**5041938**	**3491887**	**91215**	**11970**	**492253**
东部地区 Eastern Regions	**30462603**	**3181686**	**2213961**	**23664**	**1011**	**254414**
比重(%) Proportion	**53**	**63**	**63**	**26**	**8**	**52**
北 京 Beijing	1874472	216640	134018	1152	90	16166
天 津 Tianjin	1132066	232021	94689	350		11649
河 北 Hebei	2318975	89171	235227	2572	143	20261
辽 宁 Liaoning	3147796	296897	359745	2848		46343
上 海 Shanghai	3331773	587971	312079	810		3132
江 苏 Jiangsu	3109426	210028	191317	2362	577	32899
浙 江 Zhejiang	2137083	95309	184975	1393		22041
福 建 Fujian	1787143	121416	111646	1140	100	10256
山 东 Shandong	3589836	248334	200531	4764	22	34165
广 东 Guangdong	6012263	928276	324641	2497		47764
广 西 Guangxi	1570121	106553	62534	2885	79	8400
海 南 Hainan	451649	49070	2559	891		1338

续表 1 continued I

单位: 万元 (10 000 yuan)

地 区 Region	流动资金 Circulating Funds	支援农业生产 Agriculture Production	农林水利气象部门事业费 Agriculture Administration Expense	工业交通部门事业费 Industry & Transportation Expense	商业部门事业费 Commerce Expense	城市维护费 City Maintence
地方合计 Total	**138976**	**1773278**	**2085406**	**692196**	**139325**	**2902344**
东部地区 Eastern Regions	**97373**	**800263**	**862879**	**330028**	**52704**	**1674217**
比重(%) Proportion	**70**	**45**	**41**	**48**	**38**	**58**
北 京 Beijing	5294	36618	26203	23723	4513	65105
天 津 Tianjin		12199	15065	10510	779	103307
河 北 Hebei		56002	85666	22036	3933	98750
辽 宁 Liaoning		99696	92223	41000	6886	226343
上 海 Shanghai	70068	44083	31135	21667	2912	106344
江 苏 Jiangsu		86163	84191	38322	7862	203062
浙 江 Zhejiang	5400	76713	73458	45865	2647	160099
福 建 Fujian	1650	59509	69315	25694	3320	96494
山 东 Shandong	4463	76363	144956	31091	5699	226014
广 东 Guangdong	9798	167233	161642	53199	10480	322352
广 西 Guangxi	700	67316	62191	15216	2951	50297
海 南 Hainan		18368	16834	1705	722	16050

续表 2 continued Ⅱ

单位: 万元 (10 000 yuan)

地区 Region	文教卫生事业费 Culture, Education and Health Care Expense	科学事业费 Science Expense	其他部门事业费 Agriculture Administration Expense	抚恤和社会福利救济费 Pensions and Social Welfare Relief	国防费 National Defense	行政管理费 Government Administration
地方合计 Total	**11494771**	**513099**	**3319787**	**1267443**	**49753**	**6086208**
东部地区 Eastern Regions	**6023811**	**296163**	**1646834**	**602856**	**26858**	**2698817**
比重(%) Proportion	**52**	**58**	**50**	**48**	**54**	**44**
北 京 Beijing	349825	29380	83990	45050	700	99744
天 津 Tianjin	193482	8187	35341	18392	916	62898
河 北 Hebei	506319	15177	189625	71907	1837	250175
辽 宁 Liaoning	468552	27752	263255	65937	5579	206366
上 海 Shanghai	550285	41606	100847	32365	1021	118457
江 苏 Jiangsu	770824	28570	145319	75441	2652	331798
浙 江 Zhejiang	470551	20587	94703	46406	2034	260477
福 建 Fujian	402437	17777	108623	33857	4148	188543
山 东 Shandong	795184	27256	192101	88632	2708	402325
广 东 Guangdong	1119781	63799	286734	77491	2526	509190
广 西 Guangxi	312994	12307	115004	38079	2391	207579
海 南 Hainan	83577	3765	31292	9299	346	61265

续表 3 continued Ⅲ

单位: 万元 (10 000 yuan)

地区 Region	公检法部门 Public Security and Justice	价格补贴支出 Price Subsidies	支援不发达地区支出 Help Developing Area	其他支出 Other Expenditure	专项支出 Special Expenditure	农业综合开发支出 Agriculture Development Expenditure
地方合计 Total	**3607431**	**3305103**	**554460**	**4716604**	**1433692**	**692485**
东部地区 Eastern Regions	**2016665**	**1330793**	**137545**	**3062337**	**862835**	**330239**
比重(%) Proportion	**56**	**40**	**25**	**65**	**60**	**48**
北 京 Beijing	140251	131393		233410	53777	11396
天 津 Tianjin	59466	55026		87640	57914	3848
河 北 Hebei	155206	129880	17777	117911	59874	29950
辽 宁 Liaoning	189210	170862	1729	266442	86985	26406
上 海 Shanghai	196444	104383		679012	116099	21486
江 苏 Jiangsu	192699	129965	5467	173639	88175	65011
浙 江 Zhejiang	129154	66948	8202	103935	65219	28921
福 建 Fujian	119448	101795	10103	298495	36112	26996
山 东 Shandong	203321	174658	3907	306228	139312	55237
广 东 Guangdong	498712	149398	57903	623040	123540	36058
广 西 Guangxi	102123	89676	29998	124917	30546	19545
海 南 Hainan	30631	26809	2459	47668	5282	5385

各地区居民消费价格指数和商品零售价格指数(1996年)
RESIDENTS CONSUMER PRICE INDICES AND RETAIL PRICE INDICES OF COMMODITIES BY REGION (1996)

(上年=100) (preceding year=100)

地区 Region	居民消费价格指数 Residents Consumer Price Index 全省(区、市) Province	城市 Urban	农村 Rural	商品零售价格指数 Retail Price Index of commodities 全省(区、市) Province	城市 Urban	农村 Rural
全 国 National	**108.3**	**108.8**	**107.9**	**106.1**	**105.8**	**106.4**
北 京 Beijing	111.6			107.3		
天 津 Tianjin	109.0			105.1		
河 北 Hebei	107.1	107.6	106.8	106.2	106.0	106.3
辽 宁 Liaoning	107.9	108.2	106.8	105.4	105.5	104.9
上 海 Shanghai	109.2			105.0		
江 苏 Jiangsu	109.3	110.8	107.1	106.8	106.8	106.8
浙 江 Zhejiang	107.9	109.8	107.0	105.8	106.4	105.1
福 建 Fujian	105.9	106.9	105.4	104.5	104.4	104.7
山 东 Shandong	109.6	110.5	109.0	107.0	106.7	107.4
广 东 Guangdong	107.0	107.2	106.5	104.4	104.1	105.0
广 西 Guangxi	106.5	105.5	107.4	104.5	104.1	104.9
海 南 Hainan	104.3	104.8	103.7	102.3	102.7	101.4

各地区居民消费价格分类指数(1996年)
RESIDENTS CONSUMER PRICE INDICES BY CATEGORY BY REGION(1996)

(上年=100) (preceding year=100)

地区 Region	居民消费价格指数 Overall Index	食品 Food	#粮食 Grain	#油脂 Oil or Fat	#肉禽及其制品 Meat and Pouitry	#蛋类 Eggs	#水产品 Aquatic Products	#菜类 Vegetable	#酒和饮料 Liquor and Beverages
全 国 National	**108.3**	**107.6**	**106.5**	**92.1**	**104.5**	**116.5**	**106.0**	**119.1**	**106.1**
北 京 Beijing	111.6	107.7	112.2	90.8	101.5	118.1	104.5	113.2	106.9
天 津 Tianjin	109.0	106.7	106.1	90.4	100.0	119.7	105.3	109.5	104.3
河 北 Hebei	107.1	106.6	107.6	90.1	100.4	117.9	101.4	118.3	104.3
辽 宁 Liaoning	107.9	105.5	108.1	87.1	96.5	119.3	103.5	116.3	105.2
上 海 Shanghai	109.2	109.7	109.4	95.6	107.4	124.5	111.8	122.8	105.5
江 苏 Jiangsu	109.3	109.6	108.0	91.6	106.5	115.5	106.8	136.6	105.2
浙 江 Zhejiang	107.9	106.7	106.6	92.8	107.5	117.2	111.9	110.8	105.6
福 建 Fujian	105.9	105.4	100.4	98.9	107.1	116.4	106.8	106.7	106.3
山 东 Shandong	109.6	110.2	108.1	89.1	105.0	118.2	105.4	131.5	106.3
广 东 Guangdong	107.0	105.8	101.7	98.3	106.8	115.3	104.9	103.2	105.6
广 西 Guangxi	106.5	105.4	99.8	93.8	104.3	115.7	102.6	113.5	103.4
海 南 Hainan	104.3	103.0	105.4	94.9	102.7	113.9	99.1	100.5	100.8

续表 continued

(上年=100) (preceding year=100)

地 区 Region	#干鲜瓜果 Nuts and Fruit	#饮食业 Catering Trade	衣着 Clothing	家用设备及用品 Household Appliance	医疗保健 Health Care	交通和通讯工具 Traffic & Post	娱乐教育文化用品 Recreation, Stationery and Sports Goods	居住 Living	服务项目 Services
全 国 National	**104.5**	**109.4**	**107.4**	**103.8**	**109.3**	**98.8**	**110.4**	**111.4**	**116.0**
北 京 Beijing	105.6	106.2	119.1	104.6	110.1	102.1	110.1	129.2	120.0
天 津 Tianjin	109.5	110.2	104.8	103.4	106.6	100.8	107.8	137.1	117.4
河 北 Hebei	102.7	107.8	108.9	104.5	105.0	98.8	107.3	113.3	109.8
辽 宁 Liaoning	101.7	110.0	107.8	103.9	108.8	99.6	113.1	118.5	114.2
上 海 Shanghai	107.2	111.0	108.8	99.9	107.6	98.6	105.3	109.7	118.9
江 苏 Jiangsu	105.7	110.8	108.7	102.6	107.9	97.9	109.7	117.3	112.3
浙 江 Zhejiang	103.3	107.6	107.1	104.0	113.3	99.1	111.0	110.5	115.0
福 建 Fujian	102.3	104.6	105.1	102.9	109.3	97.8	106.6	113.1	108.5
山 东 Shandong	106.1	109.3	107.2	103.8	110.8	97.9	111.8	114.7	116.8
广 东 Guangdong	106.6	106.8	105.3	103.1	110.5	99.1	106.8	106.5	119.5
广 西 Guangxi	106.4	109.9	106.1	102.9	108.6	95.4	111.7	107.7	112.7
海 南 Hainan	109.3	105.4	103.9	103.0	107.5	95.1	108.2	109.2	107.6

各地区商品零售价格分类指数(1996年)
RETAIL PRICE INDICES BY CATEGORY OF COMMODITIES BY REGION(1996)

(上年=100) (preceding year=100)

地 区 Region	商品零售价格指数 Retail Price Index	食品 Food	#粮食 Grain	#油脂 Oil or Fat	#肉禽蛋 Meat, Pouitry & Eggs	#水产品 Aquatic Products	#鲜菜 Vegetable	#鲜果 Fruit	#干果 Nuts
全 国 National	**106.1**	**107.7**	**107.5**	**92.1**	**106.4**	**105.6**	**118.4**	**102.8**	**110.3**
北 京 Beijing	107.3	107.7	112.1	90.8	104.1	104.5	113.3	104.6	109.2
天 津 Tianjin	105.1	107.9	115.4	90.9	105.9	106.1	109.4	109.7	113.7
河 北 Hebei	106.2	107.1	108.4	90.1	103.6	99.8	118.5	102.2	110.0
辽 宁 Liaoning	105.4	105.8	111.2	87.4	101.6	103.1	115.3	101.3	105.1
上 海 Shanghai	105.0	111.6	117.5	95.8	108.3	111.1	124.3	103.1	144.7
江 苏 Jiangsu	106.8	110.8	108.4	91.6	108.0	106.8	138.0	103.5	116.9
浙 江 Zhejiang	105.8	107.7	106.5	92.0	108.8	112.3	111.9	99.5	112.5
福 建 Fujian	104.5	105.5	101.2	98.5	108.5	107.6	106.7	101.6	107.3
山 东 Shandong	107.0	111.0	109.7	89.5	108.0	104.2	128.5	108.4	108.1
广 东 Guangdong	104.4	105.5	103.9	98.8	107.3	105.3	103.3	104.3	112.0
广 西 Guangxi	104.5	105.6	102.1	93.7	105.3	104.1	114.5	104.7	116.2
海 南 Hainan	102.3	103.9	107.5	93.3	103.3	99.2	102.3	108.3	110.2

续表 1 continued Ⅰ

(上年=100) (preceding year=100)

地区 Region	#饮食业 Restaurant	饮料烟酒 Drinking, Tobacco and Liquor	服装鞋帽 Clothing, Shoes and Hats	纺织品类 Textiles	中西药品类 Pharmaceutical	化妆品 Cosmetics	报纸杂志 Newspapers and Magazines
全 国 National	**108.6**	**105.1**	**108.5**	**106.4**	**108.8**	**105.0**	**136.9**
北 京 Beijing	106.2	106.1	120.0	109.6	109.8	102.4	130.1
天 津 Tianjin	107.2	103.9	104.7	101.5	104.0	105.6	130.9
河 北 Hebei	109.4	104.2	109.5	107.3	105.3	107.0	122.3
辽 宁 Liaoning	107.1	104.2	109.1	107.0	108.2	104.4	141.5
上 海 Shanghai	111.7	102.5	108.5	104.8	106.0	101.8	117.1
江 苏 Jiangsu	111.0	104.1	109.7	106.5	107.8	104.0	145.3
浙 江 Zhejiang	108.9	101.7	107.8	108.1	112.1	104.3	135.0
福 建 Fujian	103.5	103.4	107.6	103.9	109.1	102.9	132.8
山 东 Shandong	107.7	105.0	107.5	106.1	111.6	109.6	134.5
广 东 Guangdong	105.1	104.7	106.7	106.6	110.9	103.7	130.4
广 西 Guangxi	109.6	105.8	106.4	107.0	109.0	103.1	140.1
海 南 Hainan	106.6	101.9	101.8	105.2	109.2	101.4	143.4

续表 2 continued Ⅱ

(上年=100) (preceding year=100)

地区 Region	文化体育用品 Cultural, Stationery and Sports Goods	日用品 Daily – Use Articles	家用电器 Household Appliance	首饰 Jewelery	燃料 Fuel	建筑装璜材料 Building and Decoration Materials	机电产品 Mechanical and Electrical Products
全 国 National	**106.7**	**105.3**	**98.7**	**99.4**	**105.0**	**101.2**	**95.8**
北 京 Beijing	108.7	108.4	101.0	97.2	103.6	110.1	93.0
天 津 Tianjin	107.5	105.6	100.2	99.4	116.5	101.4	96.9
河 北 Hebei	107.7	105.6	99.9	99.2	109.6	103.4	96.1
辽 宁 Liaoning	106.2	104.8	99.5	99.4	102.4	100.8	96.5
上 海 Shanghai	103.2	106.8	94.6	101.2	103.1	96.6	88.0
江 苏 Jiangsu	104.0	105.4	97.4	98.9	108.0	100.4	95.1
浙 江 Zhejiang	106.9	106.7	99.0	99.6	104.4	102.2	96.1
福 建 Fujian	102.1	103.7	98.6	99.5	103.9	97.0	97.0
山 东 Shandong	106.1	104.3	98.6	99.6	106.1	101.0	95.2
广 东 Guangdong	106.4	104.3	98.6	99.0	100.7	98.7	95.8
广 西 Guangxi	105.6	103.4	97.5	98.9	101.7	99.0	94.0
海 南 Hainan	102.5	103.0	96.5	100.0	95.2	97.4	92.9

各地区服务项目价格分类指数(1996年)
SERVICES PRICE INDICES BY CATEGORY BY REGION (1996)

(上年=100) (preceding year=100)

地区 Region	服务项目价格指数 Services Price Index	电讯费 Telecommunication	邮费 Postage	交通费 Traffic	洗理美容费 Washing, Haircut	文娱费 Recreation	学杂保育费 Tuition and Children Care	修理及其他服务费 Repair and Other Services	医疗保健服务费 Health Care
全国 National	**116.0**	**103.5**	**109.6**	**117.0**	**115.6**	**122.8**	**120.0**	**109.7**	**112.4**
北京 Beijing	120.0	100.0	110.0	198.5	118.2	117.2	105.7	106.6	100.0
天津 Tianjin	117.4	100.1	108.5	115.7	136.7	125.4	120.8	107.9	151.2
河北 Hebei	109.8	108.6	108.9	123.9	113.1	114.1	105.3	111.6	103.2
辽宁 Liaoning	114.2	106.0	111.9	120.7	110.4	119.8	116.1	108.5	106.0
上海 Shanghai	118.9	110.7	107.5	107.0	114.4	171.3	116.4	104.4	106.2
江苏 Jiangsu	112.3	100.6	109.7	112.4	119.4	123.1	115.5	109.6	104.2
浙江 Zhejiang	115.0	104.8	109.8	110.8	120.0	123.7	118.2	116.2	105.1
福建 Fujian	108.5	109.2	107.8	113.8	109.5	112.2	105.7	108.5	109.1
山东 Shandong	116.8	99.6	108.3	111.3	114.7	120.5	124.0	108.0	120.1
广东 Guangdong	119.5	104.7	107.0	115.6	114.4	107.7	137.2	110.3	115.4
广西 Guangxi	112.7	101.2	109.7	112.8	118.4	113.6	115.6	105.6	110.1
海南 Hainan	107.6	117.8	109.1	106.2	108.0	117.1	105.2	104.1	109.1

各地区农业生产资料价格分类指数(1996年)
AGRICUL TURAL PRODUCER MATERIALS PRICE INDICES BY CATEGORY BY REGION (1996)

(上年=100) (preceding year=100)

地区 Region	农业生产资料价格指数 Agricultural Producer Price Index	小农具 Small Farm Tools	饲料 Forage Grass	幼禽家畜 Young Livestock & Fowls	半机械化农具 Semimechanized Farm Equipment	机械化农具 Mechanized Farm Equipment	化学肥料 Chemical Fertilizer	农药及农药械 Application Equipment	农机用油 Oil for Farm Mechanized
全国 National	**108.4**	**113.2**	**109.6**	**102.7**	**105.5**	**103.6**	**110.8**	**109.5**	**103.9**
北京 Beijing									
天津 Tianjin									
河北 Hebei	108.0	113.5	110.6	97.5	106.9	105.7	109.9	112.0	107.0
辽宁 Liaoning	109.0	111.8	111.9	92.1	108.0	106.5	112.2	108.1	102.7
上海 Shanghai									
江苏 Jiangsu	106.6	111.4	107.3	100.6	105.8	101.3	108.1	108.2	102.7
浙江 Zhejiang	106.7	118.1	115.0	104.5	104.8	100.9	106.6	108.5	102.2
福建 Fujian	106.2	106.0	103.0	104.5	98.6	102.1	109.3	108.4	105.2
山东 Shandong	105.5	113.0	107.7	101.7	108.7	102.1	106.3	107.9	103.8
广东 Guangdong	104.7	108.4	103.7	109.7	101.0	102.3	104.6	108.6	101.8
广西 Guangxi	103.8	103.9	101.7	108.3	100.8	98.6	101.7	113.0	102.8
海南 Hainan	106.8	104.1	107.0	102.8	106.4	105.2	110.9	109.9	101.9

各地区固定资产投资价格指数

PRICE INDICES OF INVESTMENT IN FIXED ASSETS BY REGION

(上年=100) (preceding year=100)

地　区 Region	1995				1996			
	固定资产投资 Investment in fixed Assets	建筑安装工程 Building Installtion	设备工、器具 Purchase of Equipment, Tools and Instruments	其他费用 Others	固定资产投资 Investment in fixed Assets	建筑安装工程 Building Installtion	设备工、器具 Purchase of Equipment, Tools and Instruments	其他费用 Others
全　国 National	**105.9**	**104.7**	**106.3**	**112.4**	**104**	**105.1**	**101.6**	**104.3**
北　京 Beijing	113.9	113	126.3	106.1	108.2	111.6	102.3	100.1
天　津 Tianjin	107.6	108.3	104.4	111.6	102.5	102.9	100.9	103.4
河　北 Hebei	106.9	106	106.2	115.1	103.9	106	99.9	101.9
辽　宁 Liaoning	104.9	104	105.6	108.2	102.2	102.9	100.4	102.3
上　海 Shanghai	103.1	101.9	104.8	107	106.9	108.9	101.7	107.7
江　苏 Jiangsu	107.4	107.1	105.3	113.8	103.2	102.9	102.6	106.4
浙　江 Zhejiang	107.2	105.7	104.2	118.9	101.3	101.6	100.4	100.9
福　建 Fujian	104.8	103.3	106.6	110.7	104.7	103.7	100.6	118.3
山　东 Shandong	106.6	105.7	106.2	113.8	103.1	103.2	101.6	107.2
广　东 Guangdong								
广　西 Guangxi	103.4	101.8	106.2	105.5	103.6	104.2	102.9	101.5
海　南 Hainan								

[对外经济贸易]

FOREIGN TRADE

各地区进出口商品总值(按经营单位所在地分)

IMPORT AND EXPORT VALUE BY LOCATION OF MANAGE UNIT BY REGION

单位: 万美元 (USD 10 000)

地 区 Region	1994			1995			1996		
	进出口 Total	出口 Exports	进口 Imports	进出口 Total	出口 Exports	进口 Imports	进出口 Total	出口 Exports	进口 Imports
全 国 National	**23661996**	**12100632**	**11561364**	**28086311**	**14877957**	**13208354**	**28990362**	**15106571**	**13883791**
东部地区 Eastern Regions	**21127875**	**10605325**	**10522550**	**25213008**	**13113442**	**12099564**	**26337829**	**13599387**	**12738442**
比重(%) Proportion	**89**	**88**	**91**	**90**	**88**	**92**	**91**	**90**	**92**
北 京 Beijing	2927426	834205	2093221	3703513	1024977	2678536	2933018	813118	2119900
天 津 Tianjin	554529	269121	285408	804358	406407	397951	954497	465174	489323
河 北 Hebei	315682	230266	85416	391775	286561	105214	419674	308251	111423
辽 宁 Liaoning	1023753	605320	418433	1319890	824357	495533	1405689	862507	543182
上 海 Shanghai	1806221	915722	890499	2435732	1296379	1139353	2713798	1302792	1411006
江 苏 Jiangsu	1175685	668450	507235	1630988	978926	652062	2069901	1160014	909887
浙 江 Zhejiang	898715	608499	290216	1150972	769242	381730	1253074	804141	448933
福 建 Fujian	1218953	643020	575933	1444560	790795	653763	1551334	838343	712991
山 东 Shandong	961950	586536	375414	1394352	816017	578335	1616447	918169	698278
广 东 Guangdong	9665215	5019850	4645365	10392226	5657260	4734966	10991478	5934100	5057378
广 西 Guangxi	303700	129038	174662	309070	170198	138872	202607	126903	75704
海 南 Hainan	276046	95298	180748	235572	92323	143249	226312	65875	160437

各地区进出口商品总值 (按境内目的地、货源地分)

IMPORT AND EXPORT VALUE BY DESTINATION IN BORDER OR SOURCE OF GOODS BY REGION

单位: 万美元 (USD 10 000)

地 区 Region	1994			1995			1996		
	进出口 Total	出口 Exports	进口 Imports	进出口 Total	出口 Exports	进口 Imports	进出口 Total	出口 Exports	进口 Imports
全 国 National	**23661996**	**12100632**	**11561364**	**28086311**	**14877957**	**13208354**	**28990362**	**15106571**	**13883791**
东部地区 Eastern Regions	**20570897**	**10494219**	**10076678**	**24545777**	**12974795**	**11570982**	**25783738**	**13339044**	**12444695**
比重(%) Proportion	**87**	**87**	**87**	**87**	**87**	**88**	**89**	**88**	**90**
北 京 Beijing	1186671	385193	801478	1677116	595841	1081275	1493256	506739	986517
天 津 Tianjin	665975	302387	363588	898685	443689	454996	1015843	468202	547641
河 北 Hebei	340625	189829	150796	446826	248829	197997	421969	238801	183169
辽 宁 Liaoning	1061835	516032	545803	1315040	709339	605701	1357209	730015	627194
上 海 Shanghai	2015443	993696	1021747	2589760	1313403	1276347	2789154	1313456	147598
江 苏 Jiangsu	1324279	695737	628542	1803053	1006202	796851	2227846	1195401	1032445
浙 江 Zhejiang	978612	648205	330407	1273299	827857	445442	1442959	866359	576600
福 建 Fujian	1203962	607939	596023	1506552	810646	695906	1588160	845078	743082
山 东 Shandong	1139582	650751	488831	1658036	902987	755049	1809000	999216	809784
广 东 Guangdong	10105941	5327141	4778800	10852473	5904816	4947657	11201626	5997053	5204573
广 西 Guangxi	324492	133676	190816	336123	163038	173085	241473	138744	102729
海 南 Hainan	223480	43633	179847	188824	48148	140676	195243	39980	155263

各地区外商投资企业进出口商品总值
IMPORT AND EXPORT VALUE OF FOREIGN INVESTMENT ENTERPRISES GOODS BY REGION

单位: 万美元 (USD 10 000)

地　区 Region	1994			1995			1996		
	进出口 Total	出口 Exports	进口 Imports	进出口 Total	出口 Exports	进口 Imports	进出口 Total	出口 Exports	进口 Imports
全　国 National	**8764715**	**3471297**	**5293418**	**10981858**	**4687587**	**6294271**	**13711016**	**6150636**	**7560380**
东部地区 Eastern Regions	**8317012**	**3366548**	**4950464**	**10463653**	**4557614**	**5907039**	**13013547**	**5957537**	**7056010**
比重(%) Proportion	**95**	**97**	**94**	**95**	**97**	**94**	**95**	**97**	**93**
北　京 Beijing	196928	49256	147672	257567	70939	186628	322836	98814	224022
天　津 Tianjin	290917	101300	189617	499966	198729	301237	701952	295097	406855
河　北 Hebei	81633	27741	53892	98855	32607	67248	143842	54219	89623
辽　宁 Liaoning	376665	162200	214465	500049	237075	262974	636982	317895	319087
上　海 Shanghai	760479	265848	494631	1121591	401810	719781	1486777	544661	942116
江　苏 Jiangsu	556809	206638	350171	780884	293600	487284	1213709	506970	706739
浙　江 Zhejiang	246146	103339	142807	306361	110982	195379	473156	202352	270804
福　建 Fujian	721677	287056	434621	822886	354323	468563	952403	450087	502316
山　东 Shandong	412085	158898	253187	616403	253751	362652	851577	385182	466395
广　东 Guangdong	4520498	1984452	2536046	5320356	2576243	2744113	6096722	3069026	3027696
广　西 Guangxi	87540	14508	73032	81872	21778	60094	69871	26412	43459
海　南 Hainan	65635	5312	60323	56863	5777	51086	63720	6822	56898

各地区外商投资企业注册登记情况
BASIC INDICATORS OF REGISTERED ENTERPRISES WITH FOREIGN CAPITAL BY REGION

地　区 Region	年底登记企业数(户) Number of Registered Enterprise(year-end)		投资总额(万美元) Total Investment (USD 10 000)		注册资本(万美元) Registered Capital (USD 10 000)		#外方 Foreign Partner	
	1995	1996	1995	1996	1995	1996	1995	1996
全　国 National	**233564**	**240447**	**63900854**	**71532202**	**39912303**	**44148483**	**25688423**	**28979610**
东部地区 Eastern Regions	**191555**	**196800**	**54480657**	**60536921**	**33348909**	**36646380**	**22059239**	**24675187**
比重(%) Proportion	**82**	**82**	**85**	**85**	**84**	**83**	**86**	**85**
北　京 Beijing	9691	9797	2881994	2992946	1511539	1581931	926890	981102
天　津 Tianjin	8959	9235	1694370	1929335	1088166	1226054	767332	867121
河　北 Hebei	5368	5389	1227769	1533753	819669	956859	426966	507747
辽　宁 Liaoning	11284	12400	2807930	3253129	1743037	2032910	967480	1154723
上　海 Shanghai	14487	15927	6772912	7948581	3602881	4256650	2330897	2856518
江　苏 Jiangsu	22950	23891	5323055	6725578	3240443	3975553	1843872	2436604
浙　江 Zhejiang	11237	11388	2437107	2656186	1480607	1620769	816457	899864
福　建 Fujian	16527	17877	3671488	4427562	2288239	2759954	1854097	2281624
山　东 Shandong	17988	18742	3742467	4172019	2577066	2797800	1328052	1484727
广　东 Guangdong	59582	60597	20462715	21516727	12913175	13397669	9294880	9715810
广　西 Guangxi	4876	4338	1345334	1179378	846254	743271	496966	445046
海　南 Hainan	8606	7219	2113516	2201727	1237833	1296960	1005350	1044301

实 际 利 用 外 资 额 (按地区分)
FOREIGN CAPITAL ACTUALLY USED BY REGION

金额单位: 万美元;项目单位: 个 (USD 10 000)

地区、部门 Region and Sector	1995			1996		
	总 计 Total	对外借款 Foreign Loans	外商直接投资及其他投资 Direct Foreign Investment and Other	总 计 Total	对外借款 Foreign Loans	外商直接投资及其他投资 Direct Foreign Investment and Other
全 国 National	**4813269**	**1032700**	**3780569**	**5480416**	**1266900**	**4213516**
东部地区 Eastern Regions	**3397239**	**133100**	**3264139**	**4067102**	**380144**	**3686958**
比重(%) Proportion	**71**	**13**	**86**	**74**	**30**	**88**
北 京 Beijing	110648	2649	107999	172110	16820	155290
天 津 Tianjin	158686	6593	152093	223645	8372	215273
河 北 Hebei	61333	6665	54668	91710	8688	83022
辽 宁 Liaoning	156838	14377	142461	189197	15415	173782
上 海 Shanghai	300543	11282	289261	483821	89727	394094
江 苏 Jiangsu	532577	13495	519082	548919	27910	521009
浙 江 Zhejiang	128968	3162	125806	163395	11345	152050
福 建 Fujian	414908	10518	404390	413562	5107	408455
山 东 Shandong	276497	7599	268898	287161	23806	263355
广 东 Guangdong	1066967	40956	1026011	1325807	150400	1175407
广 西 Guangxi	70841	3578	67263	78091	11778	66313
海 南 Hainan	118433	12226	106207	89684	10776	78908

各 地 区 外 商 直 接 投 资 额
DIRECT FOREIGN INVESTMENTS BY REGION

地 区 Region	1995年			1996年		
	合同数 (个) Number of Contracts (Unit)	协议投资额 (万美元) Foreign Capital Through Signed Contracts Agreements (USD10 000)	实际投资额 (万美元) Foreign Capital Actuallg (USD10 000)	合同数 (个) Number of Contracts (Unit)	协议投资额 (万美元) Foreign Capital Through Signed Contracts Agreements (USD10 000)	实际投资额 (万美元) Foreign Capital Actually Used (USD10 000)
全 国 National	**37011**	**9128153**	**3752053**	**24556**	**7327642**	**4172552**
东部地区 Eastern Regions	**29739**	**8091793**	**3246351**	**19883**	**6447369**	**3653815**
比重(%) Proportion	**80**	**89**	**87**	**81**	**88**	**88**
北 京 Beijing	1552	273507	107999	868	179029	155290
天 津 Tianjin	1389	385053	152064	1093	391192	200637
河 北 Hebei	1263	225072	54175	837	207515	82587
辽 宁 Liaoning	2406	397449	142175	1760	424499	173768
上 海 Shanghai	2628	1029663	289261	2086	1006912	394094
江 苏 Jiangsu	4091	1237471	519082	2691	1068256	521009
浙 江 Zhejiang	1836	324892	125806	1209	312909	152050
福 建 Fujian	2729	890667	403881	1988	654063	408451
山 东 Shandong	2708	462521	260719	2175	541797	259041
广 东 Guangdong	8177	2483244	1018030	4611	1557164	1162362
广 西 Guangxi	571	104177	66952	326	76339	65618
海 南 Hainan	389	278077	106207	239	27394	78908

各地区旅游事业情况

TOURISTS AND FOREIGN EXCHANGE INCOME FROM TOURISM BY REGION

地区 Region	1995年			1996年		
	旅游人数 (万人次) Total Number of Tourists (10 000)	#外国人 Foreigners	旅游收汇总额 (亿美元) Total Foreign Exchange Income from Tourism (USD100 000 000)	旅游人数 (万人次) Total Number of Tourists (10 000)	#外国人 Foreigners	旅游收汇总额 (亿美元) Total Foreign Exchange Income from Tourism (USD100 000 000)
全　国 National	**4638.70**	**588.70**	**87.30**	**5112.80**	**674.40**	**102.00**
东部地区 Eastern Regions	**1377.61**	**622.12**	**72.14**	**1536.99**	**688.17**	**81.06**
比重(%) Proportion	**30**	**106**	**83**	**30**	**102**	**79**
北　京 Beijing	206.87	166.52	21.82	218.89	176.16	22.52
天　津 Tianjin	20.06	16.27	1.33	23.33	20.02	1.52
河　北 Hebei	16.5	13.59	0.42	25.42	22.53	0.74
辽　宁 Liaoning	26.38	21.46	1.89	29.79	24.25	2.20
上　海 Shanghai	136.79	107.54	9.39	143.19	115.48	11.71
江　苏 Jiangsu	76.77	48.68	2.60	88.69	57.74	3.17
浙　江 Zhejiang	67.27	36.65	2.36	72.90	41.30	2.92
福　建 Fujian	90.64	22.41	4.84	104.57	27.57	5.55
山　东 Shandong	45.09	30.43	1.54	53.16	36.37	1.96
广　东 Guangdong	620.68	122.08	23.93	691.10	123.66	26.38
广　西 Guangxi	41.85	30.74	1.21	52.05	36.06	1.54
海　南 Hainan	28.71	5.75	0.81	33.90	7.03	0.85

各地区按经济类型分的涉外饭店个数　(1996年底)

NUMBER OF TOURIST HOTELS BY OWNERSHIP AND BY REGION (END OF 1996)

单位: 个　　(unit)

地区 Region	涉外饭店个数 Total	国有 State-Owned	集体 Colective-Owned	私营 Private	联营 Joint Owned	股份制 Share Holding	外商投资 Foreign Funded	港澳台投资 Overseas Chinese from Hong Kong, Macao and Taiwan Funded
全　国 National	**4418**	**2936**	**554**	**60**	**66**	**108**	**405**	**289**
东部地区 Eastern Regions	**2881**	**1688**	**424**	**55**	**60**	**79**	**328**	**247**
比重(%) Proportion	**65**	**57**	**77**	**92**	**91**	**73**	**81**	**85**
北　京 Beijing	285	154	50	1	1		44	35
天　津 Tianjin	64	33	9	1	1	1	19	
河　北 Hebei	90	85	2			1	2	
辽　宁 Liaoning	156	84	19		1	4	16	32
上　海 Shanghai	125	80	7		5	7	11	15
江　苏 Jiangsu	291	224	30		6	5	8	18
浙　江 Zhejiang	233	120	53		10	23	20	7
福　建 Fujian	151	82	13	8		4	22	22
山　东 Shandong	211	167	18		1	5	17	3
广　东 Guangdong	994	513	185	38	21	11	130	96
广　西 Guangxi	129	81	9			7	21	11
海　南 Hainan	152	65	29	7	14	11	18	8

[农 村 经 济]
AGRICULTURE ECONOMY

农村基层组织情况
BASIC RURAL UNITS

地　区 Region	乡镇数 (个) Township and Town Governments	#镇数 Town Governments	村民委员会 (个) Village Committees (Unit)	乡村户数 (万户) Households (10 000 households)	乡村人口数 (万人) Population (10 000 persons)	乡村劳动力 (万人) Social Labor Force by Gender (10 000 persons)	男 Male	女 Female
全　国 National	**45484**	**17998**	**740128**	**23437.6**	**91941**	**45288**	**24154.9**	**21133.1**
东部地区 Eastern Regions	**14400**	**8098**	**300937**	**9833**	**37453**	**18352**	**9741**	**8611**
比重(%) Proportion	**31.7**	**45.0**	**40.7**	**42.0**	**40.7**	**40.5**	**40.3**	**40.7**
北　京 Beijing	276	103	4072	124.6	368.9	164.2	82.9	81.3
天　津 Tianjin	226	78	3878	113.2	394.8	167.9	89.9	78
河　北 Hebei	1970	849	50063	1390.1	5319.3	2583.2	1389.2	1194
辽　宁 Liaoning	1203	580	16444	631.8	2219.9	871.4	492.8	378.5
上　海 Shanghai	207	198	2939	123.9	384.5	227	109.6	117.4
江　苏 Jiangsu	1978	998	35962	1511.2	5305	2758.5	1417.2	1341.3
浙　江 Zhejiang	1841	960	43322	1070.1	3590.8	2096	1143.8	952.2
福　建 Fujian	969	587	14916	606.9	2639.9	1166.9	634.5	532.4
山　东 Shandong	2385	1334	88914	1982.6	7096.7	3565	1907.3	1657.7
广　东 Guangdong	1678	1551	22869	1336.3	5747.8	2548.9	1319.4	1229.5
广　西 Guangxi	1360	657	14818	840.7	3901.2	1997.2	1048.6	948.6
海　南 Hainan	307	203	2740	101.7	484.4	206.1	105.7	100.3

注：乡村人口数是指户口在乡村的常住人口，本指标是按1964年建镇标准划分的，包括后来的新建制镇人口，故本表数字大于人口篇的乡村总人口。

a) Total rural population refers to persons residing and registered in rural areas. This indicator is calculated on the basis of the 1964 town classification standards which includes rural population in what are now established towns. Therefore,the population figures shown here are larger than that is in Chapter 3.

乡村劳动力
RURAL SOCIAL LABOR FORCE

本表分行业劳动力是按从事的主行业划分的，如以农业为主、兼营商业的，仍作为农林牧渔业劳动力。
Labor force in this table is classified by main activity. For example, those engaged primanily in agriculture and secondarily in commerce are classified under farming, forestry, animal husbandry and fishery.

(年底数)单位：万人 (year–end)(10 000 persons)

地区 Region	农林牧渔业 Farming, Forestry, Animal Husbandry and Fishery	工业 Industry	建筑业 Construction	交通运输邮电通讯业 Transportation	批发零售贸易业餐饮业及仓储业 Wholesale, Retail Sale Food Services and Storage	其他非农行业 Other
全国 National	**32260.4**	**4018.5**	**2304.3**	**1027.6**	**1261.5**	**4415.7**
东部地区 Eastern Regions	**11529.8**	**2501.8**	**1203.3**	**536.3**	**654.9**	**1926.5**
比重(%) Proportion	**35.7**	**62.3**	**52.2**	**52.2**	**51.9**	**43.6**
北京 Beijing	66.9	42.8	10.5	8.2	6.3	29.5
天津 Tianjin	80.2	50.8	9.6	9.3	7.6	10.4
河北 Hebei	1621.8	365.9	184.1	85.6	116.5	209.3
辽宁 Liaoning	605.1	85.3	50.3	31.4	39	60.4
上海 Shanghai	66	100.8	6.5	3.6	5	45.1
江苏 Jiangsu	1530.2	515.6	233.6	92.3	80	306.8
浙江 Zhejiang	1123.1	446.5	104.4	64.1	95.4	262.6
福建 Fujian	775.8	114.9	71.5	33.9	42.7	128.1
山东 Shandong	2475.1	357.9	270.2	101.8	118.5	241.5
广东 Guangdong	1439.8	354.3	184.7	72.6	99.3	398.2
广西 Guangxi	1579.9	61.1	70.2	27.4	37.6	221.1
海南 Hainan	165.9	5.9	7.7	6.1	7	13.5

注：工业劳动力中包括村及村以下办的工业的劳动力。
a) Industrial Labor force includs workers in enterprises at and below village level.

农作物总播种面积
TOTAL SOWN AREAS OF FARM CROPS

单位：千公顷 (1 000 ha)

地区 Region	农作物总播种面积 Total Sown Area	粮食播种面积 Grain Crops Sown Area	谷物 Cereal	油料 Oilbearing Crops	棉花 Cotton Crops	麻类 Hemp Crops	糖料 Sugar Crops
全　国 National	**152381**	**112548**	**92208**	**12555**	**4722**	**350**	**1846**
东部地区 Eastern Regions	**52251**	**38274**	**32895**	**3416**	**1489**	**29**	**907**
比重(%) proportion	**34.3**	**34.0**	**35.7**	**27.2**	**31.5**	**8.1**	**49.1**
北　京 Beijing	538.3	427	408.8	10.7	2.7		
天　津 Tianjin	573.5	451.5	402.7	18.4	6.5	0.3	
河　北 Hebei	8872.1	7137.3	6068.6	601.1	427.6	4.4	7.2
辽　宁 Liaoning	3627.8	3073.1	2698	95.1	12.4	0.4	27.2
上　海 Shanghai	545.7	357.4	343.7	70.6	3.1		1.1
江　苏 Jiangsu	7914.1	5877.4	5378.5	631.1	485.9	1.5	4.5
浙　江 Zhejiang	3963.8	2877.2	2548.6	295.7	66.7	4.3	11.3
福　建 Fujian	2900.8	2031.9	1535.1	121.6		0.7	37.9
山　东 Shandong	10976	8237.3	7169.7	821	481.9	5.1	1
广　东 Guangdong	5437.5	3524.6	2881.1	347.5		2.6	237.6
广　西 Guangxi	6010.5	3708	3050.7	351.4	2.3	9	505.6
海　南 Hainan	890.8	571.6	409.7	51.3		0.2	73.7

主要农业机械和农产品加工机械拥有量
AGRICULTURAL MACHINERY AND MACHINERY FOR PROCESSING FARM PRODUCTS

(年底数) (year-end)

地区 Region	农业机械总动力(万千瓦) Total Power of Agricultural Machinery (10 000 kW)	农用大中型拖拉机 Large and Medium Agricultural Tractors		小型拖拉机 Mini-Tractors		大中型拖拉机机引农具(部) Large and Medium Tractor-Towing Farm Machinery (unit)	小型拖拉机机引农具(部) Mini-Tractor-Towing Farm Machinery (unit)
		(台) (Unit)	(万千瓦) (10 000 kW)	(台) (Unit)	(万千瓦) (10 000 kW)		
全　国 National	**38546.9**	**670848**	**2415.1**	**9189200**	**8385.2**	**1049900**	**10911500**
东部地区 Eastern Regions	**19183**	**253621**	**931**	**3800800**	**5532**	**430900**	**4484800**
比重(%) proportion	**49.8**	**37.8**	**38.6**	**41.4**	**66.0**	**41.0**	**41.1**
北　京 Beijing	468.4	12272	57.4	38200	38.1	24600	12300
天　津 Tianjin	558	8330	38.5	34500	32.1	10500	30400
河　北 Hebei	5133.4	32961	134.4	1010100	935.7	51400	1017300
辽　宁 Liaoning	1040.3	29717	124.9	131900	120.1	46700	118200
上　海 Shanghai	157.7	9838	36.6	14200	12.6	21500	14200
江　苏 Jiangsu	2297.4	30483	115.4	765300	677.2	56800	1292200
浙　江 Zhejiang	1641.8	6251	18.2	286800	243.9	2700	231400
福　建 Fujian	786.5	3325	11.7	157600	140.3	900	60000
山　东 Shandong	4308.9	102571	330.3	716700	602.8	202300	1108500
广　东 Guangdong	1457.8	3931	15.7	336000	260.7	3800	330800
广　西 Guangxi	1148	11259	39.8	282800	268.2	7200	269500
海　南 Hainan	184.8	2683	8.5	26700	2200	2400	

灌溉面积、农用化肥施用量、农村水电及用电情况

CULTIVATED, IRRIGATED AND CHEMICALLY FERTILIZED AREAS, NUMBER OF HYDROPOWER STATIONS AND ELECTRICITY CONSUMPTION IN RURAL AREAS

地 区 Region	灌溉面积 (千公顷) Irrigated Area (1 000 ha)	化肥施用量 (万 吨) Consumption of Chemical Fertilizers (10 000tn)	氮肥 Nitrogenous Fertilizer	磷肥 Phosphate Fertilizer	钾肥 Potash Fertilizer	复合肥 Complex Fertilizer	乡村办水电站 Hyrdopower Station in Rural Areas 个数 Number	发电能力 (万千瓦) (10 000 kW)	农村用电量 (亿千瓦时) Electricity Consumed in Rural Area (100 000 000 kWh)
全 国 National	**50381.4**	**3827.9**	**2145.3**	**658.4**	**289.6**	**734.7**	**37743**	**675.1**	**1676.4**
东部地区 Eastern Regions	**20449.8**	**1655.2**	**918.2**	**242.7**	**144.5**	**350.1**	**14486.0**	**273.4**	**1087.2**
比重(%) Proportion	**40.6**	**43.2**	**42.8**	**36.9**	**49.9**	**47.7**	**38.4**	**40.5**	**64.9**
北 京 Beijing	323.2	18.9	12.4	1	0.2	5.3	39	1.5	20.2
天 津 Tianjin	351.6	13.7	8.4	1.5	0.4	3.5			35.8
河 北 Hebei	4248.2	259.3	149.7	44.8	12.2	52.5	119	2.3	15
辽 宁 Liaoning	1228	110.7	71.7	12.3	5.4	21.4	61	2.2	89
上 海 Shanghai	285.4	21.8	16.4	2.2	1.1	2.2			62.5
江 苏 Jiangsu	3837.8	306.7	184.7	46.9	11.4	63.6	12	0.8	252.2
浙 江 Zhejiang	1412.7	98.3	68.6	12.6	5.5	11.7	2105	47.1	181.2
福 建 Fujian	935.2	111	55.1	16	20.6	19.3	3494	70.6	50
山 东 Shandong	4692.7	373.3	192.3	55.4	25.8	99.7	38	7.3	152.4
广 东 Guangdong	1489.2	187.9	93.4	27	31.8	35.8	6230	125.2	203.6
广 西 Guangxi	1470.7	135	57.1	21.6	28	28.3	2255	14.2	25.2
海 南 Hainan	175.1	18.6	8.4	1.4	2.1	6.8	133	2.2	0.1

各地区水利设施和除涝、治碱面积(1996年)

WATER CONSERVANCY FACILITIES AND AREA WITH FLOOD PREVENTION MEASURES AND IMPROVED AREA OF SALINE-ALKALINE LAND BY REGION (1996)

地 区 Region	水库数 (座) Number of Reservoirs	水库总库容量 (亿立方米) Capacity of Reservoirs (100 million cu.m)	除涝面积 (万公顷) Flooded Area Under Control (10 000 ha)	除涝面积占易涝面积% Percentage to Total Area Liable to Flood	治碱面积 (千公顷) Improved Area of Saline-Alkaline Land (1 000 ha)	治碱面积占盐碱地面积% Precentage to Total Area of Saline-Alkaline Land
全 国 National	**84905**	**4571.4**	**2027.9**	**82.5**	**5513.2**	**71.4**
东部地区 Eastern Regions	**27402**	**2078.9**	**975.7**		**3067.9**	
比重(%) Proportion	**32.3**	**45.5**	**48.1**		**55.6**	
北 京 Beijing	84	92.1	15.9	94.50	42.85	92.07
天 津 Tianjin	119	26.9	40.4	98.12	212.91	91.22
河 北 Hebei	1144	149.3	162.8	87.30	797.94	78.38
辽 宁 Liaoning	930	307.0	97.7	97.14	315.49	82.03
上 海 Shanghai			6.5	91.06	26.93	77.99
江 苏 Jiangsu	1010	190.0	273.2	93.23	665.26	91.02
浙 江 Zhejiang	3673	344.6	46.9	88.73	4.52	68.59
福 建 Fujian	2916	78.6	11.1	51.98	21.54	55.24
山 东 Shandong	5666	191.6	251.0	84.99	884.70	85.33
广 东 Guangdong	6427	380.1	49.8	84.91		
广 西 Guangxi	4437	225.5	19.4	53.65	95.76	32.11
海 南 Hainan	996	93.2	1.0	92.96		

各地区农村居民家庭平均每户生产性固定资产原值(1996年底)
ORIGINAL VALUE OF PRODUCER GOODS PER RURAL HOUSEHOLD BY REGION (END OF 1996)

本表为农村住户抽样调查资料。

Figures in this table are from rural household sample surveys.

单位: 元 (yuan)

地区 Region	合计 Total	役畜产品畜 Draught Animals and Animals for Livestock Products	大中型铁木农具 Large and Medium Wood and Iron Farm Tools	农林牧渔业机械 Machinery for Agriculture, Animal Husbandry and Fishery	工业机械 Machinery for Industrial Production	运输机械 Machinery for Transportation	生产用房 Buildings for Production	其他 Others
全国 National	**3605.07**	**905.05**	**200.31**	**768.25**	**113.36**	**608.43**	**899.87**	**109.8**
东部地区平均 Eastern Regions Average	**3527.17**	**658.50**	**146.43**	**694.11**	**128.86**	**797.39**	**990.02**	**111.85**
北京 Beijing	2972.41	209.16	35.29	708.31	11.47	1438.24	322	247.94
天津 Tianjin	4803.54	663.14	160.56	992.03	40.67	1344.47	1602.69	
河北 Hebei	5146.35	630.9	178.29	1679.88	173.59	1645.37	700.09	138.23
辽宁 Liaoning	3108.86	761.49	134.03	455.47	34.79	804.84	879.07	39.17
上海 Shanghai	1660.03	118.4	69.42	92.58	16.67	36.67	1326.29	
江苏 Jiangsu	2826.86	230.63	93.3	794.05	200.35	409.92	1014.57	84.05
浙江 Zhejiang	5494.23	176.3	249.39	1013.54	612.47	713.8	2728.72	
福建 Fujian	2410.05	577.93	204.12	179.85	61.6	395.74	965.06	25.73
山东 Shandong	3109.11	528.18	176.2	885.2	83.95	593.82	653.89	187.87
广东 Guangdong	3249.61	765.29	179.6	405.64	55.55	806	847	190.53
广西 Guangxi	3090.17	1109.32	152.9	351.04	152.28	643.99	593.59	87.04
海南 Hainan	4454.77	2131.31	124.03	771.71	102.96	735.76	247.31	341.69

各地区农村居民家庭平均每人经营耕地情况(1996年)
RURAL HOUSEHOLDS PER CAPITA AREA OF CULTIVATED LAND USE BY REGION(1996)

本表为农村住户抽样调查资料。

Figures in this table are from rural household sample surveys.

单位: 亩 (mu)

地区 Region	经营耕地面积 Area of Cultivated Land	承包地面积 Land Under Contract	自留地面积 Family Plots	经营山地面积 Area of Hilly Fields	承包山面积 Land Under Contract	自留山面积 Family Polt	#植树造林面积 Afforested Area of Hill Fields	经营水面面积 Area of Water
全国 National	**2.3**	**2.06**	**0.18**	**0.46**	**0.31**	**0.13**	**0.06**	**0.02**
东部地区平均 Eastern Regions Average	**1.39**	**1.25**	**0.10**	**0.33**	**0.17**	**0.12**	**0.08**	**0.02**
北京 Beijing	0.93	0.83	0.04	0.03	0.02		0.01	
天津 Tianjin	1.64	1.59	0.03	0.01	0.01		0.01	0.01
河北 Hebei	2.03	1.93	0.09	0.1	0.1		0.07	
辽宁 Liaoning	2.96	2.68	0.25	0.28	0.1	0.17	0.07	0.01
上海 Shanghai	1.02	0.9	0.11					0.01
江苏 Jiangsu	1.26	1.16	0.09					0.03
浙江 Zhejiang	0.94	0.85	0.07	0.82	0.45	0.24	0.07	0.02
福建 Fujian	0.82	0.71	0.07	1.04	0.46	0.46	0.27	0.01
山东 Shandong	1.44	1.38	0.05	0.02	0.01	0.01		
广东 Guangdong	0.88	0.76	0.07	0.37	0.2	0.15	0.09	0.08
广西 Guangxi	1.43	1.2	0.1	0.62	0.31	0.26	0.15	0.01
海南 Hainan	1.35	1.02	0.17	0.67	0.35	0.2	0.25	0.04

农、林、牧、渔业总产值及指数(1996年)
GROSS OUTPUT VALUE AND INDICES OF FARMING, FORESTRY, ANIMAL HUSBANDRY AND FISHERY(1996)

本表绝对数按当年价格计算，指数按可比价格计算。
Values in this table are based on current prices, indices are based on comparable prices.

地区 Region	绝对数(亿元) Gross Output Value of Farming, Forestry, Animal Husbandry and Fishery (100 000 000 yuan)					指数(上年=100) Indices of Gross Output of Farming, Forestry,Animal Husbandry and Fishery (perceding year=100)				
	农林牧渔业总产值 Total	农业 Farming	林业 Forestry	牧业 Animal Husbandry	渔业 Fishery	农林牧渔业总产值 Total	农业 Farming	林业 Forestry	牧业 Animal Husbandry	渔业 Fishery
全　国 National	**23428.7**	**13547.2**	**778.1**	**7083.0**	**2020.5**	**109.4**	**107.8**	**105.7**	**111.4**	**114.0**
东部地区 Eastern Regions	**11263.1**	**5955.3**	**369.9**	**3344.2**	**1593.7**	**1295.4**	**1286.0**	**1289.9**	**1312.1**	**1331.9**
比重(%) Proportion	**48.1**	**44.0**	**47.5**	**47.2**	**78.9**	**1184.4**	**1192.9**	**1220.3**	**1177.8**	**1168.3**
北　京 Beijing	168.9	89.2	2.8	71.1	5.8	99.1	97.3	106.2	102.3	86.6
天　津 Tianjin	142.3	90.2	1.0	39.0	12.1	107.2	108.5	110.3	103.5	110.6
河　北 Hebei	1298.0	801.3	24.8	437.6	34.4	109.4	104.0	103.0	119.1	123.2
辽　宁 Liaoning	892.6	455.1	13.9	307.0	116.6	117.8	119.9	106.4	114.8	120.2
上　海 Shanghai	201.0	87.6	0.7	85.5	27.2	108.3	110.1	134.6	107.2	106.8
江　苏 Jiangsu	1824.2	1062.4	23.5	499.0	239.4	107.4	108.7	107.5	103.1	111.8
浙　江 Zhejiang	962.0	517.3	54.8	185.0	204.9	106.7	107.9	105.8	103.2	107.2
福　建 Fujian	891.9	383.2	66.9	206.7	235.1	111.8	109.6	109.5	111.9	116.4
山　东 Shandong	2180.2	1090.6	50.0	730.7	308.9	108.1	108.2	107.9	108.6	106.7
广　东 Guangdong	1577.9	825.6	49.6	398.1	304.5	106.1	103.4	103.0	109.6	110.4
广　西 Guangxi	899.6	450.5	38.1	341.8	69.1	108.1	99.6	100.3	121.4	120.4
海　南 Hainan	224.5	102.3	43.8	42.7	35.7	105.4	108.8	95.4	107.4	111.6

主要农产品产量
OUTPUT OF MAJOR FARM CROPS

单位：万吨　　(10 000 tn)

地区 Region	粮食 Grain	谷物 Cereal	#稻谷 Rice	#小麦 Wheat	油料 Oil-Bearing Crops	棉花 Cotton Crops	甘蔗 Sugarcane	甜菜 Beetroots
全　国 National	**50453.5**	**45127.1**	**19510.3**	**11056.9**	**2210.6**	**420.3**	**6687.6**	**1672.6**
东部地区 Eastern Regions	**18944.6**	**17290.6**	**7624.8**	**4547.3**	**817.6**	**125.9**	**4896.9**	**200.5**
比重(%) Proportion	**37.5**	**38.3**	**39.1**	**41.1**	**37.0**	**30.0**	**73.2**	**12.0**
北　京 Beijing	237.4	231.8	16.0	93.9	2.9	0.3		
天　津 Tianjin	207.0	199.2	47.4	67.4	3.1	0.5		
河　北 Hebei	2789.5	2557.1	92.2	1139.1	120.7	25.8		6.9
辽　宁 Liaoning	1660.1	1575.8	338.9	59.4	17.0	1.1		58.6
上　海 Shanghai	226.3	222.4	163.4	27.0	16.2	0.4	6.7	
江　苏 Jiangsu	3476.4	3301.1	1870.2	1014.3	147.5	53.7	20.6	2.3
浙　江 Zhejiang	1516.8	1406.0	1277.3	62.5	52.1	6.8	63.9	
福　建 Fujian	952.2	777.8	743.3	17.9	23.0		253.9	
山　东 Shandong	4332.7	3836.0	113.6	2052.7	309.3	37.2		1.6
广　东 Guangdong	1839.2	1607.3	1549.2	5.9	74.2		1392.0	131.1
广　西 Guangxi	1509.3	1416.7	1258.4	3.3	51.6	0.1	2830.5	
海　南 Hainan	197.7	159.4	154.9	3.9			329.3	

主要农产品单位面积产量

YIELD OF MAJOR FARM CROPS PER HECTARE

单位: 公斤/公顷　　　　(kg/ha)

地　区 Region	谷物 Cereals	棉花 Cotton	花生 Peanuts	油菜籽 Rapeseeds	芝麻 Sesame	黄红麻 Jute and Ambary Hemp	甘蔗 Sugar－cane	甜菜 Beet－roots	烤烟 Flue－Cured Tobacco
全　国 National	**4894**	**890**	**2804**	**1367**	**969**	**2491**	**56225**	**25483**	**1750**
北　京 Beijing	5670.3	935.6	2827.6	766.7					
天　津 Tianjin	4946	776.3	2280.2	668.7	3038.7				
河　北 Hebei	4213.6	604.3	2685.9	1053.6	565.2	3113.8	9525.0	1951.7	
辽　宁 Liaoning	5841	869.9	2003.1	1207.1	868.3	21550	2030.8		
上　海 Shanghai	6471	1381.7	2948.1	2281.7	60023				
江　苏 Jiangsu	6138	1106.1	3208.9	2135.3	1553.5	3158.4	56340.0	26709	1786.8
浙　江 Zhejiang	5517	1025.1	2402.8	1747.8	1190.4	6607.9	56349.0		
福　建 Fujian	5066.8	2104.6	953.9	681.8	2352.8	67003	1532.2		
山　东 Shandong	5350.3	772.6	3886.1	1972.7	1293.9	2545.8	16714	2237.9	
广　东 Guangdong	5578.7	2202.7	743.4	822.4	2812.9	63411	1698.7		
广　西 Guangxi	4643.9	443.1	1903.7	832.4	578.2	1975.3	55987	1514	
海　南 Hainan	3890	1669.8	603.9	1979.2	44661.0				

畜　产　品　产　量

LIVESTOCK PRODUCTS BY REGION

地　区 Region	肉类产量 (万吨) Output of Meat (10 000 tn)	#猪牛羊肉 Output of Pork,Beef and Mutton	猪肉 Pork	牛肉 Beef	羊肉 Mutton	奶类 (万吨) Milk (10 000 tn)	绵羊毛 (吨) Sheep Wool (tn)	禽蛋 (万吨) Poulty Eggs (10 000 tn)
全　国 National	**5915.1**	**4772.6**	**4037.7**	**494.9**	**240.0**	**735.8**	**298102.0**	**1954.0**
东部地区 Eastern Regions	**2626.7**	**1897.4**	**1594.4**	**209.1**	**94.1**	**227.5**	**73446.0**	**1113.0**
比重(%) Proportion	**44.4**	**39.8**	**39.5**	**42.3**	**39.2**	**30.9**	**24.6**	**57.0**
北　京 Beijing	38.2	27.6	24.6	1.9	1.1	20.1	367	24.7
天　津 Tianjin	22.7	17.8	13.1	3	1.7	11.4	1014	24.4
河　北 Hebei	352.7	287.6	207.7	60.8	19.1	47.9	19284	268
辽　宁 Liaoning	255.1	190.4	152.9	34.3	3.2	18.6	9538	115.9
上　海 Shanghai	63.5	25.3	25	0	0.3	21.8	82	14.9
江　苏 Jiangsu	320.2	228	201.4	7.5	19.1	10.9	2354	190.7
浙　江 Zhejiang	119.6	100.9	98	0.9	2	9	2266	33.6
福　建 Fujian	141.5	117.2	113.6	2.3	1.3	6.5		31.4
山　东 Shandong	652.1	429.4	306.2	80.2	43.1	74.3	38541	360.9
广　东 Guangdong	331.9	209.7	203.3	6.1	0.4	5.9		33.1
广　西 Guangxi	295.5	24.7	229.5	9.8	1.4	0.9		15.2
海　南 Hainan	33.7	22.8	19.1	2.3	1.4	0.2		0.2

水 产 品 产 量
OUTPUT OF AQUATIC PRODUCTS

单位：千吨 (1 000 tn)

地 区 Region	水产品总产量 Total Aquatic Products	海水产品 Seawater Aquatic Products	天然生产 Naturally Grown	人工养殖 Artificially Cultured	鱼类 Fish	淡水产品 Freshwater Aquatic Products	天然生产 Naturally Grown	人工养殖 Artificially Cultured	鱼类 Fish
全 国 National	**32880.9**	**20128.8**	**12489.8**	**7639**	**8235.2**	**12752.2**	**1762.7**	**10989.5**	**11778**
东部地区 Eastern Regions	**26284.4**	**19838.1**	**12199.3**	**7639.0**	**7959.8**	**6446.3**	**764.3**	**5682.0**	**5882.7**
比重(%) Proportion	**79.9**	**98.6**	**97.7**	**100.0**	**96.7**	**50.6**	**43.4**	**51.7**	**49.9**
北 京 Beijing	78.3					78.3		78.3	78.3
天 津 Tianjin	169.9	29.4	27.3	2.1	15.1	140.5	17.1	123.4	136.8
河 北 Hebei	506.9	283	215	68	81.7	223.9	49.8	174.1	215.8
辽 宁 Liaoning	2580.2	2353.5	1240.7	1112.8	675.1	226.7	10.5	216.1	217.4
上 海 Shanghai	280.4	145	144.3	0.7	106.2	135.4	6.3	129.1	130.8
江 苏 Jiangsu	2457.2	795	661	134	366.6	1662.2	252.4	1409.8	1440.3
浙 江 Zhejiang	3421.4	2992.3	2597.2	395.1	1729.8	429.1	59.1	370	384.4
福 建 Fujian	3582.3	3168	1738.2	1429.9	1460.1	414.3	52.7	361.6	363.5
山 东 Shandong	5866.9	5185.6	2588.3	2597.4	1233.9	681.3	74.4	606.9	655.9
广 东 Guangdong	5096.3	3260.4	1914.8	1345.6	1526	1835.9	149.9	1686	1688.7
广 西 Guangxi	1768.9	1233.5	702.2	531.3	442.5	535.4	82.8	452.6	489.8
海 南 Hainan	475.7	392.4	370.3	22.1	322.8	83.3	9.3	74.1	81

受灾面积和成灾面积
AREAS COVERED AND AFFECTED BY NATURAL DISASTER

单位：千公顷 (1 000 ha)

地 区 Region	受灾面积 Areas Covered	成灾面积 Areas Affected	成灾面积占受灾面积% Percentage of Disaster Areas Affected to Areas Covered	水灾 Flood 受灾面积 Areas Covered	水灾 Flood 成灾面积 Areas Affected	旱灾 Drought 受灾面积 Areas Covered	旱灾 Drought 成灾面积 Areas Affected
全 国 National	**46989**	**21234**	**45.2**	**18145**	**10855**	**20151**	**6247**
东部地区 Eastern Regions	**16219**	**6928**		**5551**	**3231**	**6536**	**1932**
比重(%) Proportion	**34.5**	**32.6**		**30.6**	**29.8**	**32.4**	**30.9**
北 京 Beijing	137.7	60.3	43.8	31	19	92	31.3
天 津 Tianjin	334.3	140	176.5	124		183.3	
河 北 Hebei	3373.1	1880.9	55.8	1544.4	1176.9	1426.7	500
辽 宁 Liaoning	1009.5	586	51.5	145.5	114.9	800	422
上 海 Shanghai	42.5	5.3	12.5	42.5			
江 苏 Jiangsu	1613.7	395.5	24.5	745	265.5	624.7	29.3
浙 江 Zhejiang	807.7	413.3	51.2	332	244.7	170.7	56.7
福 建 Fujian	718.7	350.7	48.8	96		23.3	
山 东 Shandong	4167.7	1463.7	35.1	1107	685	2388	682.7
广 东 Guangdong	1491.7	452	30.3	202	102	366.7	36.7
广 西 Guangxi	1943.3	911	46.9	1060.7	623.3	444	173.3
海 南 Hainan	578.7	269.7	46.6	120.7		16.7	

乡镇企业单位数(1996年)
TOWNSHIP AND VILLAGE ENTERPRISES(1996)

本表1978－1983年为乡、村两级数，1984年以后为乡镇企业全部数。

Data in 1978－1983 include only the enterprises run by townships and villages Grouped by Sector, Since 1984 the data cover all township and village enterprises.

单位: 万个　　(10 000)

地区 Region	合计 Enterprises	乡办 Township	村办 Village	农业 Agricul-ture	工业 Industry	建筑业 Construc-tion	交通运输业 Trans-portation	商业饮食业 Commerce and food Service
全国 National	**2336.3**	**40.6**	**114.3**	**28.9**	**756.4**	**104.6**	**546.5**	**761.7**
东部地区 Eastern Regions	**961.6**	**17.8**	**52.7**	**7.7**	**349.6**	**35.0**	**206.3**	**302.8**
比重(%) Proportion	**41.2**	**43.8**	**46.1**	**26.6**	**46.2**	**33.5**	**37.7**	**39.8**
北京 Beijing	7.7	0.5	1.2	0.1	1.7	0.3	2.6	2.3
天津 Tianjin	9.7	0.3	0.9	0	2.9	0.2	2.5	3.4
河北 Hebei	181.3	1.9	5.8	1	63.6	5.5	44.7	54.6
辽宁 Liaoning	80.2	1.4	4	0.7	24.2	2.5	20.5	28.2
上海 Shanghai	1.6	0.5	1	0	1.6	0	0	0
江苏 Jiangsu	91.4	3.4	7.1	0.1	49.9	4.5	13.8	19.5
浙江 Zhejiang	92.9	2.2	4.4	0	59.7	0.5	12.7	17.3
福建 Fujian	72.7	1.5	5	1.4	22.3	3.1	14.5	27.6
山东 Shandong	178.3	2.1	11.1	1.7	58.2	8	44.2	54.7
广东 Guangdong	145	2.7	10.2	1.8	41.3	7.5	29	52.6
广西 Guangxi	87.8	1.1	1.8	0.8	21.7	2.4	17.9	37.7
海南 Hainan	13	0.2	0.2	0.1	2.5	0.5	3.9	4.9

注: 1994年乡镇企业局调整报送单位、范围，即生产规模过小，不符合标准的企业不填正式报表。

a) Since 1994,samll township and village enterprises not up to standard are not required to fill in the end reporting statisreport statistical forms.

乡镇企业职工人数(1996年)
PERSONS EMPLOYED BY TOWNSHIP AND VILLAGE ENTERPRISES(1996)

本表1978－1983年为乡、村两级数，1984年以后为乡镇企业全部数。

Figures for 1978－1983 include only township and village level enterprises, Since 1984 figures cover all township and village enterprises.

单位: 万人　　(10 000 persons)

地区 Region	合计 Enterprises	乡办 Township	村办 Village	农业 Agricul-ture	工业 Industry	建筑业 Construc-tion	交通运输业 Trans-portation	商业饮食业 Commerce and food Service
全国 National	**13508.3**	**2958.8**	**2994**	**336**	**7860.1**	**1948.8**	**1062.3**	**1924.3**
东部地区 Eastern Regions	**6785.4**	**1610.6**	**1782.8**	**129.0**	**4482.0**	**780.2**	**408.3**	**809.2**
比重(%) Proportion	**50.2**	**54.4**	**59.5**	**38.4**	**57.0**	**40.0**	**38.4**	**42.1**
北京 Beijing	101.2	38.1	47.5	2.1	62	18.5	5.7	8.5
天津 Tianjin	113.7	27.6	56	0.1	86.6	7.2	7.7	9.7
河北 Hebei	911.5	128.8	192.8	19.7	545.1	119.8	75.2	123.2
辽宁 Liaoning	445	97.4	118.7	15.5	253.2	55.9	41.2	70.2
上海 Shanghai	136.2	76.2	58	0	136.2	0	0	0
江苏 Jiangsu	879.5	363.1	252.2	1.7	701.3	88.4	29.7	48.1
浙江 Zhejiang	786.4	215.4	140.4	1.1	678.6	45.2	20.8	36
福建 Fujian	493.2	87.7	109.3	22.2	290.5	54.4	33.8	79.7
山东 Shandong	1369.6	273	403.3	30.5	789.2	240.6	99.2	173.5
广东 Guangdong	1118.6	231.7	359	13.5	759.1	98.5	52.3	152.9
广西 Guangxi	382.1	65.4	42.4	18.8	165.8	45.4	35.9	92.8
海南 Hainan	48.4	6.2	3.2	3.8	14.4	6.3	6.8	14.6

乡村企业主要财务指标(1996年)

MAIN FINANCIAL INDICATORS OF ENTERPRISES RUN BY TOWNSHIP AND VILLAGES(1996)

地 区 Region	营业收入 (亿元) Total Operating Revenue (100 000 000 yuan)	利润总额 (亿元) Total Profits (100 000 000 yuan)	#应交所得税 Payable Income Taxes	实交各种税金 (亿元) Taxes Paid (100 000 000 yuan)	利税总额 (亿元) Total Pre-tax Profits (100 000 000 yuan)
全 国 National	**36616.4**	**2035.6**	**304.7**	**826.5**	**3475.2**
东部地区 Eastern Regions	**24595.0**	**1294.0**	**203.8**	**576.1**	**2249.9**
比 重(%) Proportion	**67.2**	**63.6**	**66.9**	**69.7**	**64.7**
北 京 Beijing	507.2	22.7	4.3	13.5	41.2
天 津 Tianjin	785.2	74.7	11.7	15	102.6
河 北 Hebei	2198.3	202.9	11.6	35.2	247.6
辽 宁 Liaoning	1842.7	138.4	25.9	29	225.6
上 海 Shanghai	1191.3	60.3	7.3	48.2	108.1
江 苏 Jiangsu	5603.8	169.5	32.7	131.7	382.8
浙 江 Zhejiang	3037.5	109.5	25.1	96.8	256.1
福 建 Fujian	1378.8	59.4	4.2	32.6	98.8
山 东 Shandong	4215.2	300.2	64.2	83.5	513.2
广 东 Guangdong	3124.5	124.5	15	74.2	222.5
广 西 Guangxi	673.1	28.8	1.6	15.1	46.6
海 南 Hainan	37.4	3.1	0.2	1.3	4.8

续表 continued

地 区 Region	工资总额 (亿元) Total Wage Bill (100 000 000 yuan)	年末固定资产原值 (亿元) Original Value of Fixed Assets (year-end) (100 000 000 yuan)	本年提取折旧基金 (亿元) Draw Depreciation Funds (100 000 000 yuan)	固定资产净值平均余额 (亿元) Average Balances of Net Value of Fixed Assets (100 000 000 yuan)	年末流动资产 (亿元) Circulating Funds (year-end) (100 000 000 yuan)
全 国 National	**2511.4**	**11149.4**	**761.5**	**7878.5**	**12610.3**
东部地区 Eastern Regions	**1588.3**	**7941.9**	**532.9**	**5625.7**	**9489.9**
比重(%) Proportion	**63.2**	**71.2**	**70.0**	**71.4**	**75.3**
北 京 Beijing	43.7	214.3	12.8	145.6	301.4
天 津 Tianjin	37.3	202.4	18.6	142.6	295
河 北 Hebei	129.5	632.3	53	443.1	537.2
辽 宁 Liaoning	83.5	410.9	25.6	283.1	602
上 海 Shanghai	78.4	455.3	28.9	352.7	685.3
江 苏 Jiangsu	298	1655.6	97	1193.8	2189.3
浙 江 Zhejiang	210	1099.3	68.2	738.5	1443.8
福 建 Fujian	97.8	393.1	19.5	278.2	414.1
山 东 Shandong	247.7	1328.1	105.1	971.1	1451
广 东 Guangdong	316.6	1353.1	89.5	938	1408.9
广 西 Guangxi	42.4	172.2	13.7	119.2	146.1
海 南 Hainan	3.4	25.3	1	19.8	15.8

各地区农村居民家庭平均每百户拥有主要生产性固定资产数量(1996年底)

NUMBER OF MAJOR PRODUCTIVE FIXED ASSETS PER 100 RURAL HOUSEHOLDS BY REGION(END OF 1996)

本表为农村住户抽样调查资料。

Data in this table are from the sample surveys on rural households.

地 区 Region	汽 车 (辆) Motor Vehicles	大中型拖拉机 (台) Large and Medium Tractors	小型和手扶拖拉机 (台) Mini and Walking ractors	机动脱粒 机 (台) Motorized Threshing Machines	胶轮大车 (辆) Carts With Rubber Tires	胶轮手推车 (辆) Hand Carts with Rubber Tires	抽水机 (台) Water Pumps	役畜 (头) Draught Animals	产品畜 (头) Commodity Animals
全 国 National	**0.78**	**0.99**	**12.46**	**6.87**	**8.78**	**37.57**	**4.07**	**54.99**	**56.26**
东部地区 Eastern Regions	**1.14**	**1.00**	**11.35**	**8.84**	**14.01**	**36.01**	**4.99**	**44.05**	**36.24**
北 京 Beijing	4.13	0.8	14.93	0.27	5.2	64	0.67	6.6	39.07
天 津 Tianjin	1.88	2.83	20.35	8.58	28.08	39.58	5.38	39.1	21.5
河 北 Hebei	1.75	2.22	26.7	9.75	20.49	43.31	6.05	39.33	26.23
辽 宁 Liaoning	0.85	1.22	8.68	3.49	27.25	33.76	1.27	47.67	19.47
上 海 Shanghai	0.17	1.17	8.57	2	49.83	0.17	3.83	65.33	
江 苏 Jiangsu	0.44	0.41	12.04	18.98	8.88	34.75	1.37	8.73	26.68
浙 江 Zhejiang	0.67	0.22	5.3	29.32	3.33	50.17	4.07	9.03	18.85
福 建 Fujian	0.86	0.53	4	3.79	0.57	36.05	3.27	34.95	62.65
山 东 Shandong	0.43	1.42	12.6	6.14	19	77.65	13.23	39.82	15.43
广 东 Guangdong	0.15	0.27	8.29	8.07	1.43	24.26	3.89	42.22	32.26
广 西 Guangxi	0.78	0.22	6.25	5.68	1.71	17.29	6.01	89.18	35.89
海 南 Hainan	1.53	0.69	8.47	10	2.36	11.11	10.83	106.64	136.81

#［工 业 经 济］
INDUSTRIAL ECONOMY

各地区工业企业单位数和工业总产值(1996年)
NUMBER OF INDUSTRIAL ENTERPRISES AND GROSS OUTPUT VALUE OF INDUSTRY BY REGION (1996)

地 区 Region	企业单位数Number of Enterprises		工业总产值(亿元)Gross Output Value(100 000 000yuan)		
	总 计 (万个) Total (10 000)	#乡及乡以上 (个) Township Level and Above	总 产 值 (当年价格) Total (at current prices)	#乡及乡以上Township Level and Above 1990年不变价格 at 1990 constant prices	当年价格 (at current prices)
全 国 National	**898.7**	**578790.0**	**99595.3**	**52402.1**	**64887.8**
东部地区 Eastern Regions	**338.4**	**293988.0**	**65148.1**	**35538.2**	**42027.7**
比重(%) Proportion	**42**	**51**	**65**	**68**	**65**
北 京 Beijing	4.1	16907.0	1853.3	1316.3	1632.2
天 津 Tianjin	4.3	11073.0	2386.4	1354.5	1666.3
河 北 Hebei	38.0	24299.0	5045.4	2105.8	2727.4
辽 宁 Liaoning	27.7	33703.0	5602.2	2516.6	3354.6
上 海 Shanghai	3.3	15595.0	5066.6	3640.2	4329.5
江 苏 Jiangsu	58.3	42795.0	11555.6	7244.5	7919.3
浙 江 Zhejiang	67.6	35130.0	8820.5	3765.4	4009.4
福 建 Fujian	23.9	23315.0	3210.7	1526.0	1804.2
山 东 Shandong	38.2	31232.0	9126.6	4664.8	5871.3
广 东 Guangdong	44.0	43408.0	10530.9	6443.9	7490.5
广 西 Guangxi	27.0	14737.0	1733.8	839.9	1057.2
海 南 Hainan	2.0	1794.0	215.9	120.2	165.9

按经济类型分工业总产值(1996年)
GROSS OUTPUT VALUE OF INDUSTRY BY OWNERSHIP(1996)

本表按当年价格计算.
At current prices.
单位: 亿元 (100 000 000yuan)

地 区 Region	国有工业 State-Owned	集体工业 Collective-Owned	城乡个体工业 Individual-Owned	其他经济类型工业 Other
全 国 National	**28361.08**	**39232.18**	**15419.82**	**16582.25**
东部地区 Eastern Regions	**14705.87**	**27384.01**	**9086.06**	**13972.16**
比重(%) Proportion	**51.9**	**69.8**	**58.9**	**84.3**
北 京 Beijing	887.01	472.46	26.1	467.77
天 津 Tianjin	587.86	987.05	20.73	790.79
河 北 Hebei	1344.38	2225.2	1064.16	411.69
辽 宁 Liaoning	1947.05	1812.08	1240.36	602.69
上 海 Shanghai	1678.62	1263.73	7.19	2117.03
江 苏 Jiangsu	2244.68	6862.21	748.3	1700.41
浙 江 Zhejiang	947.82	3993.06	2858.04	1021.61
福 建 Fujian	450.37	1198.7	493.61	1068.01
山 东 Shandong	2423.77	4475.2	1160.21	1067.46
广 东 Guangdong	1544.58	3552.69	970.51	4463.14
广 西 Guangxi	578.53	513.71	464.41	177.18
海 南 Hainan	71.2	27.29	32.44	84.38

乡及乡以上工业企业单位数和工业总产值(1996年)

NUMBER OF INDUSTRIAL ENTERPRISES AND GROSS OUTPUT VALUE AT(1996)

单位: 个、亿元 (Unit) (100 000 000 yuan)

地区 Region	国有企业 State-Owned Enterprises			集体企业 Collective-Owned Enterprises			股份制经济企业 Share Holding Enterprises		
	企业单位数 Number of Enter-prises	总产值 Gross Output Value		企业单位数 Number of Enter-prises	总产值 Gross Output Value		企业单位数 Number of Enter-prises	总产值 Gross Output Value	
		1990年不变价格 At 1990 Constant Prices	当年价格 At Current Prices		1990年不变价格 At 1990 Constant Prices	当年价格 At Current Prices		1990年不变价格 At 1990 Constant Prices	当年价格 At Current Prices
全　国 National	**113837**	**20032.4**	**28361.1**	**4E+05**	**17693.7**	**19944.5**	**8282**	**2791.3**	**3302.17**
东部地区 Eastern Regions	**50372**	**10622.5**	**14705.9**	**2E+05**	**12353.9**	**13349.6**	**4124**	**1918.9**	**2173.7**
比重(%) Proportion	**44.2**	**53.0**	**51.9**	**48.2**	**69.8**	**66.9**	**49.8**	**68.7**	**65.8**
北　京 Beijing	4828	675.37	887.01	8412	258.24	277.39	407	14.27	21.25
天　津 Tianjin	2069	417.42	587.86	6962	253.23	287.61	17	36.41	41.74
河　北 Hebei	4750	906.53	1344.38	17054	857.38	971.28	351	87.67	100.34
辽　宁 Liaoning	5379	1265.47	1947.05	25046	737.53	804.87	295	109.83	133.53
上　海 Shanghai	3612	1219.8	1678.62	7607	450.7	533.87	49	297.81	349.88
江　苏 Jiangsu	4812	1805.45	2244.68	33355	3783.27	3974.16	315	215.09	235.99
浙　江 Zhejiang	4080	763.22	947.82	26105	2066.23	2039.97	1081	286.28	354.46
福　建 Fujian	3060	314.17	450.37	12022	251.26	285.78	374	70.05	79.58
山　东 Shandong	6420	1677.08	2423.77	20498	2043.07	2380.09	696	291.97	315.04
广　东 Guangdong	6783	1086.78	1544.58	23063	1390.19	1482.77	339	434.43	444.07
广　西 Guangxi	3620	444.29	578.53	9523	254.92	301.48	168	47.47	61
海　南 Hainan	959	46.88	71.2	457	7.85	10.35	32	27.57	36.82

续表 1　continued Ⅰ

单位: 个、亿元 (Unit)(100 000 000yuan)

地区 Region	外商投资经济企业 Foreign Funded Enterprises			港澳台投资经济企业 Overseas Chinese from Hong Kong, Macao & Taiwan Funded			轻工业企业 Light Industry Enterprises			重工业企业 Heavy Industry Enterprises		
	企业单位数 Number of Enter-prises	总产值 Gross Output Value		企业单位数 Number of Enter-prises	总产值 Gross Output Value		企业单位数 Number of Enter-prises	总产值 Gross Output Value		企业单位数 Number of Enter-prises	总产值 Gross Output Value	
		1990年不变价格 At 1990 Constant Prices	当年价格 At Current Prices		1990年不变价格 At 1990 Constant Prices	当年价格 At Current Prices		1990年不变价格 At 1990 Constant Prices	当年价格 At Current Prices		1990年不变价格 At 1990 Constant Prices	当年价格 At Current Prices
全　国 National	**19846**	**5970.61**	**6658.07**	**24525**	**4883.2**	**5458.91**	**287294**	**24270**	**28280.2**	**291496**	**28132**	**36608**
东部地区 Eastern Regions	**16166**	**5336.72**	**5901.18**	**21025**	**4454.68**	**4958.72**	**151644**	**17602**	**19679.1**	**142344**	**17936**	**22349**
比重(%) Proportion	**81.5**	**89.4**	**88.6**	**85.7**	**91.2**	**90.8**	**52.8**	**72.5**	**69.6**	**48.8**	**63.8**	**61.0**
北　京 Beijing	1487	272.28	326.02	959	75.99	95.06	8355	402.95	522.44	8552	913.39	1109.7
天　津 Tianjin	1123	500.17	579.57	711	120.13	139.2	5623	583.7	678.69	5450	770.81	987.57
河　北 Hebei	657	104.92	136.64	654	90.32	108.01	11224	861.18	1005.1	13075	1244.7	1722.3
辽　宁 Liaoning	1192	268.16	313.43	586	94.11	109.26	12672	678.31	796.26	21031	1838.3	2558.4
上　海 Shanghai	1664	1127.6	1152.92	1344	322.85	352.24	9009	1582.9	1875.79	6586	2057.3	2453.7
江　苏 Jiangsu	1823	711.28	745.53	1853	570.41	562.24	21325	3555.1	3765.5	21470	3689.4	4153.7
浙　江 Zhejiang	1401	307.95	320.41	1154	253.72	255.4	19533	2223.5	2254.7	15597	1541.9	1754.7
福　建 Fujian	1732	236.77	263.99	4286	623.21	689.87	13492	930.91	1056	9823	595.11	748.16
山　东 Shandong	1935	408.9	480.11	1047	173.32	199.81	16600	2339.1	2784.3	14632	2325.7	3087
广　东 Guangdong	2777	1328.79	1493.33	7969	2089.19	2398.72	25964	3967.2	4344.25	17444	2476.7	3146.2
广　西 Guangxi	271	53.17	69.91	345	24.20	27.45	6936	390.60	484.88	7801	449.29	572.31
海　南 Hainan	104	16.73	19.32	117	17.23	21.49	911	86.91	111.21	883	33.24	54.72

续表 2 continued Ⅱ

单位: 个、亿元 (Unit)(100 000 000 yuan)

地 区 Region	大型企业 Large Enterprises 企业单位数 Number of Enterprises	总产值 Gross Output Value 1990年不变价格 At 1990 Constant Prices	当年价格 At Current Prices	中型企业 Medium Enterprises 企业单位数 Number of Enterprises	总产值 Gross Output Value 1990年不变价格 At 1990 Constant Prices	当年价格 At Current Prices	小型企业 Small Enterprises 企业单位数 Number of Enterprises	总产值 Gross Output Value 1990年不变价格 At 1990 Constant Prices	当年价格 At Current Prices
全 国 National	**7052**	**18260.9**	**24756.7**	**16862**	**8049.55**	**9539.3**	**554876**	**26092**	**30591.9**
东部地区 Eastern Regions	**4356**	**11917.7**	**15405.2**	**10585**	**5732.64**	**6497**	**279047**	**17888**	**20125.5**
比重(%) Proportion	**61.8**	**65.3**	**62.2**	**62.8**	**71.2**	**68.1**	**50.3**	**68.6**	**65.8**
北 京 Beijing	224	668.79	867.13	291	89.09	115.98	16392	558.46	649.06
天 津 Tianjin	260	717.71	914.75	480	131.33	151.39	10333	505.47	600.12
河 北 Hebei	340	644.83	990.09	796	269.5	341.88	23163	1191.5	1395.38
辽 宁 Liaoning	530	1229.55	1876.37	1018	288.82	357.43	32155	998.23	1120.82
上 海 Shanghai	522	2084.48	2495.04	802	438.73	503.88	14271	1117	1330.59
江 苏 Jiangsu	533	1778.63	2028.57	1929	1442.16	1551.42	40333	4023.7	4339.26
浙 江 Zhejiang	342	867.96	981.4	1172	840.37	846.05	33616	2057.1	2181.95
福 建 Fujian	84	231.81	293.69	274	203.66	249.39	22957	1090.6	1261.08
山 东 Shandong	768	1593.2	2223.94	1904	818.48	996.13	28560	2253.1	2651.26
广 东 Guangdong	594	1821.39	2374.82	1398	985.07	1095.99	41416	3637.5	4019.68
广 西 Guangxi	134	227.69	289.84	439	194.85	247.28	14164	417.34	520.07
海 南 Hainan	25	51.61	69.54	82	30.58	40.18	1687	37.97	56.21

各地区按经济类型分的独立核算工业企业资本金(1996年)
TOTAL CAPITAL FUNDS OF INDUSTRIAL ENTERPRISES WITH INDEPENDENT ACCOUNTING SYSTEMS BY OWNERSHIP AND REGION (1996)

单位: 亿元 (100 000 000 yuan)

地 区 Region	资本金合计 Total Capital Funds	#国有经济 State-Owned	#集体经济 Collective Owned	#联营经济 Joint Owned	#股份制经济 Share Holding	#外商投资经济 Foreign Funded	#港澳台投资经济 Overseas Chinese from HongKong, Marco and Taiwan Funded
全 国 National	**24893.51**	**11806.82**	**4221.95**	**254.72**	**1330.5**	**3124.38**	**2424.13**
东部地区 Eastern Regions	**14910.78**	**6008.4**	**2882.17**	**206.62**	**858.45**	**2655.93**	**2158.06**
比重(%) Proportion	**59.9**	**50.9**	**68.3**	**81.1**	**64.5**	**85.0**	**89.0**
北 京 Beijing	751.07	397.26	69.51	8.19	18.82	192.02	63.42
天 津 Tianjin	598.65	293.15	54.6	9.36	16.24	165.62	59.69
河 北 Hebei	949.93	556.85	184.48	4.29	50.94	86.6	56.71
辽 宁 Liaoning	1529.42	945.23	190.55	6.62	69.52	251.84	59.81
上 海 Shanghai	1784.36	780.19	136.26	71.55	187.5	454.59	146.64
江 苏 Jiangsu	2012.25	676.56	675.76	33.71	83.56	332.88	203.99
浙 江 Zhejiang	1192.03	370.84	436.94	14.93	111.06	151.47	95.93
福 建 Fujian	854.15	197.71	89.76	8.38	31.72	138.67	381.45
山 东 Shandong	1605.56	841.79	350.74	5.82	70.84	249.1	84.32
广 东 Guangdong	3046.38	656.97	615.59	39.63	162.24	583.46	979.33
广 西 Guangxi	489.88	249.17	73.94	2.04	30.26	37.63	16.79
海 南 Hainan	97.1	42.68	4.04	2.1	25.75	12.05	9.98

各地区按经济类型分的独立核算工业企业资产(1996年)
TOTAL ASSETS OF INDUSTRIAL ENTERPRISES WITH INDEPENDENT ACCOUNTING SYSTEMS BY OWNERSHIP AND REGION (1996)

单位: 亿元 (100 000 000 yuan)

地 区 Region	资产合计 Total Assets	#国有经济 State-Owned	#集体经济 Collective Owned	#联营经济 Joint Owned	#股份制经济 Share Holding	#外商投资经济 Foreign Funded	#港澳台投资经济 Overseas Chinese from HongKong, Marco and Taiwan Funded
全 国 National	**90015.77**	**52757.03**	**15696.12**	**810.63**	**5497.73**	**8067.97**	**6885.45**
东部地区 Eastern Regions	**54987.01**	**26770.95**	**10896.83**	**688.31**	**3486.12**	**6800.54**	**6133.22**
比重(%) Proportion	**61.1**	**50.7**	**69.4**	**84.9**	**63.4**	**84.3**	**89.1**
北 京 Beijing	2875.55	1838.96	311.4	28.41	49.79	471.03	166.11
天 津 Tianjin	2402.94	1355.22	234.86	44.14	88.88	508.73	171.11
河 北 Hebei	3859.16	2579.58	683.08	12.15	169.53	219.04	167.1
辽 宁 Liaoning	6150	4302.25	776.09	35.44	304.78	546.4	165.95
上 海 Shanghai	6487.43	3203.78	542.91	222.18	764.13	1327.42	407.72
江 苏 Jiangsu	7713.83	3025.62	2761.01	139.68	354.28	855.07	558.82
浙 江 Zhejiang	4506.42	1550.19	1817.75	49.21	380.28	384.23	288.18
福 建 Fujian	2253.46	861.1	202.95	20.04	122.04	315.4	719.85
山 东 Shandong	6874.89	3926.3	1769.68	16.22	347.12	558.47	234.94
广 东 Guangdong	9857.18	2839.36	1537.06	103.06	714.09	1468.41	3164.09
广 西 Guangxi	1616.61	1095.09	249.97	5.34	101.73	106.94	46.18
海 南 Hainan	389.54	193.5	10.07	12.44	89.47	39.4	43.17

各地区独立核算工业企业主要指标 (1996年)
MAJOR INDICATORS OF INDUSTRIAL ENTERPRISES WITH INDEPENDENT ACCOUNTING SYSTEMS BY REGION (1996)

单位: 亿元 (100 000 000 yuan)

地 区 Region	企业单位数(个) Number of Enterprises (Unit)	工业总产值 Gross Output Value of Industry	工业增加值 Added-value of Industry	资本金合计 Total Capital Assets	流动资产合计 Total Circulating Funds	流动资产年平均余额 Average Balance Circulating Funds
全 国 National	**506445**	**62740.16**	**18026.11**	**24893.51**	**39542.35**	**37862.96**
东部地区 Eastern Regions	**265627**	**41025.3**	**10842.7**	**14910.78**	**24830.22**	**24068.84**
比重(%) Proportion	**52.4**	**65.4**	**60.1**	**59.9**	**62.8**	**63.6**
北 京 Beijing	15002	1522.29	450.82	751.07	1293.85	1218.3
天 津 Tianjin	10490	1635.96	309.11	598.65	1118.55	1044.83
河 北 Hebei	22797	2677.71	863.75	949.93	1557.53	1472.84
辽 宁 Liaoning	31410	3294.78	919.33	1529.42	2584.33	3196.04
上 海 Shanghai	15007	4247.12	1079.39	1784.36	3155.29	3042.42
江 苏 Jiangsu	38506	7726.34	1825.82	2012.25	3723.57	3496.72
浙 江 Zhejiang	33001	3934.75	937.43	1192.03	2167.75	2086.09
福 建 Fujian	21968	1770.54	488.05	854.15	987.46	922.83
山 东 Shandong	27245	5741.13	1715.25	1605.56	2920.92	2694.5
广 东 Guangdong	36294	7308.51	1910	3046.38	4554.03	4156.01
广 西 Guangxi	12640	1010.64	307.32	489.88	637.74	616.59
海 南 Hainan	1267	155.53	36.43	97.1	129.2	121.67

续表 1　continued Ⅰ

单位: 亿元　　(100 000 000 yuan)

地　区 Region	固定资产合　计 Total Fixed Assets	固定资产原价合计 Original Value of Fixed Assets	固定资产净值年平均余额 Average Balances Net Value of Fixed Assets	流动负债合　计 Total Circulating Liabilities	长期负债合　计 Long-Term Liability	所有者权益合　计 Owners Rights and Interests
全　国 National	**43301.6**	**52026.64**	**34493.2**	**40880.47**	**17384.59**	**31680.97**
东部地区 Eastern Regions	**25374.5**	**30180.9**	**20464.3**	**25184.85**	**9626.8**	**20118.88**
比重(%) Proportion	**58.6**	**58.0**	**59.3**	**61.6**	**55.4**	**63.5**
北　京 Beijing	1318.1	1631.99	1045.02	1240.18	475.1	1153.32
天　津 Tianjin	1079.69	1338.28	892.14	1069.37	502.94	832.99
河　北 Hebei	2062.8	2429.74	1568.7	1637.07	857.5	1342.22
辽　宁 Liaoning	3196.19	4070.9	2501.91	2807.11	1191.59	2149.07
上　海 Shanghai	2605.36	2987.71	2054.39	2876.58	817.38	2782.61
江　苏 Jiangsu	3363.22	4005.75	2765.87	3822.98	1171.73	2721.5
浙　江 Zhejiang	1960.73	2208.1	1573.36	2165.35	678.17	1662.9
福　建 Fujian	1039.9	1197.03	852.88	911.94	398.77	931.92
山　东 Shandong	3339.72	4040.26	2696.3	3160.34	1388.06	2326.49
广　东 Guangdong	4318.5	5066.23	3653.11	4603.84	1740.69	3504.93
广　西 Guangxi	874.74	977.27	686.36	752.12	301.74	562.48
海　南 Hainan	215.55	227.64	174.26	137.97	103.13	148.45

续表 2　continued Ⅱ

单位: 亿元　　(100 000 000 yuan)

地　区 Region	产品销售 Revenue of Product Sales	产品销售成本 Cost of Product Sales	产品销售税金及附加 Product Sales Pre-Tax and Related Payments	产品销售利润 Product Sales After-Tax Profits	利润总额 Total After-Tax Profits	本年应交增值税 Added Value Tax	利税总额 Total Pre-Tax Profits
全　国 National	**57969.98**	**47065.82**	**1180.16**	**7608.35**	**1489.74**	**2477.25**	**5147.15**
东部地区 Eastern Regions	**38165.63**	**31524.01**	**527.94**	**4699.59**	**1093.44**	**1504.44**	**3125.82**
比重(%) Proportion	**65.8**	**67.0**	**44.7**	**61.8**	**73.4**	**60.7**	**60.7**
北　京 Beijing	1580.14	1309.73	22.6	197.45	33.05	66.87	122.53
天　津 Tianjin	1498.67	1242.54	14.94	199.09	67.6	57.2	139.73
河　北 Hebei	2508.78	2039.31	37.47	360.44	107.09	110.39	254.95
辽　宁 Liaoning	3125.46	2606.57	48.67	399.82	10.38	154.24	213.29
上　海 Shanghai	4250.51	3478.87	48.03	510	210.68	182.89	441.61
江　苏 Jiangsu	6873.68	5812.63	67.37	779.4	141.73	241.1	450.2
浙　江 Zhejiang	3706.58	3106.37	44.01	439.01	98.05	145.14	287.2
福　建 Fujian	1617.13	1321.87	31.78	174.28	55.12	58.3	145.2
山　东 Shandong	5102.39	4108.88	95.34	726.32	206.8	223.82	525.96
广　东 Guangdong	6808.08	5608.78	94.59	794.25	178.75	215.92	489.26
广　西 Guangxi	944.37	764.72	19.57	107.83	-14.13	44.31	49.75
海　南 Hainan	149.84	123.74	3.57	11.7	-1.68	4.26	6.14

主要工业产品产量
OUTPUT OF MAJOR INDUSTRIAL PRODUCTS

地　区 Region	化学纤维 (万吨) Chemical Fibers (10 000tn)	布 (亿米) Cloth (100 000 000 m)	毛　线 (万吨) Kniting Wool (10 000tn)	呢　绒 (万米) Woolen Piece Goods (10 000 m)	机制纸及纸板 (万吨) Machine-Made Paper and Paperboards (10 000 tn)	缝纫机 (万架) Sewing Machines (10 000)	自行车 (万辆) Bicyeles (10 000)
全　国 National	**375.45**	**209.1**	**48.25**	**45953.68**	**2638.2**	**683.69**	**3361.18**
东部地区 Eastern Regions	**306.61**	**128.66**	**44.51**	**38328.33**	**1584.31**	**611.84**	**3103.71**
比重(%) Proportion	**81.7**	**61.5**	**92.2**	**83.4**	**60.1**	**89.5**	**92.3**
北　京 Beijing	2.56	2.26	0.53	1463.3	15.27	0.27	
天　津 Tianjin	8.82	3.97	0.93	801.5	45.89	11.37	381.52
河　北 Hebei	7.24	16.27	14.62	3572.32	258.32	4.26	15.31
辽　宁 Liaoning	20.72	4.73	0.44	745.41	95.68	0.12	87.95
上　海 Shanghai	38.61	5.23	1.41	3567.82	38.85	315.61	747.25
江　苏 Jiangsu	105.94	34.55	14.28	19133.91	163.95	57.4	442.85
浙　江 Zhejiang	43.34	15.95	2.08	4207.15	218.79	102.47	499.27
福　建 Fujian	24.12	3.6	0.71	334.78	95	0.49	64.31
山　东 Shandong	19.61	28.55	4.82	2472	336.39	4.3	172.61
广　东 Guangdong	32.12	12.14	4.43	1957.36	229.93	114.41	653.44
广　西 Guangxi	1.78	1.27	0.26	72.78	86.24	1.14	37.03
海　南 Hainan	1.75	0.14					2.17

续表 1　continued Ⅰ

地　区 Region	合成洗涤剂 (万吨) Synthetic Detergeuts (10 000 tn)	家用电冰箱 (万台) Household Refrigera-tors (10 000)	电风扇 (万台) Electric Fans (10 000)	家用洗衣机 (万台) Household Washing Machines (10 000)	收音机 (万台) Radio (10 000)	录音机 (万台) Recorders (10 000)	电视机 (万台) Television Set (10 000)	#彩　色 Color TV Set	照相机 (万架) Cameras (10 000)
全　国 National	**262.2**	**979.65**	**10292**	**1074.7**	**5650.7**	**8632.8**	**3541.8**	**2537.6**	**4120.8**
东部地区 Eastern Regions	**148.04**	**713.87**	**9832.62**	**859.57**	**5757.94**	**8642.18**	**2568.88**	**1719.45**	**5005.52**
比重(%) Proportion	**56.5**	**72.9**	**95.5**	**80.0**	**101.9**	**100.1**	**72.5**	**67.8**	**97.2**
北　京 Beijing	9.31	6.27	12.18	13.14	5.74	44.25	37.2	31.24	234.32
天　津 Tianjin	12.07	0.29	8.37	60.02			157.34	117.8	79.28
河　北 Hebei	5.32					2.05	14.91	9.61	
辽　宁 Liaoning	6.92	9.36	10.05	16.22	1.7	1.21	56.72	50.15	
上　海 Shanghai	32.57	93.12	169.23	141.52	94.32	148.41	187.63	42.59	198.99
江　苏 Jiangsu	23.98	20.71	1939.6	117.79	106.39	476.41	410.54	258.34	28.97
浙　江 Zhejiang	6.6	62.14	830.02	121.16	69.37	45.96	368.4	36.27	18.09
福　建 Fujian	0.63			7.39	204.74	343.27	104.22	102.92	0.01
山　东 Shandong	19.94	193.83	350.95	137.54	0.08	2.36	80.48	69.44	84.54
广　东 Guangdong	26.37	270.13	6492.8	169.53	5087.9	7458.7	1234.8	1128.5	3440.6
广　西 Guangxi	4.33	67.67	19.42	60.35	30.36	3.81			
海　南 Hainan									

注: 1. 广东省电子产品录音机、收音机、表等1994年的产品产量包括用国外进口零部件组装的产成品产量。

a) The output of electronic products such as taperecorders, radios, watchs in Guangdong Province in 1994 included those which were assembled with the spare parts from abroad.

续表 2 continued Ⅱ

地　区 Region	原　煤 (亿吨) Coal (100 000 000 tn)	原　油 (万吨) Crude Oil (10 000tn)	天然气 (亿立方米) Natural Gas (100 000 000 cu.m)	发电量 (亿千瓦小时) Electricity (100 000 000 kWh)	#水　电 Hydro-power	生　铁 (万吨) Pig Iron (10 000tn)	钢 (万吨) Steel (10 000tn)	成品钢材 (万吨) Rolled-Steel Final Products (10 000 tn)
全　国 National	**13.97**	**15733**	**201.14**	**10813**	**1879.7**	**10723**	**10124**	**9338**
东部地区 Eastern Regions	**3.03**	**7007.77**	**65.18**	**5401.58**	**551.44**	**5701.09**	**6146.18**	**6017.51**
比重(%) Proportion	**21.7**	**44.5**	**32.4**	**50.0**	**29.3**	**53.2**	**60.7**	**64.4**
北　京 Beijing	0.1			141.56	8.03	732.17	794.74	654.34
天　津 Tianjin		646.6	7.58	146.04		169.04	200.99	440.89
河　北 Hebei	0.82	524.05	3.65	651.41	15.35	1258.2	908.62	721.1
辽　宁 Liaoning	0.6	1504.3	19.62	583.96	45.15	1358.5	1369.3	1209.3
上　海 Shanghai				428.65		964.03	1441.9	1175.7
江　苏 Jiangsu	0.26	122.04	0.15	756.87	0.49	253.71	446.62	795.58
浙　江 Zhejiang	0.01			448.36	52.25	88.59	143.69	234.46
福　建 Fujian	0.12			284.1	150.87	101.1	80.49	115.97
山　东 Shandong	0.89	2911.6	11.91	793.03	0.8	544.87	447.56	312.58
广　东 Guangdong	0.1	1288.5	22.27	908.66	127.56	140.83	224.66	276.28
广　西 Guangxi	0.13	10.61		226.14	138.79	88.74	87.26	77.34
海　南 Hainan		0.07		32.81	12.15	1.31	0.35	3.97

续表 3 continued Ⅲ

地　区 Region	水　泥 (万吨) Cement (10 000tn)	金属切削机床 (万台) Metal-Cutting Machines (10 000)	汽　车 (万辆) Motor Vehicles (10 000)	#载重汽车 Trucks	拖拉机 (14.7千瓦及以上万台) Tractors (14.7kw & over 10 000 uints)	小型拖拉机 (万台) Mini-tractors (10 000)	平板玻璃 (万重量箱) Plateglass (10 000 weight cases)	木　材 (万立方米) Timber (10 000 cu.m)
全　国 National	**49119**	**17.74**	**147.52**	**62.51**	**8.37**	**209.66**	**16069**	**6710.3**
东部地区 Eastern Regions	**28583.23**	**14.48**	**76.86**	**22.15**	**5.84**	**122.85**	**9591.23**	**1856.41**
比重(%) Proportion	**58.2**	**81.6**	**52.1**	**35.4**	**69.8**	**58.6**	**59.7**	**27.7**
北　京 Beijing	665.93	0.28	13.74	3.52		0.91	461.69	3.66
天　津 Tianjin	207.88	0.12	15.27	5.64	0.94	0.02	211.14	
河　北 Hebei	3406.9	0.19	1.27	0.35	0.09	17.58	2509.8	58.04
辽　宁 Liaoning	1743.1	1.27	2.78	1.02	0.01	2.45	1591.6	146.09
上　海 Shanghai	443.77	1.54	20.17	0.02	1.9		687.63	
江　苏 Jiangsu	4040.3	3.36	11.02	4.45	0.43	31.85	1131.6	76.04
浙　江 Zhejiang	3546.8	4.02	1	0.24	0.68	5.32	450.41	221.62
福　建 Fujian	1504.5	0.17	0.32	0.18		4.75	297.98	494.97
山　东 Shandong	5623.8	2.7	1.58	0.42	1.79	46.8	1368	167.56
广　东 Guangdong	5283.2	0.53	1.18	0.38		2.88	660.05	266.08
广　西 Guangxi	1933.5	0.3	8.25	5.93		10.29	221.33	388.42
海　南 Hainan	183.55		0.28	0.01		0.01		33.93

[运输和邮电通讯业]

TRANSPORTATIONPOST AND TELECOMMUNICATION SERVICES

各地区运输线路长度(1996年底)

LENGTH OF TRANSPORTATION ROUTES BY REGION(END OF 1996)

单位: 公里 (km)

地　区 Region	国家铁路 National Railways 营业里程 Railways in Operation	正线延展里程 Mainline Railways Length Completed	内河航道里程 Navigable Inland Waterways	公　路 里　程 Total Highways	有路面里程 Paved	高级次高级 High and Secondary Grade	中级 Medium Grade	低级 Low Grade	无路面里程 Non-Paved
全　国 National	**54616**	**72934**	**110562**	**1157009**	**1043390**	**386827**	**322203**	**334360**	**113619**
东部地区 Eastern Regions	**15905**	**23372**	**58552**	**416092**	**388457**	**180609**	**92179**	**115669**	**27635**
比重(%) Proportion	**29**	**32**	**53**	**36**	**37**	**47**	**29**	**35**	**24**
北　京 Beijing	1020	1606		11811	11682	8359	1577	1746	129
天　津 Tianjin	503	904	90	4243	3833	3734	26	73	410
河　北 Hebei	3228	5294	75	51630	45881	35159	2135	8587	5749
辽　宁 Liaoning	3568	4967	508	43434	42563	18590	8186	15787	871
上　海 Shanghai	256	415	2100	3787	3787	2540	1247		
江　苏 Jiangsu	747	1294	23803	25970	25385	13921	10046	1418	585
浙　江 Zhejiang	938	1374	10592	34121	34121	13186	20935		
福　建 Fujian	1024	1037	3888	46574	42437	9641	19180	13616	4137
山　东 Shandong	2048	3060	1891	54243	53024	39880	3126	10018	1219
广　东 Guangdong	684	1322	10808	84567	77883	22529	13870	41484	6684
广　西 Guangxi	219	238	4521	40904	39838	11089	10880	17869	1066
海　南 Hainan	1670	1861	276	14808	8023	1981	971	5071	6785

各地区全社会货运量(1996年)

FREIGHT TRAFFIC BY REGION (1996)

单位: 万吨 (10 000 tn)

地　区 Region	合　计 Total	国家铁路 National Railway	地方铁路 Local Railway	公　路 Highway	水　运 Waterway
全　国 National	**1234810**	**159346**	**6509**	**940387**	**113194**
东部地区 Eastern Regions	**606090**	**56779**	**3929**	**483356**	**62026**
比重(%) Proportion	**49**	**36**	**60**	**51**	**55**
北　京 Beijing	32150	2974	89	29087	
天　津 Tianjin	22257	1942	779	19260	276
河　北 Hebei	72535	11391	880	59860	404
辽　宁 Liaoning	84057	13073	356	69976	652
上　海 Shanghai	29965	1376		24645	3944
江　苏 Jiangsu	74712	4413	16	49578	20705
浙　江 Zhejiang	58287	1914		45052	11321
福　建 Fujian	29193	2456		23720	3017
山　东 Shandong	74833	9256	431	63525	1621
广　东 Guangdong	93422	5027	653	71158	16584
广　西 Guangxi	26066	2678	725	20686	1977
海　南 Hainan	8613	279		6809	1525

注: 不分地区合计中,包括公路和水运部门的直属企业、民航、管道完成数。

a) In non-region classified,include enterprises directly by highway and waterway,CAAC and pipelines.

各地区全社会货物周转量(1996年)
TURNOVER VOLUME OF FREIGHT TRAFFIC BY REGION (1996)

单位: 亿吨公里　　　　(100 000 000 tn.km)

地　区 Region	合　计 Total	国家铁路 National Railway	地方铁路 Local Railway	公　路 Highway	水　运 Waterway
全　国 National	**35730.1**	**12836**	**34.24**	**4694.9**	**17552.2**
东部地区 Eastern Regions	**8782.9**	**5177.4**	**17.96**	**2229.2**	**1358.4**
比重(%) Proportion	**25**	**40**	**52**	**47**	**8**
北　京 Beijing	373.9	297.6	0.13	76.2	
天　津 Tianjin	342.8	268.3	3.87	40.7	29.9
河　北 Hebei	2033.3	1564.6	3.44	397.4	67.9
辽　宁 Liaoning	1235.4	1011.4	1.07	221.8	1.1
上　海 Shanghai	448.3	48.7		48.6	351
江　苏 Jiangsu	996.9	393.5		281	322.4
浙　江 Zhejiang	587.2	186.8		245.2	155.2
福　建 Fujian	326	145.7		146.6	33.7
山　东 Shandong	1041.9	698.6	3.12	330.9	9.3
广　东 Guangdong	617.2	249.2	2.85	267.2	97.9
广　西 Guangxi	658.1	311.2	3.48	143.4	200.1
海　南 Hainan	121.9	1.8		30.2	89.9

注: 不分地区合计中,包括公路和水运部门的直属企业、民航、管道完成数。
a) In non-region classified,include enterprises directly by highway and waterway,CAAC and pipelines.

民用汽车拥有量
CIVIL MOTOR VEHICLES

地　区 Region	民用汽车总　计(万辆) Total Number (10 000 Units)	载客汽车 Buses and Cars (万辆): 辆　数(万辆) Number (10 000 Units)	载客汽车: 客　位(万客位) Number of Seats (10 000 Seats)	载货汽车 Trucks: 辆　数(万辆) Number (10 000 Units)	载货汽车: #普通载货汽　车 Ordinary Trucks	载货汽车: 吨　位(万吨) Capacity (10 000tn)	载货汽车: #普通载货汽　车 Ordinary Truck	其　他机动车 Of Other Motor Vehideo (10 000 Units)
全　国 National	**1100.08**	**488.02**	**6191.82**	**575.03**	**558.16**	**2280.62**	**2167.1**	**1773.13**
东部地区 Eastern Regions	**599.21**	**273.93**	**3277.49**	**305.64**	**296.96**	**1161.82**	**1101.16**	**1268.41**
比重(%) Proportion	**54**	**56**	**53**	**53**	**53**	**51**	**51**	**72**
北　京 Beijing	62.18	43.05	500.18	18.35	18.03	59.26	55.28	18.38
天　津 Tianjin	32.34	12.28	100.96	19.15	18.62	62.73	58.94	33.04
河　北 Hebei	69.4	26.66	533.26	38.26	36.99	195.15	184.93	111.01
辽　宁 Liaoning	63.48	28.97	497.76	32.64	31.25	154.34	146.73	61.13
上　海 Shanghai	34.28	19.66	197.64	12.66	12.15	45.23	41.49	10.26
江　苏 Jiangsu	47.09	23.21	244.31	22.69	21.89	92.29	87.45	189.84
浙　江 Zhejiang	37.44	14.79	155.33	21.91	21.61	79.22	75.54	74.78
福　建 Fujian	20.13	8.74	105.52	11.11	10.75	35.89	34.64	75.13
山　东 Shandong	82.96	30.69	319.53	48.51	47.12	165.34	153.92	236.45
广　东 Guangdong	116.33	49.58	456.45	64	62.56	212.23	203.61	376.98
广　西 Guangxi	23.71	10.69	106.32	12.17	11.97	42.54	41.67	60.79
海　南 Hainan	9.87	5.61	60.23	4.19	4.02	17.6	16.96	20.62

注: 1. 小轿车包括在载客汽车中。
a) Cars has been included in passenger vehicles.

续表 continued

地 区 Region	公路部门营运 Vehicles by Professional Transport Units 合 计(万辆) Vehicles (10 000)	载客汽车 Passenger Vehicles 辆 数(万辆) Vehicles (10 000)	载客汽车 Passenger Vehicles 客 位(万客位) Seats (10 000)	普通载货汽车 General Trucks 辆 数(万辆) Vehicles (10 000)	普通载货汽车 General Trucks 吨 位(万吨) Capacity (10 000tn)	私人汽车 Private Vehicles 合 计(万辆) Vehicles (10 000)	载客汽车 Passenger Vehicles 辆 数(万辆) Vehicles (10 000)	载客汽车 Passenger Vehicles 客 位(万客位) Seats (10 000)	普通载货汽车 General Trucks 辆 数(万辆) Vehicles (10 000)	普通载货汽车 General Trucks 吨 位(万吨) Capacity (10 000tn)
全 国 National	**27.49**	**13.73**	**480.61**	**13.11**	**94.56**	**249.96**	**114.15**	**1322.63**	**131.01**	**537.79**
东部地区 Eastern Regions	**13.19**	**6.11**	**199.81**	**6.63**	**50.6**	**135.02**	**63.66**	**655.5**	**67.12**	**279.49**
比重(%) Proportion	**48**	**45**	**42**	**51**	**54**	**54**	**56**	**50**	**51**	**52**
北 京 Beijing	0.35	0.01	0.5	0.32	2.94	12.76	10	108.8	2.75	8.48
天 津 Tianjin	0.36	0.03	1.7	0.3	2.48	4.27	2.64	19.76	1.57	12.15
河 北 Hebei	1.43	0.51	20.83	0.9	6.1	26.67	10.47	146.54	12.52	73.89
辽 宁 Liaoning	1.18	0.43	21.51	0.73	6.27	13.42	7.7	94.68	5.66	22.37
上 海 Shanghai	0.74	0.06	1.78	0.59	5.63	0.8	0.5	1.73	0.3	0.47
江 苏 Jiangsu	1.74	0.86	32.76	0.84	7.35	5.22	3.15	28.82	2.05	7.28
浙 江 Zhejiang	1.54	0.93	25.49	0.56	3.74	9.61	4.59	48.16	5.02	17.52
福 建 Fujian	0.83	0.52	11.9	0.29	1.8	6.35	2.36	21.32	3.95	18.08
山 东 Shandong	2.34	0.76	29.21	1.51	11.17	8.15	4.66	49.46	3.44	13.09
广 东 Guangdong	1.64	1.31	36.8	0.25	1.9	38.6	15	104.55	23.45	81.35
广 西 Guangxi	0.97	0.62	14.89	0.34	1.21	6.51	1.89	21.55	4.59	17.62
海 南 Hainan	0.07	0.07	2.44	0	0.01	2.66	0.7	10.13	1.82	7.19

各地区按经济类型分的独立核算公路、水路和港口企业资本金(1996年)
TOTAL CAPITAL FUNDS OF HIGHWAY, WATERWAY AND PORTS ENTERPRISES WITH INDEPENDENT ACCOUNTING SYSTEMS BY TYPE OF OWNERSHIP AND REGION (1996)

单位: 万元 (10 000 yuan)

地 区 Region	资本金合计 Total Capital Funds	国有经济 State－Owned	集体经济 Collective Owned	其他经济 Other
全 国 National	**6876517**	**5089729**	**953085**	**833703**
东部地区 Eastern Regions	**5165904**	**3821744**	**564243**	**779915**
比重(%) Proportion	**75**	**75**	**59**	**94**
北 京 Beijing	66613	48151	17863	599
天 津 Tianjin	368794	306746	16516	45532
河 北 Hebei	269937	226601	32525	10811
辽 宁 Liaoning	566571	462873	51571	52127
上 海 Shanghai	876577	753858	31722	90997
江 苏 Jiangsu	517645	373850	115532	28263
浙 江 Zhejiang	313058	219945	61604	31509
福 建 Fujian	210223	163612	31238	15372
山 东 Shandong	410180	330955	69137	10087
广 东 Guangdong	1330246	764826	94717	470703
广 西 Guangxi	154762	97797	36898	20067
海 南 Hainan	81298	72530	4920	3848

各地区按经济类型分的独立核算公路、水路和港口企业利税总额(1996年)

TOTAL PER-TAX PROFITS OF HIGHWAY, WATERWAY AND PORTS ENTERPRISES WITH INDEPENDENT ACCOUNTING SYSTEMS BY TYPE OF OWNERSHIP AND REGION (1996)

单位: 万元 (10 000 yuan)

地　区 Region	利税总额合计 Total Pre-Tax Profits	国有经济 State-Owned	集体经济 Collective Owned	其他经济 Other
全　国 National	**513742**	**437318**	**5902**	**70522**
东部地区 Eastern Regions	**555645**	**490488**	**-2185**	**67342**
比重(%) Proportion	**108**	**112**	**-37**	**95**
北　京 Beijing	3992	3036	997	-41
天　津 Tianjin	60332	44952	325	15055
河　北 Hebei	18208	31937	-13952	223
辽　宁 Liaoning	8389	7387	-2425	3427
上　海 Shanghai	176618	160449	3684	12485
江　苏 Jiangsu	11850	17497	-7588	1941
浙　江 Zhejiang	17801	17338	-2587	3050
福　建 Fujian	34590	17326	14388	2876
山　东 Shandong	53925	50925	1788	1212
广　东 Guangdong	142608	112699	3156	26753
广　西 Guangxi	14373	11548	772	2053
海　南 Hainan	12959	15394	-743	-1692

各地区独立核算公路、水路和港口企业主要指标(1996年)

MAIN INDICATORS OF HIGHWAY, WATERWAY AND PORT ENTERPRISES WITH INDEPENDENT ACCOUNTING SYSTEM BY REGION(1996)

单位: 万元 (10 000 yuan)

地　区 Region	企业单位数(个) Number of Enterprises	流动资产合计 Total Circulation Funds	固定资产合计 Total Fixed Assets	固定资产原价合计 Original Value of Fixed Assets	流动负债合计 Total Liquid Liabilities	长期负债合计 Long-term Liabilities
全　国 National	**10306**	**7192072**	**17115125**	**22700860**	**7618047**	**7421987**
东部地区 Eastern Regions	**5589**	**5552616**	**13771742**	**18123434**	**5582902**	**6354794**
比重(%) Proportion	**54.2**	**77.2**	**80.5**	**79.8**	**73.3**	**85.6**
北　京 Beijing	587	66141	112495	165705	77099	24021
天　津 Tianjin	711	391266	911513	1350073	327113	400683
河　北 Hebei	374	313440	850563	1078723	256773	288712
辽　宁 Liaoning	433	455719	1499930	1832924	543584	844723
上　海 Shanghai	497	1140241	3151608	4247628	1054155	1543147
江　苏 Jiangsu	573	713882	1329727	1768749	802285	594554
浙　江 Zhejiang	591	412506	716110	930035	471866	238149
福　建 Fujian	448	186945	434263	527174	177600	226070
山　东 Shandong	360	469271	1312892	1640542	543051	533059
广　东 Guangdong	669	1233065	3024233	4051613	1142880	1568097
广　西 Guangxi	217	133956	385682	479878	146642	86224
海　南 Hainan	129	36184	42726	50390	39854	7355

续表 **continued**

单位：万元 (10 000 yuan)

地　区 Region	所有者权益合计 Creditor Equity	营运收入 Operating Revenue	营运成本 Operating Costs	营运税金及附加 Tax and Extra Charges on Business Operating	营运利润 Operating Profits	利润总额 Total Profits
全　国 National	**11390205**	**9638258**	**7532545**	**250293**	**1685250**	**144660**
东部地区 Eastern Regions	**9317965**	**7549169**	**5906822**	**183847**	**1355836**	**224634**
比重(%) Proportion	**81.8**	**78.3**	**78.4**	**73.5**	**80.5**	
北京 Beijing	91081	69194	60138	2126	3708	-3437
天津 Tianjin	699666	538234	426726	10656	99996	34762
河北 Hebei	673203	307807	217135	9337	74267	29946
辽宁 Liaoning	941945	480151	373213	14914	89431	15434
上海 Shanghai	2138188	1989756	1650639	40097	289288	68881
江苏 Jiangsu	829523	799699	616683	21091	148850	-21198
浙江 Zhejiang	476023	522358	379429	15667	105503	-1827
福建 Fujian	270375	240197	188170	8192	34232	9132
山东 Shandong	877724	537553	383826	15665	130768	23252
广东 Guangdong	1965048	1878001	1473212	39716	346762	67983
广西 Guangxi	319630	175915	132095	6003	28925	2204
海南 Hainan	35559	10304	5556	383	4106	-498

各地区民用运输船舶拥有量
CIVIL TRANSPORT VESSELS BY REGION

地　区 Region	机　动　船 Motor Vessels				驳　船 Barges			帆　船 Sailing Boats	
	艘数(艘) Total	净载重量(吨) Net Haulage Capacity (tn)	载客量(客位) Passenger Capacity (seat)	拖船功率(千瓦) Drawing Power (kw)	艘数(艘) Total	净载重量(吨) Net Haulage Capacity (tn)	载客量(客位) Passenger Capacity (seat)	艘数(艘) Total	净载重量(吨) Net Tonnage (tn)
全　国 National	**299717**	**40940087**	**979985**	**1707115**	**57998**	**9449652**	**17722**	**7253**	**40298**
东部地区 Eastern Regions	**234657**	**15871196**	**442667**	**885927**	**42996**	**4110314**	**11650**	**164**	**2105**
比重(%) Proportion	**78**	**39**	**45**	**52**	**74**	**43**	**66**	**2**	**5**
北　京 Beijing									
天　津 Tianjin	120	164590	998	126442	51	39748			
河　北 Hebei	43	246719		5437	25	22300			
辽　宁 Liaoning	732	581864	11484	18961	63	22535		2	60
上　海 Shanghai	3872	683783	16785	93222	3502	316316			
江　苏 Jiangsu	116572	5133514	67343	366938	24191	1965513	6865		
浙　江 Zhejiang	62227	2482281	125303	75372	6202	445173	4413	3	232
福　建 Fujian	4644	1330679	40400	12518	314	18168		159	1813
山　东 Shandong	3872	874469	10563	74979	6779	768361			
广　东 Guangdong	31329	2717559	93645	85551	1374	397044			
广　西 Guangxi	10918	966328	67808	22780	380	95090	216		
海　南 Hainan	328	689410	8338	3727	115	20066	156		

[国内商业和城乡居民生活]
DOMESTIC TRADE AND PEOPLE'S LIVEIHOOD

各地区批发、零售贸易业网点 (1996年)
NUMBER OF OUTLETS IN WHOLESALE AND RETAIL SALES TRADE BY REGION(1996)

单位: 个 (Unit)

地 区 Region	合计 Total	国有经济 State-Owned	集体经济 Collective Owned	私营经济 Private	个体经济 Individual	联营经济 Joint Owned	股份制经济 Share Holding	外商投资经济 Foreign Funded	港澳台投资经济 Overseas Chinese from Hong-Kong,Macao & Taiwan Funded	其他经济 Others
全 国 National	**15989164**	**657560**	**1150156**	**199392**	**13928679**	**7695**	**22364**	**3395**	**2253**	**17670**
东部地区 Eastern Regions	**7796780**	**283987**	**588792**	**151055**	**6735731**	**6084**	**14104**	**3099**	**2001**	**11927**
比重(%) Proportion	**49**	**43**	**51**	**76**	**48**	**79**	**63**	**91**	**89**	**67**
北 京 Beijing	220108	16167	22986	3650	171790	637	3368	847	185	478
天 津 Tianjin	161181	5863	12586	1636	140508	105	268	102	75	38
河 北 Hebei	1102141	21188	36121	2235	1042283	78	205	2	29	
辽 宁 Liaoning	652425	27187	42799	20023	561259	160	749	96	42	110
上 海 Shanghai	171156	18809	37209	6066	103925	1891	574	1196	604	882
江 苏 Jiangsu	840521	34745	87641	11488	704131	569	1314	46	53	534
浙 江 Zhejiang	877638	19784	48407	18090	788249	281	2552	32	28	215
福 建 Fujian	407638	16582	35109	2682	344638	601	303	192	220	7311
山 东 Shandong	1451280	37042	50992	18531	1641096	197	2031	125	88	1178
广 东 Guangdong	1183705	58902	169917	62601	887463	1150	1775	360	581	956
广 西 Guangxi	632430	19425	39436	1749	570374	364	923	35	14	110
海 南 Hainan	96557	8293	5589	2304	80015	51	42	66	82	115

各地区批发、零售贸易业人员 (1996年)
NUMBER OF PERSONNEL IN WHOLESALE AND RETAIL SALES TRADE BY REGION(1996)

单位: 人 (person)

地 区 Region	合计 Total	国有经济 State-Owned	集体经济 Collective Owned	私营经济 Private	个体经济 Individual	联营经济 Joint Owned	股份制经济 Share Holding	外商投资经济 Foreign Funded	港澳台投资经济 Overseas Chinese from Hong-Kong,Macao & Taiwan Funded	其他经济 Others
全 国 National	**44991244**	**9693126**	**7711974**	**1650947**	**24933213**	**114276**	**674822**	**77026**	**63493**	**72367**
东部地区 Eastern Regions	**22490442**	**4584428**	**4301565**	**1226109**	**11721038**	**92665**	**384594**	**68129**	**511554**	**60360**
比重(%) Proportion	**50**	**47**	**56**	**74**	**47**	**81**	**57**	**88**	**81**	**83**
北 京 Beijing	975735	374109	257490	38196	210253	12292	68221	9151	3259	2764
天 津 Tianjin	508332	142213	162521	14711	167924	1653	13514	3797	1558	441
河 北 Hebei	2955640	447818	291488	21399	2175545	705	12231	1650	4804	
辽 宁 Liaoning	2175246	620499	455780	213070	831938	2245	46572	2038	2587	517
上 海 Shanghai	1222088	449868	444312	49972	156411	32972	29883	32217	15326	11127
江 苏 Jiangsu	2496000	564313	653691	89018	1120583	8203	50158	5329	3402	1303
浙 江 Zhejiang	1870506	242376	258420	165750	1151104	5220	44658	1065	782	1131
福 建 Fujian	1030831	173958	144646	24220	645270	7518	4969	1936	1719	26595
山 东 Shandong	4021799	581179	431498	117480	2821400	4714	56188	2076	1265	5999
广 东 Guangdong	3717148	703202	979909	456025	1496946	14897	37126	7818	15542	5683
广 西 Guangxi	1208170	192555	190034	12677	793663	1486	16899	164	64	628
海 南 Hainan	308947	92338	31776	23591	150001	760	4175	888	1246	4172

各地区餐饮业网点（1996年）
NUMBER OF OUTLETS IN CATERING TRADE BY REGION (1996)

单位：个 (Unit)

地区 Region	合计 Total	国有经济 State-Owned	集体经济 Collective Owned	私营经济 Private	个体经济 Individual	联营经济 Joint Owned	股份制经济 Share Holding	外商投资经济 Foreign Funded	港澳台投资经济 Overseas Chinese from Hong-Kong,Macao & Taiwan Funded	其他经济 Others
全 国 National	**2587730**	**30019**	**73287**	**16765**	**2460961**	**819**	**1235**	**1876**	**1570**	**1198**
东部地区Eastern Regions	**1072344**	**13957**	**39331**	**9948**	**1003922**	**746**	**672**	**1534**	**1248**	**986**
比重(%) Proportion	**41**	**46**	**54**	**59**	**41**	**91**	**54**	**82**	**79**	**82**
北 京 Beijing	35681	1905	3837	415	28956	85	122	227	80	54
天 津 Tianjin	25764	557	1038	27	24052	9	3	53	22	3
河 北 Hebei	167908	889	1845	340	164702	103	6	12	11	
辽 宁 Liaoning	84370	1354	2862	1276	78619	12	40	146	51	10
上 海 Shanghai	25250	1625	5198	386	17161	264	54	297	149	116
江 苏 Jiangsu	126750	1395	7229	833	116905	55	58	164	107	4
浙 江 Zhejiang	106405	632	1826	419	103375	11	61	53	22	6
福 建 Fujian	58026	676	1245	277	54850	29	22	95	125	707
山 东 Shandong	213927	2040	3374	2587	205300	6	163	181	266	10
广 东 Guangdong	120789	1783	8513	3109	106510	163	107	210	347	47
广 西 Guangxi	97055	1015	2302	151	93511	2	16	22	18	18
海 南 Hainan	10419	86	62	128	9981	7	20	74	50	11

各地区餐饮业人员（1996年）
NUMBER OF PERSONNEL IN CATERING TRADE BY REGION (1996)

单位：人 (person)

地区 Region	合计 Total	国有经济 State-Owned	集体经济 Collective Owned	私营经济 Private	个体经济 Individual	联营经济 Joint Owned	股份制经济 Share Holding	外商投资经济 Foreign Funded	港澳台投资经济 Overseas Chinese from Hong-Kong,Macao & Taiwan Funded	其他经济 Others
全 国 National	**7753108**	**60998**	**760584**	**158775**	**5953550**	**23542**	**40487**	**103874**	**94671**	**7627**
东部地区Eastern Regions	**3609265**	**332480**	**469327**	**109800**	**2486923**	**21908**	**22653**	**85641**	**74141**	**6392**
比重(%) Proportion	**47**	**55**	**62**	**69**	**42**	**93**	**56**	**82**	**78**	**84**
北 京 Beijing	169341	39111	39034	1288	64557	2069	3578	14673	4671	360
天 津 Tianjin	77652	12600	14162	442	45676	346	123	3103	1181	19
河 北 Hebei	477914	20061	15000	3105	438047	444	222	654	381	
辽 宁 Liaoning	318190	27608	28925	19609	226972	110	2916	7821	4008	221
上 海 Shanghai	234311	55675	76390	4755	50141	9432	3336	18470	15329	1083
江 苏 Jiangsu	381647	30032	65535	10843	263726	771	1677	5200	3822	41
浙 江 Zhejiang	230782	16567	17450	5105	186762	459	1759	2052	597	31
福 建 Fujian	167691	8217	11468	4134	133143	1172	217	4309	3486	1545
山 东 Shandong	668955	35942	44165	14574	558672	68	4881	6186	4308	159
广 东 Guangdong	627667	65453	133881	42357	323314	6715	2124	18049	33922	1852
广 西 Guangxi	205712	17708	22195	1594	161262	63	1127	680	754	329
海 南 Hainan	49103	3506	1122	1994	34651	259	693	4444	1682	752

各地区批发、零售贸易业商品购进总额 (1996年)
FINAL PURCHASES IN WHOLESALE AND RETAIL SALES TRADE BY REGION (1996)

单位: 亿元 (100 000 000 yuan)

地 区 Region	合计 Total	国有经济 State-Owned	集体经济 Collective Owned	私营经济 Private	联营经济 Joint Owned	股份制经济 Share Holding	外商投资经济 Foreign Funded	港澳台投资经济 Overseas Chinese from Hong-Kong,Macao & Taiwan Funded	其他经济 Others
全 国 National	**38549.7**	**24646.6**	**10437**	**596.8**	**428**	**2088.3**	**134.5**	**140.2**	**78.3**
东部地区Eastern Regions	**25099**	**15394**	**7051**	**4.8**	**405**	**1490**	**127**	**119**	**75**
比重(%) Proportion	**65**	**62**	**68**	**73**	**95**	**71**	**94**	**85**	**96**
北 京 Beijing	2072.5	1585.5	303	17.5	34.9	102.8	17.4	9	2.4
天 津 Tianjin	951.1	617.1	242.2	16	12.3	45.6	12.8	3.3	1.9
河 北 Hebei	1372	988.8	349	8	1.6	19	2.5	3.2	
辽 宁 Liaoning	1809	1243.8	377.5	66.4	5.2	109.6	2.3	3.1	1.2
上 海 Shanghai	2694.9	1516.5	675.6	5.8	159.7	255	47.3	34.9	
江 苏 Jiangsu	4790.8	2350	1961.1	34.9	41.9	363.6	9.4	6.2	23.7
浙 江 Zhejiang	2891	1751	735.8	99.3	36.1	251.6	4.6	5.8	6.8
福 建 Fujian	1094.6	779.9	205.9	25.6	21.5	46.2	8.3	5.1	2.3
山 东 Shandong	2322.8	1461.2	688.9	24.1	11.6	131.1	3.3	2.2	0.4
广 东 Guangdong	4294.6	2575.1	1291.1	131.3	77.5	126.9	17.8	44.5	30.1
广 西 Guangxi	714.9	452.3	208.3	8.7	2.6	36.7	0.9		5.5
海 南 Hainan	90.5	73	12.4	0.1	0.1	1.8	0.2	2.1	1

各地区批发、零售贸易业商品销售总额 (1996年)
TOTAL SALES IN WHOLESALE AND RETAIL SALES TRADE BY REGION (1996)

单位: 亿元 (100 000 000 yuan)

地 区 Region	合计 Total	国有经济 State-Owned	集体经济 Collective Owned	私营经济 Private	联营经济 Joint Owned	股份制经济 Share Holding	外商投资经济 Foreign Funded	港澳台投资经济 Overseas Chinese from Hong-Kong,Macao & Taiwan Funded	其他经济 Others
全 国 National	**42546.9**	**27288.7**	**11210.6**	**697.8**	**485.7**	**2416.6**	**175.2**	**176.6**	**95.7**
东部地区Eastern Regions	**27764**	**17100**	**7536**	**513**	**461**	**1747**	**166**	**152**	**91**
比重(%) Proportion	**65**	**63**	**67**	**73**	**95**	**72**	**95**	**86**	**95**
北 京 Beijing	2251.7	1732	293.6	17.3	38.9	133.4	24.3	9.8	2.4
天 津 Tianjin	1004.5	647.1	254.1	16.5	12.5	53.8	15.7	3.1	1.8
河 北 Hebei	1490.8	1090	364.6	7.9	1.8	21.6	2.4	2.6	
辽 宁 Liaoning	2046.2	1415.9	406.7	81.9	7.3	127	2.7	3.6	1.2
上 海 Shanghai	3361.3	1957.5	795.7	6.4	188.2	316.9	55.6	41.1	
江 苏 Jiangsu	5215.2	2554.6	2156.9	38.8	39.9	389.2	10.1	6.4	19.3
浙 江 Zhejiang	3155.8	1896.5	804.7	103.9	38.1	292.9	7.2	5.2	7.3
福 建 Fujian	1186.2	856.4	213.8	26.9	21.7	50.1	9.6	5.2	2.5
山 东 Shandong	2517.8	1586.5	736.4	28.1	12.1	149.5	3.4	1.4	0.4
广 东 Guangdong	4646.6	2779.2	1276.2	174.3	97.7	164.8	33.8	71.5	49.2
广 西 Guangxi	786.6	503.3	219.9	10.3	2.5	44	0.9		5.8
海 南 Hainan	101.3	80.8	13.6	0.2	0.1	3.3	0.3	1.9	1.3

各地区批发、零售贸易业商品库存总额 (1996年)

INVENTORY IN WHOLESALE AND RETAIL SALES TRADE BY REGION (1996)

单位：亿元 (100 000 000 yuan)

地区 Region	合计 Total	国有经济 State-Owned	集体经济 Collective Owned	私营经济 Private	联营经济 Joint Owned	股份制经济 Share Holding	外商投资经济 Foreign Funded	港澳台投资经济 Overseas Chinese from Hong-Kong,Macao & Taiwan Funded	其他经济 Others
全　国　National	**7227.3**	**4803.5**	**1930.9**	**76.2**	**55.6**	**301.8**	**26.3**	**25.5**	**7.5**
东部地区Eastern Regions	**3721**	**2341**	**1031**	**53**	**51**	**194**	**24**	**21**	**7**
比重(%) Proportion	**51**	**49**	**53**	**69**	**92**	**64**	**92**	**82**	**91**
北　京　Beijing	372.4	270.2	69.2	1	5.4	21.3	2.4	2.4	0.4
天　津　Tianjin	152	96.2	39.1	3.2	1.7	6.8	4.3	0.7	0.2
河　北　Hebei	254.2	175.9	69.6	1.2	0.6	4.4	0.9	1.7	
辽　宁　Liaoning	350	247	75	7.8	1	17.2	1.1	0.7	0.3
上　海　Shanghai	323.9	186.4	80.2	0.1	19.4	28.1	5.6	4.1	
江　苏　Jiangsu	684.5	374.2	254.7	7	7.7	34.7	4.4	1.7	0.2
浙　江　Zhejiang	333.5	187.7	101.9	9.5	4.5	28.1	0.8	0.5	0.5
福　建　Fujian	154.2	106.3	36.7	3.8	2.4	3.4	0.5	0.5	0.4
山　东　Shandong	446.4	278.4	136.8	3.4	2.2	24	1	0.4	0.1
广　东　Guangdong	496.5	313.2	131.1	14.2	5.7	17.8	3.1	8.1	3.3
广　西　Guangxi	135.8	91.3	34.6	1.4	0.4	6.8	0.1		1.2
海　南　Hainan	17.7	13.8	1.8	0		1.5	0.1	0.2	0.2

社会消费品零售总额 (按地区和城乡分，1996年)

TOTAL RETAIL SALES OF CONSUMER GOODS BY REGION AND URBAN-RUAL(1996)

单位：亿元 (100 000 000 yuan)

地区 Region	社会消费品零售总额 Total Retail sales of Consumer Goods	按地区分 By Region 市 City	县 County	县以下 Below County Level
全　国　National	**24774.1**	**14951.2**	**3280**	**6542.9**
东部地区Eastern Regions	**14234**	**8930**	**1333**	**3971**
比重(%) Proportion	**57**	**60**	**41**	**61**
北　京　Beijing	923.7	521.6	111.8	290.3
天　津　Tianjin	470	391.4	30.1	48.6
河　北　Hebei	1022.1	513.1	179.8	329.2
辽　宁　Liaoning	1289.4	1051	79.3	159.1
上　海　Shanghai	1161.3	925.7	53.8	181.8
江　苏　Jiangsu	1932.9	1158	131.1	643.8
浙　江　Zhejiang	1599.4	855.9	163.5	579.9
福　建　Fujian	832.5	451.8	117.3	263.3
山　东　Shandong	1691.7	1001.5	172	518.1
广　东　Guangdong	2577.9	1698.8	152.2	726.9
广　西　Guangxi	611.3	285.4	125.2	200.7
海　南　Hainan	121.6	75.9	16.6	29.1

社会消费品零售总额（按经济类型分，1996年）

TOTAL RETAIL SALES OF CONSUMER GOODS BY OWNERSHIP(1996)

单位：亿元　　(100 000 000 yuan)

地区 Region	社会消费品零售总额 Total Retail sales of Consumer Goods	国有单位 State Owned	集体单位 Collective Owned	合营 Joint Owned	个体 Individua	其他 Others
全国 National	**24774.1**	**6745.1**	**4567**	**125.3**	**7923.7**	**5413**
东部地区Eastern Regions	**14234**	**3538**	**2865**	**121**	**4618**	**3092**
比重(%) Proportion	**57**	**52**	**63**	**96**	**58**	**57**
北京 Beijing	923.7	314.8	217.3	24	241.8	125.8
天津 Tianjin	470	115.7	99.8	5.1	71.6	177.8
河北 Hebei	1022.1	294.3	160.1	2.2	422.6	142.8
辽宁 Liaoning	1289.4	255.8	170.5	1	526.1	336
上海 Shanghai	1161.3	454.3	350.2	30.1	67	259.7
江苏 Jiangsu	1932.9	512.1	602.8	9.4	394.2	414.4
浙江 Zhejiang	1599.4	254.6	216.1	11.1	703.5	414.1
福建 Fujian	832.5	137.7	134.4	5.8	423.8	130.7
山东 Shandong	1691.7	419	385.6	4.5	558.4	324.1
广东 Guangdong	2577.9	611.3	434.1	25.4	904.4	602.7
广西 Guangxi	611.3	140.1	86.8	1	253.5	130
海南 Hainan	121.6	27.9	7.3	1.3	51.3	33.8

注：1. 供销合作社零售额1958－1961年包括在国有单位零售额中，其他各年包括在集体单位零售额中。
2. 合营零售额1952－1958年是公私合营，1980年以后包括各种不同经济类型的合营和中外合营。
3. 个体零售额1952－1957年包括私营。
4. 1993年以前是社会商品零售总额，1993年以后是社会消费品零售总额。
5. 1993年以后，其他经济包括农对非、私营、股份制、外商投资、港澳台投资经济。

a) Retail sales by supply and marketing cooperatives were included in state－owned units from 1958 to 1961, but were regrouped ownership in other year.
b) Refers to state－private ownership from 1952 to 1958. The figures since 1980 include various forms of domestic joint ownership and Chese and foreign joint ownership.
c) Figures for 1952 to 1957 include private ownership.
d) Before 1993, total values of retail sales; Since 1993, total retail sales of consumer goods.
e) Since 1993, include agricultural to non－agricultural, private, share holding, foreign funded and overseas chinese from HongKong, Macao and Taiwan funded in others.

各地区大中型批发、零售贸易业增加值 (1996年)
ADDED-VALUE IN WHOLESALE AND RETAILSALES TRADE OF LARGE AND MEDIUM BY REGION (1996)

单位: 万元 (10 000 yuan)

地区 Region	增加值合计 Total Added-Value	本年提取的固定资产折旧 Fixed Assets Deprecia-tion Deducted for the Year	本年应付工资总额 Total Wage for the Year	本年应付福利费总额 Welfare Funds for the Year	劳动就业保险费 Insurance from Manage-ment Funds	商品销售税金及附加 Goods Sale Taxes and Added Value	利润总额 Total Profits	管理费用中税金额 Taxes in Manage-ment Cost
全 国 National	**21128768.2**	**1170319.2**	**4025983.7**	**594468.8**	**547891.2**	**834199.9**	**13731425**	**224480.8**
东部地区 Eastern Regions	**13481387**	**707732**	**2597815**	**395209**	**368798**	**462180**	**8822084**	**127569**
比重(%) Proportion	**64**	**60**	**65**	**66**	**67**	**55**	**64**	**57**
北 京 Beijing	1402561.9	71005.3	265961	45022.3	44426.7	28409.5	933605.8	14131.3
天 津 Tianjin	426712.4	21907.4	111163	16113.4	23687.3	6775.1	242765.2	4301
河 北 Hebei	682037.4	39089.5	137128.7	18971.4	16423.6	14433.5	447143.8	8846.9
辽 宁 Liaoning	1011731.5	55486.9	190764	24977.8	24665.3	26406.6	677222.9	12208
上 海 Shanghai	2134140.6	76940.7	384604.3	68067.1	65991.4	177368.6	1351163.7	10004.8
江 苏 Jiangsu	2084767.1	113005.9	451805.5	64117.3	60923.6	41819.6	1334686.8	18408.4
浙 江 Zhejiang	1431539	77028.7	244880.1	35922.1	37996.4	31405.7	993516.1	10789.9
福 建 Fujian	485602.4	24824	81259.2	16722.5	9202.1	18222.7	330453.5	4918.4
山 东 Shandong	1491747.4	84927.3	269615.1	35635.4	36802.2	52543	994558.5	17665.9
广 东 Guangdong	1935400	118862.5	370113.6	57769.5	35860.9	53201	1278824.9	20767.6
广 西 Guangxi	353594.1	20975.8	82215.2	10491.8	11428.4	10462.4	212892.7	5127.8
海 南 Hainan	41553.4	3678.1	8305.2	1398.8	1389.8	1132.3	25250.3	398.9

各地区大中型餐饮业增加值 (1996年)
ADDED-VALUE IN CATERING TRADE OF LARGE AND MEDIUM BY REGION (1996)

单位: 万元 (10 000 yuan)

地区 Region	增加值合计 Total Added-Value	本年提取的固定资产折旧 Fixed Assets Deprecia-tion Deducted for the Year	本年应付工资总额 Total Wage for the Year	本年应付福利费总额 Welfare Funds for the Year	劳动就业保险费 Insurance from Manage-ment Funds	商品销售税金及附加 Goods Sale Taxes and Added Value	利润总额 Total Profits	管理费用中税金额 Taxes in Manage-ment Cost
全 国 National	**824581.1**	**86816.6**	**247905.6**	**35115.5**	**25994.4**	**101132.3**	**317736.4**	**9880.3**
东部地区 Eastern Regions	**707289.5**	**74450.1**	**208411.5**	**29973.8**	**21541.0**	**85424.5**	**279501.1**	**7987.5**
比重(%) Proportion	**86**	**86**	**84**	**85**	**83**	**84**	**88**	**81**
北 京 Beijing	116654	8848.7	31145.7	5997.4	3991	15449.5	50435	786.7
天 津 Tianjin	25634	1389.5	9121.3	912.6	1750.7	3273.2	8957.5	229.2
河 北 Hebei	12106.5	1192.3	3891.1	469.6	731.5	1918	3744.5	159.5
辽 宁 Liaoning	34619.3	6409.1	10660.6	1591.9	555.5	4346.5	10776.7	279
上 海 Shanghai	119486	7082.7	34131.9	5529.8	6752	10390	53913.9	1685.7
江 苏 Jiangsu	61389.6	4141.8	15760.2	2011.8	2404.4	6641.9	29809.1	620.4
浙 江 Zhejiang	51615.4	5613.2	13187.1	1922.6	1174.9	6111.3	23321.5	284.8
福 建 Fujian	21967.8	1968.4	6243	772.4	235.5	3987.2	8711.1	50.2
山 东 Shandong	31258.5	4833.5	8371.1	1253.9	1196.4	3180.3	11988.7	434.6
广 东 Guangdong	210292.2	25854.1	72404.8	9063.8	2607.6	28411.4	68642.5	3308
广 西 Guangxi	7509.7	758.6	2698.9	385.3	41.9	886.3	2654.1	64.6
海 南 Hainan	14756.5	6358.2	795.8	62.7	99.6	828.9	6546.5	64.8

各地区大中型批发、零售贸易业资本金 (1996年)
TOTAL CAPITAL FUNDS OF WHOLESALE AND RETAIL SALES TRADE OF LARGE AND MEDIUM BY REGION (1996)

单位: 万元 (10 000 yuan)

地 区 Region	资本金合 计 Total Capital Funds	# 国有经济 State-Owned	# 集体经济 Collective Owned	# 联营经济 Joint Owned	# 外商投资经 济 Foreign Funded
全 国 National	**22663056.1**	**15294939**	**4027958.2**	**232298.1**	**368580.6**
东部地区Eastern Regions	**14280050.9**	**9278911.6**	**2537825.0**	**224251.0**	**321537.2**
比重(%) Proportion	**63**	**61**	**63**	**97**	**87**
北 京 Beijing	2048965	1697341.9	117500.2	47686.2	41550.8
天 津 Tianjin	751791.2	523457.4	73985.7	5084.1	33384.1
河 北 Hebei	663899	475601.6	151815.9	275.7	5805.3
辽 宁 Liaoning	1182813.5	862353.8	148148.2	5545.2	17003.5
上 海 Shanghai	1524496.8	974967.2	252112.8	20097	31670.5
江 苏 Jiangsu	1948657	979621.2	624808.6	14309.1	48264.6
浙 江 Zhejiang	1627514.1	801286.9	423485.5	29429	22725.9
福 建 Fujian	575895.2	437010.8	55184.4	14255.9	6240.7
山 东 Shandong	1408309.7	923830.8	328355.3	10061.6	7366.2
广 东 Guangdong	2020033.6	1288824	220788.1	76840.8	107525.6
广 西 Guangxi	452774.6	250283.8	135657.2	666.4	
海 南 Hainan	74901.2	64332.2	5983.1		

各地区大中型批发、零售贸易业企业资产 (1996年)
WHOLESALE AND RETAIL SALES TRADE ENTERPRISES ASSET OF LARGE AND MEDIUM BY REGION (1996)

单位: 万元 (10 000 yuan)

地 区 Region	资产合计 Total Assets	# 流动资产 Circulating Funds	# 固定资产 Fixed Asset	# 无形及递延资 产 Intangible and Continuous
全 国 National	**148236211.2**	**107203954.4**	**28044017.1**	**2036754.2**
东部地区Eastern Regions	**105335873.1**	**73002505.9**	**21240033.9**	**1877577.7**
比重(%) Proportion	**71**	**68**	**76**	**92**
北 京 Beijing	18289850.1	13493838.2	1929698.4	185922.4
天 津 Tianjin	4476669.1	3415371.4	699614.3	55494.6
河 北 Hebei	5244840.4	3603768.3	1225624	81445.5
辽 宁 Liaoning	8506155.6	6062839.3	1884844.3	137260.7
上 海 Shanghai	11695501.4	7967680.1	2204458.8	338549.4
江 苏 Jiangsu	14785365.9	9987231.8	3648497.5	242644.7
浙 江 Zhejiang	10196734.5	6978960.9	2246671.5	110681.1
福 建 Fujian	3788711.7	2640056.1	705353	47942.7
山 东 Shandong	11563841.6	7551465.8	2974908.2	206726.1
广 东 Guangdong	13562608.3	9096291.1	2927370.8	398781
广 西 Guangxi	2755129.6	1884964.2	691899.2	65262.2
海 南 Hainan	470464.9	320038.7	101093.8	6867.3

各地区大中型批发、零售贸易业企业负债及所有者权益（1996年）

WHOLESALE AND RETAIL SALES TRADE ENTERPRISES LIABILITY AND OWNERSHIP RIGHTS AND INTERESTS OF LARGE AND MEDIUM BY REGION (1996)

单位：万元 (10 000 yuan)

地区 Region	负债合计 Total Liabilities	# 流动负债 Circulating Funds	# 长期负债 Long-Term	所有者权益 Ownership Rights and Interests	# 股本 Stocks
全国 National	**117866992.9**	**106157408.1**	**10797502.8**	**30369218.3**	**3209431.7**
东部地区 Eastern Regions	**83015507.9**	**72976767.4**	**9451954.3**	**22320365.2**	**2698629.3**
比重(%) Proportion	**70**	**69**	**88**	**73**	**84**
北京 Beijing	14541567.7	10918480.1	3563021.9	3748282.4	453467.6
天津 Tianjin	3519593.8	3250855.1	175707.7	957075.3	138850.5
河北 Hebei	4523286.7	4059527.4	395510.4	721553.7	35496.8
辽宁 Liaoning	6893353.7	6291863.9	540371.8	1612801.9	206068.4
上海 Shanghai	9112715.9	7899845.6	1133622.8	2582785.5	226143.2
江苏 Jiangsu	11656915.1	10495087	1161827.2	3128450.8	219298.9
浙江 Zhejiang	7334468.1	6692605.7	579222.1	2862266.4	352280.3
福建 Fujian	2754132.9	2541897.5	191785	1034578.8	112429.9
山东 Shandong	9566693.4	8790803.9	741110.1	1997148.4	274908.1
广东 Guangdong	10644283.4	9792606.6	763544.1	2918324.9	552145.1
广西 Guangxi	2081290	1896047.2	166211.2	673839.6	119540.2
海南 Hainan	387207.4	347147.4	40020	83257.5	8000.3

各地区大中型批发、零售贸易业企业主要财务指标（1996年）

WHOLESALE AND RETAIL SALES TRADE ENTERPRISES MAJOR INDICATORS OF LARGE AND MEDIUM BY REGION (1996)

单位：万元 (10 000 yuan)

地区 Region	商品销售收入 Revenue of Product Sales	商品销售成本 Cost of Product Sales	商品销售税金及附加 Product Sales Pre-Tax and Related Payments	商品销售利润 Product Sales After-Tax Profits	管理费用中的税金 Taxs in Management Cost
全国 National	**237665881.2**	**214504243**	**797561.4**	**11819981.1**	**191855.1**
东部地区 Eastern Regions	**159942050.8**	**144462767.8**	**462180**	**7673552.5**	**127568.9**
比重(%) Proportion	**67**	**67**	**58**	**65**	**66**
北京 Beijing	14689131.5	13291365.3	28409.5	708723.4	14131.3
天津 Tianjin	6420858.5	5946935.7	6775.1	195431	4301
河北 Hebei	8732000	7723386.8	14433.5	402455.4	8846.9
辽宁 Liaoning	10779791.8	9628639.7	26406.6	594777.2	12208
上海 Shanghai	20620059.9	18355463	177368.6	1202995.2	10004.8
江苏 Jiangsu	27653312.5	25091034.7	41819.6	1223163	18408.4
浙江 Zhejiang	20920102.2	19278304.1	31405.7	881837	10789.9
福建 Fujian	6415407.7	5853721.2	18222.7	292371.2	4918.4
山东 Shandong	17282259.3	15401479.2	52543	909379.1	17665.9
广东 Guangdong	21454836.9	19427960.3	53201	1046151.6	20767.6
广西 Guangxi	4440736.1	3997856	10462.4	192397	5127.8
海南 Hainan	533554.4	466621.8	1132.3	23871.4	398.9

居民消费水平

PER CAPITA CONSUMPTION

本表绝对数按当年价格计算，指数按可比价格计算。

Figures in this table are at current prices, indices at comparable prices.

地　区 Region	绝对数(元) Value(yuan) 全国居民 All Residents	农民 Agricultural Residents	非农业居民 Non-agricultural Residents	城乡消费水平对比(农民=1) Ratio of Consumption of Non-agricultural to Agricultural Residents	指数(上年=100) Index(Preceding year=100) 全国居民 All Residents	农民 Agricultural Residents	非农业居民 Non-agricultural Residents	指数(1978=100) Index(1978=100) 全国居民 All Residents	农民 Agricultural Residents	非农业居民 Non-agricultural Residents
全　国 National	**2677**	**1756**	**5620**	**3.2**	**106.9**	**109.7**	**102.5**	**362.2**	**349.5**	**307.5**
东部地区 Eastern Regions	**2721**	**1843**	**4592**	**2**	**101**	**101**	**99**			
北　京 Beijing	3519	2083	4303	2.1	112.9	108.6	113.7			
天　津 Tianjin	3380	1852	4546	2.5	107.1	108.3	106.6			
河　北 Hebei	1686	1281	3716	2.9	110.6	111	106.8			
辽　宁 Liaoning	2900	1566	4540	2.9	106.2	102.3	107.3			
上　海 Shanghai	6712	4359	7699	1.8	109.4	107.2	109.4			
江　苏 Jiangsu	2557	1936	4456	2.3	116	118.6	110.9			
浙　江 Zhejiang	2831	2138	5926	2.8	108.2	106.8	109.4			
福　建 Fujian	2944	2544	4648	1.8	110.5	113.1	103.5			
山　东 Shandong	1943	1342	3788	2.8	112.6	109.9	111.5			
广　东 Guangdong	3832	2407	7192	3	115.2	110.8	116			
广　西 Guangxi	1664	1141	4245	3.7	112.4	115.5	104.8			
海　南 Hainan	2197	1548	4345	2.8	105.6	103.8	105.5			

注：1. 城乡消费水平对比，没有剔除城乡价格不可比的因素。
2. 分地区各项指标为1995年数据。
3. 广东省的数据没有和三产普查数据衔接。

a) The ratio does not eliminate the effect of price differentials between urban and rural areas on consumption expenditure.
b) Figures in this table by region are for 1995.
c) Figures for Guangdong did not link up with the first tertiary industry census.

城镇居民平均每人全年家庭收入来源(1996年)
URBAN HOUSEHOLD ANNUAL PER CAPITA SOURCES OF INCOME BY REGION(1996)

单位: 元 (yuan)

地 区 Region	可支配收入 Disposable Income	实际收入 Real Income	#生活费收入 Annual Income Available for Living	国有单位职工工资 Wages of State-Owned Staff & Workers	集体单位职工工资 Wages of Collective-Owned Staff & Workers	其他经济类型单位职工全部工资 Wages of Other Ownership Staff & Workers	职工从单位得到的其他收入 Other Income of Staff & Workers from Units	转移收入 Transfer Income
全 国 National	**4838.9**	**4844.78**	**4377.15**	**2899.34**	**351.76**	**98.39**	**262.1**	**825.87**
东部地区平均 Eastern Regions Average	**5870.88**	**5879.97**	**5370.59**	**3344.21**	**422.58**	**197.50**	**299.95**	**1045.31**
北 京 Beijing	7332.01	7338.76	6885.56	4360.69	242.9	169.59	733	1372.06
天 津 Tianjin	5967.71	5975.94	5525.48	3220.61	192.18	266.34	278.22	1394.98
河 北 Hebei	4442.81	4446.44	4072.24	2952.82	308.77	22.94	154.54	662.15
辽 宁 Liaoning	4207.23	4209.59	3746.13	2227.41	510.96	96.64	309.17	722.52
上 海 Shanghai	8178.48	8191.41	7721.42	3605.32	417.38	829.23	463.13	2141.71
江 苏 Jiangsu	5185.79	5188.01	4688.8	2659.91	811.38	92.97	198.8	1149.02
浙 江 Zhejiang	6955.79	6960.41	6345.32	3672.86	752.05	167.5	300.84	1261.03
福 建 Fujian	5172.93	5176.42	4586.01	2773.47	399.28	163.64	197.14	895.7
山 东 Shandong	4890.28	4893.33	4494	3414.74	480.19	65.84	276.32	470.6
广 东 Guangdong	8157.81	8166.13	7487.89	4410.68	653.16	475.98	406.81	1051.34
广 西 Guangxi	5033.33	5045.14	4457.88	3555.66	196.04	13.95	65.95	630.15
海 南 Hainan	4926.43	4968.1	4436.37	3276.3	106.66	5.41	215.49	792.47

城镇居民家庭平均每人全年消费性支出(1996年)
PER CAPITA ANNUAL EXPENDITURE FOR CONSUMPTION OF URBAN RESIDENTS BY REGION (1996)

单位: 元 (yuan)

地 区 Region	消费性支出 Expenditure for Consumption	食 品 Food	粮 食 Grain	油脂类 Oil and Fats	肉禽及制品 Meat,Poulty and Related Products	水产品类 Aquatic Products	菜 类 Vegetables
全 国 National	**3919.47**	**1904.71**	**271.54**	**69.03**	**438.76**	**131.91**	**206.65**
东部地区平均 Eastern Regions Average	**4735.14**	**2367.65**	**287.10**	**73.70**	**571.65**	**239.64**	**236.80**
北 京 Beijing	5729.52	2671.52	286.45	62.24	581.95	123.17	261.13
天 津 Tianjin	4679.61	2398.47	296.52	80.49	485.65	193.38	217.45
河 北 Hebei	3424.35	1533.42	239.45	77.65	321.2	63	180.66
辽 宁 Liaoning	3493.02	1749.76	282.64	56.15	355.92	116.83	260.75
上 海 Shanghai	6763.12	3415.5	294.14	78.97	705.77	492.25	308.07
江 苏 Jiangsu	4057.5	20700.29	274.02	65.03	504.11	198.93	213.34
浙 江 Zhejiang	5764.27	2704.43	277.22	52.12	540.6	422.36	261.83
福 建 Fujian	4248.47	2610.66	451.77	127.69	578.38	336.42	236.92
山 东 Shandong	3770.99	1645.74	221.61	45	331.36	94.9	166.29
广 东 Guangdong	6736.09	3186.77	312.08	87.54	943.11	377.49	291.73
广 西 Guangxi	4339.42	2188.14	264.35	78.8	770.98	152.54	201.12
海 南 Hainan	3815.28	2237.13	244.93	72.74	740.75	304.4	242.36

续表 1 continued Ⅰ

单位: 元 (yuan)

地 区 Region	衣 着 Clothing	服 装 Garments	衣着材料 Clothing Materials	鞋帽袜及其他衣着 Shoes,Hats, Socks and Other Clothing	衣着加工服务费 Tailoring and Laundering Service Fees	家庭设备用品及服务 Household Facilities, Articles and Services	耐用消费品 Durable Consumer Goods
全 国 National	**527.95**	**323.85**	**56.23**	**132.26**	**15.61**	**298.15**	**161.27**
东部地区平均 Eastern Regions Average	**540.32**	**335.63**	**56.28**	**130.87**	**17.55**	**384.37**	**222.43**
北 京 Beijing	847.02	512.35	89.06	216.37	29.25	436.31	246.61
天 津 Tianjin	572.41	349.24	60.48	146.34	16.34	372.27	228.21
河 北 Hebei	553.15	302.35	83.82	150.53	16.45	281.69	173.29
辽 宁 Liaoning	609.63	365.36	48.62	179.29	16.36	167.58	84.55
上 海 Shanghai	589.62	363.61	61.63	136.4	27.98	637.28	417.56
江 苏 Jiangsu	458.29	280.72	60.15	124.95	19.47	364.72	211.96
浙 江 Zhejiang	662.37	412.57	70.88	151.58	27.34	650.11	398.02
福 建 Fujian	423.04	308.71	28.27	70.87	15.18	249.76	132.38
山 东 Shandong	657.56	356.25	110.69	163.55	27.07	354.42	207.41
广 东 Guangdong	460.85	343.38	15.53	96.79	5.16	531.97	278.03
广 西 Guangxi	379.09	246.9	38.64	84.99	8.56	344.15	195.32
海 南 Hainan	243.84	186.07	7.55	48.83	1.38	222.21	95.85

续表 2 continued Ⅱ

单位: 元 (yuan)

地 区 Region	室内装饰品 Interior Decorations	床上用品 Bed Articles	家庭日用杂品 Daily Use Household Articles	家具材料 Furniture Materials	家务服务 Household Services	医疗保健 Medicine and Medical Services	交通和通讯 Transportation and Communications
全 国 National	**12.39**	**20.18**	**73.09**	**5.13**	**26.1**	**143.28**	**199.12**
东部地区平均 Eastern Regions Average	**12.84**	**24.26**	**86.01**	**5.70**	**33.13**	**153.06**	**253.42**
北 京 Beijing	15.75	24.69	131.63	0.76	16.88	217.82	257.02
天 津 Tianjin	13.99	22.98	71.07	0.93	35.09	141	247.15
河 北 Hebei	15.34	22.82	58.12	1.39	10.72	155.08	185.82
辽 宁 Liaoning	7.09	13.83	47.76	5.06	9.29	135.6	154.07
上 海 Shanghai	11.9	33.16	97.41	11.67	65.58	147.78	467.85
江 苏 Jiangsu	9.46	18.43	89	7.01	28.86	94.4	233.48
浙 江 Zhejiang	19.46	32.57	85.66	20.97	93.42	246.32	307.82
福 建 Fujian	6.56	23.02	57.52	2.12	28.15	78.17	190.16
山 东 Shandong	24.47	21.57	81.83	4.01	15.13	147.29	183.01
广 东 Guangdong	13.35	43.13	142.43	4.2	50.82	240.97	421.82
广 西 Guangxi	10.67	21.87	83.73	4.72	27.84	106.33	252.3
海 南 Hainan	6.01	13.01	85.95	5.61	15.77	125.95	140.55

续表 3 continuèd Ⅲ

单位: 元 (yuan)

地区 Region	交通 Transportation	通讯 Communications	娱乐教育文化服务 Recreation, Education and Cultural Services	文娱用耐用消费品 Durable Consumer Goods for Recreational Use	教育 Education	文化娱乐 Cultural Recreation
全国 National	**96.18**	**102.95**	**374.95**	**89.8**	**204**	**81.15**
东部地区平均Eastern Regions Average	**128.62**	**124.80**	**476.25**	**127.80**	**244.83**	**103.62**
北京 Beijing	154.56	102.46	699.15	207.8	276.83	214.52
天津 Tianjin	109.3	137.85	435.56	96.12	230.16	109.28
河北 Hebei	88.33	97.49	336.37	92.7	186.73	56.95
辽宁 Liaoning	64.41	89.66	303.62	53.92	202.88	46.81
上海 Shanghai	199.02	268.84	779.28	327.43	280.56	171.3
江苏 Jiangsu	106.9	126.59	337.28	57.1	184.25	95.92
浙江 Zhejiang	153.02	154.8	538	167.39	250.3	120.31
福建 Fujian	79.57	110.58	245.33	56.08	137.88	51.36
山东 Shandong	100.53	82.47	377.95	89.44	203.77	84.75
广东 Guangdong	250.17	171.64	746.68	223.81	372.45	150.41
广西 Guangxi	172.4	79.9	530.48	131.48	318.39	80.6
海南 Hainan	65.26	75.29	385.35	30.27	293.8	61.28

续表 4 continued Ⅳ

单位: 元 (yuan)

地区 Region	居住 Residence	住房 Housing	水电燃料及其他 Water,Electricity,Fuels and Services	杂项商品和服务 Miscellaneous Commodities and Services	个人消费 Personal Consumption	其他商品 Other Commodities	其他服务 Other Services
全国 National	**300.85**	**124.14**	**176.71**	**170.45**	**134.78**	**17.01**	**18.67**
东部地区平均Eastern Regions Average	**347.05**	**141.57**	**205.48**	**213.00**	**168.05**	**21.12**	**23.84**
北京 Beijing	286.99	150.6	136.4	313.68	279.56	8.18	25.93
天津 Tianjin	320.88	116.89	203.99	191.89	147.18	13.78	30.93
河北 Hebei	260.63	105.77	154.86	118.19	94.85	8	15.35
辽宁 Liaoning	244.31	79.05	165.27	128.44	107.97	10.92	9.56
上海 Shanghai	392.62	97.91	294.71	333.19	271.01	32.15	30.03
江苏 Jiangsu	306.11	114.47	191.64	165.94	123.35	18.17	24.42
浙江 Zhejiang	404.5	177.57	226.92	250.71	203.15	21.23	26.32
福建 Fujian	309.45	104.43	205.02	141.89	123.2	13.39	5.3
山东 Shandong	231.69	92.49	139.2	173.34	128.51	26.24	18.59
广东 Guangdong	751.2	370.74	380.46	395.84	304.04	48.94	42.86
广西 Guangxi	376.06	159.43	216.63	162.87	123.46	19.41	20
海南 Hainan	280.17	129.53	150.64	180.07	110.34	33	36.73

城镇居民家庭平均每百户年底主要消费品拥有量(1996年)

URBAN HOUSEHOLD YEAR-END POSSION OF MAJOR DURABLE CONSUMER GOODS PER 100 HOUSEHOLDS BY REGION(1996)

地区 Region	毛皮大衣 (件) Fur Coats	呢大衣 (件) Woolen Coats	毛毯 (条) Woole Blankets	地毯 (平方米) Carpets (sq.m)	组合家具 (套) Combined Furniture (sets)	沙发床 (个) Soft Beds	沙发 (个) Sofas	大衣柜 (个) Wardro-bes	写字台 (张) Writing Desks
全国 National	**47.11**	**207.48**	**141.91**	**132.74**	**49.51**	**39.49**	**213.84**	**87.21**	**87.89**
东部地区平均Eastern Regions Average	**42.92**	**197.36**	**138.81**	**120.56**	**49.20**	**39.12**	**167.44**	**94.69**	**90.60**
北京 Beijing	86.00	239.00	130.20	244.60	64.20	69.80	210.00	96.00	103.80
天津 Tianjin	49.20	286.00	141.20	81.20	65.00	39.80	118.60	72.60	62.00
河北 Hebei	50.00	219.04	137.69	121.07	60.08	44.07	248.81	83.99	90.62
辽宁 Liaoning	51.25	193.45	100.26	237.42	44.52	39.88	115.03	58.86	54.13
上海 Shanghai	21.20	260.20	172.00	206.00	23.80	23.80	115.20	94.40	54.60
江苏 Jiangsu	36.88	273.99	133.00	128.67	30.90	23.99	149.94	93.25	99.72
浙江 Zhejiang	42.32	220.97	149.42	169.42	33.16	19.81	167.10	94.26	104.00
福建 Fujian	43.55	181.44	143.69	40.39	46.69	28.99	164.99	86.11	105.25
山东 Shandong	47.43	220.24	153.34	152.09	58.28	54.71	322.21	84.54	92.80
广东 Guangdong	39.83	105.00	180.21	23.23	57.26	54.85	145.61	158.06	121.62
广西 Guangxi	15.64	122.63	101.16	29.97	66.46	31.67	175.74	104.74	99.16
海南 Hainan	31.70	46.30	123.50	12.70	40.00	38.10	76.10	109.50	99.50

续表 1 continued I

地区 Region	摩托车 (辆) Motorc-ycles	自行车 (辆) Bicycles	家用三轮车 (辆) Tricycles	缝纫机 (架) Sewing Machines	洗衣机 (台) Washing Machines	电风扇 (台) Electric Fans	电冰箱 (台) Refrige-rators	冰柜 (台) Freezers	彩色电视机 (台) Color TV Sets
全国 National	**7.94**	**193.23**	**3.29**	**62.65**	**90.06**	**168.07**	**69.67**	**3.48**	**93.50**
东部地区平均Eastern Regions Average	**11.14**	**210.88**	**4.48**	**71.38**	**89.63**	**210.94**	**79.69**	**4.94**	**99.64**
北京 Beijing	3.40	249.00	10.80	61.20	101.40	138.80	105.40	13.60	119.20
天津 Tianjin	8.20	232.00	11.80	75.80	96.80	122.60	98.20	10.00	107.40
河北 Hebei	14.24	257.97	5.57	71.67	94.72	157.66	77.15	7.57	95.48
辽宁 Liaoning	4.07	163.10	3.33	48.04	86.48	58.55	69.81	4.87	93.63
上海 Shanghai	1.00	124.00	0.60	73.00	82.20	224.00	100.60	1.60	112.60
江苏 Jiangsu	8.99	237.96	3.57	69.31	96.59	267.11	72.28	2.27	87.97
浙江 Zhejiang	4.71	228.52	2.90	80.19	85.94	284.39	95.94	1.29	100.97
福建 Fujian	12.47	203.22	1.73	70.76	89.91	250.93	71.26	1.44	93.95
山东 Shandong	13.81	231.33	6.49	67.68	85.94	187.98	79.42	12.28	95.17
广东 Guangdong	30.52	224.64	2.48	84.49	96.09	336.93	76.45	1.59	112.51
广西 Guangxi	14.25	248.01	3.60	85.84	89.20	322.46	67.04	1.42	83.84
海南 Hainan	18.00	130.80	0.90	68.60	70.30	179.90	42.70	1.30	92.90

续表 2　continued Ⅱ

地　区 Region	黑白电视机(台) Black/White TV Sets	录放像机(台) Videorecorders	游戏机(台) Computer Games	组合音响(套) Stereo Systems	立体声录音机(台) Stereo Recorders	普通录音机(台) Ordinary Recorders	照相机(架) Cameras	钢琴(架) Pianos
全　国 National	**25.53**	**20.15**	**20.40**	**12.20**	**26.51**	**46.15**	**32.13**	**0.85**
东部地区平均 Eastern Regions Average	**26.92**	**28.88**	**24.53**	**14.69**	**31.25**	**50.48**	**39.35**	**1.11**
北　京 Beijing	30.80	57.80	37.60	16.60	46.20	67.60	87.20	2.00
天　津 Tianjin	28.40	35.40	39.40	13.40	39.40	36.00	55.00	0.40
河　北 Hebei	26.88	16.47	23.36	10.47	27.59	50.08	33.03	0.60
辽　宁 Liaoning	23.44	20.77	19.51	12.44	18.90	48.44	34.04	1.51
上　海 Shanghai	27.20	51.20	36.20	14.80	50.40	48.80	52.40	2.40
江　苏 Jiangsu	37.67	21.35	22.53	10.64	27.82	48.19	30.09	0.64
浙　江 Zhejiang	33.94	28.97	24.00	10.71	28.45	57.74	38.97	0.90
福　建 Fujian	30.04	15.31	17.71	13.30	21.29	45.00	22.04	0.80
山　东 Shandong	18.84	22.75	26.15	10.89	28.73	50.11	37.47	1.37
广　东 Guangdong	14.53	37.93	17.96	35.22	26.91	54.22	41.04	1.28
广　西 Guangxi	40.34	17.30	19.82	14.14	27.02	47.43	25.65	0.76
海　南 Hainan	11.00	21.30	10.10	13.70	32.30	52.20	15.30	0.60

续表 3　continued Ⅲ

地　区 Region	其他高中档乐器(件) Other Medium and High-Grade Musical Instruments	家用冷暖风机(台) Air Conditioners and Heaters	空调器(台) Air Conditioners	电炊具(台) Electric Cooking Appliances	淋浴热水器(个) Showers	排油烟机(台) Range Hoods	吸尘器(台) Vacuum Cleaners
全　国 National	**6.92**	**3.27**	**11.61**	**91.10**	**34.16**	**38.42**	**10.35**
东部地区平均 Eastern Regions Average	**8.12**	**3.89**	**17.08**	**97.31**	**44.46**	**42.89**	**13.38**
北　京 Beijing	19.20	4.60	14.20	46.60	52.00	47.20	20.40
天　津 Tianjin	6.20	2.20	15.20	28.20	39.40	43.60	17.60
河　北 Hebei	7.39	3.62	6.80	36.54	29.25	35.22	10.11
辽　宁 Liaoning	7.21	4.74	0.30	69.17	35.06	51.22	22.16
上　海 Shanghai	6.80	4.40	49.80	180.80	42.40	44.40	38.80
江　苏 Jiangsu	5.81	7.07	14.79	118.33	33.38	37.79	12.74
浙　江 Zhejiang	8.71	7.03	24.52	98.45	52.00	51.48	17.35
福　建 Fujian	7.72	1.84	7.56	137.72	49.07	30.16	1.89
山　东 Shandong	7.07	5.52	6.57	56.94	29.59	49.83	12.34
广　东 Guangdong	9.35	3.78	54.90	109.64	85.05	67.03	3.83
广　西 Guangxi	6.52	0.86	7.32	151.27	54.99	38.69	2.61
海　南 Hainan	5.40	1.00	3.00	134.10	31.30	18.00	0.70

农村居民家庭平均每人纯收入

RURAL HOUSEHOLD PER CAPITA NET INCOME BY REGION

单位：元 (yuan)

地　区 Region	1978	1980	1985	1992	1993	1994	1995	1996
全　国 National	**133.57**	**191.33**	**397.6**	**783.99**	**921.62**	**1220.98**	**1577.74**	**1926.07**
东部地区平均Eastern Regions Average	224.16	332.27	**646.48**	**1244.73**	**1501.26**	**1765.62**	**2260.82**	**2342.28**
北　京 Beijing	224.8	290.46	775.08	1571.56	1882.58	2400.69	3223.65	3561.94
天　津 Tianjin	178.4	277.92	564.55	1309.01	1473.12	1835.71	2406.38	2999.68
河　北 Hebei	91.5	175.78	385.23	682.48	803.8	1107.25	1668.73	2054.95
辽　宁 Liaoning	165.2	273.02	467.84	995.1	1160.98	1423.45	1756.5	2149.98
上　海 Shanghai	290	397.35	805.92	2225.87	2726.98	3436.61	4245.61	4846.13
江　苏 Jiangsu	152.1	217.94	492.6	1060.71	1266.87	1831.53	2456.86	3029.32
浙　江 Zhejiang	219.18	548.6	1359.13	1745.94	2224.64	2966.19	3462.99	
福　建 Fujian	134.9	171.74	396.45	984.1	1210.51	1577.74	2048.59	2492.49
山　东 Shandong	101.2	194.33	408.12	802.9	952.74	1319.73	1715.09	2086.31
广　东 Guangdong	182.3	274.37	495.31	1307.65	1674.78	2181.52	2699.24	3183.46
广　西 Guangxi	119.5	173.68	302.96	731.69	892.07	1107.02	1446.14	1703.13
海　南 Hainan	842.79	991.99	1304.52	1519.71	1746.08			

农村居民家庭平均每人按来源分的纯收入(1996年)

RURAL HOUSEHOLD NET INCOME PER CAPITA BY SOURCE AND REGION(1996)

单位：元 (yuan)

地　区 Region	纯收入 Net Income	基本收入 Basic Income	劳动者报酬 Reward of Labours	家庭经营收入 From Household Business	转移性收入 Transfer Income	财产性收入 Property Income
全　国 National	**1926.07**	**1813.29**	**450.84**	**1362.45**	**70.19**	**42.59**
东部地区平均Eastern Regions Average	**2776.37**	**2603.50**	**1050.76**	**1552.75**	**105.92**	**66.95**
北　京 Beijing	3561.94	3290.73	2152.98	1137.75	184.42	86.8
天　津 Tianjin	2999.68	2871.62	1238.87	1632.75	61.43	66.63
河　北 Hebei	2054.95	1965.81	574.6	1391.21	40.24	48.9
辽　宁 Liaoning	2149.98	2059.35	605.17	1454.18	36.87	53.77
上　海 Shanghai	4846.13	4517.81	3239.76	1278.05	147.4	180.92
江　苏 Jiangsu	3029.32	2868.33	1119.41	1748.92	104.56	56.43
浙　江 Zhejiang	3462.99	3289.07	1360.26	1928.81	121	52.92
福　建 Fujian	2492.49	2295.18	661.02	1634.17	125.58	71.73
山　东 Shandong	2086.31	1989.53	522.92	1466.61	49.23	47.55
广　东 Guangdong	3183.46	2928.23	821.97	2106.27	199.99	55.24
广　西 Guangxi	1703.13	1590.9	239.13	1351.77	97.4	14.83
海　南 Hainan	1746.08	1575.48	73.04	1502.45	102.96	67.63

农村居民家庭平均每人生活消费支出(1996年)
RURAL HOUSEHOLD PER CAPITA LIVING EXPENDITURES BY REGION(1996)

单位：元 (yuan)

地 区 Region	生活消费支出合计 Living Expenditures	食 品 Food	衣 着 Clothing	居 住 Residence	家庭设备及服务 Household Facilities, Articles and Services	医疗保健 Medicines and Medical Services	交通和通讯 Traffic and Communications	文教、娱乐用品及服务 Culture, Education and Recreation Articles and Services	其他商品及服务 Other Commodity and Services
全 国 National	**1572.08**	**885.49**	**113.77**	**219.06**	**84.22**	**58.26**	**47.08**	**132.46**	**31.74**
东部地区平均Eastern Regions Average	**2125.53**	**1100.15**	**153.79**	**329.71**	**134.34**	**80.26**	**83.04**	**189.64**	**54.60**
北 京 Beijing	2564.51	1193.34	256.29	278.66	188.57	152.98	139.52	259.6	95.55
天 津 Tianjin	1957.39	1027.67	192.82	307.62	85.29	98.4	54.9	140.5	50.19
河 北 Hebei	1398.94	729.92	133.58	210.49	77.98	60.08	57.91	106.74	22.24
辽 宁 Liaoning	1763.57	996.48	176.57	218.63	72.52	76.59	55.25	139.18	28.35
上 海 Shanghai	3867.86	1656.56	255.52	815.5	363.36	107.8	199.73	347.11	122.27
江 苏 Jiangsu	2414.43	1235.62	165.97	408.32	178.91	76.83	92.37	191.81	64.6
浙 江 Zhejiang	2701.69	1366.74	191.29	463	163.34	113.8	101.7	208.94	92.88
福 建 Fujian	1913.25	1151.23	109.45	231.25	92.18	45.31	81.16	158.3	44.37
山 东 Shandong	1652.51	871.53	131.26	265.35	97.63	64.09	58.81	143.51	20.33
广 东 Guangdong	2584.16	1333.17	106.03	434.57	163.18	92.46	98.98	289.01	66.76
广 西 Guangxi	1399.07	795.3	65.07	200.4	67.27	46.29	32.24	166.09	26.41
海 南 Hainan	1288.98	844.22	61.68	122.76	61.8	28.53	23.87	124.83	21.29

农村居民家庭平均每人生活消费现金支出(1996年)
RURAL HOUSEHOLD PER CAPITA LIVING CASH EXPENDITURES BY REGION(1996)

单位：元 (yuan)

地 区 Region	生活消费支出合计 Living Case Expenditures	食 品 Food	衣 着 Clothing	居 住 Residence	家庭设备及服务 Household Facilities, Articles and Services	医疗保健 Medicines and Medical Services	交通和通讯 Traffic and Communications	文教、娱乐用品及服务 Culture, Education and Recreation Articles and Services	其他商品及服务 Other Commodity and Services
全 国 National	**1076.22**	**423.8**	**112.7**	**186.24**	**83.96**	**58.26**	**47.07**	**132.46**	**31.73**
东部地区平均Eastern Regions Average	**1659.47**	**664.52**	**153.14**	**300.43**	**133.85**	**80.26**	**83.03**	**189.64**	**54.60**
北 京 Beijing	2341.2	970.53	256.29	278.23	188.5	152.98	139.52	259.6	95.54
天 津 Tianjin	1537.76	622.71	192.82	294	85.25	98.4	54.9	140.5	50.18
河 北 Hebei	1001.23	350.02	132.79	193.48	77.96	60.08	57.91	106.74	22.24
辽 宁 Liaoning	1205.49	488.82	176.45	168.94	71.91	76.59	55.25	139.18	28.35
上 海 Shanghai	3365.01	1164.68	255.3	805.53	362.6	107.8	199.73	347.11	122.26
江 苏 Jiangsu	1793.76	654.79	164.98	372.97	175.42	76.83	92.37	191.81	64.59
浙 江 Zhejiang	2222.2	901.77	190.9	448.89	163.32	113.8	101.7	208.94	92.87
福 建 Fujian	1364.35	659.27	109.44	174.35	92.15	45.31	81.16	158.3	44.37
山 东 Shandong	1124.23	410.54	127.26	202.41	97.37	64.09	58.71	143.51	20.32
广 东 Guangdong	2114.42	891.47	104.78	408.3	162.67	92.46	98.98	289.01	66.77
广 西 Guangxi	1015.91	441.34	65.03	171.25	67.27	46.29	32.24	166.09	26.41
海 南 Hainan	827.03	418.25	61.68	86.78	61.8	28.53	23.87	124.83	21.3

农村居民家庭平均每人主要食品消费量(1996年)
RURAL HOUSEHOLD PER CAPITA CONSUMPTION ON MAJOR FOOD BY REGION(END OF 1996)

单位：公斤 (kg)

地 区 Region	粮 食 Grain	蔬 菜 Veget-ables	油脂类 Edible Oil	猪牛羊肉 Pork, Beef and Mutton	家 禽 Poultry	蛋类及其制品 Eggs and Related Products	水产品 Aquatic Products	食 糖 Sugar	酒 Liquor
全 国 National	**256.19**	**106.26**	**6.07**	**12.9**	**1.93**	**3.35**	**3.68**	**1.37**	**7.11**
东部地区平均Eastern Regions Average	**242.66**	**107.61**	**5.96**	**12.68**	**3.10**	**4.97**	**7.09**	**1.65**	**10.54**
北 京 Beijing	167.75	107.15	8.59	13.23	1.13	5.57	4.17	1.34	16.82
天 津 Tianjin	236.97	94.27	7.41	9.84	0.35	6.72	6.65	0.67	9.76
河 北 Hebei	221.42	91.39	5.03	6.78	0.25	6.62	2.1	0.8	6.94
辽 宁 Liaoning	259.41	205.82	6.99	14.3	1.37	5.97	4.39	0.56	9.82
上 海 Shanghai	282.03	88.95	5.53	15.46	4.47	6.21	11.46	2.94	15.18
江 苏 Jiangsu	273.58	117.3	8.84	13.75	3.69	9.66	10.36	1.84	9.81
浙 江 Zhejiang	257.97	81.64	4.34	15.06	3.54	3.51	11.19	2.64	22.18
福 建 Fujian	261.45	105.01	5.46	14.4	4.94	2.78	8.69	2.39	12.35
山 东 Shandong	240.73	118.55	5.26	7.61	1.27	8.19	3.38	1.11	9.49
广 东 Guangdong	249.17	111.83	6.62	19.52	7.38	2.76	11.89	3.1	3.58
广 西 Guangxi	236.66	120.07	4.84	12.95	4.16	0.85	2.09	1.24	6.93
海 南 Hainan	224.83	49.36	2.61	9.28	4.64	0.75	8.65	1.13	3.56

农村居民家庭平均每百户主要耐用消费品拥有量(1996年底)
RURAL HOUSEHOLD YEAR-END POSSESSION OF DURABLE CONSUMER GOODS PER 100 HOUSEHOLDS BY REGION(END OF 1996)

地 区 Region	自行车 (辆) Bicyles	缝纫机 (架) Sewing Machines	手 表 (只) Watches	#电子表 Electronic Watches	电风扇 (台) Electric Fans	洗衣机 (台) Washing Machines	电冰箱 (台) Refrigerators
全 国 National	**139.82**	**64.62**	**154.78**	**41.67**	**100.46**	**20.54**	**7.27**
东部地区平均Eastern Regions Average	**191.87**	**77.03**	**196.58**	**51.6**	**158.77**	**36.10**	**21.91**
北 京 Beijing	260.40	66.80	224.27	72.80	123.07	84.53	66.13
天 津 Tianjin	231.33	88.50	220.67	80.67	131.00	68.17	34.83
河 北 Hebei	196.88	87.95	177.10	69.43	124.40	47.31	12.88
辽 宁 Liaoning	153.17	74.66	156.08	42.54	33.12	53.49	10.58
上 海 Shanghai	244.17	86.33	265.00	72.00	289.33	66.83	64.83
江 苏 Jiangsu	184.15	64.29	193.09	39.41	182.18	37.15	13.62
浙 江 Zhejiang	232.19	89.07	249.26	36.81	236.19	20.07	27.15
福 建 Fujian	124.74	75.43	232.23	45.20	162.29	21.37	9.37
山 东 Shandong	197.26	75.48	149.71	49.33	124.93	12.33	11.26
广 东 Guangdong	216.91	77.81	240.70	60.70	273.36	17.89	9.34
广 西 Guangxi	154.42	73.51	137.49	13.33	146.75	1.99	1.30
海 南 Hainan	106.81	64.58	113.33	37.65	78.61	2.08	1.67

续表 continued

地 区 Region	摩托车 (辆) Motorcycles	收音机 (台) Radios	黑白电视机 (台) Black and White Televisions	彩色电视机 (台) Color Televisions	收录机 (台) Recorders	照相机 (架) Cameras
全 国 Nationa	**8.45**	**28.53**	**65.06**	**22.91**	**31.15**	**1.94**
东部地区平均Eastern Regions Average	**16.26**	**38.06**	**59.88**	**39.13**	**37.53**	**4.88**
北 京 Beijing	17.47	46.13	47.60	76.27	58.13	17.73
天 津 Tianjin	16.83	62.50	59.00	60.33	48.17	10.50
河 北 Hebei	16.31	42.95	72.43	36.21	36.57	2.17
辽 宁 Liaoning	9.05	35.45	59.31	43.76	32.59	3.17
上 海 Shanghai	33.17	48.83	72.17	53.33	41.50	6.67
江 苏 Jiangsu	14.65	34.71	77.26	28.24	34.62	3.88
浙 江 Zhejiang	9.89	22.11	67.74	39.48	31.56	4.30
福 建 Fujian	21.20	19.94	59.54	38.46	31.77	2.51
山 东 Shandong	15.55	50.05	74.26	25.00	29.43	2.86
广 东 Guangdong	22.50	38.63	49.22	38.98	50.16	2.30
广 西 Guangxi	3.90	14.98	64.37	8.40	24.89	0.43
海 南 Hainan	14.58	40.42	15.69	21.11	30.97	2.08

各地区城市房屋建筑及住房情况(1996年)
BASIC STATISTICS ON BUILDING CONSTRUCTION AND HOUSING CONDITION IN CITIES BY REGION (1996)

地 区 Region	建成区面积 (平方公里) Developed Areas (sq.km)	征用土地面积 (平方公里) Land Put in Requisition for State Construction Projects (sq.km)	市区人口密度(人/平方公里) Population Density of Urban Districts (persons/sq.km)	年末全市实有房屋建筑面积 (万平方米) Total Floor Space of Buildings (year-end) (10 000sq.m)	年末全市实有住宅建筑面积 (万平方米) Total Floor Space of Residential Buildings (year-end) (10 000sq.m)	年末全市住房居住面积 (万平方米) Total Living Space of Residential Buildings (year-end) (10 000sq.m)	解决缺房户 (户) Number of Households with Their Housing Problems Solved
全 国 National	**20214.18**	**1018.05**	**367**	**611315**	**335402**	**166850.26**	**871873**
东部地区Eastern Regions	**9563.39**	**396.07**	**19498**	**327224**	**182086**	**88383.92**	**489139**
比重(%) Proportion	**47.3**	**38.9**		**53.5**	**54.3**	**53.0**	**56.1**
北 京 Beijing	476.8	9.78	2453	23063	11741	5639.06	109827
天 津 Tianjin	374.3	3.16	1363	13608	6804	3643	67000
河 北 Hebei	893.34	9.04	1771	25335	14350	6936.17	30415
辽 宁 Liaoning	1456.72	20.19	1218	49418	28102	14128.52	101893
上 海 Shanghai	412.27	32.9	4671	23593	13135	7028	20998
江 苏 Jiangsu	1186.39	47.06	2112	40865	21386	10390.98	20963
浙 江 Zhejiang	833.73	36.08	988	35032	22418	11137.9	10299
福 建 Fujian	345.48	14.03	1103	14187	8301	3877.62	13424
山 东 Shandong	1342.99	26.26	571	44263	23320	11733.23	25489
广 东 Guangdong	1551.92	177.28	806	38863	21850	8967.65	53362
广 西 Guangxi	509.12	11.56	391	15238	8118	3413.15	28006
海 南 Hainan	180.33	8.71	2051	3759	2561	1488.64	7463

各地区城市设施水平(1996年)
IEVEL OF PUBLIC FACILITIES IN CITIES BY REGION (1996)

地 区 Region	人均居住面积(平方米) Per Capita Living Space (sq.m)	城市人口用水普及率(%) Percentage of Population with Access to Tap Water	城市煤气普及率(%) Percentage of Population with Access to Gas	每万人拥有公共汽(电)车辆(标台) Number of Public Buses and Trolley Buses per 10000 Persons	人均拥有铺装道路面积(平方米) Per Capita Area of Paved Roads (sq.m)	人均公共绿地面积(平方米) Per Capita Public Green Areas (sq.m)	每万人拥有公共厕所(座) Number of Public Lavatories per 10 000 Population
全 国 National	**8.47**	**94.89**	**73.21**	**7.29**	**7.56**	**5.29**	**5.8**
北 京 Beijing	9.17	100	92.72	17.65	5.59	6.96	11.2
天 津 Tianjin	7.73	100	92.77	5.95	7.53	3.45	6.5
河 北 Hebei	8.42	98.83	83.18	4.42	7.88	4.97	7
辽 宁 Liaoning	7.55	96.71	85.32	7.25	6.01	5.38	9.9
上 海 Shanghai	8.66	100	91.45	15.74	4.46	1.9	1.3
江 苏 Jiangsu	9.02	99.02	96.58	6.55	8.9	6.9	6.4
浙 江 Zhejiang	12.68	98.02	93.78	10.06	11.69	6.45	6.2
福 建 Fujian	9.91	96.03	76.04	5.92	4.79	5.72	3.4
山 东 Shandong	9.18	93	77.22	6.94	13.53	5.61	3.7
广 东 Guangdong	9.02	95.2	90.01	6.13	10.2	8.22	2.7
广 西 Guangxi	7.98	97.67	75.99	4.37	8.37	6.26	2.8
海 南 Hainan	10.74	97.56	61.47	15.54	14.86	9.75	3.6

［效 益 指 标］
ECONIMIC BENEFITS ITEMS

各地区产品质量情况(1996年)
QUALITY SITUATION OF PRODUCTS BY REGION(1996)

单位：% (%)

地 区 Region	产品质量等级品率 Rates of Grade Product			新产品产值率 Rate of New Product	质量损失率 Lose Rate for Quality
	优等品率 Rate of Advanced	一等品率 Rate of Grade One	合格品率 Rate of Qualified		
全 国 National	**16.28**	**33.53**	**47.34**	**12.74**	**0.81**
北 京 Beijing	19.65	35.97	36.51	28.62	0.65
天 津 Tianjin	18.78	48.57	30.1	10.23	0.67
河 北 Hebei	17.11	32.25	50.64	7.11	2.04
辽 宁 Liaoning	8.9	20.14	70.45	10.21	0.62
上 海 Shanghai	11.81	48.43	39.31	24.8	0.99
江 苏 Jiangsu	17.23	26.59	55.91	15.8	1.35
浙 江 Zhejiang	27.24	31.12	38.91	11.95	0.35
福 建 Fujian	13.41	22.53	59.31	26.06	1.28
山 东 Shandong	20.42	36.55	38.27	12.35	0.7
广 东 Guangdong	16.01	37.75	29.4	5.83	0.88
广 西 Guangxi	4.49	16.65	78.86	5.22	0.23
海 南 Hainan					

注：本资料由74个重点工业城市数据汇总而成。
a) Data in this table are collected from 74 main industrial cities.

农业主要经济效益指标(1996年)
ECONIMIC RESULTS INBICATORS OF VILLAGES

地 区 Region	平均每一农业劳动者提供 Each Empioyer in Agriculture Supplyed						
	农林牧渔业总产值 (元) Gross Output in Agriculture (yuan)	粮食产量 (公斤) Output of Grain (kg)	棉花产量 (公斤) Output of Cotton Crop (kg)	油料产量 (公斤) Output of Oil-Bearing Crop (kg)	糖料产量 (公斤) Output of Sugar Crop (kg)	猪牛羊肉产量 (公斤) Output of Pork Beef and Mutton (kg)	水产品产量 (公斤) Output of Aquatic Products (kg)
全国总计 Nation	**3953.6**	**1562.1**	**13**	**68.4**	**258.9**	**147.8**	**87.1**
东部地区平均 Easterm Regions Average	**6368.2**	**1708.3**	**7.2**	**68.0**	**476.1**	**173.7**	**205.4**
东部地区与全国比较(%) Compare	**161**	**109**	**55**	**99**	**184**	**118**	**236**
北 京 Beijing	13523.2	3583.4	3.8	44.5	416	118.2	
天 津 Tianjin	9757.8	2569.8	6.3	38.8	220.5	207.1	
河 北 Hebei	3742.7	1671.8	15.5	72.3	4.1	172.4	30.4
辽 宁 Liaoning	8774.2	2771.4	1.8	28.4	97.7	317.9	386.4
上 海 Shanghai	15038.5	3439.2	6.4	246.3	102.2	384.3	426.2
江 苏 Jiangsu	6502.8	2263.6	35	96	14.9	148.4	147
浙 江 Zhejiang	4563.5	1337	6	45.9	56.3	88.9	297
福 建 Fujian	6160.4	1226.4		29.6	327.1	151	366.8
山 东 Shandong	5589.9	1741	15	124.3	0.7	172.6	167
广 东 Guangdong	5945.5	1322.2		53.4	1094.9	150.8	284
广 西 Guangxi	3099.2	960.5	0.1	32.8	1801.3	153.2	78.1
海 南 Hainan	7244.2	1196.4		48.4	1992.9	138.2	282.2

独立核算工业企业主要经济效益指标(1996年)
ECONOMIC RESULTS INDICATORS OF INDUSTRIAL ENTERPRISES WITH INDEPENDENT ACCOUNTING SYSTEMS BY REGION (1996)

地区 Region	工业增加值率(%) Added-Value of Industry/Gross Output Value of Industry (%)	百元固定资产原价实现利税(元) Pre-Tax Profits/Original Value of Fixed Asstes (yuan)	资金利税率(%) Pre-Tax Profits Total Assets (%)	产值利税率(%) Pre-Tax Profits/Gross Output Value (%)	百元销售收入实现利润(元) Pre-Tax Profits/Sales Revenue (yuan)	工业成本费用利润率(%) After-Tax Profits Industrial Costs (%)	流动资产周转次数(次/年) Turnover of Circulating Fund (time-year)
全国 National	**25.51**	**9.89**	**7.11**	**8.2**	**2.57**	**3.05**	**1.53**
北京 Beijing	25.38	7.51	5.41	8.05	2.09	2.43	1.3
天津 Tianjin	16.73	10.44	7.21	8.54	4.51	5.26	1.43
河北 Hebei	28.61	10.49	8.38	9.52	4.27	5.07	1.7
辽宁 Liaoning	24.56	5.24	3.74	6.47	0.33	0.39	0.98
上海 Shanghai	22.12	14.78	8.66	10.4	4.96	5.84	1.4
江苏 Jiangsu	20.97	11.24	7.19	5.83	2.06	2.36	1.97
浙江 Zhejiang	20.84	13.01	7.85	7.3	2.65	3.06	1.78
福建 Fujian	25.23	12.13	8.18	8.2	3.41	4.01	1.75
山东 Shandong	26.52	13.02	9.76	9.16	4.05	4.86	1.89
广东 Guangdong	23.85	9.66	6.27	6.69	2.63	3.05	1.64
广西 Guangxi	27.04	5.09	3.82	4.92	-1.5	-1.76	1.53
海南 Hainan	21.46	2.7	2.07	3.95	-1.12	-1.28	1.23

国有独立核算工业企业主要经济效益指标(1996年)
ECONOMIC RESULTS INDICATORS OF STATE-OWNED INDUSTRIAL ENTERPRISES WITH INDEPENDENT ACCOUNTING SYSTEMS (1996)

地区 Region	工业增加值率(%) Added-Value of Industry/Gross Output Value of Industry (%)	百元固定资产原价实现利税(元) Pre-Tax Profits/Original Value of Fixed Asstes (yuan)	资金利税率(%) Pre-Tax Profits Profits/Total Funds (%)	产值利税率(%) Pre-Tax Profits/Gross Output Value (%)	百元销售收入实现利润(元) Pre-Tax Profits/Sales Revenue (yuan)	工业成本费用利润率(%) After-Tax Profits Industrial Costs (%)	流动资产周转次数(次/年) Turnover of Circulating Fund (time-year)
全国 National	**27.7**	**7.87**	**6.54**	**10.03**	**1.52**	**1.86**	**1.38**
北京 Beijing	21.33	6.21	5.19	9.11	1.82	2.12	1.31
天津 Tianjin	19.37	4.07	3.31	6.63	0.34	0.4	1.15
河北 Hebei	29.81	7.71	6.92	10.53	2.86	3.46	1.48
辽宁 Liaoning	25.26	4.57	4.13	7.56	-0.31	-0.36	1.21
上海 Shanghai	21.06	10.38	6.79	10.66	3.58	4.19	1.24
江苏 Jiangsu	22.43	7.76	5.96	6.65	0.9	1.05	1.77
浙江 Zhejiang	22.6	8.3	6.34	8.83	1.25	1.45	1.72
福建 Fujian	28.52	13.19	10.69	16.69	5.76	7.38	1.48
山东 Shandong	29.29	9.79	8.57	11.01	2.43	2.97	1.82
广东 Guangdong	27.43	8.69	6.49	9.42	1.6	1.93	1.46
广西 Guangxi	25.71	3.88	3.14	5.09	-3.02	-3.61	1.34
海南 Hainan	21.64	0.72	0.54	1.25	-5.27	-6.16	1

建筑业企业劳动生产率
LABOR PRODUCTIVITY OF CONSTRUCTION BY REGION
(按建筑业增加值计算)
(In Added－Value)

单位: 万元 (10 000 yuan)

地 区 Region	1992	1993	1994	1995	1996
全 国 National	**5155**	**6219**	**9144**	**11140**	**11337**
东部地区平均 Easterm Regions Averag	**5613**	**7465**	**9665**	**11990**	**12792**
北 京 Beijing	5853	7924	11998	12969	16344
天 津 Tianjin	5477	8659	10814	16177	18077
河 北 Hebei	4527	5488	7348	9885	9816
辽 宁 Liaoning	4778	5855	9056	10658	11661
上 海 Shanghai	6886	10043	12842	14967	18331
江 苏 Jiangsu	5830	6973	8008	12808	12045
浙 江 Zhejiang	5373	7021	10038	13386	14748
福 建 Fujian	5640	7326	9488	12354	12754
山 东 Shandong	6237	7626	9519	11720	9725
广 东 Guangdong	6913	5744	10247	10455	12868
广 西 Guangxi	5210	6934	9080	11129	9468
海 南 Hainan	4636	9986	7544	7374	7663

建筑业企业工程质量(1996年)
CONSTRUCTION QUALITY OF CONSTRUCTION ENTERPRISES BY REGION(1996)

地 区 Region	单位工程竣工个数 (个) Number of Projects Completed	单位工程 #优良品 High Quality	房屋建筑优良品率 (%) Percentage of High Quality Projects	房屋建筑竣工面积 (万平方米) Floor Space of Buildings Completed (10 000 sq.m)	#优良品 High Quality	竣工面积优良品率 (%) Percentage of Floor Space of High Quality Buildings	技术装备率 (元/人) Value of Machines per Labourer (Yuan/Person)	动力装备率 (千瓦/人) Power of Machinery per Labourer (kW/Person)
全 国 National	**419246**	**124436**	**29.7**	**60047.9**	**19935.3**	**33.2**	**4154**	**4.6**
东部地区 Eastem Regions	**235940**	**67026**		**35133.3**	**12103.2**			
北 京 Beijing	13193	2305	17.5	1967.1	773.3	39.3	4334	5
天 津 Tianjin	5734	2256	39.3	551.3	220.4	40	7062	4.8
河 北 Hebei	17740	7202	40.6	2600.3	1087.5	41.8	3861	4.6
辽 宁 Liaoning	22855	6188	27.1	2613.2	1024.2	39.2	4325	5
上 海 Shanghai	11151	3684	33	1360.3	412.1	30.3	7015	3.4
江 苏 Jiangsu	47408	13716	28.9	8001.4	3209.8	40.1	3460	2.6
浙 江 Zhejiang	39002	8529	21.9	5705.3	1828.8	32.1	5120	3.1
福 建 Fujian	11430	3134	27.4	1422.9	184.5	13	5028	4
山 东 Shandong	39750	11380	28.6	4514.8	1245.7	27.6	3455	4.4
广 东 Guangdong	19579	6787	34.7	5061.8	1859.3	36.7	4981	4.9
广 西 Guangxi	7378	1660	22.5	1239.9	228.7	18.4	3710	3.6
海 南 Hainan	720	185	25.7	95	28.9	30.4	5943	4

乡村企业主要经济效益指标(1996年)
MAIN FINANCIAL INDICATORS AND RATIOS OF ENTERPRISES RUN BY TOWNSHIP AND VILLAGES (1996)

地　区 Region	每百元固定资产原值实现利润(元) After－Tax Profits/Per 100 Original Value of Fixed Assets	每百元资金实现利润(元) After－Tax Profits/Per 100 Total Funds	每百元资金实现的利润税金(元) Per－Tax Profits/Per 100 Funds	每百元营业收入实现利润(元) After－Tax Profits/Per 100 Operating Revenue	每百元固定资产原值实现营业收入(元) Operating Revenue/Per 100 Original Value of Fixed Assets	每百元营业收入占用的流动资金(元) Circulating Funds/Per 100 Operating Revenue
全　国 National	**31.2**	**8.6**	**14.6**	**5.6**	**328.4**	**34.4**
东部地区平均 Eastern Regions Averag	**30.0**	**8.6**	**13.9**	**5.9**	**311.3**	**39.3**
北　京　Beijing	19.2	4.4	8	4.5	236.6	59.4
天　津　Tianjin	50.7	15	20.6	9.5	388.1	37.6
河　北　Hebei	39.2	17.3	21.2	9.2	347.7	24.4
辽　宁　Liaoning	54.9	13.7	22.3	7.5	448.5	32.7
上　海　Shanghai	23.7	5.3	9.5	5.1	261.6	57.5
江　苏　Jiangsu	23.1	4.4	10	3	338.5	39.1
浙　江　Zhejiang	23.3	4.3	10.1	3.6	276.3	47.5
福　建　Fujian	25.1	7.4	12.2	4.3	350.8	30
山　东　Shandong	38.6	10.8	18.5	7.1	317.4	34.4
广　东　Guangdong	16.4	4.5	8.1	4	230.9	45.1
广　西　Guangxi	27	9	14.6	4.3	390.9	21.7
海　南　Hainan	19.1	7.5	11.7	8.3	148	42.2

各地区三种专利申请受理和批准量(1996年)
THREE TYPES OF PATENT APPLICATIONS EXAMINED AND GRANTED BY REGION (1996)

单位：项　　(item)

地　区　Region	申请受理量 合　计 Number of Patent Applications Examined	发　明 Inventions	实用新型 Utility Models	外观设计 Designs	批准量合计 Number of Patent Applications Granted	发　明 Inventions	实用新型 Utility Models	外观设计 Designs
全　国 National	**82207**	**11471**	**49341**	**21395**	**39725**	**1383**	**26961**	**11381**
东部地区 Eastern Regions	**50106**	**6259**	**27330**	**16517**	**24577**	**854**	**15006**	**8717**
比重(%) Proportion	**61.0**	**54.6**	**55.4**	**77.2**	**61.9**	**61.7**	**55.7**	**76.6**
北　京　Beijing	6595	1441	4255	899	3295	246	2563	486
天　津　Tianjin	1743	284	1113	346	899	51	666	182
河　北　Hebei	2944	522	2048	374	1526	45	1299	182
辽　宁　Liaoning	5218	926	3668	624	2447	118	2025	304
上　海　Shanghai	3154	396	1773	985	1610	74	1024	512
江　苏　Jiangsu	4980	561	3209	1210	2578	98	1781	699
浙　江　Zhejiang	5162	403	2845	1914	2410	45	1377	988
福　建　Fujian	2625	224	970	1431	1194	15	467	712
山　东　Shandong	6125	733	3779	1613	2630	84	1944	602
广　东　Guangdong	9946	510	2798	6638	5273	57	1399	3817
广　西　Guangxi	1379	209	794	376	646	18	422	206
海　南　Hainan	235	50	78	107	69	3	39	27

沿海开放城市选介

沈　阳　市

调整经济结构，国民经济稳定增长

在宏观经济环境偏紧、微观经济面临的挑战和竞争压力增大的情况下，沈阳市国民经济仍保持持续、快速增长，1996年，国内生产总值达772亿元，比1995年增长11.1%，三次产业增加值分别增长16.9%、12.2%和8.6%。地方财政收入累计完成39.78亿元，增长11.84%，实现了收支平衡。通过实施名牌产品战略工程，工业产品结构调整收到了实效，全市79种名牌产品的工业总产值达100亿元;在开展"企业管理年"的活动中，学邯钢练内功，向管理要效益，全市工业企业完成总产值1020亿元，按可比价格计算比1995年增长23.2%，实现利税50.1亿元，增长8%;乡以上工业完成总产值613.6亿元，增长15.7%，完成销售产值588.7亿元，增长13.7%。第三产业年增加值在全市国内生产总值中所占比重已达49%。商品流通规模进一步扩大，城乡市场购销活跃，全市消费品零售总额实现365亿元，比1995年增长20.8%;市场体系不断完善，全市新建了15处专业市场，沈阳钢材市场已被国家批准为钢材中心批发市场;金融运行态势平衡，截止1996年底，全市存款余额达904.2亿元，比年初增加142.9亿元;贷款余额达812.9亿元，比年初增加98.2亿元;净回笼现金188亿元，比1995年增加53亿元，继续位居全国各城市之首;证券业、信息业、旅游业、中介服务和家庭服务业的较快发展，使城市的流通中心功能有了进一步拓展。

战胜灾害，夺取农业丰收

沈阳市农村广大干部群众，发扬了自力更生、艰苦奋斗的精神，战胜了连续两年特大自然灾害所造成的重重困难，在全市机关、团体、企事业单位和广大军民的大力支持下，筹资8165万元，及时修复了83项水毁工程，迅速恢复了农业生产。1996年(沈阳)市夺得了一个好收成，粮食产量达329.8万吨;在经受市场波动的冲击下，农副产品生产仍保持稳定发展的好势头，为丰富城乡人民的"菜篮子"作出了贡献;农业总产值预计完成121亿元，比1995年增长18.9%，创历史最好水平;乡镇企业继续保持了较快的发展速度，并实现了速度与效益的同步增长;区县(市)财政收入完成6.68亿元，比1995年增长27.19%;农民人均收入约2300元，有了较大幅度的提高，实现了增产增收。

把握试点机遇，加快改革步伐

沈阳市抓住优化资本结构试点的机遇，通过增资、减债、分离、破产，使国有资产重组有了明显进展，取得了很好的效果。工业企业的资产负债率已降到66.6%，比1995年降低了6.3个百分点，企业分立后活化存量资产4亿元，对46户企业依法实行破产和兼并后盘活了存量资产17.4亿元，解脱企业债务45.2亿元，分离了非经营性资产，为搞活企业创造了条件。全市加强了现代企业制度试点工作，使国有大中型试点企业覆盖面达到了10%;股本金总额达55.5亿元的46户股份有限公司，已按《公司法》改制验收后合格，东药集团公司、沈阳机床集团公司和东大阿尔派等股份有限公司的股票先后上市交易，筹资16亿元。通过"抓大放小"，加快了企业进入市场的步伐：以名牌产品为龙头，组建了25个科工贸一体化的企业集团，东药和输变电集团被国家批准首批进行大型企业集团试点，增强了市场竞争能力;已有483户市属小企业，通过股份制、兼并、联合与托管等多种形式进行改革，有效地促进了生产发展和扭亏增盈。随着新型社会保障体系的逐步健全，沈阳市社会保障制度改革迈出了新步伐，社会养老保险、职工失业及工伤保险的覆盖面进一步扩大。通过推进住房公积金制度，发售租房债券，缴纳购房预定金，强力推进了房改，全市累计归集的各项房改资金总额约8亿元。

内外结合，扩大开放，保持经贸工作好势头

沈阳市企业增强了开放观念，在海关、商检和口岸部门的帮助下，积极开拓国际市场，又有台港澳同胞、海外侨胞和外商的引荐搭桥，使外经贸工作保持较好的发展势头。利用外资工作迈出了新步伐，全市共批准利用外资项目550项，合同总额15.3亿美元，实际使用外资6亿美元，吸引了一些大项目落户沈阳；虽受出口退税率下降的影响，沈阳市自营出口创汇仍达到6.8亿美元，其中机电产品出口比重有所上升；对外工程承包和劳务出口，势头也较好。沈阳经济技术开发区完成工业总产值30.5亿元，比1995年增长61.6%；沈阳高新技术产业开发区完成工业总产值47.6亿元，比1995年增长46.2%。通过扩大对内开放，使沈阳市资产在更大范围内实现了流动和优化组合，1996年新增横向联合项目1801项，新增利税5.3亿元，比1995年增长12%；到全国重点地区开展的开拓市场活动，扩大了市场份额，其中浙赣之行合作项目金额就达16.2亿元。沈阳市与辽宁中部7城市共同招商引资，联合举办沈深港经贸洽谈会和沈阳国际经贸洽谈会，取得了良好效果。

坚持为市民办实事，城市面貌有了新变化

动员全市军民参加的新开河综合整治工程，在省直有关部门和中央驻沈企业的大力支持下，进度比预期的要快，完成了下游8公里河段的整治；"七一"正式通车的迎宾路，作为第一条高标准的城市进出口路，为沈阳增添了光彩；跨越浑河的长青桥工程和北部污水处理厂工程等基础设施建设，都超额完成了进度计划；截止1996年底市话程控交换机总数达到130万门，比年初增加7.5万门，市话用户总数达到87.3万户，比年初增加22万户，新增邮政局所32处；"全民绿化年"活动成效明显，通过新增绿地和清退被占绿地，使全市人均公共绿地面积比1995年新增0.43平方米。进一步强化了城市管理工作。建筑工程质量监督和建筑施工现场管理工作得到了加强；交通有序化的全面推进，使沈阳市机动车时速连续几年都以两公里幅度递增，连续3年杜绝了特大恶性交通事故；部分小区开始实施物业管理，改善了居民生活环境。通过查处烟尘污染源，取缔露天烧烤和关停污染严重的小企业，使沈阳市环境质量得到了改善，在辽宁省"绿叶杯"评比中取得了并列第一名的好成绩，在全国37个重点城市环境综合整治定量考核中，实现了位次前移，巩固了创建卫生城成果。

改善人民生活，维护社会稳定

沈阳市在加强"米袋子"、"菜篮子"工程建设时，把抑制通货膨胀作为宏观调控的首要任务，全市调控物价工作取得显著成效，圆满完成预期的控价任务。全年零售物价涨幅为6%，比1995年回落了7.5个百分点；居民消费价格涨幅为7.9%，回落了8.1个百分点。大力发展少数民族经济和社会事业，确保了民族关系和睦。通过实施"再就业工程"和"送温暖工程"，使就业矛盾和低收入市民的生活困难得到了部分缓解。加快了回迁房和"安居工程"建设，到1997年春节前共回迁安置动迁居民3.7万户以上，"安居工程"和"安居乐教工程"已竣工交付住宅36万平方米，有效地缓解了回迁拖期的遗留问题。

沈阳市各级政府坚持执行责任制，高度重视群众信访工作，既帮助群众解决了实际困难和问题，有效地化解和妥善地处置了一些矛盾，又通过广泛征集人民建议、支持群众共同参政议政，有力地维护了社会稳定，促进了改革和发展的顺利进行。

以推行"两制"为突破口，开创政府工作的新局面

沈阳市在转变政府职能和推进勤政廉政的过程中，总结了工商局推行行政管理"公示制"的经验。通过试点部门示范后，市政府做出了推行行政管理公示制和社会服务承诺制的决定，使权力服务人民，机关工作作风，政府管理行为乃至整个社会风气都发生了可喜的变化，并在全国产生了积极的反响。市交警支队开展了学习济南交警的活动，使整体素质有了明显提高，得到了社会各界群众和国家主管部门的赞誉。"双拥"工作的开展，使沈阳市第3次被评为辽宁省双拥模范城。加强行政监察工作，强化廉政建设，查处了一批大案、要案，惩办了机关中极少数以权谋私的腐化分子。开展纠风治乱工作，使乱收费等"五乱"现象有所遏制；强化了民主党派和工商联特邀监察员参与行政监察工作，并组织他们参与接待群众信访举报，促进了沈阳市廉政建设各项任务的落实。推行国家公务员制度的工作，在区、县(市)完成职位分类和人员过渡的基础上，又在市直和乡(镇)等机关全面推开，大多数单位已基本完成，为建设一支高素质的干部队伍，创立了良好的开端。

(沈阳市政府办公厅　洪　波)

沈阳市国民经济主要指标

指标	单位	1996年		1995年	
		地区	市区	地区	市区
年底人口数	万人	671.04	476.66	666.79	472.81
#非农业人口	万人	419.83	384.00	415.08	379.96
土地面积	平方公里	12980	3495	12980	3495
人口密度	人/平方公里	517	1364	514	1353
年末劳动力资源总数	万人	454.59	327.30	447.48	317.29
#乡村劳动力	万人	103.53	43.48	118.70	49.32
国内生产总值	亿元	771.8	661.2	682.65	594.08
农林牧渔业产值	亿元	125.5	43.4	101.53	34.41
粮食产量	万吨	329.8	90.35	215.11	52.98
蔬菜产量	万吨	259.98	145.09	196.13	110.47
猪牛羊肉产量	万吨	28.8	7.89	27.60	7.37
水产品产量	万吨	7.01	1.24	6.51	1.11
全部工业总产值	亿元	1021.22	834.92	1005.51	744.08
#乡及乡以上	亿元	614.24	570.18	633.04	506.69
客运总量	万人	9726.06	9192.56	11297.4	7077.4
货运总量	万吨	13874.18	13735.2	13188.1	4863
固定资产投资总额(国有)	亿元	115.84	108.92	65.36	63.20
#住宅	亿元	30.00	27.21	10.31	9.59
房地产开发投资额	亿元	31.51	28.44	39.68	39.63
商品房销售额	亿元	16.90	15.18	15.42	15.38
出口贸易总额	亿美元	9.88	—	9.33	—
进口贸易总额	亿美元	3.80	—	4.5	—
利用外资签订协议总数	项	512	491	666	594
利用外资签订协议金额	万美元	109669	107991	116977	100028
实际利用外资金额	万美元	78783	77305	66521	45214
国际旅游人数	万人	10.79	—	10.37	—
国际旅游收入	万元	38056	—	35274	—
地方财政预算内收入	亿元	74.89	59.60	66.66	53.56
地方财政预算内支出	亿元	49.80	44.50	45.92	41.30
银行年末各项贷款余额	亿元	812.96	764.23	715.88	658.16
每万名职工中专业技术人员数	人	2051	2024	1989	1952
#中级职称以上	人	827	847	801	810
城镇居民家庭人均生活费收入	元	—	4006	—	3721
农村居民家庭人均纯收入	元	228002	—	1812.45	—

注：表内各项产值均按当年价格计算。

（沈阳市政府供稿）

大 连 市

国民经济健康快速发展

1996年，大连市完成国内生产总值733.1亿元，比1995年增长13.9%，全市人均国内生产总值已达1633美元。严格执行国家宏观调控的要求，完成固定资产投资235.4亿元，比1995年略有下降；商品零售价格上涨5.7%，涨幅回落7.9个百分点；新批外商投资企业802家，协议外资24.69亿美元，连续4年保持新增协议外资20亿美元的好势头，列全国16个副省级市的第二位；完成地方财政收入50.4亿元(含中央返回和专项拨款为65.3亿元)，增长17.4%，地方财政支出64.4亿元，增长14.3%，连续4年实现当年财政收支平衡并略有节余，并已全部消除了1992年以前4.1亿元的财政赤字；大连地区各项税收突破100亿元大关；人口自然增长率为2.86‰。农村经济全面发展。农业总产值(1990年不变价)107亿元，比1995年增长11%；粮豆总产量135.8万吨，是15年来最大的丰收年；水果总产量85.3万吨，增长6.5%；地方水产品总产量145万吨，增长12.4%；乡镇企业完成产值1501亿元，增长22.4%，实现利润106亿元，增长11.6%，上缴税金10.1亿元，增长22.4%。第三产业保持良好的发展势头。全市实现社会消费品零售额330.2亿元，比1995年增长21.4%，国有商业实现利润居东北和环渤海各大城市之首。实现进出口总额43.6亿美元，其中出口创汇26.3亿美元。大连港完成货物吞吐量6427万吨，空港旅客吞吐量175.8万人次，货邮吞吐量4.46万吨，均创历史最高水平；新辟了大连至大阪、福冈、海参崴、平壤、新加坡等5条国际空中客、货运航线，开通了大连至地中海国际集装箱班轮干线，新增了大连直达北京的双层空调列车。全市共接待海外旅游者16万人次，比1995年增长22%，旅游外汇收入1.6亿美元，增长2.3%。全市金融机构各项存款余额902.8亿元，比年初增加195亿元，货款余额777.7亿元，比年初增加100亿元，存差由1995年的23.5亿元扩大到125亿元；市融资中心融通资金660亿元，增长109%；全市上市公司达到9家，证券交易额380亿元，比1995年增长1.8倍；大连商品交易以年成交额1732/亿元，已成为国内最具规模，最富特色的期货市场之一。人民生活水平稳步提高。“菜篮子”工程建设步伐加快，菜、肉、蛋、奶等产量均有增长；新建和改扩建集贸市场99处、国营定点菜店50个，新发展了20个超市、109个连锁店，成功地实行了生猪定点屠宰，建成了两个豆制品加工基地，使市民吃上了“放心肉”和“放心豆制品”；全市完成住宅竣工配套面积140万平方米，其中安居工程35万平方米，提供安居解困房6600套，全市住房解困标准已从1994年的4平方米提高到6.5平方米；全市城镇职工人均工资7260元，比1995年增加636元，农民人均收入2850元，增加412元，城乡居民储蓄额达到529.4亿元，比年初增加137亿元，全市人均储蓄近万元。

农业生产发展显著

1996年，大连市把粮食生产作为农村工作的重中之重，进一步加大了资金投入，市、县、乡三级财政投入粮食生产资金1.4亿元，仅市本级就达8000万元，比1995年增加6000万元；粮食播种面积达到447.4万亩，比1995年增加17.9万亩；增施农家肥，平均每亩达到2.5吨；积极组织化肥、农药、农膜货源，保证了农用生产资料供应；狠抓了新技术的推广应用，水稻抛秧15万亩，粮食覆膜10万亩，粮食优良品种选用面达到95%；积极培植和发展种粮大户，使经营100亩以上的达到150户；加强农田水利基本建设，投入资金6.1亿元，出动人工4418万个工日，动用土石方1.3亿立方米，新建水库四座、除险加固14座，新建和维修机电井263眼，治理水土流失面积45亩，新增灌溉面积19万亩。粮食单产达到303.5公斤，创历史最高纪录，粮食总产量一举打破15年来在100万吨左右徘徊的局面。农村绿化继续发展，四旁植树1515万株，宜林荒山造林31万亩，圆满完成了1994年提出的“大干苦干三年，基本绿化大连”的目标。

国有工业取得阶段性成果

1996年，大连市全面实施了“国有工业两年初见成效”的起步工程。经过一年的努力，初步完成了阶段性的目标：国有预算内工业企业实现利润(盈亏相抵)5.12亿元，比1995年增长92.7%，上缴税金5.8亿元，增长14.1%；亏损企业由1995年的43户减少到32户，亏损额由1.9亿元减少到9600万元；企业资产负债率由76%下降到70.8%；三项资金占用下降30%。为给国有工业发展提供良好的外部环境，市政府采取一系列措施，减轻企业负担。继续完善职工养老保险制度，为29.5万名离退休职工发放保险金13.7亿元；推进企业住房制度改革，国有企业出售农房3298套，回收资金7208万元;分离市属企业自力中学25所,使企业负担由每年的1800万元降低到300万元;给企业政策,支持办“三产”,实现营业额15亿元,安置富余职工6100人;实施再就业工程,成立了再就业管理服务中心,安置待业职工5万人。广泛开展学邯钢活动,市属企业减员3万人;确定的85户学邯钢重点企业年利润总额比1995年增长34.3%,有78户重点企业否决工资或奖金24万人次,4300万元;20户企业通过辽宁省综合指标评价并升档晋级。积极扩大招商引资的规模,全年新批利用外资项目66项,其中嫁接改造企业51家。推进企业集团上市,募集企业资本金1.3亿元。加大资本运营力度,完成开发性搬迁改造企业21户,将首批市属15户国有小企业下放到区管理,促进了国有工业资产的优化组合。在改革开放的推动下,涌现出冰山、盛道、大显、瓦轴等一批集团化程度高,经济效益好、发展前景广阔的企业。

利用外资再获丰收

1996年,大连市本着抢抓机遇,及早动手的原则,年初就组织有关方面招商引资,实现了首季开门红,其中,99.6%的生产型项目通过国家备案审核。坚持内外招商并举,赴日本、韩国、澳大利亚和香港招商,在广州、北京举办经贸洽谈活动,均取得明显成效。在新批项目中,协议外资在1000万美元以上的有89项,其中三大项目引人注目:与新加坡港务局合资的大窑湾集装箱码头项目总投资5亿美元,为大连港21世纪的大发展奠定了基础,我国最大的中外合资项目——西太平洋石化公司500万吨炼油工程,在国家的帮助下,增资1.9亿美元,克服重重困难重新启动,7套生产装置一次投料试车成功;总投资3亿美元的彩色视像项目也获得国务院正式批准。对外开放先导区在招商引资工作中发挥出重要作用。开发区新批外商投资企业95家,协议外资10.15亿美元,比1995年增长6.7%;保税区新批外商投资企业164家,协议外资3亿美元,比1995年增长4.5倍;高新技术产业园区新批外商投资企业44家,协议外资1亿美元,增长2.2倍;金石滩国家旅游度假区新批外商投资企业13家,协议外资1.2亿美元,增长51.2%。旅顺口区已实现局部对外开放。杨树房、西海、羊头洼等13个经济开发小区形势看好。国有工业、乡镇企业和区街经济已成为吸引外资的三支生力军。国有工业协议外资4.28亿美元,比1995年增长52.8%;乡镇企业协议外资5.5亿美元,增长71%;市内四区协议外资总额达到3.9亿美元。全市从对外开放大局出发,多领域地开展对外友好交往,全年接待来自世界145个国家和地区的宾客达21万人次;第八届大连国际服装节获得成功,海内外44家电视台踊跃报道,在国内外产生轰动效应。展览业异军突起,已成为大连市新的经济增长点。从1996年7月到年底仅6个月时间,就举办了大连出口商品交易会和国际服装博览、国际汽车、家电、家具、五金、水产、年货等大小展会22个,参展摊位1.1万个,参观展会人数260多万人次,贸易成交总额120亿元,其中外汇交易额7亿美元。

城乡建设实现历史性突破

1996年,是大连市城乡建设力度最大,效果最明显的一年。经过建设系统和广大建设者的共同努力,创造了几个城市建设之“最”:建市以来最大的城市公建项目——星海会展中心已交付使用,成为我国设施最完善的展览中心之一;最大的城市快速交通工程——全长22公里、双向6排道的东北路和振兴路全线贯通,使老市区到开发区的行车时间尤为缩短;最大的环境整治项目——马栏河、自由河污水治理工程,半年时间清除污泥160万方;最大的居住区美化工程——175个居民小区的整治全面展开,拆除违章临时建筑9.5万处,38.5万平方米,新增绿地面积65万平方米;最大的路街整治工程同时展开——对中山路、人民路和千山路、成仁街、石道街、天津街等33条路街的3196栋建筑进行了粉刷、喷涂、高标准改造商业网点4256处。全市实行的“五个一工程”也是历史上规模最大,行动最快,效果最好的一次城镇改造工程——各县(市、区)在半年多时间里,投资3.74亿元,建成商业街5条,中心广场9座、住宅示范小区5处、草坪体育场5处、文明小城镇6个,其中瓦房店市站前广场、普兰店市皮口小城镇、庄河市木兰住宅小区、旅顺口区步行商业街和金州区即将竣工的体育场等堪称精品工程。新建成的长途电话大厦、友谊商城、富丽华二期、森茂大厦都是目前我市通讯、商业和服务领域里最高水准的设施。与此同时,全市最大的公用设施项目——引碧三期工程已完成总量的80%。大连粮食中转设施项目的平场建堤工程也已完成70%,旅顺新港万吨级码头、长海县大长山轮渡码头一期工程、大连新港成品油码头已交付使用;春海热电厂“四炉两机”投入运行;煤气新厂正式开工;公安局“三所”一期工程已投入使用。在城市继续开展了绿化美化工程,铁路沿线得到有效治理,完成了市内五大公园续建改造工程,新建了新乐等5处公园,新建和改造了富国、同泰、银赛等37处游园和街心绿地,绿化、美化了疏港路、机场路、西北路等迎宾道路以及大连后盐北出口路段,市内四区新增绿地160万平方米,人均绿地面积6.5平方米,绿化覆盖率达到38%。开发区新增绿地85万平方米,拆除违章、临建25万平方米,小区建设取得了可喜成绩。

(大连市外经贸委　赵成武)

大连市国民经济主要指标

指标	单位	1996年		1995年	
		地区	市区	地区	市区
年底人口数	万人	537	257	535	255
#非农业人口	万人	254	191	250	188
土地面积	平方公里	12574	2415	12574	2415
人口密度	人/平方公里	427	1064	425	1055
国内生产总值	亿元	733.1	514.5	645.1	467.5
农林牧渔业产值	亿元	160.7	66.1	136.3	57.6
粮食产量	万吨	135.8	22.1	123.4	20.7
蔬菜产量	万吨	155.8	69.1	148.3	74.3
猪牛羊肉产量	万吨	16.8	4.9	18.1	6.5
水产品产量	万吨	162.9	82.1	139.7	77.7
全部工业总产值	亿元	1297.9	799.8	1240.3	811.6
# 乡及乡以上	亿元	708.9	583.2	735.5	593.8
客运总量	万人	10752	7849	10413	7639
货运总量	万吨	19175	15875	17295	14337
固定资产投资总额	亿元	142.9	136.7	237.1	—
# 住宅	亿元	7.6	6.5	—	—
房地产开发投资额	亿元	64.2	61.8	73.3	71.8
商品房销售额	亿元	30.1	28.5	32.8	30.3
出口贸易总额	亿美元	—	26	—	25.24
进口贸易总额	亿元	—	27	—	16.16
利用外资签订协议总数	项	1109		1187	1038
利用外资签订协议金额	亿美元	24.7	22.6	25.5	22.4
实际利用外资金额	亿美元	11.4		9.1	8.6
国际旅游人数	万人	16.2	×	13.1	×
国际旅游收入	万美元	16001	×	13025	×
地方财政预算内收入	亿元	50.4	45.2	42.9	38.5
地方财政预算内支出	亿元	64.4	55.7	56.3	48.5
银行年末各项贷款余额	亿元	777.8	660.0	677.7	577.3
每万名职工中专业技术人员数	人	1984	1659	1965.4	—
# 中级职称以上	人	817.0	—	772.2	—
城镇居民家庭人均生活费收入	元	×	5432	×	4777
农村居民家庭人均纯收入	元	2850	×	2438	×

注：表内各项产值均按当年价格计算。

(大连市外经贸委供稿)

丹 东 市

国民经济健康发展

1996年丹东市人民克服困难，顽强拼搏，推进国民经济和各项社会事业持续、稳定发展。全市国内生产总值达140.3亿元，按可比价格计算，比上年增长9.8%，其中，第一产业增长14.7%，第二产业增长8.4%，第三产业增长9.6%。

农村各业全面发展

1996年，丹东市在连续遭受特大暴雨、虫害、风灾等严重自然灾害的情况下，各级领导亲赴抗灾第一线，组织恢复生产，降低了农业灾害损失；围绕推进农业产业化进程，发展四大优势产业，改造八大传统产业，开展四大新兴产业，在三县(市)一区建立了林产品、黄牛、优质米、海水养殖等35个各具特色的种养基地，形成了企业加农户、企业加基地、企业加市场等多种形式的经济链条；狠抓适用农业科技的推广应用；掀起农田基本建设高潮。经过广大干部群众的共同努力，1996年全市实现农林牧渔业总产值43亿元，比上年增长11.7%；粮食总产量达到63.3万吨，比上年增长8.2%；肉类总产量9.4万吨，禽蛋产量5万吨，水产品总产量12万吨，分别比上年增长6.9%、12.5%和24.5%；农民人均纯收入达2220元，比上年增长13.8%。乡镇企业积极推进产权制度改革，推广规范化管理；新组建了大鹿岛海兴企业集团公司等10个企业集团；新增固定资产投入12亿元。全市乡镇企业发展速度和效益同步增长，完成总产值190.8亿元，比上年增长50.9%，上缴税金2.1亿元；乡镇工业实现总产值149.4亿元，比上年增长45.8%。

工业生产和结构调整取得新进展

1996年工业经济运行在资金严重短缺、能源及运费大幅涨价、部分骨干企业市场环境发生突变等困难条件下，市政府深入企业现场办公，出台和落实深化改革、搞活企业的各项政策，强化领导包扶和企业扭亏责任制，派出百名干部帮扶企业，加大一批重点企业合资合作的力度，大力组织技术改造和新产品开发，强化工业经济运行的组织协调，使工业生产持续增长。工业总产值达到236.8亿元，比上年增长17.7%，完成工业增加值51.5亿元，比上年增长8.9%；其中乡及乡以上工业总产值109.7亿元，比上年增长3.2%，完成工业销售产值111.8亿元。市属工业开发新产品240种，185种有需求、有效益的产品投入生产，其中两绒产品、DD6112H系列大客车、水处理设备、奥扎格雷药等20项新产品形成批量生产，产销状况良好。立足于增强工业发展后劲，大力推进六大工业基地的建设和改造；化纤2万吨粘胶短纤维移地改造工程已投产；鸭绿江造纸厂3.4万吨新闻纸制浆工程完成试生产；彩色显示器二期工程正式投产；汽车厂与新加坡八达公司合资项目即将进入实施阶段；50万吨硼采选及深加工项目已立项待批；粘胶纺真丝、仿桃皮绒等技改项目即将投产；涉及六大工业基地建设的一批建设和改造项目的前期工作步子加快。全市固定资产投资总额为32.7亿元，比上年增长19.3%。

外贸、外资、外经有新突破

1996年全市大力实施外向牵动战略，在加速两大开发区的开发建设、大中型企业合资合作、出口创汇等方面狠下功夫；组建和完善对外贸易总公司等四大外贸企业集团，增加7户有出口自营权的企业；加强对边贸统一协调管理，积极发展对朝边境贸易；举办了第四届“东方丝绸节”和“海联会”；围绕利用外资重点项目，层层落实责任制，加大招商引资力度。外贸出口在上年较高基数上又有大幅度增长，全市完成进出口总额4.03亿美元，比上年增长近1倍，其中出口总额2.6亿美元，增长43.4%，增长幅度创辽宁省最好水平。在出口总值中，外贸系统完成3225万美元，增长53.3%；三资企业完成21085万美元，增长38.7%；自营企业完成1697万美元，增长105.4%。实现边贸出口8660万美元，增长11.3%。利用外资技术引进新签合同127项，协议合同总金额1.4亿美元。新办三资企业83家，累计达643家，合同总金额87682万美元，协议外资金额43456万美元。1996年新投产营业企业68家，累计投产营业230家，全年创产值297862万元，比上年增长48.8%；实现销售收入233494万元，比上年增长29.3%；三资企业出口创汇已占全市总量的81%。尤其可喜的是两大开发区建设有突破性进展，韩国仁川广域市在边境经济合作区内开发41.8万平方米工业团地的合同正式签约，基本完成一通一平；东港经济开发区70万平方米的韩国韩东工业团地已破土动工。边境经济合作区经济和社会效益全面提高，注册企业已达923户，全区实现社会总产值23.5亿元，财政收入6494万元。

第三产业和个体私营经济迈上新台阶

全地区新增市场面积5.5万平方米，各类商品市场已达168处，华联商场、巨星大厦等大型商业设施投入使用，发展了一批连锁商店和自选商场。1996年实现社会消费品零售总额51.5亿元，比上年增长15.9%。主要风景旅游区的环境有较大改善，接待能力和服务水平有新的提高；组织赴朝游客创历史最好水平，赴朝二日游、一日游于1996年底开通。港口吞吐量大幅度增长，完成205万吨，比上年增长53%；邮电业快速发展，业务总量完成2.7亿元，比上年增长23.8%；公路客运和货运量分别比上年增长4%和3%。积极扶持个体私营经济上规模、上水平、上效益，全市私营企业、个体工商户已发展到80388户，经营大户数量增加，实力增大；从业人员达到13.7万人，比上年增长8.7%。

以企业转制为中心的各项改革迈出较大步伐

紧紧围绕搞活国有经济这条主线，以市本级工业企业改革为重点，组织100多名机关干部组成工作小组进入企业帮助和指导，市政府及有关部门及时研究解决改革操作中的问题。1996年丹东市已经进入全国综合配套改革和优化资本结构试点城市行列；先后出台了《丹东市国有企业分立重组试行办法》等7个规范性文件，全市企业改革在较短的时间内取得了突破性进展。全地区35户资不抵债、扭亏无望的企业依法进行了破产处理，有15户市直工业企业终结破产程序；部分困难较大的国有大中型企业采取了企业分立、资产重组、分块搞活的办法，其中丹东造纸厂等4户企业已基本完成，盘活资产2.9亿元，新组建7个有活力的法人实体；完成了16户市属工业小企业产权出售的资产评估；各县(市)区拍卖企业99户，回收资金2596.9万元；10户大中型企业建立现代企业制度试点工作开始全面启动。社会保险等配套改革进一步深入，城镇企业职工基本养老保险新办法大面积实施；农民养老保险全面铺开；住房制度改革力度加大。县区综合改革进展顺利，全市乡镇及县区营企业共完成各种形式转制3579户，占总数的77.1%；6个小城镇建设试点全面推进，硬件建设又上新台阶。

财政金融在紧缩中实现平稳运行

深化财税体制改革，巩固和涵养老财源，培养新财源，建立和健全预算外财力征管体系，通过加强税收征管，合理调度资金，严格控制支出，1996年全地区全口径财政收入完成13.08亿元，比上年增长10.5%，其中市本级完成4.97亿元，比上年增长5.8%；全地区财政支出完成11.48亿元，比上年增长8.6%，其中市本级完成4.06亿元，比上年增长8.7%。全地区财政实现当年收支平衡，略有结余，市本级财政赤字控制在年初预算之内。不断深化金融改革，实施农行与农村信用社脱钩，建立农业发展银行，基本完成组建城市合作商业银行工作。在资金规模十分紧张的情况下，积极优化信贷结构，不断扩大信贷资金来源，到1996年底，全市金融机构各项存款余额达147.4亿元，比年初增加29亿元，其中，城乡居民储蓄存款余额120.7亿元，比年初增加26.5亿元；各项贷款余额146.8亿元，比年初增加20亿元，多年来第一次实现了存贷基本平衡。

基础设施建设和城市管理水平进一步提高

1996年，全市集中力量保证重点基础设施建设，多方面筹措资金为人民群众办实事，努力改善城乡生产生活环境。四大基础设施建设跃上了新台阶：港口建设投入1000余万元，提高了运载能力，开展了国际集装箱运输。民航机场新开通丹东至深圳和海南省三亚市的航线，新增丹东至上海和北京的航班。公路建设投资1.1亿元，丹柞线蛤蟆塘至五龙背二级路改造、丹沈公路凤城至薛礼段油路改建和鹤大线丹东至宽甸的二级路路基改造等工程均已竣工，初步形成了“一环三射一网”新的公路格局。华能丹东电厂建设已累计完成投资8.1亿元，煤码头等基础工程基本完成。为群众兴办的13件实事进展良好：外环路建成通车，大大缓解了市区交通紧张的压力；自来水挖潜改造工程完成，改善了市区供水状况；迁散坟建公墓工作取得了减少火灾和移风易俗的双重效果；朝凤街改造实现简易通车；十八中新教学楼交付使用；经济实用住宅和教师住宅建设有一定进展；广播电视微波传输网扩建工程全面开工；滨江路延伸工程、煤气移地改造工程的前期工作取得阶段性成果。

组织实施“温暖工程”和“再就业工程”

1996年，丹东市为1.8万户困难职工发放各种救济补助款255万元和物资14万元；安置再就业职工24368人；通过“温暖工程”和社会互济，700户特困职工基本脱贫。协调保险机构为离退休职工借发生活费3100万元，调剂资金2880多万元。经过“希望工程”帮助，11所学校改善了教学条件，600多名青少年返校复读；发放“寒窗基金”26.4万元，帮助97名特困生进入大学就读。努力稳定城镇居民收入，1996年城市人均生活费收入3277元，扣除物价因素比上年增长9.2%。为了保证和丰富市民的“米袋子”和“菜篮子”，在加强副食品基地建设的同时，运用调节基金，保持合理储备，使粮、油、肉、蛋、菜市场供应充足，价格稳定。

(丹东市外贸经委　孙绍童)

丹东市国民经济主要指标

指　　标	单　位	1996年		1995年	
		地　区	市　区	地　区	市　区
年底人口数	万　　人	239.2	69.0	238.1	68.1
#非农业人口	万　　人	95.5	56.8	94.0	55.9
土地面积	平方公里	14910	563	14910	563
人口密度	人/平方公里	160	1225	160	1210
年末劳动力资源总数	万　　人			161.4	47.0
#乡村劳动力	万　　人			66.4	6.4
国内生产总值	亿　　元	140.2	69.4	125.8	63.7
农林牧渔业产值	亿　　元	43.3	2.9	34.6	2.5
粮食产量	万　　吨	63.3		58.5	1.4
蔬菜产量	万　　吨	96.1	15.6	93.9	16.1
猪牛羊肉产量	万　　吨	8.3	0.8	7.8	0.7
水产品产量	万　　吨	13.5	0.2	9.6	0.1
全部工业总产值	亿　　元	238.3	86.1	224.4	82.0
# 乡及乡以上	亿　　元	121.5	73.4	121.3	74.3
客运总量	万　　人	2932.0	1489.5	3181	1617
货运总量	万　　吨	3005.7	974.7	3288	1068
固定资产投资总额	亿　　元	34.2		27.4	
# 住宅	亿　　元			6.5	
房地产开发投资额	亿　　元	4.6	3.6	7.8	5.7
商品房销售额	亿　　元	4.3	3.6	4.1	2.6
出口贸易总额	亿 美 元	6.6	×	43.3	×
进口贸易总额	亿 美 元	11.9	×	16.0	×
利用外资签订协议总数	项	84	57	106	74
利用外资签订协议金额	万 美 元	8498	5780	14458	11622
实际利用外资金额	万 美 元	4016		2318	1461
国际旅游人数	万　　人	6590	×	0.8	×
国际旅游收入	万　　元	503	×	582	×
地方财政预算内收入	亿　　元	7.4	3.8	6.4	3.2
地方财政预算内支出	亿　　元	11.5	5.9	10.6	5.5
银行年末各项贷款余额	亿　　元	112.6		95.3	60.3
每万名职工中专业技术人员数	人	1536	1465	1475	1440
# 中级职称以上	人	513	491	500	490
城镇居民家庭人均生活费收入	元	×	3377	×	2778
农村居民家庭人均纯收入	元	2319		1951	

注：表内各项产值均按当年价格计算。

(丹东市统计局供稿)

锦州市

国民经济运行平稳　综合实力增强

1996年是实施“九五”计划的第一年，锦州市在市委、市政府的领导下，加速中心城市的建设，充分发挥中心城市的示范、牵动、辐射和服务作用。认真实施“开放牵动”和“科技兴锦”战略，积极推进经济体制和经济增长方式两个根本转变，全市国民经济总体运行平稳，综合实力显著增强，各项社会事业健康发展。全年实现国内生产总值166.1亿元，按可比价格计算，比1995年增长9.9%，其中：第一产业增加值53.5亿元，增长8.59%；第二产业增加值53.67亿元，增长8.65%；第三产业增加值58.9亿元，增长11.8%。

农业和农村经济

1996年，锦州市继续把农业摆在优先发展的地位，认真落实市政府年初农村工作会议精神，以大力推进农业产业化和乡镇企业改革为主要内容，不断增加农业投入，以农林牧渔增产、财政增收、集体经济实力增强、农民增收为主要目标，大力实施科技兴农战略，优化农产品种植结构，发展高产、高效农业，继续实施“农村小康工程”建设，农民生产积极性进一步提高，农业生产和农村经济全面发展。

粮食生产获得丰收，在玉米遭受大面积弯孢菌叶斑病害情况下，1996年粮食总产量人仍达到180.9万吨，是历史上第三个大丰收年。林业生产稳步发展，1996年完成造林面积2.5万公顷。畜牧业生产全面增长，其中，肉类总产量32.2万吨，比1995年增长35.9%；奶类总产量1.4万吨，增长6%；禽蛋总产量18.6万吨，增长25.7%。水果产量达21.7万吨，增长29.9%。渔业生产迅速发展，全年水产品产量12.7万吨，比1995年增长69.5%，其中海产品产量11.7万吨，增长71%。

农业生产条件继续改善。截止1996年底，锦州市农业机械总动力84.7万千瓦，拥有大中型拖拉机0.24万台，小型和手扶拖拉机1.2万台，农用载重汽车0.2万辆，拥有排灌动力机械29.3万千瓦。机耕地面积28.3万公顷。化肥施用量(折纯)12.8万吨，农膜使用量1.4万吨，农村用电量4.8亿千瓦时。农用水利建设成效显著，全年总计投入资金6.7亿元，投入人工3200万个，完成土石方9785万立方米，其中完成骨干工程846项，新增水浇地12.8万亩，治理小区、小流域18万亩，洼区治涝74万亩。全市地方财政用于农业生产支出1.3亿元，比1995年增长34.2%。农业贷款10.4亿元，比1995年增长24.2%。

1996年，锦州市农村加快专业化基地建设，培育市场和发展龙头企业，贸工农一体化，产供销一条龙的生产经营体系逐步发展，全市各类专业乡发展30个，专业村发展280个。农产品市场进一步发育和完善，各类产地型市场已达31处。农产品加工企业达129家，鲜贮库超过1万个，总贮藏能力达6万吨，其中北宁市的葡萄鲜贮量约占全国总贮量的16%。

科技兴农成果显著。实行耕作制度改革的地块，农业资源的利用水平估算提高1倍以上，产出量和产业效益增加1.3倍，增收超5亿元。农业科技承包进一步完善全年全市落实承包项目48项，参加承包人员1500余人。各县(市)区普遍注视优势产业和主导产品发展，发展特色农业，走区域化布局、专业化生产、规模化经营的路子。

乡镇企业持续健康发展，全年实现总产值155亿元，其中乡镇工业产值93.3亿元，分别增长25.5%和33.9%。在总结11个乡镇改革试点经验的基础上，以股份合作制、拍卖、租赁等为主要形式的乡镇企业产权制度改革全面推开，增强了乡镇企业加速发展的活力。

工业和建筑业

1996年，全市工业坚持“三改一加强”(改制、改组、改造和加强企业管理)，积极采取有效措施，加速工业结构调整，扶持优势企业率先发展，宏观经济状况得到改善，企业总体经济实力进一步增强，工业经济持续稳定发展。全年完成工业增加值45.95亿元，比1995年增长9.5%。其中乡及乡以上工业增加值完成35.56亿元，增长7.6%。

1996年，市政府加强了对工业工作的领导，工业企业改革力度进一步加大。全市80%的企业根据自身实际制定了改革方案，市直103户企业改革方案通过论证，并被批准进入实施阶段。其中，实施破产16户，实行债务重组、产权转让、兼并、股份制和股份合作制83户，实行现代化企业制度试点4户。现代化企业制度全国百家试点企业金城造纸(集团)有限责任公司正式挂牌运营。经过改革的企业按新机制运行后，全市工业出现了强劲的发展势头。“九五”工业结构调整规化和“振兴工程”的26个重点项目开始实施，全市共完成技术改造投资11.5亿元，其中“振兴工程”项目完成投资45854万元，占全市技改总投资的40%。中策公司啤酒扩产、汽车、农用车减震器、140万吨重油催化裂化等项目达到了预期目标。新产品开发和新技术推广步伐加快，全市135个项目分别列入国家、省市级新产品开发计划，2个项目列入国家级推广项目。生产、教学、科研单位联合取得新成效，全市有20多家企业分别与大专院校、科研院所签订合作项目协议书或技术转让、开发、服务合同。全市工业企业共开发新产品308种，创产值5.57亿元，利税6530万元。实施名牌战略，扶持优势产品，全市工业企业共创省、市级名牌产品22个。

工业产销水平提高。全市工业按市场经济规律实行以销定产，全年乡及乡以上工业完成销售产值152.8亿元比1995年增长11.4%，工业产品销售率为95.73%，比1995年提高2.3个百分点。其中：国有、集体及其它经济类型企业产品产销率分别为97.38%、92.27%和97.73%。轻、重工业产品产销率分别为93.97%和96.4%。工业经济效益总体水平有所提高，乡及乡以上独立核算工业实现利税9.0亿元，比1995年增长5.9%。

建筑业生产略有回升。全市建筑业完成增加值7.7亿元，比1995年增长2.4%，占全市国内生产总值的4.7%。国有建筑施工企业自行完成施工产值10.2亿元，完成竣工产值4.3亿元，完成施工面积108.4万平方米，房屋竣工面积48.7万平方米。

对外经贸

1996年，锦州市继续实施“开放牵动”战略，狠抓支柱产业，突出重点抓大项目，扩大招商引资力度，对外经贸事业空前活跃，对外开放的范围、领域明显扩大，全年各项指标均创历史最新水平。

利用外资实现新的突破。全年批准新签外资项目31个，总投资额16421万美元，其中合同外资额12187万美元，比1995年增长47.7%。外资到位额为2800万美元。

出口创汇长足进展。在全省出口普遍下降或持平情况下，实现15613万美元，比1995年增长65.1%；出口商品供货持续增长，产品结构进一步调整，出口质量有较大提高，全市实现出口商品供货总值26亿元人民币，比1995年增长17.4%。其中，工业品由1995年所占比重的63%上升到75%，农副产品由1995年所占比重的37%下降到25%。

三资企业经济效益和出口有较大的提高，1996年已有234家企业领取营业执照，其中建成投产营运的有132家，开业率为56.4%，高于全省平均水平。实现销售收入9.08亿元人民币。税收6671万元人民币，同比增长58.8%。三资企业出口实现3840万美元，比1995年增长60%。

国际旅游业继续发展。本年共接待外国和港澳台地区旅游人数2930人，旅游外汇收入120.6万美元，比1995年增长34.7%。

本年对外经贸工作呈现的主要特点：

一是投资来源多元化，投资区域扩大。截止1996年底已有20多个国家和地区的投资者与我市合作，投资多元化格局已经形成。投资合作较多的国家和地区是美国、韩国、日本和香港、台湾、东南亚投资也有较大增加，其中，美国占全市利用外资的54.9%，韩国占21.9%。投资的区域逐步扩大，打破了外商投资以市内投资为主的格局，县区增长迅速，1996年县、区吸引的利用外资金额占全市的54%，第一次超过市区。

二是项目规模扩大，高新技术项目增加。1996年全市外商投资项目平均额已逾500万美元，同比增长111%。新批项目的技术含量和附加值提高，汽车“三电”糠醛等项目均属高科技项目，处于国内领先水平，石油化工、机械制造两大支柱产业新批技术含量较高的项目6个，合同外资金额8901万美元，占全市新批项目的合同外资金额73%。

外贸自营出口的特点是，一是加工贸易大幅上升，共完成8024万美元，占全年出口的51.4%。二是工业品出口比重迅速上升，达12797万美元，占自营出口的82%，同比增长75.2%。三是三资企业出口能力增强，共完成3840万美元，占全市自营出口的24.6%。四是商品出口的区域不断扩大，已达25个国家和地区。

对外开放软环境进一步改善。1996年政府机关和涉外部门实行了公开办事程序，提高办事效率和服务水平的公示制和承诺制。口岸查验各部门实行港口前沿全天候接受报验和一条龙服务，受到企业和外商欢迎。锦州市外商投资企业咨询投诉中心，受理各类投诉110多件，已解决近100件。清理整顿了对三资企业的税外收费受到企业和外商的好评。加强了对外经贸人员业务培训，涉外人员素质进一步提高。

国内市场和物价

1996年，全市消费品市场繁荣，货源充足。全年商业饮食业完成增加值18.3亿元，比1995年增长15.2%，全社会消费品零售额完成75亿元，同比增长10.3%，其中城市消费品零售额47.5亿元，增长19.3%，县及县以下消费品零售额27.2亿元，增长14.1%。在消费品零售额中，国有单位15.6亿元，比1995年下降4.9%；集体单位9.9亿元，增长14.7%；私营单位3.9亿元，增长34.3%；其它经济类型单位消费品零售额45.6亿元，增长14.1%。市场建设进一步发展，截止本年底全市城乡各类市场发展到201处，年营业额50.6亿元。

在完善市场经济体制建设同时，进一步加大价格管理力度，运用各种经济手段调控市场物价，取得了明显成效，全市零售价格总指数由1995年的113.5%回落到104.8%，低于全省平均增幅0.7个百分点；居民消费价格总指数由1995年的115.7%回落到111.2%。取得上述成绩的主要原因，首先是市政府从商品供求总量平衡入手，抓住稳定物价的龙头“菜篮子”，加快菜篮子工程建设，增加商品供应总量，以量保价。市政府为此提出抓龙头，带两翼，扩周边，建基地的指导思想。第二，发挥国有商业企业参与市场竞争，平仰市场物价的主导作用。市政府出资百万元扶持锦华商场，金凌商厦建立以猪、鸡为主要品种的副食生产基地，在全市建立了三个生猪定点屠宰、批发市场，解决了让群众吃上放心肉这个老大难问题。第三，运用经济手段，调控市场物价。

交通运输和邮通信业

1996年，锦州市交通和邮电业快速发展，全年完成交通运输和邮电业增加值13.3亿元，比1995年增长7.1%，占国内生产总值的8%。全年完成公路货运量4577万吨，同比增长31.3%；货物周转量140675万吨公里，比1995年增长7.4%。公路客运量3440万人，同比增长13.4%。水路运输有所下降，港口吞吐量明显增加。其中水路运输量完成28万吨；港口吞吐量438.4万吨，比1995年增长1倍。

邮电通信业以高起点、高技术为前提呈现强劲发展势头。1996年完成邮电业务总量2.4亿元，比1995年增长25.9%；长途电信总量0.8亿元，增长21.3%，城乡电话机总数22.5万部，其中：住宅电话13.8万部，移动电话1.8万部，无线寻呼用户已达8万户。通信设施建设取得新进展，全市市话、农话交换机总容量33.7万门，长途自动交换机容量8500路端。

金融和保险业

1996年全市金融事业平稳发展。各类金融机构存款余额162.8亿元，比1995年增长28.8%。其中城乡居民储蓄存款余额124.6亿元，比1995年增长31.7%；各类贷款余额168.8亿元，增长20.5%。

保险事业不断发展。全市开办各类保险种250种，全市承保金额364亿元，各种保费收入18312万元。

(锦州市外经贸委　韩　武　刘子达　王凤恩　刘敬东)

锦州市国民经济主要指标

指　标	单　位	1996年		1995年	
		地　区	市　区	地　区	市　区
年底人口数	万　人	302.5	79.9	300.7	78.4
# 非农业人口	万　人	103.9	64.1	102.0	62.6
土地面积	平方公里	10301	440	10301	440
人口密度	人/平方公里	294	1816	292	1782
年末劳动力资源总数	万　人	179.2	55.0	177.0	55.0
# 乡村劳动力	万　人	73.9	7.0	73.2	7.2
国内生产总值	亿　元	165.9	74.7	160.6	72.1
农林牧渔业产值	亿　元	104.8	6.0	97.2	5.6
粮食产量	万　吨	180.9	6.0	181.7	5.9
蔬菜产量	万　吨	243.1	34.9	214.3	33.3
猪牛羊肉产量	万　吨	25.0	1.1	19.7	1.2
水产品产量	万　吨	10.1	4.1	7.5	2.8
全部工业总产值	亿　元	237.5	121.8	187.2	112.6
# 乡及乡以上	亿　元	155.8	105.5	143.3	104.1
客运总量	万　人	1812	1170	2938.0	1898
货运总量	万　吨	4577	1510	3485	1150
固定资产投资总额	亿　元	273439	—	219100	—

续表

指　　标	单　　位	1996年		1995年	
		地　区	市　区	地　区	市　区
房地产开发投资额	亿　　元	5.5	5.1	3.5	3.3
商品房销售额	亿　　元	2.7	2.5	3.3	3.2
出口贸易总额	亿　　元	—	—	—	—
进口贸易总额	亿　　元	—	—	—	—
利用外资签订协议总数	项	45	29	54	47
利用外资签订协议金额	万美元	13496	7718	8253	8155
实际利用外资金额	万美元	3760	3271	2536	2359
国际旅游人数	万　　人	0.26	—	0.29	—
国际旅游收入	万美元	121	—	90	—
地方财政预算内收入	亿　　元	8.2	3.9	6.2	3.4
地方财政预算内支出	亿　　元	12.9	6.6	10.8	6.0
金融机构年末各项贷款余额	亿　　元	168.8	106.7	140.1	88.5
每万名职工中专业技术人员数	人	1863	1640	1835	1787
# 中级职称以上	人	700	667	676	694
城镇居民家庭人均生活费收入	元	—	3647	—	3083
农村居民家庭人均纯收入	元	2281	—	1850	—

注：表内各项产值均按当年价格计算。

(锦州市外经贸委供稿)

葫　芦　岛　市

国民经济持续、快速发展

1996年，葫芦岛市围绕建设现代化园林式沿海开放城市的总体目标，深化改革，扩大开放，锐意进取，保持了国民经济的稳步增长和社会各项事业的健康发展。全市国内生产总值达到126.2亿元，比1995年增长9.2%，其中第一产业增加值26.2亿元，第二产业增加值56.9亿元，第三产业增加值43.1亿元，分别增长10.2%、8%和12%；农业总产值达到29.5亿元，比1995年增长7.7%；乡及乡以上工业总产值达到106亿元，增长10.4%；地方财政收入达到5.5亿元，增长7.2%；全社会固定资产投资完成26亿元，增长7.4%，其中地方固定资产投资达到10亿元，增长4.2%；城镇居民人均纯收入达到3790元，增长3%；农民人均纯收入达到1822元，增长11.8%；人口自然增长率为5.55‰，比省下达指标低1.85个千分点。科、教、文、卫等各项事业取得了新的发展，社会主义精神文明和民主法制建设进一步加强。

农村经济全面进步

1996年，葫芦岛市坚持从改善生产条件、增加科技投入和加速产业化进程入手，促进了农村各业的全面发展，农业综合生产能力有了显著提高。全市粮食总产达到8.09亿公斤；蔬菜播种面积发展到42万亩，比1995年增加7万亩，其中保护地面积达到10.26万亩，增加5.26万亩；建成省、市级标准果园65个，果树总株数发展到8700万株，居辽宁省第一位，水果总产达到56.2万吨，比1995年增长33.8%;筏式养殖、远海捕捞、淡水精养等水产业6项开发全面启动,水产品总产量达11万吨,比1995年增长29%;畜牧业生产保持了较快发展,肉、蛋、奶总产量达到21.9万吨,比1995年增长27.3%;全市完成造林面积31.2万亩,为省下达计划的120.4%。乡镇企业保持稳步发展。全市共完成乡镇企业固定资产投资1.6亿元,实施基建、技改项目111项,发展后劲进一步增强。全市乡镇企业增加值达到11.2亿元,比1995年增长18.3%。

工业生产稳步增长

1996年,葫芦岛市以提高经济效益为目标,以学习邯钢经验为动力,切实推进"三改一加强",加快了产业、产品结构调整步伐,使工业经济运行质量明显提高。全年共完成投资2.6亿元,实施技改项目49项,其中炼化总厂140万吨重油催化裂化装置、锦西化工机械厂专用透平压缩机和渤海造船厂10万吨级船台等10项"九五"计划项目进入开工建设阶段。全年工业增加值达到52亿元,比1995年增长9%,其中乡及乡以上工业增加值达到40亿元,增长5%;产销率达到96.9%,居辽宁省第二位。全市乡及乡以上独立核算工业企业实现利税12.8亿元,比1995年增长6.14%。

各项改革全面推进

1996年,葫芦岛市企业改革由点到面,普遍推开。全市实施各种形式改革的工业企业已达800多户,改革面达到50%。其中,兼并或组建集团9户;实行股份和股份合作制的企业达到503户;租赁、拍卖、出售、公有民营、嫁接改造等达到225户。全年实施各类科技计划201项,其中有22项达到国内先进水平。农村改革进一步完善。对土地、果树承包期满的进行了调整和延长;"四荒"拍卖进度加快;部分二、三产业发达的乡镇土地规模经营开始起步。各项配套改革稳步推进。城镇职工养老、工伤、失业保险参保率分别达到88.6%、90.2%和95%。计划、财税、金融、住房、人事制度、劳动用工制度等各项配套改革不断深化。

对外开放有新进展

1996年,葫芦岛市切实把外向牵动作为首要发展战略来抓,积极开展招商引资。成功地举办了'96葫芦岛国际经贸洽谈会,在外经贸方面,共签订利用外资合同33项,合同外资额4701万美元;在内经贸方面,共签订联合、合作合同39项,其中吸引外地资金2亿元;在科技成果洽谈方面,共签订成果转让和技术协作合同22项,总投资额为7068万元。1996年,全市新批"三资"企业20户,实际利用外资2500万美元,比1995年增长22.5%。全年外贸出口创汇达到1.28亿美元,增长33%。外事工作进一步加强,与美国拉斯维加斯市、江苏省吴江市正式结成友好城市。旅游事业有新发展,1996年共接待国内外游客270万人次。

城乡市场繁荣稳定

市场体系建设进一步完善。葫芦岛市各类市场已发展到290个,新改、扩建集贸市场4处。其中投资5500多万元,建筑面积11.5万平方米的东辛庄市场扩建工程如期竣工交付使用。全市城乡市场集市贸易成交额达到30亿元,比1995年增长12%。社会消费品零售总额达到46亿元,增长13%。商品零售价格指数涨幅回落到5.2%,比1995年下降8.1个百分点,低于全省全国平均水平。

基础设施进一步改善

1996年,葫芦岛市共完成城市建设固定资产投资3.5亿元,一批重点基础设施相继建成,城市载体和服务功能不断增强,兴城、连山、龙港三位一体,140平方公里的沿海带状城市初现轮廓。全年铺设黑色路面56.26公里,新建桥梁67座;高速公路兴城至连山段48公里路基完成80%以上;市区东出口拓宽工程竣工使用;葫芦岛港扩建一期工程1万吨级码头主体基本完成。全市城乡电话普及率达到每百人4.41部,比1995年提高11.6%;平山水源工程开工建设;环城绿化工程全面规划并付诸实施;绥中电厂一期工程进展顺利。在城市建设方面,重点实施了"框架"、"贴心"两项工程,主要建设了"一山、一海、一河、八线、两园"和"八路一桥"。全年新增城市绿化面积60万平方米,城市绿化覆盖率达到28.5%,比1995年增加2个百分点。新改扩建8条城市主干路,总建设面积达到8万平方米。新开发居民住宅58万平方米,使城市人均居住面积增加1.5平方米。龙湾1号、2号小区被评为国家级物业管理优秀住宅小区。

财政金融运行平稳

1996年完成全口径财政收入17.5亿元,比1995年增长11.7%;完成各项税收16.76亿元,增长11.69%。建立了第二预算管理体制,葫芦岛市完成预算外财政收入2.34亿元。金融体系进一步发展壮大。全市金融机构各项存款余额115.4亿元,比年初增长31.4%;各项贷款余额127.4亿元,比年初增长19%。保险机构保险总金额达到740亿元,赔(给)付保险金3.24亿元。

(葫芦岛市人民政府办公室 赵俊田 杨春宇)

葫芦岛市国民经济主要指标

指　　标	单　　位	1996年		1995年	
		地　区	市　区	地　区	市　区
年底人口数	万　　人	262.74	87.99	261.11	86.71
#非农业人口	万　　人	69.51	42.61	68.19	41.41
土地面积	平方公里	10343	2271	10343	2271
人口密度	人/平方公里	254.03	387.45	252.45	381.81
年末劳动力资源总数	万　　人	185.02	57.36	192.22	59.59
#乡村劳动力	万　　人	129.52	46.80	132.63	47.98
国内生产总值	亿　　元	126.25	79.32	117.70	72.18
农林牧渔业产值	亿　　元	44.95	12.55	42.56	11.41
粮食产量	万　　吨	80.86	22.41	97.26	24.77
蔬菜产量	万　　吨	67.21	36.33	61.80	38.74
猪牛羊肉产量	万　　吨	13.06	3.24	8.57	2.56
水产品产量	万　　吨	11	2.93	7.81	0.82
全部工业总产值	亿　　元	209.65	172.31	196.93	161.89
#乡及乡以上	亿　　元	163.21	142.29	159.60	140.92
客运总量	万　　人	1501	900	1694.6	965.62
货运总量	万　　吨	3454	1553	4252	2215.42
固定资产投资总额	亿　　元	23.27	11.46	16.29	12.39
#住宅	亿　　元	4.15	2.93	2.41	2.14
房地产开发投资额	亿　　元	2.98	2.89	2.9	2.85
商品房销售额	亿　　元	1.70	1.59	1.19	1.13
出口贸易总额	亿　　元	16.3	—	15.5	—
进口贸易总额	亿　　元	14.1	—	12.2	—
利用外资签订协议总数	项	15	12	—	—
利用外资签订协议金额	万美元	3162	3011	3159	2149
实际利用外资金额	万美元	1534	1153	1318	842
国际旅游人数	万　　人	0.13	—	0.12	—
国际旅游收入	万　　元	59	—	56	—
地方财政预算内收入	亿　　元	5.54	1.63	5.13	1.43
地方财政预算内支出	亿　　元	10.21	2.23	9.25	2.13
银行年末各项贷款余额	亿　　元	127.43	82.19	87.69	53.83
每万名职工中专业技术人员数	人	1906	1625	1737	1355
#中级职称以上	人	673	630	399	312
城镇居民家庭人均生活费收入	元	3827	—	3681	—
农村居民家庭人均纯收入	元	1822	2120	1629	1839

注: 表内各项产值均按当年价格计算。

(葫芦岛市政府供稿)

朝 阳 市

国民经济发展概况

1996年，朝阳市国内生产总值实现104.5亿元，比1995年增长8.3%。其中第一产业增加值41.6亿元，增长13.2%；第二产业增加值31.6亿元，增长7%；第三产业增加值31.3亿元，增长4.4%。

农业和农村经济

朝阳市进一步加强了对农业和农村经济工作的领导，强化了农业的基础地位，加快了“农业五大开发”的步伐，农业和农村经济建设取得了可喜成果。1996年完成农村社会总产值168亿元，比1995年增长1.3%，其中农业总产值74.2亿元(以1990年不变价计算为41.4亿元)，增长9.1%。在农业总产值中，种植业产值42.9亿元，增长11.2%；林牧渔业产值26.2亿元，增长4.1%。农业商品产值44.5亿元，增长4.1%。农村非农业行业产值93.8亿元，下降1.8%。粮食产量163.1万元，增长16.5%，创历史最高纪录；完成造林面积75.4万亩(成活率在85%以上)，增长6.5%；畜牧业生产稳步发展，猪牛羊肉、奶类产量、生猪存栏均同比增长；渔类产量765.3吨，增长19%。全市水土流失治理面积已达1309万元，占水土流失总面积的比重上升到88.8%，较大程度地改善了农业生产条件，对增强农业后劲、夺取农业丰收起到了保证作用。

工业和建筑业

工业生产在艰难的运行环境中仍保持增长趋势。1996年，朝阳市工业总产值完成118.2万元(1990年不变价格为94亿元)，比1995年增长19.7%，其中乡及乡以上工业完成产值82.8亿元，比上年下降0.2%。在全部工业中，重工业发展快于轻工业，全年重工业完成产值93亿元，增长22.3%，高于全市平均增长水平。轻工业完成产值25.2亿元，增长11.2%。

在乡以上工业中，国有工业保持微弱增长。全年国有工业完成产值62.7亿元，增长0.8%，其中大中型工业企业增长0.7%，集体工业企业下降3%，其他经济类型工业企业下降3.6%。县以上工业生产与上年同期持平，其中市营工业增长2.9%，县(区)营工业下降7%，乡镇工业下降0.8%。

全市乡以上独立核算工业企业实现销售收入67.5亿元，比1995年下降12.9%；实现利税总额3亿元，下降45.4%；亏损企业亏损额4亿元，比1995年减少13%；经济效益总体水平下降，全年工业经济效益综合指数为43.17%，比上年低11.12个百分点。辽宁轮胎厂、凌源钢铁公司、东风朝阳柴油机公司、朝阳重型机械厂四大企业全年实现利税3.4亿元，仍为全市工业的主要利税大户。

建筑业生产稳中略降。全市县上企业完成施工产值7.5亿元，比1995年下降11.8%，其中国有企业完成4.9亿元，下降11%。房屋竣工面积67.6万平方米，增长8.7%。全员劳动生产率为3万元/人，下降3.3%。

固定资产投资

朝阳市投资规模得到有效控制。1996年，全社会固定资产投资完成16.5亿元，比1995年下降10.14%。在总投资中，国有单位完成11.4亿元，增长11%；集体单位完成投资2.7亿元，与上年基本持平；其他投资完成0.5亿元，下降62%；城乡居民个人完成投资1.9亿元，下降55%。

按投资类型划分：基本建设完成投资4.8亿元，下降13%；更新改造完成5.7亿元，增长35.7%；房地产完成1.2亿元，与1995年基本持平；其他投资完成0.5亿元，下降45%。

按行业划分：农林牧渔业完成投资0.6亿元，增长1.5倍；工业和建筑业完成6.7亿元，增长1.5%；交通运输邮电业完成1亿元，下降29%；批发零售贸易餐饮业完成0.3亿元，下降40%；文教卫生社会福利业完成0.4亿元，增长33.3%。

年度国有单位施工项目273个，比1995年减少49个，其中新开工项目200个，减少23个；竣工的各类房屋面积40.3万平方米，其中竣工住宅面积27.5万平方米。全年新增固定资产8.4亿元。

国内贸易、市场物价和对外经济

消费品市场运行平稳。朝阳市社会消费品零售总额实现34.9亿元，比1995年增长2.8%，比辽宁省平均增长幅度低14.4个百分点。分城乡看：城镇消费品零售额实现21.3亿元，增长7.8%；农村消费品零售额实现13.6亿元，下降4.1%。分商品类别看：吃、穿、用、烧商品零售额分别为15.2、6.2、12.4、1.1亿元，比1995年分别增长1.8%、3.3%、4.2%和5%。

非国有商业在流通领域中的比重继续增大。全年消费品零售额实现25.7亿元，比1995年增长8.4%，比重由70.2%上升到73.6%。国有商业实现消费品零售额9.1亿元，比1995年下降10.2%。

集贸市场发展迅速，市场网络进一步扩大。1996年末，全市集贸市场已发展到271处，其中综合集贸市场254处，专业市场17处。全年城乡集贸市场成交额达16.8亿元，比1995年增长16.6%，占全市消费品零售额的比重由42.2%上升到48%。

市场物价涨幅明显回落。全年商品零售物价指数由1995年的14.9%回落到4.9%，居民消费价格指数涨幅由19.1%回落到6.9%，分别低于辽宁省平均水平0.5和1个百分点。

对外经济贸易和国际旅游业稳步发展。1996年出口创汇2508万美元，比1995年增长17.2%。全年出口供货总值完成8.8亿元，与上年基本持平。新批三资企业27户，新签协议利用外资额5819万美元，增长62.9%。全年接待来自五大洲20多个国家和地区的来访及经贸活动的人员1042人次，比1995年增长52.3%，其中接待外国人963次，增长70.1%。

交通运输和邮电业

交通运输业稳步发展。朝阳市民用车拥有量2.53万辆，比1995年增加0.42万辆；全年公路货运量完成1754万吨，客运量完成2198万人次。公路总里程达5197公里，比1995年增加8公里。

邮电通讯业得到迅速发展。全市邮电业务收入和邮电业务总量均完成1.3亿元，分别比1995年增长19%和20%，其中邮政业务量完成1916.6万元，增长14.5%；邮路总长度为2197公里；全市电话放号44878户，增长42.7%，占辽宁省第八位，其中新增市话用户24684户，增长39.6%；建成电话村244个，比1995年增加103个，电话村总数占辽宁省第一位。新增分组交换DDN数据用户71户，新增电话交换机4.25万门，新增长途业务电路360路，长途业务电路总数达4808路，增长8%。

财税、金融和保险业

财政收支平衡。1996年，朝阳市各级财税部门在经济运行比较困难、企业效益不佳的严峻形势下，大力培植财源，转变理财方式，加强第二预算管理，加大组织征收工作力度，较好地完成了财政预算任务。全年实现地方财政收入5.6亿元，比1995年增长16.7%；财政支出实现12.5亿元，增长9.6%。全年国税系统完成各项税收5.7亿元，地税系统完成各项税收4.2亿元，分别增长1.6%和14.8%。

金融运行平稳。金融部门进一步深化金融体制改革，努力筹措和搞活资金，较好地保证了地方经济建设的资金需求。1996年末，金融系统各项存款余额达75.9亿元，其中城乡居民储蓄存款余额64亿元，分别比1995年同期增长26%和28.9%。各项贷款余额112.2亿元，增长19.8%。

保险事业发展较快。市保险公司分设财产和人寿保险公司工作顺利完成，新成立了中国太平洋保险公司朝阳支公司。1996年，全市各类保险公司承保额达161亿元，保费收入1.1亿元。全年对各类险种赔款总支出4458万元，其中财产保险赔款3766万元，人寿保险赔款691万元。

人民生活

城乡居民收入增加，生活水平进一步提高，1996年末全部职工人数为42.9万人，全部职工工资总额达17.4亿元，比1995年增长1.8%。城市(市区)居民人均生活费收入3083元，增长10.9%，扣除物价上涨因素，实际增长5.7%；城市居民人均生活消费支出2861元，增长14.4%，扣除物价上涨因素，实际增长9.1%。农民人均纯收入1833元，增长18%，扣除物价上涨因素，实际增长12.1%。

(朝阳市政府办公室　周治玉)

朝阳市国民经济主要指标

指　　标	单　　位	1996年		1995年	
		地　区	市　区	地　区	市　区
年底人口数	万　　人	329.76	43.64	328.17	42.68
#非农业人口	万　　人	81.35	28.18	79.45	27.19
土地面积	平方公里	19698	557	19698	555
人口密度	人/平方公里	167	783	167	769
年末劳动力资源总数	万　　人	215	30	213	28
#乡村劳动力	万　　人	160	4	159	6
国内生产总值	亿　　元	105	34.1	109	35

续表

指　　标	单　　位	1996年		1995年	
		地　区	市　区	地　区	市　区
农林牧渔业产值	亿　元	74.2	6.3	70.3	5.6
粮食产量	万　吨	163	5	140	5
蔬菜产量	万　吨	145.02	24.07	150	24
猪牛羊肉产量	万　吨	19	1.01	17	1
水产品产量	万　吨	1		1	
全部工业总产值	亿　元	100.3	53.3	144.28	76.3
# 乡及乡以上	亿　元	81.5	43.2	85	45
客运总量	万　人	2492	1065	2408	1021
货运总量	万　吨	3299	571	3405	828
固定资产投资总额	亿　元	11	4.3	12	4
# 住宅	亿　元	1.9	0.8	3	2
房地产开发投资额	亿　元	1.3	0.6	2	1
商品房销售额	亿　元	0.8	0.4	1.3	0.7
出口贸易总额	亿　元	—			
进口贸易总额	亿　元	—			
利用外资签订协议总数	项	27	7	24	10
利用外资签订协议金额	万美元	5769	1058	4000	3000
实际利用外资金额	万美元	1280	670	7000	7000
国际旅游人数	万　人	0.1	0.1	0.7	0.7
国际旅游收入	万　元	481	481	150	150
地方财政预算内收入	亿　元	5.6	2.3	5.4	2.5
地方财政预算内支出	亿　元	12.5	5.2	13.6	6.5
银行年末各项贷款余额	亿　元	112.2	39.7	95	34
每万名职工中专业技术人员数	人	1757	1673	1746	1847
# 中级职称以上	人	617	737	553	678
城镇居民家庭人均生活费收入	元		3364		2780
农村居民家庭人均纯收入	元	1833	2759	1553	2419

注：表内各项产值均按当年价格计算。

(朝阳市政府供稿)

唐 山 市

国民经济和社会事业持续健康发展

综合经济实力进一步增强，人民生活进一步改善 1996年全市国民生产总值达到607.28亿元，按可比价格计算比1995年增长20.1%。其中，第一产业完成148.1亿元，增长19.7%；第二产业完成284.17亿元，增长21.9%；第三产业完成174.9亿元，增长16.9%。城市居民年人均生活费收入4512元，增长8.5%；农民年人均纯收入2891元，增长28.3%。城乡居民储蓄存款余额达到285.5亿元，比年初增加65.1亿元。小康建设成效显著，可望在全省率先建成小康市。

农业获得丰收，农村经济全面发展 坚持把农业放在经济工作的首位，以小康建设总揽农村工作全局，围绕农产品增收和农民收入增加，加快发展农业产业化，大力开展乡镇企业第二次创业，促进了农业和农村经济的健康发展。1996年，粮食总产达到342.5万吨，再创历史最高水平。蔬菜、果品、肉、蛋、奶、水产品产量均比1995年有较大幅度增长。农业产业化经营起步较快。丰润奶牛、丰南河蟹等10个市级开发开放示范基地已经基本建成，天源绿色食品有限公司等6个龙头企业已建成投产，唐海香米等13个产品在国际国内获奖，丰润赛梦干白葡萄酒等10个产品获国家绿色食品标志。乡镇企业快速发展。实现产值、利税分别比1995年增长34.4%和37.6%。年产值超亿元的工业小区发展到32个。

工业经济速度与效益同步增长，运行质量明显提高 紧紧围绕提高工业运行质量和效益，不断加大结构调整力度，积极推进企业技术进步和经营机制的转换，强化企业管理、生产调度和协调服务，保证了工业经济速度与效益的同步增长。全市工业总产值837.7亿元，比1995年增长27.9%，其中乡及乡以上工业总产值481.5亿元，增长19.2%。乡以上轻工业125.27亿元，增长26.0%；重工业356.2亿元，增长16.3%。国有工业242.8亿元，增长3.2%；集体工业180.9亿元，增长36.1%。主要工业产品量分别为：原煤2376.5万吨、原油57.0万吨、原盐235.3万吨、钢335.9万吨、水泥965.7万吨、发电量147.3亿千瓦小时、日用陶瓷24535万件、卫生瓷1145万件。工业经济效益不断提高。全市乡及乡以上工业完成增加值167.8亿元，增长16.5%；实现利税42.6亿元，增长23.4%；产品销售率97.9%；全员劳动生产率23000元/人；工业经济综合效益指数达到90.7%，提高12.5个百分点。工业企业完成技改30.7亿元，增长10.8%。开发鉴定省级以上新产品114项，新产品产值率为4.1%。

固定资产投资保持合理增长，重点项目建设情况良好 以国家产业政策为导向，与国民经济发展相适应，大力加强基础产业和基础设施建设。全社会固定资产投资完成160.3亿元，比1995年增长20%，其中国有单位投资85.5亿元，增长17.3%。在国有单位投资中，基建投资43.5亿元，增长23.2%，技改投资35.6亿元，增长19.1%。投资结构进一步优化，重点项目建设得到加强。冀东水泥厂二线、唐钢年产60万吨棒材连轧机改造、丰润化肥厂5吨销铵工程等8个重点已经建成投产或试生产；南堡两万吨粘胶、西郊热电、利用亚行贷款等一批重点项目建设进度加快。固定资产投资交付使用率由1995年的83.2%，提高到89.0%；新增固定资产142.8亿元，增长28.2%，投资效益进一步提高。

突出重点，配套推进，经济体制改革迈出较大步伐 以搞活国有企业为重点，紧紧围绕产权制度改革这条主线，抓大放小，实施"十百千"工程，取得明显成效。十大企业集团组建完善工作进展顺利。唐钢、胜利陶瓷、三友碱业、冀东水泥、唐山陶瓷、唐山化纤等六大集团已挂牌运转，汇达、医药等集团已经市政府批准实施；百强优势企业谋划筛选工作初步完成；放开放活千户小型企业步伐加快，已有1144户完成改制，改制面占县(市)区属国有、集体小企业的90%。企业兼并破产取得实质性进展，有41户企业被兼并；对111户资不抵债的企业实施了破产，其中59户已破产终结。第一批31户现代企业制度试点全部完成公司改制，其中三友碱业、冀东水泥等10户企业已初步建立起现代企业制度基本框架。冀东水泥股份有限公司A股上市获得成功，实现了唐山市企业通过证券市场直接融资的突破。通过一系列改革措施，市属工业企业资产负债率下降6.7个百分点。与企业改革相适应，各项配套改革全面推进。职工养老、失业等主要险种的社会统筹率达到90%以上；城镇住房制度改革全面推进，建立住房公积金和旧公房出售取得突破；机构改革基本完成；生产资料、人才、产权、资金、证券等要素市场健康发展。

实施外向带动战略，对外开放迈出新步伐 以京唐港和海港开发区建设为"龙头"，以发展临港工业、老企业嫁接改造、创汇农业和优化环境为重点，以利用外资、出口创汇为目标，内引外联，双向开放，对外开放步伐加快。京唐港和海港开发区建设进展顺利，在对外开放中的作用日趋明显。京唐港一号港池8个泊位基本建成，形成780万吨吞吐能力。港口功能进一步完善，港口运营完成货物吞吐量451万吨，比1995年增长47.2%。港区新开工项目30个，累计达到98个。全市新批准三资企业合同114个，合同利用外资3.4亿美元；实行利用外资2.75美元，增长60.9%，其中直接利用外资1.99亿美元，增长1.5倍；新投产三资企业58个，累计达到341个。特别是市锅炉厂与德国巴高克公司、唐山齿轮厂与日本丰田、高压电瓷厂与日本NGK和伊藤忠豪门集团与法国达能及陈氏兄弟集团、滦南县与台湾庄头北等几个大的项目合资成功，使我市与境外大公司、大集团的合作迈出了较大步伐。农业利用外资项目达到39个，实际利用外资883万美元。对外资易持续增长。完成出口商品收购值100亿元，出口创汇3.1亿美元，分别比1995年增长29.6%和53.5%。以北京为重点的对内联合与协作迈出新步伐。共签订经济技术合作项目415个，实际引进国内资金6.5亿元。以"一港三路一场"为重点的基础设施建设步伐加快，投资环境进一步改善。在京唐港建设不断完善的同时，唐津高速公路一期30公里建成通车，唐港、京哈(唐山段)高速公路正在抓紧建设，唐山军用机场搬迁已经国务院、中央军委批准。

财政金融运行平稳，城乡市场繁荣稳定 全市财政收入(含中央两税)完成31亿元，比1995年增长16.3%；其中地方财政收入19亿元，增长17.5%。财政收入超亿元的县(市)区达到11个。金融系统各项存款余额达到400亿元，比年初增加91.2亿元；各项贷款余额320亿元，比年初增加58.5亿元，较好地支持了经济发展。城乡市场活跃繁荣，物价涨幅明显回落。全市全社会消费品零售总额达到149.48亿元，增长13.8%；城乡集贸市场交易额达到106.32亿元，增长51.9%。商品零售价格指数为105.6%，比1995年降低10.1个百分点，低于全省、全国平均水平。市场建设得到加强，市场功能与档次进一步提高。个体私营经济健康发展，产值和营业额比上年增长38.3%。

城乡建设明显加快，城镇管理进一步加强 以迎接抗震20周年为契机，加快实施形象工程，城市建设和管理取得明显成效。凤凰大厦、银冶大厦等一批城市标志性高层建筑已经竣工或完成主体工程。城市美化亮化水平进一步提高。为群众办实事工程进展顺利，共建城镇居民住宅174.8万平方米；市区新增供热面积39万平方米，扩供煤气1.5万户；市区供水管网改造和新区、丰润扩供水工程进展较快。以县城和建制镇为主的城镇建设水平进一步提高。完成了各县和县级市的城市规划调整修订，县城建设取得明显进展。迁安实现了撤县建市。20个"京津唐百镇工程"和"省双百工程"试点小城镇建设取得新进展。新修乡村油路500公里，砂石路728公里，基本实现了村村通公路。

"科教兴市"战略扎实推进，各项社会事业进一步发展 共取得市以上科研成果93项，其中达到国际国内先进水平的89项；40个重点推广项目取得较大进展，市以上科技成果推广应用率达到62%。新发展厂办科技开发机构23个，民营科技型企业112家。培育高新技术企业20家，开发高新技术产品32个，年高新技术技工贸总收入20亿元。全市科技进步对经济增长的贡献率达到38%。教育投入增加，办学条件改善，教育质量进一步提高。基础教育在巩固提高"普九"成果的基础上进一步发展，高考成绩连续六年保持全省第一。职业教育在全国保持领先水平。人口增长得到有效控制，计划生育率达到99%以上，人口自然增长率为4.19‰。城乡医疗卫生条件进一步改善。已有13个县(市)区成为全国农村初级卫生保健合格县，市口腔医院、急救中心建成并投入使用。

(唐山市人民政府办公厅　徐树利)

唐山市国民经济主要指标

指　标	单　位	1996年		1995年	
		地　区	市　区	地　区	市　区
年底人口数	万　人	684.13	160.33	679.46	157.87
# 非农业人口	万　人	176.38	115.84	168.52	112.40
土地面积	平方公里	13472	1090	13472	1090
人口密度	人/平方公里	508	1471	504	1448
年末劳动力资源总数	万　人	391.13	98.74	382.45	98.73
# 乡村劳动力	万　人	259.57	25.21	259.45	25.24
国内生产总值	亿　元	607.28	205.70	498.60	178.36

续表

指标	单位	1996年		1995年	
		地区	市区	地区	市区
农林牧渔业产值	亿元	269.20	17.11	227.67	15.28
粮食产量	万吨	342.53	21.22	324.71	21.08
蔬菜产量	万吨	599.36	54.79	513.85	48.90
猪牛羊肉产量	万吨	37.93	2.02	34.97	1.91
水产品产量	万吨	28.90	1.23	21.64	1.15
全部工业总产值	亿元	837.72	313.57	661.36	264.01
# 乡及乡以上	亿元	481.51	236.91	406.75	21296
客运总量	万人	3822	2460	3679	2088
货运总量	万吨	15889	6325	17367	6067
固定资产投资总额	亿元	160.34	80.42	133.61	69.24
# 住宅	亿元	23.33	7.49	23.22	9.39
房地产开发投资额	亿元	6.51	5.06	5.68	4.02
商品房销售额	亿元	2.04	1.68	2.84	1.92
出口贸易总额	万美元	30924	21715	20145	13782
进口贸易总额	万美元	12562	—	7669	—
利用外资签订协议总数	项	110	49	191	84
利用外资签订协议金额	万美元	32673	21045	40751	16350
实际利用外资金额	万美元	27548	14491	17122	12343
国际旅游人数	万人	2.44	—	1.30	—
国际旅游收入	万元	6412	—	5179	—
地方财政预算内收入	亿元	18.99	10.72	16.17	9.22
地方财政预算内支出	亿元	24.83	12.88	21.63	11.42
银行年末各项贷款余额	亿元	244.69	150.28	199.85	118.75
每万名职工中专业技术人员数	人	2511	2075	2465	2142
# 中级职称以上	人	628	622	616	642
城镇居民家庭人均生活费收入	元	—	4512	—	4157
农村居民家庭人均纯收入	元	2891	2941	2254	2376

注：表内各项产值均按当年价格计算。

（唐山市统计局供稿）

秦　皇　岛　市

经济总量保持较大增幅，固定资产投资完成情况较好

秦皇岛市国内生产总值完成212.7亿元(现价，下同)，比1995年增长16.7％，其中，第一产业37.8亿元，增长10.4％;第二产业77.3亿元，增长19.7％;第三产业97.7亿元，增长16％。全社会固定资产投资完成80.7亿元，增长24.2％，其中地方固定资产投资57.6亿元，增长32.5％。

农业全面丰收，农村经济进一步繁荣

在部分地区洪涝灾害比较严重的情况下，粮食总产达104.3万吨，创历史最高水平，油料产量6.75万吨，增长4.2％。果品和肉、禽蛋、奶、水产品产量分别增长23.1％、23.8％、11.4％、22.5％和45.8％。农业总产值完成63.8亿元，增长11.6％。市级对农业投入增长30％以上，县乡和农民投入增长16％。全市重点扶持了双千田、万亩板栗以及羊、牛、鸡规模养殖等40个高效农业项目，涉及农林牧渔各业的11个农业产业化项目全面启动，肉鸡、玉米、甘薯等项目已初具规模。全市以“四修”为主的农田水利基本建设，投入之大、项目之多、效果之好，都是近年来少有的。选择200多个农业项目，到澳大利亚、瑞士、韩国以及国内7个大中城市进行招商，全年共签约农业引资项目22个，合同引资2507万元;农产品出口交货值达2.6亿元。

乡镇企业增速加快，效益回升

秦皇岛市乡镇企业完成总产值168.71亿元，增长34.8％，其中工业产值105.34亿元，增长46.7％，利润12.7亿元，税金2.59亿元，分别增长36.2％和22.1％，出口商品交货值3.2亿元，增长63.9％。为进一步解放思想，加快发展，组织200多名县区、乡镇和企业领导在无锡举办了两次学习培训班。乡镇集体企业完成改制1450家，占41.3％。成功举办了第二届乡镇企业暨农业洽谈会。全市乡镇企业固定资产总投资10亿元，1996年内新增乡镇三资企业30家，产值千万元以上企业22个，亿元企业3个，企业集团1个，工业小区得到完善和提高。

工业经济持续增长，企业改革迈出较大步伐

全部工业总产值完成218.97亿元，增长29.9％，其中乡及乡以上工业产值完成138.9亿元，增长19.4％。工业增加值增幅居全省前位。实施分类指导，为企业解决资金、人才等实际困难，协调资金4.19亿元。对改制、破产、集团建设加强督导，集中力量扶强扶优。加快建设10大销售收入超10亿元企业，积极培育20个“小巨人”企业，组建了化工、耀华、燕玻、市玻、浮法和北方集团，成立了汽车配件行业管理协会。省级8家现代企业制度试点企业年内挂牌运行，共增加资产8.21亿元，分流富余职工2470人。秦皇岛市新发展股份制企业101家，股本总额4.2亿元。成功发行了耀华玻璃股份有限公司股票，融资2.87亿元。全市219家国有小型工业企业，已改制169家，占77.2％。39家工业企业进入破产程序，其中24家经法院裁定终结。把减亏目标层层分解落实，完成了市及其以下国有工业减亏3237万元的省定目标。全年完成技改投资15.89亿元，有21个项目列为国家或省市“九五”规划重点，其中5个项目列入国家“双加”工程。全市有50多家企业与大专院校建立了长期合作关系，80％的大中型企业建立了技术开发机构。全年开发市级以上新产品60项。学邯钢综合推广面达80％，累计挖潜增效近1.2亿元。

围绕企业改革切实抓好各项配套改革。国有资产管理工作向制度化、规范化迈进。全市参加养老保险统筹的企业1336家，国有企业投保率99％，集体企业投保率95％。有1845个企业参加失业保险，占应参保单位的97％。部分单位试行了大病统筹。要素市场建设取得新进展，全市职业介绍、人才交流和土地、房地产、信息、技术交易机构已达355个。

对内对外开放力度加大，成效显著

继续把招商引资作为经济发展的牛鼻子，着力改革招商办法，积极推进“五个转变”，即：从综合性招商向专业性招商转变，从普遍招商向以大客户、大财团为重点的招商转变，从主要在周边国家和地区招商向欧美等国家招商转变，从靠地域、政策优势招商向靠软环境优势招商转变，从以政府为主、上层为主招商向以企业为主、基层为主招商转变。开放工作呈现六个特点：一是利用外资和对外贸易大幅度增长。外贸出口总值完成1.72亿美元，增长45.4％，实际进入外资2.34亿美元，增长119.2％。二是利用外资向规模化发展。批准项目平均投资比1995年增加50％以上，达到540.3万美元。三是外商出资比例高，已投产企业增资较多。新批准的131个项目，累计合同外资占注册资本的比重高达72.2％。19家三资企业增加合同外资9350.3万美元。四是各类开

发园区进一步发挥了“窗口”作用。秦皇岛开发区实际进入外资和出口创汇分别占全市的34.97%和56.38%。五是利用外资嫁接改造老企业步子加快。全年批准注册嫁改项目29个。合同利用外资1.63亿美元，提前一年完成省政府下达的嫁改任务。六是国内横向联合进一步加强。引进省外到位资金4.72亿元，高出省目标任务1.44亿元。

城市基础设施建设项目多、投入大，城市容貌形象发生明显变化

1996年秦皇岛市城市绿化美化及基础设施建设投资超过2亿元，是近年来投入最大的一年。把绿化美化作为建设花园式城市的突破口，以绿化为基础、以美化为重点的绿化美化年活动成效显著。建了4条绿化美化样板路、4个样板游园和4条霓虹灯街，共植树63.03万株，新增园林及公共绿地78.47万平方米。着力抓了城市基础设施建设5大工程：扩建了102国道城市段等10条道路；完成了文化路等9项排水工程；更新改造了11个街区的路灯；完成了海港区垃圾处理厂二期和北戴河卫生填埋场工程；海港水厂经过改造，日供水能力提高一倍。在调整城市总体规划的基础上，编制了分区规划、专业规划和控制性详规，完成了城市中心花园广场等一些大项目的规划蓝图。公用事业正在由福利服务型向经营服务型转变。公房出售步伐加快。整顿了建筑市场，建筑工程质量提高，城市建设综合开发率已达76.8%。环境保护工作完成了省下达的目标任务。人防工作疏散地域建设与扶贫工作相结合的经验在全省推广。防震减灾快速反应系统通过省鉴定。

商贸、财税、金融工作取得显著成绩

流通体制改革进一步深化，华联集团7月份挂牌，县区局属国有小型商业企业改制面近60%；发展便民专业店、连锁店106家；个体工商户发展到11.96万户，私营企业2300多家，分别增长13.6%和22.3%。新建商品市场22个，改扩建27个，一年投资为“八五”投资总和的44%。全市商品市场已发展到209个。全年社会消费品零售额完成57.3亿元，增长15.9%。继续强化菜篮子工程五大责任目标管理，加强基地建设，增加了主要副食品的有效供给。生猪定点屠宰顺利实施。粮油和农副产品收购任务提前完成。落实控价目标责任制，加强价格监审，倡导微利销售，深入开展公平交易和打假治劣、保真创优活动，社会商品零售物价指数105.3%，比全省平均水平低0.9个百分点，降到90年以来的最低点。财政部门落实促产增收政策，加强和改善财政支出管理，收到较好效果。国、地税两家从大局出发，严格依法治税，加强了税收征管。在基数大、困难多的情况下，全部财政收入完成15.9亿元，增长17.06%，其中地方财政收入10.2亿元，增长23.9%。认真组织了财税物价大检查，财税和审计监督进一步加强。银行各项存款余额较年初增加51亿元，各项贷款余额增加31亿元。争取一批上级行直接贷款，集中投向重点项目和企业。增设了农业发展银行，完成了农村信用社与农行脱钩的改革任务，组建城市合作银行已获人总行批准。

交通邮电事业迅速发展，投资硬环境继续改善

京秦高速公路正式开工兴建；民航每周航班由18次增加到31次，北京－秦皇岛的民航班机暑期开航；京秦快速列车暑期投入运营；建成石门公铁立交桥；完成了连续抚宁、卢龙北部山区的三抚线油路改造工程、102国道抚宁至山海关段改扩建工程；港口吞吐量达8450万吨，秦港煤四期工程重载试车，新港3、4号码头竣工投入使用；市话交换容量由19.1万门增加到27.3万门。

旅游业持续发展，海外游客明显增多

全年接待国内游客647万人次，海外游客6.75万人次，分别比1995年增长2.4%和124.9%，旅游营业收入和旅游外汇收入分别增长12.5%和112.7%。完成了长寿山景区道路、祖山开发起步和野生动物园二期工程建设。

科教兴秦战略顺利实施，科技事业蓬勃发展

全年安排科技项目141项，增加科技投入1480万元，争取科技贷款6300万元，科技三项经费和科学事业费占本级财政支出的比重为1.81%，高于省定目标。引青自动化工程获国家科技进步三等奖。高新技术企业新增13家，技工贸总收入占国内生产总值的比重增加1.7个百分点，增幅在全省领先。新开发22个高新技术产品。民营科技企业技工贸总收入超过3亿元。省以上科技成果推广应用率为61.9%，高于省定目标3.9个百分点。全市引进试验农林牧渔优种60多个，广泛开展了农业技术培训，组织各级干部和重点户140多人到先进地区学习考察农业技术。

扶贫解困措施得到落实，人民生活水平有新的提高

对无劳动能力、无固定收入、无其他经济来源的“三无户”实行了最低生活保障制度；对特困企业的特困职工，“两停一亏”企业困难职工等，采取了帮困措施。对23个贫困乡镇和部分特困村进行了对口帮扶。全市199个特困村中，有81个村人均收入超过935元，实现稳定脱贫，其中8个村跨入小康行列。全市城市居民人均生活费收入达到4914元，比1995年增长3.4%，农民人均纯收入2551元，增长34.7%。市委、市政府投资2.6亿元为群众办的18件实事，已全部如期完成。

(秦皇岛市人民政府办公室　苏斐华　白焕新)

秦皇岛市国民经济主要指标

指　　标	单　　位	1996年		1995年	
		地　区	市　区	地　区	市　区
年底人口数	万　　人	216.16	64.61	259.96	62.80
#非农业人口	万　　人	60.82	45.22	58.28	43.38
土地面积	平方公里	7523	363	7523	363
人口密度	人/平方公里	347	1780	346	1729
年末劳动力资源总数	万　　人	139.40	39.56	138.34	39.26
#乡村劳动力	万　　人	100.81	10.28	100.52	9.93
国内生产总值	亿　　元	201.04	110.73	174.24	100.14
农林牧渔业产值	亿　　元	65.66	6.14	57.47	5.16
粮食产量	万　　吨	104.32	6.33	98.01	6.35
蔬菜产量	万　　吨	134.75	22.61	107.44	21.44
猪牛羊肉产量	万　　吨	12.43	0.70	11.11	0.61
水产品产量	万　　吨	5.79	2.38	3.97	1.49
全部工业总产值	亿　　元	210.24	124.73	187.81	157.69
# 乡及乡以上	亿　　元	140.42	109.19	121.10	96.54
客运总量	万　　人	830	667	847	680
货运总量	万　　吨	1335	1165	1353	1139
固定资产投资总额	亿　　元	72.62	50.64	47.77	42.23
# 住宅	亿　　元	6.06	3.47	2.36	2.17
房地产开发投资额	亿　　元	8.09	7.46	7.72	6.78
商品房销售额	亿　　元	3.75	3.75	4.43	4.13
出口贸易总额	亿　　元	12.85	12.85	11.97	11.97
进口贸易总额	亿　　元	7.26	7.26	7.61	7.61
利用外资签订协议总数	项	131	110	138	113
利用外资签订协议金额	万 美 元	66136	—	52458	—
实际利用外资金额	万 美 元	23446	—	10698	9034
境外旅游人数	万　　人	6.85	—	3.00	—
外汇旅游收入	万 美 元	1596	—	732	—
地方财政预算内收入	亿　　元	10.20	7.78	8.23	6.31
地方财政预算内支出	亿　　元	12.69	8.95	11.19	8.09
金融机构年末各项贷款余额	亿　　元	175.27	130.56	107.64	71.86
每万名职工中专业技术人员数	人	1290	670	1066	612
# 中级职称以上	人	420	261	520	307
城镇居民家庭人均生活费收入	元	4914	4914	4754	4754
农村居民家庭人均纯收入	元	2551	3428	1893	2486

注：表内各项产值均按当年价格计算。

(秦皇岛市统计局供稿)

沧 州 市

经济和社会发展重点情况介绍

农村经济集约化程度逐步提高 1996年，沧州市立足本地特点，大搞农业开发，积极调整结构，建“龙头”企业，带“龙型”经济，同时以十大特色行业为重点，狠抓乡镇企业的发展，使全市农村经济的集约化程度有了较大提高。全市农业综合开发共完成投资近1.2亿元，改造中低产田23万亩，新打机井5812眼，铺设地下管道134万米，新挖和清淤沟渠2294公里，新增和改善灌溉面积20多万亩，建成吨粮田105万亩，发展节水高效农田50万亩。同时，采取典型引路、政策引导、强化服务、股份开发等多种办法，实行区域化布局、规模化生产。到年底，全市围绕八大主导产业，建成较大规模的农业商品基地35个，形成了48个专业乡、1200个专业村、30万个专业户。发展“龙型”经济13条，“龙头”企业89家，其中年产值超8万元的34家，辐射141个乡镇，带动了23万多农户。乡镇企业按照扩规模、壮群体、增效益的总体思路，突出抓了225个投资超百万元、25个投资超千万元的大项目建设，全年新建工业小区35个，组建集团16个。年内全市十大行业群体实现产值191.7亿元，实现利税20.7亿元，分别占全市乡镇企业产值、利税的34％和36％。

企业改革取得实质性进展 按照“以建立现代企业制度为目标，以抓大放小为主线，加大转机建制、产权流动重组力度，力促企业改中搞强、转中求活、重组新生”的总体思路。进一步加大了企业改革力度，全市现代企业制度试点、股份制改造、企业集团建设、放开放活小企业以及与之配套的社会保障制度改革和生产要素市场建设等方面均取得较大进展。其具体情况是：6个省级现代企业制度试点中，沧化(实业)集团公司继转制和资产授权经营之后，于6月份成功地组织了A股上市，募集资金2.1亿元，下半年乘势而上，深化企业内部各项改革，初步构筑起现代企业制度的基本框架。其余5个企业业已完成了主体转制工作，开始投入正常运行。转制后，6家试点企业经营状况与经济效益出现了更加非凡的发展势头。全年新建股份制企业101家，有限责任公司98家，股份有限公司3家，股本金总额10.57亿元，其中融资4亿元。新组建企业集团7家，这些企业集团在理顺内部运行机制、加强经营管理的同时，有3家集团积极实行低成本扩张，分别对5家企业实行了兼并，盘活存量资产1.2亿元，为实现规模效益和结构调整打下了基础。全市907家国有小企业已完成兼并、破产、承包、租赁等各种形式改革的777家，实现了真正的放开放活，取得了较好的效果。城镇国有企业职工参加养老保险省级社会统筹的参保率已达98％，集体企业参加市县级社会统筹的参保率为97％;国有企业和集体企业失业保险参保率分别达到了96％和62％。年内新增各类生产要素市场63个，人才交易量达1065人次。另外，政治体制改革和政府职能转变也取得较大进展，真正实现了政府机关对企业对基层由管理到服务的转变，有效地促进了全市企业改革的深入进行。

对外开放实现了大幅度跨跃 1996年，沧州市继续实施“外向带动战略”，全力加速开放步伐，通过开展对外开放大讨论，增强全民的开放意识;通过举办或参加招商洽谈会，将企业推向开放第一线;通过推广典型经验，切实转变招商方式、注重实际效果;通过目标分解，明确责任到人;通过加强企业管理，优化开放环境;使全市的对内对外开放均实现了较大幅度的跨跃。在这一年里，全市对外开放实际利用外资5338万美元，较上年增长80.3％;签订外资合同88项，总投资2.4亿美元;新批三资企业合同49个，合同利用外资2971万美元。4个省级技术开发区，全年累计批准进区项目35个，总投资5.53亿元，开发区在全市对内对外开放中的“龙头”地位明显增强。对内开放全年签订经济技术协作项目合同467项，其中引进重点技术项目48项，合同引资7.02亿元，引进人才1110人。其联合项目数、技术项目数、引进资金数、引进人才数分别占省下达全年指标任务数的132.5％、134.6％、201.6％、170.8％。

城市基础设施建设效果明显 交通城建方面。按照总体规划，年内完成了104国道青县北段、106国道献县改线段、205国道黄骅北段以及富武路、富德路等路桥工程114.3公里。市区完成修建道路18万平方米，排水管网1.2万米，供水管网1.1万米，完成了大浪淀水库修复工程和东水厂二期改造工程，日供水能力达到了10万吨，使全市饮用水质合格率达到100％。建成了长900米的北二环路铁路立交桥一座，整治了南、西两个出入口。在南北大街环岛修建了富有狮城特色的大型不锈钢雕，新建了3个沿街游园。全年种植花木18万株，新增绿地面积1.2万平方米。邮电通讯方面。全年完成投资1.3亿元，新增市话容量4.2万门、农话4.1万门，在全省率先实现了村村通程控电话。模拟移动通信新建198个信道、2个基站，增设直放站13个，扩大了覆盖范围。完成了市局至各县市局分组交换、数据两网扩容工程。河北省同步光缆传输工程的首批试点工程SDH光环网工程全部完工，全长580公里，建成后的SDH光缆5个光环覆盖沧州全市，提高通信能力5倍，同时增强了网络的安全性、可靠性，形成能传输语音、有线电视、图像和数字业务的“三合一”传输网。电力建设方面。主要完成了保定孙村和章西至任东油田220KV94.7公里“北转南”配套工程，建成了110KV线路5.6公里的季青T接工程，“TDI”110KV输变电工程，大浪淀水库35KV输变电工程以及其它增容改造任务。这些工程的建成使用，结束了沧州电网长期以来“半壁江山”、“一市两制”的不协调局面，实现了沧州电网的统一，从而有力地促进了沧州电力事业的发展，增加了供电量，提高了供电可靠率。1996年，全市完成售电量35.5亿千瓦时，实现利税7097万元，供电可靠率达到99.8%，三项指标均创历史最好的水平。

国内外贸易繁荣兴旺　针对全市流通企业经营不善的状况，全面开展了治理整顿，扭思想、振精神、克服畏难情绪，加大改革力度，增强企业活力，努力健全和完善各项内部管理，大搞专业批发市场建设，不断延伸销售网点，扩大市场占有率，取得了明显的经济和社会效益。到年底，全市完成社会消费品零售总额77.8亿元，较1995年增长22.8%，商品零售物价涨幅为6%，较1995年下降了9.5个百分点。对外贸易通过坚持自营出口、代理出口、组织货源三并举，寻求地方产品出口渠道，积极为具备条件的外贸企业和大中型企业争得进出口经营权，大力开拓来料、进料加工贸易等多种渠道和方式，努力扩大出口。到1996年底全市开展加工贸易的企业已发展到32家，经国家外经贸部赋予自营进出口权的企业达到32家，全年完成出口收购值近20亿元，增长74.64%。

科学技术工作成绩斐然　1996年，沧州市认真贯彻落实全国科技大会精神，依靠科技进步，推进两个转变，集中精力，加强集成，在科技推广、高新技术及产业发展、民营科技企业发展三个方面均取得显著成效。其中，成果转化、科技贷款、国家级新产品项目、重中之重项目、拨改贷资金、申报国家级奖励6项列河北省第一。全年完成国内先进水平的科研成果15项，重大科技攻关3项，引进开发高新技术产品20个。推广应用省级以上科技成果17项，推广应用率较1995年增长4个百分点。除此之外，为培育企业自主开发能力，不断追踪先进技术，大力发展农村技术经济服务合作组织，促进农业产业化进程。还在15家生产型大中企业建立了科研开发机构。到1996年底，全市有38家企业申报科技项目60多个。发展有一定规模且组织较规范的农业生产技术服务合作组织120多个，参加农户达12万多户。同时，根据产业发展需要，从大专院校、科研院所引进各类技术人员4千多人，为农业培训技术骨干6万人，培训农民75万人次。科技人才的培养和科学技术的进步，强力推动了全市经济建设的快速发展。

大浪淀水库修复工程提前竣工蓄水　自1964年南运河断流后，沧州成了华北地区一个严重缺水的城市。因为缺水，农业得不到应有的发展；因为缺水，且现有水资源含氟量超标，全市有100万人存在着不同程度的氟中毒。1996年，沧州市委、市政府痛下决心：再难，也要勒紧腰带，把大浪淀水库这项关系到沧州国计民生的工程建成。决心一下，沧州市区东南20公里处的大浪淀水库工地一片热火朝天。水库的建设者们凭着振兴沧州经济的责任感和尽快让沧州摆脱高氟水的紧迫感，主动倒排工期，自我加压，负重奋进。为了这项工程，测量队出图5万多张，筑堤工人昼夜奋战，护坡工程提前25天告捷，供水管线在天寒地冻的情况下提前20多天竣工，指挥人员搭板棚、睡地铺，管理人员每天骑自行车围堤转，技术人员自己研制垂直铺塑机，全市人民自动捐、借资金1627万元，市委、市政府领导先后30多次亲临一线现场办公，及时解决资金、物资、征地库区农民生活等难题。使整个工程节约时间三年半、资金一亿多元。建成后的大浪淀水库，面积16.7平方公里，围堤长16.8公里，高8米，库容量1亿立方米。

大浪淀水库的建成，结束了沧州市民长期饮用高氟水的历史，缓解了水资源紧缺状况，为沧州的农业综合开发、化工城及黄骅大港建设，为沧州整个经济的快速发展奠定了坚实的基础。同时，沧州市各级各部门在工程建设中表现出的“想民为民、自力更生、团结协作、敬业奉公”的大浪淀精神，成为推进两个文明建设的强大动力。

抗洪救灾——沧州人战天斗地的凯歌　1996年8月份，沧州10多个县市遭受特大洪水袭击，113万人民群众的生命和财产安全受到严重威胁。8月12日，滞洪区水位高达15.17米，涉及境内滹沱河、子牙河、子牙新河、滏阳河、滏阳新河、漳卫新河、白洋淀等河流的500多公里防线上险工险段111处，其中滹沱河北大堤、子牙新河左堤、白洋淀千里堤、漳卫新河北堤均属国家一级堤防，是保卫京津两大城市、京沪京九两条铁路和华北大港两大油田的重要防洪屏障，一旦出现问题，不仅给国家带来巨大的经济损失，而且会造成重大政治影响。在这种情况下，沧州市委、市政府及时制定了保京津、保铁路、保油田、保自己，努力把洪涝灾害减到最低限度的行动方案。成立了以主要领导挂帅、相关部门参加的抗洪抢险指挥部，全市党政军民齐动员，发扬公而忘私、患难与共、百折不挠、敢打必胜的精神，划分三条防线，四个战区，全力以赴投入抗洪斗争。各级领导严格落实分工包河责任制，率先垂范，带头实干，指挥得力；防洪办公室科学调度，及时预报预测水情、汛情、工情，为领导当好参谋；指挥部各成员单位协调联动，团结协作，密切配合，搞好电、讯、路维修，确保抢险物资供应；战斗在全市500多公里防线上的广大干部军民在“誓与大堤共存亡”的口号鼓舞下，奋力拼搏；从而保证了三条防线无一决口，滞洪区无一人死亡。圆满实现了“四保一减”的目标。据统计，抗洪抢险期间，全市共出动抢险人员51.2万名，完成土石方204.8万立方米，处理险工险段100多处。抗洪抢险之后，在灾区迅速掀起了“四修”(即：修复耕地，修复公路，修复校舍，修复水利工程和电力、邮电设施等)高潮。到1996年底，全市175万亩受灾农田中，有169.2万亩种上适时麦，其余部分留作春播或用于发展果树和棚菜。受灾的683家企业有631家恢复生产。

(沧州市人民政府办公室　邹双林　陈 哲)

沧州市国民经济主要指标

指　　标	单　　位	1996年		1995年	
		地　区	市　区	地　区	市　区
年底人口数	万　　人	642	41	639	40
#非农业人口	万　　人	92	30	89	29
土地面积	平方公里	14053	202	14053	202
人口密度	人/平方公里	457	2045	455	1980
年末劳动力资源总数	万　　人	386	23	385	24
#乡村劳动力	万　　人	257	5	256	5
国内生产总值	亿　　元	309.7	43	226	31
农林牧渔业产值	亿　　元	134	2	117	2
粮食产量	万　　吨	342	4	300	4
蔬菜产量	万　　吨	127	11	91	9
猪牛羊肉产量	万　　吨	17.4	0.1	18	0.2
水产品产量	万　　吨	7.5	—	6.3	—
全部工业总产值	亿　　元	477	55	371	59
#乡及乡以上	亿　　元	187	49	175	54
客运总量	万　　人	4279	425	3588	1340
货运总量	万　　吨	4362	743	3925	249
固定资产投资总额	亿　　元	76	18	60	15
#住宅	亿　　元	5	3	5	3
房地产开发投资额	亿　　元	1.5	1	2.3	1.7
商品房销售额	亿　　元	0.8	0.6	1.5	1.1
出口贸易总额	亿　　元	1.1		0.7	
进口贸易总额	亿　　元	—	—	—	—
利用外资签订协议总数	项	88		99	26

续表

指标	单位	1996年		1995年	
		地区	市区	地区	市区
利用外资签订协议金额	万美元	13241	10475	16000	4000
实际利用外资金额	万美元	5338	1845	3000	1000
国际旅游人数	万人	0.4		0.4	
国际旅游收入	万元	87		130	
地方财政预算内收入	亿元	9.6	2.4	7.5	1.9
地方财政预算内支出	亿元	14.2	3.8	11.8	3
银行年末各项贷款余额	亿元	207	61	172	51
每万名职工中专业技术人员数	人	1300	840	1282	829
# 中级职称以上	人	361	284	356	276
城镇居民家庭人均生活费收入	元	4052		3743	
农村居民家庭人均纯收入	元	2125		1736	

注：表内各项产值均按当年价格计算。

(沧州市政府办公室供稿)

青岛市

国民经济保持良好态势

1996年是实施“九五”计划的第一年，青岛市认真贯彻执行党的十四届五中、六中全会精神，围绕“抓住机遇，深化改革，扩大开放，促进发展，保持稳定”的工作大局，正确处理改革、发展、稳定三者关系，坚持两个文明建设一起抓，积极推进两个根本性转变，实现了“九五”开好头、起好步的要求。

(一) 国民经济保持了持续、快速、健康发展的良好态势 全市国内生产总值完成710亿元，比1995年增长12%。其中，第一产业增加值136亿元，增长9.6%；第二产业增加值316亿元，增长17.4%；第三产业增加值258亿元，增长5%，分别占国内生产总值的比重为19.2%、44.5%和36.3%。农业生产获得丰收，粮食总产达339万吨，创历史最高水平。工业生产保持了速度、效益平稳增长的良好势头，全市乡及乡以上工业增加值完成206亿元，实现利税53.8亿元，均比1995年增长19.6%。全社会固定资产投资完成210亿元，比1995年下降1.9%。全市社会消费品零售总额达194.6亿元，增长18.1%。物价涨幅得到了有效控制，市区商品零售价格涨幅为6%，1995年下降8.2个百分点，实现了年初确定的控制目标。全年地方财政收入37.6亿元，增长29.4%。

(二) 改革开放迈出新的步伐 建立现代企业制度试点工作进展顺利，试点企业的资产负债率由77.6%降至73.2%。建立股份有限公司、有限责任公司和股份合作制企业累计达3200余户，中小企业改制面85.2%。国有资产管理体制和社会保障制度改革进一步健全完善，14家工业局均已转体为国有资产经营公司，出台了失业人员、自谋职业人员、城镇个体业主及从业人员养老保险办法，全面推开企业职工工伤、生育保险。顺利完成了市、区两级机构改革和推行公务员制度的任务。利用外资和外贸出口保持较快增长势头，青岛口岸进出口总额139亿美元，增长6.3%。自营出口28.7亿美元，增长17.1%。合同利用外资17.6亿美元，增长6.2%，实际利用外资9.4亿美元，增长8%。同时，投资环境进一步得到改善。

(三) 城乡建设和管理得到加强 城市基础设施建设有了新的进展，青岛发电厂一期扩建工程两台30万千瓦机组全部投产。港口吞吐总量完成6056万吨，增长17.3%，集装箱运输量达到81万标箱，增长34.4%。城市道路建设、煤制气工程、环境治理和保护项目都有较大进展。突出抓了城市环境综合整治，实现了创建"国家卫生城市"的目标。

(四) 各项社会事业有了新的进步，人民生活水平和质量有了新的提高 全年取得重大科技成果613项，科技进步对经济增长的贡献率达到46%。人口自然增长率控制在5.18‰。全市职工平均工资6640元，增长7.7%，市区居民人均生活费收入5602元，比1995年增长4.6%，年末城乡居民储蓄349.9亿元，比1995年末增加82.6亿元。全年城镇安排就业2.76万人，失业率1.95%。年末城区居民人均住房使用面积12.2平方米，比1995年增加0.5平方米。

"九五"及未来十五年的发展设想

"九五"期间到下个世纪初的发展目标是：加快实行经济体制和经济增长方式的根本性转变，加快与国际经济的接轨，逐步实现产业结构的战略性调整，努力提高国民经济的技术水平和整体素质，促进经济与社会相互协调和可持续发展，把青岛初步建设成为以港口贸易、现代工业、发达农业、金融服务、旅游度假、海洋科研为特色的社会主义现代化国际城市。

这一目标可具体描述为：

1. 环渤海地区和东北亚经济圈重要的经济中心和贸易口岸之一；

2. 重要的现代化工业基地；

3. 辐射能力较强的资金、信息、物资集散中心；

4. 特色鲜明的旅游度假胜地；

5. 实力雄厚的海洋产业城。

为实现这一目标，我们已开始采取一系列措施：一是继续保持经济的持续快速增长。"九五"期间，全市国内生产总值年均增长12%；人均国内生产总值年均增长10.7%；地方财政收入年均增长12%。在此基础上，下个世纪头十年国内生产总值年均增长10%，人均国内生产总值比2000年再翻一番以上。二是对城市总体布局进行调整。城市中心区构成"两点一线"的发展格局。"两点一线"，即以市内五区和崂山区组成东部市区，以黄岛新经济区为主组成西部市区，以城阳区及青黄公路部分地域为主组成环胶州湾岸带，形成环抱胶州湾的整体发展态势。三是进行产业结构调整。要重点发展贸易、金融、交通通信、旅游、信息咨询、房地产等第三产业，加快改造机械电子、化工橡胶、饮料食品、纺织服装等传统支柱行业，培植以投资类和消费类电子产品为主的电子信息产业，以运输机械及其配件为主的机械行业，以原油加工及其合成材料为主的石油化工行业；加速开发海洋、家电、医药、新型建材等新兴行业，大力发展高新技术产业。对老企业实行鼓励其与外资嫁接的政策，以扩大外商投资的领域。四是要进一步实施全方位开放战略，继续扩大利用外资和对外贸易。"九五"期间全市外贸进出口总额年均增长16%，实际利用外资五年累计40亿美元；下一世纪头十年外贸进出口总额年均增长12%，十年累计利用外资100亿美元左右。五是加快经济体制改革。以建立现代企业制度为重点，深化国有企业改革。抓好40户现代企业制度试点企业；按照《企业法》的要求，对企业进行改制，"九五"期间，再选择10户经济效益好的骨干企业成为上市公司，到本世纪末，力争使多数大中型企业建立起比较规范的现代企业制度，基本完成国有小企业的改制工作。以要素市场为重点，加快市场体系的培育和建设。大力发展金融市场，重点办好资金融通中心、外汇交易中心；继续完善证券一、二级市场功能；积极发展技术市场，形成健全的技术市场体系；大力发展劳动力、人才市场，逐步实现劳动力、人才流动以市场调节为主；推进信息市场的发育，重点建设综合信息交易中心；进一步完善和发展商品市场体系；大力发展各种形式的会计、审计、律师、专利、公证、仲裁和资产资信评估等市场中介服务组织。健全市场法规，规范市场行为。以社会保险为重点，建立和完善社会保障体系。进一步完善城镇职工养老、失业、医疗、工伤、生育保险制度，加强农村社会保障服务体系的建设，完善农村养老保险制度。转变政府职能，完善宏观调控体系。继续推进国有资产管理体制改革，力争使各资产经营公司按照控股公司的职能和要求进行运作。

(青岛市人民政府研究室 王 磊)

淄 博 市

对外经济贸易概况

外贸出口稳定增长　1996年，全市出口创汇4.52亿美元(不含齐鲁)，同比增长43.9%。其中，自营出口创汇19282.72万美元，同比增长42.2%，占年计划的113.4%；三资企业出口创汇25929万美元，同比增长45.1%，占年计划的103.7%。全市外贸运行主要有以下四个特点：一是自营生产企业成为创汇主角。自营生产企业出口创汇13803.85万美元，同比增长74%，高于全市平均增幅30.1个百分点，占全市自营创汇比重的71.6%，成为出口创汇的主力军。二是三资企业进入投资回报期，出口额迅猛增长。三资企业直接出口达到10921万美元，同比增长了51.3%，占全市出口创汇比重的24.2%。三是市属外贸企业出口创汇下滑的同时，区县外贸创汇增幅较大。市属10家外贸公司出口创汇3937.96万美元，同比下降9.3%，而区县外贸公司全年创汇增幅高达343.7%。四是加工贸易发展势头看好，全年签订备案合同444份，进出口额达2.12亿美元，(按可比口径计算)分别是1995年的3.92倍和1.84倍。来料加工贸易80项，收取工缴费2179万美元。

利用外资质量提高　全年批准利用外资项目87项，合同外资金额25227.9万美元，同比下降8%。其中新批三资企业84家，合同利用外资19950.9万美元，项目平均外资额237.5万美元，同比增长37.1%。山东新华制药股份有限公司发行境外上市外资股1.5亿股，境外认购金额3527万美元。淄博毛毯厂利用奥地利政府贷款250万美元，万杰集团境外融资1500万美元。全年实际利用外资总额2.18亿美元，同比增长17.6%。新批三资企业主要呈现出以下三方面特点：一是大项目资本密集程度提高，总投资大于500万美元的项目12项，合同利用外资1.62亿美元，分别占总额的14.3%和81.3%。其中8家总投资大于1000万美元的项目平均利用外资1684.7万美元，是平均利用外资额的7.09倍。二是外资项目促进了产业结构的调整。新批工业项目73家，合同外资额1.89亿美元，分别占总额的86.9%和94.5%，其中机电、建材、化工、电子、纺织项目31家，均是本市的支柱产业，占总项目数的36.9%。三是外商投资领域不断拓宽，已由亚洲转向欧、美等21个发达国家和地区。其中仅法国、德国的7家项目，合同外资额就达9559.9万美元，占总额的47.9%。

外经工作局面喜人　全市完成对外工程承包劳务合作合同额2670.7万美元，营业额2478.5万美元，期末在外人数505人。其中淄建公司完成对外工程承包合同额2000万美元，营业额2250万美元，期末在外人数118人；国际公司完成劳务合作合同额670.7万美元，营业额196.63万美元，外派劳务354人。目前，外经工作发展势头看好，渠道和领域不断拓宽，已由起步阶段向发展阶段迈进。

开发区建设欣欣向荣　去年，全市各开发区累计批准进区利用外资项目19个，合同外资6053万美元，实际利用外资5252.9万美元，出口创汇1.03亿美元。各开发区累计批准进区利用外资项目233个，开业投产的196家三资企业实现产值19.7亿元，利税1.76亿元。各开发区经过近四年的开发建设，形成了各具特色、因地制宜的管理体制，具备了良好的投资环境，经济结构也日趋合理。一是外向度大。各开发区内三资企业占27.6%，三资企业总数占全市的15.4%。桓台开发区去年进区项目全部是三资企业。6个开发区1996年实际利用外资占全市的24.1%。二是科技含量高。全市30%的高新技术项目建在了开发区。

加大政策拉动力度　为促进对外经贸发展，淄博市外经贸委组织有关科室进行了大量调查研究和分析测算，起草了《淄博市关于加快出口创汇骨干企业发展的政策措施》、《淄博市人民政府关于奖励出口创汇重点企业经营者的决定》、《淄博市关于加快利用外资嫁接改造市及区县属工业企业的意见》、《中共淄博市委、淄博市人民政府关于进一步加快对外开放的意见》等政策性文件。这些文件在1996年10月份的全市对外开放会议上出台后，市外经贸委及时组织进行了认真学习贯彻，统一思想，层层分解，落实责任，加强督促检查，推动了全市对外开放新一轮热潮的形成。

积极采取措施，扩大外贸出口创汇　一是加强了对全市外贸、自营进出口、三资企业的协调指导，编译印制了《淄博市出口商品目录》、《淄博市对外加工装配项目目录》等资料，积极调整出口商品结构。目前，已基本形成了多层次、齐头并进的出口格局。二是加快要权步伐，1996年又新批自营进出口企业27家，批准数列当年全省第一。同时，抓好银行保证金台帐制度试行，适时制定并实施了《淄博市加工贸易合同审批管理办法》。三是继续实施市场多元化战略，在巩固老市场的同时，积极开拓具有潜力的新市场。充分利用青交会、广交会、东京、汉城等出口商品、贸易洽谈会、展洽会的时机，全面推介展示淄博市的名优新特商品，从而有力地推动了对外贸易实现了新的增长。四是注重贸易方式的调整，狠抓企业内部改革与管理，在高创汇的同时，提高了效益水平。

加大招商引资力度，提高利用外资的质量水平 一是依托大的经贸活动，讲求实效，多形式招商引资。一年来，积极围绕在北京举办的淄博工业产品展洽会、瑞士罗蒙博览会、德国法兰克福对外经济技术合作项目介绍会、青交会、广交会、厦交会等一系列的经贸活动，多次召开工作调度会和座谈会，编印了利用外资项目册，在充分做好分析论证的基础上注重所推出合作项目的质量和远景效益，吸引了德国西门子公司、英国摩根公司、香港新世界集团、韩国锦湖集团等一批国外著名公司来淄博市考察投资。原已有投资的国际知名企业如日本旭硝子公司等也加大投资力度，继续追加投资。二是抓好老企业利用外资嫁接改造工作，编制了全市老企业嫁接改造项目简介，出台了相应的政策措施，充分利用已加入联合国工发组织中国投资促进网的有利条件，及时地推介对外招商项目，推动了国有企业的转机建制步伐。三是加强对三资企业从出资投产到生产经营的管理和协调服务，及时处理有关的矛盾纠纷，对已审批的三资企业进行了检查换证与进口设备审核工作。针对在对外开放调查中发现的问题，及时协调有关部门采取有效措施，保障了现有三资企业的健康发展，外商投资的信心大大提高。

广开渠道，抓好培训，开创外经工作新局面 经过近几年大力度的宣传鼓动工作，全市对外经工作的认识不断提高，各方面的积极性不断高涨。1996年，市外经贸狠抓外经队伍的充实壮大，积极帮助淄建公司获得了对外工程承包签约权。同时，努力解决外派劳务层次素质低，后务劳务缺乏的局面，加大培训力度，拓宽外经工作渠道。作为全市外经工作的龙头企业——市国际公司发挥骨干单位的辐射带动作用，开拓了新加坡高级劳务市场，形成了一条稳定的渠道，目前已向新加坡输送了多批高级劳务人员。继1995年外派海员培训取得成功之后，1996年又积极争取了第二批海员的培训工作，对日本的劳务市场也取得了可喜进展，与省物产公司联合在缅甸承揽桥梁工程的项目正在洽谈中，可望在外援方面实现突破。

开展管理效益年活动，抓好外贸企业管理 1996年，市外经贸委要求外贸企业转换机制，深化改革，加强经营管理，挖掘内部潜力，通过实行工贸结合，划小核算单位，精简行政人员，努力使困难企业摆脱困境。一是从切实调动企业和职工的积极性入手，抓好企业实行现代化企业制度试点；二是健全企业内部管理制度，实现规范化管理，管好、用好资金，防止跑冒滴漏，彻底改变资金运筹能力差、成本控制能力低、经营渠道不稳定、费用开支不合理、劳动纪律松弛等现象；三是坚持一业为主，多种经营，向综合运筹要效益；四是实行创汇效益挂钩的激励制度；五是建立有效的思想政治工作，加强爱国、敬业教育，增强了职工的责任感和奉献精神。六是深化外贸企业改革，市外经贸委制定了《淄博市外贸企业改革的框架方案》，正协调有关部门分类实施。

(淄博市对外经济贸易委员会　陈　泉)

淄博市国民经济主要指标

指　标	单　位	1996年		1995年	
		地　区	市　区	地　区	市　区
年底人口数	万　人	379.89		393.94	
#非农业人口	万　人	127.03		121.95	
土地面积	平方公里	5938		5938	
人口密度	人/平方公里	670		663.4	
年末劳动力资源总数	万　人				
#乡村劳动力	万　人	142.71		142.97	
农林牧渔业产值	亿　元	43.19			
粮食产量	万　吨	161.74		167.76	

续表

指　　标	单　　位	1996年		1995年	
		地　区	市　区	地　区	市　区
蔬菜产量	万　吨	200.50		176.57	
猪牛羊肉产量	万　吨			11.01	
全部工业总产量(现行价格)	亿　元				
#乡及乡以上	亿　元	492.13			
全部工业总产值	万　元				
(1990年不变价格)					
客运总量	万　人	993.7		965.3	
货运总量	吨	3257万		3194万	
固定资产投资总额	亿　元	106.2		116亿	
#住宅	万　元				
房地产开发投资额	万　元				
商品房销售额	万　元				
地方财政预算内收入	亿　元	13.44		10.73亿	
地方财政预算内支出	亿　元	16.94		13.41亿	
#文教科学卫生事业费支出	亿　元	5.32			
#教育事业费支出	万　元				
银行年末各项贷款余额	亿　元	243.05		207.22亿	
高等学校数	个	3		3	
高等学校在校学生数	人	8362		6712	
每万名职工中专业技术人员数	人				
#中级职称以上	人				
影剧院	个	16		14	
公共图书馆	个	9		9	
卫生机构数	个	828		842	
#医院	个	193		195	

(淄博市外经贸委供稿)

东 营 市

经济和社会事业快速发展

国民经济 1996年，千方百计加快经济发展，胜利完成了年初确定的各项任务，实现了“九五”开好头、起好步。全市国内生产总值达到248.03亿元，比1995年增长7.6%。其中：第一产业增加值29.19亿元，增长8.6%；第二产业增加值191.59亿元，增长6.8%；第三产业增加值27.25亿元，增长10.3%。全社会固定资产投资113.7亿元，增长5.3%。

农业 农业和农村工作，以实施农业产业化为突破口，着力培植粮棉、畜牧、水产、林果、瓜菜五大主导产业，狠抓农产品生产基地，龙头加工项目和社会化服务体系建设，取得显著成效。粮食生产战胜干旱和洪涝灾害，获得全面丰收，总产达到93.93万吨，增长6.1%，创历史最高水平；棉花总产40.17万担，增长2.4%；肉蛋奶、水产品、蔬菜和果品总量分别达到20.2万吨、9.9万吨、78.08万吨和4万吨，均有较大幅度增长。农民人均纯收入达到2119元，增加483元。把水利放在经济工作的重要位置，狠抓以蓄水为重点的水利工程建设，全市新增蓄水能力7000万方。农业综合开发向广度和深度拓展，农水“五大会战”规模大、标准高，小清河治理一期工程进度快、质量好，农业生产条件得到进一步改善。

工业 突出强化企业改革、管理和领导班子建设，工业生产快速增长，经济运行质量和效益有较大幅度的提高。实施强乡镇、强企业、强项目带动战略，对10强乡镇和20家骨干企业实行动态管理，重点调度和扶持，加快规模膨胀。中密度纤维板、PVC塑料管材、离子膜烧碱等重点项目全部达到进度要求。全年技改投入达到10.76亿元，是建市以来最多的一年。预计全市工业增加值170亿元，比1995年增长7.4%。乡及乡以上工业实现利税增长25.8%；经济效益综合指数141.9%，提高11个百分点。乡镇企业总产值达到140亿元，增长43.5%。

流通 流通行业着力转变经营方式，拓宽经营领域，狠抓扭亏增盈，促进了效益的大幅度提高。全年实现社会消费品零售总额44.09亿元，增长22.9%；商业、粮食、供销、物资、医药、石油、烟草七大流通系统共实现商品总销售31.6亿元，比1995年增长11.28%；实现利润2131.4万元，增长4倍；上缴税金6602.8万元，增长46%；费用水平下降1.7个百分点；资产负债率下降0.6个百分点。市场供应充裕，物价涨幅大幅度回落。零售物价涨幅控制在7.5%以内，比1995年下降了6.5个百分点。

对外开放 深化外贸改革，大力招商引资，对外经贸有了较大发展。全面改革市属外贸企业，新组建两个外贸企业集团，对3个公司进行剥离改制。外贸企业、生产企业、三资企业三路大军并进，大力调整出口产品结构，拓宽出口渠道，扩大出口创汇。全年外贸出口创汇总值达到2728万美元，比1995年增长69.3%。采取多种招商方式，加大招商力度，并首次在北京成功举办了东营黄河三角洲综合开发招商洽谈会，取得了显著成果，在利用外资搞土地综合开发方面实现了历史性突破。全年新批三资企业27家，合同利用外资2902万美元，实际利用外资2371万美元，分别比1995年增长35.6%和27.3%。开发区建设稳步推进，新进区项目12个，已有8个建成投产。东营港口岸及各联检机构建设进展顺利。

财税金融 坚持以增收保平衡的指导思想，层层分解落实责任目标，大力培植财源，严格依法治税，强化税收征管，认真清理欠税，财政收入快速增长。全市地方财政收入实现6.85亿元，增长29.5%，当年新增财力1.5亿元。工商税收实现31.9亿元，完成年计划的127.1%，比1995年增长30.4%，其中市及市以下收入实现5.24亿元，完成年计划的113.4%，增长31.1%。全年财政支出实现9.8亿元，增长31.7%。连续12年实现收支平衡，略有结合。金融各项存款余额达到145.1亿元，比年初增长30.5%；各项贷款余额98亿元，比年初增长19.5%。金融体制改革进展顺利，完成了农发行机构分设和农村信用社与农行的脱钩工作。保险事业稳步发展，实现保费收入1.98亿元，比1995年增长22.9%。顺利实行了财险、寿险分业经营，设立了平安保险机构。

基础设施 基础设施和城市建设进一步加强。潍高路广饶段改造工程全面完成，黄河大桥至青州高速公路已批复立项，前期工作基本完成。东营港扩建工程2×3000吨级泊位正在抓紧建设。广饶杨家220KV变电站建成投运，东城220KV变电站已开工建设。万门程控扩容、东西城光缆扩容及数字通讯系统已投入使用。新建、改扩建市场20处，新增建筑面积6.2万平方米，各类市场总数达到229处，人均市场占有率居全省前列。小城镇建设步伐加快，城镇居民生活环境有了新的改善。

(东营市人民政府 刘云峰)

东营市国民经济主要指标

指　　标	单　　位	1996年		1995年	
		地　区	市　区	地　区	市　区
年底人口数	万　　人	165.77	69.94	164.11	68.08
#非农业人口	万　　人	54.58	42.82	49.34	38.68
土地面积	平方公里	7893	3294	7893	3294
人口密度	人/平方公里	209	209	207	204
年末劳动力资源总数	万　　人	120.71	53.14	120.46	56.24
#乡村劳动力	万　　人	72.18	15.62	71.58	15.52
国内生产总值(现价)	亿　　元	259.07	195.66	229.26	182.04
农林牧渔业产值(现价)	亿　　元	55.92	13.26	48.70	12.67
粮食产量	万　　吨	93.93	18.59	88.56	19.43
蔬菜产量	万　　吨	78.08	10.07	61.98	8.98
猪牛羊肉产量	万　　吨	7.24	2.0	6.13	1.76
水产品产量	万　　吨	9.88	4.02	8.56	3.85
全部工业总产值(现价)	亿　　元	378.92	263.34	145.26	104.82
# 乡及乡以上	亿　　元	308.16	253.90	254.30	202.29
公路客运总量	万　　人	373	237	363.20	248.90
公路货运总量	万　　吨	1347.50	712.10	1309	750
固定资产投资总额	亿　　元	101.44	87.90	97.78	89.51
# 住宅	亿　　元	5.59	4.53	6.74	6.03
房地产开发投资额	亿　　元	11049	10341	9667	8330
商品房销售额(海关数)	亿　　元	11562	10303	5482	4828
出口贸易总额(海关数)	亿　　元	—	—	—	—
进口贸易总额	亿　　元	—	—	—	—
利用外资签订协议总数	项	27	18	37	23
利用外资签订协议金额	万 美 元	2902	1136	2140	936
实际利用外资金额	万 美 元	2089	1742	988	210
国际旅游人数	万　　人	619	—	608	—
国际旅游收入	万　　元	8010	—	8632	—
地方财政预算内收入	亿　　元	8.27	6.06	6.59	4.88
地方财政预算内支出	亿　　元	9.83	6.96	7.47	5.44
金融机构年末各项贷款余额	亿　　元	98.02	70.20	72.51	54.13
每万名职工中专业技术人员数	人	3023	2960	2252	1951
# 中级职称以上	人	806	832	608	595
城镇居民家庭人均生活费收入	元	—	6562	—	5666
农村居民家庭人均纯收入	元	2119	2126	1636	1606

注：表内各项产值均按当年价格计算。

(东营市政府供稿)

潍 坊 市

概 况

1996年，全市深入贯彻落实党的十四届五中、六中全会精神，牢牢把握“抓住机遇、深化改革、扩大开放、促进发展、保持稳定”的大局，正确处理改革、发展、稳定的关系，积极推进两个根本性转变，努力提高国民经济的整体素质和运行质量，使全市综合经济实力进一步增强，社会事业不断进步，实现了“九五”计划的良好开局。全市国内生产总值630亿元，按可比价格计算，比1995年增长12.4%。其中，第一产业143亿元，第二产业289亿元，第三产业198亿元，分别比1995年增长6.5%、14.6%和13.4%。

农业生产

1996年，全市围绕增加农产品有效供给和农民收入两大目标，全面实施农业产业化战略，积极培植农业主导产业和新兴产业，进一步加大以种子工程和农业新技术推广为重点的科技投入，有力地促进了农业和农村经济的全面发展。全市粮食总产量达到539.6万吨，创历史最高水平，棉花总产3.4万吨，花生总产11.13万吨，烤烟总产5.98万吨，蔬菜总产658.1万吨，水果总产83.7万吨。林业生产继续发展，1996年造林合格面积21.7千公顷。畜牧业生产发展迅速，主要畜产品产量和牲畜头数全面增长，经济效益有所提高。1996年全市肉类总产量达到122.67万吨，增长6.6%。渔业生产发展较快，水产品产量达29.1万吨。农村经济稳定发展，全市积极推进农业产业化步伐，加速壮大产业规模，一批以农副产品加工为主的龙头企业迅速崛起，促进了农村产业结构的优化，形成了新的产业发展格局。乡镇企业持续发展，农民收入稳定增长，农村经济更加繁荣。

工业生产

1996年，全市工业坚持以市场为导向，以实施“双十工程”为重点，积极培植企业集团，广泛深入地开展“管理效益年”活动，促进了工业结构的优化和经济效益的提高。1996年全市乡及乡以上独立核算工业完成增加值156.7亿元，比1995年增长27.3%。产品结构继续向适应市场需求的方向调整优化。主要能源、原材料产品平稳增长，机电投资类产品增势强劲，适销对路的消费品产量也有较大幅度增长。产销衔接逐步好转，全市乡及乡以上独立核算工业产品销售率达到97.4%，比1995年提高0.7个百分点。工业经济效益稳步提高，全市乡及乡以上独立核算工业经济效益综合指数为113.3%，比1995年提高8.2个百分点。全年累计实现产品销售收入522亿元，实现利税53.3亿元，其中利润22亿元。企业改革加快，规模经济取得新进展。全市工业坚持改革与调整紧密结合，先后对15家县属以上企业实行了兼并联合，9家县以上企业依法破产。

运输、邮电

交通运输业持续发展。1996年全市进一步加强基础设施建设，运输能力不断提高，客货运输量增加。全年完成货运量6731.6万吨，货运周转量46.4亿吨公里，分别比1995年增长8.8%和17.1%。全年完成客运量2469.4万人次，客运周转量14亿人公里，分别增长7%和13.2%。航空运输完成客运量3.8万人次，货运量230吨。港口吞吐量达74万吨。

交通基础设施建设有了新突破。潍坊港扩建引堤工程正式开工建设，青临地方铁路铺竣，潍坊机场二期工程全面完成，新增6条国内航线，潍坊港继羊口港后，第二个实现二类口岸对外开放。公路网络建设有了新进展，公路密度达每平方公里43.8公里。

邮电通信发展较快。全市完成邮电业务总量5.5亿元，市内电话用户达到19.2万户，农村电话用户9.45万户，无线寻呼用户9.7万户，移动电话用户2.96万户。

对外经济贸易

1996年，全市积极实施外向带动战略，努力提高对外开放的层次和水平。据海关统计，全年外贸进口总额35743万美元，增长15%；外贸出口额70379万美元，增长18%。全市出口创汇9.22亿美元，增长35%。自营进出口异军突起，全市有进出口经营权的企业达111家，比1995年增加42家，出口创汇3.55亿美元，增长46.2%。利用外资的层次进一步提高。全市新签利用外资项目448个，合同外资额7.01亿美元，实际利用外资4.6亿美元。对外经济技术合作取得新进展。全市新签对外承包劳务合同额3550万美元，外派劳务1321人次，分别比1995年增长12.8%和1.5%。期末在外人数1989人。

对外交往和旅游业进一步活跃。在与美国、德国、日本、韩国等城市建立友好城市的基础上，又与多个国家的地方政府及社会团体、经贸组织建立了友好往来关系。1996年全市共接待境外宾客3769批，计15024人次，创汇438万美元。全年外派经贸出国团组544批，计1539人次，出访50多个国家和地区。

财政金融

1996年，全市围绕全年财政收支平衡目标，加大税收征管力度，强化预算约束，严格支出管理，财政增幅较大。全年实现财政总收入36.6亿元，比1995年增长23%，其中地方财政收入21.1亿元，增长31.1%。财政支出26.5亿元，增长27.7%。按分税制体制计算，实现当年财政收支平衡，并全部解决粮食政策性财务挂帐和财政赤字。至此，潍坊市已连续10年实现财政收支平衡。

金融形势进一步好转。1996年，全市贯彻实施适度从紧的货币政策，强化金融监管，取得明显成效。年末全市各项存款余额335.7亿元，比年初增加67.5亿元；其中企业存款余额67.5亿元，增加11.2亿元，城乡居民储蓄存款余额247.8亿元，增加55.3亿元。全市各项贷款余额302.5亿元，比年初增加50.2亿元。全年银行现金支出为735.9亿元，增长21.6%；收支相抵货币净回笼15.1亿元。

保险事业稳步发展。1996年来，其承担保险总额519.7亿元，比1995年增长4.2%，全年完成保费收入43629万元，赔款18459万元。

科学技术

科技工作以服务于经济建设为中心，不断增加科技投入，科技兴市取得新进展。科技实力有了较大提高。1996年全市共取得重大科研成果298项，增长25.7%，其中有8项达到国际先进水平，220项达到国内先进水平，70项达到省内先进水平；获国家科技进步奖1项，获省科技进步奖58项，获省星火奖17项。诸城、寿光、安丘、青州四市进入全国科技实力百强县，有7个县(市、区)成为全国科技工作先进县。

科技计划实施取得新进展。全市共实施科技攻关、星火、火炬、新产品试制等各类科技计划项目465项，比1995年增长17.8%，其中列入省各类科技计划196项，列入国家各类科技计划43项，并有3项列入国家“863”计划或国家“九五”重大科技攻关计划。

科技活动日趋活跃，全市实施国际政府间科技合作项目12项，组织国际间企业中介合作项目14项。认定技术合同2042项，合同金额1.68亿元，技术交易额7216万元。专利申请3257件，授权2483件，实施1443件。累计认定高新技术企业78家，培植高新技术生长点25处，全市高新技术产品已达350多种，年产值达50亿元。

高新技术产业开发区建设步伐加快。1996年区内续建和新批各类建设项目82项，总投资23亿元，实际完成投资8.6亿元。基础设施建设不断完善，3.6平方公里内实现了“六通一平”，6.5平方公里内基本实现了“四通一平”。农业高新技术开发园区进一步完善内部管理体制，强化项目的引进开发，已签订合作协议42项，总投资额3.2亿美元。海洋化工高新技术产业开发区强化农业基础地位，工业生产规模进一步扩大，已达到年产原盐200万吨，纯碱80万吨，溴素2万吨的生产能力，产品质量稳步提高。

(潍坊市对外经济贸易委员会　于　生)

潍坊市国民经济主要指标

指　标	单　位	1996年		1995年	
		地　区	市　区	地　区	市　区
年底人口数	万　人	823.7085		820.8074	
# 非农业人口	万　人	199.1044		120.0444	
土地面积	平方公里	1.59万		1.59万	
人口密度	人/平方公里	518.1		516.2	
年末劳动力资源总数	万　人				
# 乡村劳动力	万　人				
农林牧渔业产值	万　元				
粮食产量	万　吨	539.6		534.97	

续表

指　标	单　位	1996年		1995年	
		地　区	市　区	地　区	市　区
蔬菜产量	万　吨	658.1		559.92	
猪牛羊肉产量	万　吨	48.62		41.31	
全部工业增加值(现价)	万　元	2890000		2220000	
#乡及乡以上	万　元	1567000		1614400	
全部工业增加值(1990年不变价格)	万　元				
客运总量	万　人	2469.4		2308.3	
货运总量	吨	6731.6万		6186.3万	
固定资产投资总额	亿　元	132.29		121.5	
#住宅	亿　元	5.45		4.98	
房地产开发投资额	万　元	43000		49768	
商品房销售额	万　元				
地方财政预算内收入	亿　元	21.1		16.07	
地方财政预算内支出	亿　元	26.5		20.77	
#文教科学卫生事业费支出	万　元				
#教育事业费支出	万　元				
银行年末各项贷款余额	亿　元	302.5		254	
高等学校数	个	3		3	
高等学校在校学生数	人	6874		6434	
每万名职工中专业技术人员数	人				
#中级职称以上	人				
影剧院	个			15	
公共图书馆	个			11	
卫生机构数	个	1044		1014	
#医院	个			282	

(潍坊市外经贸委供稿)

烟 台 市

经济社会全面发展

农业生产全面丰收，效益进一步提高 在耕地面积比1995年减少0.04％的情况下，主要农产品产量大都有不同程度的增长。第一产业增加值达145亿元，在1995年增长15.8％的基础上又增长8.7％。粮食总产达307.61万吨，增长0.9％，是历史上第二个高产年；油料总产达43万吨，与1995年持平。农业机械化水平不断提高，全市农业机械总动力达39.53万千瓦，增长5.2％。

林业生产稳定发展 1996年实际完成造林10.48千公顷，其中经济林8.67千公顷，占83％，森林覆盖率达到33.3％。年内完成四旁植树294万株；农田林网完善面积17.25千公顷；封山育森面积已达244.87千公顷。年末实有四旁树木4987万株，农田林网化面积159.58千公顷，果园面积120.47千公顷，水果总产213.82万吨，增长12.3％，创历史最高水平。全市林业系统总产值32.6亿元。

牧业生产规模化，经营效益不断提高 1996年末全市生猪存栏142.61万头，增长0.2％，出栏200.53万头，增长9.9％；羊存栏73.96万只，增长11.6％，出栏57.42万只，增长13.8％；家禽存栏4509.87万只，增长18.5％。全年肉类总产量37.97万吨，增长10％；禽蛋产量29.64万吨，增长16.2％。

渔业生产全面发展 浅海滩涂养殖、远洋捕捞和近海新资源开发等新兴海洋经济产业迅速崛起。全年海水养殖面积38887公顷，增长10.9％；水产品总产量达154.17万吨，按可比口径计算增长4.7％，创历史最高水平。

工业生产增长较快，产销衔接较好 全年乡及乡以上工业总产值完成630.72亿元，增长17.3％；销售产值603.54亿元，增长15.3％。乡及乡以上独立核算工业产品销售收入477.09亿元，增长16.0％；增加值166.53亿元，增长27.8％；利税43.09亿元，增长8.8％，其中利润22.45亿元，增长5.2％；亏损企业亏损额6.20亿元，增长77.8％，亏损面达13.12％，上升0.63个百分点；工业综合经济效益指数106.49％，较1995年提高5.35个百分点。

非国有经济发展好于国有经济 在乡及乡以上独立核算工业中，国有经济增加值为43.73亿元，增长6.8％，集体经济增加值为96.09亿元，增长35.2％，其他经济增加值26.71亿元，增长44.7％；国有工业利税10.51亿元，下降4.7％，集体工业利税25.33亿元，增长11.4％，其他工业利税7.25亿元，增长24.2％。

轻工业生产快于重工业 1996年轻工业实现增加值74.53亿元，增长31.2％；重工业实现增加值91.99亿元，增长25.1％。但重工业产销情况好于轻工业，全年轻工业实现产品销售收入197.90亿元，增长14.8％；产销率为95.24％，同比下降2.11个百分点，而重工业实现产品销售收入279.19亿元，增长16.9％；产销率为95.98％，同比下降0.47个百分点。重工业创利情况好于轻工业，全年重工业实现利润15.61亿元，增长8.3％，实现利税26.82亿元，增长9.8％；轻工业实现利润6.84亿元，下降1.4％，实现利税16.27亿元，增长7.2％。全年重工业亏损额3.1亿元，增长87.3％，亏损面12.02％，上升1.15个百分点；轻工业亏损额3.09亿元，增长69.1％，亏损面14.12％，上升0.14个百分点。

大中型工业企业平稳发展 120户骨干企业迅速膨胀，年末全市县属以上企业集团达84个，省级以上乡镇企业集团达124个，其中国家级48个，成为全市经济发展的龙头。1996年，270户大中型工业完成产值260.26亿元，增长6.3％；销售产值251.43亿元，增长7.3％；产销率96.6％，产品销售收入229.52亿元，增长8.2％；增加值71.1亿元，增长18.5％；利税21.30亿元，增长2.2％；利润10.52亿元，增长0.4％。

乡镇工业对全市经济发展的拉动力继续强劲 1996年乡办工业增加值66.43亿元，增长35.2％，高出全市7.4个百分点；实现利税17.5亿元，增长11％，高出全市2.2个百分点；实现利润11.6亿元，增长11.1％，高出全市6.5个百分点。

运输邮电生产继续发展 1996年各种交通运输工具完成货运量5852.84万吨，增长2.1％。开通国内外航线19条，旺季每周航班90个以上。全市邮电业务总量7.92亿元，增长13.8％；年末电话交换机装机总容量达72.47万门，市话普及率由上年的24.17％提高到27.38％。

城乡居民消费心理稳定，消费平稳增长 全市1996年社会消费品零售总额175.35亿元(原口径)，增长17.2％，扣除物价因素实际增长9.5％。从经济类型看，私营经济增长最快，全年国有经济零售额44.43亿元，降低4.0％，集体经济零售额48.24亿元，私营经济零售额3.55亿元，个体经济零售额48.55亿元，其他经济零售额19.87亿元，分别增长2.8%、97.7%、50.1%、21.2%。城乡集贸市场活跃，至1996年底，全市城乡集贸市场发展到605处，增加12处；成交额125.58亿元，增长15.5%。

金融保险业形势基本平稳 1996年末全市金融机构存款余额达546.29亿元，比1995年增长28.4%，其中企业存款106.90亿元，增长33.8%，城乡居民储蓄存款412.20亿元，增长30.2%。贷款在强化风险管理、优先保证重点的同时，比1995年有所增加。1996年末全市金融机构发放的各种贷款余额415.42亿元，增长20.2%。全年保险业保费收入5.18亿元，增长44.2%。赔款支出2.86亿元，增长4.2%，赔付率为55.3%。保险业为保证全市经济发展和人民生活、财产的安全起了重要作用。

进出口贸易稳定增长，对外开放工作取得可喜成果 1996年烟台海关进出口总额18.4亿美元，下降2.1%。其中进口总额10.83亿美元，下降8.7%；出口总额7.57亿美元，增长9.2%。全年一般贸易出口和三资企业出口创汇18.55亿美元，增长31.4%，占国内生产总值的比重由1995年的20.5%上升到22.6%。一般贸易出口和三资企业出口创汇分别为5.46亿美元和13.09亿美元，增长25.1%和34.3%。利用外资工作稳步发展。全年新签利用外资合同580项，合同外资额12.23亿美元，增长72.5%；实际利用外资5.98亿美元，下降2.4%。当年新批千万美元以上的大项目13个，新投产三资企业159家。截止1996年底，全市累计签订利用外资项目4714个，其中投资总额在千万美元以上的项目165个，协议合同外资额57.2亿美元，实际利用外资28.37亿美元。三资企业发展到3372家，其中投产的三资企业1751家。1996年签订对外承包工程和劳务合作合同118项，全年合同金额6205万美元，增长44.5%；年内派出劳务1806人次，增长24.8%。

科技工作获得新突破，为全市经济发展和社会进步做出了新的贡献 12个县市区全部进入全国科技工作先进县行列，9个县市区被评为全国科技实力百强县。全市科技三项费用达2829万元，比1995年增长44.1%。全年列入国家级各类科技发展计划77项，其中列入“九五”攻关计划6项，列入“863”计划(即高新技术研究计划)2项；列入国家级新产品鉴定计划51项；列入省攻关计划151项，安排市级攻关计划173项。取得市级以上科技成果321项，其中达到国际先进以上水平的27项，国内先进以上水平的208项，有5项科技成果获国家科技进步奖，17项科技成果分别列入国家、省重点科技成果推广计划，全市安排推广优秀科技成果94项。实施国家、省火炬计划的160项，其中2项被评为国家级重点火炬计划。经省认定的高新技术企业达220家；列入国家、省星火计划102项。1996年末拥有市、县属及驻烟全民所有制科研院所47处，民营科技企业达1119处。登记技术合同918项，合同总额5230万元。完成专利申请量592件(累计4186件)，实施专利技术512项，创产值8.2亿元，利税6223万元，出口创汇5872万美元。全国首家县级单位承担的国家级工程中心——莱州玉米工程技术研究中心获准建立。我市有史以来争取到的最大国际科技援助项目——挪威政府无偿提供价值162万美元的环保监测设施项目正式实施。

两区项目引进取得重大突破，整体经济实力显著提高 烟台经济技术开发区在招商引资的对象上，已由中小型外商企业逐步向大商社、大财团转变；在招商引资的地域上，已由周边国家或地区，逐步向欧美发达国家转变。全年批准项目33个，其中投资额超过500万美元以上的大项目11个。合同总投资8.54亿美元，其中利用外资6.57亿美元，分别是1995年的3.8倍和4.2倍。全年实际到位外资额1.53亿美元，是1995年的1.3倍。以总投资57亿人民币的“一汽——大宇汽车零部件”项目的批准为标志，开发区的改革开放和开发建设事业进入了一个全新的发展时期。固定资产投资方面，全年共完成投资9.24亿元，其中工业项目建设投资7.49亿元。全年竣工投产企业23家，其中大中型企业7家。使全区的生产能力明显增强。1996年，共实现国内生产总值23.63亿元，其中工业增加值15.21亿元，分别比1995年增长17.3%和44.8%。完成进出口贸易总额3.59亿美元，其中出口总额2.1亿美元，分别比1995年增长19.3%和30.9%。完成各种税收3.17亿元，地方财政收入1.31亿元，分别比1995年增长23.8%和26.2%。

烟台保税区1996年全年引进项目26个，累计64个；完成总产值4310万元，累计1.92亿元；实现利润63万元，税收84万元，累计221万元；全年进出口额3004万美元，累计9154万美元；三资企业出口创汇310.6万美元，累计415.48万美元；批准加工贸易合同54份，加工手续费92.77万美元。

(烟台市对外经济贸易委员会 王宝欣)

烟台市国民经济主要指标

指　　标	单　　位	1996年		1995年	
		地　区	市　区	地　区	市　区
年底人口数	万　　人	638.37	151.30	634.88	148.61
#非农业人口	万　　人	203.83	82.47	191.57	80.09
土地面积	平方公里	13746	2644	13746	2644
人口密度	人/平方公里	464.4	572.2	462	562
年末劳动力资源总数	万　　人	466.01	115.22	463.51	85.07
#乡村劳动力	万　　人	359.73	66.73	358.08	54.95
国内生产总值	亿　　元	650.31	223.54	—	—
农林牧渔业产值	亿　　元	272.91	42.42	245.95	36.85
粮食产量	万　　吨	307.61	37.53	304.76	37.79
蔬菜产量	万　　吨	243.04	37.27	239.04	30.12
猪牛羊肉产量	万　　吨	20.18	3.80	17.91	2.92
水产品产量	万　　吨	154.17	24.40	—	—
全部工业总产值	亿　　元	1252.41	369.67	1048.28	285.63
#乡及乡以上	亿　　元	630.72	200.67	513.03	166.19
客运总量	万　　人	3830.98	2002.34	3613	—
货运总量	万　　吨	5358.70	2519.17	5734	—
固定资产投资总额	亿　　元	55.63	34.22	35.38	16.42
#住宅	亿　　元	3.50	1.65	3.07	1.66
房地产开发投资额	亿　　元	10.54	8.34	12.46	10.44
商品房销售额	亿　　元	7.84	6.07	7.42	4.60
出口贸易总额	万 美 元	75683	—	—	—
进口贸易总额	万 美 元	108319	—	—	—
利用外资签订协议总数	项	580	405	—	—
利用外资签订协议金额	万 美 元	122288	92378	—	—
实际利用外资金额	万 美 元	59768	38557	—	—
国际旅游人数	万　　人	9.87	—	—	—
国际旅游收入	万　　元	4549	—	—	—
地方财政预算内收入	亿　　元	18.53	9.13	14.27	11.33
地方财政预算内支出	亿　　元	24.59	12.15	19.40	9.90
银行年末各项贷款余额	亿　　元	415.42	195.83	345.49	163.43
每万名职工中专业技术人员数	人	3500	4342	3340	3936
#中级职称以上	人	1215	1889	870	1178
城镇居民家庭人均生活费收入	元	—	5317	—	—
农村居民家庭人均纯收入	元	2780	2854	—	—

注：表内各项产值均按当年价格计算。

(烟台市外经贸委供稿)

威　海　市

对外经贸运行情况

(一) 利用外资稳步发展　全市共批准利用外资项目2143项，合同外资额5.3亿美元，实际利用外资额2.5亿美元，分别比1995年增长36％、63.4％、16.2％。主要特点如下：一是项目质量提高，产业结构进一步得到优化。今年新批外商直接投资项目的平均外资额为225万美元，增加116万美元。涌现出一批技术含量高、投资规模大、产业带动性能强的项目，如华菱电子、双太电子、黑豹世运等项目已相继开工投产。投资结构日趋合理，外商投资主要集中在基础设施、支柱产业和高新技术产业上，生产性项目个数占总额的90％。二是韩国投资增长迅猛，发展势头良好。共批准韩国直接投资项目113项，合同外资额3亿美元，实际利用外资7588万美元，分别占总额的58％、69％和46％，合同外资额和实际利用外资额均比1995年有较大幅度增长。目前，韩国投资在利用外资总额中居第二位。1996年其投资额已跃居第一位，成为威海市最大的投资和贸易伙伴。三是外商独资企业和“三来一补”发展较快。1996年，共批准外商投资企业195家，其中独资企业83家，合同外资额8316.5万美元，占外商直接投资合同额的18.9％，同比增长31.8％。共批准“三来一补”利用外资项目1943项，合同外资额6865万美元，实际利用外资额6476万美元，分别占总数的90.7％、13％和25.7％，同比增长45％、61％和99％。四是开工三资企业生产经营情况良好。到年底，共开工投产外商投资企业972家，其中生产性企业817家，共完成产值200亿元，实现利税17亿元，分别占镇以上工业企业产值、利税的36％和40％，比1995年增长27.5％和26.4％。

(二) 对外贸易继续保持强劲增长势头　1996年，共完成进出口总额21.2亿美元，比1995年增长68.4％，其中出口额15亿美元，增长81％，进口额6.2亿美元，增长44％。对外贸易主要有如下几个特点：一是各类出口企业进出口全面增长。全年三资企业进出口总额达12.7亿美元，占总额的60％，其中出口创汇9.9亿美元，同比增长64％;外贸公司进出口总额达到5.5亿美元，占总值的26％，其中出口创汇3.3亿美元，同比增长99％。自营进出口生产企业一改前几年的落后扯腿局面，异军突起，进口、出口增幅均在2倍以上，进出口总额达到3亿美元，占总值的14％，其中出口额1.8亿美元。二是加工贸易成为主要的贸易方式之一。截止到年底，威海市从事加工贸易的企业已达650家，完成加工贸易进出口总额11.2亿美元，占进出口总额的53％，同比增长85％，其中加工出口6.2亿美元，占出口总值的41％，同比增长105％。三是市场开拓能力明显增强。商品共出口到各大洲75个国家和地区，出口国家和地区比1995年增加了20个。就分布情况看，亚洲29个，欧洲24个，北美洲3个，南美洲9个，大洋洲2个，非洲7个。居前4位的分别是：韩国、日本、香港、美国，其中对韩国进出口总额达到11.2亿美元，占总值的53％，出口额为6.9亿美元，占总值的50％。

(三) 对外经济技术合作有了新的发展　全市共签订对外劳务承包合同123个，合同额3703万美元，营业额2846万美元，外派劳务2691人次，期末在外人数4286人，分别比1995年增长173％、45％、65％、40％和39％，其中：签订对外工程承包合同385万美元。新创办海外企业5家，投资额为151万美元。共外派经贸考察团组525批，1755人次，到世界各地30多个国家和地区进行经贸洽谈活动。

(四) 外贸实业化建设有了新的进展　全年共完成实业化投入4982万元，通过引进外资、横向联合、技术改造等方式新上生产性项目9项。外经贸系统共开工工业企业22家，完成产值3.8亿元，实现出口交货值2.9亿元，有力地促进了外贸出口的发展。

(五) 外贸企业经济效益良好　受宏观经济环境的影响，从全国范围看，外贸企业的经济效益不太理想，而威海市市直外贸企业除一户亏损外，其余全部赢利，市区外贸大部分扭亏为盈。外贸系统盈利总额2275万元，同比增长92％;减亏116万元。

一九九六年抓的几项主要工作

回顾一年来的对外经贸工作，主要抓了以下几个方面：

(一) 加强队伍建设，构筑大经贸格局　对外经贸事业要谋求大的发展，就必须建立一支作风扎实、素质过硬的外经贸企业队伍。1996年以来，始终将壮大外经贸队伍、构筑大经贸格局作为发展外向型经济的一项重要工作来抓。从年初开始，就组织了专门班子，积极争取外经贸部和省外经贸委的支持，主动为有条件的企业申报进出口经营权和对外劳务签约权，经过大量艰苦的工作，1996年共为2家企业争取到对外劳务签约权，为36家企业争取到自营进出口商品经营权，从而使本市拥有对外劳务签约权的企业达到3家，拥有进出口商品经营权的企业由1995年的58家增加到1996年底的96家。上百家的有权企业和近千家的开工三资企业，初步形成了市直外贸公司、工业自营生产企业、三资企业和市区外贸公司相互促进、竞相发展的大外贸出口格局。同时，在全市上下也初步形成了国有企业、集体企业、民营企业一齐上，市、县、乡共同抓的良好氛围。同时还注意加强对各类出口企业的指导与培训工作。1996年进一步完善了外贸出口调度会制度，对各类出口企业进行月调度、季分析，及时发现问题，解决问题，并通过相互交流的方式，及时将好的经验、好的思路、好的典型推广到各个出口企业。特别是加强了对自营进出口生产企业的指导与调度工作。首先是将工业进出口企业纳入全市进出口总的计划盘子，与外贸专业公司一视同仁，统一调度，统一培训，统一指导；其次是在政策上向工业出口企业倾斜，1996年报请市政府批准了关于鼓励外工贸企业扩大出口创汇的一系列规范性文件，在出口退税、资金信贷、报关报验等方面给工业自营企业以扶持；第三是积极实施“龙头带动”战略，重点扶持骨干生产企业出口。1996年省政府筛选30家重点工业自营企业实行政策扶持，终于使市纺织工业集团进出口公司和北洋电气集团纳入了全省30家重点自营生产进出口企业行列。为了进一步提高出口企业外销人员的业务水平，还先后举办了国际贸易、产业竞争与企业营销管理、涉外企业财务风险防范和进出口业务等一系列外经外贸知识培训班，分别邀请台湾、韩国、新加坡等地著名专家、经贸院校学者讲课，先后培训人员1800多人次，有效地提高了外销人员的业务素质和理论水平。同时还积极实施“龙头带动”战略，年初即在外贸企业、生产企业、三资企业中筛选一部分出口规模大、发展后劲足的企业，实行政策倾斜，进行重点培植，使其充分发挥龙头带动作用，尽快膨胀发展。经过一年来的运作实施，“龙头带动”战略成效显著，到年底，市进出口公司进出口总额达到1.8亿美元，纺织服装进出口公司、抽纱进出口公司、畜产进出口公司、纺织工业集团进出口公司、北洋电气集团、橡胶工业集团等进出口额超过3000万美元，外贸公司有10家出口额过千万美元；生产企业出口额过千万美元的有7家，三资企业创汇过千万美元的有19家。这些企业已成为外向型经济发展的龙头，对本市经济发展的拉动力明显增强。

(二) 抓好外经贸体制改革，推动外贸企业健康发展 首先是抓好外贸企业组织结构的调整。一方面通过兼并、破产、租赁等方式对部分亏损、微利企业进行改组，盘活企业存量资产，增强企业活力，使企业重新焕发生机，外经贸系统共对8家企业实施了兼并，对1家企业实行了破产，对1家企业实行了租赁经营，从效果看，普遍良好。如年初组织实施了外贸水产公司对外贸食品公司的兼并，组成外贸水产食品集团公司。集团公司成立后，经营得到很大发展，出口创汇和利润均比1995年有较大增长。另一方面抓好企业改制。在文登外贸轻化工公司进行股份制试点工作，国家、企业、职工个人股份分别占40%、20%和40%，试点后，职工的积极性空前高涨，责任心明显增强，工作干劲十足，出口创汇、利润的增长幅度均在50%以上。在进行企业组织结构调整的同时，还加快了企业内部经营机制的转换，不断完善竞争激励机制，打破了原来的档案工资标准，实行“两挂钩、两低于”的效益工资办法。在1996年召开的全国、全省外贸企业改革工作会议上，本市外经贸系统就内部经营责任制进行了典型交流，并得到上级充分肯定。在深化分配制度改革的同时，还推行全员劳动合同制度、双向选择竞争上岗制度、职工补充养老保险制度、评比先进和创汇能手制度，形成了一整套较完善的激励竞争机制，从而极大地调动了干部职工的积极性和主动性。其次是抓好贸易方式的调整。坚持进出口相结合。一般贸易和加工贸易、投资贸易、技术贸易相结合。1996年5月份，市长亲自带队组织200多人的经贸代表团赴韩国进行加工贸易招商洽谈，这次活动准备充分，目的明确，组织严密，取得了丰硕成果，从而在全市上下掀起了发展加工贸易的新高潮。到年底，加工贸易的进出口涉及韩、日、美、加拿大等23个国家和香港地区，进出口商品涉及到机械、电子配件、橡胶、轮胎、服装等15大类400多个品种。加工贸易进出口额达到11.2亿美元，占总额的52%，比1995年增长85%。三是搞好出口商品结构的调整。根据出口退税率的变化情况和外贸发展现状，在出口商品结构调整上提出了三个转变，即由以农副产品、资源性产品出口为主向工业制成品特别是机电产品、高附加值产品转变；由出口退税率低的商品向高退税率商品转变；由各类出口企业均在经营的非配额许可证商品向国家实行许可证、配额和招标商品转变。外贸出口商品中，工业制成品占82%，其中机电产品占13.3%，较1995年有较大增长。四是抓好市场结构的调整。在多元化市场开拓上，提出了巩固周边，扩大近洋，开拓远洋的思路。即巩固扩大韩国、日本等周边国家和港澳地区市场的同时，重点开拓东南亚、拉美、非洲独联体及欧共体市场，形成近洋与远洋结合的多元化市场格局。

(三) 改革招商方式，提高项目质量，优化投资环境，扩大利用外资规模 一是改革招商方式，加大引资力度。从产业结构特点及利用外资工作现状出发，有目的、有准备地组织了几次大型涉外经贸活动。根据毗邻韩国的地缘优势，认真贯彻“借韩兴威”的战略，全力开展同韩国的经贸交流与合作，9月份，又组织举办了'96中韩(威海)经贸洽谈会，这次洽谈会立足韩国，面向海内外，共有世界各地10多个国家和地区的近万名客商到会，本届洽谈会突出了"友谊、合作、发展"这一主题，积极开展同韩国及世界各地的经济文化交流，在招商及贸易洽谈上做到了四突出，即突出加工贸易，突出机电产品，突出外商投资企业产品，突出民营企业产品，充分展示了经济的发展水平和外向化程度。本届洽谈会共签订利用外资合同、协议162份。合同协议外资额35791万美元；进出口成交26100万美元。同时还调整了招商区域，在巩固扩大韩国、日本、新加坡等国家和港澳地区的同时，进一步加大了对美国、欧共体等西方发达国家的招商力度。二是注重项目质量，提高利用外资水平。坚持抓大项目、大客户，力求在项目的质量和档次上有所突破。为此，对全球500家最大工业企业和500家最大财团、商社建立了专门信息档案，积极加以联络，有目的地推介项目资料，收到了很好的效果，日本的三菱、伊藤忠、丸红，韩国的大宇、三星，英国的豪顿、ICI帝国化学等一批国际著名大公司、大商社纷纷来洽谈考察，开展合作，目前这些大商社的投资合作已有很大突破，涌现出一批投资规模大、项目带动性能强的利用外资项目，如黑豹世运、大宇汽车配件、三星电子通讯等；同时一批技术含量较高的项目也相继开工投产，如运兴软磁盘、滨田印刷机械等，这些项目对于提高工业的技术水平及产业结构的调整，发挥着重要的作用。为了保证大项目的顺利进行，进一步完善了利用外资重点项目领导责任制，年初选定的30个重点项目，其中在谈项目8项，在建项目22项。分别明确了项目负责人及具体组织者，定期调度，跟踪检查，收到了很好的效果，在谈项目有1项获批准在建，2项正在洽谈之中；在建项目有16项进展顺利，其中投产7家。根据上级有关部门的统一部署，组织专门力量，对全市外商投资企业进行了全面的检查换证，通过这次检查，规范了企业行为，维护了投资秩序，促进了三资企业经营管理水平的提高，"四率"水平明显上升，外资到位率达到32.2%，出口创汇率达53.5%，均居全省前列。三是切实提高涉外服务水平，认真改善投资软环境。将改善投资软环境做为利用外资工作的"重中之重"来抓，致力于宽松、和谐、高效的投资环境建设。目前正在着手组建外商投资综合服务中心，第一批12家涉外单位将于1997年2月底前进驻中心，实行一个窗口收费，一条龙服务。

(四) 拓宽渠道，强化措施，加大外经工作力度 1996年，以劳务合作为突破口，抓经带贸，以贸促经，全面开展对外经济技术合作。一方面通过向各市区、市直外贸公司延伸对外劳务签约权，进一步壮大外经工作队伍，形成多元化的对外劳务经营格局；另一方面进一步拓宽合作领域，开拓多层次的劳务市场。在巩固扩大一般劳务输出的同时，积极开拓高层次的劳务市场。1996年外派劳务结构中，技术工人、专业人员的输出比重明显高于往年。同时搞好劳务市场结构的调整，在巩固扩大韩国劳务市场的同时，加大对日本、东南亚劳务市场的开拓力度，发展趋势良好。其次是搞好对外工程承包工作。积极协助市国际合作公司参与竞争刚果体育场维修工程，并在中标后，认真协助实施，目前该项目进展顺利。第三，本着积极稳妥，加强管理的原则，加快海外投资的步伐。共创办海外投资企业5家，累计达到18家。主要分布在美国、日本、韩国、俄罗斯等十几个国家和香港地区。这些企业的设立，伸长了全市的贸易触角，勾通了海外信息，促进了对外经贸事业的发展。为了切实加强对海外投资企业的管理工作，年底组织召开了海外投资企业座谈会，总结交流了几年来海外企业发展的经验，提出了下一步发展的设想，对海外企业的经营管理进行了初步规范，从而使海外企业的管理逐步走上正规。

(五) 发挥优势，加强管理，推动外贸实业化建设健康发展 鼓励外贸企业兴办实业，走贸工一体化的道路，这是当前对外经贸形势发展的需要，也是1996年对外经贸工作的重点之一。在实业化建设上，主要是抓了两方面的工作。一方面是搞好项目的筛选与论证工作。从外贸企业的实际情况出发，以国家的产业政策为导向，发挥自身优势，通过科学论证，积极发展适合本市外贸企业的项目。首先是积极开发高新技术项目，努力提高外贸自属工业企业的技术水平，文登外贸公司下属的外贸电子器材厂开发的三极色稀土荧光粉获得1996年度外经贸部科技进步三等奖；其次是立足于本地的资源优势，通过引进外资、技术改造等方式，提高企业的生产设计能力，对资源进行加工开发，增加产品的技术含量和附加值。如外贸机械五矿公司创办的外贸石材厂，利用从意大利引进的先进设备对威海地区蓄量丰富的花岗岩进行深加工，生产的板材远销日本、韩国、欧美等地，深受国外客商的青睐。第三是立足外贸企业自身的经营优势，以贸易为龙头，带动自属工业企业的发展。如外贸纺织服装进出口公司创办的阳泉服装厂，就是利用自己稳固的国外客户，发展"三来一补"加工出口。另一方面切实加强自属工业企业的管理工作。始终将自属企业的管理工作作为加快外贸实业化建设的关键一环来抓，在外经贸委与外贸公司、外贸自属工业企业之间，逐步形成了一套比较完整的管理体系。为了确保立项工业项目进展顺利，1996年实行了重点项目责任制，由外贸公司的主要负责人亲自挂帅，组成专门的项目班子，落实责任，定期调度，认真考核，有效地促进了项目的健康发展。截止到1996年底，落实责任制的9个项目，已有5个开工投产，其余4个正在积极运作之中。外贸实业化的快速健康发展，在全省外经贸系统产生了较大影响，许多市地纷纷来威海市参观交流，在1996年9月份召开的全省外经贸系统实业化工作会议上，本市发展外贸实业化的做法作为典型，得到推广。

(威海市对外经济贸易委员会　于海平)

威海市国民经济主要指标

指　标	单　位	1996年		1995年	
		地　区	市　区	地　区	市　区
年底人口数	万　人	244.00		243.00	
#非农业人口	万　人	49.53		43.25	
土地面积	平方公里	5436		5436	
人口密度	人/平方公里	449		447	
年末劳动力资源总数	万　人				
#乡村劳动力	万　人				
国内生产总值	亿　元	407.12		336.72	
农林牧渔业产值	亿　元	169.97		157.16	
粮食产量	万　吨	113.38		125.56	
蔬菜产量	万　吨	80.60		69.81	
猪牛羊肉产量	万　吨	9.92		8.51	
水产品产量	万　吨	191.07		174.49	
全部工业总产值	亿　元	793.00		579.21	
# 乡及乡以上	亿　元	558.69		410.15	
客运总量	万　人	1358.8		1177.5	
货运总量	万　吨	1737.2		1552.2	
固定资产投资总额	亿　元	41.62		37.71	
# 住宅	亿　元				
房地产开发投资额	亿　元	4.89		7.32	
商品房销售额	亿　元				
出口贸易总额	亿美元	14.98		8.23	
进口贸易总额	亿美元	6.2		4.5	
利用外资签订协议总数	项	2143		1569	
利用外资签订协议金额	万美元	53160		30016	
实际利用外资金额	万美元	25243		20518	
国际旅游人数	万　人				
国际旅游收入	万　元				
地方财政预算内收入	亿　元	10.86		7.58	
地方财政预算内支出	亿　元	14.50		10.48	
银行年末各项贷款余额	亿　元	231.29		165.00	
每万名职工中专业技术人员数	人				
# 中级职称以上	人				
城镇居民家庭人均生活费收入	元				
农村居民家庭人均纯收入	元				

注： 表内各项产值均按当年价格计算。

(威海市外经贸委供稿)

滨 州 市

国民经济持续高效快速发展

全年实现国内生产总值23.20亿元，同比增长28.9%，经济运行质量和效益明显提高。农村经济遭遇了极为严重的春旱秋涝和20年未遇的黄河大汛，仍然得到了很大发展，粮食总产25.8万吨，棉花总产8.6万担，虽均比1995年有所减产，但调整结构和发展高产高效农业大见成效，瓜菜、林果产量分别增长4.2倍、5.8倍，畜牧业、淡水渔业稳步增长，乡镇企业发展较快，全市农业总产值达到10.03亿元，增长24.9%，圆满实现了粮棉损失多种经营和乡镇企业补的目标，取得了大灾之年增效增收的可喜成绩。工业经济效益大幅度提高，运行态势是改革开放以来最好的一年，地区综合考核得分全区第一。全市完成工业总产值51.18亿元，同比增长34.0%。乡以上工业完成总产值16.42亿元，同比增长34.3%，实现利税1.73亿元，增长74.7%，实现利润7925万元，增长65.4%；市属工业实现利税、实现利润分别达到6766万元、1691万元，同比分别增长32.3%、39.2%。财政金融形势稳定，实现地方财政收入1.18亿元，增长29.2%，比年初安排的预算超收1000万元，确保了收支平衡、有所结余的目标；实现各项存款增加额5.20亿元，各项贷款增加额4.79亿元。认真实施“菜篮子、米袋子”工程，城乡市场繁荣活跃，实现社会消费品零售总额8.70亿元，增长20.3%，物价总指数控制在107.9%以内。固定资产投资稳定增长，结构趋向合理，全社会完成固定资产投资4.10亿元，增长55.6%，生产性投资所占比例达到了77%，交通、通讯、电力、水利等设施建设的投资大幅度增加，全年安排重点建设项目21个，总投资2.74亿元，当年完成投资1.30亿元，部分项目已经建成投产。

改革开放迈出了新步伐

农村改革继续稳定完善双层经营体制，积极推进农业产业化，按照龙头带基地、基地连农户的要求，新建龙头企业6个。积极推行土地使用制度改革，576个村完成了改制，占总数的64%，改制面积43.22万亩，占耕地总数的65.5%，推动了土地适度规模经营，提高了经济效益。积极推进以产权制度改革为重点的企业改革，12家企业完成了股份合作制改造，5家企业实行了租赁经营，有4家亏损企业被兼并，3家严重资不抵债的企业依法破产。流通体制改革有了新突破，供销、粮食系统分别实行的由专业公司牵头、部分基层单位参与的统一名称、统一核算、统一进货、统一价格、统一管理的“五统一”农业生产资料和粮油经营连锁店体制，呈现了良好的发展势头。期货市场从无到有，市场体系建设又有了新进展。财政体制改革形势喜人，第二预算制度运行顺利，收效良好。城乡社会保障体系建设、医疗卫生、教育、科技等方面的改革都有了新进展，农村互助保险走在了全区前列。市级机关的机构改革已经进入定职能、定内设机构、定编制的“三定”阶段，公务员过渡工作正在有序进行。对外开放步伐加快，全社会完成出口交货值6.88亿元，同比增长124.1%，全市完成自营出口1191万美元，又有1家市属企业取得了自营出口权；新批三资企业4家；新建海外企业1家，经济效益较好。

人民生活得到很大改善

城市供水工程、道路交通工程建设实现了重大突破，安居工程、绿化工程等造福工程进展顺利，市民生活条件进一步改善。村镇建设步伐加快，黄河滩区村庄搬迁工作已经起步。全市城镇居民人均生活费收入4105元，农民人均纯收入1800元，城乡居民人均储蓄余额4021元，分别比1995年有较大增长，生活水平进一步提高。5个街道办事处全部达到了小康标准，150个村、18600户实现或已经接近实现小康。农村扶贫攻坚战正在紧张进行，下岗职工再就业工程和特困企业解困工程开始启动。

1996年是全市经济工作客观困难最大、工作力度最大、成效最大的一年。在紧缩的宏观经济环境之中，在遭遇多种严重自然灾害侵袭，困难重重的情况下，我们能够取得上述成绩，关键是很好地把握了以下几点：一是困难面前，始终保持良好的精神状态。1996年是滨州市历史上多灾多难的一年。面对罕见的春旱和特大洪涝灾害，全市上下不畏难，不发愁，奋起抗灾自救，经受住了严峻的考验，取得了抗灾斗争的全面胜利。二是集中精力抓大事，以重点突破带动全面发展。一年来，我们以市五届人大四次会议批准的10件实事为重点，把事关全局的大事牢牢抓在手上，全力以赴办实事，抓出了显著成效，10件实事已基本完成。其中，完成了投资过亿元、库容1400万方、占地4679亩的东郊水库主体工程，圆满实现了当年设计、当年施工、当年建成蓄水的预期目标，创造了平原水库建设的一流速度。占地

4400余亩、库容1200万方、控制灌溉面积7万余亩的秦台水库，已经开工建设，今年6月即可建成蓄水。潮河节制闸工程，现已完成主体部分并投入使用。潮河治理一期工程已经完成。205国道、220国道的路域治理基本完成，南出口205国道扩宽改造工程已经完成，西出口的220国道扩宽改造工作已经完成拆迁和路基工程。滨州黄河浮桥已基本完工，不久即将通车。渤海七路延伸工程北端即将贯通。新兴市场新址建设工程和旧址搬迁已经完成。这些工程的建设，牵动全局，关系长远，功在当今。利在后世。三是内涵外延一起抓，突出地加快基建扩总量，加快技改以增量激活存量。经编厂的涤沦短纤维项目、天华集团的乳品加工项目已经建成投产，与沈阳协和集团联合兴建的苜蓿颗粒饲料加工项目已经开始基地建设，造纸厂的880涂布刷光商标纸和新增1760长网纸机，三棉的扩增560台宽幅布机，针织厂的年产360万件弹力衫，九环集团的激光处理整筒抽油泵，印刷厂的新增轮转机，化肥厂、化轻总厂的合成氨改造等项目已建成投产。所有这些，都是滨州市经济今后发展的新的增长点。

(滨州市人民政府　孙剑锋　韩朝晖)

滨州市国民经济主要指标

指　标	单　位	1996年		1995年	
		地　区	市　区	地　区	市　区
年底人口数	万　人		57.95		57.95
非农业人口	万　人		17.56		16.44
区域面积	平方公里		1040		1142
人口密度	人/平方公里		557		507
年末劳动力总数	万　人		54.85		34.15
乡村劳动力	万　人		23.17		20.04
国内生产总值	亿　元		25.8		18.03
粮食产量	万　吨		24.15		28.47
蔬菜产量	万　吨		55.87		18.17
猪牛羊肉产量	万　吨		1.15		50.64
水产品产量	万　吨		11.55		0.9
全部工业总产值	亿　元		51.18		48.39
乡及乡以上	亿　元		16.42		15.01
固定资产投资额	亿　元		2.34		3.49
住宅	亿　元		0.68		0.48
出口贸易总额	亿　元		6.88		3.20
进口贸易总额	亿　元		0.85		0.72
利用外资协议数	项		16		18
利用外资协议额	亿　元		0.30		0.47
地方财政预算内收入	亿　元		1.1818		1.75
地方财政预算内支出	亿　元		1.4947		2.25
城镇居民家庭人均收入	元		4105		4087
农村居民家庭人均支出	元		1800		1362

(滨州市政府供稿)

南京市

“一年初见成效”的奋斗目标全面实现

1996年，南京市确立并实施了城市建设与管理“一年初见成效，三年面貌大变”的奋斗目标，动员和组织全市各个地区、各行各业都围绕这个总目标和总方针，积极推动全市各项工作朝着新的更高目标迈进，使国民经济建设与社会事业继续保持了持续、快速、健康发展的好势头。全年国内生产总值完成675亿元，按可比价计算，比1995年增长13.1%；财政收入78.75亿元，增长20.8%；全社会固定资产投资314.1亿元，增长34.3%；社会消费品零售总额达306.6亿元，增长27.7%；商品零售价格涨幅控制在6.1%左右；城市建设“一年初见成效”的奋斗目标全面实现。

(一) 农村经济全面发展，小康建设扎实推进 1996年，农业生产喜获丰收，粮食总产量达35.8亿斤，比1995年增长6.5%；油料总产量2.8亿斤，小麦、水稻、油料单产和粮油棉折合总产均创历史最高水平。多种经营发展迅速，畜禽、林果、水产等产量有较大幅度增长，多种经营产值占农业总产量的比重上升到58%。全市新增常年性菜地7200亩，累计超过8万亩，乡镇工业快速增长，全年完成总产值414.6亿元，增长42.4%，实现利税24.7亿元，产销率达95.5%。农田水利达标土石方3600万立方米，建成了长江三个洲标准堤22公里、江河湖堤195公里。

(二) 工业经济平稳增长，结构调整有所突破 全市乡级乡以上工业完成产值880亿元，比1995年增长16.4%，产销率达96.8%以上；全市独立核算工业企业实现利税70亿元。市属工业保持平稳增长，全年生产增长为17.4%；产品结构调整力度加大，地方50个名优产品的销售量增长35%；全年新开发1400多项新产品，产值率达15%。全年共完成工业投入100亿元，其中技改完成投资41.7亿元，增长22.7%；纳入市政府考核的30项工业重点基建、技改项目，已有28项竣工投运，完成的项目数和工作量是历史上最多最大的一年。1996年，广泛开展“外学邯钢，内学二机床，加强企业管理”的活动，使一大批企业管理达标、扭亏为盈，提高了效益。全市国有企业亏损面、亏损额控制在省下达的指标范围内，市属9个工业局(公司)实现扭亏为盈。

(三) 认真贯彻“抓大放小”方针，工业企业改革继续深化 1996年，南京市进一步加快搞好国有企业为重点的改革步伐，全市新建了医药、友谊华联等集团，对伯乐、东风、同创等重点企业集团进行重组和完善。同时，采取“一个集团、一个政策”的办法，先后制定了10个集团的具体扶持政策，有效地发挥了企业集团规模化生产和向地方中小企业辐射的功能。股份制企业规范工作取得成效，化纤、医药、熊猫、中北等公司的股票发行和上市取得成功，共筹措10亿多元。特别是熊猫H股在香港顺利上市。全市20家现代企业制度试点企业中，已有16家企业基本建立起现代企业制度的框架。根据“抓大放小”的原则，市政府制定了《关于进一步放开放活小企业的若干意见》及有关“先售后股”、“企业托管”等7项政策，推动中小企业改制工作。全市共有370家企业进行了以“先售后股”为主的多种形式改制，职工持股1.4亿元。

(四) 社会保障制度成效显著，综合配套改革取得新进展 南京市先后出台了《南京市企业职工养老保险改革工作实施意见》及《农村社会养老保险暂行办法》，目前，全市职工养老保险覆盖面为90%，参加农村社会养老保险的农民有30多万人，参加失业保险的职工110万人。全市再就业工程力度加大，1996年共安置市属企业下岗职工2.9万人，城镇失业率为2.4%。根据中央和省政府的要求，该市出台并实施了全市党政机构改革方案，机构压缩34%，人员精简22.6%，“三定”工作已基本完成。

(五) 努力实施对外开放战略，外向型经济稳步发展 对外贸易保持适度增长，全年进出口总额14.02亿美元，增长31.52%，其中出口额9.44亿美元，增长16.86%。境外来宁旅游观光的人数达24万人次，外汇收入1.1亿美元，分别比1995年增长3.9%和7.8%。利用外资质量明显提高，'96南京金秋恳谈会暨商品交易会，第一次将招商引资、商品贸易和区域经济发展结合在一起，取得了丰硕的成果。1996年新批三资企业431家，实际利用外资4.72亿美元，增长17.11%，项目平均合同外资上升到223万美元，其中投资总额在1000万美元以上的大项目有39个。新开业投产的三资企业264家。三资企业工业产值已占全市工业总产值的17%，全年涉外税收完成10.8亿元，增长42.4%。全市有5家三资企业进入95－96年度全国最大500家外商投资企业行列。全年对外承包工程和劳务合作完成营业额6987万美元，增长7.74%，在境外开办的非贸易机构已达70家。

(六) 国内外交往取得新成绩，开发区建设进入新阶段 1996年，南京市积极开展对外交往，外事为经济建设服务取得显著成效。在进一步巩固与美国圣路易斯、荷兰埃因侯温、德国莱比锡等友好城市关系的同时，又开辟了与加拿大、法国、英国、西班牙、韩国、日本等国的新的合作领域。国内横向经济联合和招商引资工作也取得新的成绩，去年与外地共签订内联项目235个，投资总额为29.3亿元，其中引入资金10亿元。全市9个省级以上开发区新开发面积5.4平方公里，投入资金42.5亿元，进区企业达353家，其中三资企业91家，总投资4.6亿美元。全年实现技、工、贸总收入143亿元，创利税15.3亿元，出口创汇1.1亿美元。高新技术产业开发区、南京经济技术开发区和江宁开发区已成为全市重要的经济新增长点。

(七) 道路建设进一步加快，"金龙计划"进展顺利 全市围绕接受江苏大交通格局的辐射，进一步改善市内外交通状况。沪宁高速公路连接线、城东干道地面一期、虎踞南路等24条城市道路建设改造任务年内全部完成，总长达61公里，新增面积102万平方米，人均道路面积由1995年的5.6平方米增加到6.1平方米；绕城公路二期、沪宁高速公路南京段、宁建一级公路天长连接线、地方铁路二期等一批重要对外交通道路已建成通车；禄口国际机场及机场专用路超计划完成；南京长江大桥完成了28年来首次路面维修。全市新建、扩建220千伏输变电工程8个，建成35千伏输变电工程2个，完成10千伏低压台片改造129个，电网变压器容量有较大增加。

(八) 公用事业稳步发展，市容建设迈出新步伐 市区10个供水低压区中，已完成7个地区的管网改造，新增了日制水能力19万吨的大厂、浦口水厂的改扩建工程和六合第二水厂工程；建成了煤制气15万立方米的机组，新发展管道液化气用户和燃气市场户11000户，气化率在92%以上；新增无人售票车215辆，新辟公交线路4条，调整线路10条；新建市话、农话、移动电话程控交换机35万门，总容量达135万门，市区电话普及率达到40%，农村电话杆线到村率达98%，建成邮政中心大楼，方便了人民群众。全市围绕创造国际卫生城的目标，加大实施市容卫生长效管理力度。加强和市容卫生月评制度、星级考核办法等在基层单位、居委会开始启动。建成了绕城公路绿化带一期工程；新建了一批街头市民广场，使南京的城市景观发生了新的变化。

(九) 高新技术发展加快，教育事业稳步推进 1996年，南京市围绕"两个根本性转变"，继续实施"科教兴市"发展战略，努力促进科技与经济的紧密结合。高新技术产业发展加快。确立了把电子信息产业、生物医药产业培育成"九五"期间和下世纪支柱产业的发展战略。全市被认定的161家高新技术企业已成为该市经济发展的主力军。去年高新技术产值达150亿元、利税22亿元。民营科技企业迅速成长，全市民营科技型企业总数已达1821家，从业人员3万多人，全年技工贸收入40亿元，其数量、规模和技工贸收入均占全省三分之一以上。全市年产值超亿元的民营企业10家，承担国家、省、市级火炬计划项目20多个。科技成果推广力度加大，全市技术交易额超过9亿元。新批技术贸易机构66家，新增从业人员2300人。教育事业稳步发展，全市九年制义务教育通过了国家和省的验收，推行了"教育10项工程"。全市投资3亿元，新建校舍20.6万平方米，维修113万平方米，多渠道解决教工住房10万平方米。全年完成各级各类文化和技术培训80万人次。

(十) 商品市场发展迅速，金融保险呈现新格局 1996年，全市新建各类市场40多个，累计达550多个，交易额在10亿元以上的有7个，其中，南京装饰城和南京生产资料市场已成为国家级中心批发市场。全年新建、改造室内农贸市场16个、大棚市场16个；在建的5000平方米以上的大中型商业设施32个，面积达62万平方米。全市新组建商贸企业集团和综合商社13个。金融保险业逐步走向结构多元化、运行规模化。城市合作银行正式营业，招商银行、日本富士银行在宁开设了分支机构，全国性商业银行大都进入南京市。保险业迅速发展，机构和险种不断增加。至1996年底，全市金融机构存款余额达779亿元，比年初增加121亿元；贷款余额537亿元，比年初增加72亿元。

(十一) 加强市场物价调控，人民生活水平不断提高 1996年，南京市以平抑市场物价、改善居住条件为重点，切实加大政府调控力度，多办实事。全市以生活必需品价格为重点，形成了监测预报、监审管理、调控干预、监督检查等有序管理体系。顺利调整了40项商品价格和收费标准，开征10项建设资金。全市平均零售物价上涨幅度为6.1%，居民消费价格上涨幅度为10.3%，分别比1995年下降了5.1个和4.8个百分点，在全国35个大中城市和全省11个城市中均处于较低水平。全年城镇居民人均生活费收入5207元，增长11.8%；农民人均纯收入3128元，增长27%，城乡居民储蓄余额达350亿元，比年初增加82亿元。全年住宅竣工面积326万平方米；完成安居工程和经济实用住房28.3万平方米；共安置1.6万拆迁户，一次性定居率达15%；全市居民人均居住面积8.36平方米，住房成套率在78%以上。

(南京市对外经济贸易委员会　司开明)

南京市国民经济主要指标

指　标	单　位	1996年		1995年	
		地　区	市　区	地　区	市　区
年底人口数	万　人	525.43	269.37	520.75	
#非农业人口	万　人				
土地面积	平方公里	6516		6516	
人口密度	人/平方公里	806		799	
年末劳动力资源总数	万　人				
#乡村劳动力	万　人				
国内生产总值	亿　元	675		580	
农林牧渔业产值	亿　元	45.97		42	
粮食产量	万　吨	179.45		168.5	
蔬菜产量	万　吨	123.18			
猪牛羊肉产量	万　吨	11.83		18.5	
水产品产量	万　吨	8.62		7	
全部工业总产值	亿　元	286			
# 乡及乡以上	亿　元	893		818	
客运总量	万　人	11208			
货运总量	万　吨	13632.2		377	
固定资产投资总额	亿　元	317.95		179	
# 住宅	亿　元				
房地产开发投资额	亿　元	69.70		62	
商品房销售额	亿　元				
出口贸易总额	亿美元	9.44		8.05	
进口贸易总额	亿美元	4.58		2.58	
利用外资签订协议总数	项	452		663	
利用外资签订协议金额	万美元	97708			
实际利用外资金额	万美元	4720			
国际旅游人数	万　人	24.51		22.5	
国际旅游收入	万美元	11000			
地方财政预算内收入	亿　元	36.16			
地方财政预算内支出	亿　元	40.40			
银行年末各项贷款余额	亿　元	576.67		465	
每万名职工中专业技术人员数	人				
# 中级职称以上	人				
城镇居民家庭人均生活费收入	元	5207		4620	
农村居民家庭人均纯收入	元	3128		2471	

注：表内各项产值均按当年价格计算。

(南京市外经贸委供稿)

连 云 港 市

国民经济持续快速增长

1996年，我们在困难中抓机遇，在调整中求发展，确保重点，主攻难点，促进国民经济保持快速增长。全年实现国内生产总值211亿元，比1995年增长19％(按可比价计算)。

农村经济全面发展 以农业增产、农民增收为目标，稳定棉油生产，大力发展多种经营，加快发展乡镇工业，全市实现农业总产值78.9亿元，增长10％。各地战胜严重干旱，粮食总产和单产均创历史最高水平。多种经营全面发展，建成20个畜禽示范乡镇，扶持贸工农一体化、产加销一条龙的龙头企业，带动商品基地的建设，促进了创汇农业和特色农业的发展。水利基础设施建设加强，农业综合开发水平提高，全年完成水利工程6500万方，改造中低产田14万亩。“海上连云港”建设步伐加快，滩涂开发、海水养殖、海洋捕捞和水产品加工规模扩大，前三岛开发取得实质性进展。乡村工业快速增长，全年实现产值203.5亿元，增长65.3％。

工业经济稳定运行 在市场平淡、资金紧缺等因素制约下，对企业实行分类指导，推进改革、改组和改造，加强企业管理，大力开拓市场，盘活资金存量，保持了工业生产快速增长，乡及乡以上工业总产值168.9亿元，增长33.2％。企业技术进步加快，完成技术改造投资11亿元，增长20％。列入市重点的10个项目已全部竣工投产，8个技改项目列入国家“双加工程”。全市有17项新产品被确认为国家级新产品，36项为省级新产品。

第三产业和民营经济迅速发展 1996年完成第三产业增加值57.3亿元，成交额过亿元的市场达15个。市场繁荣活跃，实现社会消费品零售额74.4亿元，增长19％。旅游业进一步发展，全年接待国内游客150万人次、境外游客4932人次，综合接待能力明显增强。民营经济总量增加，个体工商户达到14.1万户，私营企业2500家，上缴税收1.2亿元。

财政金融状况进一步改善 坚持依法治税，加大征管力度，狠抓开源节流，全市财政收入12.9亿元，增长22.8％；财政支出12亿元，增长16.1％。市县两级基本实现当年财政收支平衡，并消化历史赤字6440万元。金融机构各项存款增加26亿元，各项贷款增加18亿元。各银行通过办理贴现、再贴现、承兑汇票、短期融资券等，帮助企业缓解资金短缺的矛盾。保险事业有了新的发展，国内外保险费收入稳定增长。

改革开放取得新成绩

各项改革继续推进 全市有20家企业进行现代企业制度试点，5家试点企业按公司制启动运营。股份制试点稳步推进，如意公司股票上市发行。新组建企业集团14家。300家中小企业进行了多种形式的改革。社会保障制度逐步建立，普遍实行了养老保险和失业保险。住房制度改革进入实施阶段，全面推行住房公积金制度，出售公房1.7万套。国家出台的金融、外汇、价格等改革顺利实施。圆满完成灌南县行政区划调整的交接工作。行政机关和事业单位“三定”方案顺利出台。

开放型经济迈出新步伐 主要指标综合评价居全省第7位。地方外贸出口完成3.02亿美元，增长48.3％；新批利用外资项目208个，实际利用外资9436万美元；完成外经营业额3650万美元，在外人数达2616人。开发区成功地举办了对韩经贸恳谈会，在全国14个首批沿海开放城市和32个国家级开发区中的位次分别上升到第11位、第18位。

内联工作又结硕果 成功地举办了'96军转民经济技术合作洽谈会，一批规模较大、实力较强、技术力量雄厚的军工企业与我市达成了合作意向。全市经济协作项目新增463项，客方到位资金4.3亿元。南北挂钩工作拓宽了领域，全年完成投产开业项目229个。进一步加强了与陆桥沿线城市的联系，与宝鸡市建立了对口协作关系。

陆桥运输势头较好 口岸各单位加强配合与协调，增开了国际集装箱航班，全年实现集装箱运输8.96万标箱，增长36.7％，陆桥过境运输量迅速扩大，过境集装箱首次突破1万标箱，达到1.2万标箱。连云港至郑州集装箱专列开通运营。港口吞吐量完成1583万吨，其中外贸运量998万吨。

基础设施和城乡建设有了新发展

基础设施建设进展顺利 续建墟沟港区一期工程，完成建港投资1.45亿元。庙岭三期工程项目建议书通过国家评估。宁连一级公路连云港段建成通车，连徐高速公路连云港段试验段开工建设。新增县乡公路黑色化路面150公里。建成新火车站候车大厅主体工程。实现了直达列车进京的目标。民航增加了至广州、沈阳、厦门的航班。邮电通讯完成了北沿海、连徐光缆连云港段的铺设，全市程控电话扩容12.9万门，灌南县程控电话成功地并入本地网。市区城北变电所建成并投入使用，赣榆金山110千伏变电所基本建成。

城乡建设步伐加快 朝阳东路、郁州路、江化路、解放东路建成通车，城市环网初步形成。西大堤工程实现了“四通一明”。新墟公路路灯工程全面竣工。第三水厂一期管网建成并投入使用。新增煤气用户2239户。完成了新浦东区发展规划和孔望山景区、渔湾景区等5个专项规划，编制了幸福路广场、朝阳西路等详细规划和86个乡镇域规划。海州古城、连云海滨城、新浦商贸城建设初具规模。市区新增绿地面积57.4公顷。国贸大厦、农行综合楼、商检大楼、海关大楼等建筑，增添了城市的现代化气息。环境综合治理工作得到加强，关停整治了一批污染严重的企业，建成了东部地区垃圾处理场，市区主要地段实行垃圾袋装收集。全市人民关注的蔷薇河送清水工程开始启动。在巩固省级卫生城的基础上，创建全国卫生城的工作开始起步。

扩大桥头堡影响，推动陆桥经济发展

1996年5月7日至9日，国家计委、科委、外经贸部联合在北京国际会议中心召开了新亚欧大陆桥区域经济发展国际研讨会。连云港市是新亚欧大陆桥理论的最初创导者和陆桥国际集装箱运输的承担者。会议前后又组织了三次大型活动：5月5日上午，邀请市政府顾问、有影响的专家、与陆桥营运有关的中央部委的领导召开了“新亚欧大陆桥东桥头堡连云港建设发展咨询座谈会”。5日下午，邀请了哈萨克斯坦、乌兹别克斯坦、吉尔吉斯斯坦等中亚国家驻华使馆商务参赞，法国、韩国等国家和香港地区与陆桥运输有关的集团、公司的驻京代表召开了“中国连云港新亚欧大陆桥过境运输座谈会”。9日下午，又邀请了参加国际研讨会的30多个国家和地区、5个国际组织的97位国外代表来连云港市参观考察。会议取得了丰硕的成果。

开发海洋资源，建设海上连云

1996年全市围绕建设“海上连云港”的战略目标，全方位开发海洋产业，使海洋经济向海上运输、海洋渔业、海洋化工、滨海旅游、海上贸易、临海工业、海洋医药等各业全面发展，海洋经济成为连云港市经济发展新的增长点和支柱产业。

全年海洋产业实现产值38亿元，比1995年增长27%。水产品产量全年完成24万吨目标任务。海上养殖面积扩大到24万亩，增加8000亩。坑道养鲍鱼由1995年的15万头，增加到50万头。海带恢复工程进展顺利，在1995年500亩养殖的基础上，全年发展到4000亩。新品种太平洋牡蛎养殖由1995年的30亩，猛增到1996年的1700亩。前三岛开发取得实质性进展，放海参苗4万头，吊养扇贝30亩，底播鲍鱼2000头，放养裙带菜1000帘。紫菜秋季放养3.1万亩。海洋捕捞稳步发展，渔船更新改造步伐加快，60马力以上渔船已达1000余艘。配套服务的连岛渔港，通过多方努力，已被农业部批准为国家一级群众渔港。连云港水产品交易中心已开始运营，日成交额30万元。苗种生产形成产业化，重点抓了“一蟹、两虾”的育苗，育苗场发展到83家，比1995年翻了一番多。苗种不仅满足了本市需要，还辐射十个省市。全市共育蟹苗8000多公斤，东方对虾苗20亿尾，罗氏沼虾苗近1亿尾，总产值过亿元。特别是河蟹育苗不仅在数量上有较大增长，技术上也有新的突破，产量比1995年翻了一番，占全省的50%，连云港市已成为全国最大的中华绒螯育苗基地。盐业及盐化工逐步摆脱困境，去年淮盐产量达200万吨。滩涂开发完成2.54万亩，主要集中在赣榆县和灌云县沿海，开发发展潮上带养殖业。海洋医药由市中药厂购买专利，利用渔业资源制造脑黄金已开始实施。

完善海洋经济发展规划 根据全省海洋经济工作会议精神，编制了《连云港市海洋经济发展规划》，对海洋渔业、港口建设、运输业、沿海医药、盐业及盐化工、滨海旅游业、滩涂开发等各业进行全面规划。“九五”期间，将抓住国家海洋开发规划把连云港列入三个“特殊开发区域”和省委、省政府实施建设“海上苏东”战略这一重要契机，进一步加快建设“海上连云港”的步伐。一是抓好3个10万亩养殖，即稳定10万亩潮上带养殖，提高10万亩潮间带养殖，开发10万亩潮下带养殖，使海水养殖总量迅速扩大。二是大力发展海洋捕捞，重点发展外海和远洋捕捞。三是开发名特优新品种，在继续抓好已有的名特优新品种养殖的基础上，重点扩大太平洋牡蛎、鲍鱼、河蟹、鳗鱼4个优势品种的养殖面积。四是发展5个上规模的亿元基地，即发展坑道鲍鱼养殖2万平方米，浅海扇贝吊养2万亩，养殖海带、裙带菜5万亩，太平洋牡蛎养殖2万亩，利用浅海及坑道养殖牙鲆5000亩。五是加快贸工农一体化建设，大力发展水产品加工龙头企业和市场建设，把连云港建成苏北、鲁南地区较大的水产品集散中心和出口贸易的重要口岸。

加大海洋经济的投入 一是实行优惠政策。除了贯彻好省委、省政府制订的有关优惠政策外，连云港市在税收等方面实施新的优惠政策，吸引各方面来连投资开发，推动海洋经济加快发展。二是加大科技投入。1995年全市共推广河蟹育苗、紫菜冷藏网、太平洋牡蛎养殖、对虾二茬养殖、虾池混养、网箱养殖、疏目拖网捕捞技术等7项。重点对紫菜、太平洋牡蛎附着等病害进行了攻关，并取得了一定成效。三是努力增加资金投入。坚持国家、集体、个体一起上，财政、信贷、外资一起投，股份制、合作制、三资企业、个体承包经营共同发展。鼓励跨地区、跨行业联合投资开发，建立和形成投资主体多元化、资金来源多渠道、组织经营多形式的新型海洋开发机制，充分吸收社会闲散资金，调动各方面投资开发的积极性。市财政安排近100万元贴息贷款用于远洋捕捞、网箱养殖和海珍品开发。市农业银行仅春季用于养殖、捕捞、育苗、加工等方面的贷款达2315万元。市牵线搭桥引进资金达1000多万元。赣榆县用于渔业生产投资2.5亿元，其中个人投资1亿元。灌云县洋桥农场引进天津天丽公司资金800万元，开发滩涂2000亩，进行特种水产品养殖。

人民生活水平继续提高

城市居民人均生活费收入4536元，增长10.9%。市区安居住宅竣工6.2万平方米，为中低收入家庭提供了626套住宅。采取多种措施，帮助停产半停产企业职工和下岗职工克服生活困难，全市共发放解困资金608万元。实施再就业工程，多渠道安置下岗人员1.4万人。“菜篮子”工程建设得到加强，市场供应充足，物价基本稳定。全年商品零售物价涨幅控制在7.5%，比目标低1.5个百分点。

农民人均纯收入2396元，增长19.1%。农村居民人均住房面积达到21.8平方米，增加了5平方米。农村扶贫工作力度加大，扶持贫困户1.6万户，灌云县实现了基本脱贫的目标。扶贫通电工程成效显著，1.4万户农民告别了煤油灯。

各项社会事业取得新进步

加快星火产业开发带建设，全市实施科技计划项目360项。鉴定验收科技成果118项，其中：达到国际先进水平的3项，国内先进水平的46项，省内先进水平的29项。已鉴定成果的投产应用率达90%以上。晋升和初聘专业技术职务7681人，选拔推荐了4名国家特贴专家和5名省有突出贡献的中青年专家。

(连云港市人民政府办公室 *颜士友*)

连云港市国民经济主要指标

指标	单位	1996年		1995年	
		地区	市区	地区	市区
年底人口数	万人	432.97	58.18	359.63	57.15
#非农业人口	万人	80.50	42.68	70.54	41.61
土地面积	平方公里	7368	830	6424	881
人口密度	人/平方公里	587.64	700	568	689
年末从业人员数	万人	218.88	35.69	246.74	42.98
#乡村劳动力	万人	167.82	9.38	137.27	9.08
国内生产总值	亿元	210.20	67.06	155.16	51.77
农林牧渔业产值	亿元	145.29	10.54	114.52	8.73
粮食产量	万吨	269.72	11.32	217.06	10.63
蔬菜产量	万吨	170	23	146.56	19.67
猪牛羊肉产量	万吨	18.95	0.81	15.04	0.62
水产品产量	万吨	26.59	3.97	20.85	3.54
全部工业总产值(不变价)	亿元	387.6	128.3	285.04	102.85
# 乡级以上(不变价)	亿元	201.1	100.4	167.21	89.48
客运总量	万人	4446	3919	3614	3244
货运总量	万吨	3740	3007	4947	4398

续表

指　　标	单　　位	1996年		1995年	
		地　区	市　区	地　区	市　区
固定资产投资总额	亿　　元	51.72	25.87	46.71	28.77
住宅	亿　　元	7.43	2.25	1.69	1.09
房地产开发投资总额	亿　　元	4.35	3.99	3.96	3.42
商品房销售额	亿　　元	2.76	2.57	1.52	1.45
出口贸易总额	亿 美 元	8.11	8.11	2.03	—
进口贸易总额	亿 美 元	8.37	8.37	0.57	—
利用外资签订协议总数	项	219	115	310	192
利用外资签订协议总额	亿 美 元	3.48	2.43	2.79	2.33
实际利用外资金额	亿 美 元	1.18	0.98	0.94	0.75
国际旅游人数	人	4932	4321	4500	4200
旅游外汇收入	万 美 元	341	341	312	291
地方财政预算内收入	亿　　元	8.46	4.48	6.37	3.90
地方财政预算内支出	亿　　元	12.02	5.84	9.46	5.47
银行年末各项贷款余额	亿　　元	127.07	69.35	87.07	54.12
每万名职工中专业技术人数	人	1653	1305	1974	1627
# 中级职称以上	人	393	402	486	505
城镇居民家庭人均生活费收入	元	4536	4536	—	4090
农村居民家庭人均纯收入	元	2396	3343	2171	2408

(连云港市政府办公室供稿)

淮　阴　市

经济发展速度呈现高位增长

1996，淮阴市国内生产总值达到180亿元，按可比价计算，比1995年增长13.2%，超过了省平均水平近2个百分点，实现了快于全省平均发展水平的目标。在国内生产总值中，二、三产业增加值分别增长14%和16.5%，比第一产业增幅高出4个和6.5个百分点。在经济总量增长的同时，经济结构得到了优化，经济运行质量有所改善。全市乡及乡以上工业实现利税12.2亿元，增长25.7%，高出产值、销售增长近10个百分点。市直16户重点企业实现利税7.2亿元，增长35%，高出产值、销售增长20多个百分点。乡村工业税利6.1亿元，增幅高达38.6%。固定资产投入34.3亿元，其中完成工业技改投入21亿元，增长45%。12个重点技改项目有10个提前或按期竣工投产，21个重点调度项目有15个开工建设，大投入，大发展的格局已经形成。

大交通、大枢纽地位初步形成

作为地处苏北腹地的淮阴，历史上虽有“南船北马”之津要地位，但由于黄河夺淮以及津浦、陇海铁路的兴建和海运的发展，不但丧失了津要地位，而且成了闭塞之地。然而，随着这几年出境和境内各种公路的兴建，淮阴的交通再度崛起。全市投入重点基础设施建设资金14亿元，其中投入交通建设的达10亿元。宁连一级公路淮阴段提前竣工开通，目前已经全线贯通；宁徐一级公路淮阴段半幅建成通车；205国道、徐淮公路等过境干线完成改造，新建县乡公路1000公里。一个以高等级公路为主骨架，内联外延的公路交通网络初步形成。通过这一交通网，拉近了淮阴市南与长江金三角、浦东经济区，北与欧亚大陆桥、兰陇海经济带、环勃海经济区的距离，使淮阴“上桥、过江、下海、出国”更为便利，为构筑我市枢纽经济创造了良好的条件。此外，其它基础设施建设也与交通建设同步发展。通信建设取得了历史上最好成绩，市话、农话交换机净增10.4万门。动态投资近40亿元的华能淮阴电厂二期扩建工程，已经国务院正式批准立项，建成后，电力装机将达到110万千瓦。市政建设也有长足发展，城市功能大为增强。这些良好的硬环境，为淮阴的腾飞提供了丰满的羽翼。

工业经济已具规模

工业是淮阴发展的重点，经过全市上下不懈努力，目前初步形成了以化工、机械、纺织、冶金、烟草等行业为支柱的地方工业体系。从经济总量看，现有乡以上独立核算工业企业2058个，固定资产原值约100亿元，净值60亿元，其中市直工业固定资产净值近30亿元。乡以上工业产值153亿元，销售收入150亿元，利税总额12.4亿元。从行业结构看，化学工业形成了基本化学原料、石油化工、农用化工、医药化工、橡胶等行业组成的化学工业体系，拥有年产15万吨合成氨、6万吨尿素、2000吨农药、1万吨单体脂肪酸、4万吨烧碱、10万吨元明粉的生产能力。机械工业主要产品有农用拖拉机、电机、轴承、齿轮泵、高中低压系列阀门等，50－65马力拖拉机的产销量居全省第一、全国第三。清江系列电机综合效益指标居全省第一、全国第二。纺织工业“棉、毛、麻、丝、化”五纺齐全，棉纺能力达到15万纱锭，长丝生产能力3万吨以上，居全省第一。冶金工业已拥有年产50万吨优质钢的生产能力，是目前江苏钢铁企业“五朵金花”之一。轻工业主要产品有一剪梅日化用品、“84”消毒液、辉煌牌热水器、今世缘白酒、塑钢门窗等。从企业规模看，全市乡以上工业销售过亿元的企业有20户，税利超1000万元的企业有卷烟厂、石化厂、电化厂、电机厂、金湖造纸厂、淮安棉纺织厂等12户。全市现有大中型企业72户。从产品结构看，销售超1000万元的产品约50个，其中电动机、拖拉机、中型材、连铸钢坯、尿素、轮胎、涤纶长丝、棉纱、印染布、合成纤维、胶鞋以及卷烟等产品销售在亿元以上。淮阴正在向新兴工业城市大步迈进。

企业改革不断深化

按照“抓大活小攻难”的企业改革思路，大力推进存量资产的流动重组，企业改革的面不断拓宽。国有企业改革面52.2％，市直企业改革面28.5％，乡及乡以上企业改革面84.8％。一是择优扶强，培育了一批集团。全年新组建企业集团20个，其中省级集团5个。全市已组建的35个企业集团的核心企业，通过投资控股等形式，联结83户紧密企业，带动半紧密层和松散层企业500多户，总资产44亿元，促进了存量资产的优化重组。二是采取多种形式，激活一批小企业。实施先售后股企业82户，企业兼并20对，托管4户，实行资产经营责任制30户，发展连锁店10个。通过多种形式的改革，不少企业转变了经营机制，一批负担很重的企业逐步解脱了历史包袱，一批特困企业开始走出困境。三是因厂制宜，解决了一批困难企业出路。

形成区域特色的“两专一基”

淮阴市把发展“两专一基”(专业户、专业村、基地乡)作为农村工作的重点来抓，由一乡一业、一村一品向跨乡连村发展，建成各类基地乡镇100个、专业村1000个、专业户14万户，形成具有一定规模、集中连片的特色经济片11个，即扩大4个蔬菜种植片，总面积25.4万亩，其中大棚9万亩；建成3个水产养殖片，总面积19万亩，其中特种养殖11万亩；形成1个养牛片，饲养量达5万头；培育1个稻田养殖片，总面积2万亩；发展1个菜鸽饲养片，年上市菜鸽100万只；形成1个蔬菜加工片，年加工销售蔬菜450万斤。重点突破畜禽、蔬菜、水产品、木材等农副产品的流通和加工，新上一批流通和加工的龙头企业，加快贸工农一体化的进程。

重视发展县域经济

淮阴市县域经济相对薄弱，特别是区划调整后，县域经济总量较小的问题更加突出，为此，该市将加快县域经济的发展作为培育全市经济增长点和加速小康进程的一项重要任务。扩充总量，壮大县工业。各地围绕财源建设、培育具有本地特色支柱行业和骨干企业，形成能够带动本地经济发展的“小型巨人”。县属工业1996年技改投入7亿多元，增长30％，产、销、效的增幅高于全市平均水平。优化布局，形成区域特色。该市充分发挥资源优势，发展沿路、沿湖、沿河经济，形成各具特色的产业布局，在抓好以宁连公路这主轴线的大农业示范带建设的同时，推进宁徐公路、宁淮公路、盐金国防公路、205国道等干道沿线的县乡经济发展，集中力量加大水面连片开发，发展特种养殖，建成12个万亩水产养殖场，5个水产加工企业，4个水产品批发市场，发展10万亩优质经济林，11个特种畜禽养殖基地。

流通事业蓬勃发展

全市流通系统积极探索连锁经营和配送制、代理制等流通新形式，大力开展大购大销、深购远销，努力克服市场平淡、资金短缺等困难，商品购销继续有所增长。1996年，内贸流通企业实现销售94.5亿元，增长3.5%，市区粮油规范连锁店发展到25个。销售额在5000万元以上的流通企业增加到27个，亿元企业9个，市区1万平方米以上的零售网点3个，5000平方米以上的达9个。流通功能进一步扩展和增强。市贸易局指导肉联厂与19个乡的食品站签订了生猪购销合同，在基地乡收购生猪12万头;联系支持经典猪业有限公司全年为农户提供良种母猪苗6000头、饲料8000吨，新办了福禄绿色食品加工厂。市粮食局投入400万元，对正大饲料、天参饲料进行改扩建，饲料加工能力由15万吨提高到24万吨，对我市养殖业的发展做出了较大的贡献。市物资局扩建了木材加工出口生产企业，产品质量优良，全部出口。市供销社投入150万元扩建了蔬菜保鲜仓库，增加了1000吨蔬菜保鲜能力，对市区的蔬菜生产起到了一定的促进作用。

个体私营经济红红火火

全市上下大力实施建市场、搞加工、兴城镇“三位一体”发展个体私营经济的战略，取得了明显成效，个体私营经济发展跨上了一个新的台阶。1996年新发展个体工商户1.7万户、私营企业579户，入库税收达1.05亿元，增长30.5%。出现了一批新的加工型、科技型、规模效益型、农副产品直销型的个体工商户和私营企业，涌现了一大批新兴的市场、加工区、商业街和明星城镇。1996年，全市新建市场28个、改扩建市场36个，市场总数达到367个，总成交额40亿元，其中亿元以上市场7个。个体加工户和私营加工企业分别达到10520户和1300户，占个体工商户、私营企业总数的比重达到12.8%和75%。共建立加工小区16个。市里确定的22个发展个体私营经济的重点城镇，到1996年底，街面店铺摊位由1995年的2500个发展到6516个，个体工商户增加4003户。

“三外”有新突破

全市外贸进出口额1.43亿美元，增长2.9%，其中，市直外贸企业出口创汇7202万美元，增长15%，100万美元以上的骨干出口商品达到26个。市粮油食品进出口公司出口额达到1004万美元，成为我市第一个出口超千万美元的外贸企业。全年新签外经合同额1579万美元，营业额1383万美元，外派劳务529人，分别增长38%、176%和89%。利用外资质量明显提高。全市实际利用外资4002万美元，增长7%，项目平均协议外资166万美元，韩国轮胎、意大利达涅利等国际著名大公司落户淮阴市。农业利用外资有所起步，全市农业利用外资项目35个，占全市三资企业的7.4%。

生机勃勃的建筑业

1996年全市共完成建筑企业总产值15.59亿元，增长28.6%;完成建筑业增加值4.08亿元，增长24.73%;外出施工人数11.16万人，增长24.15%;出国出境人数444个，分布在以色列、津巴布韦、几内亚、贝宁、新加坡、科威特等国家，签订对外承包合同1146万美元;建立千人建筑劳务市场25个，培育劳务基地30个。创优质工程46个，优良品率达30%。建筑业的迅猛发展，得益于四方面：一是以改革开路，增强企业活动。按照集约化经营的要求，调整了不合理的企业组织结构，推进了劳动、人事、工资三项制度改革，扩大了股份合作制试点，进一步增强了企业的凝聚力。二是实施外向带动战略，保持了外埠市场的稳定和发展。市政府先后出台了加快发展建筑业的各项优惠政策和奖励办法，促进了淮阴建筑业外地市场的发展，既稳定了上海、北京、南京、苏州等原有的老市场，又开拓和发展了东北、西北两大市场，还促进了建筑队伍向国外的发展，三是提高行业整体素质，转变经济增长方式。围绕“转机制、重质量、抓管理、增效益”这个中心，在全行业开展了“质量管理效益年”活动。广泛接纳具有建筑专业特长的科技人员，加强对现有人员的送培、委培工作，开办了特殊工种培训班，加大装备投入，1996年投入装备资金5674万元，增长18.45%，狠抓工程质量和安全生产，强化以项目管理为突破口的企业管理，科学测定承包基数，建立项目成本核算体系。四是通过专项治理，规范建筑市场。出台了“淮阴市工程建设专项治理意见”等几个文件，加大对违章工程的查处力度，全年共查处违章工程165个，总面积9.37万平方米，总造价5967.42万元。

(淮阴市政府办公室　徐应生　孙健　夏善宏)

盐 城 市

经济社会发展综述

1996年盐城市完成国内生产总值383亿元，按可比价计算比1995年增长13.3%，三次产业增加值所占比重为36：37.9：26.1；完成财政收入18.85亿元，比1995年增长21.90%。经济运行中的问题主要是工业经济效益不高和地区发展不平衡。

农业　粮食产量485.7万吨，比1995年增长10.5%，创历史最高水平；油料产量18.7万吨，增长12.1%；棉花产量18.6万吨，已连续16年位居全省第一。全年造林3539公顷，森林覆盖率为12.9%。肉、禽、蛋等产量均有增长，其中特种畜禽产量增长加快；水产品总量达49.6万吨，增长13.0%。农田水利建设投入加大。

工业　完成工业增加值127亿元，增长14.1%，开发省级以上新产品417项，增长12.5%。乡及乡以上独立核算工业实现销售收入350.6亿元，增长16.1%，实现利税19.8亿元，与1995年基本持平，其中利润6.4亿元，增长15.3%。工业企业经济效益综合指数为81.2，比1995年下降3.2个百分点。工业税金总数下降，产品销售率也有所下降。

主要工业品产量

名　称	1996年产量	名　称	1996年产量
录音机	122.7万部	原　煤	53.9万吨
化学纤维	22866.0吨	合成氨	12.4万吨
纱	14.7万吨	化肥(折纯量)	18.1万吨
布	28461.0万米	化学农药(折纯量)	10152.0吨
丝	3529.0吨	水　泥	207.0万吨
服　装	5448.0万件	金属切削机床	5485台
皮　鞋	674.0万双	小型拖拉机	55040台
原　盐	26.7万吨	汽　车	695辆
机制纸及纸板	92240吨	内燃机	482万千瓦

国内贸易　实现社会消费品零售额130.1亿元，增长22.5%；其中城市消费品零售总额53.2亿元，增长23.3%，农村消费品总额76.9亿元，增长22%。物价上涨率明显低于经济增长率，市区商品零售物价总指数为107%，比1995年回落了7.6个百分点。

对外经济　自营出口总额达2.51亿美元，增长64.8%；外贸企业、三资企业自营出口均都突破1亿美元，各自增长77.1%、52.8%，生产企业自营2687万美元，增长65.5%。

固定资产投资完成投资总额13.5亿元，增长7.9%，其中：基本建设投资26.2亿元，增长25.1%，更新改造投资47.3亿元，增长0.2%。城镇集体以上施工项目1199个，全部建成投产项目975个，增长6.6%，新增固定资产43.4亿元，增长27.2%。

全社会各种运输工具完成货运量9239万吨，货物周转量101.9亿吨公里，完成客运量4827万人次，客运周转量43.3亿人公里。完成邮电业务总量4.8亿元，增长34.4%。电话普及率由1995年3.05部/百人提高到4.29部/百人。

金融机构各项存款余额244亿元，比年初净增加50亿元，各项贷款余额222亿元，比年初净增加39亿元。全市保险公司国内外承保各类财产总额达319亿元，增长30%。

组织实施省以上星火计划项目33项，其中国家级9项；省以上火炬项目14项，其中国家级4项。全年共获市级以上科技进步奖76项。

市区居民人均生活费收入4340元，增长11.1%，职工平均工资4849元，增长9.5%。城乡居民储蓄存款总额175.4亿元，比年初净增36.5亿元，人均储蓄2231元，增长26%。

悦达与韩国起亚集团达成合作协议

经过8个多月反复磋商和艰苦谈判，江苏悦达集团和韩国第二大汽车制造商起亚集团，在汉城起亚集团总部就盐城汽车项目在技术引进、关键件合作、人员培训、资金支持、国产化目标。2000年生产规模等12项协议达成一致意见。这次合作，得到了省政府的全力扶持，这也是起亚集团成立50周年来首次进入中国汽车制造市场。

江动集团入选全国机械工业百家“巨人”企业

江苏江动集团公司被机械工业部列入全国100家大型企业和企业集团行列，成为盐城市唯一入选的企业。

盐城市首届服装节

盐城市纺工局、盐城电视台和市纺织厂联合举办了盐城市首届服装节。这次服装节活动由“众想杯”服装设计大赛、服装评比、模特大赛等项比赛与评选，经贸洽谈与展销，颁奖晚会三个部分组成。经权威专家认真评议和综合评选，共有9个系列服装设计、“美尔姿”牌羽绒系列服装等十大品牌服装、钟艳等10位模特获奖。期间，市直及各县(市)15个纺织企业与商家共签订服装及其它纺织品销售合同金额达1.02亿元，另有146万美元外销合同。盐城是全国著名优质棉生产基地，纺织工业是该市的传统支柱产业。举办这次服装节，对该市进一步增强名牌意识，调整纺织业结构，多方开拓盐城服装国内外市场，振兴盐城纺织工业具有重大意义。

建设“海上盐城”工程启动

为策应省委、省政府建设“海上苏东”战略，市委、市政府召开全市发展海洋经济工作会议，部署建设“海上盐城”工程。该工程以盐城市沿海地带陈李线以东的56个乡镇为“海上盐城”主体区域，到2010年全市沿海地带国内生产总值比重上升到20%，海洋产值达到360亿元，规划将海水养殖、海洋捕捞、海盐生产等“三海”产业作为重点，争取布点一至两个滩涂开发区、浅海养殖技术示范区、滩涂旅游开发区，依托港口建设，努力突破临海工业。并将开办海洋专科学校，发行海洋开发债券，鼓励市内外任何集体单位、个体农户及外商参与海洋开发，在税收、用地等方面提供优惠政策。

1996年中国盐城市投资贸易说明会

经过全市各级常委、政府的精心准备，盐城市经贸代表团一行48人，先后在韩国汉城和日本东京举办了1996年中国盐城市投资贸易说明会，并在韩国釜山、南原市、日本宏井、大阪、京都等地分别进行了经贸洽谈活动，韩、日工商企业界人士300多人参加了经贸洽谈，共签订投资合作项目110个，协议利用外资9869万美元。这次投资贸易会紧紧抓住宣传盐城这个中心环节，广泛结交朋友，扩大了招商引资，进一步增强了全市上下实施外向带动战略的信心和决心。

新长铁路盐城先行试验段开工

新长铁路盐城先行试验段在盐都县便仓乡举行开工典礼。省有关部门领导和盐城市四套班子领导出席了开工典礼并为试验段奠基。新长铁路是纳入全国路网干线的国家Ⅰ级铁路，北自陇海铁路新沂站，经淮、盐、无锡、宜兴，与宜杭铁路长兴站接轨。线路总长577公里，总投资约60亿元，由铁道部与苏、浙两省共同投资兴建。盐城段线路全长157.2公里，投资约15亿元，为沿线各市之最。这次开工的先行试验段从盐都县伍佑镇伍东村至便仓乡富仓村，长11.7公里。该试验段的开工建设预示着盐城将尽快结束“地无寸铁”的历史。

(盐城市人民政府办公室　陈华鲁)

盐城市国民经济主要指标

指　　标	单　　位	1996年		1995年	
		地　区	市　区	地　区	市　区
年底人口数	万　　人	786.12	56.93	783.53	142.17
#非农业人口	万　　人	143.93	29.31	138.42	40.45
土地面积	平方公里	14983	423	14983	1728
人口密度	人/平方公里	525	1346	523	823
年末劳动力资源总数	万　　人	564.65		562.18	102.02
#乡村劳动力	万　　人	285.43	12.14	286.21	45.4
农林牧渔业产值(现价)	万　　元	3070597	86979	2737737	404865
粮食产量	万　　吨	486	13	439	64
蔬菜产量	万　　吨	295	8	242	28
猪牛羊肉产量	万　　吨	39.48	1.5	38.85	7.16
全部工业总产值(现价)	万　　元	6436742	846278	5201043	1606513

续表

指　　标	单　　位	1996年		1995年	
		地　区	市　区	地　区	市　区
# 乡及乡以上	万　元	4260198	713268	3703284	1103227
全部工业总产值(90价)	万　元	5424202	658675	4514769	1379397
客运总量	万　人	4827	2014	4938	3022
货运总量	万　吨	9239	1485	6971	4139
固定资产投资总额	万　元	732644	46830	681715	257367
#住宅	万　元	95974	28834	20974	7331
房地产开发投资总额	万　元	64633	38365	65004	39899
商品房销售额	万　元	50973	29718	41792	25128
地方财政预算内收入	万　元	115199	28897	90313	30638
地方财政预算内支出	万　元	185729	41139	150733	48044
#文教科学卫生事业费支出	万　元	84956	11374	66653	16052
#教育事业费支出	万　元	58296	6210	45440	9974
银行年末各项贷款余额	万　元	1674407	401484	1688745	534262
高等学校数	个	2	2	3	3
高等学校在校学生数	人	7150	7150	6930	6930
每万名职工中专业技术人员数	人				
# 中级职称以上	人				
影剧院	个	21	2	21	5
公共图书馆	个	9	1	8	1
卫生机构数	个	907	126	855	213
#医院	个	252	19	249	36

注: 因市区行政区划进行调整，原市区中的郊区调整为盐都县，故市区1996年与1995年数据不可比。　(盐城市统计局供稿)

南　通　市

经济社会发展概况

南通是我国首批对外开放的14个沿海城市之一。国民生产总值持续快速健康发展。1996年全市实现国内生产总值530.42亿元，按可比价计算比1995年增长12.8％。其中第一产业实现增加值123.39亿元，增长12.9％；第二产业245.25亿元，增长11.5％；第三产业161.78亿元，增长15.3％。财政金融运行平稳。全年财政收入30.78亿元，比上年增长12.9％。全市金融机构年末各项存款余额和贷款余额比年初分别增长25.9％和14.3％；城乡居民年末储蓄321.18亿元，增长30.3％。人民生活条件不断改善。全市农民人均年纯收入3168元，增长24.4％；市区居民人均可支配收入5915元，增长6.8％。全年市区商品零售价格总指数为106.5％，涨幅比1995

年回落6.5个百分点。目前,全市上下正在着力解决经济与社会发展中存在的突出问题,重点是:改变农业的弱质产业状况;加强基础设施特别是水利设施建设;加快工业经济结构调整步伐,实施再就业工程,缓解部分企业和职工的暂时困难;调整优化第三产业结构,突出发展生产要素市场;增加精神文明建设的硬件投入等等。

农村经济全面发展 全市完成农业总产值138.37亿元(1990年价),比1995年增长14.4%。种植业战胜各种自然灾害,粮棉油单产和粮油总产均创历史新记录。粮食总产349.5万吨,棉花总产11.5万吨,油料总产25.6万吨,分别增长5.9%、11.9%和3.2%。多种经营在向专业化、区域化、基地化发展中实现新突破,市县两级"百项投入工程"立项超过1200个,90%以上已开始实施并初见成效,蔬菜、肉类、家禽、禽蛋、水产、水果产量再超历史。多种经营产值在农业总产值中占比超过70%,高出全省平均水平近10个百分点。基础设施建设有所加强,农业生产条件不断改善。已建立棉花、紫菜两个国家级农业标准化示范区,组织实施省百万亩滩涂开发3个启动项目,围垦江海滩涂5.5万亩。乡村企业在改革中稳步发展,效益逐步回升,全年完成产值533.9亿元(1990年不变价),实现利润7.69亿元。农民奔小康步伐明显加快,60%以上的乡镇也基本实现小康,涌现出34个亿元乡镇、145个千万元村。

工业经济稳中有进 全年乡及乡以上工业完成产值558.55亿元(1990年价格),比1995年增长2.7%。产销率达到95.1%,为历史最好水平。企业技术进步加快。全年完成技改投资54.6亿元。列入国家一期"双加"工程的4个项目正在抓紧实施,又有25个项目正式列入国家二期"双加"项目导向计划,全市40个重点技改项目均达到计划进度要求。新研制开发各类产品980项,其中省级以上新产品352项。150个重点考核产品的质量稳定提高率达96%。强化企业管理,"远学邯钢,近学黄油枪厂"活动初见成效。全市乡及乡以上工业在初次分配发生较大变化、相当一部分效益转向折旧、利息、工资、税费、福利的情况下,全年盈亏相抵仍实现利润4.72亿元。189家大中型企业继续发挥骨干作用,虽然仅占乡及乡以上工业企业总数的3.6%,但所创产业和利润分别超过三成和五成。三资企业、乡镇企业及私营企业等一大批非国有企业在市场竞争中发展较快、效益较好。

建筑业再创辉煌 南通是闻名遐迩的建筑之乡,从业人数达到40万人,赢得了"建筑铁军"的称号。1996年全市建筑业继续保持在全省的领先地位,完成施工产值240亿元,比1995年增长10%。全市施工面积3264万平方米,竣工面积840万平方米,全员劳动生产率达到5.5万元/人。建筑市场日益扩大,分布在上海、新疆、山东、北京、大庆、南京等地的建筑队伍均在万人以上;在国际市场上,输出建筑劳务4500人,主要集中在俄罗斯、科威特、日本等国。承建的高层建筑有700多幢。工程质量合格率达100%,并创建了一批新的优质品牌工程。年内有4项工程获得全国建筑工程质量最高荣誉——鲁班奖,累计已达10项,居全国地级市之首。

第三产业快速增长 1996年全市第三产业增加值在国内生产总值中所占比重首次突破30%,比1995年提高了3.96个百分点。运输邮电业、商业饮食业、金融保险业、房地产业等发展较快,实现增加值分别比1995年增长10.6%、11.6%、22.85和25.6%。市场建设步伐加快。重点扶持建设了一批规模较大、辐射较广、颇具特色的商品流通市场。全年投入10.5亿元,新建、改建、扩建市场157个,累计商品交易市场589个、生产要素市场7个,市场总面积达到284.85万平方米。全年各类市场交易总额达到168亿元,其中年交易额超亿元的市场有34个。海门市叠石桥绣品市场和市区永兴商城年交易额分别超过25亿元和15亿元。港口开发继续推进。全年新建成投产2.5万吨级泊位5座,利用世界银行贷款兴建的粮食仓库项目竣工投产。南通港全年完成货物吞吐量1711.2万吨,增长6.3%。个体、民营经济发展势头良好。全市累计个体工商户达15万户、民营企业达4500家,分别增加1万户和1000家。农民街建设取得新进展,年内新增进街农民达1.8万户,全市农民街已有159条。狼山旅游度假区建设进程加快。信息、咨询、法律、会计、审计等新兴第三产业进一步发展。

对外开放继续扩大 利用外资取得新进展。全年实现利用外资5.03亿美元,增长21.8%。新批项目的规模和质量明显提高,全年新批投资额500万美元以上项目30个,其中1000万美元以上项目12个,新批机电化工类项目占到工业项目的一半以上。已开业三资企业经营状况良好,创汇创利大户增多。有19家企业出口创汇超1000万美元,24家企业创利超500万元。对外贸易保持较快增长。全市自营进出口总额22.43亿美元,增长32.9%,其中自营出口总额16.89亿美元,增长23.8%。外经合作继续发展。全市新签对外劳务合同额1.03亿美元,实现劳务营业额8949万美元,分别增长18.6%和36%。各级各类开发区健康发展。全市1个国家级开发区、8个省级开发区、2个市级开发区,新批进区企业442家,总投资达到56.84亿元;新办三资企业73家,合同利用外资3.78亿美元,实现到帐2.49亿美元,分别占全市的34.62%、75.1%、61.6%。南通经济技术开发区新批三资企业17家,其中500万美元以上的企业9家;实际利用外资1.42亿美元,增长92%。开放型经济的活跃推动了国际旅游业的发展,全年境外来通旅游人数达5.5万人次,增长85.8%。

科学教育协调发展 实施"科教兴市"战略成效显

著。全年组织实施省级以上火炬、星火、成果推广计划项目47个，总投资5.28亿元，投资额比1995年增长66%；全市高新技术产业产值增长30.4%。九年制义务教育全面普及、教育现代化工程开始启动，各类教育协调发展。高考成绩继续位居全省前列，录取人数首次突破1万人，文化事业取得新成绩。

全国最大外商投资农药企业——捷利康南通化工有限公司协议在北京签字

1996年5月21日，全国最大的外商投资农药企业和英国在华最大的直接投资项目——捷利康南通化工有限公司协议签字仪式在北京人民大会堂举行。捷利康作为国际性的生物科学集团，在农药、医药、精细化工三大业务领域居世界领先地位，它是英国十大制造业企业、世界五大农药生产商之一。经过近两年的考察、交流和谈判，捷利康集团与南通农药厂、南通石总公司、江苏农化公司决定在市经济技术开发区合资兴办年产6000吨百草枯的工厂，一期工程总投资8000万美元。目前，该项目已获国家计委批准立项。

天生港发电厂一二五技改工程竣工投产

1996年9月28日，天生港发电厂一二五技改工程竣工投产典礼暨南通天生港发电有限公司揭牌仪式在南通举行。该工程由南通天生港电力投资服务有限公司、江苏省电力公司等四方出资兴建，总投资11.7亿元，其中南通方面投资4亿美元，是南通市有史以来自筹资金最多的一项工程。首台机组于1995年12月25日投产发电，第二台机组于1996年6月17日建成投产，实现了在国家规定的一台125MW机组建设22个月的合理工程内建成两台机组的奋斗目标，创造了国内同类型机组建设工期的最新记录，并取得了锅炉水压试验、汽机三缸机盖、电气倒送厂用电、机组整套启动、发电机并网五个一次成功的佳绩。

宁通一级公路南通段建成通车

宁通公路南通段，经过建设者两年半的艰苦奋战，于1996年11月28日建成通车，成为南通建国以来第一条高等级公路。至此，宁通公路全线顺利通车，使南通到南京的行车时间由过去的7个小时减至3个多小时。宁通公路全长219.5公里，其中南通段37.8公里，双向四车道，中央设分隔带，设计时速每小时100公里，总投资5.2亿元。宁通公路的建成，使整个苏北有了一条贯穿东西的沿江陆上交通主动脉，它与在建的江阴长江大桥相连接，把南通的道路与苏、鲁、皖的干线公路交通网连成一片，对加强苏南与苏北联系、接受上海及浦东辐射、加快南通经济发展步伐有着十分重要的战略意义。

(南通市政府办公室　陈鸿庆　胡际春)

无　锡　市

经济和社会发展基本情况

1996年，无锡市认真贯彻党中央关于改革、发展和稳定的战略部署，围绕两个文明建设的总体目标，坚持以经济建设为中心，着力推进两个根本性转变，团结拚搏，迎难而上，经济发展既快又好，改革开放步伐加快，社会事业协调发展，为"九五"发展开了一个好头。

国民经济快速健康发展　全市完成国内生产总值870亿元，比1995年增长12.2%；全社会固定资产投资230.3亿元；财政总收入56.3亿元，增长16.8%。农业获得丰收，粮食总产158.4万吨，增长3.1%，农、林、牧、渔业总产值51.6亿元，增长11.3%，工业保持较高增幅，销售收入1853亿元，增长13.3%，实现利税127.5亿元，增长9.8%，产品销售率达到95%；第三产业加快发展提高，实现增加值311亿元，增长10.5%，占国内生产总值的比重达到35.8%。社会消费品零售总额250.2亿元，增长20.4%。

各项改革继续向前推进　围绕加快社会主义市场经济运行机制的建立，积极推进企业改革，全市37家现代企业制度试点企业有30家完成公司制改造，一批重点企业综合配套改革取得进展，对中小型企业制定实施了进一步放开搞活的改革意见，对7家长期亏损、扭亏无望的国有企业依法实施了破产重组，67%的乡镇企业实施多种资产经营方式和产权制度改革。市场体系建设配套提高，组建8个大型流通企业集团，连锁公司、连锁店累计达到12家和210家，各类市场累计达到428家，劳动力、技术、房地产等生产要素市场发展较快。配套改革稳步推进，养老保险、失业保险体系逐步完善，住房制度改革取得进展，医疗制度改革正式实施，政府机构改革"三定"(定职能、定编制、定内设机构)

工作正在进行。

开放型经济取得较大成效　利用外资规模、领域进一步扩大，呈现大项目增加、外商出资比例增高、外商追加投资增多的良好态势。全市实际利用外资12.1亿美元，比1995年增长10.9%，全年新批外商投资企业中总投资1000万美元以上的项目68个。已开业外商投资企业生产经营状况较好，有65家三资企业新增投资1.8亿美元。开发区建设取得进展，8个省级以上开发区全年新增进区外资项目89个，新投产外资企业44家，实际利用外资4.3亿美元，完成出口总额5.8亿美元，区内投资环境进一步改善。对外贸易和经济技术合作保持良好增势，全市自营进出口总额24.1亿美元(自营出口17.4亿美元)，增长47.2%。完成对外工程承包和劳务合作营业额9047万美元，增长68.9%。旅游业得到发展，全年接待游客1280.4万人次，其中境外游客19.4万人次。

城乡面貌发生新的变化　全市重大项目年度建设任务顺利完成，沪宁高速公路无锡段高标准、同质量提前建成，苏南运河无锡段整治接近尾声，江阴长江公路大桥建设进展顺利，锡澄高速公路(无锡至江阴)正式开工。城市基础设施承载能力得到增强，市政公用设施建设投入6.1亿元，全面完成当年路桥网络扩展和水电气改建扩能工程，全市电话普及率达到20.6%(市区24.8%)。农村基础设施进一步改善，水利建设投入增长15%，基本农田保护区和村镇建设规划区的划定工作初步完成，95%左右的村通了公路，社会主义新农村建设步伐加快。环境保护和城市管理进一步加强，太湖综合治理达到预期进度，加强城市管理各项制度建设，城乡环境卫生整治见到成效、市区、江阴市分别通过全国卫生城市和国家卫生城市复查。

人民生活水平有所提高　全年蔬菜副食品供应货足价稳，通过配套完善蔬菜基地，抓好市场供应组织，加强市场物价管理，商品零售价格上涨幅度为7.8%。城乡居民居住条件进一步改善，市区"安居工程"一期10万平方米全面完成，解决困难职工住房736户，全市城镇居民人均住宅使用面积12.4平方米，农民人均生活用房面积37.5平方米；积极实施"再就业工程"，通过分流安置、增加就业岗位、建立生产自救基地等多种途径，当年安置城镇失业人员就业2.36万人，年末全市失业率为1.45%。城乡人民收入稳定提高，全市职工年平均工资8058元，农民人均年纯收入4510元。

各项社会事业取得成绩　科技进步对经济发展的支撑作用增强，1996年无锡市被评为全国"科教兴市"先进城市，下辖的锡山、江阴、宜兴市全部位于全国科技实力百强县(市)前列，全市科技进步对农业和工业增长的贡献份额分别达到53.2%和44.4%。教育事业发展步伐加快，全市用于教育的投入达12.5亿元，比1995年增长16%以上，各类教育全面发展，教育质量进一步提高，初中毕业生升学率达到83%(市区95%)。文化、卫生、广播电视和体育事业进一步发展，计划生育各项指标在全省保持先进水平。社会主义精神文明和民主法制建设得到加强，爱国主义、集体主义、社会主义教育进一步深入，以"双学"(学华西村、学"小天鹅")"双信"(信得过单位、信得过职工)活动为重点的精神文明创建活动成效明显。无锡市再次荣获"全国双拥模范城"称号。坚持"严打"方针，坚决有力地打击重大刑事犯罪和经济犯罪活动，切实健全社会治安综合治理的工作网络和防控体系，维护了社会稳定。

(无锡市人民政府办公室　陆卫东)

无锡市国民经济主要指标

指　　标	单　　位	1996年		1995年	
		地　区	市　区	地　区	市　区
年底人口数	万　　人	430.8	108.4	429.2	107.5
#非农业人口	万　　人	183.9		180.9	
土地面积	平方公里	4650	517		
年末劳动力资源总数	万　　人	232.9		238	
#乡村劳动力	万　　人	158.6		159.9	
国内生产总值	亿　　元	870	265.6	761	215.7
农林牧渔业产值(1990年价)	亿　　元	51.6		46.4	

续表

指　　标	单　　位	1996年		1995年	
		地　区	市　区	地　区	市　区
粮食产量	万　吨	158.4		153.5	
蔬菜产量	万　吨	44		43	
猪禽肉产量	万　吨	12.1		12	
水产品产量	万　吨	8.1		7.8	
全部工业总产值(90价)	亿　元	1951.5		1656.3	
#乡及乡以上	亿　元	1281.8		1058.4	
客运总量	万　人	3791		3469	
货运总量	万　吨	1015		1164	
固定资产投资总额	亿　元	232.6	124	226	96.9
#住宅	亿　元				
出口商品供货总额	亿　元	607		474.3	
自营出口总额	亿美元	17.4		12.5	
利用外资签订协议总数	项	402		647	
利用外资签订协议金额	亿美元	15.9		17.7	
实际利用外资金额	亿美元	12.1		10.9	
国际旅游人数	万　人	19.4		17.1	
地方财政预算内收入	亿　元	25.6		21.5	
地方财政预算内支出	亿　元	24.03		19.6	
银行年末各项贷款余额	亿　元	401.5		331.5	
各类在校学生数	人	68.8		65.9	
医疗床位数	张	18408		18418	
每万名职工中专业技术人员数	人	0.04		0.04	
#中级职称以上	人				
城镇居民家庭人均生活费收入	元	6004		5324	
农村居民家庭人均纯收入	元	4510		3976	

注：表内各项产值均按当年价格计算。

(无锡市政府办公室供稿)

苏州市

国民经济快速增长

1996年，是苏州按照“九五”计划暨基本现代化规划，在新的起点上继续前进的一年。全市国民经济持续快速增长，物价得到有效控制，财政收支平衡，金融秩序良好，市场供应丰富，人民生活进一步改善，精神文明建设取得新的成绩，城乡面貌焕然一新，基本现代化建设迈出了坚实有力的步伐，实现了“九五”开好头、起好步的目标。全年完成国内生产总值1002亿元，比上年增长11%，人均国内生产总值1.75万元。财政收入64.1亿元，增长19%，连续4年实现了大幅度增长。商品零售价格指数涨幅从上年的13.3%回落到6.2%。全社会用电量增长12.9%，首次与国内生产总值的增幅基本同步。年末总人口574万，人口出生率7.85‰，自然增长率0.82‰。

农业获得全面丰收 在遭受自然灾害的情况下，抗灾工作力度加强，麦子、水稻单产都超历史，粮食总产279万吨，增长5.1%，粮棉油都完成国家定购任务。多种经营向基地化、企业化、贸工农一体化方向发展，主要骨干项目全面增产增收，全市已建立生猪、水产等养殖基地4500多个。水利建设加快了步子，太浦河、望虞河土方工程基本完成。全年复垦土地1300公顷，新建吨粮田6700公顷，改造低产田7300公顷，并建立了5300公顷县级以上高标准农业领导工程示范方。新建市属蔬菜基地270公顷，人均菜地超过了省要求的20平方米标准，并建成了11个较高标准的蔬菜园艺场。

工业经济持续稳定发展 在宏观环境偏紧，调整改革难度较大的情况下，工业经济实现了持续稳定发展。全市村及村以上工业总产值2149亿元，其中乡及乡以上工业总产值1512亿元，分别比上年增长15.8%和18.1%。乡以上工业销售产值1467亿元，增长16.6%，工业产品销售率为95.6%；实现利税78亿元，增长9.2%。在乡及乡以上工业总产值中，轻工业总产值892亿元，重工业总产值620亿元，分别比上年增长16.7%和20%，轻重工业之比由上年的59.7：40.3调整为59：41。全市通过实施新兴工程，培育新兴支柱产业，市区工业中电子信息、机电一体化、生物医药、精细化工、新型家电、新材料6大新兴产业的比重已占40%。

第三产业持续增长 全年完成增加值350亿元，增长25.4%。三次产业结构比例为9：56：35，市区第三产业比重达到40%。各类市场继续规范有序发展，又新组建了8个规模较大的商品交易市场和要素市场，新建和改造了一批农贸市场，有24个市场进入省百强市场行列。全市商品交易市场成交额达586亿元，增长33.5%。全市社会消费品零售总额282.1亿元，增长16.4%。金融、保险、旅游、房地产稳步发展。年末存款余额和贷款余额分别比年初增加154.6亿元和81.2亿元，城乡居民储蓄存款增加111.2亿元。加速实施了金卡工程，发卡总量近60万张。

改革取得明显进展 抓住制度创新这个本质，整体推进各项改革，为经济发展注入了新的活力，是近几年来力度最大的一年。(1)国有(集体)资产管理体制改革取得突破，初步建立起了国资委(集资委)、资产授权经营公司、生产经营企业3个层次的国有(集体)资产经营管理体制，市区组建了22家授权经营公司，工业、外贸、旅游、建工、物资等系统基本上都实行了资产授权。机械、纺织、医药等资产委托经营较早的公司盘活存量资产8亿多元。(2)按照“抓大活小”的思路，推进国有和大集体企业的改革，12家省级现代企业制度试点企业完成了公司制改造，制定出台了12条扶持优势企业和15条放活小企业的政策措施。市区20家列入“扶强工程”的集团企业，增加值、利税分别增长28%和60%。同时，积极稳妥开展企业破产试点。(3)多种形式推进乡镇企业改革，积极探索集体经济新的实现形式。通过股份制、股份合作制、租赁经营、公有民营等形式的改革，使乡镇工业增强了活力，提高了经营管理水平，实现了持续增长，集体资产得到保值增值。全市有80%的乡镇企业进行了不同形式的转机改制。(4)全面推进各项配套改革。以养老、失业、医疗为重点的社会保障制度改革加快；住房制度改革稳步推进；财政体制逐步完善，预算外资金管理得到加强。金融体制改革进一步深化，完成了国家确定的外商投资企业结售汇试点，增设了市县两级农业发展银行，实行了农村信用社与农业银行脱钩，组建了华夏银行苏州支行。

开放型经济龙头作用日益明显 在国家外经贸政策调整、国际环境变化较大的情况下，继续坚定不移地实施开放带动战略。全市自营进出口总额63.3亿美元，其中自营出口38.6亿美元，分别比上年增长27%和22%。新签合同外资46亿美元，实际利用外资22.6亿美元，分别下降18.5%和3%。数量上虽有所下降，但欧美日大公司、大项目进入明显增多，利用外资的层次和结构进一步提升，新批三资企业中外商投资超1000万美元的项目135个，超3000万美元的42个，4个超1亿美元。至1996年底，世界排名前500位的国际大公司中已有54家进入苏州。外资投向主要集中在电子、医药、化工、钢铁等制造业以及能源、港口、公路、供水等基础设施和基础产业。工程承包、劳务合作完成营业额8093万美元，增长33.5％。

各级各类开发区建设大步推进 开发区已成为开放型经济的主战场和最重要的新的经济增长区，全市60％、市区80％的外资都集中在5个国家级和10个省级开发区。开发区开发面积达142平方公里，累计投入基础设施建设资金95亿元。批准进区三资企业1472家，其中开业投产777家;合同外资90亿美元，实际到帐外资45亿美元。苏州新区已进入收获期，累计进区企业268家，总投资28亿美元，完成国内生产总值38亿元，财政收入2.4亿元，吸纳员工2.2万人，安置市区下岗转岗职工6000多人，科技创业服务中心被联合国和国家科委认定为首批国际企业“孵化器”试点单位。张家港保税区去年新批企业206家，总投资3.9亿美元，增长86％，国际贸易、出口加工、保税仓储发展加快。昆山经济技术开发区在大规模产出的基础上，进入第二次创业，走出了项目开发与技术开发、功能开发、信息开发相结合的新路子，工业总产值和财政收入已占昆山全市的三分之一，并带动了一批配套小区和配套企业的发展。太湖国家旅游度假区确立了国际国内两个市场一起抓、以国内市场为主的发展方针，开发建设有了新的进展。张家港、常熟、太仓三市实施“以港兴市”战略，加快推进港区建设。继张家港之后，常熟港和太仓港又先后被国务院批准为一类口岸，正式对外开放。

国内外旅游蓬勃发展 以太湖旅游度假区、苏州乐园、吴越春秋、吴江福禄贝尔科幻乐园为代表的一批新建的旅游度假区和旅游吸引物，适合了国内大众旅游消费，使苏州形成了古典园林等传统文化旅游与现代观光参与型旅游相得益彰的新格局。全年接待国内旅游者940.6万人次，收入48.1亿元，分别增长14.2％和12％。国际旅游稳定发展，接待设施和服务条件进一步改善，创汇能力明显提高。全市接待境外旅游者35.36万人次，其中过境旅游者25.11万人次，分别增长4.9％和2.2％，旅游外汇收入9186万元，比上年增长26.9％，大大高于旅游人数的增长幅度。

社会事业取得新的成绩 有39项科技成果获省科技进步奖，技术市场、智力引进、科技专利等工作进一步加强，高新技术产业化步伐加快，工业、农业科技进步贡献率分别达到49.3％和53.4％。义务教育在巩固中提高，高中段教育加快普及步伐，初中毕业生升学率从上年的72％提高到81％;地方高等教育调整了专业结构，扩大了招生规模;成人教育、幼儿教育、岗位培训和农民实用技术教育都有新的发展。教师安居工程超额完成计划。创作了一批具有苏州特色、弘扬主旋律的优秀作品;文物保护基础工作得到加强。广播电视事业有了新的发展，有线电视制作播出中心投入使用，并实现了市县光缆联网。城乡医疗条件进一步改善，农村全面实现了初级卫生保健达标，开展了大病统筹医疗。全民健身活动广泛开展，成功地举办了市第9届体育运动会。苏州市再次被评为全国环境保护十佳城市。

基础设施建设和城镇管理上了一个新水平 基础设施建设继续加快。沪宁高速公路苏州段高速度、高质量地完成了建设任务，实现了交通建设的历史性跨越。苏沪机场路全面达标，顺利通车。318国道吴江段和太仓沪太路一级路改建等一批工程全面完成，苏南运河整治超额完成计划。邮电通信进一步发展，新增电话交换机容量35.5万门，总量达到了132万门。城市建设继续加快步伐。上年确定的68项实事工程全面按进度完成。加快了城市环路等路网建设;全面展开了古城区35公里河道的疏浚，完成了部分新村的污水截流;新增绿地69万平方米，城市公共环境得到改观;完成了48个无地队的改造。

人民生活水平进一步提高 城镇职工人均工资7742元，增长11.5％;市区居民人均生活费收入6165元，增长13.1％;农民人均纯收入4574元，增长13.2％。居民购买力提高，社会消费品零售总额增长16.4％。1996年末城乡居民储蓄余额408亿元，人均7100多元，比1995年增加近2000元。市区安置下岗失业职工2.2万人，城镇登记失业率控制在2％以内;提高了职工最低工资和下岗职工生活费标准，落实了各项解困帮困措施，实施了城镇居民最低生活线保障制度。有史以来第一次对破旧民房进行大面积成片改造，实施了对10号、16号、37号3个旧街坊的改造试点，4600多户居民迁入新居。完成了一批低洼地区改造，1000多户居民易地搬迁，解除了汛期水淹之苦。市区人均住房使用面积13.6平方米，成套率达到60％以上，家庭现代化设施加快普及，城乡电话普及率达每百人22部，市区提高到31.7部;市区空调普及率已达到37.5％。全年新增燃气用户1.2万户。市区居民人均日用水量达到了342升，居民人均用电量达到224千瓦时，家庭气化率达到85％。

苏州工业园区开发建设取得了重大进展 中国、新加坡合作开发建设的苏州工业园区，在中新双方的密切配合下，首期开发区已有51家企业开工，38家企业开业投产，一批世界著名公司进入园区，累计合同外资25.8亿美元;国务院赋予园区参照5个经济特区和浦东新区等各项政策，以及国家和省授予的各项权限，全部落实到位;供水、供气、供热、污水处理等具有国际水准的大型基础设施源厂建设取得突破，中心商贸区建设开始启动。中方财团经过重组，形成了国家、省、市联合开发的新态势。结合国情，借鉴新加坡经验形成的一批新的管理办法开始在园区付诸实施。

(苏州市人民政府办公室　孙林夫　张季峰)

苏州市国民经济主要指标

指　　标	单　　位	1996年		1995年	
		地　区	市　区	地　区	市　区
年底人口数	万　　人	574.12	106.44	572.91	105.74
#非农业人口	万　　人	176.00	80.14	168.85	78.05
土地面积	KM^2	8488.42	392.3	8488.42	392.3
人口密度	人/KM^2	676	2713	675	2695
年末劳动力资源总数	万　　人	476.17	87.81	469.68	87.00
#乡村劳动力	万　　人	228.45	16.70	230.96	17.56
国内生产总值	亿　　元	1002.14	170.28	903.11	148.41
农林牧渔业产值	万　　元	873938	50708	786455	48560
粮食产量	万　　吨	279.10	14.05	265.67	14.35
蔬菜产量	万　　吨	103.82	12.06	98.26	12.92
猪肉产量	万　　吨	10.44	1.38	10.43	1.38
全部工业总产值	万　　元	21485389	3335467	18166762	2794953
#乡及乡以上	万　　元	15117589	2703358	12805785	2312869
客运总量	万　　人	11272	4715	18945	8857
货运总量	万　　吨	8296	1589	8581	1670
固定资产投资总额	万　　元	2429578	1281468	1962892	905293
#住宅	万　　元	340799	181754	337381	149746
房地产开发投资额	万　　元	501411	294709	586461	339282
商品房销售额	万　　元	264028	113226	239640	94354
出口贸易总额	亿美元	38.56	8.78	31.69	6.97
进口贸易总额	亿美元	24.76	4.10	18.29	2.56
新批三资企业	个	746	146	898	207
新增合同外资金额	亿美元	45.98	18.11	56.40	18.71
实际利用外资金额	亿美元	22.57	5.16	23.27	5.58
国际旅游人数	万　　人	35.36		33.72	
旅游外汇收入	万美元	9186		7236	
地方财政预算内收入	万　　元	640757	191575	538593	165238
地方财政预算内支出	万　　元	315448	101112	247333	77545
金融机构年末各项贷款余额	万　　元	5370165		4240689	1501900
职工年平均工资	元	7742	8031	6944	7273
农民人均收入	元	4574	4328	3954	3777

* 表内除工业和农林牧渔业总产值按1990年不变价计算外，其余按现行价格计算。

(苏州市统计局供稿)

张家港市

农业生产全面获得丰收

1996年，张家港市紧紧围绕农业现代化目标，全面推进"两田分离"，大力发展土地适度规模经营，全市农业集约化经营总面积达12.27万亩，占粮食责任田面积的84.7%，是1995年的3.4倍。其中，土地规模经营面积10.63万亩，承包经营单位1767个，分别比1995年增长195%和196%。全市共创办镇村集体农场293个，承包耕地面积3.44万亩，已有48%的村民小组和206个村全部实行了"两田分离"。全市建成永久性渠道210公里、各类配套建筑物869座，新增中型农机具467台，农业机械化程度达73%，为农业生产获得全面丰收打下了坚实的基础。1996年，全年粮食总产达33.52万吨，油料总产达1.18万吨，皮棉收购总量达1.33万吨，多种经营总收入达30.5亿元，净收入15.8亿元，分别比上年增长14.2%和7.5%，在历史上首次实现了粮食自我平衡。

工业经济持续快速增长

1996年，张家港市紧紧围绕加快推进两个根本性转变，大力实施"六个一工程"，即：培养一批叫得响的名牌产品；组建一批上规模、上档次的大企业集团；形成一个合理的工业结构；实施一个与世界经济全面接轨的大经贸战略；营造一个良好的科技进步体制；建立一个科学管理体系。1996年，全市村以上工业实现产值449.4亿元，比上年增长22.4%，实现销售收入424.3亿元，比上年增长16.9%，产销率达97.8%。全市有86家企业销售收入超亿元，其中超5亿元的有12家，超10亿元的有3家。全市实现工业利税31亿元，比上年增长4.8%。1996年，全市有468个工业项目竣工投产，实际完成投资工作量44.9亿元，单个项目平均投资额达961万元。全市引进设备用汇达6587万美元，累计达5.8亿元美元。全市有9种产品被列入江苏省名牌产品的候选名单，新产品产值占工业总产值的比重达14.6%。

三外总量连续五年夺冠全省

1996年，张家港市注重把引导外资投向与全市的发展和产业结构调整结合起来，始终坚持把项目的技术含量作为选择项目的首要依据，积极鼓励外商兴办技术密集型和资金密集型企业，引导外资向精密机械、电子元件、精细化工和高档轻纺等支柱行业投入，以此带动企业的调整和改造。1996年，全市批办三资企业155家，合同外资10亿美元，注册外资6亿美元，到帐外资5.7美元，办成了浦项钢铁、不二制油、统清食品、佳雅纸业等一批规模大、科技含量高的大项目。保税区新批进区企业206家，投资总额3.9亿美元，合同外资2.2亿美元，到帐资金3亿美元，实际完成投资工作量3.1亿元，完成进出口总额1.6亿美元，海关税收1.3亿元。张家港经济开发区、沿江开发区外资到帐分别达2417万美元和4332.3万美元。全市完成自营进出口总额12.1亿美元，比上年增长15.5%。其中，三资企业自营出口3.6亿美元，自营进口3.6亿美元；自营生产企业自营出口5241万美元，自营进口770万美元，分别比上年增长43%和127%。市外贸(集团)公司自营进出口总额在全省各县(市)中继续领先，被外经贸部授予"全国对外经贸优秀企业"称号。

第三产业发展步伐不断加快

1996年，张家港市按照高起点的要求，编制出台了全市旅游业发展总体规划，并初步通过了国家旅游协会咨询中心、建设部城市建设研究院园林所高层专家小组的评审，基本确定了"三山一苑一带一区"发展布局，完成了双山岛农业生态旅游规划的编制任务。1996年，全市实现三产增加值80.5亿元，比上年增长21.1%，占国民生产总值的比重达35%，比上年提高0.2个百分点。三产从业人员增加到15.5万人，占社会劳动力总数的34.4%，建成国泰大厦、张家港广场等三产大项目32种，总投资10.5亿元，完成投资工作量6亿元。

城乡人民生活水平普遍得到提高

1996年，张家港市实现国内生产总值230亿元，比上年增长20.4%；工农业总产值491.8亿元，增长24%；财政收入10.8亿元，增长46.3%，一举摘取人均财政收入全省第一的桂冠。全市城镇职工人均收入7806元，农民人均收入5406元，年末城乡居民储蓄存款余额达69亿元。

各项改革整体快速推进

1996年，张家港市中小企业产权制度改革采取先售后股、租股结合、增量扩股、售股结合等多种形式，全市796家企业完成转制，集体收回资金2577.54万元，职工入股4660.3万元。通过以产品的龙头、资产为纽带的企业优化组合，全年新批建省级企业集团3家、市级企业集团3家，省级企业集团累计达73家。政府机构改革以“三定”为原则，以转变职能为目标，共撤并部门5个，机关转为经济实体10个，精简人员423名。1996年，张家港市相继出台实施了职工医疗保险、工伤保险和女职工生育保险等暂行办法。住房公积金制度顺利实施，公有住房租金适度调整，促进了住房商品化和房地产业的健康发展。税收征收、管理、稽查“三位一体”的新的运行机制进一步完善，镇财政管理建立了“划分税种，收支持钩，定额上交，定额补贴，自我平衡”的新体制，促进了全市财政收入的持续增长。

城镇建设管理再上新台阶

1996年，张家港市按照“城市现代化、农村城市化”的总体目标，大力抓好市政基础设施建设和城市管理。市区新建改造道路13条，浇筑水泥路面12.9万平方米，新沙锡路、西环路面改造和西二环路全线贯通。新建市区公交候车亭17座。新装路灯5000多盏。新增绿地20多万平方米。完成了23个地段的拆迁安置任务，提供安置房5万多平方米。新建并开通了城南程控电话局，全年新增程控交换机6.2万门，城乡电话普及率达每百人20部，其中市区每百人47部。完成了110千伏塘市变、斜桥变、泗港变、乘航变的土建、电气安装工程和19座变电站的遥测、遥信、遥控装置。全市集镇新建、改造道路94.4公里，浇筑水泥路面84.9万平方米，铺设雨污水管道34.6公里，建成农村公寓房2920套、36万平方米，累计吸引进镇农民2万人。市区建成区烟尘控制区覆盖率和噪声达标区覆盖率分别达百分之百和72.1%，大气环境质量继续保持二级标准，在全国率先荣获“全国环境保护模范城市”称号。全市新增自来水受益人数5.3万人，饮用自来水普及率达88%，农村户厕普及率达19.8%。1996年，南沙等7个镇被评为省级卫生镇，长江村等12个村被评为省级卫生村。

科技开发能力进一步增强

1996年，张家港市新建各类科研所14家，开发新产品186项，有47项科技成果获市级以上科技进步奖，列入国家“863”计划项目1项、国家和省级“火炬”计划项目8项、“星火”计划项目7项。完成国家级新产品试制计划6项。申请专利128件，在中国专利及新产品博览会上获金奖7项，创新奖1项。全年实施国家重点科技成果推广项目2项。新办技贸机构38家，审批民营科技企业47家，签订技术合同421件，合同总额8100万元，比上年增长19.2%。全市新批办省级高新技术企业2家，创建国家级重点高新技术企业1家、省级知识技术“双密型”企业2家。全市共有高新技术产品280项，实现利税6.3亿元，比上年增长21.2%。全年新评审各级职称科技人员3000名，科技人员占职工总数达到2.5%。农业、工业技术进步贡献率分别比上年提高1.4个百分点和2个百分点，在全国科技实力百强县评比中名列第二位，并被国家科委正式认定为“国家级星火技术密集区”。

教育现代化步伐继续加快

1996年，张家港市组织实施了教育“811”和“125”现代化工程。乘航镇成为省首批教育基本现代化示范镇。全市直接用于改善教师生活条件的资金达2355万元，改建教工住房300套，市区“教师新村工程”开始实施。全市小学入学率、巩固率继续稳定在百分之百，残疾儿童少年入学率达95.4%，初中入学率、巩固率均保持在99%以上。全市九年义务教育和青壮年扫盲教育“两基”工作通过了国家评估验收，被授予“全国‘两基’工作先进市”荣誉称号。学前三年教育普及率达95.7%，被评为“全国幼儿教育先进市”。全市初中毕业生升学率达89.5%，提前两年普及了高中教育。高考录取率列全省第一，升入高校学习的人数累计已占同龄人的20%，提前达到了现代地区的标准要求。

医疗卫生条件进一步改善

1996年，张家港市农村卫生三项建设总投入达2300万元，已有25个镇建立了合作医疗制度，以村为单位覆盖96.6%。全市甲、乙类传染病发病率比上年下降23.4%，儿童“四苗”接种率达96.7%。食品生产、经营单位从业人员“六病”调离率、培训率、领证率、体检率均在99%以上。全市孕妇建卡率、住院分娩率、系统管理率分别达百分之百、99.9%和94.2%。全市计划生育率保持百分之百，人口出生率6.73‰，比上年下降1.42个千分点，人口自然增长率为−0.04‰，首次出现负增长。

精神文明建设再上新台阶

1996年，张家港市坚持“一把手抓两手”、“两手抓、两手都要硬”的方针，以“创建”为动力，紧紧围绕提高市民素质和全社会文明程度的目标，以“新风杯”、“公仆杯”、“双文明单位”、“城镇创四优、满意在港城”、评选新风户和培育文明示范典型等创建活动为载体，广泛开展群众性精神文明建设活动，促使社会主义精神文明建设提高到更新水平。全市共建办文明市民学校578所，培训市民近30万人。培育了长江村等48个苏州市级文明单位，建成各类文明小455个。

扎扎实实开展为民办十件实事活动

(1) 建设菜篮子工程。新建蔬菜基地32个，面积3964亩，新增钢管大棚481个，扩建水产基地面积1511亩，新建3个肉食品基地，占地116亩。(2)扶持棉花生产，增加棉农收入。全市用于扶持棉花生产的资金达420万元。(3)扶持农业生产，减轻农民负担。全市新增果园1037亩，桑园800亩，用于农业的补农资金达500万元。农民合同负担1032.48万元，人均负担14.84元，低于人均15元标准。(4)拓宽城区七条路，形成两条特色街。沙洲中路、新市河东路、工农西路等7条道路竣工通车，步行街装璜、美食街建设全面竣工开业。(5)加快城区建筑工程和基础设施建设。农行大楼、人才中心综合楼、邮电大楼等10幢大楼竣工交付使用。(6)大搞绿化、建设绿色港城。张杨路两侧栽种花木51.2万株，建成成片林24处，景点11个，培育盆花60万盆，新增草坪45万平方米。(7)完善文化、教育、娱乐、商业、服务网点。张家港公园、西菜场、城北菜场、城北小学、云盘小学已竣工交付使用。东方商场、汇丰商场、五交化商场等18家商业、供销网点扩建、改造已竣工开业。杨舍地区1.5万户有线电视安装结束。(8)加快港区城市建设步伐。十字港大桥、热电厂、美食城等工程全部竣工投运。(9)大力提高卫生水平。塘桥、后塍和港区3个镇成为全国卫生镇；锦丰、港口、南沙等8个镇成为省级卫生镇。(10)努力提高社会保障水平。1996年，全市投保人数达88940人，收取投保费452万元。新办福利企业14家，安排四残人员9628名。

(张家港市人民政府　吴振达　孙炳元)

张家港市国民经济主要指标

指　　标	单　　位	1996年		1995年	
		地　区	市　区	地　区	市　区
年底人口数	万　　人		85.20		80.05
非农业人口	万　　人		14.74		13.84
土地面积	平方公里		784.7		784.7
人口密度	人/平方公里		1086		1084
年末劳动力资源总数	万　　人		34.66		34.48
乡村劳动力	万　　人		33.06		33.89
国内生产总值	亿　　元		230.07		191.01
农林牧渔业产值	亿　　元		22.06		20.26
粮食产量	万　　吨		35.36		31.46
蔬菜产量	万　　吨		16.10		15.30
猪牛羊肉产量	万　　吨		1.46		1.68
水产品产量	万　　吨		1.46		1.45
全部工业总产值	亿　　元		497.48		420.06
乡及乡以上	亿　　元		333.64		280.11
客运总量	万　　人		1247.66		900.65
货运总量	万　　吨		282.60		281.45
固定资产投资总额	亿　　元		54.82		67.89
住宅	亿　　元		7.74		9.43
房地产开发投资额	亿　　元		3.66		6.16

续表

指标	单位	1996年		1995年	
		地区	市区	地区	市区
商品房销售额	亿元		2.85		2.16
自营出口总额	亿美元		6.95		5.60
自营进口总额	亿美元		5.17		4.92
利用外资签订协议总数	项		155		179
利用外资签订协议金额	万美元		100298		101055
实际利用外资金额	万美元		56761		60000
地方财政预算内收入	亿元		10.79		7.37
地方财政预算内支出	亿元		4.37		3.36
银行年末各项贷款余额	亿元		76.66		55.17
每万名职工中专业技术人员数	人		3355		3315
中级职称以上	人		621		612
城镇居民家庭人均生活费收入	元		7806		7178
农村居民家庭人均纯收入	元		5406		4726

(张家港市统计局供稿)

江 阴 市

国民经济继续保持较快增长势头

1996年，是实施“九五”计划的第一年。江阴市114万人民，圆满完成国民经济与社会发展的各项任务，实现了“九五”计划“开好头、起好步”的目标。

据统计，全市完成工农业生产总值606亿元，比1995年同口径增长21.09%。国内生产总值为222.02亿元，增长12.05%，其中，第一产业增加值13.34亿元，同比增长16.30%；第二产业增加值132.64亿元，同比增长13.74%；第三产业增加值76.04亿元，同比增长7.43%。三次产业之比为6.01：59.74：34.25。全市完成财政收入10.44亿元，增长17.60%，其中地方财政收入4.50亿元，增长17.02%。地方财政支出4.30亿元，增长19.49%。

强化农业基础地位，加快农业现代化建设

1996年，江阴市以“两稳定”、“四提高”为农业和农村经济工作的主要目标，即：稳定粮食种植面积，稳定市场供应；提高农民生产积极性，提高种养殖水平，提高农业社会化服务水平，提高集约化水平，加快农业现代化建设的步伐。粮食生产喜获丰收。水稻亩产568公斤，增长1.25%；三麦亩产283公斤，增长6.39%。全年粮食总产4.58亿公斤，增长1.64%。多种经营稳步发展，城乡“菜篮子”工程建设得到加强。全年建成百亩以上蔬菜基地19个。全市共有蔬菜面积11.64万亩，其中三级蔬菜基地7754亩。有千头养殖场40个，养鸡场、养鸭场976个，水面养鱼4.97万亩。全年猪肉产量2.47万吨，增长9.6%；家禽产量1319万羽，增长20.46%；水产品1.73万

吨，增长6.79%。多种经营产值达50亿元，增长25.2%。

农业机械化和中低产田改造步伐较快。年末拥有农业机械总动力81.37万千瓦，增长1.22%；大中型拖拉机1230台，增长29.6%；联合收割机992台，增长56.2%。农村用电量16.31亿千瓦时，增长8.99%。向阳、同心等6个重点高产示范区基本建成，新增高产示范区面积9000多亩，累计达3万多亩。新改造中低产田3万亩，复垦土地3915亩。新增规模经营面积1.34万亩，累计达7.62万亩，占全市商品粮面积的84.7%。建成夏港抽水站，新建、改建农桥70座，完成白屈港三期土方工程，全年完成水利土石方985万方。

农业社会化服务体系建设进一步加强。年内新建农业标准化综合服务站的村有56个，累计达312个，占市内行政村总数的59.5%。稻麦良种繁育基地面积稳定发展，全市共有24848亩，增加2339亩。全社会稻麦良种供种率由1995年的45%提高到83.2%，纯良种覆盖率扩大到98%以上。

转变经济增长方式，提高工业经济运行质量

紧紧围绕加快实现两个根本性转变的总目标，1996年江阴市工业经济突出抓好四个重点：一是优化结构，增加投入，搞活存量，增强经济发展后劲；二是狠抓重点骨干企业，培育壮大企业集团，造就新的发展优势；三是实施名牌竞争战备，抢占制高点，增强竞争力；四是加强企业内部管理，提高企业运行质量。工业经济保持良好增长势头。全市工业总产值579.82亿元，增长21.22%，其中市、镇、村三级工业产值555.31亿元，增长20.82%。三级工业中，市属工业产值65.59亿元，增长18.02%；镇办工业269.34亿元，增长22.90%；村办工业220.38亿元，增长19.11%。三级工业完成销售收入503.20亿元，工业产品销售率达到95.23%；实现利税总额36.33亿元，增长13.24%，但增幅比同期回落8.82个百分点。全员劳动生产率人均40618元。

规模优势发展迅速。全市有大中型工业企业75家，其中大型工业企业23家，中型52家。全市产值超亿元的厂村115家，利税总额超过800元的企业有103家。18个示范村村均产值5.6亿元，村均利税5216万元，分别比1995年增长1.82%和15.91%。全市开发新产品205种，新产品产值率达14%。创省级名牌5种，无锡市级名牌10种。代理各类商标业务1057件，其中新申请商标422件，累计注册商标1112件。全年完成技改投入35.34亿元，其中18项重大重点项目完成投入16.38亿元，6项已经竣工。

企业改革稳步推进。骨干大型企业抓紧现代企业制度试点工作，钢绳集团公司已按改制方案组织实施；永联集团采取有限公司改制基本结束；长电公司改制工作正在进行。对弱小亏企业采取“一厂一策”的办法，通过改组、改制、改造，优化生产要素配置，盘活存量资产，提高投入产出率。华西集团兼并织袜总厂；市纺机厂加入兴澄集团，市动力机厂加入钢绳集团；标准件厂与机器厂实行“一长两厂；大华纺织公司与印染厂等联合组建印染集团等。市属企业的资产向优势企业集结，乡镇企业改革以确保公有资产保值增长、促进经济健康发展为目的，全市各类转制企业达1400多家，其中股份有限公司313家，实行租赁、拍卖和风险抵押承包的900多家。同时，继续以拳头产品为龙头，以骨干企业为依托，以资金、技术、市场为纽带，抓好企业集团组建工作，营造新的规模优势。年内新组建省级集团22家、市级集团13家，企业集团累计达到140家，其中省级集团77家。市府还出台了《关于积极稳妥推进企业股份上市的若干意见》，积极探索企业资本经营方式。兴澄钢铁股份有限公司股票已经在深圳上市。

继续深化各项配套改革。完善公有资产管理体系，建立了公有资产管理机构和集体资产登记制度，加强监督、管理，防止流失，促进增值。扩大失业保险范围，建立失业保险与促进就业相结合的运行机制。全员劳动合同制试点工作已从城区扩大到乡镇。职工医疗保障制度改革开始实施。农村医疗保险得到巩固和发展，住房制度改革取得新进展，住房公积金管理逐步走上轨道。党政机构改革方案已经出台并开始实施。

继续推进开放型经济，加快与国际接轨步代

江阴市坚定不移地实施外向带动战略，扩大对外开放，切实提高开放型经济的规模和水平。以利用外资为重点，进一步加大招商引资力度。在招商上实行专业化的商业化，全方位拓展与外国大财团、大公司的合资合作领域。全市新批三资企业61家，累计1235家；新增投资总额4.24亿美元，累计35.56亿美元；新增合同利用外资3亿美元，累计19.6亿美元；新增实际利用外资2.5亿美元，累计10.6亿美元。新批项目平均投资额695万美元，新批项目平均合同利用外资462万美元，外方出资比例达66.5%。新增超千万美元项目16个，累计93个。有16个项目追加投资，增加合同利用外资9200万美元。全市三资企业经济效益明显提高，完成税收2.3亿元，比1995年增长19.2%，占全市工业税收的21%，为全省第一。三资企业出口创汇2.24亿美元，占全年全市出口创汇额的58.6%。全市有境外企业50家。年内完成外经合作营业额800万美元。

以建立高新技术产业为龙头，加快开发区建设速度。江苏省江阴经济开发区大力完善基础设施建设，进一步加快土地批租步伐和招商引资力度，吸引高技术、新产品、大项目进区。1996年新进区项目21个，其中外资项目7个，批租土地600亩，总投资12.43亿元，合同利

用外资8332万元，实际到帐外资8068万元。进区企业全年完成产值20亿元，销售收入18亿元，外贸供货总值3.14亿元，自营出口2378万美元。区内兴澄特钢等9个开工项目进展顺利，滨江液化气供应中心和滨江贸易市场建设基本完成。是年被江苏省人民政府批准为全省县(市)级中第一家高新技术产业开发园。在加快建设江阴经济开发区的同时，周庄、北涸、利港、文林等镇以外商投资工业园建设为重点，加快形成连片集中开发格局，初步形成欧洲、美加、日本和韩国4个外商投资工业园，对外吸引力不断增强，是年共新增合同利用外资4023万美元，新增实际利用外资2352万美元，完成销售29.6亿元，利税2.3亿元。

以拓展渠道、提高质量为突破口，进一步扩大外贸出口。全年完成外贸供货总值182亿元，比1995年同口径增长21.4%。市外贸集团公司加快国际化、实业化步伐，继续发挥主力军作用，被评为全国外贸出口500强。同时，全方位拓展对外贸易渠道，加快自营出口体系建设，年内新增自营出口企业9家，累计达33家。全年完成自营出口额3.82亿美元，增长35.4%。自营出口商品直销市场达48个国家和地区。

不断拓展新领域，第三产业持续发展

江阴市加快实施沿江开发战略，以发展港口码头、仓储运输、旅游观点、专业市场和新兴产业为突破口，促进三产发展，提高三产在国内生产总值中的比重。交通业全年完成货运总量980.3万吨，货运周转量143579万吨公里；完成旅客陆路发送量1033万人次，客运周转量29066万人公里。邮电业全年完成业务收入26138.58万元，比1995年增长35.91%。消费品零售市场供求基本平衡。消费者心理日益成熟，消费结构趋向合理。全市实现社会消费品零售总额54.38亿元，增长22.29%，其中商品房零售额1.80亿元，增长71.30%，城市发展快于农村，城市消费品零售总额为26.47亿元，增长28.09%，增幅高出农村近11个百分点。物资供应充裕，主要物资销售下降。全年物资供销企业的物资销售额114.12亿元，比1995年下降12.22%。新建长泾东亚呢绒羊毛交易城、夏港青山商城、江南招商城等10个专业市场，城区新建农贸市场4个。全市市场成交额81.86亿元，增长17.2%。江阴食品城、金三角市场、纺织市场、长泾东亚呢绒羊毛交易城的成交额分别达35亿元、16亿元、12亿元和4亿元。完成流通经营额375亿元。新兴产业得到发展。长江大桥风景区已通过规划论证，启动建设。

金融业、保险业健康发展。农村金融体制改革稳步推进，银行存贷业务稳步增长，信贷结构不断优化，金融运行秩序良好。年末，全市金融机构存款余额109.55亿元，比1995年末增长36.28%；贷款余额77.25亿元，增长22.51%。全市保险业务收入16542万元，增加7705万元，增长87.19%；保险业务支出11657万元，增加6343万元，增长119.36%。

加快城乡现代化建设，不断改善投资环境

1996年，江阴市按照“城市现代化，集镇城市化，城乡一体化”的总体要求，科学规划，加大投入，加快建设，加强管理，城乡面貌发生新的变化，投资环境不断改善。

重点基础设施建设取得重大突破。投资1.8亿元的交通“三线”(澄杨路、滨江路东段、镇澄路)工程顺利竣工。锡澄高速公路开工，征地拆迁工作已结束。江阴长江公路大桥南锚锭建设如期完成进度。江阴港1号、2号码头120米岸线改造工程基本竣工，4号、5号码头改造项目通过预可行性论证和交通部复核，夏港新港区码头建设加紧启动。港口功能日益完善，新开通2条江阴至上海的国际集装箱运输内支线，江阴港国际运输班轮增为每月10个航班。港口年吞吐量达630万吨，其中外贸运量72万吨，均比1995年增长20%以上。新增程控电话4.5万门，累计16.7万门；新建电话村95个，累计105个；全市拥有电话机17.28万部，增长5.05万部，农话机普及率达12%，市话机普及率达36%。移动电话、无线寻呼、数据通信等业务进一步扩大。全市移动电话交换机容量2万门，增长1万门，用户1.24万户，增长0.61万户；无线寻呼系统容量10万门，用户5.29万户，增2.96万户；数据通信户达426户，增318户。新建成220千伏和110千伏变电所各1座，完成市区100个配变台区的改造，提高了市区供电质量。苏南区域水厂项目正在抓紧招商引资，澄东自来水供水工程完成主体工程，城区自来水日供水能力达到24.5万吨。

巩固发展创建成果，全面提高城市管理水平。创建国家卫生城市工作贯彻“巩固、提高、发展、创新”的方针，开始走上经常化、规范化、制度化的轨道，顺利通过国家卫生城市复查调研。围绕基本形成园林化绿色城市格局的“九五”城建目标，进一步搞好城市绿化、美化。讲求实效，突出重点，实施五大特色工程：一是美化城市出入口，建设新颖美观、体现港城特色的城市雕塑和绿化景观；二是把繁华的人民中路建设成“六讲六无六不”示范街，并设置百余块名人名言公益广告牌，以特有的文化内涵为文明示范街增色；三是再创夜景新特色，对市区8条主干道路的708家门店、单位按规定标准完善灯饰，并对100多幢临街居民住宅楼安装灯饰，形成市区主干道夜景大环通；四是开展以“九村十路”为主的市容市貌专项整治活动，“拆违章，贴外墙，改旧房，清门店环境，装饰灯，建规章”，促进市容环境和城乡结合部卫生的平衡发展；五是组织全民大绿化，全市义务植树157.6万株，并对主干道旁和公共绿地补植林木

7.67万株，出资50万元改造朝阳公园。是年5月，顺利通过省级园林城市考核。与此同时，进一步完善管理方法，变治标为治本，变突击为经常，变领导包揽一切为职能部门各司其职，实行长效管理。并注重"创建"理论研讨，编印了第二本"创建"论文主集。

高标准规划建设现代化集镇，加快城乡一体化步伐。按照"加快发展小城镇，合理缩并自然村，逐步组建中心村"的要求，1996年继续以镇村建设规划区和基本农田保护区的划定为重心，修订完善市域城镇体系规划、镇域规划和村庄建设规划。严格按规划加速实施小城镇现代化建设，重点建设好道路、水电、邮电等基础设施和中心街道、标志性工程以及城镇绿化美化工程。积极推行农民住宅公寓化，有计划地发展房地产业。各镇区共新增高等级道路22公里，累计总长339公里，70％的小城镇形成环状道路网。新增村道15公里，累计1356公里。南闸镇被列为全国小城镇建设综合改革试点镇，年内通过总体规划论证，并开始组织实施。顾山镇被国家建设部列为全国小城镇建设示范镇，并被评为全国村镇建设先进镇。璜土镇、长泾镇率先建成江苏省卫生镇。周庄、璜塘、顾山3镇获无锡市新型小城镇称号，长泾、璜土、青阳、山观、峭岐、桐岐、利港7镇基本达到无锡市新型小城镇考核标准。

环境保护工作进一步加大力度。整顿小化工企业，对24家重点污染企业(或产品)采取关停措施。建立青阳镇环保监测站，进一步加强环保执法队伍建设。控制开山采石，全市有4个采石场封矿，4个采石矿厂实行限制开采或转为二层开采，炸药消耗和采石量均比上年下降20％。

继续实施科技兴市战略，努力提高人民生活质量

加快发展科技事业。以企业为主体，认真实施各类科技计划，加快"1211"工程建设，即：高标准、高规格创建江苏省江阴高新技术工业园和国家级星火技术密集区、社会发展综合试验区，启动"九五"计划中十大高新技术产业化标志工程和十个科研开发基地的建设。全市年内共组织实施各级各类科技计划项目140项，其中国家火炬计划2项，星火计划1项；新批省双密集型企业2家、高新技术企业3家，两项累计达23家；认定高新技术产品10种，累计达86种。获各类科技成果奖主65项，其中省级7项。全年科技进步贡献份额达58％。新建各类科研开发机构24家，累计176家。江阴市星火技术密集区被批准为国家级星火技术密集区；社会发展综合实验区建设通过省级验收；华士镇向阳村和月城镇沿山村被批准为省级现代化农业科技示范园。是年成立江阴市无形资产评估所和江苏省无形资产评估所江阴代办处。

城乡居民生活继续得到改善。据典型户家计抽样调查，1996年全市农村居民人均纯收入4898元，比1995年增长14.36％；城镇居民人均生活费收入6805元，增长10.88％。城镇职工工资总额83118万元，增长10.06％；平均工资7834元，增长11.95％。年末城乡居民储蓄存款余额达59.47亿元，增长35.79％；居民人均储蓄存款达5219元，增长35.52％。同时，居民购买各种有价证券明显增加。居住条件进一步改善，城镇居民人均住房面积21.3平方米，农民人均居住面积49平方米，部分富裕农民的住房向别墅化、庭院化发展。

劳动领域改革不断深化。1996年全市城镇新安排就业2225人，其中再就业293人。年末城镇登记失业率为1.3％。城镇职工养老保险69574人，覆盖率99％；离退休职工养老保险率达100％。乡镇企业职工养老投保率达60％。全市私营企业和个体从业者50966人，比1995年减少2976人。年末全市有社会办敬老院、福利院30个；社会福利企业283家，共安排14982名残疾人员就业。

(江阴市史志办公室　严伯英)

江阴市国民经济主要指标

指　　标	单　　位	1996年		1995年	
		地　区	市　区	地　区	市　区
年底人口数	万　　人		114.16		113.72
#非农业人口	万　　人		31.99		31.84
土地面积	平方公里		983		983
人口密度	人/平方公里		1159		1156
年末劳动力资源总数	万　　人		64.05		64.21
#乡村劳动力	万　　人		47.64		49.18
国内生产总值	亿　　元		222.02		203.16

续表

指标	单位	1996年		1995年	
		地区	市区	地区	市区
农林牧副渔业产值	亿元		26.11		22.08
粮食产量	万吨		45.82		45.08
蔬菜产量	万吨		13.70		14.09
猪牛羊肉产量	万吨		2.58		2.36
水产品产量	万吨		1.74		1.62
全部工业总产值	亿元		579.82		647.81(老口径)
#乡及乡以上	亿元		334.93		365.01(老口径)
客运总量	万人		1033		888
货运总量	万吨		980		1007
固定资产投资总额	亿元		43.27		52.87
#镇、村投资	亿元		28.61		28.46
社会消费品零售总额	亿元		54.38		44.47
出口商品供货总值	亿元		182.13		158.26
进口贸易总值	亿元				0.91
利用外资签订协议总数	项		61		94
利用外资签订协议金额	亿美元		3		4.01
实际利用外资金额	亿美元		2.50		3.01
国际旅游人数	万人		0.95		0.42
国际旅游收入	万元				
地方财政预算内收入	亿元		10.44		8.88
地方财政预算内支出	亿元		4.30		3.60
银行年末各项贷款余额	亿元		77.25		63.06
每万名职工中专业技术人员数	人		3543.75		3289.90
#中级职称以上	人		866.26		752.66
城镇居民家庭人均生活费收入	元		6805		6138
农村居民家庭人均纯收入	元		4898		4283

注：表内各项产值均按当年价格计算。

(江阴市统计局供稿)

宿 迁 市

经济社会发展概况

宿迁市是1996年7月经国务院批准新设立的地级市，位于江苏省北部徐州、淮阴、连云港的中心地带，处于陇海经济带、沿海经济带、沿江经济带的交叉辐射区。下辖宿豫、沭阳、泗阳、泗洪县和宿城区，总面积8660平方公里，人口480万。1996年全市实现国内生产总值125亿元，比1995年增长11.4%；一、二、三产业增加值分别占国内生产总值的47.6%、31.1%和21.3%。

农村经济全面发展 农业总产值63.7亿元，比1995年增长3.6%。粮食生产实现了历史性突破，总产达300万吨。棉花总产41.5万担。多种经营产值42亿元，增长7.8%，占农业总产值的66%，其中水产品总量12万吨，肉类总产量23.7万吨，分别增长1.2%和6.8%。乡村工业产值41.7亿元，增长7.6%。进一步加大了扶贫力度，全市部分贫困人口脱贫，小康进程加快。

工业经济稳步增长 乡及乡以上工业产值83.5亿元，比1995年增长12.3%；销售收入80.3亿元，增长6.2%；实现利税7.78亿元。突出抓好重点企业，洋河、双沟、分金亭3大酒厂实现销售收入13.1亿元，利税4.3亿元，在全市工业经济中起到了支柱作用。对江苏玻璃厂等亏损大户进行整顿，制订实施了符合实际的扭亏方案。重视技术投入，完成技改投入9.5亿元，争取了一批项目进入省和国家的盘子；技改项目576个，当年竣工投产项目570个，其中投入1000万元以上的项目6个。加强企业市场营销和内部管理，深入开展企业管理年活动，企业消化增本减利因素和参与市场竞争的能力有所增强。进一步明确"抓大活小攻难"的改革思路，推行托管、兼并、联合、租赁、承包、破产、拍卖等改革措施，使一批中小型企业走出了困境。

第三产业增幅提高 实现增加值27亿元，增长14.8%。市场建设投入1386万元，新建扩建市场34个，各类市场达到320个，市场成交额20.1亿元。新发展个体工商户13240户、25339人，私营企业383户；累计发展个体工商户4.7万户，私营企业1.3万户，从业人员近10万人。消费品零售额44.4亿元，比1995年增长11%。商业、供销、粮食、物资4大系统实现销售额43.3亿元。完成自营出口总额1781万美元，实际利用外资868万美元，外经营业额92.6万美元，海外劳务输出298人。

财政金融运行良好 财政收入7.68亿元，比1995年增长13%。泗洪、泗阳、沭阳3县全面超收，分别增长18%、15%和21%。财政支出8.07亿元，增长29%。财政状况得到进一步改善，消化老赤字3700万元，泗洪、泗阳两县提前一年完成消化老赤字任务。全年财政生产性投入1.11亿元。金融机构各项存款年末余额52.2亿元，净增9.2亿元；各项贷款年末余额52.5亿元，净增8.5亿元；各项保费收入7436万元，增长11.3%。各市级金融机构和保险公司相继成立或建立了筹备组。

基础设施建设加快 城建上，着手修编城市总体规划，新城区建设开始启动。通电上，70个无电村通电任务已经完成。邮电上，完成电话扩容3.44万门，完成杆线到村815个。交通上，宁宿路宿靳段和运河二号桥等重点建设工程立项，新增黑色化道路141.6公里，砂石化道路516.6公里，县乡公路黑色化率和乡村道路砂石化率分别达到60%和48.6%。水利上，分淮入沂工程、骆马湖南堤块石护坡工程及宿迁中运河影响工程，通过省级验收；农田基本建设完成土石方7169万立方米，改造种类配套建筑物5360座，改造中低产田45万亩。

人民生活继续改善 农民人均纯收入1993元，职工年均工资4350元，城镇居民人均生活费收入2562元，分别比1995年增长23%、12.7%和12.4%。城乡居民人均居住面积分别达到11.95平方米和19.52平方米。城乡居民储蓄存款较大幅度增加，年末余额39.44亿元，增加6.23亿元。

社会事业不断进步 积极实施"科教兴市"战略，获省、市以上科技成果奖14项，列为省星火项目7项，泗洪、沭阳创建全国科技先进县通过省级验收，创建省科技工作先进乡(镇)25个。农业重点推广了水稻肥床旱育稀植和畜禽、水产繁育饲养等实用新技术。通过了省级"普九"验收，改建、新建校舍44.9万平方米，重视职业技术教育和成人教育。城乡医疗卫生条件有所改善，农村儿童计划免疫覆盖率达93%，妇幼保健网络初步形成，农村降氟改水新增受益人口38.8万人。群众性文化活动广泛开展，文化市场管理得到加强。开通了市县电视微波线路，完成电视台节目改版，农村广播普及率达80%。广泛开展了全民健身等群众性体育运动。高度重视计划生育工作，人口出生率控制在14‰以内。土地工作逐步走上依法管理的轨道。加强了环保执法监督检查和重点项目治理。老龄、档案、民族宗教等工作也取得了新的进展。

(宿迁市政府办公室　章大李　蒋　卫)

宿迁市国民经济主要指标

指　　标	单　　位	1996年	1995年
年底人口数	万　　人	480.83	476.81
非农业人口	万　　人	48.36	44.36
土地面积	平方公里	7862	7862
人口密度	人/平方公里	612	606
年末劳动力资源总数	万　　人	241.38	
乡村劳动力	万　　人	213.81	211.60
农林牧渔业产值(90价)	亿　　元	61.47	63.66
粮食产量	万　　吨	300.03	271.55
蔬菜产量	万　　吨	209.33	200.52
猪牛羊肉产量	万　　吨	19.28	18.05
全部工业总产值(现行价)	亿　　元	160.48	138.71
乡及乡以上	亿　　元	104.34	95.87
全部工业总产值(90价)	亿　　元	126.19	108.20
客运总量	万　　人	1570.6	1409.9
货运总量	万　　吨	1063.2	1008.7
固定资产投资总额	万　　元	6496.2	78764
住　　宅	万　　元	6522	
房地产开发投资额	万　　元	2714	4340
商品房销售额			
地方财政预算内收入	万　　元	34224	27317
地方财政预算内支出	万　　元	80737	62436
文教科学卫生事业费支出	万　　元	28305	
教育事业费支出	万　　元	26059	21038
银行年末各项贷款余额	万　　元	530021	444944
高等学校数	个		
高等学校在校生数	人		
每万名职工专业技术人数	万　　人	3.84	
中级职称以上人数	人		9650
影剧院	个		
公共图书馆	个		
卫生机构数	个		367
医　　院	个		

(宿迁市统计局供稿)

杭州市

国民经济保持良好发展势头

1996年，政府工作坚持以经济建设为中心，解放思想，开拓创新，抓住机遇，努力工作，促进国民经济持续快速健康地发展。1996年，全市国内生产总值达到910亿元，在全国省会城市中列第2位。人均国内生产总值15100元，提前5年实现了到本世纪末人均国内生产总值超万元的目标。农业增加值，1996年达到84亿元；工业增加值1996年达到430亿元；社会消费品零售总额1996年达到284.7亿元；全社会固定资产投资额1996年达到261亿元。财政收入稳步增长，1996年全市完成财政总收入63.53亿元，比1995年增长15.2%。1996年市级财政和各区、县(市)级财政均实现当年收支平衡。金融业务迅速发展，1996年全部金融机构各项存款余额961.93亿元。各项贷款余额743.42亿元。全市经济综合实力得到显著的提高。

经济结构调整取得较好成效

1996年，杭州市政府始终把农业放在国民经济和社会发展的首要位置。农、林、牧、副、渔业全面发展，农业结构开始得到合理调整，农业综合开发进展较好，全市实现了消灭荒山的目标，森林覆盖率达到61.9%。“菜篮子”工程建设取得明显成效，建立了一批蔬菜、生猪、禽蛋、水产、鲜奶等初具规模的副食品生产基地，基本形成了“菜篮子”商品生产、加工、销售、储备保障体系。乡、村企业快速发展，工业销售产值1996年达到826亿元。工业经济在市场环境变化较大的情况下保持持续快速增长，全市工业销售产值年均递增27.6%。国有企业在工业改革和发展中继续发挥主导和骨干作用。第三产业得到较快发展。1996年全市实现第三产业增加值345亿元，相继新建和改扩建了一批重点商业网点和消费品市场，商品流通领域繁荣活跃。旅游业有了新的发展。经国务院批准开发建设了之江国家旅游度假区，并先后在西湖风景区及淳安、建德、临安、桐庐、富阳等县(市)开发建设了一批旅游景点和旅游服务设施。金融保险、交通运输、邮电通讯、房地产业发展较快。由市组建的杭州城市合作银行已正式开业，农业发展银行各县(市)分支机构的设立及农村信用社与农业银行脱钩工作都已完成。引进了一批全国性商业银行和保险公司来杭州市设立分支机构，金融服务体系进一步完善。国民经济中科技进步的贡献率逐年增加，高新技术产业的比重不断加大，三大产业之间的结构渐趋合理，1996年的构成比例为9.2∶52.9∶37.9。

对外开放成效显著

积极扩大全方位、多层次的对外开放。1996年，出口商品供货总值278.9亿元，外贸自营出口12.05亿美元，利用外资的规模迅速扩大，质量和水平也得到提高。外商投资领域较广，项目技术含量提高，经营规模扩大，一些发达国家的大企业来杭投资明显增多。在确保国有(集体)资产保值增值和大多数职工得到妥善安置的前提下，积极稳妥利用外资对老企业进行嫁接改造，收到了较好的成效。1996年三资企业的工业总产值和外贸出口额分别占全市工业总产值和外贸出口总额的17.6%和48%。对外经济技术合作与交流进一步扩大。

经过近年的努力，经国务院批准的杭州经济技术开发区、杭州高新技术产业开发区、杭州之江国家旅游度假区和萧山经济技术开发区建设已初具规模。四区累计已开发面积达17平方公里，引进项目800个，总投资21亿美元和45亿人民币。1996年底已有460家企业开业投产，开发区对发展开放型经济的带动作用正在逐渐显示出来。5个省级经济开发区在推动经济发展方面也开始发挥作用。杭州市与国内兄弟城市与地区的横向经济技术协作和交流进一步发展。地方外事工作和对外友好交往取得新的成绩，杭州的国际影响进一步扩大，在国际上的知名度进一步提高。

经济体制改革取得初步成效

1996年，杭州市按照建立社会主义市场经济体制的目标，积极稳妥地推进经济体制改革，促进经济发展。在稳定和完善家庭联产承包制和统分结合的双层经营体制的基础上，稳步推进土地流转制度改革，发展适度规模经营。乡镇企业股份合作制改组逐步规范，农村集体资产的管理得到加强。抓好建立现代企业制度为目标的企业制度创新试点，认真贯彻改革、改组、改造和加强管理相结合的方针，积极推进国有企业的改革。通过改革，大多数企业的经营机制得到转换，内部管理有所加强，产品质量和市场竞争能力得到提高，一批大中型企业增强了发展活力。结合城市建设和经济结构调整，积极稳妥地在一部分企业中实行“退城进郊”、“优二兴三”、改组、兼并、联合等方针，推进了生产要素的流动和重组，使存量资产得到优化配置，使一批困难企业摆脱了困境，也促进了一批优势企业的发展。与深化企业改革相配套，财政、税收、金融、外贸、投资等项改革逐步深入，国有资产经营、管理和监督体系以及社会保障体系逐步建立和完善。商品、物资流通体制改革取得进展，各类商品市场和要素市场发展迅速，市场机制在资源配置中的基础性作用日益增强。以公有制为主体，个体、私营、涉外经济等多种经济成份共同发展。社会主义市场经济体制的框架正在逐步形成。

工农业经济继续保持较好的发展势头

1996年，杭州市工业在继续深化改革的基础上，加快了结构调整的步伐、积极促进两个根本转变，从而使工业经济在平衡回落中仍保持了较好的发展态势。

去年全市完成工业总产值1478亿元，同比增长21.3%，其中乡及乡以上工业完成总产值862.15亿元，同比增长9.9%，各种类型工业生产都有不同程度的增长。虽然受到退税率下降的影响，工业出口仍取得了较好的发展，全年累计出口商品供货总值达到129.63亿元，增长7.9%。产品质量稳定提高率92.13%、万元产值综合能耗降低4.02%，都完成了年初确定的目标。

农业生产在大灾之年仍获较好收成。全年粮食种植面积541.08万亩，比1995年增加1.5万亩；粮食总产预计178.4万吨，在大灾之年增长2.2%。蔬菜种植情况比较好，全年市区基地蔬菜产量25万吨，上市量22万吨，分别比计划增长25%和22%。基本确保了市场蔬菜供应，菜价基本平衡，群众比较满意。

地区经济协调发展

1996年各县(市)认真贯彻改革、发展、稳定的关系，紧紧围绕经济体制和经济增长方式的转变，地区经济取得了新的发展。国内生产总值在100亿元以上的有萧山市，50～90亿元的有余杭市、富阳市、临安市，50亿元以下的有建德市、桐庐县、淳安县。随着国家各项宏观调控政策和适度从紧的财政、金融、投资政策的逐步到位以及市场的变化，全市有3个县(市)增长速度比1995年有所回落，但经济发展一直比较落后的淳安县经济发展明显加快，国内生产总值的增长幅度13%，高于最低的临安市(增长8%)5个百分点。

经济发展中多年来一直发展较快的萧山、余杭仍保持平稳的增长速度，增长幅度分别由1995年的10.9%和14.6%上升为20.6%和15%，而自然经济条件一直比较差的淳安、桐庐经济增长则保持了稳步上升态势，各县(市)间经济增长速度的差距有所缩小。

物价比较稳定，财政金融形势较好

物价涨幅明显回落。1996年，全年市区商品零售价格上涨7.2%，居民消费价格上涨10.3%，比1995年分别回落6.1和6.2个百分点。尤其是食品类价格涨幅大幅度回落，成为物价总水平回落的主要原因。食品类价格上升10.6%，回落13.4个百分点。

财政金融形势较好。全年全市完成财政收入63.6亿元，增长15.3%(其中市区财政收入41.47亿元，增长15.1%)，财政支出30.27亿元，增长21.5%。年末全市金融系统各项存款余额962亿元，比年初增加234亿元；各项贷款余额743亿元，比年初增加137亿元。贷款投向比较合理，重点支持了国有大中型企业。

(杭州市人民政府办公厅　钱荣南)

杭州市国民经济主要指标

指　标	单　位	1996年		1995年	
		地　区	市　区	地　区	市　区
年底人口数	万　人	603.2	166.7	597	143
#非农业人口	万　人	196.6	128.7	191	121
土地面积	平方公里	16596	683	16596	430
人口密度	人/平方公里	363.5	2441		
年末劳动力资源总数	万　人	494.5			
#乡村劳动力	万　人				
农林牧渔业产值	万　元	1173294	169237	995700	
粮食产量	万　吨	178	12.3	175	

续表

指　标	单　位	1996年		1995年	
		地　区	市　区	地　区	市　区
蔬菜产量	万　吨	160	44.8	154	24
猪牛羊肉产量	万　吨	14.7	2.0		
全部工业总产值(现行价格)	万　元	14792192	6156899	17290000	
#乡及乡以上	万　元	8831167	4599778	9740000	
全部工业总产值(1990年不变价格)	万　元				
客运总量	万　人			15400	
货运总量	吨			95310000	
固定资产投资总额(国有)	万　元	754588	523106		
#住　宅	万　元	62187	44619		
房地产开发投资额	万　元	572749	439245	491800	
商品房销售额	万　元	269639	185751		
地方财政预算内收入	万　元	268438	169987	230400	135000
地方财政预算内支出	万　元	302390	151016	249000	
#文教科学卫生事业费支出	万　元	102451	44057		
#教育事业费支出	万　元	61722	23272		
银行年末各项贷款余额	万　元	7434243	5350499	5670000	
高等学校数	个	20	19	19	18
高等学校在校学生数	人	66023	64901	63000	
每万名职工中专业技术人员数	人	1975	1898		
#中级职称以上	人				
影剧院	个	128	10	136	16
公共图书馆	个	9	2	10	3
卫生机构数	个	1712	893	1712	883
#医　院	个	416	83	414	72

(杭州市政府办公厅供稿)

宁　波　市

国民经济和各项事业取得新成就

1996年，是实施“九五”计划和跨世纪奋斗目标的第一年。一年来，在中央、省的正确领导下，全市人民认真贯彻党的十四届五中、六中全会精神，牢牢把握“抓住机遇、深化改革、扩大开放、促进发展、保持稳定”的基本方针，正确处理改革、发展、稳定的关系，按照实现两个根本性转变的要求，着力提高经济运行的质量，努力推进社会的全面进步，国民经济和各项社会事业都取得新的成就。初步统计，全市实现国内生产总值800亿元，按可比价格计算，比1995年增长19%，人均国内生产总值15147元；全市财政收入65.9亿元，增长24%；综合经济实力有新的提高。

(一) 农业 农业的基础地位进一步增强，农业的有效投入增加，农林牧渔业呈现全面发展的好势头。全市农林牧渔业总产值138.6亿元，比1995年增长7.7%，其中农业产值75.8亿元，增长4.8%；林业产值3.9亿元，下降0.4%；牧业产值22.8亿元，增长2.9%；渔业产值36.1亿元，增长16.2%。

粮棉油在上年丰收基础上，又获得全面丰收。全年粮食播种面积478.5万亩，比1995年增加3.63万亩；单产达398公斤，创历史最高水平。新一轮"菜篮子"工程启动，"菜篮子"商品数量充足，多数农副产品有效供给增加。

农业生产条件不断改善，农业机械化程度继续提高。年末拥有农业机械总动力224万千瓦，比1995年增长9.3%。全年农村用电量28亿千瓦小时，增长3.7%。农业机械作业面积大幅度增加。农业基本建设步伐加快，全市完成大小水利工程8142处。全市累计有3300多个村跨入小康行列，占村总数65%，10个县(市)、区通过了小康县考核验收。

(二) 工业 认真贯彻扶优扶强、抓大放小的工作方针，积极实施工业"实力工程"和"320工程"。围绕提高工业经济整体素质和运行质量，加快改革步伐，加大投入力度，积极调整工业结构，大力开拓市场，提高产品的竞争能力，工业经济呈现持续快速发展的良好态势。全市工业共完成总产值1678亿元(现行价)，按可比价格计算，比1995年增长32.1%。在全部产值中乡及乡以上工业完成总产值864.2亿元，增长24.3%。其中，国有及国有控股工业完成产值241.9亿元，增长1.8%；集体工业完成产值488.9亿元，增长35.1%；其他经济类型工业产值133.4亿元，增长18%。轻工业领先重工业发展，乡及乡以上轻工业完成产值466.4亿元，增长30.7%；重工业完成产值397.7亿元，增长16.2%。

产品结构调整步伐加快，产品档次进一步提高。全市共开发新产品2700种，新产品产值120亿元，新产品产值率为14.4%。全市累计已有省级名牌24种，市级名牌98种。国有大中型企业主导和骨干作用得到进一步发挥，占全市乡及乡以上工业企业数3%的大中型工业企业实现销售收入和税利所占比重分别达到42%和57%。

经济效益有所改善，全市乡及乡以上工业企业完成销售收入717.9亿元，增长16%，实现利税总额68亿元，增长14%。技术改造步伐加快，全年技改投入完成90亿元，增长22.2%，40项重点技改项目进展顺利。

(三) 交通、港口、邮电 1996年是三年大干交通的第二年，也是投入多、工程量大、成效显著的一年。1996年全市用于交通设施建设的总投资达19.6亿元，新建公路123.7公里，改建高级、次高级路面191.9公里。杭甬高速公路宁波段、通途汽车专用公路、宁镇骆一级公路、梁辉至胜堰一级公路、甬余线江北段二级加宽公路、甬临线奉化三横至下陈段、329国道慈溪掌起至蟹浦岭二级加宽公路建成通车，极大地改善了宁波交通面貌。全市完成社会货物运输量10312.45万吨，其中铁路569.93万吨，公路8509万吨，水路1233万吨，民航0.52万吨；社会旅客发送量2.12亿人，比1995年增长7.7%，其中民航客运发送量53.25万人，增长16.4%。栎社机场候机楼改扩建工程基本竣工，机场供油工程投入运行，新增国内航线3条。萧甬铁路复线建设前期工作基本完成。

港口建设取得新进展。1996年，宁波港货物吞吐量达7638万吨，比1995年增长11.5%，上升为我国大陆港口第三位。其中，港口集装箱吞吐量达20.2万标箱，增长26%。港口硬、软件建设步伐加快，北仑港900米集装箱码头技术改造进展顺利，20万吨级矿石中转码头配套工程建成，口岸查验单位实行了"北仑港现场365241联合办公"制度，开通了北仑港至美国东海岸的国际集装箱周班航线。

邮电通信事业进一步发展。全年完成邮电业务总量14.23亿元，比1995年增长36.56%。全年发送函件4947.4万件，增长2.61%，特快专递68.25万件，增长36.7%。全年各类报刊累计发行134.53万份，增长14.4%。全年挂发长途电话9590.18万次，增长21.67%，其中国际及港、澳长途电话256万次，增长9.84%。通讯传输手段日趋先进，年末电话交换机总容量达94.74万门。全年新发展电话用户11.54万户，使全市电话用户数达53.32户，其中市话30.22万户，农话23.10万户。电信业务已从传统的电话、电报发展到移动电话、无线寻呼、可视图文等20多种项目。至年末，移动电话用户达到9.05万户，新增4.34万户；无线寻呼15.7万户。

(四) 体制改革 企业改革稳步推进，全市累计改制股份有限公司68家，组建企业集团190家，16家企业进入现代企业制度试点实施阶段。积极进行优化资本结构城市试点工作，放开搞活小企业试点顺利展开，4家企业实施破产。努力推进国有资产管理体制改革，市纺织集团控股公司完成改制，并在国有资产运作方面进行了有益探索，成立了市国有资产管理局。全面推进社会保障制度改革，制定了医疗保险制度改革总体方案，养老保险制度日趋完善，住房制度改革稳步实施，再就业工程开始启动。继续深化农村改革，全市有80%的村基本完成村级集体资产管理体制综合改革，乡镇企业转制规范、完善、提高工作稳步推开。小城镇综合改革试点工作起步，政府机构改革按计划推进，国家公务员制度全面启动。

(五) 对外经济 对外贸易继续增长。全年累计外贸自营进出口43.52亿美元，比1995年增长25.08%，其中出口26.69亿元，增长12.7%。口岸功能进一步完善。宁波口岸全年进出口总额58.6亿美元，增长12.4%，其中出口总值25.2亿美元，增长8.4%。

利用外资的质量、效益和水平进一步提高，全年共批准设立外资企业322家，总投资16.22亿美元，合同利用外资8.78亿美元，实际利用外资5.02亿美元，比1995年增长25.7%。每个项目平均规模由上年的353万美元，提高到504万美元。全市已累计批准三资企业3585家，总投资92.98亿美元。1996年新批项目中，总投资在1000万美元以上的企业有47家，总投资11.02亿美元。

对外经济技术合作快速发展，外经总量规模日益扩大。全年累计完成对外劳务承包合同营业额8500万美元，比1995年增长36%。年末在外劳务人数7500人，增长32%。批准筹建境外企业及办事处17家，批准外商在甬设立办事机构32家。

“两区一岛”开发建设又有新的进展。宁波经济技术开发区加快实业立区步伐，一批临港型大项目进区落户，目前已拥有投资额在1000万美元以上大项目62个。保税区保持较好发展势头，1996年新进区企业275家，完成进出口贸易额4.4亿美元，大榭开发区形象有了新的改观。

国际旅游业取得较大发展。全市接待境外游客8.85万人次，比1995年增长9.91%，其中，外国人4.64万人次，增长18.6%。

(六) 商业、金融保险业 消费品市场繁荣稳定，市场货源充裕。市民消费心理稳定，社会消费品零售额稳定增长。全市社会消费品零售额达270亿元，比1995年增长20%，扣除物价上涨因素，实际增长12.9%。在社会消费品零售总额中，城市消费品零售总额151亿元，增长17.7%。县及县以下零售额119亿元，增长23.3%。国有、个体商业继续发展。国有商业商品零售额49.6亿元，增长8.4%;其他商业零售额153亿元，增长23.8%。物价涨幅得到有效控制，居民消费品价格指数和商品零售价格指数分别为110.4和106.3，涨幅分别比1995年回落8.7和6.3个百分点。较好地实现了预期调控目标。

市场建设不断加快，市场体系培育和规范力度大，全市累计已有各类商品市场640个，年成交总额392.2亿元。其中年成交额超亿元的市场有38个。

高档、耐用消费品和主要家用电器销量有较大幅度增长。全年电冰箱销售量比1995年增长20.2%，洗衣机增长18.5%，空调器增长92.4%，摩托车增长17.3%。

金融保险：金融运行平稳健康，存贷款继续增加。至年末，全市金融机构存款余额587.9亿元，新增存款135亿元，其中城乡储蓄新增74.2亿元;贷款余额493.7亿元，比年初增加94.5亿元。全市新批设立商业银行分支机构(含储蓄所)108家，至年末，全市各类金融机构已达1573个，金融从业人员超过1.9万人。

金融市场活跃，融资能力增加。全市资金融通总量达530亿元，其中向总行争取调剂资金9.43亿元，向市外拆入资金118.6亿元，发行有价证券17.5亿元，有价证券累计成交380亿元。

保险业务发展迅速。全市保险费收入9.6亿元，比1995年增长39.9%，保险赔款3.7亿元，增长24%。

(七) 人民生活 城乡居民收入稳步增长，生活质量继续提高。全市职工年平均工资8507元，比1995年增长15.6%，剔除物价因素实际增长4.7%。市区居民人均生活费收入7797元，增加993元，增长14.6%，剔除同期物价上涨因素，实际增长3.8%。全市农民人均纯收入4267元，增长22.5%，剔除物价上涨因素，实际增长12.5%。

城乡居民居住条件继续有所改善。年末城镇居民人均居住面积8.58平方米，住房配套率达到70.5%，有25.5%的家庭人均居住面积已在10平方米以上;农村居民人均生活用房面积34.26平方米。

(八) 重点工程 全年完成全社会固定资产投资总额313.69亿元。固定资产投资继续向重点工程和基础产业倾斜。全市完成基础产业投资75.9亿元，比1995年增长75.2%。列入重点工程的在建27个项目完成投资63.5亿元，为年计划的107.6%。60万吨水泥粉磨站、兴洋毛毯等10个项目建成投产，镇海燃汽轮机发电工程、溪口抽水蓄能电站等11个项目建设进度加快，北仑水厂一期等项目开工建设，北仑钢铁厂、栎社机场二期等一批重点前期项目进展顺利。

(九) 城市建设 城市建设步伐加快，市区完成了中山西路、解放路拓宽改造和柳汀立交桥建设任务，形成市区东西，南北主干道;完成彩虹南路改建，改善了江东区中部交通状况;对镇明路、槐树路、荷池路大修，解决了这些路局部路阻问题;完成了百丈街、药行街等城区干道的灯光装饰和街景美化。旧城改造取得新进展，城市面貌发生了新变化。全市拆除旧房建筑面积52万平方米，完成了新竣工居民住宅130万平方米，旧房拆迁安置回迁户4354户。

城市公用事业进一步发展。全市年投入市政建设资金7.52亿元。新增公交车辆45辆，使车辆总数达575辆。新开通无人售票线路7条，新辟公交线5条。扩建南郊水厂、江东水厂，新增供水能力10万吨/日。全年供水总量达2.9亿吨。新增市区瓶装气用户2702户，加快了管道液化气工程建设，红梅、明楼居民小区管道液化气站投入运行。

环境综合整治工作取得较大进展。关停了一批严重污染企业；市区主要区域实施机动车禁鸣喇叭；全市已建成合格饮用水源保护区25个；创建烟尘控制区21个。全市工业废水处理率达到75%，工业废气处理率达到87%，工业固体废物综合治理率达到99%。全市年投入绿化建设资金超过4000万元。江南公路沿线绿化带、三江口杉杉公园、南郊公园二期、南塘公园、招宝山公园扩建等一批绿化工程竣工，新增公共绿地面积30公顷，园林绿化面积100公顷，建成区绿化覆盖率23.84%。

(十) 科技 全面实施科教兴市战略，科技事业取得新成就。科技队伍不断壮大，全市拥有各类专业技术人员16.7万人，每万人拥有专业技术人员316人。全市11个县(市)、区都已通过国家和科委创建全国科技工作先进县的验收。全市共安排市级以上科技计划项目378项，其中国家级41项，取得市级以上科技进步奖72项，全市经认定的高新技术企业已达25家，12家年销售额超亿元。专利工作发展迅速，有396项专利被国家专利局授予专利权，专利实施率达52%。技术市场稳步发展，全年签订技术合同1405份，合同成交额达1.4亿元，增长24.3%。

(宁波市人民政府办公厅　陈健胜)

宁波市国民经济主要指标

指标	单位	1996年		1995年	
		地区	市区	地区	市区
年底人口数	万人	530.08	116.20	526.20	114.24
#非农业人口	万人	119.51	65.37	115.30	63.21
土地面积	平方公里	1033	9365	1033	9365
人口密度	人/平方公里	566	1125	562	1106
年末劳动力资源总数	万人	461.7	—	459	165.7
#乡村劳动力	万人	260.37	34.03	260.4	34.37
国内生产总值	亿元	795.86	294.61	637.63	220.22
农林牧渔业产值	亿元	138.65	194.18	123.95	157.50
粮食产量	万吨	190.30	33.91	172.76	30.57
蔬菜产量	万吨	164.26	22.42	144.62	20.55
猪牛羊肉产量	万吨	8.39	1.67	9.02	1.74
水产品产量	万吨	55.20	5.34	50.99	5.59
全部工业总产值	亿元	1737.47	458.46	1308.11	374.68
#乡及乡以上	亿元	861.36	346.90	703.52	302.24
客运总量	万人	21152	9868	19706	8903
货运总量	万吨	10312	4920	9521	4383
固定资产投资总额	亿元	309.97	171.65	264.19	131.32
#住宅	亿元	37.21	23.59	37.17	20.78
房地产开发投资额	亿元	65.90	46.92	71.59	51.93
商品房销售额	亿元	37.69	23.21	27.92	15.78

续表

指标	单位	1996年		1995年	
		地区	市区	地区	市区
出口贸易总额	亿美元	26.7	—	23.7	—
进口贸易总额	亿美元	16.8	—	11.1	—
利用外资签订协议总数	项	329	—	534	—
利用外资签订协议金额	万美元	89718	—	172771	—
实际利用外资金额	万美元	59140	—	45402	—
国际旅游人数	万人	8.9	—	8.1	—
国际旅游收入	万美元	2898	—	2127	—
地方财政预算内收入	亿元	32.04	20.19	24.79	18.09
地方财政预算内支出	亿元	45.33	30.65	35.37	23.13
银行年末各项贷款余额	亿元	493.65	303.85	240.23	152.35
每万名职工中专业技术人员数	人				
#中级职称以上	人	38554	23282	29297	16751
城镇居民家庭人均生活费收入	元	7439	7797	6573	6804
农村居民家庭人均纯收入	元	4267	4555	3484	

注：表内各项产值均按当年价格计算。

(宁波市政府办公厅供稿)

温州市

经济社会发展情况

1996年，温州市经济社会发展上新台阶、改革开放出新成就、城乡面貌有新变化，全市实现国内生产总值508亿元，比1995年增长19.2％。

(一) 农村经济稳步发展 粮食生产获得全面丰收，总产量达158.4万吨，是近5年来产量最高的一年。全年造林13.6万亩，其中发展经济特产林8.7万亩。随着“海上温州”战略和渔业“双六十工程”的启动，全市投入渔业生产资金5.5亿元，更新改造大马力渔轮358艘，新增海淡水养殖面积4.4万亩。水产品总产量40.9万吨，总产值24.7亿元，分别比1995年增长17.4％和16.8％。水利基础设施建设加快，续建、新建标准堤塘204公里、三面光渠道538公里。全年造地3.2万亩，超额完成省下达的计划。开发性农业成为新的投资热点，全市已形成农业开发基地100多个。农业规模经营和龙头企业获得新的发展，实行土地规模经营面积36.5万亩，占总耕地的14.3％；已发展各类农业龙头企业1500多家。继鹿城、龙湾之后，瑞安、乐清、瓯海进入全省小康县行列。全力实施山区脱贫致富“345”工程，全市筹集扶贫资金1.4亿元，又有25.5万贫困群众脱贫。

(二) 工业生产快速增长 全年实现工业总产值1002.6亿元，其中乡镇工业总产值665.2亿元，分别比1995年增长36.3％和36.9％。乡及乡以上工业产值的增幅居全省第2位。工业经济效益考核指标综合得分列全省第3名。全市大中型工业企业发展到83家，销售产值超亿元企业达40家。新组建企业集团29家，总数达137家。27家企业被列为全省“五个一批”企业。技术改造投资持续增长，全年实施技改项目466项，完成投资额18亿元，增长33.6％。7家企业的8个技改项目列入国家“双加”工程导向性计划，三维集团炭黑工程等一批重大技改项目按计划竣工达产或获得突破性进展。主要工业产品质量稳定提高上升到91.1%；通过ISO9000族质量体系认证的企业已达30家。

(三) 基础设施建设取得突破性进展 全市固定资产投资完成157亿元，比1995年增长21.9%。交通条件逐步改善，新建公路193公里，年末公路通车里程3947公里。现代通信网更趋完善。年内新增程控电话交换机容量28.28万门、无线寻呼系统容量28万户、移动电话交换机容量9.5万路，至年末容量分别增至105.88万门、186.2万户、24.75万路。实现了乡乡通程控电话。在建的45项重点项目，完成投资额21.9亿元，比1995年增长60.8%。金温铁路温州段土建工程提前完成，浙南农副产品中心市场、车站大道、机场大道、城南大道、体育馆、市区大型立交桥、西水东引二期、东向水厂二期、过境公路改建、220千伏城西变电所、永嘉金溪电站等项目如期竣工。珊溪水利枢纽工程前期、七里港区一期工程已经动工，温州电厂二期等项目也已进入施工准备的实质性阶段。安居工程大面积铺开，全市有26441户职工参加集资建房，面积196.38万平方米，1996年列入国家安居工程的黄龙、南浦住宅区，规划建设面积141万平方米，在建面积78.4万平方米。城镇建设、旧城改造、新区开发以及市政公共设施的配套建设全面推进，现代化气息日益浓厚，城乡面貌呈现日新月异的变化。以社会化、多渠道筹集资金，以高起点、高标准建设城市，以新体制、新手法管理城市的做法和经验，在全省得到重视和推广。

(四) 对外开放进一步扩大 对外贸易迎难而上，利用外资取得新进展。全市出口总额3.8亿美元，比1995年增长36.4%。与温州市建立贸易关系的国家和地区121个，出口商品增加到26大类500多个品种，已有26家企业取得出口经营权。利用外资稳定增长，新批准三资企业106家，协议利用外资1.6亿美元，实际利用外资7896万美元，分别比1995年增长43.1%和7.4%。年内新建成投产三资企业109家，至年底已拥有投产开业三资企业618家。利用外资规模在1000万美元以上的工业项目已达14个。温州经济技术开发区等各类开发区在为吸纳外资的重要载体和新的经济增长点。对外经济技术合作与交流进一步扩大。

(五) 经济体制改革不断深入 1996年，温州市被列为全国综合配套改革试点城市。东方、康乐集团等8家现代企业制度试点单位已进入方案实施阶段，在减轻企业历史负担、分离企业办社会职能和分流企业富余人员等方面取得了一些进展。继续深化各项配套改革，房地产、劳动力、技术、信息等要素市场逐步规范。住房制度改革取得显著成效，温州被评为全国房改先进城市。社会保障制度改革有新的发展，全市已有36万人参加社会基本养老保险。基本完成市级机关机构改革，县级机构改革全面铺开。进行农村集体资产管理体制综合改革，加强了对农村集体资产的规范管理。龙港等小城镇综合改革试点逐步展开。

(六) “科教兴市”战略全面实施 制定出台《关于深入实施科教兴市战略加速科学技术进步的若干政策规定》，为推进科教兴市注入了新的动力。继平阳之后，瑞安、乐清、苍南进入全国科技先进县行列。科技投入力度加大，全年财政安排科技事业费1239万元，比1995年增长31.8%，科技三项经费2158万元，增长41.6%，占财政支出1%。列入国家科研开发项目8项，省级33项，高新技术火炬计划27项，国家级新产品试制计划24项，实施各级星火计划134项，其中国家级5项，省级16项，鉴定科技成果92项，其中省级以上28项，获省科技进步奖22项，市级59项。569件专利获得授权与公告。加快实施九年制义务教育，小学入学率、巩固率、毕业率、普及率均超过目标要求，小学毕业生升学率99.1%，初中巩固率98.6%。继鹿城、龙湾之后，瑞安、瓯海、乐清、洞头等县(市、区)通过省“两基”评估验收。全市扫除青壮年文盲2.8万人，非盲率上升98%，城市达到99.3%，9个县(市、区)提前实现基本扫除青壮年文盲。教育投入体系进一步完善，全市教育投入14亿元。新改建中小学校舍44.5万平方米。

(七) 环境保护取得新进展 全市27个企事业单位投入“三废”治理资金614万元，安排治理项目27个，当年竣工19个，新增年处理废水能力848万吨，处理废气1.19亿立方米，固体废物年贮存能力7.18万吨。全市工业废水处理率51.9%，其中市区为50.6%；废水排放达标率50.9%，市区54.3%；工艺废气净化率26.5%，均比1995年提高。全市烟尘排放量3.58万吨，比1995年下降3.5%；工业固体废弃物产生量48.3万吨，上升9%，其中市区16.1万吨，上升21.6%。城市区域噪声由上年64.9分贝下降为61.8分贝；城市交通干线噪声由72.2分贝下降为70.3分贝；噪声达标区覆盖率22.2%。市区大气环境质量始终保持二级，其中大气总悬浮微粒年日平均为0.024毫克/立方米，氮氧化物0.036毫克/立方米。市区燃气普及率93%，烟尘控制区覆盖率100%，生活垃圾处理率100%，绿化覆盖率17.5%，人均拥有公共绿地6.51平方米。市区饮用水水质保持地面水二类至三类水质，饮用水水源水质达标率为97.17%。

(温州市政府办公室　叶建中)

温州市国民经济主要指标

指　　标	单　　位	1996年		1995年	
		地　区	市　区	地　区	市　区
年底人口数	万　　人	704.37	114.29	697.89	113.31
#非农业人口	万　　人	114.31	47.74	111.24	46.19
土地面积	平方公里	11784	1082	11784	1082
人口密度	人/平方公里	598	1056	592	1074
年末劳动力资源总数	万　　人	406.98	80.69	429.47	79.91
#乡村劳动力	万　　人	311.43	41.44	384.29	43.02
国内生产总值	亿　　元	510.09	168.65	407.49	—
农林牧渔业产值	亿　　元	81.80	10.15	71.99	9.58
粮食产量	万　　吨	158.45	17.07	147	16.61
蔬菜产量	万　　吨	79.88	13.83	75.83	14.09
猪牛羊肉产量	万　　吨	7.48	1.09	7.87	1.23
水产品产量	万　　吨	48.86	0.79	34.81	0.71
全部工业总产值	亿　　元	1003.94	383.49	748.98	284.73
#乡及乡以上	亿　　元	346.45	168.5	316.37	151.16
客运总量	万　　人	17257	5018	12135	1890
货运总量	万　　吨	4411	1437	3336	543
固定资产投资总额	亿　　元	157.05	87.41	128.82	68.02
#住　宅	亿　　元	72.35	34.91	78.65	33.61
房地产开发投资额	亿　　元	42.32	37.03	38.12	29.75
商品房销售额	亿　　元	21.79	18.26	13.45	7.8
出口贸易总额	亿　　元	31.41	17.1	23	17.5
进口贸易总额	亿　　元	6.4	2.41	4.62	4.62
利用外资签订协议总数	项	106	62	159	91
利用外资签订协议金额	万 美 元	16387	12167	11449	8550
实际利用外资金额	万 美 元	7896	5747	7351	5121
国际旅游人数	万　　人	3.59	—	2.8	—
国际旅游收入	万　　元	15517.6	—	7785.1	—
地方财政预算内收入	亿　　元	17.39	8.39	13.71	6.02
地方财政预算内支出	亿　　元	21.56	6.26	20.53	7.1
银行年末各项贷款余额	亿　　元	219.39	125.69	167.54	120.11
每万名职工中专业技术人员数	人	1265	818	766	628
#中级职称以上	人	271	253	184	208
城镇居民家庭人均生活费收入	元	—	8332	—	6732
农村居民家庭人均纯收入	元	3371	—	2801	—

注：表内各项产值均按当年价格计算。

(温州市政府办公室供稿)

嘉兴市

国民经济持续增长，各项事业不断发展

1996年，嘉兴市抓紧实施"接轨上海，开发乍浦，三沿并举，联动发展"的总体战略，以农业产业化、工业优势工程、加快发展第三产业、提高经济外向度、加强基础设施建设和城镇建设五个工作为重点，经过全市人民的共同努力，使国民经济和社会各项事业继续保持了良好的发展势头。全市国内生产总值达到382.4亿元，增长17.8%，其中，第一产业增加值61.43亿元，增长3.4%；第二产业增加值221.05亿元，增长22.4%；第三产业增加值99.9亿元，增长15.7%，工农业总产值1094.7亿元，增长25.6%。

农业综合生产能力不断提高，农业生产全面丰收 "切实加强对农业特别是粮食生产的领导，狠抓落实粮田面积、抗洪救灾等环节，努力提高粮田复种指数，主攻单产，优化品质，推进农业科技进步，使农业生产获得了全面丰收。全年农村经济总收入616.28亿元，比1995年增长13.22%，粮食总产量达到197.8万吨，增长11.2%。在稳定和完善家庭联产承包责任制和双层经营体制的基础上，积极稳妥地推进农业适度规模经营，有35%的村实行了"两田制"，因地制宜地建立土地使用权流转机制。继续加大对农业的投入，改善农业生产条件，全年财政预算内农业支出增长25.1%，农田基本建设投入劳力3132万工日，增长13.3%，完成土石方2990万立方米，投入资金3.17亿元，改造中低产田21.6万亩，投入资金3534万元。引进、繁育、推广高产新品种17个，名特优新蔬菜瓜果新品种50多个。全年共推广抛秧、直播、旱育秧、化控、化除等轻型栽培技术501.3万亩，产生经济效益2783万元。进一步加强了农村基层组织建设，发展壮大了村级集体经济，拓宽了农业经济发展领域，形成了一批各具特色的专业乡和专业村。全市18个现代农业示范园区建设全面启动，规划面积1万多亩，总投资超过3000万元。

转变工业增长方式，促进工业经济持续发展 推进优势工程，培育支柱产业，制定了加快优势企业发展的45条政策，对优势工程入围企业在政策上扶持、资金上倾斜、服务上优先。强化内部管理，开展了"学邯钢、创星级"和"争创三好企业"的活动，强化目标成本管理，提高企业的整体管理水平，实现了工业生产的持续发展和经济效益的逐步好转。全市完成工业总产值1051.7亿元，比1995年增长26.8%，工业增加值201.8亿元，增长24.5%；乡及乡以上独立核算工业实现利税21.9亿元，增长15.5%。在坚持调高、调大、调优、调外、调强的原则下，确立丝绸、机电、化工、造纸、家电、建筑业为嘉兴市六大支柱产业，并制定具体实施方案和扶持政策，致力培育"五个一批"企业，发展工业规模经济。采取切实措施严格限制和淘汰小印染、小化工、小制革、小造纸、小电镀等"五小"企业，工业产品结构得到进一步改善。全年乡及乡以上独立核算工业企业投入技改资金21.17亿元，增长15.62%，投入生产的新产品1870种，产品质量稳定提高率达到95.15%，提高1.88个百分点。

继续加大开放开发步伐，不断提高对外经济水平 认真分析国际市场的变化，调整出口商品结构，培植龙头出口商品，进一步扩大机电产品和特色商品外销，拓展国际市场。积极推行外贸代理制，全年全社会外贸供货总值142.61亿元，比1995年增长10.2%，地方出口总值6.86亿美元，增长45.8%，出口商品种类达到48大类共320多个品种，出口国家和地区达到81个。利用外资的规模和质量有所提高。全年新批外商投资企业109家，项目总投资5.38亿美元，增长11%；协议利用外资4.62亿美元，增长28%；平均单个项目投资额546万美元，协议利用外资额424万美元，分别增长87%和96.3%；实际利用外资1.22亿美元，增长51.6%。其中，1000万美元以上的项目15个，英荷壳牌公司、日本日立公司、韩国轮胎制造株式会社、美国瑞奇公司、嘉吉公司等国际大公司前来嘉兴市投资。经济开发区建设势头良好，全年共投入基础设施建设资金2.1亿元，协议利用外资1.66亿美元。上海"嘉兴大厦"建成启用，并成功地举办了接轨上海大型系列活动。

认真做好财政金融工作，不断提高人民生活水平 重视财源建设，从严控制支出，保证了财政收支的基本平衡。全市财政收入20.6亿元，增长13.5%；财政支出9.8亿元，增长13.9%。预算外资金实行"集中收费，统一管理，规范使用"的办法，提高资金运营效益。金融机构广泛开展"四讲一服务"活动，在全省率先推出主办银行制度和银团贷款方式，积极支持地方建设。年末金融机构各项存款余额265.7亿元，增长31.8%；贷款余额208.7亿元，增长23.4%。中信实业银行嘉兴支行开业经营，人寿保险和财产保险分线运行。人民的生活水平和居住条件继续得到提高和改善，市区城市居民人均生活费收入6548元，全市农村居民人均纯收入3879元，分

别增长5.6%和10.5%。年末城乡居民人均储蓄存款5384元，增长30.9%。市区新建成8个农贸市场投入使用，全社会商品零售价格涨幅为4%，同比回落了7.1个百分点。全市城镇新建住宅161.6万平方米，农村新建、改建住宅586.4万平方米。再就业工程力度加大，“扶贫帮困”活动深入开展，城镇企业最低工资标准、职工基本生活费标准和城乡居民最低生活保障线制度开始执行。

重点工程建设顺利推进，城市建设取得突破进展 以建设跨世纪区域性中心城市和城市群体为目标，以改善投资环境，增强城市功能作为重要环节，集中力量加大投入，使基础设施建设的进度和城乡环境面貌的改变明显加快。全市27项重点工程完成投资32.4亿元，增长56%。沪杭高速公路嘉兴段累计完成总投资的32.9%，太浦河芦墟枢纽完成土方开挖，秦山核电二期开工建设，嘉兴电厂二期前期工作进展顺利，省网光缆传输工程已进入调试阶段。市区重点狠抓城市道路建设，总投资6.86亿元的四条城市主干道建设全面展开，建国中路年内改造地块达到10万平方米。

改革取得显著成效，第三产业全面发展 嘉兴市已列入国家优化资本结构试点城市，按照“抓大放小”的方针，突出搞好国有企业和城乡集体企业改革，大力推进存量资产的重组优化。有8家企业列入省现代企业制度试点，新组建企业集团15家，有限责任公司和股份有限公司549家，全市城镇企业改制面达53.5%，并成立了市国有资产管理委员会。旅游事业方兴未艾，召开了全市旅游工作会议，制定了旅游业发展规划和政策措施。加快了商业、供销、物资、房地产、交通运输、邮电通讯等行业的发展。市场建设日益繁荣，有各类商品市场277个，全年市场成交额246.9亿元，增长13.1%，其中年成交额超亿元的市场有18个，超10亿元的有7个。全市社会消费品零售总额156.5亿元，增长14.1%，第三产业增加值99.9亿元，增长15.7%。

深入贯彻三项基本国策，科技工作取得新进展 对制革、印染、造纸、化工等重点污染行业实行限期整治，关停71家高污染企业，落实“三废”治理项目100多项，饮用水水质达标率比上年提高3个百分点。全市人口自然增长率为4.4‰。扎实开展土地管理执法和保护耕地工作大检查，加强了对基本农田保护区的管理。全面实施“科教兴市”纲要，制定了促进科技进步的政策措施，形成了“科技创先”的热潮，全年实施“新兴工程”项目51项，新上省级以上科技项目140项，其中19项获省科技进步奖，批准专利83件。年技术贸易额达到9967万元。

(嘉兴市人民政府办公室　杨建强)

嘉兴市国民经济主要指标

指　标	单　位	1996年		1995年	
		地　区	市　区	地　区	市　区
年底人口数	万　人	328.1	77.3	326.4	76.7
非农业人口	万　人	68.2	24.5	66.8	24.0
土地面积	平方公里	3915	968	3915	968
人口密度	人/平方公里	838	799	834	793
年末劳动力资源总数	万　人				
乡村劳动力	万　人				
国内生产总值	亿　元	382.4	84.5	317.3	71.2
农林牧渔业产值	亿　元	90.0	20.9	83.6	19.7
粮食产量	万　吨	197.8	54.6	177.9	48.9
蔬菜产量	万　吨	98.2	18.0	90.1	17.6
猪牛羊肉产量	万　吨	13.51	3.9	13.2	4.0
水产品产量	万　吨	7.13	1.7	6.7	1.7
全部工业总产值	亿　元	824.0	173.3	672.8	146.0

续表

指　　标	单　　位	1996年		1995年	
		地　区	市　区	地　区	市　区
乡及乡以上	亿　　元	471.5	107.9	409.9	97.5
客运总量	万　　人	5980	1503	5083	1337
货运总量	万　　吨	4588	1199	4699	1133
固定资产投资总额	亿　　元	127.2	48.4	111.8	27.6
住　宅	亿　　元				
房地产开发投资额	亿　　元	10.6	5.9	9.8	4.6
商品房销售额	亿　　元				
出口贸易总额	亿 美 元	6.86	2.1	4.7	1.8
进口贸易总额	亿 美 元	2.23			
批准外资项目数	项	109	31	167	45
协议利用外资总数	万 美 元	4.6	2.4	3.6	1.3
实际利用外资金额	万 美 元	1.2	0.6	0.8	0.4
国际旅游人数	万　　人				
国际旅游收入	万　　元				
地方财政预算内收入	亿　　元	20.6	6.7	18.2	6.1
地方财政预算内支出	亿　　元	9.8	3.2	8.6	2.7
银行年末各项贷款余额	亿　　元	208.7	70.7	169.1	55.1
每万名职工中专业技术人员数	人				
中级职称以上	人				
城镇居民家庭人均生活费收入	元		6548		6203
农村居民家庭人均纯收入	元	3879	4088	3511	3605

(嘉兴市政府办公室供稿)

绍　兴　市

经济发展概况

1996年，绍兴市坚持经济建设为中心，坚持两个文明一起抓，实现了经济持续、快速、健康发展。全市国内生产总值513.7亿元，比1995年增长20.6%；人均国内生产总值12655元，增长16%。

农业获得较好收成，全市实现农业增加值65亿元，比1995年增长9%；工业经济保持稳定增长，全市实现工业增加值275亿元，增长26%；以旅游、商贸、市场建设为重点的三产发展较快，全市实现第三产业增加值135亿元，增长18%。全市财政总收入23.53亿元，增长14.2%；其中地方财政收入10.83亿元，增长13.7%。外贸出口增长较快，全社会外贸出口总值165亿元，增长22%，自营出口5.3亿美元，增长18%。年末，金融系统存款余额

309.43亿元，比年初增加69.87亿元，其中城乡居民储蓄216.98亿元，比年初增加54亿元；贷款余额239.78亿元，比年初增加46.05亿元；货币净回笼24.72亿元。全市物价稳定，市区商品零售物价指数106.2%，比1995年回落6.7个百分点。全市城镇职工年人均工资7402元，农民人均纯收入3813元，市区城镇居民人均生活费收入6775元，分别比1995年增长10.2%、19.8%和8.9%。

城市基础设施建设新进展

1996年，绍兴市投入6.5亿元，新建等级公路129公里，完成路面改造202公里，年末公路通车里程已达3335.1公里。铁路绍兴东站二期、104国道市区至柯桥段拓宽改造和杭甬高速公路绍兴市区连接线再拓宽等工程竣工。

市区拓宽了鲁迅西路和新河路，架设了通联天桥，路网结构进一步完善。建成了人工天然气工程，扩大管煤用户10000户。日处理污水3万吨的污水处理工程竣工。国家安居工程昌安行娄一期5.7万平方米安居房建成，1400余户住房困难户得到解困。全年供水总量达到4891万立方米，比1995年增长4.8%。完成了大坞岙垃圾卫生填埋场的建设，居民区全部实行垃圾袋装化。绍兴市再次获得全国城市环境综合整治优秀地级市称号。

全年发电量为20.82亿千瓦时，比1995年增长62.6%，3个220千伏和110千伏变电所建成投运，城市电网互供能力增强，电网调度自动化在华东电网处领先水平。全年完成邮电业务总量7.86亿元，增长36.9%。新增12.5万门程控交换设备，年末电话交换机总容量为56.08万门，增长28.6%，市话普及率达32.62部/百人，比1995年提高5.76部/百人。全市年末移动电话为3.99万部，增长90%。

环境保护和治理情况

1996年，市区大气环境质量好于国家二级标准。大气总悬浮微粒年平均值为0.191毫克/立方米，二氧化硫为0.041毫克/立方米；氮氧化物为0.038毫克/立方米。建成合格饮用水源保护区，供水水质达标率为94.4%。全面实施禁止机动车鸣喇叭和禁止拖拉机进城，交通干线噪声平均值明显下降，噪声达标区覆盖面积达到14平方公里。工业水污染治理得到进一步加强，污水处理率保持在90%以上，工业废水排放达标率为96.23%。市区烟尘控制区覆盖率为100%。民用型煤普及率达到92.5%。固体废物综合利用率为95.67%。城市集中供热和联片供热发展迅速，城市集中供热率达到82.82%。1996年绍兴市投资3200万元建成全省首家人工天然气工程，罐装液化石油气供应网形成，保证了城市气化率达到100%。城市垃圾袋装化收集、集装箱转运和无害化处理率达到100%。城市绿化覆盖率达到43.35%，人均拥有公共绿地面积7.03平方米。

现代农业园区建设取得突破性进展

1996年全市现代农业园区达到89个，面积7.1万亩。绍兴市现代农业园区建设具有三个特点：

一是多层次实施。全市89个现代农业园区中，省、市、县级园区16个，面积33550亩，其中独树、寺桥、孔村、董村、大侣5个园区为省级首批示范园区，绍兴农垦场与省农发集团联合建设综合开发园区，诸暨大侣为省科委的省级现代农业科技园区；乡镇级园区73个，面积37491亩。

二是多类型发展。全市89个现代农业园区中，粮食型77个，蔬菜型6个，综合开发型6个。农业园区已从单一的粮食型向大农业方向扩展。

三是多方面变化。园区基本实现农田成方，路渠成网，林木成行，田间主路形成绿化带，达到田野美化，环境优化，生态效益和经济效益相结合；在实现耕作、排落、植保、脱粒、农业运输机械化的基础上，重点装备机械收获、机播机插、工厂化育秧等机械设备，实现粮食生产全程机械化；全面推广先进农业科技，达到良种良制良法配套，科技贡献率达到80%以上。

工业经济保持稳定增长

1996年全市工业增加值275亿元，比1995年增长26%。在全部工业中，国有工业增长13.4%，集体工业增长31.3%，其中乡镇办工业增长39%。

工业企业改革改组取得新进展。市本级被列为浙江省资产重组试点城市。市直企业通过产权置换，盘活了存量资产2.08亿元，通过资本经营来推动资产重组和优化资产结构。全市新组建省批集团5家，市批集团19家。8家现代企业制度试点企业进入实施阶段。中国轻纺城、古越龙山、浙江震元、浙江天然、诸暨富润股票公开上市。

大力实施名牌战略，工业产品的科技含量和竞争力得到提高。全市开发国家级新产品27项，省级新产品260项，新创省级名牌产品3项。全市在建技改项目1019项，总投资82.6亿元，当年完成投资46亿元，增长10%；列入国家“双加”一期工程的9个项目已全面实施，其中8个项目已建成或部分建成投产，同时又有24个项目列入国家“双加”二期工程。11家企业被确认为省区外高新技术企业。

工业经济效益有所改善。1996年全市乡及乡以上独立核算工业企业十项工业经济效益指标考评总得分140.10分，居浙江省十一个地市首位，比1995年提高3.56分。其中列入国家考核的六项主要经济效益指标总得分102.61分，比1995年提高4.33分，显示整体经济效益有所改善。全年实现销售收入477.45亿元，增长20.2%，利税总额39.11亿元，增长24.1%，实现利润19.66亿元，增长21.4%。

建筑业成为绍兴市新的优势产业

1996年，全市实现建安总产值216亿元，比1995年增长31.7%，建筑业增加值47.5亿元，增长23.6%，继续列浙江省市地首位。建筑企业施工面积3017万平方米，竣工率46.3%，工程优良率37.2%。建筑业从业人员31.17万人，全员劳动生产率69329元。建筑业工程质量明显提高，创国家和省、部级优质工程38.5项，其中鲁班奖2.5项，上海“白玉兰”奖22项，省“钱江杯”14项，获奖率分别占浙江省的50%、47.6%和61.1%。绍兴县、上虞市、诸暨市、嵊州市被省命名为“建筑之乡”，向建筑强市跨出了坚实一步。

旅游事业取得长足进展

围绕建设以历史文化和山水风光为特色的国际旅游城市的目标，旅游事业取得了长足的进展。一年中，修订了全市旅游业发展总体规划，积极开展创建中国优秀旅游城市活动，旅游资源得到进一步挖掘开发，新老景区建设得到加强，会稽山旅游度假区一期、吼山一期、柯岩二期工程基本建成，江南游乐城和新昌大佛城一期已建成开放。全年新批涉外旅游饭店8家，总数达到34家；全市星级饭店7家，其中三星级5家，二星级2家；全市新增旅行社5家，总数达到16家；旅游定点企业10家。全年接待境外来绍兴市旅游、参观、访问和从事各项交流活动的外宾3.2万人次，比1995年增长19.1%；接待国内旅游者360万人次，增长13%。全年旅游外汇收入1540万美元，增长22.2%。

城乡市场繁荣活跃

全年全市社会消费品零售总额142.35亿元，比1995年增长27.8%，扣除零售物价上涨因素实际增长20.3%。其中市及县城的零售额71.55亿元，增长22.1%；县以下农村零售额70.81亿元，增长34.2%。分经济类型看，国有经济零售额31.9亿元，增长8.5%；集体经济零售额31.49亿元，增长21.5%；个体、私营、股份制等其他经济零售额78.96亿元，增长41%。

以区域产业优势为依托，兴办专业市场，是绍兴经济的一个特色，在全国有较大影响。全市年末拥有各类市场374个，其中消费品市场329个，生产资料市场33个，要素市场12个；市场总成交额达542.63亿元，比1995年增长37.4%，其中消费品市场成交额347.42亿元，增长28.2%，生产资料市场成交额195.21亿元，增长57.6%。中国轻纺城成交额达到169亿元，居全国专业市场第二位。

开发区建设进展良好

1996年，全市五个省级经济开发区和会稽山旅游度假区继续朝着更高、更新、更大的目标迈进。全年累计引进项目142个，总投资达到23.4亿元。在引进项目中，工业项目35个，占24.6%；外资项目17个，占12%，协议利用外资7747.80万美元。各开发区基础建设明显加强，全年投入基础设施建设投资4.75亿元，新建道路36.41公里，新建桥涵25座，铺设各类管线60.48公里。开发区管理逐步走向规范和完善，招商引资的环境进一步优化。

绍兴经济开发区引进项目26个，总投资9.18亿元；其中外资项目8个，协议利用外资5381万美元。完成基础设施投资0.72亿元，新建道路5.7公里，桥涵5座，上下水管线5.03公里，排污泵站1座。开发区对外主要通道南复线已顺利竣工，东环线全面建设。位于绍兴经济开发区内的华能超市、绍兴商城、江南游乐城一期、建材城一期、汽车城一期都已建成开业。开发区自营出口1025万美元，实现财政收入3600万元，比1995年增长50.5%。

(绍兴市政府办公室　季明嘉　孙炳方　洪卫标)

绍兴市国民经济主要指标

指　　标	单　　位	1996年		1995年	
		地　区	市　区	地　区	市　区
年底人口数	万　　人	426.84	31.17	424.70	30.63
#非农业人口	万　　人	67.60	21.97	65.05	21.17
土地面积	平方公里	7901	101	7901	101
人口密度	人/平方公里	540	3086	538	3033

续表

指　　标	单　　位	1996年		1995年	
		地　区	市　区	地　区	市　区
年末劳动力资源总数	万　　人	323.79	—	318.90	—
#乡村劳动力	万　　人	271.55	—	207.63	6.30
国内生产总值	亿　　元	513.71	63.21	410.00	50.90
农林牧渔业产值(现价)	亿　　元	95.52	3.98	83.27	2.67
粮食产量	万　　吨	185.46	4.27	174.27	3.94
蔬菜产量	万　　吨	101.49	6.24	90.88	3.80
猪牛羊肉产量	万　　吨	14.29	0.84	11.63	0.39
水产品产量	万　　吨	4.82	0.41	4.56	0.40
全部工业总产值(现价)	亿　　元	1279.65	112.66	1065.78	112.07
#乡及乡以上	亿　　元	573.70	83.33	569.67	89.80
客运总量	万　　人	10037	1094	9966	1166
货运总量	万　　吨	6667	416	6667	509
固定资产投资总额(城镇集体及以上)	亿　　元	46.66	19.31	53.79	21.20
#住　宅	亿　　元	19.07	4.48	2.57	0.39
房地产开发投资额	亿　　元	15.76	4.94	18.22	497
商品房销售额	亿　　元	8.59	2.55	9.62	3.30
出口贸易总额	亿 美 元	5.30	1.90	4.49	1.16
进口贸易总额	亿 美 元	—	—	—	—
利用外资签订协议总数	项	105	27	181	20
利用外资签订协议金额	万 美 元	32219	7382	30166	5087
实际利用外资金额	万 美 元	13435	3722	12959	4492
国际旅游人数	万　　人	3.21	—	—	—
国际旅游收入	万　　元	1540	—	—	—
地方财政预算内收入	亿　　元	10.83	3.02	9.52	2.60
地方财政预算内支出	亿　　元	12.31	2.32	10.96	2.46
银行年末各项贷款余额	亿　　元	135.53	25.14	102.89	38.59
每万名职工中专业技术人员数	人				
#中级职称以上	人				
城镇居民家庭人均生活费收入	元	—	6775	—	6025
农村居民家庭人均纯收入	元	3813	—	3183	—

注：表内各项产值均按当年价格计算。

(绍兴市统计局供稿)

舟　山　市

建市十年，经济发展进入快车道

1996年是舟山撤地建市第十年。1987年1月，舟山经国务院批准撤地建市。十年间，舟山这座祖国东海之滨的千岛新城，逐步走上了一条适合舟山市情的改革和发展路子，进入了一个崭新的发展时期。1996年全市国内生产总值82.58亿元，比1986年增长1.4倍，年均增长9.1%，提前五年实现了比1980年翻两番的目标。

渔农业基础日益稳固　渔业生产摆脱了一度徘徊局面，实现了持续增长，成为历史上最好发展时期之一。1996年舟山渔业总产量首次突破百万吨大关，达到105.18万吨，名列全省第一，比撤地建市前1986年的47.85万吨，增长1.2倍，年均增长8.2%。到1996年底，全市拥有各种机动渔船12148艘，总吨位65.72万吨，马力119.48万千瓦，分别比建市前增长21%，136%和165%。富裕起来的渔民踊跃投资发展生产，十年间累计投入资金近30亿元，钢质渔船发展到1880艘，配备先进的助渔导航设备，进一步提高了渔船的抗风、续航和捕捞能力。渔业开发性生产得到长足发展，远洋渔业从无到有，已成为舟山渔业重要组成部分，到1996年底全市有249艘渔船，3000余名远洋船员在远洋和异国海域捕捞，产量达10.24万吨，占全国远洋渔业产量的十分之一。近十年来，随着市场和渔业资源变化，渔业生产作业结构得到相应调整，形成了远、外、近渔场结合，拖、围、流、钓作业并举，上、中、下层资源合理利用的新格局。水产养殖得到较快发展，基本形成了基地化生产。轮养、混养、暂养、网箱养、工厂化养殖等综合开发新技术得到推广，养殖品种扩大到鱼、虾、贝、藻、蟹诸多品种，1996年全市围塘、滩涂及淡水养殖面积4273公项，养殖产量2.82万吨，分别比1986年增长1.08倍和3.4倍。农业在稳定粮食生产的基础上，着力做好海岛农业综合开发文章。1996年农业总产值10.07亿，比建市前的1986年增长2.94倍。十年间，通过狠抓粮食种植面积落实，推广优良品种、先进适用轻型栽培技术和农业机械化，促进了粮食生产的稳定发展。1996年，全市粮食总产量14.21万吨，完成省计划的101.5%。通过制订发展规划，实施扶持政策，调整农业结构，增加开发投入，开发创汇农业的发展已初具规模，成为全市农业和农村经济的重要组成部分。到1996年底，全市有各类经济果木面积6.47万亩，水果产量1.6万吨；种植各类蔬菜11.46万亩，蔬菜产量12.77万吨；生猪饲养量22.5万头，畜禽存栏134.55万羽。1996年全市开发农业总值达5亿余元，占农业总产值的54%。开发农业出口创汇640万美元，速冻蔬菜已成为出口创汇的主要农产品。

海岛工业持续发展　十年间，舟山市顺应对内搞活，对外开放的新形势，坚持以市场为导向，通过不断深化企业改革，加大工业投入和技术改造力度，因地制宜发展海岛型工业，工业经济总量不断扩张，综合实力明显增强。到1996年底，全市乡及乡以上独立核算工业企业固定资产原值已达到38.1亿元，比1986年末增长4.08倍。全部工业企业数4407家。职工人数13.8万人。1987年以来，工业总产值平均每年以14.7%的速度递增，1996年达到75.57亿元，比建市前的1986年增长2.9倍。在全市国内生产总值中工业已占近三分之一，成为舟山经济发展的支柱。工业结构在发展中得到调整，初步形成了具有海岛特色的水产品加工、船舶修造、机械、轻纺、建材、电子、海洋生物药品等30多个行业的地方工业体系。企业技术改造得到加强，十年内共投入技改资金12.7亿元，平均年递增18%。轻纺工贸公司引进剑杆织机、海力生集团公司软胶囊生产线、无线电厂扩大石英晶体谐振器生产线等一批上规模的工业技改项目陆续竣工投产。技术改造的实施，使一批具有较高科技含量和一定市场竞争力的产品相继开发投产。十年来，全市共开发生产省级以上新产品530种，累计创新产值近40亿元，其中华源电气公司的程控电源、岱山洁具厂浮动式低水箱配件，舟山精工仪器厂的脉冲惊虾仪、普陀电容器厂的抑制电磁干扰电容器、中州机械总公司的三缩颈机组、舟渔公司明珠牌鱼片等被列为国家级新产品，有些新产品还填补了国内空白。全市有100多种工业产品被评为部优、省优产品。近几年来，确定了“抓两头转中间”的工业经济工作方针，着力培育扶持一批重点骨干企业的发展。全年已拥有大中型企业30家，其中大二型企业6家、中一型企业8家、中二型企业16家。金鹰纺织机械股份有限公司等15家销售超亿元、利税超千万元的“亿千”企业，不断上规模、上水平、出效益，成为全市工业经济的排头兵和领头雁。15家“亿千”企业实现产值18.99亿元，销售17.9亿元，利税2.01亿元，分别占全市乡及乡以上独立核算工业企业总产值的37.6%，销售的37.1%，利税的72.8%，规模经济的效益日益显示。非公有制工业发展明显加快，以合资、合作方式，创办或嫁接了一批三资企业，全市三资工业企业完成工业产值10.59亿元，占全市工业产值的

14%，利税总额4850万元，占全市工业利税的17%，个私工业表现出强劲的发展势头，全市个私工业产值19.6亿，占全市工业产值的比重上升到25.8%。上交税金7396万元，与1991年相比，平均每年递增51.2%。

港口开发进程加快 经过十年努力，舟山港已跨入全国性大港行列。1996年，全市港口货物吞吐量达到1334万吨。其中舟山港1187万吨，比1986年的156万吨，增长6.6倍，在全国沿海及长江53个港口中居第20位。十年间，通过加强对港口开发的领导和工作力度，积极扩大招商，努力引进港口开发项目，选后建成中石化兴中石油转运岙山25万吨级原油码头、5万吨级原油成品油码头、中威万吨级油码头，老塘山2.5万吨级煤碳矿砂中转码头等一批大中型货主专用码头。到1996年底全市拥有各类码头泊位159座，其中万吨级以上码头6座，全港货物吞吐能力达到2500万吨。一批新引进的港口项目如兴中石油转运基地，中威岙山成品油库、富兴西蟹峙成品油库等已建成投产。兴中二期、宝钢马迹山矿砂中转基地，东海平湖油气田岱山原油中转等项目正在抓紧建设。册子原油中转码头、六横液化气贮存中转基地等项目正在进行前期工作。舟山港已经成为全国重要的油品、煤炭、矿砂等大宗货物中转储运基地。港口运输装备得到明显改善，全港有仓库面积7819平方米，堆场总面积98507平方米，种类装卸机械235台，其中吊机能力最大的达16吨，港作船只23艘，最大功率为2354千瓦。随着港口开发步伐加快、港口服务机构日趋完善，海关、商检、动植检、边检、港监等涉外机构及保险、外代、外理、外运等涉外企业相继建立运转。为港口装卸服务的仓储，船拖等经营业务不断拓展；依托港口的造船、修船、拆船、油轮清舱、航修等工业及服务业逐步形成规模；各类物资中转、储运、加工业日益发展。海上交通运输生产持续增长，1996年全社会货物周转量和客运周转量分别达到84.69亿吨公里和14.26亿人公里，分别比1986年增长5倍和1.3倍。进出港口的国际船舶大幅度增加。1996年全市进出口货物总量416万吨，承接进出境船舶2159艘次，进出境人员39592人次，十年间分别增加了28倍、14.8倍和12.6倍，海关税收总额达7.6亿元，比十年前的232万元增加了325倍。特别是1993年2月11日，英籍31.8万吨的“兰姆帕斯”号油轮成功靠上舟山岙山岛25万吨级码头卸油，使舟山港成为我国第一次接卸超级巨轮的港口。

海岛旅游方兴未艾 十年来，舟山的旅游业取得了令人瞩目的发展。1996年全市游客接待量达286.1万人次，旅游总收入11.77亿元，其中境外游客4.65万人次，创汇1.77亿外汇人民币。游客接待量，旅游收入，外汇收入三项主要经济指标分别是撤地建市前的1986年的2.97倍、40.6倍和553倍，增长速度之快，在舟山国民经济产业群中首屈一指。舟山旅游有着悠久的历史，但作为一种产业得到较快发展，则是从1987年撤地建市开始的。十年间，市委、市政府出台了发展旅游的相关政策，加强了旅游景区景点基础设施建设。除加快对普陀山景区整修和基础设施建设外，还对嵊泗、岱山、朱家尖、桃花、定海等地旅游资源进行规划建设，突出海洋旅游的特色，加大宣传促销工作，促进了旅游业的发展。通过十年努力，目前全市拥有普陀山和嵊泗列岛两个国家级风景名胜区，岱山岛和桃花岛两个省级风景名胜区。推出了海滨度假，帆板冲浪，沙滩沐浴、海上垂钓等反映海岛特色的旅游项目，定海古文化、鸦片战争遗址等人文景观得到开发。初步形成了以普陀山、朱家尖、沈家门旅游金三角为中心，嵊泗列岛、岱山桃花风景区相辅佐，集观光、娱乐、运动、商务、购物为一体的旅游网络。旅游的食、住、行、游、购、娱各要素得到协调发展。旅游接待条件明显改善，全市拥有各类旅游饭店、宾馆、招待所700多家，总床位3万余张，其中涉外饭店25家，床位2200余张。旅游交通更加便捷，全市现有通往上海、宁波、南通、福建等沿海城市的客轮23艘，2万余个客位，开辟了联接大陆的海峡轮渡航线5条，新增了上海到普陀山、嵊泗列岛及舟山本岛的豪华高速客轮航线，岛上公路每百平方公里69公里，密度居全省首位，主要风景区的通车道路基本实现水泥化。旅游经营机构日趋健全，全市旅游从业人员2.1万人，配有各类导游近300名，直接从事旅游经营的旅行社发展到23家，已与全国近千家旅行社、海外120多个国家地区的旅行机构建立了旅游协作网络。舟山旅游在国内外的知名度越来越高，旅游业已成为舟山经济发展的重要增长点。

经济体制改革全面推进 各项改革取得实质性进展。已由单项进行转向整体推进，重点突破。渔农村改革不断深入。渔区全面推行股份合作制。到1994年底，全市292个渔业村(社)、公司全部完成转制任务。之后，又对股份合作制进行完善规范，初步建立起符合社会主义市场经济要求的渔业经济新机制。农村在坚持和完善家庭联产承包责任制和统分结合的双层经营体制的基础上，着力建立土地使用权流转机制，推进粮田适度规模经营。全市10亩以上种粮大户1200户，面积达3.2万亩，占水田总面积的18%。企业改革进入制度创新阶段，推行以股份合作制、兼并、拍卖、租赁、破产、与外资嫁接等为重点的多种转制形式。目前，已批准组建股份有限公司6家，有限责任公司301家，国有企业新改造、组建集团公司13家，推行股份合作制企业823家。被列入省现代企业制度试点单位的5家企业顺利实施了试点方案，走在全省前列。乡镇企业转制面达61.5%。国有、城镇集体中小型企业的改革，分别在经委、二轻、外贸三个系统进行了试点，正在向面上推开。五大体制改革顺利进行。按照中央的统一部署，积极改革财政、税收、金融、外贸、计划和投资等管理体制，实现平稳过渡。财政收入连年增长，1996年财政总收入5.24亿元，比1986年增长1.9倍，年均增长11.4%。金融形势稳定，存贷款持续增加。1996年新增存款16.7亿，新增货款10.1亿、货币净投入1.45亿元。市场建设步伐加快，市场体系进一步完善，市场机制作用增强。水产品、船舶市场发展较快。金融、劳动力、房地产等生产要素市场从无到有，逐步规范。1996年末，全市已建立各类商品市场113个，全年成交额20.1亿元，比1986年增长20.9倍。社会保障制度改革不断取得新进展，保险基金筹集、运营制度已初步建立，职工养老、失业、工伤保险和渔农村养老保险范围不断扩大。土地使用制度改革和住房制度改革全面推进。

开放型经济发展迅速　十年来，舟山市始终不渝地坚持对外开放，经济外向度水平不断提高。对外开放领域不断扩大。1987年4月，经国务院批准，舟山港正式对外籍船舶开放。1988年4月舟山市区列入沿海经济开放区。随后岙山岛和大洋山分别被国家批准为一类、二类口岸，嵊泗和岱山县的部分地区被批准为向外国人旅游开放。舟山港扩大一类口岸范围的工作取得明显进展。经省政府批准，舟山经济开发区、东港开发区、岱山经济开发区相继成为省级经济开发区。经国家科委批准，六横岛被确定为全国海岛资源综合开发试验区。对外贸易发展迅速。1996年，全市外贸收购总值8.88亿元，比1986年增长6.5倍，年均增长22.3%。外贸进出口总值2.79亿美元，自1990年以来年均增长53.1%，其中出口总值增长42.5%，进口总值增长1.7倍。出口市场进一步拓宽，出口品种不断改善，出口国别和地区已达55个。出口商品由1986年9大类、61种扩大到1996年14大类172种。在出口总值中，工业品出口比重由1990年的2%提高到1996年16.3%，水产品出口连年增长。利用外资增长迅速。十年来，全市累计批准利用外资项目298个，协议利用外资3.37亿美元，实际利用外资1.22亿美元。外商实际投资累计0.93亿美元。1996年末，全市开业的三资企业118家，三资企业出口6130万美元。国际经济技术合作稳步发展。外经领域不断拓宽。1996年外派劳务1253人次，比1990年的493人次增长1.54倍，对外劳务合作的国家和地区扩大到21个，外派劳务结构不断优化，各类技术人员，研修生增多。境外项目陆续启动，境外企业累计达到12家，经济效益显著。开发区建设取得实质性进展，尤其是舟山经济开发区，累计投入基础设施资金3200万元，开发“六通一平”土地57.3公顷。已有87家企业70个项目进区落户，计划投资3.55亿元，实际完成投资2.09亿元，1996年实现工业产值2.3亿元，比1995年增长91%。

基础设施建设步子加大　从1987年1月建市以来，舟山狠抓基础设施建设，着力为今后发展打基础，增后劲。十年间，全社会固定资产投资累计完成165.15亿元，年均递增23.4%。其中国有单位完成投资81.15亿元，年均增长32.9%。重大建设项目和基础建设取得明显进展。一批水、电、通讯、交通、港口等重大基础设施项目相继建成，有效改善了舟山的投资环境，促进了舟山经济的快速发展。“舟山发展水为先”。十年来，全市累计投入水利建设资金2.91亿元，是1950年至1986年36年投入总和的1.71倍，特别是1996年，全市共投入1.05亿元用于水利建设，比建市前1986年的1088万元增加了近10倍。全市水利工程总蓄水能力由1986年的11193万立方米增加到13703万立方米。目前正在加紧兴建的蓄水能力627万立方米的岑港水库，将于1997年9月开始蓄水受益。舟山电力不足的状况等到根本性改变。从1987年到1996年，全市发电量从3.245亿千瓦增加到5.22亿千瓦;发电机组容量从71500千瓦增加到164700千瓦，35千伏及以上输电线从77.3公里增加到300.8公里，海底电缆从无到有，增加到117.93公里。投资7亿元人民币的舟山发电厂2×12.5万千瓦发电机组建设工程于1996年1月开工，可望于1997年7月并网发电，舟山电力紧张的状况将一去不复返。交通基础设施得到了明显改善，单“八”期间，全市用于陆岛交通基础建设投资2.36亿元，比“七五”期间翻了两番多。形成了由“329”国道线舟山段，鸭老线、岑西线、沈白线组成的本岛环岛公路网络，全面完成了5000人以上岛屿300——500吨级交通码头建设。汽车轮渡作为衔接陆岛交通枢纽，使舟山的公路与大陆公路网络沟通。高速豪华客轮不断增加，改善了海上交通条件、缩短了海岛与大陆的距离。舟山民航机场定于1997年7月验收通航，朱家尖跨海大桥可于1998年底建成通车。海、陆、空立体化交通网络已初具轮廓。邮电通讯发展更为迅速。1996年末，城乡电话总容量从1988年的1.68万门，增加到11.11万门，市话从11992部发展到77887部，市内电话从每百人拥有4.14部增加到28.91部。定海区21个乡镇全部开通了程控电话。海岛城市化进程加快。十年间市政公用事业建设投资达到3.7亿元，相当于1951年——1978年28年累计投资的33倍，城区建成区面积由7平方公里扩大到13.8平方公里。

人民生活逐步走向小康　1996年全市城镇居民人均生活费收入6832元，比1986年增5.9倍，年均增长21.3%;渔农民人均纯收入3782元，比1986年增长3.5倍，年均增长16.3%。1996年城镇职工平均工资7457元，比1986年增长4.0倍，年均增长17.5%。伴随居民收入的增加，居民的生活水平不断提高。1996年，全市社会消费品零售总额44.5亿元，比1986年增长5.1倍，年均增长19.9%，扣除物价因素实际增长5.7%。各类消费质量提高、消费结构明显改善，1996年的恩格尔系数(食品支出占生活消费支出比重)为46.6%，比1991年的54.1%下降7.5个百分点，表明城乡居民生活由温饱进入小康。城乡居民储蓄大幅度增加，1996年末达46.59亿元，是1986年末的13.2倍。人均储蓄达到4731元，比1991年增长2.7倍。城镇居民人均手存现金680元，为1991年的5倍。居民生活环境和居住条件进一步改善，1996年末，城市居民人均住房面积11.9平方米，农村居民人均住房面积38.26平方米。

(舟山市政府办公室　周健民　杨先烘)

舟山市国民经济主要指标

指　　标	单　　位	1996年		1995年	
		地　区	市　区	地　区	市　区
年底人口数	万　　人	98.47	68.04	98.28	67.81
#非农业人口	万　　人	23.73	17.97	23.24	17.54
土地面积	平方公里	1371	988	1371	988
人口密度	人/平方公里	718	689	717	686
年末劳动力资源总数	万　　人	73.95	52.53	73.52	50.41
#乡村劳动力	万　　人	56.20	39.15	48.76	32.35
国内生产总值	亿　　元	82.58	57.08	73.49	50.85
农林牧渔业产值	亿　　元	60.84	35.65	57.62	33.69
粮食产量	万　　吨	14.45	12.42	14.52	12.46
蔬菜产量	万　　吨	11.69	9.84	11.61	9.58
猪牛羊肉产量	万　　吨	0.83	0.67	0.93	0.73
水产品产量	万　　吨	105.18	55.93	98.00	53.94
全部工业总产值	亿　　元	75.57	59.91	79.35	64.18
#乡及乡以上	亿　　元	51.30	41.56	59.30	48.55
客运总量	万　　人	6516	5664	6034	4883
货运总量	万　　吨	1999	1539	2221	1780
固定资产投资总额	亿　　元	35.60	26.31	6.78	5.52
#住　宅	亿　　元	4.86	4.06	0.49	0.41
房地产开发投资额	亿　　元	7.12	6.18	8.11	7.09
商品房销售额	亿　　元	3.64	3.06	4.39	3.80
出口贸易总额	亿 美 元	1.57	—	1.53	—
进口贸易总额	亿 美 元	5.76	—	3.88	—
利用外资签订协议总数	项	21	19	33	31
利用外资签订协议金额	万 美 元	1297	412	10300	10100
实际利用外资金额	万 美 元	2024	1636	2800	2400

续表

指　　标	单　　位	1996年		1995年	
		地　区	市　区	地　区	市　区
国际旅游人数	万　　人	4.65	4.60	4.26	4.21
国际旅游收入	万 美 元	2178	2178	1958	1865
地方财政预算内收入	亿　　元	2.72	1.93	2.17	1.59
地方财政预算内支出	亿　　元	5.55	3.85	4.63	3.14
银行年末各项贷款余额	亿　　元	41.17	33.03	33.63	25.72
每万名职工中专业技术人员数	人	999	959	944	956
#中级职称以上	人	260	275	257	276
城镇居民家庭人均生活费收入	元	6832	6832	6202	6202
农村居民家庭人均纯收入	元	3782	3757	3592	3512

注：表内各项产值均按当年价格计算。

（舟山市政府办公室供稿）

福　州　市

经济发展概况

1996年福州市积极培植新的经济增长点，有针对性地解决经济运行中存在的问题，推出一系列适时有效的对策措施，加强对计划、编制、财政、规划、土地、金融等经济运行中的重大问题、重要投资项目和重要资源配置的集中调控和统一决策，推动了全市国民经济和社会事业持续、快速、健康发展。全年完成国内生产总值629.8亿元，比上年增长24.5%。其中，第一产业增加值114.8亿元，比上年增长11.5%；第二产业增加值245.7亿元，比上年增长31.6%；第三产业增加值269.3亿元，比上年增长21%。国民经济各项主要经济指标都完成或超额完成年度计划任务。全年财政总收入达43.5亿元，比上年增长15%，其中市本级收入21.8亿元，比上年增长22.1%；城镇居民人均生活费收入4836元，比上年增长12.8%，扣除物价上涨因素，实际增长5%；农民人均纯收入2847元，比上年增长23.6%；至1996年底城乡居民储蓄存款余额319.6亿元，比年初增加87.7亿元，同比多增15.2亿元；全年全市社会消费品零售总额190.3亿元，比上年增长42.8%；全市商品零售价格指数为104.7，其中市区为104.5，实现了全年的控价目标。

（一）农业经济全面发展　农业、农村工作以“增粮增收保供给，脱贫致富奔小康”为主线，一手抓常规农业，一年抓开放型农业。农业在重灾之年取得了丰收，全年粮食总产量138.8万吨，比上年增产3.7万吨，增长2.8%。全市农林牧渔业总产值184.1亿元，比上年增长11.5%。乡镇企业持续发展，乡镇企业总产值654.3亿元，比上年增长37.4%。农业利用外资工作进展明显，全年共签定农业外资项目125项，总投资5.2亿美元，协议外资4.3亿美元。山海资源得到进一步的开发和利用。全年水产品产量87万吨，比上年增长8.2%。全年造林3921公顷，深翻垦复毛竹6.9万亩，比上年增长14.3%；脱贫致富奔小康进程加快，完成“造福工程”4191人搬迁任务，6个县(市)顺利通过省市1995年基本实现小康目标的复查验收，5个县(区)和80%的乡镇基本实现小康目标。

（二）工业生产稳步增长　1996年，福州市完成工业总产值719.4亿元，比上年增长37.1%。其中乡及乡以上工业完成产值441.7亿元，比上年增长24.6%，工业产销率达95.5%。优化资本结构试点工作等国有企业改革迈出新步伐，在市属7家企业开展了建立现代企业制度试点。完成了对62家国有工业企业的嫁接、租凭、股份合作制等改制工作，其中国有小型企业51家；已对4家平均资产负债率125%、符合破产条件的市属企业依法实行破产。国有企业扭亏增盈工作取得成效，完成了福建省下达的控亏目标。重点抓了投资额1000万元以上、总投资6.4亿元的16项重点技改项目建设。

（三）城市基础设施新进展 1996年福州市城市基础设施建设步伐加快，已建成或基本建成BP石油液化气工程、旗山输变电工程、安仁溪水电站、城门水厂等重点建设项目，长乐国际机场已顺利通过校飞。市区道路网络逐步健全改善，公用事业协调发展。重建了解放大桥，动工建设闽江四桥；扩宽了华林路等8条道路，打通大梦山路等5条丁字路、断头路、瓶颈路。全年市区新增道路面积32万平方米，年末人均道路面积6.9平方米；新增公交车辆206部，每万人拥有公共交通车辆5.52标辆，新辟48路等14条公交线路，净增营运里程430.44万公里；年末全市实有煤气用户10.03万户，液化气用户18.42万户，城市气化率达72.3%；水厂综合生产能力达96.9万吨/日。城市园林绿化建设成效卓著。基本完成了4个城门、5座立交桥花岛、24条主次干道的绿化改造，涌现出白马路斜坡、西洪小绿地等一批绿化精品，新扩建、改造了高盖山公园、西湖公园等10个公园。市区新增园林公共绿地面积49.5公顷，建成区绿化覆盖率达21%，人均公共绿地面积5.1平方米。完成了屏东河等16条内河的整治工程。邮政电信业高速发展。1996年完成邮电业务总量16.91亿元，增长27.7%，建成电讯SDH同步数字传输网；新增城乡电话交换机14万门，程控电话容量达85.3万门；年末城乡电话用户54.48万户，市话普及率达24.3部/百人；净增无线寻呼用户15.38万户，移动电话用户5.6万户，移动电话普及率达17.5部/千人；城乡公用电话普及率为4.4部/千人，市区公话普及率达11.4部/千人。

（四）城市“菜篮子工程”建设 福州市高度重视“菜篮子工程”建设，始终把它作维护社会安定稳定，抑制通货膨胀的一项重要工作来抓。1987年福州市确定在环抱市区31个内外环乡镇兴建“菜篮子工程”，发展副食品生产，以保障城市市场供给。十年来，福州市“菜篮子工程”建设经历了不断探索、完善、巩固和发展的过程，理顺了城乡之间互为依托，双向服务，共同发展的关系，摆脱了行政区划对副食品供应的束缚，初步形成了具有福州特色的发展方式，有效地保证了城市的蔬菜副食品供应，遏制了物价上涨的势头。福州市“菜篮子工程”建设成效显著：建立了一批与市区消费需求相适应的副食品生产基地，已建成蔬菜基地6.13万亩，年产蔬菜30万吨，城市人均占有菜地面积3.3厘；生猪基地66个，年产生猪30万头；蛋鸭、蛋鸡基地场户17个，年产蛋品1.1万吨；水产养殖基地1.5万亩，年产淡水鱼1.8万吨，贝类2700吨以及一批禽、果、奶基地；丰富了市场供应，全市副食品总量供求平衡，城市菜、肉、蛋、鱼、奶、果等主要副食品已实现了自给或自给有余；初步建立起较为通畅的市场流通网络，市区现共有集贸市场368个，其中农副产品市场194个，并形成了一批规模大、功能全、档次高，具有“准超市”性质的集贸市场，进一步完善了市场网络体系；有效地保障了市场物价的基本稳定。全市零售物价指数一直控制在省下达的控价目标以内，其中，副食品价格总水平在沿海开放城市中处于中低水平。

对外开放成效显著

1996年福州市坚持“盯住大项目，发展满天星”的方针，坚持抓好招商引资和落实已批项目并重，进一步扩大对外开放。先后举办了福州国际招商月、厦门“9.8”贸洽会福州招商专场和“9.13”农业招商会，在吸引大财团、引进外资以及农业招商方面有所突破。突出抓了对历年签约项目的清理落实和千万美元以上重点项目的追踪服务工作，促进在建项目和已批未动工项目的落实，推动已投产企业的增资扩产。全年实际利用外资11.2亿美元，累计利用外资42.5亿美元。全地区进出口总值49.5亿美元，比上年增长9.5%。市属进出口总值28.7亿美元，比上年增长22.1%；其中出口总值17.7亿美元，比上年增长13%。全市开发区、投资区新批外商投资项目162个，合同外资5.2亿美元。累计投产企业900多家，全年完成工业总产值225亿元，比上年增长36.4%，高于全市工业平均增长12个百分点，占全市乡以上工业总产值的50.9%，占全市三资企业工业总产值的80.%；出口14亿美元，比上年增长26.6%，占全市出口的79.1%，占全市三资企业出口的92.5%；实现利税8亿元，比上年增长30%。国际经济技术合作势头良好，对外承包与劳务合作完成营业额5351万美元，比上年增长2.1%。进一步发展闽东北五地市经济协作区，并在此基础上组建了闽、浙、赣、皖四省十六地市经济协作区，有效地推动了区域经济合作。

科技星火计划成绩斐然

1996年福州市紧紧围绕农业综合开发能力的提高和奔小康等中心任务，共组织实施星火计划项目120项(其中国家级3项，省级10项，市级8项)，预计可新增产值10.01亿元，利税23256万元，同时培训农村适用技术人才7.7万人次。在全国星火计划十周年暨农业科研成果博览会上，福州市有10个星火项目获优秀项目奖。福建省确定的第二批科技示范乡镇建设已通过省、市级联合达标验收。第二批省定16个科技示范乡镇1996年共完成工农业总产值57.72亿元，科技进步因素在经济增长中贡献率平均达50%以上。星火计划密集区建设有了新的发展，在国家级鼓山星火技术密集区的基础上，又增加了罗源湾、青口、金峰三个省级星火计划技术密集区和国家级福清市特种水产支柱产业区星火项目10项，预计年产值可达1.37亿元，创利税3600万元。密集区的主要特点是以乡镇骨干企业、集团公司承担项目实施任务，使科技进步的成果真正进入经济主战场，将农业经营推向集约化、规模化、高科技化和高效益化的发展道路。截止1996年底，福州市四个星火技术密集区国内生产总值达87.2亿元。市属闽侯县、台江区被国家科委授予全国科技工作先进县(区)。

环境保护和治理情况

1996年福州市主要抓了八项环保实事：一是开展了闽江下游流域水环境综合整治，市政府同有关县(市)签订责任书，设立综合整治专项资金，市财政每年划出300万元，连续五年1500万元，向治理污染企业提供低息贷款。二是治理制鞋业含苯废气污染，到1996年底共计43条制鞋生产线已完成含苯废气治理工程。三是进一步治理大气污染，据检测结果表明，福州市城区二氧化硫、氮氧化物、总悬浮微粒等三项指标均达到国家规定的空气环境质量二级标准，降尘量超过8吨/平方公里·月的地方标准。至1996年底，全市烟尘控制区面积已达75.4平方公里，建成区烟尘控制区覆盖率达100%。四是加强交通、建筑、生活噪声管理，全市环境噪声达标区面积38.56平方公里。五是加强水环境保护。闽江福州段水质基本达到国家规定的地面水环境质量三类标准，市区五个自来水厂水源地水质达标率为95%。开展试点并推广埋地式无动力生活污水净化装置，1996年日处理规模达3000吨。六是成立福州市环境保护举报中心，向社会公布“局长公开电话”，受理群众的投诉，并依法进行查处。七是制订了《福州市环境保护条例》。八是严格控制排放污染物总量。

此外，福州市还加大内河整治管理力度。1996年制定了《福州市内河治理三年创卫规划》，全面治理市区内河，初步改善内河“脏、臭”的面貌。采取市、区两级共同治理内河的办法，先投入6000万元，建设白马河改弯取直安置房16000平方米，修建安泰河、东西河、大庆河三座水闸，整治屏东河、树兜河、东西河等16条长20.67公里的河道。同时加强了内河的日常管理。采取市区分级管理。实行护河员分段包干管理责任制、在内河沿岸与居民签订“护河公约”、组建内河督导队、加强护河设施的建设等治理措施。

(福州市政府办公厅综合处　王力建)

福州市国民经济主要指标

指　　标	单　　位	1996年		1995年	
		地　区	市　区	地　区	市　区
年底人口数	万　　人	569.95	139.66	562.57	137.52
#非农业人口	万　　人	144.78	100.81	140.35	98.29
土地面积	平方公里	11968	1043	11968	1043
人口密度	人/平方公里	476	1339	470	1319
年末劳动力资源总数	万　　人	343.94	96.81	332.81	93.68
#乡村劳动力	万　　人	215.72	22.75	212.61	23.00
国内生产总值	亿　　元	629.81	300.73	501.17	241.76
农林牧渔业产值	亿　　元	184.12	16.32	164.84	17.80
粮食产量	万　　吨	138.84	17.08	135.11	7.11
蔬菜产量	万　　吨	180.96	28.71	161.45	25.27
猪牛羊肉产量	万　　吨	19.40	3.81	17.70	3.69
水产品产量	万　　吨	87.02	2.35	80.44	3.79
全部工业总产值	亿　　元	716.96	322.39	532.92	251.07
#乡及乡以上	亿　　元	438.90	230.64	363.48	209.41

续表

指　　标	单　　位	1996年		1995年	
		地　区	市　区	地　区	市　区
客运总量	万　　人	9704.89	2169.35	9527.50	2069.67
货运总量	万　　吨	8563.02	2570.83	8163.55	2448.55
固定资产投资总额	亿　　元	189.13	109.29	174.75	113.03
#住　宅	亿　　元	33.78	24.19	51.13	41.71
房地产开发投资额	亿　　元	51.95	45.48	54.50	45.38
商品房销售额	亿　　元	16.31	14.29	27.56	23.74
出口贸易总额	亿(美)元	33.00	—	29.21	—
进口贸易总额	亿(美)元	16.45	—	12.28	—
利用外资签订协议总数	项	412	—	678	—
利用外资签订协议金额	万(美)元	11.11	—	32.27	—
实际利用外资金额	万(美)元	11.21	—	11.25	—
国际旅游人数	万　　人	12.06	—	12.77	—
国际旅游收入	万　　元	—	—	—	—
地方财政预算内收入	亿　　元	30.16	20.53	25.82	17.77
地方财政预算内支出	亿　　元	35.18	22.90	27.45	17.38
银行年末各项贷款余额	亿　　元	465.93	361.50	203.21	156.46
每万名职工中专业技术人员数	人	916	575	916	639
#中级职称以上	人	331	186	220	210
城镇居民家庭人均生活费收入	元	4836	—	4286	—
农村居民家庭人均纯收入	元	2847	—	2303	—

注：表内各项产值均按当年价格计算。

(福州市政府供稿)

厦　门　市

综合经济发展概况

1996年，厦门市全年完成国内生产总值308.4亿元，较上年增长19.2％；工农业总产值463.57亿元，增长29.4％；人均国内生产总值2.5万元，增长17.5。城市面貌发生较大变化，社会事业全面进步，精神文明建设取得明显成效，人民生活继续得到改善，社会比较稳定，实现了"九五"计划开好局，起好步的目标。

(一) 工业生产持续快速增长　1996年工业企业以市场为导向，重视产品结构调整和市场营销工作，实现了产销同步增长。全市完成工业总产值431.32亿元，较上年增长31.22％，其中乡及乡以上工业实现产值395.87亿元，增长30.27％，完成工业销售产值382亿元，比增30.8％，产销率达96.5％。三资工业产值301.2亿元，增长35.4％，三资工业产值占全市乡及乡以上工业产值的76％，成为拉动全市工业经济快速增长的主要力量。工业外向度保持较高水平，全市工业品出口交货值198.6亿元，增长48.6%，出口占工业销售总值的52%。工业四大支柱产业增长速度加快，与上年相比，电子工业增长25.4%，机械工业增长30.0%，化学工业增长38.6%，电力工业增长98.1%。四大支柱产业产值已占全市工业总产值的44.0%。

(二) 农业生产全面丰收 1996年，农业和农村工作以"奔小康、建新村"为主线，紧紧围绕增加农副产品有效供给和增加农民收入两大任务，继续加大农业投入，积极推进农村经济体制和农业增长方式的根本转变。全市各级财政全年投入农业资金近1亿元，其中市财政安排预算内支农资金4993万元，比上年增长15%；市级财政预算内农业基建投入1100万元，比上年增长10%，重点支持粮食中低产田改造、吨粮田建设、良种繁育体系和水利等农业基础设施的建设。农、林、牧、渔及乡镇企业全面发展，"菜篮子"工程和小康建设取得可喜成绩。1996年实现农业总产值32.2亿元，增长9.3%。粮食和副食品生产稳中有增，全年粮食总产19.4万吨，比上年增长1.3%；蔬菜、肉类、蛋品、乳品和水产品产量分别增长4.6%、7.4%、1.9%、3.7%和4.8%。乡镇企业规模和水平不断扩大和提高。扶持了一批上规模、上档次的骨干企业，组建了6家企业集团公司，总产值超过3000万元以上企业已达47家，其中亿元以上6家，出口创汇企业279家。1996年乡镇企业实现总产值110.8亿元，完成出口交货值30亿元，分别增长17.6%和10.6%。农村小康进程加快，社会主义新农村示范建设成效显著，思明、开元、湖里、杏林、集美等五个区农村基本实现小康，并通过省级验收。

(三) 商业市场繁荣，购销两旺 1996年，厦门市加大流通设施建设和改造力度，新建和启用了工业品批发市场、东渡水产品市场、美仁宫市场、利景商厦、净菜市场，开张了厦门电子城，正式动工兴建SM商业城，改造了一批商业网点。1996年社会消费品零售总额107.4亿元，比上年增长20.6%，是历年来增长幅度较高的一年。

(四) 控价工作取得显著成效 厦门市政府领导高度重视控价工作，把控制物价涨幅作为宏观调控的首要任务和正确处理改革、发展、稳定三者关系的关键环节来抓。一是实行市长、区(县)长、镇长、村长分级负责，同时把控价目标按21类分解到有关部门，作为市政府年终考核各部门工作成绩的主要依据之一。二是狠抓"菜篮子"工程建设。市政府把"菜园子、菜摊子、菜贩子、菜班子"作为一个系统工程来抓，侧重从抓生产入手，往产销一体化方向努力。生猪生产继续完善6个万头猪场的管理，高崎肉禽蛋批发市场投入运转，实行全市生猪定点统一屠宰，让市民吃上"放心肉"。1996年生产供应蔬菜12.6万吨、生猪45万余头、水产品2.7万吨。市场上副食品供需基本上平衡，"菜篮子"价格都控制在预定指标之内，为稳定物价提供了有利条件和可靠的物质基础。三是抓好"基金"的征收和管理，增强政府调控物价的能力。市政府建立副食品风险基金制度，把加强副食品价格调节基金征收管理作为支持"菜篮子"生产与稳定物价的一项重要工作。1996年财政用于粮食和副食品的价格补贴(含贮备补贴)5491万元，其中粮食2678万元，肉禽蛋1607万元，蔬菜605万元，农用化肥500万元，白糖101万元，为稳定市场物价发挥了积极作用。四是疏导价格矛盾，正确处理控价与发展的关系。1996年，厦门市积极稳妥地调整了电力、房租、自来水价格，精心组织实施国家和省政府铁路货运、公路客货运、邮电资费和粮食购销价格的调整方案，利用价格杠对经济运行中结构性矛盾进行疏导调整，达到既解决经济过热问题，又保持地方微观经济运行的稳定性。五是清费治乱，营造良好的控价环境。首先是在全省率先开展全方位的以降低生产成本为中心，以改善投资环境为目标的清理"三乱"工作，并纳入纠风工作的"重中之重"。其次是以立法推动地方价格管理走上法制化的轨道。市人大通过了《厦门市价格管理条例》，对厦门市经济生活中的各种价格行为进行规范，使从事市场经营活动者和价格行政执法者都有法可依，从而维护了市场价格秩序的正常化。第三是围绕群众关心的收费问题和重要商品价格，进行专项整治和重点检查，整顿流通秩序，维护消费者的合法权益。由于采取了以上措施，1996年居民消费价格涨幅4.9%；商品零售物价涨幅控制在3.3%，比上年回落10.3个百分点，按涨幅由低往高排列，厦门市居全国36个大中城市的第3位，在福建省9个地市中居第1位，低于全国全省平均水平，呈现经济高增长、物价低涨幅的良好态势。

(五) 财政收入增长，金融运行良好 1996年，地方级财政收入27.1亿元，扣除了不可比因素，实际比上年增长18.9%；中央"两税"收入15.2亿元，增长18%；中央和省在厦门地区实现的收入达37.1亿元，增长19.8%；财政支出30.26亿元，增长19.05%。全市金融信贷存款余额348亿元，增长22.06%，其中，城乡居民储蓄存款余额达161.1亿元，增长38.8%；贷款余额307亿元，增长18.28%。银行利润率在全国位居前列，不良贷款率低于全国的平均水平。

(六) 居民收入增加，生活水平提高 1996年城镇居民人均生活费收入7510元，农民人均纯收入3324元，扣除物价上涨因素，分别比上年增长12.7%和18.9%。市委、市政府为提高群众生活质量，继续抓好生猪定点屠宰、整顿农资流通秩序和农村电价、水价、解决双困户、特急危房户的住房问题等12件为民办实事项目，同时，还提高了企业职工最低工资标准、退休职工的待遇和失业救济标准、城镇居民最低生活保障标准，对特困户和民政对象给予适当照顾和补助，保证了群众基本生活水平的提高。

投资环境改善

为发展外向型经济，增强对外招商引资的吸引力、竞争力和对内地的辐射，厦门市政府始终把改善投资环境作为一件十分重要的任务来抓。

（一）改善投资硬环境 一是进一步优化投资结构，在更高的层次上展开城市基础设施建设。1996年，全市完成基本建设投资49.8亿元，较上年增长20.2%，保证了一批基础设施和重点工程项目建设的顺利进行。高崎国际机场新候机楼、海沧马銮新阳大桥、同安北环路相继建成投入使用；海沧港区2、3号泊位、博坦油码头、员当第二污水处理厂如期竣工；嵩屿电厂一期两台机组也建成投产。二是能源、交通、电讯等发展迅速。供电量比上年增长13.3%，可靠率达99.7%，保证了企业生产和居民生活用电。新开辟了直达欧美的远洋集装箱运输航线，1996年港口货物吞吐量达1553万吨，增长18.2%，其中集装箱运输达40万标箱，增长29.2%。1996年邮电业务总量10亿元，增长18.6%，已形成程控电话、移动通信、数字数据、图像传输等达到世界先进水平的现代化通讯网络。信息港的建设取得新成效，邮电的光缆传输网络延伸到全市农村，有线电视光缆骨架已形成，建成了电力调度自动化系统、厦门大学公共教育互联网、商情国际互联网。开通了国家经济信息网络。三是在获得国家卫生城市称号以后，继续开展了争创全国精神文明城市、环境保护模范城市、优秀旅游城市、国家园林城市等一系列活动，进一步加强城市管理。1996年新增园林绿地面积112公顷，人均公共绿地面积增加0.22平方米。初步建成了城市交通指挥电脑监控系统，交通秩序有了较大改善。实施鼓浪屿和员当湖夜景工程，增添了城市夜间景色。通过以上措施，厦门市的投资硬环境及城市面貌有了明显的改善。

（二）改善投资软环境 一是围绕降低投资成本，积极清理乱收费。1996年分四批取消、暂停或降低行政事业性收费项目95项，减轻了企业负担，客商反映较好。二是制定了《厦门市建设工程施工招标和投标管理办法》、《厦门市商品条码管理办法》、《厦门市劳动监察规定》、《厦门市商品交易市场管理办法》等一批法规、规章和规范性文件，规范了市场经济秩序，营造合理竞争环境。三是加强了社会治安综合治理，先后开展了禁毒、收缴非法枪支弹药、扫黄和严打等专项整治，使刑事犯罪案件得到有效控制，社会秩序比较稳定。四是积极推行社会服务承诺制，全市有45个单位公开向社会承诺，提高服务质量，大力纠正行业不正之风，提高办事效率。

有效利用外资

1996年是国家调整引进外资政策幅度较大的一年。厦门市面对严峻的挑战，采取有效措施，加大招商引资工作力度。一是一如继往地以提高效率、降低成本为中心，改善投资软环境；二是充分发挥现有外资企业的作用，以商引商，以外引外，通过他们引进关联性企业和项目；三是建立较为完备的招商项目储备库，加强招商储备项目的前期工作，做到投资者只要有意向，就能提供可供选择的一批项目及相应的可行性报告；四是积极办好第十届'9·8福建投资贸易洽谈会、第二届'9·9海峡两岸商品博览会、'11·28中国经济特区、浦东开发区外商投资企业产品展销会及第二届世界同安人联谊会等大型经贸活动，在招商引资上有较大突破；五是拓宽招商引资区域，把重点转向欧、美、加、日、韩等国家和地区。1996年全市共批准外商投资项目375项，投资总额18.49亿美元，其中协议外资16.50亿美元，批准项目数比上年下降25.74%，投资总额同比下降24.51%，协议外资同比下降19.97%，1996年新开业投产企业519家，较上年增长2.7%，实际利用外资13.50亿美元，增长2.16%。批准台资项目105项，投资总额3.83亿美元，增长7.71%。台商投资3.73亿美元，增长8.25%。

1996年厦门市引进外资有以下主要特点：一是项目数下降，平均项目协议外资额上升。全年新批准外商投资项目数比上年下降25.74%，但平均投资额提高11.6%，达383万美元；二是投资者的国别地区范围进一步扩大。新增意大利、匈牙利和阿根廷三个国家的投资者，港台投资者仍占多数；三是原有三资企业增资，仍是厦门市利用外资的主要增长点之一。1996年共有100家企业增资扩产，新增合同外资3.47亿美元，占当年总数的21%；四是区域招商作用进一步发挥。全年县区新批外商投资项目273项，超过全市总项目的一半，占63%，其中象屿保税区、海沧投资区、湖里区新批的外资项目比上年有所增加；五是外资投资企业工业生产持续增长。1996年三资企业工业产值301亿元，增长19.77%；六是外商实际到资和新开工投产企业数创历年最好水平。1996年实际到资13.5亿美元，增长2.16%，新开工投产企业519家，增长2.77%。

截止1996年底厦门市累计批准外商投资项目3862项，投资总额150.14亿美元，合同外资123.71亿美元，实际利用外资63.65亿美元，新开工投产企业2901家。累计批准台资1375项，投资总额31.31亿美元，台商投资28.99亿美元。

发展对外贸易

为适应国家对外经贸政策的调整和国际市场的激烈竞争，1996年，厦门市制定了"稳住老的、培植新的、扩大外的、发展转口"的经营发展战略，并采取相应的措施。一是积极寻找新的外贸增长点，放开特区岛内生产企业自营出口权。二是帮助、引导国有外贸企业努力调整出口商品结构和市场结构。三是抓好80家重点三资企业的出口。四是充分发挥口岸及保税区和保税生产资料市场的优势，大力发展转口贸易。1996年厦门市进出口总额达66.4亿美元，增长10.06%。出口总额为37亿美元，增长6.35%。其中，国有外贸出口为19.8亿美元，下降4.76；三资企业出口达17.3亿美元，增长22.85%，占全市外贸出口总额的46.7%，较上年提高6.5个百分点。进口总额为29.4亿美元，增长13.2%。其中，国有外贸企业进口为16.2亿美元，增长12.5%；三资企业进口13.2亿美元，增长18.49%。出口国别(地区)共127个，比1995年增加2个，其中日本、香港仍为主要出口国别和地区，分别占出口比重的21.96%和31.46%。出口的前三位商品为卷烟、其它电子元器件、蘑菇罐头。进口到货前三位商品为卷烟、其它纸制品、ABS树脂。转口贸易、加工贸易等也得到较大发展，1996年保税区进出口贸易增长25%，成为厦门市外贸增长的重要区域。

同时，厦门市围绕作为两岸船舶直航试点口岸，加快了两岸"三通"的各项准备工作。市委、市政府及时召集了有关部门根据国家交通部和对外贸易经济合作部的两个《管理办法》，研究相应措施，着手加快客、货运码头的建设。组织经贸考察团赴台考察，建立了新的合作渠道，初步了解了台湾市场状况，实地考察了台中港和高雄港，出台了《关于鼓励扩大对台贸易的若干意见》，在经营权限、出口配额、信贷资金、税收优惠、简化赴台审批手续等方面鼓励发展对台贸易，使对台贸易成为新热点，1996年对台出口比上年增长30%。国有外贸企业对台进出口首次突破1亿美元，达到1.79亿美元。

深化改革开放

1996年厦门市紧紧围绕"两个转变"，继续推进国有企业改革，建立现代企业制度。出台了《厦门市优化资本结构试点实施方案》。按照新的营运机制，已有61家企业进入国有资产投资公司，资产增值率达20%，国有工业企业资产负债率由上年的63.3%下降到61.1%。1996年实施联合兼并、托管和破产共12家企业，盘活存量资产2.56亿元。新上市股份制公司4家，筹资7.7亿元。同时进一步完善要素市场，成立了产权交易中心，颁布了《厦门市产权交易实施办法》，1996年产权交易额1.37亿元。

(一) 投融资体制改革继续深化　相继制定了《厦门市市级财政投资基本建设项目资金管理暂行办法》、《厦门市财政投融资工程预决算审核管理暂行办法》及《厦门市基建项目招标投标管理办法》等一系列行政规章，进一步规范了投资程序，加强了对工程项目预决算和基建资金的管理，节约了上亿元的投资。

(二) 金融保险体制改革有较大进展　中保财险厦门分公司完成改制，正式挂牌营业，中国太平洋保险公司升格为分公司，平安保险公司在厦设立分支机构；中国投资银行厦门分行实现独立经营政策性信贷业务，中国光大银行在厦完成募股，开始筹建分支机构；荷兰商业银行正式开业；厦门城市合作银行、中国农业发展银行都已正式挂牌营业。

(三) 行政机构改革深入开展　已基本完成"三定"工作，市政府工作机构已从66个减少到46家。国务院已批准撤销同安县，设立厦门市同安区。初步确定了职工医疗保障体制改革方案及医院补偿机制。

(四) 进一步扩大对外开放　一是率先在全省实现口岸进出口货物联检报关6天工作制，加快了货物通过速度。二是建立全市外商投资投诉网络，切实加强对外商投资的协调和服务工作。三是进一步发挥区域招商的作用，努力拓宽招商引资的渠道，把招商引资的重点转向欧、美、加、日、韩等国家和地区。四是充分发挥对台的区位优势，抓住国家确定厦门为两岸直航试点口岸的有利时机，加强对台商的引资力度；同时在国家有关部门的大力支持下，推出鼓励扩大对台贸易的十条政策举措。五是积极参与成立了闽粤赣十三地市经济协作区，有利于厦门市今后拓宽经济腹地，增强对外招商引资的吸引力。

(厦门市政府办公厅综合处　沈灿煌　王　红)

售价格涨幅控制在4.3%，比上年下降8.8个百分点。人民群众生活水平有新的提高。城镇居民人均年生活费收入5800元，农民人均年纯收入3325元，扣除物价因素，实际分别比增13.6%和12.7%。

综合配套改革力度进一步加大

企业改革步伐加快。坚持“抓大放小”，搞活了一批国有小型企业；国有资产管理体制改革进一步深入，建立产权交易中心；深化企业内部改革，较好地处理了职工安置问题。新批准组建企业集团14家。金融体制改革迈出可喜的一步。组织实施金融体制改革方案；完成农业银行与农村合作信用社的分设，成立农业发展银行；泉州市城市合作银行已获批准，正抓紧组建；闽南侨乡信托投资公司在增资扩股、转机建制、拓展市场等方面取得较大进展；努力做好直接融资试点工作。社会保障制度改革进一步推进。以养老保险、失业保险、工伤保险、医疗保险、企业女职工生育保险以及农村保险等为基本内容的社会保障体系已初步建立；出台实施城市居民最低生活保障制度。住房制度改革取得新的进展。制定并出台了住房制度改革的有关政策，积极推进住房公积金制度改革。全面实施机构改革并取得明显成效。市直党政机关“三定”工作圆满完成，各县(区、市)常政机构改革全面展开；推行国家公务员制度进展顺利，人事制度改革取得较大成效。与此同时，农村改革、投融资体制改革等逐步深化，市场体系建设取得了新进展。

外引内联取得较好成绩

全市新批外商投资项目672个，投资总额10.6亿美元，协议外资8.18亿美元。新投产(开业)外商投资企业633家，实际到资7.71亿美元，分别比增9.1%和0.8%。在产三资企业完成产值284.8亿元，比增29.2%。全市出口商品总值16.7亿美元，比增10%。对台经贸合作得到加强。新批台资企业93家，合同总投资1.35亿美元，分别比增4.5%和23%。侨务工作取得新的进展，侨胞、港澳同胞捐建公益事业金额达4.4亿元。对内经济联合继续拓展。新批内联企业133家，引进外地资金6亿元。

脱贫致富奔小康步伐加快

全市7万多贫困人口的温饱问题得到解决，3个贫困乡和54个贫困村全部摘除贫困帽子。“造福工程”超额完成省下达任务。全市基本实现小康目标的有7个县(区、市)，沿海5个县(区、市)已通过省小康建设验收复查。在着手研究制订宽裕型小康建设规划的基础上，有条件的地方正在向宽裕型小康推进。

新经济增长点逐步形成

以福建炼油化工有限公司为龙头的肖厝区域的经济开发建设迈出实质性步伐，经济社会各项工作全面推进，目前在建和即将投建的有十几个大中型项目。市级清濛科技工业区开发建设半年来进展较快，招商势头良好，已签订合同、协议50项，投资总额10亿元。

基础设施建设取得重大进展

1996年，全社会固定资产投资(不含利用外资)完成130亿元，比增30.5%。一批基础设施项目和重点建设项目相继竣工投入使用或正在投建。漳泉肖铁路已铺轨至山腰，肖厝支线正抓紧施工；高速公路泉厦段的路基工程已完成，福泉段已经开工；省道三郊线永春路段建设和一批县、乡公路建设进展顺利；泉州刺桐大桥竣工并通车；后渚、石湖、围头、石井码头建设进度加快；水口至官桥50万伏变电站等一批输变电工程项目也在加快建设中；湄洲湾南岸供水工程、龙门滩三级水电站、涌溪三级水电站、山美水库扩蓄工程进展均比较顺利。电力建设继续走在全省前列，年供电、售电量均突破40亿千瓦时大关。邮电通信事业进一步发展，全市所有乡(镇)和93%的行政村开通程控电话，建成分组交换网、数字数据网和计算机互联网，开通了联通通讯网络。

城市建设迈出新的步伐

1996年，泉州市的城市总体规划除晋江、南安、肖厝已经市审核上报省政府待批准外，中心城市及其余5个县(市)都已按法定程序获批准。各县(市)所在中心城区的建设正在按规划有计划有步骤地推进。中心城市分区规划、详细规划等抓紧编制，城市污水泵站建设进展顺利，完成了一批城市绿地、园林建设和地下管网改造工程。经济适用房住宅小区进展顺利，已陆续交付使用。制定并出台土地管理改革方案和市区东片区开发建设的政策，促进了土地资源的保护和合理利用，加快了市区东片区闲置土地的开发建设。在推进城市建设的同时，强化城市监察队伍建设，加大城市管理力度，严肃查处违法违规建设，整顿市容市貌。

建成晋江机场和刺桐大桥

泉州晋江机场1993年经国家有关部门批准扩建开展民用航空运输。扩建工程总投资2.6亿人民币，全部由地方政府自筹解决。泉州晋江机场扩建工程按4C级标准进行扩建，代表机型MD—82，同时可满足B—737、B—757飞机起降要求。跑道规格为长2600米，宽60米(含道肩)，厚度0.37米。停机坪面积27500M^2，可同时停靠四架大中型飞机。航站区按年旅客吞吐量134万人次、货邮吞吐量1.85万吨要求进行建设，新建候机楼1.5万平方米(含国际厅)，高峰小时客流量可达500人次。货运仓库1630平方米，初期油库容量7000立方米。各类地面保障设施及服务设施齐全。机场扩建工程于1996年9月成功首航北京，12月正式通航。泉州刺桐大桥工程总投资2.5亿元。大桥长1530米，接线2285米，匝道2400米，全桥并列6车道，设计日通车量为2.5万辆次，桥下可通行500吨宽体海轮。刺桐大桥建设规模宏伟壮观，是目前福建省最大型公路桥桥梁之一。大桥工程于1995年5月全面动工建设，1996年12月通车。泉州刺桐大桥以民营经济为主进行投资的模式，开创了福建省民营经济投资基础设施建设的先河，也是我国采用BOT投融资方式和投资体制改革的成功范例。

(泉州市政府办公室　蔡伟忠)

泉州市国民经济主要指标

指　标	单　位	1996年		1995年	
		地　区	市　区	地　区	市　区
年底人口数	万　人	645.02	61.75	625.92	52.14
#非农业人口	万　人	82.20		74.93	21.79
土地面积	平方公里	10866	530	10866	530
人口密度	人/平方公里	594	1165	576	984
年末劳动力资源总数	万　人	301.40			
#乡村劳动力	万　人	254.65		249.10	
国内生产总值	亿　元	629.01	106.17	518.96	84.54
农林牧渔业产值	亿　元	122.18	7.73	98.84	6.84
粮食产量	万　吨	116.04	6.44	113.60	
蔬菜产量	万　吨			71.89	8.66
猪牛羊肉产量	万　吨	17.24	1.48	16.19	0.88
水产品产量	万　吨	55.30	1.90	50.96	1.72
全部工业总产值	亿　元	919.32	152.08	723.41	113.16
#乡及乡以上	亿　元	263.72		235.57	38.59
客运总量	万　人	8040		5131	2052
货运总量	万　吨	11810		1456	178
固定资产投资总额	亿　元	130	44.39	99.6	20.66
#住　宅	亿　元				
房地产开发投资额	亿　元	14.14	10.10	14.32	8.03
商品房销售额	亿　元	7.76		11.67	4.14
出口贸易总额	亿元(美元)	16.7		15.2	
进口贸易总额	亿元(美元)				
利用外资签订协议总数	项	672	173	606	183
利用外资签订协议金额	万美元	81831	22435	116503	38017

续表

指　　标	单　　位	1996年		1995年	
		地　区	市　区	地　区	市　区
实际利用外资金额	万美元	7.71	2.27	7.65	1.72
国际旅游人数	万　人	40.05		34.82	—
国际旅游收入	万　元				
地方财政预算内收入	亿　元	19.94	6.16	16.77	5.12
地方财政预算内支出	亿　元			20.24	6.33
银行年末各项贷款余额	亿　元	165.72		126.27	37.65
每万名职工中专业技术人员数	人				
#中级职称以上	人				
城镇居民家庭人均生活费收入	元	5800	6457	4791	5200
农村居民家庭人均纯收入	元	3325	3457	2768	2885

注：表内各项产值均按当年价格计算。

(泉州市政府供稿)

晋　江　市

国民经济平稳健康发展

1996年晋江市贯彻"围绕一个目标、把握四个重点、培育八大支柱产业"的经济发展方针，促进全市经济平稳健康协调发展，为顺利实施"九五"计划奠定了基础。1996年，全市国民生产总值(90价)154.4亿元，比上年增长(以下简称比增)22.15％；国内生产总值151.4亿元，比增22.49％；工农业总产值272.78亿元，比增20.7％；其中工业总产值263.7亿元，比增21.24％；财政总收入6.38亿元，比增16.88％；地方财政收入3.7296亿元，比增17.2％；农民人均纯收入4868元，比增12.66％；城镇居民人均生活费收入7088元，比增12.7％；商品零售物价指数103.4％，比降10.2个百分点。

(一) 农业农村工作继续加强　坚持以宽裕型小康目标统揽农村各项工作，制定实施《晋江市宽裕型小康建设规划》，全面完成镇区整体规划调整和100个中心村规划，大历抓好抛荒复耕，全市复耕面积9280亩，1996年粮食播种面积50.17万亩，粮食总产量15.6万吨，完成年度计划任务。加大农业投入，市镇两级共投入5491万元，其中市财政4150万元，比增11.01％。重点加强农业防护抗灾体系建设，完成千亩以上海堤加固达标51.27公里，新建、修复农用水井107眼，工程造林2600亩，营造沿海防护林带3.6公里，积极推进农业综合开发，加快"四五"高优基地建设，农民收入有较大增长，全市农业总产值9.08亿元，比增7.34％，集体经济不断壮大，全市平均乡村财政收入达51.15万元，100万元以上有35个村。顺利通过省小康复查验收。

(二) "六五"规模工程已见成效　坚持"抓大扶小"方针，出台实施《关于加快新一轮经济发展若干规定》：市、镇、村三级联动，重点跟踪，培育八大支柱产业，一批大型项目如安平人造金刚石厂、恒安工业城、万时红纺织工业城建成投产或基本建成；4个镇工农业总产值超25亿元；新增集团企业6家，累计达37家；新增乡镇企业134家；恒安、汇源集团被确认为全国乡镇企业大型企业(全省仅2家)，5家企业确认为中型企业；重点行业、重点产品监督抽查综合合格率达80.2％，比上年提高3.4个百分点；3个产品被评为福建省名牌产品；20种产品被评为泉州市"闯天下"产品。全市乡镇企业总产值330亿元，比增22％，其中工业产值280.5亿元，比增20.36％。

(三) 外向型经济取得新的突破 确定了发展“港口经济”并作为外向型经济主导方向，“港口经济”摆上突出位置，组建晋江进出口公共保税仓公司，建立深沪二类口岸，新批三资企业235家，总投资额28.02亿元，合同外资3.06亿美元，历年累计批准三资企业2222家，总投资额205.27亿元，合同外资27.09亿美元，投产企业1453家，全市三资企业总产值140亿元，比增26.26%；全社会商品出口总值10.23亿美元，比增21.38%，安平、福埔、东海安、紫帽山等四大成片土地开发区有新的进展，迄今引进内联企业150多家，总投资9.2亿元，吸引外地资金6.5亿元。

(四) 市场体系建设初具规模 建成各类专业市场28座，建筑面积75698平方米，其中青阳生产资料市场和华洲水产品市场年交易额均超10亿元。安海、安平糖烟酒综合市场建成投入使用，福埔SM国际广场建设速度加快，福埔摩托车市场、陈埭鞋材市场融市良好，积极培育和规范土地、劳动力、人才、技术、信息、房地产、产权交易市场及中介组织，城乡市场繁荣活跃，市场物价得到有效控制，全市社会消费品零售总额58亿元，比增20.73%，积极组织企业参加各种展销会并于1996年9月份在成都成功地举办晋江侨乡名优产品展销会，同时多次组织企业赴国(境)外参加交易商洽会，各类展销会成交额达20多亿元。

综合改革稳步推进

(一) 市级机构改革全面完成 以“精简、统一、效能”为原则，以转变职能为重点，精心组织实施了市级机构改革方案，市级常政机构37个，精减37.3%；核定机关行政编制795人，精减15.6%，在完成机关“三定”工作基础上，推行国家公务员制度和参照管理工作；制定了市直机关勤政廉政、岗位责任、财务等10项管理制度，强化机关建设。

(二) 农村各项改革继续深化 加快土地使用权流转，继续推行双田制、股份合作制、专业户承包等，调整土地14970亩，积极推进土地适度规模经营，全市已有各类专业户(联合体)3000多个，其中从事粮、油、蔗、菜生产的专业大户591户，承包最大面积达1500多亩。

(三) 国有资产运行逐步规范 建立健全国有资产管理运行机制，进行国有资产清产核资，落实经营主体，规范主体行为，转换企业经营机制，全市国有企业普遍实行经营体制和劳动、人事、分配制度的改革。

(四) 财税金融改革步伐加快 进一步理顺了财政与国、地税之间的关系，积极培植财源、税源。推行新的管征模式，建立纳税申报制度，集中征收，重点稽查，逐步优化管征服务，推行资产负债比例管理和风险管理；顺利完成农业银行与农村信用社脱钩任务；争取组建农村合作商业银行试点。方案已报人民银行总行审批；积极推行银行承兑汇票和贴现业务。1996年末各项存款余额超70亿元，比增52.3%；各项贷款余额34.4亿元，比增33.46%。

(五) 社会保障体系逐渐形成 在城乡推行各种社会保险，扩大保险覆盖面，企业职工、农村社会养老保险取得突破性进展，稳步推进住房改革，建立了住房公积金制度，完善劳动就业服务机构，基本形成劳动就业网络。

城市建设力度加大

中心城市形象明显提高，坚持“高起点规划、高标准建设、高效能管理”的原则，全面完成城市总体规划修编并报省政府审批，组织实施各小区建设性详规。加快市政配套建设，市区基本形成“三纵四横”主干道和供电、供水、排污、排洪、通讯等市政管道网络；建成日填埋能力75吨的铜锣山垃圾处理厂和日转运能力60吨和青华垃圾中转站；金融小区、体育中心初具规模，一批市政重点建设项目进度加快；市区绿化面积达106.8公顷，绿化覆盖率21.3%，人均公共绿地4.77平方米，加大城市管理办度，成立城市管理委员会，加强城管队伍建设，出台实施城市管理“六规定一通告”。

基础设施网络形成规模，泉州晋江机场举行首航北京仪式后于1996年12月正式通航，开辟北京、上海、深圳、宁波、武夷山、广州等航线，围头万吨级闽台贸易码头建设工程按计划完成投资5115万元；深沪码头二期万吨级工程和安海500吨级码头工程前期工作基本完成。继续完善159.9公里市域骨干公路配套建设，全面开展创建324国道、306省道和市域骨干公路文明样板活动并取得明显成效，建成东石11万伏输变电站一期和陈埭、青阳11万伏输变电站二期工程；晋南22万伏输变电站主变已经到位，安装基本完成；晋源火电厂二期工程完成设计和设备订货并开工建设。全市新增程控电话用户33108户、无线寻呼28448户、移动通信用户14955户，市区20万吨自来水工程完成前期工作；市域引水工程溪边至龙湖段完成中堡隧洞和暗涵工程，马坪隧洞已完成500多米，南高干渠至仕头段完成年度计划。

社会事业协调发展

加快“科教兴市”步伐，制定实施《晋江市科学技术“九五”计划与2010年规划纲要》、《关于加速科学技术进步的若干决定》。“科技创先”工作以全省最高分顺利通过验收，荣获“全国科技工作先进县(市)”、“全国科技百强市”称号，实施各类科技项目72项；建陶业17个攻关项目通过省科委鉴定，科技进步因素对经济增长贡献率有较大提高。教育事业健康发展。1996年，全市共投入教育经费2.2亿元，创办了厦门大学晋江学院，养正中学一级达标通过省级验收，教育体制改革不断深化，教育结构逐步优化，办学条件进一步改善。

污染治理初见成效，完成磁灶、内坑建陶业烟尘污染治理第一阶段任务，全面拆除铁皮烟囱；取缔关停101家重污染企业；强化制鞋业三苯污染治理，安海可慕制革集控区基本形成，西滨电镀小区抓紧规划、环评等前期工作，深沪科任污染集控区已有万时红集团漂染、纺织、化纤等三家企业进区建设。加强南渠水污染整治，建立饮用水源保护区。

(晋江市计经贸委　吴清辉)

晋江市国民经济主要指标

指　　标	单　　位	1996年		1995年	
		地　区	市　区	地　区	市　区
年底人口数	万　　人		98.67		97.77
#非农业人口	万　　人		11.16		10.76
土地面积	平方公里		649.32		649.32
人口密度	人/平方公里		1521		1505
年末劳动力资源总数	万　　人		54.15		53.70
#乡村劳动力	万　　人		47.07		46.16
国内生产总值	亿　　元		185.81		154.56
农林牧渔业产值	亿　　元		18.04		16.29
粮食产量	万　　吨		15.6		15.11
蔬菜产量	万　　吨		11.49		10.92
猪牛羊肉产量	万　　吨		2.6		2.51
水产品产量	万　　吨		12.55		11.56
全部工业总产值	亿　　元		287.60		222.21
#乡及乡以上	亿　　元		66.64		47.61
客运总量	万　　人		921.07		905
货运总量	万　　吨		126.79		122
固定资产投资总额	亿　　元		18.03		16.98
#住　宅	亿　　元				
房地产开发投资额	亿　　元		1.37		2.45
商品房销售额	亿　　元		0.12		1.07
出口贸易总额(出口交货总额)	亿　　元		85		70.03
进口贸易总额	亿　　元				
利用外资签订协议总数	项		218		199
利用外资签订协议金额	万美元		30647		41028
实际利用外资金额	万美元		30015		33078

续表

指　　标	单　位	1996年		1995年	
		地　区	市　区	地　区	市　区
国际旅游人数	万　人				
国际旅游收入	万　元				
地方财政预算内收入	亿　元		3.73		3.18
地方财政预算内支出	亿　元		3.65		3.34
银行年末各项贷款余额	亿　元		34.95		25.6
每万名职工中专业技术人员数	人				
#中级职称以上	人				
城镇居民家族人均生活费收入	元		7088		6289
农村居民家族人均纯收入	元		4868		4321

注：表内各项产值均按当年价格计算。

（晋江市计经贸委供稿）

广　州　市

国民经济平稳增长

1996年，广州市经济运行进入了快速发展后的调整期和转换期，通过积极采取措施，努力推进改革开放和各项建设事业，实现了国民经济持续、快速、健康发展。国内生产总值完成1445.84亿元，比上年增长13.1%；人均国内生产总值2.22万元，增长11.46%。

（一）工交生产稳定发展，农业和农村经济形势好　1996年，全市乡及乡以上工业企业完成工业增加值573.48亿元，较上年增长14.82%；工业总产值2058.7亿元，增长16.84%；产销衔接程度提高，工业产品销售率达95.89%。改建新建国、省道和地方公路152公里，港口吞吐量8469万吨，增长1.55%。邮电业务总量增长23.6%。广州地区完成了电话号码升八位的工作。粮食生产克服了春寒和低温阴雨造成的困难，粮食播种面积按计划完成，全年粮食总产量99.24万吨；农业完成增加值80.75亿元，增长4%；农业总产值139.39亿元，增长4%。蔬菜、水果、禽畜、水产品保持增产。农田水利设施得到加强。乡镇企业继续保持快速增长，总产值和总收入分别完成802.77亿元和838.27亿元，比上年增长18%和10.84%。

（二）市场销售增长，物价涨幅得到抑制　1996年，全市社会消费品零售总额644.32亿元，较上年增长17.16%，扣除物价因素实际增长12.33%。国有商业主导市场的作用增强，各类消费品货源充裕，供应情况良好，农村消费增长快于城市。1996年，全市建立了三个生猪定点屠宰点，生猪屠宰实行统一屠宰、统一检疫，让市民食上“放心肉”。全面推行“净菜”上市，使广大市民能吃上放心菜。旅游饮食业有新的发展，全年共接待国内外旅游者1553万人次，增长18.37%，旅游营业收入130亿元，增长19%。物价调控取得明显成效，商品零售价格指数上升4.3%，低于广东省平均水平，也低于全市经济增长速度。

（三）财政收支平衡，金融形势稳定　全市地方财政收入83.98亿元，比上年增长21.12%，财政支出122.85亿元，增长9.33%。收入增幅高于支出增幅，加上中央税收反还，财政收支可以平衡。金融机构各项存款余额2403亿元，贷款余额1405亿元，分别增长27.4%和20.4%。

（四）固定资产投资结构改善，重点项目建设加强　1996年，市属全社会固定资产投资655.45亿元，比上年增长6.02%。农村水利、能源、交通通信和城市基础设施投资的增长均快于整个投资的增长。地铁、天河火车东站、珠电二期等一批重点项目的建设进展顺利。

(五) 城乡居民收入增加，生活水平提高 1996年，城市居民年人均生活费收入9379元，比上年增长9.66%；农村居民年人均纯收入5163元，增长15.19%；扣除价格因素后，分别增长1.35%和9.7%。城乡居民储蓄存款余额1259亿元，比上年末增长33.5%。城市居民人均住房面积10平方米。全市就业安置率达60%以上，城镇登记失业率控制在3%以下。

经济体制改革和国有企业改革深入开展

围绕推进经济体制和经济增长方式两个根本性转变，广州市制定了《关于进一步搞活企业，促进我市经济实现新增长的若干决定》、《关于进一步落实简政放权，加强和改善我市城市管理若干意见的通知》、《关于调整收费项目，改善我市投资环境的通知》、《关于促进我市商品房经营和房地产业发展若干问题的决定》等一系列政策措施，已取得初步效果。

(一) 企业改革围绕"增资、改造、分流、兼并、破产"的工作思路，在制度创新、抓大放小、解困转制、扭亏增盈、社会保障等方面不断深化 加快大型企业集团的组建发展步伐。对大型企业集团在资产授权、产业政策及投资、补充资本金、融资筹资、扩大对外经贸和财税优惠等十个方面给予扶持。重点组建56户到2000年净资产达5亿元以上、销售额达30亿元以上、主要产品在全国市场占有率名列前三名的大型企业集团。小企业在资产界定和评估、设立职工集体股、分期赎买、资产变现优先支付改革成本等八个方面进行了有益的探索。全市398户小企业放开搞活的试点工作已分步推进。建立现代企业制度试点工作也进入实施阶段，首批18户建制试点公司改造基本完成。为促进国有企业改革向纵深发展，从市直属党政机关抽调干部组建"推进国有企业改革工作队"，深入企业指导，协助解决在改革中遇到的重大困难和问题。

(二) 市场体系建设和流通体制改革有新进展 进一步打开城门，引入"北商"、"洋店"，零售商业投资主体实现多元化。商业口七个集团完成组建工作，向规模经营方向发展。零售商业大型商场、连锁超市、专业市场"三分天下"的新格局渐趋形成。金融市场建设有所推进，金融体系已经基本形成。全市金融机构及其网点已达2500多家，有56家外资金融机构在广州市设立了分行或办事处。在广州的外资保险机构达18家。广州市首家地方性股份制商业银行—广州市城市合作银行于1996年9月挂牌。证券市场建设有新拓展。全市的单据交换中心、清算中心、外汇交易分中心、融资中心、南方证券交易中心、广州期货联合交易所和新开通的同业拆借分中心的覆盖面不断扩大，形成了以珠江三角洲为主体、辐射力远及周边其它地区的金融服务网络。

(三) 社会保障制度进一步完善 广州市社会保险管理局已挂牌运作。广州市已申报作为全国城镇职工医疗制度改革扩大试点城市。为妥善解决失业职工和富余职工的再就业问题，组织实施再就业工程。采取发展经济、政策扶持、加强劳动力结构调整、转岗培训、加强外来劳动力管理等五大举措，并划拨2500万元作为"广州市再就业专项基金"的启动资金，1996年共安排再就业职工1.7万人。

对外经济取得较大的发展

1996年广州市围绕外经贸政策的调整，采取积极务实的态度，主动适时地制订和落实了一系列应对措施，成功地在广州、香港举办了项目推介会，签订了17亿美元的协定书；组织了赴日、韩的大型招商活动；提出了促进外贸出口增长的17项措施，及时调整出口结构，扩大出口；针对广州市出口市场较集中的问题，组织三个考察团到南美、中东、非洲进行考察，制订出开拓这些市场的措施；主动协调中央、省外经贸部门，争取继续享有省级外经贸的管理权限；对外贸企业的体制作了重大调整，组建对外贸易企业集团，对企业的班子、资产、经营进行重组，为企业走出困境创造了极为有利的外部条件；着力抓好出口退税，放开一般许可证管理，热心为各类企业排忧解难，促进了"三外"齐上新局面的发展。

(一) 1996年广州市外经贸工作也取得新的进展 实际利用外资持续增长，全市利用外资合同外资额26亿美元，比上年增长15%。1996年批准的工业利用外资项目954个，占批准项目总数的68.7%，合同利用外资23.6亿美元，占合同利用外资总数的52.8%，超过外商在房地产投资的比重。境外投资结构进一步改善，美、日、欧投资明显增加，在广州经济技术开发区的投资金额首次超过港澳地区。外商投资广州市政基础设施的较大项目有：北二环高速公路、"新三桥"、华南路桥、广州市中心交通、环城高速公路东南段等。

(二) 进出口贸易平稳发展 1996年，全市外贸出口65亿美元，比上年增长4.86%，其中外商投资企业出口37亿美元，占出口总值56.9%，同比增长26%，成为全市出口的支柱。国有外贸企业经济效益有所提高，实现利润比上年增长30%。海外市场拓展稳步发展。1996年新签工程承包合同额2702万美元，输出劳务人员2252人，比上年有所增长。外经贸发展对广州国民经济的贡献进一步增强。全年全市涉外税收比上年增长41%，占全市预算内财政收入的60%以上。外商投资企业工业产值比上年增长22%，占全市工业总产值的45%；

利用外资占全市固定资产投资的40%;外贸出口值占全市国内生产总值的近40%。

广州经济技术开发区成为国际投资的热点。1996年合同利用外资6.5亿美元，实际利用外资5亿美元，比1995年分别增长10%和11.96%，平均每个项目的投资金额为909万美元，属于跨国公司投资的项目有20个，创历史最好水平。

城市规划建设及管理水平不断提高

(一) 城市规划工作加快进度 《广州市城市总体规划》经过修改、调整、充实，已送国务院审批。全市已完成537.23平方公里的79个分区规划的66个分区规划编制。广州市所属4个县级市已全部完成中心城区总体规划的审议方案，完成建制镇总体规划55个。商品房销售面积、销售金额分别比上年增长65%和53%。1996年，广州市城市建设固定资产完成投资工作量8.9亿元，比上年同期增长50%。重点项目建设进展顺利。12个重点项目中、天河火车东站、珠电二期工程、子午线轮胎扩建工程、新沙港一期工程、五羊本田摩托车工程资金到位率在60%以上。广州乙烯工程主要生产装置已完成工程总量的80%以上。珠钢工程已正式奠基。珠电工程4号机组的各主要工程控制节点的施工任务基本按计划完成。地铁一号线工程全线主体结构完成总量的74%。广钢至黄沙等5个车站竣工、标志着首期开通段的主体工程已全部完成。解放大桥、江湾大桥、鹤洞大桥主体工程进展顺利。猎德污水处理厂正在进行厂外管线的渠箱施工。广州雕塑公园、东风公园、云台花园风情街、陵园西花街等一批新的公园和景点按计划抓紧建设。

(二) 城市管理工作加强 围绕第二届亚太地区城市首脑会议在广州召开、全国卫生城市复查、第80届中国出口商品交易会、中国市长协会第二次会议和广州建城2210年城庆等五项重大活动，通过加大城市市政基础设施维护力度，清理脏、乱、差和整治市容市貌等措施，强化了城市管理工作。减少余泥运输车辆对市区道路的污染。有效制止了污染珠江和危害航道及防汛安全的违法行为。市政管理和维护部门投入5000多万元，对全市所有桥梁及20多条市区主干道、523条次干道和一批排水设施进行了整修和更新改造，保证了市区各主次干道路况良好、平整畅顺。园林部门完成了市区各主要干道的绿化整治任务。市区主要干道和公共场所的卫生保洁工作质量有较大提高。加强施工现场管理，大大减少了因施工给城市环境造成的污染。

环境治理和环境保护水平提高

1996年，广州市召开了第四次环境保护会议，加大了环境保护治理的力度，制定了青山碧水蓝天工程计划。在青山、碧水、蓝天、固废处理等四个方面进行整治。青山：控制开山采石，保护自然生态，改造与完善城市山麓林相，营造珠江等河流两岸及城市十大进出口绿化防护带，增加绿化覆盖率和人均绿化面积；碧水：治理城市工业和生活污水，整治珠江水和市内河涌；蓝天：加快工业生产中的脱硫除尘工程建设和城市汽车尾气治理；固定废弃物处理；建设有毒有害物、工业固体废弃物处理中心和生活及医疗垃圾处理项目。整个计划共计96个治理项目，投资总额为109.53亿元。工程完成后计划每年处理各种污染物50884.8吨，减少二氧化硫、粉尘等大气污染物12061吨，COD等废水污染物33131吨。目前，已关闭城市近郊石场317个，恢复植被26个；白云山风景区林相改造正在实施；进行了流溪河和珠江河段水域污染整治和两岸美化；大坦沙污水处理厂扩容工程全部完成；猎德污水处理厂一期工程正在进行；大坦沙资源(垃圾)发电厂正在筹建，两年内竣工。部分大型工矿企业脱硫工程和废气治理工程正在计划实施中。为加快环保产业的发展，筹建环保产业园前期工作正在进行。通过一系列措施，近年来，广州市环境保护和治理水平进一步提高，城区绿化、农业和林业生态改善等方面取得明显进展。

(广州市政府研究室　林进炎　姚朝娟)

广州市国民经济主要指标

指　　标	单　　位	1996年		1995年	
		地　区	市　区	地　区	市　区
年底人口数	万　　人	656.05	390.18	646.71	385.38
#非农业人口	万　　人	403.27	322.14	395.28	316.67
土地面积	平方公里	7434.4	1443.6	7434.4	1443.6

续表

指　　标	单　　位	1996年		1995年	
		地　区	市　区	地　区	市　区
人口密度	人/平方公里	882.5	2702.8	870	2670
年末劳动力资源总数	万　　人	575		567.08	382.96
#乡村劳动力	万　　人	15.90		153.49	41.62
国内生产总值	亿　　元	1445.84		1243.07	896.21
农林牧渔业产值	亿　　元	142.91	46.88	126.81	42.66
粮食产量	万　　吨	99.24	16.40	97.90	14.13
蔬菜产量	万　　吨	232.46	96.89	215.80	94.21
猪牛羊肉产量	万　　吨	11.75	4.95	11.02	4.71
水产品产量	万　　吨	22.18		18.78	4.57
全部工业总产值	亿　　元	2058.70		1722.49	1106.68
#乡及乡以上	亿　　元	1616.71		1408.01	1021.16
客运总量	万　　人	9045	81.41	16107	13246
货运总量	万　　吨	11807	11217	26992	22403
固定资产投资总额	亿　　元	638.94		618.25	473.60
#住　宅(销售)	亿　　元	89.22		169.63	123.71
房地产开发投资额	亿　　元	229.16		209.11	170.25
商品房销售额	亿　　元	133.88		94.49	65.87
出口贸易总额	亿 美 元	65.14		218.38	
进口贸易总额	亿 美 元	39.70		188.73	
利用外资签订协议总数	项	1793		2564	1572
利用外资签订协议金额	万 美 元	510301		685700	554500
实际利用外资金额	万 美 元	260002		225300	136500
国际旅游人数	万　　人	226.55		1706700	
国际旅游收入(旅游外汇收入)	亿 美 元	99200			
地方财政预算内收入	亿　　元	85.24		97.08	83.49
地方财政预算内支出	亿　　元	121.91		111.24	94.96
银行年末各项贷款余额	亿　　元	1404.65		1312.15	1031.71
每万名职工中专业技术人员数	人	2253		2856	2737
#中级职称以上	万　　人	12.96		975	1044
城镇居民家庭人均生活费收入	元	781.59		712.77	8553
农村居民家庭人均纯收入	元	5163.48		4483	

注：表内各项产值均按当年价格计算。

(广州市统计局供稿)

深 圳 市

经济发展概况

1996年，深圳市国民经济继续保持了良好的发展势头。全市实现国内生产总值950.04亿元，比上年增长16.4%。完成工业总产值1062.69亿元(90年不变价)，增长18.1%，国有、集体、三资企业工业总产值的增长速度分别为32.8%、48.2%和13.7%，国有、集体经济的增长速度明显快于三资企业。产销衔接良好，产销率达97.4%。工业经济效益综合指数154.0%，比上年提高4.6个百分点。农业继续发展，全年农业总产值11.73亿元(90年不变价)，增长4.4%，种植业、畜牧业、水产业均取得好成绩。进出口贸易总额390.53亿美元，增长0.7%，其中出口总额212.08亿美元，增长3.3%。全年固定资产投资327.53亿元，增长18.7%。预算内财政收入131.75亿元，剔除证券交易印花税，增长15.5%;"两税"上划中央26.43亿元，增长26.17%。金融形势稳定，年末金融机构各项存款余额1533.46亿元，比年初增加329.48亿元，增长27.4%;各项贷款余额965.20亿元，比年初增加173.15亿元，增长21.9%;存差568.26亿元，全年净回笼货币55.71亿元。证券市场打破了长达3年的低迷态势，市场有序扩容，新增上市公司102家，新增上市总股本172.15亿元，深交所1996年总成交额达13949亿元，超过前五年的总和。搞活房地产市场的11项措施逐步到位，1996年售出商品房325万平方米，其中宝安、龙岗两区"购房入户"销售商品房100万平方米。全年社会消费品零售总额342.27亿元，比上年增长13.9%。价格调控措施成效显著，商品零售价格涨幅为3.9%，居民消费价格涨幅为7.7%，低于全国全省上涨幅度。职工收入和农村人均分配收入稳步上升。1996年各项经济指标的全面完成，为实现全市国民经济和社会发展"九五"计划奠定了良好的基础。

经济增长方式转变

1996年，深圳市实施"三个一批"发展战略，推进经济增长方式转变，取得了初步成效。工业七大主导产业中的百家骨干企业工业总产值达561.6亿元，占全市工业总产值的52.9%，18家重点企业集团实现工业总产值465.16亿元，比上年30.4%，11家企业被列入广东省重点发展的大型企业集团，9家企业进入全国300强企业行列，14种名牌产品产值达193.2亿元。产业结构进一步优化。三次产业的结构由上年的1.6：52.4：46.0调整为1.7：49.3：49.0，继续向发达国家的产业结构趋近。高新技术产业迅速发展。对高新技术产业开发区实施一区多园管理体制，解决了开发区内条块分割的问题，新认定高新技术企业27家，全市高新技术企业已达87家，高新技术产品产值347.6亿元，占镇及镇以上工业总产值的比重由上年的20.5%提高到28.7%。重点项目建设进展顺利。完成年度投资59.1亿元，35个重点建设项目建成投产和投入使用的项目有西部电厂1号机组、超大规模集成电路(后工序)、南玻超薄浮法玻璃、春风路高架桥、罗湖小区防洪排涝工程、福田农产品批发市场等，续建项目基本达到进度要求，新开工项目资金到位率正常，前期工作项目进展顺利。

经济体制改革

(一) 国有企业改革步伐加快 市里制定了有关企业董事会、经理、监事会、党组织和工会的5个暂行规定，调整了3家市级国有资产经营公司的规模和经营方向，对《公司法》实施前成立的1.8万多家公司进行了全面的规范，8家企业完成了经营者年薪核准和兑现工作，内部员工持股试点的企业增加了17家。实施了对生产企业自营进出口权的自动登记制。

(二) 口岸体制改革取得突破性进展 成立了深圳市口岸管理委员会，将深圳港监和蛇口港监合并成深圳水上安全监督局，按照"边检管人、海关管物"的原则，卫生检疫、动物检疫撤出了货检通道，各查验单位主管部门实行"收支两条线"制度，清理和减少了收费项目，皇岗口岸实施了计算机查验网络工程。

(三) 财税金融体制改革继续深化 合理划分了市、区两级财政的收支范围，以登记、征收、检查三大系列的税收征管改革模式正式运行，成立了华安财产保险股份有限公司，引进了新的外资金融机构，筹建深圳农村合作商业银行、农业发展银行和押钞公司，在全国率先建立了保险同业公会。

(四) 流通体制改革取得新成效 开展非上市公司股权交易试点，扩大企业产权交易，建成深圳人才大市场，成立深圳市高级经理人才培训中心。

(五) 社会保障制度日趋完善 全面实施了社会共济与个人帐户相结合的基本养老保险制度和基本医疗保险制度，颁布了失业保险条例、欠薪保障条例，提高了失业救济标准，多层次的保险体系初步形成。

深港经济合作和招商引资

(一) 深港合作取得进展 1996年，深圳市组织有关部门和专家、学者研究制度了《深港经济合作方案》，并按照方案进行各项工作，特别是加紧进行重大基础设施衔接项目的前期准备工作。

(二) 利用外资稳步增长 1996年实际利用外资24.22亿美元，创历史最高水平，新批外资项目平均规模超过168万美元，其中1000万美元以上的项目有29个，外资投向主要集中于工业领域，大跨国公司对深圳市投资呈增长势头。国际大型零售企业美国"沃尔玛"已与深圳市合资兴办了大型零售商场和会员店，签约了全国第一家中外合资旅行社。

(三) 对外交流日益扩大 全年共接待来自60余个国家和地区的三级以上来访团525批，8935人次，其中副总理级以上代表团28批，348人次，有6位现任国家元首、政府首脑和10位现任议长先后访问深圳。

扶贫开发工作

对口扶贫开发工作力度加大 对贵州省毕节地区和黔南州，分两批投放扶贫开发项目11个和一批无偿捐赠项目，总金额5000余万元。向三峡库区、江西吉安、湖北红安和省内大埔五华紫金等贫困地区投放项目区55个，资金1.29亿元。"同富裕"工程进展顺利。市政府颁布了《关于加快实施"同富裕"工程的决定》，市财政为该工程投入资金3.6亿元，各区、镇投入2.5亿元，170个项目全面铺开，市里还筹措资金，设立了"同富裕"发展基金。

(深圳市政府办公厅综合处)

深圳市国民经济主要指标

指　　标	单　　位	1996年		1995年	
		全　市	特区内	全　市	特区内
年底常住人口数(含户籍和暂住人口)	万　　人	358.48	160.30	345.12	151.18
#非农业人口	万　　人				
土地面积	平方公里	2020	327.5	2020	327.5
人口密度	人/平方公里				
年末劳动力资源总数	万　　人	255.48		244.92	
#镇村劳动力	万　　人	116.59		110.04	
国内生产总值	亿　　元	950.04		795.69	
农林牧渔业产值	亿　　元	27.32		23.27	
粮食产量	万　　吨	0.66		0.53	
蔬菜产量	万　　吨	19.4		14.72	
猪肉产量	万　　吨	4.45			
水产品产量	万　　吨	4.1		3.74	
全部工业总产值	亿　　元	1427.70		1226.49	
#乡及乡以上	亿　　元	1211.88		1054.21	
客运总量	万　　人	8281		8261	
货运总量	万　　吨	3647		3542	
固定资产投资总额	亿　　元	327.53		275.82	
#基　建	亿　　元	156.92		140.12	
房地产开发投资额	亿　　元	124.83		103.04	

续表

指标	单位	1996年		1995年	
		地区	市区	地区	市区
商品房销售额	亿元				
出口贸易总额	亿美元	212.08	96.78	205.27	96.33
进口贸易总额	亿美元	178.46	87.06	182.42	92.34
利用外资签订协议总数	项	999		1638	
利用外资签订协议金额	亿美元	16.80		35.97	
实际利用外资金额	亿美元	24.22		17.35	
国际旅游人数	万人	151.47		185.37	
国际旅游收入	万美元	58384		63633	
地方财政预算内收入	亿元	131.75		88.02	
地方财政预算内支出	亿元	138.04		93.40	
银行年末各项贷款余额	亿元	965.20		786.34	
每万名职工中专业技术人员数	人				
#中级职称以上	人				
城镇居民家庭人均生活费收入	元		14943.48		11117.72
农村居民家庭人均纯收入	元				

注：表内各项产值均按当年价格计算。

(深圳市政府供稿)

珠 海 市

1996年，珠海市正确处理改革、发展和稳定的关系，积极推进经济体制和经济增长方式的转变，使国民经济和社会发展保持了持续、平稳、健康发展的良好态热，为“九五”计划的顺利实施开创了良好的局面。

国民经济持续健康发展

1996年，全市实现国民生产总值(现价)203亿元，比上年增长8.9%；实现工业总产值(现价)404.9亿元，比上年增长15%；实现农业总产值(现价)18.56亿元，比上年增长4.1%；预算内财政收入14.1亿元，比上年增长21.4%；实际利用外资9.08亿元，比上年增长33.4%；外贸出口和进口总值分别达24.64亿和24.85亿美元，分别比上年增长16.5%和47.2%；年末金融机构存款余额294亿元，比上年增长31%。物价调控取得明显成效，全年居民消费价格指数上升6.3%，零售物价指数仅上升4.2%，城镇居民人均生活费收入则比上年增长15.7%。

(一) 工业持续发展 1996年实现工业总产值404.9亿元，其中，乡及乡以上工业总产值达354.5亿元，比上年增长12.2%；轻工业产值247.1亿元，比上年增长14.6%；重工业产值107.4亿元，比上年增长6.6%。工业产销基本衔接，工业产品销售率为95.6%，与上年基本持平。外向型工业稳步发展。乡及乡以上工业出口产品产值152.2亿元，比上年增长9.1%，占乡及乡以上工业总产值的比重为42.9%。三资企业工业总产值270.2亿元，比上年增长17.1%，占乡及乡以上工业总产值的比重为76.2%。

(二) 农业生产全面丰收，农村经济稳步增长 1996年完成粮食播种面积26.47万亩，总产9.57万吨，比上年增长3.2%；甘蔗种植面积19.91万亩，总产114.9万吨，比上年增长5.4%。全年农村社会总产值112.26亿元，比上年增长7.6%。乡镇企业总产值完成111.27亿元，比上年增长7%；乡镇总收入96.98亿元，比上年增长41%。

(三) 交通邮电业发展较快 全社会完成客运量、货运量分别增长4.4%和2.4%。开通不久的珠海机场业务发展迅速，已开通32条航线，每周始发航班86班，全年旅客进出港72万人次，货邮量9800吨，实现了启用当年正常费用自给。珠海港口岸正式对外开放。全年全市港口货物吞吐量1218万吨，比上年增长9.5%。邮电业全年完成业务总量8.8亿元，比上年增长19.4%；全市电话交换机总量达37.3万门，用户超过18万户。年末拥有电话机22.27万部，比上年末增长11.7%。

(四) 固定资产投资结构更合理 在"保重点项目，保配套工程"原则指导下，把有限资金投向对经济发展有重要影响的项目，对部分项目进行合理调控，引导全社会资金更多地投向工业、农业、旅游等建设项目，从而使得投资结构更为合理。1996年建成投产基建项目136个，新增固定资产25.46亿元。新增加的主要生产能力和工程效益有：输电线路长度19.83公里，变电设备能力34.15万千伏安；新建公路18.24公里；市内电话自动交换机63000门；扩建中学和小学的校舍；城市自来水管道14.20公里，污水日处理能力1.40万吨，自来水日供水能力12.0万吨；城市道路扩建长度7.82公里；防洪堤长度1.78公里；塑料聚酯及共聚物年生产能力1.25万吨，空调器年生产能力100万台。

(五) 利用外资质量明显提高 1996年共签订利用外资协议350宗，协议投资金额14.45亿美元，合同外资金额11.5亿美元。新增外商投资企业174家。实际利用外资9.08亿美元。比上年同期增长33.4%。珠海国家高新区、斗门县和珠海港区成为外商投资新热点。对外贸易取得成绩显著。旅游业扭转了连续三年的下滑趋势稳健发展。全市接待游客245.6万人次，其中国际游客37.08万人次，比上年同期分别增长6.4%旅游外汇收入2.9亿美元。内联工作有新的进展，全年内联企业协议投资总额9.6亿元。

(六) 重点工程项目顺利建设 以"命运工程"为核心的全市重点工程项目建设继续顺利进行，其中，国际航展场馆、赛车场、前山立工程均已顺利建成并投入使用。珠海港1.4公里的防波堤建成，港口其他配套设施进一步完善。广珠铁路开工方案经调整可望批复。伶仃洋大桥项目通过了国家计委交通部有关部门评估，为国家正式审批立项提供了依据。此外，文化中心、广播电视中心、新图书馆、医疗中心、体育中心、珠海大学等一批重点建设工程继续展开。

(七) 人民生活水平继续提高 全市农渔民人均纯收入3000元，城镇居民生活费收入11274.7元，分别比上年增长9.5%和15.7%，扣除物价因素，增长6.24%和8.8%。环境质量保持良好水平，在广东省城市环境综合整治定量考核中名裂前茅，并被确定为"全国生态示范区建设试点"。

各项改革不断深入

(一) 积极推进国有企业改革 一是以资产流动和重组为突破口，以抓好大型企业、放开小型企业为战略，以建立现代企业制度为方向，积极推进国有企业改革，从整体上搞活全市国有经济。二是着力建立健全资产管理、监督机制，促进政企分开，实现政府管理职能的转变。三是要求企业自觉地适应"两个转变"，抓好内涵扩大再生产，跟上改革的步伐。四是经济领域的各主管部门，尤其是外经贸、工业、税务、财政等部门，积极探索新形势下经济发展路子，深入调查摸底，开展课题研究，努力为实施"两个转变"作贡献。

(二) 现代企业制度改革试点进入实施阶段 全市11家试点企业中，列入省试点的有9家，按照部署积极实施。同时，确定了发展大型企业集团的"一、三、五、十"计划，即到本世纪末，实现年销售额将分别达到100亿、50亿、30亿、10亿的企业集团共19家。资产重组、抓大放小工作全面铺开。在实行国有资产的优化组合和规模经营方面，格力、丽珠两集团的规划论证已经完成，均进入广东省重点扶持的70家大型企业集团之列；全市列入1996、1997年改革计划企业，已完成改制的近一半；成立了国有资产管理委员会和国有资产管理局；逐步建立了由市国资委(国资局)——资产经营公司、投资公司、集团公司——生产经营企业组成的新的国有资产管理体系。根据有关规定，对全市股份公司进行了清理。证券市场发育良好，完成了格力、中富、鑫光公司股票上市工作。

(三) 金融体制和保险制度改革稳步发展 机构改革顺利进行，完成了大部分党政机关单位的"三定"工作，并做好准备转入对全市事业单位的改革。新的住房制度改革已全面铺开，全市60%的干部职工购买了公房。社会保障制度改革，重点抓好医疗保险改革试点和机关事业单位职工养老保险改革。已完成医改方案，并准备出台。贯彻执行《劳动法》和实施"再就业工程"取得成效。积极探索了企业破产试点工作，被列为全省30家小城镇综合改革试点的湾仔镇综合改革试点方案基本完成。

营造良好的投资"软环境"

在继续抓好投资环境"硬件"建设的同时，着重抓好了投资"软环境"的建设。通过认真抓好下面五项工作，使全市投资软环境得到较大改善。一是强化机关服务职能，进一步改变机关作风。主要是从体制入手，继续办好外商投资管理服务中心、内联投资管理服务中心、科技协作管理服务中心、基建管理服务中心，强化其综合管理、联合审批职能，提高办事效率。此外，以牢固树立为生产服务、为基层服务、为群众服务的思想为主导，在全市各级各部门尤其是各经济管理部门、执法部门、口岸联检单位进行了一次机关作风大转变，同时，多方面、多层次地加强了对机关作风的监督工作。二是坚决治理乱收费、滥收费、多收费。成立了专门机构，对全市各种收费进行了全面清理，在可行范围内，削减了一批收费项目，降低了一些收费标准，减轻了企业和群众负担。逐步实行和推广"收支两条线、收支两本帐、收支两个部门"、建立健全"两证一票一卡"制度，从制度上保证了乱收费的根治。三是进一步加强法制建设，重点是把创办特区以来，在经济建设、城市规划、社会管理等方面的成功经验，认真加以总结，制定出切实可行、有珠海特色、能规范和引导今后发展的法律、法规及规章制度，条件成熟时作为地方法规划确定下来。这项工作尤其是在珠海市获得行政立法权后迅速展开。四是强化社会治安综合治理工作，努力创造一个稳定的社会环境。五是加大宣传工作力度，一方面充分发挥可利用新闻媒介的职能作用，另一方面充分发挥全市各类企业在宣传方面的作用，进一步扩大了珠海的知名度。

举办中国首届国际航空航天博览会

'96中国国际航空航天博览会，于1996年11月5日至10日在珠海举行。以实物展示、贸易洽谈为主，并带有飞行表演的国际性航展。25个国家和地区400多家航空航天厂商，包括我国民航、航空、航天以及世界著名的美国波音、麦道、联合技术公司，德国的戴姆勒——奔驰公司，英国的罗罗公司，法国的空中客车公司，俄罗斯图波列夫公司等参加了航展。一批具有九十年代国内外先进水平的近百架各类飞机参加了实物展示和飞行表演。本届航展共签订合同协议16宗，投资金额18.2亿美元。航展期间，还举办了5个大型专业研讨会，共有1000多名外国专家学者参加。

加大科技教育投入

1996年全市有59个项目列入新产品试制计划，其中国家级15项，省级36项;经鉴定的科技成果36项，其中获省科技进步奖3项　市科技重奖3项，市科技进步奖21项。全年高新技术产品产值80亿元，占全市工业总产值的20％。组建了亚仿、丽珠两个国家级现代研究中心，中国工商银行软件开发中心、省高新技术成果产业转换基地落户珠海市。"星火计划"和"火炬计划"进展良好。教育战线办学水平、教学质量稳步提高。幼教质量居全省前列，新建、扩建幼儿园8所，城区幼儿学前人园率在95％以上。普及九年制义务教育工作进一步巩固提高。职业教育、成人教育和农民教育发展步伐加快，市第一职业中学被评为全国重点职业中学，全市大部分镇办起了成人学校。

民主与法制建设不断加强

1996年，全国人大授予珠海市行政立法权，推动全市进一步走上依法治市的轨道。广泛开展了法制宣传教育活动，加快立法工作的步伐。当年颁布实施了3个法规。整顿了全市执法队伍，建立了行政机关执法责任制和行政执法监督机制。进一步完善了社会治安综合治理制度，在全市29个镇、办、场建立了综治办，实行"打防结合，以防为主"的方针、切实维护社会稳定。创建安全文明小区和安全文明村229个，覆盖全市常住人口的50％，社会治安秩序进一步好转。

(中共珠海市委办公室　黄惠强)

珠海市国民经济主要指标

指　标	单　位	1996年		1995年	
		地　区	市　区	地　区	市　区
年底人口数(户籍人口)	万　人		65.37		63.24
#非农业人口	万　人				
土地面积	平方公里				
人口密度	人/平方公里				

续表

指　　标	单　　位	1996年		1995年	
		地　区	市　区	地　区	市　区
年末劳动力资源总数	万　人				
#乡村劳动力	万　人				
国内生产总值(现价)	亿　元		203		195
农业产值	亿　元				9.52
粮食产量	万　吨		8.97		8.63
蔬菜产量	万　吨		12.73		12.01
生猪饲养量	万　头		31.69		32.73
水产品产量	万　吨		7.2		6.89
全部工业总产值	亿　元		404.9		322.2
#乡及乡以上	亿　元		354.5		279.5
客运总量	万人次		12700		12000
货运总量	万　吨		3154		3020
固定资产投资总额	亿　元		60.5		90.54
#住　宅	亿　元				
房地产开发投资额	亿　元				
商品房销售额	亿　元				13.9
出口总额	亿美元		24.64		21.5
进口总额	亿美元		24.85		16.87
利用外资签订协议总数	项		350		476
利用外资签订协议金额	万美元				23.31
实际利用外资金额	万美元		9.08		6.81
国际旅游人数	万　人		37.1		37.1
国际旅游收入	亿美元				2.7
地方财政预算内收入	亿　元				15.2
地方财政预算内支出	亿　元				16.5
银行年末各项贷款余额	亿　元				183
每万名职工中专业技术人员数	人				
#中级职称以上	人				
城镇居民人均生活费收入	元		11275		10704
农村居民人均纯收入	元				2740

注：表内各项产值均按当年价格计算。　　(中共珠海市委办公室供稿)

汕 头 市

国民经济发展概况

1996年，汕头市国民经济持续、快速、健康发展。全市国内生产总值314亿元，增长16.1%，其中第一产业增加值39亿元，增长7.4%，第二产业增加值140.14亿元，增长23.1%，第三产业增加值134.86亿元，增长9.2%。全市工农业总产值476.6亿元，增长22.9%。

(一) 农业 1996年完成农业总产值36.3亿元，增长6.8%。夺得生产克服早春低温寒潮和晚造干旱等困难，夺得全面丰收。全年粮食种植面积142.11万亩，比上年增加2.47万亩；粮食总产75.02万吨，增加2.89万吨。开展创粮食高产活动，努力主攻单产，粮食年亩产1196公斤，稻谷年亩产1087公斤，渔业、畜牧、果蔬全面发展，蔬菜总产量达到123.6万吨，创历史最高记录。农业产业化步伐加快，全市已有10家农业产业化龙头企业和20个“三高”农业示范基地，“三高”农业产值23.04亿元，占农业总产值的63.5%。继续抓好“菜篮子”工程建设，新建万头以上猪基地5个、淡水鱼养殖基地1万亩、蔬菜基地1.8万亩和扩建10万只以上蛋鸡场2个。全市乡镇企业总产值325亿元，增长31.8%。农田水利建设大规模展开，完成韩江、榕江整治计划；整治一批农田排灌渠系。全市有效灌溉面积61.75万亩，占耕地面积85.1%。林业开发、林政管理、耕地保护都取得新进展。农村集体资产管理试点工作初步完成。

(二) 工业 1996年，全市完成工业增加值115.94亿元，比上年增长23.8%。完成工业总产值440.32亿元，增长24.4%，其中乡及乡以上工业总产值229.19亿元，增长10.4%。在乡及乡以上工业产值中，由于部分企业改制，国有工业减少28.1%，集体工业增长17.4%，其它经济类型工业增长18.8%；产值结构仍显示轻工业为主的特点，轻工业产值占69.4%，重工业产值占30.6%。全年工业出口交货值74.89亿元，占同口径工业销售产值35.1%。全市独立核算工业企业1716家，盈利企业盈利总额7.05亿元，增长11.7%；亏损企业508家，亏损面29.6%，亏损总额4.7亿元，增亏10.6%，盈亏相抵后盈利2.35亿元，增长14.1%。企业上交税金8.15亿元，增长10%。实现利税总额10.5亿元，增长10.9%。工业综合经济效益指数90%，比上年提高6.74个百分点。

汕头市政府把振兴工业作为经济工作的重点，出台扶持措施，降低工业用地、水、电价格，鼓励多种经济成份兴办工业。全年引进高科技含量、高附加值、资本密集型项目99个，其中7个投资1000万元以上的项目已开工建设。实施“三个一批”发展战略，先后召开组建大型企业集团和创名牌产品研讨会，扶持海洋(集团)公司、超声电子(集团)公司、超声研究所等一批实力较强的企业发展规模经济。着力改善企业经营管理，一批国有工业企业实现了扭亏增盈。

(三) 交通邮电 1996年共完成港口、公路、桥梁、站场、邮电等交通通信建设投资24亿元。随着深汕高速公路全线建成通车和深水港一期工程的全面投产，交通网络逐步配套完善。全市500吨级以上码头泊位达到67个，综合通过能力1648万吨。1996年6月国家交通部核准汕头港深水航道水深－9.5米，并向世界公布。随即两万吨级巨轮满载驶入汕头港，标志汕头航运事业掀开新的一页。1996年完成货物周转量9.45亿吨公里，旅客周转量23.21亿人公里，空港旅客运载量183万人次，铁路旅客始发量46万人次；港口货物吞吐量1175万吨，邮电通信保持较快发展。1996年完成邮电业务总量16.38亿元，增长24.3%；电话交换机总容量达77.81万门，增长11.3%；新增城乡电话用户7.94万户。全市拥有长途电话电路总数2.77万路端，增长55.5%。年末全市电话机总数67.65万部，移动电话11.12万户。城乡电话每百人19.5部，汕头市区每百人电话38.6部，移动电话7.3部。

(四) 商业 1996年，全市消费品零售总额139.3亿元，扣除价格因素，实际增长16.9%。在消费品零售总额中，国有经济27.93亿元，增长7.5%；集体经济24.32亿元，增长19.45%；私营、个体经济发展较快，零售额77.74亿元，增长23.7%，所占比重由上年的54.7%提高到55.8%。全年投入市场建设资金2.28亿元，新、改、扩建市场48个，面积23.52万平方米。年末城乡集贸市场203个，贸易成交额60.34亿元，增长18.1%。全年商品零售价格指数上升3.7%，居民消费价格指数上升5.6%，实施促销“汕货”的市场策略，加大国内市场开拓力度。在武汉市首次举办大规模商品交易会，参加国家在厦门、南京、昆明等地举办的商品展销活动，取得丰硕成果。

(五) 财税金融 1996年，全市预算内财政收入25.4亿元，增长10.2%，其中市本级预算增长12.6%；全市财政支出22.05亿元，增长3.8%，实现收支平衡，略有节余。财税部门完善财税改革，集中财力支持生产和流通，有力地促进生产，启动市场，培植新税源。税务部门加强重点税种、重点环节和地方零星税源的税收征管，开展打击偷税、骗税专项斗争。坚持量入为出的原则，优化支出结构，有效地控制支出增长。加强国有资产监督管理，全面完成了国有资产清产核资任务，并首次开展行政事业单位产权登记工作。1996年末金融机构各项存款余额375.69亿元，比年初增长27.2%；各项贷款余额331.12亿元，比年初增长25.2%。全年现金收支相抵净回笼21.73亿元。城市合作银行、华侨投资公司组建工作进展顺利，农业银行与农村信用社实现脱钩，并于年末成立了农业发展银行。

(六) 城市建设 1996年共筹集40多亿元进行重点基础设施建设。华能汕头电厂2×30万千瓦机组建成投产，深汕高速公路全线通车，汕头机场路拓宽改造工程基本完成，广澳港起步工程投入使用；国际集装箱码头、500千伏输变电站、宕石大桥、火车站地下广场、宕澳路、污水处理厂等工程建设按计划进行；八个精神文明标志性工程正在加紧施工。市政建设完成固定资产投资7.66亿元，建成区面积达88.8平方公里。新建道路面积19万平方米。市区环卫规划、西片区分区规划和濠江、梅溪河两岸开发、绿化等专项规划圆满完成，城镇、农村规划全面铺开。全年完成建安施工产值71.3亿元。房地产市场开始复苏，全市商品房销售额14.2亿元，增长21.3%。旧城区改造竣工新楼58幢，建筑面积31.7万平方米，回迁居民1780户；补贴出售住宅建成楼房41幢，建筑面积13.5万平方米；利用外资改造市区上永安片动工兴建。市区又有4个住宅小区分别被评为全国城市物业管理示范小区和优秀住宅小区。城市环境质量保持在较好水平，市区大气符合国家大气环境质量二级标准，饮用水源符合国家二类标准，建成区绿化面积2752.8公顷，绿化覆盖率31%。

对外经济贸易

1996年，汕头市外贸工作努力适应国家政策调整，引导企业开拓远洋市场，提高出口产品档次，使外贸出口从下半年起止跌回升。全年完成进出口总值51.5亿美元，增长6.3%，其中出口总值26.82亿美元，增长3.2%。在出口总值中，一般贸易出口11.97亿美元，下降12.3%；三资企业出口11.8亿美元，增长22.7%；“三来一补”出口3.05亿美元，增长11.8%。全市主要出口商品有轻工、纺织、工艺、五矿、化工、机械等。年出口超500万美元的大宗商品37种，超1000万美元以上的25种。全年新签利用外资合同513宗，生产性项目占78.9%；实际利用外资9.87亿美元，增长10%。充分利用外商投资政策调整宽限期，加大力度招商引资，引导外资企业增资扩产。1996年5月汕头市在韩国汉城举行’96汕头经济特区、汕头保税区投资环境介绍会，拓展经贸合作。成立汕头市外商投资管理服务中心，实行项目审批一条龙，出台扶持外商投资企业发展若干措施，优化投资软环境，提高外商投资信心。外商直接投资占全市利用外资总额达99.67%。15家跨国公司、大商社、大财团相继来汕投资，投资总额50190万美元。保税区大规模基础设施建设基本完成，转入功能开发和经营运作全面发展的新时期。1996年全区新批企业108家，投资总额5.3亿元人民币。其中内资企业88家，注册资本2.5亿元人民币；外资企业20家，投资总额3409万美元，协议外商投资额2509万美元。全年全区进出口贸易额3亿美元，增长76.9%；保税仓储货值2亿美元，增长100%。

汕头市还致力搞好基础设施建设，使投资环境日臻完善。至1996年，全市以海港、空港为中心，铁路、高速公路、跨海大桥为骨架的海、陆、空立体交通网络已逐步形成完善。全市拥有5000吨级以上各类泊位17个，其中万吨泊位6个，最大的为3.5万吨；广梅汕铁路全线贯通营运；深汕高速公路全线通车；汕头机场建成中型航空港，开通国内国际航线45条；公路通车里程1491.7公里，公路密度每百平方公里72公里；华能汕头电厂首期2×30万千瓦机组建成投产，电力自给有余；城市供水充足；邮电综合实力跃居全国中等城市第四位，市区家庭电话普及率达到95%以上的部颁标准。

扩展对台经济贸易

1996年，汕头市新批准台资企业24家，合同投资总额9294.74万美元，其中台资总额7071.84万美元。引进台资较大项目有：合资兴建高尔夫球场，项目总投资15亿元人民币，首期投资3亿元，整个项目计划在两年内全部建成；由台湾安峰钢铁股份有限公司和美国赛迪克集团有限公司合办的安朗集团(汕头)100万吨薄钢板厂，项目注册资金2985万美元，计划分3期共安装4条薄钢板生产线，全部工程于2000年前建成投产。台湾海霸王有限公司继收购汕头罐头食品(集团)有限公司厂房和汕头市锅炉辅机厂后，继续扩大在汕投资规模，累计投入资金逾5亿元人民币。

科技事业加速发展

1996年，汕头市有各类专业技术人员工程10.49万人，比上年增长5.3%。全年获得科技成果50项，其中达到国际、国内先进水平30项。全年列入国家级和省级新产品试制鉴定计划58项。经省新认定的高新技术企业9家，超声、海洋集团进入首批国家重点高新技术企业集团行列。民营科技企业日益壮大，至1996年底全市已有民营科技企业150家，全年总产值54.75亿元，技工贸总收入52.21亿元。全市签订技术合同166项，技术交易额1.24亿元。至1996年末累计全市有技术商品经营机构

137家，科研机构62家，民科机构150家。高新技术产业开发区提出和实施“建好东区，以东带西，内外联动，全面推进”的总体战略，取得初步成效。全区技工贸总收入11亿元，增长10%；工业总产值10亿元，增长33%；出口创汇1800万美元，增长60%。完成西片区总体规划和0.3平方公里的基础设施建设，开始投资设厂投入运作。

(汕头市政府办公室　陈毓玲)

汕头市国民经济主要指标

指　　标	单　　位	1996年		1995年	
		全　市	特　区	全　市	特　区
年底人口数	万　　人	407.29	106.44	401.27	103.91
#非农业人口	万　　人	133.56	77.84	128.98	74.45
土地面积	平方公里	2064.4	298.3	2064.4	298.3
人口密度	人/平方公里	1972	3568	1944	3483
年末劳动力资源总数	万　　人			228.31	62.35
#乡村劳动力	万　　人	149.16	19.27	146.93	19.50
国内生产总值	亿　　元	313.66	170.31	261.78	148.73
农林牧渔业产值	亿　　元	69.38	8.96	62.49	6.81
粮食产量	万　　吨	75.02	4.35	72.13	4.70
蔬菜产量	万　　吨	123.60	9.57	112.07	8.57
猪牛羊肉产量	万　　吨	5.41	1.54	4.62	0.80
水产品产量	万　　吨	25.02	3.87	23.96	3.17
全部工业总产值(现行价)	亿　　元	491.19	210.62	375.10	186.11
#乡及乡以上(现行价)	亿　　元	243.25	172.97	217.02	159.68
客运总量	万　　人	1852	1302	2108	1337
货运总量	万　　吨	1314.4	941.9	1499	1056
固定资产投资总额	亿　　元	129.07	86.10	124.33	86.38
#住　宅	亿　　元	25.71	16.04	36.87	26.59
房地产开发投资额	亿　　元	23.63	20.55	27.48	21.56
商品房销售额	亿　　元	26.37	24.11	17.61	15.61
出口贸易总额	亿 美 元	26.82	18.17	26.0	20.76
进口贸易总额	亿 美 元	24.68	17.16	22.45	18.44
利用外资签订协议总数	项	513	261	512	239
利用外资签订协议金额	万 美 元	147440	103997	133529	79461
实际利用外资金额	万 美 元	98652	59168	89579	64960
国际旅游人数	万　　人	11.18	10.96	11.46	11.12
国际旅游收入	万　　元	72476		45550	

续表

指　　标	单　　位	1996年		1995年	
		地　区	市　区	地　区	市　区
地方财政预算内收入	亿　　元	21.69	15.12	21.62	15.97
地方财政预算内支出	亿　　元	22.13	14.41	22.12	15.48
银行年末各项贷款余额	亿　　元	331.12	255.84	263.48	207.05
每万名职工中专业技术人员数	人	2146	1812	2107	1782
#中级职称以上	人	509	470	474	426
城镇居民家庭人均生活费收入	元		6330		5693
农村居民家庭人均纯收入	元	3756	4107	3445	3938

注：表内各项产值均按当年价格计算。

(汕头市政府供稿)

江　门　市

经济建设持续快速发展

1996年，江门市国民经济持续快速发展，全市国内生产总值420亿元，人均国内生产总值11200元，分别比上年增长11％和9％。一、二、三产业结构比例为14：47：39。全市地方财政收入14.97亿元，比上年增长11.81％；财政支出20亿元，增长6.62％，实现收支平衡。

(一) 农业基础地位更加巩固　1996年江门市粮食总产量144.1万吨，较上年增长3.5％；亩产355公斤，比上年增加12公斤。蔬菜总产量110.3万吨，增长12.68％；甘蔗总产量72.6万吨，增长12.68％；花生总产量4.8万吨，与上年持平；水产品总量42.5万吨，增长23.94％；肉类产量18.7万吨，增长7.66％；“三鸟”饲养量8896.3万只，增长11.22％；新兴的鸵鸟养殖业发展势头好，16个鸵鸟场存栏量3966只，比上年翻了一番。造林面积21.66万亩，完成计划任务的125％；山地开发种植优质水果11万亩。“三高”农业发展迅速。兴办了新会现代农业示范基地——天马中试实验基地，“三高”农业基地从上年的1180个增加到1437个，办点面积扩大到138万亩。农业外来投资增多，1996年海外投资1015.7万美元，境内市外投资3.15亿元，兴办农业开发项目58个。水利建设完成投资2.1亿元，维修加固堤围423公里，建成“三面光”渠道300公里。划定基本农田保持区222.8万亩，占全市耕地总面积的90％。农村经济稳步提高。1996年，全市农业总产值112.83亿元，比上年增长9.5％。农村经济总收入631.92亿元，增长18.5％。

(二) 工业生产继续增长　1996年，全市工业总产值892亿元，比上年增长20.98％。其中乡镇工业总产值464.99亿元，增长19.41％，占全市工业总产值的55％。产销基本衔接，全市工业产品销售率为94.28％，比上年提高1.24个百分点。镇以上工业出口产值160.33亿元，增长18.67％。在产值结构中，轻工业增长20.89％，重工业增长18％。从所有制结构看，国有企业增长7.9％；集体企业增长7.7％；其它经济类型企业增长29.1％。三资企业成为主要工业增长点，总产值176亿元，增长47％。占全市独立核算企业总数9％的大中型企业总产值235亿元，占工业总产值的45％，实现税利总额占74％，综合经济效益指数高于全市平均水平12个百分点。

实施“抓大放小”，市直组建江门甘化企业集团公司和江门金羚企业集团公司，优化企业组织结构。鹤山美雅，江门甘化、金羚，开平涤纶，新会绵纶5家企业，列入全省70家重点发展的大企业集团。江门甘化、鹤山美雅、新会锦纶定为国家重点扶持的大型企业。开平涤纶集团股份公司、鹤山美雅集团股份公司、台山机械集团公司、江门高路华集团、江门金羚集团公司、广东大长江集团、新会美达锦纶公司、开平依利安达公司等8家集团企业年产值超10亿元。实施名牌战略，又有10个产品定为广东省名牌产品，总数增至17个，名列全省第三。“广合腐乳”被授予全国腐乳产销出口“中华之最”;“美雅”商标在全国名牌产品评审中名列第44位，在全国纺织类产品中居第2位;维达纸业被认定为“中国最大的纸生产基地”;“金羚”洗衣机步入全国“洗衣机巨子”行列。

(三) 乡镇企业稳步发展 1996年全市乡镇企业10.55万家，职工人数71.1万人，分别比上年增加1598家和1.08万人。乡镇企业总产值593.86亿元，增长16.47%;总收入583亿元，增长20.74%;利润总额3.68亿元，下降45%;上缴税金10.5亿元，下降12%。乡镇企业总产值超10亿元的镇由上年的12个增加到17个。其中新会市会城镇、台山市台城镇总产值超40亿元。加快乡镇企业转机建制步伐，实施股份制、股份合作制、兼并、拍卖、租赁、风险抵押承包等各种形式，1405家企业完成转制，转制面达71%。投资机制逐步民营化，全市乡镇企业投资18.75亿元，其中利用外资8.77亿元，吸纳民资5.16亿元，占总投资的74.3%。

(四) 个体私营经济蓬勃发展 1996年，全市个体户、私营企业发展到9.95万户，从业人员22.1万人，分别比上年增长10%和20%;个体私营经济实现总产值40.4亿元，营业额86.1亿元，上缴利税3.5亿元。私营有限责任公司发展迅速，至1996年末，全市已发展到1912户，净增398户;私营独资企业、合资企业3122户，净增340户。私营企业规模增大，注册资本总额已达22.5亿元，比上年增长25.39%;私营企业集团由上年的1家发展到8家。投向农、林、牧、渔开发性生产的私人投资呈增长趋向，并取得较好的效益。

(五) 投资结构改善，基础设施建设加强 1996年，江门市全社会固定资产投资86.56亿元，比上年下降15.4%。投资结构有所改善，房地产投资受到控制，全市房地产开发完成投资26.79亿元，比上年下降36.6%;开发土地面积比上年下降43.5%;基建、技改投资增加，新上基本建设项目98个，完成投资10.56亿元，增长10.7%;更新改造项目109个，完成投资8.68亿元，增长3.6%。开平涤纶股份集团公司总投资4.3亿元的三万吨直纺项目已建成投产。佛开高速公路全线开通。江门港澳客运码头联检综合大楼等一批基础设施项目建成投入使用。全市新铺设等级水泥公路365.1公里，新改建桥梁41座793.8延米，新建公共汽车站场7个。建成数字移动电话交换局。数字、模拟移动电话总容量扩大到12.7万户。江门西江电厂一期主体工程基本建成，台山发电厂完成“四通一平”工程，全市新增11万伏及以上的输电线路50公里、变电设备能力8万千伏安。

(六) 城乡集市贸易活跃，商品供应充裕 1996年，江门市商业批发、零售贸易及餐饮业新增网点4000个。消费品市场货源充裕，社会消费品零售总额133.1亿元，比上年增长13.6%;城乡集市贸易额37.8亿元，增长17.4%。物价总水平逐月回落，全年商品零售价格总指数上升4.2%，居民消费价格总指数上升5.3%，均低于年初制定的调控目标。加强市场建设，建成江门市农副产品综合批发中心等一批市场设施。台山市南昌市场1996年成交额3.1亿元，列全市市场之首。积极开拓国内外市场，4月在成都举办'96江门市名优新特产品展销会，签订贸易合同1.66亿元和一批合作协议。

各项改革不断深入

国有、集体企业改制取得新突破。以建立股份公司、有限责任公司，组建股份合作、中外合资合作经营企业，实行资产经营承包、抵押承包、租赁经营以及转为个体私营企业等多种形式，加快公有企业转制步伐。1996年，全市完成改制企业4446户，改制面达31%;其中国有企业完成改制530户，改制面达47.5%。健全国有资产层级管理运营体系，组建江门市资产管理委员会，市直十大经济系统相继组建资产经营管理公司，实行授权经营。建立向境外企业和预算外企业派驻财务总监制度，进一步加强财务管理和资产的营运监控。实施行政事业收费收支两条线管理，完善行政事业收费监督。

积极推进各项配套改革，成立市社会保险管理局，扩大保险覆盖面。养老保险实现退休费用由企业统筹向实行全体职工养老保险制度转变。全市城镇职工养老保险参保率达91%，基本养老保险金收缴率达97%以上。深化医疗保障制度改革，出台《市直机关、事业单位医疗保障制度改革试行办法》。加快城镇住房制度改革，全市以商品价出售公房2万套。

对外开放及外经贸继续拓展

1996年全市进出口贸易总额37.4亿美元;其中出口23.6亿美元，比上年增长2.3%。三资企业出口增长迅速，出口总值13.88亿美元，增长46.7%，占全市出口总值的58.76%。出口商品结构与市场结构发生变化，大宗商品出口增多，其中机电产品出口7.6亿美元，增长8.3%，占出口总值的32.2%;出口超过1亿美元的有服装、家电、集装箱、鞋类等产品。出口地区进一步多元化，销往日本、美国、韩国等国家以及港台地区的贸易额均超过1亿美元。

积极开展对外招商引资工作。1996年春在香港举办'96江门市新春酒会，开展招商活动和项目签约仪式;江门市代表团参加省在香港举办的'96广东对外经济贸易洽谈会，签约99项，合同投资总额9.7亿美元，其中外资金额5.3亿美元;在本市举办'96江门市高新技术项目招商会，签约42项，合同投资总额4.55亿美元，其中外资金额3.1亿美元。1996年全市实际利用外资6.43亿美元，增长0.89%。在外商投资中，大项目增多，其中500万美元以上的项目30个，主要投向交通设施、港口码头建设和工业企业技术改造等。全市新增三资企业132家，三资企业产值、出口、效益均比上年有较大增长。

城乡居民收入增加

1996年全市城镇职工人均年工资收入7911元，比上年增长5.4%；农民人均生产性纯收入3522元，增长15%。储蓄存款增加，年末城乡居民储蓄存款余额384.45亿元，比上年末增长36.19%，人均存款突破1万元。积极解决城镇就业问题，全市解决就业人员3.6万人，城镇登记失业率为1.86%。搞好"安居工程"，建成解困房274套，面积1.54万平方米。城市居民人均居住面积12.98平方米，比上年增加0.4平方米；农村人均居住面积18.2平方米。生活保障及社会福利逐步完善，城市居民最低生活保障线和职工最低工资，分别增加到每月200元和280元。解困工作取得新进展，又有319个贫困管理区脱贫；开平市建立了社会扶贫济困网络。

实施科教兴市取得新成效

1996年，全市实施火炬计划项目7项；星火计划项目9项；省级新产品试制鉴定计划项目21项，其中列入国家级6项；省级重点科研成果推广计划项目7项；重点科技攻关项目省级的4项、市级13项。26项科研成果获市科技进步奖。受理专利申请170件，比上年增长3.7%，专利技术实施率达81%。发展高新技术产业，江门长润集团和新会浩邦集团被列为省高新技术企业集团试点。经广东省认定的高新技术企业增加到27家；高新技术产品210个，比上年增加20个；实现产值99.5亿元，税利6.42亿元，分别比上年增长54.1%和78.9%。开展"科技活动月"活动，活跃科技市场，建立健全科技信息网络，民营科技企业有较大增长。

1996年，全市地方财政教育经费支出4.9亿元，比上年增长5.33%，占地方财政支出的17%。全面实施"校舍建设工程"和"教师安居工程"，新建、改建、扩建了一批中、小学校舍，教师住房紧张状况有所缓解。

(江门市政府办公室　曾锦俊)

江门市国民经济主要指标

指　　标	单　　位	1996年		1995年	
		地　区	市　区	地　区	市　区
年底人口数	万　　人	374.36	41.23	371.81	40.15
#非农业人口	万　　人	135.95	31.91	133.08	30.77
土地面积	平方公里	9549.6	179.77	9500	180
人口密度	人/平方公里	392	2303	390	2196
年末劳动力资源总数	万　　人	221.35	23.05	220.97	26.73
#乡村劳动力	万　　人	84.10	2.89	147.80	2.79
国内生产总值	亿　　元	420	108	379.39	94.59
农林牧渔业产值	亿　　元	112.83	4.16	52.05	3.72
粮食产量	万　　吨	144.1	0.67	139.17	0.85
蔬菜产量	万　　吨	110.3	9.65	98.53	9.01
猪牛羊肉产量	万　　吨	9.839	0.7478	8.68	0.62
水产品产量	万　　吨	42.5	1.31	34.29	1.30
全部工业总产值	亿　　元	892	171	726.17	138.33
#乡及乡以上	亿　　元	637.45	147.75	538	125.05

续表

指标	单位	1996年		1995年	
		地区	市区	地区	市区
客运总量	万人	6545	2658	5247	2590
货运总量	万吨	2468	302	2572	310
固定资产投资总额	亿元	86.56	27.1	102.36	24.05
#住宅	亿元	32.37	7.39	23.85	7.04
房地产开发投资额	亿元	26.79	10.96	42.27	12.05
商品房销售额	亿元	14.05	4.89	18.23	3.92
出口贸易总额	亿美元	23.6	5.94	23.09	7.21
进口贸易总额	亿美元	13.8		12.78	4.0
利用外资签订协议总数	项	249	67	382	95
利用外资签订协议金额	万美元	3.19	1.07	7.8	1.47
实际利用外资金额	万美元	6.43	2.1	6.3	1.72
国际旅游人数	万人	23.15		28.54	7.45
国际旅游收入	亿美元	6753.98		6128	
地方财政预算内收入	亿元	14.97	4.43	15.97	4.71[注二]
地方财政预算内支出	亿元	19.97	6.05	18.73	5.4
银行年末各项贷款余额	亿元	388.09	109.18	182.6	65.18
每万名职工中专业技术人员数	人	2019	531	2086	1095
#中级职称以上	人	360	363	338	302
城镇居民家庭人均生活费收入	元	7911	8942	7508	8342[注三]
农村居民家庭人均纯收入	元	3522	5255	3063	4692

注一　表内各项产值均按当年价格计算。

(江门市政府供稿)

注二　1996年地方财政收入是实行分税制(包括省与市分税)后的统计数据。

注三　“城镇居民家庭人均生活费收入”所用的数据为“城镇职工人均年工资收入”。

佛　山　市

国民经济平稳健康发展

1996年，汕头市国内生产总值达到636.96亿元，比1980年翻了四番，比上年增长15.8%(绝对值按当年价，增长率按90年不变价计，下同)，其中，一、二、三产业增加值分别比上年增长11.2%、14.6%和19.5%。人均国内生产总值突破2万元。

(一) 工农业生产稳步增长　全市工农业总产值达到1479.98亿元，增长15.6%，其中，市区289.02亿元，代管的四市分别是：顺德505.5亿元，增长22.4%；南海493.2亿元，增长20.2%；三水113.66亿元，增长3.1%，高明78.6亿元，增长21.3%。全市工业企业通过深化改革、转换机制、调整结构、强化管理，使工业生产保持平稳增长。全市完成工业总产值1367.12亿元，增长15.9%。

科龙、华宝、健力宝、佛山塑料等一批骨干企业保持了良好的发展势头，在工业增长中起了重要的支撑作用。全市产值超亿元的工业企业200家，这些骨干企业只占镇及镇以上工业企业总数的10.1%左右，但产值占镇及镇以上工业的66.5%，占全部工业的44.26%。企业技术改造不断推进，全市仅经委口技改投入就达14.53亿元，投资项目达产后预计每年增加产值37.2亿元，增加税利7亿元。新产品开发力度加大，全市共开发新产品95项，新花色、新品种4300项，有54项新产品被省评为优秀。农业增产增收，农村经济全面发展。全市完成农业总产值112.86亿元，增长9.9%；农村经济总收入991.2亿元，增长18.7%。粮食生产获得丰收，全市完成粮食播种面积125.32万亩，亩产372公斤，比上年增加6公斤，总产46.58万吨，比上年增加0.63万吨，超额完成省下达的粮食生产任务。"三高"农业取得明显成效，林、牧、渔业有较大发展。"三高"农业产值已占全市农业产值八成以上，水稻优质率达九成以上，禽畜品种基本实现良种化，"三高"农业基地已发展到379个。乡镇企业继续稳步发展，产销总量有较大增加。全市乡镇企业总产值873.12亿元、营业收入795.08亿元，出口总值147.8亿元，上缴税金35.11亿元，分别增长36.57%、23.98%、14.39%和31%。

(二) 大力开拓市场，内外贸易稳步发展 1996年，全市各地积极开拓国内外市场，改善经营服务，健全销售网络，促进了内外贸易稳步发展。首先是认真抓好城乡市场，搞好"米袋子"、"菜篮子"工程建设，保证人民群众生活需要。全市实现社会消费品零售总额218.09亿元，增长12.9%，其中城乡集市贸易成交额达78.4亿元，增长13.5%。全市拥有各类市场316个，市场面积达201.9万平方米，其中，消费品市场284个，生产资料市场32个。其次是积极拓展省外市场，除正常的商贸渠道外，还组织企业到重点城市和地区举办各种展销会，不断扩大佛山产品在国内市场的占有率。1996年佛山市政府牵头先后组织企业参加了广东省举办的南京博览会和昆明技术合作洽谈会暨商品交易会，成交额名列各交易团首位。1996年底在沈阳市举办的'96佛山产品博览会，是佛山市首次在国内单独组团举办的产品博览会，签约成交额达81.36亿元，创佛山市参加历次展销会最好成绩。第三是努力开拓国际市场，通过调整出口产品结构和市场结构，大力发展机电产品出口和远洋贸易，使外贸出口在十分困难的情况下实现了平稳增长。1996年，全市外贸出口总额39.07亿美元，增长10.9%，其中远洋贸易增长54%，占总额的12%，比上年提高了2.7个百分点；机电产品出口增长20.3%，占总额的34.3%，提高了4.4个百分点。在积极开拓市场的同时，加大了招商引资力度，引进了一大批国际知名的大企业、大财团前来投资合作，1996年全市实际利用外资11.59亿美元，增长7.3%。

(三) 财政金融形势平稳，人民生活稳步提高 1996年全市地方财政收入26.73亿元，比上年增长23.67%，实现了财政收支平衡，略有结余。1996年年末，全市金融部门各项存款余额突破1000亿元，达到1022.69亿元，增长35.5%；贷款余额763.2亿元，增长18.8%。人民生活水平继续提高。全市职工人均工资10406元，增长10.1%；农民人均纯收入4832元，增长14.3%；城乡居民储蓄存款余额678.83亿元，增长41.1%，实现人平储蓄超2万元；城市居民人均住房面积达16.85平方米。据抽样调查，1996年城市居民人均月生活费收入904.4元，比上年增长17.1%。

基础设施建设的新成就

1996年，佛山市在固定资产投资减少的情况下，大力调整投资结构，多渠道筹集资金，集中力量保重点项目建设。全市固定资产投资151.15亿元，比上年下降6.2%，其中能源、水利方面的投资分别比上年增长9.1%和110%。交通建设方面，全市相继建成市区文沙大桥和文庆路(桥)、广三公路二期改造工程、南海下安大桥、三水汽车站首期工程、高明龙高公路、明和公路、肇江公路高明段等重点工程项目，全市公路通车总里程达2889.7公里，增70.7公里。邮电通讯建设方面，全市电话装机总容量107.36万门，其中市区32.35万门，市区建成国内首家具有世界先进水平的SDH传输网。能源建设方面，全市电力总装机容量达222万千瓦，1996年全市总供电量77.15亿千瓦·小时，比上年增8.9%，年人均用电量3100千瓦·小时。水利基础设施建设方面，全市四级共投入资金6.3亿元，建成一批高标准、高质量的水利工程项目，大大提高了农业抗御自然灾害的能力。

城镇规划、建设和管理水平不断提高，城乡一体化进程加快。全市各地在完成城市总体规划基础上，认真抓好控制规划和详细规划的编制工作，城镇建设步入规范化的轨道。供水、供气、污水处理等城市基础设施不断完善，城乡绿化、净化、美化工作取得新成绩。城市环境综合整治力度加大，环境质量基本保持稳定，大气环境质量和饮用水源水质分别达到国家二级标准和国家地面水质Ⅱ类标准。城镇住宅小区物业管理稳步推进，市区惠景城一区、顺德碧桂园、南海黄岐嘉乐园获全省、全国物业管理优秀示范住宅小区称号。住宅建设和管理迈上新台阶，1996年6月，佛山市与另外两个兄弟城市一道代表中国出席了联合国人类住区第二次大会，被评为全球98个"人类住区优秀范例"之一。

各项改革取得新进展

(一) 国有企业改革步伐加快，新的经济运行机制逐步建立 一大批骨干企业实现了转机建制，初步建立起现代企业制度。被广东省列为现代企业制度试点的14家企业和重点扶持、发展的11家企业集团改革与发展取得初步成效。全市规范化股份公司已达33家。小企业改革进展顺利。全市已有1900多家企业初步完成转制工作，其中镇以上工业企业转制面达六成多。

(二) 各项配套改革进一步深化 与企业改革相配套的社会保障制度改革步伐加快，全市城镇均实行了养老、失业、工伤等社会保险，市区和部分市实行了医疗和生育社会保险，并建立了城乡居民最低生活保障线。实施"再就业工程"，积极调整劳动力结构，拓宽就业渠道，开展职业培训，使企业富余人员得到妥善安置，全市城镇失业人员安置率达到63.7%。住房制度改革有新进展，公有住房逐步向成本化、商品化方向推进。国有资产管理、监督、运营体制不断完善。

(三) 财税金融体制改革有新进展 完成了农业银行与信用社的脱钩工作，设立了农业发展银行、深圳发展银行佛山支行和中国太平洋保险公司佛山办事处，并开始筹组城市合作银行。

与此同时，外贸改革、农村改革和政府机构改革都迈出新的步伐。

全面实施"科教兴市"战略

1996年，全市加大科技投入，推进技术进步，科技活动全面展开。全年共取得科技成果129项，其中达到国际先进水平4项；有246个项目列入国家和省科技计划，其中国家火炬计划7项、国家星火计划10项；国家和省新产品试制和鉴定计划164项；国家级和省级星火技术密集区3个。加快了高新技术产业开发区和高新技术企业发展，至1996年底，批准进区的企业、服务机构已近50家，投产企业近30家，1996年开发区实现产值30.45亿元，增长213%。全市现有高新技术企业集团试点4家，高新技术企业76家，高新技术产品已发展到320个，高新技术产品产值占工业总产值比重由上年的7.31%增至8%。处于国内领先水平的双金属材料、特种医疗导管、1000吨自动压砖机和一次性记忆光盘(CDR)均已投产，佛山市科技信息中心已开通使用。知识产权和技术秘密保护工作得到加强，科技情报、信息、技术开发和服务等各项科技事业取得新成绩。全市科技进步对经济增长的贡献率预计达到40.5%。人才和技术交流活跃。先后创办了企业博士后工作站、中国科技开发院佛山分院和留学生创业园。选送了一批年轻教师、厂长和经理到国外培训，为培养跨世纪人才打下基础。教育事业得到优先发展。制定了《关于建设教育强市的决定》，多渠道筹措教育资金，各地办学条件有较大改善。1996年各级投入教育资金17.85亿元，比上年增加12.66%。基础教育得到加强，幼儿教育、中等职业教育和成人教育健康发展，高等教育向更高层次迈步。

(佛山市政府办公室　赵克贵)

佛山市国民经济主要指标

指　　标	单　　位	1996年		1995年	
		地　区	市　区	地　区	市　区
年底人口数	万　　人	316.12	45.18	311.06	44.13
#非农业人口	万　　人	142.72	39.44	138.64	38.28
土地面积	平方公里	3814	77.8	3814	77.8
人口密度	人/平方公里	829	5807	308.53	5587
年末劳动力资源总数	万　　人	211.84			
#乡村劳动力	万　　人	124.97			
农林牧渔业产值	万　　元	1123775	24225	946086	25479
粮食产量	万　　吨	46.58	0.28	45.95	1.49
蔬菜产量	万　　吨	147.54	2.57	135.25	2.54
猪牛羊肉产量	万　　吨	11.8	0.87	11.84	0.98

续表

指　　标	单　　位	1996年		1995年	
		地　区	市　区	地　区	市　区
全部工业总产值(现行价格)	万　　元	13465261	2906546	11788100	3175600
#乡及乡以上	万　　元	9104400	2541600	8812300	
全部工业总产值(1990年不变价)	万　　元	12831545	29226228	10395700	2799900
客运总量	万 人 次	3434	1015	5626	
货运总量	万　　吨	6139	1392	8258	
固定资产投资总额	万　　元	1511500	419165	1569200	428100
#住　宅	万　　元				
房地产开发投资额	万　　元	366871	142692	438222	145300
商品房销售额	万　　元	195914	57299	273292	24677
地方财政预算内收入	万　　元	267299	80123	255951	73879
地方财政预算内支出	万　　元	386007	130312	364692	117946
#文教科学卫生事业费支出	万　　元	129410	39554		
#教育事业费支出	万　　元	68823	15011	63131	14355
银行年末各项贷款余额	万　　元	7632035	2014933	6401900	
高等学校数	个	1	1	2	1
高等学校在校学生数	人	6248	6248	5932	3243
每万名职工中专业技术人员数	人	1256	1204		
#中级职称以上	人	303	362		
影剧院	个	89	4	89	6
公共图书馆	个	6	2	6	2
卫生机构数	个	760	299	699	289
#医　院	个	82	16	81	16

(佛山市政府供稿)

湛　江　市

国民经济发展概况

1996年，湛江市完成国内生产总值339.2亿元(当年价，增长速度按可比价，下同)，比上年增长10.1%。

(一) 工业、交通　1996年，工业生产平稳增长。通过依靠科技进步、加快培植新的经济增长点，深化企业改革、加强管理、挖掘潜力、扶持重点，开拓国内外市场、以销促产等办法，促进工业经济持续、平稳、健康发展。市直工业减产面下降，工业产品产销衔接较好，出口创汇大户增加，技改工作进展正常。工业总产值347亿元，较上年增长15.3%；产品销售率为93.4%。

1996年，全市港口货物吞吐量2076万吨，减少8.6%；其中湛江港务局1513万吨，较上年减少12.4%。地方专业运输货运量329万吨，较上年增长16.2%；客运量3050万人次，同比减少3.2%；民航旅客客运量61万人次。邮电业务总量8.89亿元，同比增长38.7%。

(二) 农业 农业生产在大灾之年夺得丰收。通过加强对农业生产的领导，采取各种措施，稳定粮、糖、油生产，粮食种植面积471万亩，总产133万吨，创1984年以来的最佳成绩。其他主要农副产品除甘蔗总产下降13.6%、水果减产28.8%外，其余都增产，其中花生总产量8.2万吨，蔬菜总产量121万吨，肉类总产量28.9万吨，水产品总产量44.5万吨，对虾养殖突破万吨，均超历史纪录。造林11万亩，其中桉树丰产林5万亩。水利建设共投入资金2.68亿元，完成一批江海堤围、水库维修加固等工程，被台风灾害损毁的工程大部分修复。1996年农业总产值160亿元，比上年增长3.4%。

(三) 乡镇企业 1996年全市有乡镇企业9.9万个，从业人员44.5万人，均比上年增长7.9%；企业总收入274亿元，总产值225亿元，分别比上年增长27.1%和26.2%；实现税利21.8亿元，增长13.5%。

(四) 城乡基本建设 固定资产投资回落，重点建设和技改项目得到加强。1996年全社会固定资产投资总额71.6亿元，比上年下降16.7%。公路达标建设全面展开，完成一级公路改造65公里，新(改)建二、三级公路150公里，改建四级公路898公里。交通建设三大工程中，火车南站扩建工程主楼已在1996年底竣工；民航机场扩建工程完成总工程量近三分之二；广湛高速公路湛江东段石门大桥预计1997年第三季度竣工。50万吨木浆厂正在进行前期准备工作；7.5万吨中密度纤维板项目和13万吨高岭土精选厂将在1997年上半年试产。

(五) 城乡规划、建设 1996年，完成了《湛江市1994——2010年城市总体规划》修编工作，认真抓紧实施。还完成一批市政设施建设。市区7条主干道的改、扩建工程完工，建成人行天桥一座，新建的麻章车站竣工；日产20万吨水厂试产；新建、改建公厕10座；新建可容纳1300多名学生的小学校舍。环保工作以饮用水源、湛江港湾和近岸海域的环境保护为重点，推进环境综合治理，环境质量基本稳定并略有改善。

(六) 财政、金融 1996年全市地方财政收入9.4亿元，财政支出19.46亿元，加上中央返还部分和省的一次性追加、专项拨款以及上年结转，基本实现收支平衡。金融机构各项存、贷款余额分别为249亿元和222亿元，增长17.8%和6.4%。

(七) 商业、物价 市场购销平缓增长，物价升幅逐月回落。1996年，全市共投资6170万元，新(扩、改)建市场53个。“米袋子”、“菜篮子”工程建设步伐加快，在抗灾救灾中发挥了重大作用。市场货源充足，供给良好。1996年，社会消费品零售总额135亿元，比上年增长12%；城乡商品交易市场消费品成交额72亿元，增长9.2%。全市商品零售价格总指数比上年上升5.8%。

体制改革

(一) 企业改革 1996年，经广东省调整确定的27家现代企业制度试点企业中，有19家按《公司法》要求进行了改制；已成立的16家股份有限公司逐步规范和完善，广东华立股份有限公司已成为上市公司；累计组建企业集团77户，其中广东三星被列为第一批重点支持的70户大型企业集团之一；通过多种形式大胆探索放活小企业，已改制的企业1600多户；国有企业清产核资工作已完成，“家底”基本摸清。

(二) 配套改革 1996年，社会保险制度、住房制度和企业用人制度改革继续完善；党政机构改革正深入实施；金融流通体制改革继续深化，6家城市信用社组成城市合作银行正在筹建中，市场体系进一步发育和完善；农村改革进一步深入，麻章镇和安铺、流沙、硇洲镇分别被列为国家和省小城镇综合改革试点。

人民生活

湛江市总人口616万，其中市区124.6万人。全市劳动者人数309万人，其中从事第一产业181万人，第二产业60万人，第三产业68万人。全市1996年分流安置富余和失业职工6万多人，占年初“两类人员”总数的85%。市区居民人均生活费收入6408万，比上年增长2.5%；农民人均纯收入2255元，增长18.6%。

对外经济贸易状况

1996年，全市加大力度抓外贸改革，采取有效措施，使外贸滑坡势头得到遏制，全年外贸进出口总额7.1亿美元，比上年增长34.61%。其中，出口总额4.4亿美元，增长3.5%；加工贸易和三资企业出口分别增长86.8%和57%。先后在香港地区和日本举办介绍会、招商会，提高了湛江知名度，引进了一批项目和资金。1996年新签利用外资合同48宗，合同利用外资金额2.1亿美元，实际利用外资1.5亿美元。截至1996年末全市有三资企业1285户，其中，合资、合作企业1185户。湛江经济技术开发区完成工业总产值62亿元，出口创汇1.38亿美元，比上年分别增长17%和30%；实际利用外资0.6亿美元，下降29%。

科　技

1996年末全市共有各类专业人员8.57万人，比上年增长4.3%。全年获准实施星火计划9项(其中国家级2项)，火炬计划2项，推动了高新技术的发展；高新技术企业增至7家，高新技术产品60个，获国家和省级科技成果奖5项，有5位专家获“广东省有突出贡献专家奖”。

(湛江市政府研究室　陈喜山)

湛江市国民经济主要指标

指　　标	单　　位	1996年		1995年	
		地　区	市　区	地　区	市　区
年底人数	万　　人	616.01	124.6	603.8	121
非农业人口	万　　人	143.1	54.4	137.6	51.5
土地面积	平方公里	12471	1460	12471	1460
人口密度	人/平方公里	493	853	484	828
年末劳动力总数	万　　人	309.6		298.2	
乡村劳动力	万　　人	234.6		231.1	
农林牧渔业产值	万　　元	1620000	222400	1467000	198000
粮食产量	万　　吨	133.2	13.9	129.8	13.3
蔬菜产量	万　　吨	121.5		110.4	
猪牛肉产量	万　　吨	19.8		18.6	
全部工业总产值	亿　　元	347.03	189.8	336	179.3
国内生产总值	亿　　元	339.1	149.8	300	125
水产品产量	万　　吨	44.5	10.3	40.1	9.6
乡及乡以上工业总产值	亿　　元	240.1	166.2	215.4	140.2
客运总量	万　　人	7595		9206	
货运总量	万　　吨	7276		8729	
固定资产投资总额	亿　　元	71.6	46.3	86	52.8
# 住宅	亿　　元	22.2		24.6	
房地产开发投资额	亿　　元	6.98		8.1	3.3
商品房销售额					
出口贸易总额	万 美 元	44154		42659	
进口贸易总额	万 美 元	26846			
利用外资签订协议总数	项	48		148	
利用外资签订协议金额	万 美 元	21290		51531	
实际利用外资金额	万 美 元	15576		21422	
国际旅游人数	万　　人	1.05		1.34	
地方财政预算内收入	亿　　元	9.4	5.53	9.57	5.76
地方财政预算内支出	亿　　元	19.46	11.32	20.77	13.26
银行年末各项贷款余额	亿　　元	249.2		211.6	
每万名职工中专业技术人员数	人	1445		1367	
# 中级职称以上	人				
城镇居民家庭人均生活费收入	元	6408		6325	
农村居民家庭人均纯收入	元	2255		1901	

(湛江市政府供稿)

肇 庆 市

国民经济持续快速发展

1996年，肇庆市正确处理改革、发展、稳定三者的关系，积极推进两个根据性转变，国民经济保持持续、快速、有效发展，社会各项事业全面进步。全市国内生产总值完成286.41亿元，比上年增长18.2%；其中，第一产业增加值84.31亿元，增长10.9%，第二产业增加值116.6亿元，增长20.3%，第三产业增加值85.5亿元，增长21.5%。

(一) 农村经济全面发展，脱贫奔小康步伐加快 加强农业基础地位，以发展“三高”农业和乡镇企业作为重点，多渠道增加投入。全市共投入“三高”农业和农田水利建设资金5.86亿元。1996年粮食单产和总产均创历史新水平，连续三年被省评为粮食生产先进单位。乡镇企业稳步增长，全年总产值235.1亿元，比上年增长27.9%；利润、税金分别比上年增长15.9%和16.4%。林、牧、副、渔全面发展。全年造林面积36.95万亩，比上年增长21%，森林资源保护被评为全省第一名。全年农业总产值123.25亿元，比上年增长8.3%。挂钩扶贫力度加大，农村脱贫奔康步伐加快。全市97%的经联社集体年收入达到3万元以上；继高要市之后，四会市、鼎湖区又通过了省小康达标验收。

(二) 工业生产增长，经济效益提高 通过实施“四优”(优势企业、优势项目、优势产品、优秀经营者)发展策略，深化改革，强化管理，依靠技术进步，有效地促进了工业上规模、上水平、上效益。全市完成工业增加值94.62亿元，比上年增长21.5%，工业总产值365.43亿元，比上年增长26.3%；其中镇以上工业总产值277.8亿元，比上年增长28.4%。1996年筛选的36家“四优”企业虽然只占全市镇以上工业企业总数的1.57%，但实现的工业产值占27%，税金和利润分别占48.5%和45.4%，体现了优势企业在工业发展中的主导地位和作用，带动了全市整体工业质量和效益的提高。全市镇以上独立核算工业企业经济效益综合指数107.1，比上年提高3.7个百分点，实现利税总额17.81亿元，比上年增长8.3%，其中利润总额8.21亿元，增长19.4%。工业委系统工业企业盈亏相抵后全年实现利润4.48亿元，增长20.1%，亏损企业的亏损额比上年减少19.9%。风华高新科技集团新增年产30亿只独石电容、30亿只片式电阻器等16个市直和县(市)区的重点新项目试产投产，累计完成投资11.6亿元，其中技改资金8亿元，预计达产后年增产值、税利分别是16.5亿元和3.8亿元。全市累计有13家企业被确认为省级高新技术企业，10个产品被确认为广东省名牌产品；24个工业项目列入国家计划，10个产品被确认为国家级新产品，22个产品被评为省优秀新产品。

(三) 财税收入增加，金融形势稳定 1996年全市国税和地税系统工商税收总收入分别完成8.1亿元和3.8亿元，比上年增长10.8%和18.9%；全市地方财政收入6.37亿元，比上年增长20.05%，其中市本级地方财政收入1.58亿元，比上年增长28.22%；全市财政支出12.75亿元，比上年增长8.23%，其中市本级支出3.09亿元，比上年增长3.43%。实现收支平衡，略有结余。1996年末金融系统存款余额为178.1亿元，比上年末增长22.7%，贷款余额为155.6亿元，比上年末增长12.7%。保险事业继续发展。全市各类险种承保总额257.52亿元，比上年增长1.7%，保险费收入2.51亿元，增长3.7%。职工社会保险制度逐步完善。全市收缴社会保险费1.69亿元，比上年增长38.6%，社会保险待遇支付率达100%。

(四) 物价涨幅回落，人民生活提高 1996年肇庆市被评为广东省“菜篮子”工程市长负责制考评先进单位。全市社会消费品零售总额82.31亿元，比上年增长16.1%；其中城市52.27亿元，增长13%，农村30.04亿元，增长21.9%。市场建设加强，全市有各类市场289个，面积75.15万平方米；城乡集市贸易成交额34.17亿元，比上年增长25%。1996年，社会商品零售价格总指数的升幅为3.2%，比年初提出的控制目标低6.8个百分点。全市职工年平均工资6875元，农民人均纯收入3063元，分别比上年增长7.9%和24.9%；1996年末城乡居民储蓄存款余额为122.32亿元，比上年末增长24.7%。

(五) 争创“优秀旅游城市”，带动第三产业发展 旅游业是肇庆市的重要行业之一，1996年多渠道增加投入，建设了一批新的景区景点。全市旅游部门接待国内外游客367.83万人次，其中涉外宾馆(酒店)接待观光游览，从事商务、探亲访友的港、澳、台同胞、华侨及外国过夜旅游者达11.65万人次，增长14.0%；旅游营业收入5.65亿元，增长9.5%；旅游业创汇收入5382万美元，增长10.2%。肇庆华侨大厦荣获《九六年全国优秀星级饭店》称号。全市第三产业增加值占国内生产总值的比重达29.9%。

外经贸及招商引资保持增长势头

1996年，肇庆市实际利用外资3.66亿美元，比上年增长3%；截至1996年末，登记注册的三资企业1782家。外贸出口总额9.26亿美元，比上年增长10.2%。其中一般外贸出口2.4亿美元，下降11.1%，“三来一补”出口0.8亿美元，增长18.3%，三资企业出口6.06亿美元，增长19.9%。

固定资产投资规模结构进一步优化

1996年全社会完成固定资产投资68.54亿元，比上年下降5.1%。大力加强基础设施建设，重点抓好国道、省道改造和县(市)区到镇、到管理区公路建设。全年公路建设总投资完成9.98亿元，铺设水泥路面123.2公里。全市97%的管理区已通公路。321国道肇庆段被列为省“文明建设样板路”。继续抓好能源建设。全市拥有发电装机容量61.4万千瓦，比上年增长6.4%。马房、贞山、回龙、星湖等四个变电站二期增容工程建成投产。在建的江口、高塘2个中型水电站建设速度加快。邮电通信发展迅速，1996年完成邮电业务总量5.3亿元，比上年增长33.36%。建成长途电话第二交换局，城乡程控电话交换机总容量28.9万门，1996年新增1.5万门。城市建设取得新的成绩。在完成了肇庆市1995年至2010年城市总体规划编制工作的同时，集中力量抓好市区过境公路扩建、星湖扩湖和大冲广场、星湖北门牌坊广场、火车站广场、西江大桥北广场、江滨堤路二期工程、瑶池东路、二桂路和安居工程等一批重点工程的建设，为逐步建设花园式风景旅游城市打下了基础。各县(市)城区及卫星镇的建设，取得较快的进展。

注资经营责任制改革成效显著

肇庆市提出“原则把住，形式放开，鼓励探索，注重实效”的改革原则和《关于全面深入推进国有企业改革的实施意见》，探索、总结出注资经营责任制为国有企业产权改革的主要形式之一，并从四个方面不断深化和完善，从原来只有经营者注资扩大到全体员工，从注资只占企业总股本的10%扩大到40%，从效益比较好的企业扩大到效益一般的企业，从工业企业扩大到商贸、外经贸、交通建筑等企业。截止1996年末，全市已实行注资经营责任制的企业111家，注资总额3.93亿元。实施注资经营责任制的改革，在深层次转换企业经营机制，调整内部组织结构，调动企业员工的积极性，确保国有资产保值增值等方面取得明显的成效。全市第一批实行注资经营责任制的7户试点企业，1995、1996两年，每个企业实现利润总额平均增长20%以上，国家不仅通过分红收到企业利润，而且企业的国有资本权益均比上年增长10%以上。德庆明珠特种纸有限公司原为亏损大户，1994年实行职工注资经营后，1995年扭亏为盈，1996年进行第二期注资，完成的产值、销售收入和税利又分别比1995年增长38%、30%和11.8%。肇庆市的企改做法得到广东省和国家经贸委及体改委的肯定，因而被国家经贸委列为全国中小企业改革10个先行地区之一。企业股份制试点得到进一步的规范、完善和提高，广东风华高新科技股份有限公司1996年实现产值12.2亿元，实现税金3998万元、利润6001万元，分别比改制前增长5.9倍、21倍和18.8倍，并成为全市第二家股票上市公司。1996年10月已组成了以风华高新科技股份有限公司为核心企业，拥有了13个控股企业和5个专业性分公司的企业集团。1996年蓝带集团和风华集团均被列为全省70家重点扶持和加快发展的大型企业集团，风华集团还进入了全国500家重点扶持的大型企业集团行列。此外，还鼓励和扶持优势企业实行低成本扩张，积极盘活国有资产存量，1996年，全市有45家企业实行联合、兼并、重组，使部分困难企业获得生机。

各项配套改革不断完善

继续推进社会保障制度改革，养老、失业、工伤、女职工生育等保险得到进一步发展，覆盖面不断扩大，1996年，全市参加社会保险的单位4071个，参加社会保险的在职职工20万人。开始实施再就业工程，安置了一批企业富余人员。初步建立和实施城乡居民最低生活保障制度，进一步稳定了社会大局。发展和健全了中介服务组织，制订了律师体制改革方案，产生了合伙制的律师事务所。

机构改革进展顺利。制订及分步实施市及县级、镇级机构改革方案；市直行政单位已基本完成“三定”(定职能职责、定人员编制、定内设机构)工作，各县(市)区、乡镇也正在抓紧进行；同时，认真做好推行国家公务员制度的各项准备工作。

此外，农村经济体制改革继续稳步推进，财税、金融等宏观体制改革顺利过渡，住房、国土管理等各项改革也有序地进行。

(肇庆市政府体改委　卢嘉权)

肇庆市国民经济主要指标

指　　标	单　位	1996年	1995年
		全　市	全　市
年底人数	万　人	361.54	355.97
# 非农业人口	万　人	90.74	89.39
土地面积	平方公里	14856	14856
人口密度	人/平方公里	243	240
年末劳动力资源总数	万　人	204.90	203.29
# 乡村劳动力	万　人	152.33	149.69
国内生产总值	亿　元	288.61	242.49
农林牧渔业产值	亿　元	124.93	108.75
粮食产量	万　吨	141.32	135.85
蔬菜产量	万　吨	128.66	113.48
猪牛羊肉产量	万　吨	17.87	16.58
水产品产量	万　吨	15.50	13.57
全部工业总产值	亿　元	380.12	307.03
# 乡及乡以上	亿　元	279.01	236.66
客运总量	万　人	3985	3330
货运总量	万　吨	3111	2902
固定资产投资总额	亿　元	69.86	72.24
# 住宅	亿　元	18.33	17.09
房地产开发投资额	亿　元	6.35	8.41
商品房销售额	亿　元	3.72	3.72
出口贸易总额	亿　元	9.26	8.41
进口贸易总额	亿　元	—	—
利用外资签订协议总数	项	209	401
利用外资签订协议金额	亿　元	9.77	12.72
实际利用外资金额	亿　元	3.66	3.56
国际旅游人数	万　人	11.65	10.22
国际旅游收入	万　元	5382	5341
地方财政预算内收入	亿　元	6.37	6.09
地方财政预算内支出	亿　元	12.75	11.78
银行年末各项贷款余额	亿　元	102.26	92.62
每万名职工中专业技术人员数	人	2486	2372
# 中级职称以上	人	578	452
城镇居民家庭人均生活费收入	元	5487	4852
农村居民家庭人均纯收入	元	3063	2451

注：表内各项产值均按当年价格计算。

(肇庆市政府供稿)

南宁市

国民经济发展概况

南宁市1996年国内生产总值达到202亿元，比上年增长15%(按可比口径，下同)，其中第一产业增加值33.6亿元，增长11.16%;第二产业增加值70.3亿元，增长12.66%;第三产业增加值98.1亿元，增长18.55%。1996年固定资产投资完成51亿元，比上年增长18.03%。全年共安排29个重点建设项目，当年已开工219个。

则税收入增长，金融形势良好。1996年全市财政收入完成19.04亿元，比上年增长10.83%。其中，地方财政收入完成10.37亿元，增长13.64%，1996年末全社会金融机构各项存款余额272.5亿元，比年初增长32.69%;贷款余额138.55亿元，比年初增长20.45%。

(一) 农业生产和乡镇企业持续发展 1996年全市农业总产值完成51.71亿元，比上年增长8.3%。粮食总产量达78.12万吨，与创历史最高记录的1995年相比，增长0.24%。主要经济作物均比上年增长，甘蔗总产量292.74万吨，比上年增长0.66%，油料、烤烟分别增长1.54%和316.82%。“菜篮子”工程成效明显，全年肉类、水产品、蔬菜总产量比上年都有增长。乡镇企业继续保持大跨步发展的好势头，全年市乡镇企业营业总收入达170亿元，比上年增长50.19%，总产值132亿元，增长49.78%。

(二) 工业生产增长，产销衔接好转 1996年全市全部工业总产值完成178.88亿元，比上年增长13.58。其中，乡及乡以上工业总产值134.46亿元，增长2.25%。独立核算工业企业产品销售收入116亿元，增长0.25%。工业产品销售率达96.8%，比上年提高2.8个百分点。

(三) 交通运输业加速发展 南宁是我国西南、华南最便捷出海通道的枢纽。目前，南宁的交通已具备铁路、公路、水路、航空立体交叉运输网络。

水路交通方便。南宁位于郁江上游，左右江汇合处，邕江穿流市区中心，溯江而上，可通达龙州、百色、直入云南、贵州;顺流而下可达梧州、广州、香港、澳门，自古以来就是我国西南地区东向的水上通道。截止1996年，南宁市已开通了南宁至龙州、百色、贵港、梧州、广州、深圳、珠海、香港等8条水路航线。南宁市已有5条公路干线汇集，构成了全市的六大进出口干道。其中国道4条：即包头—贵阳—南丹—南宁的210国道，衡阳—桂林—柳州—南宁—凭祥的322国道，福州—岑溪—玉林—贵港—宾阳—南宁—百色—田林—昆明的324国道，广州—合浦—南宁的325国道;省道1条，即南宁—横县—玉林的20222省道。这些辐射四方的公路网络，连接湘、粤、滇四省及邻国越南。南宁市已开辟了南宁至广州、深圳、湛江、文山、昆明、福州、海口和广西区内7个地区、57个县市的公路客运班线371条，其中跨省营运班线123条，跨地区营运班线70条。南宁的铁路通过湘桂、黔桂、黎湛等干线，可达全国的东西南北。湘桂线经南宁往南，可直抵越南首都河内。南昆铁路已建成，使西南物资经南昆线从广西沿海进出口要比绕道湛江缩短600—700公里。

近年来，南宁的空中航线发展迅速，截止1996年已开通直达北京、广州、沈阳、成都、昆明、深圳、上海、贵阳、天津、重庆、长沙、桂林、北海、海口、厦门、武汉、郑州、温州、汕头等国内航线19条，境外(香港)航线1条，国际航线(越南河内)1条。

(四) 邮电通信业稳步增长 1996年邮政基本建设完成投资3358.5万元，改造、扩建了生产场地18处，面积1170平方米，改进了“绿卡”机房266平方米。开通了南宁至柳州直达长途汽车自办邮路，新的包裹分拣机投入使用。市话总容量已超过30万门，南宁地区各县市程控电话并入南宁市本地网，移动电话已扩容1216个信道，总容量达到2328个信道。南宁第二长途电信枢纽楼已动工兴建。

(五) 加强基础设施建设 1996年，南宁对城市基础设施建设的投入比以往任何一年都大，全年共有24个项目建成投入使用，完成投资总额17.9亿元。朝阳溪整治、琅东污水处理厂、南湖截污、沙井大道等一批重点工程完成了前期工作，为开工奠定了基础。维修街道路面面积达22万多平方米，沉沙井清淤12.13万井次，维修改造25条小街小巷，超额完成了全年计划。

1996年，新购置了公交、市政、环卫车辆100辆，城市新增日供水能力20万吨，全年完成供水26076万立方米，水质综合合格率达99.7%。

(六) 城市环境保护及园林绿化成效显著 南宁市以建设具有民族特色、亚热带风光的现代化园林城市为目标，加快绿化美化建设。1994年获得“全国园林绿化先进城市”称号，1996年末，建成区绿化覆盖率达到36.4%，绿地率达到30.9%，人均公共绿地面积达到6.7平方米，形成了大、中、小相结合，点、线、面相结合、市区与城郊相结合的园林绿化体系，体现了“城在绿中、绿在城中，终年常绿、四季花开，山、河、湖、溪与绿树鲜花交相辉映，绿化、美化、彩化与亚热带风光融为一体”的园林风貌特色。

城市环境改善，1996年，全市39个单位完成污染治理与办实事目标121项。全市共投入3635.25万元治理资金，完成35项废气、废水、噪声、固体废弃物治理工程，新增废气处理能力每小时36万立方米，新增工业废水年处理能力7100吨。市区大气环境质量完全符合国家二级标准，噪声达标区覆盖率为37%。依法取缔、关停严重污染环境的小纸厂、小电镀厂、小淀粉厂、小冶炼厂及石棉制品厂95个。

(七) 物价回落，居民生活水平提高 1996年，南宁市商品市场供需平衡，城乡商品交易活跃，全市社会消费品零售总额突破100亿元，比上年增长19.06%；物价调控成效显著，物价涨幅控制在3%左右，低于全国、全自治区的平均水平。

1996年，全市城镇居民人均生活费收入5400元，比上年增长6.97%；农民人均纯收入1907元，比上年增长17.21%；1996年末城乡居民储蓄存款余额143.99亿元，比年初增长31%。加快脱贫致富步伐，1996年有4万人越过温饱线。

对外开放有新拓展

1996年，南宁市抓住国际国内两个市场，加大引资力度，加速与国际接轨步伐，对外贸易和经济合作与交流工作有了新的发展。全市外贸进出口额累计完成6.83亿美元(含自治区属4.75亿美元)，其中出口4.68亿美元(含自治区属3.58亿美元)，市属出口完成目标任务的126.44%，比上年增长25.5%，制成品出口、尤其是机电产品出口有较大幅度增长；进口2.15亿美元(含自治区属1.17亿美元)。全市进出口顺差2.53亿美元。

(一) 利用外资迅速增长 1996年，全市实际利用外资2.39亿美元，完成计划的130.6%，比上年增长30.74%，占全区实际利用外资总额的四分之一，居全自治区各地市首位。新批外商投资企业合同39个，合同利用外资额1.98亿美元；市建成投产的三资企业248家，完成年产值25亿元，比上年增长31.58%；销售收入19亿元，比上年增长11.76%；出口3288万美元，比上年增长13.15%；上缴增值税5056万元，比上年增长42.99%；实现利润6489万元，比上年增长7.79%。

(二) 对外经济技术合作进一步扩大 1996年海外工程承包和劳务合作营业额1860.89万美元，完成年计划的124.06%；外派劳务84人(次)。全年边贸出口达1800万美元。

(三) 横向经济联系与协作继续拓展 积极开展区域协作，外引内联，1996年，全市共签订经济技术协作项目208项，实施194项，实现产值29862.48万元，实现税利2568万元，为本市企业协进协出各类物资6150吨。

(四) 开发区建设取得新成绩 1996年，南宁高新技术产业开发区完成技工贸总收入9亿元，实现总产值8亿元，其中工业产值6.5亿元，分别比上年增长63%、29%、44%。实现利税总额4800万元，出口创汇300万美元，引进项目42项，其中产值超1000万元的项目16项，合同利用外资1480万美元，完成基本建设投资2亿元。南宁经济技术开发区全年完成固定资产投资3978万元，引进项目13个，出让土地35.5公顷，签约的有台商投资2500万元的台湾灯饰工业园和总投资1800万元的排水涵洞工程等一批项目；邕宁沿海经济走廊引进项目75个，协议投资15亿元，新开工项目27个，实际投入3亿元，完成工业总产值3.2亿元，销售总收入3亿元，税金1600万元；大沙田开发区共与30多家客商洽谈，谈成项目17个，总投资1.37亿元，已投产4家，在建5家，出让土地面积12.5公顷。南宁华侨投资区1996年实现社会总产值46459万元，实现税利1800万元，其中工业产值27514万元，农业产值15095万元。

(南宁市政府　李应适)

南宁市国民经济主要指标

指　标	单　位	1996年		1995年	
		全　市	市　区	全　市	市　区
年底人口数	万　人	277.91	125.59	273.19	121.96
#非农业人口	万　人	107.37	89.49	103.49	86.31
土地面积	平方公里	10029	1834	10029	1834
人口密度	人/平方公里	277	685	272	665

续表

指　　标	单　　位	1996年		1995年	
		全　市	市　区	全　市	市　区
乡村劳动力	万　人	92.23	20.57	90.66	19.64
农林牧渔业产值(现价)	万　元	533484	138964	465896	119756
粮食产量	万　吨	78.12	11.80	77.93	12.12
蔬菜产量	万　吨	68.14	23.63	64.97	20.98
猪牛羊肉产量	万　吨	8.49	1.89	7.78	1.81
全部工业总产量(现价)	万　元	1581367	1093157	1529236	1103609
#乡及乡以上	万　元	1339026	973689	1303224	1008434
全部工业总产值(90年价)	万　元	1230262	877292	1217005	897228
客运总量	万　人	4959	3776	4545	3400
货运总量	万　吨	4715	3821	3341	2534
固定资产投资总额	万　元	525891	450442	432100	354113
#住宅	万　元	40169	31684	32757	25229
房地产开发投资额	万　元	141665	133890	126687	114793
商品房销售额	万　元	38636	37779	9931	9651
地方财政预算内收入	万　元	103583	78270	91236	68220
地方财政预算内支出	万　元	105844	71287	94609	64470
#文教科学卫生事业费支出	万　元	28220	16732	25896	14068
#教育事业费支出	万　元	17127	8856	16733	8029
金融机构年末各项贷款余额	万　元	1385499	1167128	1107552	902236
高等学校数	所	12	11	12	11
高等学校在校学生数	人	31477	30216	30391	29327
专业技术人员数(市属单位)	人	49025	35724	47219	33736
#中级技术职称以上人员数	人	18543	14996	17351	14114
影剧院	个	21	8	18	9
公共图书馆	个	6	4	6	4
卫生机构数	个	739	564	714	534
#医院	个	94	45	93	45

(南宁市政府供稿)

北 海 市

1996年，北海市不断深化改革，扩大开放，深入开展“质量年”活动，大力弘扬“北海精神”，促进全市经济协调发展、社会不断进步。

国民经济稳步发展

1996年，北海市全年完成国内生产总值97亿元(按工业普查后的新口径计算，下同)，比上年增长5.9%；其中，一、二、三产业分别增长6.76%、4.78%、6.11%，产业结构由上年的31∶31∶38调整为32∶29∶39。

(一) 工业经济迎难而上 北海市工业企业面对流动资金严重不足、原材料价格攀升、强台风破坏严重等困难，奋力拼搏，使工业经济保持了稳步增长的势头。全年完成工业总产值89.69亿元，增长16.5%；工业产品销售率为90.6%，比上年提高了1.9个百分点。重大项目前期工作取得了新进展，北海化纤厂《可研报告》获国务院正式批准；120万千瓦火电厂《可研报告》通过国家评估；涠洲岛油气上岸分离项目进展顺利；方舟基因工程制药公司等一批中型项目正在抓紧筹建；扶贫工业园的开发建设正在铺开。全社会交通货运量1340万吨，增长15.7%；港口吞吐量231吨，下降14%；邮电业务总量2.31亿元，增长22.27%。

(二) 农业夺得好收成 通过实施粮食增产五大工程，大搞农田基本建设和农业综合开发，使农业生产条件逐步改善，积极发展水产业，农业在大灾之年仍夺得好收成。1996年，农业总产值达到54.7亿元，比上年增长8%。粮食总产量39.13万吨，增加1.31万吨，再创历史最高水平；水产品总产量49.2万吨，增长17.8%；甘蔗总产量128.8万吨，增长2.1%；油料2.9万吨，增长7.5；水果2.0万吨，下降29.6%；肉类10.4万吨，增长5.4%。乡镇企业营业总收入增长40%。

(三) 商贸、旅游业繁荣 通过改革商品购销体制和深入开展“全国百城万店讲文明、讲礼貌、讲信誉”活动，促进了北海市商业的进一步繁荣。建成华南地区最大的水产品市场。全社会消费品零售总额达23.9亿元，增长10.7%。旅游业进一步发展，全年接待国内外游客131万人次，增长9.2%，其中接待境外游客0.74万人次，增长44.9%；旅游总收入3.3亿元，增长169.5%。

(四) 房地产业健康发展 北海房地产业近两年来一直处在艰难的调整期，房地产市场持续低迷，严重影响了北海社会经济的发展。经过一年多的酝酿、修改审定，市人民政府颁布了《北海市土地盘整及促进房地产业发展的办法》，1996年5月1日起正式实施，实事求是地处理遗留问题，确认产权，理顺土地一级市场，盘活存量，规范搞活二级市场，提供政策和配套服务，有效促进了房地产摆脱无序并向规范化方向发展，房地产交易逐月上升，共办理房地产交易1086宗，交易额6.9亿元；地产交易发证面积114.5万平方米。居住小区物业管理工作得到加强，“银湾花园”一期工程基本竣工，被建设部、国家科委评为科技住宅示范小区；“万科花园”被建设部授予全国优秀物业管理示范小区。

(五) 财税、金融形势稳定 1996年，北海市财税部门在财源税源减少的情况下，严格预算编制制度，建立严密、高效的税收征管体系，大力组织收入，财政运行基本正常。全市财政收入7.69亿元，比上年减少7.5%，其中地方财政收入(不含中央税收返还)4.95亿元，减少15.7%；全年财政支出6.08亿元，减少23.6%。1996年末全市金融机构存款余额76.4亿元，比年初增加2.39亿元；贷款余额59.53亿元。

(六) 物价涨幅回落，人民生活稳定 北海市物价涨幅控制工作在大灾之年仍取得了明显成效。全年全社会商品零售价格指数为103.6%，低于全国、广西自治区的平均水平，获广西区物价目标管理一等奖。城镇居民年人均生活费收入5507元，减少146元；农民年人均纯收入2650元，增加283元。1996年末城乡居民储蓄存款余额53亿元，比年初增长8.8%。

基础设施及城市建设取得较大进展

(一) 基础设施不断完善 进港铁路正式通车并投入营运，使北海港作为西南海港口最终实现了疏港目的。港口二期工程进展顺利；北海电厂前期工程建设速度加快；总投资1.65亿元的红坎污水处理厂已动工兴建；程控市话扩容5万门工程顺利竣工，市话交换机容量达13万多门，移动电话容量达784信道；中国金桥信息网/计算机国际互联网正式开通，完成了联网建站工作。

(二) 城市建设取得较好成绩 1996年北海市城市建设进入一个新的发展时期，突出了城市的美化绿化工作，城市更新更美。四川路立交辅道、滨海大道侨港段、银滩进口路段等7项重点工程相继竣工，亚叉岭与南北大道路口改造基本完成。新增城市道路面积3.93万平方米，城市公交客运量比上年增加50万人次；改造了城市供水网络，日供水能力达到26.7万立方米；新增城市下水道2230米；亚叉岭立交广场绿化工程，兴桂路、南北大道美化改造工程和北部湾广场改造一期等重点园林绿化美化工程取得显著成效，绿化覆盖率达到33%，高于全国的平均水平。环保工作进一步加强。对一些污染环境的企业实行限期治理，对海岸环境进行综合治理。城市保洁面积由上年的248.28万平方米扩展到291.79万平方米。加强了环境科研与监测工作。环保国际合作有较大发展，北海市被亚行列为中国开展环境规划示范工程的四个中小城市之一。

各项改革稳步推进

(一) 社会保障制度改革取得突破性进展 北海市作为国家体改委和广西社会保障制度综合改革试点城市，在全广西区率先取得了社会保障管理体制上的突破。成立了市社会保险局，制定了养老保险方案和医疗保险制度改革方案，为全市社会保障制度建设打下了基础。

(二) 企业改革继续深化 建立现代企业制度改革试点工作、企业组织结构调整、小企业改革、小城镇综合改革试点、国有资产运营机制改革和股份合作制试点工作等取得新的进展，推进了以兼并、破产、股份合作制为主要内容的企业改革试点工作；组建了北海金士明集团和中玉集团；市属两个国有资产经营公司在规范运行机制上做了大量的工作；加强了股份公司的规范化管理。

(三) 建筑业综合改革和土地使用制度改革试点有进展 北海市作为建设部建筑业综合改革的试点城市之一，率先在广西区建立了第一家建设工程交易市场，建筑市场主体行为逐步得到规范；对施工企业实行严格的资质动态管理，开展建设工程项目执法监察工作，使建筑市场秩序有了根本性的好转。开展了土地使用权证验审和农用土地登记发证的改革试点工作。

(四) 财税、金融体制改革取得新成效 1996年继续完善分税制和新税制，加强了财政的宏观调控功能。金融体制改革进展顺利，在全市13家城市信用社的基础上，组建了城市信用联社，为成立城市合作银行打下了基础；农村金融体制改革完成了农村信用社与农业银行脱钩工作；保险企业实行了分业经营、分业管理。工商行政管理体制改革取得新进展。

(五) 农村改革深入展开 继续实行家庭联产承包责任制和统分结合双层经营体制，积极推进农业产业化进程。1996年，北海市被国务院正式列为全国农村改革试验区，以世行硬贷为主体的异地扶贫综合开发试验正在积极推进。推行灵活多样的农村股份合作制，推进农业向专业化、集约型发展的步伐。供销社改革、农村金融体制改革和社会化服务体系建设取得新成效。

对外开放进一步扩大

(一) 外经、外贸稳步发展 1996年北海市外经、外贸进入一个调整时期，加强了外资企业的管理和服务工作。全市新批外资项目31个，合同投资额1.4亿美元，其中外资额1.14亿美元，比上年增长21.1%；实际利用外资1.06亿美元，比上年下降54%，全年进出口总额1.47亿美元，增长15%，其中出口总额7335万美元，比上年增长8.5%。三资企业完成出口5091万美元，比上年增长91%。

(二) 横向经济联合与协作取得新进展 北海市加强与西南、上海、苏南等地区的经济技术合作，与个旧市、辽阳市、西双版纳州等市(州)建立了友好市(州)区关系，全市新批内联企业187家，新设外地驻北海办事处21家。内联企业在全市的经济发展中所占比重加大，成为新的经济增长点，石油化工厂、攀钢北海集团、通海集装箱厂等内联企业成为北海市的利税大户，也为全市经济注入了新的活力。

(北海市政府办公室　陈建群)

北海市国民经济主要指标

指　　标	单　　位	1996年		1995年	
		地　区	市　区	地　区	市　区
年底人口数	万　　人	135.42	48.69	134.09	47.93
#非农业人口	万　　人	134.20	18.23	33.47	17.84
土地面积	平方公里	3777	957	3777	957
人口密度	人/平方公里	358.53	508.76	355	501

续表

指标	单位	1996年		1995年	
		地区	市区	地区	市区
年末劳动力资源总数	万人	88.19	33.58	93.30	39.97
#乡村劳动力	万人	61.90	19.63	62.95	19.61
国内生产总值(当年价)	亿元	97.05	54.85	100.10	19.14
农林牧渔业产值(当年价)	亿元	54.67	23.67	48.37	20.01
粮食产量	万吨	39.13	5.63	37.82	5.53
蔬菜产量	万吨	30.42	7.82	29.39	8.83
猪牛羊肉产量	万吨	5.44	2.03	5.17	1.90
水产品产量	万吨	49.16	33.13	41.73	28.18
全部工业总产值(当年价)	亿元	89.69	51.05	101.60	44.28
#乡及乡以上	亿元	41.68	28.36	46.68	33.36
客运总量	万人	1771.7	518.7	1840	1301
货运总量	万吨	1340	475	1197	726
固定资产投资总额	亿元	17.48	11.73	25.81	16.36
#住宅	亿元	3.84	2.13	7.72	3.55
房地产开发投资额	亿元	1.71	1.56	3.69	3.49
商品房销售额	亿元	0.59	0.58	0.87	0.82
出口贸易总额	万美元	7768	×	8260	
进口贸易总额	万美元	19208	×	31395	
利用外资签订协议总数	项	31	25	56	40
利用外资签订协议金额	万美元	13886	13626	19836	16007
实际利用外资金额	万美元	10617	10367	23184	20447
国际旅游人数	万人	0.76	×	0.51	0.50
国际旅游收入	万美元	288	×	159	157
地方财政预算内收入	亿元	4.95	3.70	5.87	4.45
地方财政预算内支出	亿元	0.17	4.50	7.96	5.87
银行年末各项贷款余额	亿元	59.53	×	71.63	54.65
每万名职工中专业技术人员数	人				
#中级职称以上	人				
城镇居民家庭人均生活费收入	元	5507	5507		5653
农村居民家庭人均纯收入	元	2513	2875	2396	2577

注：表内各项产值均按当年价格计算。

(北海市政府供稿)

海　口　市

1996年，海口市加快经济结构调整，进一步强化工业的主导地位，在经济运行环境偏紧的情况下，实现了全市国民经济和社会稳步健康发展。

改革继续深化

1996年，海口市抓住被国家列为优化资本结构改革试点城市的机遇，成立专门领导机构，设置了强有力的工作班子，制定了《海口市优化资本结构试点工作实施方案》，实行改组改制、兼并破产、分离分流等有力措施，有步骤地对市属工业企业进行了资本结构优化和重组的试点，取得初步成效。海口罐头厂改制为椰树集团已挂牌运作；有2家股份公司已通过验收，3家股份公司已获准重新登记；海口轮胎厂、海口纺织印染厂、海口电力成套设备公司等6家企业已宣布破产；海口化工三厂、海口海湾工业发展公司等企业被兼并，企业改改制工作已推开。特别是海口轮胎厂破产工作进展顺利，过渡期生产自救工作措施得力，职工情绪稳定，企业出现新的生机。通过优化企业资本结构，使得一批老企业焕发新的活力，一批困难企业的问题得到解决。在抓好企业改革的同时，社会保障覆盖面进一步由城市向农村扩大，医疗保险制度逐步推开，住房制度改革全面推进，安居工程建设进展顺利，农村股份合作制得到巩固和进一步提高。

为启动和搞活房地产业，根据国家加快住宅建设，盘活房产存量的精神，出台了4个配套性文件和10个实施细则，在商品住宅按揭贷款、投资和购房入户、减免有关税费、简化办事程序等方面，制定了一系列新政策、新措施，在海内外引起良好的反响。新措施出台以后，房地产交易明显活跃，交易税收明显增长，要求纳入城市住宅建设计划的项目不断增加。

开放进一步扩大

1996年，海口市把招商引资作为扩大开放发展经济的重点，下大力拓展外引内联工作。适时调整降低地价，实行分期付款、综合补偿措施，对有关收费采取减、免、缓政策，同时利用各种机会举办招商发布会、洽谈会等，对外交流与合作进一步扩大，吸引了一批新项目。模糊控制燃气热水器项目动工，分装海脉素厂签订合同，华夏度假村土建工程接近完成，占地400多亩的华夏广场大型旅游项目准备开工，子午线轮胎项目正在筹建股份公司，尤其是利用外国政府贷款项目成效显著。其中有丹麦政府贷款266万美元的罗牛山屠宰冷冻厂设备到货、德国政府贷款2910万马克的污水处理厂和供水扩建工程动工、荷兰政府贷款500万美元的新埠岛防护堤工程用喷沙船到港、日本输出入银行贷款5000万美元的世纪大桥项目贷款手续落实等等。1996年，全市新增外商投资企业139家，实际利用外资4.9亿美元，比上年下降19.9％。尽管引进外资总额有所下降，但投资结构得到改善。外资主要投向已明显从过去的房地产和消费性行业转为基础性和生产性行业，从较为分散的短线项目转为较集中的骨干性项目。

国民经济平稳回升

1996年，市政府进一步加大了经济结构调整力度，突出发展工业，加强“菜篮子”工程建设，进一步优化提高第三产业，经济结构逐步改善，实现了国民经济平稳回升。全年国内生产总值完成98.8亿元，比上年增长1.6％(当年价，增长速度按可比口径计算。下同)。工业总产值完成64.2亿元，增长6.4％；农业总产值完成3.7亿元，增长8.2％；全社会固定资产投资完成64亿元，增长3.1％；商品进出口总额13亿美元，增长4.6％；社会消费品零售额55亿元，增长10.2％；全市港口货物吞吐量完成970万吨，增长0.6％；邮电业务总量完成6.78亿元，增长10.3％。1996年末，银行各项存款余额126.79亿元，比上年末增长4.5％；各项贷款余额79.9亿元，增长7.1％。财政收入完成13.39亿元，下降5.7％，降幅与上年度比减少6.2个百分点。全年固定资产投资总额完成64亿元，比上年增长3.1％。其中基建投资49亿元，增长51.3％；更新改造3亿元，增长4.9％；房地产开发投资10亿元，下降59.5％。资金投放明显向农业、工业、交通运输和邮电方面倾斜。

工业形成新的经济增长点

1996年，把发展工业放到了突出位置，专门成立了协调领导小组，切实加强对工业的领导，工业在经济发展中的地位明显加强。以优化资本结构为契机，积极贯彻发展工业的产业政策，对工业内部产品结构、行业结构和企业结构进行了大力调整，海药厂、椰岛公司、兴业聚脂公司、养生堂药业、橡胶五厂、化工二厂、富达磁电等一批骨干企业，已成为全市工业经济的增长点。同时，一批困难企业的问题得到解决。注重依靠科技狠抓新产品开发，新产品产值达13亿元，并淘汰了一批老产品，使产品结构有了较大改善。进一步明确以抓大项目带动工业发展的思路，落实了一批重点项目。建成了模糊控制器生产线，13万吨啤酒厂投入运行，年产1500万条纸塑袋包装生产线投产，10万吨镀锡薄板厂进入设备安装。工业开发区、保税区、高科技工业园吸引了一批新的工业项目，特别是金盘工业区发展速度明显加快，工业发展的后劲进一步增强。

农业和“菜篮子”工程地位加强

1996年，以“菜篮子”工程为主的城郊型农业的调整中进一步加强，“菜篮子”基地不断扩大，蔬菜、肉、蛋等水农副产品产量均有不同程度的增加。全年蔬菜、肉、蛋和水产品产量分别比上年增长1.7%、40.4%、17.9%和2.7%。“菜篮子”品种丰富，物价稳定。农业抵御自然灾害的能力大大增强，农业生产在遭受严重的自然灾害的情况下继续增长，总产值比上年增长8.2%。乡镇企业完成产值14.3亿元，增长13%。

第三产业结构得到调整和优化

针对房地产业出现连年大幅度下滑的情况，加重了第三产业内部结构调整。1996年，在房地产业继续下降的条件下，海口市第三产业增加值完成70.87亿元，比上年增长4.3%。消费品市场供应充裕，物价涨幅在低价位运行。全年完成社会消费品零售总额55亿元，比上年增长10.2%；集市贸易成交额23.09亿元，比上年增长45.7%。特别是旅游业发展势头好，全年涉外宾馆接待国内外游客192万人次，比上年增长28.3%；旅游营业收入11.33亿元，增长10.3%。

城市基础设施改善

1996年，海口市制定了依法治市环境综合整治总体方案和分项方案，确定了大英后路等八条路段和三角池的改造工程，重点对大英后路和三角池进行了拓宽、改造。同时，在城市卫生、交通、市容市貌和做文明市民等方面制定一系列管理配套法规和措施，进行广泛宣传和法制教育。全市的市容卫生、交通秩序明显改善。在依法治市工作的推动下，城市基础设施有新的改善。工业大道西段是海口的重要出口，是连接海榆中线和西线高速路的枢纽工程，集中财力修筑了机动车道，非机动车道及其他附属工程也按计划进行。作为重点道路改造的机场路改造扩建工程已接近完成，龙昆路的污水管网工程竣工，长堤路管网工程及其以海甸溪整治为中心的长堤路改造工程已经动工。污水处理厂动工，垃圾处理厂完成征地。在完成龙塘取水管网的基础上，日处理16万吨的净化水厂动工建设。全市注目的世纪大桥，进入工程招标阶段。同时，城市小街小巷和旧城改造，桥梁和道路配套设施，供水、供电、供气和城市绿化、美化都有较大进步，城市基础设施进一步完善。城市规划、土地使用、海洋开发、环境监测与治理、建筑工程、市政设施、城市测绘与勘察等各项管理明显加强。经过多年的努力，不仅创造了城市卫生、市容市貌、绿化美化的良好形象，而且城市抗拒自然灾害的能力也大大增强。特别是1996年遇到近30年来罕见的强热带风暴的袭击，城市排水、供水、煤气、通讯及电力等基础设施都经受住了严重灾害的考验。

科技事业发展较快

1996年，全面贯彻教育“一纲四法”，基础教育进一步加强。秀英区顺利通过了“两基”达标验收，全市全部实现了“两基”达标的目标。全市学龄儿童入学率达到99%以上，小学升学率98%，初中升学率83.2%，高考入围率达到65.8%，职业技术教育有新的进展，海口旅游学校被定为全国重点职业高中。幼儿教育被评为“全国幼儿教育先进市”。教育基础设施进一步加强、新建、扩建校舍13所，动工兴建教师住房1397套，其中491套已竣工投入使用。积极实施“科教兴市”战略，全市研究开发科技成果56项，评出市级科技进步奖26项，获国家、省级奖励9项。引进了一批高科技成果，有一批项目列入国家“星火计划”。

人民生活稳定提高

1996年，市政府把稳定和提高人民生活水平作为一件大事来抓。全年商品零售价格涨幅为2.9%，明显低于上年8.7%的水平“菜篮子”品种丰富，供应充足，为稳定市场、稳定物价、保证人民生活发挥了重要作用。在全市开展生活困难户和住房困难户普查，把生活困难居民的救济标准提高到人均月收入170元，专门兴建了面向住房困难居民的出租屋，困难户的基本生活逐步得到保障。遭受强热带风暴袭击后，市政府在组织群众生产自救的同时，及时拨出救济金181万元，用以解决受灾群众的吃饭、饮水、治病、住房等困难。截止1996年末，城乡居民储蓄存款余额130亿元，比上年末增长14.2%。全年城镇居民人均年生活费收入和郊区农民人均纯收入，与上年持平。由于物价稳中偏低，社会保障进一步加强和普及，特别是政府对困难职工、居民的及时救济和补贴，人民生活稳定。

(海口市政府发展研究中心　娄东风)

海口市国民经济主要指标

指　　标	单　　位	1996年		1995年	
		地　区	市　区	地　区	市　区
年底人口数	万　　人		49.93		48.30
#非农业人口	万　　人		40.58		38.56
土地面积	平方公里		245		245
人口密度	人/平方公里		2038		1971
年末劳动力资源总数	万　　人		40.51		43.09
#乡村劳动力	万　　人		4.52		4.39
国内生产总值	亿　　元		98.87		93.77
农林牧渔业产值	亿　　元		3.73		2.95
粮食产量	万　　吨		0.84		1.13
蔬菜产量	万　　吨		7.23		6.93
猪牛羊肉产量	万　　吨		0.84		0.54
水产品产量	万　　吨		1.10		1.07
全部工业总产值	亿　　元		64.23		57.34
# 乡及乡以上	亿　　元		61.04		56.97
客运总量	万　　人		4235		4135
货运总量	万　　吨		2248		2162
固定资产投资总额	亿　　元		63.68		62.09
# 住宅	亿　　元		10.25		18.36
房地产开发投资额	亿　　元		10.05		24.84
商品房销售额	亿　　元		2.26		8.3
出口贸易总额	亿　　元		2.08		2.34
进口贸易总额	亿　　元		10.99		10.15
利用外资签订协议总数	项		186		286
利用外资签订协议金额	万 美 元		36126		95743
实际利用外资金额	万 美 元		49185		61263
国际旅游人数	万　　人		15.18		15.51
国际旅游收入	万　　元		6.09		4.49
地方财政预算内收入	亿　　元		4.81		4.98
地方财政预算内支出	亿　　元		8.40		8.35
银行年末各项贷款余额	亿　　元		79.90		74.62
每万名职工中专业技术人员数	人				
# 中级职称以上	人				
城镇居民家庭人均生活费收入	元		6673		6670
农村居民家庭人均纯收入	元		3021		3013

注：表内各项产值均按当年价格计算。

(海口市政府供稿)

三 亚 市

国民经济发展概况

1996年，三亚市实现国内生产总值21.52亿元，比上年增长3%，按增加值计算，其中，农业增长13%，工业增长16.5%，建筑业减少29.6%，第三产业增长5.9%。地方财政收入2.186亿元，增长12.5%，地方财政支出2.6171亿元，增长2.6%。热带高效农业开发成绩显著，农村经济持续快速增长；工业生产、交通邮电稳步发展；旅游业快速增长，旅游设施上新台阶；固定资产投资滑落35%，结构调整趋向合理，进一步向农业、旅游、工业等产业倾斜；利用外资保持良好势头，投资质量、规模提高；城乡市场活跃，人民生活有所提高。

(一) 农业 1996年，全市农业总产值6.63亿元，比上年增长14.8%。农业增加值8.44亿元，增长13%。其中种植业总产值2.64亿元，增长27%；林业1.64亿元，增长5.4%；畜牧业0.87亿元，减少3.3%；渔业1.48亿元，增长19%。粮食产量7.68万吨，增长1.6%；油料0.13万吨，增长201.7%；蔬菜18.02万吨，增长14.4%；瓜类4.31万吨，增长3.1%；水果3.49万吨，增长1.2%。热带作物中橡胶、椰子、槟榔等产量均有较大增长。当年造林861公顷，森林覆盖率48.6%。猪牛羊肉总产量1.09万吨，增长12.2%。猪牛羊出栏总量16.42万头，增长9.5%。水产品总产量3.31万吨，增长10.9%。农业机械总动力11.27万千瓦，增长17.6%，其中耕作机械1.38万千瓦，增长12.2%；排灌机械1.92万千瓦，增长6.7%；渔业机械2.05万千瓦，增长302%。农用化肥施用量2.06万吨，增长5.6%。农田有效灌溉面积0.51万公顷，增长19.7%。乡镇企业总产值7.2亿元，增长14.2%。

(二) 工业及建筑业 工业总产值5.42亿元，增长22.2%，其中轻工业产值3.49亿元，增长31.7%；重工业产值1.93亿元，增长5.1%。主要工业产品产量：发电3.98亿千瓦·小时，增长198.3%；原盐1.35万吨，增长17.5%；水泥18.9万吨，增长1.3%；花岗石板材1.18万平方米，减少29.8%；木材0.82万立方米，增长925%；自来水供应量4672万吨，增长53.6%；医药品5.3万件，增长20.1%。工业进一步调整产品结构，一批新产品相继投产、医药、电力、水产加工等形成工业新的支柱行业，成为工业生产的主要增长点。工业一方面发展速度上升，另一方面部分国有工业企业生产经营困难，低效、亏损企业仍居高不下，导致工业总体效益水平下降。主要问题是结构调整缓慢，部分产品老化，市场占有率低，压库较严重。建筑业增加值2.92亿元，减少29.6%。现有国有建筑企业施工单位9个，承建工程施工16个，工程竣工14个，工程质量优良品率14.3%。

(三) 交通、邮电 1996年，完成货物运输量749万吨，增长3%；客运量1190万人次，增长20.8%。港口货物吞吐量32万吨，减少27.5%。全市公路1200.8公里，其中乡村公路976.1公里，585个自然村基本实现村村通公路。其中新增乡村公路21条、77公里。

邮电业务总量8373万元，增长13.6%。市内电话32084部，新增3293部；农村电话2834部，新增1305部。电话普及率7.86部/百人。移动电话用户4373户，新增2076户。无线寻呼用户21731户，新增7282户。电话交换机总容量44320门，增容1.9万门，其中市话交换机3.4万门，增容1.4万门。

(四) 商业、物价 社会消费品零售总额6.61亿元，增长4.7%，扣除价格因素实际下降0.9%。其中市区消费品零售额5.04亿元，下降3.9%；乡镇1.57亿元，增长46.4%。城乡集市贸易成交额6.25亿元，增长26.3%。从经济类型看，国有商业零售1.2亿元，增长7.3%；集体商业0.17亿元，下降2.9%；其它经济商业2.8亿元，下降9.1%；个体商业2.44亿元，增长25.7%。新建城乡集市贸易市场3个，累计达到41个。

物价调控成效显著，消费品零售物价指数105.6%，农业生产资料价格指数108.8%，居民消费价格指数106.9%，农贸市场农产品价格指数104.1%。

(五) 财政、金融 1996年，财政总收入34381万元，其中地方财政收入21860万元，增长12.49%；工商税收1.63亿元，增长10.8%。财政总支出35002万元，其中地方财政支出26171万元，增长2.59%。支援农业生产支出2400万元，文教卫生科学事业费支出1.045亿元。

1996年末全社会存款余额44.48亿元，增长14.3%，其中国家银行存款余额26.54亿元，增长16.1%；全社会贷款余额46.52亿元，增长15.5%，其中国家银行贷款余额32.51亿元，增长25.1%。城镇居民储蓄存款余额24.41亿元，增长21.6%，国家银行货币净投放6.03亿元，减少8.2%。保险承保额(含涉外)82.03亿元，增长287.7%，收取保险费0.37亿元，增长27.2%；付出赔款0.13亿元，增长9.2%。

(六) 固定资产投资 1996年，全市固定资产投资15.41亿元，下降35%，其中基本建设投资11.22亿元，下降28.7%；更新改造投资0.26亿元，下降64.6%；房地产投资2.43亿元，下降59.4%；集体、私人及其它投资1.5亿元，增长18.1%。按产业分，第一产业投资0.63亿元，增长3.9%；第二产业投资1.87亿元，下降57.6%，第三产业投资11.15亿元，下降15.2%；住宅建设投资1.76亿元。基本建成南山文化旅游区吉祥如意园、亚龙湾海底世界、凯莱酒店、珠江花园酒店等一批旅游景点和配套设施，完成了西河西路延长段、月川西路、东河西路等市政工程和市话扩容等工程。房屋施工面积76.73万平方米，其中住宅29.43万平方米；房屋竣工面积53.48万平方米，其中住宅22.99万平方米；新增固定资产21.15亿元。

(七) 旅游业 有涉外宾馆48家，1996年共接待旅游人数118.04万人次，比上年增长14.6%，其中国际游客7.23万人次，增长48.2%。涉外宾馆营业收入2.9亿元，比上年减少6.5%，其中外汇收入1708万美元，增长64.1%。加上全市各类宾馆接待的国内旅游者，1996年旅游行业直接收入5.16亿元，较上年下降2.46%。新建了亚龙湾凯莱度假酒店等一批高档宾馆设施，基本建成南山佛教文化"吉祥如意园"，开发了"南山不老松"等景点。

外贸及外引内联简况

1996年，外贸进出口总值4766万美元，下降16%，其中出口4575万美元，下降18.3%；进口191万美元，增长158.1%。实际利用外资1.61亿美元，增长0.6%，其中利用国外贷款0.12亿美元。实际利用外省资金15.2亿元，增长0.6%。全市内资企业4830户，其中新开业282户；外资企业551户，其中新注册34户。外引内联企业出口创汇400万美元，减少28.6%。1996年在建或建成的外引内联项目有凯莱酒店、明日酒店、南山文化旅游业、污水处理厂、肉禽蛋生产线、民用管道天然气、红塘湾高尔夫球场等。

城镇建设

1996年，投建工程80项，建筑面积33.68万平方米。办理竣工验收工程52项，建筑面积19.54万平方米，其中优良工程16项，占31%；合格工程36项，合格率100%。凤凰机场候机楼被评为建设部优质工程，凤凰机场海关联检楼、亚龙湾中心广场、南方大酒店、明珠海景大酒店等工程被评为海南省优质工程。投资3000万元，完成三亚湾机场路、西河西路、新风路西段、东河西路配套工程建设和大东海西端排海地下管网铺设等。完成总体规划修编及热带风景名胜区总体规划等编制工作。动工兴建红河污水处理厂。收回用地1230亩，取消规划选址用地、交农民复耕土地2万多亩。绿化城市道路15公里、铺设公共绿地4万多平方米；整治大东海、三亚湾绿化带28万平方米。城镇道路总长1271公里，其中新建、扩建60公里；日供水能力20万吨，较上年新增4万吨；日供电量109万千瓦·小时，新增75万千瓦·小时。

(三亚市政府办公室　王怀中)

三亚市国民经济主要指标

指　标	单　位	1996年		1995年	
		地　区	市　区	地　区	市　区
年底人口数	万　人	42.10		43.7	
#非农业人口	万　人	14.51			
土地面积	平方公里	1919		1919	
人口密度	人/平方公里			228	
年末劳动力资源总数	万　人				
#乡村劳动力	万　人				
国内生产总值	亿　元	21.3		21.1	
农林牧渔业产值	亿　元	6.6		5.8	
粮食产量	万　吨	7.7		7.6	

续表

指 标	单 位	1996年		1995年	
		地 区	市 区	地 区	市 区
蔬菜产量	万 吨	18.0		15.8	
猪牛羊肉产量	万 吨	1.1		1.0	
水产品产量	万 吨	3.3		3.0	
全部工业总产值	亿 元				
#乡及乡以上	亿 元				
客运总量	万 人			1080	
货运总量	万 吨			745	
固定资产投资总额	亿 元	15.4		23.7	
#住宅	亿 元	1.8		5.6	
房地产开发投资额	亿 元	2.4		6.0	
商品房销售额	亿 元				
出口贸易总额	亿 元	0.48		0.56	
进口贸易总额	亿 元				
利用外资签订协议总数	项			27	
利用外资签订协议金额	亿 元			1.9	
实际利用外资金额	亿 元	1.6		1.6	
国际旅游人数	万 人	7.2		4.9	
国际旅游收入	万 元			4161	
地方财政预算内收入	亿 元			1.9	
地方财政预算内支出	亿 元			2.6	
银行年末各项贷款余额	亿 元	32.5		26.0	
每万名职工中专业技术人员数	人				
#中级职称以上	人				
城镇居民家庭人均生活费收入	元				
农村居民家庭人均纯收入	元	1814		1679	

注：表内各项产值均按当年价格计算。

(三亚市政府供稿)

大连恒达水产食品有限公司

大连恒达水产食品有限公司(大连市西岗区三元街63号 电话：3623277)是大连市科达技贸总公司与美国恒丰肉类公司合资兴办的企业。主要从事鱼类、虾、贝类、藻类捕捞、养殖、加工产业。产品种类达30余种，公司技术力量雄厚，有多年的捕捞、养殖、加工经验，具备良好的加工条件和场所，有优越的海水养殖基地。加工工艺先进，质量可靠，产品全部出口，远销美国、日本、韩国、新加坡等国家和台湾地区，深受外商和台湾同胞的青睐。年人均创汇15万美元。

辽宁省葫芦岛市粮油中转储运公司

葫芦岛市粮油中转储运公司，位于葫芦岛市龙港区高把屯，隶属于葫芦岛市粮食局。1988年底正式交付使用，投资为403万元。库区总占地面积10万平方米，总建筑面积4.9万平方米，铁路专用线0.93公里，铁路罩棚近万平方米，五栋房式仓5,052平方米，储备能力3～5万吨，年经营量15～20万吨，固定资产已达2,153万元。

原锦西市面粉厂易地改造工程经省粮食局、市政府批准，于1991年四月初破土动工。项目投资1,380万元，建筑面积7,200平方米，主体车间3,500平方米，附属工程3,700平方米，等级粉生产线全部采用国产消化吸收设备自动化控制，日处理小麦200吨。

该公司地理位置优越，距葫芦岛港7公里，距火车站仅2公里，国道102线从市区通过，铁路、公路及海上运输十分方便。

公司(总经理　聂震)现有职工362人，其中大中专以上学历人员50人，专业技术人员62人。目前已初步形成了储运、加工为一体的中型企业。几年来，先后被评为省粮食局思想政治工作先进单位、市政府文明单位、市政府效益杯优胜单位、市防火消防先进单位、“文明铁路专用线”、市粮食系统先进党支部、“四无”先进库等。

浙江省税务师事务所 浙瑞会计师事务所

浙江省税务师事务所
浙瑞会计师事务所

浙江省税务师事务所是根据《中华人民共和国税收征收管理法》的规定，经浙江省国家税务局、浙江省地方税务局批准成立的全民所有制事业单位。浙瑞会计师事务所是根据《中华人民共和国注册会计师法》的规定，报经浙江省财政厅批准成立的全民所有制事业单位。两所(以下简称该所)依法承办有关税务代理事务和注册会计师事务，实行独立核算、自负盈亏，具有法人资格。

该所以服务为宗旨，以促进改革开放、搞活市场、提高经济效益为目的，面向社会，接受各类经济组织和机关团体以及外商投资企业和个人的委托，竭诚为广大企事业单位、机关团体及纳税人提供税务、财务、经济三位一体的智能服务，维护委托方的合法权益，该所也接受税务机关、司法、审计等部门的委托，代理有关涉税事务和承办注册会计师事务。

该所由具有注册会计师、税务师和各类经济、税收、会计以及长期从事税务财会工作，经验丰富的专业人员组成;该所坚持"以质量求信誉，以信誉求发展"、恪守公正、客观、求实的原则，优质高效地提供各项税务代理和会计事务服务，严格遵守注册会计师和税务师职业道德规范，对出具的验证及报告书，该所均负法律责任。

该所实行所长负责制，下设税务部、审计部、资产评估部和人事行政部。

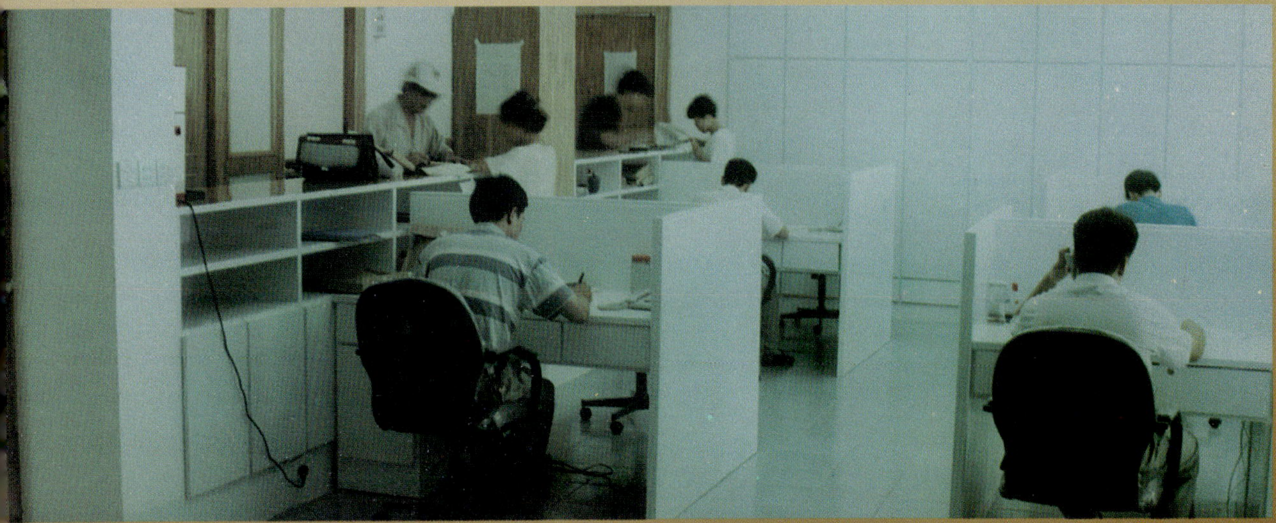

杭州市浦沿镇东冠村

东冠村党委书记、
东冠集团总裁章方祥

东冠坐落在杭州钱塘江大桥南端，杭州市滨江区浦沿镇位于之江开发区内，与美丽的西湖隔江相望。是杭萧公路、萧山公路的必经之地，地理位置优越，交通十分便利，全村总面积1.2平方公里，有6个自然村，15个村民小组，736户农家，总人口2526人，粮田671亩。杭州东冠通信集团公司是村所属的一家集团型企业。

改革开放以前，东冠村是个远近闻名的穷村，村民主要收入依靠农业，温饱问题也未能得到很好的解决。改革开放后，东冠村紧紧抓住国家大力发展邮电通信基础产业的良好机遇，站在农村经济改革的前沿，锐意开拓，勇于拼搏，致力于构筑东冠经济和社会飞跃发展的新路子，积极兴办以通信工程施工及通信设备、工程材料生产为主体的村级集体企业。并实施“村企一体化”，走共同富裕之路，实现了经济建设与社会发展同步协调快速发展。1996年，全村完成工业总产值4.5亿元，实现税利3500万元，村民人均收入从1986年的806元猛增到5300元。已连续多年被命名为“文明村”、“标兵村”、“红旗村”、“浙江卫生先进单位”和“省级文明单位”。东冠村龙头企业杭州东冠通信集团公司1995年在全国电子行业最大规模乡镇企业中名列第12位。1996年，又被评为全国乡镇企业集团。

为实施“九五”规划，东冠提出了“村企一体化、社区园林化、管理科学化、用人知识化、经营多元化、企业集团化、集团股份化、农业现代化、住宅别墅化和生活城市化”的发展战略，力争在本世纪末实现工农业总产值15亿元的宏伟目标，把东冠建设成一个富裕文明，与二十一世纪国际化大都市相适应的社会主义新农村。

东冠村公园

农民新居

小麦丰收

全国柚类评比夺魁的楚门文旦

浙江省台州市玉
环县林业特产局
颜令飞局长

楚门文旦是玉环县的传统名果，曾连续七次在全国柚类评比中夺魁。其中二次获农业部颁发的优质农业产品证书和奖杯。1996年又获全国第二届农业博览会金奖;1995年该县因此被国务院农村经济研究发展部、《中国特产报》等单位联合命名为《中国文旦之乡》。

近十年来，玉环县坚持以文旦产业化建设为目标，以市场为导向，效益为中心，科技为依托，加快开发步伐。初步形成了区域化布局，专业化生产、一体化经营、社会化服务的产、供、销一条龙新格局。至1996年全县“楚门文旦”面积已达6.6万亩，产量3.5万吨，产值超双亿。占全县农业总产值的20％和种植业总产值的60％，目前已建成了水、电、路和林网相配套的7个千亩以上和30个百亩以上连片楚门文旦商品基地和20个水果专业村，并形成上千名生产专业大户和1200多农民组成的文旦果品长途运销队伍。现从业人数已达3.8万人，占全县总人口数的11.1％，占农村劳动力的20％，较好地解决了农村就业问题。

该产业的崛起，带动了全县二、三产业发展，促进了广大农民脱贫致富奔小康，同时改善了生态环境条件，产生显著的经济、社会和生态综合效益。

浙江巨峰建筑建材集团

董事长兼总经理洪长根

第七屆中國新技術新產品博覽會

榮譽證書

你單位　　項目參加一九九五年十一月由國家科委和廣州市人民政府聯合主辦的第七屆中國新技術新產品博覽會，榮獲　獎。特發此證，以資鼓勵。

浙江巨峰建筑建材集团位于国家级综合实验区绍兴县杨汛桥镇，是一家以建筑、建材为主体，集工、科、贸为一体的大型综合性企业集团。下辖绍兴县江桥第二建筑工程公司、绍兴县华盛水泥厂、绍兴市建安钢模厂等7家大型企业。总资产达1亿元。1995年完成总产值2.5亿元，税留利2360万元。在由国家农业部乡镇企业局、中国乡镇企业协会联合组织的“中国乡镇企业评价排序活动”中荣获“中国最大经营规模乡镇企业”及“中国最高利税总额乡镇企业”两项殊荣。

集团下属绍兴县华盛水泥厂生产的“鼎峰”牌425#普通硅酸盐水泥，质量稳定，早期强度高，达到“A型”早强水泥标准，出厂水泥合格率、富裕强度合格率和一等品合格率均达100%。1995年5月被评为绍兴市先进单位，同时经省地方水泥质量监督检测站13次不定期抽检，获得“水泥质量检测大对比优胜奖”称号，在绍兴市水泥行业中名列第一；8月被绍兴市标准计量局命名为“绍兴市优质推荐产品”；10月被评为现场管理示范企业，安全生产合格企业；11月在中国新技术、新产品博览会上“鼎峰”牌水泥又荣获“金奖”。

集团下属绍兴县华盛水泥厂

浙江巨峰建筑建材集团总部

温州市美特斯·邦威企业有限公司

美特斯·邦威企业有限公司创建于1993年，是一家以生产休闲系列服饰为主导产品的股份制企业。主要产品有休闲西服、T恤、衬衫、牛仔裤、茄克衫、羊毛衫、风雪衣、休闲便服及配套服饰等九大系列500多个品种。1996年工业总产值达1.2亿元，工厂占地10000余平方米，具有国际上最先进的电脑控制生产设备。该公司善于借鉴世界新潮服装，设计出具有自己品牌特色的一流款式，并购进国外优质面料以及国内优质辅料，精工细做。目前已申请注册了"邦威"和"美特斯·邦威"商标，并向十几个国家申请注册。公司被国内贸易部评为"全国服装市场名品、名店规范化试点经营企业"，并被省乡镇企业局、技术监督局评为"浙江省重点民营乡镇企业"。邦威牌系列休闲服1995年、1996年连续两年被省消费者协会列为"推荐商品"。

公司的经营宗旨是：创低价位名牌，服务工薪大众。他们采取公开成本销售法，即生产者公开做衣成本，消费者定销售价格。同时推出"购物凭证"制度，规定凡是顾客购买美特斯·邦威服装，都可以得到一张凭证，凭证详细说明了邦威服装的质量标准，消费者在3个月内如发现所购服装与标准不符等质量问题，可向经营者索赔。公司还采取独特的连锁经营模式，以温州为基地向全国辐射，在上海、杭州、成都、济南、南京、大连、郑州、南昌等大中城市发展100余家连锁专卖店和专柜，并以高质新款的产品、大众

1996年公司邀请省、市有关专家举办美特斯·邦威服饰名牌战略研讨会(左二为公司董事长兼总经理周成建)

邦威专卖店——美特斯·邦威商厦每天销售额在4万元以上

广东真空设备厂股份有限公司

广东真空设备厂股份有限公司概貌

广东真空设备厂股份有限公司控股企业——中外合资肇庆中环建材厂

广东真空设备厂股份有限公司2X系列真空泵

广东真空设备厂股份有限公司是国家械电子工业部的重点企业，广东省省级先进业，广东省高新技术企业，是中南地区最大生产真空获得和真空应用设备的厂家。目前司已拥有8个控股企业，形成了以真空技术基础，集科研、生产、应用于一体的多元化、行业、跨地区的集团化股份有限公司。公司备多方面人才，建有高水平的真空技术工程究开发中心，多年来研制出20多个系列、100种真空产品，广泛应用于国防、科研、电子学、轻工、机械、冶金、食品、建材、陶瓷、塑料行业。产品畅销全国各地，并远销欧美、东南和港澳地区。本公司拥有国优、部优、省优产20多个，著名商标“中环”牌2X系列旋片式真泵被评为广东省首批名牌产品。企业获省“五”企业技术进步奖。

本公司系列产品：2X系列旋片式真空泵2XZ系列旋片式真空泵、XZ系列旋片式真泵、X系列旋片式真空泵、K，KT系列高真空扩散泵、JKT系列高真空抽气机组、DM，ZZ列玻璃真空镀膜设备、SDM，ZZ系列塑料装多用途真空镀膜设备、ZZB系列卷绕式真空膜设备、JT系列磁控溅射镀膜设备、ZCB系真空包装机、DC系列玻璃镀前处理机、ZG系真空脱水干燥设备、ZJ系列果脯浸渍设备、Z系列负压站、各种彩色高级花岗岩装饰板材彩色花岗岩生产线。

JT系列磁控溅射镀膜设备

南宁市经济迈上新台阶

南宁市市长宋福民正在接受中央电视台记者采访

南宁市是广西壮族自治区首府，是广西政治、经济、文化、科技、金融和信息的中心。全市总面积10029平方公里，城市建成区面积85平方公里。辖五个城区、一个郊区和邕宁、武鸣两个县，总人口278万人，其中市区人口125.6万人，有壮、汉、瑶、苗等30多个民族，壮族人口占64%。

1992年南宁市进入全国城市综合实力50强行列，1994年提前6年实现翻两番的目标。至1996年末，全市实现国内生产总值202.2亿元，其中，第一产业增加值33.44亿元，占16.54%；第二产业增加值72.53亿元，占35.87%，第三产业增加值96.23亿元，占47.59%。

南宁国际大酒店

江滨立交桥夜景

绿树成荫的朝阳路

南宁市新区一角

南宁市争创“国家园林城市”

南宁市早在1994年就荣获“全国园林绿化先进城市”称号，1996年末，建成区绿化覆盖率达到36.4％，绿地率达到30.9％，人均公共绿地面积达到6.7平方米。现在，市委、市政府正在加强领导，全民动手，加大园林绿化建设力度，充分利用良好的地理环境、气候条件和园林植物优势，使绿化覆盖率、绿地率、人均公共绿地等各项园林绿化指标达到全国先进水平，公园、街道、居住区、单位庭院等，加强美化、彩化建设，加强维护管理，达到园林城市评选标准。力争不久的将来实现创建“国家园林城市”目标。使南宁“绿在城中、城在绿中，终年常绿、四季花开，山、河、湖、溪与绿树鲜花交相辉映，绿化、美化、彩化与亚热带风光融为一体”的现代化园林城市。

南湖公园

城区绿色明珠——朝阳花园鸟瞰

青秀山风景区

人民公园

南宁市园林绿化迈大步

宁市副市长陈瑞贤(左一)与园林局领导在现场研究园林绿化工作

1996年是南宁市园林绿化事业迅速发展的一年。市园林管理局系统全体干部职工，与全市人民一道共同谱写了城市绿化的新篇章。南宁市在1994年实现灭荒达标后，继续广泛深入开展全民义务植树活动，1996年共出动110.83万人次，义务植树940.44万株，全市有林地面积已达30.18万公顷，其中城郊6.66万公顷，森林覆盖率达36.3%，经验收合格，两县一郊实现了绿化达标，郁郁葱葱的林海形成了环抱市区的“绿色圈”。配合城市快速环道建设和基础设施建设，完成了新建扩建的几条道路共10.99公里的绿化工程，提高了10条示范街和35条主要道路的绿化水平，共种植各类乔灌木32.56万株、草木4万多株，铺草3.1万平方米，提高了美化彩化效果。

花似锦的园湖路

朝阳路

鱼湖

绿都朝晖——南宁市绿化新姿

前进中的南宁市规划管理局

南宁市规划管理局在1996年中实现了规划编制上水平、规划管理上水平和直属单位管理上水平，为南宁市创城夺杯发挥了积极的作用。根据党的十四届五中全会提出的两个根本性转变和把南宁建设成为全国最漂亮的省会城市的指示精神，引进先进技术和力量，高质量地编制完成上报《南宁市城市总体规划修编方案》、《南宁市城市远景规划方案》和一批专项规划、详细规划，为首府城市发展提供科学依据。同时，建立健全配套法规和管理网络，完成上报《南宁市城市规划条例》等一批配套法规，在各城区、郊区设立派出机构，加强执法力度。1996年，该局获得自治区人民政府颁发的全区第一届市容“南珠杯”竞赛先进单位和南宁市完成环保目标责任制先进单位等光荣称号。

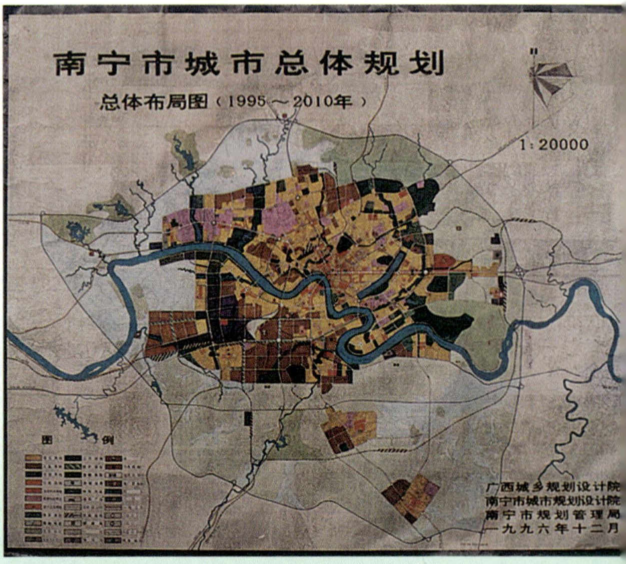

(上) 南宁市至2000年，规划城市建设用地控制在120平方公里以内；至2010年，规划城市建设用地控制在160平方公里以内

(中) 南宁市副市长陈瑞贤(中)视察南宁市城市雕塑征询意见展览

(下左) 南宁市示范小区荣和新城一角

(下右) 局属规划监察管理所工作人员进行现场检查

南宁市建设局

宁市人民政府副秘书长、建设局局长叶士寿

1996年，南宁市建设局以构筑大西南出海通道枢纽为目标，加快城市基础设施建设步伐。1996年是南宁市城市建设历年来建设项目最多、任务最重、投入最大、进度最快的一年。全年城市基础设施建设共安排项目39个。其中的24个项目已建成投入使用，在建项目的进展也很快。全年完成总投资达17.9亿元，比上年增长37.6%。分别完成了西乡塘大道扩建、明秀西路改、扩建，南站东路修建等工程。清川大桥已完成南北两岸桥台和主桥、引桥20个墩柱及盖梁。还完成了一批城市道路的排水工程和街道、路面的维修工作。

领导在清川大桥施工现场

全长24公里，投资18亿元的南宁市城市快速环道将于1997年全线贯通。图为施工中的清川大桥。

建后的江南路

白沙大桥

南宁市城市管理工作上档次、上水平

南宁市人民政府副秘书长、市城市综合管理办公室主任耿耀华(右一
区建设厅副厅长、广西军区教导大队领导在全市城管、城建监察队伍集训基

南宁市的城市建设快速发展，城市管理水平显著提高，1995年迈入了全国卫生城市的行列，同时荣获“全国城市环境综合整治优秀城市”的光荣称号。1996年在自治区人民政府开展的全区城市市容环境综合整治“南珠杯”竞赛中获得“南珠杯”最高荣誉。

一、把整治好城市面貌、为市民提供良好的生活环境当作为市民办好事、办实事的大事来抓；把搞好城市管理营造良好的投资环境作为改革开放的大事来抓；把城市管理作为两个文明的结合部、突破口来认识，作为两个文明载体工程来抓。

二、加大投入。几年来，市政府对城市建设和管理资金的投入共30多亿元。

三、宣传工作深入人心。几年来围绕创文明城、双拥模范城、卫生城为载体的宣传工作深入持久，做到家喻户晓，人人皆知，形成了全民参与城市管理，人人为城市管理工作作贡献的新格局。

四、理顺城市管理体制，强化城市综合管理职能。在机构改革“三定”工作中，明确南宁市城市综合管理办公室为市政府工作部门，是综合管理城市和城市市容环境卫生管理的主管部门。为了便于执法管理和队伍建设，增挂南宁市城市市容管理局和城市管理监察总队二块牌子。

五、从严治队，塑造城管队伍的新形象。国家建设部于1997年6月在南宁市召开全国城建监察队伍建设现场会，对南宁市城监队伍建设工作给予了肯定。

城管办副主任郑本炼(右一
副主任罗友臣(右二)、副主任梁翠玲(右三)向上级汇报工

南宁市获自治区城市综合整治南珠杯竞赛“优秀城市”称

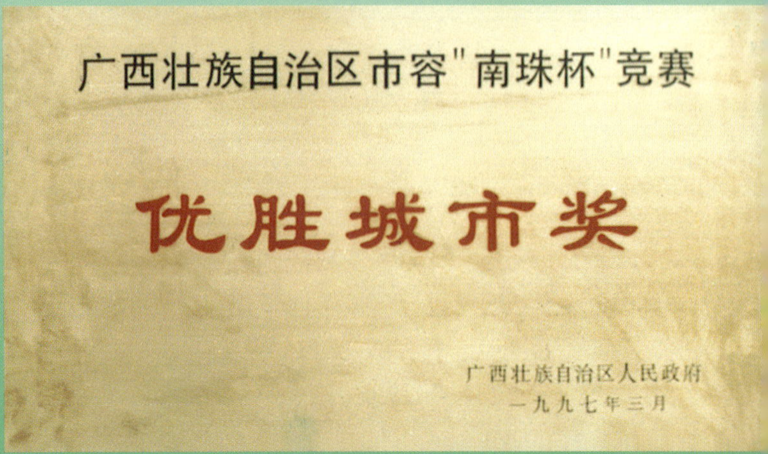

南宁市被授予全国园林城市光荣称号

市委书记李兆焯(右)与市长宋福民(左)喜捧国家园林城市牌匾

1997年8月9日，在大连举行的全国创建园林城市暨城市绿化工作会议上，南宁市被国家建设部授予全国园林城市光荣称号。

几年来，南宁市以建设具有民族特色、亚热带风光的现代化园林城市为目标，加快城市绿化、美化建设，南宁市的面貌日新月异，1994年获得“全国园林绿化先进城市”称号。1996年末，建成区绿化覆盖率达36.4％，绿地率达30.9％，人均公共绿地面积达6.7平方米，形成了大、中、小相结合，点线面结合，市区与郊区相结合的园林绿化体系，体现了“城在绿中，绿在城中，终年常绿，山、河、湖、溪与绿树鲜花交相辉映，绿化、美化、彩化与亚热带风光融为一体”的园林风貌特色。

自治区级风景区——南宁市青秀山风景区环山秀坪

南宁市朝阳路绿化

南宁市人民公园

中房集团南宁房地产开发公司

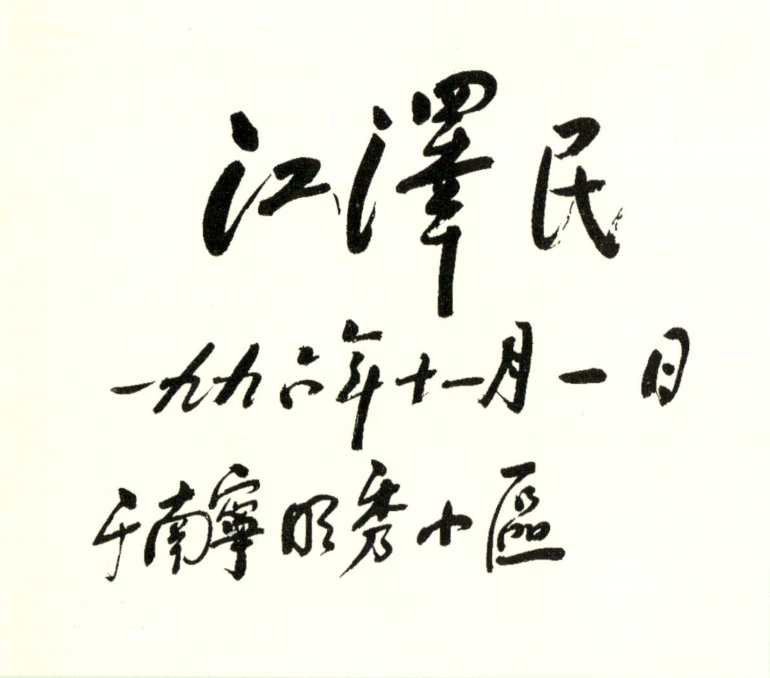

中共中央总书记、国家主席江泽民1996年11月1日视察南宁市明秀小区时题字

中房集团南宁房地产开发公司成立15年来，共完成房地产开发12.7亿元;征用开发土地近4000亩;旧城改造拆迁面积5.7万平方米，建成北湖、明秀等9个住宅小区、自筹资金和代建的市级大型公建6座;开发公建和住宅总建筑面积达155万平方米;建成和打通人民路、白沙大道等市区道路4条，实现税利6437万元;以让利、赞助、损赠等形式为政府、为社会做贡献价值5000多万元。经过15年的努力，公司不断发展壮大，资产总值达5.8亿元。目前，公司已发展成为以房地产综合开发为主导产业、集建筑装饰、工程监理、物业管理、商业贸易、旅业服务、管道燃气等多种经营项目于一体的综合性集团化企业。公司先后荣获自治区和南宁市先进单位、文明单位等光荣称号，成为国家一级房产地企业和广西十强房地产企业。

国家建设部长侯捷在南宁市市长宋福民、自治区建设厅厅长郑应炯、副市长陈瑞贤陪同下视察南宁市明秀小区

中房集团南宁房地产开发公司总经理杨柳

明秀小区所获的奖牌和奖杯

全国文明城市示范点——南宁市明秀小区

南宁市房产业开发总公司

南宁市房产业开发总公司成立于1993年9月，系直属于南宁市人民政府领导，具有独立法人资格、从事房地开发建设的二级资质企业。

1996年初，新任总经理赖锡金同志上任后，锐意改革，勇于进取，使公司1996年的各项工作实绩成为历史上最好的一年。主要成绩是：开发建设的新兴苑小区、望仙坡小区、江滨花园、共和路168号综合楼等项目开工、续建面积11万平方米，竣工面积5.9万平方米，完成产值5635万元，实现售销收入2856.8万元，税金165万元，利润379万元，工程质量合格率100%，优良率达到60%以上。特别是新兴苑小区已列入国家建设部第四批城市住宅试点小区和南宁市1997年“十个一”工程之一，被自治区和南宁市树为样板工程。国家建设部部长侯捷、副部长李振东视察新兴苑小区后，均给予了高度评价，并分别题词勉励。

公司领导班子(自左至右)：梁燕君(副总经理)、赖锡金(总经理)、黄润斌(书记兼副总经理)、韩荣超(副总经理)

建设部副部长李振东在市、公司领导陪同下视察新兴苑小区

新兴苑小区

永和小区

望仙坡小区住宅楼

南宁市地产业开发总公司

公司总经理邵遂智(中)、副总经理钟立德(右)、王合义正在研究土地开发方案

公司销售中心的“安吉新”私人宅基地

公司产业大楼勘探施工现场

南宁市地产业开发总公司是实行企业化管理的事业单位，具有广西壮族自治区二级房地产开发资质。

公司自1992年成立以来，全体员工发扬“团结、创业、求实、进取”公司精神，积极对政府需要出让和划拨的土地进行初开发，并根据规划要求进行“五通一平”；以二级土地市场的形式实施部分土地使用权转让；经营开发房地产业务。

1996年开发经营“安吉新城”项目，20,000多平方米，仅半年时间就取得良好的经济效益；已销售额约为578万元，税后利润约122万元。此外根据市人民政府指示，参于组建了“富民置业有限责任公司”，该项目是利用世界银行贷款，建造扶贫低价房。资金投入、征地、立项等前期准备工作进展顺利；目前公司的产业大楼正在开发之中，现已办完土地使用证和初步设计，同时公司办公楼12亩地开发的前期准备工作也紧锣密鼓进行。

香港特别行政区与台湾、澳门地区经济发展

香港主要社会经济指标
MAIN SOCIAL AND ECONOMIC INDICATORS OF HONG KONG

人口主要指标
MAIN INDICATORS OF POPULATION

项　　目	Item	1991	1992	1993	1994	1995
年中人口数　(万人)	**Mid—Year Population　(10 000persons)**	**575.2**	**580.1**	**590.9**	**603.5**	**615.6**
出生率　(‰)	Birth Rate　(‰)	12.0	12.3	12.0	11.9	11.2
死亡率　(‰)	Death Rate　(‰)	5.0	5.3	5.2	5.0	5.1
婴儿死亡率　(‰)	Infant Mortality Rate　(‰)	6.4	4.8	4.8	4.5	4.6
人口自然增长率(‰)	Rate of Natural Increase　(‰)	7.0	7.0	6.8	6.9	6.1
结婚人口　(对)	Married Population　(Couples)	42568	45702	41681	38264	38786
离婚人口　(对)	Divorced Population　(Couples)	6295	5650	7454	7735	9404
平均期望寿命　(岁)	Life Expectancy at Birth(Years)					
男	Male	75.2	74.8	75.3	75.7	76.0
女	Female	80.7	80.7	80.9	81.5	81.5

劳动力行业构成与失业状况
LABOR FORCE AND EMPLOYMENT

项　　目	Item	1991	1992	1993	1994	1995
劳动力总人数(万人)	**Total　(10 000 persons)**	**280.4**	**279.2**	**285.6**	**292.4**	**300.1**
男	Male	175.6	176.6	179.5	181.9	184.1
女	Female	104.8	102.6	106.2	111.0	116.0
按行业分类　(人)	Labour Force by Industry　(Person)					
农业、渔业	Agriculture and Fishery	22400	19000	17600		
采矿业	Mining and Quarrying	444	557	500	475	485
纺织和服装	Textiles and Wearing Apparel	307800	267800	239700		
制造业	Manufacturing	717000	650500	594000	562600	534600
电、煤气	Electricity,Gas	11799	11764	12042	11599	11780
建筑业	Construction	224900	231200	221100	220500	229300
批发、零售、旅馆	Wholesale and Retail Sale,Restaurants and Hotels	732100	747900	795800	827600	824900
运输、仓储和通信	Transport,Storage and Communications	273600	294700	314900	340000	327700
金融、保险、不动	Finance,Insurance,Real Estate and					

续表

项　目　Item	1991	1992	1993	1994	1995
产和产业服务　Business Services	229100	231900	289300	326200	341700
其它服务业　Other Services	536100	542100	547700	558800	609800
失业人数　(人)　Unemployment　(Person)	50400	54700	56300	56200	95600
失业率　(%)　Unemployment Rate　(%)	1.8	2.0	2.0	1.9	3.2

国内生产总值
GROSS DOMESTIC PRODUCT

年份 Year	国内生产总值 Gross Domestic Product			人均国内生产总值 Per Capita GDP	
	亿港元 (HK $100 million)	比上年增长%① Growth Rate ove the Preceding Year %①	亿美元 (US $100 000 000)	港元 HK$	美元 US$
1988	4550	8.0	526	80855	9430
1989	5239	2.6	592	92128	10570
1990	5825	3.4	682	102121	11950
1991	6685	5.1	782	116223	13580
1992	7793	6.3	893	134357	15380
1993	8975	6.1	1161	152087	19618
1994	10126	5.3	1319	167774	21766
1995	11055	4.7	1429	179572	23213

注: ①按1990年价格计算。
Notes: The data sre caiculated at 1990 constant market prices.

国内生产总值支出构成
EXPENDITURES ON GROSS DOMESTIC PRODUCT

单位: 百万港元　　(HK$ 1 million)

年份 Year	国内生产总值 Gross Domestic Product	个人最终消费支出 Private Final Consumption	政府最终消费支出 Government Final Consumption	固定资本形成 Gross Fixed Capital Formation	库存增加 Change in Stocks	商品出口 Exports of Goods (f.o.b.)	减: 商品进口 Less Imports of Goods (c.i.f.)	劳务出口 Exports of Services	减: 劳务进口 Less Imports of Services
1988	455022	254682	30008	116129	14132	493069	501174	110982	62806
1989	523861	287677	36253	136204	3463	570509	565219	127147	72173
1990	582549	330459	43283	153776	5728	639874	645200	142321	87692
1991	668512	391098	51470	177729	4098	765886	782042	161087	100814
1992	779335	451670	64070	213808	8187	924952	958462	189352	114242
1993	897463	515535	72746	245933	3859	1046250	1075710	218091	126551
1994	1012585	590130	83491	300561	22402	1170013	1254427	242890	142475
1995	1105461	650604	95770	334712	51822	1344127	1495706	287865	163733

国内生产总值部门构成
COMPOSITION OF GROSS DOMESTIC PRODUCT BY KIND OF ACTIVITY

单位: 亿港元 (HK$ 100 million)

年份 Year	国内生产总值 Gross Domestic Product	农业和渔业 Agriculture and Fishery	采矿业 Mining and Quarrying	制造业 Manufacturing	电、煤气、水 Electricity, Gas and Water	建筑业 Construction
1988	4550.2	14.2	2.3	900.4	102.0	206.6
1989	5238.6	13.9	2.2	961.7	108.6	257.4
1990	5825.5	14.3	2.1	983.5	126.1	302.2
1991	6685.1	14.4	2.2	972.2	135.2	346.6
1992	7793.4	14.7	2.1	997.6	156.4	373.4
1993	8974.6	16.1	2.0	925.8	175.9	430.9
1994	10125.9	16.0	2.5	873.5	221.8	463.3

续表 1 continued I

单位: 亿港元 (HK$ 100 million)

年份 Year	商业、饭店、旅馆 Wholesale,Retail Sale and Import/Export Trade,Restaurants and Hotels	运输、仓储、通信 Transport,Storage and Communications	金融、保险、不动产和产业服务 Financing,Insurance Real Estate and Business Services	房屋所有权 Ownership of Premises	社团服务和个人服务 Community,Social and Personal Services
1988	1097.9	400.1	828.1	434.2	610.0
1989	1247.5	446.5	973.0	515.3	701.2
1990	1407.2	529.3	1131.3	592.6	813.3
1991	1632.8	606.0	1433.0	688.7	942.9
1992	1907.6	712.3	1789.2	809.4	1107.0
1993	2244.4	789.8	2145.5	898.6	1304.1
1994	2491.7	921.1	2538.0	1156.2	1505.9

工业生产指数
INDICES OF INDUSTRIAI PRODUCTION

(1986年=100) (1986=100)

年份 Year	总计 Total	食品、饮料和烟草 Food,Beverages and Tobacco	服装(不包括针织品和鞋类) Wearing Apparel,(Except Footwear and Knitting)	纺织品(包括针织品) Textiles (Including Knitting)	造纸和印刷 Paper Products and Printing	化学品、橡胶非金属矿产品 Chemicals, Rubber,Plastic and Non-Metallic Mineral Products
1984	91	80	91	77	86	88
1985	87	93	84	80	86	88
1986	100	100	100	100	100	100
1987	116	108	115	114	126	107

续表 continued

年份 Year	总计 Total	食品、饮料和烟草 Food,Beverages and Tobacco	服装(不包括针织品和鞋类) Wearing Apparel,(Except Footwear and Knitting)	纺织品(包括针织品) Textiles (Including Knitting)	造纸和印刷 Paper Products and Printing	化学品、橡胶非金属矿产品 Chemicals, Rubber,Plastic and Non-Metallic Mineral Products
1988	123	122	114	111	153	104
1989	124	127	116	117	167	95
1990	123	142	113	115	182	90
1991	124	147	110	120	201	85
1992	126	155	111	125	235	81
1993	125	159	113	116	265	73
1994	125	161	113	115	272	66
1995	126	160	115	111	273	63

续表 1 continued Ⅰ

(1986年=100) (1986=100)

年份 Year	塑料产品 Plastic Products	基本金属、金属制品和非电气机械 Basic Metals and Fabricated Metal Products Non－Electric Machinery	电子电气产品、专业设备及光学仪器 Electrical and Electronic Products,Machinery, Professional Equipment and Optical Goods	家用电子电气产品 Consumer Electrical and Electronic Products	电子电气机械及零配件 Machine, Equipment,and Apparatus, Parts and Components	其它 Others
1984	89	93	90	95	94	119
1985	87	89	89	86	94	89
1986	100	100	100	100	100	100
1987	106	116	126	136	132	109
1988	101	138	145	136	158	114
1989	88	126	147	131	166	105
1990	76	113	149	133	164	104
1991	70	111	153	132	178	99
1992	65	106	156	127	205	97
1993	55	96	160	117	231	88
1994	45	95	165	117	239	84
1995	38	94	179	116	274	81

制造业企业指标 (1994年)
MAIN INDICATORS OF MANUFACTURING INDUSTRY (1994)

项目	Item	企业数(个) Number of Establishments	从业人员(人) Number of Persons Engaged	雇员工薪(亿港元) Compensation of Employees (HK$ 100 million)	总产出(亿港元) Gross Output (HK$ 100 million)	增加值(亿港元) Value Added (HK$ 100 million)	固定资产新增值(亿港元) Gross Additions to Fixed Assets (HK$ 100 million)
制造业合计	**Total**	**31988**	**433672**	**498.0**	**2961.9**	**865.4**	**70.5**
食品	Food	692	19023	22.4	118.6	40.3	3.5
饮料	Beverages Industries	18	4280	8.2	44.7	17.9	-26.8
烟草	Tobacco Manufactures	4	1158	2.6	39.2	13.7	0.4
成衣	Wearing Apparel	3745	104620	96.1	480.3	135.2	2.3
皮革及皮革制品	Leather and Leather Products	175	1682	1.8	14.0	3.4	0.4
鞋(不包括橡胶鞋塑料鞋和木屐)	Footwear,Except Rubber, Plastic and Wooden Footwear	99	605	0.4	1.0	0.4	
纺织品(包括针织品)	Textiles(Including Kintting)	3466	68149	76.4	458.5	116.0	8.7
木及木制品(不包括家具)	Wood and Cork Products, Except Furniture	483	1803	1.5	10.4	2.5	0.1
家具	Furniture and Fixtures,	453	1754	1.3	4.8	1.7	…
纸和纸制品	Paper and Paper Products	1117	9912	11.7	69.8	19.7	3.4
印刷出版	Printing,Publishing and Allied Industries	4651	42148	57.6	244.3	99.5	18.0
化学和化学制品	Chemicals and Chemical Products	588	7014	10.4	84.0	21.0	2.1
石油和煤制品	Products of Petroleum and Coal	5	127	0.3	2.9	1.1	0.3
橡胶制品	Rubber Products	80	475	0.5	2.2	0.8	…
塑料制品	Plastic Products	2041	15503	15.0	84.6	25.0	2.6
非金属矿产品	Non-Metallic Mineral Products,Except Products of Petroleum and Coal	234	4112	6.6	65.2	14.4	2.6
基本金属	Basic Metal Industries	121	2201	4.0	55.9	6.6	2.9
金属制品	Fabricated Metal Products, Except Machinery and Equipment	4262	26971	27.1	158.6	48.8	5.3
机械设备及零配件	Machinery,Equipment,Appartus Parts and Components,Not Elsewhere Classified	4789	32202	35.3	197.3	66.0	5.6
电子零部件、家用电器、电子玩具	Electronic parts and Components,Electrical Appliances and Houseware and Electronic Toys	175	19539	28.3	179.2	69.4	17.5
办公设备	Office,Accounting and Computing	148	3250	3.9	28.8	9.7	0.7
	Machinery	171	12800	15.8	170.0	35.5	7.5
通信设备	Radio Television and Communication						
	Equipment and Apparatus	99	4385	5.7	49.8	11.6	2.1
专业和科学、测量和控制设备	Professional and Scientific, Measuring and Controlling Equipment,Not Elsewhere Classified,and Photographic and Optical Goods	932	16521	18.1	213.6	35.2	5.3
运输设备	Transport Equipment	606	13992	26.8	59.2	35.8	3.7
其它	Others	2835	19447	20.2	125.1	34.2	2.5

电力、煤气和水消费量
CONSUMPTION OF ELECTRICITY,GAS AND WATER

年份 Year	电　力(万亿焦耳) Electricity(terajoules)					煤气(万亿焦耳) Gas(terajoules)			水 (百万立方米)
	民　用 Civil	商　用 Commer－cial	工业用 Industrial	街道照明 Street Lighting	出口大陆 Export to Mainland of China	民　用 Clvil	商　用 Commer－cial	工业用 Industrial	Water (1 000 000 cub.m)
1984	10817	24609	18543	196	2663	3476	3174	257	627
1985	11519	26793	18819	208	3780	4036	3669	273	637
1986	12808	29180	21391	213	4350	4593	4123	327	703
1987	14022	32403	23979	222	4904	5254	4930	399	750
1988	15711	34818	24876	228	5186	6127	5680	440	808
1989	17075	38097	25178	239	6371	6943	6218	510	845
1990	19037	41582	24934	248	6470	7596	6877	583	873
1991	20586	45245	25051	259	11019	8133	7404	701	884
1992	21716	47971	24194	271	17866	9152	8232	823	889
1993	24092	53131	22309	278	16201	9657	8652	889	915
1994	25827	57508	21437	282	6327	10606	9202	919	923
1995	27063	59908	20222	284	5340	11408	9586	978	919
1996	29194	64465	19934	287	1910	11986	10085	918	928

房地产企业的经营概况
MANAGEMENT OF REAL ESTATE ENTERPRISES

单位: 百万港元　　(HK$1 000 000)

年份 Year	企业数(个) Number of Estab-lish-ments	从业人员(人) Number of Persons Directly Engaged	雇员工薪 Compen-sation of Employe-es	各种燃料、电、水和维修等服务消耗 Consumption of Sundry Supplies of Fuels, Electricity & Water & Maintenance Services	其他经营支出 Miscel-laneous Operating Expenses	房地产开发利润 Gross Margin of Real Estate Develop-ment	服务和租金收入 Service & Rental Income	增加值 Value Added	总盈余 Gross Surplus	固定资产增值 Gross Additions to Fixed Assets
1984	3285	24762	1063	1042	4265	6090	8522	13171		3295
1985	3652	28913	1298	1180	4230	6217	10149	14087	10001	－808
1986	3699	31728	1582	1339	4793	8727	10596	16819	12075	915
1987	4123	33307	1759	1495	4718	13906	11807	22589	18223	4738
1988	4814	37992	2493	1840	5778	20068	16198	32196	26675	5281
1989	5522	40393	2691	2170	8172	23028	21830	39869	31051	10364
1990	6388	40410	3355	2541	9336	25359	26595	45837	34869	5941
1991	7415	50754	4436	3049	11776	28128	30521	50795	37183	8689
1992	7598	50549	5212	3692	11647	39572	33122	63671	50998	25085
1993	7899	53616	6821	4148	13597	51173	37913	79066	61808	26767
1994	8443	60662	8567	5170	20299	69326	50520	105219	83068	21935

居民住房占有情况

HOUSING CONDITIONS OF URBAN AND RURAL RESIDENTS

单位: 户 (household)

项　目	Item	1971	1976	1981	1986	1991
合计数	**Total**	**846670**	**990290**	**1237643**	**1445689**	**1580072**
自有住房的户数	Owner-Occupier	152874	229620	345026	506926	673067
一户独租住房的户数	Sole Tenant	384897	459140	545158	657818	719954
主要为一户租用的住房户数	Main Tenant	50160	42090	48634	24353	12209
部分租用住房户数	Sub-Tenant	170992	143240	145382	73570	41505
合租住房的户数	Co-Tenant	34866	46570	68910	85274	63683
免费住房的户数	Rent Free	52881	34980	30534	31486	16969
由雇主提供住房的户数	Provided by Employer (Including All Staff Quarters)		34650	53999	66262	52685

运输服务企业指标 (1994年)

INDICATORS OF TRAFFIC SERVICES ENTERPRISES (1994)

单位: 百万港元 (HK$ 1 000 000)

项　目	Item	企业数 (个) Number of Establishments	从业人员 (人) Number of Persons Engaged	雇员工薪 Number of Employees	经营费用 Operating Expenses	营业收入 Business Income	固定资产增值 Gross Assets Additions to Fixed	增加值 Value Added	营业面积 (1 000 平方米) Floor Area (1 000 sq.m)
合计	**Total**	**41962**	**203829**	**30466**	**148653**	**209720**	**12789**	**61809**	**7549**
公路客运	Land Passenger Transport	19446	52587	5479	8246	20125	2200	13711	1347
公路货运	Land Freight Transport	14453	43507	3277	7861	14314	934	7126	118
公路运输服务企业	Supporting Services to Land Transport	136	5078	550	2329	3746	88	1601	1708
海洋运输	Ocean and Coastal Water Transport	504	18213	4422	12244	22746	4101	11092	2190
内河水运	Inland Water Transport	931	7455	939	2242	4110	599	1844	79
水运服务企业	Supporting Services to Water Transport	2662	13725	1778	6203	9243	977	3448	699
空运	Air Transport	63	23436	8327	18920	36456	2836	14900	710
与运输有关的服务企业	Services Incidental to Transport	3766	40278	5692	90608	90980	1053	8087	698

空运和水运
TRAFFIC OF AVIATION AND WATERWAY TRANSPORT

项　目	Item	1989	1990	1991	1992	1993	1994	1995
飞机　(架)	Aircraft　(Number)							
到达	Arrivals	47140	52886	54863	60488	67548	71609	75053
起飞	Departures	47160	52896	54855	60490	67544	71642	75065
远洋船只②	Ocean－Going Vessels							
入港	Arrivals							
数量　(只)	Number	17763	18847	21178	26052	32781	36721	41154
注册净吨位(千吨)	NRT①　(1 000 ton)	107637	112325	119111	134682	149626	161834	171364
出港	Departures							
数量　(只)	Number	17785	18824	21217	25939	33372	37028	41605
注册净吨位(千吨)	NRT①　(1 000 Ton)	107859	112158	119302	134529	150282	161699	172489
内河船只②　(只)	River Vessels　(Number)							
入港	Arrivals	10180	10444	11219	12737	25062	34715	
出港	Departures	10184	10445	11220	12740	25069	34715	
水翼艇　(只)	Hydrofoil Vessels　(Number)							
入港	Arrivals	28513	30057	30631	33165	24972	25036	
出港	Departures	28514	30073	30635	33171	24973	25040	
气垫渡船　(只)	Hoverferries　(Number)							
入港	Arrivals	5377	4825	4471	7097	5803	3432	
出港	Departures	5367	4822	4462	7097	5802	3429	
商船②　(只)	River Trading Vessels (Number)							
入港	Arrivals	50216	54141	57280	67343	76775	92048	109272
出港	Departures	50412	54262	56879	67040	75999	91279	108781

注: ① NRT＝注册净吨位。② 1993年起远洋运输船只与内河船只的概念被重新定义。
Notes: ① NRT＝net registered tons.② Ocean－going Vessels and river vessels have been redefined since 1993.

国　际　货　运
INTER NATIONAL FREIGHT TRAFFIC

单位: 万吨　　(10 000 tons)

项　目	Item	1989	1990	1991	1992	1993	1994	1995
远洋船①	By Ocean－Going Vessels							
卸货	Discharged	4579	4624	5290	5842	6823①	7667①	8705①
装货	Loaded	1886	1977	2355	2580	2787①	3427①	4013①
内河船①	By River Vessels							
卸货	Discharged	548	603	672	1199	1178①	1617①	1472①
装货	Loaded	355	326	442	539	1026①	1391①	1404①
空运	By Air							
卸货	Discharged	31	35	37	42	51	61	69
装货	Loaded	42	45	48	53	63	69	77
铁路运输	By Railway							
卸货	Discharged	175	185	174	154	125	115	100
装货	Loaded	45	37	39	37	37	35	32
公路运输	By Road							
卸货	Discharged	410	456	550	642	731	753	826
装货	Loaded	386	450	549	574	569	561	594

注: ① 1993年起远洋运输船只与内河船只的概念被重新定义。
Notes: ① Ocean－going Vessels and river vessels have been redefined since 1993.

新增机动车辆登记数
NEW REGISTRATION OF MOTOR VEHICLES

单位: 辆 (unit)

年份 Year	总 计 Total	二轮摩托 Motor Cycles	私人小汽车 Private Cars	出 租 车 Taxis	小公共汽车 Light Buses	货 车 Goods Vehicles			
						轻型 Light	中型 Medium	重型 Heavy	专用货车 Special Purpose Vehicles
1984	22158	1010	6569	2332	1875		9494		
1985	29452	1028	11119	2277	1236	10306	2251	6	41
1986	34330	1100	13816	2391	689	12815	2321	52	23
1987	47367	1601	19967	2897	497	17572	3663	84	27
1988	49713	2070	24281	2911	666	13987	3765	260	19
1989	52679	3189	28097	3673	874	11902	3223	194	49
1990	53496	3278	28926	3880	747	10855	3434	155	70
1991	54748	4018	31131	3928	836	8459	4254	111	41
1992	68450	3911	41878	3065	727	11630	5323	266	33
1993	64997	4124	41480	2338	771	10087	4175	223	34
1994	56229	4372	36634	2041	686	6863	3426	277	27
1995	38520	3666	23257	1638	549	4791	2571	228	26
1996	37469	3769	22203	2022	329	4543	2329	315	53

电话服务情况
TELEPHONE SERVICES

单位: 千条 (1 000)

年份 Year	申 请 数 Number of Applications	用户电话线 Number of Exchange Lines			线路能力 Effective Capacity (Exchange Lines)
		安 装 数 Installed During the Period	中 止 数 Ceased During the Period	年底实际使用数 Working at End of the Period	
1984	248	235	148	1641	1905
1985	280	265	164	1742	1998
1986	286	274	171	1844	2108
1987	335	326	180	1989	2213
1988	376	366	201	2154	2441
1989	412	402	251	2305	2544
1990	457	449	306	2447	2688
1991	518	491	342	2596	2823
1992	554	523	341	2778	2997
1993	577	575	397	2956	3139
1994	704	614	456	3114	3277
1995	749	630	489	3254	3339

商业、旅店服务业企业指标 (1994年)

INDICATORS OF WHOLESALE,RETAIL ENTERPRISES AND HOTEL SERVICES(1994)

单位: 百万港元 (HK$ 1 million)

项目 Item		企业数(个) Number of Establishments	从业人员(人) Number of Persons Engaged	雇员工薪 Compensation of Employees	经营费用 Operating Expenses	物品的购置 Purchases of Goods for Sale	库存变动 Changes in Stocks	销售额和其他收入 Sales and other Receipts	增加值 Value Added	固定资产增值 Gross Additions to Fixed Assets	营业面积(千平方米) Business Floor (sq.m 1 000)
合计	**Total**	**193551**	**1076091**	**12762**	**23990**	**2004553**	**18746**	**2483250**	**265472**	**34397**	**30201**
批发企业	Wholesale	21712	86670	7355	11523	154160	1508	178531	14649	1474	1989
零售企业	Retail	58362	236608	18418	38625	184349	2844	255924	35946	3089	4561
进出口贸易公司	Import/Export	101908	506185	74635	163322	1643841	14357	1965288	178666	23076	18795
饭店	Restaurants	10254	197257	19497	18743	20136	41	63146	24480	1679	1944
旅馆	Hotels	1290	40668	5655	7648	2015	－4	19829	11655	5072	2606
小计	**Sub－Total**	**193526**	**1074387**	**125559**	**239870**	**2004501**	**18745**	**2482718**	**265397**	**54389**	**30076**
批发和零售贸易企业	Wholesale & Retail Trades	5	784	92	24	29	1	172	102	2	55
旅店和招待所	Restaurants and Hotels	20	920	111	96	23		360	242	6	70
小计	**Sub－total**	**25**	**1704**	**203**	**120**	**51**	**1**	**532**	**344**	**8**	**125**

商品进出口贸易总额

TOTAL IMPORTS AND EXPORTS

单位: 亿港元 (HK$ 100 million)

年份 Year	商品贸易总额 Total	商品进口额 Imports Value	商品出口 Domestic Exports		商品转口 Re－exports		商品贸易平衡 Merchandise Trade Balance
			金额 Value	比上年增长% Annual Change %	金额 Value	比上年增长% Annual Change %	
1984	4448.1	2233.7	1379.4	32.1	835.0	48.3	－19.3
1985	4665.7	2314.2	1298.8	－5.8	1052.7	26.1	37.3
1986	5524.8	2759.6	1539.8	18.6	1225.5	16.4	5.8
1987	7560.0	3779.5	1952.5	26.8	1828.0	49.2	0.9
1988	9918.7	4988.0	2176.6	11.0	2754.1	51.0	－57.3
1989	11332.9	5627.8	2241.0	3.0	3464.1	26.0	77.3
1990	12824.1	6425.3	2258.8	1.0	4140.0	20.0	－26.6
1991	15448.7	7789.8	2310.5	2.0	5348.4	29.0	－131.0
1992	18802.5	9553.0	2341.2	1.0	6908.3	29.0	－303.4
1993	21188.5	10726.0	2230.3	－5.0	8232.2	19.0	－263.5
1994	24207.2	12507.1	2220.9	－0.5	9479.2	15.1	－807.0
1995	28352.5	14911.2	2316.6	4.3	11124.7	17.4	－1469.9

商品主要进口来源和出口去向

IMPORTS AND EXPORTS BY ORIGION OR DESTINATION

单位: 亿港元 (HK$ 100 million)

年份 Year	商品转口主要来源 Re－Exports(Major Origin)					商品转口主要去向 Re－Exports(Major Destination)				
	中国大陆 Mainland of China	日本 Japan	台湾 Taiwan	美国 United States	新加坡 Singapore	中国大陆 Mainland of China	美国 United States	德国① Germany	新加坡 Singapore	日本 Japan
1984	557.5	526.2	173.5	243.8		112.8	613.7	96.0	26.3	
1985	589.6	533.5	209.0	219.0	112.8	151.9	576.9	80.8	22.3	44.8
1986	816.3	564.0	239.8	232.0		180.2	642.2	110.9	27.9	
1987	1173.6	719.1	333.4	322.4		278.7	728.2	149.4	38.8	
1988	1556.3	930.1	443.6	413.5	184.6	380.4	728.8	162.4	52.2	114.4
1989	1966.8	932.0	515.9	462.3		432.7	721.6	157.6	58.0	
1990	2361.3	1033.6	580.8	517.9	261.2	474.7	663.7	179.9	78.0	120.8
1991	2933.6	1274.0	745.9	588.4	315.3	544.0	628.7	193.2	87.9	116.7
1992	3543.5	1661.9	870.2	705.9	390.9	619.6	646.0	159.6	103.6	110.0
1993	4021.6	1780.3	939.7	794.2	478.4	633.7	602.9	139.7	113.4	96.8
1994	4708.8	1950.4	1073.1	893.4	619.7	610.1	614.2	128.1	122.3	104.6
1995	5394.8	2212.5	1292.7	1150.8	780.3	635.6	612.5	121.8	122.4	118.8

商品转口的主要来源和去向

RE-EXPORTS BY ORIGION OR DESTINATION

单位: 亿港元 (HK$ 100 million)

年份 Year	商品主要进口来源 Imports(Major Origin)					商品主要出口去向 Domestic Exports(Major Destination)				
	中国大陆 Mainland of China	日本 Japan	台湾 Taiwan	美国 United States	韩国 Republic of Korea	中国大陆 Mainland of China	美国 United States	日本 Japan	德国① Germany	英国 United Kingdom
1984	281.1	187.0	51.1	85.2	23.1	280.6	121.1	46.3	10.9	9.8
1985	346.3	255.0	95.6	94.7	36.7	460.2	147.1	54.9	16.1	12.3
1986	516.0	185.8	86.8	104.1	36.0	408.9	223.6	66.8	28.2	24.9
1987	842.7	246.0	126.8	135.9	61.9	601.7	324.5	97.7	57.6	42.7
1988	1315.3	377.1	212.1	191.5	130.5	949.0	494.8	174.2	89.8	64.2
1989	1882.7	390.0	269.6	223.3	112.8	1034.9	720.3	222.7	135.0	89.2
1990	2404.1	422.8	302.8	244.9	116.1	1109.1	877.5	243.8	234.1	121.1
1991	3156.9	572.2	416.9	265.9	150.2	1533.2	1108.0	295.7	320.7	146.6
1992	4037.8	849.7	544.4	321.1	193.9	2121.1	1458.0	331.0	374.7	205.9
1993	4740.1	1099.5	646.5	374.2	216.9	2745.6	1803.5	441.6	408.0	245.4
1994	5458.3	1219.4	720.6	436.8	274.4	3228.4	2100.8	547.5	416.2	273.2
1995	6363.9	1305.1	833.1	556.4	376.2	3840.4	2310.0	700.8	457.7	322.6

注: ① 因东德、西德1990年10月统一，1990年以前德国数字为东德、西德数字之和。
Western Germany and Eastern Germany unified in October 1990. The data for Germany refer to the sum of Western Germany and Eastern Germany prior to 1990.

政府财政收入

GOVERNMENT REVENUE

单位: 百万港元 (HK$ 1 million)

项　目	Item	1991/92	1992/93	1993/94	1994/95	1995/96
政府总收入	**Total Government Revenue**	**114699.9**	**135310.9**	**166602.2**	**174998.4**	**180045.1**
营业收入	Operating Revenue	99972.9	119255.4	139757.8	147117.8	150947.7
直接税	Direct Taxes					
所得税及利得税	Earnings and Profits Tax	44869.5	55061.4	65438.8	74295.4	77419.2
间接税	Indirect Taxes					
赌税	Bets and Sweeps Tax	7109.9	7818.3	10082.4	9352.0	11051.4
娱乐税	Entertainments Tax	140.8	14.4	0.7		
旅店税	Hotel Accommodation Tax	265.9	314.1	375.4	445.4	500.7
印花税	Stamp Duties	9596.0	13409.1	17975.8	12713.5	11215.2
机场税	Air Passenger Departure Tax	1120.3	1255.1	1382.7	488.0	521.5
港口和隧道税	Gross Harbour Tunnel Passage Tax	200.3	201.1	203.4	203.4	202.2
关税	Customs Duties	6844.0	7215.7	7113.1	7582.5	7898.9
一般稽征	General Rates	3493.6	4423.5	4461.0	5156.4	5805.4
车辆税	Motor Vehicle Tax	3437.1	4940.0	4191.7	4662.3	2879.5
专利税和特种税	Royalties and Concessions	885.9	1135.7	1378.6	1653.2	1773.2
其他收入	Other Revenue					
各种罚款	Fines,Forfeitures and Penalties	885.5	891.6	1122.5	1519.5	1606.9
财产和投资	Properties and Investments	1572.5	1821.0	2265.6	2103.1	2487.8
贷款、偿还、捐赠和其他收入	Loans,Reimbursement,Contributions and Other Receipts	2777.5	3798.8	3755.2	4048.0	4597.3
公用事业	Utilities	6649.7	7173.9	7996.9	8391.6	7199.3
各种小帐	Fees and Charges	7169.8	8014.8	8627.1	9561.7	9879.5
利息	Interest	2981.6	1766.8	3386.9	4941.8	5909.7
资本收入	Capital Revenue	14727.0	16055.5	26844.4	27880.6	29097.4
直接税	Direct Taxes					
不动产税	Estate Duty	683.2	1025.0	1186.0	1459.1	1277.2
间接税	Indirect Taxes					
出租车牌费	Taxi Concessions	302.4			623.9	
其他收入	Other Revenue					
土地转移	Land Transactions	412.2	266.9	264.1	393.9	418.3
其他	Others	85.6	233.4	88.0	118.0	213.7
各种基金	Funds					
基建工程储备基金(工程帐户)	Capital Works Reserve Fund (Works Account)	9074.4	8957.3	19111.8	20192.6	22477.9
基建工程储备基金(储备帐户)来自债券发行收入	Capital Works Reserve Fund (Reserve Account) – Proceeds from the Issue of Bonds	1098.3	2519.2	2.7		
资产投资基金	Capital Investment Fund	2468.2	2367.7	2764.3	2799.5	2681.0
贷款基金	Loan Fund	602.7	686.0	823.3	952.7	1306.3

政府财政支出
GOVERNMENT EXPENDITURES

单位: 百万港元 (HK$ 1 million)

项目	Item	1991/92	1992/93	1993/94	1994/95	1995/96
政府总开支和股票投资	**Total Government Expenditures and Equity Investments**	**92191.4**	**113332.0**	**147438.1**	**164155.3**	**183158.0**
营业开支	Operating Expenditure	71677.1	85023.4	96958.5	106619.9	121903.1
经常开支	Recurrent Expenditures					
工资	Personal Emoluments	25286.5	25851.9	28702.4	32076.9	34832.3
与职员有关开支	Personnel Related Expenses	3182.6	3275.1	3410.3	3580.3	3810.5
退休金	Pensions	3401.5	4435.9	5285.0	6254.6	7493.2
部门支出	Departmental Expenses	4781.7	4437.1	4909.6	5568.0	6198.6
其他费用	Other Charges	10939.3	11770.0	13904.3	15633.0	17928.0
各种补贴	Subventions					
教育	Education	9728.2	10921.1	12295.3	13859.2	15631.6
卫生	Medical	5452.2	11181.3	13251.4	15546.7	18396.6
社会福利	Social Welfare	1586.7	1824.0	2026.8	2273.6	2737.6
大学及专科	University and Polytechnic	4356.8	5613.6	6826.0	8049.7	9385.7
职业培训	Vocational Training Council	814.0	901.4	1097.0	1278.9	1496.7
其他杂项	Miscellaneous	1243.8	1380.8	1483.3	1901.0	2400.8
其他非经常开支	Other Non－Recurrent Expenditures	903.8	3430.7	3767.1	598.0	1618.8
总资本支出和股票投资	Total Capital Expenditures and Equity Investments	20514.3	28308.6	50479.6	545.8	581.0
资本支出	Capital Expenditures					
厂房、设备与工程	Plant,Equipment and Works	746.5	628.9	466.3	226.6	330.4
防卫费用协定	Defance Cost Agreement	11.5	11.9		183.2	358.7
各种补贴	Subventions					
教育	Education	126.9	173.2	188.9		
卫生	Medical	141.6	126.2	385.0		
职业培训	Vocational Training Council	15.5	13.3	8.3	11.6	12.2
其他杂项	Miscellaneous	131.9	509.8	533.3	573.7	136.5
债务偿还	Debt Repayment			1200.0	2400.0	
基金	Funds					
基建工程储备基金	Capital Works Reserve Funds (Works Account)/Public Works					
非经常开支	Non－Recurrent	16405.4	19676.1	34085.6	28159.5	33387.2
资本投资基金(投资股票)	Capital Investment Fund(Equity Investments)	1793.8	6060.7	12234.1	18584.9	21525.0
贷款基金	Loan Fund	1141.2	1108.5	1378.1	6818.0	4874.6

汇　　率 (年底数)

EXCHANGE RATE (YEAR-END)

单位: 港元/外币　　(HK Dollar per unit of foreign currency)

项　目	ltem	1989	1990	1991	1992	1993	1994	1995
美元	Us Dollar	7.807	7.801	7.781	7.741	7.726	7.738	7.732
英镑	Sterling	12.60	14.95	14.53	11.77	11.45	12.11	11.97
德国马克	Deutsche Mark	4.63	5.20	5.13	4.80	4.46	4.99	5.38
日元	Japanese Yen	0.0544	0.0576	0.0622	0.0623	0.069	0.078	0.0750
加拿大元	Canadian Dollar	6.67	6.72	6.74	6.11	5.81	5.52	5.67
澳大利亚元	Australian Dollar	6.17	6.00	5.92	5.32	5.24	6.00	5.75
新加坡元	Singapore Dollar	4.13	4.50	4.79	4.73	4.81	5.31	5.47
荷兰盾	Dutch Guilder	4.09	4.61	4.54	4.27	3.98	4.46	4.80
新台币	New Taiwan Dollar	0.283	0.271	0.284	0.288	0.277	0.286	0.276
瑞士法郎	Swiss Franc	5.07	6.08	5.75	5.31	5.23	5.91	6.70
中国人民币	Chinese Renminbi	1.6534	1.4927	1.4404	1.3458	1.3317	0.9163	0.9297
比利时法郎	Belgian Franc	0.224	0.257	0.251	0.236	0.218	0.246	0.264
韩圆	Republic of Korea Won	0.0115	0.0109	0.0102	0.0098	0.0096	0.0098	0.0100
法国法郎	French Franc	1.36	1.53	1.50	1.41	1.31	1.45	1.57
意大利里拉	ltalian Lira	0.0062	0.0070	0.0068	0.0053	0.0046	0.0048	0.0049
泰国铢	Thai Baht	0.307	0.313	0.309	0.308	0.309	0.310	0.309
印度尼西亚卢比	Indonesian Rupiah	0.0046	0.0042	0.0041	0.0038	0.0038	0.0037	0.0036
菲律宾比索	Philippine Peso	0.353	0.260	0.295	0.316	0.280	0.317	0.299
马来西亚元	Malaysian Dollar	2.90	2.89	2.86	2.97	2.86	3.04	3.05
特别提款权	SDR	10.26096	11.09817	11.13018	10.64388	10.61212	11.29778	11.49503

货　币　供　给 (年底数)

MONEY SUPPLY (YEAR-END)

单位: 亿港元　　(HK $ 100 million)

项　目	ltem	1989	1990	1991	1992	1993	1994	1995
流通的法定硬币和纸币	Legal Tender Notes and Coins in Circulation	397	433	492	612	719	781	817
商业银行发行	Commercial Bank lssues	373	409	465	582	689	744	777
政府发行	Government lssues	24	24	27	29	30	37	40
持牌银行及接受存款公司持有的法定硬币和纸币	Authorised Institutions' Holdings of Legal Tender Notes and Coins	55	56	66	90	85	104	103
市民持有的法定硬币和纸币	Legal Tender Notes and Coins in Hands of Public	342	377	426	522	634	678	713
货币供应(定义1)	Money Supply(M1)	949	1075	1285	1556	1876	1853	1905
港元	Hong Kong Dollar	852	918	1118	1395	1684	1679	1716
外币	Foreign Currency	97	157	167	161	192	174	188
货币供应(定义2)	Money Supply(M2)	9888	12101	13710	15188	17610	19885	22661
港币	Hong Kong Dollar	4671	4719	6360	7270	9224	10947	12604
外币	Foreign Currency	5217	7381	7350	7918	8385	8938	10057
货币供应(定义3)	Money Supply(M3)	10602	12880	14357	15743	18197	20670	23472
港币	Hong Kong Dollar	4975	5035	6601	7503	9395	11121	12783
外币	Foreign Currency	5627	7845	7756	8240	8802	9548	10689

注: 定义1=市民持有的法定硬币和纸币+存于持牌银行的活期存款。
定义2=定义1+存于持牌银行的定期存款+银行发出可转让存款证+存于持牌银行的储蓄存款。
定义3=定义2+存于接受存款公司的存款+接受存款公司发出的可转让存款证。
(M1)=Legal tender notes and coins with the public, plus customers' demand deposits with licensed banks.
(M2)=M1 plus customers' savings and time deposits with licensed banks, plus negotiable certifates of deposit issued by licensed banks and held outside the monetary sector.
(M3)=M2 plus customers' deposits with restricted licence banks and deposit-taking companies, plus negotiable certificates of deposit issued by restricted licence banks and deposit-taking companies and held outside the monetary sector.

证 券 交 易 (年底数)

SECURITIES EXCHANGE AND STOCK PRICE INDEX (YEAR-END)

项 目 Item		1990	1991	1992	1993	1994	1995	1996
证券交易额	Total Stock Exchange							
(百万港元)	Turnover (HK$1 000 000)	288715	334104	700578	1217213	1137414	826800	1412242
股票价格指数	Index of Share Prices							
恒生指数	Hang Seng Index							
(64年7月31日=100)	(31.7.64=100)	3027.47	3471.54	5545.97	7695.99	9453.52	9098.47	11646.55
分部门指数	Sectoral Sub-Indices							
金融	Finance	1906.92	2304.06	4643.61	6282.81	7988.80	8381.38	11411.80
公用事业	Public Utilities	3840.58	4448.91	6689.14	8993.74	10708.04	10323.01	10243.35
财产	Properties	4874.47	5843.30	9215.66	12362.49	16556.57	15550.75	21925.96
商业和工业	Commerce and Industry	2797.00	2981.10	4379.31	5733.18	7331.10	6719.82	8647.51
香港指数①	Hong Kong Index①							
(86年4月2日=1 000)	(2.4.86=1 000)	1987.88	2506.60	3107.40	4551.33	4788.49	4396.53	5586.26

注: ①1992年4月后改称"所有普通股指数"。
a) It has been renamed as "All Ordinaries Index".

15岁以上居民教育程度

EDUCATIONAL ATTAINMENTS OF POPULATION AGED 15 AND OVER

项 目 Item		1976		1981		1986		1991	
		人数(人) Number of Persons	百分比 %	人数(人) Number of Persons	百分比 %	人数(人) Number of Persons	百分比 %	人数(人) Number of Persons	百分比 %
总计: 男 Total	**Male**	**1530510**	**50.9**	**1961803**	**52.3**	**2122826**	**51.2**	**2212947**	**50.6**
女	**Female**	**1477110**	**49.1**	**1787250**	**47.7**	**2026224**	**48.8**	**2157418**	**49.4**
文盲/幼儿园: 男 No School/	Male	141360	4.7	148670	4.0	148943	3.6	157473	3.6
女 Kindergarten	Female	466780	15.5	455953	12.2	436948	10.5	399824	9.1
小学: 男 Primary	Male	660860	22.0	721146	19.1	653927	15.9	576381	13.1
女	Female	534300	17.7	562247	15.0	558987	13.4	524218	12.0
初中: 男 Lower Secondary	Male	286790	9.5	418758	11.2	464708	11.2	506431	11.6
女	Female	182970	6.1	260773	7.0	290585	7.0	331299	7.6
高中 Upper Secondary (Comprise									
(包括中专) Technical Institutes)									
男	Male	303490	10.1	434905	11.6	524736	12.6	576058	13.2
女	Female	226010	7.5	361498	9.6	499149	12.0	593213	13.6
大学录取: 男 Matriculation	Male	38300	1.3	79161	2.1	105147	2.5	109345	2.5
女	Female	22910	0.8	56395	1.5	89383	2.2	105232	2.4
大专: Tertiary:									
肄业: 男 Non-degree Courses	Male	30110	1.0	69998	1.9	105784	2.5	126489	2.9
女	Female	16610	0.6	53755	1.4	90608	2.2	108423	2.5
毕业: 男 Degree Courses	Male	69600	2.3	89165	2.4	119581	2.9	160770	3.7
女	Female	27530	0.9	36629	1.0	60564	1.5	95209	2.2

各类型教育机构(全日制)在校学生人数

FULL-TIME ENROLLMENT BY TYPE OF EDUCATILONAL INSTITUTION

单位: 人 (person)

项目	Item	1989	1990	1991	1992	1993	1994	1995
幼儿园	Kindergarten							
私立	Private	201750	196466	193658	189730	187549	180109	180317
小学	Primary							
政府及资助	Government and Aided	483191	475054	466483	452818	436958	427256	467718①
私立	Private	51259	49865	49455	48807	48103	49591	
中学	Secondary and Sixth Form							
政府及资助	Government and Aided	355349	363229	375742	387640	397675	401536	459845①
私立	Private	81079	68152	60597	58145	58260	56663	
特殊教育	Special Education	8184	7999	8224	8257	8279	8065	8476
教育学院	Colleges of Education							
公立	Government	2351	2663	2452	2211	2315	2721	3003
技术学院	Technical Institutes							
政府资助	Government Subvented	11853	12319	12003	9390	9033	9637	
大学	Universities							
政府资助	Government Subvented	13786	14352	16400	19115			

注: ① 包括私立学校在校人数。

① Including enrollment of private schools.

医疗卫生条件

CONDITIONS OF PUBLIC HEALTH

年份 Year	医务人员数(人) Number of Medical and Health Workers (person)				平均每一医生服务人口数(人) Population Served per Doctor (person)	医院数和病床数 Number of Institutions and Hospital Beds		平均每千人病床 Beds per thousand Population (unit)
	医生 Doctors	牙科医生 Dentists	药剂师 Pharmacists	护士 Nurses		医院数(个) Institutions (unit)	病床数(张) Hospital Beds(unit)	
1988	5785	1346	646	25733	980	91	25057	4.4
1989	6025	1431	678	27140	950	93	25059	4.4
1990	6260	1532	694	28660	919	88	25282	4.4
1991	6545	1526	720	30043	890	82	25584	4.4
1992	6818	1565	784	31394	866	82	26447	4.5
1993	7125	1575	875	32018	789	81	26998	4.5
1994	7670	1615	953	33666	790	87	28330	4.6
1995	8122	1625	995	35051	758	88	29328	4.7

台湾主要社会经济指标

MAIN SOCIAL AND ECONOMIC INDICATORS OF TAIW AN

面积和人口主要指标

MAIN INDICATORS OF AREA AND POPULATION

项 目 Item	1991	1992	1993	1994	1995
面积 (万平方公里) Area (10 000 sq.km)	3.6	3.6	3.6	3.6	3.6
年底人口数 (万人) Year－end Population (10 000 persons)	2060.6	2080.3	2099.5	2117.8	2135.7
男 Male	1064.0	1073.5	1082.4	1090.7	1099.1
女 Female	996.6	1006.8	1017.1	1027.1	1036.7
出生率 (‰) Crude Birth Rate (‰)	15.7	15.5	15.6	15.3	15.5
死亡率 (‰) Crude Death Rate (‰)	5.2	5.3	5.3	5.4	5.6
婴儿死亡率 (‰) Infant Mortality Rate (‰)	5.4	5.6	5.3	5.7	7.4
妇女生育率 (‰) Fertility Rate (‰)	58.0	57.0	57.0	55.0	55.0
人口自然增长率 (‰) Natural Population Growth Rate (‰)	10.5	10.2	10.3	9.9	9.9
结婚率 (‰) Marriage Rate (‰)	8.0	8.2	7.6	8.1	7.5
离婚率 (‰) Divorce Rate (‰)	1.4	1.4	1.5	1.5	1.6
平均期望寿命 (岁) Life Expectancy at Birth (Year)	74.3	74.3			
男 Male	71.8	71.8	71.6	71.8	
女 Female	77.2	77.2	77.6	77.7	
人口的年龄构成 (%) Age－specific Distribution (%)					
0－14岁 0－14	26.3	25.8	25.1	24.4	23.8
15－64岁 15－64	67.2	67.4	67.8	68.2	68.6
65岁及以上 65 and Over	6.5	6.8	7.1	7.4	7.6
非农户人口占总人口比率 (%) Non－agricultural Population as Of Total Population (%)	79.5	80.3	80.0	81.1	81.6
人口密度(人/平方公里) Population Density(persons/sq.km)	569.5	575.0	580.3	585.3	590.3

劳动力和就业状况
LABOR FORCE AND EMPLOYMENT

项　目　Item	1991	1992	1993	1994	1995
劳动力总人数　(万人)　Labor Force　(10 000 persons)	856.9	876.5	887.4	908.1	921.0
男　Male	535.5	546.0	549.7	559.5	565.9
女　Female	321.4	330.4	337.7	348.5	355.1
就业人数　(万人)　Employment　(10 000 persons)	843.9	863.2	874.5	893.9	904.5
男　Male	527.4	538.0	542.2	551.1	555.8
女　Female	316.5	325.2	332.3	342.8	348.7
就业人数部门构成(%)　Distribution of Employment by Industry　(%)	100.0	100.0	100.0	100.0	100.0
农、林、渔、猎业　Agriculture, Forestry, Fishing and Hunting	12.9	12.3	11.5	10.9	10.5
采矿业　Mining and Quarrying	0.2	0.2	0.2	0.2	0.2
制造业　Manufacturing	30.9	30.0	28.4	27.8	27.1
电、煤气、水　Electricity, Gas, Water	0.4	0.4	0.4	0.4	0.4
建筑业　Construction	8.5	9.0	10.1	10.8	11.1
商业　Commerce	20.5	20.5	20.7	21.0	21.2
运输、仓储和通信业　Transport, Storage, Communications	5.5	5.2	5.3	5.3	5.2
金融、保险、不动产和产业服务　Financing, Insurance, Real Estate and Business Services	4.3	4.9	3.2	3.2	3.4
公共行政、社会和个人服务业　Public Administration, Community, Social and Personal Services	16.8	17.5	18.0	20.3	20.9
失业人数　(万人)　Unemployment　(10 000 persons)	13.0	13.2	12.8	14.2	16.5
失业率　(%)　Unemployment Rate　(%)	1.5	1.5	1.5	1.6	1.8

国民生产总值
GROSS NATIONAL PRODUCT

年份 Year	国民生产总值 Gross National Products			人均国民生产总值 Per Capita Gross National Product	
	新台币亿元 (NT $100 million)	比上年增长%② Annual Growth Rate over the Preceding Year %②	亿美元 (US $100 million)	新台币元 NT $	美元 US $
1989	40293	8.0	1526	201402	7626
1990	44120	5.5	1641	218092	8111
1991	49278	7.6	1837	240909	8982
1992	54409	6.2	2163	263420	10470
1993	59705	6.0	2262	286385	10852
1994	64545	6.1	2439	306846	11597
1995	69663	5.9	2630	328367	12396
1996①	75552	5.4	2751	353443	12872

注: ① 初步数。② 按1986年价格计算。

Note: ① Preliminary Figure. ② At 1986 Constant Prices.

国民生产总值支出构成
EXPENDITURES ON GROSS NATIONAL PRODUCT

单位：新台币亿元 (NT $100 million)

年份 Year	国民生产总值支出总额 Expenditures on GNP	消费 Consumption	库存增加 Change in Stocks	固定资本形成 Gross Fixed Capital Formation	商品及劳务输出净额 Net Exports of Goods and Services	国外要素所得净额 Net Factor Income from Abroad
1989	40293	26898	299	8553	3036	904
1990	44120	30458	-16	9475	2304	1050
1991	49278	33945	288	10430	2378	1171
1992	54409	38111	506	12078	1289	1033
1993	59705	41709	706	13708	1003	968
1994	64545	45528	427	15331	816	963
1995	69663	51621	517	16087	1599	747
1996①	75552					

注：① 初步数。
Note: ① Preliminary figure.

国内生产总值及部门构成
GROSS DOMESTIC PRODUCT BY KIND OF ECONOMIC ACTIVITY

单位：新台币亿元 (NT $100 million)

年份 Year	国内生产总值 Gross Domestic Products	农林渔猎业 Agriculture Forestry, Hunting and Fishing	采矿业 Mining and Quarrying	制造业 Manufacturing	水、电、煤气业 Electricity Gas & Water	建筑业 Construction	商业 Wholesale and Ratail Trade Restaurants and Hotels
1989	39388	1896	175	13802	1163	1770	5669
1990	43070	1742	181	14504	1218	2055	6493
1991	48107	1739	186	16188	1315	2291	7429
1992	53378	1832	275	17079	1484	2700	8478
1993	58745	1978	349	18068	1625	3168	9409
1994	63765	2276	210	18492	1683	3386	9788
1995	68920	2449	214	19391	1775	3600	11003

续表 1 continued I

单位：新台币亿元 (NT $100 million)

年份 Year	运输仓储及通信业 Transport, Storage & Communications	金融保险不动产及产业服务 Finance Insurance Real Estate & Business Services	社会服务及个人服务 Community Social and Personal Services	政府部门服务业 Government Services	私人非盈利部门 Private Non-profit Services to Households	家庭服务 Domestic Services of Households	减:银行服务费 Less: Imputed Bank Sevice Charge	加:进口锐 Plus: Import Duties
1989	2406	6943	1893	3843	133	216	2415	1292
1990	2593	7979	2178	4613	137	248	2940	1220
1991	2897	8861	2518	5349	147	291	3420	1250
1992	3267	9991	2924	5903	164	342	3926	1472
1993	3649	11348	3334	6387	177	399	4387	1622
1994	4177	13295	4731	6778			4935	1607
1995	4583	13177	5493	7247			5458	1723

农业生产指数
INDEX OF AGRICULTURAL PRODUCTION

(1991年=100) (1991=100)

年份 Year	总指数 Total	种植业 Crops	林业 Forestry	畜牧业 Livestock	渔业 Fishery
1981	78.6	103.6	302.3	53.2	74.0
1985	88.4	102.8	254.6	71.61	85.8
1990	98.5	97.6	102.4	91.7	108.6
1991	100.0	100.0	100.0	100.0	100.0
1992	97.2	96.4	60.4	102.4	94.4
1993	103.7	102.8	62.7	106.9	102.5
1994	100.4	98.8	47.6	112.9	90.4
1995	104.1	100.7	55.5	118.6	94.2

主要农产品产量
OUTPUT OF MAJOR CORPS

单位：吨 (ton)

年份 Year	稻谷 Rice	小麦 Wheat	玉米 Maize	大豆 Soy Beans	土豆 Potato	茶叶 Tea	甘蔗 Sugarcane	烟叶 Tobacco
1970	2462644	3664	57416	65174	34145①	25000	5990729	20800
1980	2353590	2839	115114	25934	28093②	30000	8851347	19747
1988	1844785	2957	321194	14641	42590	23557	6767465	20206
1989	1864590	3039	328543	10956	40834	22130	6627793	18484
1990	1806596	2932	339436	8140	31189	22299	5580953	18528
1991	1818732	3581	321322	8333	36097	21380	4536231	20686
1992	1627854	4326	338804	8562	49198	20164	5857553	16393
1993	1819774	4921	346210	12715	36583	20515	4803309	17427
1994	1678776	4440	397115	12007	36390	24486	5503571	18526
1995	1686535	4429	375571	8894	33531	20892	4861811	12685

续表 1 continued I

单位：吨 (ton)

年份 Year	芒果 Mango	香蕉 Banana	菠萝 Pineapple	柑桔 Citrus Fruit	牛奶 Cow's Milk	蛋类(万个) Eggs (10 000)	水产品 Aquatic Products
1970	21091	461829	338191	209115	16123	105566①	613152
1980	90989	214323	228804	374383	47740	252496②	936334
1988	127543	228725	228127	559526	173407	383636	1360867
1989	122192	198442	230738	568659	182421	423801	1371681
1990	112531	201440	234629	528941	203830	445465	1455495
1991	144730	196663	241477	544251	225656	428932	1316651
1992	123834	195970	226279	526599	246281	514641	1329535
1993	216745	212748	277263	506731	278476	537173	1423971
1994	191497	184287	252234	467980	289574	567333	1255273
1995	207552	172633	256421	472409	317806	623653	1296886

注: ① 为1971年数。② 为1981年数。

Note: ① Data refer to 1971. ② Data refer to 1981.

工业生产指数
INDEX OF INDUSTRIAL PRODUTION

(1991年=100) (1991=100)

年份 Year	总指数 General	矿业 Mining	制造业 Manufacturing	电、煤气、水 Electricity, Gas & Water	建筑业 Construction
1988	89.88	140.84	90.42	80.14	90.24
1989	93.27	125.30	93.71	85.38	96.00
1990	93.06	109.96	93.02	91.35	96.60
1991	100.00	100.00	100.00	100.00	100.00
1992	104.48	95.86	103.95	106.34	117.13
1993	108.34	94.94	106.38	116.11	150.16
1994	115.61	95.33	112.60	125.22	186.04
1995	120.46	91.74	117.62	133.26	178.51

主要工业产品产量
OUTPUT OF MAJOR INDUSTRIAL PRODUCTS

年份 Year	棉布 (亿米) Cotton Fabrics (100 million m)	聚胺丝织物 (亿米) Nylon Fabrics (100 million m)	塑料皮布(亿米) Plastic Leather Clothes (100 million m)	电风扇 (万台) Electric Fan (10 000 units)	收录音机 (万台) Radio Cassette Player (10 000 units)	自行车 (万辆) Bicycle (10 000 units)	电冰箱 (万台) Refrigerator (10 000 units)	电子计算器 (万台) Electronic Calculator (10 000 units)
1988	12.77	8.74	5.31	2765.55	1185.97	771.71	44.73	6826.35
1989	13.60	11.41	5.53	2971.78	1048.43	757.40	42.14	6927.60
1990	12.87	14.01	6.13	2602.86	879.13	779.50	36.72	5001.43
1991	11.78	15.90	7.01	3032.65	928.35	836.19	38.88	3513.82
1992	10.92	16.72	7.12	2683.89	715.54	768.93	39.55	1820.81
1993	9.57	17.85	7.49	1903.97	619.33	786.71	45.98	1288.32
1994	9.70	21.10	7.32	1754.75	643.25	753.74	47.11	1063.06
1995	7.74	18.54	6.31	1525.40	699.14	765.63	52.25	638.17

续表 1 continued I

年份 Year	电脑 (万台) Computer (10 000 units)	电话机 (万台) Telephone Set (10 000 units)	彩色电视机 (万台) Color T.V. Set (10 000 units)	照相机 (万台) Camera (10 000 units)	煤 (万吨) Coal (10 000 tons)	天然气 (亿立方米) Natural Gas (100 million cub. m)	发电量 (亿千瓦小时) Electric Power (10 million K. W. H)
1988	227.10	1832.42	374.32	901.77	122.55	11.57	716.43
1989	271.50	1652.24	371.28	890.27	78.44	11.58	802.63
1990	300.70	1399.24	240.31	1176.10	47.21	11.29	861.23
1991	324.30	1121.44	245.64	1216.38	40.26	9.28	946.10
1992	375.10	1097.52	174.46	1024.25	33.48	8.72	1005.29
1993	479.30	890.15	142.35	693.48	32.81	8.26	1099.11
1994	686.80	671.48	148.24	785.54	28.51	8.67	1189.17
1995	854.00	616.15	131.51	765.17	23.50	8.89	1269.73

续表 2 continued Ⅱ

年 份 Year	摩托车 (万辆) Motorcycle (10 000 units)	棒 钢 (万吨) Steel Bar (10 000 tons)	水 泥 (万吨) Cement (10 000 tons)	制成材 (万立方米) Lumber (10 000 cub.m)	聚氯乙烯 (万吨) PVC (10 000 tons)	平板玻璃 (万标准箱) Plate Glass (10 000 Std. Cases)	纸板 (万吨) Paper Board (10 000 tons)	小汽车 (万辆) Car (10 000 units)
1988	107.94	389.25	1728.08	89.25	77.93	748.38	216.15	26.53
1989	110.20	487.12	1804.32	85.74	80.54	710.45	227.42	31.26
1990	105.53	575.41	1845.84	69.74	92.10	781.87	250.88	35.18
1991	117.41	630.47	1939.86	75.78	97.84	850.35	285.60	39.79
1992	134.50	733.09	2146.37	56.50	104.26	938.07	295.04	42.83
1993	148.71	845.94	2397.08	39.88	107.85	916.11	283.66	38.75
1994	163.33	843.21	2272.17	37.81	111.37	1048.98	304.55	40.60
1995	169.51	771.16	2247.80	31.83	97.59	1056.61	303.03	38.52

能源生产和消费

PRODUCTION AND CONSUMPTION OF ENERGY

项 目	Item	1990	1991	1992	1993	1994	1995
供给量总计	**Total Supply**						
(亿升标准油)	**(100 000 kl oil equivalent)**	**578.3**	**580.3**	**635.6**	**678.4**	**722.3**	**791.5**
供给量比重(%)	Distribution of Supply(%)	100.00	100.00	100.00	100.00	100.00	100.00
煤炭	Coal	23.60	23.38	25.46	27.30	27.37	26.28
石油	Petroleum	54.88	53.55	52.98	52.62	51.57	54.06
天然气	Natural Gas	3.89	5.60	5.07	4.99	5.76	5.79
水力发电	Hydraulic Power	3.51	2.36	3.26	2.47	3.11	2.79
核能发电	Nuclear Energy Source	14.12	15.11	13.23	12.62	12.19	11.08
消费量总计	**Total Consumption**						
(亿升标准油)	**(100 000 kl oil equivalent)**	**513.6**	**553.4**	**585.6**	**623.1**	**659.5**	**701.1**
分部门消费比重(%)	Distribution of Consumption(%)	100.00	100.00	100.00	100.00	100.00	100.00
运输	Transportation	14.46	15.60	17.02	17.46	17.67	17.58
工业	Industry	59.35	58.06	57.05	56.34	56.42	56.51
农业	Agriculture	2.83	2.54	2.34	2.28	2.17	2.13
住宅	Residence	11.55	11.77	11.70	11.86	11.55	11.77
商业	Commerce	3.80	4.10	4.39	4.69	4.76	4.90
其他	Other	6.49	6.48	6.03	5.88	6.18	5.90
非能源消费	Non-energy Use	1.52	1.45	1.45	1.49	1.25	1.21
平均每人能源消费量	Per Capita Energy Consumption						
(千升标准油)	(kl oil equivalent)	2.52	2.65	2.77	2.97	3.11	3.28
台湾能源价格指数	Energy Price Index in Taiwan						
(1986年=100)	(1986=100)	88.74	96.84	94.58			

新建房屋建筑面积
FLOOR SPACE OF NEW BUILDING CONSTRUCTION

单位: 万平方米 (10 000 sq.m)

年份 Year	总计 Total	住宅用 Residential	商业用 Stores & Mercantile	工业用 Industrial	机关学校用 Office & School	其他用 Other
1988	2977	1489	478	640	197	172
1989	3126	1506	607	624	180	209
1990	3128	1242	969	547	156	213
1991	3200	1324	947	478	222	229
1992	3692	1667	1011	505	233	277
1993	4754	2178	1264	539	443	330
1994	5816	2858	1536	440	436	546

铁路和公路客货运量
RAILWAY AND HIGHWAY PASSENGER AND FREIGHT TRAFFIC

年份 Year	铁路 Railway				公路 Highway			
	客运量 (万人) Passenger Traffic (10 000 persons)	客运周转量 (万人公里) Passenger Kilometers Passenger (10 000p－km)	货运量 (万吨) Freight Traffic (10 000 tons)	货物周转量 (万吨公里) Freight Ton－kilometers (10 000ton－km)	客运量 (万人) Passenger Traffic (10 000P)	客运周转量 (万人公里) Passenger－Kilometers (10 000 p－km)	货运量① (万吨) Freight Traffic① (10 000 tons)	货物周转量① (万吨公里) Freight① Ton－kilometers (10 000 ton－km)
1984	13059	845813	2989	249289	208736	3078919	19055	919078
1985	13127	830929	2973	229984	210636	3141871	18973	922338
1986	13178	831632	2865	236546	208034	3048684	20022	935941
1987	13437	845851	3121	249021	200761	2973980	22672	1058642
1988	13232	823304	3040	227804	188878	2812120	24028	1134033
1989	12797	814490	3087	211150	175419	2640236	24439	1149393
1990	13239	832257	2805	187726	162081	2616896	24580	1154312
1991	13778	862101	2626	196114	156093	2608701	25430	1181376
1992	14987	935740	2819	213996	148096	2496918	26796	1221989
1993	15803	955227	3058	201778	141396	2406272	30167	1286684
1994	16099	951518	3125	200674	130704	2192760	31340	1309140
1995	16092	949939	3012	189954	122016	1965623	29200	1249150

注: ① 仅为民营汽车公司数。

Nate: ① Data only refer to private truck companies.

邮电业务量
TELECOMMUNICATION SERVICES

项　目　Item		1990	1991	1992	1993	1994	1995
省内电信	Domestic						
电报　(万封)	Telegrams(10 000 Messages)	36.57	21.60	0.70	0.37	0.29	0.24
长途电话(万次)	Long Distance Calls (10 000 Calls)	2454171	2814447	3272631	3927117	4212077	4250600
市内电话(万户)	Number of Local Telephone Subscribers (10 000Subscr ibers)	630	685	742	795	850	917
海外电信	International						
电报　(万封)	Telegrams (10 000 Messages)	7.42	7.15	7.28	6.11	4.80	3.82
电话　(万分钟)	Telephone Call (10 000 Minutes)	24193	29762	36685	44231	50185	59302
邮政(投递数)	Postal Services (Pieces Delivered)						
函件　(亿件)	Correspondence (100 million pcs)	19.85	20.08	20.12	21.10	22.16	24.35
包裹　(万件)	Parcels (10 000 piece)	1127.3	1327.0	1614.7	1527.0	1699.0	1874.1

商品进出口贸易总额
TOTAL IMPORTS AND EXPORTS

年份 Year	按新台币计算(百万元) (NT $1 million)			按美元计算(百万美元) (US $1 million)		
	进出口总额 Total	出口额 Exports	进口额 Imports	进出口总额 Total	出口额 Exports	进口额 Imports
1984	2075558	1204697	870861	52415	30456	21959
1985	2024866	1223019	801847	50828	30726	20102
1986	2424077	1507044	917033	64043	39861	24182
1987	2821479	1707608	1113871	88662	53679	34983
1988	3154905	1731804	1423101	110340	60667	49673
1989	3133520	1747800	1385720	118569	66304	52265
1990	3274586	1802783	1471803	121930	67214	54716
1991	3731557	2040785	1690772	139039	76178	62861
1992	3865024	2047963	1817061	153477	81470	72007
1993	4273778	2239032	2034746	162152	85091	77061
1994	4717662	2456011	2261651	178398	93049	85349
1995	5692429	2949578	2742851	215209	111659	103550

商品进口来源和出口去向
ORIGIN OF IMPORTS AND DESTINATION OF EXPORTS

单位：新台币百万元 (NT $1 million)

项　目	Item	1989	1990	1991	1992	1993	1994	1995
商品进口来源	**Imports (Major Origin)**							
德　国	Germany	70535	72957	81099	98882	111419	126819	150532
澳大利亚	Australia	43187	44655	54272	51872	55302	58935	68277
美　国	United States	318143	338914	379787	398159	441301	478111	550095
加拿大	Ganada	26479	22543	27917	29754	29488		
香　港	Hong Kong	58979	38914	52332	44990	45635	40612	48869
泰　国	Thailand	10352	12066	15767	20809	25693	29376	39338
菲律宾	Philippines	6352	6351	6330	7696	9641		
沙特阿拉伯	Saudi Arabia	36579	41527	45235	36930	39688		
新加坡	Singapore	23485	37923	38914	42764	49302	63909	78507
荷　兰	Netherlands	17597	19631	21604	22009	26479	30380	35030
意大利	Italy	20882	21966	21389	25263	34358		
英　国	United Kingdom	24587	30944	30262	34269	31449	40519	43515
法　国	France	21005	30370	30702	35369	33436		
比利时	Belgium	7982	10583	10754	10219	16269		
马来西亚	Malaysia	23500	27014	37872	46171	51185	61647	78297
韩　国	Korea, Rep.	32878	36119	46960	58048	67001	79868	114638
日　本	Japan	425032	430579	507066	549101	612342	656816	801353
印度尼西亚	Indonesia	18690	24871	33224	35520	42931		
商品出口去向	**Exports (Major Destination)**							
德　国	Germany	67972	85843	103775	90537	92113	85807	101436
澳大利亚	Australia	40480	34338	36218	35894	38160	43075	46385
美　国	United States	633155	583028	597742	592382	620796	642392	697653
加拿大	Canada	46424	41714	43502	41317	40368		
香　港	Hong Kong	185501	229865	332747	387519	485870	561311	689086
泰　国	Thailand	29225	38194	38733	45499	53125	64398	81093
菲律宾	Philippines	20473	21765	22721	25720	27112		
沙特阿拉伯	Saudi Arabia	14730	12297	16455	14149	14016		
新加坡	Singapore	52067	59136	64428	62965	76053	88810	116471
荷　兰	Netherlands	41759	49785	58236	55190	55649	62655	84928
意大利	Italy	23009	26364	27545	26934	20141		
英　国	United Kingdom	55403	53122	55548	55419	57129	57348	63681
法　国	France	28675	30323	36250	31432	28251		
比利时	Belgium	12208	13050	14159	14274	14445		
马来西亚	Malaysia	18258	29655	39209	40226	44011	58683	76584
韩　国	Korea, Rep.	29880	32513	34557	28921	33511	45927	67944
日　本	Japan	239492	223439	246339	223571	236182	269734	347596
印度尼西亚	Indonesia	24575	33443	32359	30545	33789		

出口与进口商品分类
COMPOSITION OF EXPORTS AND IMPORTS

单位: 百万美元 (US $1 000 000)

年份 Year	出口 Exports				进口 Imports			
	出口额 Total	农产品 Agricultural Products	农产加工品 Processed Agricultural Products	工业产品 Industrial Products	进口额 Total	原材料 Agricultural & Industrial Raw Materials	资本货物 Capital Goods	消费品 Consumer Goods
1984	30456	507	1324	28625	21959	17270	2991	1698
1985	30726	492	1387	28847	20102	15458	2837	1807
1986	39862	627	1951	37284	24182	18270	3632	2279
1987	53679	690	2559	50430	34983	25906	5614	3463
1988	60667	824	2497	57347	49673	36598	7391	5684
1989	66304	478	2579	63247	52265	37696	8561	6008
1990	67214	432	2579	64204	54716	38542	9586	6588
1991	76178	525	3046	72608	62861	45501	10532	6828
1992	81470	509	2975	77987	72007	49868	12868	9271
1993	85091	471	3013	81607	77061	54143	13006	9913
1994	93049	460	3348	89241	85349	60301	13611	11438
1995	111659	482	3802	107375	103550	74561	16872	12118

旅 游 人 数
VISITOR ARRIVALS AND INTERNATIONAL TOURISTS

单位: 万人 (10 000 persons)

项目 Item	1989	1990	1991	1992	1993	1994	1995
总计 Total	**200.4**	**193.4**	**185.5**	**187.3**	**185.0**	**212.7**	**233.2**
华侨 Overseas Chinese	23.6	22.1	22.5	22.4	22.9	27.1	26.6
外国人 Foreign Tourists	176.9	171.3	162.9	165.0	160.1	185.7	206.6

消 费 物 价 指 数
CONSUMER PRICE INDICES

(1991年=100) (1991=100)

年份 Year	总指数 General Index	食品类 Food	衣着 Clothing	居住 Housing	交通 Transportation	医药保健 Madicines and Medical Care	教育娱乐 Education and Entertainment	杂项 Miscellaneous
1984	86.72	87.88	105.40	84.38	97.95	83.81	70.80	96.93
1985	86.58	85.95	104.05	84.70	98.78	86.24	73.70	97.10
1986	87.19	87.95	101.10	84.58	94.79	85.95	76.33	97.09
1987	87.64	89.07	99.31	85.01	93.10	86.50	77.79	96.08
1988	88.76	90.35	100.74	85.60	91.76	86.78	82.13	96.31
1989	92.68	95.97	100.08	89.40	92.43	91.63	85.98	97.46
1990	96.50	99.16	100.12	94.54	94.44	95.40	92.51	98.92
1992	104.47	108.65	101.03	103.50	98.90	104.12	105.23	100.73
1993	107.54	112.18	98.13	107.47	99.59	106.48	111.68	101.70
1994	111.94	119.43	97.61	111.95	99.98	109.02	117.52	103.87
1995	116.06	124.51	101.00	116.00	102.55	111.86	122.89	105.89

财 政 收 入
NET REVENUE OF TREASURY

单位：新台币百万元 (NT $1 million)

项 目	Item	1991	1992	1993	1994	1995	1996
总 计	**Total**	**1438686**	**1710802**	**1894369**	**1924497**	**2102737**	**1898005**
经常性收入小计	**Sub-total of Current Revenues**	**997536**	**1218653**	**1352986**	**1441922**	**1522624**	**1511443**
直接税	Direct Tax	437676	533161	546966	585402	645722	618522
一般间接税	Indirect Tax	310832	375950	436421	477376	525134	543404
专卖收益	Revenue from Monopoly	60113	58513	62109	64703	61408	57491
财产利息收入	Revenue from Profit of Public Properties	5949	7582	17290	11854	14824	11735
企业所得	Surplus and Revenue of Public Enterprises	94835	141045	166471	184914	141956	153837
各项费用收入	Fees	23846	34403	51123	44194	58913	57402
罚款和赔款收入	Revenue from Fines & Indemnities	13815	18757	21760	25383	28391	24870
捐赠收入	Receipts from Donations and Contributions	620	1016	1051	425	769	1492
工程受益费收入	Special Assessments	895	1311	1455	860	587	481
杂项收入	Miscellaneous Revenues	48955	46915	48339	46811	44920	42209
资本收入小计	**Sub-total of Capital Revenues**	**441150**	**492149**	**541384**	**482274**	**580113**	**386562**
财产售卖收入	Sales of Public Properties	37511	38088	41039	34911	26202	40933
财产收回	Return of Properties	14655	828	22309	25921	10603	12285
财产增值	Value Increment of Properties	229					
公债收入	Receipts from Loans	145003	312903	340886	108327	75104	160500
借贷收入	Proceeds from Issues of Public Debts	136605	89133	99609	231135	389432	93853
移用以前年度盈余	Moving Budgetary Surplus of Prior Year	107146	51197	37540	82280	78771	78991

注：本表按财政年度计算。
The data in this table are calculated in fiscal year.

财 政 支 出
NET EXPENDITURES OF TREASURY

单位：新台币百万元 (NT $1 million)

项 目	Item	1991	1992	1993	1994	1995	1996
总 计	**Total**	**1416625**	**1696117**	**1859294**	**1913742**	**2074929**	**1897384**
经常性支出小计	**Sub-total of current Expenditures**	**823188**	**919058**	**1025405**	**1163298**	**1328425**	**1378343**
一般行政支出	General Administration	126104	156900	170915	186284	196271	221690
防务支出	National Defense	219436	224357	243328	305185	257047	233645
教育科学文化支出	Expenditures on Education,Science and Culture	184695	207284	222617	247170	259894	312119
经济发展支出	Economic Development	49334	62831	69437	71578	71795	74169
社会安全支出	Social Security	199043	223213	242880	266954	336563	419749
债务支出	Obligations	33398	33936	63894	75179	194890	93794
杂项支出	Miscellaneous	11177	10537	12334	10948	11964	23178
资本性支出小计	**Sub-total of Capital Expenditures**	**593438**	**777059**	**833899**	**750444**	**746503**	**519041**
一般行政支出	General Administration	27174	41448	38046	29785	26132	25223
防务支出	National Defense	7663	15041	10182	16635	12912	12281

续表 continued

项　　目 Item		1991	1992	1993	1994	1995	1996
教育科学文化支出	Expenditures on Education, Science and Culture	103382	117550	127733	135027	97593	99373
经济发展支出	Economic Development	272753	398990	476214	396502	366357	175532
社会安全支出	Social Security	40138	69844	77118	84351	78630	68367
债务支出	Obligations	141012	134186	102988	87375	164863	134555
杂项支出	Miscellaneous	1315		1607	769	14	3710

注: 本表按财政年度计算。
The data in this table arre calculated in fistcal year.

公 债 发 行 情 况
GOVERNMENT BONDS

单位: 新台币亿元 (NT $100 000 000)

年份 Year	台湾省中央级 Tai Wan Provincial			地方省级 Sub-Provincial Gov′t			院辖市级 Municipal Gov′t		
	发行额 Issues	偿还额 Redemptions	余额 Outstanding	发行额 Issues	偿还额 Redemptions	余额 Outstanding	发行额 Issues	偿还额 Redemptions	余额 Outstanding
1987	460	144	1051	50	12	137	43	10	120
1988	645	182	1514	87	15	209	30	16	134
1989	440	256	1698	124	18	315	101	20	214
1990		424	1274	134	28	421	3	25	193
1991	1745	418	2602	269	56	633	76	27	242
1992	2250	341	4511	200	81	752	54	43	252
1993	2100	475	6135	200	151	801	73	38	287
1994	1480	514	7102		150	651		61	225
1995	1250	300	8051		182	468		74	152
1996	2250	940	9361		137	332	100	82	170

主 要 金 融 指 标
PRINCIPAL FINANCIAL INDICATORS

年份 Year	货币供应额 (新台币亿元) Money Supply (NT $100 million)	流动性负债 (新台币亿元) Liquid Liabilities (NT $100 million)	储备货币 (新台币亿元) Reserve Money (NT $100 million)	存款 (新台币亿元) Deposits (NT $100 million)	放款与投资 (新台币亿元) Loans & Investments (NT $100 million)	利率 (年息%) Rediscount Rate (% annum)	汇率① (新台币/美元) Exchange Rates of Selling (NT $/US $)
1988	19505	53439	8145	50744	33774	4.500	28.22
1989	20688	62383	10789	59439	43907	7.750	26.17
1990	19319	70092	10806	64946	50497	7.750	27.11
1991	21653	84030	11805	75991	61590	6.250	25.80
1992	24345	97950	13023	91161	78972	5.625	25.47
1993	28064	113551	13922	104806	93828	5.500	26.72
1994	31485	128829	15461	119579	109058	5.500	26.26
1995	31733	141205	15172	129375	119839	5.500	27.32

注: ①卖出价。
①price for sale.

股 票 交 易
TRANSACTIONS OF LISTED STOCK

单位：新台币百万元 (NT $1 million)

年份 Year	上市股票 Listed Stock				股票成交额 Total Trading Value	股票指数 (1966年=100) Stock Price Index (1966=100)
	公司数(家) Number	种类(种) Kind	总面值 Total Par Value	总市值 Total Market Value		
1988	163	171	343579	3383280	7868023	5202.21
1989	181	190	421300	6174164	25407963	8616.14
1990	199	213	506425	2681911	19031282	6775.32
1991	221	234	616707	3184028	9682738	4928.83
1992	256	286	735569	2545302	5917079	4271.63
1993	285	325	890513	5143626	9056717	4214.78
1994	313	354	1071103	6501682	18812112	6252.99
1995	347	383	1324572	5108292	10151198	5543.75
1996	382	425	1629381	7537478	12907562	6003.72

入学率和教育经费
NET ENROLLMENT RATE AND PUBLIC EXPENDITURES FOR EDUCATION AT CURRENT MARKET PRICES

单位：% (%)

年份 Year	净入学率(6－21岁) Net Enrollment Rate (age 6－21)					15岁以上人口识字率 Percentage of Literates Aged 15 and Over	教育经费 Public Expenditure for Education	
	总计 Total	义务教育 (6－14岁) Compulsory Education (age 6－14)	初等教育 (6－11岁) Primary Education (age 6－11)	中等教育 (12－17岁) Secondary Education (age 12－17)	高等教育 (18－21岁) Higher Education (age 18－21)		总计(亿新台币) Total (NT $100 000 000)	占国民生产总值% As % of GNP
1980	69.13	94.78	97.56	70.98	11.07		741.13①	4.26
1983	71.81	95.43	96.70	76.14	12.40	89.42	1109.42	5.58
1984	72.60	95.65	96.29	78.11	12.57	89.89	1111.21	4.95
1985	75.07	95.65	96.30	78.29	13.88	90.38	1239.15	5.06
1986	75.01	95.95	96.75	81.50	14.23	90.82	1378.99	5.14
1987	75.97	96.09	96.97	82.39	14.82	91.24	1480.48	4.72
1988	77.18	96.40	97.92	82.88	15.95	91.66	1683.83	4.89
1989	76.66	96.77	97.74	83.88	17.18	92.02	2005.50	5.28
1990	78.62	97.12	98.04	85.45	19.36	92.42	2452.80	5.80
1991	79.58	97.97	98.70	86.19	20.98	92.85	3009.65	6.49
1992	79.35	97.03	98.92	86.46	23.47	93.16	3530.91	6.80
1993			99.31	87.43	25.61	93.41	4031.93	7.07
1994			98.36	88.59	26.26	93.74	4303.71	6.93
1995			99.06	88.84	27.79	94.01	4524.74	6.75

注：①为1981年数。
①Data refer to 1981.

科技人员数和科研开发经费
NUMBER OF SCIENTISTS, ENGINEERS AND TECHNICIANS AND EXPENDITURES FOR R & D

年 份 Year	科技人员数(人) Number of Scientists, Engineers and Technicians Engaged in Research and Experimental Development (Headcount)			科研开发经费 Expenditures for Research and Experimental Development		占科研开发经费比重(%) As % of Expenditures for Research and Development	
	总计 Total	科学家和工程师 Scientists & Engineers	技术员 Technicians	总计 (新台币亿元) Total (NT $100 million)	占国民生产总值% As % of GNP	政府经费 Government	民间经费 Private
1982	23262	18386	4876	169	0.89	58.2	41.8
1983	29893	18580	11313	192	0.91	61.2	38.8
1984	36526	22354	14172	224	0.95	63.3	36.7
1985	36710	24600	12110	254	1.01	63.6	36.4
1986	41913	27747	14166	287	0.98	60.1	39.9
1987	50254	32863	17391	368	1.11	50.8	49.2
1988	52096	35437	16659	438	1.21	56.6	43.4
1989	57903	39742	18161	548	1.36	47.7	52.3
1990	65582	46071	19511	715	1.62	45.8	54.2
1991	69017	46173	22844	818	1.66	52.1	47.9
1992	70473	48356	22117	948	1.74	52.2	47.8
1993	76140	52420	23720	1036	1.74	49.5	50.5
1994	79472	55405	24067	1147	1.78	48.2	51.8
1995	89092	63457	25635	1250	1.81	45.9	54.1

医院、病床和医务人员情况
MEDICAL FACILITIES AND HEALTH PERSONNEL

年份 Year	医疗机构 (所) Number of Medical Care Facilities (Hospitals)	平均每一机构服务人数 (人) Population Served Per Medical Care Facility (persons)	病床数 (床) Beds (Beds)	每万人病床数 (床) Beds Per 10 000 Populations (Beds)	从业医务人数 (人) Health Personnel (persons)	每万人拥有医务人员 (人) Health Personnel Per 10 000 Population
1983	11951	1556	57419	30.88	52648	28.10
1984	12013	1559	62467	33.10	57404	30.19
1985	12323	1553	74081	38.71	66278	34.42
1986	12037	1608	80991	41.63	69339	35.64
1987	12199	1613	86328	43.88	77246	39.27
1988	12215	1629	88572	44.50	83045	41.72
1989	12267	1639	86693	43.12	85599	42.57
1990	12902	1578	89151	43.80	91153	44.79
1991	13661	1505	92785	45.14	96921	47.15
1992	14468	1434	96084	46.30	102977	49.62
1993	15062	1392	100570	47.90	109538	52.17
1994	15752	1342	103733	48.98	114076	53.87
1995	16109	1326	112379	52.62	118248	55.37

家 庭 设 备 普 及 率

PERCENT OF FAMILIES OWNING HOUSEHOLD APPLIANCES

单位: 户/百户 (households/100 households)

年份 Year	彩色电视机 Color T.V. Sets	冰箱 Refrigerators	空调 Air Conditioners	洗衣机 Washing Machines	电话机 Telephone Sets	汽车 Automobiles	家用电脑 Family Computers
1982	83.12	94.33	17.16	70.52	67.65	7.23	
1983	87.79	95.44	19.72	73.68	74.35	9.30	1.46
1984	90.41	96.13	22.91	75.49	79.63	10.38	1.94
1985	92.31	96.67	23.95	77.84	82.12	11.91	2.32
1986	94.42	97.11	25.45	79.49	85.25	13.63	2.92
1987	95.78	97.41	28.66	81.33	87.20	15.54	3.55
1988	97.34	97.93	34.29	83.97	89.11	19.21	3.95
1989	97.80	98.25	41.74	86.82	91.51	24.90	5.42
1990	98.26	98.37	47.26	88.79	93.08	29.07	6.77
1991	99.16	98.96	52.37	89.53	94.75	33.67	9.57
1992	99.30	98.93	56.14	90.38	95.13	38.94	11.76
1993	99.25	99.14	60.69	91.51	96.00	41.05	13.56
1994	99.36	99.14	64.01	92.31	96.53	45.54	15.29
1995	99.29	99.19	67.08	92.83	96.70	47.95	18.54

澳门主要社会经济指标
MAIN SOCIAL AND ECONOMIC INDICATORS OF MACAO

人口主要指标
MAIN INDICATORS OF POPULATION

年份 Year	人口总数 (人) Total (Person)	自然增长率 Natural Growth Rate (‰)	出生率 Crude Birth Rate (‰)	死亡率 Crude Death Rate (‰)	婴儿死亡率 Infant Mortality Rate (‰)	结婚率 Crude Marriage Rate (‰)	离婚率 Crude Divorce Rate (‰)
1990	339510	16.1	20.5	4.4	8.4	5.4	0.3
1991	363784	15.6	19.4	3.8	7.5	5.7	0.5
1992	380850	14.1	17.9	3.9	7.3	5.8	0.5
1993	395304	12.2	16.2	4.0	8.6	8.8	0.5
1994	410531	11.9	15.2	3.3	6.2	6.8	0.6
1995	424430	10.8	14.1	3.2	5.6	5.1	0.6

国内生产总值支出构成
EXPENDITURES OF GROSS DOMESTIC PRODUCT

年份 Year	国内生产总值 (现价) (万澳门元) Gross Domestic Product (At Current Market Prices) (MOP 10 000)	私人消费 Private Consumption Expenditure (%)	政府消费 Government Consumption Expenditure (%)	固定资本形成 Gross Domestic Fixed Capital Formation (%)	库存变化 Change in Stocks (%)	出口净值 (出口减进口) Trade Balance (%)
1990	2789554	31.97	8.09	20.72	−0.33	39.54
1991	3211818	32.48	9.09	24.41	0.31	33.71
1992	4025895	30.40	8.00	29.20	−0.02	32.42
1993	4615388	30.45	8.03	30.86	−0.03	30.70
1994	5184276	30.75	8.23	31.24	−0.03	29.80
1995	5780011	30.94	8.62	25.49	−0.02	34.96

工 业 概 况
INDUSTRY

单位：人;万澳门元 (Persons;MOP 10 000)

年份 Year	企业数 (家) Number of Enterprises	就业人数① Persons Engaged①	采矿业 Mining and Quarrying		制造业① Manufacturing①		电力、煤气、水 Electricity,Gas & Water	
			就业人数 Persons Engaged	增加值 Value Added	就业人数 Persons Engaged	增加值 Value Added	就业人数 Persons Engaged	增加值 Value Added
1990	2277	65664	36	974	64609	375840	1019	57247
1991	2069	61219	37	1442	60124	380833	1058	61481
1992	1914	55012	37	1739	53902	390105	1073	76192
1993	1790	50386	40	2689	49260	356621	1086	90098
1994	1587	47857	40	2751	46707	356562	1110	92636

注：① 未包括水泥制造业在内的某些行业部分资料。

① Information concerning some branches of activity,namely cement production activity was suppressed for confidentiality reasons.

能 源 平 衡 表
ENERGY SUPPLY AND CONSUMPTION

单位: 万亿焦耳 (terajoules)

年份 Year	进口 Import					出口 Export		
	总计 Total Energy	#轻柴油 Gas Oil and Diesel	#重油 Fuel Oil	#电力 Electricity	#汽油 Gasolene	总计 Total Energy	#轻柴油 Gas Oil and Diesel	#重油 Fuel Oil
1990	13975	3564	8274	327	752	20	…	…
1991	14029	4073	7781	350	760	22	…	…
1992	14843	3696	8695	379	915	30	…	…
1993	16522	3626	10198	451	1010	45	…	…
1994	17916	4040	10974	504	1098	41	…	…
1995	17499	3257	10325	650	1128	12	…	…

续表 1 continued Ⅰ

单位: 万亿焦耳 (terajoules)

年份 Year	出口 Export		库存变化 Change in Stocks	内部总消费 Gross Internal Consumption	能源转化 Energy Transformation	电厂自耗和输电流失 Distribution and Transmission Loss	总消费量 Final Consumption
	#电力 Electricity	#石油气 L.P.G.					
1990	9		252	13704	−4461	149	8953
1991	7	13	−592	14597	−4409	162	9861
1992	14	14	−44	14906	−4370	197	10156
1993	29	16	155	16455	−5258	151	10857
1994	34	7	459	17563	−5626	201	11542
1995	11	1	−43	17670	−5124	240	12120

新 建 楼 房
BUILDINGS NEWLY COMPLETED

单位: 平方米 (Sq.m)

年份 Year	总计 Total		住宅 Residential		商业、服务业 Commercial/Offices		工业 Industrial		其它 Others	
	数目(栋) Number	总面积 Gross Floor Space	数目(栋) Number	总面积 Gross Floor Space	数目(栋) Number	总面积 Gross Floor Space	数目(栋) Number	总面积 Gross Floor Space	数目(栋) Number	总面积 Gross Floor Space
1990	255	1056671	204	651160	7	42381	7	125060	37	238070
1991	198	1260050	164	885536	7	88350	9	125534	18	160630
1992①	184	1198633	155	946495	5	80685	4	73258	19	98195
1993①	206	1427298	171	1078813	11	137003	5	45340	19	166143
1994①	142	1140882	105	656816	17	336458	5	67828	15	79781
1995①	235	1221131	183	644665	24	494083	5	41970	23	40414

注: ① 从1992年起统计口径有所调整。

① Statistical Indicators have been redefined since 1992.

进 口 商 品 分 类
IMPORTS BY CATEGORY OF COMMODITIES

单位: 百万澳门元 (MOP 1 million)

年份 Year	进口额 Import		食品、饮料 Food and Beverages		燃料 Fuels and Lubricants		工业、交通用品 Industry and Transport		消费品 Consumer Goods Not Otherwise Specified	
	绝对值 Value	%	绝对值 Value	%	绝对值 Value	%	绝对值 Value	%	绝对值 Value	%
1990	12343	100.00	1108	8.98	576	4.66	9150	74.13	1499	12.15
1991	14832	100.00	1298	8.75	659	4.44	10626	71.64	2214	14.93
1992	15685	100.00	1461	9.31	666	4.25	10918	69.61	2636	16.81
1993	16138	100.00	1572	9.74	739	4.58	11014	68.25	2781	17.23
1994	16925	100.00	1790	10.58	793	4.69	11429	67.53	2907	17.18
1995	16267	100.00	1695	10.42	834	5.13	10832	66.59	2894	17.80

出 口 商 品 分 类
EXPORTS BY CATEGORY OF COMMODITES

单位: 百万澳门元 (MOP 1 million)

年份 Year	出口额 Export		食品、饮料 Food and Beverages		燃料 Fuels and Lubricants		工业、交通用品 Industry and Transport		消费品 Consumer Goods Not Otherwise Specified	
	绝对值 Value	%	绝对值 Value	%	绝对值 Value	%	绝对值 Value	%	绝对值 Value	%
1990	13638	100.00	127	0.93	2	0.01	2297	16.85	11213	82.21
1991	13326	100.00	170	1.28	3	0.02	2529	18.98	10624	79.72
1992	14080	100.00	253	1.80	3	0.02	2738	19.45	11078	78.68
1993	14236	100.00	392	2.75	4	0.03	2993	21.02	10838	76.13
1994	14854	100.00	395	2.66	2	0.01	2920	19.66	11525	77.59
1995	15913	100.00	163	1.02	2	0.01	3218	20.22	12516	78.65

商 品 进 口 来 源
IMPORTS BY SOURCES OF COMMODITIES

单位: 百万澳门元 (MOP 1 million)

年份 Year	欧洲 Europe	非洲 Africa	美洲 America		亚洲 Asia				大洋洲 Oceania
			总计 Total	美国 USA	总计 Total	香港 Hong Kong	日本 Japan	中国大陆 Mainland of China	
1990	1221	38	683	634	10253	5210	1423	2194	148
1991	1384	40	740	686	12437	5166	2574	3192	231
1992	1588	27	874	808	12963	5160	2824	3204	232
1993	2118	36	1061	934	12703	4818	2549	3429	220
1994	2782	142	1249	1156	12594	5137	2165	3186	158
1995	2534	62	1420	1206	12122	4700	1711	3539	130

商 品 出 口 去 向
EXPORTS BY REACHES OF COMMODITIES

单位: 百万澳门元 (MOP 1 million)

年份 Year	欧洲 Europe	非洲 Africa	美洲 America		亚洲 Asia				大洋洲 Oceania
			总计 Total	美国 USA	总计 Total	香港 Hong Kong	日本 Japan	中国大陆 Mainland of China	
1990	5271	51	5175	4931	2937	1770	421	616	204
1991	5514	16	4464	4228	3216	1743	206	1123	115
1992	5242	18	5231	4983	3509	1763	184	1402	80
1993	5044	5	5110	4757	4014	1785	161	1886	63
1994	4962	8	5846	5522	3976	1660	140	1887	62
1995	5143	16	7017	6693	3683	1594	158	1562	54

旅游人数和构成
TOURISTS AND ITS COMPOSITION BY SOURCES

单位：人 (Persons)

年份 Year	总计 Total	香港 Hong Kong	德国 Germany	澳大利亚 Australia	加拿大 Canada	中国大陆 Mainland of China	美国 USA
1990	5942210	4803754	19273	35142	22968	2266	71739
1991	6080268	4950584	22693	31574	22354	11611	68708
1992	6219432	4931501	30724	33685	23682	21979	71758
1993	5987637	4604201	39597	32263	23337	161884	74056
1994	5958764	4570529	36469	32035	22833	157025	78349
1995	5903411	4380409	38513	32430	22966	223304	76675

续表 1 continued I

单位：人 (Persons)

年份 Year	法国 France	日本 Japan	马来西亚 Malaysia	英国 United Kingdom	新加坡 Singapore	泰国 Thailand	其它 Others
1990	14930	449530	33944	86759	29025	68182	304698
1991	13647	421225	28822	88866	28351	69010	322823
1992	16499	421333	28028	93490	28029	67789	450935
1993	16232	335890	28695	92458	25791	66319	486914
1994	16950	348110	24799	95897	24785	70499	480484
1995	15249	382731	24085	97191	24108	64771	520979

旅馆情况
HOTELS

年份 Year	旅馆总数 (家) Total	房间数 (间) Existing Rooms (Average)			房间利用率 (%) Room Occupancy Rates (%)		
		酒店 Hotels	别墅 Inns	公寓 Boarding Houses	酒店 Hotels	别墅 Inns	公寓 Boarding Houses
1990	98	3963	58	986	78	57	35
1991	98	3902	76	937	79	55	34
1992	98	4990	76	818	67	54	32
1993	101	6329	76	715	60	49	30
1994	103	7119	77	649	58	41	27
1995	106	7666	59	754	60	46	27

消费物价指数
CONSUMER PRICE INDEX

(1988年10月－1989年9月＝100) (10.1988－9.1989＝100)

年份 Year	总指数 Total	粮食 Foodstuffs	住房① Housing① Expenses	燃料及电力 Fuel and Light	服装及鞋类 Clothing and Footwear	耐用消费品 Durable Goods	交通 Transport and Vehicles	服务 Services	杂项 Miscel-laneous Goods
1992	127.40	129.72	115.65	123.81	109.41	103.82	129.78	141.42	119.64
1993	135.94	138.92	125.74	128.42	111.79	104.92	137.24	155.75	127.21
1994	144.44	148.90	129.95	128.93	115.17	107.14	147.36	169.50	133.35
1995	156.81	160.91	138.20	137.48	129.61	113.88	158.62	188.58	143.79

注：① 不包括房租。
① Excluding housing rent.

政府预算收支

GOVERNMENT BUDGETARY REVENUES AND EXPENDITURES

单位：万澳门元 (MOP 10 000)

年份 Year	收入 Total Revenues			支出 Total Expenditures		
	总计 Total	日常收入 Recurrent Receipts	资本收入 Capital Receipts	总计 Total	日常支出 Recurrent Rayments	资本支出 Capital Payments
1990	416009	328354	13210	416009	231449	130582
1991	577767	456011	31650	577767	327669	169924
1992	678532	540493	41050	678532	427573	154671
1993	935797	789576	7400	935797	586234	211441
1994	1104767	922171	3140	1104767	703269	222843
1995	1350188	902486	16140	1684036	682187	445403

海外资产负债(年底数)

OVERSEAS ASSETS AND LIABILITIES(YEAR－END)

单位：百万澳门元 (MOP 1 million)

年份 Year	对外资产 Assets Abroad					对外负债 Liabilities Abroad			海外资产净值 Net Foreign Assets
	总计 Total	黄金白银外汇 Gold, Silver and Foreign Currency	外地银行资产 Other Assets with Banks Abroad	对外贷款 External Credit	对外投资 Foreign Financial Invest-ment	总计 Total	银行短期负债 Short Term Liabili-ties with Banks	银行中长期负债 Medium/ Long Term Liabili-ties with Banks	
1990	38138	322	22922	10216	3894	20102	17488	610	18037
1991	48620	366	33942	9201	4850	22401	18879	648	26220
1992	51802	454	38505	5291	6693	19697	17089	336	32106
1993	65050	503	31485	7959	23727	36787	33355	452	28263
1994	64117	535	37982	6752	18802	31534	27296	701	32583
1995	71942	548	52566	6273	12462	32685	23298	506	39257

货币汇率(平均兑换价)

EXCHANGE RATE(AVERAGE PATACA EXCHANGE RATES)

单位：每百外币兑澳门币 (Patacas to 100 Unit of Foreign Currency)

年份 Year	葡萄牙埃斯库多 PTE	香港港元 HK$	美国美元 US$	德国马克 DEM	英国英镑 GBP	法国法郎 FRF
1990	5.639	103.00	802.30	497.50	1432.39	147.67
1991	5.548	103.00	800.41	483.62	1414.21	142.22
1992	5.927	103.00	797.23	512.21	1409.98	151.15
1993	4.973	103.00	796.79	481.99	1196.38	140.76
1994	4.810	103.00	796.02	492.25	1219.82	143.92
1995	5.318	103.00	796.79	556.77	1257.66	159.88

续表 1 continued Ⅰ

单位：每百外币兑澳门币 (Patacas to 100 Unit of Foreign Currency)

年份 Year	新加坡元 SGD	澳大利亚元 AUD	日本日元 JY	瑞士法郎 SF	新西兰元 NZD	欧洲货币单位 ECU
1990	442.93	626.74	5.5629	580.21	479.01	1022.80
1991	463.51	623.42	5.9517	559.83	463.24	992.53
1992	489.50	586.34	6.3012	569.78	429.37	1033.63
1993	493.23	541.64	7.1986	539.28	431.09	931.92
1994	521.67	582.51	7.8018	584.23	472.87	944.43
1995	562.26	590.57	8.5189	675.29	522.88	1030.79

学校、教师和学生人数
NUMBER OF SCHOOLS, TEACHERS AND STUDENTS

单位: (所;人) (Schools: Persons)

年份 Year	大学 Tertiary			中学 Secondary			小学 Primary		
	学校数 Schools	教师数 Teachers	学生数 Students	学校数 Schools	教师数 Teachers	学生数 Students	学校数 Schools	教师数 Teachers	学生数 Students
1989/1990	3	501	7685	10	831	16862	4	980	32639
1990/1991	7	383	6857	10	838	17601	7	1020	34972
1991/1992	8	492	6871	10	881	18652	8	1128	37719
1992/1993	7	512	6803	10	884	19461	10	1181	40037
1993/1994	8	504	6045	9	831	20195	10	1193	42823
1994/1995	9	528	5655	12	984	20624	12	1318	45153

医院和医务人员数
NUMBER OF HOSPITALS AND PROFESSTONALS OF HEALTH CARE

年份 Year	医院(所) Hospitals	床位(张) Beds(unit)	医生(人) Doctors (person)	护士(人) Nurses(person)
1990	36	966	347	594
1991	32	958	344	653
1992	45	942	338	695
1993	43	892	319	720
1994	36	887	233	624
1995	34	880	300	684

中国社会经济文化交流协会

中国社会经济文化交流协会是经中华人民共和国民政部批准成立的全国性社会团体(社团登记证第1400号),具有法人资格。

我国改革开放以来,在经济建设取得巨大成就的同时,文化、学术和对外交流也出现了新的发展。有鉴于此,我国社会、经济、文化界知名人士,于1989年发起组织了这个民间社会团体。协会的宗旨是团结和组织社会、经济、文化界人士开展学术文化活动,推动我国现代化事业,增进国际联谊与交往,推进海峡两岸关系,为改革开放服务。

协会的主要任务是: 1.开展民间国际交往和海峡两岸人员交往; 2.进行社会经济文化的调查研究; 3.发展学术文化交流; 4.编辑、出版图书、报刊、音像资料; 5.举办展览、演出和学术讲座; 6.培训人员; 7.开展咨询服务活动和信息交流; 8.承办政府有关部门和社会团体委托的事务。

协会人才荟萃,在国内外有广泛的联系和影响,自成立以来,已先后召开过数次国际学术会议,对中国文化与人口问题,农村发展与人口产业转移,亚太地区经济科技发展,周边国家和地区民间贸易等问题进行研讨。通过这些活动,与一些国家和地区建立了联系。举办过中国古现代钱币展览,鸦片战争150周年爱国主义教育展览、香港的历史与发展大型图片展、中国彩灯艺术展、中国书画艺术展等数次大型展览会;与港澳台以及美国、意大利、法国、西班牙、瑞典、韩国、新加坡等对口社会团体进行了联系与互访;举行过一些重要时事政策问题与国际问题的座谈讨论等活动。面向海内外的大型出版物《中国黄金海岸年鉴》、《华商经济年鉴》,年出一卷,为深化改革和扩大开放作出了积极贡献。

中国黄金海岸年鉴编辑部组成人员

总 编 辑 罗涵先（兼）

副总编辑 贺人瑞 党德信

编　　辑 郑思敏 张凤英 周亦舟 黄　培 吴晓华 胡建刚

特约撰稿人、特约通讯员

（按姓氏笔画顺序）

王海平　威海市外经贸委办公室秘书
王益方　山东省外经贸委调研信息处副科长
王健生　河北省外经贸厅办公室科长
王　磊　青岛市政府办公厅干部
王力建　福州市政府办公厅综合处科长
王怀中　三亚市政府办公室综合科
王宝欣　烟台市外经贸委秘书
叶春生　广西外经贸厅办公室主任
田和友　东营市政府秘书科科长
司开明　南京市政府对外开放办科长
史纯粹　嘉兴市政府副秘书长
卢嘉权　肇庆市政府体改办副主任
孙绍童　丹东市外经贸委综合处处长
孙进玉　潍坊市外经贸委办公室主任
孙炳元　张家港市政府办公室综合科科长
刘敬东　锦州市外经贸委综合处处长
邢福民　海南省政府办公厅调研室副主任
吴清辉　晋江市计经贸委科员
张伟新　中共江苏省委研究室信息处副处长
张季峰　苏州市政府办公室秘书
陆卫东　无锡市政府办公室综合处干部
李应适　南宁市政府副秘书长
陈喜山　湛江市政府研究室副主任

陈建群　北海市政府办公室秘书
陈鸿庆　南通市政府办公室研究室主任
陈华鲁　盐城市政府研究室科长
陈健胜　宁波市政府办公厅处长
陈　泉　淄博市外经贸委综合科干部
闵忠礼　营口市外经贸委外经处副处长
宋建新　杭州市政府办公厅处长
佟百复　葫芦岛市政府副秘书长
沈灿煌　厦门市政府办公厅综合处副处长
苏斐华　秦皇岛市政府副秘书长
苏耀光　汕头市政府办公室副主任
严伯英　江阴市政府史志办公室副主任
邹双林　沧州市政府办公室综合科科长
林乃忠　辽宁省政府办公厅研究室主任
罗亚辉　北京市政府研究室综合处调研员
林水土　漳州市政府发展研究中心副主任
林凤兴　天津市政府研究室处长
林进炎　广州市政府研究室秘书
季明嘉　绍兴市政府办公室副主任
郑祖国　上海市政府研究室干部
范忠智　中共潍坊市外经贸委党委副书记
周兆昌　温州市政府办公室副主任
周治玉　朝阳市政府办公室科长
周健民　舟山市政府办公室主任
洪　波　沈阳市政府综合一处调研员
赵成武　大连市外经贸委信息中心科长
赵克贵　佛山市政府办公室调研科科长
姚泽源　广东省政府研究室副主任
娄东风　海口市政府发展研究中心主任
徐应生　淮阴市政府秘书长兼办公室主任
徐树利　唐山市政府办公厅干部
徐洪斌　苏州市政府副秘书长
章大李　宿迁市政府办公室副主任
黄惠强　中共珠海市委办公室信息科主任科员

曾锦俊　江门市政府办公室调研科干部
曾晋成　深圳市政府办公室综合处处长
韩朝晖　滨州市政府办公室信息科副科长
詹朝辉　福建省政府特区办公室干部
蔡伟忠　泉州市政府办公室秘书
潘成坤　浙江省政府研究室主任
颜士友　连云港市政府办公室副主任

董事单位介绍

北京龙德行有限责任公司

北京龙德行有限责任公司董事长兼总裁　殷俭

北京龙德行有限责任公司(简称龙德行)是经北京市工商局批准，按《中华人民共和国公司法》规定组建的，其性质为有限责任制。它是自主经营、独立核算、自负盈亏具有法人资格的经济实体。公司自有资产为人民币5.5亿元。股东会是公司的权力机构，董事长殷俭先生为公司的法定代表人。

龙德行的宗旨是：发扬龙马精神，在中国的土地上自强不息，奋斗生存。激励每个员工成为企业的股东是龙德行事业发展的最高境界。

龙德行的子子孙孙热爱自己的祖国，将毕生精力奉献于繁荣祖国和建设龙德行的事业之中。

公司成立至今，在社会各界的大力支持下，全体员工本着求实、高效、进取的精神，努力工作，创立了可观的业绩。

副董事长　陈　实

副总裁　黄仲文

副总裁兼龙德行大厦总经理　冀　松

副总裁　程宏宇

副总裁　许连成

龙德行人形管理结构图

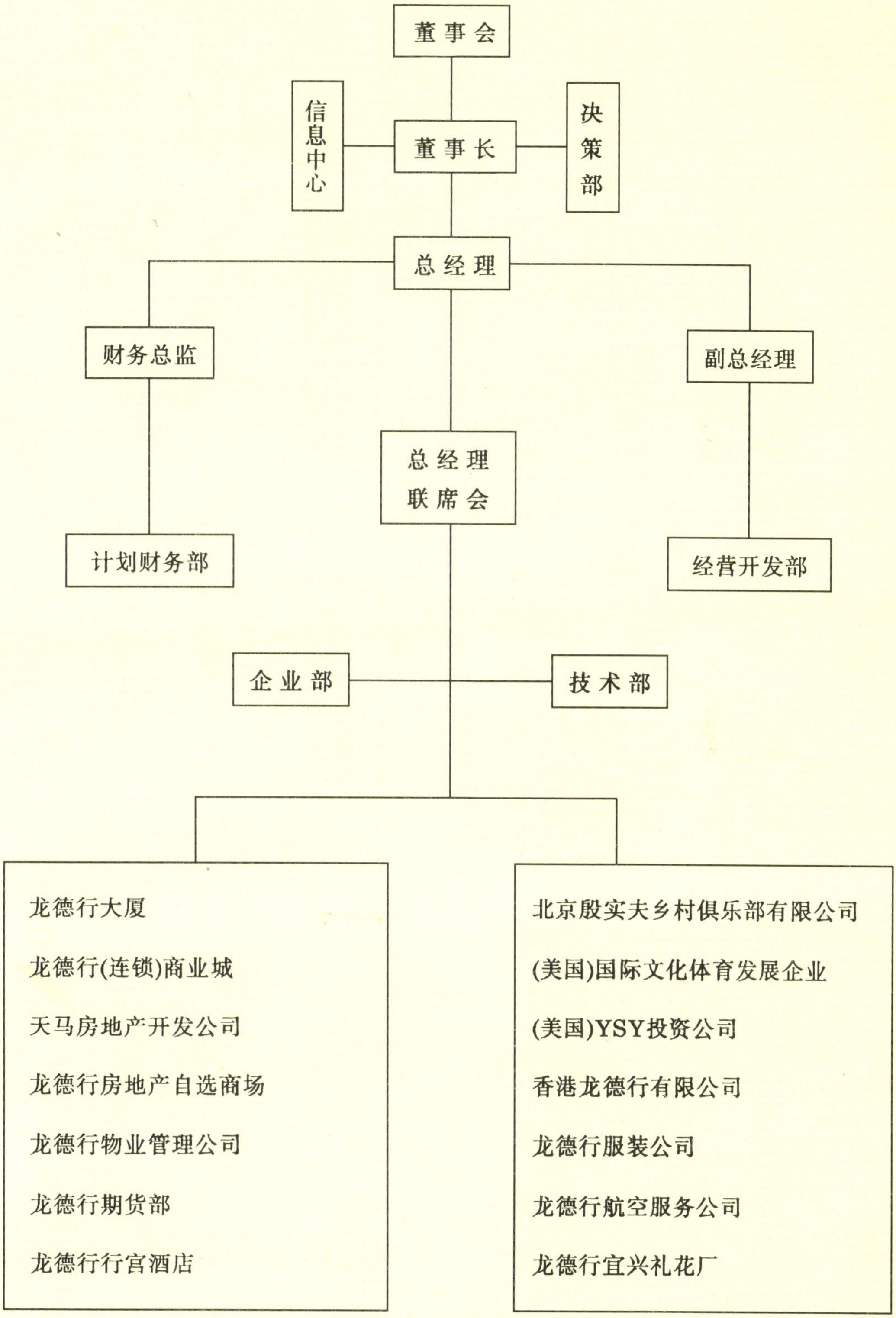
董事会
信息中心
董事长
决策部
总经理
财务总监
副总经理
总经理联席会
计划财务部
经营开发部
企业部
技术部
龙德行大厦
龙德行(连锁)商业城
天马房地产开发公司
龙德行房地产自选商场
龙德行物业管理公司
龙德行期货部
龙德行行宫酒店
北京殷实夫乡村俱乐部有限公司
(美国)国际文化体育发展企业
(美国)YSY投资公司
香港龙德行有限公司
龙德行服装公司
龙德行航空服务公司
龙德行宜兴礼花厂

龙德行大厦一期工程建筑面积约为15000平方米，大厦内设有商务中心、美食宫、俱乐部、商场等服务设施。大厦二期工程已在筹备之中。

天马房地产开发公司

天马房地产开发公司成立于1993年，注册资金为人民币1000万元，主要从事国内外房地产开发、销售、出租和房地产咨询等业务。

公司设置开发部、工程部、概预算部、设计部、拆迁部、销售部、财务部、办公室等七部一办，另有沙子口小区开发部。

公司至1996年主要开发了沙子口约20万平方米的危改小区项目及龙德行宫酒店项目。

龙 德 行 宫 酒 店

龙德行宫酒店总面积8000平方米，是集客房、娱乐、餐饮为一体的综合性酒店，该酒店已建成，于1997年投入经营。

北京殷实夫乡村俱乐部有限公司

“北京殷实夫乡村俱乐部有限公司”位于怀柔县风光秀丽的雁栖湖东侧。该俱乐部的主要功能为：国际标准十八洞72杆的世界锦标赛高尔夫球场，国际会议酒店，数百栋酒店式别墅和会员别墅，大型康乐中心及美食中心。

龙德行宜兴礼花厂

龙德行宜兴礼花厂位于江苏省宜兴市，主要从事烟花及大型礼花的生产，总投资人民币500余万元，厂区占地面积2.4万平方米，年产值人民币500多万元，利税人民币150万元。

龙德行服装公司

龙德行服装公司占地约4000平方米，厂房及办公面积合计约5000平方米。办公设备、流水线及服装款式等均采用国际名厂产品及名牌产品，以加工、生产、营销高档服装及时装为主。

龙德行房地产自选商场

龙德行房地产自选商场是由北京龙德行有限责任公司主办，北京市城乡建设综合开发办公室、北京电视台等多家协办的多功能化、规范化、国际化的房地产机构，商场以物业类型全、涵盖区域广、交易安全、作业规范诸多特点成为京城一独具特色的“精品超市”。

龙德行物业管理公司

位于龙德行大厦之中，主要承担大厦的设备保养及维修、电力配置、上下水和冷暖气供应和相应社区管理等。

龙德行期货部

龙德行期货部是北京商品交易所的全权会员，有多位长期从事期货交易、富有经验的经纪人，我部除自营外，还为客户代理期货交易，从各个角度指导并协助客户进行正确的运作。

香港龙德行有限公司

该公司是龙德行在香港设立的全资公司，以融资、投资为主，兼营贸易等商业性业务。

问鼎高新科技　角逐国际市场

——全国特大型乡镇企业横店集团

八届全国人大代表、横店集团董事长兼总裁徐文荣

横店集团位于浙江省东阳市横店工业区(电话:0579-6651511),系国务院经贸办审批组建的全国第一家大型综合性乡镇企业集团。下辖16家行业集团和1家进出口总公司,160多家紧密型企业和1000多家半紧密型、松散型企业。在美国、香港等地设有3家境外公司,在全国各地建有30多个生产基地和贸易窗口。集团核心企业总资产在1995年农业部首批公布的327家全国大型乡镇企业集团中排序第一,为全国首批特大型乡镇企业集团之首,并进入"中国最大工业企业500家"行列。企业的发展带来社区的繁荣,横店镇也相继被列为国家社会发展综合实验区、全国乡镇企业示范区、国家星火技术密集区、全国2000年城乡小康住宅示范区、全国小城镇综合改革试点和全国小城镇建设试点镇。

横店集团的前身为现任总裁徐文荣于1975年带领当地农民筹款集资创办的横店丝厂。徐文荣以该厂为母体,采取"以厂办厂"的办法,由一厂衍生多厂,于1984年发展为"横店工业总公司"。在稳定发展轻纺工业的基础上,抓住时机建设磁性材料基地,发展高科技产业。1990年组建了浙江首家乡镇企业集团——"浙江横店企业集团公司",1993年成为全国第一家经国务院经贸办批准组建的大型乡镇企业集团——横店集团。

横店集团大厦

由于徐文荣抓住机遇，大胆改革，走“高科技、外向型、集团化”之路，使集团迅速发展壮大。现已形成了轻纺产品、磁性材料、机电产品、医药化工、建筑建材、文化旅游六大主导产业，不仅有规模位居全国第一、世界第二的磁材工业基地，以“中国磁都”之美名享誉世界，而且产品涉及磁性器材、电子、机械、有色金属、电声、制药、化工、轻纺染织、建筑建材等多个行业。现集团已具备184个门类3603种产品的生产能力。产品科技含量不断提高，各类产品畅销全国各省、市、自治区，有64类1972种产品远销欧美、日、韩、东南亚、中东、港澳台等国家和地区。其中“高低压化成箔”、“特种铝电解电容器”及抗癌新药“乌苯美司”等10个高科技项目均为国内首创，占世界领先地位。目前，横店集团有4大类26种产品达到国际先进水平，有48类773种产品达到国家级先进水平。今年，横店集团预计可完成工业总产值50亿元，产品出口创汇额将比往年有大幅度提高。横店集团依靠科技进步，通过结构调整形成的以高科技为主导的产业群，使企业在激烈的市场竞争中占据很大优势。近年来，横店集团实施“西进扶贫，北上解困”战略，在中西部地区兼并、承包、租赁了6家企业，并成功地托管了吉林长春793厂这家国有大型企业，使企业实力得到明显增强。

横店集团的高速发展是徐文荣总裁把邓小平同志建设有中国特色社会主义理论同横店实际相结合的结果，也是徐文荣总裁带领2万多名员工敢想敢干，不断开拓创新的结果。早在1984年，横店企业就同镇政府实行彻底的政企分开，企业成为真正的市场经济的主体；集团坚持“立足横店、面向全国、走向世界”的发展方针；实行“高科技、外向型、集团化、企业办文化”的发展战略；在产权制度改革中独树一帜，创造出了以“共有、民营、主导、驱动”为特征，以“共有、共创、共富、共享”为宗旨的社团所有制这一社会主义公有制的新的实现形式。横店集团的这种发展经验被经济学界誉为“横店模式”，国务委员陈俊生同志题词称之为“中国农民实现小康之路”。

横店集团在工业经济始终保持旺盛的生命力和强劲的发展势头的同时，把“文化力”作为推动经济全面发展的社会进步的内在驱动力，

横店全景

横店集团八面山影视城中的“广州街影视拍摄基地”

并在实践中不断培养和发展文化力，集团实施了“请、买、租、纳、育”的人才开发五字方针，创造了乡镇企业相对的人才优势，在创办工业技校的基础上，创办了全国乡镇企业第一所国家承认学历全日制大学——横店大学，最近又投资数百万元建起硬件设施堪称全国一流的横店集团幼儿园。近年来，集团又投入巨资开发文化旅游事业，形成以“八面山影视城”为主导的，包括电影《鸦片战争》拍摄基地、文化村、度假村、娱乐村、天堂村等在内的超大型综合性文化旅游设施，被中国国家旅游局局长何光時称赞为“中国农民旅游城”。

徐文荣总裁的卓越成绩得到了社会的充分肯定，他连续多年被评为省、市优秀党员和劳动模范，并当选为八届全国人大代表，先后被评为全国优秀乡镇企业家，中国经营大师、中国改革风云人物，荣获第四届全国科技实业家创业奖金奖，并获得全国农业劳动模范和全国唯一的“'94中国农村新闻人物”、“'96中国乡镇企业十大新闻人物”等殊荣。

随着改革的进一步深化，横店集团正在实施“九五”计划“11882”工程，即：到本世纪末，实现工业产值100亿元，税利超10亿元，高科技产品产值和出口产品分别占总产值的80%，员工年均收入超2万元。

轻纺工业是横店集团的主导产业之一

横店集团针织制品出口远销美国、日本等几十个国家和地区

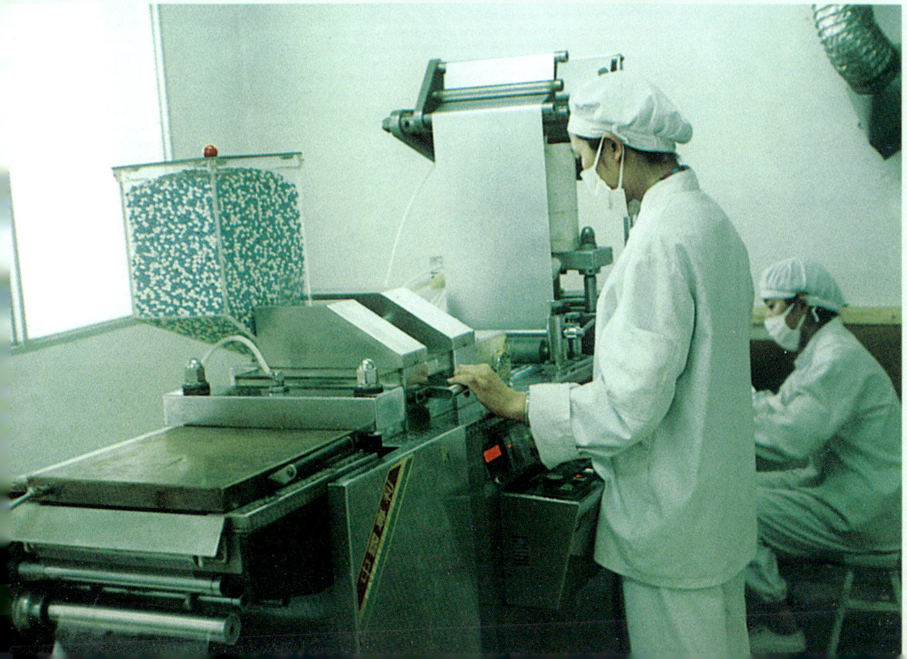

横店集团的制药产业发展势头良好

横店集团彩色电视机偏转磁芯生产线

横店集团扬声器生产车间

横店集团化成箔生产车间

东方磁性工业总公司
东阳市磁钢厂

该厂位于东阳市市区东10公里，交通便捷，环境优越。厂区占地24000m²，建筑面积11000m²，固定资产1000万元，现有职工300名，工程技术人员30余人。自1987年建厂以来，在厂长卢楷文率领下，以质量求生存，管理促效益，信誉拓市场，建成了从原料到成品年产5000吨中高档Y30、Y30BH永磁铁氧体四大系列150多种规格产品流水线和稳定的质量保证网络，产品出口欧、美、东南亚15个国家和地区。成为全市乡镇工业的骨干企业、市级纳税十强企业、市级先进企业和中国建设银行浙江省分行认定的信用AAA级企业。经济效益和社会效益名列全市第九位。1996年8月，本厂铁氧体永磁产品荣膺澳门爱迪生发明中心举办的第三届国际新优技术及产品博览会暨评奖会“国际优质产品最高金奖”。

总经理：卢楷文

公司办公楼

CERTIFICATE OF OBTAINMENT PRIZE
獲獎金牌
MACAU EDISON INVENTION CENTRE
MACAU EDISON
Criticized by Macau
Edison invention centres experts
經澳門愛迪生發明中心專家評定
'96第三屆仲夏國際新優技術及產品博覽評獎會
浙江東陽市磁鋼廠
的
鐵氧體永磁
榮獲
國際最高金獎
發獎日期　一九九六年八月十五日
MACAU EDISON INVENTION CENTRE
EDISON INVENTION CENTER
MACAU
EDISON INVENTION CENTER
MACAU
CHAIRMAN OF THE BOARD
Jengfeng Guo

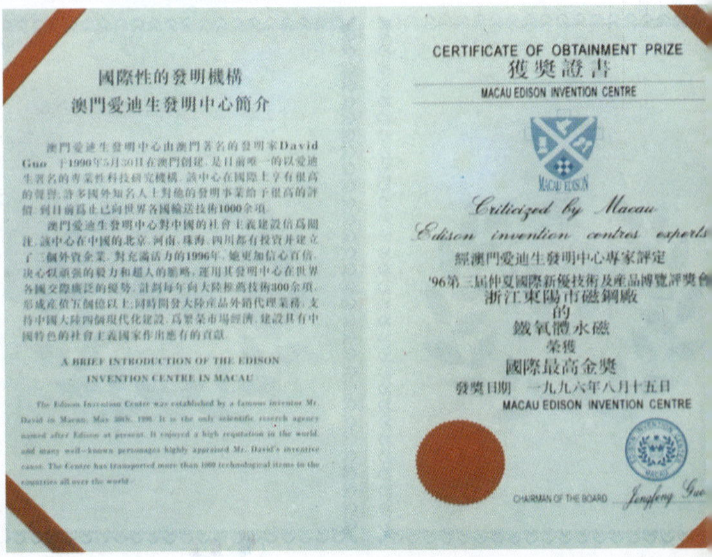
國際性的發明機構
澳門愛迪生發明中心簡介
澳門愛迪生發明中心由澳門著名的發明家David Guo 于1990年5月30日在澳門創建，是目前唯一的以愛迪生著名的專業性科技研究機構，該中心在國際上享有很高的聲譽，許多國外知名人士對他的發明事業給予很高的評價，到目前爲止已向世界各國輸送技術1000余項。
澳門愛迪生發明中心對中國的社會主義建設倍爲關注，該中心在中國的北京、河南、珠海、四川都有投資并建立了三個外資企業。對充滿活力的1996年，她更加信心百倍，决心以頑强的毅力和超人的膽略，運用其發明中心在世界各國交際廣泛的優勢，計劃每年向大陸推薦技術300余項，形成産值五個億以上；同時開發大陸産品外銷代理業務，支持中國大陸四個現代化建設，爲繁榮市場經濟，建設具有中國特色的社會主義國家作出應有的貢獻。
A BRIEF INTRODUCTION OF THE EDISON INVENTION CENTRE IN MACAU
The Edison Invention Centre was established by a famous inventor Mr. David in Macau, May 30th, 1990. It is the only scientific reserch agency named after Edison at present. It enjoyed a high reputation in the world, and many well-known personages highly appraized Mr. David's inventive cause. The Centre has transported more than 1000 technological items to the countries all over the world.
CERTIFICATE OF OBTAINMENT PRIZE
獲獎證書
MACAU EDISON INVENTION CENTRE
MACAU EDISON
Criticized by Macau
Edison invention centres experts
經澳門愛迪生發明中心專家評定
'96第三屆仲夏國際新優技術及產品博覽評獎會
浙江東陽市磁鋼廠
的
鐵氧體永磁
榮獲
國際最高金獎
發獎日期　一九九六年八月十五日
MACAU EDISON INVENTION CENTRE
CHAIRMAN OF THE BOARD
Jengfeng Guo

纺织行业小巨人——乐亭县色织厂

赵志宏

地处李大钊故乡的河北省乐亭县色织厂，系国家中二型集体企业，隶属乐亭县经贸委。自1977年建厂以来，除设在乐亭县阎各庄镇的生产大本营总厂外，又在县城内建起了染整分厂、唐山华乐制衣有限公司、服装经销处三个分厂。全厂总占地面积5.6万平方米，建筑面积2.15万平方米，拥有各种型号织布机296台及各种辅助设备，固定资产1774万元，以生产纯棉、涤棉色织布为主导产品，年产量440万米。1997年4月获得自营进出口权，全部产品间接或直接销往南美、东欧、东南亚、日本和香港等十几个国家和地区，在国际市场上享有较高的信誉和占有率。

1993年，以赵志宏为厂长的新班子上任以来，在国际国内纺织市场普遍不景气、营销非常困难的情况下，以科技为先导、以效益为中心，带领全厂1200名员工发扬勤奋、务实、拼搏、进取的企业精神，坚持不懈地抓技改投入，面向市场调整产品结构，先后开发出色织水洗布、色织提花装饰布、涤虎色织细纺、氨棉色织弹力绉布、精疏泡泡纱和富士绸等6项新产品，均获得省市纺织新产品奖，并全部进入国际市场。

又以学邯钢为契机，外活市场、内严管理，挖潜、降耗、增效，逐步摸索出一条色织企业在困境中求生存、求发展的新路子。企业规模不断壮大，生产营销同步发展，经济效益实现了四年稳定增长。综合效益指标连续四年列唐山市同行业第一名；被河北省轻工厅命名为轻工集体工业销售利税百强企业；连续三年被河北省农业银行授予特级(AAA)信用企业；1997年又被河北省纺织总会列入省纺织系统优势中小企业20强之一，成为纺织行业的小巨人。厂长赵志宏也被评为唐山市劳模，省优秀企业家。

在巩固现有国际销售渠道的同时，充分利用企业拥有的自营进出口权，组建进出口部，广泛寻求国外新的合作贸易伙伴，开辟新的国际客户。此外，还将发挥服装分厂和服装经销处的作用，大力开发国内服装市场和面料市场，创出自己的名牌。

总厂办公楼

华乐制衣厂

织布车间一角

服装车间一角

中西部乡镇企业的骄傲——山西卓里集团

经理　秦建业

山西卓里集团是由卓里机械厂为核心组建的省级企业集团，以生产双嶷山牌农用三轮车享誉全国农村。

坐落于临猗县卓里镇的卓里集团，由当初的乡农机修理站，历经20余年的风风雨雨，在经理秦建业的带领下，艰苦奋斗，勇于创新，始终坚持服务农业、农村、农民的方向。依靠自己的力量，高速滚动发展，闯过了小打小闹的徘徊期，跨过了连年翻番的发展期，步入了快速发展的快车道。被专家称为"卓里现象"。

集团现占地10万平方米，职工730名，自有总资产4000万元，年生产5万辆三轮农用车，在全国农用运输车生产厂家中已跻身前10名中，预计1997年的销售额可达2亿元。双嶷山牌农用三轮车分普通型、三门开、自卸车、三开自卸、面包等5大系列24种型号。由于其具有设计科学、结构紧凑、坚固耐用、一机多用的特点，不仅是交通、田间、矿山小型运输的最佳工具，装配上喷雾器后，还可进行田间、果园植保作业，因而深受农民欢迎，成为农民致富奔小康的得力助手。该产品已列为山西名牌产品、山西省著名商标，企业被评为省级先进企业、山西省明星乡镇企业，经理秦建业也被评为省劳模、优秀企业家。

产品走俏大江南北10多个省、区的卓里集团，在党的十五大确立的方针路线指引下，加快企业改革的步伐，正着手实施股份制工作。改制后的卓里集团，将进一步寻求国内外新的合作伙伴，于"九五"末形成农机、汽车、建材、化工、食品多元化的产业格局，向产值10亿元的目标迈进。

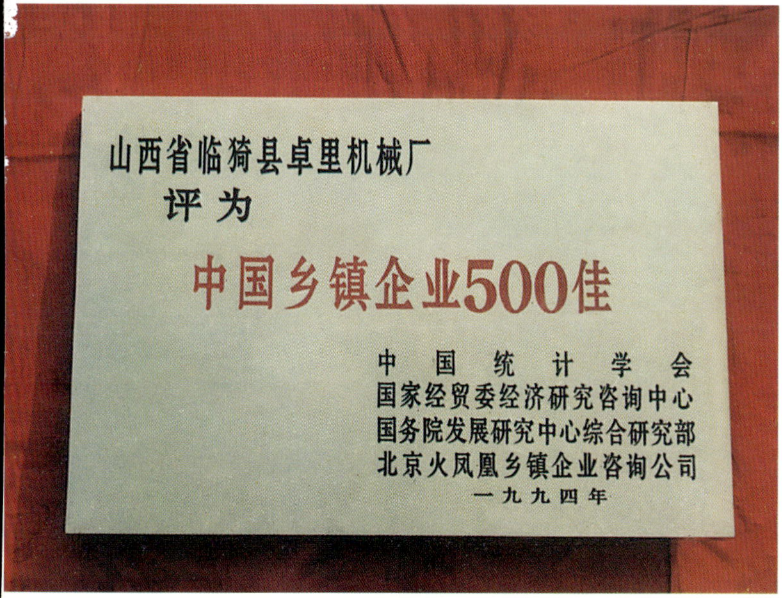

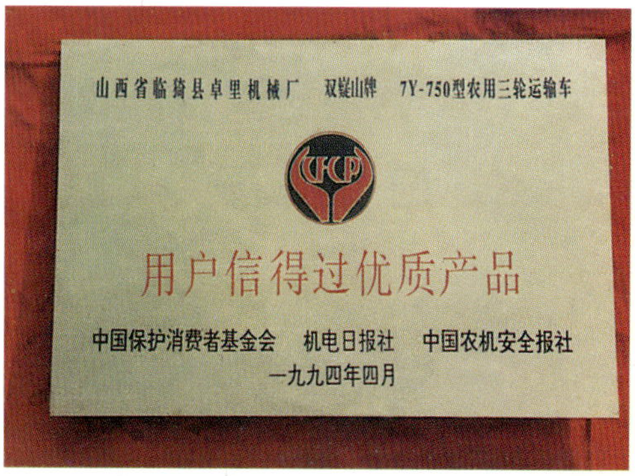

卓里

双巅山
山西
双巅山
卓里

科技兴邦　质量兴国　爱我中华　用我精品
山西省临猗县卓里机械厂
你厂生产的双巅山牌 7Y－975型三轮农用运输车被推荐为
三轮农用运输车中华精品
中国科协中华科技精品推展活动组织委员会
中　国　农　业　机　械　学　会
1996

双巅山农用三輪運输車
山西名牌产品
山西名牌产品
优质
山西省经济贸易委员会
山西省质量管理协会
1994